Prisão e Ciência Penitenciária em Portugal

Prisão e Ciência Penitenciária em Portugal

2015

Miguel Lopes Romão
Professor da Faculdade de Direito da Universidade de Lisboa
Doutor em Direito

ALMEDINA

PRISÃO E CIÊNCIA PENITENCIÁRIA EM PORTUGAL

AUTOR
Miguel Lopes Romão

EDITOR
EDIÇÕES ALMEDINA, S.A.
Rua Fernandes Tomás, nºs 76, 78, 80
3000-167 Coimbra
Tel.: 239 851 904 · Fax: 239 851 901
www.almedina.net · editora@almedina.net

DESIGN DE CAPA
FBA.

PRÉ-IMPRESSÃO
EDIÇÕES ALMEDINA, S.A.

IMPRESSÃO E ACABAMENTO

Fevereiro, 2015

DEPÓSITO LEGAL

ALMEDINA | GRUPOALMEDINA

BIBLIOTECA NACIONAL DE PORTUGAL – CATALOGAÇÃO NA PUBLICAÇÃO
ROMÃO, Miguel Lopes
Prisão e ciência penitenciária em Portugal
(Teses de doutoramento)
ISBN 978-972-40-5834-4
CDU 343

"Vede um homem desses que andam perseguidos de pleitos ou acusados de crimes, e olhai quantos o estão comendo. Come-o o meirinho, come-o o carcereiro, come-o o escrivão, come-o o solicitador, come-o o advogado, come-o o inquiridor, come-o a testemunha, come-o o julgador, e ainda não está sentenciado e já está comido. São piores os homens que os corvos. O triste que foi à forca, não o comem os corvos senão depois de executado e morto; e o que anda em juízo, ainda não está executado nem sentenciado, e já está comido".

Pe. António Vieira, *Sermão de Santo António (aos Peixes)* [1654], Ática, Lisboa, 2009, p. 34

"Effectivamente quereis que a pena seja afflictiva? Privae o homem de liberdade e haveisl o ferido no uso do direito que mais caro lhe é. – Desejaes que a pena seja exemplo? Levantae uma penitenciaria e tendes erguido o mais alto pelourinho para exposição do criminoso. – Pretendeis que a pena seja proporcional? Graduae o encarceramento quanto ao tempo e quanto ao modo porque o aplicardes e havereis conseguido a escala mais equitativa para afferir delictos. – Exigis que a pena seja correccional? Separae o preso dos que lhe possam relembrar o mal, aproximae o dos que lhe possam avivar a idea do bem e havereis assim conseguido o mais importante de todos os fins a que a pena se deve propor. – Instaes ainda, e lembrados de que a justiça humana é falivel quereis que a pena seja reparavel? Haveis de recorrer á prisão porque a todo o tempo lhe podereis descerrar as portas e rehabilitar quanto ser possa e inocente perante a sociedade. Não são porem todas as cadeias para preencher estes requesitos. Não eram as antigas, e não podem ser muitas das modernas e nomeadamente as que se acham levantadas por esse nosso Portugal".

Francisco António da Veiga Beirão, *Da reforma penitenciaria*, in "Gazeta dos Tribunais", 25º ano, nº 3666 (15 de Janeiro de 1866), Typographia da Gazeta dos Tribunais, Lisboa, 1866, p. 184

"É notável, na verdade, assinalar-se esta evolução relativamente ás entidades a que em Portugal, como lá fóra, se foram entregando os criminosos: primeiro aos carrascos e carcereiros; depois aos juristas, tendo sob suas ordens padres e médicos; finalmente a médicos, sem sacerdotes. Esta diferença de individualidades é toda a evolução do critério sobre o crime, desde a metafisica e seus tratamentos barbaros, á realidade expressa numa assistencia social, humana".

R. Rodrigues, *Cadeia Nacional de Lisboa (Penitenciaria Central) – Seu significado no problema penal português, sua história e descrição,* Oficinas Gráficas da Cadeia Nacional, Lisboa, 1917, pp. 19 e 20

À Maria, ao Pedro e à Mariana,
A meus Pais,
Aos meus alunos da Faculdade de Direito da Universidade de Lisboa:

todos eles aqui estão também.

Errare humanum est. [A errância é própria do homem.]

SIGLAS E ABREVIATURAS UTILIZADAS

ADPCP – *Anuario de Derecho Penal y Ciencias Penales*
AHDGRSP – Arquivo Histórico da Direcção-Geral de Reinserção e Serviços Prisionais – Zona Sul (Estabelecimento Prisional de Lisboa)
AHP – Arquivo Histórico-Parlamentar, Assembleia da República
AJ – Auxiliar Jurídico – Apêndice às Ordenações Filipinas (ed. Fundação Calouste Gulbenkian)
ANTT – Arquivo Nacional Torre do Tombo
BAPIC – *Boletim da Administração Penitenciária e dos Institutos de Criminologia*
BFDUC – *Boletim da Faculdade de Direito da Universidade de Coimbra*
BIC – *Boletim do Instituto de Criminologia/Boletim dos Institutos de Criminologia* (desde 1937)
BMJ – *Boletim do Ministério da Justiça*
COLP – *Collecção Official da Legislação Portugueza/Colecção Oficial da Legislação Portuguesa*
CP – Código Penal
Cx. – caixa
D. – *Digesto*
DHCGNP – *Documentos para a Historia das Cortes Geraes da Nação Portugueza*
DJ – *Direito e Justiça*
DNL – Colecção de Extravagantes de Duarte Nunes de Leão
FCL – Fundo da Cadeia do Limoeiro
FPL – Fundo da Penitenciária de Lisboa
Leg. et Cons. – *Leges et Consuetudines*
LLP – Livro das Leis e Posturas
Mç. – maço
MNEJ – Ministério dos Negócios Eclesiásticos e da Justiça
NRP – *Nova Reforma Penal* aprovada pela Lei de 14 de Junho de 1884

OA – Ordenações Afonsinas
OF – Ordenações Filipinas
OM – Ordenações Manuelinas
P. M. H. – *Portugaliae Monumenta Historica*
PA – *Portugal em Africa*
REE – *Revista de Educação e Ensino*
REP – *Revista de Estudios Penitenciarios*
RevLJ – *Revue de Législation et de Jurisprudence*
RFDUL – *Revista da Faculdade de Direito da Universidade de Lisboa*
RHDFE – *Revue Historique de Droit Français et Étranger*
RLJ – *Revista de Legislação e de Jurisprudência*
RPP – *Reforma penal e de prisões* aprovada pela Lei de 1 de Julho de 1867
RT – *Revista dos Tribunaes*

ABSTRACT

This book explores the reality and practice of punishment in Portugal, in particular during the 19th and the beginning of the 20th centuries. The prevailing view of the history of Portugal's penal and prison systems is that the country always lagged behind international trends – for example, with regard to the use of solitary confinement or the interest on criminal anthropology – largely due to an enduring lack of resources and political instability. Yet, the author argues, that is only part of the story. Perhaps even more important for the history of Portugal's penal and prison systems in the 19th and 20th centuries was the political need and intent to supply the country's African colonies with manpower. This explains the continued use of deportation as the most common type of condemnation, at a time when this practice was increasingly difficult to justify by international standards.

The prevailing view of Portugal's backwardness also neglects the fact that Portuguese authors were deeply engaged in critical reflection about the news emanating from other countries' experiences. Sometimes this reflection led to apparent conservatism and to the perpetuation of established models. At other times, it led to innovation in the way that foreign models were adapted and implemented in Portugal.

At the time of the Liberal Revolution of 1820, the punitive model of the *Ancien Régime* was still in place, in Portugal. Criminal justice reforms and the use of imprisonment as a penalty were then seen as important symbols of political change. The humanitarian and philanthropist movements played a major role in the emergence of a new paradigm of punishment and a new criminal justice system. Yet, the development of a punitive model based on imprisonment, in Portugal, had unique characteristics.

On the one hand, this process was delayed by a centuries-old legal tradition – combined with a strong utilitarian and pragmatic approach – that sustained the criminal policy relevance of the African colonies and deportation. Only in the 1930's would colonial territories, and in particular Angola, cease to be treated by the public administration and the judicial system as penal destinations. On the other hand, widespread knowledge of foreign penitentiary practices and writings led to an original critical review of different models of punishment. National legislators and Law professors, questioning the preventive view of crime advocated by Lombroso and his followers, but also the benefits of relying mostly on correctional measures, attempted a difficult comprise: combining a criminal law based on retribution together with both correctional and preventive penal measures, applied distinctly to different types of criminals. A general prison reform in 1936 concluded this fundamental debate, its effects spreading over the following decades.

In sum, the author investigates the increased use of imprisonment as the main form of legal punishment and reveals how imprisonment was justified by political and legal arguments, in a nation that was, in some ways, particularly open to new doctrines and ideas from abroad. Drawing on a broad range of original sources and on his doctoral dissertation in Law (University of Lisbon, 2013), he undertakes an in-depth analysis of the regulatory and institutional framework of this new "punitive administration", which, at the time, included other instruments beyond prison – in particular, deportation and punitive labour.

PREFÁCIOS

ALBERTO COSTA

Advogado. Deputado à Assembleia da República.
Antigo ministro da Administração Interna e ministro da Justiça.

Em diálogo com Miguel Romão

Miguel Romão convida-nos para uma viagem ao período de construção da nossa modernidade punitiva – uma "viagem à aurora do mundo" penitenciário que é o nosso.

No percurso que nos propõe, o ponto de chegada é a reforma prisional de 1936. É uma reforma que vem introduzir um código penal paralelo – ou mesmo alternativo, como chega a dizer – com um sistema punitivo centrado na prisão, a substituir outras ordens em que as penas directamente aflitivas do corpo e o desterro colonial tinham ocupado lugar cimeiro.

Para lá da dimensão académica, esta viagem representa, na esfera cívica, um contributo para uma visão crítica do que erguemos sobre essas fundações e se mantem como molde do nosso presente, por mais extensa que tenha sido a renovação discursiva.

Reconheçamos que teve consequências o facto dos contornos do sistema penitenciário só terem ficado assentes, entre nós, quase um século depois da data em que Foucault dá o sistema carceral por plenamente implantado em França. Procedendo, como aqui se ilumina, de uma originária importação política liberal, desencadeada no vintismo, o lento processo de configuração do sistema acolheu elementos recebidos das concepções penais triunfantes na Itália e na Alemanha dos anos trinta, que sobreviveram ao final da segunda guerra mundial. A reforma de 1936 dista de poucos meses da criação da "colónia penal para presos políticos e sociais" do Tarrafal, que foi concebida como "um elemento do sistema penal da metrópole" e sustentaria, com outras mais, uma nova combinação prolongada de prisão e degredo: o "campo de trabalho" só seria definitivamente encerrado em 1974.

Na primeira metade do período que nos separa da reforma de 1936, o mundo penitenciário a que ela deu forma desenvolveu-se fora dum Estado de Direito. Até aos anos setenta do séc. XX, como Miguel Romão refere, vigorou ininterruptamente um regime em que qualquer pena de prisão ou medida de segurança privativa da liberdade podia ter a sua duração ilimitadamente prorrogada e no interior das prisões imperava a dependência da administração. Nesta primeira parte da nossa plena "modernidade punitiva", a concepção e aplicação das penas e medidas de segurança, abrangendo uma dimensão permanente de encarceramento político e um subsistema prisional (e "judicial") dedicado, invocaram desde a origem o patrocínio dos "ensinamentos da ciência e da prática penitenciária" (decreto-lei nº 26539, de 23.09.1936). Esta é uma herança de chumbo, que a Universidade dos anos anteriores ao 25 de Abril silenciava e que o roteiro de Miguel Romão nos ajuda, agora, a interpretar.

Na segunda metade, com a institucionalização da democracia, o sistema penitenciário beneficiou, em simultâneo, do forte enraizamento consumado no período autoritário e do acréscimo de legitimidade decorrente da sua exoneração da função de repressão política: opera, pela primeira vez, em Estado de Direito democrático. E o que o vai esperar nesta "modernidade punitiva" tardia, num país de baixa criminalidade, é uma forte pressão no sentido do reforço do encarceramento (mais reclusos, mais prisão preventiva, reincidência). No primeiro quarto de século em que o sistema pôde funcionar sob uma constituição democrática, assistimos a um enorme aumento do recurso ao cárcere. A taxa de encarceramento, apesar das várias amnistias, aumentou duas vezes e meia entre 1980 e 2002, colocando-nos em níveis elevados quando comparados com outros países europeus, com mais criminalidade e de perfil mais grave. Não obstante a celebrada leniência das leis penais, à ditadura sucedia-se uma espécie de "explosão democrática" do encarceramento.

Na primeira década deste século, prevaleceu por alguns anos uma agenda de redução do recurso à prisão, dando lugar a uma inversão da tendência anterior. A prisão preventiva registou uma acentuada diminuição e a taxa de encarceramento, sem a alavanca de qualquer amnistia, atingiria em 2008 o seu valor mais baixo desde a primeira metade dos anos noventa. Alternativas penais foram reconfiguradas e alargado o seu âmbito de aplicação. O nosso primeiro Código de Execução de Penas alargaria a avaliação externa das decisões incidentes sobre a reclusão, introduzindo um nível elevado de controlo jurisdicional.

Mas essa agenda foi abandonada e, como consequência, regressou, na sua maior intensidade, a tendência anterior. Em apenas cinco anos, a população prisional teve um aumento de 30% e atingiu-se o mais elevado número de reclusos registado neste século (mais de catorze mil reclusos no início de 2014) – e, aliás, um dos maiores de sempre. Por força de mecanismos análogos aos que Miguel Romão examina, para mais de um terço da população prisional (alguns estudos apontam para valores acima de 40%) estar na prisão continua a predizer que, depois de sair, voltará para esse lugar. Sem alterações muito relevantes, o aumento do número de reclusos de hoje encerra a garantia de que esse aumento se reproduzirá no futuro.

Neste elevado patamar de "carcerização", uma viagem ao passado da prisão, próximo e remoto, vacina-nos contra a ideia de que estamos chegados ao "fim da história" da punição. Talvez a mensagem mais forte que decorre da investigação de Miguel Romão seja mesmo a de que conhecer melhor o passado – um passado com tantas sugestões de diversidade e de mudança, e mesmo de reutilização do "déjà vu" – aumenta, afinal, a nossa capacidade de escolher. Incluindo a de escolher aquela parte do passado que queiramos escolher para nos inspirar, ou para erradicar.

Uma perspectiva reformista na esfera punitiva não pode, obviamente, pretender dispensar o recurso à prisão. Mas – por tudo quanto se sabe, e mais agora – é tempo, quase dois séculos depois da importação, de alterar o seu lugar actual no sistema, caminhando para uma nova combinação que reduza, "rentabilizando", essa parte do passado punitivo. A implementação e avaliação dos resultados práticos das alternativas já reguladas e uma política esclarecida de "recepção" de inovações (tal como a pena de prisão, a vigilância electrónica e o trabalho a favor da comunidade constituiram "importações" datadas e o desenvolvimento tecnológico só pode acentuar esse caminho) permitirão fazer uma aproximação a uma ordem punitiva em que o uso do cárcere seja redimensionado. O facto de ter sido incorporada no nosso sistema, sem dificuldades duradouras, uma redução significativa no emprego da prisão preventiva (reforma de 2007), e a circunstância de vários países europeus apresentarem taxas de encarceramento significativamente mais baixas, sugere a viabilidade de ampliar a escala de utilização de inovações penais "descarcerizantes". Ironia das circunstâncias, a "crise fiscal" e o actual vigor do economicismo podem concorrer fortemente para a mudança, já que o custo, por exemplo, de uma vigilância electrónica/dia corresponde a um terço do custo diário de um recluso. O que contraria, nos dias de hoje, a promoção de uma "nova combinação" punitiva talvez seja menos forte do que parece.

Como na "Viagem à aurora do mundo" de Erico Veríssimo, também Miguel Romão nos devolve, afinal, à terra do nosso presente, assinalando em despedida que, nos últimos dois séculos, quando se acreditou ter "a solução" punitiva se acabou por repetir o passado. Isso contém uma advertência implícita: a de que seria agora menos compreensível que uma crença duplamente ingénua nos continuasse a manter amarrados às ilusões "redentoras" desse longo período.

Eis como uma viagem ao passado, em tão boa companhia, pode revigorar o espírito de mudança.

Março de 2014

ÁLVARO LABORINHO LÚCIO
Juiz conselheiro jubilado do Supremo Tribunal de Justiça.
Antigo ministro da Justiça.

É abundante a literatura sobre o fenómeno criminal, o crime, os factores que o determinam e as múltiplas formas de punir a sua prática, nela vindo encontrar-se, além de outras, a narrativa histórica, a investigação científica, a reflexão filosófica, a dimensão socio-antropológica, todas evoluindo paredes meias com as mais variadas perspectivas de natureza axiológica e cultural que foram desenhando, em cada tempo, os contornos de uma consciência colectiva, ela própria projecção de valores ideológicos em parte enformadoras do pensamento e da correspondente acção política.

De tudo isso se tem ocupado a ciência criminal moderna que, saída do reduto exíguo, ainda que fundamental, da dogmática, abriu o seu objecto aos domínios da criminologia e da política criminal sendo que, nas palavras de Figueiredo Dias, «entre aquela e esta intercede uma relação não de dependência mas de autêntica unidade funcional».

Em todo este «processo», a prisão, não só, mas sobretudo como pena ou reacção criminal, veio a ocupar o lugar central no objecto de estudo e de debate, principalmente a partir de Beccaria e, agora, mais recentemente, depois de Foucault e dos seus estudos «sobre a evolução do direito de punir e o nascimento da prisão enquanto instituição social e pena», sendo evidente a conclusão de que, nesta matéria, os ciclos definidos pelo avanço do conhecimento científico e pela emergência, valorização e progressivo enriquecimento dos princípios enformadores do estado de direito vieram a suceder-se com inusitada rapidez.

Encerrado o século XX, tudo parecia orientar-se para a aproximação de um novo «fim de ciclo», não sendo de excluir a hipótese, ainda que meramente académica, e para muitos pouco menos do que utópica, de este vir a ser o século destinado a assistir à extinção da pena de prisão.

Eis, porém, que é exactamente o último quartel do século passado que vem apontar em sentido contrário. O surgimento de novas e bem mais graves formas de criminalidade; a compreensão do sentido a atribuir à chamada «sociedade do risco» e a aceitação do valor positivo desta quando em confronto com a «sociedade da catástrofe»; a reabertura do debate sobre o fundamento da culpa criminal, trazida, além do mais, pela separação espácio-temporal entre acção e resultado; a alteração, enfim, do perfil do delinquente, tudo conduziu à reabertura da questão da punição eficaz, reclamando-se, com urgência, a adopção de novas estratégias de combate ao crime, aí se inspirando as doutrinas que se afirmam, em oposição a um «direito penal do cidadão», pela defesa de um «direito penal do inimigo», essencialmente repressivo e não garantístico.

A prisão regressa, assim, ainda que indirectamente, ao centro do debate que aí está a iniciar-se sob o signo da interrogação e de alguma perplexidade, voltando a travar-se entre posições mais arrojadas que não cedem na defesa dos valores que caracterizam o estado de direito moderno, e aquelas que relevam de modelos e de ideologias criminais que encontram no passado, ainda que com contornos assaz diferentes, referências miméticas não desprezíveis.

Importa, pois, voltar a convocar a história e renovar aí o conhecimento, na consciência de que, em múltiplos aspectos, não é raro encontrar-se hoje ressonâncias expressivas de velhos mitos cuja superação não se inscreveu em muitas das racionalidades que habitam quer o espaço público, quer outros a exigirem uma maior responsabilidade reflexiva. Ora, é isso que, de forma brilhante, Miguel Lopes Romão nos oferece aqui, proporcionando um campo de visão aberto sobre a imensidão do problema que trata, deixando a quem o lê um riquíssimo manancial de informação capaz de fornecer não apenas dados para um conhecimento acumulado, mas também elementos indispensáveis para a construção de um verdadeiro pensamento crítico sobre a matéria em presença.

À urgência de renovar o pensamento, corresponde o autor com a contenção temporal da sua investigação, circunscrevendo-a a um período dado – entre 1820 e 1936 – evitando, assim, a tentação de pecar na profundidade para se revelar virtuoso na extensão da análise que propõe.

Numa escrita cuja elegância, convocando sempre «o prazer do texto», não impõe qualquer concessão por parte do rigor da investigação e da exposição dos seus resultados, Miguel Romão, dirigindo-se, antes de todos, à comunidade científica e académica, sem jamais se fechar num núcleo restrito de uma elite de sábios, não deixa de seduzir o leitor culto, empenhado na tarefa cidadã de «tomar parte» no assuntos da cidade.

O texto desenvolve-se encaixado entre uma *Introdução,* rica no lançamento do tema central da obra, e as *Conclusões* que, fazendo jus ao tempo que há-de vir, não fecham o tema, antes se abrem em interrogações essenciais sobre as «novas rupturas [que] aguardam as penas no futuro»; sobre a conciliação entre o respeito pelos direitos fundamentais e a eficácia anunciada pelas novas tecnologias; sobre o sentido e o destino da ideia de «invisibilidade» na execução da pena; sobre a actualidade da perspectiva ressocializadora da punição. Aí acantonada, a obra vai crescendo em hipérbole, de modo a permitir que, à rigorosa cronologia dos tempos históricos, se associe uma proposta permanente de regresso a tópicos essenciais tão significativos como os do fundamento da pena e a ligação desta com a temática do arbítrio e da culpa; a relação dinâmica e sucessivamente construída e aperfeiçoada entre punição, prevenção e defesa social; o lugar a reconhecer ao trabalho prisional e a sua diversa compreensão através dos tempos; o confronto entre escolas recorrentemente representadas aqui pelos conhecidos modelos de Filadélfia e de Auburn, aquele, na sua definição original, centrado no valor da «redenção pelo isolamento e pela contemplação»; este assente no «aumento da produtividade» suportado no conceito de «prisão fábrica».

É neste pano de fundo, amovível em função de cada tempo de observação, que se desenvolve o tema na sua expressão projectada em Portugal, havendo que reter de imediato a conclusão de que a convicção de um «atraso nacional» relativo «aos novos paradigmas punitivos» durante o séc. XIX, traduz um profundo erro de análise, constituindo este juizo um verdadeiro desafio, que o autor assume na procura e na demonstração conseguida da sua tese, não lhe escapando sequer uma referência autónoma à projecção externa de Portugal, traduzida na sua participação naquilo que designa por «internacionalismo na configuração da prisão».

Não cabe aqui, dadas a dimensão e a complexidade da obra, uma aproximação ao texto que não se tenha por meramente enunciativa do percurso traçado a partir de Melo Freire, com a sua qualificação das penas entre «capitais – simples, atrozes ou cruéis – e não capitais – aflitivas ou não aflitivas – (classificação assente ainda na sua perspectiva quanto aos fins das penas, «ainda retributiva, mas marcadamente preventista»), passando sucessivamente por autores e matérias que vão desde os nomes de Pinheiro Ferreira a Levy Maria Jordão e Silva Ferrão, de Manuel de Arriaga a Lombroso e Júlio de Matos, para desembocar na relevantíssima contribuição de Afonso Costa e Manuel António Ferreira Deusdado e o seu contributo decisivo justamente para a questão dos fins das penas. O primeiro, para quem, como bem salienta o autor, «o regime penitenciário era necessariamente discutível», defendendo o princípio do «máximo de defesa social com mínimo de sofrimento individual», batendo-se pelo valor do trabalho agrícola e industrial, em detrimento da prisão e do degredo, e criticando, assim, Deusdado, menos defensor, numa primeira fase, da acção preventiva e de defesa social, à qual acabou por se converter mais tarde sob o signo da «defesa social preventiva».

Por seu turno, além dos demais, a leitura politico-ideológica da pena; o advento do correccionalismo; o aparecimento do primeiro Código Penal Português; o triunfo do biologismo e o triunfo das doutrinas positivistas; a chegada da psiquiatria; o relevo adquirido pelo «preventismo» e a sua projecção legitimadora no pensamento humanista, vêm constituir passos fundacionais com os quais o autor vai caminhando com destino à Reforma Prisional portuguesa, em 1936.

Particular importância se atribui aqui, na esteira, aliás, da recente investigação conduzida pelo Escola de Criminologia da Faculdade de Direito da Universidade do Porto, ao papel da Escola Médico-Cirúrgica do Porto e à figura aí de Manuel de Oliveira, crítico, sobretudo, do lombrosianismo.

É, todavia, aquela reforma prisional de 1936, ano até onde Miguel Romão estende a sua investigação, que, na parte final, recolhe particular atenção do autor e nos remete, uma vez mais, para a relação que, entre nós, se firmou entre a pena de prisão e a pena de degredo, sendo certo que, pelas condições de facilidade de que o país dispunha para a sua execução, em muito foi ela sendo obstáculo a um mais rápido avanço da pena de prisão.

Foi, aliás, também aí, pela mão da Reforma Prisional, que muito ficou a dever-se a Beleza dos Santos, que finalmente se encontrou alternativas sólidas «à dicotomia penitenciária Filadélfia-Auburn».

Entretanto, numa segunda Parte, subordinada ao tema d'«A Experiência da Pena», Miguel Romão convida-nos, fazendo jus à hipérbole que referimos, a olhar alguns dos temas já tratados antes, agora à luz do processo penal, das reforma judiciárias, partindo da reforma penal liberal e do seu sistema de penas, e acompanhando o valor atribuído aos direitos quer da defesa, quer do recluso, tudo em obediência às «Bases da Constituição» e aos textos de expressão constitucional que se lhes seguiram.

A abolição, entre nós, da pena de morte encontra aqui, também ela, a devida expressão, cabendo sublinhar o cuidado do autor em chamar Herculano que, segundo afirma, «vê na abolição da pena de morte uma imposição histórica, do mesmo modo que o tráfico de escravos ou a morte na fogueira se condenaram com o passar dos anos».

Por aqui se chega ao Código Penal, na sua versão de 1886, sendo este o caminho que o autor nos convida a percorrer até ao interior das prisões, seja no que se refere ao fundamento das penas e do direito de punir, seja no que respeita às condições das cadeias, com particular destaque, em ambos os capítulos, para a prisão do Limoeiro.

Desta, disse, no seu *Portugal Contemporâneo,* Oliveira Martins:

> *«Os homens eram amontoados, empurrados a pau para a sociedade dos assassinos, nessas salas imundas, habitação de misérias infernais. Davam-lhes sovas de cacete miguelista e, por dia, um quarto de pão e caldo, onde flutuava, raro, alguma erva. Sócios na cadeia, o assassino,*

o ladrão, o pedreiro livre, sofriam a fome em comum. Viam-se de rastos, esfarrapados e nus, com a cinta apenas coberta por um farrapo sujo, com a pele áspera, escamosa de imundice, da fome e da lepra, com a face esquálida, os cabelos pegados de suor e terra habitados de bichos; viam-se roendo ossos como cães, ou devorando as cascas podres das frutas. De noite dormiam em pilhas».

Por isso que, uma vez mais, seja de louvar as extensas linhas que Miguel Romão dedica à prisão e às prisões, não deixando deslizar para fora do texto matérias que, não relevando do ponto de vista teórico, todavia, se mostram essenciais para a compreensão «do mundo e da vida».

Afinal, um dos muitos contributos decisivos desta obra. De leitura indispensável. Mas também de continuação imprescindível. A partir de 1936, até aos nossos dias. Para isso apontam as Conclusões. Disso não pode Miguel Lopes Romão sentir-se dispensado.

Coimbra, Abril de 2014

ANTÓNIO PEDRO BARBAS HOMEM
Professor catedrático da Faculdade de Direito da Universidade de Lisboa
Director do Centro de Estudos Judiciários

I

O presente livro corresponde, com alterações, à tese de doutoramento apresentada por Miguel Lopes Romão na Faculdade de Direito da Universidade de Lisboa.

Reconhecida com a mais alta classificação pelo respectivo júri, *"PERVERTIDOS, DUVIDOSOS E MELHORADOS": PRISÃO, DEGREDO E PENSAMENTO PENITENCIÁRIO EM PORTUGAL (1820-1936)* vai impor-se como um modelo de investigação histórico-jurídica.

Apesar dos muitos estudos existentes sobre a historicidade de institutos e conceitos do direito penal e do direito processual penal, os caminhos da modernidade penal não têm sido suficientemente investigados. A reconstrução histórico-jurídica implica conjugar distintos planos de análise, num diálogo permanente entre diversos saberes, exige paciente investigação de arquivos, disponibilidade de espírito para ir além das explicações que cada época forja em relação às suas próprias realizações civilizacionais. E tal não tinha sido feito.

Efectivamente, cada época histórica cria as suas próprias representações culturais em relação à realidade social. Sabíamos já, designadamente por estudos como os de Michel Foucault, que as investigações feitas sobre a evolução dogmática do Direito Penal ocultavam muitos elementos da realidade social.

Que era necessário questionar se a invenção pelo liberalismo da prisão, como instituição, e da pena de prisão, como critério de condenação, eram uma etapa de humanização do poder punitivo do Estado, como tinha sido sugerido pelo pensamento jurídico e político do século XIX.

Que era necessário investigar nos arquivos, ler as discussões parlamentares, estudar o debate filosófico, tentar perceber a percepção da opinião pública.

Que não era suficiente entender os avanços na dogmática penal como avanços na civilização jurídica e progressos na ideia de Direito.

Que não bastava, em suma, ensinar mecanicamente a história das leis penais e processuais penais para compreender a evolução histórica.

Mas e de outro lado, a *questão* penitenciária, para utilizar um típico bordão oitocentista, é igualmente um problema do Estado, isto é, não deve ser encarado apenas um tema para a história das ideias, no caso, a história das ideias penais. Ora, a história do Estado implica compreender as soluções organizativas da administração da justiça, os projectos de construção de prisões nos planos arquitectónico e de engenharia, o modo como se financiaram estas novas prisões, investigar o perfil da criminalidade e dos delinquentes e o cumprimento do que hoje se entende como direitos das pessoas detidas. E é precisamente neste plano que os conhecimentos histórico-jurídicos se revelavam mais frágeis e que o desconhecimento permitiu a construção de uma verdadeira mitologia jurídica acerca do direito público, penal e penitenciário português.

O empreendimento intelectual a que se propôs Miguel Romão era, consequentemente, de grande amplitude. Implicava um estudo inovador quanto à selecção das fontes, à metodologia histórico-jurídica, ao dispositivo narrativo utilizado, implicava, em suma, combinar a história das ideias e do direito e do Estado, com a do direito penal, exigindo ainda um conhecimento actualizado do direito público e penitenciário, antigo e actual.

É este estudo inovador que agora se apresenta. Tendo sido orientador das dissertações de mestrado e de doutoramento de Miguel Lopes Romão é naturalmente com muita satisfação e honra que o apresento.

II

A construção da narrativa histórico-jurídica convoca problemas hermenêuticos complexos. Compreende-se, assim, que um dos primeiros temas estudados neste livro seja o da ideologia punitiva. Utilizo aqui a expressão ideologia em sentido descritivo das ideias acerca do crime e de sua punição. O século XVIII trouxe um debate renovador das velhas concepções jusnaturalistas acerca do Direito Penal. Muitas das instituições então existentes – a Inquisição, a perseguição religiosa, a incriminação dos delitos de opinião, a pena de morte e as penas corporais, os privilégios criminais, o *arbitrium* – eram objecto de crítica pelos filósofos e por parte da opinião pública.

O iluminismo liberal, apesar da muita diversidade dos autores e das propostas de reforma, conduziu à consagração constitucional do princípio da legalidade criminal. Tal assegurava a mínima intervenção penal e a tipicidade dos crimes e das penas, com os seus conhecidos corolários *nullum crimen sine lege* e *nulla poena sine lege*.

A ausência de verdadeiras garantias processuais e substantivas que vinha do Absolutismo foi combatida com um novo tipo de instituições, designadamente a criação do Ministério Público e do Supremo Tribunal de Justiça e a consagração constitucional do princípio do juiz legal e a consagração normativa, nos Códigos Penais, de penas que oscilavam entre máximos e mínimos tabelados.

Mas, e de modo contrastante com as inovações constitucionais, o funcionamento prático do sistema penal continuaria longamente, quer em Portugal quer noutros países, a repousar em instituições criminais que vinham dos tempos anteriores, em especial, na pena de degredo.

As rupturas introduzidas no plano constitucional demorariam décadas a ser implementadas. Na realidade, seriam levados à prática num contexto em que ameaçavam triunfar novos ídolos de matriz anti-liberal, que viam nas garantias processuais um estorvo às pretensões punitivas do Estado. Importa ainda observar que para os teóricos políticos do século XIX e início do século XX – socialismos, liberalismos, partidários das ditaduras – os problemas de delinquência e da sua repressão cada vez mais eram incluídos no debate da chamada *questão social.*

De outro lado, o humanitarismo levaria, como bem estudado por Miguel Romão, ao nascimento dos *sistemas penitenciários* contemporâneos nos Estados Unidos, no Reino Unido e em Espanha. Portugal não fica à margem deste fenómeno. Pelo contrário, não apenas as ideias como os grandes debates da sociedade e da ciência de oitocentos e novecentos são conhecidos e, designadamente, anota-se a presença de cientistas portugueses em congressos e outras iniciativas que precisam o pensamento penitenciário.

Posso aqui evocar o paralelo dos estudos do Professor Guilherme Braga da Cruz que, acerca das ideias abolicionistas, já demonstrara como o Portugal oitocentista estava à frente das ideias do seu tempo.

III

O presente estudo de Miguel Romão permite ainda reconstituir o ambiente intelectual e político português no qual, à imagem de outros países, se formularam e acabariam consagradas certas ideias. Em primeiro lugar, a de que as prisões servem para corrigir e não são apenas um lugar de castigo.

O nascimento e o percurso do pensamento correccionalista fica aqui documentado, com o nascimento da pena de trabalhos públicos e das colónias penais agrícolas, prisões oficinas e trabalho fora da prisão.

De outro lado, o nosso conhecimento da realidade social fica ainda reforçado com o estudo da evolução das prisões: a sua arquitectura e funcionamento prático, o nascimento da penitenciária e da prisão celular, a vida na prisão, nomeadamente de menores e mulheres.

O degredo continua, como referido, a ser a pena por excelência. Daí a afirmação de que se era frequentemente preso mas raramente se cumpria pena de prisão. Contestado como modelo colonizador, especialmente à medida que o Estado investe progressivamente na colonização do interior de África, especialmente de Angola, a pena de degredo acabará, não por críticas à sua eficácia no plano criminal, mas por ser antagónica das soluções políticas dadas à *questão colonial*.

Demonstra-se assim que a transição do modelo penal da monarquia absoluta para o modelo penal do liberalismo foi lenta, tanto por motivos ideológicos como pelas questões institucionais relacionadas com a dificuldade de criação de modelos alternativos.

De outro lado, os problemas suscitados por um novo tipo de criminalidade, designadamente a reincidência, e pelas indicações da antropologia e sociologia penais acerca das raças e da sua hierarquia e da tendencial propensão para o crime de certo tipo de raças ou de tipos humanos, são igualmente factores determinantes de uma nova atitude face ao crime e à pena que o final do século XIX e o início do século XX testemunham.

A preocupação com a *saúde pública* – velho conceito da monarquia absoluta que agora serve os propósitos do higienismo e outras preocupações sanitárias da ciência médica dos séculos XIX e XX –, a protecção da sociedade, o afastar dos criminosos e dos seus corpos da visibilidade social, a prevenção da criminalidade de menores, mendigos e vadios, a medição de estados de alma, da melancolia dos povos, tudo isto são novas ideias, metodologias e atitudes que, em Portugal, podemos especialmente datar da Primeira República.

Assistimos então à normalização de medidas antes excepcionais: o trabalho prisional torna-se a regra do jogo.

Com o triunfo do positivismo jurídico ao longo do século XIX, a escola clássica do direito penal e a da defesa social vão trazer uma nova visão do fenómeno criminal, que disciplinas como a sociologia e a antropologia jurídicas procuram sistematizar de um modo que o tempo classifica como científico. Existe, assim, conjugação entre a visão dita científica do perfil do delinquente, a preocupação com a defesa da sociedade perante estes delinquentes, designadamente retirando-os do espaço público para prisões e para hospícios e outros estabelecimentos, e a crítica ao liberalismo inicial.

Como interpreta Miguel Romão ao enfatizar a importância da reforma de 1936 e das ideias que Beleza dos Santos realiza com o Estado Novo, esta data assinala o fim de uma época na história do direito penal e marca o início de outra, de que somos herdeiros.

IV

A actualidade dos estudos históricos para o presente fica bem expressa nos dois outros prefácios que acompanham este texto.

Também neste aspecto o presente livro documenta uma preocupação a que tenho sido especialmente sensível na Faculdade de Direito. A história do Direito não é, para utilizar um vocábulo usual nos debates oitocentistas, uma ciência de antiquários. Recordando uma ideia de Michael Stolleis, a história do Direito é uma obra de arte, em parte ciência histórica e em parte ciência jurídica, para a qual a experiência jurídica do presente é fundamental para guiar o investigador do passado, tal como o conhecimento efectivo do passado – *tal como ele ocorreu* – é crucial para compreender os problemas do presente.

Miguel Romão enceta um diálogo com o presente e algumas das preocupações actuais, como a discussão sobre o futuro da pena de prisão, as condições prisionais ou a procura de novos equilíbrios entre custos do modelo prisional para o Estado e direitos dos detidos, e entre a defesa contra os *inimigos do Estado* e o modelo de um Estado de Direito assente nos direitos fundamentais. Neste sentido, a situação actual merece ser interpretada à luz dos ensinamentos que este livro nos vem trazer e das ideias feitas sobre a humanidade do direito penal e processual penal que impõe revisitar, sabendo que os códigos penal e processual penal da democracia, com as suas alterações sazonais, encheram as prisões com presos preventivos e condenados – estabelecimentos prisionais quase todos construídos à luz das leis e instituições de 1936.

Está de parabéns a ciência portuguesa: *PRISÃO E CIÊNCIA PENITENCIÁRIA EM PORTUGAL* vai impor-se como uma obra que exprime o melhor do estado da arte das ciências histórica e jurídica no início do século XXI.

NOTA PRÉVIA

O presente texto é uma versão parcial e alterada da tese de doutoramento em Direito defendida a 22 de Novembro de 2013, na Universidade de Lisboa, apreciada por um júri composto pelos Professores Doutores Pedro Romano Martinez (presidente, Universidade de Lisboa), Carlos García Valdés (Universidade de Alcalá, Espanha), Rui de Figueiredo Marcos (Universidade de Coimbra), Maria Fernanda Palma, José Artur Duarte Nogueira, António Pedro Barbas Homem, Eduardo Vera-Cruz Pinto e Sílvia Alves (Universidade de Lisboa).

Independentemente da sua valia final, pela qual apenas o autor pode ser responsabilizado, um trabalho com a natureza do que agora se apresenta exige necessariamente o contributo de várias pessoas e instituições, sem o qual o degredo da pesquisa, da leitura e da escrita seria não só insuportável como francamente improdutivo.

A Faculdade de Direito da Universidade de Lisboa, ao dispensar o autor da docência entre Setembro de 2009 e Agosto de 2012 tendo em vista poder desenvolver a investigação de modo mais exclusivo, tornou possível este trabalho e é assim, justamente, sua co-autora, embora irresponsável pelo seu conteúdo.

Para a recolha de fontes foi fundamental a presença em diversas instituições. Destaco a biblioteca da Faculdade de Direito da Universidade de Lisboa – a quem, na pessoa da sua responsável, Dra. Sofia Soares, bem como aos demais funcionários, se agradece toda a colaboração –, assim como a Biblioteca Nacional de Portugal, o Arquivo Nacional Torre do Tombo, o Arquivo Histórico-Parlamentar, a biblioteca do Instituto Superior de Ciências Sociais e Políticas e a biblioteca municipal e serviços de apoio municipais de Castro Marim. Aos seus técnicos e demais colaboradores deixo o meu agradecimento.

Uma palavra de apreço é devida à Direcção-Geral de Reinserção e Serviços Prisionais (DGRSP), ao seu director-geral, Dr. Rui Sá Gomes, bem como ao Dr. José Ricardo Nunes, então director do Centro de Estudos e Formação Penitenciária, à

Dra. Eduarda Godinho, directora do Estabelecimento Prisional de Lisboa (EPL) e, em particular, ao Dr. Paulo Adriano, responsável pelo arquivo histórico da DGRSP no EPL, pelo apoio no acesso a fontes primárias que constituem um acervo único, felizmente cada vez mais disponível para os interessados pela nossa história penal e prisional.

Este trabalho beneficiou ainda de uma estadia na Escola de Direito da Universidade de Nova Iorque (NYU), durante o Verão de 2009, favorecida pelo *State Department* norte-americano, pela embaixada dos Estados Unidos em Lisboa e pela disponibilidade manifestada pela directora da sua biblioteca, Mrs. Marina Highland. Do mesmo modo, a consulta de diversos textos foi facilitada pelo acesso que os docentes de História do Direito da Faculdade de Direito da Universidade Complutense de Madrid insistiram em proporcionar na sua biblioteca, durante um período passado naquela faculdade. A eles, bem como aos responsáveis pelas bibliotecas dos departamentos de História do Direito e de Direito Penal, o meu agradecimento. Também o Prof. Doutor Pedro Ortego Gil, da Universidade de Santiago de Compostela, foi inexcedível na sua diligência em procurar guiar-me por entre as fontes espanholas, ultrapassando em meu benefício a mera cortesia inter-universitária. Pude, por seu intermédio, recolher igualmente a amável disponibilidade e comprovar a erudição do Prof. Doutor Carlos García Valdés.

Dos meus professores e colegas na Universidade de Lisboa e dos meus amigos, mesmo quando nada pedi, obtive muito, por vezes apenas nas margens dos dias e das palavras. Em especial aos Professores Doutores Martim de Albuquerque, Eduardo Vera-Cruz Pinto, Luísa Neto, Isabel Banond, Sílvia Alves, Pedro Freitas, Isabel Graes, Míriam Afonso Brigas e Margarida Seixas, bem como a uma enumeração adicional de amigos não exaustiva, onde estão os nomes de Isabel Mousinho de Figueiredo, João Tiago Silveira, Madalena Santos, Jorge Santos, Tiago Dias José, Hugo Moredo Santos, Bárbara Pinto Coelho e Paulo Nuno Lopes, deixo o meu sincero obrigado, nos vínculos diversos que nos ligam. Endereço uma renovada palavra de gratidão ao Dr. Alberto Costa pelo seu interesse e pelas nossas conversas sempre profícuas, e ao Luís Osório, amigo sempre presente. O conselheiro Álvaro Laborinho Lúcio honrou-me com as palavras que dedicou a este texto, qualificando a sua edição. E um agradecimento é devido ainda ao Daniel Makarov, pelo seu apoio na fase inicial da pesquisa bibliográfica, e ao Dr. Hugo Cavaco, que teve a gentileza de se corresponder comigo sobre as suas próprias investigações.

Finalmente, o orientador da investigação que está na base deste livro, Prof. Doutor Pedro Barbas Homem, sabe que aproveito largamente do seu estímulo científico e do seu exemplo académico, mesmo que tal possa não ser descoberto através das páginas seguintes, dadas as insuficiências do autor. Posso apenas assinalar publicamente e agradecer-lhe o ânimo constante, a crítica atenta e a sua disponibilidade permanente ao longo dos anos de convivência académica, que – afortunada e desafortunadamente – já são alguns.

A Fundação para a Ciência e a Tecnologia (FCT) alocou fundos públicos para apoiar a investigação que deu origem a este texto, de que o seu autor foi beneficiário, mediante concurso público, entre Março de 2009 e Fevereiro de 2012.

INTRODUÇÃO

A alteração de modelo e de fundamentação da estrutura punitiva ocorrida no paradigma ideológico e jurídico ocidental entre o século XVIII e o século XIX, com o erigir da prisão enquanto pena de eleição como pano de fundo, tem sido objecto de diversas interpretações. Subjacente a elas, está necessariamente o modo como o poder se presentifica e se legitima perante a comunidade, de que o uso da força por parte das instituições é apenas o elemento mais visível, conformado através de distintas formulações jurídicas.

Como se tem assinalado[1], em termos gerais, a evolução dos "institutos do direito público moderno" não parte imperativamente e de forma exclusiva de uma origem romana. A teologia e o direito canónico, por exemplo, enquanto repositórios éticos cuja invariabilidade tendencial lhes assegurou uma posição de validação junto do poder, são elementos que oferecem aqui uma sustentação histórica mais alargada do que se supunha e o campo penitenciário assegura uma comprovação clara dessa realidade. Por outro lado, a "literatura da disciplina" e da "biopolítica", nas suas diversas modalidades, associando construção do Estado moderno, monopólio no uso da força e uma vontade de controlo social valorizado economicamente[2], assente na descoberta

[1] V., desde logo, António Pedro Barbas Homem, *O espírito das instituições – Um estudo de história do Estado*, Livraria Almedina, Coimbra, 2006, pp. 23 a 25.

[2] No entanto, já Adriano Moreira, *O problema prisional do Ultramar*, Coimbra Editora, Coimbra, 1954, p. 7, assinalava que a "tese segundo a qual a essência das legislações penais ocidentais reside na sua estreita conexão com o princípio da livre iniciativa económica, de tal modo que só a queda do regime capitalista poderia implicar o desaparecimento daquela espécie de lista de preços em que se traduzem as escalas penais, substitui-se, hoje, por uma orientação que parece não reconhecer mais do que uma coincidência entre o aparecimento de certos métodos penais e determinados fenómenos económicos, filiando-se no princípio da defesa, como primeiro dever do Estado, a elaboração de um eficiente sistema criminal".

de rupturas e antagonismos, acabou por estabelecer uma outra pauta interpretativa valiosa, mas que, de forma isolada, resultará provavelmente incompleta.

Não obstante, a conhecida análise de Michel Foucault sobre a evolução do direito de punir e o nascimento da prisão enquanto instituição social e pena, partindo da realidade histórica francesa entre a segunda metade do século XVIII e o início do século XIX, apresenta como dados fundamentais para compreender a mudança estrutural neste período uma alteração da "economia do castigo", em paralelo à existência de uma nova justificação moral e política para o direito de punir.[3] Foucault afirma ilustrativamente que, de forma progressiva, a punição deixa de se dirigir exclusivamente ao "corpo" e passa a destinar-se à "alma"[4], mesmo se as penas em uso acabam por combinar ambos os destinos, como o fazem a prisão, o degredo ou os trabalhos públicos, todos revestidos por um elemento de reclusão. A procedimentalização ou burocratização da pena que caracteriza o novo modelo punitivo, presente até hoje, retirada de uma dimensão pública imediata e cindida praticamente do seu conteúdo judicial (separando-se ainda mais o *decretar* e a *execução* da pena), contrasta fortemente com a espectacularidade pública que se pretendia associada à punição até aos movimentos penitenciários – *maxime,* visível na publicidade das execuções capitais e das penas corporais organizadas como *speculum*, visando a prevenção do crime, mas igualmente a demonstração do poder, exemplo da força do rei perante uma "soberania lesada", diante de um povo simultaneamente destinatário e testemunha desse poder.

A pena é efectivamente conformada como resposta cada vez mais individualizada ao criminoso e não apenas ao crime, o que os cruzamentos entre a justiça criminal e a medicina no século XIX bem demonstram, bem como as diversas respostas técnicas do direito penal e penitenciário que são formuladas. Uma lógica de imputação, fixada na realidade do facto e na causalidade entre este e o agente, é substituída por estruturas mais complexas de responsabilidade que integram de uma forma nova o criminoso, quer no momento da aferição da culpa, quer ao longo da execução da pena. Como escreve Foucault, "a afirmação da culpa [torna-se] um estranho complexo científico-jurídico".[5] As meras "circunstâncias" e a "intenção", esta muitas vezes apenas presumida ou falsamente descoberta nas primeiras, tornam-se insuficientes para conhecer – e, como tal, avaliar e graduar – aquele que se encontra classificado como criminoso. Como diz o autor francês, a "qualidade" do infractor parece vencer sobre a "intenção da sua vontade".[6]

[3] Michel Foucault, *Surveiller et punir – Naissance de la prison*, Gallimard, Paris, 1975, p. 14.

[4] *Idem, ibidem*, p. 24.

[5] *Idem, ibidem*, p. 27.

[6] *Idem, ibidem*, p. 118.

O novo direito criminal europeu do final do século XVIII é analisado por Foucault à luz de um poder de punir que se quer mais regular e menos arbitrário – e, nessa medida, mais "humano", reduzindo as margens de uma "ilegalidade necessária"[7], mais amplas até então – e que visa essencialmente reduzir os custos económicos e políticos (face também a um poder judicial que se separa do executivo e do legislativo) da própria punição, numa sociedade cada vez mais exigente, mais populosa e mais rica, em que a criminalidade sobre o património se acentua. Para Foucault, é neste regime[8] que se deve descobrir a justificação não só para a suavização do direito penal e para a sua nova certeza dada pelos códigos, mas para o que chama de deslocação do fundamento do direito de punir – que passa da "vingança do soberano" para a "defesa da sociedade", uma nova sociedade que exige protecção para a profusão de relações económicas que cada vez mais a sustentam e definem. A visão deste criminoso como um violador de um contrato social, um "inimigo" absoluto da comunidade política e desta nova ordem, é contudo moderada – dir-se-ia nivelada – pela própria necessidade de legitimar e proteger o poder de punir[9] e pela consagração da pena – e da escolha e medida da pena – mais como imposição que o futuro exige e menos como resposta de justiça face ao crime passado.[10] Na expressão de Foucault, duas linhas de "objecti-

[7] *Idem, ibidem*, p. 98.

[8] Num outro texto, apreciando o uso progressivamente mais restritivo da pena de morte, encontra-se aliás o mesmo raciocínio, em que a perspectiva sobre a pena resulta da natureza e dos fins do poder e não de qualquer modulação de sensibilidades: "Dès lors que le pouvoir s'est donné pour fonction de gérer la vie, ce n'est pas la naissance des sentiments humanitaires, c'est la raison d'être du pouvoir et la logique de son exercise qui ont rendu plus difficile l'application de la peine de mort. Comment un pouvoir peut-il exercer dans la mise à mort ses plus hautes prérrogatives, si son rôle majeur est d'assurer, de soutenir, de renforcer, de multiplier la vie et de la mettre en ordre?" – Michel Foucault, *La volonté de savoir – Droit de morte et pouvoir sur la vie*, Folioplus, Paris, 2006, p. 10.

[9] "Si la loi maintenant doit traiter «humainement» celui qui est «hors nature» (alors que la justice d'autrefois traitant de façon inhumaine le «hors-la-loi»), la raison n'en est pas dans une humanité profonde que le criminel cacherait en lui, mais dans la régulation nécessaire des effets du pouvoir. C'est cette rationalité «économique» qui doit mesurer la peine et en prescrire les techniques ajustées. «Humanité est le nom respectueux donné à cette économie et à ses calculs minutieux", escreve Foucault, *Surveiller..., cit.*, p. 109.

[10] O que não é propriamente uma novidade, como Foucault reconhece – contudo, distintamente em relação a épocas anteriores, "(...) c'est que la prévention qu'on attendait comme un effet du châtiment et de son éclat, – donc de sa démesure –, tend à devenir maintenant le principe de son économie, et la mesure de ses justes proportions. Il faut punir exactement assez pour empêcher" (p. 111). Assim, Michel Foucault procura resumir num conjunto de regras especulativas esta nova "semiotécnica" do poder de punir: regra da *quantidade mínima* na pena (a pena deve estabelecer-se de forma a que haja um "pouco mais de interesse" em evitá-la do que em cometer o crime), regra da *idealidade suficiente* (a representação (a "pena" da ideia da "pena") da pena deve ser suficientemente dissuasora do crime), regra dos *efeitos laterais* (a pena deve essencialmente justificar-se pelos efeitos dissuasores que provoca sobre terceiros), regra da *certeza perfeita*

vação" do crime e do criminoso assumem-se: o "criminoso como inimigo comum", que desembocará ao longo do século XIX na consideração de um verdadeiro *homo criminalis*; e a organização da prevenção criminal como recomposição dos conteúdos do direito de punir (sistematização de crimes, modulação de penas, codificação, processo criminal...). Ambas se dirigem também, na análise que se acompanha, a uma nova atitude e a um novo uso do corpo enquanto objecto de punição.[11] O corpo continuará como mediador na simetria necessária em crime e pena, mas agora numa lógica mais ampla, em que aquela simetria não se esgota em si própria – no castigo que implica – e agrega uma utilidade comum na punição: o condenado não apenas como exemplo público, mas também como que um "escravo posto ao serviço de todos".[12]

Se, em Foucault, a pena surge como um elemento de apreciação do exercício da autoridade e do poder, conciliando imediatamente direito, política e as figurações sociais que estes convocam, a prisão é a realização punitiva perfeita do Estado moderno, instituição verdadeiramente representativa de uma nova sociedade industrializada. Privação de liberdade e duração combinam-se para que se atinja um equilíbrio entre o desvalor pessoal imposto, uma utilidade comum percebida – ligada também ao trabalho prisional – e uma finalidade igualmente legitimadora de disciplina, de controlo e de correcção.

As críticas também audíveis a uma prisão que seria incapaz de se adaptar às especificidades dos crimes, custosa financeiramente, escola de vícios e simultaneamente tirânica na liberdade que cerceia e inútil na ociosidade que alimenta[13], dificilmente vista até então como verdadeira pena, serão esbatidas, afirma Foucault, pelo facto de se verificar afinal também uma sobrevivência de "modelos clássicos" de encarceramento – como o encarnado pela *Rasphuis* de Amesterdão ou pela casa de trabalho de Gand[14] – e pelas novidades penitenciárias que em Inglaterra e especialmente nos

(deve haver uma associação clara e pública de cada pena a um crime concreto, favorecendo a eficácia do sistema e reduzindo-se a impunidade), regra da *verdade comum* (a verdade descoberta em juízo – rodeada de particularismos probatórios – deve aproximar-se da verdade aceite em geral) e a regra da *especificação óptima* (o direito penal deve classificar e integrar a totalidade das infracções e simultaneamente permitir individualizar e modular em relação a cada criminoso a pena adequada) (pp. 112 a 117).

[11] "C'est cette sémiotechnique des punitions (...) qui (...) sera relayé par une nouvelle anatomie politique où le corps, à nouveau, mais sous une forme inédite, sera le personnage principal. Et cette nouvelle anatomie politique permettra de recroiser les deux lignes d'objectivation divergentes qu'on voit se former au XVIIIe siècle : celle qui rejette le criminel (...) du côté d'une nature contre nature ; et celle qui cherche à contrôler la délinquance par une économie calculée des punitions" – *ibidem*, p. 122.

[12] *Idem, ibidem*, p. 129.

[13] *Idem, ibidem*, p. 135.

[14] *Idem, ibidem*, pp. 142 e 143.

Estados Unidos se desenham. Trabalho e isolamento, num ambiente prisional em regra fechado ao exterior, erigem-se assim como elementos fundamentais para a correcção de um sujeito progressivamente disciplinado dentro de um reduto de punição exclusivo.[15]

Para Foucault, esta "anatomia política" baseada na disciplina acentuar-se-á entre o século XVIII e o século XIX e a prisão, com a sua nova tecnologia correctiva, é apenas um dos retratos que o demonstra – encontra paralelos nos espaços e regras militares, na escola, nos asilos, nos novos hospitais. Esta "disciplina dos corpos", na análise do autor, exige a clausura, o controlo do espaço e do tempo – evitando a ociosidade ou a dúvida – e incorpora uma vigilância hierarquizada, sanções disciplinares e uma avaliação permanente dos condenados, que também funciona como elemento individualizador. A exclusão[16] e a disciplina aproximam-se e a prisão do século XIX, como no seu exemplo extremo de panóptico, instituição *total*, retrata essa aproximação, com a sua arquitectura de solidão e de vigilância permanentes, os seus espaços e tempos disciplinados e as suas regras internas – *infra-jurídicas* – alheias ao universo comum, e em que a disciplina não visa apenas *evitar um mal* mas *construir um bem* que seja útil socialmente.

Em suma, a pena de prisão generaliza-se também enquanto pena que priva de forma igualitária e mensurável de um bem francamente prezado em novos moldes pela sociedade liberal. É uma pena que permite proporções e modulações imediatamente aferíveis entre crime e sanção, e que pretende a transformação do indivíduo. É, pois, a pena típica das sociedades civilizadas pós-Iluministas – uma pena "limpa" que aloca, na sua máxima dimensão, a liberdade individual a favor do Estado[17], for-

[15] Este novo modelo carcerário ultrapassa, afirma Foucault, quer o modelo "tradicional" de punição, sustentada pela defesa e pelo cerimonial da soberania do monarca, baseado na vingança e na espectacularidade pública do castigo, quer as propostas reformadoras dos juristas do século XVIII, da pena como "procedimento para requalificar os indivíduos como sujeitos de direito", que exigiria igualmente uma presença pública da pena na comunidade – *idem, ibidem*, pp. 154 e 155.

[16] "(...) C'est le propre du XIXe siècle d'avoir appliqué à l'espace de l'exclusion dont le lépreux était l'habitant symbolique (et les mendiants, les vagabonds, les fous, les violents formaient la population réelle) la technique de pouvoir propre au quadrillage disciplinaire" – *idem, ibidem*, p. 232. Noutro momento, Foucault fixa também o que chama de "procedimentos de exclusão" na sociedade: o interdito, a oposição entre *razão* e *loucura* e a "vontade de verdade". Estes são modos de controlar o discurso, de limitar o aleatório e de criar assim uma determinada ideia de segurança. V. Michel Foucault, *A ordem do discurso*, Relógio d'Água, Lisboa, 1997, pp. 10 a 13.

[17] O processo de formação do "Estado" moderno como elemento decisivo para o "processo civilizacional" no Ocidente integrando o uso da força como seu constituinte foi estudado por Norbert Elias em 1936. O seu ponto de partida é o de que ao conhecer o modo de constituição do Estado, enquanto forma de integração de comunidades dispersas e concorrenciais sob uma autoridade unitária, se descobre também a generalização de padrões considerados civilizacionais, processo no qual se integra o monopólio do uso da

mulação em certo sentido mais radical até que a pena, "suja", que oferecia a vida do condenado a favor da vingança e do exemplo. Deve assim deixar-se uma prevenção: as penas do Antigo Regime não proscreviam genericamente a prisão simplesmente por preferirem a crueldade espectacular de outros castigos. A prisão, ganhando o seu espaço próprio enquanto pena, era aplicada a crimes leves e por pouco tempo, porque considerada também aqui uma provação terrível, se por exemplo considerada em alternativa à pena legal mais comum entre nós, o degredo. Como escrevia Mello Freire, uma pena "grave e muito ofensiva da liberdade natural do homem".

Esta nova prisão do século XIX é mais do que uma mera e factual privação de liberdade. A generalização da condenação à pena de prisão, com a sua tecnologia específica, torna-se um modo habitual de gerir a ilegalidade, mais do que de procurar suprimi-la, criando uma delinquência típica agora controlável, dirá Foucault, uma "ilegalidade concentrada, controlada e desarmada que é útil"[18] também porque aproveitável, uma outra face, aliás, de uma criminalidade natural e necessária, já afirmada por Durkheim[19]. Mas, para o início do século XIX, a maioria dirá ainda que o isola-

força pelo Estado, necessariamente modelador de comportamentos sociais, numa linha de conformação e de auto-contenção. V. Norbert Elias, *The civilizing process: sociogenetic and psychogenetic investigations*, Blackwell Publishers, Oxford/Cambridge, 2000, em especial pp. 268 ss. e pp. 365 ss. Max Weber, a quem Elias também recorre neste ponto, já havia destacado precisamente como identitário do Estado um uso monopolista, contínuo e legítimo da força física para assegurar a aplicação das suas regras, enquanto demonstração da sua racionalidade política: "(...) Il n'existe de nos jours de violence «légitime» que dans la mesure où l'ordre étatique la permet ou la prescrit (...). Cet aspect du monopole de la violence réservé à la domination étatique est une caractéristique aussi essentielle de sa condition présente que son caractère d'«institution rationelle» ou d'«entreprise» continue" – Max Weber, *Économie et société*, t. I, Plon, Paris, 1995, p. 99. No mesmo sentido, v. também Max Weber, *Le métier et la vocation d'homme politique*, in "Le savant et le politique", Plon, Paris, 1963, pp. 132 e 133.

[18] Michel Foucault, *Surveiller..., cit.*, p. 325.

[19] Radicando, quanto à existência de uma "positividade" na punição, a análise de Rusche e Kirchheimer e de Foucault em Durkheim, mesmo que moderadamente, v. David Garland, *Durkheim's Theory of Punishment: A Critique*, in David Garland e Peter Young (ed.), "The Power to Punish – Contemporary Penalty and Social Analysis", Humanities Press, New Jersey, 1983, p. 59: "[Durkheim] (...) refuses to adopt the common-sense position that punishment is merely a reactive effect, a negative corollary of crime. (...) He credits punishment with a constitutive status where crime is concerned (as the carrier of the collective sentiments it defines that which is criminal), and with positive social effects (the symbolic display of collective sentiments, the reinforcement of solidarity, the expressive release of collective emotion). This recognition of the positivity of punishment is the necessary first principle of any social analysis of punishment. (...) Of course in Durkheim's work the principle is not given its full extension; punishment is seen as a means of expressing and reinforcing collective political sentiments, never as a strategy designed to produce them, but the principle is present nevertheless". V. também David Garland, *Punishment and Modern Society*, Clarendon Press, Oxford, 1991, p. 132.

mento na prisão acentua a culpa e potencia o arrependimento, que deverá diluir a dureza do castigo e levar à regeneração do criminoso – e, nessa medida, a solidão parecia ser, de facto, "auto-reguladora"[20] da pena. O isolamento celular, tópico central da pena de prisão oitocentista, assume de facto uma dimensão de *pune-te a ti próprio*, que é intencionalmente utilizada como método penal.

A perspectiva de Foucault, no seu reconhecido brilhantismo[21], veio a alimentar a formação de uma corrente relevante de análise do problema da punição baseada efectivamente no cruzamento entre legitimidade e tecnologia do poder e mecanismos de determinação económica, dando maior ênfase a estes últimos e datando necessariamente a "prisão moderna" da viragem industrial do século XVIII para as primeiras décadas do século XIX. O aproveitamento disciplinado da força de trabalho prisional e o desenvolvimento de mecanismos de controlo social como elementos de interpretação para a história da punição oitocentista e da afirmação da prisão como pena principal estão, assim, presentes em autores posteriores, entre os quais Melossi e Pavarini, mas desde logo também em seus antecessores, como Rusche e Kirchheimer, que escrevem na década de 30 do século XX.

Nestes últimos, acentuando uma dimensão de análise económica da prisão, encontra-se a proposta de que o regime penitenciário norte-americano, baseado primeiro no isolamento celular e, em seguida, no trabalho obrigatório do condenado, se desenvolve essencialmente motivado pela realidade do mercado de trabalho nos Estados Unidos no início do século XIX: a carência de mão-de-obra sentida, face às necessidades do mercado, diminuindo a mão-de-obra escrava e sendo insuficiente a livre, teria sido determinante no abandono do modelo original de Filadélfia, de redenção pelo isolamento e pela contemplação, e na passagem a uma prisão em que o trabalho assume uma função primordial, orientado sob um desígnio de aumento da produtividade, de rentabilização do trabalho a favor de um capitalista, e de redução das despesas do sistema, como a prisão-fábrica sob as regras de

[20] Michel Foucault, *Surveiller...*, *cit.*, p. 275.

[21] A análise de Foucault na década de 70 presumia já o desancanto com a prisão e uma mudança iminente, afinal nunca verificada na plenitude que se procurava antecipar. "O encarceramento seria uma forma em recuo, prestes a ser substituída por algo de outro. (...) A decepção e o cepticismo quanto ao método da prisão crescia a par de um optimismo penal confiante na maior eficácia, ou pelo menos na menor nocividade, de medidas alternativas, não carcerais (...)", como sumariam Manuela Ivone Cunha e Cristiana Bastos, *Introdução. As instituições híbridas. Reclusão e laços sociais*, in "Análise Social", vol. XLII (nº 185), Instituto de Ciências Sociais, Lisboa, 2007, p. 978. Mas, pelo contrário, mesmo se configuradas e aplicadas penas alternativas, a própria prisão vai *socializar-se*, integrando de forma mais ampla uma dimensão alegadamente terapêutica, que vai implicar também o aumento do encarceramento.

Auburn.[22] O modelo de isolamento celular, perante uma Europa central e Grã-Bretanha cujas realidades económica e demográfica seriam distintas das norte-americanas, viria a ter no continente europeu outras condições de desenvolvimento, acentuando-se aqui a alegada dimensão reformadora da prisão em detrimento do seu potencial económico, mesmo sendo os seus resultados últimos necessariamente discutíveis.[23]

A evolução geral, aliás, que é notada por estes autores quanto às penas historicamente em uso é modelada essencialmente por condicionantes de carácter económico, numa linha de análise de inspiração marxista[24]: as necessidades de mão-de-obra e o carácter mais ou menos industrializado de uma sociedade irão sugerir, mesmo que não exclusivamente, diferentes ritmos de valorização do trabalho penal e, como tal, dar lugar a penas com prioridades e intensidades distintas. É o nível de aproveitamento de uma mão-de-obra penal o elemento determinante para esta concepção. As casas de trabalho europeias dos séculos XVI e XVII, redutos de resposta à ociosidade e à criminalidade em paralelo, associavam-se a determinadas necessidades comuns de produção, num quadro de escassez de força de trabalho livre. A industrialização do século XVIII, por seu turno, aumenta a população urbana de trabalhadores indiferenciados e pobres, aumenta a criminalidade e cria excedentes de mão-de-obra. Punir torna-se pois necessariamente algo diferente e uma nova prisão – em que o trabalho acabaria por ser apenas eminentemente punitivo – e a pena de multa recobrem o espaço privilegiado da punição entre o século XVIII e o século XIX.[25] Naturalmente que a esta visão, de entre as suas diversas susceptibilidades à crítica, pode apor-se também a sua inaplicabilidade a espaços europeus com características distintas de um modelo europeu continental e britânico, como o caso português, marcado pelo uso intensivo da pena de degredo como paradigma punitivo até bastante tarde e pela inexistente ou incipiente adesão a esse modelo europeu da "casa de força".[26]

[22] Georg Rusche e Otto Kirchheimer, *Punishment and social structure*, Columbia University Press, Nova Iorque, 1939, pp. 129 a 131.

[23] Como referem Rusche e Kirchheimer: "Solitary confinment, without work or with purely punitive labor, is symptomatic of a mentality which, as a result of surplus population, abandons the attempt to find a rational policy of rehabilitation and conceals this fact with a moral ideology" (p. 137).

[24] "Every system of production tends to discover punishments which correspond to its productive relationships. It is thus necessary to investigate the origin and fate of penal systems, the use or avoidance of specific punishments, and the intensity of penal practice as they are determined by social forces, above all economic and then fiscal forces" – *idem, ibidem*, p. 5.

[25] Assim, "imprisonment became the chief punishment throughout the western world at the very moment when the economic foundation of the house of corrections was destroyed by industrial changes" (p. 102).

[26] V., sobre as limitações desta explicação, que concebe afinal "a pena de prisão como pena nascida fora do direito", o texto claro e conciso sobre a historiografia prisional na tese de doutoramento de Pedro Oliver

Ao contrário de uma Europa industrializada, onde o trabalho penal poderia ser uma ameaça ao trabalho livre e à economia capitalista em desenvolvimento – um tópico que preenche largas páginas aos doutrinadores penitenciários de oitocentos –, as colónias portuguesas exigiam mão-de-obra e presença militar em larga escala, sobretudo na segunda metade do século XIX, e um dos meios mais seguros para as assegurar era a sua manutenção alargada como destino penal, mesmo sem uma eficaz máquina administrativa e sem procedimentos penais adequados para o aproveitamento intencional dessa "mão-de-obra".

Dando sequência à mesma linha de interpretação, um estudo conhecido de Melossi e Pavarini, por vezes apresentado como síntese das afirmações de Rusche e Kirchheimer e da análise de Foucault (mesmo se, na realidade, a sua elaboração é até parcialmente anterior à obra francesa e francamente distinta desta, partindo essencialmente do texto daqueles autores alemães), retratou também o desenvolvimento penitenciário norte-americano – e o nascimento da prisão contemporânea – como resultado de uma proletarização necessária e como exercício de um poder disciplinar organizado, originando uma aproximação à ideia de prisão-fábrica – e "fábrica de homens" –, ela própria exemplo de uma "sociedade ideal", mesmo se condenada a um relativo fracasso enquanto entidade produtiva.[27] A passagem do regime de Filadélfia a Auburn é aqui também essencialmente fundada nessa exigência de produção. A devida *reforma* de um condenado é, nesta perspectiva, despida de qualquer sentido moral: a "reeducação prisional" deve ser vista, alternativamente, como uma mera "requalificação" profissional[28], já que punir é rentabilizar economicamente a mão-de-obra penal. Em síntese, como afirmam, "os presos devem ser trabalhadores e os trabalhadores presos".[29] A prisão, enquanto restrição à liberdade quantitativamente medida pelo tempo, é uma emanação lógica do sistema capitalista, e também aqui uma evolução das "casas de trabalho" da época moderna, visando o "ensino da disciplina da produção".[30]

Por seu turno, num outro texto de referência de Michael Ignatieff sobre a afirmação do paradigma penitenciário em Inglaterra, de 1978, é de algum modo ainda a transformação da sociedade industrializada e a flutuação da mão-de-obra disponível que surge a determinar a proeminência desta inovadora prisão-fábrica penitenciária,

Olmo, *La cárcel y el control del delito en Navarra entre el Antiguo Régimen y el Estado Liberal*, Universidad del País Vasco, Vitória, 1999, pp. 42 ss.

[27] V. Dario Melossi e Massimo Pavarini, *The prison and the factory: origins of the penitentiary system*, Barnes and Noble Books, Totowa, 1981, pp. 135 ss.

[28] *Idem, ibidem*, pp. 144 e 145.

[29] *Idem, ibidem*, p. 188.

[30] *Idem, ibidem*, p. 21.

numa escala que ultrapassa necessariamente as experiências circunscritas das casas de trabalho inglesas e holandesas, mas que parte delas, mesmo que de forma menos explícita que nos autores anteriores, acentuando-se aqui em particular um contexto em que o filantropismo, no seu reverso menos benevolente, concebe a penitenciária como "uma máquina para a produção social da culpa"[31] e, portanto, de conformação social, na linha foucaultiana.

Estas pautas de observação não são alheias a críticas. Garland contestou aliás também a originalidade da perspectiva foucaultiana, remetendo-a para Nietzsche e Max Weber, mesmo reconhecendo a importância da valorização inovadora das "tecnologias do poder penal", e sublinhando, em suma, que, por mais valiosa que seja a sua "perspectiva do poder" – a percepção das formas e instituições penais como relações de poder –, ela acaba por ser insuficiente para conhecer um quadro pluridimensional da "sociologia da punição".[32] Como também afirma Garland, ao procurar desmontar os mitos do Iluminismo, Foucault concentra-se nas suas sombras e o seu trabalho, usando a prisão como exemplo, resulta mais numa análise estrutural do poder do que numa história penal, mesmo sendo este o seu pretexto.[33] Trata-se de um comentário certeiro, mas não suficiente para invalidar por completo a racionalidade punitiva ali encontrada. A história das penas não é autónoma da história do poder e a racionalidade punitiva responde à racionalidade política do seu tempo, mesmo quando aparentemente se autonomiza como ciência de vanguarda.

As perspectivas da investigação centrada na história do Direito têm valorizado, em alternativa, o estabelecimento da pena de prisão contemporânea na transição entre os séculos XVIII e XIX através de três factores essenciais, de base institucional e ideológica: a inadequação reconhecida da pena de morte a uma criminalidade generalizada, mas pouco grave; alterações sociais que vão transformando a ideia colectiva de castigo, rejeitando definitivamente penas e práticas processuais agora consideradas cruéis e inúteis; e uma tradição cristã de pena como "contrição", associada à "ética calvinista da sanção como trabalho penoso".[34] Se Foucault de algum modo valoriza uma ideia de intencionalidade política no uso do direito penal, ao reduzir a história penal a uma percepção de factos sobre relações de poder, pode afirmar-se aqui que

[31] Michael Ignatieff, *A just measure of pain: the Penitentiary in the industrial revolution (1750-1850)*, Pantheon Books, Nova Iorque, 1978, pp. 213 e 214.

[32] David Garland, *Punishment..., cit.*, p. 131 e pp. 179 ss.

[33] *Idem, ibidem*, pp. 134 e 135.

[34] Assim, Carlos García Valdés, num texto de síntese valioso: *Una nota acerca del origen de la prisión*, in Carlos García Valdés (dir.), "Historia de la prisión. Teorías economicistas. Crítica", Edisofer, Madrid, 1997, p. 403.

o direito penal, afinal, funciona apenas por necessidade[35], rejeitando-se também assim, por exemplo, a crueldade das penas de morte ou das penas corporais que resultaria já desnecessária ao tempo. E, em alternativa à relevância extrema da ideia de exploração de uma mão-de-obra delinquente, reconduzida sucessivamente à nova prisão, que ressalta do texto fundador de Rusche e Kirchheimer e de outros autores posteriores, pode recordar-se que essa visão economicista da origem da pena é não só redutora como provavelmente errada – a consolidação do novo modelo penitenciário, nos termos em que se constituiu, deverá mais à influência de uma perspectiva moralizadora, que determinará o próprio conteúdo da pena (separação, isolamento, silêncio...) em função de um fim de redenção, moral e social, que se pretende forçar no condenado.[36] Mesmo reconhecendo a relevância da expectativa social e económica num sentido de exigência de integração dos condenados num sistema produtivo, não parece possível neutralizar ou instrumentalizar de forma absoluta o peso que uma "reanimação" da tradição canónica assume neste percurso.[37-38]

Parece certo que uma visão parcial centrada na análise da prisão como parte de um complexo produtivo ou uma visão predominantemente disciplinar, nomeadamente a orientada pela exigência do trabalho ou da disciplina social em relação ao poder, acabam por tomar qualquer afirmação ideológica da "bondade" e da "humanização" da prisão oitocentista como meramente filantrópica e, neste sentido, forçosamente casuística: a crítica às penas cruéis e desiguais, e o estabelecimento da prisão como pena racional e proporcional, apenas conseguem aqui ser percebidos como um resultado determinado pela combinação entre factores de produção ou como exemplo de uma consolidação do Estado e dos poderes implícitos que este acolhe enquanto instrumento disciplinar para a sua própria manutenção.[39]

[35] *Idem, ibidem*, p. 404.

[36] *Idem, ibidem*, p. 412.

[37] Carlos García Valdés, *Teoría de la pena*, 3ª edição, Editorial Tecnos, Madrid, 1987, pp. 74 ss.

[38] Sobre a perspectiva foucaultiana e dos seus seguidores, o mesmo autor escreve: "No niego, obviamente, la riqueza de estas tesis ni lo inteligente del esfuerzo realizado al exponer las mismas; es cierto, además, que la ideia de utilización del trabajo de los reclusos, com fines más de explotación que de emienda, figura entre las que explicaban el originario del sistema carcelario como ha demonstrado Sellin; pero es cierto también, y en mayor medida si cabe, que este exclusivo planteamiento, en unión del de la vigilancia, muy distorsionado en su exposición, pues jamás el modelo de prisión ideado en 1791 por Bentham alcanzó generalidad alguna (...), no sirvén para razonar por sí solos el trascendente momento histórico del nacimiento de la pena privativa de la libertad, pues olvidan que, por su lado, el humanismo cristiano y la ética calvinista tienen campo de proyección en el tema" – *idem, ibidem*, pp. 76 e 77.

[39] Esta limitação é tambem assinalada por Garland na crítica a Foucault: "As for the intelectual developments which take place in legal theory or in the programmes of penal reformers, and even the wider changes which we see as the growth of individualism and the 'humanization' of sensibility – all the provide

Por outro lado, recorde-se, a própria "novidade" da prisão enquanto pena tem vindo a ser progressivamente atenuada[40]: depois de Sellin em 1944[41], Spierenburg publicava em 1991[42] aquela que pode ser considerada a mais definitiva análise das casas de trabalho europeias e do seu "regime moral" como prenunciadoras da prisão contemporânea, acentuando linhas de continuidade que outras visões, designadamente a foucaultiana, davam por francamente enfraquecidas, sem esquecer necessariamente que a sua existência cumpria também já objectivos que estão fora do escopo penal típico, como a repressão e o controlo da mendicidade e da ociosidade. No entanto, desconsiderar absolutamente a dimensão da intencionalidade do poder, num sentido amplo, e a sua representação enquanto tal nos fins e nas ferramentas do sistema penal – a sua "tecnologia política" (Garland) – tal como se configuram entre os séculos XVIII e XIX, afinal a lição mais valiosa de Foucault, mesmo devendo esta ser cautelosamente ponderada na sua alegada dimensão "estratégica", é igualmente impossível.[43] Ou seja, em suma, perante Foucault, pode desde logo recolher-se o seu

only a survace history, as far as Foucault is concerned. Rather than being the causes of penal and political change, these are merely the effects of more profound developments at the level of power-knowledge-body relations" – David Garland, *Punishment...*, *cit.*, p. 139. V. também *idem*, *ibidem*, pp. 158 e 159 e pp. 167 e 168.

[40] V. *v. g.* Günther Kaiser, *Prison systems and correctional laws: Europe, the United States and Japan – A comparative analysis*, Transnational Publ. Inc., Nova Iorque, 1984, pp. 9 e 10, que designa imediatamente – e de forma abusiva, crê-se – as casas de trabalho de Amesterdão como "penitenciárias", para além de parecer limitar a sua explicação à imposição de trabalho "de acordo com a ética de trabalho calvinista" e de descrever a exportação do seu modelo como tendo ocorrido à época de uma forma generalizada na Europa.

[41] V. Thorsten Sellin, *Pioneering in penology – The Amsterdam Houses of Correction in the sixteenth and seventeenth centuries*, University of Philadelphia Press, Philadelphia, 1944.

[42] V. Pieter Spierenburg, *The Prison Experience – Disciplinary Institutions and Their Inmates in Early Modern Europe*, Rutgers University Press, New Brunswick e Londres, 1991, um trabalho em grande medida dedicado à investigação do quotidiano das casas de trabalho da Europa Central no século XVII. "My criticism aims at the suggestion that something enterily new was created from about 1800 on. Notably the authors who see imprisonment quickly succeeding a penal system based on public executions and physical punishments construct such a view. (...)", como nota imediatamente Spierenburg a pp. 3. Aceitando que efectivamente o período coberto pelo final do século XVIII e as primeiras décadas do século XIX é um período de "transformação acelerada" nos Estados Unidos e na Europa, procura destacar o facto de essa transformação poder ser notada, mesmo que de forma mais lenta, desde o século XVI, o que se evidencia por uma progressiva dulcificação nas penas corporais ou no uso mais antigo da prática de encarceramento: "(...) the spectacle of the scaffold underwent several crucial changes since the early seventeenth century and confinment played an important role in the penal system and among methods of repression and discipline generally since the late sixteenth century".

[43] Uma síntese das críticas que a visão de Foucault tem vindo a merecer pode ser recolhida através de David Garland, *Punishment...*, *cit.*, pp. 157 a 162, designadamente, na perspectiva histórica, quanto à discutibilidade dos dados apresentados (por exemplo, atestando-se o início de uma progressiva diminuição do recurso a penas corporais e à pena de morte na Europa em período anterior ao século XVIII, o que está subjacente

modelo prévio, mas também apor-se que há uma "longa duração" que deve ser tomada em conta e uma dimensão de intervenção moral, fora da esfera directa do Estado, que necessariamente determinou os conteúdos do percurso da prisão.

A prisão penitenciária do século XIX, alfa e ómega incontornável da leitura histórica sobre as penas, parece pois ter a sua origem fundada em pelo menos quatro linhas distintas, cuja intensidade pode de algum modo variar consoante os resultados pretendidos e consoante a autonomia permitida ao jurídico e ao penal, sem anular contudo a sua presença em comum.

A tradição representada pelas "casas de trabalho" ou "casas de força", que se verá adiante com mais pormenor, de valorização do trabalho e do controlo das populações de risco, é necessariamente uma delas, mas não a única, na qual radicam as teses que privilegiam a prisão contemporânea como declinação do modelo económico aplicado e como ferramenta de controlo social. Esta dimensão deve ser considerada hoje, contudo, com algumas reservas.[44] A par destas, é preciso avaliar, contudo, a emanação da pena de prisão como contrição íntima e experiência para a reforma moral, que a ordem canónica constrói e aplica, designadamente na prisão monástica e em instituições de recolhimento, como as criadas por iniciativa papal – salientando-se a dimensão de isolamento como instrumento para a reforma moral do condenado –, desvalorizando a sua dimensão económica, e que está também presente no encarceramento nas instituições de reclusão para o trabalho na Europa central dos séculos XVI e XVII. Não deixará de ser aproveitada num momento em que o castigo, mais do que exemplo para os outros, se converte em exemplo para o próprio condenado.

Ambas as experiências encontram no século XVIII espaços ideológicos que permitem o seu desenvolvimento e, de algum modo, o seu encontro, como o apresentado pelo humanitarismo penal, erigido também em programa político. Um resultado afinal de uma nova visão sobre o exercício do poder e sobre o conteúdo da liberdade individual, favorecendo, no plano jurídico, uma pena métrica, proporcional ao crime, potencialmente igualitária e refutando a crueldade no castigo, como o poderia ser, entre as possibilidades disponíveis, a prisão. Mesmo fora da pauta de leitura disciplinar, os fins do poder presentificavam-se nos fins da pena prevista: sujeição a uma tipi-

ao trabalho de Spierenburg), ou quanto à influência dos reformadores penais, manifestamente minorada por Foucault, para além de uma crítica geral assente na ideia de que a "punição" é sempre mais do que mero "controlo".

[44] Como Spierenburg acentua: "Early modern prisons workhouses were pseudohouseholds rather than capitalist manufactories, and penal considerations prevailed over economic ones, the prison administration accepting a modest loss" – *The Prison Experience...*, *cit.*, p. 277.

cidade legal, igualdade perante a lei, rejeição do arbítrio, valorização da liberdade individual.

Por outro lado, a criação prática de novos modelos institucionais, especialmente os desenvolvidos nos Estados Unidos, que funcionam como experiências concretas e partilháveis que parecem cruzar de forma exacta e bem-sucedida justificação moral, experiência punitiva e utilidade comum. Mesmo se alheios, em grande medida, a um debate europeu sobre os fins da pena, são convertidos, também para os seus defensores europeus, em espaços de concretização do novo ideário penal e, como tal, em oportunidades de "civilização".

E, enfim, note-se também que a prisão enquanto pena não é desconhecida do final da Idade Média europeia, como se tem evidenciado[45], ou sequer da realidade portuguesa, mesmo que com uma expressão francamente reduzida, pelo que a mudança verificada no final do século XVIII, neste aspecto, deve ser vista como uma continuidade e uma *rentabilização* do passado punitivo e não necessariamente como uma sua negação. Nas páginas seguintes, também esta perspectiva, menos evocada entre nós, será devidamente ponderada, até porque abre indícios claros sobre uma criação progressiva da pena de prisão não apenas como parte de um "catálogo político" de penas, mas como construção doutrinária e judicial e não necessariamente legal.

Portugal acede plenamente a este debate sobre a prisão num momento em que as suas conclusões estão, de algum modo, já traçadas no plano internacional e a sua própria tradição punitiva, largamente assente na pena de degredo, explicada pelas suas condições específicas, vai conceder-lhe apenas um papel de espectador atento durante um período alargado. O novo modelo de pena penitenciária parece ser o mais adequado nos princípios a doutrinadores e a políticos, mas as dúvidas quanto à sua adaptabilidade face à realidade nacional e as dificuldades práticas na sua implementação acabarão por diferi-lo e mitigá-lo. É certo que uma primeira tentativa nacional, logo em 1839, parte do modelo da prisão "casa de trabalho" aplicado à realidade de uma fábrica – no entanto, é também elucidativo o seu falhanço imediato, e que apenas mais de quatro décadas depois a prisão penitenciária ganhe corpo entre nós, para mais cobrindo o universo de condenados de modo francamente parcial. A lenta indus-

[45] Esta linha é acentuada no estudo de G. Geltner, *The medieval prision – a social history*, Princeton University Press, Princeton, 2008, no qual se procura acentuar uma dimensão de continuidade entre a prisão europeia medieval e a prisão contemporânea, num sentido simultâneo de pena e oportunidade de regeneração, como mais à frente se sinalizará, desvalorizando-se aqui a "inovação" das casas de trabalho holandesas.

trialização nacional, comparativamente com os espaços europeus referenciais, correspondendo aqui a uma criminalidade em grande medida de configuração rural, também parece favorecer a demora da nova prisão. Reconhecendo esse facto, Aires de Gouveia, entre outros autores, ao mesmo tempo que pugna pela prisão penitenciária celular entre nós, não deixará de invectivar à construção de colónias penais agrícolas, à semelhança do que acontecia também em vários países europeus. Estas colónias penais agrícolas, aliás, ganharão existência física no mesmo ano em que abre portas a Penitenciária de Lisboa (1885), mas, impressivamente, apenas, por enquanto, no espaço de degredo angolano.

Nesta medida, a discussão sobre a origem da pena de prisão entre nós está de algum modo facilitada em comparação com outras realidades. É um facto que, sem uma tradição de "casas de trabalho" como a desenvolvida na Europa central, e com o sistema penal até 1852 legalmente assente, em larga escala, na pena de degredo, na pena de morte (ou na sua ameaça) e em trabalhos públicos, a par de penas pecuniárias, a prisão punitiva – em oposição à prisão meramente coactiva ou como "caução" – foi uma importação política liberal e demorou a implantar-se de forma generalizada, por insuficiência de meios financeiros e de estabilidade política para reformar as prisões, mas também, intencionalmente, por existir um outro modelo penal que se mantém válido e que não é rejeitado pela nova ordem política.[46] O degredo, condizente com a realidade e as necessidades de um império colonial, acabou por reter entre nós um impulso penal que parecia irremediavelmente, um pouco por todo o Ocidente, querer afirmar a prisão como a pena por excelência. Era nas longínquas colónias que a mão-de-obra e a presença europeia – como a usada para fins militares – se revelavam necessárias e não pode seguramente essa realidade ser alheia ao sistema de penas escolhido desde o século XV e deixar de colaborar na explicação da prevalência do degredo.[47]

[46] O que não tem sido tomado em consideração nas apreciações tradicionais do tema – v., por exemplo, Maria Antónia Lopes, *Os pobres e a assistência pública*, in José Mattoso (dir.), "História de Portugal", vol. 5, Círculo de Leitores, s/l, 1993, pp. 509 ss., num texto que, apesar do seu título, apresenta também a evolução da questão prisional ao longo do século.

[47] Spierenburg descobre aliás uma "economia do castigo" não nas casas da Europa Central e na sua reclusão para o trabalho, como a literatura anterior parecia afirmar, mas, por exemplo, e em oposição à realidade holandesa e alemã, no uso da pena de galés em França e em Espanha, esta parcialmente determinada por ser financeiramente mais sustentável em comparação com o encarceramento – assim, Pieter Spierenburg, *The Prison Experience...*, *cit.*, p. 278. O mesmo pode ser afirmado para Portugal, pensando em particular no uso alargado da pena de degredo. De outro ponto de vista, olhando a realidade brasileira, os investigadores do outro lado do Atlântico também se têm questionado: "Foucault (...) coloca toda ênfase de sua análise no estudo ideológico do sistema penal. No caso do Brasil, por exemplo, como estudá-lo utilizando apenas o modelo de modo de produção capitalista, uma vez que nossa sociedade ainda estava numa fase pré-bur-

Também a complexidade que, rapidamente, foi construída em torno da nova prisão e da perfeição da sua execução como pena, conhecida e ponderada em Portugal, determinou afinal que as decisões fossem sendo adiadas: vários países referenciais tinham já, chegados a meados do século XIX, um percurso feito de avanços e recuos em relação ao sistema prisional – *maxime*, França e Inglaterra –, e essa problemática não passava despercebida aos penalistas e aos decisores nacionais, largamente conhecedores daqueles padrões. E, necessariamente, uma história política feita de dificuldades em estabilizar um regime e as suas continuadas carências financeiras são igualmente determinantes no contexto e no tempo em que um novo sistema de penas se vai afirmar. No entanto, como se verá adiante, a prisão enquanto pena não é também alheia à realidade nacional anterior a 1820 – mas a sua escala e o seu fim são necessariamente distintos daqueles que irá assumir de modo mais claro a partir da segunda metade do século XIX.

***

A investigação cujo resultado agora se apresenta partiu de um objectivo relativamente simples: procurar apresentar de um modo panorâmico e crítico, não uma história do direito penal cuja dimensão fosse portuguesa ou sequer uma história do "sistema penal", mas sim uma narrativa histórico-jurídica, assente em primeira linha no direito legislado e na doutrina jurídica, do que se verificava quando a justiça penal *acontecia*, ou seja, uma investigação sobre a justificação e o conteúdo da pena imposta pelo Estado, em particular a nova pena de prisão, tendo como ponto de partida o período de ruptura contemporâneo da afirmação do Liberalismo constitucional em Portugal e ponto de chegada o início do Estado Novo, representado neste trabalho formalmente pela reforma prisional de 1936.

Foi desenvolvida portanto como um contributo adicional para a história do pensamento jurídico e para a história da execução das penas em Portugal, partindo essencialmente da afirmação da prisão enquanto pena ao longo do século XIX. Ao abrigo de que ideologias se justificou a imposição da pena e em que formas esta se concretizou, no advento e na materialização do que parecia ser um "novo mundo penitenciário" cheio de promessas – este o pretexto interrogativo mais sintético para as páginas que se seguem. Não foi pensada, portanto, como uma investigação

guesa?" – Clarissa Nunes Maia, Flávio de Sá Neto, Marcos Costa e Marcos Luiz Bretas, *Introdução: História e historiografia das prisões*, in Clarissa Nunes *et al* (org.), "História das Prisões no Brasil", vol. I, Rocco, Rio de Janeiro, 2009, p. 20.

que cobrisse de forma ambiciosa o campo vasto da dogmática penal ou o nascimento e a recepção no direito português das categorias que, ainda hoje, dão corpo ao estabelecimento de um juízo penal, pelo que será inútil qualquer pesquisa feita neste texto com essa perspectiva. A elaboração dogmática do direito penal entre o século XIX e o século XX, em especial pensando nas declinações teóricas em torno das categorias da culpa, do tipo e da ilicitude ou na construção de novos tipos penais, merece por si só análises promenorizadas e que, sem prejuízo das variadas intersecções possíveis de construir, são autónomas do percurso da pena.

Sendo a prisão a pena eleita no mundo ocidental, a partir do final do século XVIII, como paradigma punitivo, uma pena que, ao longo do século seguinte, sofrerá a maior evolução na sua execução e também críticas abertas, muito do que se escreve abarca necessariamente esse novo universo prisional. Procurar-se-á dar conta, desde logo, de como se verificou a recepção em Portugal e a reelaboração própria dos modelos penitenciários, desenvolvidos em especial nos Estados Unidos da América e em Inglaterra, e o tratamento e a aculturação que a "questão penitenciária" mereceu, quer do ponto de vista doutrinário, quer do ponto de vista da sua recepção no direito legislado, operacionalizando esta nova pena, com novas finalidades. O mesmo é válido para a recepção da crítica e da evolução que a pena de prisão e, de modo mais amplo, o direito penal clássico sustentado na culpa, vêm a incorporar entre nós entre o final do século XIX e as primeiras décadas do século XX. Aqui o debate agrega de forma única saberes e experiências extra-jurídicos, congregados sob as epígrafes aglutinadoras da antropologia criminal e da sociologia criminal, e que, ao longo de mais de quatro décadas, foram quase uma hipálage do direito penal.

Entre as fontes privilegiadas neste trabalho, encontra-se, de modo preferencial, o direito e a doutrina histórica portuguesa (em especial a dedicada de forma decisiva à *questão penitenciária*) e, na medida em que tal permite verificar influências ou atestar orientações, também estrangeira. Procurou-se por vezes também iluminar ou validar posições e interpretações recorrendo ao debate político sobre o tema, nomeadamente o reflectido no parlamento português. Usando uma expressão alheia, tentou "percorrer-se o caminho entre instituições e ideias e vice-versa", num sentido amplo de instituições, de modo a reconhecer influências, marcas, sucessos e insucessos, duradouros ou episódicos. Em todo o caso, esta é assumidamente uma história baseada no direito legislado e na doutrina jurídica, mesmo se se procurou cotejar os dados daí retirados, por exemplo, com a informação que a experiência de arquivo sempre proporciona, mesmo que parcial.

Com as suas limitações, mas também com as suas seduções, um texto de apreciação histórica fundado no direito legislado, pode resultar, por vezes, numa mera versão da realidade ou mesmo numa realidade meramente intencional. Procurou evitar-se esse resultado, dando ênfase à distinção, sempre que tal pareceu aconselhável, entre direito legislado e prática verificada; outras vezes, contudo, é essa própria intencionalidade normativa defraudada o verdadeiro motivo de interesse.

Desde este momento dois resultados da investigação podem ser destacados. Procura-se afirmar nas páginas seguintes a refutação de uma ideia, várias vezes difundida de forma simplificada, de "atraso nacional" ao longo do século XIX em relação aos novos paradigmas punitivos estabelecidos internacionalmente, pontuado em sentido contrário pela abolição da pena capital.

Ora a realidade parece ser diversa. O que se descobriu foi, por um lado, a autonomia e até a novidade de um pensamento penitenciário português, mesmo quando motivado pela recepção das notícias estrangeiras, usualmente por via francesa, que coteja de forma crítica o contexto nacional com as exigências aparentemente universais do regime penitenciário. E, por outro lado, o mesmo pode ser dito quanto à contemporaneidade de diversas iniciativas legais, mesmo quando incipientemente aplicadas, pura e simplesmente esquecidas pela prática ou até quando definitivamente perdidas ainda durante o seu processo de aprovação. Assim, é certo que é ainda de algum modo um Portugal *medieval* que chega ao século XX olhando para as condições materiais de diversas das suas cadeias, como os reformadores de 1936 reconhecerão, mas esse resultado não deve levar a diluir por completo o esforço doutrinário e legal alimentado de forma sistemática ao longo de décadas. Parece usar-se aqui, nesta defesa, apenas um critério de "ajustamento cronológico" a ideias externas, mas não é apenas esse dado que está em causa. No caso, a experiência portuguesa – aqui compreendendo dados legais, elaboração doutrinária e evolução institucional – revela-se muito rica, pois trabalha em simultâneo com direito vigente e direito a constituir, instituições históricas e a ponderação de alternativas diversas e ainda um espaço de aplicação europeu e extra-europeu.

Deixando para as próximas páginas quaisquer conclusões adicionais, indica-se apenas que o presente trabalho assenta essencialmente em três pontos de observação, de modo a poder conhecer-se mais de uma realidade que é diversa e multiforme. Assim, tendo sempre a sombra da prisão sobre nós, a reflexão sobre a finalidade das penas, as propostas sobre modos e ferramentas para que a prisão possa cumprir esses fins e os regimes legais projectados ou adoptados são os três vectores escolhidos que poderão permitir essa descoberta.

Um conjunto de objectos específicos não é considerado nesta investigação, sendo apto para outros trabalhos direccionados. Estão nessa circunstância, entre outros, a justiça de motivação política e a justiça militar, bem como a aplicação da justiça penal nas colónias ultramarinas ou a dimensão punitiva das intervenções de cariz meramente administrativo e policial, que representam investigações valiosas, mas autónomas, sem prejuízo de lhes serem feitas referências sempre que tal foi considerado útil. Ao querer-se ser suficientemente panorâmico sem se ser imprudente, rejeitando a pretensão de exaustividade, mas procurando pormenorizar alguns aspectos que se reputaram mais decisivos, nomeadamente através de enquadramentos que se podem julgar acessórios, corre-se provavelmente um risco. Mas, como se trata, no fundo, apenas e sempre, de contar uma história, todas as histórias contêm já em si o risco natural da narrativa, que é o risco da escolha.

Usa-se por vezes terminologia forçosamente contemporânea ou, ao menos, desajustada da cronologia devida[48], de modo a permitir uma compreensão mais ampla dos temas e dos problemas, sem perder a consciência dos erros eventualmente associados a esses anacronismos. Sempre que possível, procurou evitar-se essa limitação discursiva e conceptual, tentando reconhecer a história no seu tempo.

Em particular nos últimos vinte anos, vários estudos valiosos foram publicados entre nós, cobrindo diversos aspectos da nossa história da criminalidade e da nossa história penal e penitenciária, quer do lado do direito, quer do lado da história, quer até do lado da arquitectura. É desnecessário salientá-los aqui, o que será feito ao longo do texto. Mas certamente que se é tributário de todos eles e aos seus autores (entre outros, António Manuel Hespanha, Irene Vaquinhas, José António Barreiros, José Manuel Merêa Pizarro Beleza, José Subtil, Luís Bigotte Chorão, Luís Miguel Duarte, Maria da Conceição Trigueiros, Maria Fernanda Palma, Maria João Vaz, Maria José Moutinho Santos, Paulo Pinto de Albuquerque, Sílvia Alves, Tiago Pires Marques) apenas se pode sinalizar esse débito incobrável.

O texto está organizado em duas partes.

Na primeira delas, o objectivo foi apresentar os dados ideológicos e da reflexão jurídica que de algum modo representam ou colaboram na representação histórica das penas entre nós. Isso é feito através de uma manifestação do percurso da pena, ideia e dispositivo legal, tendo por referência a pena de prisão (1.); da fixação sumária dos modelos estrangeiros que melhor interpretaram o sentido de reforma prisional

[48] Mesmo reconhecendo todo o mérito à lição já antiga de Paulo Merêa, que continua válida: "O método cronológico costuma seguir-se no estudo da história do direito público e rejeitar-se no estudo das instituições do direito privado. Efectivamente, é impossivel expor as transformações do direito público, sem a divisão em períodos. O método cronológico torna mais claro o desenvolvimento do instituto até aos nossos dias, evitando, ao mesmo tempo, com o seu emprego as confusões que facilmente podiam dar-se com a exposição rápida das fases do direito privado que tem uma evolução mais lenta e menos nítida do que o direito público" – Paulo Merêa, *História do Direito Português*, Lisboa, s/d, pp. 23 e 24. Por seu turno, uma prevenção de Sanchez-Arcilla é também recebida, quando deixa claro que qualquer "cumplicidade" exagerada entre a dogmática penal actual e um método histórico-jurídico não faz sentido, pois a esta dogmática se deverá mesmo "a invalidade da maior parte dos estudos que até à data, tanto historiadores do Direito como penalistas, dedicaram ao Direito criminal histórico"... (tradução nossa) – assim, Emma Montanos Ferrin e José Sánchez-Arcilla, *Estudios de Historia del Derecho Criminal*, Dykinson, Madrid, 1990, p. 6.

contínua que se encontra ao longo do século XIX (2.); e de uma reunião crítica dos testemunhos que podem constituir um pensamento penitenciário português entre o final do século XVIII e o início do século XX (3.).

Na segunda parte, procurou-se oferecer uma visão alicerçada no direito legislado e na prática institucional nacional da execução da pena de prisão, na sua evolução ao longo do período em apreço. Assim, é apresentada a configuração legal do novo sistema de penas, assente em primeira linha na codificação penal e suas decorrências (1.); é fixada uma evolução específica da execução de pena de prisão, para a qual concorrem não apenas regimes jurídicos, mas também práticas administrativas e instituições novas, acompanhando a amplificação do mundo prisional (2.); e são apresentados reflexos próprios de uma ideia de *futuro* associada à execução da pena de prisão, consequências necessárias da sua primazia penal, como o trabalho prisional e uma cobertura autónoma dos menores pela reclusão (3.).

Após umas breves notas conclusivas, o trabalho é completado por um anexo no qual se apresentam alguns dados de ilustração da investigação desenvolvida, cujos conteúdos vão sendo directamente convocados ao longo do texto.

PARTE I
A construção da modernidade punitiva

1. Percurso histórico e ideologia punitiva

§ 1º Punir e prender: a pena e a cela

Procurar conhecer o desenvolvimento da pena de prisão no seu conteúdo penitenciário considerando-a à partida, de forma absoluta, como uma "invenção liberal", é limitar de forma imprópria as suas origens. Em certa medida, os seus elementos constitutivos encontram-se também reunidos em períodos anteriores. Mas a mescla identitária destes elementos e a intencionalidade punitiva deste castigo eram ainda insuficientes para lhe assegurar a legitimidade e a escala que atingirá a partir do século XIX. Sem prejuízo disso, crê-se útil apresentar alguns traços dessa pré-história da pena de prisão.

É certo que buscar o nascimento de uma tradição jurídica europeia quanto à pena numa origem romana, tendo em conta especialmente a pena de prisão, não significa estabelecer imediatamente um percurso claro e linear de radicação. No direito romano mais antigo recolhem-se essencialmente indícios de uma justiça de carácter arbitral, em que domina uma dimensão de justiça *pactuada*. Mesmo no caso de se estar perante um crime[49], desde que o seu dano apenas se repercutisse numa esfera meramente privada, era essa dimensão de acordo violado que prevalecia, ainda que mediada, incorporando-se progressivamente a

[49] A protecção dos interesses da comunidade vai justificar a intervenção de uma máquina administrativa de repressão, quando estava em causa a *utilitas publica* (*utilitas rei publicae*), situação distinta da mera lesão privada, onde se encontram os simples *delicta*. O direito romano desenvolveu a distinção entre crimes públicos e privados e, ganhando com o tempo dimensão os primeiros, no espaço da influência de Roma, o poder punitivo foi exercido progressivamente através das distintas instituições que representavam a comunidade (rei, magistrados, Senado, imperador) e de processos pré-determinados.

possibilidade de uma compensação pecuniária. Este crime entre privados representa assim essencialmente uma "fonte de créditos", para retomar uma expressão que entre nós usou Artur Montenegro.[50] Uma primeira forma de composição, através de penas corporais, é sucedida pela constituição de uma dívida, que pode efectivamente ser paga ou remida através de uma reclusão à ordem deste credor. A composição pecuniária tenderá a ser tornada obrigatória. A Lei das XII Tábuas (451 a. C.) foi um primeiro exemplo positivo de como estes "crimes privados" constituíam a maior parte das ofensas no direito romano antigo.[51] Largamente punidos com a morte, poderiam também exigir que o queixoso assumisse a acusação, perante uma assembleia de cidadãos.

Esta será uma perspectiva ainda presente nas sociedades europeias ao longo da Idade Média, em que a dimensão arbitral e pactuada para o exercício da composição em virtude da prática de um crime continua a verificar-se, perante também à dimensão restrita do que, em oposição, seria a justiça pública, e sem que um crescente dinamismo desta, contudo, tenha imediatamente significado a anulação absoluta da primeira modalidade – *comunitarizada* nas suas práticas, mais perceptíveis e mais próximas nomeadamente da figura da vítima. A dimensão acusatória do processo utilizado, mesmo nos sistemas modernos, não deixa de retratar essa origem, em que os ónus recaem em grande medida sobre o lesado e sobre o autor do dano, ficcionando-se uma igualdade que se torna fundamental repor e assumindo uma dimensão punitiva. A *poena*, se bem que indicando na sua origem uma soma pecuniária a pagar, era mais do que uma mera prestação – na verdade, já uma punição.

Num dos trabalhos mais recentes sobre crime e punição em Roma, extravasando a perspectiva estrita do direito e processo penais romanos[52], Bauman

[50] Arthur Montenegro, *O antigo direito de Roma*, Francisco França Amado Editor, Coimbra, 1898, p. 105.

[51] V. recentemente Eduardo Vera-Cruz Pinto, *Curso de Direito Romano*, vol. I, Principia, Cascais, 2009, pp. 404 a 406.

[52] Richard A. Bauman, *Crime and punishment in Ancient Rome*, Routledge, Nova Iorque, 1996. Numa perspectiva panorâmica, pensando apenas nos crimes que exigiam uma resposta assumida por toda a comunidade (*crimina publica*), uma primeira fase, presente até meados do século I a. C., de *iudicum populi*, caracterizava-se por conter um modelo de julgamento em que participavam o *populus* e um magistrado (usualmente um tribuno da plebe). Ao magistrado cabia conduzir a inquirição e propor uma punição adequada segundo o seu entendimento, que seria apreciada em seguida pelo comício, após ouvir as motivações. Não há aqui ainda um elenco fechado de penas potencialmente aplicáveis, mesmo prevendo-se uma *poena legis* em vários casos. A sua proposta cabe em exclusivo ao magistrado. Este modelo, na sua formalidade, seria o reservado, contudo, aos cidadãos – o crime

salienta o tardio desenvolvimento sistemático do direito penal, atendendo à concentração dos juristas romanos na vasta esteira do direito privado e apresenta as suas fases sequenciais de evolução, se bem que com períodos relevantes de concomitância, cobrindo os períodos da República e do Principado, num sentido de constante apropriação por parte de uma justiça pública do exercício punitivo, sem que as penas aplicadas se modifiquem estruturalmente.[53]

Como pena, contudo, considerar-se-á cada vez mais apenas a retribuição de um crime desde que prevista pela lei ou pelos costumes recebidos e decretada "em nome do Estado", como afirma Mommsen.[54] Se originalmente ser punido significava perder a vida ou perder património, consoante a natureza pública ou

praticado por um não-cidadão seria apenas resolvido por um magistrado. Este processo é ultrapassado pelo modelo de *iudicum publicum*, em que ao magistrado, usualmente o pretor, se associam júris de cerca de 50 cidadãos, criados inicialmente tendo em vista julgamentos determinados. Este modelo, iniciado em meados do século II a. C. e que vai continuar pelo Principado, findando apenas no século III da nossa era, parte já, ao contrário do modelo anterior, de uma previsão de penas anterior ao julgamento (por exemplo, na lei que criava o tribunal em causa) e assume assim a redução da discricionariedade do magistrado na pena. Uma terceira fase recebe o processo de *cognitio extra ordinem*, iniciado com a fundação do Principado por Augusto. Várias jurisdições podem agora executar a justiça penal, modelo que funciona em paralelo, durante um período significativo, com o de *iudicum publicum*. Esta simultaneidade de regimes na reacção ao crime é igualmente assinalada por Jean-Marie Carbasse, *Histoire du droit pénal et de la justice criminelle*, PUF, Paris, 2000, pp. 32 ss., como modo também de alargamento do campo do direito penal. Novas modalidades não representam imediatamente a supressão – e a superação – das antigas. O Senado recebe o exercício da função jurisdicional, em relação a determinados grupos, desde logo os seus próprios membros ou em condições de o serem. O imperador julga também, directamente, no seu próprio tribunal, ou delegando esta faculdade em funcionários – como nos governadores das províncias. Neste modelo, regressa-se a uma dimensão de discricionariedade por parte do julgador, até maior que a presente no *iudicum populi*, mesmo que tomando como ponto de partida as leis que já vinculavam os *iudiciorum publicorum*, e os juízes imperiais têm a possibilidade de ofício de acusar e investigar. A pena podia ser mitigada ou agravada de acordo com o juízo feito pelo julgador. E, através dos vários tipos de constituições imperiais, ao imperador, também instância de recurso, cabia sempre a possibilidade de criar novos crimes e fixar novas *poenae*, mesmo se o desenvolvimento deste direito penal é feito à custa, mais do que de leis, das respostas que o imperador emitia perante questões concretas da sua máquina de justiça, que levavam à criação de novos crimes ou convertendo uma antiga *injuria* em crime público. Também no domínio penal, o horizonte do jurista romano – e até do *jurista de Estado* – era essencialmente prático.

[53] V. também sobre a organização da administração da justiça penal em Roma, W. Kunkel, *Historia del Derecho Romano*, Editorial Ariel, Barcelona, 1994, pp. 71 ss. e, em particular, o estudo intemporal de Teodoro Mommsen, *El derecho penal romano*, Editorial La España Moderna, Madrid, s/d, em especial pp. 95 ss.

[54] *Idem, ibidem*, p. 553.

privada do delito, o catálogo de penas vai sendo paulatinamente alargado. Entre as penas aplicadas (pecuniárias, corporais, servidão, diversos elementos de infâmia, exílio, trabalhos forçados, a própria reclusão), a pena de morte, mesmo se sempre presente, vai ser atenuada ou mesmo impossibilitada na sua aplicação entre os cidadãos, pensando-se no período republicano. No final da República e já no Principado, a *humanitas* romana concretiza-se também na crítica à execução da pena de morte. A esta é progressivamente associada a faculdade alternativa de um exílio voluntário para o condenado, desde que cidadão, apenas sendo executada a pena em caso de regresso à Península Itálica, modelo que passa a obter consagração legal no século I a. C.. No entanto, paralelamente a este percurso, em particular no Principado, assiste-se igualmente a diversas demonstrações da *saevitia* imperial, que a liberdade na fixação das penas designadamente por parte do *princeps* permitia e incentivava, com reflexos também no uso da pena de morte (por crucificação, afogamento, decapitação, vivicombúrio, despenhamento), sem prejuízo de situações em que esta proeminência imperial permitiu também o exercício da *clementia*.

A crueldade da pena foi objecto de discussão na opinião pública romana e os imperadores vão fixar a possibilidade do condenado escolher o modo como a pena de morte poderia ser executada, reduzindo-se a humilhação pública e o espectáculo da morte. Mas, por seu turno, o império cristianizado não alivia e antes faz recrudescer o rigor punitivo, mesmo se há indicações esparsas sobre o nascimento de um novo ideário em que a pena se destina à correcção do culpado[55], a par do exemplo e temor que deve transmitir, e modos de executar penas que são abandonados, como o caso auto-explicativo da crucificação.[56]

Mesmo assumindo-se a existência de uma reclusão punitiva, o que não é linear[57], a prisão romana era entendida em termos gerais não como verdadeira pena, mas como uma forma de assegurar a presença em juízo ou de guardar um condenado que esperava a execução ou a aplicação de uma outra pena. No *Digesto*

[55] Carbasse assinala : "Sous l'influence du christianisme, désormais religion officielle, quelques textes paraissent aussi envisager la peine comme une pénitence destinée à l'amendement du coupable, mais ce ne sont là que des exceptions très mineurs" – Jean-Marie Carbasse, *Histoire..., cit.*, p. 66.

[56] V. Giuseppe Carnazza-Rametta, *Studio sul Diritto Penale dei Romani*, "L'Erma" di Bretschneider, Roma, 1972, p. 233 e Teodoro Mommsen, *El derecho penal romano..., cit.*, p. 567.

[57] Carnazza-Rametta, *ibidem*, pp. 238 e 239, reporta o uso da reclusão, variável na sua duração e na sua dureza, de acordo com o estatuto do recluso, podendo ser decretada também pelos governadores provinciais. Mommsen, *El derecho penal romano..., cit.*, pp. 591 a 593, mesmo admitindo hipóteses em que a pena de prisão fosse usada – por exemplo, para escravos –, conclui: "Legalmente (...) la pena de cárcel fue siempre ajena al derecho romano (...)".

encontra-se precisamente essa referência clássica, que será repetida e respeitada ao longo de séculos – *"Carcer ad continendos homines, non ad puniendos haberi debet"* (D., 48, 19, 8, 9) –, atribuída a Ulpiano. Distinta era, contudo, a servidão a favor de um credor decorrente do incumprimento de uma obrigação, que determinava uma forma de cárcere privado da responsabilidade do credor, desde logo prevista na Lei das XII Tábuas, mas que se afastava igualmente da ideia de reclusão como pena.[58]

A prisão secular como lugar de custódia goza também de referências múltiplas desde logo nos textos bíblicos. A prisão participa no processo punitivo, mas dificilmente será uma pena por si. A prisão de Paulo descrita nos Actos do Apóstolos[59] ou as palavras de Jesus no Evangelho de S. Mateus[60] sobre as visitas aos presos na cadeia são exemplos disso mesmo.[61] Assim, será apenas a experiência eclesiástica a partir do final da Idade Média em grande medida a responsável pela configuração moderna da reclusão como resposta penal, desenvolvida necessariamente em contexto monástico e cruzando objectivos de castigo, de contrição moral e de emenda futura, que não são, contudo, desconhecidos da Antiguidade. Platão, no *Górgias*, coloca numa fala de Sócrates a Cálicles a súmula dos fins visados com a aplicação de uma pena, sendo esta potencialmente retributiva, preventiva ou correctiva consoante afinal a natureza do crime, do castigo aplicado e, especialmente, a natureza do punido.[62]

[58] Os devedores que não pagavam a sua dívida eram presos à guarda dos seus credores durante seis dias, sendo as suas dívidas anunciadas sucessivamente em público, nos mercados. Findo este prazo, poderiam ser vendidos como escravos ou executados. V. Edward M. Peters, *Prison before prison*, in Norval Morris e David J. Rothman (ed.), *The Oxford History of the Prison –The Practice of Punishment in Western Society*, Oxford University Press, Nova Iorque, 1998, p. 14. A organização familiar romana permitia também a existência de um espaço doméstico para reclusão, o *ergastulum* – onde escravos ou algum membro indisciplinado da família poderiam ser mantidos presos, sob ordem do *pater familiae*, o que representa efectivamente um *castigo*, mas não a execução de uma *pena*.

[59] Actos dos Apóstolos, 21, 30.

[60] Mateus, 25, 36.

[61] A primeira pena retratada na Bíblia é a condenação à morte na fogueira, no Gen., 38, 24, por prostituição: "Uns três meses depois, foram dizer a Judá: «A tua nora Tamar deve-se ter dado à prostituição, porque está grávida». Judá respondeu: «Condenem-na à morte na fogueira!»". Na passagem seguinte encontra-se imediatamente uma referência à prisão, no Egipto, no caso por suspeita de violação tentada: "O amo de José mandou-o prender e meter numa prisão, onde costumavam ficar os que eram presos por ordem do rei" (Gen, 39, 20).

[62] "Ora a sorte daquele que é castigado, se o castigo é bem aplicado, é ou tornar-se melhor, lucrando assim com a pena, ou servir de exemplo aos outros que o vêem, para que estes, receando

A prisão pública, mesmo comportando indícios de um uso para detenções mais prolongadas, visaria garantir a aplicação de uma pena posterior, sem prejuízo de isso poder significar uma espera de alguns anos.[63] A diferenciação na pena em função do estatuto social do condenado, que acompanhará a tradição ocidental até bem próximo de nós, está naturalmente também presente na ordem romana. Em regra, a punição era mais leve quanto mais elevado fosse o estatuto social do criminoso. Poucos terão sido os romanos *honestiores*, por oposição aos *humiliores*, sujeitos à crucificação, a serem queimados vivos ou lançados às feras, penas habituais para quem se encontrava em situação de servidão, que recebiam penas distintas dos que gozavam de liberdade, mesmo se no século III da nossa era esta diferenciação é atenuada, passando os *honestiores* a estar sujeitos nomeadamente a formas mais cruéis de execução.

sofrer o que ele sofre, se tornem melhores. Os que sofrem uma pena imposta pelos deuses ou pelos homens e tiram benefício dela são aqueles cujos defeitos podem ser emendados: esse benefício vem-lhes através dos sofrimentos e das dores que passam na Terra (...). Quanto aos que praticam os maiores crimes e cujo mal é, por isso, incurável, são eles que servem de exemplo aos outros e, se não chegam a tirar benefício da pena que lhes é infligida, exactamente porque são incuráveis, pelo menos beneficiam aqueles que os vêem sofrer, em pagamento das suas faltas, os mais terríveis suplícios, que não têm medida nem fim, expostos verdadeiramente como exemplo na prisão do Hades, onde o seu sofrimento constitui, para todos os culpados que ali chegam, um espectáculo e uma advertência" – Platão, *Górgias*, Edições 70, Lisboa, 1997, p. 210. Em textos de Platão, a prisão surge quer como espaço de custódia processual quer como pena autónoma, aplicável a criminosos passíveis de emenda e a outros já considerados incorrigíveis, considerando até três tipos distintos de prisão – de acordo também com a hipótese de correcção dos criminosos: no centro da cidade para criminosos sujeitos a penas de curta duração, mas essencialmente a servir de custódia e não como pena; um centro correccional na cidade, sendo os presos visitados pela polícia moral; e longe da cidade, para incorrigíveis, isolados, sem visitas, presos por toda a vida. "(...) Platão via o crime como sintoma duma doença cuja causa seria tríplice: as paixões (inveja, ciúme, ambição, cólera), a procura do prazer e a ignorância. Em conformidade, encarava a pena como um remédio destinado a libertar o delinquente do mal e que poderia chegar à sua eliminação se aquele se mostrasse refractário ao tratamento – como acentua em *As Leis*", escrevem Jorge de Figueiredo Dias e Manuel da Costa Andrade, *Criminologia – O homem delinquente e a sociedade criminógena*, Coimbra Editora, Coimbra, 1984, pp. 6 e 7. Sobre a prisão na Antiguidade, v., desde logo, Edward M. Peters, *Prison before prison, cit.*, pp. 3 ss. e Jean Pradel, *Histoire des doctrines pénales*, 2ª ed., PUF, Paris, 1991, pp. 7 ss.

[63] Edward M. Peters, *Prison before prison, cit.*, pp. 18 e 19. O *Tullianum*, depois chamado *carcer Mamertinus*, prisão subterrânea construída em Roma no século III a. C., próxima do Fórum e do espaço "judicial" da cidade, com origem num reservatório de água, era descrito como um espaço tão insalubre que só por si impossibilitaria qualquer detenção prolongada. Kunkel afirma mesmo que "el derecho penal de la república aún no conocía penas de privación de libertad" – W. Kunkel, *Historia..., cit.*, p. 77.

Paralelamente à aplicação de penas encontra-se também a previsão de *prémios* – por exemplo, para os denunciantes de crimes, chegando mesmo a delação feita por um escravo a ser premiada com a cidadania, ou seja, a liberdade, como se encontra previsto em leis imperiais já do período do Dominado.[64] Este modelo de premiar a denúncia do crime será recebido pelos sistemas penais baseados no direito comum, nomeadamente o português.

A concepção sobre a pena que se descobre na Europa medieval cristã, após o século XII, parte necessariamente da experiência doutrinal e normativa recolhida no *Corpus Iuris Civilis* e da manutenção de um substracto normativo de base romana nos costumes locais, entretanto matizados por influências diversas.

Também o direito canónico, ao longo da sua elaboração histórica, vai-se apetrechando, e dotando o direito penal laico, de crimes de carácter religioso, que se integram num elenco mais vasto estabelecido pelo poder dos monarcas, associados, mesmo que não exclusivamente, à sua capacidade punitiva. A capacidade punitiva do rei, resguardo de uma ordem social unívoca e de fonte divina, faz-se também com base nesse nível de generalização do crime de carácter religioso, incorporado nos textos legais, que o legitima. O *utrumque ius* romano-canónico da Europa medieval reforça e oferece sistema a esta predisposição. Durante um longo período, os tribunais eclesiásticos foram competentes para administrar a justiça penal quer em relação a determinadas categorias de pessoas (aos membros do clero, mas também professores, estudantes, asilados...), quer em relação a certos tipos de crimes (de pendor religioso ou moral), permitindo fenómenos quer de circulação quer de concorrência entre a jurisdição secular e a jurisdição canónica. Os primeiros autores do direito canónico usam também um léxico que provém em grande medida do direito criminal romano.[65]

No desenvolvimento do processo e de ideias estruturais para um pensamento e uma prática penal, como necessariamente a ideia de "culpa", a influência do direito canónico foi fundamental, mesmo se, como estabelecido por Grossi, este "caminho da equidade" é também preenchido por ideias como a de *tolerantia* canónica, traduzindo-se aqui uma necessária ductilidade dos preceitos e uma atitude de abertura face aos excessos resultantes de uma igualdade formal.[66]

[64] V. *v. g.* alguns dos textos legais recolhidos em Xavier d'Ors, *Antología de textos jurídicos de Roma*, Akal, Madrid, 2001, pp. 345 ss.

[65] V. Edward M. Peters, *Prison before prison, cit.*, p. 25.

[66] Paolo Grossi, *El orden jurídico medieval*, Marcial Pons, Madrid, 1996, pp. 213 e 214.

A valorização da penitência que se encontra através da canonística – a prática obrigatória da confissão é estabelecida de modo claro a partir do Concílio de Latrão (1215) – e, prévia, a valorização do comportamento interior, subjectivo e individual, cada vez mais tipificado, vão estar assim também na origem da teoria da culpa que se encontra no direito penal e na responsabilidade civil, como ensina Wieacker.[67] *Purificação* e *punição* foram indissociáveis para a formação de um espírito penal cruzando o sagrado e o humano, a que se associava ainda a *misericórdia*, traduzida depois na *graça* e no *perdão* de ressonância jurídica. No plano da admissibilidade probatória, o direito canónico vem a rejeitar progressivamente os ordálios – que efectivamente desaparecerão na Europa até ao século XIII – e os duelos judiciários, procurando afastar-se, e à referência divina, dessas modalidades de prova, mesmo se a admissibilidade da tortura permanece.

No Decreto de Graciano afirma-se que, se todos os crimes são pecado, nem todos os pecados são crime. A distinção entre o foro interno (domínio da penitência através da confissão) e foro externo (da competência da jurisdição eclesiástica), este visível quando, como diz Carbasse[68], se provocou "um dano na ordem pública cristã", é patente.[69] Mas o ordenamento canónico, também na sua expressão penal, visa sempre o arrependimento e a reabilitação espiritual. Os tribunais eclesiásticos vão aplicar penas que partem da ideia interior de penitência, mas que visam um fim com um efeito que é simultaneamente público e moral: a salvação daquele pecador. A par de retribuir o mal praticado, pretende-se a reforma do condenado, já que a subalternidade da dimensão terrena do delito face ao seu desvalor moral integra essa ordem medieval das coisas.[70]

[67] Franz Wieacker, *História do Direito Privado Moderno*, 2ª ed., Fundação Calouste Gulbenkian, Lisboa, 1993, pp. 75 e 76. Sobre a distinção, contudo, entre o plano civil e o plano penal quanto ao impulso de recuperação de um passado romano, mais evidente no direito civil, francamente atenuado no domínio penal, enquanto conteúdo do Humanismo jurídico, v. Federico Schaffstein, *La ciencia europea del derecho penal en la epoca del Humanismo*, Instituto de Estudios Politicos, Madrid, 1957, pp. 24 a 27.

[68] Jean-Marie Carbasse, *Histoire..., cit.*, p. 247.

[69] V. também Francisco Tomás y Valiente, *El Derecho penal de la monarquía absoluta (siglos XVI, XVII y XVIII)*, 2ª edição, Tecnos, Madrid, 1992, pp. 219 ss.

[70] Como escreveu André-Jean Arnaud: "Le but des lois est de servir l'Eglise en conduisant le peuple à la vertu, c'est-à-dire au respect de la loi divine. La sanction sera redoutable pour celui qui l'enfreint, qu'il s'agisse d'hérésie, de blasphème, de parjure, de péchés contre le Décalogue: telles sont, d'ailleurs, en ce temps, les frontières du Droit pénal. A moins que Dieu ne décide de punir lui-même un peuple injuste: famines, pestes, cataclysmes, défaites et autres «fléaux» naturels. Dans cette société de l'Europe du haut Moyen Age, le Droit est morale, et morale de charité" – *Pour une pensée juridique européenne*, PUF, Paris, 1991, p. 79.

Se o direito assenta numa expressão moral, ao anti-direito do crime corresponderá uma prática imoral. O direito laico pune durante séculos visando uma contrapartida do crime que funcionará como castigo e como exemplo – as referências que contempla a "corrigir" um criminoso são essencialmente sinónimos de punir. Mas esta pena-castigo, para o direito laico, vem também repor uma harmonia prévia, sustentada por S. Tomás de Aquino, numa coincidência entre responsabilidade moral e responsabilidade penal[71], mesmo que ficcional, sendo distribuída a pena de acordo com o seu merecimento, num entendimento que perdurará até ao século XVIII, quando a utilidade da pena é reflectida em termos novos, mesmo incoporando entretanto uma dimensão preventiva e correccional da pena, também com base em modelos da Antiguidade.[72]

Dois teólogos próximos da realidade portuguesa darão aliás corpo a essa realidade. Molina afirma a proximidade da justiça penal da ideia retributiva de justiça, falando de uma "justiça vingativa" mas que impõe uma pena proporcional à "quantidade" de delito praticado, tendo consciência clara das limitações desta equiparação, designadamente em termos de resultados para a vítima.[73] Rejeita como universal a resposta taliónica, por esta não assegurar sempre uma proporção justa entre delito e pena nem, especialmente, garantir que se estabeleça o temor suficiente para prevenir um crime futuro. E, em Molina, a pena deve, afinal, ser também "remédio" para o criminoso e prevenção exemplar para os demais, assegurando a defesa da comunidade política.[74]

[71] V. Jean Pradel, *op. cit.*, pp. 13 e 14.

[72] V. Federico Schaffstein, *La ciencia europea..., cit.*, pp. 27 a 30. V. também Eduardo de Hinojosa, *Influencia que tuvieron en el Derecho publico de su patria y singularmente en el Derecho penal los filósofos y teólogos españoles anteriores a nuestro siglo*, Tipografía de los Huérfanos, Madrid, 1890, pp. 151 ss., dando conta da sustentação tomista dos conceitos essenciais da retórica penal e da sua indissociável relação com uma base teológica, já de acordo com uma nova escolástica peninsular que vai, entre outras ideias, reforçar o exercício penal como exercício público e acentuar a necessidade de proporcionalidade da pena ao delito.

[73] "(...) La justicia vindicativa es sin duda alguna muy afín a la justicia comutativa, a la que se reduce, por cuanto exige la reducción a la igualdad según la proporción aritmética, imponiendo penas adecuadas a la cantidad de delito y de la injuria; si bien es verdad que se separa de la perfecta naturaleza de la justicia, en cuanto la pena que se impone no ressarce el daño causado por la injuria y el delito, pues el reo sólo sufre un daño proporcionado al delito que ha cometido, mas el daño persevera íntegro" – Luis de Molina, *Los seis libros de la justicia y el derecho*, tomo I, vol. I, Imprenta de José Luis Cosano, Madrid, 1946, p. 181 (I, disp. XII).

[74] "(...) El ladrón no sería justamente castigado si sólo se le obligasse a devolver lo robado o algo más, como si lo hubesse tomado en préstamo o comodato; sino que por la injuria que se infiere, tanto al

De igual modo, no conhecido tratado de Francisco Suárez, em diálogo crítico com Azpilcueta e com Tiraqeau, a pena é mais um "favor" que um "ódio", pois é uma forma de assegurar o cumprimento de uma lei[75], desde que esta seja justa, ponderando a sua classificação de *lex odiosa* para a lei penal[76], e, mesmo se inclui "um aspecto de vingança", é estabelecida para "pressionar e induzir a vontade".[77] A lei penal, como as demais leis civis, obriga em consciência; o fundamento da pena é, em regra, a culpa do agente, mesmo quando perante o que Suaréz designa por "culpa civil ou política", em alternativa à "culpa moral", ambas critérios da medida da pena.[78] Mas o dever de acatamento da pena não é ilimitado. Este sustém-se perante uma pena de excessiva dureza, "contrária à condição humana" e não respaldada pela defesa do bem comum.[79] Especificamente para uma pena de prisão, como Suaréz destaca autonomanente, encontra-se por exemplo uma limitação no modo como é executada: se a sua execução representar um excesso de crueldade, associado o confinamento a maus tratos, então o condenado não estará obrigado em consciência a submeter-se a ela.[80] No entanto, sem prejuízo do seu contributo para manter e actualizar as categorias penais mais antigas, sabe-se como esta tradição teológica não parece vingar no imediato num plano puramente jurídico, alojada numa dimensão que é ainda de fusão entre direito, moral e finalismo teológico. No limite, o seu discurso dirigia-se essencialmente ao legislador e aos requisitos das suas leis, mas num plano de legitimidade moral da sua intervenção. Como também se verá adiante, em finais do século XVIII, Mello Freire, reconhecidamente patriarca de uma pri-

próximo como a la República, y a manera de medicina para que tanto él como los demás se contengam por temor a la pena para tales hechos, debe ser multado com una pena mucho mayor. La pena debe ser pagada según la cantidad del delito y del daño infligido, así como la cualidad de la persona y las demás circunstancias, consideradas según el prudente arbitrio del juzgador" – *idem, ibidem*, pp. 184 e 185.

[75] Francisco Suárez, *Tractatus de Legibus ac Deo Legislatore – liber V: De varietate legum humanarum et praesertim de odiosis*, Consejo Superior de Investigaciones Científicas, Madrid, 2010, p. 31.

[76] *Idem, ibidem*, p. 47.

[77] "Si la ignorancia excusa de la pena, como suponemos (...), no es sólo porque excusa de la culpa sino también porque hace involuntario al acto, el cual ni es culpa ni causa justa de una pena; sobre todo cuando la pena no se pone sino para inducir y presionar, por así decir, a la voluntad a algo, presión que no tiene lugar cuando se da una razón involuntaria de ignorancia" – *idem, ibidem*, p. 59. V. também p. 71.

[78] *Idem, ibidem*, p. 79.

[79] *Idem, ibidem*, p. 97.

[80] *Idem, ibidem*, p. 223.

meira reforma penal portuguesa, frustrada, é Grócio quem reconhece e referencia quanto aos fins das penas...[81]

Verifica-se que é assim a jurisdição eclesiástica que vai começar por aplicar a prisão como pena autónoma, entendendo-a como um meio de regeneração, um meio mais próximo da reclusão penitencial própria da vida eclesiástica. O decretar de prisão a membros do clero por parte dos bispos, a ser cumprida nas instituições monásticas (*poena carceris*), encontra-se também previsto no *Sexto*, já no final do século XIII, com um intuito nitidamente punitivo.[82] Como recorda José Mattoso, esse contexto é tributário da identificação da vida monástica de reclusão com um "prelúdio à vida angélica dos eleitos no Paraíso".[83] Se para a justiça secular a prisão é um elemento meramente auxiliar na realização de uma pena distinta, um elemento imediato de segurança da comunidade ou um instrumento exigível para a concretização de um julgamento – como no caso da prisão preventiva, de acordo com a tradição da experiência romana –, na jurisdição eclesiástica ela afirma-se verdadeiramente como pena autónoma, aplicada

[81] Nota semelhante foi deixada por Francisco Tomás y Valiente, *El Derecho penal de la monarquía absoluta..., cit.*, pp. 92 e 93, a propósito do homólogo espanhol de Mello Freire: "(...) Entre filósofos ilustrados como LARDIZÁBAL, que maneja a TERTULIANO y a GROCIO, a BODINO y a SÉNECA, a CICERÓN y a MAQUIAVELO, a SAN AGUSTÍN y a HOBBES, y por supuesto a BECCARIA, PUFFENDORF, MONTESQUIEU, ROUSSEAU, no hay una sola mención de ALFONSO DE CASTRO, SOTO, MOLINA, SUÁREZ o de algún outro de aquellos teólogos".

[82] Adriano Moreira, *O problema prisional..., cit.*, p. 2, assinalando a origem eclesiástica da pena de prisão, também em Bonifácio VIII, não deixa de notar ainda que, face à orientação secular da prisão como mera instituição de guarda de delinquentes, que "constitui, de certo modo, um mistério explicar como foi possível que a prisão se transformasse no castigo por excelência, a partir de uma tradição que expressamente negava à prisão qualquer carácter punitivo". Desse tema tratamos nas páginas seguintes. "En faisant de l'emprisonnement une peine, le droit canonique innove donc et s'écarte du droit romain. (...) En droit canonique l'emprisonnement est (...) une peine temporelle, la seule peine aflictive à la disposition des officialités et même la plus grave quand elle perpétuellle. S'opposant aux peines vindicatives, l'emprisonnement est considéré comme une peine médicinale, un remède largement utilisé dans le seul but de racheter, d'amender les déliquants; il vise donc à corriger autant qu'à punir les coupables", anota Annik Porteau-Bitker, *L'emprisonnement dans le droit laïque au Moyen Age*, in RHDFE, ano 46º, Librairie Sirey, Paris, 1968, p. 391.

[83] José Mattoso, *O ideal de pobreza e as ordens monásticas em Portugal durante os séculos XI-XIII*, in "A pobreza e a assistência aos pobres na Península Ibérica durante a Idade Média – Actas das I Jornadas Luso-Espanholas de História Medieval", tomo II, Instituto de Alta Cultura, Lisboa, 1973, p. 640.

a par de outros elementos de purificação, como o jejum ou o dever de realização de peregrinações.[84]

De acordo com uma regra beneditina, as ordens monásticas, desde os primeiros séculos da Idade Média, deveriam prever também a existência de um espaço próprio de prisão – que aproveita a designação romana de *ergastulum* –, uma cela disciplinar onde um clérigo podia ser mantido em isolamento, com refeições racionadas.[85]

A criação da Inquisição na Europa, a partir de finais do século XII (com chegada a Portugal, contudo, apenas em 1536), no intuito de punir a heterodoxia religiosa, vai alargar o espaço e o sentido da prisão dentro da instituição eclesiástica.[86] Por um lado, os procedimentos destas instâncias exigiam uma logística de detenção dos acusados, em instalações adequadas. Por outro, uma condenação possível poderia ser o seu aprisionamento visando o arrependimento, mesmo que fosse perpétuo, crescendo assim um sistema prisional dependente da hierarquia da Igreja.[87] O apoio secular estava também presente, manifestando-se em apoio financeiro na construção e na manutenção de prisões, bem como no uso da máquina repressiva régia para a execução de sentenças. Estas prisões, contudo, em pouco diferiam dos espaços de detenção seculares.

Será também na ordem canónica que se vai encontrar o primeiro cruzamento intencional entre as ideias de isolamento, prisão celular, correcção e trabalho – como o próprio espaço monástico permite e quase instiga. O beneditino Jean Mabillon tem sido apontado como um defensor precoce da nova realidade peni-

[84] V. André Laingui e Arlette Legibre, *Histoire du droit pénal – I. Le droit pénal*, Cujas, Paris, s/d, pp. 122 e 123.

[85] V. Edward M. Peters, *Prison before prison, cit.*, pp. 26 e 27.

[86] Reproduzindo o regimento da Inquisição de 1640, onde se previa também um "cárcere de penitência", José Adelino Maltez, *História das Instituições (Instituições criminais antigas)*, Lisboa, 1980, pp. 176 a 179, recorda o conselho dos Inquisidores nacionais sobre o uso a dar à sua prisão durante o processo: "Depois «lhe mandarão que esteja no cárcere com muita quietação, tratando só de cuidar em suas culpas, e de se encomendar a Deus, para que o alumie no que mais lhe convier; e que no cárcere não fale de maneira, que possa ser ouvido fora dele, nem trate de saber o que se passa nos cárceres vizinhos, advertindo-o, que, se exceder em alguma destas cousas, será castigado em como o caso merecer». (...) Para se atestar a violência do regime prisional basta atentar no Reg 3, 26, onde se estabelecem penas para os que se mataram ou endoudeceram nos cárceres e no ti. 17 do Livro 2, onde se determinam as diligências que se deve fazer em averiguar se a doudice é verdadeira ou fingida".

[87] Peters descreve por exemplo como no início do século XIV o Papa Clemente V envia uma missão a visitar as prisões inquisitoriais do sul de França, o que resulta no seu efectivo melhoramento. V. Edward M. Peters, *Prison before prison, cit.*, p. 29.

tenciária que só os séculos posteriores acolherão na sua plenitude.[88] Nas suas *Réflexions sur les prisons des ordres religieux*, publicadas postumamente e que nunca se disseminaram em larga escala, o isolamento, acompanhado da prática do trabalho na prisão, como elementos de *cura*, e a proporcionalidade do encarceramento em função do crime são alguns dos tópicos que aborda.[89] Em apenas catorze páginas[90], em estilo de exortação à justiça eclesiástica, justifica a punição dos crimes como exigência de "justiça, boa ordem e exemplo", mas contesta que a justiça da Igreja use da mesma "severidade e rigor" nas penas que atribui à justiça secular – naquela exige-se um "espírito de caridade, compaixão e misericórdia" que os juízes devem ter presente na escolha das penas.

Para os castigos, dever-se-ia seguir a Regra de S. Bento, prescrevendo-se o isolamento do penitente, "na Igreja, na mesa e no trabalho", observando algum jejum, mas sem o uso obrigatório de uma prisão.[91] Mesmo admitindo-a, parte substancial do texto é uma crítica ao uso, por parte da hierarquia das ordens religiosas, de penas corporais e de encarceramentos extremos, práticas de que dá diversos exemplos.

Para Mabillon, o clérigo encarcerado, visto como um "doente da alma", para junto do qual todos deveriam acorrer com preocupação, da mesma forma como o fariam com um "doente do corpo", deveria ser visitado, ouvir missa, ser exortado

[88] V. Jean-Marie Carbasse, *Histoire du droit pénal..., cit.*, pp. 362 e 363, Jean Pradel, *op. cit.*, pp. 15 a 20 ou Pieter Spierenburg, *The Prison Experience..., cit.*, pp. 13 a 15, entre outros, que destacam efectivamente a figura de Jean Mabillon, monge que escreve em 1690, com publicação apenas em 1724, as suas *Réflexions sur les prisons des ordres religieux*, onde a regeneração do condenado é colocada em posição de destaque e a prisão entendida como o espaço preferencial da sua correcção, tendo em vista o seu regresso à sociedade (com o auxílio do trabalho prisional, por exemplo), antes do tópico se generalizar. Aqui, é pela ideia tradicional de *salvação* que se chega a um novo entendimento sobre a prisão e o fim da pena. Entre nós, v. a dissertação de Maria José Moutinho Santos, *A sombra e a luz – As prisões do Liberalismo*, Edições Afrontamento, Porto, 1999, pp. 34 a 36.

[89] João d' Araujo Vasconcellos e Alvim, *Dissertação Inaugural para o Acto de Conclusões Magnas na qual se tracta das Vantagens do Sistema Penitenciario e uso, que se poderá fazer delle entre nós*, Imprensa da Universidade, Coimbra, 1845, pp. 19 e 20, alerta igualmente para a origem monástica e beneditina dos princípios penitenciários que são tomados como sistema em Filadélfia no final do século XVIII, designadamente através de obra portuguesa de 1629, *Constitutiones Monachorum Nigrorum Ordinis S. P. Benedicti Regnorum Portugaliae.*

[90] Publicadas por Vincent Thuillier (ed.), *Ouvrages posthumes de D. Jean Mabillon et de D. Thierri Ruinart, Benedictins de la Congregation de Saint Maur*, II, François Babuty, Paris, 1724, pp. 321 a 335.

[91] "Il ne paroît pas que saint Benoît ait renfermé ces Penitens dans une Prison; il n'en parle nullment dans sa Regle (...)" – p. 323. Deve aqui entender-se uma prisão como o seu equivalente usado pela justiça secular, não mais do que um depósito de reclusos, bem como a referência à prática na justiça eclesiástica do encarceramento.

ao arrependimento e a "regressar a Deus". O isolamento ajudaria à introspecção e seria um elemento de penitência, mas Mabillon rejeita energicamente o isolamento prolongado, no que vê um suplício sem objectivo e um abuso dos juízes eclesiásticos.[92] Há outras penas "mais úteis e mais humilhantes", já que "se um ano não chegar para corrigir um religioso, mais anos apenas servirão para o tornar pior".[93] Aconselha que a prisão seja acompanhada pela leitura e, em especial, pelo trabalho, já que o seu objectivo é a recuperação do condenado e não o infligir de sofrimento inútil.

No final do seu texto, descreve mesmo um modelo ideal de prisão monástica, em que a um conjunto de celas para os *penitentes* está associado um espaço para o seu trabalho e um jardim, este, simultaneamente, espaço de passeio e de trabalho. A sua vida seria mais pobre que a dos demais, incluindo períodos de jejum adicionais e ouviriam os ofícios divinos separados dos restantes religiosos, mas receberiam visitas regulares de incitamento. No mais, estariam isolados do resto do mosteiro. Não deixa de ser assim uma antecipação dos modelos penitenciários que, em distintas variações, dois séculos depois seriam comuns nas prisões do Ocidente.[94]

A experiência do cárcere monástico não irá passar, contudo, ao lado da intervenção cada vez mais verificável do poder laico, por vezes duvidando da sua bondade e comprovando ainda uma realidade pouco caritativa da prisão eclesiástica. Exemplo disso entre nós, próximo do período em estudo, encontra-se *v. g.* em resolução régia de 2 de Maio de 1775, em que o monarca determina expressamente ao corregedor da comarca de Tomar a inspecção dos cárceres dos conventos da comarca, para que os clérigos presos possam eventualmente ser "socorridos contra a tirannia" dos prelados.[95] Conhece-se o contexto: o poder secular

[92] "Et on verra cependant des Juges, c'est-à-dire leur freres, qui ne peuvent bien souvent garder leur chambre pendant quelques jours, prononcer contre eux une penitence de plusieurs années, sans parler des autres peines dont on accompagne encore cette penitence ? En vérité cela fait gemir lorsqu'on voit si peu d'équité & de si grands mécontes" (p. 328).

[93] *Idem, ibidem*, p. 333.

[94] E, premonitoriamente, escreve: "Je ne doute pas que tout ceci ne passe pour une idée d'un nouveau monde; mais quoiq'on en dise ou qu'on en pense, il sera facile, lorsqu'on voudra, de rendre ces prison & plus utiles, & plus supportables" (p. 335).

[95] Na referida resolução prescreve-se uma inspecção de periodicidade anual: "(...) Devereis examinar se ha Carceres nos Conventos de Religiosos do vosso Destricto, como tambem as culpas por que se achão presos nelles alguns Religiosos Regulares, perguntando-os para esse fim, e a seus Prelados, para serem socorridos contra a tirannia dos mesmos Prelados (...)". V. igualmente, no mesmo sentido, a Provisão de 30 de Julho de 1775 dirigida aos corregedores das comarcas, referida por Rui Manuel

da época duvida naturalmente da justiça eclesiástica e duvida também ainda das suas penas. De forma definitiva, em 1833, virão a ser abolidas entre nós as prisões eclesiásticas, bem como proibido qualquer uso de penas corporais por aquela jurisdição, clarificando-se que os crimes "comettidos contra a Sociedade" por clérigos devem ser julgados pela jurisdição criminal comum.[96-97]

Foucault designou Mabillon como autor de um texto "aparentemente pouco conhecido e sem influência", crendo que a sua reabilitação apenas se explica por uma querela no século XIX entre católicos e protestantes a propósito do pioneirismo de ambos na filantropia.[98] As casas de trabalho protestantes serão de facto um elemento a ter em conta na pré-história da prisão penitenciária, como adiante se verá. Mas Mabillon, mesmo que sem essa intenção expressa, não está de facto muito distante do que seria levado a cabo por iniciativa do Papa ainda antes do ímpeto penitenciário da viragem do século XVIII para o século XIX.

Reporta-se habitualmente a casa de correcção romana de San Michele, edificada por ordem do Papa Inocêncio XII (1615-1700) e em funcionamento desde 1704, como das primeiras prisões celulares a ser construída, no caso para acolher menores, mas que se alarga progressivamente a outros grupos – antecipada todavia por outras construções de ordem papal associadas também à protecção dos menores, datadas do final do século XVII.[99] A atenção eclesiástica aos pobres,

de Figueiredo Marcos, *A Legislação Pombalina – Alguns aspectos fundamentais*, 2ª ed., Livraria Almedina, Coimbra, 2006, p. 143.

[96] Pelo Decreto de 29 de Julho de 1833, que igualmente prevê que as "penas canonicas não produzem inhabilidade alguma sobre o Cidadão" (artigo 4º).

[97] Tal não impede a consideração da existência de penas canónicas, aplicadas por esta jurisdição, que, como ensina Bernardino J. da S. Carneiro, *Primeiros traços para o estudo do Direito Ecclesiastico Portuguez*, Imprensa da Universidade, Coimbra, 1860, "attende principalmente (...) á emenda do culpado" (p. 243), onde vestígios da antiga reclusão monástica estão presentes. São aqui consideradas, como penas comuns, a excomunhão e o interdicto e, como particulares dos clérigos, a "*correcção* aos que se desmandam na disciplina ou nos costumes, (...) primeiro por *palavras* e, não bastando ellas, recorrendo-se ao *retiro*, ou encerramento em logar accommodado á meditação e penitencia"; a suspensão de ordem ou de ofício; a deposição e "por fim a degradação (...) nos casos em que, por delicto dos mais graves, tem o clerigo de ser entregue ao braço secular, para soffrer a pena corporal que lhe commina o direito" (p. 246).

[98] Michel Foucault, *Surveiller...*, *cit.*, p. 142, onde, em contrapartida, também anuncia que se possa ver no autor beneditino uma prova em como os sistemas penitenciários norte-americanos têm afinal uma origem "monástica e francesa"...

[99] Como o hospício de acolhimento de rapazes de S. Filipe Néri – *Casa Pia di refigio dei poveri fanciulli di San Filippo Neri* –, em Florença, devido a Fillipo Franci e projectado pelo arquitecto Carlo Fontana,

menores e mulheres institucionaliza-se, procurando criar alternativas às prisões tradicionais e de acordo com um espírito de regeneração do delinquente, do ocioso e do desvalido pelo trabalho. San Michele, que Howard classifica como "hospital", uma vez que inválidos e doentes são também ali acolhidos, teria já um regime de isolamento celular nocturno e de trabalho silencioso em comum durante o dia – na produção de vestuário –, o que Auburn apenas concretizará com fulgor aparentemente inovatório dois séculos passados.[100] *Parum est coercere*

em que o isolamento celular do menor, que usaria já um capuz quando se encontrasse com os demais, foi prescrito em 1677 e concretizado em oito celas individuais, onde as exortações morais eram o único remédio que acompanhava a sua solidão. V. Torsten Eriksson, *The Reformers – An Historical Survey of Pioneer Experiments in the Treatment of Criminals*, Elsevier, Nova Iorque/Oxford//Amesterdão, 1976, pp. 27 e 28. Entre nós, v. Maria da Conceição Bidarra de Melo Trigueiros, *Da prisão à cidade punitiva: utopia e realidade*, tese entregue para a obtenção do grau de Doutor em Arquitectura, Universidade Técnica de Lisboa – Faculdade de Arquitectura, Lisboa, 2000 (policopiado), pp. 73 a 75. Sobre estas instituições, escreveu também Schaffstein, *La ciencia europea...*, *cit.*, pp. 30 e 31: "Verdad es que no se puede probar con las fuentes un influjo inmediato de las doctrinas humanistas del Derecho penal sobre la fundación de los establecimientos holandeses y italianos y, com ello, sobre el nacimiento de las modernas penas privativas de libertad. Se debe admitir con todo que, además de los impulsos éticorreligiosos, inequivocamente intercedentes, intervino también el descubrimiento inmediatamente anterior de las teorias relativas de la pena y de modo principal la acentuación del pensamento correccional en la doctrina jurídica; sobre lo que no se puede decir si esta intervención pasó de pura circunstancia negativa, consistente en que la doctrina coetânea del Derecho penal no estorbava los intentos correccionales, a convertirse en una incitación positiva".

[100] A planta da casa de San Michele, que visitou, encontra-se reproduzida por John Howard, *Appendix to the State of Prisons in England and Wales &c. containing a farther account of foreign prisons and hospitals*, William Eyres, Warrington, 1784, p. 77. A sala central da prisão é o espaço de trabalho, ocupado pelas crianças durante o dia. Numa das extremidades encontra-se o altar e, na sua oposta, o local de castigo dos insubordinados, o Bem oposto ao Mal, como salienta Maria da Conceição Trigueiros, *ibidem*, pp. 79 e 80. Assumindo a dimensão barroca de "teatro", em torno da sala central encontram-se dispostas as sessenta celas, em três pisos, de todas se podendo avistar o "palco" e deste sendo todas as celas igualmente vigiadas. Como escreve, "a articulação produzida pelo espaço eclesiástico no interior deste lugar particular de pena contém o valor da «cela moral», um teatro fechado e separado que é o lugar solitário da pena, o lugar do suplício, o lugar da disciplina, uma via para a perfeição, ou seja do «tratamento» (trabalho diurno e segregação nocturna), como eleição do modelo organizativo do espaço de uma actividade comum colectiva. O ainda bem vivo preceito contra-reformista, da religiosidade activa e militante, encontra na instrumentalização do esquema eclesiástico o fim da pena, a ocasião de uma escolha diferente da concepção contemplativa e redentora que actua no mosteiro. É aliás evidente a semelhança entre o plano deste edifício e dos conventos clássicos: o edifício no seu conjunto constitui um bloco de forma elementar, o que dá aos habitantes das celas o sentimento de pertencerem a uma comunidade isolada a maior parte do dia".

improbos poena nisi probos efficias disciplina, lia-se numa das salas, ao tempo da visita de Howard, afiançando o modelo em causa.[101]

§ 2º Primeiras conformações em Portugal da ideia punitiva

Desfeito o império, na prática do período de influência germânica entre nós, anterior à recepção do direito justinianeu e à afirmação dos primeiros *iura propria* de base legislada, a ideia mais simples de uma composição privada, assumida pela vítima ou pela sua família, volta a estar presente, mesmo que institucionalizada através da noção de "perda de paz"[102], como diversos autores o apresentam, num percurso em que se vai exigir a proporção na vingança como primeiro passo de uma nova formatação procedimental.[103]

Esta progressiva publicização de um direito de punir está associada igualmente à capacidade das instituições integrarem a possibilidade de uma composição pecuniária alternativa a uma vingança, directa e imediata, e completa-se com a intervenção da comunidade como tal, enquanto sujeito do poder punitivo.[104] A comunidade organizada substitui-se na capacidade de punir à vítima directa ou à sua família – fazendo assim identificar uma ideia procedimental de justiça com a aplicação de uma sanção penal[105], mas a ideia de um dever público, de ofício, na regulação de um *torto* com uma gravidade que ultrapassa os particulares envolvidos, perde-se. Olhando a realidade peninsular, esta "fragmentação do poder público central"[106], que se segue à presença romana e à monarquia visi-

[101] V. John Howard, *Appendix...*, *cit.*, p. 76. Ou seja, "De pouco vale restringir o mal através de uma pena se não se promove o bem pela disciplina".

[102] Sobre a perda de paz "absoluta" (aplicável em casos de "traição", incluindo homicídios especialmente culposos ou graves) e "relativa" e o seu procedimento, v., entre outros, Eduardo Correia, *Estudos sobre a evolução das penas no direito português*, vol. I, separata do BFDUC, vol. LIII, Coimbra, s/d, pp. 11 a 17 e a bibliografia que cita.

[103] V. também Eduardo Correia, *Direito Criminal*, Livraria Almedina, Coimbra, 1968 (reimp.), pp. 76 ss.

[104] Como assinala Américo A. Taipa de Carvalho, *Condicionalidade Sócio-cultural do Direito Penal. Análise histórica. Sentido e limites*, separata do Boletim da Faculdade de Direito de Coimbra, Coimbra, 1985, p. 21, "(...) solidariedade, fidelidade e paz são assumidas pela consciência ético-jurídica de então como valores fundamentais".

[105] Ruy de Albuquerque e Martim de Albuquerque (com a colaboração de J. Artur Duarte Nogueira, José Adelino Maltez e Mário Leite Santos), *História do Direito Português*, vol. I, tomo II, Lisboa, 1983, pp. 216 e 218.

[106] *Idem, ibidem*, p. 217. V. também Marcello Caetano, *História do Direito Português*, 3ª ed., Editorial Verbo, Lisboa/S. Paulo, 1992, pp. 248 ss.

gótica[107], acabou na prática por abrir novo espaço à auto-tutela no âmbito das comunidades locais.

A passagem do sistema de justiça visigótico, assente em grande medida no *Codex Visigothorum*, ao recrudescimento de uma vingança directa e, desta, ao funcionamento de uma justiça privada, assente na formalização de práticas que, contudo, tornam a comunidade local interveniente num processo de composição, a par da vítima ou seus familiares, e, só então, à mais contemporânea justiça pública, é um processo de longa duração e que admitiu retrocessos.

As penas mais aplicadas, ainda no contexto da perda de paz, seriam a pena de morte, que gozara de uma larga previsão no período visigótico[108], as penas corporais – que se manterão por longos séculos, como os comuns açoites e o corte da mão – ou as penas pecuniárias, frequentemente em cumulação com outras ou substituindo a execução de uma pena corporal. A representação taliónica, que se reputa de origem mosaica[109], encontra-se também presente: a vítima poderia fazer sofrer o seu ofensor da mesma forma que padecera. Penas infamantes e estados de servidão a favor do ofendido são previstos.[110] Encontram-se ainda, desde logo, referências ao *tronco*, presumivelmente instrumento de castigo e realidade de detenção, de pendor disciplinar, que se manterá também no direito nacional.

[107] Uma exposição sintética sobre o direito penal no período visigótico retira-se desde logo das lições de Paulo Merêa na Faculdade de Direito da Universidade de Lisboa, recolhidas e postas em texto por Acácio Fernandes da Silva, *História de Direito Português*, vol. I, Lisboa, 1928, pp. 137 ss. Edward Peters destaca que o reino visigótico constituiu, apesar de tudo, uma excepção no panorama europeu, mantendo parcelas do direito criminal romano em vigor e o uso da prisão como espaço de detenção ao aguardar-se a execução de uma pena capital – Edward M. Peters, *Prison before prison, cit.*, p. 23.

[108] V. Eduardo Correia, *Estudos..., cit.*, pp. 18 e 19.

[109] V. Eduardo Correia, *Estudos..., cit.*, p. 22.

[110] Coelho da Rocha apresentava um panorama do Código Visigótico francamente ameaçador: "As Leis criminaes, que occupam uma parte mui notavel desta collecção, foram dictadas, não com as vistas da emenda do deliquente e da utilidade publica; mas por um systema de terror, ou antes de vingança arbitraria, unicamente modificada pela consideração da pessoa do delinquente, ou de o offendido ser servo ou ingenuo, nobre ou peão. A pena de talião, as infamantes e atrozes, fustigação, decalvação, mão cortada, nariz cortado, castração, arrancamento d'olhos, são as ordinarias, e aplicadas quasi á tôa. Porém em grande parte commutam-se por meio de composições pecuniárias, ou da entrega do delinquente ao ofendido, ou aos seus parentes, que podem vendel-o, e em alguns casos matal-o" – M. A. Coelho da Rocha, *Ensaio sobre a Historia do Governo e da Legislação de Portugal para servir de Introducção ao Estudo do Direito Patrio*, 6ª ed., Imprensa da Universidade, Lisboa, 1887, p. 24. V. também, detalhadamente sobre as incriminações e penas encontradas no Código Visigótico, Antonio Luiz de Henriques Secco, *Da historia do direito criminal portuguez desde os seus mais remotos tempos*, in RLJ, ano 4º, nº 187, Imprensa da Universidade, Coimbra, 1872, pp. 482 ss.

Acresce o facto, por vezes pouco evidenciado, de um direito aplicado localmente poder não coincidir com o direito legislado ou com o direito de base doutrinária e só virtualmente geral.[111] As restrições naturais de muitos dos destinatários do direito, principalmente pensando no *ius commune* – um direito de cultos, escrito em latim e disseminado de forma electiva – permitem aliás falar de um *ius rusticorum*, mais evidente e relevante quanto mais antigo o período a que nos reportemos.[112] A existência de um "mundo jurídico não assimilado", como o designa Hespanha, é reconhecida pela própria doutrina e, de algum modo, integrada nas concepções de direito medieval e pós-medieval.[113-114] A tendência constante será no entanto a de circunscrever o mais possível este mundo, físico, simbólico e conceptual, submetendo-o à lei e ao direito dos letrados, mesmo havendo elementos que permitem atestar o reconhecimento de costumes locais e de especificidades concelhias por parte da própria legislação régia.

[111] Guilherme Braga da Cruz anota desde logo "um escasso número de eruditos" como utilizadores deste direito romano-canónico, que "pouco podia ultrapassar os limites do tribunal da Corte e (...) alguns tribunais canónicos" – *O direito subsidiário na história do direito português*, separata da Revista Portuguesa de História, tomo XIV, Faculdade de Letras da Universidade de Coimbra, Coimbra, 1975, p. 193.

[112] V., sobre este tema, as considerações apresentadas por António Manuel Hespanha, *Cultura Jurídica Europeia – Síntese de um milénio*, 3ª ed., Publicações Europa-América, Mem Martins, 2003, pp. 192 ss. e, em especial, A. M. Hespanha, *Lei e justiça: história e prospectiva de um paradigma*, in António Hespanha, "Justiça e litigiosidade: história e prospectiva", Fundação Calouste Gulbenkian, Lisboa, 1993, pp. 13 ss.

[113] "A atitude do jurista erudito para com esse mundo é um misto de simpatia, mais retórica que genuína, suscitada pelo estado virginal da inocência primitiva, de condescendência arrogante (...) e de desprezo mal disfarçado pela insignificância (também económica) das questões jurídicas que neste mundo apareciam", escreve António Manuel Hespanha, *Cultura Jurídica Europeia..., cit.*, p. 196.

[114] Luís Miguel Duarte, no estudo referencial que é *Justiça e criminalidade no Portugal Medievo (1459-1481)*, dissertação de doutoramento em História da Idade Média apresentada à Faculdade de Letras da Universidade do Porto, I, Porto, 1993, vai, mesmo num período posterior, ainda concluir pela não observação das Ordenações Afonsinas por parte daqueles que tinham competência para proferir decisões que poderiam levar à aplicação de uma pena (o que compreendia um universo de oficiais que ultrapassava o dos juízes): "(...) uma elevadíssima percentagem de juízes não sabia ler. Podia ficar-lhes, de ouvir ler nas reuniões camarárias esta ou aquela ordenação, algumas ideias genéricas (certas ou erradas); podiam recorrer a práticos do direito com razoável preparação. No dia-a-dia, por sistema, é duvidoso que o fizessem, até porque não sentiam necessidade de tal. Eles sabiam dirimir conflitos, distinguir o comportamento direito do erro (...). Por outro lado, o acesso ao texto das *Ordenações Afonsinas* era difícil; poucas entidades as tinham completas. E a consulta da compilação era demorada e espinhosa (...)" (pp. 510 e 511).

No plano penal, a realidade não será divergente da demais massa jurídica, podendo mesmo antecipar-se sem grande erro que, tratando-se do cerne do exercício de uma capacidade repressiva por parte do poder central, será dos domínios em que este percurso pode ser mais visível.[115] A Idade Média *do ius commune* na Península vai receber, no campo penal como nas demais áreas do direito, uma mescla de tradições e instituições de proveniência germânica e romano-canónicas.

O direito romano justinianeu, um direito de *imperium*, oferece também aos monarcas o modelo de uma justiça penal baseada no exemplo para o futuro, no medo e no exercício do poder pela sua afirmação quotidiana, verificável no rei como juiz máximo e na faculdade de delegar e instituir quem julgue – e procure julgar – em seu nome. Essa dimensão *inquisitória* na justiça penal ganha assim espaço para se afirmar e é uma decorrência deste processo, como o salientou também Carbasse.[116] Todavia, a justiça configurou-se através de distintos níveis, eles mesmos níveis de *iniciativa*, mesmo quando *delegada*. A par da justiça régia, ao nível central e descentralizada, coexiste uma justiça senhorial, eclesiástica e concelhia, quer reportando-se a um juiz, quer a outros cargos e funções que resultam na administração da justiça.[117]

Regressando ao catálogo de penas, para o tempo posterior à formação da nacionalidade portuguesa, estabelecida quase a par da recepção da experiência romano-canónica sistematizada, sabemos que as mais comuns previstas entre nós[118], provindas ainda do período anterior, são as penas pecuniárias, a pena de morte, a privação de ofícios, bem como determinadas penas corporais e penas infamantes, que podiam combinar elementos de tormenta física com a dimensão

[115] Sobre a refutação medieval "da doutrina do «poder pelo poder»" e o dever de fazer justiça como dever político e moral do monarca, v. António Pedro Barbas Homem, *A Lei da Liberdade*, Principia, Cascais, 2001, pp. 58 e 59 e pp. 74 e 75.

[116] Jean-Marie Carbasse, *Histoire..., cit.*, p. 19.

[117] Sobre esta realidade no direito francês medieval, na perspectiva da determinação em concreto da pena, v. o texto clássico de Bernard Schnapper, *Les peines arbitraires du XIIIe au XVIIIe siècle (Doctrines savantes et usages français)*, in "Tijdschrift voor Rechtsgeshiedenis/Revue d'Histoire du Droit/The Legal History Review", nº 41, Leiden, 1973, p. 240 ss.

[118] V. Ruy de Albuquerque e Martim de Albuquerque, *História...*, vol. I, tomo II, *cit.*, pp. 224 a 226; Américo A. Taipa de Carvalho, *Condicionalidade..., cit.*, pp. 38 a 42; recentemente, v. Luís Miguel Duarte, *Marginalidade e marginais*, in José Mattoso (dir.), "História da Vida Privada em Portugal – A Idade Média" (coord. de Bernardo Vasconcelos e Sousa), Temas e Debates/Círculo de Leitores, s/l, 2011, pp. 192 ss., desde logo acentuando a sobriedade da execução da pena de morte entre nós em comparação com a crueldade encontrada noutros relatos europeus.

de humilhação pública do condenado. A flagelação pública, a exposição no pelourinho ou picota da vila, mesmo em gaiolas, a marcação com ferro quente, a decalvação, o corte da barba, a procissão do condenado a pé, com baraço e pregão, são alguns dos exemplos dos quais se colhe previsão documental. Para além da legislação régia[119], também os forais[120], recolhendo-se direito costumeiro numa e nou-

[119] Consultou-se aqui o Livro de Leis e Posturas (LLP) na versão publicada pela Faculdade de Direito da Universidade de Lisboa: *Livro de Leis e Posturas*, com introdução de Nuno Espinosa Gomes da Silva e transcrição de Maria Teresa Campos Rodrigues, Faculdade de Direito da Universidade de Lisboa, Lisboa, 1971.

[120] V. Eduardo Correia, *Estudos..., cit.*, pp. 20 a 25. Teófilo Braga, na sua *Historia do Direito Portuguez – Os foraes* (Imprensa da Universidade, Coimbra, 1868), via os institutos processuais penais dos forais portugueses – como os ordálios ou o *werhgeld* –, enquanto expressão de um direito de "base popular" consuetudinário ("Pelos Foraes se foram validando os costumes locaes, garantindo a povoação das terras, defendendo-a contra as prepotencias senhoriaes, e fixando pela segurança da propriedade a vida particular da família", escreve a pp. 12), como prolongando a linha germânica tal como estabelecida antes da sua romanização. O forte conteúdo punitivo dos forais nacionais não passou despercebido ao autor. Numa passagem sobre a permanência do *werhgeld* nos forais afirma: "Os principaes delictos na jurisprudencia foraleira eram o *Rousso, Homizio, Furto* e *Lixo na bocca*; para todos elles se dá a compensação a dinheiro" (p. 40), estes afinal "os principais delictos castigados no seculo XII e XIII", juntamente com o *arrombamento*. Quanto às suas consequências, no entanto, "cada Foral tinha uma penalidade propria"(p. 65), destacando *v. g.* o ser enterrado vivo, marcas de ferro quente ou a simples referência à pena de morte (foral da Lourinhã), a decalvação (foral de Arganil), a *prisão à porta da rua* (foral de Ourém), o corte das orelhas (foral de Santa Cruz de Vilariça), entre diversas penas pecuniárias. V. também *P. M. H.*, Leg. et Cons., vol. I, Academia das Ciências de Lisboa, Lisboa, 1856, pp. 420 e 421 e pp. 447 a 450. Por seu turno, distante de Teófilo Braga ao enaltecer no municipalismo uma origem romana e afirmar os forais como actos de constituição concelhia, Alexandre Herculano (*Historia de Portugal*, tomo IV, Viúva Bertrand e Filhos, Lisboa, 1853), quanto à "penalidade", estabelecia que "dando-se uma especie de recurdescencia da barbaria germanica do lado da restauração gradual das instituições wisigothicas, onde predominava a jurisprudencia romana, a penalidade nos concelhos dos seculo XII e XIII devia ser o resultado destas antecedencias (...) acumuladas, ás vezes monstruosamente, a composição ou *wehrgeld*, as penas afflictivas (taes como a morte, a mutilação, e os açoutes), a escravidão, a revindicta ou *faida*, a multa ou *fredum*. É um sistema mixto, romano, germanico, romano-wisigothico (...)" (pp. 391 e 392). As sanções previstas nos *fueros* hispânicos a propósito do crime de homicídio, nas suas várias declinações, podem ser conhecidas pelo trabalho de Emma Montanos Ferrin e Jose Sanchez-Arcilla, *Estudos..., cit.*, pp. 211 a 216, onde avultam também a morte do ofensor e sanções pecuniárias ou a perda de bens.

A análise contemporânea da validade e das limitações da tese da origem germânica de Teófilo e de uma oposição entre "direito do povo" e "direito dos juristas" para o período medieval encontra-se feita entre nós por Eduardo Vera-Cruz Pinto, *As Origens do Direito Português – A tese germanista de Teófilo Braga*, AAFDL, Lisboa, 1996. V. designadamente quanto às possibilidades da composição pecuniária, pp. 273 ss., e também pp. 322 a 331. Oferecendo um levantamento sobre os meios de

tros, são instrumentos que ditam crimes e penas.[121] Em costumes, forais e posturas locais vão-se encontrar estabelecidos crimes e penas e por eles se regeria grande parte da vida nas diferentes comunidades, numa articulação subordinada, quando não em concorrência ou autónoma da lei geral. E, designadamente, uma pena de prisão, mesmo que incidental.[122]

A privação da liberdade prevista na época é, como se viu, em primeira linha a recondução à prisão com objectivos essencialmente de coerção (*v. g.* para o pagamento de uma dívida ou para a obtenção de uma declaração)[123], apesar de se

prova previstos nos direitos foraleiro e legislado medievais entre nós, designadamente o uso dos ordálios, v. Teresa Morais, *Considerações sobre os meios de prova no direito medieval português*, dissertação de mestrado em Ciências Histórico-Jurídicas, Faculdade de Direito da Universidade de Lisboa, Lisboa, 1987, pp. 8 ss.

[121] E recorde-se a prevenção de Eduardo Vera-Cruz Pinto, *As Origens...*, *cit.*, p. 345: "A falta de um aparelho conceptual disciplinado como sistema é típico de um direito onde a norma material é um bem comum do conhecimento popular, não um segredo de juristas especializados. Não se discute em torno dos factos puníveis, ou dos elementos integrantes da acção. Isso deve-se a uma característica fundamental do pensamento medieval – a ideia de tudo estar no seu lugar, determinado dentro de uma certa ordem. O reflexo desta concepção no estilo jurídico medieval é a compreensão das questões materiais como um bem colectivo".

[122] Mesmo que largamente orientadas para o permitido e o proibido da economia e do comércio locais, a fixação de "penas" através de posturas concelhias encontra-se necessariamente atestada. Grande parte destas regras era, aliás, de tipo meramente sancionatório e prezavam-se autónomas. Em 1427, há registo de um agravo ao monarca assente sobre o facto de os corregedores deverem "guardar as posturas, vereações, usos e costumes dos concelhos, não os substituindo *nem mudando as penas*" (itálico nosso) (v. Mário Viana, *Posturas municipais portuguesas. Uma introdução*, in Maria Filomena Lopes de Barros e Mário Viana (ed.), "Posturas municipais portuguesas (séculos XIV-XVIII)", CEGF/CIDEHUS, Ponta Delgada, 2012, p. 132). Na mesma obra, publica-se o *Livro das posturas antigas* de Évora, recolha de normas locais elaborada pelo escrivão Fernão Lopes de Carvalho em 1622, procurando consolidar posturas da cidade provindas do final do século XIV. A larga maioria das sanções encontradas nestas posturas antigas de Évora é de tipo pecuniário, mas surgem também referências a que "sejam empicotadas" (pp. 29 e 31), forçosamente a referência ao pelourinho enquanto local e instrumento de castigo e de exemplo, a que "jasa na cadea xb dias" (p. 30), a que "pague as da cadea" (p. 31) ou a que "pague a dicta coyma e seja presso e a da cadea pague a dicta coyma como dicto he" (p. 35).

[123] O regime da prisão por dívidas, mesmo sem dolo, que Gama Barros atesta como autonomizada no direito português desde um diploma datado de 1258, implica a prisão do devedor até pagamento voluntário, ressarcimento através da execução do património ou da cessão deste ao credor ou consentimento do credor na soltura, não sendo este o "Estado", mantendo uma tradição de penas corporais aplicadas ao devedor provinda do direito romano e do direito visigótico e recolhida em costumes concelhios, e que as Ordenações vão também acolher. Ao devedor podia ser também permitido, antes da prisão, um prazo de pagamento após a interpelação do credor, findo

encontrarem já referências à prisão enquanto pena, com uma finalidade marcadamente punitiva.

Exemplo notório é uma lei não datada, podendo ser atribuída a D. Dinis, que pune os homens casados que tenham "bargaas"[124] e que prevê "(...) que os prendam e (...) jaçam quarenta dias no Castello", o que não seria típico nem generalizado ainda neste período. Esta lei é simples, concisa e clara – não o mais comum para os textos legais da época. O rei, tendo em conta o "mãao exemplo e desserviço de Deos, y dElRey" que o adultério provoca, em particular na sua expressão pública, fixa como pena para o adúltero, em primeiro lugar, a impossibilidade de obter cargo ("nom seja apontado") ou a perda de qualquer ofício "no Concelho nem na Villa" que detenha. No entanto, "porque há hy taaes, que por medo desta pena nom se partiram desto", os adúlteros que sejam encontrados pelo alcaide "com saas / Barregaas, ou em lugares apartados, ou suspeitos, que os prendam, também elles, como ellas, e polla primeira jaçam quarenta dias no Castello[125], e page [sic] cada huu delles sessenta soldos pera o Concelho (...)". As penas tornam-se depois mais acutilantes, consoante se repete a falta: pela segunda vez, acresce o degredo "da Villa, e do Termo" e, em vezes posteriores, "sejam deitados de toda a Comarca, e ellas sejam açoutadas, e deitadas de toda a Comarca".

Parece difícil, perante a clara exposição do legislador, não ver nesta prisão prevista na lei uma verdadeira pena. Nada há a garantir com esta prisão de termo fixado em 40 dias – nem dívida por pagar que deva ser regularizada, nem presença em julgamento que deva ser assegurada. Como pena prevista para os adúlteros insistentes encontra-se efectivamente a prisão, cumulada com o pagamento de uma multa. Pela própria gradação punitiva que esta lei apresenta, atendendo à associação do adultério à pena de morte, que também entre nós se verificava nas Ordenações, não seria de facto considerada como pena muito dura... *sed poena.*

o qual, se mantido o crédito, a prisão seria efectivada. A Coroa podia no entanto conceder "cartas de espaços", verdadeiras moratórias em relação ao pagamento de dívidas atribuídas a devedores privilegiados, em relação às quais se queixavam "os povos em Cortes", como terá sucedido em 1331 e 1389, e que nas Ordenações Afonsinas se admitem apenas mediante o estabelecimento de fiança – assim, Henrique da Gama Barros, *História da Administração Pública em Portugal nos séculos XII a XV*, 2ª ed. dirigida por Torquato de Sousa Soares, tomo VII, Livraria Sá da Costa Editora, Lisboa, 1949, pp. 23 a 31.

[124] LLP, *cit.*, pp. 282 e 283.

[125] Claro que nem sempre haveria disponível "Castello" onde jazeriam os adúlteros, como se verá adiante, mas ficam claros a intenção punitiva e o conteúdo e gradação da pena.

Marcello Caetano descreveu o tratamento que a possibilidade do uso também de uma *prisão preventiva* mereceu dos monarcas portugueses no final da Idade Média.[126] Em regra, a prisão preventiva estava dependente de decisão de um juiz ou do alcaide do concelho, podendo no entanto ser decidida por um oficial régio, consoante as suas atribuições (corregedor, meirinho...). Progressivamente, a validação da prisão preventiva por um juiz vai-se tornar exigível. A existência de flagrante delito ou de fortes indícios de culpabilidade eram decisivos para a determinação da prisão, admitindo-se também que pudesse haver lugar ao oferecimento de fiança ou outras garantias, impedindo a prisão, pelo menos no caso dos crimes menos graves – não distinto do que o previsto pelo direito romano, séculos antes e modelo que, no essencial, chegará ao processo penal até ao século XIX.

Também o confisco do património de um condenado como sanção, na sua totalidade ou em parte, se encontra com grande expressão entre as previsões nas primeiras leis portuguesas. De igual modo encontram consagração nas leis nacionais a perda de privilégios ou de cargos, a expulsão do território (para "fora do Reino") ou o desterro para fora da localidade ("deyta lo emos fora da terra", "sejam deitados da Villa e do do Termo").

A cumulação de penas era comum ("seiam açoutados por toda a villa e deytados fora da terra pera sempre") e o arbítrio da decisão do monarca uma faculdade prevista usualmente na sanção ("E fique na nosa merçee pera o mandarmos estranhar asj commo virmos que conpre").

O Livro de Leis e Posturas, do qual se retiraram estas passagens, recolhe várias leis régias dos primeiros tempos da monarquia portuguesa, nas quais se podem verificar tais delitos e penas entre os séculos XIII e XIV. Note-se que parte relevante dos diplomas do Livro assume um carácter de repressão penal, sendo compilados a par de leis sobre deveres de oficiais, administração da justiça e regras processuais, definição dos estatutos de nobres e clérigos, regimes sucessórios... Naturalmente que as distinções contemporâneas entre a natureza meramente civil ou penal de um ilícito e da sanção que lhe corresponda de pouco auxiliam na sua leitura. A previsão de delitos e punições correspondentes é feita de um modo casuístico, indiferente a qualquer sistemática, com o sentido simples e imediato de "*tolher as malicias dos homens*" e, por vezes, ainda deixando a determinação da sanção para os costumes locais, sem prejuízo de a terminologia usada – "crime", "pena", "cadeia", "prisão" – se encontrar estabelecida, não obstante a variabilidade e eventual imprecisão no seu uso.

[126] Marcello Caetano, *História...*, *cit.*, pp. 385 ss.

"Porque mujtas vezes as maldades se as homem nom tolhesse creçem", diz-se epigrafando uma lei de 1211[127]: aqui se encontra o sentido pragmático, casuístico e imediato da punição medieval, onde, a par de uma retribuição imediata pelo crime, assoma a ideia preventiva. Esta mesma lei é um bom exemplo de como se combinavam ainda neste período modalidades de vingança privada com as novas regras estabelecidas pelo monarca. "Esta meesma pena estabelecemos que sse o omizio for começado por morte dalguu e nom for morto da outra parte ata huu ano ou tal cousa non for fecta que seia Jgual aa morte os parentes do morto escolham huu daqueles qual quiserem que dizem que fez o omezio. E todos os outros seiam quites do omezio", assim se prescreve, numa enformação da permissão da vingança privada dentro dos termos estabelecidos pela lei, sob pena da sua sanção (no caso, o pagamento de quinhentos soldos de ouro).

A previsão de uma pena visava portanto ser exemplar para os demais mas, em primeira linha, vingar um mal feito. Punir um culpado era um dever *moral* para o rei, para quem aplicar a justiça, primeiro dos seus deveres, em boa parte se esgotava no dever da punição. A pena estava proximamente ligada a uma dimensão de eficácia – eficácia na prevenção de cometimento de novos crimes para o futuro e eficácia no castigo do criminoso, mesmo sem o aparelho teórico que permitisse introduzir uma dimensão de justificação, proporcionalidade e adequação gerais. A *correcção* ou *corregimento* a que as leis aludem é ainda uma correcção que significa apenas *restauração da ordem* pela retribuição imposta[128] e não qualquer moderna "correcção" associável a uma modelação intencional e sistemática do comportamento futuro do condenado.

A pena funciona como exemplo interior, mas também (e em consequência disso) enquanto *espectáculo* público. A dissuasão é procurada pela severidade, mas igualmente pela espectacularidade e publicidade na execução da pena. Carbasse, para a realidade francesa já do final do século XVII, descreve como um condenado à morte contumaz é substituído na fogueira por um boneco de palha, assegurando o espectáculo público dessa morte simbólica, em efígie. Noutra lei francesa de 1670, prescreve-se igualmente que as condenações decretadas às galés, ao des-

[127] Lei sobre os homizios por morte ou desonra, in LLP, *cit.*, pp. 14 e 15, incluída também nos *P. M. H.*, Leg. et Cons., vol. I, *cit.*, p. 171 (*Dos omezios en como sseiam fiindos*).

[128] A par de um sentido específico de emenda de uma decisão judicial anterior que também recebe e que, segundo Duarte Nogueira, se anuncia entre nós desde o início do século XIII, no contexto do estabelecimento dos sobrejuízes – assim, José Artur Anes Duarte Nogueira, *Sociedade e Direito em Portugal na Idade Média – Dos primórdios ao século da Universidade (Contributo para o seu estudo)*, vol. I, tomo I, Lisboa, 1990, pp. 413 a 418.

terro perpétuo e a diversos castigos corporais deveriam ser afixadas num quadro colocado em praça pública.[129] Com a publicidade assegurada, garante-se a verdadeira infâmia da condenação.

Práticas idênticas descobrem-se para Portugal. Era igualmente comum, mesmo em período bastante anterior, a publicidade através da afixação das condenações no pelourinho ou picota da localidade[130] e, mais letal ao tempo, atendendo à capacidade restrita de lidar com um texto da maioria da população, leituras gerais ou perante audiências precisas das condenações decretadas, quando não a exposição do próprio condenado no pelourinho, autónoma ou associada a outra pena, bem como o realização de desfiles de condenados com pregão da sua identidade, crime praticado e da pena recebida. A punição simbólica pelo fogo, faltando o corpo vivo, de "estátuas" e ossos do condenado e a afixação de tabuletas nas forcas identificando o executado e o crime praticado encontram-se igualmente reportadas.

São conhecidos os esforços, visíveis na própria legislação nacional, de restrição da vingança privada e de recondução à esfera judicial – e régia – do arbitrar dos litígios mais graves e da aplicação de uma pena.

Tem sido apontada como exemplo paradigmático português deste percurso a Lei de 12 de Março de 1355, de D. Afonso IV, em que fixa a obrigatoriedade de inquirição (partindo-se de uma querela oficiosa e pressupondo, na dimensão investigatória, a *inquirição* ou *devassa* por parte de um juiz) "das justiças das terras" independentemente de queixa de um lesado ("quando as partes nom quiserem apellar") – ou seja, independente de *querela* do lesado iniciada perante o juiz ou

[129] Jean-Marie Carbasse, *Histoire..., cit.*, pp. 253 e 254. O autor acrescenta que a preocupação "com o exemplo chocante" leva ao uso do *retentum*, um anexo secreto à sentença através do qual os juízes aliviam discretamente o sofrimento do condenado, por exemplo prevendo que a morte por estrangulamento anteceda a "morte em público" pelo fogo. Destacando aqui também o contexto de afirmação do poder estadual, comum à generalidade dos Estados europeus, v. Renée Martinage, *Histoire du droit pénal en Europe*, PUF, Paris, 1998, pp. 5 e 6.

[130] Sobre as referências a pelourinhos nacionais, v. Isabel M. Martins Moreira, *As formas materiais do legado da cultura: museus e monumentos em Portugal (1772 – 1974)*, Universidade Aberta, Lisboa, 1989 (policopiado), pp. 153 a 155 e o anexo nº 13 à obra e, em especial, o catálogo dos pelourinhos portugueses, de acordo com uma tipologia própria atendendo aos seus elementos arquitectónicos e decorativos, que pode ser apreciado através de Luís Chaves, *Os pelourinhos – Elementos para o seu catálogo geral*, Edições José Fernandes Júnior, Lisboa, 1938, dando conta também das principais opiniões sobre a função do pelourinho, variáveis em grau entre o seu uso como instrumento da justiça penal ou como elemento simbólico da autonomia local (pp. XXIV ss.), e atestando a primeira via também com referências diversas ao direito geral e foraleiro medieval português.

outra autoridade competente –, princípio que permite falar da primeira definição de crimes públicos. Mais que isso, é um modelo de fazer justiça em nome do *público*, que se associa e irá substituindo o modelo tradicional de base privada, baseado na acusação da vítima, cujas exigências por vezes, aliás, tornavam esta mais próxima do acusado – quase um processo *inter pares* que a comunidade orientava e ratificava. O acusado deveria comparecer perante o juiz e apenas nessa circunstância seria avaliado o seu eventual crime, recebendo, se necessário, carta de segurança, que pudesse assegurar a sua comparência.

Estão cobertos por esta regra os crimes de lesa-majestade, o homicídio, determinadas ofensas corporais e danos (como o incêndio), os furtos, a tomada de armas, a falsificação, crimes sexuais (incesto, adultério, sodomia, violação...), crimes religiosos (feitiçaria ou renegar a fé cristã) e crimes contra a realização da justiça.[131] Todavia, a certeza e estabilidade na determinação do direito aplicável ou na determinação e adequação da pena estavam ainda distantes. Esta era ainda desigual e desproporcional ao delito e entre delitos. A obrigação das autoridades em promoverem inquirição ou devasssa[132] funcionaria assim para um conjunto de crimes, cujo desvalor para a comunidade é facilmente verificável, mas também para os crimes particulares mais gravosos, mediante disposição legal.[133]

Relevantes são também outras disposições anteriores. Entre 1325 e 1326, o monarca estabelece a proibição da vingança privada, nomeadamente por parte dos fidalgos[134], punida com a morte caso incumprida, um facto mal aceite por aqueles que reclamavam ser seu costume o exercício da vingança. O monarca português vem a recusar a possibilidade de se tratar de costume ("porque nom tam solamente era contra dereito de deus mays ainda era contra dereyto natural"),

[131] Ruy de Albuquerque e Martim de Albuquerque, *História...*, vol. I, tomo II, *cit.*, pp. 232 a 236. A lei encontra-se transcrita no LLP, *cit.*, pp. 478 a 483. Já desde o início do século XIII, todavia, é visível, com D. Afonso II, o esforço régio de supressão da vingança privada, procurando evitar ciclos de vingança "endémica", como salienta, reportando Orlandis e Gama Barros, Eduardo Correia, *Estudos...*, *cit.*, pp. 25 a 27.

[132] Sobre a distinção entre esta inquirição inserida no "processo criminal" e as inquirições gerais, v. António Braz de Oliveira e Maria José Marinho, *Devassa a que mandou proceder Sua Majestade no Território do Alto Douro pelo Desembargador António de Mesquita e Moura (1771-1775)*, Biblioteca Nacional, Lisboa, 1983, pp. XLI ss.

[133] E no século XVIII, desde logo de acordo com Mello Freire, a devassa continua a distinguir-se do processo de querela e simples acusação pelo facto de implicar aquela uma investigação feita pelo juiz oficiosamente. V. OF, l. I, t. 65º, § 31º.

[134] LLP, *cit.*, pp. 283 a 286.

mas acede a atenuar a aplicação da pena prevista[135], sendo todavia discutível o acatamento que estas regras obtiveram, pelo menos num período inicial.[136]

Este direito penal, formalmente de iniciativa régia, mas cujos conteúdos normativos se encontram em fontes mais distantes – sejam costumes, seja num regresso por via prudencial do direito romano-canónico –, consta também dos demais ordenamentos europeus que resultam da desagregação do império romano do Ocidente. Para além da proibição da vindicta, outros elementos, regulados, sustentam essa construção de uma justiça penal pública, como a regulação da prisão preventiva, como se viu, mas também diversas ferramentas processuais, que entre os séculos XIII e XIV são desenvolvidas – desde a prestação de fiança em caso de acusação, de modo a evitar abusos, até ao que se poderia configurar como uma primeira forma de apoio judiciário, cuja dimensão garantística é difícil de rejeitar.

Assim, elemento significativo na simbologia e na racionalidade da punição dos nossos dias, também em Portugal a prisão constitui-se e autonomiza-se como pena e como instituição dedicada ao exercício sistemático da pena de forma muito gradual. Durante longo tempo permanece fora da esfera de atenção e longe dos esforços de conceptualização dos juristas. As leis seculares portuguesas dos primeiros séculos da monarquia não destacavam particularmente a prisão enquanto modalidade de pena. A prisão surgia até como elemento alheio ao quadro principal das penas previstas e normalmente através apenas do seu uso para períodos de detenção antes da aplicação de uma outra pena ou como medida disciplinar a um servo, afinal a lição romana.[137]

[135] LLP, *cit.*, pp. 286 a 290.

[136] V. Marcello Caetano, *História...*, *cit.*, pp. 370 e 371. "As dificuldades na implementação e cumprimento destas proibições são conhecidas. O papel da resistência, das reformas e das rebeliões à imposição de um aparelho estadual de justiça tem vindo a ser sublinhado tanto por historiadores como por juristas", assinala António Pedro Barbas Homem, *O espírito das instituições...*, *cit.*, p. 77. Para a realidade espanhola, com idênticas dificuldades em limitar o exercício privado da vingança, desde logo quanto ao duelo entre a nobreza, v. Francisco Tomás y Valiente, *El Derecho penal de la monarquía absoluta...*, *cit.*, pp. 46 ss.

[137] Também as *Sete Partidas*, que previam *v. g.* regras sobre guarda dos presos (Partida VII, t. XXIX) e proibiam expressamente o cárcere privado (t. XXIX, lei 15), estipulavam a prisão como pena – como "modalidade de pena maior" –, devendo no entando ser apenas assim vista quando aplicada a "servo" mas não a um "homem livre", já que para este aquela apenas deveria ser entendida como espaço de detenção antes do julgamento e eventual condenação (t. XXXI, lei 4). As demais penas fixadas eram a pena de morte ou corte de membro, a condenação a trabalho forçado, o desterro (com ou sem perda de bens), a aplicação de medidas infamantes – em que se incluía a perda de ofício – e a con-

Mas é também este longo uso essencialmente acessório ou instrumental da prisão, nunca perdido, que permitirá, de modo radical a partir do final do século XVIII e durante o século XIX, que se constitua como instrumento privilegiado de pena, a par da pena de degredo, sem prejuízo de se poder conhecer um percurso que foi progressivo.[138] Em todo o caso, mais do que feito de rupturas abruptas, é um caminho de modelações e de intensidades.

Geltner[139] inicia um seu estudo com uma informação que se reputaria pouco comum e precoce. Na cidade italiana de Siena, em Fevereiro de 1327, um grupo de cidadãos reunido na assembleia da cidade discute as fracas condições que a prisão de Siena apresenta e reclama a construção de uma nova prisão, que seria completada em 1330.[140] Nesta discussão no século XIV encontram-se também outros elementos, como a reclamação da separação dos condenados, de acordo com os crimes praticados, e a associação da nova prisão ao *Palazzo Publico*, elemento central da urbe.[141]

O autor vai procurar determinar que neste século, em vários espaços da Europa, encontra-se já este tipo de prisão pensada para a execução de uma pena, construída nas cidades e mesmo em zonas rurais, de acolhimento de condenados que receberam uma sentença específica de perda de liberdade, aí recolhidos a par dos detidos que aguardam julgamento, e a par ainda de um uso da detenção meramente coercitivo, o mais comum quando decretada a prisão a devedores.

denação a açoites ou outro castigo corporal público. Sobre o uso da prisão como pena para a realidade castelhana, por influência do direito canónico e apenas para crimes leves, desde o final da Idade Média, em contradição com o previsto nas Partidas, v. em especial Isabel Ramos Vázquez, *Arrestos, cárceles y prisiones en los derechos históricos españoles*, Ministerio del Interior, Madrid, 2008, pp. 141 ss.

[138] Como escreveu Prins sobre o século XIX: "A une époque d'individualisme et de liberté, où l'homme s'est habitué à considérer la liberté en général et la liberté d'aller et de venir en particulier comme un bien tangible, toute entrave à la liberté est naturellement apparue comme la plus grande des souffrances et le système pénal a gravité autour de la prison qui a ainsi exercé sur les esprits une véritable tyrannie" – Adolphe Prins, *Science pénale et droit positif*, Bruylant-Christophe Éditeurs, Bruxelas, 1899, pp. 400 e 401.

[139] V. o trabalho de G. Geltner, *The medieval prision..., cit.*, que parte do estudo das prisões das cidades italianas de Siena, Florença, Veneza e Bolonha no século XIV. Uma recensão a este livro de Guy Geltner foi publicada em 2010 por R. I. Moore, *The Medieval Prison: A Social History (review)* in "Journal of Social History", vol. 43, nº 4, Verão 2010, George Mason University Press, Fairfax, 2010, pp. 1084 a 1086.

[140] G. Geltner, *op. cit.*, p. 2.

[141] Destacando também a existência desta prisão punitiva medieval em diversas cidades italianas e também em Inglaterrra, mas demarcando estas experiências da tendência geral europeia à epoca, v. Pieter Spierenburg, *The Prison Experience..., cit.*, pp. 15 e 16.

Cinco séculos antes da ciência penitenciária ocupar o espaço da punição, este parece ser um antecedente de peso no seu percurso, mesmo desconsiderando o seu grau de generalização. Por aqui se pode verificar que a distinção entre a prisão como elemento de coerção, assente na mera detenção, e o seu uso autónomo como pena propriamente dita é conhecida e aplicada já no final do período medieval europeu[142], mesmo se o velho preceito de Ulpiano, desaconselhando o seu uso como pena, ainda faz o seu caminho. A realidade nacional será contudo menos generosa para com esta prisão enquanto resposta punitiva.

O desenvolvimento da prisão não é apenas resultado do desenvolvimento jurídico, antes presume uma complexa e intrincada rede de vinculações entre concepções de poder e de Estado, direito, arquitectura e espaço urbano, religião, práticas penais e consciência social, numa sociedade progressivamente mais complexa e que se vê como mais completa e eficiente. É também esta completude e eficiência, na sua dimensão institucional de controlo social, que vai permitir e mesmo exigir o desenvolvimento de instituições como a prisão, uma prisão que está integrada na vida da comunidade, para além do seu papel imediato na detenção ou no cumprimento de uma sentença, e a que corresponde uma administração da pena específica.

As cidades do norte de Itália demonstravam aqui uma capacidade administrativa que não era ainda partilhada de forma generalizada com as monarquias que ocupavam territórios de grande dimensão, em que parte da capacidade de criar direito e administrar a justiça se encontrava regionalizada ou era deixada aos senhores e aos corpos comunitários locais.

Em Inglaterra, os relatos da construção das primeiras prisões reais – como a Torre de Londres – datam do século XII, tal como a notícia da construção de prisões em várias cidades, sob tutela das autoridades locais, onde os detidos aguardariam a chegada de juízes itinerantes para conhecer a sua sentença.[143] Mas estava-se aqui ainda no domínio de uma detenção meramente coercitiva ou ainda na expectativa da aplicação da verdadeira pena. Os detidos podiam, contudo, ajustar, de acordo com a sua capacidade económica e estatuto social, os conteúdos do seu quotidiano. Alimentação, condições de detenção e acesso a bens eram realidades que estavam no comércio e dependiam também da relação encetada com os seus guardas, pagando-se assim a *suavitas* do tratamento prisional. Esta será uma prática habitual até ao nascimento de uma nova ordem na execução da pena de prisão, intensificada com as penitenciárias oitocentis-

[142] G. Geltner, *op. cit.*, p. 7.
[143] Edward M. Peters, *Prison before prison*, *cit.*, p. 31.

tas, que nivelam a pena através da modelização do quotidiano prisional. A pena submetida na lei ao princípio da igualdade encontra na penitenciária um espaço propício de concretização mais acentuada.

Em França, no século XIII, também surgem as primeiras referências à prisão com um intuito punitivo, mesmo se relativamente pouco numerosas.[144] Paris, em torno do ano 1200, conhecia a construção do *Chatelêt*, uma das suas primeiras prisões, à beira do Sena, que simultaneamente albergava o tribunal do governador real da cidade e onde condenados a penas de prisão eram recolhidos a par de condenados que aguardavam a execução de outra pena, estes francamente mais numerosos. Também aqui o estatuto do recluso determinava as condições da sua clausura[145], sendo o alojamento em celas individuais ou em dormitórios comuns pago por membros da nobreza e por aqueles que tinham capacidade financeira para o assumir, enquanto a *fosse*, espaço subterrâneo, se destinava aos reclusos de menores recursos. A prisão da Bastilha é construída em 1370 e vai entretanto aumentar a capacidade de reclusão ao dispor das autoridades da cidade.

E, mais tarde, é especialmente ilustrativo que na cidade de Veneza, em 1559, replicando construções de outras cidades italianas, ao conhecido arquitecto Antonio da Ponte tenha sido encomendado o projecto de uma prisão que deveria conter quatrocentas celas individuais, onde os condenados à morte cujas sentenças tivessem sido comutadas para prisão perpétua ficariam encerrados.[146]

Ponderando o estudo de Geltner, o sentido é o de que pode ser possível aferir das raízes da prisão contemporânea também imediatamente nas instituições prisionais das cidades europeias do final da Idade Média – ou seja, uma evolução

[144] *Idem, ibidem*, pp. 35 e 36. Também Annik Porteau-Bitker, *L'emprisonnement..., cit.*, pp. 217 ss., destaca essencialmente para a realidade francesa o uso da prisão como espaço de uma detenção preventiva, associada à necessidade de levar a julgamento um acusado impossibilitado de pagar a sua liberdade mediante caução, ou à necessidade de imposição posterior de uma pena, bem como funcionando como instrumento de coerção para devedores. Todavia, a prisão de intuito punitivo é também descoberta, quer em recolhas de costumes quer em decisões judiciais, entre os séculos XIII e XIV, designadamente como pena subsidiária, alternativa ou complementar a outra, mas também como pena única (v. *v. g.* os exemplos que apresenta a pp. 394 a 397), associada em regra a crimes relativamente leves e de duração usualmente ao abrítrio dos juízes. Dadas as condições de encarceramento, a duração das penas de prisão aplicadas seria assim relativamente curta na maioria das situações – em contrapartida, o encarceramento perpétuo, também encontrado neste período, parece reflectido nas próprias decisões judiciais como equiparável à condenação à morte, atendendo aos seus efeitos previsíveis.

[145] V. Annik Porteau-Bitker, *L'emprisonnement..., cit.*, pp. 416 e 417.

[146] Edward M. Peters, *Prison before prison, cit.*, p. 40.

em que a dimensão de cisão não é tão evidenciada –[147], sem no entanto se permitir afastar uma distinção clara entre este (re)nascimento medieval da prisão europeia secular e o desenvolvimento de uma *intencionalidade penitenciária*, necessariamente mais tardio, ou um uso generalizado da pena de prisão ou sequer a constituição de uma leitura regeneradora da pena fundada também no direito penal.[148]

Esta realidade medieval circunscrita combina-se assim com os outros modelos em que necessariamente radica também a prisão do século XIX, como a prisão eclesiástica de pendor penitencial, tal como descrita desde o século XIII, ou as casas de trabalho da Europa Central dos séculos XVI e XVII. Ou ainda as experiências italianas do século XVII, sob influência papal. Esta prevenção tem alguma utilidade, pois a afirmação dos modelos penitenciários, entre o final do século XVIII e as primeiras décadas do século XIX, sustenta-se e generaliza-se,

[147] Geltner assinala que, até meados do século XX, apenas se consideraria a *Rasphuis* de Amesterdão, em 1596, como verdadeiramente precursora da moderna prisão, ao incorporar o trabalho e uma perspectiva reabilitadora na pena, sendo desconsiderados quaisquer percursos anteriores. O sentido era o de que a prisão anterior ao século XVI resultava numa demonstração de uma punição meramente corporal, sem poder manifestar os valores que apenas a Reforma protestante poderia ter consagrado, na linha weberiana. Efectivamente, sobre o ascetismo protestante, incorporando num "método" constante o dever de trabalho simultaneamente como elemento de glorificação do divino e de utilidade social, em contraste com a perspectiva católica assente na possibilidade de uma "graça sacramental" recorrente, pronta a corrigir quaisquer insuficiências, v. precisamente Max Weber, *L'Éthique protestante et l'esprit du capitalisme*, Gallimard, Paris, 2003, pp. 114 ss. e pp. 131 ss.

[148] Peters sintetiza a questão no mesmo sentido: "But long before the new penal institutions and the modern age of penology (...), the small-scale societies of medieval Europe, working with that they could of Roman law and driven by the conviction that in some cases, however few, punitive confinement was preferable to capital punishment, exile, or the confiscation of property, created punitive imprisonment in both ecclesiastical and secular courts. (...) In some instances, at least, those who held the power of life and death chose the confined life in prison. Some, like Boniface VIII, instituted punitive imprisonment statutorily, sweeping aside the conventional Roman objections. Others – the independent city-republics of northern Italy and the kings of Sicily, England, France and Castile – introduced imprisonment into traditional systems of criminal punishment. After 1200, the criminal law practices of Europe resembled less and less those of the Mediterranean antiquity and the earlier Middle Ages and more and more those of later centuries" – Edward M. Peters, *Prison before prison, cit.*, pp. 40 e 41. Também Annik Porteau-Bitker, *L'emprisonnement..., cit.*, p. 428, assenta no mesmo percurso: "(...) L'organisation matérielle des prisons à l'aube du XVe siècle a sans conteste servi de modèle à l'aménagement interne des établissements pénitentiaires de la fin de l'Ancien Régime. A cette époque comme au Moyen Age, la claustration dans une geôle laïque est conçue comme une protection de la société du fait de la mise hors d'état de nuite de dangereux malfaiteurs sans rechercher l'amendement des coupables: les prisonniers croupissent, inactifs, au fond de leur cachot".

em parte, numa visão atractiva de "novidade científica" e de ruptura civilizadora, enaltecida pelos seus próprios disseminadores na época, e que pode ser ilusória se tomada fora de contexto.

§ 3º O tempo das Ordenações

a. Legalidade e poder régio ao serviço da punição

No período pós-medieval, a manutenção do recurso à exegese dos textos prudenciais, de origem romana e canónica, acompanhado por um desenvolvimento intenso das legislações nacionais, são as fontes essenciais também para o domínio penal, oferecendo um conteúdo de tipificações casuísticas, não integradas num verdadeiro sistema que lhes desse critério. Entre os elementos de unidade que provêm do período anterior e que acompanharão o mundo penal até ao século XVIII estão assim o desenvolvimento contínuo de um direito régio e de uma justiça penal pública e a associação entre retribuição punitiva, exemplaridade futura e espectacularidade da pena. Provinda do direito romano e da canonística – já que o pecado exigia a consciência e a vontade do pecador –, a punição secular continua a incorporar uma valoração moral da vontade, tomando por regra a máxima do Digesto *In maleficiis voluntas spectatur, non eventus* (D., 48, 8, 1, 3), de onde a intenção, e não apenas o resultado da sua acção, resulta como elemento ponderoso para apreciar a conduta do autor e, assim, a convocar a necessidade de um nível de arbítrio judicial adequado na fixação da pena, desde logo para suportar essa apreciação.

Em Portugal, as Ordenações do Reino constituem-se como o principal repositório normativo em que o direito penal é recolhido. A versão filipina (1603), que entra pelo século XIX adentro como direito vigente, coberta pelo direito extravagante, mantém muito do essencial que se encontrava nas anteriores Ordenações, com largas referências à aplicação da pena de morte, penas patrimoniais, penas corporais e penas infamantes, para além da prisão.[149] A determinação da pena e das condições da sua aplicação variam, contudo, de acordo com necessidades pragmáticas e circunstâncias específicas – como a evolução, por exemplo, da pena de degredo entre os séculos XV e XVII demonstrada pelos seus destinos –, sendo distintas também em função do estatuto pessoal do condenado.

As primeiras Ordenações haviam incorporado também muito do direito penal anterior, feito ele em parte significativa de costumes mais antigos, instituciona-

[149] Neste sentido, por todos, Ruy de Albuquerque e Martim de Albuquerque, *História...*, *cit.*, vol. II, pp. 252 e 253.

lizados, adaptados e por vezes contrariados, como se viu, através da legislação dos primeiros monarcas e dos forais concedidos. A influência do direito romano provindo do *Corpus Iuris Civilis* e do direito canónico tornava-se entretanto mais verificável. Notem-se as referências, adiante também mencionadas, que nas Ordenações surgem em torno da intenção do criminoso e a graduação da pena em função da culpa do agente[150], num contexto em que a violação de lei e o crime são identificados ainda como pecado.[151] O mesmo é válido a propósito de circunstâncias que poderiam reduzir a culpa, da valoração da reincidência, esta usualmente fonte de agravação da pena, ou de figuras como o estabelecimento de um prazo mínimo (20 dias)[152] que medeie a decisão de condenação à morte ou a pena corporal grave e o momento de execução desta pena – e que provém também das leis nacionais anteriores agora compiladas, na prática uma regra que se manterá até ao crespúsculo da pena de morte, no século XIX. A prova é apreciada, aliás, no mesmo contexto de tradição jurídica, em que a palavra e as testemunhas[153] são elementos essenciais a valorar, compaginados necessariamente com o estatuto social de vítima e acusado.

Eduardo Correia, no seu estudo sobre as penas nas distintas versões das Ordenações, não assinala diferenças qualitativas de grande significado na sucessão de textos.[154] A pena de morte, cuja frequência de previsão é assinalável – pela forca, degolação (por exemplo no caso de titulares) ou pelo fogo, em casos extremos – ganhará com as Ordenações Manuelinas um maior campo de aplicação. Não significará isso, contudo, a generalização da sua execução. Mas estas Ordenações, ao invés, parecem também restringir a dureza das penas corporais aplicáveis, mesmo se introduzem a marca de ferro em brasa, não prevista na versão anterior.[155]

[150] V. *v. g.* o estabelecimento da faculdade de substituição da pena por outra menos gravosa atribuída ao juiz no caso de crime praticado por menor, onde se atesta a referência ao "Direito Commum" - OF, l. V, t. 135º.

[151] V. também Marcello Caetano, *História...*, *cit.*, pp. 553 ss.

[152] V. OA, l. V, t. 70º, § 1º, onde se encontra a conhecida expressão justificativa de como "a sanha sooe a enbargar o coraçom". O mesmo se aplica às penas de corte de membros, como o prevêem expressamente as OM, l. V, t. 60º, proémio. O monarca pretende também poder apreciar todas as sentenças de condenação à morte antes de serem executadas, quando o condenado "esteuer preso no luguar onde Nós a esse tempo Esteuermos" (§ 1º). Nas OF, l. V, t. 137º, proémio.

[153] *Maxime* nos crimes mais violentos, como as ofensas corporais e a violação – OF, l. V, t. 134º; OM, l. V, t. 76º.

[154] V. Eduardo Correia, *Estudos...*, *cit.*, pp. 32 ss.

[155] OM, l. V, t. 82º, § 2º. E que se mantém nas OF, l. V, t. 111º, § 2º, para mouro convertido que entrasse no reino – "sendo forro ou Mouro forro" (alforriado), mesmo que fosse punição extinta

A prisão, prevista em diversos momentos, continua a resultar maioritariamente como circunstância processual coactiva – caso da prisão preventiva ou uma prisão coercitiva, mesmo que com limites temporais fixados[156] – e não como pena autónoma. No entanto, a prisão enquanto pena é também fixada – *v. g.* nas Ordenações Afonsinas, a propósito de quem presenciasse jogos de dados ou para quem violasse, reincidindo, "as leis sobre as coisas de uso defeso".[157]

É sabido que as penas previstas pelas Ordenações parecem todavia ser mais severas do que a realidade da prática punitiva, como também adverte Luís Miguel Duarte, nomeadamente quanto à execução efectiva da pena capital (em Portugal, note-se, habitualmente pela forca, havendo igualmente previsão do uso da decapitação e da fogueira, mesmo se desta última não se conheça qualquer sinal até ao final do século XV).[158] O mesmo, segundo o autor, poderá ser extensível ao uso da tortura judicial, os *tormentos*.

Este trabalho de Luís Miguel Duarte sobre a justiça criminal no reinado de D. Afonso V permitiu reconhecer a relevância das *cartas de perdão* régias no século XV, o meio através da qual se exercia a graça do monarca em relação ao crime, um "documento que, defendendo tanto quanto possível quem o pediu", o faça "de acordo com os quadros éticos, políticos e jurídicos da Corte (e res-

por D. João III, em virtude de Assento de 27 de Fevereiro de 1523, segundo Cândido Mendes de Almeida anota no título respectivo das OF, l. IV e V, p. 1261. Esta marca de ferro em brasa volta a ser prevista, contudo, na *Lei da reformaçam da justiça* filipina (Lei de 6 de Dezembro de 1612), em que se prescreve "signal com fogo em huma das espaldas" para os condenados "por ladrões", devido à dificuldade em identificá-los correctamente em caso de reincidência, já que "mudam os nomes de ordinário", costume que "se usou já no Reino". Os condenados "do districto da Casa da Suplicação" receberiam assim um "L", os da "Caza do Porto" um "P" e, sendo reincidentes, ser-lhes-ia aposto o sinal de uma forca, indicando que, em delito seguinte, seriam condenados à morte, "por reincidir terceira vez no mesmo crime". Em caso de "emenda", "nunca poderá ser visto o dito signal, de modo que os infame". Em todo o caso, a previsão sobre furto nas OF (l. V, t. 61º) não prevê esta gradação de penas em função da reincidência, sendo a pena de morte desde logo prescrita no caso de bens de valor elevado ou de um furto fora de uma povoação. Sobre a marca de fogo e o modo como é tratada desfavoravelmente no direito português pós-filipino, v. Sílvia Alves, *Punir e humanizar – O direito penal setecentista*, dissertação de Doutoramento em Ciências Histórico-Jurídicas, Faculdade de Direito da Universidade de Lisboa, Lisboa, 2008 (policopiado), pp. 394 ss.

[156] Nas OM, fixam-se limites máximos para a duração da prisão de devedores – de quatro meses e de um ano –, antes de serem enviados em degredo para S. Tomé, podendo regressar caso saldem as suas dívidas (l. V, t. 110º, § 3º e § 4º).

[157] V. OA, l. V, títulos 41º, § 8º e 43º, § 4º. A nota é também deixada por José Adelino Maltez, *História..., cit.*, pp. 39 e 40.

[158] Assim, Luís Miguel Duarte, *Justiça e criminalidade..., cit.*, pp. 457 ss.

peite a queixa da parte agravada)"[159] e, através delas, conhecer mais sobre a actuação da justiça régia perante o crime neste período. O exercício da clemência régia é o reverso do poder de criação da lei penal geral, um e outro reconduzidos à função plena do rei, num equilíbrio nem sempre óbvio ou bem aceite.[160]

Pelas cartas de perdão verifica-se que os suplicantes de perdão ao monarca, quando fugidos da prisão onde esperam julgamento, o justificam, rotineiramente, com o uso de expressões como "temendo-se de jazer em prisão prolongada, gastando o que não deviam", e procuram executar a sua fuga "pela porta [da prisão ou do castelo] que estava aberta", sem "britar portas nem cadeas nem saltar por cima de muro nem torre de menagem".[161] Várias vezes também procuram justificar a sua fuga pela vontade de Deus, pelo acaso ou pela manobra de outros reclusos, que não lhes permitira resistir à fuga, mesmo se o tom geral das súplicas deveria convencer o rei da justeza da sua pretensão.[162]

A tipologia da criminalidade quatrocentista[163-164] que o autor apresenta procura retratar os delitos existentes, por temas, de acordo com a sua prática e não

[159] Luís Miguel Duarte, *Justiça e criminalidade...*, *cit.*, p. 42. Em teoria, o perdão régio exigiria também pelo menos uma não-oposição da vítima, que poderia ser ouvida numa inquirição ordenada para validar os factos descritos pelo requerente do perdão.

[160] "(...) Os textos penais quer da Idade Média quer da Idade Moderna suscitam uma interrogação fundamental acerca do seu alcance efectivo: a regra sancionatória geral era a que se encontrava definida nas terríveis disposições das leis portuguesas ou era antes a das cartas de indulto e de amnistia? Dois provérbios medievais portugueses dão conta do modo como a amplitude dos poderes de misericórdia implicava o descrédito da própria lei: *i) «ainda não é feita a lei, já lhe buscam cautelas»*; *ii) «mata, que el-rei perdoa»*", previne António Pedro Barbas Homem, *A Lei...*, *cit.*, pp. 124 e 125.

[161] Reproduzem-se algumas das expressões que Luís Miguel Duarte reporta como "estereótipos das cartas de perdão" – *Justiça e criminalidade...*, *cit.*, pp. 42 e 43.

[162] "E o rei acreditava nisto?, apetece perguntar. Provavelmente não, ou nem punha o problema. O importante é que, ao propor estas desculpas toscas, os suplicantes estavam a dizer, à sua maneira, que sabiam que era crime fugir da cadeia, que se mostravam arrependidos pelo facto. E isso é o que o monarca quer saber", escreve adiante Luís Miguel Duarte (p. 48).

[163] Luís Miguel Duarte descobre 120 crimes para o período do seu estudo, a partir das cartas de perdão (p. 318).

[164] Dá conta o mesmo autor do debate entre duas interpretações sobre uma possível evolução da criminalidade – e no acesso à justiça, acrescentaríamos – no percurso entre o período medieval e os finais do Antigo Regime, entre o século XV e o século XVIII. Uma delas, devida a Pierre Chaunu, explica este caminho com a expressão "da violência ao roubo" e procura demonstrar que há uma mudança qualitativa no tipo de criminalidade detectada, que se orienta progressivamente para o património em detrimento dos crimes contra a integridade física das pessoas. O estudo de Luís

com a sua previsão legal, mas não se descobre verdadeiramente na época uma hierarquia para as infracções.[165] Em que medida se descobre esta criminalidade? Parecem avultar então os crimes contra as pessoas e os crimes contra o rei, a autoridade e a ordem pública, seguidos a distância segura dos demais.[166] A criminalidade violenta contra as pessoas (em que se usam maioritariamente lanças, espadas e punhais) parece ser mesmo a mais presente[167], seguida dos crimes contra a autoridade e a ordem pública – mais do que contra o monarca, já que estes crimes "são cometidos não contra a autoridade régia, mas sem dúvida contra as manifes-

Miguel Duarte de alguma forma também o apontará, pelo menos validando a ideia de uma criminalidade violenta, contra as pessoas, muito presente em Portugal no século XV. Outra perspectiva, apontada a sua autoria a Bruce Lenman e Geoffrey Parker em 1978, escuda-se na ideia dos "queixosos relutantes" (*reluctant litigators*). Procura, por seu lado, criticar a exactidão daquela primeira ideia, uma vez que as vítimas do crime tenderiam, pela pouca adesão aos mecanismos de justiça formal que se verificaria, a optar por soluções extra-judiciais de composição, que escondiam assim o crime da sua enumeração e validação através dos mecanismos judiciais. E o autor não tem dúvidas em assumir que, na Baixa Idade Média portuguesa, o número de composições extra-judiciais atingido, mesmo após a existência formal de querela por parte da vítima, seria relevante – o que poderia, no entanto, não obstar ao processo judicial, no caso de crimes que implicavam querela oficiosa. Uma justiça cara (custas, emolumentos, envolvimento de tabeliães, advogados, custear a comparência de testemunhas...) e que não evitaria eventuais repercussões por parte do acusado sobre a segurança e a integridade física das vítimas durante o processo, como acentua o autor, poderia levar a optar por conciliações extra-judiciais. V. *idem, ibidem*, pp. 313 ss.

[165] A criminalidade poderia ser então classificada de entre: crimes contra o rei, a autoridade e a ordem pública (crimes de lesa majestade, quebra de degredo, fugir ou ajudar a fugir de prisão, assuadas ou bandos – o *bando* aproxima-se da moderna organização criminosa, enquanto a *assuada* retrata a participação num grupo de homens, efémero, tendo em vista a prática de um crime preciso –, falsificação de documentos, moeda ou testemunho, corrupção...); crimes contra Deus (onde entra apenas a blasfémia); crimes contra a pessoa humana (homicídio, agressões, rapto...); crimes contra a propriedade e a "ordem económica" (roubo, fogo posto, dívidas, matar animais, contrabando...); e crimes contra a moral e os bons costumes (incesto, violação, bigamia, sodomia, ser barregã de clérigo ou de homem casado, proxenetismo, adultério, feitiçaria, alcovitice...).

[166] Estes crimes, no seu conjunto, de um universo considerado de 1005 cartas de perdão analisadas, chegarão a 66,5% da criminalidade (contra as pessoas, 41,9% e contra o rei, a autoridade e a ordem pública, 24,6%). Quanto aos demais tipos, os crimes contra a moral e os bons costumes representam 15,3%, contra a propriedade e a "ordem económica" 13% e os crimes contra Deus apenas 1,4%. V. Luís Miguel Duarte, *Justiça e criminalidade...*, *cit.*, pp. 324 a 327.

[167] No tema, a prevenção de Martinage parece acertada: "Certains ont cru voir dans la durcissement de la répression une réponde à l'aggravation de la violence dangereuse, mais la question reste controversée car le renforcement de la répression est aussi lié aux crises que traverse l'État pour affirmer sa puissance. (...) Malgré le développement des législations nationales, le caractère commum du droit pénal en Europe demeure vivace, grâce à l'essor de la doctrine" – Renée Martinage, *op. cit.*, p. 21.

tações da concretização dessa autoridade em poder junto das populações", nomeadamente contra oficiais régios.[168]

E quem *habita* a punição? Num dos exemplos apresentados na investigação a que se alude, pertencente ao final do século XV, encontra-se a descrição dos presentes na cadeia de Beja, exemplos claros de presos a aguardar a julgamento e do uso da prisão com fins coactivos: "(...) dois acusados de homicídio (um dos assassinados era o alcaide e carcereiro de Montemor-o-Novo); um suposto ladrão; um judeu acusado da violação da esposa de outro judeu; uma mulher acusada de ser "barregueira casada"; um escravo negro preso por dívidas do amo."[169] Efectivamente, escravos e criados poderiam ainda ser presos em vez do seu amo, habitualmente por dívidas deste. No caso, "por peita" paga ao carcereiro, todos os referidos acabam livres e deles não rezou mais a história. Todos estes reclusos – à excepção da situação do escravo, manifestamente coercitiva – estavam perante acusações ou meras suspeitas, mas não sentenciados. A prisão era aqui estação de trânsito, não de destino.

b. A prisão, uma semi-pena

Mesmo tendo em conta as experiências divergentes já retratadas, a prisão continuará prevalentemente, numa visão panorâmica, a não ser entendida como uma verdadeira pena, sendo "um modo de ter um acusado ou um condenado à disposição da justiça", quer em Portugal, quer no resto da Europa.[170] A morte ou o degredo do condenado asseguram não só maior eficácia na prevenção de um crime futuro como não implicam a existência de uma pesada e complexa logística prisional, ao tempo desconhecida. A multa é também incomparavelmente mais rentável e imediata no seu sentido punitivo. No entanto, do mesmo modo que se encontraram ténues notícias no Livro de Leis e Posturas à aparente previsão da prisão como pena autónoma, também ao serem estudadas as cartas de perdão na segunda metade do século XV, se encontra desde logo a alusão a "ter a prisão por pena", nos casos em que o suspeito esteve detido por um longo período, convertendo-se o tempo de cárcere em tempo de execução

[168] Luís Miguel Duarte, *Justiça e criminalidade..., cit.*, pp. 329. O século XIX apresentará um panorama distinto, em que a criminalidade orientada contra o património adquire a primazia que se mantém até hoje, mesmo se na realidade portuguesa a sua proeminência será mais lenta do que noutros espaços europeus.

[169] *Idem, ibidem*, p. 420, reportando-se a documento da Chancelaria de Afonso V, L. 6, fóls. 113-113v.

[170] *Idem, ibidem*, p. 481. Neste sentido geral, tomando as realidades inglesa e francesa, v. Renée Martinage, *op. cit.*, pp. 18 e 19.

de pena.[171-172] Assim, a prisão, também entre nós, assegura, entre o fim da Idade Média e ao longo do reinado das Ordenações, a dupla função de pena e de meio processual para a pena.

No léxico da época, note-se, "cadeias" e "prisões" designam também os ferros e correntes com que se prendiam os suspeitos, à ordem do juiz ou do alcaide ou de outros oficiais, como os corregedores e os ouvidores, resultando a evolução do uso desses conceitos na sua identificação com os espaços e os edifícios de reclusão. É o que se verifica imediatamente pela mera leitura das Ordenações, nas quais as "prisões" são simultaneamente quer o espaço, quer os instrumentos de detenção. Na prisão lisboeta do Limoeiro e nas demais prisões nacionais, já no século XIX, ferros nas paredes e grilhetas aplicadas nos tornozelos continuarão a ser usados como medida disciplinar aplicada a alguns presos. E, já neste período, *prisões* serão também as salas da cadeia onde se alojam os reclusos, para além de serem também as próprias *cadeias* e a pena que a elas remete.

Para a materialização da prisão, como se viu, poderia bastar uma querela inciada por um queixoso, mesmo que tivesse de ser validada posteriormente. Crimes graves levavam à existência de investigações oficiosas, suportadas numa inquirição-devassa e que também determinariam a prisão do suspeito.[173]

Uma modalidade de "cárcere privado" é praticada, mesmo que a acepção comum desta realidade seja proibida: aquela que afecta a ideia de uma capacidade

[171] Luís Miguel Duarte, *Justiça e criminalidade..., cit.*, pp. 482 e 483. Permanece a ideia da prisão como modo de pressão para o pagamento de uma dívida – ou de uma multa aplicada como pena, com carácter eventualmente também de indemnização, nas expressões "pagar a emenda", "pagar de emenda e corregimento da cadeia" (v. *idem, ibidem*, p. 482, em especial nota 64). Para o autor, a conversão em pena do tempo de prisão cumprido antes de sentença aparece como possibilidade da "origem de transformação que vai levar a privação da liberdade a transformar-se numa pena 'de corpo inteiro'" (p. 483, nota 65).

[172] Domiciliando a origem romana de preceitos que permitem tomar em consideração a permanência em prisão como elemento de mitigação da pena definitiva a ser imposta, v. Pedro Ortego Gil, *La estancia en prisión como causa de minoración de la pena (siglos XVII-XVIII)*, in ADPCP, vol. LIV, Ministerio de Justicia, Madrid, 2001, pp. 43 ss.

[173] No estudo de Luís Miguel Duarte que seguimos, apresentam-se também documentos que descrevem a possibilidade de prisão por parte de particulares mandatados para tal, nos primeiros anos do século XVI, através de uma carta régia, o que permite ao autor falar de verdadeiros "caçadores de prémios". A ordem de prisão regularmente seria autorizada a corregedores e ouvidores, meirinhos, juízes ordinários e de fora e alcaides-pequenos, auxiliados por homens contratados para tal, mesmo que vários outros oficiais exercessem essa competência. Ou seja, um universo alargado de figuras poderia dar origem à prisão de um suspeito.

exclusiva do monarca ou das suas justiças e autoridades para coarctar a liberdade de um homem livre. Mas nem toda a prisão significa o ingresso num espaço desconhecido, destinado exclusivamente à guarda de presos. Assim, os titulares poderiam ficar sob *prisão domiciliária*, mantendo-se na sua casa ("sob sua menagem"). Homens honrados, em teoria tendo apenas praticado crimes mais leves, poderiam beneficiar do gozo de cárcere na casa de um terceiro, instituindo-se assim um fiador carcereiro, que geria a sua reclusão da forma que lhe parecesse mais adequada, o que podia incluir desde o "pôr a ferros" mais restritivo até à permissão de circular pela localidade.

No entanto, a par dos ferros, as prisões eram também espaços destinados à guarda dos suspeitos, usando em regra instalações pré-existentes e que fossem adequadas à detenção[174], onde os reclusos se mantinham com o auxílio de diversos utensílios, de que por vezes eram proprietários (instrumentos em ferro, mas também cordas, por exemplo), numa sucessão em que a necessidade e a eficácia momentânea venceriam qualquer regra geral.[175] Como se verá adiante, estas imagens de incipiência e dureza na detenção serão ainda possíveis em pleno século XIX.

Pode falar-se também de verdadeiras *cadeias itinerantes*, a sucessão de presos (e suas famílias), em *levas*, que acompanhava um oficial que circulasse pelo reino, como o corregedor. Estes presos de fora da terra eram muitas vezes guardados

[174] "Onde há castelos, a prisão fica sempre dentro da fortaleza: numa das torres – casos de Braga e Ponte de Lima, entre muitos; numa antiga cisterna reaproveitada, ou numa das casas construídas dentro, adossadas à muralha; em localidades sem castelo mas com muralhas (como o Porto), a casa da cadeia será forçosamente intra-muros. (...) Os estabelecimentos religiosos mais poderosos tinham as suas próprias cadeias. As localidades mais importantes afectavam para o efeito uma construção desocupada: normalmente um pardieiro, uma casa em ruínas, submetida a reparações mínimas" – Luís Miguel Duarte, *Justiça e criminalidade...*, *cit.*, pp. 487 e 488. Note-se a diferença em face, por exemplo, da realidade das cidades italianas, onde a construção de raiz de prisões foi tema (e obra) de debate desde o século XIV, como se viu.

[175] A descrição de L. M. Duarte, a pp. 489 e 490, é elucidativa: "Por vezes usa-se uma simples corda, ou prende-se o suspeito a uma mó. Mas entre os instrumentos prisionais deparamos habitualmente com *adobas* (grilhões para os pés compostos por elos), *armelas* (argolas por onde se enfia o ferrolho das portas, ou de as puxar e fechar com cadeados), *ambudes* (ferrolhos), *fuzis* (argolas das cadeias), *farropeias* (grilhões ou cadeias para fechar nos pés), *machos* (também grilhões, com elos, que eram passados nos pés), *trebelhos* (as peias de couro, corda ou corrente que, nos estábulos, prendiam as patas dos animais umas às outras). Tudo isto completado com *aloquetes*, *cadeados* e com jogos de chaves", devendo notar-se que eram "frequentemente utilizados nos homens os ferros de prender os animais" e que os ferros eram "quase sempre velhos, roídos pela ferrugem, de má fundição", etc., o que também facilitava a fuga.

pelas estruturas locais do concelho em que o corregedor se encontrasse, da melhor maneira possível, e representavam um encargo pouco desejado para todos. Circulando "de Villa em Villa"[176], também os próprios detidos afirmavam padecer "de gram vergonça, quando os levam de Concelho en Concelho".[177] Até ao século XX, as *levas* de presos em circulação pelo país justificar-se-ão em grande medida ainda pela condenação a degredo, cuja execução implica um grupo numeroso de condenados reunido em Lisboa, ponto de partida para as terras ultramarinas.

A figura do carcereiro assume portanto um papel fundamental, pois dele depende a guarda da prisão, que é por vezes a sua própria casa, e porque responde pessoalmente pela fuga dos presos. Nas prisões mais importantes (como a da Corte, ainda itinerante, ou as de cidades mais povoadas), onde mais reclusos se encontravam, tinha homens que o auxiliavam nessa tarefa. O oposto seria mais próximo da realidade nas pequenas localidades, onde o carcereiro estava muitas vezes quase isolado na guarda dos presos – ou se adoptavam carcereiros ou guardas temporários, que recebiam do juiz ou de outro oficial a tarefa de guardar ou transportar um recluso por algum tempo – e onde a profissão, mesmo que exercida em paralelo com outra, era pouco compensadora. Para além de algumas carceragens pagas pelos presos[178], pouco mais haveria a receber, tendo em conta também que a prisão era usualmente ruinosa para o detido, já que se encontrava impossibilitado de trabalhar. Na prisão, quase tudo o necessário para a vida do preso dependia da sua família ou amigos, a quem cabia levar-lhe alimento ou roupa, sem evitar que o carcereiro procurasse sempre fazer-se pagar por quase nada. Sucedia também que os corregedores, na ausência de um carcereiro permanente, procurassem cativar ou mesmo constranger homens das terras a exercer essas funções, bem como as funções de guarda dos presos nas deslocações destes para fora da localidade – a caminho de um destino de degredo ou para julgamento noutra vila, o que motiva queixas e uma posição apaziguadora do próprio rei.[179]

[176] OA, l. V, t. 56º, § 3º.
[177] OA, l. V, t. 56º, § 9º.
[178] E desde logo no LLP recolhe-se uma lei de D. Dinis, datada de 18 de Fevereiro de 1311, que fixa precisamente os valores devidos como carceragem, "de como senpre foy acostumado en tempo de meu padre e em no meu", e procura suster o arbítrio, no caso, dos "alcaydes e os meyrinhos Comendadores Jujzes que prendem e devuem prender", que "leuam mujto mais daqueles que prendem que deuem a aleuar". A pena prevista para estes oficiais é a de "peyte por huu. noue" – LLP, *cit.*, pp. 78 e 79.
[179] V. OM, l. V, t. 63º.

A desigualdade, no processo e na pena, é patente. Um dos momentos mais impressivos disso mesmo surge a propósito da aplicação dos *tormentos* para se obter uma confissão, que em regra não poderia atingir fidalgos, cavaleiros, doutores em Leis ou em Medicina e demais pessoas isentas, em função da sua "qualidade", a não ser em caso de crime muito grave.[180] A tortura judicial aplicada na falta de confissão, como meio de obtenção de prova, mesmo considerada como caída em desuso ao longo do século XVIII, encontra previsão nas Ordenações Filipinas[181] e chegará, ainda que apenas na letra da lei, ao século XIX.

A mesma desigualdade é válida para a aplicação de penas corporais ou infamantes, como os açoites "ou outras penas viis", que implicam um longo elenco de dispensados, substituídas usualmente por degredo, excepto quando fosse praticado um dos crimes mais graves.[182]

Necessariamente, também a condição de preso, de acordo com a lei, é desigual. Como se viu, tanto se permite a um preso a pernoita na sua própria casa[183]

[180] Crimes de lesa-majestade, falsidade, feitiçaria, moeda falsa ou sodomia, que fariam decair o "priuilegio de Fidalguia, ou Caualaria, ou Doctorado". V. OA, l. V, t. 87º e OM, l. V, t. 64º.

[181] OF, l. V, t. 133º. Os tormentos eram aplicados por ordem do juiz e na presença deste, de um escrivão e do "ministro de justiça", o torturador. Cândido Mendes de Almeida (OF, l. IV e V, pp. 1309 e 1310) reporta que, em certo momento, se acrescenta um médico e um cirurgião, que deveriam avaliar a saúde do interrogado, a fim de conhecer também da sua aptidão para a tortura, e que os tribunais (seculares e inquisitoriais) portugueses aplicaram como *tratos* o "potro ou cavalete" (instrumento de madeira onde o interrogado era deitado e atado por cordas progressivamente mais apertadas, até ao esmagamento ou ao deslocamento dos seus membros) e o "polé" (suspensão pelos membros superiores, atados atrás das costas), aplicados "em segredo", mas comportando auto. Mello Freire declarará simplesmente que o uso da tortura "deve ser inteiramente proscrito dos tribunais cristãos como bárbaro e injusto" (*Instituições de Direito Criminal Português*, in BMJ, nº 156, Ministério da Justiça, Lisboa, 1966, pp. 136 e 137). O século XVIII assiste em Espanha também à proscrição da tortura, mesmo que com algumas vozes em sua defesa, como a de Pedro de Castro – v. sobre o tema os estudos de Francisco Tomás y Valiente recolhidos em *La tortura judicial en España*, Crítica, Barcelona, 2000, nos quais também se transcreve um extenso e elucidativo auto da aplicação de tormentos no potro datado de 1648 (pp. 19 a 27).

[182] OM, l. V, t. 40º e OF, l. V, t. 138º, onde se isenta de "pena de açoutes, ou degredo com baraço e pregão, por razão de privilegios, ou linhagem". Em todo o caso, o século XVIII parece associar claramente a infâmia à existência de lei penal que a preveja expressamente, juridificando com rigor esta realidade – assim, Sílvia Alves, *Punir...*, *cit.*, pp. 685 a 687.

[183] V. DNL, Quarta parte, t. XXI, lei XII, reportando "acordo em Relação perante o Regedor Lourenço da Sylva", onde se refere expressamente os "presos em homenagem em sua casa, ou castello". A mesma lógica é verificada nas demais penas e nos procedimentos conducentes à pena – apenas a título de exemplo, v., na mesma Colecção, Quarta parte, t. XII, lei I, as disposições sobre os "degredados de qualidade", cavaleiros e escudeiros, "quando fossem cumprir os seus degredos, em cadeas pelos pees, & não levassem collares no pescoço, como os outros que não são da mesma

ou a circulação livre pela vila, como este é reduzido, agrilhoado, a um casebre comum onde se podem amontoar no mesmo espaço homens, mulheres e crianças, presos por crimes leves e por crimes graves.[184] Esta situação de prisão, antes de julgamento, principalmente nos casos de reclusão mais dura, efectivamente dificulta uma qualquer preparação de defesa do detido, pelo que é ponderada com a possibilidade de se obter uma carta de segurança que permitiria aguardar julgamento em liberdade. É esta defesa difícil ou impossível, a ser feita da prisão, que parece justificar várias fugas, das muitas que se verificavam.[185] As cartas de segurança – ou de seguro, no léxico que chega às Ordenações Filipinas[186] –, a par da prestação de fiança, funcionavam assim como as formas legais de evitar ou reduzir a presença na prisão antes de julgamento.[187]

Armando Carvalho Homem e Luís Miguel Duarte põem em evidência um elemento fundamental para compreender a aplicação da justiça neste período: mesmo se se encontravam crimes tipificados e penas previstas, com o rigor normativo possível, no texto das Ordenações Afonsinas, estas não eram tomadas em consideração de forma generalizada por quem tinha a obrigação de julgar, provavelmente por desconhecimento ou por incapacidade de o julgador lidar com um texto afinal complexo como esse.[188] Atendendo ao estudo feito sobre as

sorte" (Carta de 30 de Outubro de 1514). As Ordenações dão conta também das diversas limitações na possibilidade de prisão daqueles que gozavam de um estatuto social privilegiado – OA, l. V, t. 94º; OM, l. V, t. 67º.

[184] E o tempo de permanência em prisão, não estando sujeito a qualquer máximo resultado da aplicação de uma pena, era muito variável, como atesta L. M. Duarte – de poucos dias a alguns anos –, mesmo com tentativas diversas na legislação para o limitar.

[185] Muitas das cartas de perdão que L. M. Duarte encontrou na Chancelaria de D. Afonso V visam perdoar a fuga da prisão, a troco de um pagamento, e não necessariamente o perdão do crime principal, devendo o preso, uma vez libertado, pedir uma carta de segurança ("aos juízes locais ou a magistrados superiores") que lhe permitirá aguardar julgamento em liberdade, sem ser considerado como um fugitivo à justiça. As cartas de segurança são designadas directamente como "cartas de segurança judicial" desde logo nas OA, l. V, t. 57º, § 2º.

[186] OF., l. V, t. 129º.

[187] Sem esquecer a referência também neste contexto à "homenagem" e à figura dos "fiéis carcereiros", fiadores que se responsabilizavam por apresentar em juízo o acusado, que, mesmo em liberdade, se considerava como preso. V. OF, l. V, t. 131º. Sobre o sentido destas figuras no contexto das OF – homenagem, fiança, carta de seguro, fiéis carcereiros – ensina Melo Freire, *Instituições de Direito Criminal..., cit.*, pp. 110 ss.

[188] Carvalho Homem também o indica pensando mesmo numa classe dirigente, já que "(...) é bem de crer que a (...) compilação não viesse a desfrutar de acentuada popularidade no seio da *sociedade*

cartas de perdão, afinal os crimes pelos quais se pedia perdão ao monarca haviam recebido como pena castigos distintos daqueles que nas Ordenações se previa.[189] Tomando por certas estas conclusões do autor, isto parece ser válido quer para sentenças decretadas em primeira instância por juízes locais, quer também em casos de decisões dos tribunais superiores, como a Casa da Suplicação e a Casa do Cível, em relação às quais se pede a graça do rei. De forma radical, afinal, "um homem considerado culpado só excepcionalmente sofria a punição estipulada" nas Ordenações, como escreve Luís Miguel Duarte, mesmo sem se conseguir aceder à totalidade dos elementos que poderiam ter influenciado os julgadores no momento de determinação da pena.

Este aspecto é decisivo para compreender com mais precisão um tempo e um *modo* político, que se procura sempre ver de progressiva afirmação do monarca e de um poder central através da lei e do exercício da justiça, como também esclareceu António Hespanha.[190] No plano da intencionalidade e da fundamentação do poder tal é exacto, mesmo se a prática por vezes o não permitia atestar inteiramente, como é o caso deste exemplo a propósito do funcionamento da justiça penal, sem prejuízo de alguns desvios na pena se deverem ao próprio rei no exercício de um poder que é seu – ao perdoar ou comutar por outra a pena prevista nas suas Ordenações. Adiante retormar-se-á este tema.

A "expiação do facto cometido e a satisfação do corpo social"[191], a par de elementos de prevenção geral (e mesmo de prevenção especial), são os fins visados pelo direito penal para este tempo. Se bem que se tenha acentuado a interpretação de que a retribuição prevalece como elemento central na justificação do castigo, não devem restar dúvidas na identificação que se possa fazer entre a finalidade de exemplo, presente na legislação e na literatura, e a mais moderna ideia de prevenção geral. Sem prejuízo do dever que consistia em proporcionar uma

política da segunda metade de Quatrocentos. E bem nos poderemos interrogar: que intensidade de vigência a de um Código tão pouco conhecido no Reino? Basta ter em conta a quantidade irrisória dos manuscritos que se conhecem" – Armando Luís de Carvalho Homem, *Rei e "estado real" nos textos legislativos da Idade Média*, in "En la Espãna Medieval", nº 22, 1999, p. 179, disponível em *http://revistas.ucm.es/ghi/02143038/articulos/ELEM9999110177A.PDF.*

[189] V. Luís Miguel Duarte, *Justiça e criminalidade...*, *cit.*, pp. 512 ss.

[190] V. António Manuel Hespanha, *Da «iustitia» à «disciplina» – Textos, poder e política penal no Antigo Regime*, in António Hespanha, "Justiça e litigiosidade...", *cit.*, pp. 298 ss.

[191] Usando a expressão de Jean-Marie Carbasse, *Histoire du droit pénal...*, *cit.*, p. 256, menos eivada dos conceitos habituais do nosso tempo na matéria.

justiça orientada para repelir um mal concreto produzido – reequilibrando no imediato a ordem social através do castigo imposto ao criminoso –, não é menos verdade que, nomeadamente através do tipo de pena imposta e do modo da sua execução, é também o tempo futuro que se pretende alcançar, ajustando a gravidade e a publicidade das penas infligidas para atingir novos crimes potenciais.[192] O "castigo como exemplo" procura ser devidamente assegurado pela dimensão de infâmia e de publicidade que a execução das diversas penas assume e, nessa medida, compreende-se que a prisão enquanto pena, pela sua própria natureza, tenha muito pouco a oferecer no imediato, a julgadores e à comunidade, em comparação com outras penas.

Tome-se sempre em consideração, no entanto, que as penas efectivamente aplicadas não demonstrariam sempre, na mesma medida, esta aparente lógica rigorista de exemplaridade inatacável que parece resultar da lei. O caso português, de moderação na aplicação da pena de morte e nas penas corporais, em contraste com a largueza da sua previsão legal[193], e de aplicação intensiva do degredo, é a esse nível elucidativo. O degredo comporta afinal uma execução penal distante da comunidade a impressionar – sendo certo que, em alternativa à pena capital, também inclui levas de degredados pela cidade, um embarque ruidoso e famílias saudosas.

[192] Uma hierarquia das penas aplicáveis, civis e canónicas, aplicáveis no século XVIII verifica-se também, mesmo que não necessariamente exaustiva, *v. g.*, através de Manuel Lopes Ferreira, *Pratica Criminal expendida na forma da praxe observada neste nosso reino de Portugal*, 2ª ed., Oficina de António Alves Ribeiro Guimarães, Porto, 1767, pp. 439 e 440: forca; morte "arrastado ao rabo de um cavalo"; mão cortada "ou de qualquer membro"; cárcere perpétuo (no domínio canónico, sendo proibida no direito civil); açoites; "mitra ou capella posta na cabeça"; marca ou sinal de fogo, "posto nas costas, nos hombros, ou em qualquer parte da carne do corpo humano"; infâmia; galés; degredo; excomunhão (pena eclesiástica); deposição ou degradação das ordens ou "pena do "interdicto" (penas eclesiásticas); privação de qualquer ofício ou benefício e dignidade; suspensão de ofício ou benefício ou de ordens; pena de confiscação dos bens e outras penas pecuniárias. V. também a referência de Sílvia Alves, *Punir...*, *cit.*, p. 121.

[193] António Manuel Hespanha, *Da «iustitia» à «disciplina» – Textos, poder e política penal no Antigo Regime*, in António Hespanha, "Justiça e litigiosidade...", *cit.*, pp. 299 a 313, apresenta, com base em condenações efectivas do final do século XVII, uma análise ilustrativa da distância entre penas previstas e penas aplicadas, em que na prática apenas o degredo corresponde com precisão, na aplicação, à vantagem que lhe é atribuída pelas Ordenações. "A disciplina social baseava-se, de facto, mais em mecanismos quotidianos e periféricos de controlo, ao nível das ordens políticas infra-estaduais – a família, a Igreja, a pequena comunidade. Neste conjunto, a disciplina penal real visava, sobretudo, uma função política – a da defesa da supremacia simbólica do rei, enquanto titular supremo do poder punitivo e do correspondente poder de agraciar", anota Hespanha (p. 317).

Neste momento, poderá avançar-se uma primeira nota sobre a consideração da prisão em Portugal com finalidade punitiva. Se é um facto que a generalidade dos elementos aponta para a prisão essencialmente como um meio expedito de evitar o risco imediato de novos crimes, uma forma de coagir ao pagamento de uma dívida, ou de assegurar que um suspeito é levado a julgamento ou lhe chega a ser aplicada uma pena já decretada[194], contudo dois aspectos notórios permitem já indiciar um primeiro vislumbre de um sentido que é divergente e que se acentuará no futuro:

a) Há pelo menos uma disposição recolhida no Livro de Leis e Posturas que retrata a prisão como pena – "(...) que os prendam e (...) jaçam quarenta dias no Castello" – e encontram-se de forma expressa disposições semelhantes em posturas concelhias e nas primeiras Ordenações, para crimes estabelecidos, como pena leve, de curta duração, sempre a par da conhecida função principal, meramente preventiva e coercitiva, da prisão;
b) A possibilidade de se considerar – no caso, o monarca, perante um pedido do réu – retroactivamente como pena o tempo passado em prisão anterior ao julgamento, comprovada no estudo de L. M. Duarte sobre a prática das cartas de perdão no século XV. A prisão, aqui, é sem margem para dúvidas, *pena*, mesmo que aplicada de forma alheia ou pelo menos, retroactiva, ao regime habitual de penas.[195] Adiante veremos que, já num período posterior, também o mesmo acontecia com a prática judicial, suportada dou-

[194] "Largamente aplicada pela jurisdição eclesiástica, a detenção constituía para o poder laico apenas um recurso para castigar os que não podiam ser punidos de outro modo (com a pena das galés, por exemplo), como os velhos e as crianças, as pessoas detidas por dívidas ou os blasfemos que não tinham com que pagar as multas. (...) A condenação a prisão, que pontualmente se regista a partir do fim da Idade Média, só se generaliza como punição a partir de finais do século XIX (...)", escreve também Bronislaw Geremek, *A piedade e a forca – História da miséria e da caridade na Europa*, Terramar Editores, Lisboa, 1995, pp. 241 e 242.

[195] De alguma forma, uma manifestação de *arbítrio* do julgador, mesmo que régio, ponderado com princípios provindos do direito comum. V. também, com base nos autores espanhóis, Pedro Ortego, que afirma que "(...) la cárcel, desde una proyección comúnmente aceptada, no tenía la consideración de pena – salvo supuestos normativos muy concretos –, pero la larga estancia en ella permitía disminuir las penas ordinarias, debido a los sufrimientos y padecimientos soportados por los presos". A prisão, mesmo não sendo pena, pode ser "parte de pena", como escreve, e ter mesmo, eventualmente importada do direito canónico, uma dimensão já correctiva, verificável numa decisão judicial que sustenta o papel da prisão como castigo moralizador – v. Pedro Ortego Gil, *La estancia..., cit.*, p. 50 e, adiante, pp. 55 ss., em particular p. 61.

trinalmente, e não apenas através do mecanismo autónomo do perdão régio. E é já claro, para a doutrina conhecida em Portugal entre o século XVII e o século XVIII, mesmo duvidando nos moldes clássicos da prisão como pena plena, que a sua imposição antes de julgamento deve pelo menos atenuar a pena que seja decretada.[196]

Para além desta condução à prisão, outras penas continuavam a ser aplicadas: a pena de morte[197], as penas corporais (*v. g.* os mais comuns açoites), a condenação

[196] Tome-se desde logo o sentido que a prisão recebe em Carpzov (1595-1666), que publica a sua disseminada *Practica nova rerum criminalium* em 1638. A prisão serve em primeiro lugar, em termos gerais, como meio de deter um suspeito: não deve ser imposta como pena nem assumir a forma de tortura para o encarcerado, sendo naturalmente a prisão injusta punível (*Carcer sit custodia, non poena* (Q. 111, nº 63); *Carcer ad continendos, non excruciandos, homines haberi debet* (Q. 111, nº 63); *Carcer est mala mansio, & tortura species.* (...) *Carceratio injusta poenam meretur* (Q. 111, nºs 2 e 3)]. Depois a realidade: reconhece-se o seu uso já com uma finalidade essencialmente punitiva, mas este deve ser não só limitado, como, verificada a estância na prisão antes de julgamento, esta deve ser vista enquanto elemento de mitigação da pena (*Carcer an sit poena.* (...) *Hodie poena est* (Q. 130, nºs 8 e 9); *In carceribus diutina rei detentio mitigat poenam.* (Q. 149, nºs 43 e 44)]. E uma eventual prisão perpétua equivale à morte ou à servidão para toda a vida (*Carcer perpetuus est servitus & morti equiparatur* (Q. 111, nº 57)], o que no caso era também uma limitação à possibilidade de a decretar, desde logo quando estava em causa uma pena a ser escolhida pelo julgador sem previsão legal prévia – Benedict Carpzov, *Practica nova imperialis Saxonica rerum criminalium*, parte III, Jo. Friderici Gleditschii B. Filium, Leipzig, 1723. Sobre a limitação ao uso da pena de morte e da prisão perpétua no quadro do arbítrio judicial dos séculos XV a XVII, de acordo com a visão prudencial, nem sempre unânime, v. Bernard Schnapper, *Les peines arbitraires..., cit.*, nº 41, pp. 272 e 273 e nº 42, pp. 94 a 96.

Carpzov parece até ampliar as possibilidades penais da prisão. Antes, na longa relação de penas, civis e canónicas, que se encontra em Farinácio (1544-1618) (pp. 245 ss.), a pena de prisão apenas surge na sua referência, pouco abonatória, a pena perpétua. É notado e justificado o seu uso canónico, mas, no direito secular, esta é vista como proibida, já que significaria uma conhecida escravidão perpétua, equivalente à morte: *Poena perpetui carceris licet de iure civile videatur forsan prohibita, quasi quod ex inducatur perpetua servitus cotra* (...) *Carcer perpetuus est servitus & morti equiparatu* (p. 252). Noutro momento também, *poena perpetui carceris non solum est corporalis, sed & ultimi supplici* (p. 246) – assim, Prospero Farinacci, *Praxis et theoricae criminalis*, parte I, Jacobi Cardon, Lyon, 1634. A prisão é pois *mala mansio, locus horribilis & immundus*, essencialmente instrumental ao processo, enquanto elemento de contenção e de coacção, até porque a experiência *quae est optima rerum magistra*, ensina que *carcer est sepultura vivorum, consumptio bonorum, consolatio inimicorum, experientia amicorum* – v. Prospero Farinacci, *Praxis et theoricae criminalis*, parte I, tomo II, Horatii Cardon, Lyon, 1614, pp. 2 e 3.

[197] Desde logo nas Ordenações Afonsinas prevista para os crimes de traição, homicídio, moeda falsa, violação, adultério, bigamia, relações sexuais com familiares, sodomia, relação sexual de cristão com

ao degredo ou às galés, que ganham alento com a existência da empresa marítima e de novas terras, a perda ou confisco de bens e as penas pecuniárias, consignadas a fins e a destinatários diversos, incluindo a própria vítima, outros lesados ou o delator do crime. A acusação por parte de um particular, desde que fundada, não só era frequentemente premiada através da multa ou confisco que fossem decretados ou de prémios pagos pelo erário público, como permitia a um acusador eximir-se de penas por crimes que tivesse também praticado, estabelecendo-se nomeadamente um regime mais favorável de "arrependido" colaborante com as autoridades, mesmo se se prefere que o delator condenado obtenha também o perdão das vítimas.[198] A execução de uma pena podia ainda ser acompanhada dos elementos adicionais de infâmia, como, à escala local, o *pregão* pela vila ou mesmo para fora dela (como para um lugar de desterro que fosse determinado) ou o uso de *baraço* numa exposição pública – a *course* na terminologia francesa –, que se podiam verificar imediatamente na audiência de julgamento ou para além desta.[199]

Spierenburg salientou que os tipos de pena que encontraram o maior interesse na Europa moderna foram a execução em público e o recurso ao trabalho forçado. Enquanto o primeiro ia ao encontro da mentalidade do seu tempo, mesmo quando os juízes decretavam em segredo uma morte prévia à "morte" pública[200],

judeu ou mouro, falsificação de selo ou sinal real, feitiçaria, roubo, violação de degredo perpétuo, auxílio a fuga da prisão, exaltação em tribunal contra o juiz...

[198] OF, l. V, t. 116º, proémio e § 1º. Já nas OM, v. l. V, t. 74º.

[199] Um exemplo da gradação que estes elementos infamantes podem assumir encontra-se na previsão presente nas OA, l. V, t. 18º, § 5º, sobre o homicídio em caso de adultério flagrante, em que se prevê, a certo momento, açoites públicos e degredo com baraço e pregão, mas também degredo sem baraço e somente com "huu pregom na audiencia", consoante a classe social do condenado. A dimensão de infâmia era normalmente associada à condenação a outras penas, corporais, pecuniárias ou de degredo – também nas OM, l. V., t. 25º, § 1º, como em várias outras previsões, encontra-se exemplo disso mesmo: "(...) seja açoutada pubricamente, e degradada pola Villa com baraço e preguam por huu anno pera huu Couto (...)", no caso de mulher "theuda e mantheuda de alguu homem casado". A simbologia do "baraço" medieval é anotada por Teófilo Braga como traduzindo "o direito de prisão e sequestro" – assim, Theofilo Braga, *Historia...*, *cit.*, p. 71.

[200] O uso do já mencionado *retentum*, anexo secreto a uma sentença condenatória dirigindo instruções aos executores da pena capital, retrata precisamente o decretar da morte prévia, usualmente de uma forma menos dolorosa e mais rápida, como o estrangulamento, a que se seguia a "execução" do cadáver em público, usando a fogueira ou a roda, e assegurando o espectáculo da pena sem infligir ao executado a dor associada a esses métodos. Em Portugal, esta morte em privado, por sufocação, seguida da "morte em público", pelo fogo, foi também utilizada.

o segundo sugeria já uma direcção que a justiça criminal tomaria de futuro.[201] Também entre nós, uma "morte pública" distinta da morte efectiva teve consagração – exemplo claro disto mesmo, é o facto de, na morte pelo fogo, em dados casos prevista pelas Ordenações[202], ser costume assegurar a morte do condenado por asfixia previamente à sua exposição pública na fogueira, o que todavia não era obrigatório. Mas, em Portugal, é a pena de degredo – que nas Ordenações incluía o designado degredo "para as galés"[203] e o desterro dentro do território nacional – que vem a assumir uma dimensão notável. O degredo ultramarino[204] é uma realidade relevante imediatamente a partir do século XV, fruto do pioneirismo na expansão marítima e territorial, embora noutros espaços europeus se institucionalize apenas em fase muito posterior. Como pena, este degredo ultramarino assume entre nós a primazia que outros castigos, ligados ao aproveitamento imediato de uma mão-de-obra penal, terão encontrado noutros espaços, como a reclusão para o trabalho, que está presente quer nas casas de trabalho holandesas ou inglesas do século XVI, quer nas condenações francesas ao *bagne*, quer nos arsenais e presídios espanhóis.

Na versão filipina das Ordenações, é também o livro V que concentra, mesmo que não exclusivamente, a grande maioria das previsões de crimes e penas. Em estudo publicado, de entre os mais de cem crimes autonomizados no Livro V[205], afirma-se que a estipulação da prisão como pena tem uma aplicação reduzida

[201] Pieter Spierenburg, *The body and the State*, in Norval Morris e David J. Rothman (ed.), *The Oxford History of the Prison*, *cit.*, pp. 46 e 47.

[202] Em alguns dos crimes prevê-se a morte por vivicombúrio – "feitos per fogo em pó" – distinta da "morte natural", esta habitualmente na forca: moeda falsa, sodomia, prática de carácter sexual com animais e no caso "dos que dormem com suas parentes e afins", assinalando-se, contudo, o desuso no século XVIII desta pena para estas últimas situações. No AJ, vol. I, p. 82, dá-se conta de estilo da Relação do Porto em que se determina, no caso de um herege falecido na prisão, que os seus ossos "e estatua" sejam levados "pelas ruas publicas e costumadas desta cidade" e "queimados e feitos por fogo em pó", prática habitual da Inquisição em situações idênticas.

[203] A pena de "trabalhos públicos" e a expressão do trabalho como pena entre nós é apreciada *infra*.

[204] O degredo para fora da povoação onde um condenado habitava, local provável do crime, era já bem conhecido também da primeira legislação portuguesa, como se viu. A este adicionar-se-á o degredo, a partir do século XV, para as praças marroquinas e para as ilhas atlânticas e, depois, para as demais possessões ultramarinas, mesmo que nem sempre fosse possível prever na sentença o destino exacto da pena imposta ou obter garantias do seu efectivo cumprimento.

[205] Num total de 115 crimes, segundo os dados representando os crimes e penas previstos no Livro V das Ordenações Filipinas que podem ser consultados em António Braz de Oliveira e Maria José Marinho, *Devassa...*, *cit.*, pp. XXII a XXX.

– apenas em 11 desses crimes[206] estaria prevista. De acordo com a mesma análise, a pena mais referenciada pelo Livro V das Ordenações Filipinas é precisamente a pena de degredo, que surge em 82 dos 115 crimes previstos, ou seja, em quase quatro quintos dos crimes fixados. Surge como alternativa à pena de morte, mas também de forma autónoma – e mais uma vez se indica que as Ordenações incluem em vários momentos sob esta designação de degredo quer o desterro, quer a condenação às galés, evoluindo esta para uma condenação mais genérica a trabalhos forçados, quando abandonado o uso das embarcações.

A pena de morte, mesmo que normalmente estabelecida a par de outras penas alternativas, menos gravosas, está prevista em 40 dos crimes. Também comum é o estabelecimento de penas pecuniárias, associadas a outras penas (tal sucede em 46 crimes), bem como a fixação do confisco ou perda de bens (35 crimes), que surge invariavelmente conjugada com outras penas.

As penas corporais, na forma de açoites ou, mais raramente, do corte de membro – a mão – estão presentes em 39 crimes, associadas habitualmente a outras sanções, cumulando-se ou funcionando em alternativa a penas como a de degredo.

Note-se ainda que a perda de ofícios encontra-se prevista em apenas 6 crimes, decorrendo no entanto a sua aplicação igualmente do Livro I das Ordenações, a propósito de violações aos estatutos de diversos cargos públicos. A estipulação da possibilidade de uma fixação arbitrária da pena é ainda uma realidade e surge prevista para 8 crimes.[207]

Na ponderação dos crimes tipificados e das penas associadas, é necessário tomar em consideração não só a desigualdade na determinação da pena, em função do estatuto pessoal, mas igualmente a fixação de crimes que apenas poderiam ser cometidos por determinados grupos. Quando o mesmo comportamento possa ser sancionado independentemente da proveniência social ou estatutária do seu agente, isso tem normalmente reflexos na pena aplicada em concreto – em regra, sempre mais gravosa quanto mais frágil a condição do autor do crime.

[206] A exactidão deste número e análise dos casos apresentados é discutida *infra*.

[207] Mesmo se a preocupação com o cumprimento correcto por parte dos julgadores na atribuição das penas pecuniárias previstas na lei é evidente – v. OF, l. V, t. 136º. A afirmação do controlo do arbítrio judicial e do respeito por um princípio da legalidade está já bem patente neste ponto. E são diversos os potenciais receptores destes proventos financeiros: desde os lesados pelo crime até um conjunto vasto de autoridades públicas (e a "Misericordia", a quem cabia zelar pelo seu "rol de presos" sem recursos).

Por outro lado, a generalidade dos crimes vê, assim, associada uma pluralidade de penas potenciais – cuja aplicação concreta dependerá da pessoa e das circunstâncias em que o facto foi praticado, podendo resultar numa cumulação de penas ou na aplicação de uma das penas alternativas. Poucos crimes fixam ao juiz uma única possibilidade de punição e as circunstâncias que permitem qualificar directamente o crime, como o seu cometimento "aleivosamente", quando existem, são ainda demasiado genéricas.[208]

No quadro seguinte apresenta-se uma situação comparada das penas do Livro V, em função da frequência da sua previsão, sem prejuízo da cumulação de penas usualmente encontrada, tal como descrita por António Braz de Oliveira e Maria José Marinho – ainda que não se trate de um levantamento completo.[209]

Pena	*Percentagem de crimes em que se encontra prevista*	*Número de crimes em que se encontra prevista*
Degredo	71,3%	82
Pena pecuniária	40%	46
Pena de morte	34,7%	40
Penas corporais (açoites e corte da mão)	33,9%	39
Confisco/perda de bens (total ou parcial)	30,4%	35
Prisão	9,5%	11
Perda de ofício	5,2%	6
Possibilidade de fixação arbitrária da pena	6,9%	8

[208] V. OF, l. V, t. 37º e OM, l. V., t. 3º, § 29º a 31º.

[209] Atente-se *v. g.* no l. V, t. 119º, § 4º e 5º, não se encontrando listados os crimes aí punidos, no contexto da violação das regras processuais de prisão, entre outros.

§ 4º Iluminismo e utilitarismo penal

O período anterior ao Iluminismo é tradicionalmente apresentado como um tempo também de difícil diferenciação técnica entre o ilícito penal e o ilícito civil[210] e em que a conceptualização do "crime", se olhada pelos cânones dogmáticos mais próximos de nós, não se autonomizava verdadeiramente da ideia de "pecado".[211] Estas afirmações, usualmente censórias, devem ser ponderadas, contudo, em função de uma ideia de subordinação do poder e do governante – e também do seu direito de punir – ao direito, como se afirma nos séculos XVI e XVII[212], bem como de uma tradição de pendor garantístico, assegurada pela doutrina jurídica, em que se pode assinalar desde logo a defesa de um princípio da legalidade aplicado ao direito penal, a vinculação exigida entre culpa e pena, e a rejeição de um arbítrio absoluto do julgador na fixação da pena.[213-214]

[210] Afinal, "crime era tudo o que a lei punia, quase mesmo tudo o que ela proibia, em certas zonas obscuramente confundido com o direito civil", escreve António Braz de Oliveira, na *Devassa..., cit.*, p. XIII.

[211] Sobre este ponto para o período entre o século XVI e o século XVIII, v. em especial Paolo Prodi, *Uma história da justiça*, Martins Fontes, São Paulo, 2005, pp. 452 a 460 e pp. 474 a 479, associando a autonomização do crime tal como fixado pela lei secular a um processo progressivo de ampliação do poder e da intervenção do Estado, resultando numa inserção da moral "dentro do Estado e do direito".

[212] V. sobre este tópico, António Pedro Barbas Homem, *A Lei..., cit.*, pp. 148 ss., e os exemplos na literatura da época, portuguesa e europeia, que indica.

[213] V. *idem, ibidem*, pp. 172 a 174, em particular as referências a autores e textos portugueses, como Tomé Vaz ou João Tomás de Negreiros, este último autor do primeiro comentário ao Livro V das Ordenações, já publicado em 1754, dando sequência ao trabalho sobre o código filipino de Pegas e de Gonçalves da Silva. "No domínio criminal estas ideias encontram-se sedimentadas e aparecem como uma garantia dos sujeitos e da sociedade. A inadmissibilidade do costume poder ser fonte do direito criminal é clara nos nossos autores. (...) João Tomás de Negreiros sublinhou que os juízes não podem alterar as penas legais, nem para as aumentar, nem para as diminuir, poder que reside exclusivamente na clemência e benignidade régias (...)", assinala Pedro Barbas Homem (p. 173) – v., assim, João Tomás de Negreiros [Joanne Thomas de Negreiros], *Introductiones ad Commentaria Legum Criminalium, quae in Libro Quinto Ordinationum Lusitaniae continentur*, I, Lisboa, Typis Regalibus Sylvianis, 1754, pp. 329 ss. (cap. XXVII, *De Judice non servante Legem*), onde se fixa efectivamente que o juiz está obrigado a seguir as disposições legais, não pode aumentar ou diminuir as penas previstas ou dispensar do seu cumprimento, já que esse poder dispensatório "solum ad Principem pertinet" e "poenae sunt in potestate Principis" (p. 333), citando Farinácio. O contexto é pois ainda suportado pela ideia de que "princeps non obligatur ad observationem Legum criminalis", *mas* "princeps observa legem firmat" (p. 5): ou seja, de uma vinculação directiva e não coactiva do governante às suas leis, sustentada pela virtude desse exemplo. Mas não se trata este de um texto especulativo. Neste manual prático do advogado de Lisboa (que é depois preso por Pombal, por representar jesuítas descontentes com medidas do marquês), repleto de decisões judiciais e de transcrições de leis e

O mesmo pode ser inferido em relação à prática judicial, num tema que se reputa relevante e ao qual se regressa, agora para um período posterior: também entre nós, a prisão como pena, embora resultando de algum modo incipiente de acordo com a legislação até ao século XIX, é uma possibilidade e uma prática considerada como adequada pelos tribunais e pela doutrina do *ius commune*, desde que aferida como pena justificada no momento judicial – ou seja, *ter a prisão por pena.*[215] Não repugna assim afirmar que a prisão está em condições de

de disposições administrativas ilustrando as conclusões do comentador, discutem-se temas como a submissão ao direito criminal secular de eclesiásticos ou de estrangeiros, a imputação a "furiosos" – ou seja, a loucos – ou a "ebrios", a possibilidade do crime negligente, desde logo "per jocum", a valoração da ignorância da lei na aplicação da lei penal, como lidar com o crime se praticado por um menor, a intersecção entre a jurisdição civil e a jurisdição penal... O sentido geral, para várias destas questões, é um sentido restritivo da imputação, associado à intenção do agente e não a um dever de prevenção geral: somente deverá haver lugar à imposição de uma pena verificando-se dolo ("malitia & dolo") do reú – "Transgressio Legis in dolo consistit" (p. 39); "Dolus, culpa, ac malitia requivitur (*sic*) ad poenam" (p. 43). Ou, como escreve outro praxista da época, "penna se não póde applicar, aonde ha carencia de culpa" – Manoel António Monteiro de Campos Coelho da Costa Franco, *Tractado Practico Juridico Civil e Criminal*, Officina de Joam Antonio da Costa, Lisboa, 1765, p. 209.

[214] "Nos preguntamos ahora (...) hasta qué punto resulta congruente sostener una idea de ruptura completa – o casi completa – entre el Derecgo penal del Antiguo Régimen y el recogido en el processo codificador, entre la ciencia penal del Derecho cómun – con el protagonismo que tuve en la doctrina europea la española – y la moderna ciencia penal surgida del pensamiento iluminista y hecha realidad merced a las reformas político-liberales", escreve no mesmo sentido Aniceto Masferrer Domingo, *Tradición y reformismo en la codificación penal española*, Universidad de Jaén, Jaén, 2003, p. 48. Considerando também o arbítrio judicial como "eixo central" da flexibilização do direito penal histórico, v. pp. 59 ss.

[215] E num período posterior ao século XV, o estudado por Luís Miguel Duarte através das cartas de prisão, como atrás visto. Ainda de acordo com o comentário de João Tomás de Negreiros, é certo que a prisão surge apenas classificada como expediente processual de segurança, cujos requisitos legais devem ser seguidos na captura e na sua duração, sob pena de nulidade (designadamente a sua forma e a sua duração máxima antes de culpa formada, ordinariamente 8 dias) (p. 339 e p. 342). No entanto, uma regra fundamental encontra-se estabelecida: "tempus carceris cedit loco poenae, & exilio aequiparatur" (p. 58), permitindo-se a conversão do tempo de prisão num cumprimento alternativo de pena, numa prática para a qual convoca a *auctoritas* do seu contemporâneo *Tractatus de re criminali* do espanhol Lorenzo Matheu y Sanz, mas ainda também do francês André Tiraqueau, comprovando-se desde logo a antiguidade e a generalização desta prática. Tiraqueau efectivamente havia considerado que uma longa prisão a título preventivo permitiria ao juiz minorar ou considerar cumprida a pena, especialmente uma pena de exílio, mas não exclusivamente esta: "En quarante et unième lieu, lorsqu'une personne a été détenue un assez long temps en prison, sa punition doit être également plus clémente: de telle sorte qu'on la soustraira à la peine qu'elle eût dû subir, dans la mesure où elle a souffert par ce long emprisonnement. (...) Une longue détention détermine une

se tornar a pena preferencial dos legisladores liberais, também porque há uma defesa, antiga, fundamentada e transfronteiriça, construída por juízes e por doutrinadores, da justeza da sua conversão de mera custódia – e, dir-se-ia, quer antes, como prisão preventiva, quer depois da sentença, aguardando-se a sua execução – em verdadeira pena. Afinal, como em 1729 escrevia Vanguerve Cabral, a "prizão traz comsigo dano irreparavel"[216] e o julgador deve ser capaz de reconhecê-lo.

diminution de la peine (...) à savoir que la durée de la détention doit diminuer la durée de'exile, et même supprimer toute condemnation à l'exil, si l'accusé est demeuré en prison un temps égal à celui de l'exil qu'il devrait encourir, de telle sorte que la durée de l'encarceration s'impute sur la durée d'exil. Mais le motif que inspire cette décision en matière d'exil n'est pas différent s'il s'agit des autres peines; car, si la peine de prison diminue la peine d'exil, pourquoi ne diminuerait-elle pas les autres peines?" – Tiraqueau, *De poenis temperandis* ["Le *De Poenis Temperandis*" de Tiraqueau (1559)], introd., trad. e notas de André Laingui, Economica, Paris, 1986 c. 41, 1 e 3, pp. 219 e 220. André Laingui confirma o entendimento (p. 219): "Il est aussi logique qu'humain que la durée de la détention préventive s'impute sur la peine d'emprisonnement définitif. Mais la question devient plus complexe dans la mesure où l'ancien droit pénal condamne peu à l'emprisonnement. On appliquera donc la règle à toutes les peines prononcées".
Uma regra exemplificada também na prática judicial pré-pombalina pelas decisões da Relação de Lisboa que João Tomás de Negreiros publica, datadas do final do século XVII e da primeira metade do século XVIII. Uma delas é francamente sintética: "*Acórdão em Relação &c. que deferindo à petição do supplicante o alivião dos annos de degredo, em que foy condemnado, atendendo aos que há está prezo, e pena, que tem satisfeito, e pague as custas. Lisboa, 20 de Setembro de 1695 = Cordeiro. = Freitas. Mexia = Pinto. = Ferraz*" (p. 60). Assim, a consideração pela prática judicial e pela doutrina de que o tempo passado em prisão *cria uma pena* que é *equiparada* ao cumprimento da pena legal de degredo, sendo fiéis à expressão latina, é certamente um elemento decisivo também para compreender a rápida evolução da própria prisão, num sentido de solução punitiva autónoma, nas décadas seguintes. A ideia da pena de prisão como criação *legal*, iluminada ou liberal, deve pois, no mínimo, ser sopesada de acordo com estes dados. Três outros acórdãos de 1736 da Relação de Lisboa, que Tomás de Negreiros publica (pp. 58 e 59), ilustram a mesma tendência. Em 7 de Junho de 1736, perante um recurso de um réu acusado de falsificação de um documento, não se fazendo "*prova plena para o R. ser condemnado com a pena ordinaria deste delicto*", *decide-se*: "*Portanto o alivião de outra pena, attendendo ao largo tempo da sua prizão, e o condemnam sómente nas custas dos autos*". Em 8 de Novembro do mesmo ano, um outro acórdão: "*por (...) ter o R. justa desculpa para entender que não haveria neste falsidade (...)* [perante um caso em que uma testemunha numa escritura é levada a reconhecer, em erro, a identidade de uma das partes] *fica bastantemente punida com tão larga prizão: por tanto o alivião de mayor pena, e condenam somente nas custas dos autos*". E do mesmo modo, em 24 de Julho, quando a prisão entretanto decorrida não se converte totalmente em pena, mas permite atenuar a pena antes imposta e que decorria da lei, resultando no decretar de desterro: "(...) *Por tanto atendendo ao tempo da prizão, o condemnão em dous annos de degredo para fóra destas Cidades, e nas custas dos autos*".
[216] António Vanguerve Cabral, *Epilogo Juridico de vários casos civeis, e crimes*, Oficina de Antonio Pedro Galram, Lisboa, 1729, p. 284.

Não se trata aqui, no contexto apreciado, de comutar pura e simplesmente uma pena já aplicada no seu sentido mais imediato – correspondente a uma dada dimensão de perdão –, o que não estaria na disponibilidade do julgador e seria uma prerrogativa do monarca[217], como decorria no caso atrás observado atrás das cartas de perdão quatrocentistas. Trata-se de, atendendo ao tempo passado no cárcere, a aguardar a execução da pena, converter esse tempo de detenção em tempo de pena.[218] Ou seja, é uma formulação jurídica hábil da *praxis* judicial, respaldada na doutrina, e que vai ao encontro de um sentido garantístico do sistema penal[219]: mesmo respeitando-se uma ideia geral, mas não

[217] Ou seja, como também escreveu Vanguerve Cabral, "as penas estão na mão do Principe, & as pode dar a seu arbitrio", podendo rever as sentenças decretadas, mesmo se as penas "não tem lugar senão nos casos expressos" nem as "leis penaes (...) se extendem de hum caso a outro caso" – *idem, ibidem*, pp. 247 e 184.

[218] A "comutação" da pena pode declinar-se em momentos, conteúdos e autores próximos, mas distintos, como Pedro Ortego Gil recentemente estabeleceu, atendendo às possibilidades de comutação legal, graciosa (pela via do perdão régio) e *in sententia*, e com diversas intersecções entre estes momentos. A sua lição, neste ponto, vai no mesmo sentido, partindo desde logo da doutrina espanhola: apesar de se reservar doutrinalmente uma "comutação-perdão" ao rei, também ao juiz não é absolutamente proibido comutar a pena resultante da lei, em especial pensando nos tribunais superiores, desde logo quando a pena prevista não se pudesse executar numa pessoa ou nos termos estabelecidos pela lei, e num sentido prevalente de *commutatio in melius* – Pedro Ortego Gil, *La conmutación de penas: una revisión histórica*, in "Initium – Revista Catalana d'Història del Dret", 17, Associació Catalana d'Història del Dret "Jaume de Montjuïc", Barcelona, 2012, pp. 266 ss. Por outro lado, "la *communis opinio* aceptaba que los jueces podían *ex causa* mitigar o agravar las penas ordinarias o legales" (p. 293), como demonstra com Farinácio e Carpzov, desde que o fizessem com *causa*. A ideia de "equivalência" presente na "comutação" judicial da pena em apreço parece atestar a sua verdadeira natureza de comutação, mesmo podendo discurir-se o seu valor como causa – mas é a *causa* que a justifica, de acordo com a tradição romano-canónica (sobre a ideia de "causa" de acordo com o *ius commune* como justificativa da minoração ou agravamento da pena no momento judicial, v. em especial o prefácio de Jean Imbert a "Le *De Poenis Temperandis*" de Tiraqueau (1559), *cit.*, pp. 31 ss.). Ainda com Pedro Ortego, o recurso em apreço integra-se também numa sua constatação: "Es probable que los tribunales superiores al conocer en apelación o por la vía de consulta decretaran proporcionalmente más conmutaciones que los jueces inferiores, sobre todo si pensamos que estos siempre estuvieron más sujetos a la literalidad de la ley y gozaron de menos arbitrio que los superiores" (p. 297). Num estudo publicado em 2010, sobre as condenações por roubo e furto na Cidade do México no século XVIII, José Sánchez-Arcilla, acedendo aos processos, demonstra que, perante a amostra analisada, nunca as decisões judiciais aplicaram as penas prescritas pela lei, tendo este arbítrio dos julgadores funcionado sistematicamente a favor dos acusados – v. José Sánchez-Arcilla Bernal, *Roubo y hurto en la ciudad de México a fines del sigo XVIII*, in "Iter Criminis – Revista de Ciencias Penales", nº 16 (Julho/Agosto de 2010), Instituto Nacional de Ciencias Penales, México, 2010, pp. 211 e 212.

[219] Usando-se o termo "garantístico" livremente e de forma essencialmente tendencial, mas tendo em conta fundamentalmente a lição de Luigi Ferrajoli, *Derecho y razón – Teoría del garantismo penal*,

absoluta, de vinculação legal do juiz – que decreta a pena estatuída na lei –, e de respeito pela faculdade régia de perdão, constrói-se um modelo de equivalência entre pena e tempo, em que o conteúdo punitivo concreto é de algum modo fungível, adequado às circunstâncias do réu e sem frustrar a realização da justiça. A realidade nacional é especialmente adequada a este processo, já que a maioria das penas em causa seriam penas de degredo, usualmente de duração prevista na lei, ou seja, elas próprias já formuladas sob uma expressão quantitativa.

Assim, decidindo-se em recurso, *attendendo ao largo tempo da sua prizão*, como se justifica nos acórdãos vistos, o tempo de prisão pode substituir o tempo de degredo, porque a essência penal está já no tempo de perda de liberdade, no tempo decorrido ao serviço da pena. Como sublinha João Tomás de Negreiros, *tempus carceris cedit loco poenae, & exilio aequiparatur* – literalmente, o tempo passado em prisão *produz* a pena de prisão. E, note-se, este procedimento será também fomentado pelo próprio monarca, como foi recentemente demonstrado por Pedro Ortego.[220-221] Assim, no caso em apreço, a prisão pode ser con-

3ª ed., Editorial Trotta, Madrid, 1998, pp. 93 ss., enquanto invocação do universo construído, em relação a leis, governantes e juízes, "por el pensamento iusnaturalista de los siglos XVII y XVIII (...) como principios politicos, morales o naturales de limitación del poder penal «absoluto» (...) ulteriormente incorporados (...) a las constituciones y codificaciones de los ordenamientos desarrollados, convertiéndose así en principios jurídicos del moderno *estado de derecho*".

220 Pedro Ortego Gil, *La conmutación..., cit.*, pp. 278 e 279, destaca um arresto da Relação do Porto, que transcreve, já de 10 de Junho de 1752, conhecendo-se assim ser questão necessariamente controvertida, mas em que o tribunal considera ter recebido do monarca a capacidade para proceder a comutações de pena perante uma sentença anterior, até porque são apenas os efeitos da sentença (a execução da pena) a serem alterados e de modo equivalente: "(...) El tribunal había recibido del propio monarca la facultad de conmutar *post sententiam* pasada en autoridad de cosa juzgada; que la conmutación no alteraba el contenido y fundamentos de la sentencia sino que tan sólo afectaba a su ejecución, por lo que no incidía sobre la responsabilidad criminal del reo pues el castigo era proporcional a la culpa; y, que tales conmutaciones únicamente se concedían a petición de los propios interesados". Ou, como se escreve no assento trasnscrito, "*porque a commutação não offende a sentença, antes no effeito he execução della por modo equivalente, por virtude da graça, que Sua Magestade foi servido conceder a esta Relação*".

221 Mesmo a comutação de penas de base legal, decretada em termos gerais pelo monarca, que marca por exemplo o progressivo abandono das "galés" e a mitigação no uso da pena capital, comutadas por trabalhos públicos ou por degredo, acabou por prever entre nós uma mediação judicial na determinação da pena, ou seja, uma avaliação casuística, perante cada condenado ou acusado, se a comutação geral se lhe deveria aproveitar, deixada em regra aos tribunais superiores. O próprio mecanismo de perdão régio não resultou sempre necessariamente na fixação pelo monarca de uma nova pena, minorada – resultou também na ordem ao tribunal para rever a sua própria

siderada como pena porque, havendo causa para tal, não ofende nem o princípio de prescrição legal das penas, sendo "equivalente" à pena legal, nem a faculdade régia do perdão, uma vez que mantém o seu efeito e a sua medida punitiva.

Estas notas parecem ser suficientes para atestar também na realidade nacional – como em todo o espaço do *ius commune* – a sobrevivência deste contexto seiscentista e setecentista como necessariamente favorável, se não mesmo co-gerador, da ampla consagração legal posterior da prisão imediatamente como pena, perante a crítica audível às demais penas. Curiosamente, a formulação do "novo" princípio da legalidade penal no século XIX pelo legislador liberal entre nós, significará – e também para a nossa doutrina e para a nossa jurisprudência – não um aprofundamento, mas até um certo afastamento desta visão: a lei prevê que as penas de prisão maior não deveriam levar em conta o tempo de prisão preventiva na sua fixação concreta, sendo este apenas considerado como um elemento de atenuação da pena.

Se este "arbítrio regulado" do julgador[222], no sentido acima descrito, favorece o condenado, em muitas circunstâncias poderia ainda resultar na aposição de penas progressivamente consideradas como inaceitáveis.[223] E, noutra modalidade, as penas legais, a que o julgador estaria sujeito, também não corresponderiam já a um ideal de sociedade ilustrada e racional. Assim, o discurso penal setecentista

sentença, determinando-se assim uma intervenção judicial na comutação ou da mitigação da pena de iniciativa régia. Sobre este arbítrio judicial permitido pelo monarca e sustentado na doutrina, enquanto "correcção do direito pela equidade", v. também António Manuel Hespanha, *A punição e a graça*, in José Mattoso (dir.), "História de Portugal", vol. 4, Círculo de Leitores, s/l, 1993, pp. 250 e 251. Para este estado de coisas, veja-se também o exemplo dado pela Carta Régia de 21 de Outubro de 1757, dirigida ao desembargador João Pereira de Vasconcellos, em que o monarca expressamente vai mandar considerar o tempo de prisão anterior à sentença como tempo de cumprimento de pena – e, estando, no caso, em causa o decretar de uma pena de 6 meses de prisão. Voltar-se-á a este ponto adiante.

[222] A expressão é de Bernard Schnapper, *Les peines arbitraires..., cit.*, in "Tijdschrift voor Rechtsgeshiedenis/Revue d'Histoire du Droit/The Legal History Review", nº 42, Leiden, 1974, p. 83.

[223] Não cabe na economia deste trabalho a discussão, relevante, sobre a aplicação por iniciativa judicial de uma pena minorada perante a falta de *probatio plena* em julgamento. Ela pode ser apercebida, de acordo com a leitura mais recente do tema, através da comunicação de Adolfo Giuliani, e da bibliografia que cita, *Judicial discretion in the late* ius commune, British Legal History Conference, St. Catherine's College, Oxford, 4 de Julho de 2007, disponível em *http://www.law.harvard.edu/programs/ames_foundation/BLHC07/A%20Giuliani-BLHC%20paper.pdf* e em Bernard Schnapper, *Les peines arbitraires...*, nº 41, *cit.*, pp. 274 e 276.

conduz-se necessariamente a um discurso sobre as penas. É no Iluminismo jurídico do século XVIII[224] – enquanto proposta de *disciplina racional da sociedade*[225] também no domínio penal – revestido de um progressivo legalismo que concretiza a identificação entre "ilicitude" e "tipicidade", que se revelará que as penas, agora apodadas de cruéis e degradantes, eram inaceitáveis porque desumanas para a sensibilidade da época, e inúteis porque se esgotavam em si mesmas, ou seja, essencialmente retributivas. Mesmo que em vários casos não fossem as penas aplicadas.

Na sequela do humanitarismo disseminado por Beccaria (1738-1794), a pena cruel acima de tudo suscitaria a piedade para com o próprio criminoso e, o que é mais, revelava-se como sendo contra "a justiça e a razão".[226] *Dos delitos e das penas*, publicado pelo jovem italiano em Milão, em 1764, é aliás apenas um dos exemplos mais notórios do discurso das Luzes pugnando por uma reforma penal que acentuasse a condenação do arbítrio político e judicial e afirmasse uma certeza racional na aplicação de uma pena, ou seja, já uma exigência de um *estado de direito* total, assente na legalidade e na necessidade do direito penal, rejeitando quer o despotismo régio, quer o arbítrio judicial, quer ainda a incerteza legal.[227]

[224] Entre nós, sobre a evolução da doutrina penal e do seu ensino entre o século XVIII e o período liberal, veja-se em especial Fernanda Palma, *Do sentido histórico do ensino do Direito Penal na Universidade portuguesa à actual questão metodológica*, in "Revista Portuguesa de Ciência Criminal", 9 (Julho-Setembro de 1999), Coimbra Editora, Coimbra, 1999, pp. 351 ss.; António Manuel Hespanha, *A evolução da doutrina e do ensino do Direito Penal em Portugal, C. 1800-C.1910*, in "Quaderni Fiorentini per la storia del pensiero giuridico moderno", 36, tomo I, Giuffrè, Milão, 2007, pp. 429 ss.; Mário Júlio de Almeida Costa, *Apontamentos sobre a autonomização do direito criminal português*, in DJ, Volume de homenagem ao Prof. Cavaleiro de Ferreira, 2 (1981-1986), Universidade Católica Portuguesa, Lisboa, 1986, pp. 57 ss.; Eduardo Correia, *Direito Criminal, cit.*, pp. 83 ss.; Américo A. Taipa de Carvalho, *Condicionalidade..., cit.*, pp. 45 ss.; e, em particular, a dissertação de Sílvia Alves, *Punir..., cit.*

[225] António Manuel Hespanha, *A evolução..., cit.*, p. 432.

[226] Eduardo Correia, *Direito Criminal, cit.*, p. 84.

[227] Voltaire, após ler a obra de Beccaria, anota que, para a realidade francesa, este arbítrio tem também uma dimensão local, acentuando a dispersão entre juízos de culpa e de penas aplicadas entre tribunais, bem como a longa duração da estaada na prisão antes de julgamento. "De quelque côté qu'on jette les yeux on trouve la contrarieté, la dureté, l'incertitude, l'arbitraire. Nous cherchons dans ce siècle à tout perfectionner; cherchons donc à perfectionner les loix dont nos vies & nos fortunes dépendent" – [Voltaire], *Commentaire sur le livre des délits et des peines, par un avocat de province*, s/l, 1766, p. 118.

O argumento da inutilidade daquelas penas tradicionais[228] convoca necessariamente, ao abrigo da ideia de *utilitarismo* penal[229], uma execução punitiva da qual aproveite positivamente a comunidade (e não apenas uma pena que se constitua pela negativa sobre o condenado), mas também a verificação de um princípio de necessidade e de contenção na própria pena, assegurados em primeiro lugar pela lei: a pena *útil* é também a pena adequada e proporcional ao crime praticado e ao criminoso. Utilidade não é apenas *utilização* desde logo de uma mão-de-obra penal ao serviço da comunidade, mesmo se é esse o seu sentido mais visível. Utilidade é necessariamente, também, racionalidade na pena ao serviço dos seus fins.

Esta racionalização do crime, que o afasta da ideia de *dano moral,* substituída por uma ideia contratualista de *dano social,* é acompanhada, no espírito da época, pelo esforço de sistematização e classificação legal das espécies de crimes e da crítica pela adequação e proporcionalidade nas penas, de que em Portugal vão ser exemplo os textos de Mello Freire (1738 – 1798) ou a obra *Classes dos Crimes,* de Pereira e Sousa (1740 – 1818), esta já de 1803; e de um debate literário e político sobre a reforma criminal, compreendendo aqui o direito material, o processo e a pena, que é necessariamente assumido mais tarde pela Revolução Francesa e pelo advento dos liberalismos europeus.[230] A legalidade deveria estar para o crime

[228] Como escreveu Ferrajoli, "(...) si la historia de las penas es vergonzosa, no lo es menos la historia del pensamiento jurídico y filosófico en materia de penas, que lleva no poca responsabilidad por los horrores cometidos: por omisión, por no haber levantado seriamente su voz nunca, hasta el siglo de las luces, contra la inhumanidad de las penas; y por acción, por haber expresado casi siempre adhesión y apoyo a la pena de muerte". V. Luigi Ferrajoli, *Derecho y razón..., cit.*, p. 387.

[229] Um "programa do utilitarismo" benthamiano foi descrito por Paulo Sousa Mendes, *O torto intrinsecamente culposo como condição necessária da imputação da pena,* Coimbra Editora, Coimbra, 2007, pp. 429 ss. Uma visão crítica nacional na perspectiva da codificação civil, a de Vicente José Cardoso da Costa, em 1822, sobre o utilitarismo benthamiano, pertencente a um texto fundador entre nós, é apresentada por Mário Reis Marques, *Codificação e paradigmas de modernidade,* Coimbra, 2003, pp. 619 ss.

[230] Um calendário da disseminação europeia do texto de Beccaria encontra-se descrito por Renée Martinage, *op. cit.*, pp. 46 a 50. O discurso de exaltação do "liberalismo" tem cultores apaixonados. É excessiva a visão de que todo o *ius puniendi* do Antigo Regime era apenas uma faculdade pessoal e arbitrária do monarca, que se encontra lavrada, por exemplo, por García de Enterría, levando a esta descrição com pretensão de generalidade: "Como tal facultad personal, era indeterminada y los principios de su actuación se reconducían a la filosofia del orden y del pecado. (...) La pena se concebía como una expiación de un pecado, un anticipo del juicio y del castigo divinos. En la prática, todo eso concluía en la arbitrariedade absoluta de la justicia penal, en la completa indeterminación de los ilícitos, precisados en cada caso mediante simples juicios morales *ad hoc,* o por simples oportu-

como a responsabilidade, afinal, para o criminoso, uma e outra cobrindo o seu comportamento. Punir seria tão simplesmente o resultado de aplicar a lei penal de acordo com a sua previsão típica, prevenindo abusos do julgador, aferindo a pena concreta pela medida da responsabilidade do agente, mas nas margens permitidas pela lei.

Sendo também certo que, num contexto de monarquias puras, se descobre uma redução da auto-vinculação do rei à sua lei e a pena surge muitas vezes alicerçada casuisticamente na sua vontade, o Código Penal, expressão máxima da legalidade e da previsibilidade criminais, foi uma exigência e um objectivo quer de absolutistas, quer de liberais.[231] Em Portugal, a segunda metade do século XVIII não deixa de ser assim um tempo híbrido, simultaneamente de um primeiro acolhimento do humanitarismo penal e dos seus princípios novos, mas também uma era de rigor punitivo acentuado, em particular associado a crimes de configuração política e de defesa da razão de Estado[232], e de reforço dos mecanismos institucionais e burocráticos da justiça penal, como demonstrou Rui de Figueiredo Marcos.[233] Mesmo se se pode ainda duvidar

nismos políticos (...)" – Eduardo García de Enterría, *La lengua de los derechos – La formación del Derecho Público europeo tras la Revolución Francesa*, Civitas, Madrid, 2001, p. 156.

[231] V. os exemplos deixados por Jacques Vanderlinden, *Le concept de code en Europe Occidentale du XIIIe au XIXe siècle*, Université Libre de Bruxelles, Bruxelas, 1967, pp. 44 a 48. Sobre a relação entre absolutismo e codificação, mediada pela valorização do direito natural e da lei como oportunidades de uniformização do Estado e de reforço do poder régio, v. Michael Stolleis, *Histoire du droit public en Allemagne – La théorie du droit public impérial et la science de la police 1600-1800*, PUF, Paris, 1998, pp. 413 a 415.

[232] Rui Manuel de Figueiredo Marcos, *A Legislação Pombalina..., cit.*, p. 91, anota esta instrumentalização política da lei penal. Neste sentido, v. também Sílvia Alves, *Punir..., cit.*, pp. 16 a 21. Basta ler *As Prisões da Junqueira*, de D. João de Almeida Portugal, marquês de Alorna, texto publicado em fascículos a partir de 1856 por José de Sousa Amado, para conhecer o quotidiano na prisão de um preso por 19 anos sem culpa formada, feito de doenças e provações, resultado da sanha de Sebastião José de Carvalho e Melo. Esta prisão política concretizou-se no forte de São João, à Junqueira, junto da Cordoaria, em Lisboa, entretanto demolido. O texto foi republicado recentemente (*As Prisões da Junqueira*, Frenesi, Lisboa, 2005). Note-se igualmente que, não obstante o encarceramento sem justificação judicial e a morte de vários dos encarcerados, esta presença na prisão seria mais suave do que a de muitos presos, desde logo os presos pobres do Limoeiro: tratava-se aqui de fidalgos e clérigos retidos por motivos políticos, o que significava o uso de certas benesses prisionais francamente mais desusadas no caso de presos comuns, como o poder discutir e definir a sua alimentação ou escolher o tecido de que seria feito o seu vestuário, de acordo com o convencimento possível do seu carcereiro.

[233] Rui Manuel de Figueiredo Marcos, *A Legislação Pombalina..., cit.*, pp. 94 a 96.

de uma concretização absoluta de um direito régio que pretende manifestar poder através da imagem da justiça que decreta, mas que eventualmente não aplica.[234]

Note-se também que a dimensão histórica de censura moral que um comportamento proibido pelo direito pudesse revelar, concretizada ainda perante o acusado pelas ideias assentes de dolo e de culpa[235], é atenuada – dir-se-ia, *laicizada* –, mas não apagada. Se o crime é fixado pela lei, não é necessariamente *criado* por ela, mesmo que também não estivesse à disposição do julgador fixá-lo de forma inovadora apenas com base na lei natural, de acordo com uma tradição estabelecida (afinal, como recorda Schnapper numa citação do *Decretum*, não cabia aos juízes "esvaziarem o Purgatório e privarem-no de utilidade"[236]). Daí também a manutenção ao longo do século XVIII de penas extremas associadas ao crime com características religiosas ou de ofensa à moral sexual ou familiar, num contexto em que penas indeterminadas e desproporcionais conhecem crítica jurídica, mas nem sempre imediata repulsa legal.[237] A pena justifica-se ao retribuir o crime, mas mais claramente visa intimidar a comunidade.[238] Enquanto, para o período anterior, a prevenção concorre com a retribuição como fundamento da pena, aqui parece ser um objectivo de prevenção geral a "única razão do castigo", como escreve Carbasse.[239]

[234] Destacando também para este período esta tensão de realidade entre lei promulgada e justiça aplicada, v. Maria Paz Alonso e António Manuel Hespanha, *Les peines dans les pays ibériques (XVIIe-XIXe siècles)*, in "La Peine. Punishment. Recueils de la Société Jean Bodin pour l'histoire comparative des institutions", vol. LVII, De Boeck Université, Bruxelas, 1989, pp. 201 e 202 e, em especial, António Manuel Hespanha, *Da «iustitia» à «disciplina»..., cit.*, pp. 321 a 325. V. a crítica de Sílvia Alves, *Punir..., cit.*, p. 23, questionando como pode simultaneamente o legislador do século XVIII efectivamente coarctar o uso da doutrina e, ainda assim, olhar-se a sua lei como "simbólica". Crê-se que se está apenas perante o destacar de lados distintos da mesma realidade, que é a de uma lei régia que marca um percurso de punição, mas onde ela própria permite ainda espaços limitados de arbítrio judicial e janelas a um certo grau de *desvinculação* legal, em certa medida suscitadas pela necessidade de cobrir a justiça *aplicada*.

[235] "Dolo" e "culpa" que Mello Freire e Pereira e Sousa convocam para a doutrina nacional tomados de Grócio, dando origem a "delitos" e "quase delitos", como expressamente indica Melo Freire, *Instituições de Direito Criminal..., cit.*, in BMJ, nº 156, pp. 69 e 70.

[236] V. Bernard Schnapper, *Les peines arbitraires...*, nº 41, *cit.*, p. 277.

[237] Maria Paz Alonso e António Manuel Hespanha, *Les peines..., cit.*, pp. 215 ss.

[238] "A produção de um efeito intimidativo geral ligava o direito penal josefino à extrema severidade do castigo utilizado e, em particular, à rapidez com que era administrado", recorda Rui Manuel de Figueiredo Marcos, *A Legislação Pombalina..., cit.*, p. 119.

[239] Jean-Marie Carbasse, *Histoire du droit pénal..., cit.*, p. 360.

Feuerbach influente durante a primeira metade do século XIX, é um exemplo disso mesmo.[240]

A par da manutenção de um catálogo legal de penas *histórico*, é um facto que também o final do século XVIII acentua em Portugal o incremento de um tipo de pena, em que participa o enaltecer dos trabalhos públicos e do degredo como pena, em detrimento de penas que se reflectem imediatamente sobre o corpo do condenado e da pena de morte.[241] Essa realidade de apagamento da crueldade imediata sobre o corpo e de conversão das penas de morte em penas úteis ao bem comum, consagrada imediatamente pelo recurso a mecanismos de clemência régia de base legal, tem sido apreciada como participando de uma "humanização da justiça criminal", mais notória iniciado o reinado de D. Maria I[242], mas sem esquecer necessariamente que esta tendência humanitária, realizada em larga medida, de forma casuística ou genérica, através da comutação de penas por parte do monarca, resulta também do interesse utilitário mais acentuado no aproveitamento da pena a favor da *comunidade*, interesse que também não era novo, pensando-se imediatamente nas comutações, legais ou individuais, a que a pena de morte e a pena de degredo sempre haviam estado sujeitas.[243]

[240] V. Hans-Heinrich Jescheck, *Principes et solutions de la politique criminelle dans la réforme pénale allemande et portugaise*, separata de "Estudos *in memoriam* do Prof. Doutor José Beleza dos Santos", I, suplemento ao volume XVI do BFDUC, Coimbra, 1966, p. 9 e Américo A. Taipa de Carvalho, *Condicionalidade...*, *cit.*, pp. 55 e 56, descrevendo um "fiel ao ideário iluminista, influenciado, todavia, pelo espírito da filosofia Kantiana".

[241] A tendência em torno da afirmação de uma *utilidade* da pena, anterior até ao humanitarismo penal do século XVIII, é acentuada também por Renée Martinage, *op. cit.*, pp. 40 a 43. Um historiador espanhol afirma mesmo sobre esta realidade europeia iluminista, talvez com excessiva determinação: "No fue la acción de los tratadistas del derecho, ni tampoco la progresiva civilización de las costumbres y la consiguiente humanización, lo que motivo la desaparición de los castigos corporales, sino el impulso utilitario que transformó la relación con los hombres" – Pedro Trinidad Fernández, *La defensa de la sociedad – Cárcel y delincuencia en España (siglos XVIII-XX)*, Alianza Editorial, Madrid, 1991, p. 26.

[242] Rui Manuel de Figueiredo Marcos, *A Legislação Pombalina...*, *cit.*, pp. 131 a 135. Antonio Luiz de Henriques Secco, *Da historia do direito criminal...*, *cit.*, pp. 580 e 581, oferecia imediatamente exemplos legais desta tendência, uma "aversão ás penas crueis e desmedidas, infiltrada já na opinião" e que "calava tambem nas proprias leis, ainda que talvez não muito attendidas pelos tribunaes": probição formal da tortura, comutação da pena de morte no cargo de executor, comutação da pena de morte em degredo, entre outros. Exemplos de mitigação do rigor punitivo no final do século XVIII são apresentados igualmente por Eduardo Correia, *Estudos...*, *cit.*, pp. 63 ss.

[243] Pedro Ortego Gil, *La conmutación de penas...*, *cit.*, escreve: "(...) la conmutación siempre hubo poco de perdón (parcial) o misericordia, y mucho, quizá todo, de necesidad e interés. Un interés que no es político sino utilitarista para la Corona" (p. 269); e detecta, no confronto com a legislação espa-

Na literatura europeia, Montesquieu (1689-1755) foi uma das vozes audíveis na crítica à justiça penal, configurada como arbítrio injustificado e cruel, na sua defesa de uma monarquia moderada. "Nos Estados monárquicos, existe uma lei; e onde ela é precisa o juiz segue-a; onde ela não o é, ele procura seu espírito"[244], escreve o barão, por oposição aos regimes despóticos e aos republicanos, que rejeita.[245] Esta defesa da legalidade, mesmo que não absoluta, ao manter espaço à intervenção do juiz, será basilar na evolução do entendimento sobre a justiça criminal como uma justiça de direitos e não apenas uma justiça de exemplos.

O seu interesse pela instituição do júri nos julgamentos criminais, tal como funcionava em Inglaterra – afinal um dos seus modelos preferidos, a par das lições que retira da história romana –, é patente, bem como a crítica à severidade excessiva das penas, entendidas como demonstração da justeza do regime ou da sua falta: "Muitas vezes um legislador que quer corrigir um mal só pensa nessa correção; seus olhos estão abertos para esse objetivo e fechados para os inconvenientes. Uma vez corrigido o mal, não se percebe mais a dureza do legislador, mas fica um vício no Estado, que esta dureza produziu; os espíritos estão corrompidos, acostumaram-se com o despotismo".[246] Este interesse pelas instituições judiciárias inglesas é aliás partilhado pelos liberais portugueses, que no pós-1820 deixam toda uma literatura comparatista e apologética em torno da importação das instituições inglesas para Portugal.[247]

nhola neste contexto de comutação de penas, "la más pragmática y abundante de Portugal, capaz de adaptarse a las necesidades de su expansión ultramarina" (p. 343). Sobre a recondução punitiva em Espanha a penas de trabalho, desde logo nos presídios militares no norte de África a partir do século XVI, e destacando a sua provável inspiração no degredo ultramarino português iniciado com D. Afonso V, v. Isabel Ramos Vázquez, *op. cit.*, pp. 158 ss.

244 Montesquieu, *O espírito das leis*, Martins Fontes, São Paulo, 2000, p. 87.

245 "Os homens são todos iguais no governo republicano; são iguais no governo despótico: no primeiro porque são tudo; no segundo, porque não são nada" – *idem, ibidem*, p. 87.

246 *Idem, ibidem*, p. 96.

247 Tome-se, de entre vários, o exemplo deixado pela obra do destacado constituinte vintista Joaquim José Ferreira de Moira [*sic*], *Reflexões criticas sobre a administração da justiça em Inglaterra tanto no cível como no crime, e sobre jury*, Typographia de A. J. C. da Cruz, Lisboa, 1826, onde o funcionamento imparcial do júri e a publicidade do julgamento são apontados como fundamentais para o sucesso da justiça em Inglaterra, bem como a figura de *habeas corpus*: assim, "esta grande sociedade marcha e marcha em ordem" (p. 35). O júri como "instituição celeste, que arranca a Innocencia a barbara indifferença sanguinolenta de uma Ordem privilegiada, possuida do espirito de Corpo, endurecida pelo habito de condemnar" é o retrato também deixado por Francisco José de Almeida, *Breve exposição da instituição do jurado, das suas vantagens, e dos defeitos e melhoramentos, de que he susceptivel,*

Em Montesquieu encontra-se também a crítica à desproporcionalidade das penas e à sua transmissibilidade, bem como a defesa do uso da clemência pelo príncipe.[248] "É o triunfo da liberdade, quando as leis criminais tiram cada pena da natureza particular de cada crime. Toda a arbitrariedade acaba; a pena não vem mais do capricho do legislador, mas da natureza da coisa; e não é o homem que faz violência ao homem"[249], escreve adiante. Defende assim, por exemplo, uma aplicação restrita da pena de morte, apenas admissível para o homicídio, consumado ou tentado. Considera existirem quatro classes de crimes – contra a religião, contra os costumes, contra a tranquilidade e contra a segurança dos cidadãos. As penas a serem associadas a cada classe deveriam ter em conta fundamentalmente o tipo de bens lesados, adequando-as à sua "natureza". A pena de prisão é defendida para os crimes contra a tranquilidade, por ser uma pena apropriada a trazer "de volta os espíritos inquietos e os façam voltar para a ordem estabelecida". Os crimes contra a segurança, nos quais inlcui as ofensas cometidas contra a vida e integridade de cada indivíduo e contra os seus bens, são os que admitem uma pena que considera ser "uma espécie de talião", os "suplícios", mesmo que pudesse preferir as penas pecuniárias como alternativa às corporais.[250]

Imprensa Nacional, Lisboa, 1822, pp. 7 e 8, num texto igualmente de apreciação do modelo inglês, em que o "Jurado he o Palladino Santo da liberdade anglicana" (p. 39). Anos passados, a mesma ideia do júri como "planta que não vegeta felizmente senão em paiz de liberdade, e só n'elle vigora com força" (pp. XI e XII), pronto então a ser acolhido no Portugal liberal e pacificado, é expedida na sua história pelo então desembargador da Relação de Lisboa José Duarte Machado Ferraz, *Exame sobre o jury em que se analysa a historia e a theoria d'esta instituição*, Rey e Gravier, Paris, 1834, exemplo da nova magistratura constitucional. Sobre a vida judiciária de José Duarte Machado Ferraz, v. Isabel Graes, *Da antiga à nova magistratura: passos da vida de um magistrado (José Duarte Machado Ferraz)*, in "Revista de História do Direito e do Pensamento Político", nº 2 (2011), Instituto de História do Direito e do Pensamento Político da Faculdade de Direito da Universidade de Lisboa, Lisboa, 2012, disponível em *http://www.fd.ul.pt/rhdpp.aspx.*

[248] "É essencial que as penas se harmonizem, porque é essencial que se evite mais um grande crime do que um crime menor, aquilo que agride mais a sociedade do que aquilo que a fere menos. (...) É um grande mal, entre nós, fazerem sofrer a mesma pena aquele que rouba nas estradas e aquele que rouba e mata. (...)". Adiante acrescenta: "(...) As cartas de indulto são um grande recurso dos governos moderados. Este poder de perdoar que o príncipe possui, executado com sabedoria, pode ter efeitos admiráveis. O princípio do governo despótico, que não perdoa e nunca é perdoado, priva-o destas vantagens" – Montesquieu, *O espírito..., cit.*, pp. 101 e 102. Montesquieu vai também pugnar pela impossibilidade de criminalizar meros pensamentos (p. 207) ou pela conveniência em limitar a prisão por dívidas, excepto no caso de comerciantes (p. 353).

[249] *Idem, ibidem*, p. 199.

[250] *Idem, ibidem*, p. 201.

O discurso sobre a defesa da proporção e justeza nas penas e no processo que leva à sua aplicação vai percorrer um caminho, justificado na natureza, racionalidade e na utilidade que o desempenho punitivo do Estado deva assumir. Mais do que o elogio da classificação, é o valor e a natureza do *critério* que se acentua.

Beccaria leva mais longe este entendimento. O juiz é aqui um mero aplicador da lei penal, não lhe cabendo mais do que executar a lei, uma vez avaliada a prática ou ausência de crime. Não caberá também ao legislador punir através da lei danos de ordem meramente moral, no que acompanha e radicaliza o já proposto por Montesquieu. A pena deve ser útil numa dupla perspectiva: para prevenir crimes futuros, pela imagem que por ela se transmite à sociedade; e através da sua própria execução, sendo socialmente preferível o trabalho forçado de um condenado à sua morte. Assim, nem o condenado nem a vítima directa participam verdadeiramente aqui desta construção – ou, noutra perspectiva, apenas a *comunidade* enquanto vítima é verdadeiramente protegida.[251] Anos depois, também em Bentham se operará esta substituição da justiça concreta pela utilidade social na consideração da pena.[252]

[251] Pedro Fraile, em trabalho sobre o nascimento da prisão contemporânea, traduz igualmente esta ideia, numa linha vincadamente adepta da construção de Foucault: "(...) el derecho a castigar está basado en algún tipo de pacto, que se convierte en el núcleo originario de la sociedad civil. (...) Toda la colectividad se convierte en un grupo de jueces potenciales que observan, continuamente, los actos de cada ciudadano; cada uno es vigilante y vigilado y el mismo hecho de descansar sobre una buena parte de la población legitima el mal que muchos pueden hacer a un solo. En consecuencia, la pena deja de verse como la vindicta pública o la restauración de la autoridad del soberano, y se torna un instrumento para el mantenimiento de la ordenación social" – Pedro Fraile, *Un espacio para castigar – La cárcel y la ciencia penitenciaria en España (siglos XVIII-XIX)*, Ediciones del Serbal, Barcelona, 1987, p. 27. Sobre a posição da vítima no contexto da evolução penal nacional entre os séculos XIX e XX, v. as investigações recentes de Maria Rita Lino Garnel, *A vítima e o direito penal português (século XIX)*, in Pedro Tavares de Almeida e Tiago Pires Marques (coord.), *Lei e ordem. Justiça penal, criminalidade e polícia (Séculos XIX-XX)*, Livros Horizonte, Lisboa, 2006, pp. 45 ss. e *Vítimas e violência na Lisboa da I República*, Imprensa da Universidade de Coimbra, Coimbra, 2007, onde apresenta uma vítima globalmente secundarizada pela acção penal e remetida para a jurisdição civil quanto às suas legítimas aspirações de reparação, apagada pelo Estado preventivo e punitivo de um crime "dano social" e por um criminoso progressivamente sujeito de maior atenção, através dos sucessivos intuitos correccionais ou de controlo da perigosidade. No entanto, como se verá adiante, deve igualmente notar-se que a sociologia penal do final do século XIX toma em consideração expressa o tema da reparação da vítima, mesmo que dentro da ampliação de medidas penais alternativas que considera.

[252] A radicação directa de Bentham em Beccaria no plano de uma "concepção utilitária e liberal da pena" é assinalada expressamente pelo próprio Bentham, que apelida o autor italiano de "mestre", como recorda Mario Cattaneo, *Il positivismo giuridico inglese*, Dott. A. Giuffrè, Milão, 1962, p. 132.

Beccaria consubstanciou muito do pensamento crítico sobre a justiça penal, na Europa da segunda metade de setecentos, mesmo vendo a sua obra colocada no *Index* pontifício, abrindo caminho a uma renovação que levou décadas a concretizar-se por completo. A desnecessidade e inutilidade da pena de morte é talvez a herança mais impressiva do autor italiano, associada à refutação da tortura e das penas cruéis e degradantes, bem como a exigência reforçada da fixação legal de crimes e penas e a devida proporcionalidade destas.[253] Assim, racionalidade das leis e nas incriminações, humanização e utilidade social das penas ou, usando as palavras de Bonesana a terminar a sua obra, "para que toda a pena não seja uma violência de um ou de muitos contra um cidadão particular, deve ser essencialmente pública, pronta, necessária, a mais pequena possível nas circunstâncias dadas, proporcional aos delitos, fixada pelas leis"[254], no contexto de defesa de uma lógica preventiva e restritiva no uso do direito penal, laicizado, e valorando também a educação enquanto instrumento de prevenção da criminalidade, mesmo não estando aquela claramente no centro do pensamento penal de Beccaria.

O fim das penas não era outro senão "o de impedir o réu de fazer novos danos aos seus concidadãos e de dissuadir outros de fazerem o mesmo"[255], numa ponderação de interesses de cariz utilitário, a que Bentham dará depois forma e métrica. No que toca à prisão, contudo, esta é vista essencialmente ainda como uma circunstância de detenção, limitada pela lei, a fim de permitir um julgamento e garantir segurança, e não de modo absoluto uma verdadeira pena[256], entre as

[253] Sobre a configuração da posição de Beccaria em relação à pena de morte, não deixou Cavaleiro de Ferreira de acentuar que o autor, para demonstrar a vantagem na sua abolição, de modo pragmático, "tentara fazer reconhecer que ela não era nem necessária nem verdadeiramente útil", não entrando no debate sobre a sua legitimidade. V. Manuel Cavaleiro de Ferreira, *A influência da abolição da pena de morte na evolução do sistema penal português*, separata de "Memórias da Academia das Ciências de Lisboa", classe de Letras, tomo X, Academia das Ciências de Lisboa, Tipografia da Editorial Império, Lisboa, 1967, p. 63. No entanto, parece-nos que Beccaria não duvida também da sua ilegitimidade, mesmo nunca sendo um abolicionista expresso, mas retirando uma conclusão do contratualismo social que reconhece: "Como é que o sacrifício mínimo da liberdade de cada um pode compreender o sacrifício maior de todos os bens: a vida? E se isso se fez, como se harmoniza um tal princípio com este outro, segundo o qual o homem não é senhor de se matar, e deveria sê-lo, se pôde dar a outro este direito, ou à sociedade inteira?" – Cesare Beccaria, *Dos delitos e das penas*, Fundação Calouste Gulbenkian, Lisboa, 1998, p. 118.

[254] *Idem, ibidem*, p. 163.

[255] *Idem, ibidem*, p. 85.

[256] "A prisão é uma pena que por necessidade deve, diferentemente de todas as outras, preceder a declaração do delito; porém este carácter distintivo não exclui este outro essencial, isto é, que só a lei determine os casos em que um homem é merecedor de pena" – *idem, ibidem*, p. 126.

"penas corporais" que Beccaria admite mas não pormenoriza, entre as quais o trabalho de intuito punitivo.[257] Beccaria é mais eficaz na crítica a uma *praxis* punitiva do absolutismo e às penas históricas do que em propor alternativas de penas.

O mesmo discurso de moderação das penas como elemento da sua utilidade – o dever do legislador, escreve-se, é o de fazer o culpado de um crime leve renunciar desde logo "à estrada do crime"[258], o que uma pena proporcional e imediata conseguiria obter – se descobrirá também em Gaetano Filangieri (1752-1788), um proponente de uma pena de prisão eminentemente "correctiva", de curta duração (não mais de três meses), em que o condenado seria continuamente instruído moralmente e leria o Código Penal, e um adepto claro também da pena de trabalhos públicos.[259]

Não obstante as opções ainda abertas, certo é que uma pena de privação da liberdade, a que se associe trabalho obrigatório, passará a ser a pena preferida pelos teóricos e pelas novas leis. Não só respeitava uma ideia de uma eventual regeneração pela disciplina, valorizando o trabalho como elemento simultaneamente punitivo e de reabilitação e a prisão como espaço que oferecia *segurança* pública e *esperança* individual, como permitia especialmente responder também aos problemas do *pauperismo* e da indigência enquanto questões sociais, tão em voga na época.[260] Tal é muito claro em Inglaterra, que perante a independência da colónia americana, até então o destino preferencial de degredo dos seus condenados, e após o impulso reformista de Howard, se vai confrontar de um modo novo com essa realidade, contando também com o concurso inovador de Bentham.[261]

[257] V. Jean Pradel, *op. cit.*, pp. 32 e 33.

[258] Gaetano Filangieri, *La scienza della legislazione*, III, Generoso Procaccini, Nápoles, 1995, pp. 122 e 123.

[259] *Idem, ibidem*, pp. 124 a 126.

[260] E assim é devidamente recolhida nos novos Códigos penais iluministas que vão sendo aprovados: Pensilvânia e Toscânia (1786), Áustria (1787), França (1791), Prússia (1794), ...V., sobre este percurso da codificação penal, Marc Ancel, *Introduction comparative aux codes pénaux européens*, Centre Français de Droit Comparé, Paris, 1956, pp. 18 ss., texto republicado na sua compilação *Les Codes Pénaux Européens*, tomo I, Centre Français de Droit Comparé, Paris, 1958, pp. II a LXII. Adriano Moreira, *O problema prisional...*, *cit.*, p. 11, escreve: "Tratou-se talvez menos de racionalmente escolher o interesse individual considerado mais valioso, na coerência das ideias gerais dos propagandistas, para o tornar objecto de punição, do que, por um processo de depuração das penas existentes e praticadas, chegar à conclusão de que a privação da liberdade física era, entre todas as sanções vigentes, a susceptível de menor crítica e, portanto, a que devia adoptar-se".

[261] "Thus Howard and Bentham both denied criminal incorrigibility, but from diametrically opposed positions – onde accepting the idea of original sin, the other denying it. One insisted on the univer-

A reacção das perspectivas humanitaristas contra as penas cruéis, desproporcionais e degradantes – e naturalmente contra o seu prelúdio, a tortura judicial[262] – anunciava o eleger necessário de uma pena como padrão: a prisão, antípoda da glorificada liberdade do final do século XVIII. A perda da liberdade, associada ao trabalho enquanto elemento simultâneo de expiação e de regeneração, está assim presente nos discursos e propostas dos diversos autores que, entre o século XVIII e o início do século XIX, marcam o início de uma discussão nova. Se vai ser a prisão – pública, organizada, com fins e métodos próprios – a pena por excelência que responde às exigências de um novo tempo, esta deverá ser executada da forma mais útil, perfeita e racional.[263] Controladas a racionalidade e a previsibilidade dos crimes e a desproporção das penas legais, reduzido o arbítrio dos julgadores, era agora o tempo de regular o espaço da pena e também os seus habitantes, a começar pelos carcereiros. E John Howard, o autor *best seller* que escreve em 1777 *The State of the Prisons*, o filantropo *sheriff* do condado de Bedford que, mudando de roupa constantemente e cheirando vinagre[264], viu com os seus próprios olhos ao longo de anos as prisões da Europa, é provavelmente quem contribui imediatamente e de forma mais disseminada para esta nova visão sobre a prisão.

A melhoria das condições de alojamento e de saúde dos reclusos nas cadeias dos condados e nas *bridewells* inglesas, em grande medida ocupadas ainda por devedores e por presos a aguardar julgamento e não por condenados – nas quais descobre, entre ferros, febres e varíola, trabalho não remunerado, mas maioritariamente a impossibilidade prática de os presos desenvolverem qualquer trabalho –, bem como a repressão do arbítrio dos carcereiros, é o seu primeiro

sality of guilt, the other on the universality of reason. Materialists like Bentham or Priestley asserted that men could be improved by correctly socializing their instincts for pleasure. Howard believed men could be changed by awakening their consciousness of sin" – Michael Ignatieff, *A just measure of pain..., cit.*, p. 67.

[262] Também entre nós, em Alvará de 5 de Março de 1790, a tortura judicial é considerada como uma realidade já coberta pelo desuso, a propósito aliás da proibição do abuso da reclusão em isolamento (em "segredo"), que "nunca póde ser com excesso, por ser huma especie de tormento, que já não tem lugar". V. também Eduardo Correia, *Direito Criminal, cit.*, pp. 85 e 86.

[263] Chegando-se a um ponto em que se poderá discutir se, ainda hoje, a "sociedade ocidental tem expectativas irrealistas e contraditórias sobre a prisão" (tradução nossa), confrontando objectivos e realidades, como o fazem Norval Morris e David J. Rothman, na introdução a *The Oxford History of the Prison, cit.*, p. XI.

[264] Como afirma, perante o espectáculo de miséria e doença que encontrou em muitas das prisões visitadas – John Howard, *The state of the prisons in England and Wales, with preliminary observations, and an account of some foreign prisons*, William Eyres, Warrington, 1777, p. 5.

objectivo. Note-se: a prisão está ainda a caminho de ser vista como uma pena plena[265], para o que, em Inglaterra, contribui em muito a perda da colónia americana – e Howard, imediatamente conhecido nos Estados Unidos e traduzido para francês logo em 1788, apoia-se expressamente nesse ponto também em Beccaria.

Exige, no espírito da época, novas construções, arejadas, próximas da água, trabalho para os presos, capela e enfermaria, separação de homens, mulheres, jovens, e por crimes graves e leves, entre devedores e criminosos e, o que é particularmente distinto, em que os presos possam ocupar celas individuais, pelo menos durante a noite. Neste ponto, invoca imediatamente Jonas Hanway que, em *The Defects of Police* e noutros textos, havia já procurado demonstrar a necessidade desta separação. "Solitude and silence are favourable to reflection; and may possibly lead to repentance", escreve Howard[266]: estava pois reaberto o caminho pelo qual no século seguinte seguiriam os interessados pela prisão, convertendo-se os até então vistos como espaços extraordinários de disciplina prisional em ferramentas habituais prontas a construir a redenção no criminoso.[267]

Ao tempo da revolução em França, a Declaração dos Direitos do Homem e do Cidadão vem necessariamente cobrir o direito penal e a justiça criminal, como oportunidade também de dar a dimensão positiva devida às ideias que a doutrina ia avançando, exigidas agora pela nova ordem política que se prenunciava. A condenação do arbítrio, régio, administrativo e judicial, era precisamente um dos elementos centrais na nova Declaração. Igualdade entre os cidadãos e separação dos poderes terão necessariamente uma concretização programática também no domínio penal. Despido do poder legislativo, o rei é-o igualmente do poder judicial. Crimes e penas são obrigatoriamente previs-

[265] "However sanguinary the wish of an angry creditor may be when he arrests and imprisons his debtor; there is no doubt but every one who listens, not to his passions, but to reason, must know, and will own, that is a flagant crime to take away the life of a man for a debt: and as to felony, a Gaol is not designed for the final punishment even of that; but for the *safe custody* of the accused to the time of trial; and of convicts till a legal sentence be executed upon them" – *idem, ibidem*, p. 38.

[266] *Idem, ibidem*, p. 43. Howard apresenta um plano arquitectónico modelo de prisão local, de acordo com as recomendações que expende, em que, contudo, não se assinalam as celas individuais que defende, mas apenas as áreas comuns – o plano é reproduzido em anexo (Anexo 1).

[267] Como destacou Michael Ignatieff, *A just measure of pain...*, *cit.*, pp. 56 e 57, não se tratava apenas de buscar o arrependimento de um condenado a pensar na vida extra-terrena: "Salvation was not only God's work. It was state's work too, and for the first time, Howard insisted, a technology of salvation existed for earthly use".

tos e taxativamente definidos na lei, cuja retroactividade é proibida – e a lei delimita-se a ela própria, de acordo com uma ideia de utilidade social, também na previsão dos crimes.[268] A Revolução Francesa, exigência de uma nova legalidade, traduzir-se-á no primeiro Código Penal de 1791[269], também com uma forte influência do direito penal e processual penal inglês (*habeas corpus*, júri...)[270], do recente constitucionalismo norte-americano e do utilitarismo benthamiano, mas em que necessariamente os crimes de natureza política avultam, de modo a defender as novas instituições.

Mesmo mantendo a pena de morte, vai prever-se – e claramente como pena – a prisão, por um período máximo de 24 anos. Esta privação de liberdade, passível de ser associada a trabalho forçado ou executada através do mero encarceramento, em espaços distintos, é agora a pena por excelência no novo Código, acompanhada também pelo degredo.[271] Não mais deixaria a prisão enquanto pena de marcar presença nas codificações penais europeias e a amplitude da sua previsão apenas viria a a ser incrementada.

A par do seu reconhecido impacto na expressão da filosofia utilitarista e hedonista sobre o direito e também sobre o direito penal, numa lógica de "aritmética

[268] "(...) La seule base possible des incriminations est désormais l'utilité social. (...) Même si ces libertés peuvent toujours être limitées para la loi pour des raisons d'ordre public (...) il est clair que le nouveau droit pénal ne peut plus incriminer ni les délits religieux, ni les infractions à la seule morale sexuelle, ni les délits d'opinion", escreve Carbasse, *Histoire du droit pénal..., cit.*, p. 375.

[269] Que será depois substituído pelo Código napoleónico de 1810 (mantido até 1994), acompanhado do Código de Instrução Criminal de 1808 (em vigor até 1958), tendo sido considerado o diploma de 1791 "demasiado *beccariano*", na expressão de Renée Martinage, *op. cit.*, p. 76.

[270] Neste sentido, v. José António Barreiros, *Processo Penal*, Livraria Almedina, Coimbra, 1981, pp. 36 a 38.

[271] E as prisões deveriam aliás ser espaços onde o público poderia entrar, de modo também a incentivar o criminoso na sua própria regeneração. Este sentido, talvez excessivamente optimista e esperançoso, retrocederá aquando da aprovação do Código napoleónico. O texto legal de 1810, na sua versão original, vai endurecer as penas (a prisão perpétua regressa, bem como certas mutilações) e volta a exaltar a aplicação da pena vista como espectáculo exemplar para ordenar a comunidade, mesmo sem se afastar radicalmente de um modelo benthamiano – assim, Jean Pradel, *op. cit.*, pp. 49 e 50. V. também Renée Martinage, *op. cit.*, pp. 64 e 65.

[272] O fim da pena é para Bentham, em primeiro lugar, o de prevenir ou, pelo menos, minorar os crimes, da forma menos custosa possível para a comunidade. Utilidade e pena, em Bentham, apresentam-se de uma forma clara, numa relação de necessidade a favor da eficácia desta: "The value of the punishment must not be less in any case than what is sufficient to outweigh that of the profit of the offence" – Jeremy Bentham, *An introduction to the principles of morals and legislation*, in "The works of Jeremy Bentham published under the superintendence of his executor, John Bowring", vol. 1,

punitiva", Jeremy Bentham (1748-1832)[272] é provavelmente hoje recordado de forma decisiva também pela conformação própria que apresentou para as instituições de reclusão. Em particular entre nós, a influência de Bentham foi mais notória na caracterização devida à pena, nomeadamente a sua graduabilidade e maleabilidade, e na consequente exaltação da pena de prisão como pena preferencial, que na sua fundamentação do direito de punir.

O seu interesse directo sobre o tema penitenciário é aliás notado imediatamente em 1778, quando publica *A View of the Hard Labour Bill*, ainda antes deste diploma ser aprovado na sua versão definitiva (o que sucederia em 1779, sendo depois conhecido como *Penitentiary Act*).[273] Aqui, assumindo a leitura e o seu interesse pelo trabalho de John Howard – e vendo este na lei inglesa vertidos os ensinamentos que retirou da sua viagem, sobretudo a boa experiência das casas de

W. Tait, Edimburgo, 1843, pp. 86 e 87. A pena é um "mal" – uma "perda de prazer" – que funcionando como uma ameaça geral deve induzir a escolha do indivíduo num equilíbrio entre "vantagem" e "desvantagem", sendo assim apta quer a evitar o crime quer a puni-lo, na proporção correcta ("quantidade") em que deva ser imposta – de modo a evitar que se inutilize um excesso de pena ou que, por insuficiente, esta seja ineficaz. A eficácia, em Bentham, funciona como alternativa à justiça. Como tal, deve a pena ser variável, ajustável e mensurável (uma das razões pelas quais a Bentham o degredo parecia uma má solução, tal como também a pena de morte, sendo afinal esta irremissível), bem como "frugal", mas deve também deter uma qualidade que favoreça a reforma do condenado, para a qual Bentham acredita na prisão e no trabalho punitivo – v. *idem*, *ibidem*, pp. 90 a 94. Noutro momento, retoma-se: "The principal end of punishments is to prevent like offences. The past offence is only as one point; the future is infinite. The past offence concerns only one individual; similar offences may affect every one. In many cases, the evil committed is irreparable; but the will to do the evil may always be taken away, because, how great soever the advantage of the offence may be, the evil of punishment may be made to surpass it" – Jeremy Bentham, *Principles of Penal Law*, in "The Works...", *cit.*, vol. 1, p. 367 (nesta obra recolhe-se integralmente *Rationale of Punishment*, antes publicado em língua francesa, na edição de Dumont, incluído na *Théorie des Peines et des Récompenses* e publicado em língua inglesa apenas em 1830). Prevenção geral e prevenção individual, expressões que Bentham usa literalmente, estabelecem-se como fins da pena – mas, destas, a prevenção geral deve considerar-se como o seu fim principal (v. *idem*, *ibidem*, pp. 396 e 397). Apesar das penas terem esta função clara, não são, em Bentham, o único meio de obstar ao crime. Bentham, num registo que de algum modo será recuperado também no modelo dos "substitutos penais" de Ferri, ou não fosse a defesa social uma via utilitária e amoral, prefere, por exemplo, anteceder a resposta penal, mais gravosa, por formas de compensação pecuniária, de recomposição da honra (que podem envolver "discursos de humilhação" ou o uso de máscaras emblemáticas) ou de restituição em espécie.

[273] Jeremy Bentham, *A view of the hard-labour bill; being an abstract of a pamphlet, intituled, "Draught of a bill, to punish by imprisonment and hard-labour, certain offenders; and to establish proper places for their reception" Interspersed with observations relative to the subject of the above draught in particular, and to penal jurisprudence in general*, T. Payne and Son, Londres, 1778.

trabalho holandesas[274] – bem como a sua apetência imediata por uma pena que associe reclusão e trabalho[275], aprecia de forma globalmente elogiosa a criação das *houses of hard labour* e o seu regulamento, bem como a condenação penal a trabalhos nos rios – em particular no londrino Tamisa –, as alternativas agora projectadas, perdida a colónia penal norte-americana.[276]

Para a condenação à reclusão, o regime legal em causa presumia novas instituições e um novo quotidiano, tal como antevisto por Howard. Pareciam a Bentham boas soluções a presença em celas individuais durante a noite e que o trabalho exigido, dentro de portas – desde o mais severo *treading mil* a actividades menos penosas, como fazer corda ou remendar redes – fosse, tanto quanto possível, desenvolvido em separado.[277] Note-se também que a separação dos condenados em três classes estava igualmente prevista, bem como a sua identificação com regimes progressivamente mais benévolos quer de reclusão, quer de trabalho. O condenado começaria num regime mais extremo, progredindo, a cada terço cumprido da pena, para a classe subsequente, podendo mesmo ser recompensado por bom comportamento com a entrada mais precoce na classe superior, modelo que a Bentham agrada particularmente.[278] Bentham, note-se, considera que a execução da pena de prisão deveria ser ajustada em função do tipo de efeito pretendido – assim, para um condenado a prisão perpétua, o seu único fim deveria ser o da exemplaridade da punição, enquanto para um condenado a uma pena temporária, ao exemplo público associa-se a própria correcção do preso: "Here let a stigma be inflicted; but let the stigma be a temporary one".[279]

[274] "In the Draught of a Bill «to punish by Imprisonment and Hard Labour, certain Offenders; and to establish proper Places for their Reception», the plan was formed on the Rasp and Spin-houses in *Holland*" – John Howard, *Appendix...*, *cit.*, p. 1.

[275] Jeremy Bentham, *A view of the hard-labour bill...*, *cit.*, p. II.

[276] E o degredo parece portanto, a Bentham, pena "desigual" e "pouco exemplar", sem oferecer qualquer garantia de reforma do condenado, que privilegia os mais ricos e que não garante a segurança pública (*ibidem*, pp. 3 e 4).

[277] "Nothing can better be contrived than this little string of regulations. They appear to be such as cannot but be conducive in the highest degree to the two great purposes of safe custody and reformation. These involve, it is true, a very considerable degree of expense; but perhaps there is no case in which there is more to be said in behalf of a liberal supply" – *idem*, *ibidem*, pp. 48 e 49. Bentham sugere também que o condenado, fora do tempo de trabalho, deva estar sempre ocupado. Assim, aos domingos, propõe que se ocupem os condenados com o ensino e a prática da música vocal, para acompanhar o serviço religioso, ou que este seja estendido com sermões morais adequados à relcusão e que se crie a obrigatoriedade de andar a pé, eventualmente com os condenados presos em cadeia (pp. 54 a 56).

[278] *Idem*, *ibidem*, pp. 89 e 90.

[279] Jeremy Bentham, *Principles of Penal Law*, in "The Works...", *cit.*, vol. 1, p. 430.

A temática prisional vem a tornar-se assim um elemento de interesse constante para o filósofo inglês. Em 1791, publica o seu conhecido *Panopticon*, uma ideia que nasce de um trabalho do seu irmão, Samuel Bentham[280], arquitecto e desenhador de uma fábrica segundo um plano circular na Rússia, onde haveria um ponto de observação central, fechado, de modo a que os trabalhadores, para mais sentados de costas, nunca soubessem quando estavam a ser vistos. Jeremy Bentham, com base nos desenhos elaborados por seu irmão, denomina-a e aplica-a ao campo penal: um *olho que tudo observa* e que permite a verdadeira *casa de inspecção* total, mesmo que a inspecção possa não ser sempre efectiva e real – basta, para o modelo ser apelativo, *poder sê-lo* e um recluso não saber em que momento está ou não a ser vigiado. Esta lógica de inspecção permanente constante estava no essencial do elemento punitivo da sua proposta de prisão e tornaria desnecessário qualquer castigo adicional, mesmo se, de algum modo, o vigilante é ele próprio também prisioneiro dos seus vigiados. Enquanto noutras propostas de prisão a vigilância é um elemento acessório para cumprir outros fins, na proposta de Bentham ela torna-se o fim da própria prisão e um castigo em si própria.[281]

A prisão panóptica exige a vigilância no seu ponto central e celas onde o isolamento entre os reclusos é assegurado e donde é impossível comprovar a presença do vigilante central.[282] As celas, que na primeira versão eram apresentadas como estritamente individuais, podem ser afinal ocupadas por dois ou mesmo mais reclusos, comprovando-se que o modelo panóptico é apto a poder ser graduado na sua rigidez, de acordo com as necessidades.[283] Bentham, por vezes apre-

[280] Assim conta Bentham, *Panopticon correspondence*, in "The Works...", *cit.*, vol. 1/Appendix, pp. 96 e 97. A proposta é aliás resultado do trabalho de ambos os irmãos, na forma em que é apresentada em 1791. Uma das suas formulações é reproduzida em anexo (Anexo 2).

[281] V. Jeremy Bentham, *Panopticon or the inspection-house*, Dublin, 1791, pp. 2 e 3. Sobre a prisão panóptica e o percurso de Bentham visando a sua completa concretização, v. o completo trabalho de Janet Semple, *Bentham's prison – A Study of the Panopticon Penitentiary*, Clarendon Press, Oxford, 1993. Entre nós, sobre o projecto de *Panopticon*, na perspectiva da arquitectura, v. Maria da Conceição Trigueiros, *op. cit.*, pp. 155 ss. Sínteses sobre o trabalho de âmbito penitenciário de Bentham encontram-se também em Ricardo González Parra, *Jeremy Bentham. El utilitarismo y su influencia en la reforma del sistema penitenciario*, in Carlos García Valdés (dir.), "Historia...", *cit.*, pp. 133 a 143 e em Pedro Fraile, *op. cit.*, pp. 39 a 53.

[282] "The essence of it consists, then, in the centrality of the Inspector's situation, combined with the well known and most effectual contrivances *for seeing without being seen*" – Jeremy Bentham, *Panopticon or the inspection-house...*, *cit.*, p. 23.

[283] Jeremy Bentham, *Panopticon: postscript*, I, T. Payne, Londres, 1791, pp. 21 a 24. Aqui introduz-se também a "capela", enquanto possibilidade de o capelão usar o espaço de inspecção central para o serviço religioso (p. 51 e 52). V. também sobre este tópico Janet Semple, *op. cit.*, pp. 129 a 133.

sentado como rígido defensor do isolamento celular, como surge em 1778, evolui no sentido de cada vez mais o rejeitar como regime habitual de cumprimento da reclusão, associado à sua prisão inovadora.

Por outro lado, um outro aspecto, estrutural no pensamento de Bentham, encontra-se igualmente associado ao seu espaço prisional. Trata-se ainda da ideia de publicidade enquanto elemento de exemplaridade da pena, agora aplicada à prisão[284], mas também enquanto garantia contra o abuso. A prisão panóptica deveria poder ser visitada pelo público, em segurança, o que significaria, na lógica do autor, o sustentar da perfeição do seu modelo, alheio ao segredo que favorece o abuso – e contrário aliás ao que foi o desenvolvimento dos espaços prisionais ao longo do século XIX, constituídos cada vez mais como ilhas sociais. Não deixa, contudo, de poder ser considerada como uma dimensão pública algo *neutralizada* – a visita à prisão não reduz o conteúdo de punição "em redoma", auto-suficiente, que a prisão panóptica encerra. Mas o panóptico, ao permitir a vigilância total dos presos, permitia também o controlo dos próprios carcereiros, prevenindo a sua discricionariedade e arbítrio.[285]

O modelo de panóptico não é exclusivo, para Bentham, do espaço prisional. Mesmo sendo esse previsto como o seu principal fim, é apresentado originalmente como modelo a ser usado em várias instalações, como hospitais, fábricas, escolas ou manicómios[286], tendo o seu uso sido também proposto para aviários e bordéis. O princípio da vigilância permanente como inspirador da disciplina apresenta possibilidades que podem ser aproveitadas em realidades muito diversas, mas convergentes na imposição de uma ordem ideal com o menor custo possível, no caso através da arquitectura, e onde o todo social se pode sentir representado.[287]

[284] "Under the present system, the exemplarity of imprisionment is reduced to the lowest term. In the Panopticon, the facility afforded to the admission of the public, adds much tho this branch of its utility. However, if the prisoners are not seen, the prison is visible. The appearance of this habitation of penitence may strike the imagination and awaken a salutary terror. Buildings employed for this purpose ought therefor to have a character of seclusion and restraint, and should say «This is the dwelling-place of crime»" – Jeremy Bentham, *Principles of Penal Law*, in "The Works...", *cit.*, vol. 1, p. 424.

[285] Jeremy Bentham, *Panopticon or the inspection-house...*, *cit.*, pp. 29 e 30.

[286] *Idem*, *ibidem*, pp. 107 ss.

[287] Como escreve Foucault, sobre o panóptico: "C'est (...) une figure de technologie politique qu'on peut et qu'on doit détacher de tout usage spécifique(...). Au niveau théorique, Bentham définit une autre manière d'analyser le corps social et les relations de pouvoir qui le traversent; en termes de pratique, il définit un procédé de subordination des corps et des forces qui doit

Bentham associa-se directamente à aprovação de uma nova lei penitenciária em Inglaterra, em 1794, que implicaria, a seu ver, a construção de penitenciárias segundo o modelo panóptico. Este modelo, contudo, será afastado – a crítica ao seu projecto, do qual sempre pretendera ser administrador, não permite que ele vingue.[288-289] A opção renascida pelo degredo, agora para a Austrália, dispensava, imediatamente, a inovação metropolitana. Mas, mesmo se as penitenciárias entretanto construídas não reproduzem *qua tale* o projecto de Bentham, várias das suas propostas acabaram por influenciar a arquitectura prisional, mesmo que com adaptações.

De facto, o projecto de Panóptico, exactamente como imaginado por Bentham – que também o revê e pormenoriza, aliás, face à sua proposta original[290] –, compreendendo a dimensão de casa de trabalho para pobres e de casa de reclusão para condenados, nunca será construído. O modelo circular com vigilância central, que é fundamental para a lógica mais perfeita de observação permanente do modelo benthamiano, será, no entanto, adoptado por várias construções prisionais ao longo do século[291], se bem que sem o sucesso desejado pelo seu autor.

majorer l'utilité du pouvoir en faisant l'économie du Prince. Le panoptisme, c'est le principe générale d'une nouvelle «anatomie politique» dont l'objet et le fin ne son pas le rapport de souveraineté mais les relations de discipline" – Michel Foucault, *Surveiller...*, *cit.*, pp. 239 e 243. O próprio Bentham afirma: "A new mode of obtaining power of mind over mind, in a quantity hitherto without example; and that, to a degree equally without example, secured by whoever chooses to have it so, against abuse. Such is the engine: such the work that may be done with it" – Jeremy Bentham, *Panopticon: postscript*, II, *cit.*, pp. I e II. O ponto aqui decisivo é também o da prevenção do abuso, que impede de ver em Bentham um defensor de uma tecnologia do totalitarismo e da subjugação. Paolo Prodi, *Uma história...*, *cit.*, p. 480, descreve o panóptico de Bentham como "a anexação definitiva da ética à esfera do direito positivo. A ética cristã (...) é vista, sobretudo, como ensinamento de obediência e é reduzida a um papel pré-penal, *longa manus* do Estado na prevenção das ações transgressoras, e o clero é um instrumento do Estado para combater os vícios dos quais nascem os delitos".

[288] V. Janet Semple, *op. cit.*, pp. 165 ss.

[289] Mesmo tendo, de acordo com o relato do interessado, o que seria o primeiro Panopticon chegado a ter um terreno destinado, em Battersea – v. Jeremy Bentham, *Panopticon correspondence*, in "The Works...", *cit.*, vol. 1/Appendix, pp. 98 ss., onde retrata a história da rejeição da proposta – o que parece nunca ter acontecido de facto (assim, Janet Semple, *op. cit.*, p. 169).

[290] V. Jeremy Bentham, *Panopticon: postscript*, *cit.*, em que detalha o modelo panóptico na sua aplicação prisional, corrigindo alguns aspectos da sua primeira proposta arquitectónica, e estabelecendo o que seria um regulamento interno adequado.

[291] A inspiração panóptica está ainda hoje por todo o Mundo: como nas prisões da Holanda, como Breda e Arnheim (1866) ou Harleem (1901); na prisão sueca de Lulea; nos Estados Unidos, em Stateville, Joliet, próxima de Chicago (1916); ou em Cuba, na *Isla de Piños*, actual ilha da Juventude,

A sua proposta não é apenas, como é natural, apenas arquitectónica[292] – a reclusão deveria ser cumprida com níveis de separação em função da gravidade dos delitos cometidos pelos condenados: meros devedores em incumprimento, condenados a penas temporárias e condenados a penas perpétuas teriam assim destinos distintos.[293]

A internacionalização do trabalho de Bentham resultou também do esforço intencional do próprio. O seu *Panopticon* foi oferecido expressamente a vários governos, entre os quais imediatamente o novo governo revolucionário francês, que o acolhe inicialmente com entusiasmo, mas não o implementa. Mais tarde, é também enviado às Cortes constituintes portuguesas[294], a par de outros trabalhos recebidos em Portugal e discutidos nas Cortes, com idêntico destino.[295]

onde se construiu o *Presidio Modelo* já entre 1926 e 1928. Em Portugal, a Penitenciária de Lisboa (1885), apesar do seu modelo radial e não efectivamente panóptico, a antiga cadeia comarcã de Sintra (1909) e em particular o antigo pavilhão de segurança do então Hospital de Rilhafoles (1896) costumam ser apontados como exemplos dessa inspiração. Sobre este pavilhão enquanto exemplo de arquitectura panóptica, partilhada entre hospitais e prisões, v. a investigação recente de Vítor Albuquerque Freire, *Panóptico, vanguardista e ignorado: o Pavilhão de Segurança do Hospital Miguel Bombarda*, Livros Horizonte, Lisboa, 2009, em especial pp. 26 a 38.

[292] Uma comparação entre o uso do Panopticon e o do degredo de condenados para a Austrália é também publicada por Bentham, necessariamente favorável ao primeiro, testadas as penas de acordo com os "fins da justiça penal" que aí estabelece: "exemplo, reforma, incapacitação, compensação e economia" – Jeremy Bentham, *Panopticon versus New South Wales, or, The panopticon penitentiary system and the penal colonization system compared*, R. Baldwin, Londres, 1812.

[293] O modelo de regime prisional preferido por Bentham é o sintetizado na sua expressão de "alternation of solitude with separation according to classes" (Jeremy Bentham, *Panopticon: postscript*, II, *cit.*, p. 74), o que colide de algum modo com a cela individual e o trabalho se possível com separação, de acordo com o previsto na lei de 1779.

[294] Mas recebido também com a notícia das suas limitações. Um dos parlamentares constitucionais de 1822, José Joaquim Ferreira de Moira [*sic*], *op. cit.*, assinala efectivamente logo em 1826 que "(...) o PANOPTICON de Mr. Bentham (...) tinha grandes defeitos, e por isso se abandonou" em Inglaterra, numa síntese absoluta que é correcta e errada ao mesmo tempo.

[295] Uma listagem das obras de Bentham enviadas pelo próprio autor em 1821 e chegadas a Silva Carvalho, então membro do Conselho da Regência, encontra-se no texto de Catherine Fuller, *"Primeiro e mais antigo Constitucional da Europa": Bentham's contact with Portuguese liberals 1820-23*, recolhido in "UCL Bentham Project", University College of London, *http://www.ucl.ac.uk/Bentham-Project/journal/nlport12.htm*. Sobre as ofertas de Bentham aos constituintes nacionais, v. Isabel Maria Banond de Almeida, *A ideia de liberdade em Portugal e a sua relação com os contributos de proveniência externa – Do contratualismo absolutista às sequelas do triénio vintista (1706-1823)*, dissertação de doutoramento em Ciências Histórico-Jurídicas apresentada à Faculdade de Direito da Universidade de Lisboa, vol. II, Lisboa, 2004, pp. 1127 a 1129.

Entre nós, na doutrina jurídica, é desde já necessário recordar Pascoal de Mello Freire, autor que é a referência incontornável para a compreensão do percurso penal em Portugal entre o século XVIII e o século XIX. As suas *Instituições de Direito Criminal Português* de 1794 são adoptadas como compêndio universitário oficial em 1805.[296] Pode dizer-se sem erro que é através de Mello Freire que as novas ideias são recebidas e remetidas para o século seguinte.

A doutrina tem apresentado Mello Freire como exemplo de uma concepção utilitarista e preventista em relação ao crime, num momento em que os esforços se concentravam na redução da justiça à aplicação da lei e desta enquanto esforço racional da vontade do legislador. António Manuel Hespanha nota até que "a doutrina penal iluminista desembocou num duplo «objectivismo» (ou «positivismo»), caracterizado, (i) por fixar os valores tutelados (e os factos que os ofendiam) naqueles que *a lei definia como tal* (...); e (ii) por descurar os *elementos subjectivos do crime*, criando uma espécie de «responsabilidade objectiva» pelo seu cometimento; com isto minimizando a dogmática da culpa".[297]

Outra autora destaca que no tratamento do problema dos fins das penas em Portugal no século XVIII, "sobre o pano de fundo cada vez mais esbatido da *retribuição* como exigência da justiça, manifesta-se com entusiasmo e pragmatismo o objectivo da *prevenção geral*, assomando ocasionalmente a preocupação com a *emenda* do delinquente" – e, com base nesta última, afirma pugnar-se pela atenuação das penas.[298] E a retribuição não será afastada de modo absoluto, mesmo

[296] Por Aviso régio de 7 de Maio. V. Paulo Merêa, *Estudos de história do ensino jurídico em Portugal (1772-1902)*, Imprensa Nacional – Casa da Moeda, Lisboa, 2005, p. 64 e Mário Júlio de Almeida Costa, *Apontamentos..., cit.*, p. 61. Paulo Merêa assinala, contudo, olhando este período de ensino unitário do direito nacional, que "o ensino da parte relativa ao direito criminal era coisa tão rara, que Joaquim António de Aguiar, antigo lente de Direito Pátrio, referindo-se ao assunto numa sessão das cortes de 1827, admitia – aliás inexactamente – que nunca se tivesse lá chegado" (p. 65).

[297] António Manuel Hespanha, *A evolução..., cit.*, p. 444. Como sintetiza Hespanha, "política legislativa e dogmática constituíam um corpo comum. (...) No plano legislativo, era necessário reforçar a autoridade da lei. (...) No plano da lei e da doutrina, era preciso pôr cobro ao arbítrio judiciário. E, finalmente, no plano dogmático, havia duas tarefas a levar a cabo, ambas visando também a restrição do arbítrio dos juízes (e dos juristas): por um lado, clarificar a lei, por meio da exegese e de esforços de sistematização e classificação (...) por outro lado, era necessário antepor (...) uma *doutrina do delito* a uma *doutrina do delinquente*".

[298] Sílvia Alves, *Os fins das penas no direito penal setecentista*, in "Estudos em honra de Ruy de Albuquerque", vol. II, Faculdade de Direito da Universidade de Lisboa/Coimbra Editora, Coimbra, 2006, p. 811. V. também Sílvia Alves, *Punir..., cit.*, tomo I, pp. 110 ss., com diversos exemplos desta mitigação penal.

se suplantada por um objectivo de prevenção, mais claro em Beccaria, mais mitigado nos autores nacionais. O fim da pena é preenchido de uma forma afirmativa, pela relação que o seu conteúdo apresente com a mais-valia social que ela possa trazer, mas também pela negativa, rejeitando-se a vingança privada, *v. g.*, pela sua incapacidade de consagrar um fim comummente útil na aplicação da pena, considerando que o "direito penal estadual é causa e ao mesmo tempo efeito do Estado absoluto".[299]

Em todo o caso, não deixa de se notar, como o faz Fernanda Palma, que a obra de Mello Freire ainda "resulta numa metodologia de aplicação do Direito Penal pouco fundamentada numa definição material de crime ou que dela não retira decisiva utilidade".[300] Está-se ainda no rescaldo das enumerações e descrições casuísticas que ocupavam o universo da previsão penal. Mello Freire, paralelamente às *Instituições*, viria a preparar ainda um *Ensaio de Código Criminal*, concluído em 1788 mas só publicado em 1823 (e novamente em 1844), que, segundo Almeida Costa, se mostra "demasiado vinculado ao sistema punitivo das Ordenações e leis complementares".[301] Entre um autor como Manuel Lopes Ferreira, praxista português de meados do século XVIII, e Mello Freire ou Pereira e Sousa, há ainda uma proximidade em torno de uma ideia de crime enquanto desvalor simultaneamente social e íntimo, mesmo se nos dois últimos autores o esforço é no sentido de uma construção penal que permita também responder à multiplicidade de novas questões que o final de setecentos traz, nomeadamente no domínio da vida económica. Pensando no conceito de crime, os dias da passagem da "construção medieval como *pecado* (malefício) para a iluminista de *facto ilícito*

[299] Sílvia Alves, *Os fins das penas...*, *cit.*, pp. 818 e 819.

[300] Fernanda Palma, *Do sentido...*, *cit.*, p. 363.

[301] Mário Júlio de Almeida Costa, *Apontamentos...*, *cit.*, p. 62, que acrescenta ainda: "A diferença entre as ideias sustentadas nas *Institutiones* e as soluções do Projecto de Código Criminal talvez se deva, pelo menos em parte, ao realismo a que a tarefa legislativa, sob risco de reformismo abstracto, não pode ser indiferente – no caso concreto, a consciência da falta dos meios materiais necessários para a melhoria do sistema de execução das reacções penais". Voltar-se-á adiante a este projecto. Barbas Homem salienta, a propósito do projecto de Mello Freire, no cotejo com o seu manual: "Os avanços na dogmática criminal merecem ser recordados, mesmo se as propostas ficavam muito afastadas do pensamento moderado e esclarecido revelado na exposição das Instituições de Direito Criminal por Pascoal de Melo: (i) parte geral sobre os conceitos gerais, nomeadamente autoria e comparticipação; (ii) afirmação tendencial de um princípio de proporcionalidade entre as previsões dos delitos e das penas; (iii) consagração do princípio da igualdade de todos os indivíduos em matéria de penas (igualdade que implica a cessação dos privilégios); (iv) em matéria processual, exclusão dos privilégios de foro e proibição dos tormentos" – António Pedro Barbas Homem, *A Lei...*, *cit.*, p. 230.

(delito)"[302] não haviam revolucionado imediatamente o leque de punições ao dispor do julgador.

Esta perspectiva acima de tudo operativa de Mello Freire sobre o direito penal[303], exangue de revolução, logrará estabelecer-se por longas décadas, sendo aproveitada pelo pensamento liberal na docência universitária, mesmo comportando este momento posterior fundamentos políticos distintos – e aliando-se ao sucesso inicial do utilitarismo de Bentham em Portugal. Se a aplicação de uma pena era um resultado imediato da lei, esta era necessariamente o resultado e expressão de uma vontade legítima – se inicialmente provinda de um soberano, posteriormente de uma comunidade organizada sob uma nova forma política que continuava a legitimar em termos absolutos a própria expressão legal. Assim, a invocação da necessidade de um Código Penal é constante ao longo de mais de meio século.

O crime é tentativamente classificado e sistematizado, mas, na pena, não se vai encontrar ainda uma referência decisiva e legitimadora à correcção ou à regeneração do criminoso, que apenas surgirá definitivamente com um pensamento e uma cartilha operativa e ideológica sobre os agora *sistemas penitenciários*, sustentando estes, de forma determinada, uma ideia de prevenção especial de tipo correccional através do cumprimento de uma pena de prisão celular, em que os autores e as experiências concretas francesas, inglesas e norte-americanas serão fundamentais também para a realidade nacional.[304]

Aquele conteúdo humanitário e optimista da prevenção especial correccional, entre nós sempre mais doutrinário do que expresso na lei, será depois substituído, à medida que se aproxima o século XX, por um esforço de controlo protocientífico da perigosidade, em que a pena deixa de querer descobrir a virtude escondida

[302] V. António Braz de Oliveira e Maria José Marinho, *Devassa..., cit.*, pp. XIV a XVI.

[303] V. António Pedro Barbas Homem, Judex Perfectus – *Função jurisdicional e estatuto judicial em Portugal (1640 – 1820)*, Livraria Almedina, Coimbra, 2003, p. 317. Manuel Cavaleiro de Ferreira, *Lições de Direito Penal – Parte Geral*, 4ª edição, Editorial Verbo, Lisboa/São Paulo, 1997 (reimp.), escreve a pp. 27: " (...) para Mello Freire o sistema baseava-se no conceito de imputação, a qual se distinguia em *imputatio facti* e *imputatio juris*. O esquema tornava claro que o facto era obra do agente, bem como era objecto da sua vontade a violação do dever jurídico de não cometer o facto".

[304] Almeida Costa, *Apontamentos..., cit.*, pp. 79 e 80, sintetizou este percurso, que no presente trabalho se procura detalhar: "Não se viveu à margem, mesmo cronologicamente, das ideias e dos problemas que do estrangeiro apontavam os caminhos do progresso, embora tenha de reconhecer-se, algumas vezes, um manifesto atraso no estudo sistemático da ciência do direito criminal, ou em relação às directrizes da ciência do direito penitenciário, e, outras vezes, certo cunho de originalidade ao adoptarem-se essas correntes modernas".

no criminoso e, mais modestamente, mas também de forma mais insidiosa, apenas circunscrever o dano social que a sua conduta implica. "Fazer justiça" – pura metáfora –, ou "curar o delinquente" – impossibilidade ou mero acidente – tornam-se assim um passado recente, mas indisponível, para o campo penal, que, entre as novas ciências aparentemente redentoras e os regimes autoritários emergentes, se sente guardião afinal de uma *moral de Estado* em que até a pena parece agora ser dispensável, já que controlar o crime é reconhecer o criminoso e este, podendo sê-lo, já o é.

Mas, antes, é ainda a um regresso retributivo que se assiste e que será acolhido no Código nacional. O "cidadão" voluntarioso, livre e igual, forçosamente uniforme, dos primeiros liberais de Oitocentos constitui um tipo político ideal, que é simultaneamente um tipo penal ideal, funcionalmente orientado para a sua justiça retributiva, como se verá também na secção seguinte.[305] Mas, na perspectiva de base naturalista, desfeitos os mitos do livre arbítrio, o final do século XIX abrir--se-á a um homem dividido entre a normalidade e a anormalidade, a quem o crivo penal deveria cindir à partida entre protegido e perigoso e que a justiça criminal conheceria e classificaria de forma *científica*, ou seja, repudiando a noção de culpa e até pretendendo dispensar ou, pelo menos, refazendo de forma total, a típica função de julgar.

Assim, se a liberdade aplicada ao homem exigia a medição da culpa, necessária para a proporção exacta da sua pena – e prevalentemente pena de prisão –, a ciência aplicada ao direito penal dispensará uma e outra.

§ 5º O problema da pena: entre a pena "castigo" e a pena "remédio social"

Procurar-se-á agora compreender como a evolução do pensamento penal ao longo do século XIX condicionou as opções assumidas ao nível da escolha das penas e do seu modo de execução. Circunscritas as penas disponíveis, a valorização de diferentes intencionalidades punitivas leva a que seja nos distintos modos de execução da privação de liberdade, ampliados por uma ciência da pena que transcende e se autonomiza da imputação penal, que aquelas se con-

[305] António Manuel Hespanha, *A evolução..., cit.*, p. 451, descreve: "(...) um agente homogéneo e monótono, racional, livre e consciente, um agente cuja consciência e a vontade não sofram de limitações; pressuposto que, por muito longe que andasse da prática, constituiu a base da escola penalista, a que se chamou «clássica», da primeira metade do século XIX; tal como constituía a base da teoria político-constitucional liberal, no seu conjunto, onde a teoria da representação política também pressupunha que os cidadãos estavam conscientes, livres e capazes de resistir à pressão de outros (...) no momento de votar".

cretizem.[306] *Fins* e *meios*, pois, associam-se de modo a criar alternativas de execução em que, entre o século XIX e o século XX, prisão, degredo e trabalho participam.

Entre as obras de Montesquieu e de Beccaria e a obra de Lombroso, marcos incontornáveis de ruptura, como assinalam Pradel ou Figueiredo Dias e Costa Andrade[307], desenvolve-se uma literatura "entre revoluções", necessariamente diferenciada, que acaba vertida também no direito positivo da generalidade dos espaços europeus do século XIX.

Em contraste com aquela primeira perspectiva puramente utilitarista do Iluminismo, derramada em legislações referenciais do final do século XVIII, é conhecida a posição kantiana em relação à imposição de uma pena. Em Kant (1724-1804), a pena justifica-se em virtude de um "imperativo categótico" de justiça, absoluto, que impõe necessariamente um castigo que seja proporcional a um dano, ao qual o direito deve assegurar execução, contra igualmente o que o autor germânico designa ainda como "sentimentalismo".[308]

A designada "escola clássica", na primeira metade do século XIX, sob a influência da ética kantiana, vai exaltar a dimensão da vontade individual, subjectiva, no direito de punir, lido este em cotejo com valores que devem ser absolutos e gerais e não apenas tipificados na lei em função de um facto circunstancialmente punido, mesmo que em função de objectivos da sociedade, e nessa medida justificando a retribuição.[309] Assim, sendo possível esta dimensão de censura ética

[306] E, como lembra Pradel, a ciência penitenciária significa, neste contexto, a "ciência da execução da privação da liberdade" (tradução nossa) – Jean Pradel, *op. cit.*, p. 58.

[307] Jean Pradel, *op. cit.*, p. 40; Jorge de Figueiredo Dias e Manuel da Costa Andrade, *Criminologia...*, *cit.*, p. 10.

[308] Como escreveu Tryuol y Serra, o "réu de um delito deve ser castigado porque cometeu o delito e não por o castigo ser útil à sociedade ou ao próprio réu, o que seria contrário à sua dignidade de homem, que nunca pode servir de meio". Adiante, assinala também a refutação kantiana a Beccaria "e o seu «sentimentalismo de uma humanidade afectada (*compassibilitas*)»" – A. Truyol y Serra, *História da Filosofia do Direito e do Estado*, vol. 2, Instituto de Novas Profissões, Lisboa, 1990, p. 371. V., sobre este ponto, Immanuel Kant, *A metafísica dos costumes*, Fundação Calouste Gulbenkian, Lisboa, 2005, p. 214.

[309] No texto de António Manuel Hespanha, *A evolução...*, *cit.*, pp. 471 a 474, pode encontrar-se uma relação das teses defendidas nos actos de conclusões magnas na Universidade entre 1860 e 1895, em que "as ideias retributivas quanto aos fins das penas, eventualmente temperadas pela influência correccionalista, dominavam largamente". Uma apresentação crítica, fundada numa posição anti-retributiva, das perspectivas kantiana e hegeliana encontra-se entre nós no texto de Anabela Miranda Rodrigues, *A determinação da medida da pena privativa de liberdade*, Coimbra Editora, Coimbra, 1995, pp. 163 ss.

a um sujeito, vai ser formulada uma teoria do agente, paralela a uma teoria da acção, mas que implica a construção de um homem ideal, que possa funcionar como o padrão de exigência e medida, e que permita avaliar também a *imoralidade* do facto praticado.[310] A responsabilidade penal é, assim, novamente, uma decorrência da responsabilidade moral e não uma mera imputação legal. E o problema da pena é essencialmente um problema de legitimidade substantiva na sua imposição.

"(...) Um imperativo categórico de justiça, que é substancialmente igualdade (...) obriga a que o mal da pena seja igual ao mal do crime", assim descreve Eduardo Correia o essencial da posição kantiana, sendo essa igualdade uma proporção entre a gravidade do facto praticado e a gravidade da ilicitude do facto e da culpa do agente[311], no que outro autor designa como uma "compensação *destrutiva* do mal que representa o crime".[312] Como escreve Kant, "só a lei de retribuição (*ius talionis*), mas, bem entendido, na condição de se efectuar perante a barra do tribunal (não no teu juízo privado) pode indicar de maneira precisa a qualidade e quantidade da pena (...)".[313]

Esta ideia, tão querida a Kant, de restauração necessária de uma harmonia pré-estabelecida, pressupondo a liberdade e a auto-determinação do sujeito, aqui alcançada através da pena, e que fundamentalmente é um pressuposto tomista – um "restabelecimento do Direito" –, acaba por ser também reconhecida no pensamento hegeliano, mesmo que a ela chegue por vias distintas, sem que, no entanto, tal signifique uma adesão absolutamente clara a uma perspectiva exclusivamente retributiva, moral, sobre a pena, que é essencialmente uma exigência sistémica racional de justiça.[314]

[310] António Manuel Hespanha, *A evolução...*, *cit.*, pp. 450 e 451. O mesmo autor vai assinalar também que esta *ficção* seria válida para uma elite cultivada e masculina, mas necessariamente não contemplaria o largo mundo fora dessa elite social, sujeito a uma "justiça" fora dos cânones do Direito, assente na actuação da polícia e em estruturas administrativas, fora de um espectro judicial. Eduardo Correia falará, a propósito da autonomização histórica de um "ilícito criminal de justiça" do "ilícito civil" e de um "ilícito criminal administrativo", da classificação e incorporação progressiva no século XX neste último domínio das "infracções policiais e contra a ordem administrativa", sujeitas a "*sanções não criminais*", de "*fim imediato*", com uma "função de pura *defesa social*", contrariamente às penas – Eduardo Correia, *Direito Criminal*, *cit.*, pp. 24 ss.

[311] Eduardo Correia, *Direito Criminal*, *cit.*, p. 44.

[312] Abraham Castro Moreno, *El por qué y el para qué de las penas (Análisis crítico sobre los fines de la pena)*, Dykinson, Madrid, 2008, p. 21, reportando-se também a uma imagem de Enrique Bacigalupo Zapater.

[313] Immanuel Kant, *op. cit.*, pp. 209 e 210.

[314] "(...) O crime, considerado não como produção de um mal, mas como violação de um direito, tem de suprimir-se e, então, qual é a existência que contém o crime e tem de suprimir-se? Esta existência

Como escreveu Hegel, a propósito desta *reconciliação*, expressão que usa, "o princípio conceptual de que toda a violência se destrói a si mesma, possui a sua real manifestação nisto de uma violência se anular com outra violência. É assim que se torna jurídica, de maneira não só relativa, quando se dão tais e tais condições, mas necessária, quando é aquela segunda violência que suprime a primeira".[315] A pena, em todo o caso, deve sempre afastar-se da ideia de vingança privada, o que presume não só a desconsideração da sua "forma exterior", como uma assunção plenamente pública do direito de punir.[316]

O cuidado que, quer Kant, quer Hegel, colocam no facto de a defesa da retribuição não significar o assumir de uma justiça privada ou forçosamente taliónica explica-se afinal pelo risco que é também afastar uma ideia de prevenção geral e de futuro na imposição da pena. Este homem punido pelo seu mal injusto kantiano ou pelo desvalor hegeliano que o seu crime causa no ordenamento apenas pode servir de modelo a si próprio perante um facto passado. A pena é aqui apenas recomposição, justa ou necessária, e não expressão de qualquer intencionalidade futura.

No percurso desta escola dita clássica de posição idealista-retributiva, sucedendo também ao primeiro utilitarismo penal popularizado em toda a Europa por Beccaria, Bentham ou P. J. A. Von Feuerbach, que resultava na exaltação de um fim principal de prevenção geral das penas, vão ser autores de transição no campo penal, como Rossi ou Roeder, aqueles que virão a ter uma influência notória em Portugal.[317]

é que é o verdadeiro mal que importa afastar e nela reside o ponto essencial. (...) A pena com que se aflige o criminoso não é apenas justa em si; justa que é, é também o ser em si da vontade do criminoso, uma maneira da sua liberdade existir, o seu direito. E é preciso acrescentar que, em relação ao próprio criminoso, constitui ela um direito, está já implicada na sua vontade existente, no seu acto. Porque vem de um ser de razão, este acto implica a universalidade que por si mesmo o criminoso reconheceu e à qual se deve submeter como ao seu próprio direito" – Hegel, *Princípios da filosofia do direito*, Guimarães Editores, Lisboa, 1959, pp. 110 e 111. Ou, como escreve Abraham Castro Moreno, *op. cit.*, pp. 23 e 24: "La «teoría de la retribuición jurídica» de Georg Wilhem Friedrich Hegel (...) se basa en un silogismo (...) según el cual el delito (tesis) supone una negación del Derecho y, a su vez, la pena (antítesis) sería una negación del delito, luego afirmación del Derecho. Esto es, la pena es la reafirmación del Ordenamiento, porque niega de la negación del Derecho que supone el delito. La pena fortalece la vigencia del Ordenamiento". V. também José María Rodríguez Paniagua, *Historia del Pensamiento Jurídico*, tomo II, 8ª edição, Universidad Complutense de Madrid, Madrid, 1997, pp. 339 a 341.

[315] Hegel, *op. cit.*, p. 105.

[316] *Idem, ibidem*, pp. 114 e 115.

[317] Bem como, aliás, em Espanha, de forma muito intensa, entrando pelos anos 70 do século XIX – v. Pedro Trinidad Fernández, *op. cit.*, p. 151.

A Karl Roeder (1806-1879), recebido a par de Krause e de Ahrens num plano da filosofia do direito[318], associa-se a corrente que ficará conhecida como "correccionalismo", em que ressalta a função educativa da pena, e em que o centro das atenções passa a ser o criminoso e não necessariamente o crime, salientando-se por esta via uma ideia de prevenção especial. No entanto, sendo distinta a perspectiva, não pode ser erigida em absoluta a diferença que se descobre agora em torno da ideia de emenda do criminoso como fim da pena – ideia encontrada afinal também na literatura romana, nos autores canónicos dos séculos anteriores e nos próprios textos dos homens das Luzes.

A utilidade – o efeito – que se considera a esta luz na pena deve também legitimá-la, mas essa legitimação não deve provir apenas da necessidade de retribuir o crime, nem deve ser apenas verificável como um resultado geral e potencial – ou seja, exterior. Se o crime é um facto "que nega a racionalidade do direito e que deve ser purgado pela punição", tal *purga* deve alcançar também a "consciência do agente", de forma a reeducá-lo.[319] Esta reeducação deve realmente *melhorar* o criminoso[320] – o fim do direito penal será então o de provocar melhores cidadãos, e não tanto o de impedir em geral crimes futuros, uma mera circunstância para esta perspectiva, ou o de castigar e restaurar danos passados, prática inconsequente e incapaz de chegar ao interior do criminoso, o que, afinal, um isolamento penitenciário de cariz pietista agora certamente conseguiria.

Como escreve em 1860 Aires de Gouveia, até então, "mal que o crime tem logar, seu author é riscado, para logo, da communhão social: (...) atira-se para o calabouço, para a enxovia, para a masmorra (...), a calceta, o degredo ou o patibulo (...). Deixa socialmente o reino hominal e é classificado no animal; não é um homem, é um tigre."[321] Contra tal visão se insurge este correccionalismo, que de algum modo na sua versão francesa dá origem à denominação directa de uma *escola penitenciária*, e que coloca, antes da afirmação das teses de base positivista, o delinquente no centro das atenções da punição enquanto ser susceptível de

[318] No plano do *direito natural*, a recepção de Krause e Ahrens em Portugal está intimamente ligada a Vicente Ferrer Netto Paiva e ao seu ensino e tem sido também objecto de atenção em diversos estudos recentes de história da filosofia do direito entre nós. Heinrich Ahrens, discípulo de Krause, é traduzido em Portugal em 1844: *Curso de Direito Natural ou de Philosophia do Direito*, Typographia da Viuva Rodrigues, Lisboa, 1844, onde a crítica ao utilitarismo benthamiano é desde logo notória.

[319] António Manuel Hespanha, *A evolução...*, *cit.*, p. 458.

[320] Jescheck destaca assim, em Roeder, a sua concepção de pena como "transformação interior e aperfeiçoamento moral" (tradução nossa) – Hans-Heinrich Jescheck, *op. cit.*, p. 11.

[321] A. Ayres de Gouvêa, *A reforma das cadeias em Portugal*, Imprensa da Universidade, Coimbra, 1960, pp. 21 e 22.

emenda, ocupando-se de forma clara com o conteúdo da pena e as condições da sua execução, associando-se à novidade filantrópica sobre a prisão que vinha das Luzes. Roeder, numa linha comum de valorização da prevenção especial, partilhará por exemplo com Von Liszt ou com Ferri a opção por uma pena indeterminada, já que a exaltação da correcção do criminoso parece exigir um meio idêntico para pontos de partida que são claramente distintos.

Mas, antes de Roeder, é provavelmente Pellegrino Rossi (1787-1848) o autor mais lido entre nós. Escrevia em 1829 o seu *Traité de Droit Pénal,* texto reeditado em 1843 e em 1855, e que influenciará nomeadamente o primeiro Código nacional e o ideário penal no contexto europeu. Afastando o princípio utilitarista, pelo relativismo que nele vê, mas também um qualquer moralismo exacerbado como fundamento do direito de punir e do uso da pena[322], para Rossi esta não se pode legitimar em exclusivo numa lógica de prevenção, já que o direito de punir não nasce da ficção de um direito de uma sociedade se defender e, kantianamente, ao punir um criminoso presente não se pode configurar estar a punir um criminoso ou um crime futuro.[323] Justiça penal, cuja autonomia defende, é, como escreve, necessariamente "expiação" – esta como um "mal retribuído com o mal com moralidade e medida"[324] –, mas, apesar disso, visando em primeira linha "conservar e proteger a ordem social"[325], o que exigirá necessariamente

[322] "L'utilité n'est pas un principe suprême, génerateur primitif de nos droits et de nos devoirs; elle est un motif; elle peut et doit être pour la société une mesure, dans l'exercice de pouvoirs dérivant d'une source plus élevée. C'est la confusion de ces idées qui naissent des erreurs, soit de ceux qui l'admettent comme principe unique de justification de toutes les actions humaines, soit de ceux qui la rejettent du système législatif, même comme motif et comme mesure. Les seconds errent au hasard dans le domaine immense de la morale, sans savoir où placer au juste les bornes du champ restreint de la législation: ils peuvent arriver sans inconséquence jusq'à l'inquisition théocratique. Les premiers, n'ayant pour guide qu'un conseiller aussi trompeur et aussi inconstant que l'intérêt, sont toujours exposés à franchir dans leurs actes toutes les bornes de la morale (...)" – P. Rossi, *Traité de Droit Pénal,* I, A. Sautelet/J. Barbezat, Paris/Genebra, 1829, p. 184.

[323] *Idem, ibidem,* pp. 203 e 204.

[324] *Idem, ibidem,* p. 219. Adiante, esclarece ainda: "(...) La justice, si elle mérite réellement ce nom, ne doit punir que des coupables, dans la mesure, tout au plus, de leur délit, délit qui est la cause primitive et directe de l'action pénale. Mais le besoin de prévenir les délits, considéré en soi, isolément, comme but principal et direct de la justice sociale, conduit ou peut conduire à des résultats directement opposés; prévenir les délits n'est donc pas l'expression rigoureuse du but de la justice pénale. Son *but* essentiel et direct est le rétablissement de l'ordre social lésé ou troublé dans un de ses éléments, par un délit; et cela, par des *éffets* réparateurs et préventifs qui résultent de l'exécution immédiate de la loi pénale" (p. 292).

[325] P. Rossi, *op. cit.,* III, p. 72.

considerar que se atingem também efeitos preventivos do crime pela aplicação de uma pena.[326]

Este ecletismo contratualista quanto à finalidade da pena associa-se ainda a uma desconfiança expressa sobre o sistema penitenciário, ao tempo em vias de se generalizar na Europa como modelo reclamado, e a sua capacidade de regeneração do criminoso, mas que, no momento em que escreve, é ainda um mundo novo feito de alguma incerteza[327], o que provavelmente também ajudará a explicar a rejeição do sistema penitenciário operada pelo Código português de 1852, baseado nas opções prudentes de Rossi. Quanto àquela que era a prisão tradicional, não tem dúvidas, contudo, em ver também dela distante qualquer efeito positivo. Em todo o caso, a pena de prisão – e de prisão com trabalho –, num modelo proto-penitenciário, usando até a imagem muito explícita, a vários níveis, de "prisão-convento", aparece-lhe como a mais perfeita quanto aos fins que estas devem cumprir e a pena própria das "sociedades civilizadas" – sendo uma pena "divisível" e, logo, ajustável a diferentes crimes e criminosos, passível de revisão, remissível em caso de erro judiciário, bem como "instrutiva", "exemplar", reconfortante para a sociedade e moralmente reformadora se cumprida em instituições adequadas, cumprindo-se assim as condições essenciais das penas que Rossi estabelece.[328] A adequação da pena em função das caracterís-

[326] "Não pode, com efeito e contra o que radicalmente proclamava a Escola Clássica, conceber-se a punição criminal, a pena, como um imperativo ético-categórico, mas, pelo contrário, tem que ser, prática e humildemente, vista como uma necessidade pragmática de prevenção, geral e individual, da prática de futuros crimes (...): pune-se como prevenção de novos crimes, embora a punição pressuponha a culpa do que infringiu, e não possa ultrapassar o «grau» de culpa do infractor", escreve Américo Taipa de Carvalho, *Direito Penal – Parte Geral*, 2ª ed., Coimbra Editora, Coimbra, 2008, p. 35.

[327] "Les essais du système pénal régénérateur, faits en Amérique, en Angleterre, à Lausanne, à Genève, sont trop peu nombreux et récents, d'un succès trop varié et trom incertain (...). Ils prouvent seulement ce dont personne ne saurait douter, que la régénération morale de quelques individus est possible; ils ne prouvent point qu'elle est facile; ils prouvent encore moins que les moyens à portée du législateur puissent lui donner la garantie d'une régénération morale opérant régulièrement sur des masses (...)", adverte P. Rossi, *op. cit.*, III, p. 85. Nas edições seguintes da mesma obra, mesmo alterada a realidade, este trecho não será modificado.

[328] *Idem, ibidem*, pp. 169 ss. À semelhança da prisão – e Rossi vai descrever a sua prisão ideal, baseada afinal no modelo penitenciário de Genebra, acentuando a importância da separação dos reclusos em três secções, de "dóceis", "incorrigíveis" e "incertos", com regimes prisionais diferenciados (p. 182) – também o degredo é para si uma pena aceitável, colocando mais reservas às restrições de direitos políticos e civis e a penas pecuniárias ou patrimoniais, à excepção do uso da multa, em particular se aplicada a delitos leves e em alternativa à prisão, o que defende expressamente. A pena de morte merece-lhe diversas reservas, parecendo-lhe uma pena a abolir, mas aceitando ainda a sua aplicação em casos extremos.

ticas ou da condição dos criminosos e não apenas da intensidade ou gravidade do crime, tópico que nunca mais será abandonado, é já aqui claramente estabelecida, e, nessa medida, a pena – e a pena de prisão – pode ser, também aqui, "terapêutica".[329] No plano da pena de prisão, Rossi, ao estabelecer em 1829 a vantagem, mesmo que com algumas dúvidas, da prisão penitenciária e ao atestar a necessidade de uma categorização de criminosos que se afaste da mera segregação em função do crime cometido, e se sustente num juízo moral sobre o condenado – "dóceis, incertos ou incorrigíveis" – para que a prisão resulte para o futuro, está também a desenhar a legitimidade e a narrativa do discurso prisional para as décadas seguintes.

Pellegrino Rossi surge num momento em que se nota ser necessária a ultrapassagem de duas perspectivas que pareciam estanques – a retributiva kantiana, absoluta, e a de um utilitarismo de feição benthamiana, relativa, uma baseada na lei moral universal, outra baseada na mera conservação dos interesses sociais e na prevenção do crime –, promovendo assim uma aliança do "justo e do útil", para usar uma formulação de Hélie[330], e colocando como elementos na fundamentação do direito de punir e da imposição penal a ordem moral, onde aqueles ganham legitimidade, e a justiça social, de onde recebem uma justa medida.

Se, em Rossi, é a ideia contratualista de justiça social que permite esta conciliação, para outros autores ela é conseguida através da prioridade dada à reforma moral do criminoso. De algum modo, esta ultrapassagem é verificada também com Karl Roeder. Para este fundador teórico do correccionalismo, professor em Heidelberga e correspondente de Levy Maria Jordão, durante a sua tentativa de reforma do direito penal português, o único fim da pena é a correcção do condenado, não sendo esta apenas um mero efeito eventual daquela. Se o criminoso é alguém cuja vontade se encontra "injustamente determinada", a pena é o meio em como esta se pode ordenar e, desse modo, evitar também a desarmonia no

[329] Jean Pradel, *op. cit.*, p. 57.

[330] V. a importante introdução de Faustin Hélie à segunda edição do tratado: P. Rossi, *Traité de Droit Pénal*, 2ª ed., I, Guillaumin et Cie., Paris, 1855, p. LXV. Hélie critica, todavia, a desarmonia que encontra na visão de Rossi, que mantém a utilidade da pena, autónoma, como condição da sua aplicação (assim, Adolphe Chauveau e Faustin Hélie, *Théorie du Code Pénal*, tomo I, 4ª ed., Imprimerie et Librairie Générale de Jurisprudence, Paris, 1861, p. 16), apondo por seu turno uma ideia de "direito de conservação" social como fundamento da justiça penal, num contexto de "estreita união" entre "lei penal" e "lei moral". Em termos próximos a Rossi quanto à opção de penas e critérios que estas devem seguir, nomeadamente quanto à vantagem da reclusão penitenciária (cujo principal benefício era visto contudo no controlo da reincidência e não necessariamente na eventual regeneração moral do condenado) e à crítica da pena de morte, v. *idem*, *ibidem*, pp. 103 ss. e 125 ss.

todo social.[331] Nessa medida, a pena não é tipicamente um mal que responde a um outro mal, mas um "bem moral" e um "direito" do próprio criminoso, suscitado por uma "vontade injusta manifestada" e que urge corrigir.[332]

Entre as penas mais aptas a promover esta correcção – de facto, as "penas correcionais", como designa Roeder – não estão, naturalmente, a pena de morte ou penas perpétuas, cuja dimensão de esperança correctiva é nula. É a pena de prisão celular, com total isolamento, individualizável, que possa ser ajustada na duração e condições em relação a cada condenado por parte de um tribunal (e envolvendo quer um regime de liberdade antecipada, quer de pena indeterminada ou equivalente), que lhe parece necessariamente ser a que melhor concretiza aquele fim. No entanto, a par de uma "prisão celular bem dirigida"[333] em que a correcção moral se possa materializar, também um adequado patronato é exigível, durante a execução da pena e após esta: a correcção não envolve apenas, para Roeder, "meios puramente jurídicos", como escreve, inaptos por si só a resolver "problemas sociais".[334]

Independentemente das opções de forma e do caminho seguido, o interesse por um penitenciarismo de feição correcional encontra-se francamente expandido em meados do século, por diferentes vias e diferentes autores. As experiências prisionais ao abrigo dos novos regimes sucedem-se e assim igualmente a sua partilha, mesmo que com resultados díspares e nem sempre favoráveis aos novos modelos.

Mas a ciência, e em particular a biologia, vinha a oferecer progressivamente uma partitura atraente para a explicação e sistematização dos fenómenos sociais[335] e, também em Portugal, a importação de um pensamento positivista, associado à lenta industrialização – e ao movimento pró-republicano –, fosse pela via inglesa, de Stuart Mill e Spencer, fosse pela via francesa, de Comte e dos seus seguidores,

[331] Carlos David Augusto Röder, *Las doctrinas fundamentales reinantes sobre el delito y la pena en sus interiores contradicciones*, Libreria de Victoriano Suarez, Madrid, 1876, pp. 235 e 236.

[332] *Idem, ibidem*, p. 260.

[333] O que se identifica com o isolamento celular contínuo: Roeder repudia o sistema progressivo bem como o modelo de Auburn, ao qual critica o trabalho em comum e o regime de silêncio, que apelida de "suplício de Tântalo", expressão que se encontra usada *ipsis verbis* também sobre Auburn pelo português Basílio Alberto de Sousa Pinto – *idem, ibidem*, pp. 348 e 349.

[334] *Idem, ibidem*, p. 270.

[335] V. Fernando de Almeida Catroga, *Os inícios do positivismo em Portugal. O seu significado político-social*, separata de "Revista de História das Ideias", vol. I, Universidade de Coimbra, Coimbra, 1977, pp. 5 e 6.

nomeadamente Littré, após 1860, vai sendo concretizada[336] e com reflexos também no domínio da penalidade. O krausismo jurídico, mesmo que de algum modo ultrapassado por esta nova via, pressupondo uma sociedade organicista, surgia já, aliás, com este "pano de fundo", como o designa Catroga, bem como entre nós o mutualismo de Rodrigues de Brito, crítica ao individualismo de Ferrer. Assim, no campo penal, será recebido também um sedutor Lombroso, de quem os juristas desconfiam um pouco, mas a quem as novas ciências parecem dar cobertura.[337] Para mais, a *cura moral* que o penitenciarismo prometia parecia não chegar, tendo a criminalidade aumentado ao longo da segunda metade do século XIX na Europa, mesmo na Europa penitenciária, como em França ou em Inglaterra – ou pelo menos assim se acreditava. A atenção orienta-se cada vez mais para a causa do crime, ideia forte do método científico, e menos para o fim da pena, considerado na sua visão mais extrema como um excesso *metafísico*. Em vez de uma atitude de *fé* em relação à regeneração do criminoso, poderia agora, pela *experimentação*, controlar-se o crime mesmo antes dele se revelar.

O positivismo irá transformar o sistema de sanções penais[338], com os seus reflexos traduzidos entre nós ainda na profunda e mais tardia reforma prisional portuguesa, aprovada já em 1936, em que a pena, declinada agora também como medida de segurança, assume de facto um sentido marcadamente preventivo.

[336] "O aparecimento desta nova necessidade social foi acompanhado por uma correspondente modificação a nível doutrinal. Assim, se o liberalismo *tout court* se baseava numa filosofia política de inspiração kantiana, a qual postulava uma antropologia atomista, se a monarquia constitucionalista se fundamentava num fluído ecletismo que procurava combinar o individualismo kantiano com resquícios jusdivinistas, se ambas as doutrinas tinham dado provas de conseguirem harmonizar as contradições da sociedade capitalista, um verdadeiro projecto regenerador tinha de ir contra o individualismo e o racionalismo exagerados de uma e a incoerência doutrinal de outra" – *idem, ibidem*, p. 25.

[337] Potenciando toda a crítica subsequente, que pode ser sintetizada pelas palavras de Cabral de Moncada: "(...) O Positivismo (...) era tudo menos uma filosofia. Aceitava ingenuamente os dados da experiência directa e imediata dos sentidos, sem qualquer espécie de crítica, para fazer deles depois a única base do seu sistema pseudo-filosófico e da sua concepção do mundo. Trocava, inconsciente e dogmaticamente, a velha metafísica, supondo-se liberto dela, por uma falsa positividade amputadora da realidade, a qual, no fundo, não era senão uma nova metafísica mais grosseira: a mecanicista e, logo atrás, a materialista. Despojava a filosofia de tudo o que nela havia de filosófico. Confundia o ponto de vista *genético*, de origem das coisas, com o *axiológico* do seu «valor»" – L. Cabral de Moncada, *Filosofia do Direito e do Estado*, 2ª ed. (reimp.), Coimbra Editora, Coimbra, 1995, p. 319.

[338] No limite, "pune-se *quem* é perigoso e *porque* é perigoso e só é lícito falar de culpa se se identificar com a perigosidade: *culpa é perigosidade*", escreve Eduardo Correia, *Direito Criminal, cit.*, p. 50, a propósito da "escola positivista".

Inspirada aqui em primeira linha, de um modo quase operativo, ainda em Von Liszt, a reforma de 1936, tal como as tentativas e arremessos reformistas nacionais desde o final do século anterior, beberam afinal de uma depuração ideológica, eclética, progressiva, de base positiva, das décadas anteriores, mas sem esquecer um discurso prévio de base correccionalista, que nunca se esbateu completamente.[339]

Esta linha positiva acentuou-se em primeiro lugar na sua vertente da antropologia criminal italiana, provinda de nomes como Cesare Lombroso (1835-1909), e os seus discípulos Enrico Ferri (1856-1929) e Rafaele Garofalo (1851-1934), e que afastou doutrinariamente quer o utilitarismo tradicional de Filangieri, Beccaria e Bentham, quer uma perspectiva kantiana ou hegeliana de reparação e retribuição, quer ainda, afinal, o correccionalismo e outras visões ecléticas. Vem afirmar uma base determinística no crime – que poderá ser agora mais do que punido, prevenido – e criar pautas de base alegadamente científica para o evitar ou controlar *a priori*, o que representa uma enorme inovação e uma deslocação copernicana do ponto de partida, mesmo se baseada em diversos equívocos. O controlo jurídico e social da criminalidade pode então ser enformado por regras e procedimentos ajustados a dados mensuráveis, previsíveis e dos quais se parece ausentar uma qualquer carga moral detonadora ou explicativa do crime.[340]

A escola italiana da antropologia criminal surge assim desde logo como tributária da frenologia. Nascem os delinquentes como tais e apresentam características – fisicamente mensuráveis – que os diferenciam da demais população? De forma simplificada, é em torno desta pergunta que autores, entre o final do século XVIII e o princípio do século XX, procuraram explicar o crime de acordo

[339] As mesmas influências são detectadas, por exemplo, em Espanha, como o faz Abraham Castro Moreno, *op. cit.*, pp. 91 a 94, desvalorizando contudo aqui a via francesa. Anabela Miranda Rodrigues, *Novo Olhar sobre a Questão Penitenciária*, 2ª ed., Coimbra Editora, Coimbra, 2002, p. 15, escreve: "(...) A ideia de recuperação do delinquente – que inspirara, um pouco por todo o lado, a execução da pena de prisão – sofreu, em alguns países, inflexões consideráveis, quando não verdadeiras perversões, sendo, em outros, pura e simplesmente abandonada. (...) Portugal manteve-se fiel ao ideário socializador. Provas abundantes dessa fidelidade encontramo-las no pensamento de Beleza dos Santos, Eduardo Correia e Figueiredo Dias".

[340] Nas palavras de um apologista da escola italiana: "Os classicos, pois, architectavam theorias no ar, brilhantes por vezes, porém falsas e mentirosas como as dôces miragens do Saharah. A escola anthropologica, ao contrario, baseia-se no methodo positivo. A observação rigorosa e exacta dos factos é a fonte unica e o fundamento racional das suas conclusões inductivas. O assumpto primordial dos seus estudos é a pessôa do delinquente, não a figura abstrata e juridica do crime" – Antonio Moniz Sodré de Aragão, *As Três Escolas Penaes*, 2ª ed., Jacintho Ribeiro dos Santos, Rio de Janeiro, 1917, p. 18.

com características anatómicas dos criminosos. Entre os primeiros frenologistas, encontram-se nomes como Franz Joseph Gall (1758-1828), John Spurzheim (1776-1832) ou Charles Caldwell (1772-1853), bem como J. K. Lavater (1741-1801) – mais exactamente um fisionomista – e, mais tarde, Pierre Paul Broca (1824-1880). A frenologia, enquanto estudo "das relações entre o crânio, o cérebro e o comportamento social"[341], procurou determinar a correspondência que defendia existir entre a configuração do crânio e a estrutura cerebral, e que permitiria verificar determinadas tendências criminais, pela constatação de certas anomalias. Apesar de criticado desde cedo, este princípio deu origem não só ao desenvolvimento de diversos estudos como a uma recepção institucional, verificável *v. g.* através da incorporação sistemática dos métodos frenológicos em prisões para a classificação de criminosos.

Foi também a frenologia que abriu campo para o sucesso que Cesare Lombroso viria a obter e para o desenvolvimento prático posterior de toda a antropologia criminal. Lombroso educa-se afinal na influência do darwinismo e do positivismo francês de Comte e conhece bem os trabalhos de Broca.[342] Como médico militar num período inicial da sua vida, Lombroso teve acesso também a um número elevado de soldados que analisou, voltando a dispor desse arsenal de análise com a população reclusa italiana, quando foi director da prisão de Turim e professor de psiquiatria e antropologia criminal, nas últimas décadas do século XIX.

Lombroso não se limitou, como os frenologistas, à análise do crânio, mas procurou tomar em consideração as demais partes do corpo, permitindo-se fixar a existência de um *criminoso nato* (apesar da famosa expressão ter sido cunhada pelo seu discípulo Ferri[343]) que se descobre em determinada compleição física asso-

[341] Assim, Hermann Mannheim, *Criminologia Comparada*, I, Fundação Calouste Gulbenkian, Lisboa, 1984, p. 316. V. também, sobre os antecessores de Lombroso, Jorge de Figueiredo Dias e Manuel da Costa Andrade, *Criminologia...*, *cit.*, pp. 12 a 15.

[342] E, de acordo com Pedro Trinidad Fernández, *op. cit.*, pp. 250 a 252, conhece também os trabalhos do catalão Mariano Cubí, que imediatamente na década de 40 do século XIX defende um determinismo biológico associado ao crime, sendo aliás um precursor na criação da ideia de "criminoso nato". Sobre o percurso de Mariano Cubí y Soler enquanto frenologista, desenvolvido em particular nos Estados Unidos, durante a década de 30 do século XIX, v. também Quintiliano Saldaña, *Historia del Derecho Penal en España*, publicado com a tradução espanhola de Franz Von Liszt, *Tratado de Derecho Penal*, 2ª ed., I, Editorial Reus, Madrid, 1926, pp. 429 a 431.

[343] Ferri dirá mesmo que "Lombroso não pensou antes numa classificação antropológica e acolheu inteiramente de mim este critério fundamental de antropologia criminal" – Henrique Ferri, *Princípios de Direito Criminal – O criminoso e o crime*, Arménio Amado Editor, Coimbra, 1931, p. 255, nota 2.

ciada a certos traços psicológicos, que seriam os mesmos em todo o mundo. O *atavismo* – um estado de quase regressão ao homem primitivo – e, a partir de certo momento, também a *epilepsia*, seriam algumas das características constantes deste criminoso.[344] Assim, entre o homem criminoso e o homem honesto a diferença não era de orientação da vontade, mas necessariamente independente de qualquer voluntarismo moral.

A sua obra mais marcante, *L'uomo delinquente*, teve cinco edições em Itália entre 1876 e 1897, sendo constantemente actualizada, traduzida para francês e aumentada pelo autor, de forma a responder às diversas críticas que iam surgindo. Esta característica manter-se-á aliás até ao fim da vida, com os seus últimos trabalhos. Neste trabalho, que o eleva a uma popularidade comparada à de Beccaria no seu tempo[345], o criminoso é descrito na sua capacidade craniana dimuinuída, na sua cabeça assimétrica, na sua mandibula pesada, na sua escassa barba... Canhotos, daltónicos e ágeis, onanistas e mentirosos, incapazes de remorsos, vingativos, amantes da tatuagem e da escrita em arabescos, assim eram também os criminosos-natos.[346] Naturalmente que, contra um criminoso-nato, identificado também com o "louco moral" e com o epiléptico, de nada serviria um regime penitenciário de intuito correctivo e a reincidência seria incontrolável através das penas temporárias tradicionais – para este criminoso, apenas uma reclusão

[344] Lombroso e a sua suposta ciência foram usados também como meios de pressão política, em relação, por exemplo, ao movimento anarquista que, na Itália no final do século XIX, como em vários outros espaços europeus, e em Portugal, ganhava visibilidade, nomeadamente pelos atentados cometidos. Anarquistas levados ao martírio foram imediatamente epigrafados por Lombroso como exemplares de visível atavismo e os seus actos consequências de uma patologia criminal. Os seus estudos de "anarquistas" estendem-se a Itália, França, Estados Unidos... V. Cesare Lombroso, *Les apllications de l'anthropologie criminelle*, Félix Alcan Éditeur, Paris, 1892, pp. 3 ss. Sobre a intersecção entre Lombroso e os anarquistas, v. também Pedro Trinidad Fernández, *op. cit.*, pp. 259 a 261 e a bibliografia aí citada.

[345] Assim, Marc Ancel, *Introduction comparative..., cit.*, p. 32.

[346] Os estudos de Lombroso foram acompanhados de uma sucessão de "provas" oferecidas ao público, como as que se encontram no "Atlas" que acompanhava *L'Homme Criminel*, quarenta quadros contendo dados estatísticos e antropométricos que fundamentariam as suas conclusões, nomeadamente através do que designa uma "pictografia dos selvagens", quanto aos criminosos-natos. Entre eles encontram-se retratos e fotografias de criminosos, relações de dados antropométricos medidos em criminosos por distribuição geográfica, medições cranianas, reproduções de tatuagens e da escrita de criminosos, etc. V. César Lombroso, *L'Homme Criminel – Atlas*, 2ª ed., Bocca Frères Éditeurs, Turim, 1888. Sobre o *Atlas* e os seus conteúdos, v. o estudo de Santiago Martínez Bautista, *El Atlas criminal de Lombroso*, Maxtor, Valladollid, 2006, destacando também, perante os exemplos do autor italiano, os seus erros: a predestinação ao crime, a criminalidade atávica, a epilepsia criminógena...

perpétua asseguraria a defesa da comunidade, sendo indiferente o regime prisional a que fosse sujeito.

Lombroso convive com as penas do seu tempo, em que o regime penitenciário se encontra já declinado em diversas modalidades. A par destes criminosos originários, Lombroso considera ainda a existência de um "criminalóide", um criminoso nato-atenuado, bem como do criminoso passional e do ocasional. Para o criminoso ocasional, aquele que, no seu sistema, praticamente não é criminoso, Lombroso é um forte adepto do degredo, com ocupação em trabalho organizado no destino, num regime severo, de tipo militar, o que lhe parece favorecer uma *correcção* deste tipo de criminosos, mesmo tendo em conta as dificuldades inerentes a esta empresa.[347] E também a pena de prisão, mesmo que à partida perpétua ou indeterminada, quando sujeita a um regime progressivo, cujo exemplo mais perfeito vê no regime de Elmira, em uso nos Estados Unidos, seria para Lombroso adequada, em particular para jovens delinquentes[348], desde que não se estivesse perante criminosos-natos. Justifica-se a preferência: o modelo reformatório de Elmira, em Nova Iorque, aplica uma pena indeterminada para condenados jovens,

[347] "La transportation est certainement (...) utile pour une nation riche qui ne craint pas la dépense, car, à grand frais, elle délivre la métropole de ses pires sujets pour faire cadeau aux sauvages. Mais elle de doit pas songer à les reformer; il faut les obliger au travail par la force, et les traiter comme on trait les soldats, sous le régime de l'état de guerre, c'est-à-dire avec la fusillade pour ceux qui menacent la sécurité de la colonie, et avec la prison cellulaire comme moyen de conversion forcée. Une colonie pénale pourrait être vraiement utile et réformatrice si l'on en éliminait les criminels-nés, et si l'on y offrait du travail dans un milieu honnête aux criminaloïdes, aux demi-criminels, c'est-à-dire à ceux qui ont commis des crimes dans des conditions exceptionelles ou entraînés par une passion violente", escreve Lombroso, num texto onde aprecia o uso do degredo pela França, para a Nova Caledónia, e por Inglaterra, para a Austrália – *Les apllications..., cit.*, p. 36. Noutro texto, confirma-se que o uso que Lombroso admite para o degredo e para a colonização penal não inlcui os criminosos-natos: Lombroso vê aliás nos resultados da colonização penal francesa e inglesa a confirmação de que não basta mudar o meio para corrigir o criminoso, apenas recomendando o degredo para criminosos ocasionais e passionais – assim, Cesare Lombroso, *Le crime – Causes et remèdes*, 2ª ed., Félix Alcan Éditeur, Paris, 1907, pp. 425 e 426.

[348] Sobre o regime progressivo de Elmira, também aliás admirado por Ferri, vai afirmar: "Nul plus que moi ne peut être un chaud partisan de cette réforme. (...) En effet, l'étude individuelle somatique de chaque criminel, l'application des traitements somatiques, l'instruction non théorique, mais pratique et individualisée, ne peuvent manquer de donner quelques résultats (...)" – *idem, ibidem*, p. 54. Na mesma linha, Lombroso apoia igualmente o sistema de "probation" inaugurado nos Estados Unidos da América. Não sendo um adepto do encarceramento celular, reconhece no isolamento que este oferece algumas vantagens, que não suplantam, contudo, os seus defeitos: artificialidade e formalismo do meio; favorecimento da associação criminosa, pela incapacidade de ser assegurado definitivamente o devido isolamento; ociosidade... V. Cesare Lombroso, *Le crime..., cit.*, pp. 401 a 408.

num regime de inspiração militar e é alheio a qualquer visão filantrópica sobre esta pena. Penitenciaristas portugueses do início do século XX também manifestarão a sua adesão a este modelo. Vê Lombroso também com alguma simpatia o regime progressivo irlandês, sem se considerar todavia absolutamente convencido pelas bondades da prisão celular.[349]

Se a liberdade individual e a auto-determinação moral não existem, a responsabilidade penal funda-se então não numa dimensão moral, mas numa responsabilidade social, que permitirá ainda uma verdadeira imputação, mesmo que descentrada da admissão de autonomia no criminoso perante o crime.[350] A legítima defesa da sociedade em relação ao criminoso, mesmo que distinta de uma mera legítima defesa individual, vai levar à aplicação de respostas, preventivas e punitivas, que anulem a sua perigosidade, uma opção que perdurará para além do período de maior influência da escola italiana. O fim da pena não é castigar ou corrigir opções morais; é apenas eliminar ou reduzir o perigo social – em particular o suscitado por um criminoso que é simultaneamente um "selvagem" e um "doente"[351], associando-se a doença ao atavismo que naquele se deveria também demonstrar[352], sendo assim alguém no qual se prolonga afinal um "estado de infância" amoral.[353]

Enrico Ferri e Rafaele Garofalo foram os mais destacados seguidores de Lombroso e não se limitaram a reproduzir o professor de Turim.[354]

[349] *Idem, ibidem*, pp. 409 e 410.

[350] "Ne voit-on pas (...) que si nous diminuons la responsabilité de l'individu, nous y substituons celle de la société, qui est plus exigeante et plus sévère? Qui, si nous réduisons la responsabilité d'un groupe de criminels, loin de prétendre adoucir leur condition, nous réclamons pour eux une détention perpétuelle?", pergunta-se Lombroso, no prefácio de *L'Homme Criminel*, I, Félix Alcan Éditeur, Paris, 1887, p. XIX.

[351] *Idem, ibidem*, p. 651.

[352] Lombroso incorpora também para o seu pensamento o desenvolvimento dos estudos e da progressiva autonomia da doença mental ao longo do século XIX, que favorecem respostas específicas para estes casos e um reequacionar necessário da inimputabilidade penal. "L'arrêt du dévelopment, et l'état épileptoïde peuvent très-bien concilier la maladie avec l'atavisme, qui malgré la maladie, ou plutôt d'accord avec elle, reste un des caractères les plus constants du criminel-né" – *idem, ibidem*, p. 660.

[353] *Idem, ibidem*, p. 667.

[354] Lombroso distinguia também estes autores vendo Ferri como mais próximo da investigação sociológica e Garofalo do direito: "(...) E. Ferri est celui, parmi les partisans de l'école criminaliste expérimentale, qui a donné le plus de développments au côté sociologique des recherches sur les crimes et les criminels. Garofalo est plus strictmente juriste, et cette division du travail entre les positivistes

Ferri, um advogado e professor socialista com actividade política, estuda com Lombroso desde 1879 e alarga o âmbito da investigação deste, incorporando elementos que extravasam a antropologia criminal e a explicação de base biológica para o crime. Funda também em 1892 a revista *La Scuola Positiva*, que se torna num fórum privilegiado do positivismo criminal e ensinará em diversas universidades.

A sua obra mais marcante e largamente difundida será a *Sociologia Criminale*, publicada com este título em 1892, apenas numa terceira edição (sendo a primeira de 1880), na qual analisa agora a criminalidade de acordo com uma explicação feita do cruzamento entre o meio físico e social e as condições bio-psíquicas dos indivíduos. Neste texto, justificará, no domínio da pena, concluindo pela ineficácia das penas tradicionais, a ideia dos "equivalentes das penas" ou "substitutos penais"[355],

a été justement une des raisons les plus efficaces des succès de la nouvelle école" – *Les apllications...*, *cit.*, p. 109.

[355] Justificados pelo que apelida de "lei da saturação criminal", baseada num raciocínio equivalente de Durkheim quanto ao suicídio: "Comme dans un volume d'eau donné, à une température donnée, se dissout une quantité determinée d'une substance chimique, pas un atome de plus et pas un de moins, de même dans un milieu social donné, avec des conditions individuelles et physiques données, il se commet un nombre déterminé de délits, pas un de plus, pas un de moins. Notre ignorance d'une multitude de lois physiques et psychiques et des innombrables circonstances concomitantes de fait nous empêchera de prévoir avec précision ce niveau de criminalité; mais il n'en est pas moin l'effet nécessaire et inévitable d'un milieu physique et social donné" (Enrico Ferri, *La sociologie criminelle*, 2ª ed., Félix Alcan Éditeur, Paris, 1905, p. 230). Uma consequência desta lei seria a da irrelevância, mesmo que não absoluta, das penas aplicadas para a variação – e necessariamente para a diminuição – da criminalidade, o que procura demonstrar estatisticamente, pelo que, se a pena, essa "panaceia cómoda", não é apta a combater os "factores físicos e sociais do delito", terá de haver "remédios sociais para males sociais", usando uma expressão de Prins. Entre os substitutos penais ou "equivalentes das penas" que descreve, sendo "antídotos contra os factores sociais da criminalidade", e antecedendo, como expressamente indica, uma sociedade socialista, mesmo que não dispensando absolutamente as penas, estão a liberdade de emigração, o livre comércio, a ocupação de indigentes em trabalhos públicos, a taxação do álcool, o uso de moeda metálica em vez de papel-moeda, entre outros (*idem*, *ibidem*, pp. 268 ss.).

Enaltecendo também a dimensão colectiva na determinação individual, mas uma dimensão retributiva e moral na imposição da pena por atentar à "consciência colectiva", e distanciando-se de qualquer lombrosianismo, Émile Durkheim (1858-1917), um contemporâneo e oponente intelectual de Ferri, estabeleceu o crime como um facto social, "normal", "necessário" e mesmo "útil", na medida em que as condições sociais que permitiam a sua existência eram também necessárias à evolução da moral e do direito: o crime funciona portanto como elemento de transformação social (e de descoberta desta transformação), na tensão necessária que representa com a autoridade e com o sentimento colectivo, o mesmo sentimento que lhe atribui existência. O criminoso não é então um "ser mórbido", mas um "agente regular da vida social", o que não significa também, como

exporá a ideia de defesa social[356] e a responsabilidade perante a sociedade como o fundamento da responsabilidade penal[357] e criticará o sistema celular, na sua

o autor expressamente escreveu, qualquer apologia do crime ou a desconsideração absoluta de certas condutas criminosas como anormais (assim, Émile Durkheim, *Les règles de la méthode sociologique*, 11ª ed., PUF, Paris, 1950, pp. 66 a 72). Durkheim afasta de algum modo neste trabalho a visão do criminoso enquanto "corpo estranho" na sociedade que fora expressa em obra anterior – v. *v. g.* Émile Durkheim, *De la division du travail social*, 2ª ed., Félix Alcan, Paris, 1902, p. 391. Por outro lado, a defesa da variabilidade moral, resultado necessário das circunstâncias sociais distintas de cada comunidade, que se encontra expressa em Durkheim, deve ser lida no contexto de que, para o autor, é "moral" tudo o que solidariza um indivíduo com o colectivo – e o direito é uma forma de apreensão e de construção dessa solidariedade. Como escreve Garland, "Durkheim does not provide a theory of punishment; instead he uses penal law as an «empirical» support for his philosophical speculations about the nature of social life" – David Garland, *Durkheim's Theory of Punishment..., cit.*, p. 57. No domínio das penas, as duas "leis da evolução penal" que Durkheim brevemente formula estão assentes numa visão histórica de uma progressiva dulcificação das penas, de acordo com o que designa de variações "quantitativas" e "qualitativas": as penas acompanham o nível de "consciência colectiva" de uma comunidade, sendo mais repressivas nas sociedades e nos regimes políticos que menos prezam a liberdade individual e mais suaves nos seus reversos – as sociedades onde se encontra uma moral secularizada e uma tendência "democrática" ("L'intensité de la peine est d'autant plus grande que les sociétés appartiennent à un type moins élevé – et que le pouvoir central a un caractère plus absolu"); e a pena de privação da liberdade, variável na sua duração de acordo com o crime praticado, que Durkheim vê necessariamente como uma pena atenuada face à realidade punitiva passada, tende a tornar-se a pena habitual ("Les peines privatives de la liberté et de la liberté seule, pour des périodes de temps variables selon la gravité des crimes, tendent de plus en plus à devenir le type normal de la répression") – v. Émile Durkheim, *Deux lois de l'évolution pénale*, in "Année sociologique", vol. IV, Paris, 1900, pp. 65 ss. Em suma: "(...) A mesure que les formes archaïques de la répression se retirent du champ de la pénalité, les formes nouvelles envahissent les espaces libres qu'elles trouvent ainsi devant elles" (p. 81), ou seja, a primeira lei acaba por explicar a segunda. Sobre este ponto do pensamento de Durkheim, v. igualmente David Garland, *Punishment..., cit.*, pp. 23 ss. e, em especial, pp. 35 ss.

[356] Jean Pradel afirma mesmo que é Ferri o autor original da expressão, independentemente dos sentidos divergentes que ela assume – *op. cit.*, p. 78, nota 11.

[357] Para Ferri, a "liberdade moral" é assim uma "pura ilusão da observação psicológica subjectiva": "La psysiologie et la psycho-pathologie concurrent en effet à nous montrer que la volonté humaine est complètement soumise aux influences naturelles, non seulement d'ordre moral ou psychologique, mais aussi d'ordre puremet physique, bien loin de les dominer d'une façon plus ou moin absolue: la statistique, de son côté, nous révèle que les volontés individuelles, prises collectivement, obéissent aux influences extérieures du milieu physique et social" (Enrico Ferri, *La sociologie..., cit.*, pp. 323 e 324). Ferri, que para fundar a defesa social como fonte de responsabilidade penal convoca também Darwin e Spencer, vai definir então a pena: "un ensemble de mesures sociales préventives et répressives, qui, répondant à la nature et la genèse du délit d'une façon plus efficace et en même temps plus humaine, en préserveront la société" (*ibidem*, p. 352). Lombroso, comentando neste ponto Ferri, acentua: "La responsabilité sociale (c'est-à-dire vis-à-vis de la société) que l'homme

perspectiva um modelo punitivo "aberrante", "desumano, estúpido e inutilmente dispendidoso", ineficaz quanto aos seus fins.

A pena temporária de prisão celular, combinada com a educação do criminoso, que vê integrada num processo longo e duvidoso de "dulcificação das penas", parece a Ferri incapaz de conter a criminalidade, em particular tratando-se da "criminalidade atávica" – apenas o fazendo, necessariamente, durante o tempo de reclusão em relação a cada condenado.[358] Para responder a essa criminalidade, apenas uma "segregação" indeterminada, revista periodicamente, poderia funcionar.[359] Distintamente, para a criminalidade de ocasião, o essencial da consequência do crime seria a obrigatoriedade de reparação do dano. Assim, adequavam-se as penas, enquanto meios de defesa social, a diferentes tipos de criminosos. Mas claro que esta correspondência é necessariamente mais complexa. Ferri segue em grande medida neste ponto um "sistema racional de penalidade" exposto por Garofalo[360], que fixa um modelo de

a pour toute action qu'il acomplit, doit être adaptée dans les applications à la cathégorie anthropologique à laquelle appartient le criminel. S'il est aliené, ils est tout de même responsable vis-à-vis de la société, c'est-à-dire que celle-ci réagit quand même contre son activité dangereuse, mais la forme de la défense sociale est l'asile au lieu de la prison" – Cesare Lombroso, *Les apllications..., cit.*, p. 110.

[358] Enrico Ferri, *La sociologie..., cit.*, pp. 266 e 267.

[359] E escreve Ferri: "(...) Les questions juridiques techniques (par example, sur la responsabilité «partielle», sur la tentative, sur le concours des méfaits, la prescription, l'appel, la révision, etc...) qui aujourd'hui fatiguent et divisent les criminalistes métaphysiciens, perdront de leur importance pratique et théorique dans une justice pénale inspirée par les données et les inductions de la sociologie criminelle, avec le criterium fondamental de la ségrégation... pour un temps indéterminé et avec révision périodique des sentences pour les auteurs de méfaits graves dénotant la criminalité atavique" – *ibidem*, p. 485.

[360] Rafaele Garofalo é autor da *Criminologia*, publicada em 1885, considerado o primeiro verdadeiro tratado sob essa epígrafe. Apesar de integrado no grupo de antropologia criminal italiana, o "privilégio que concedia aos problemas morais", na expressão de Mannheim (Hermann Mannheim, *op. cit.*, I, p. 326), parece afastá-lo de algum modo daquela linha, como se verifica com a sua ideia de "crime natural", onde procura também uma "noção sociológica do delicto", num crime avaliado em função da sua ofensividade ao "senso moral", enquanto ofensa à "piedade" e "probidade", procurando distinguir assim os "verdadeiros delictos" cuja censurabilidade é intemporal e cuja "origem biológica" pode ser aferida, dos actos puníveis que são variáveis em cada circunstância, necessidade sentida para se poder obter também um "criminoso universal" – v. R. Garofalo, *Criminologia*, 3ª ed., Livraria Clássica Editora, Lisboa, 1916, pp. 59 ss. V., entre nós, sobre o crime natural em Garofalo, como descoberta necessária de uma realidade pré-definida e não como "criminalidade que deve ser", Augusto Silva Dias, *«Delicta in Se» e «Delicta Mere Prohibita»: Uma análise das descontinuidades do ilícito penal moderno à luz de uma reconstrução de uma distinção clássica*, Coimbra Editora, Coimbra, 2008, pp. 164 ss. Garofalo vai aliás propor a existência de dois códigos paralelos: um relativo aos crimes

penas[361], pressupondo a "adaptação" destas ao delinquente e não a sua proporção ao crime, em que se encontram enumeradas a pena de morte; o internamento em manicómios criminais; o desterro e o degredo[362]; a multa e a indemnização para ressarcimento dos danos – num sentido que apelidaríamos hoje de *punitive damages*, cobrindo quer a dimensão de "multa", paga ao Estado, quer a de indemnização à vítima ou ao titular desse direito, mas sem a necessidade de uma acção civil autónoma e com, até, uma garantia de pagamento pelo próprio Estado –; o internamento em casas de trabalho ou em colónias agrícolas (estas as preferidas

naturais, necessariamente universal; outro relativo aos crimes que cada Estado entenda reprimir, situação para a qual uma definição meramente jurídica de crime não dará resposta. O criminoso, para Garafalo, não só se distingue pelos seus traços antropométricos diferenciados, elemento que, aliás, Garofalo atenuará face à crítica progressiva a esta tese, mas essencialmente enquanto um "anormal moral", condição que se concretizaria não só no criminoso-nato mas também no ocasional, variando apenas em grau. No caso de crimes graves, este doente irresponsável, mas sem necessidades clínicas, não poderia, contudo, porque perigoso, ser reconduzido ao mesmo espaço que um louco não criminoso: "Mais quels soins pourra-t-on donner à des individus dont la maladie consiste dans l'égoïsme et l'absence du sens moral?", pergunta-se R. Garofalo, *De l'institution d'asiles pour l'internement perpétuel de certains criminels déclarés irresponsables*, in "Comptes-Rendus du VIe Congrès International d'Anthropologie Criminelle", Bocca Frères Éditeurs, Turim, 1908, p. 12. A resposta estaria no decretar de um internamento indeterminado, realizado em condições de segurança e de disciplina.

361 V. Enrico Ferri, *La sociologie...*, *cit.*, pp. 556 a 558 e R. Garofalo, *Criminologia...*, *cit.*, pp. 471 ss. Reproduz-se em anexo o esquema sumário para a correspondência entre criminosos, crimes e penas que Ferri constrói, com base no texto de Garofalo (Anexo 3) e em que se distinguem criminosos "assassinos" (natos ou loucos), "violentos ou impulsivos" (onde se incluem os passionais) e "desprovidos de sentido de probidade" (habituais ou ocasionais). No Congresso de Antropologia Criminal de 1896, em Genebra, Garofalo vai apresentar uma classificação adendada de criminosos que distinguia entre "assassinos", "violentos", "improbos" e também "cínicos", estes identificados maioritariamente com criminosos sexuais, o que permitiria, segundo o italiano, "dar a esta sciencia uma base experimental e adaptar a cada um dos typos criminosos o tratamento necessario para o tornar inofensivo ou transformar-lhe a actividade" – assim, Francisco Ferraz de Macedo, *Bosquejos de Anthropologia Criminal*, Imprensa Nacional, Lisboa, 1900, p. 128. O médico português assinalava, contudo, o problema de base: "Entendo eu que na classificação de criminosos está incluída uma grande reforma judiciaria, appensa á dita classificação como um complemento ás medidas reclamadas por ella. É um facto que essa reforma ha de ser fatal depois da classificação positiva; mas o que por emquanto está menos do que embryonario são os elementos em que devem assentar as bases classificativas" (p. 134). A comunicação de Garofalo está também incluída nas actas do *Congrès Internationale d'Anthropologie Criminelle – Compte Rendu des Travaux de la Quatrième Session tenue a Genève du 24 au 29 Aout 1896*, Georg & C., Genebra, 1897, pp. 145 ss.

362 "Mais, selon moi, la déportation ne peut ni ne doit être son propre but. La colonie pénale pour les adultes doit être l'avant-garde de la colonie agricole libre", alerta Ferri, *La sociologie...*, *cit.*, p. 597.

para jovens delinquentes ou no caso de criminosos ocasionais, à semelhança do desterro e da obrigação de reparação do dano); a proibição de exercício de profissões ou demissão e a prisão, preferencialmente por tempo indeterminado. Em termos fundamentalmente próximos, Lombroso havia já fixado também as penas que melhor responderiam à visão da antropologia criminal, centradas na dimensão eliminatória do risco que o criminoso representava.[363]

A prisão celular é globalmente proscrita: mesmo oferecendo algum favor, como Lombroso, em relação ao sistema progressivo irlandês, que designa de "menos mau" face ao *solitary confinement* e ao *separate confinement* nas suas versões norte-americanas realizadas entretanto também pela Europa, para Ferri o isolamento do criminoso numa cela, "uma das aberrações do século XIX", nem sequer corrigiria verdadeiramente, quando essa oportunidade existisse, uma vez que criaria um ambiente profundamente artificial para o criminoso. Esse isolamento não é mesmo possível, aliás, de obter por completo numa prisão; resulta desigual, nivelando povos distintos e os seus hábitos; e é demasiadamente dispendioso. Nos estabelecimentos de reclusão parece-lhe assim suficiente que se assegure apenas o isolamento nocturno e que a separação dos criminosos seja favorecida por um quotidiano ao ar livre, cujo modelo ideal é o oferecido pela colónia agrícola.[364] O trabalho do condenado – agrícola, industrial... – não era um elemento correctivo ou regenerador, mas essencialmente uma forma de se concretizar, sob a forma monetária, um ressarcimento efectivo do dano causado, tendo em conta a insolvência crónica de vários condenados, tornando a pena de prisão como que acessória deste fim principal.[365]

A concatenação da pena a um comportamento criminoso é feita em primeiro lugar em função de uma classificação do delinquente – assim, são descobertos

[363] Cesare Lombroso, *Le crime..., cit.*, pp. 467 ss. V. também Cesare Lombroso, *Le traitement du criminel d'occasion et du criminel-né selon les sexes, les âges, les types* etc., in "Congrès Internationale d'Anthropologie Criminelle – Compte Rendu des Travaux de la Quatrième Session tenue a Genève...", *cit.*, p. 143, em que apresenta os meios preventivos e as penas que crê serem mais úteis. Entre os primeiros, dedicados aos criminosos-natos e aos criminalóides, estabelece desde logo a vantagem de estes serem, uma vez detectados precocemente, colocados em colónias agrícolas "desde os primeiros meses de vida", num esforço de "alimentação moral"... Como penas, que devem ser diferenciadas consoante a tipologia criminal em causa, tudo lhe parece melhor que a prisão pura e simples, "custosa para os honestos sem melhorar os criminosos". Assim, o trabalho forçado, as multas, o degredo ou um sistema de "probation" seriam as penas mais adequadas.

[364] Enrico Ferri, *La sociologie..., cit.*, pp. 604 a 607.

[365] Neste sentido, v. também G. Tarde, *La philosophie pénale*, A. Storck/G. Mason, Lyon/Paris, 1890, pp. 486 e 487.

três tipos principais, os "assassinos" (natos ou loucos), os "violentos ou impulsivos" (incluindo os passionais) e os "desprovidos de sentido de probidade" (entre os quais se distinguem também criminosos habituais e ocasionais) –, à qual os diversos crimes devem ser associados, resultando em penas distintas para o mesmo crime, consoante o tipo antropológico de criminoso que os praticasse. Como Ferri nota, à *individualização* da realidade da pena, desejada pelos "penitenciaristas", missão que lhe parece impossível perante a realidade prisional, deve seguir-se agora a mais racional e pragmática *classificação tipológica* prévia dos criminosos, que reúne os méritos que presidem ao desejo de individualização com a possibilidade de se levar a bom porto a sua realização prática.[366] Necessariamente, os críticos imediatos da escola italiana, como Saleilles, verão nesta classificação uma categorização meramente formal e mesmo perigosa, já que implicava a consideração de uma "criminalidade preventiva", feita de criminosos fictícios porque meramente potenciais de acordo com os seus pressupostos.[367]

Este modelo de penas forçadamente amorais, desenhado em função do controlo da perigosidade social do criminoso e não de qualquer juízo de culpa perante o facto, partia do pressuposto de que o essencial, para executar uma pena, era conseguir avaliar a necessidade de segregação social do criminoso[368], indeterminada à partida e medida apenas em função da sua possível readaptação à vida em comum. Esta seria, para Ferri, no caso dos criminosos para os quais tal fim fosse admissível, verificada por "comissões de execução penal" – o que Liszt

[366] Enrico Ferri, *La sociologie..., cit.*, p. 577. Os autores encontram exemplos dos tipos criminosos não apenas nos seus estudos antropológicos e estatísticos. Lombroso e Garofalo vão também fixá-los na literatura, paradigmaticamente na *Casa dos Mortos* de Dostoievsky, obra retratando a vida e os habitantes de uma prisão siberiana, reiteradamente citada como abonatória de uma conclusão conveniente – a da possível universalização dos traços que vão distinguir o tipo criminal. Assim, v. *v. g.* R. Garofalo, *Criminologia..., cit.*, p. 107 a 115 e Cesare Lombroso, *Les apllications..., cit.*, pp. 164 a 172.

[367] R. Saleilles, *L'individualisation de la peine*, 2ª ed., Félix Alcan, Paris, 1908, pp. 113 e 114.

[368] Uma segregação que, para Ferri, não deveria resultar numa "tortura" mas nem tão-pouco no seu oposto e que deveria sempre integrar o dever de trabalho para os condenados, evitando-se a concorrência desleal para com a indústria livre. O condenado deveria ser assalariado, mas pagar também as despesas relativas à sua pena, num espírito que o autor resume de forma conhecida, curta e impressiva: "Qui ne travaille pas ne mange pas" (Ferri, *La sociologie..., cit.*, pp. 579 e 580). A fórmula é por demais popular. Compulsando fotografias da Colónia Correccional para menores de Vila Fernando, datadas dos anos 30 do século XX, encontram-se nas paredes do seu refeitório precisamente inscrições como "Quem não trabalha não come" e "Trabalha que Deus te ajuda". Na parede da queijaria, podia ler-se também: "O trabalho e a virtude quando vivem juntos num homem fazem d'elle o melhor cidadão" – v. *Arquitectura de serviços públicos em Portugal: os internatos na justiça de menores 1871-1978*, IHRU/DGRS, Lisboa, 2009, pp. 268 e 271.

também vai propor – em que, a par do juiz, se pode contar com "funcionários administrativos" para o acompanhamento habitual do condenado e com "peritos antropológico-criminais".[369] Este regime de medidas de segurança, seguramente passível de crítica, é o que se generalizará nas primeiras décadas do século XX em vários direitos positivos europeus – e também no português.

A literatura da antropolgia criminal é recebida em Portugal e deixará de facto uma influência notória nas ciências criminais.[370] Como afirma Eduardo Correia, permitiu mostrar – novamente, acrescentaríamos, perante o correccionalismo anterior – "que um direito criminal construído sobre o facto era insuficiente para lutar contra a criminalidade".[371] O final do século XIX em particular é um tempo quase de "saturação informativa" no campo dos estudos em torno da criminalidade, para usar uma expressão de Trinidad Fernández.[372] A preocupação com o crime e com a reincidência leva a procurar descobrir com afã, mais do que uma *culpa*, uma *cura* social, mas distinta da proposta diáfana do correccionalismo – agora, assente numa observação e compilação sistemática e exaustiva dos fenómenos e dos agentes, que permitisse defender a comunidade através da ciência e não procurar reeducar o criminoso através de uma expiação, impendentemente dos seus termos e meios.

Se os primeiros reformadores se interessaram principalmente no que pretendia ser uma reformatação racional do direito e do processo criminais, e se fixaram na oposição prática às penas cruéis ou desproporcionadas, como Beccaria ou Bentham, é efectivamente na segunda metade do século XIX que o delinquente se torna no centro das atenções, em função da pressão social que a criminalidade representa, quer através da visão correccionalista, quer com as correntes deterministas-positivistas.

369 Enrico Ferri, *La sociologie...*, *cit.*, p. 565.

370 Beleza dos Santos, que prefacia um dos últimos textos de Ferri na sua edição em língua portuguesa, assenta que "(...) é, em última análise, á renovação do direito penal, pelo influxo e sob o impulso da Escola positiva", aqui entendendo-se, neste contexto, o triunvirato Lombroso-Garafalo-Ferri, que se devem várias medidas legislativas nacionais, desde a lei sobre alienados criminosos de 1896 à abolição do júri para crimes comuns em 1927, bem como a legislação de 1912 sobre criminosos habituais ou a de 1911 sobre menores delinquentes, como se verá adiante, mesmo circunscrevendo o que vê como limitações desta escola, na decorrência da insuficiência da temibilidade como critério na configuração da resposta punitiva e de uma distinção necessária entre pena e medida de segurança, inexistente para a escola italiana, devendo a pena orientar-se para um efeito de prevenção geral – v. prefácio a Henrique Ferri, *Princípios...*, *cit.*, pp. XII e XIII.

371 Eduardo Correia, *Direito Criminal*, *cit.*, p. 92.

372 Pedro Trinidad Fernández, *op. cit.*, p. 248.

O cientismo positivo de origem comtiana aplicado ao estudo do crime resultou, como se viu, na anulação da responsabilidade moral – uma "impossibilidade", para um verdadeiro *homem moderno* –, que é substituída pela ideia de perigosidade, e pela alteração do sentido na aplicação de uma pena. A pena não teria afinal de ser proporcional ao crime, essa conquista iluminista, mas sim adequada a evitar o perigo social que o criminoso representava, necessariamente perpétua ou indeterminada, de acordo com as necessidades dessa contenção, o que parece ser uma consequência lógica, mas, de algum modo, também um retrocesso no sistema, tornado escravo de uma causalidade, provinda das ciências naturais, que resultaria no campo da penalidade algo forçada. Entre nós, uma escravidão, em todo o caso, aparentemente mais doutrinária do que legal, em particular perante o esplendor máximo que se anunciava na literatura.[373] Todavia, são diversos os seus sinais e nem todos absolutamente negativos: a par da consagração de medidas de segurança e da pena absolutamente indeterminada ou do uso da relegação, designadamente administrativo ou com mero intuito político, encontram-se também os avanços na identificação criminal, a ideia de um tratamento diferenciado dos criminosos habituais, a substituição da prisão por multa e a crítica às penas detentivas de curta duração, a configuração da liberdade condicional[374], a atenção específica e precoce aos menores delinquentes, a especialização da jurisdição penal e da jurisdição tutelar, os manicómios criminais, a rejeição do júri criminal em favor também de uma magistratura aberta a saberes extra-jurídicos...

A *defesa social*, bem último que na viragem do século se espera que o direito penal saiba proteger, com um sentido profundamente utilitário e ainda distinto do que ganhará no pós-Segunda Guerra Mundial, afastava portanto uma dimensão da justiça concreta, assente na ideia de culpa, mesmo se se afirma como a

[373] Tal é também o resultado da recepção da antropologia criminal em vários outros espaços: influência académica e doutrinária, menor incorporação legislativa do ponto de vista estrito do direito penal, desde logo sem atacar os conteúdos essenciais da imputação e da determinação da pena. Note-se a este propósito o estudo recente de Giuditta Creazzo, *El positivismo criminológico italiano en la Argentina*, Ediar, Buenos Aires, 2007, com as mesmas conclusões (*v. g.* pp. 248 a 250). Em prólogo a este trabalho, o argentino Eugenio Zaffaroni destaca que "(...) los juristas que intervenieron en nuestra codificacion hasta 1921, si bien declamaban su positivismo, en realidad permanecian en buena medida fieles al derecho penal del acto y a las garantías constitucionales" (p. 16). Não seria uma afirmação totalmente descabida também entre nós.

[374] Como Jescheck também destaca, Portugal terá sido o terceiro país na Europa a consagrar um regime específico de liberdade condicional e de suspensão de pena, em 1893, seguindo a Bélgica (em 1888, pela lei "Bérénger") e a França (1891). V. Hans-Heinrich Jescheck, *op. cit.*, p. 17. Tal foi efectivamente previsto pela Lei de 6 de Julho de 1893.

única via de consideração da individualidade do delinquente, na multiplicidade de medições antropométricas e de estudos de casos de alienação em que se vai também erigir. Pretende-se julgar o criminoso e não o crime, como escreve Ferri, sendo o julgamento penal essencialmente visto como um "exame bio-psicológico" de um arguido.[375]

Neste momento, fechando o arco temporal que mais directamente nos interessa, deve lembrar-se a coexistência de correntes que vão ser designadas por "escola eclética ou crítica", em que se combinam também perspectivas de pendor correccionalista e os sistemas assentes na ideia retributiva ou de prevenção geral, integrados com vários pressupostos da escola italiana (como a categorização dos criminosos ou a importância de medidas preventivas na resposta social ao crime).[376]

Contra os excessos de um determinismo de base essencialmente biológica da escola italiana, que funda afinal o direito penal exclusivamente no risco, podem encontrar-se autores como o médico legista Alexandre Lacassagne (1843-1924), fundador dos *Archives de l'anthropologie criminelle et des sciences pénales*[377], e em particular o juiz e criminalista Gabriel Tarde (1843-1904), dois dos mais ardentes críticos de Lombroso. Estes fundadores da antropologia criminal francesa[378]

[375] Enrico Ferri, *La sociologie...*, *cit.*, pp. 514 e 530.

[376] Mesmo podendo destacar-se inúmeras divergências: "A escola critica discorda da anthropologica em admittir a responsabilidade moral dos individuos, posto negue a existencia do livre arbitrio; na maneira de interpretar a origem do typo criminoso e das anomalias e predisposições innatas para o delicto; em dar predomínio aos factores sociologicos na genese do crime; em ver nas penas um poderoso meio de prevenção dos delictos pelo seu grande poder intimidante e coacção psychologica; em distinguir a penalidade de todos os outros meios de defesa social; em não reputar assaz verdadeira a theoria do organismo social; em considerar o direito penal uma sciencia distincta da sociologia criminal", escrevia ao tempo Antonio Moniz Sodré de Aragão, *op. cit.*, pp. 321 e 322.

[377] Os *Archives* surgem em 1886 e serão, a par da *Scuola Positiva* italiana, espaços privilegiados do debate intelectual e do confronto de perspectivas sobre crime e punição numa "perspectiva científica". No seu número inaugural, elogia-se a "brilhante escola" de Lombroso, Ferri e Liszt – mesmo sendo notória a crítica que acolherá em especial contra o "lombrosianismo" – e convida-se a participar quem rejeite a "estagnação e o imobilismo" na interacção entre direito penal e ciência: "Tous les articles de loi ont-ils tenu en compte suffisant des lois positives que règle le milieu physique et social dans lequel l'homme évolue? Les circonstances physico-chimiques, les conditions biologiques et politiques, etc., etc., ne constituent-elles pas des modificateurs plus ou moins puissants, des causes qu'il serait désirable de bien connaître pour apprécier le genèse du crime ou la formation de l'homme criminel?" – *Archives de l'anthropologie criminelle et des sciences pénales*, tomo I, Paris/Lyon/Genebra/Bale//Bruxelas, 1886, p. 6.

[378] Tarde não deixará de assinalar, aliás, uma origem francesa na base do sucesso inicial da escola italiana, falando da antropologia como "fille de Broca" e da estatística como "fille de Quételet" (sendo este autor, ressalve-se, de algum modo belga, mas tendo nascido em Gand, em 1793, então

irão destacar a especial adequação da criminalidade ao espaço e às circunstâncias sociais em que se verifica. O crime seria mutável e teria afinal uma origem e uma explicação social, contradizendo a essência da doutrina afirmada por Lombroso.[379] O desenvolvimento da estatística permite também o aperfeiçoamento do estudo neste campo, que vai corrigir e desenvolver linhas que a antropologia criminal italiana havia já investigado, como a relação entre clima e criminalidade ou o alcoolismo enquanto fonte do crime, e que se encontram discutidas em vários países, designadamente em Portugal.

Tarde procurou regressar a uma ideia de responsabilidade penal, tentando conciliar postulados da escola positiva com o reconhecimento da autonomia da acção individual, mas recorrendo a uma concepção de "identidade individual" e de "similitude social"[380]: a responsabilidade nasceria da possibilidade de se identificar uma acção como própria num contexto em que essa identidade é partilhada colectivamente. Assim, quando um indivíduo "não está em si", não é identificável consigo mesmo e com os seus pares, não pode ser responsabilizado[381] – exemplo do acometido de loucura. Desconsidera Tarde as possibilidades lombrosianas do "louco moral" ou dos criminosos-natos. No entanto, partilha ainda com a escola italiana vários dos seus elementos sistémicos da penalidade – como a vantagem na especialização da magistratura criminal ou a necessidade de abolição do júri.

Se a pena se fundar unicamente numa ideia de utilidade geral – tendo por fim a prevenção dos crimes –, alerta Tarde, não será mais, no campo penal, do que o absolutismo é, no plano político.[382] Assim, a regeneração do condenado, sendo possível, deve ser colocada também como fim da pena. A par de asilos criminais

integrada de facto na República Francesa) – G. Tarde, *Positivisme et pénalité*, A. Storck, Lyon, 1887, p. 4. Em termos semelhantes, G. Tarde, *La philosophie..., cit.*, pp. 44 a 46. V. também, destacando a relevância de Lacassagne e Tarde, Jorge de Figueiredo Dias e Manuel da Costa Andrade, *Criminologia..., cit.*, pp. 20 a 25.

[379] O "tipo criminal" bio-antropológico de Lombroso é considerado inaceitável por Tarde numa apreciação da terceira edição de *L'Uomo Delinquente*, em que Tarde anota também a contradição entre as propostas lombrosianas do atavismo e da loucura moral – v. *Le type criminel*, in "Revue philosophique de la France et de l'étranger", tomo XIX, 1885, pp. 593 ss. e, em especial, pp. 610 e 611 (texto depois convertido no primeiro capítulo de *La criminalité comparée*) e, novamente, *La philosophie..., cit.*, pp. 62 e 63.

[380] G. Tarde, *La philosophie..., cit.*, pp. 88 a 98 e pp. 115 a 131.

[381] G. Tarde, *Le type..., cit.*, p. 608.

[382] "La prétention, l'intention même, très sincère d'ailleurs et parfois très fondée, d'être utile au peuple, en dépit de la volonté du peuple, cela s'appelle en politique absolutisme; en droit pénal cela s'appelle utilitarisme" – G. Tarde, *La philosophie..., cit.*, p. 495.

para os comprovadamente alienados e admitindo ainda o uso da pena de morte, os criminosos deveriam ser em primeira linha integrados em prisões (sendo adepto também do regime progressivo de tipo irlandês, mas crítico de uma ideia absoluta de pena indeterminada[383]) ou em colónias agrícolas, manifestando várias reservas em relação ao uso do degredo.[384] A prisão celular, em todo o caso, beneficiaria sempre mais os criminosos "acidentais", separados assim necessariamente do convívio com os "crónicos". E estabelecimentos distintos de acordo com o meio social donde proviriam os criminosos, designadamente cindindo "urbanos" de "rurais" – destinados estes a "quintas penitenciárias" – seriam também aconselháveis.[385] Regressa, pois, algum futuro de inclusão ao discurso penal. Mas não regressa a defesa do isolamento celular. Estava derrotada definitivamente a invenção penitenciária do início do século.[386]

O novo ecletismo de fundamento sociológico resulta assim também numa resposta moral ao utilitarismo social[387], sem contudo o esquecer definitivamente,

[383] Neste sentido, v. G. Tarde, *Considérations sur l'indétermination des peines*, in "Revue pénitentiaire et de droit pénal", tomo 17, Société Générale des Prisons et de Législation, Paris, 1893, pp. 750 a 759, designadamente por sujeitar o condenado a um arbítrio administrativo e por não oferecer uma resposta adequada em termos de percepção da proporcionalidade e da justiça da pena na "consciência colectiva" da comunidade, que se ganharia com a gradação da pena.

[384] V. G. Tarde, *La philosophie..., cit.*, pp. 503 ss..

[385] A par de Tarde, um outro autor francês com relevância também para o debate nacional foi Raymond Saleilles (1855-1912), em particular através de *L'individualisation de la peine*, publicado em 1898 e reeditado em 1908. Saleilles procurou aqui redescobrir um fundamento moral na responsabilidade penal e dele retirar a necessidade de uma pena individualizada, vista como um processo equitativo que não deveria ser apenas recolhido do texto da lei, mas no qual deveriam intervir quer uma autoridade judiciária, quer os serviços penitenciários, sob direcção daquela. "La conception de peine implique la responsabilité; il faut que l'on croie à la responsabilité pour qu'une mesure prise contre un malfaiteur soit une peine. Mais l'application de la peine n'est plus affaire de responsabilité, mais d'individualisation. C'est le crime que l'on punit, mais c'est la considération de l'individu qui détermine le genre de mesure qui lui convient. La responsabilité, fondement de la peine, et l'individualisation, critérium de son application: telle est la formule du droit pénal moderne" – R. Saleilles, *op. cit.*, p. 167.

[386] Como escreveu Jean Pinatel, "il est evidente qu'une telle doctrine encourt les mêmes critiques que celles adressées à l'École positiviste. Il est clair que du point de vue pénitentiaire, elle ruine et écarte la notion d'amendement. La prison, dans cette conception, demeure pour satisfaire et intimider la conscience populaire. Il est donc inutile de poursuivre la vaine chimère pénitentiaire" – Jean Pinatel, *Traité Élémentaire de Science Pénitentiaire et de Défense Sociale*, Librairie du Recueil Sirey, Paris, 1950, p. XXXIX.

[387] Em Itália, também a conhecida *Terza Scuola* – de autores como Alimena, Carnevale ou Impallomeni, mas também Colajanni ou Vaccaro – procura regressar a uma visão da pena em que se combine

conciliando-se novamente na pena *justiça* e *utilidade*, enfraquecendo uma "rígida distinção entre moral e direito", nas palavras esperançadas de Eduardo Correia, e resultando ainda num sistema penal desejavelmente "dirigido à recuperação do delinquente", o que seria mais certo nuns casos do que noutros.[388] Nesse sen-

intimidação e exemplaridade futura, sem alienar nem uma dimensão moral nem as circunstâncias sociais que rodeiam o criminoso, mesmo se as perspectivas entre distintos autores são francamente variadas. A expressão foi cunhada por Emanuele Carnevale, em artigo publicado originalmente em 1891, na *Rivista di discipline carcerarie* (nº 14, Julho de 1891) – *Una terza scuola di diritto penale* –, propondo uma ultrapassagem por vezes classificada como eclética (termo que Carnevale vê como pejorativo e rejeita expressamente) das limitações quer da escola clássica, quer em particular da nova escola positiva lombrosiana e que é, aliás, objecto de uma forte crítica, imediata, de Ferri, Lombroso e demais correligionários. O texto foi depois reproduzido em *Diritto Criminale*, vol. I, Società Editrice del "Foro Italiano", Roma, 1932, pp. 119 ss. Carnevale, próximo de Tarde, propõe assim um "positivismo crítico", uma "via que não tem ainda linhas rígidas e absolutas, mas que já toma uma forma distinta" (p. 126) e que sintetiza em três pontos de distanciamento do lombrosianismo: o respeito pela autonomia ("personalità") do direito penal, dissolvido entretanto pela sua "renovação científica", ou seja, "biologizado"; a defesa da "causalidade" em detrimento da "fatalidade" do crime, refutando o criminoso nato e os excessivos deterministas, obrigando a ser exigente na classificação de predisposições e de causas determinantes do crime; e a afirmação da "reforma social" como dever do Estado na luta contra a criminalidade, compreendendo-se aqui uma dimensão ampla de prevenção criminal. Também Bernardino Alimena, por seu turno, em *La scuola critica di diritto penale*, Luigi Pierro, Nápoles, 1894, escreve o seu manifesto de defesa de uma nova "escola crítica", positiva no método e vendo o crime como fenómeno social, mas aversa aos "exageros" classificatórios da antropologia criminal (p. 15), negando o peso dado à degenerescência física – por seu turno, admite uma classificação possível de criminosos profissionais, mímico-emotivos e de tipo penitenciário, estes últimos os degenerados pelo contacto prisional – e estabelecendo igualmente a autonomia do direito penal, de base moral e retributiva, face à sociologia criminal. Vê o direito penal como orientado à punição de um facto, operando através da imputabilidade e não apenas da determinação da perigosidade, cumprindo uma missão de "coacção psicológica" e de "pedagogia social" (p. 33) sobre a comunidade. "Parlate in nome de un sentimento, e vi si chiama eccletico, come si el sentimento non fosse un fatto reale quanto un dolore di denti; dite invece che l'idea è una figurina dipinta sui centri nervosi, e vi si accorderà la marca di fabrica. Per noi, invece, non è così, perche il criticismo, se non altro, ha il vantaggio di porre lo spirito umano in guardia, contro sè stesso, e di consigliare, in molte quistioni, di prendere una posizione di riserva", respondia Alimena aos seus detractores (pp. 26 e 27). Sobre a crítica à escola antropológica, v. também Bernardino Alimena, *I limiti e i modificatori dell'imputabilità*, vol. I, Fratelli Bocca, Turim, 1894, pp. 8 ss. Do ponto de vista das penas, contudo, este "criticismo" pouco vinha alterar o essencial do panorama estabelecido pela antropologia criminal.

[388] Adolphe Prins é um dos demais autores a considerar, colocado na ultrapassagem do conflito entre determinismo e indeterminismo: "Nous avons en nous une faculte de réaction contre le milieu, une activité tendue vers un but, et nous devons admettre une certaine liberté interne de conduite. Le fond de notre être est le point de rencontre de ces deux tendances. La liberté et la nécessité tra-

tido, mesmo a adesão à retribuição nunca se terá esgotado "num puro mal referido ao facto".[389] Um "classicismo pragmático", na expressão de outra autora, destacando a relevância que é dada à experiência penológica em detrimento das escolhas ideológicas.[390] Por fim, em 1925, mesmo Enrico Ferri, no Congresso Penitenciário de Londres, condescendia em relação à "responsabilidade moral" presente na base da imputação penal e ao potencial reeducador da pena, na medida em que estas não precludissem as propostas securitárias de "defesa social.[391] Certo é que não podem ser contudo menorizadas a sistematização e o

vaillent ensemble à façonner notre personnalité, à nous rendre énergiques ou décidés ou faibles et indécis (...)" – A. Prins, *La défense sociale et les transformations du droit pénal*, Misch et Thron, Bruxelas, 1910, pp. 36 e 37. Noutro momento, esclarece também: "(...) la science moderne considère le droit de punir non comme un droit absolu, mais comme un droit relatif de défense sociale et de protection sociale, ayant pour but la défense et la protection des intérêts sociaux. (...) La théorie de la défense social d'ailleurs n'est pas exclusive: elle reconnaît ce qu'il y a de fondé dans les théories antérieures et ne nie pas que chacune d'elles ne puisse, à un certain degré, protéger les intérêts sociaux, porvue qu'au lieu de la généraliser et de l'appliquer à tous cas, on la spécialise et on l'applique à des cas particuliers. Ainsi la théorie de la défense sociale distingue les diverses cathégories de délinquants; elle admet l'intimidation et la sévérité quand cela est nécessaire; elle admet l'amélioration et l'indulgence quand cela est possible; elle admet la réparation du tort causé à la victime dans la mesure où le comporte notre organisation économique et proclame que le rétablissement du droit reste théorique aussi longtemps que le préjudice subsiste. De plus, elle tient compte des rapports qui existent entre la misère, la dégénérescence, la maladie, les infirmités et le crime, et elle constate qu'en présence de certaines cathégories d'incapables et d'anormaux, la justice répressive doit parfois se transformer en protection sociale et en préservation sociale. La grandeur de la justice, c'est de devenir alors d'autant plus efficace comme défense sociale que'elle est plus réellement protectrice et préservatrice. La mission du législateur est de réunir ces tendances et ces aspirations variées en un ensemble harmonique et rationnel construit sur les réalités de la vie" – Adolphe Prins, *Science pénale..., cit.*, pp. 29 a 31.

389 Eduardo Correia, *A Pena de Morte – Reflexões sobre a sua problemática e sentido da sua abolição em Portugal*, separata do BMJ nº 173, s/l, 1968, p. 18.

390 Renée Martinage, *op. cit.*, p. 123.

391 Elogiando o projecto de reforma do Código Penal do ministro italiano da Justiça de Mussolini, Alfredo Rocco, escrevia o antigo socialista Ferri: "(...) Cette réfome de notre législation pénale (...) est tout-à-fait d'accord, sur le terrain pratique, avec les propositions que l'école positiviste a faites depuis bien d'années. Et malgré la réserve du ministre pour le principe traditionnel de la responsabilité morale, nous regardons avec sympathie cet essai de réalisation de nos propositions pour la défense sociale contre la criminalité. Celle-ci doit en finir avec la moyenne incolore et inconcluante de la justice pénale d'aujourd'hui, pour se spécifier dans les deux principes: d'une défense plus efficace contre les criminels plus dangereux et d'une défense plus clémente et plus humaine, rééducatrice, pour la grande majorité des delinquents occasionnels et moin dangereux" – Enrico Ferri, *Le congrès pénitentiaire international de Londres – Prolusion dite à l'Université de Rome le 16 novembre, 1925*, in BIC, VII (1925), Of. Graf. da Cadeia Nacional, Lisboa, 1925, p. 442. Entre nós, como apreciação

modelo de sanções nascidos com a escola da antropologia criminal italiana, cuja presença entre nós atravessa ainda as primeiras décadas do século XX, como adiante se verá.[392]

Neste contexto, tem sido destacada a influência directa que teve na doutrina e no direito portugueses Franz Von Liszt (1851-1919), um outro integrador do positivismo cientista em que assentava a nova criminologia (fosse pela via da bio-antropologia fosse pela via sociológica, ambas consideradas necessárias por Liszt, mas insuficientes por si só) e da dogmática jurídica.[393] Liszt, distintamente dos

contemporânea à aprovação do Código Rocco em Itália, v. a dissertação de Cândida Rodrigues Dias, *O Fundamento do Direito de Punir no Código Penal Italiano de 1930*, in BIC, nº 1 (1937), Oficinas Gráficas da Cadeia Penitenciária de Lisboa, Lisboa, 1937, que o apresenta como conciliando "com clareza e perfeição, nas grandes linhas do seu sistema, os tradicionais conceitos da Escola Clássica e da Escola Positiva, ainda em luta no campo especulativo" (p. 219).

[392] Deve assinalar-se aliás que o exercício de comparação entre o que também Lombroso afinal prescrevia como pena ideal a aplicar aos criminosos incorrigíveis e a solução dada pela reforma prisional de 1936 aos criminosos de "difícil correcção" resulta numa aproximação clara, independentemente de todas as mediações interpostas e recebidas nas décadas que os separam: "Plus que de leur bien-être on devrait se préocupper de leur utilisation, afin qu'ils ne nous soient pas trop à charge, et du péril de leur évasion; on devrait pour cela les tenir de préférence dans des îles ou vallées reculées, où on les occuperait, si ce sont des paysans, à des travaux champêtres, qui seraient en même temps utiles à leur santé et à l'État; tandis que les citadins seraient affectés aux ateliers; mieux encore: on pourrait en former des escadres disciplinées militairement, comme cela se pratique en Westphalie, et les destiner aux travaux des routes ou d'assainissement des marais. Il leur serait permis chaque jour, pendant quelques heures, de s'occuper suivant leur gôut; mais ils ne pourraient être remis en liberté qu'après une preuve extraordinaire d'amendement". Em caso de reincidência, seriam colocados em isolamento celular – *Le crime..., cit.*, p. 516. O melhor exemplo que Lombroso encontra para este modelo é o da colónia belga de Merxplas. Esta imensa "colónia" de trabalho predominantemente agrícola, mas também industrial, remunerado, com mais de 5000 colonos, incorporava, no entanto, diferentes categorias de criminosos, quer em espaços de isolamento celular, quer de reclusão em comum. V. a descrição desta colónia, incluindo um amplo repertório fotográfico, em A. F. Van Schelle, *A City of Vagabonds: The Largest Colony of Mendicants in the World, Mexplas (sic), Belgium*, in "American Journal of Sociology", Vol. 16, nº 1 (Jul.), 1910: "The population of Merxplas is destined to decrease the number of convicts by eliminating them from society and segregating them in an isolated part of the country, and constitutes a preventive relegation as profitable to the inmates themselves as to the mass of society", explicava-se (p. 19). Décadas passadas, também Beleza dos Santos vai ainda elogiar a colónia belga, por ele visitada em 1935, como bom modelo de estabelecimento para presos de difícil correcção – assim, José Beleza dos Santos, *Relatório sobre os estabelecimentos prisionais (1939)*, Ministério da Justiça, Lisboa, 1955, pp. 144 e 145.

[393] O trabalho da *Union Internationale de Droit Pénal*, criada em 1889 por Prins, Von Liszt e Van Hammel é assim descrito por Ancel: "Une idée nouvelle était née, celle de la personnalité du délinquent. Sur le plan de la législation pénale l'étude de la personnalité du délinquent conduisait à la recherche

antropologistas italianos, vai recentrar o conceito de crime na esfera jurídica, descrito assim este enquanto o facto culposo, ilícito e que acarreta a aplicação de uma pena[394], forma necessária de protecção dos interesses – em Liszt, *bens jurídicos* –, comuns e individuais, que o direito penal deve salvaguardar, estando este integrado numa "ciência total do direito penal"[395], e de prevenção dos crimes. Forma necessária, mas não ilimitada, uma vez que, afinal, "protege bens jurídicos através da lesão de bens jurídicos".[396]

A categorização de "criminosos de difícil correcção", com as suas variantes, integrando a diferenciação dos criminosos habituais[397], que se receberá na reforma prisional portuguesa de 1936, reforma que na prática é como que um código penal "paralelo" se não "alternativo", poderá ser reconduzida de forma

de sa périculosité. Le grand mérite de l'Union internationale de droit pénal devait être de mettre en lumière cette notion de l'état dangereux et de la rendre, pour ainsi dire, immédiatemet utilisable pour le législateur" – Marc Ancel, *Introduction comparative..., cit.*, p. 33. Sobre a recepção de Liszt em Portugal, v. Eduardo Correia, *A influência de Franz V. Liszt sobre a reforma penal portuguesa*, in BFDUC, vol. XLVI, Coimbra, 1970, acentuando o percurso paralelo entre as inovações nacionais do final do século XIX e as propostas do autor alemão, conciliando-se "o nosso sistema clássico, de base ético-retributiva e assente sobre o facto, com as exigências da prevenção especial, mediante o compromisso de um sistema dualista que, embora não correspondendo aparentemente ao pensamento de v. Liszt, não teria, de certo, sido por ele desdenhado" (p. 4).

394 Franz Von Liszt, *Tratado..., cit.*, I, pp. 5 e 6.

395 A expressão é usada por José Miguel Zugaldía Espinar, na introdução a Franz Von Liszt, *La ideia del fin en el Derecho penal – Programa de la Universidad de Marburgo, 1882*, Editorial Comares, Granada, 1995, p. 10. Como Liszt sumaria neste texto: "La pena, a través de la idea del fin, adquiere extensión y profundidad, y así se desarollan tanto los presupuestos de la pena (el delito) como el contenido y alcance de la misma (el sistema penal). Con la influencia de la idea del fin, la fuerza de la pena se convierte en Derecho penal. La misión a cumplir en el futuro es conduzir el desarrollo iniciado en el mismo sentido y transformar consecuentemente la reacción ciega en protección de bienes jurídicos orientada al fin. (...) Mi posición tolera (...) toda fundamentación metafísica de la pena ; y impide igualmente (...) toda especulación metafísica de la influencia en la configuración empírica de la pena. Por tanto, es, si se quiere decir de este modo, una teoría de la unión (...)" (p. 49).

396 "Justicia en el Derecho penal es la observancia de la medida da pena exigida a através de la idea de fin. (...) Unicamente la pena necesaria es la pena justa. La pena es, para nosotros, un medio dirigido a un fin. La idea del fin, sin embargo, requiere la adecuación del medio al fin y la mayor economia posible en su empleo (...)" – Franz Von Liszt, *La idea..., cit.*, p. 78.

397 Ferri, sobre Von Liszt, escreveu que este "a proposé un système pénal qui toutefois, ne tenant pas assez de compte des différentes catégories de délinquants, et distinguant seulement les déliquants d'habitude et les délinquants d'occasion, aurait besoin d'être complété (...)" – *La sociologie..., cit.*, p. 558. O mesmo Ferri salientará, aliás, que também Von Liszt assinalava que "la législation pénale de l'avenir devra s'édifier sur les données de l'anthopologie criminelle" (*ibidem*, p. 485, nota 2).

mais directa a Liszt[398], que encontrava nesta destrinça uma forma necessária de individualização da pena – ou, melhor, do próprio *fim* da pena, evitando a consagração desta como um mero "risco profissional" na perspectiva do criminoso, usando uma expressão de Tarde: a pena teria efeitos variados e distintos, configurando-se apenas justa e necessária de acordo com os tipos de delinquentes a que se destinava. Podendo revelar-se, portanto, em modalidades mais ou menos agressivas para o indivíduo consoante a necessidade e eficácia em reduzir o seu grau de perigosidade social, mas devendo sempre partir de um princípio de responsabilidade para a sua aplicação e assegurar igualmente um nível mínimo de intimidação e de retribuição durante a sua execução.

A sua modalidade preferida é a exigência do trabalho prisional, simultaneamente castigo, exigência pragmática de justiça e um modelo de regeneração social – de modo a poder também obter-se ainda um efeito de prevenção geral.[399] No entanto, enquanto "efeitos imediatos" da pena, avultam também a correcção, a intimidação e a incapacitação, aos quais a pena de prisão ou um seu equivalente,

[398] Mas também, por exemplo, a intenção de desenvolvimento e de profissionalização do aparelho administrativo prisional, que Liszt advoga como fundamental para qualquer sucesso nesta matéria, ou o acompanhamento da execução da pena indeterminada atribuído um órgão próprio de carácter não jurisdicional – *Tratado...*, *cit.*, II, pp. 22 e 23.

[399] A pena, enquanto "mal" potencial e real, deve ser apta simultaneamente a cumprir fins de prevenção geral, em relação a todos os destinatários do direito, mas particularmente de prevenção especial, em relação a cada criminoso – uma pena total nos seus efeitos: "La misión de la pena puede tener (...) a hacer otra vez del delincuente un miembro útil para la Sociedad (adaptación artificial). Puede actuar, en primera línea, fortificando las representaciones debilitadas que refrenan los malos instintos (*Hemmunhgsvorstellungen*) o influyendo sobre el carácter del autor para transformarlo; según estos dos aspectos, se puede distinguir la intimidación y la corrección como efecto perseguido por la pena. Pero la pena puede tener también como misión suprimir, perpetua o temporalmente, al criminal que há llegado a ser inútil a la comunidad, la possibilitad física de cometer nuevos crímenes, separándole de la Sociedad (selección artificial). Aqui se trata de inocuización (...). Según que, en el caso concreto, se establezca como fin el uno o el outro efecto de la pena, la ejecución de la misma se manifiesta de maniera diferente. El efecto que se desea conseguir sobre el *delincuente* (la prevención *especial*) determinará, en particular, la naturaleza y la extensión de la pena. La exigencia de la política criminal se dirige a utilizar, en lo possible, la aptitud de la pena como medio adecuado al fin, y a adaptarla a las necessidades del *caso particular*. Pero, tanto en el estabelecimento de los hechos criminales, como en la determinación compreensiva de la pena, el contenido (*Anlage*) *general* de la legislación penal no podrá perder de vista los efectos de la amenaza y de la ejecución de la pena, que no tocan al delincuente (la prevención *general*)" – Franz Von Liszt, *Tratado...*, *cit.*, II, pp. 6 e 7. V. também *idem*, *ibidem*, pp. 16 a 25. Sobre a dupla prevenção, geral e especial, de Lizst, v., em especial, José Beleza dos Santos, *Ensaio sobre a introdução ao direito criminal*, Atlântida Editora, Coimbra, 1968, pp. 203 a 207.

pela sua capacidade de se ajustar e modelar a estes diferentes objectivos individuais, parecem ser a pena mais adequada.[400-401]

No contexto de uma *política criminal* estabelecida sobre a individualização da pena em relação ao criminoso, assumindo a "função social" da pena e assentido na necessidade de conter a reincidência, Liszt é em geral um crítico das penas de prisão de curta duração, tal como um defensor do uso de medidas educativas alternativas à prisão para os jovens delinquentes e da aplicação da liberdade condicional. Distingue assim também os "criminosos momentâneos" dos "por natureza" – se os primeiros podem bastar-se com uma manifestação intimidatória da pena, os segundos deverão ser controlados ou incapacitados para o crime, se necessário for, através da aplicação de medidas de segurança – um "acessório da pena"[402] –, como a reclusão em estabelecimentos próprios, para além do cumpri-

[400] V. Franz Von Liszt, *La idea..., cit.*, p. 81.

[401] A Prins, a par de Liszt, deve-se também esta reelaboração do fim da pena, sem abandonar um pendor "científico" que provinha da escola italiana: "La peine moderne (...) est un élément non pas absolu, mais relatif, et l'école contemporaine mettant en relief le caractère relatif de la pénalité ne peut pas se contenter des formules générales. Elle ne croit pas que l'on ouisse adapter le délinquant à une théorie pénitentiaire et que l'humanité se perfectionne en proportion de l'adoucissement des peines. Elle estime que la peine doit être adaptée à la nature du délinquant et que, pour appliquer rationnellement un système de pénalité, il faut étudier l'action de la peine sur l'homme, connaître la nature de l'homme, établir à ce point de vue des groupes de délinquants et individualiser la peine dans la mesure du possible" – Adolphe Prins, *Science pénale..., cit.*, pp. 402 e 403. Tal como Liszt, Prins descobre três grupos fundamentais de delinquentes, merecedores de regimes penais distintos: um regime "educativo e filantrópico"; um regime repressivo puro; e um regime de "preservação social", que possa proteger a sociedade e os próprios. A individualização que a escola da defesa social opera é assim especialmente útil para lidar com os tipos que Prins considera como mais lesivos socialmente, os habituais, os perversos e os perigosos: "D'abord la Société a plus a craindre du déliquant profissionel que du délinquant primaire; des délinquants associes que du déliquant isolé; de la ruse tenace ou de la froide méchanceté, ou de la brutalité, que de l'emportement subit, ou de la légèreté ou de la passion. La Justice trouve ainsi pour la fixation de la peine, une première base solide d'appréciation dans la nature du danger que l'individualité permanente du coupable fait courir à la Société. En second lieu, la Société a autre chose à craindre, et doit prendre d'autres mesures de défense et de préservation, suivant qu'il s'agit, ou de criminels passionels ou malheureux, dont la liberté doit être supprimée surtout pour l'exemple, ou d'antisociaux réfractaires au milieu et qu'il faut mettre dans l'impossibilité de nuire, ou de criminels défectueux ou dégénérés qu'il faut soumettre à un régime approprié de garde et de présérvation" – A Prins, *La défense..., cit.*, pp. 66 e 67.

[402] "L'avènement de mesures de sûreté (...) qui, cette fois, osent enfim dire leur nom et se voient attribuer des rubriques autonomes dans la formulation du droit positif, est sans doute l'innovation la plus évidente et la plus nette des codifications de cette période", afirma Marc Ancel, *Introduction comparative..., cit.*, p. 44. A medida de segurança, em oposição à pena, dispensa a culpa do agente e a

mento da pena, o que em Portugal será estabelecido – e por essa via – de forma sistemática em 1936.[403] No caso de um criminoso "em estado incipiente", uma pena essencialmente correctiva, como a colocação numa casa de trabalho, seria a melhor resposta.[404] Num outro autor alemão, francamente divulgado em Portugal na viragem do século – até porque traduzido para português –, de igual modo o que se encontra é a defesa do trabalho como pena preferencial. O trabalho é visto como um "bem" para o condenado, sendo a prisão um elemento necessário para a exigência de trabalho, mas de curta valia por si.[405]

No Programa de Marburgo[406], sistematiza-se aquela classificação de Liszt: a correcção é devida a quem seja capaz e necessitado de se corrigir; a intimidação dirige-se ao criminoso que não requeira correcção; e a incapacitação ao criminoso que não tenha capacidade de se corrigir.

Assim, a este último grupo de criminosos, reincidentes, incorrigíveis, que alimentam a delinquência habitual, a protecção da comunidade justifica a aplicação de uma pena indeterminada de reclusão em estabelecimentos com trabalho obrigatório e usando o isolamento celular como medida disciplinar.

Para os criminosos passíveis de correcção, seriam administradas penas de entre 1 e 5 anos, num regime progressivo, iniciado com o isolamento celular, a

aferição da sua proporcionalidade em virtude da gravidade de um facto, como recorda também Jean Pinatel, *Traité..., cit.*, p. XLI.

[403] V. Franz Von Liszt, *Tratado..., cit.*, III, pp. 197 a 199 e pp. 273 a 275.

[404] Saleilles vê expressamente em Liszt um par na defesa desta pena individualizada: "Et les Allemands ont désigné cette peine nouvelle, par oposition à la (...) peine compensatoite et rétributoire des classiques, du nom de *Zweckstrafe*, qu'il ne faudrait pas traduite par peine utilitaire. Ce serait ignorer tout le grand mouvement inspiré par Ihering et l'importance donnée par lui à l'idée de but, puisque c'est elle qu'il considère comme destinée désormais à vivifier toute l'ossature du droit. (...) La fonction de la peine doit donc être dirigée vers son but social, adaptée à son but, comme l'instrument au résultat qu'elle a en vue qu'il veut l'atteindre. (...) Et, par suite, peine qui, pour chacun en particulier, doit être appropriée a son but, de façon à produire le maximum de rendement possible. On ne peut, ni la fixer d'avance d'une façon stricte et rigide, ni la régler légalement d'une façon invariable, puisque le but de la peine est un but individuel qui doit être atteint par l'emploi d'une politique spéciale appropriée aux circonstances (...). Si le criminel n'est pas un perverti à fond, il faut que la peine ne contribue pas à le pervertir davantage; il faut qu'au besoin elle le relève et l'aide à se réhabiliter; et, si le criminel est un incorrigible, il faut que la peine soit contre lui, et au profit de la société, une mesure de défense et de préservation radicales. Cette adaptation de la peine à l'individu, c'est ce que l'on appelle aujourd'hui l'individualisation de la peine" – R. Saleilles, *op. cit.*, pp. 11 e 12.

[405] A obra em causa é a de G. Aschaffenburg, *Crime e repressão*, Livraria Clássica Editora, Lisboa, 1904, em especial pp. 254 ss.

[406] V. Franz Von Liszt, *La idea..., cit.*, pp. 83 ss.

que se seguiria, em caso de sucesso, o regime de trabalho em comum, acompanhado de instrução. A saída da prisão implicaria sempre vigilância policial durante um período amplo, bem como o acompanhamento por entidades de patronato.[407]

Finalmente, para os criminosos ocasionais, aqueles que delinquiram por erro episódico, para quem uma correcção sistemática não se justifica e de quem não deve temer crimes reiterados, a pena deve ser essencialmente intimidatória, sinalizando a falta. Liszt prefere também aqui a pena de prisão (ou a pena suspensa), sem isolamento celular obrigatório – que propõe de duração de entre 6 semanas e 10 anos – e a pena de multa, com privação eventual de direitos civis, dispensando-se o uso da pena de morte.[408-409]

[407] *Idem, ibidem*, pp. 87 a 90.

[408] "Estas propuestas deben proporcionar, por lo pronto, la prueba de que es totalmente posible la realización del principio de determinación de la medida de la pena promovido por la idea del fin, sin que para ello sea necessário hacer vibrar los princípios fundamentales del Derecho penal vigente en los países civilizados. Tambien el sistema de marcos penales resulta transformado y limitado, pero no es destruido. Ni la supresión de la medida de la pena ni la eliminación de la individualización judicial de la pena son objetivos de mi propuesta. En dos palabras puede sintetizarse lo que se pretende: inocuización de los incorregibles y corrección de los necesitados de corrección. Todo lo demás está de sobra" – *idem, ibidem*, pp. 90 e 91.

[409] Os fins das penas surgem-nos de algum modo como doutrinariamente estabilizados desde o século XIX, variando, contudo, a intensidade com que diferentes perspectivas valoram alguns destes fins. De acordo com essa preferência como efeito da punição, as penas serão também ajustadas em alternativa e de algum modo hierarquizadas. A pergunta é progressivamente invertida nos seus termos: em vez de procurar determinar qual o fim da pena, procura-se a pena – e em que termos – que pode ser mais apta a concretizar um determinado efeito. O plano de debate afasta-se assim cada vez mais da filosofia penal e centra-se, efectivamente, na política criminal. A ideia de defesa social, no pós-Segunda Guerra, suscitará, como é conhecido, um novo humanitarismo penal (sobre o contexto do surgimento da escola da *nova defesa social*, com Felipo Gramatica e Marc Ancel, v. Jean Pradel, *op. cit.*, pp. 92 ss. e Jean-Marie Carbasse, *op. cit.*, pp. 395 ss.), em que a protecção da comunidade é indissociável de um esforço de ressocialização do criminoso, no contexto de uma nova formulação de direitos humanos e de legalidade que vai integrar plenamente os delinquentes, até então considerados como parte desse novo mundo de direitos e de deveres, afinal, apenas quase por uma via de um certo filantropismo utilitário ou da sua categorização abstracta. Rejeitando qualquer valor da retribuição como elemento visado pela pena, o tratamento de cariz social do criminoso passa a ser o novo ponto de observação que se afigura como preponderante – "un nouveau droit pénal de protection sociale et de réadaptation individuelle" (Marc Ancel, *Introduction comparative...*, *cit.*, p. 67) –, o que implica também uma desconfiança substancial sobre o papel da prisão enquanto resposta punitiva, pelo menos sem esta receber uma natureza "educativa em si" (sobre este aspecto, v. em particular, Marc Ancel, *La défense sociale nouvelle*, 2ª ed., Éditions Cujas, Paris, 1971, pp. 309 ss.). Uma crítica de base retributiva, contudo,

Não deixa de ser impressiva, não obstante a ferocidade que os autores demonstram no seu esforço de distinção e de superação em relação aos demais, a constância e mesmo o reforço que a privação de liberdade e, em particular, a prisão, na suas diversas declinações, assume ao longo do século. Mesmo as propostas que pretendem suprimi-la, por desadequada, ineficaz ou injusta, fonte de alienação ou simplesmente de contágio criminal, acabam por admiti-la a certo ponto. Por ser impossível regressar a outro modelo de sanções, entretanto proscritas pela "civilização". Por ser impossível prescindir da prisão, de um ponto de vista prático. Por ela conciliar sem sobressalto uma ideia colectiva de castigo e princípios constitucionais entretanto consolidados. Por esta permitir, ainda, graduar delinquentes e o seu regime, acomodando elementos antes autónomos como o trabalho punitivo.

E, em adenda a este traço, note-se um outro, a propósito da novidade na categorização dos criminosos e na consequente individualização da pena: entre os criminosos "dóceis, incertos ou incorrigíveis" de Rossi em 1829 (distinção que o projecto penal de Levy Maria Jordão usará, por outras palavras, em 1861) e os "ocasionais, corrigíveis ou incorrigíveis" de Liszt, no programa de 1884, passando pelos criminosos natos, passionais ou ocasionais de Lombroso ou pelos "assassinos", "violentos" ou "desprovidos de sentido de probidade" de Ferri, com todas as precauções (como a diferença entre uma tipologia de criminoso e uma classificação de preso), o que ressalta imediatamente são as semelhanças e não as diferenças. Mas, entre nós, também um autor frequentemente louvado, mas a quem raramente se imputa efectiva inovação, como Mello Freire, como se verá adiante, já discutia a incorrigibilidade do criminoso e a conveniência da adequação da pena à sua natureza, na última década do século XVIII. O mesmo faria Silvestre Pinheiro Ferreira, na década de 30 do século XIX – e propondo aqui um modelo operativo de correcção.

não se fará também esperar, mesmo que sem comportar o radicalismo moral que lhe era tradicionalmente associado e aceitando a importância de se configurar um tratamento dirigido ao delinquente.

2. A modelização da prisão e o nascimento dos "sistemas penitenciários"

§ 1º A prisão na chegada ao penitenciarismo

Regresse-se agora um pouco atrás. As ideias exigem instituições. Com as premissas iluministas, abriu-se a discussão sobre a perfeição racional da pena, a prisão enquanto expressão dessa racionalidade e, com ela, a porta aos novos sistemas *penitenciários*. Ao longo do século XIX, como se viu, vai manter-se como tema privilegiado do debate sobre o domínio penal e da resposta da sociedade ao crime.

Não se trata apenas aqui de *punir por punir*, de vingar respondendo a uma ofensa, de apenas sancionar um comportamento indevido e grave. A prisão (mas também ainda a *colonização penal*, o degredo para espaços ultramarinos subpovoados ao dispor das potências europeias), as duas grandes "invenções penitenciárias"[410], como a certo ponto são designadas, parecem ser a mais perfeita resposta, pois permitem remover do contacto social, sancionar através de um desvalor extremo, alicerçado na perda da liberdade individual, e vão sendo revestidas de características que, pelo menos na conceptualização e em certo discurso, contribuem para a regeneração do criminoso, a concretização de uma nova *salvação* para esta nova ordem.[411]

[410] "Deux grands inventions pénitentiaires ont éclos ou plutôt se sont épanouies depuis un siècle, et se disputent encore l'imitation des divers Etats: la colonisation pénale, dont la transportation n'est qu'une variété importante, et la cellule. Nous sommes mis en demeure et nous sommes à présent en mesure d'opter entre les deux ou de faire à chacune d'elles sa part", escrevia Tarde, *La philosophie..., cit.*, pp. 507 e 508.

[411] A pena de prisão oitocentista, como salientou Eduardo Correia, não se define apenas *negativamente*, pela anulação que representa dos castigos sobre a vida e o corpo, mas também *pela positiva*, enquanto

Permitem graduar e modelar a pena de forma aritmética, dando resposta às necessidades de proporcionalidade da pena e de individualização, ajustando-se a sua duração e o seu regime. Como também salientou Tiago Pires Marques, a prisão oitocentista deve ser compreendida como elemento constitutivo de um discurso novo de "civilização" e "ordem".[412] Mesmo se a percepção de que o futuro do criminoso é uma tarefa a que o Estado não deverá ser alheio está de algum modo presente no pensamento provindo do século XVIII, como o assinala Sílvia Alves, salientando mesmo Pereira e Sousa que "pertence á administração Pública assignar aos forçados que acabão o tempo das Galés um trabalho assiduo, mediante um estipendio certo, que lhes assegure huma existencia tranquilla na sua velhice"[413], também esse desiderato apenas se generalizará no discurso e se concretizará na prática ao longo do período de afirmação dos Liberalismos.

Ferreira Deusdado, pedagogo e criminalista português do final do século XIX, não deixou também de apresentar novas possibilidades históricas: de que quer o assistencialismo pós-prisional, quer a ideia e conteúdos essenciais do sistema penitenciário, tal como ele se vai desenvolver no Ocidente, em particular a partir do final do século XVIII, são importações – ou pelo menos criações prévias – do Oriente, ambas referenciadas por Fernão Mendes Pinto na China, nas *Peregrinações* editadas em 1614. Uma convencionada origem setecentista do modelo penitenciário, no desígnio papal de San Michele, necessariamemte uma referência de pendor católico, poderia assim ser substituída por modelos semelhantes no Oriente. Ou mesmo um autor português do século XVII, o marquês de Monte Belo, ser apresentado como um verdadeiro precursor do humanitarismo penal e uma nova referência inicial para um modelo penitenciário, combinando prisão e trabalho, num texto em que se defende não só a desnecessidade da pena de morte como o dever "construir-se nas grandes povoações, entre seguras e altas muralhas, uma prisão perpetua, onde, com o suor e trabalho e, differentes officios, ganhassem os presos o seu sustento", sendo assim "exemplos vivos [da] emenda dos criminosos e espelho em que

oportunidade de reeducação do criminoso no plano jurídico e cívico – tornando-o *obediente* (mas não necessariamente ético) –, mesmo se os seus resultados podem ser discutíveis. V. Eduardo Correia, *La prison, les mesures non-institutionelles et le projet du Code Pénal Portugais de 1963*, separata de "Estudos *in memoriam* do Prof. Doutor José Beleza dos Santos", suplemento ao vol. XVI do BFDUC, Coimbra Editora, Coimbra, 1965, pp. 10 a 12.

412 Tiago Pires Marques, *Crime e castigo no Liberalismo em Portugal*, Livros Horizonte, Lisboa, 2005, p. 15.

413 Pereira e Sousa, *Esboço..., cit.*, tomo I, entrada *Galés*. V. Sílvia Alves, *Os fins das penas..., cit.*, p. 830.

todos se mirassem"[414], um modelo não longínquo da casa de trabalho europeia da altura.

Em particular em Inglaterra e nos Estados Unidos da América, o debate sobre as penas – e em particular sobre a pena de morte, a prisão, o trabalho e o degredo –, tornado a partir do final do século XVIII numa causa pública, vai influenciar vários espaços por todo o Mundo, nomeadamente vários Estados europeus continentais e, designadamente, Portugal. Iniciado como debate geral em torno da rejeição das penas corporais, da pena de morte e da reforma das prisões, evoluirá para permitir uma discussão específica sobre o melhor modelo de execução da pena de prisão.

A experiência norte-americana será determinante para este processo. A construção em Filadélfia, em 1790, de um estabelecimento prisional com isolamento permanente dos reclusos, enclausurados em celas individuais – a *prisão celular* –, onde posteriormente entrará o dever de trabalho individual como ocupação, marca um modelo que será repetido e também contestado ao longo de décadas, assinalando o nascimento do *regime penitenciário*, designação a que não é alheia naturalmente a inspiração religiosa que o marca.

[414] Tratar-se-á aqui de obra inacabada do Marquês de Monte Belo, o pintor Félix Machado da Silva Castro e Vasconcellos, escrita em castelhano, à qual Ferreira Deusdado acede e da qual traduz e transcreve um trecho, indicada como *Criança de principes – Espejo de Cavalleros – Exemplar de nobleza*, com publicação que situa entre os anos de 1614 e 1630, dada a referência às *Peregrinações*. V. Ferreira Deusdado, *A Anthropologia Criminal e o Congresso de Bruxelas*, Imprensa Nacional, Lisboa, 1894, pp. 212 ss., de onde se cita o texto de Félix Machado. Não obstante a pesquisa, não foi possível localizá-la nem vê-la referenciada nos auxiliares bibliográficos. Sobre Félix Vasconcellos e os seus dotes artísticos, escreve Cyrillo Volkmar Machado: "Félix Machado da Silva Castro e Vasconcellos foi mui versado nas Artes, e Sciencias, e muito bem acceito a Filippe 4º, que em premio de relevantes serviços lhe deo o titulo de Marquez em 1630. Dez annos depois acontecendo a revolução de Portugal, e achando-se na Corte de Hespanha seguio o seu partido, talvez por necessidade: mas vendo-se naquelle Reino sem meios suificientes para subsistir com decência, fez profissão pública da Pintura, em que era perito (...)" – Cyrillo Volkmar Machado, *Collecção de memorias relativas ás vidas dos pintores, e escultores, architetos, e gravadores portuguezes, e dos estrangeiros, que estiverão em Portugal*, Imprensa da Universidade, Coimbra, 1922 (ed. original de 1823), p. 65. Recentemente foi republicado um "tratado penitenciário" espanhol do século XVI (*La visita de la cárcel y de los presos* de Tomás Cerdán de Tallada), acompanhado de um estudo reflectindo o interesse no final do século XVI pelas prisões seculares e condições dos presos, num contexto também de progressivo interesse pelo tema da ociosidade. Pela obra descobre-se efectivamente desde logo o interesse pelas condições materiais dos presos e a rejeição do arbítrio carcelário e confirma-se um uso da prisão meramente subsidiário como pena – v. Regina Mª Pérez Marcos, *Un tratado de derecho penitenciario del siglo XVI* – La Visita de la cárcel y de los presos *de Tomás Cerdán de Tallada*, Universidad Nacional de Educación a Distancia, Madrid, 2005.

Em alternativa, no estado de Nova Iorque, a prisão de Auburn vai adoptar um sistema, de algum modo em parte também já presente nos antigos estabelecimentos prisionais de Amesterdão, em que o isolamento dos reclusos é apenas nocturno e o trabalho e outras actividades são realizadas em comum durante o dia, sendo este quotidiano prisional revestido por uma regra de silêncio, que se pretenderia absoluta.

Estes sistemas de Filadélfia (ou da Pensilvânia, uma vez que é acompanhado pela reforma do direito penal deste estado, de modo a prever a prisão com isolamento, e a cidade de Pittsburgh partilhará rapidamente do mesmo modelo) e de Auburn serão os modelos da prisão de uma nova sociedade e de um novo direito de punir, modernizados, racionalizados e higienizados de acordo com a época, sujeitos a diversas adaptações e correcções ao longo do tempo e de acordo com o espaço que os recebe. A prisão é aqui *pena* e *espaço* e a arquitectura prisional tornar-se-á determinante, ao longo do século, modelando não só edifícios, mas os próprios regimes e instituições – participando directamente na definição do que é o quotidiano prisional e a execução da pena. A prisão passa a ser simultaneamente visível e invisível para a comunidade. Ao invés da generalidade das prisões dos períodos anteriores, atendendo à desconsideração punitiva do seu fim, e ao catálogo então habitual de penas – morte pública, açoites e demais penas corporais, cortejos de degredados, uso público de baraço, pregões... – a prisão penitenciária é agora um espaço novo corporizado, em público, de esperança na redenção, mas também um espaço em que a pena se esconde dos olhos de quem passa. A execução da pena de prisão, silenciosa, sem testemunhas, exige a ocupação do espaço colectivo, mas dispensa a presença do público para se completar.

Os sistemas virão a ser completados por uma ideia de progressividade no regime penitenciário aplicado e de individualização na execução da pena, em que a um isolamento absoluto se vão sucedendo fases de crescente interacção e distensão no seu rigor. Afinal, o tema da "corrigibilidade" assim o exige. Mas a perda de liberdade associada à imposição de trabalho falha, de algum modo, a sua missão de regeneração, porque, de facto, a prisão não era capaz de criar *homens novos*. Os *modelos progressivos*, nas suas distintas configurações, que incluíram também o uso de um complemento de degredo à prisão, a liberdade condicional ou a indeterminação na duração da pena, virão assim completar o conjunto de hipóteses que cobrirão a generalidade dos padrões da prisão no mundo ocidental ao longo do século XIX e entrando pelo século XX, sujeitos naturalmente a críticas diversas, quer ao nível dos seus fundamentos, quer dos seus resultados.

A par de uma perspectiva que procura ver uma continuidade intrínseca na pena de prisão desde o período medieval, para a qual se carrearam atrás, aliás, alguns fundamentos entre nós, tem sido salientado que a origem da prisão enquanto instituição "total" que visa explicitamente uma reabilitação social através do encarceramento com trabalho pode encontrar-se também nas conhecidas "casas de trabalho" de Amesterdão e de outras cidades holandesas e germânicas e em instituições inglesas paralelas que chegam ao século XVIII.

A "casa de trabalho", instituição que parece nascer na Holanda e em Inglaterra e que se generaliza na Europa central, não é uma prisão típica para os moldes contemporâneos, já que não receberá em regra nem condenados pela prática de crimes graves nem suspeitos a aguardar julgamento – acolhe, por vezes de forma coactiva, aqueles que não têm trabalho e que ali transaccionam a sua liberdade, recebendo uma remuneração ou apenas alimento e pernoita, salvando-se assim de uma miséria extrema. A sua primeira finalidade é de eliminação da (visibilidade da) pobreza e de prevenção do crime, cabendo-lhe o desígnio moral de assegurar a distinção entre o mero ocioso e o verdadeiro pobre.[415] Assim, não se trata em primeira linha de punir um criminoso, mesmo se estas casas acabam por funcionar simultaneamente como um refúgio, um espaço de vigilância e de controlo da ociosidade e um castigo.[416] Características, em primeira linha, das monarquias protestantes, nos Estados europeus de influência católica vão nascer igualmente diversas instituições de acolhimento e assistência à pobreza.

Os séculos XVI e XVII ofereceram na Europa, fruto em grande parte das guerras frequentes e do crescimento das cidades, um panorama de aumento da indigência e o modelo da casa de trabalho foi uma resposta encontrada para retirar das ruas uma população que oscilava entre a mendicidade e o pequeno crime. O trabalho obrigatório, assegurado através do internamento na instituição, era visto como um elemento sistémico de correcção e a sua falta por parte do recluso implicava uma sanção, usualmente corporal.

Bridewell, em Londres, é um dos primeiros exemplos de uma *house of corrections*, logo na segunda metade do século XVI, aplicando um regime de trabalho e disciplina para ociosos, vagabundos e pequenos criminosos. Ocupavam-se ini-

[415] Sobre este aspecto, v. Pedro Trinidad Fernández, *op. cit.*, pp. 30 e 31. Sobre os "pobres legítimos" e a caracterização dos meros ociosos, os "falsos mendigos", entre nós no período final da Idade Média, v. Luís Miguel Duarte, *Marginalidade e marginais*, in José Mattoso (dir.), "História da Vida Privada em Portugal – A Idade Média" (coord. de Bernardo Vasconcelos e Sousa), *cit.*, pp. 171 ss.

[416] V. entre os textos nacionais, sobre este modelo da "casa de trabalho" ou "casa de disciplina", Maria da Conceição Bidarra de Melo Trigueiros, *op. cit.*, pp. 61 ss., José Manuel Louzada Lopes Subtil, *O Vintismo e a Criminalidade (1820/1823)*, dissertação apresentada à Universidade Nova de Lisboa para obtenção do grau de mestre em História dos séculos XIX e XX, Lisboa, 1986, policopiado, pp. 112 a 114 e Pedro Correia Gonçalves, *A pena privativa de liberdade – Evolução histórica e doutrinal*, Quid Juris, Lisboa, 2009, pp. 85 a 91.

cialmente na moagem, no trabalho em madeira e em ferro e na feitura de pão e a casa estava marcadamente orientada para ser auto-suficiente, dispondo de uma loja aberta ao público onde os seus produtos eram vendidos.[417] Esta é uma instituição, aberta em 1555, que acabará por se disseminar pelo país e que derivará para as *workhouses*, geridas pelas comunidades locais organizadas nas paróquias ou por privados, que podem instalar estas casas por sua iniciativa, aproveitando do rendimento do trabalho dos reclusos, mediante controlo judicial. Uma lei de 1670 definirá em termos gerais o regime das *workhouses* – também designadas genericamente de "bridewells", tal o sucesso da instituição londrina.[418] No entanto, paralelamente a este tipo de regime de reclusão para o trabalho, mantêm-se em funcionamento as prisões comuns tradicionais e os juízes, em 1720, podem mesmo escolher para onde condenar, o que traduz necessariamente a sua aproximação. Ambas merecem, no entanto, como se viu, quanto à realidade do seu regime, a dura crítica de Howard em 1777, em grande medida pela ociosidade e insalubridade evidenciadas.

Paralelamente, as *casas de disciplina* (*tuchthuizen*) de Amesterdão, a *Rasphuis* (casa masculina, cuja designação provém da ocupação original dos seus habitantes na raspagem de madeiras provindas da América Central e do Sul para corantes) e a *Spinhuis* (casa para mulheres – prostitutas, pequenas delinquentes...), surgidas em 1596, são outros dos fenómenos precursores de um novo ideal de reclusão que incorpora o trabalho como elemento essencial para a reforma moral – mas também, de forma pragmática, para a retirada das ruas dos indesejáveis e para a sua rentabilização económica. A sua vocação principal era a de receber indigentes, delinquentes, ociosos ou internados por indicação da família e corrigi-los através do trabalho disciplinado, forçando-os a adquirir e demonstrar novas virtudes.[419] Na *Spinhuis* de Amesterdão encontra-se, no final do século XVII, gravada uma inscrição no cimo do seu pórtico: "Não temeis! Eu não me vingo do

[417] V. Torsten Eriksson, *The Reformers..., cit.*, pp. 8 a 10.

[418] Sucesso aparente, contudo, já que, em 1631, 29% dos vagabundos condenados a Bridewell serão reincidentes. O nível elevado de reincidência e a elevada pressão de mendigos e ociosos sobre as casas de trabalho terá também fomentado, no caso inglês, a descoberta de novos modelos de punição e de saneamento do ambiente social – a deportação para as colónias ultramarinas. Assim, Bronislaw Geremek, *op. cit.*, p. 253.

[419] Pieter Spierenburg, *The Prison Experience..., cit.*, p. 17, anota: "Bad habits, rather than concrete acts such as burglaries or a homicide, were penalized. Moral campaigns or «civilization offensives» were an important background to the emergence of the prison workhouses". Sobre os encarcerados por ordem judicial a pedido da família até ao século XVIII, nomeadamente a título "preventivo", reportando-se casos de alcoólicos, alienados e meros indisciplinados, v. *idem, ibidem*, pp. 243 ss.

mal, imponho o bem. Tenho pesada a mão, mas o coração transbordante de amor".[420] Indigentes e criminosos são cada vez mais equiparados: a indigência é criminalizada autonomamente ou é vista, pelo menos, como manifestamente criminógena.

Entre nós, à época, também as Ordenações, mantendo uma lógica já anterior, vão punir a ociosidade.[421] No entanto, a resposta encontrada foi em parte distinta.

[420] V. Bronislaw Geremek, *op. cit.*, p. 251. Do mesmo modo, numa casa de correcção e trabalho de Hamburgo, encontrava-se inscrito "Labore nutrior, labore plector" ("Com o trabalho sou alimentado, com o trabalho sou punido" e, em Dessau, "Miseris et Malis" ("Aos míseros e maus"). As referências à *Rasphuis* como um marco no percurso punitivo europeu encontram-se hoje disseminadas por igual em autores com perspectivas muito diversas, como Michel Foucault (v. *Surveiller...*, *cit.*, pp. 142 ss.), acentuando a sua dimensão de estrutura orientada para a produção, ou Carlos García Valdés, que associa também de forma clara a origem da prisão penitenciária do século XIX às casas de trabalho de Amesterdão nascidas do calvinismo, destacando a dimensão de esforço pessoal e o trabalho como decisivos numa recuperação, pessoal e social, quer do mendigo quer do delinquente (v. Carlos García Valdés, *Una nota...*, *cit.*, pp. 413 a 415).

[421] V. OF, l. V, t. 68º e, antes, OM, l. V, t. 72º. José Adelino Maltez, *História...*, *cit.*, pp. 282 a 287, destaca também a origem mais antiga das proibições em torno da mendicidade e da vadiagem, com exemplos retirados de leis avulsas desde o século XIII. Efectivamente, nos *P. M. H.*, Leg. et Cons., vol. I, *cit.*, p. 171, reproduz-se lei datada de 1211, atribuída a D. Afonso II, que vem estabelecer, associando ociosidade, pobreza e risco social, que "per todo nosso rreyno nom more homem que nom ouuer possissom ou algum mester per que possa uiuer sem sospeyta ou senhor que por el possa responder a nós se alguum mal fezer ou taaes fiadores per que possa seer correiudo algum mal se o fezer", sendo os destinatários da lei apelidados de "maaos homeens". Legislação avulsa dos séculos XVI, XVII e XVIII manterá a mesma óptica de repressão da vadiagem e recondução dos vadios e mendigos a trabalho – uma relação de leis nesta temática é apresentada por José Guardado Lopes, *Achegas para a história do direito penitenciário português*, in BMJ, nº 430, Ministério da Justiça, Lisboa, 1993, pp. 80 e 81 e uma perspectiva sobre a dimensão legislada da repressão da vadiagem e da mendicidade entre nós até ao século XX pode ser obtida através de Mário Simões dos Reis, *A vadiagem e a mendicidade em Portugal*, Imprensa Libânio da Silva, Lisboa, 1940, pp. 673 ss. O contexto ideológico de repressão da mendicidade, note-se, não merece uma apreciação unívoca. Desde logo, recordando o favor com que eram tratadas as ordens mendicantes medievais, Max Weber procurou assinalar, através desse exemplo, uma mutação que nota na ascensão protestante, designadamente em Inglaterra: "L'éthique du Moyen Âge n'avait pas seulement toléré la mendicité, elle l'avait directement glorifiée avec l'ordres mendiants. (...) L'éthique sociale anglicane des Stuarts était encore proche, intérieurment, de cette attitude. Il fut réservé à l'ascèse puritaine de contribuer à la législation anglaise sur les indigents très, laquelle, par sa dureté, a provoqué dans ce domaine un changement radical" – Max Weber, *L'Éthique...*, *cit.*, p. 246. Hoje em dia, a análise dominante é a de que Max Weber sobrevalorizou a relevância e a autonomia da Reforma, quer na perspectiva da atitude sobre a pobreza e a ociosidade, quer em relação à sua eventual preponderância na criação de instituições punitivas com uso do trabalho – v., por todos, Pieter Spierenburg, *The Prison Experience...*, *cit.*, pp. 27 a 33. "Once the idea of the prison workhouse had been conceived, its implementation was independent of struggles between

A principal pena prescrita para os "vadios", atendendo à realidade nacional, era o degredo para África – ou para o Brasil, para a Índia ou a condenação às galés, no caso dos vadios da cidade de Lisboa – sem prejuízo de, cumulativamente, se prever a possibilidade de aplicação de açoites. Quem não "viver com senhor, ou com amo" ou não "tiver Officio, nem outro mester, em que trabalhe, ou ganhe sua vida, ou não andar negoceando algum negocio seu, ou alhêo" representa um risco social e deve ser encaminhado para onde a sua força de trabalho mais útil seria ao Reino – nas novas terras ultramarinas ou, em alternativa, nas "galés", que se mantêm, também entre nós, como um espaço de trabalho em reclusão, mesmo quando deixam de significar a condenação a trabalho forçado numa embarcação no mar e se reduzem, na prática, a uma prisão junto do cais. Apenas o início do século XIX assistirá ao fim da "prisão da galé" em Lisboa.[422] Os séculos XVI e XVII, do mesmo modo que os séculos anteriores afastaram leprosos e afectados pela peste, vão proceder à reclusão dos loucos, dos indigentes e dos mendigos.[423] A nossa casa de trabalhos preliminar da prisão é um destino ultramarino ou uma reclusão com trabalho forçado junto ao cais.

Também Howard desempenha um papel decisivo na valoração internacional da experiência holandesa e não apenas das suas casas de trabalho: visita mais do que uma vez as prisões deste país e elogia quer uma realidade de encarceramento individual que encontra para condenados, quer em particular os modelos das suas casas de trabalho, onde descobre até uma aproximação ao que poderia ser considerado um regime de concessão de liberdade condicional[424], bem como

religious factions. Patricians agreed on policies to pursue. The second and more important explanation for the rise of prison workhouses is that it is a response by urban elites to problems they felt to be acute in the late sixteenth and early seventeenth centuries. Most of the early prisons were urban institutions", escreve Spierenburg (p. 29).

[422] Em termos terminológicos, a condenação às "galés" como "degredo", como a legislação nacional por vezes a classifica, encontra um paralelo aliás nas condenações às casas de trabalho holandesas no século XVII consideradas como "uma forma especial de degredo": "Magistrates spoke of banishing people to the *tuchthuizen*. Only later were the notions of not being allowed to enter a place and being forbidden to leave a place differenciated and termed banishment and confinement, respectively" – Pieter Spierenburg, *The Prison Experience...*, *cit.*, p. 36.

[423] V. Bronislaw Geremek, *op. cit.*, pp. 242 ss. V. também Eduardo Correia, *La prison...*, *cit.*, pp. 12 a 14.

[424] "In most of the Prisons for *Criminals* there are so many rooms that each criminal is kept separate. They never go out of their rooms: each has a bedstead, straw, and coverlid. But there are few criminals, except those in the *Rasp-Houses* and *Spin-Houses*. (...) The States do not transport criminals: but men are put to labour in the *Rasp-Houses*, and women to proper work in the *Spin-Houses*: upon this professed maxim, *Make them diligent and they will be honest.* (...) Offenders are sentenced to these

o uso da graduação da pena e dos seus termos de acordo com o comportamento demonstrado.[425]

O modelo da casa de trabalho holandesa[426], ao surgir como o preferível nos relatórios minuciosos de Howard sobre as prisões da Europa, ganha necessariamente actualidade e relevância, notadas no seu aproveitamento pelas novas penitenciárias norte-americanas e inglesas. No entanto, é apenas em 1944, através do estudo de Thorsten Sellin, revendo um trabalho inovador do alemão Robert von Hippel, do final do século XIX, que ficou definitivamente atestada a sua importância para a reforma prisional encetada no final do século XVIII. Sellin demonstra como as casas de correcção de Amesterdão nascem, num contexto punitivo em que a pena de morte, as penas corporais e o desterro abundam, da necessidade de lidar com a pequena criminalidade e a vadiagem crescentes, com a particularidade de utilizar intencionalmente o trabalho e a religião como instrumentos correctivos.[427] Este modelo e esta intencionalidade serão depois replicados ao longo dos séculos XVII e XVIII em espaços distintos, como diver-

Houses, according to their crimes, for seven, ten, fifteen, twenty years and upwards: but, to prevent despair, seldom for life. As an encouragement to sobriety and industry, those who distinguish themselves by such behavior, are discharged before the expiration of their term. (...) This practice of abridging the time of punishment upon reformation is in every view wise and beneficial. Indeed, I have some reason to think that criminals are often doomed to a longer term, with an intention to make such deductions upon their amendment" – John Howard, *The state of the prisons..., cit.*, pp. 119 a 123.

[425] Howard destaca, no *Appendix..., cit.*, p. 11, quanto à *Rasp-House* de Amesterdão: "Once a year, a little before the change of the regency, the high-bailiff and magistrates, with a secretary, attended by the inferior offices of justice, come to this prison, in order to *contract* or *lengthen* the terms of confinement of the convicts, according to their *good* or *bad* behaviour, as represented by the regents".

[426] Como Spierenburg, num outro texto, anota, a casa de trabalho holandesa surge num contexto de afirmação do Estado: por um lado, possível por ser tempo de alguma pacificação ao fim de conflitos sucessivos; por outro, como hipótese de simbolizar publicamente, de forma notória, a capacidade repressiva pública em relação a catagorias distintas de marginais. "Thus the first prisons in Europe were inaugurated because a specific stage in state formation processes, a relative monopolization of violence by monarchs and patriarchs, had been reached" – assim, Pieter Spierenburg, *From Amsterdam to Auburn: an explanation for the rise of the prison in Seventeenth-Century Holland and Nineteenth-Century America*, in "Journal of Social History", vol. 20, nº 3 (Primavera de 1987), George Mason University, Fairfax, 1987, p. 441. Esta linha de inspiração weberiana não é suficiente para fundamentar de forma exclusiva aquela instituição em concreto, já que, por este prisma, outras formas de execução penal podem também ser justificadas: desde logo o nosso degredo ultramarino, inquestionavelmente exemplo de uma justiça régia que usa o seu poder punitivo de acordo com os interesses do Estado.

[427] V. Thorsten Sellin, *Pioneering in penology..., cit.*, pp. 9 e 10.

sas cidades alemãs e belgas, e continuarão afinal a inspirar as novas casas de isolamento e trabalho que se criam nos Estados Unidos.[428] Do ponto de vista formal, mesmo não sendo exclusiva para criminosos, a entrada na casa de trabalho é em regra decretada judicialmente, uma vez que a mendicidade é legalmente punida e a condenação à casa de trabalho vista como pena intermédia entre a multa e as penas corporais, mesmo se esta detenção se possa prolongar por vários anos.[429]

A par das circunstâncias económicas e demográficas, Sellin não deixa de assinalar que esta casa de trabalho, como instituição penal, associada a um primeiro humanitarismo penal que o ambiente religioso também favorecia, surge certamente também em resultado de um renascimento de textos clássicos centrais, como os de Platão ou de Séneca, nos quais a prisão como oportunidade de correcção surge como proposta punitiva.[430]

Por outro lado, a própria ideia de prisão celular não era uma novidade também neste espaço, mesmo que na *Rasphuis* de Amesterdão não fosse adoptada essa configuração. Por exemplo, Dirck Volckertsz Coornhert, um jurista holandês católico (1522-1590), propôs logo em 1567 a construção de uma prisão celular que deveria simultaneamente substituir as penas em uso, à excepção dos trabalhos públicos, e ser também apta a lidar com a mendicidade. O trabalho obrigatório era já o centro deste programa punitivo, o que leva também Spierenburg a situá-lo como provável inspirador das casas de trabalho de Amesterdão[431] – a alimentação apenas seria fornecida, aliás, em caso de ser considerado produtivo o dia do condenado –, e o plano arquitectónico desenhava-se em função do seu objectivo central: as várias celas individuais seriam destinadas ao repouso nocturno dos trabalhadores e acompanhavam um vasto pátio interior reservado ao seu trabalho diurno[432], um sentido ainda adoptado séculos depois.

As casas de trabalho inglesas e holandesas, a par da tradição penal oferecida pelas prisões eclesiásticas e do reformismo humanitário do final de setencentos, conjugam-se assim como elementos demonstrativos de alternativas de punição,

[428] "When the Walnut Street jail of Philadelphia after the Revolution was finally restored to the community to its own use (...) one of the industries installed was the rasping of wood. It is most likely that the stimulus in this connection came from Holland through the descriptions of John Howard. It is not an industry common to the British houses of correction (...)" – *idem, ibidem*, p. 110.

[429] *Idem, ibidem*, pp. 43 a 45.

[430] *Idem, ibidem*, p. 22. V. também Torsten Eriksson, *The Reformers...*, *cit.*, pp. 11 a 13.

[431] V. Pieter Spierenburg, *The Prison Experience...*, *cit.*, p. 44.

[432] V. Thorsten Sellin, *Pioneering in penology...*, *cit.*, pp. 23 a 25.

assentes na prisão, mas que têm em vista mais do que apenas castigar o criminoso e proteger a sociedade pelo seu afastamento.

As possibilidades que se abrem para esta prisão assentam na sua capacidade de agregar as dimensões de castigo, de redenção do criminoso (pelo isolamento, pela falta de liberdade, pelo trabalho) e de protecção da comunidade, bem como de aproveitamento sistemático desta mão-de-obra penal e equiparada. A *redenção* não é ainda necessariamente a *correcção* ou a *regeneração* de um criminoso – esta só se incorporará de forma explícita no pensamento e na prática penitenciária mais tardia. A diferença na percepção social do miserável e do criminoso, na prática, pode ser muito pouca. As primeiras instituições de beneficência e acolhimento aos pobres nas cidades assim o demonstram. Para além das experiências inglesa, holandesa ou alemã, também na França católica o processo foi semelhante. No início do século XVII, a segregação dos pobres e indigentes assemelhava-se à dos criminosos, sendo que ambos os grupos podiam partilhar os mesmos espaços de reclusão, usualmente com trabalho. A criação de asilos, depósitos e hospitais ao longo do século XVII, dotados de oficinas[433], inscreveu-se na mesma linha de acondicionamento da indigência e de valorização do trabalho como elemento, mais do que de regeneração interior, ao menos de retribuição social.[434]

Ainda num contexto pré-penitenciário, a par da já referida prisão papal de San Michele, devem ainda ser mencionadas a instituição prisional de Milão, edificada na segunda metade do século XVIII, e a *maison de force* de Gand, de 1775, necessariamente inspiradoras do percurso do século seguinte.

A primeira, sugerida por San Michele, incorpora reclusão celular e trabalho obrigatório. Reproduzindo a forma típica da catedral, num projecto arquitectónico de Francesco Croce, apresenta um desenho cruciforme, em que no centro se encontra o altar e, nas três alas que dele partem, as celas individuais, em vários níveis.[435] Também aqui os presos deveriam trabalhar e a prisão assumia-se assim na prática como espaço de formação para ofícios e como fábrica.

[433] V. Bronislaw Geremek, *op. cit.*, pp. 256 ss. e Pieter Spierenburg, *The Prison Experience...*, *cit.*, pp. 20 ss. e, em especial, pp. 268 ss.

[434] Adágios portugueses antigos associando à mendicidade, à vadiagem e à ociosidade "traços característicos, nocivos e perniciosos" são reproduzidos por Mário Simões dos Reis, *op. cit.*, p. 336, entre os quais: "Mais vale pedir e mendigar que na fôrca espernear", "Mocidade ociosa, velhice vergonhosa (ou trabalhosa)", "Um palmo de preguiça acrescenta dez de dano", "Muitas vezes se perde por preguiça o que se ganha por justiça", "Quem muito pede muito fede"...

[435] V. Maria da Conceição Bidarra de Melo Trigueiros, *op. cit.*, pp. 83 ss., reproduzindo as suas plantas, que também vê aqui um início da "composição radial" na arquitectura das prisões.

A prisão flamenga de Gand, necessariamente resultado das instituições holandesas, é outra das instituições que anuncia a reclusão associada ao trabalho como pena de futuro e inclui um sistema de classificação dos presos, desenvolvido pelo visconde Vilain XIV, "grand baili" da Flandres.[436] Pode ser considerada assim como uma "prisão moderna"[437], onde os castigos corporais foram banidos, o isolamento celular, nocturno, e o trabalho em comum, diurno, coexistem e se concretiza a separação por sexos e a separação em função das distintas categorias de ocupantes – por idades, tipo de crime praticado, duração da pena –, tendo em conta também que a par de criminosos eram alojados vadios e outros indesejados, todos esperançados num meio de redenção pelo trabalho.[438] Howard mostra-se

[436] Exposto nas suas *Mémoires sur les moyens de corrigir les malfeiteurs et les faitnéants à leur propre avantage et de les rendre utiles*, Gand, 1775. A *maison de force* de Gand, projectada por Malfaison, erigia-se em dois octógonos concêntricos, unidos por oito trapézios, que formavam alas celulares autónomas, permitindo a separação de categorias distintas de reclusos, com pátios isolados dispostos entre si.

[437] V. Marie Sylvie Dupont-Bouchat, *La Révolution Pénale de la fin du XVIIIe siècle et ses prolongements en Belgique au XIXe siècle*, in "La Peine", vol. 57, Société Jean Bodin pour l'histoire comparative des institutions, De Boeck Université, 1989, pp. 120 ss. Enquanto para Vilain o seu interesse é essencialmente o da intervenção social face à mendicidade e à delinquência, um jurista, Goswin de Fierlant, escreverá quase em simultâneo as *Observations sur l'insuffisance et les inconvénients des peines afflictives et sur les avantages qu'il y aurait à les remplacer par des maisons de force* (1771), contribuindo para o mesmo fim.

[438] Sobre o eventual uso do modelo de Gand na origem da Casa Pia de Lisboa, em 1780, com Pina Manique, instituição nacional que se constituiu também como "Casa da Força", para ambos os sexos, destinada a recolher mendigos, vagabundos, ociosos e mulheres prostitutas e alienadas, bem como desordeiros em geral, v. Eduardo Correia, *Estudos...*, *cit.*, pp. 80 e 81. V. também Tiago Pires Marques, *Crime e castigo...*, *cit.*, p. 21 e a bilbiografia que indica e p. 25, onde sinaliza o desaparecimento desta "casa de força" durante as Invasões Francesas. A Casa Pia, é certo, passou então a funcionar no convento do Desterro, acentuando a sua dimensão de acolhimento de menores órfãos e vadios, progredindo em 1833 para o mosteiro dos Jerónimos. Maria José Moutinho Santos, *A sombra...*, *cit.*, p. 37, assinala igualmente que esta Casa criada no reduto do Castelo de São Jorge, após autorização régia de 20 de Maio de 1780, foi dotada de uma instalação para mulheres dissolutas e vadias, sob a invocação de Santa Margarida de Cortona, e outra para vadios e mendigos do sexo masculino, bem como para condenados, servindo de prisão, com trabalho obrigatório (na tecelagem ou na cordoaria). John Howard, na sua visita a Lisboa em Fevereiro de 1783, retrata esta casa, que acolheria então cerca de 1000 crianças, questionando-se sobre a valia das actividades usadas: "A *manufactory* was begun in the *Castle* about two years ago, for the employment of vagrant and deserted children, in carding, spinning, weaving, making *lace, embroidery*, &c. About a thousand children were thus employed here. Such a institution may be a great advantage in a country like this, where young people are very much addicted to idleness. But would it not be better, if greater numbers of them were employed in the arts which are most useful and necessary? " – John Howard, *Appendix...*, *cit.*, p. 108. V. também Alfredo

naturalmente muito impressionado por esta instituição, da qual publica a planta arquitectónica e pormenoriza o funcionamento.[439]

Num tempo de condicionamento económico, de acordo com uma perspectiva conhecida, esta nova *fábrica* usa verdadeiramente a reclusão para subsistir – o seu fim é o de ser auto-suficiente economicamente, através da venda do produto do trabalho dos seus ocupantes, justificando o crime como produto da ociosidade[440], num modelo que será sujeito à crítica do correccionalismo futuro e ao debate sobre a sua racionalidade económica e a concorrência desleal que possa provocar, num tempo já desperto para a teoria económica.

O reformismo penal inglês do final do século XVIII deve, assim, ser compaginado com todas estas fontes paralelas, que assistem igualmente o desenvolvimento norte-americano dos modelos de Filadélfia e de Auburn, ao cruzar de forma explícita encarceramento celular como pena, trabalho e uma ideia de reabilitação do criminoso, mesmo sem dever ser esquecida uma tradição mais distante, do final do período medieval, que recobre a instituição prisional, o seu enquadramento social e um debate sobre sua finalidade também punitiva.[441]

Ferrão, *Serviços públicos no direito português*, Coimbra Editora, Coimbra, 1963, pp. 282 e 283, referenciando o ensino ali ministrado desde a sua origem. A referência deixada por Pina Manique, ao ver na Casa Pia de Lisboa uma réplica de "casas idênticas que há pela Europa" cuja intenção "é conservar a boa ordem e o sossego", pode ser conhecida através de José Norton, *Pina Manique*, Bertrand Editora, Lisboa, 2004, p. 40. À época, escrevia também Francisco Coelho de Souza e Sampaio, *Prelecções de Direito Patrio Publico e Particular*, Real Imprensa da Universidade, Coimbra, 1793, p. 157: "Não só he prejudicial ao bem commum, e particular, a má administração, que cada hum faz do seu patrimonio; mas igualmente o grassamento dos vadios, isto he, daqueles homens ociosos, que não se occupando em algum util exercício, ou dissipando inutilmente os seus cabedais, se constituem inuteis, e prejudiciais aos Concidadãos (...)".
No AHP (Câmara dos Deputados, secções I/II, mç. 43, doc. 70) encontrou-se, provavelmente do primeiro trimestre de 1821, um "Plano para hum Estabelecimento Caritiativo", sem data e sem autoria, mas que se julga apresentado como proposta às Cortes pelo "comerciante Bento Guilherme", conforme expediente associado. Neste Plano procura-se "remover das ruas desta Capital os indigentes e mendigos, nutrindo os, e occupando os", através da criação de uma casa de internamento com trabalho obrigatório, cujo rendimento seria repartido entre as despesas de manutenção da Casa e o proveito do trabalhador.

[439] John Howard, *The state of the prisons...*, *cit.*, pp. 140 a 145. Apresenta-se também em anexo o plano da *maison de force* tal como publicado por Howard (Anexo 4).

[440] Michel Foucault, *Surveiller...*, *cit.*, pp. 143 e 144.

[441] Retome-se G. Geltner, *op. cit.*, pp. 7 a 9.

Se a penologia moderna se inventa no século XVIII e conhece os seus conteúdos operativos assentes na prisão ao longo do século XIX, há uma história anterior que permite melhor compreendê-la. Em todo o caso, uma distinção pode ser mantida em mente. A regeneração visada pela tradição das casas de trabalho resulta essencialmente como uma reabilitação social num sentido utilitário, de prevenção do risco e de acomodação conveniente daquela força de trabalho. Isso levanta imediatamente duas objecções à sua absoluta continuidade em direcção à pena de prisão penitenciária na sua primeira formulação oitocentista. Por um lado, trata-se em grande medida de uma realidade estranha ao sistema penal, este visto como sistema assente na imputação de um crime e como *praxis* que usará em simultâneo um vasto conjunto de penas, de aplicação alargada, mesmo que a casa de trabalho de Amesterdão se oriente ao longo do século XVII num sentido prevalente de prisão aplicada como pena para criminosos e menos de acolhimento de ociosos indesejáveis.[442] Por outro lado, a pena de prisão, tal como configurada a partir do final do século XVIII, em especial no que será designado por regime de Filadélfia, é uma pena que vai pretender a reforma *interior* do condenado e não apenas a sua integração produtiva. Parece difícil não reconhecer aqui o papel do filantropismo de inspiração religiosa, que surge como determinante. É a partir desse objectivo, eventualmente impossível, e da sua refutação, que se vão desenvolver os modelos técnicos para a execução da pena, exigindo arquitecturas específicas[443], regimes faseados, um direito que o permita e o sustente.

O estabelecimento dos novos modelos penitenciários desenvolve-se assim em movimentos cíclicos entre a Europa (num momento em que a Rússia é inquestionavelmente Europa) e os Estados Unidos: a uma primeira importação norte-americana de ideias nascidas na Europa, nomeadamente em Inglaterra, no contexto da exigência da sua reforma penal e das prisões na segunda metade do século XVIII[444], segue-se a sua devolução, *aperfeiçoada* e, nessa medida, distinta,

[442] Destacando o seu uso crescente para acolhimento de criminosos condenados a pena de prisão, v. Pieter Spierenburg, *From Amsterdam to Auburn*..., *cit*., pp. 445 e 446.

[443] "L'architecte de la prison est (...) le premier exécuteur de la peine; c'est le premier fabricateur de l'instrument du supplice; c'est le précurseur du geôlier", escreve Moreau-Christophe, *De la réforme des prisons en France*, Huzard, Paris, 1838, p. 379.

[444] Também Foucault salienta desde logo a importância e o pioneirismo do inglês Jonas Hanway, que publica, em 1775, *The Defects of Police*, como propositor do isolamento celular depois concretizado em larga escala nos Estados Unidos – Michel Foucault, *Surveiller*..., *cit*., p. 145. García Valdés sumaria o processo numa frase ilustrativa: "El Derecho penal moderno, humanista y ilustrado, viene

aos países europeus, ao longo do século XIX e generalizada então a todo o continente e mesmo a outros espaços geográficos receptivos às "novidades" ocidentais, como as novas nações independentes da América Latina, o Japão ou a China.[445]

de la luz de Italia. Comienza con Cesare Beccaria y con Pietro Verri; el penitenciario, crítico y reformador, de la bruma inglesa" (Carlos García Valdés, *Una nota...*, in Carlos García Valdés (dir.), "Historia...", *cit.*, p. 399). Pieter Spierenburg, *From Amsterdam to Auburn...*, *cit.*, pp. 442 e 443, procura demonstrar que um interesse semelhante pela casa de trabalho de Amesterdão, demonstrado por estrangeiros, pode ser verificado entre 1596 e 1849, oferecendo dados estatísticos sobre os seus visitantes.

[445] Sobre a recepção na América Latina dos modelos penitenciários norte-americanos e europeus entre o século XIX e o início do século XX, v. em especial Ricardo D. Salvatore e Carlos Aguirre (ed.), *The birth of the penitentiary in Latin America: essays on criminology, prison reform, and social control, 1830-1940*, University of Texas Press, Austin, 1996 e o texto de súmula dos editores, *The Birth of the Penitentiary in Latin America: Toward an Interpretive Socio-History of Prisons*, pp. 1 ss., onde se alerta para a necessidade de compaginar a recepção de modelos comuns com realidades nacionais distintas. Em todo o caso, parte daquilo que os autores valorizam como específico deste processo na América Latina – o uso da experiência penitenciária como catalizadora de uma visão "clínica" e científica sobre o crime, a pena e as questões sociais, bem como um expediente de modelação da relação entre o Estado e as "lower classes" – poderá não ser tão diferenciador como aqui é pressuposto. O mesmo não poderá eventualmente ser dito em relação a uma realidade de Estados em construção, em que o ideal e a concretização penitenciária foram de algum modo instrumentalizados pelos poderes nacionais em função desse processo, num ecletismo distinto da associação europeia da prisão como pena prevalente a uma ordem liberal disseminada de modo mais generalizado e aparelhos de Estado estabelecidos (v. p. 24 ss.). A recepção latino-americana do modelo arquitectónico prisional de inspiração panóptica pode também por aqui ser conhecida. Em particular sobre o desenvolvimento das prisões e do penitenciarismo no Brasil, existe uma literatura recente e completa de que as obras de Clarissa Nunes Maia, Flávio de Sá Neto, Marcos Costa e Marcos Luiz Bretas (org.), *História das Prisões...*, *cit.* e de Manoel Barros da Motta, *Crítica da Razão Punitiva: Nascimento da prisão no Brasil*, Forense Universitária, Rio de Janeiro, 2011, são bons exemplos. O *Curso de História do Direito*, repleto de textos históricos, de José Reinaldo de Lima Lopes, Rafael Mafei Rabelo Queiroz e Thiago dos Santos Acca (2ª ed., Editora Método, São Paulo, 2009) contempla também o direito penal oitocentista no Brasil e a recepção do positivismo criminal, desde logo recolhendo um texto de síntese de um jurista do início do século XX, Pedro Lessa (pp. 503 a 507), onde o confronto doutrinário em curso no plano penal surge límpido e sagaz. Outro título, mas essencialmente enumerativo, é o de Pedro Rates Gomes Neto, *A prisão e o sistema penitenciário – Uma visão histórica*, ULBRA, Canoas, 2000. Uma visão sobre o desenvolvimento da penologia chinesa e a recepção e discussão dos modelos penitenciários ocidentais e da sua arquitectura prisional, através da construção de "prisões-modelo", entre o final do século XIX e o início do século XX pode ser obtida através de Frank Dikötter, *Crime, punishment and the prison in modern China*, Columbia University Press, Nova Iorque, 2002. No mesmo sentido, de algum modo de identidade entre a recepção da prisão ocidental e uma ideia de modernização perante o exterior, quanto ao Japão, v. Dani Botsman, *Punishment and power in the making of modern Japan*, Princeton University Press, Princeton, 2005.

Ou seja, um pouco mais que *the late start and the rapid catching up* que Spierenburg vê na evolução norte-americana.[446]

Nesta perspectiva funcional da execução da pena de prisão, o *atraso* nacional em relação à implementação da instituição penitenciária vai ser notório. É um facto que a literatura jurídica se interessa pelo tema, mesmo que apenas depois do primeiro interesse europeu, e o mesmo acontece com a actividade parlamentar, mas a concretização da reforma surge no momento em que os modelos a ser implementados em Portugal raiam já a obsolęscência de acordo com as doutrinas então em voga, apesar de um pioneirismo abolicionista, partilhado, em relação à pena de morte poder indiciar um sentido contrário.[447] Ao longo deste trabalho, procura-se também contribuir para este tema, que tem sido visto essencialmente num contexto explicativo de atraso institucional generalizado e, em especial, de escassez de recursos materiais, o que poderá ser insuficiente como justificação.

Alguns pontos adicionais devem ainda ser referidos.

Este desenvolvimento penitenciário ao longo do século XIX acompanha e vai também determinar o sucesso do discurso e da prática abolicionista. A prisão, ao configurar-se como alternativa punitiva eficaz e racional, permite também que a pena de morte possa progressivamente ser afastada. Não são apenas os seus pressupostos filosóficos que estão em condições de ser abalados de modo determinado – a prisão parece também ser, redescoberta como espaço de contenção e particularmente enquanto pena capaz de regenerar e de retribuir, a perfeita construção que permite responder, pela afirmativa, simultaneamente e de modo cada vez mais *amoral* e *futurista*, a uma ideia de aperfeiçoamento social.[448]

Por outro lado, é evidente, desde um momento inicial, a dimensão internacional que o debate penitenciário proporcionou, ao longo do século de oitocentos,

[446] Pieter Spierenburg, *From Amsterdam to Auburn...*, *cit.*, p. 451.

[447] Deve ser ponderado este suposto *atraso* nacional também de acordo com a realidade europeia, em que a prisão celular chega cedo, mas sem que necessariamente se converta em solução uniforme e generalizada. Para além da Bélgica e da Holanda, espaços onde a prisão celular acabou por assumir um predomínio muito claro ao longo do século XIX, na lei e na prática, nos demais estados europeus – e desde logo em França ou em Inglaterra – ela não chega a afirmar-se como uma resposta plena para a concretização da pena de prisão: "A la fin du XIXe siècle, si la plupart des pays d'Europe s'étaient ralliés, au niveau législatif, aux méthodes modernes d'emprisonnement préconisées par les spécialistes de la doctrine pénitentiaire, dans la réalité la plus grande diversité régnait dans les formes d'incarcération" – Renée Martinage, *op. cit.*, p. 98.

[448] "A cabeça do homem do povo é preciso cultival-a, desmoital-a, regal-a, fecundal-a, esclarecel-a, moralisal-a e utilisal-a, em summa. Fazei vós tudo isso e não tereis necessidade de a decepar", escreve Victor Hugo, em conto publicado originalmente em 1835 (*Claude Gueux*) – Victor Hugo, *A sociedade e o crime*, Typ. de Arthur José de Sousa e Irmão, Porto, 1890, p. 44.

em que o mundo criminal e penitenciário acompanha o desenvolvimento científico e técnico, por vezes até com um ímpeto e um voluntarismo excessivos. Entre os dois lados do Atlântico, as experiências circulavam, num novo mundo em que a América já participa e no qual a tentação experimentalista não é recusada. O interesse da Europa pelo novo país que se constrói, do Atlântico ao Pacífico, tem na questão penitenciária um excelente exemplo.[449]

Este internacionalismo tem os seus cultores e os seus momentos. Os congressos penitenciários internacionais[450] realizados a partir de 1846, ao longo da

[449] Beaumont e Tocqueville atestam-no em 1833 atestam-no: "Dans ce pays fortuné (...) il ne faut, pour exciter au plus haut degré l'attention publique, que l'essai de quelque principe d'économie sociale. Comme l'existence de la société n'est point mise en péril, la question n'est pas de vivre, mais d'améliorer" – Gustave de Beaumont e Alexis de Tocqueville, *Du système pénitentiaire aux États-Unis, et de son application en France; suivi d'un appendice sur les colonies pénales et de notes statistiques*, H. Fournier Jeune, Paris, 1833, p. 22.Um seu reverso, nos inícios do século XX, encontra sustentação, por exemplo, no interesse que Lombroso e Ferri despertam no meio académico norte-americano progressista. São convidados em 1908 para aí leccionarem, em Chicago (Lombroso, de idade avançada, declina o convite e aconselha Ferri; Ferri é, no entanto, inicialmente rejeitado, quando ponderado o seu "socialismo", não havendo depois acordo final quanto aos honorários a serem pagos), já em contraciclo em relação ao seu sucesso europeu – sobre este movimento, v. o texto de Carlos Petit, *Lombroso en Chicago. Presencias europeas en la* Modern Criminal Science *americana*, in "Quaderni Fiorentini per la storia del pensiero giuridico moderno", 36, tomo II, Giuffrè, Milão, 2007, pp. 801 ss. No mesmo texto, não deixa de se assinalar sobre o universo penitenciário norte-americano: "Los sistemas penitenciarios y el reformatorio, la sentencia indeterminada, la libertad condicional, la referida justicia de menores... son auténticos hallazgos del *common law* que comienzan a interesar en Europa – no en último lugar por sembrar serias dudas sobre la concepción utilitaria y el legalismo de los Beccaria, Bentham y compañia. Ahora bien, el cruce de esas nuevas instituciones con los viejos principios reclama un esfuerzo teórico en la fundamentación del derecho penal que sólo puede realizar una red de estudiosos dotada de auctoridades y textos (...)" (p. 814). No mesmo sentido vai o interesse norte-americano no acesso, em traduções para língua inglesa, a serem realizadas a partir de 1910, aos textos referenciais de, entre outros, Lombroso, Ferri, Garofalo, Tarde, Salleiles ou Aschaffenburg (pp. 840 ss.).

[450] Mas também as associações internacionais que reúnem penalistas de diversos países, designadamente a *Commission Internationale Pénale et Pénitentiaire* (1872), que sustém os congressos internacionais do final do século XIX, a *Union Internationale de Droit Pénal* de Prins e Liszt (1889), que reúne aliás em Lisboa em 1897, o *Bureau International pour l'Unification du Droit Pénal* da Sociedade das Nações (1926) ou a *Association Internationale de Droit Pénal* (1924); e os estudos e publicações de direito comparado e de apresentação das soluções penais em espaços distintos – v., a título de exemplo, os trabalhos de Ortolan, ainda na década de 40, no quadro da cadeira ao tempo inovadora que regia em Paris, *Cours de législation pénale comparée*, Joubert, Paris, 1841 ou a edição coordenada por Franz Von Liszt, *Le droit criminel des états européens*, Union Internationale de Droit Pénal, Berlim/Paris//Roma/Lisboa, 1894, este último incluindo um capítulo de apresentação do Código português de 1886 da responsabilidade de Tavares de Medeiros (pp. 192 a 229).

segunda metade do século XIX e pelo século XX adentro, são momentos de descoberta e também de legitimação de modelos e de experiências e isso será também verdade para Portugal. As conclusões e teses suportadas pelos congressos internacionais funcionaram também como meios operativos de ajustar ou mesmo alterar os regimes penitenciários, permitindo igualmente a criação eclética de sistemas mistos, adulterados face à sua rigidez inicial, mas efectivamente mais coerentes e adequados à realidade prisional em cada espaço.

A associação que se produz entre a realidade da prisão, o trabalho de condenados – na prisão típica e fora dela – e o uso do degredo é igualmente uma característica deste período. Esta é uma trilogia punitiva característica do tempo também pelas novas intersecções que vai admitir e que, em Portugal, perante a escala histórica do uso do degredo, assume uma dimensão não só mais intensa como de mais longa duração do que na generalidade dos demais espaços europeus. A tecnologia para o trabalho, cada vez mais disponível, num contexto de industrialização acelerada ao longo do século XIX, chega também à prisão, e a ideia da prisão-fábrica, se pode ser insuficiente como explicação para a primazia prisional, não deixa de ser uma imagem próxima da realidade, em espaços que não os nacionais.

§ 2º Os novos regimes penitenciários

a. A emergência da prisão celular nos Estados Unidos da América

"Foi no anno de 1703 que o Papa Clemente II[451] mandou construir em Roma a primeira casa cellular, para correcção dos mancebos criminosos. Esta forma foi imitada em Milão em 1726 e mais tarde em Gand, mas este systema não progrediu nem se aperfeiçoou na Italia, e só muito mais tarde se reduziu a um methodo perfeito na America" – em 1857 assim sintetiza a evolução próxima da prisão um juiz português colocado na Procuradoria de Lisboa, vindo de visitar por alguns meses as prisões de vários países europeus, onde também recolheu informação sobre a realidade norte-americana.[452] Independentemente da certeza sobre a prioridade

[451] *Sic.* Deveria o autor querer referir-se a Clemente XI, Papa entre 1700 e 1721. No início do seu pontificado completou-se efectivamente a prisão de San Michele, em Roma, projecto que vinha do seu antecessor, Inocêncio XII, e que incorporava celas individuais destinadas a jovens delinquentes. Funcionou, aliás, como centro de detenção para menores até 1972.

[452] Manuel Thomaz de Sousa Azevedo, *Relatório apresentado ao Ministro da Justiça em 20 de Abril de 1857*, Imprensa Nacional, Lisboa, 1857, p. 7. Sousa Azevedo, colocado como ajudante do Procurador régio na Relação de Lisboa, visita em 1856 e em 1857, durante vários meses, uma sucessão de instituições prisionais de diversos países europeus, numa missão à qual, a certo momento, mas não de início, é dado cunho oficial. É assim Sousa Azevedo um William Crawford ou um Alexis de Tocqueville

da prisão celular – como se viu, na Europa, a par das instituições penais de Milão e de Gand, algumas prisões inglesas reformadas, a partir de 1779, partilhavam também um propósito de isolamento celular –[453], o "methodo perfeito" dos americanos impressionou inquestionavelmente os espíritos europeus, imediatamente no início do século XIX.

No final do século XVIII, na Pensilvânia, por influência *quaker*, a preocupação com as prisões acentua-se. A criação da *Philadelphia Society for Alleviating the Miseries of Public Prisons*, a partir de 1787[454], associação filantrópica de motivação religiosa fundada por Benjamin Rush, médico, filantropista e político[455], significou um impulso decisivo nesse processo. O desenvolvimento de um modelo prisional de isolamento e de prisão celular associada ao trabalho[456] deve muito ao esforço

português, que vai colher novas do "sistema penitenciario", no caso não à sua origem, mas à sua recepção europeia, tal como Aires de Gouveia também o fará, poucos anos passados. O seu extenso relato de viagem, decantado em dois relatórios (de 1856 e 1857), acompanhado de notas críticas pessoais, é uma ferramenta extraordinariamente útil para conhecer não só o estado das prisões europeias como a percepção que, desde o sistema de justiça português, elas recebem. As visitas de peritos a diversos países, como meio de conhecer os seus sistemas e realidades, seguidas de relatórios e propostas, serão uma constante ao longo do século XIX no domínio das instituições penitenciárias.
Antes de Sousa Azevedo, por Portaria de 7 de Abril de 1851 conhecia-se a designação do juiz da Relação de Lisboa e membro do Conselho régio (e compilador da *Collecção Official de Legislação Portugueza* e membro da comissão redactora do Código Penal, ao tempo) José Máximo de Castro Neto Leite e Vasconcellos para, obtida agora a licença devida, "viajar pelas principaes Cidades de Italia, Suissa, França, Belgica e Inglaterra", visando o périplo "examinar (...) as differentes prisões daquellas Cidades, e assim como o governo economico, a policia, e os meios que ali se empregam com mais proveito, para conseguir dos presos a extirpação dos vicios e a emenda de costumes", apresentando depois um "relatorio circunstanciado". Desconhece-se se tal viagem chegou a realizar-se, bem como qualquer resultado escrito.

[453] E que viria a falhar essencialmente devido à sobrelotação atingida nestas novas cadeias, de acordo com Torsten Eriksson, *The reformers*..., *cit.*, pp. 43 e 44.

[454] Já aqui sucessora da anterior *The Philadelphia Society for Assisting Distresses Prisoners*, fundada em 1776 pelo *quaker* Richard Wistar, primogénita de todas as associações com o mesmo fim – v. Roberts Vaux, *Notices of the original and successive efforts to improve the discipline of the prison at Philadelphia: and to reform the criminal code of Pennsylvania: with a few observations on the penitentiary system*, Kimber and Sharpless, Filadélfia, 1826, pp. 9 e 10.

[455] Sobre o papel de Benjamin Rush na criação da nova prisão e a sua intervenção também no regime severo que aplicara ao hospital de alienados da cidade, v. Michael Ignatieff, *A just measure of pain*..., *cit.*, pp. 69 a 71.

[456] Um dos elementos que imediatamente se repudia é a publicidade associada à pena, o que o regime de encarceramento celular evita. A reforma de um criminoso nunca pode ser obtida através de uma pena pública, já que esta, pela sua infâmia, anula a virtude que se quer enaltecer; é de curta duração, o que a torna insuficiente para uma verdadeira regeneração moral; e, afirma Rush, aumenta a pro-

destes cidadãos da cidade de Filadélfia, conhecedores da realidade e do debate europeu sobre o tema, nomeadamente através dos textos de John Howard, com quem se corresponderam, e conhecedores igualmente de Beccaria e do debate pela abolição da pena capital, uma pena que reputam mesmo de pouco cristã. Enquanto Beccaria é usado como demonstração da inutilidade da pena de morte e da necessidade de alterar a lei penal, Howard legitima também o discurso crítico sobre a prisão. E não é apenas a oportunidade de reforma moral do condenado que está em causa, mas o próprio fim da pena: assim, a pena executada em público deveria ser substituída pela pena em segredo e, se possível, como defende Rush, desconhecendo-se até o tempo total de punição, sendo esta a forma de criar um verdadeiro imaginário colectivo ameaçador, que possa prevenir eficazmente o crime, o que as execuções heróicas ou os trabalhos públicos em grupo não alcançam.[457]

O isolamento celular, é certo, não era uma novidade absoluta – prisões eclesiásticas e algumas prisões e casas de trabalho europeias utilizavam-no, em maior ou menor intensidade. Alguns cépticos do isolamento celular não deixarão de o criticar, aliás, reputando-o de sucedâneo de prisões inquisitoriais europeias. Mas a experiência norte-americana vai desenvolver e aperfeiçoar o modelo, com base numa motivação correccional, à qual não é alheia necessariamente a da prevenção do crime, usando aquela inspiração monástica, e associando a reforma das penas à imperatividade da mudança da lei penal, tal como na Europa acontecia. O silêncio, o trabalho e a reclusão solitária só podem regenerar, pensam os *quakers*, impondo uma disciplina salvadora que falta na vida em comum dos con-

pensão para um novo crime, apelando ao sentimento de vingança do condenado. A espectacularidade de uma execução confunde-se, no público, com heroísmo do condenado, apelando à simpatia para com este. E, nos casos em que esta não se verifica, isso significará que a audiência é tão endurecida que nenhum efeito preventivo do crime se irá igualmente obter. Inversamente, o encarceramento, em segredo, funcionará sobre os homens como o melhor remédio e a melhor prevenção dos crimes futuros. Assim, Benjamin Rush, *An enquiry into the effects of public punishments upon criminals and upon society: read in the Society for Promoting Political Enquiries, convened at the House of His Excellency Benjamin Franklin, Esquire, in Philadelphia, March 9th, 1787*, J. James, Filadélfia, 1787, pp. 4 a 6 e pp. 10 e 11, texto fundador do futuro regime de Filadélfia e propulsor do debate que leva os legisladores estaduais entre 1790 e 1791 a prever o encarceramento e o trabalho desenvolvido em privado como penas, em alternativa às penas corporais e aos trabalhos públicos, circunscrevendo igualmente o uso da pena de morte.

457 "Children will press upon the evening fire in listning to the tales that will be spread from this abode of misery. Superstition will add to its horrors, and romance will find in it ample materials for fictiom, which cannot fall of increasing the terror of its punishments" – *idem, ibidem*, p. 11. No mesmo sentido de refutar a pena em público, Roberts Vaux, *Notices..., cit.*, pp. 62 e 63.

denados.[458] O que na Europa, até então, havia sido uma experiência, uma circunstância, uma ou outra tendência, ajustável a leis penais diversas e executado em paralelo com outras penas, nas prisões norte-americanas transforma-se num verdadeiro regime ou sistema que pretende cobrir a plenitude da punição, objecto de uma aplicação organizada, sistemática e progressivamente avaliada e ajustada em função dos seus resultados. Esta é uma compreensão fundamental também para uma história europeia da prisão: a sequência prévia à sua evolução norte-americana não é continuada de forma neutra após a sua recepção nos Estados Unidos e devolução ao velho continente.[459]

Perante a consagração legal do encarceramento individual com trabalho como pena, em 1790, substituindo as penas corporais, prepara-se também na cidade de Filadélfia, na prisão de Walnut Street, um pequeno bloco celular, com dezasseis celas individuais, que são concluídas em 1792. Esta prisão recebia os condenados por crimes mais graves, em substituição também da aplicação da pena de morte entretanto limitada e constituiu-se como um primeiro laboratório do isolamento celular, funcionando, no entanto, a par de um regime de reclusão em comum. Como se anota num relato de 1797, a prisão em comum era já desenvolvida com trabalho desempenhado em silêncio e previa a separação entre condenados e presos aguardando julgamento e por sexos, mantinha total disciplina entre os presos e integrava o trabalho em oficinas como meio de sustentar os reclusos e cobrir as indemnizações a que tivessem sido condenados, bem como os custos do processo.[460] Este era um resultado afinal da participação na administração da prisão

[458] De algum modo esta nova prisão pode ser vista, tomando um texto de Max Weber, no ideário *quaker*, como uma oportunidade de criar um novo ser, livre de pecado, pronto a partilhar de uma comunidade restrita de "enfants du monde" bem como a demonstrar publicamente o resultado do seu ascetismo – v. Max Weber, *Les sectes protestantes et l'esprit du capitalisme*, in Max Weber, "L'Éthique...", *cit.*, pp. 293 e 294. Noutro momento, anota igualmente a relevância do silêncio, inalienável do contacto com o divino: "(...) L'idée que Dieu ne parle que lorsque la créature fait silence a eu manifestement pour signification d'éduquer l'individu à une *réflexion* sereine sur son action et à orienter celle-ci à partir d'un examen de *conscience* minutieux" – Max Weber, *L'Éthique...*, *cit.*, p. 190. Também Dario Melossi e Massimo Pavarini, *The prison...*, *cit.*, p. 152, destacam, sintetizando o sentido do isolamento: "Each individual will necessarily be made the instrument of his own punishment".

[459] Torsten Eriksson, *The reformers...*, *cit.*, p. 45, acentua, quanto à nova prisão: "(...) Americans regard it as the cradle of the reform and correctional system. In reality, of course, as we know, the Quakers had merely copied European theory as well as practice. Nevertheless, the Walnut Street prison was very important to Americans, marking the beginning of a revolution in attitudes to the treatment of offenders. It also revitalized the European debate on the planning of prisons".

[460] O que se descobre desde logo pelo relato de Robert J. Turnbull, *A visit to the Philadelphia prison... containing also an account of the gradual reformation, and present improved state, of the penal laws of Pennsyl-*

assumida pela *Philadelphia Society for Alleviating the Miseries of Public Prisons* em 1790, concedida pelas autoridades locais. O bloco de dezasseis celas individuais – designado como *penitentiary house* – foi usado inicialmente para acolher apenas os refractários, destinando-se ao cumprimento de uma medida disciplinar de isolamento, à discrição do carcereiro, mas estava feito o ensaio para configurar de forma sistemática o isolamento como meio de regeneração, uma vez que o seu efeito era imediato e notório.[461] A condenação a isolamento celular acompanhada de trabalho aqui começou a ser imposta e, em 1801, propunha-se já a construção de uma nova prisão, apenas para condenados, onde o isolamento celular contínuo pudesse ser plenamente aplicado e provar definitivamente o seu mérito.[462]

Foucault destaca igualmente que o uso celular de Walnut Street, do ponto de vista sistémico, como Rush pretendia, comporta já a falta de publicidade na execução da pena, matéria que passa a ser do foro da relação entre condenado e os seus vigilantes, sem o público por testemunha.[463] Mas a vigilância e a observação dos condenados, a cargo em primeira linha dos funcionários da prisão e dos visitadores pietistas, tornam-se uma avaliação constante e criteriosa de vícios e virtudes, sendo a exaltação destas considerada como o fim da própria pena. Uma pena administrada, pois, de forma "sábia e humana", na expressão de um seu contemporâneo, que prefere a emulação do bom comportamento ao chicote, como meio de reforma do homem.[464]

A primeira prisão a funcionar integralmente de acordo com o "sistema de Filadélfia" será apenas a nova penitenciária de Allegheny, em Pittsburgh, a *Western Penitentiary*, concluída em 1826, de acordo com um projecto de prisão circular, alegadamente panóptico, e seleccionado em concurso, de William Strickland.[465]

vania: with observations on the impolicy and injustice of capital punishments. In a letter to a friend, J. Phillips & Son, Filadélfia, 1797, pp. 14 a 16. O trabalho dos reclusos era aqui contratado por entidades externas directamente com a administração da prisão.

461 "May we not hence presume, that the unceasing influence of solitude would, in time, eradicate every relict of vice which might be lurking in the inner recesses of the mind? Certainly; and it was the confidence with the inspectors, at a very early period, had in the reasonableness of this theory, that induced them to add practice to it – a trial which (...) as more than answered their most sanguine hopes of its success" – *Idem, ibidem*, p. 42.

462 Roberts Vaux, *Notices...*, *cit.*, pp. 37 e 38.

463 Michel Foucault, *Surveiller...*, *cit.*, pp. 145 e 146.

464 Robert J. Turnbull, *op. cit.*, p. 32.

465 V. Maria da Conceição Trigueiros, *op. cit.*, pp. 232 e 233. No entanto, tratava-se de um edifício com várias limitações: "Nas celas não existiam meios de ventilação ou instalação sanitária; a única luz e o único ar que penetravam no seu interior passavam através de pesadas portas de ferro, que se encontravam sob as arcadas. As celas eram extremamente insalubres e sem qualquer sistema de

Rapidamente se percebe, no entanto, que o edifício não permite um sistema eficaz de separação dos reclusos, que contactam nos pátios ou conversam entre celas, bem como estas apresentam várias insuficiências para a sua acomodação e nem sequer permitem, por falta de luz e de ar, qualquer trabalho...[466] Simultaneamente, uma segunda penitenciária celular é construída no estado, a penitenciária de Cherry Hill, a *Eastern State Penitentiary*, concluída em 1829, com um projecto radial de sete alas de inspiração inglesa, elaborado por John Haviland[467], um arquitecto nascido em Inglaterra que construirá mais de dez penitenciárias na Costa Leste norte-americana e a quem se incumbirá também, logo em 1833, a demolição e reconstrução de Allegheny segundo o modelo de Cherry Hill, poucos anos afinal após a sua construção. Em pouco tempo, Pittsburgh experimenta assim duas penitenciárias no mesmo espaço, sempre no esforço de concretizar na perfeição o modelo de absoluto isolamento do condenado. Mas é a Eastern State Penitentiary[468] que representará o modelo mais eficaz de isolamento celular[469],

aquecimento. Quando abriu as suas portas, não tinha instalação para banhos nem para a higiene dos presos recém-admitidos, nem havia enfermaria".

466 Em 1818, assegurar o desenvolvimento de trabalho na cela surgia já como a maior dificuldade do isolamento celular, na perspectiva dos seus autores – numa carta da *Philadelphia Society for Alleviating the Miseries of Public Prisons* à sua congénere de Londres *Society for the Improvement of Prison Discipline*, reproduzida por Roberts Vaux, *Notices...*, *cit.*, pp. 42 e 43, esta é uma dificuldade apontada, a par da necessidade de ter edifícios prisionais que suportem o sistema, que na altura se projectavam.

467 "Os planos de John Haviland, o "Profeta da Separação", foram determinantes na identificação do sistema de separação com a arquitectura de plano radial. Enquanto o sistema da Pensilvânia adoptou as celas exteriores de S. Michel (...) e os blocos celulares radiantes de Ghent (...), o sistema de Auburn usou celas interiores como em Ghent e os blocos rectangulares como em S. Michel. Pode afirmar-se que ambos os sistemas desenvolveram a sua própria arquitectura" – Maria da Conceição Trigueiros, *op. cit.*, p. 251.

468 A necessidade de obter um edifício que seja absolutamente adequado ao modelo de *solitary confinement* é notória. O isolamento precisa de ser demonstrado na pureza dos seus princípios e até tal ser possível, pela arquitectura, a prisão tradicional é reformada, como aconteceu na cidade de Filadélfia logo nos anos 70 do século XVIII – descrevendo este processo, v. Roberts Vaux, *Letter on the penitentiary system of Pennsylvania*, J. Harding, Filadélfia, 1827, pp. 6 a 8.

469 Uma panorâmica sobre os regimes penitenciários adoptados por sete instituições prisionais de referência norte-americanas oitocentistas encontra-se desenhada por Fernando Tercero Arribas, *Sistemas penitenciários norteamericanos*, in Carlos García Valdés (dir.), "Historia...", *cit.*, pp. 150 ss.: Walnut Street, Allegheny/Western Penitentiary, Cherry Hill, Auburn, Sing-Sing, Wethersfield e Brockway-Elmira. Os seus regimes alternavam entre uma aplicação mais "pura" dos modelos de Cherry Hill ou Auburn e variações quer no sentido de maior dureza de reclusão (como Sing-Sing face a Auburn) ou de menor intensidade (como Wethersfield ou Elmira). Elmira, em 1876, adopta um regime bastante mais aberto, tendo em conta a juventude da sua principal população – entre os 16 e os 30 anos – e que vai ser também apreciado por um português, num dos poucos relatos

reproduzido de forma próxima ou com variações ao longo de décadas e que o próprio estabelecimento apenas abandonará em 1913.[470]

que o referencia, à época da consagração do regime celular entre nós: no texto de João da Silva Mattos, *Reforma Penitenciaria. Passado e Presente*, Typographia da Viuva Sousa Neves, Lisboa, 1885, pp. 71 e 72, o regime adoptado em Elmira, um regime progressivo, com avaliação regular do comportamento do recluso, que inclui uma liberdade condicional sob vigilância no termo da pena, a decretar pela administração da prisão, mas que se inicia com isolamento nocturno e trabalho em comum durante o dia, merece-lhe palavras de elogio – "São indubitaveis as provas de que, este systema, é dos que mais vantajosamente desenvolvem as relações de harmonia que devem existir entre os presos e os empregados da prisão". O regime de Elmira é em grande medida determinado pelo seu director, Zebulon Brockway (sobre Brockway, v. Torsten Eriksson, *The Reformers..., cit.*, pp. 100 a 104). Por outro lado, o uso de um regime formal de "probation" nos Estados Unidos remonta pelo menos a 1878, quando se encontra um "agente de *probation*" pago por fundos públicos em Boston, Massachusetts. Este é um elemento, típico do sistema norte-americano, e que indicia alguma desconfiança sobre a prisão enquanto pena, que será comunicado a Inglaterra em 1907, com o "Probation of Offenders Act". A vigilância e o acompanhamento, pessoal, do criminoso vem substituir o ingresso na prisão. Na "probation", não chega a existir condenação efectiva ao cumprimento de pena de prisão – um juízo de culpa é suficiente para determinar a aplicação desse regime de prova, antes de qualquer sentença, mesmo que esta possa vir a ser decretada, em caso de incumprimento das regras desse regime, o que também o distingue da suspensão de pena. Esta última não envolve, também, o acompanhamento próximo que o regime de prova parece exigir.
Zebulon Brockway descreve em 1910 o seu método aplicado no *Elmira Reformatory*: "The American reformatory prison system is based on the principle of protection in place of punishment; on the principle of the indeterminate sentence instead of the usual time sentence; and on the purpose of rehabilitation of offenders rather than their restraint by intimidation". Este é um modelo que, afastado de qualquer intuito ou esforço moralizador, no sentido tradicional – "not judge the heart's intentions" (e, como escreve também Brockway, "it is not attempted, now, either accurately to estimate or, in any direct way, artfully to influence the unrelated inward moral state of the prisoners"), confia na indeterminação da pena como elemento decisivo para conter o criminoso. É essencialmente a pena indeterminada, reflexo da actualização penal operada, que poderá levar o condenado a escolher modificar-se, baseado num juízo utilitário, sendo sujeito a testes probatórios em reclusão e acompanhado durante o período de "parole" subsequente à libertação. Como noutro momento estabelece, recusando qualquer dimensão "contemplativa" da pena, preferindo actividade física, instrução e formação profissional, não há lugar em Elmira para qualquer filantropismo: "(...) outsiders – the would-be special philanthropists, professional religious revivalists, advertising salvationists – should generally be excluded". V. Z. R. Brockway, *The American Reformatory Prison System*, in "American Journal of Sociology", vol. 15, nº 4 (Janeiro de 1910), The University of Chicago Press, Chicago, 1910, pp. 454 ss.

[470] "Construída em forma de leque e dividida em sete corredores que convergem numa rotunda central, donde só um inspector vigia toda a prisão, os sete blocos radiais inicialmente tinham apenas um piso, cada um com 36 celas exteriores (2,44 m × 3,66 m × 3,05 m). Os corredores dos blocos celulares deveriam ser utilizados pelos guardas para inspeccionarem as celas através de pequenas vigias existentes nas paredes interiores, com formato em cone para ver o prisioneiro, e que são fechadas na superfície da parede do corredor, com uma pequena porta em madeira. Como não se previa a exis-

Cada recluso dispunha de uma cela, com água, aquecimento e instalação sanitária individual, e de um pequeno pátio ao ar livre, nas celas do piso térreo, por onde se entrava na cela, que não dispunha de porta para o interior do edifício. O número de celas individuais previsto inicialmente seria de 582. Em 1836, ocupavam estas instalações 650 reclusos.[471]

A entrada na Penitenciária significava a passagem por uma inspecção médica, uma lavagem e a colocação de um capuz penitenciário, uma ferramenta simultaneamente punitiva e instrumental de anulação da identidade e de garantia de um maior isolamento, mas também um instrumento que responde à ideia da prisão enquanto espaço de preparação de crimes futuros: desconhecendo os seus pares encarcerados, não pode o condenado assumir solidariedades e planos futuros. Silêncio, meditação apoiada por textos bíblicos e por esporádicas visitas de religiosos ou caridosos e trabalho desempenhado na cela individual eram a regra desejada. O pessoal em funções na Penitenciária seria, dadas as suas características, reduzido: um director, cinco inspectores, um supervisor para cada grupo de 38 celas e guardas essencialmente para vigiar o exterior limítrofe à prisão.[472]

Ayres de Gouveia não deixará naturalmente de assinalar a Penitenciária de Cherry Hill na sua *Resenha* de prisões, publicada em 1860, que é incluída no seu trabalho através do testemunho norte-americano do diplomata português Agostinho Ornellas de Vasconcellos, então colocado em Washington.[473] São no relato elogiadas as celas, a alimentação, a higiene – e, neste momento, num "paiz essencialmente utilitario e positivo, são naturalmente menos completas a instrucção e a educação moral e religiosa", comenta-se.[474]

O trabalho, na cela, surge desacompanhado de formação nos ofícios, mas deveria ser obrigatoriamente desenvolvido pelo recluso, tendo este um mínimo

tência de portas entre as celas e os corredores, a comida e o material distribuído aos presos fazia-se por uma pequena abertura quadrada com a medida de 30 cm, fechada por uma porta sólida que originalmente tinha um dispositivo para que o preso não pudesse em nenhuma situação olhar para fora. A iluminação das celas era feita por uma pequena clarabóia, no tecto arqueado" – Maria da Conceição Trigueiros, *op. cit.*, p. 239. Ao todo, o recluso disporia dos quase 9 metros quadrados da cela e de um pátio com cerca de 15 metros quadrados – v. também Roberts Vaux, *Letter...*, *cit.*, p. 7.

[471] Todas as prevenções foram tomadas para evitar a comunicação dos reclusos entre si – mas há relatos de conversas entre reclusos, por exemplo, através do sistema de esgotos que ligava as celas e que, quando vazio, permitiria a passagem de sons.

[472] Roberts Vaux, *Letter...*, *cit.*, p. 10.

[473] A. Ayres de Gouveia, *Resenha das Principaes Cadeias da Europa*, Imprensa da Universidade, Coimbra, 1860, pp. 359 ss. Cherry Hill é, note-se, a única prisão não-europeia referenciada, dado o seu pioneirismo.

[474] *Idem, ibidem*, p. 361.

diário de trabalho a cumprir, como forma também de permitir sustentar financeiramente a penitenciária. Caso não pretendesse trabalhar, as medidas disciplinares aplicadas seriam a colocação a pão e água, o isolamento numa cela escura e o *shower bath*, com água fria. Naturalmente o preso vive em isolamento celular contínuo, quebrado apenas por uma esporádica visita do padre ou de algum membro de uma sociedade para a reforma dos condenados, para além dos empregados da prisão. De acordo com o mesmo relato, em 1859 encontrar-se-iam ocupadas apenas 260 celas, bastante menos que em 1836.

O visitante não deixa também de apontar a Cherry Hill os defeitos que encontra: homens e mulheres deveriam estar em prisões distintas, apesar de nunca se cruzarem naquela penitenciária, onde ocupavam espaços separados; e a instrução religiosa e o ensino dos ofícios deveriam ser incrementados, sendo meios de atenuar o "único inconveniente da solidão", pois "assim se terminariam os suicidios e casos de alienação mental" que se verificavam. Também quanto à duração das penas a serem executadas em isolamento podem ser feitos reparos. Assim, as penas a serem cumpridas na penitenciária não deveriam ser inferiores a 3 anos nem de duração perpétua, formando um compromisso entre o tempo necessário para a reforma do condenado e a crença real na possibilidade da sua emenda.[475]

Entretanto, no estado de Nova Iorque, na prisão de Auburn, criada em 1818, após um período de uso do modelo de isolamento completo de Filadélfia, é consagrado, a partir de 1823, um modelo de isolamento celular nocturno a par de trabalho em comum durante o dia, em silêncio, que ficará conhecido como sistema de Auburn, delineado pelos responsáveis pela penitenciária que assumem funções em 1821, Elam Lynds e John D. Cray. Sem uma arquitectura tão precisa do ponto de vista de implementação de um modelo prisional – creditada a William Brittin, que foi também o primeiro responsável pela prisão –, é uma instituição mais próxima do modelo tradicional até então, já que a vigilância e o castigo estão em grande medida na disponibilidade dos guardas, em espaços e rotinas mais conhecidos das prisões tradicionais. No entanto, o seu modelo mais aproximado é da referência prisional europeia de Gand.

[475] "Com estes melhoramentos que deixo indicados tornar-se-hia a prisão de Cherry-Hill um modêlo, digno de ser imitado em todos os paizes christãos. Já impede a corrupção mútua dos criminosos, que não se podendo sequer ver, nem podem reconhecer-se depois de libertados; já torna toda a evasão impossível (...); assim esgotará todos os meios humanos de attingir o fim supremo da pena – a emenda do culpado" – A. Ayres de Gouveia, *Resenha...*, *cit.*, p. 364.

Com um quotidiano fora da cela, feito em grande parte na oficina de trabalho em comum, aquela deixa de ser o centro absoluto da vida prisional, ao contrário do sistema de Filadélfia, onde tudo se confina ao espaço da cela. Auburn tem a ambição de ser, nessa medida, como que uma "repetição da própria sociedade"[476], facto que será ao longo do século, nos diversos argumentários, usado quer como alegadamente demonstrativo da insuficiência do modelo, quer como suposto indício da sua especial adequação à preparação do regresso do condenado à sociedade.[477]

O isolamento completo inicialmente aplicado em Auburn, entre 1821 e 1823, não provara bons resultados, uma vez que se concretizou no encarceramento de oitenta reclusos em celas exíguas, sem trabalho nem contacto com ninguém[478] – o trabalho individual, na cela, fora apenas adicionado de forma sistemática no modelo de Cherry Hill. Assim, a solidão absoluta é abandonada, mas retido o silêncio como regra, num modelo que rapidamente se estenderá a outras penitenciárias, e desde logo à conhecida prisão nova-iorquina de Sing Sing, concluída em 1828 com o concurso da mão-de-obra dos reclusos de Auburn, de desenho e organização semelhantes a esta. Naturalmente, entre os defensores do modelo de Filadélfia, o regime nova-iorquinio aparece como "arbitrário" e "pleno de abusos".[479] Apenas o regime de isolamento permanente previne a "contaminação criminal", surge como humano e doce, favorece a dedicação ao trabalho sendo este "o único companheiro" do condenado e protege-o da infâmia pública.[480]

Em meados do século XIX, as prisões norte-americanas distinguem-se entre as cadeias das cidades, onde ficam suspeitos e condenados até um ano de prisão; as prisões dos condados, para as penas não superiores a dois anos; e as penitenciárias centrais, para os demais, onde os novos modelos de encarceramento foram experimentados. No entanto, vários condados tomam a iniciativa também de, no momento de construírem prisões, optarem por desenhos do tipo das penitenciárias, com planos radiais e celas individuais, visando a separação dos reclusos.

O debate sobre qual o melhor sistema a implementar – se o de Filadélfia, se o de Auburn – é visível e, em grande medida, inconclusivo, já que ambos os modelos

[476] Como o assinala Michel Foucault, *Surveiller...*, *cit.*, p. 276.

[477] Sobre as características dos regimes de Filadélfia e de Auburn, v. também Dario Melossi e Massimo Pavarini, *The prison...*, *cit.*, pp. 151 ss.

[478] V. Torsten Eriksson, *The reformers...*, *cit.*, pp. 48 e 49.

[479] Roberts Vaux, *Letter...*, *cit.*, p. 11.

[480] Francis Lieber, *A popular essay on subjects of penal law and on uninterrupted solitary confinement at labor: as contradistinguished to solitary confinement at night and joint labor by day, in a letter to John Bacon*, Filadélfia, 1838, pp. 62 a 64.

são utilizados, dada a autonomia estadual na questão. Mas, genericamente, é possível notar nos Estados Unidos um progressivo descontentamento com o sistema de Filadélfia[481] e uma preferência pelo modelo das prisões de Nova Iorque, que, à medida que o século avança, dominará o panorama penitenciário norte-americano. No entanto, o primeiro daqueles regimes será provavelmente o mais disseminado para a Europa, tendo com Cherry Hill introduzido de forma decisiva o trabalho na cela, o que surgia à partida como o principal dos seus defeitos originais. E chega a outras partes do Mundo, como a América Latina e a Ásia.

Os relatos das primeiras experiências prisionais norte-americanas circulam na Europa, de forma sistematizada e credível, através de viajantes reconhecidos e com cunho oficial, na década de 30 do século XIX. O conhecimento directo dos modelos de Filadélfia e de Auburn circula em França, depois de uma viagem pioneira de La Rochefoucauld-Liancourt (esta ainda em 1796)[482], através de Tocqueville e Beaumont (1831) e Demetz e Blouet (1839). O inglês Crawford publica os resultados da sua viagem americana em 1834. Ramon de la Sagra, que viaja em 1835, faz o mesmo para Espanha, e Julius, para a Prússia, em 1836.[483-484]

[481] Depois deste estado, foram criadas penitenciárias, até 1838, segundo o seu modelo, no Missouri, em New Jersey, em Rhode Island e em Nova Iorque (aqui pensando-se na primeira versão de Auburn) – *idem, ibidem*, p. 7.

[482] Vendo nas "prisões de Filadélfia" a aplicação da "doutrina e do sistema" filantrópico de Howard e acentuando a reforma penal naquele estado norte-americano, abandonada a pena de morte e abolida a de trabalhos públicos, como a promotora da nova prisão, em associação com a iniciativa privada *quaker* de cariz humanitário, La Rochefoucauld-Liancourt destaca já o *solitary confinment* em uso em Walnut Street e vê nesta prisão a concretização do novo ideário penal europeu de final do século: "Puisse ce nouveau mondé accoutumé à recevoir de la vielle Europe, les lumières dont sa jeunesse et son inexpèrience ont besoin, lui servir à son tour de modèle dans la réformation de la jurisprudence criminelle, dans l'établissement d'un système de prison sévère, même terrible; mais juste et humain; car enfin c'est l'Amérique qui en donne le premier exemple" – La Rochefoucauld-Liancourt, *Des prisons de Philadelphie par un européen*, Paris/Filadélfia, 1796, pp. 45 e 46.

[483] João da Silva Mattos, *op. cit.*, pp. 27 e 28, um crítico nacional do modelo de Filadélfia, anota, contudo, que os relatos dos europeus estavam necessariamente condicionados quer pelo seu entendimento prévio sobre a valia do sistema, quer perante os termos das próprias visitas: "O exagêro d'estas apreciações ainda não fez esquecer, até hoje, o papel ridiculo que os delegados escolhidos representaram em Philadelphia. Não tinham percebido que a sua boa fé fôra illudida com uma scena de pura phantasia, porque os condemnados em frente do director (...) perdiam a liberdade de responder com sinceridade ás perguntas (...) e se afirmavam a bondade de seu isolamento era com a esperança de serem tratados com menos rigor (...). N'estas disposições continuavam os delegados, por mera curiosidade, porque já estava formada a sua convicção, a visita ás pertenças do edificio".

[484] Também o inglês Charles Dickens, em *American Notes*, relato da viagem empreendida pelos Estados Unidos em 1842, descreve detalhadamente a "Eastern State Penitenciary" de Filadélfia e

Estes relatos são também usados nos Estados Unidos, pelos partidários de um e outro regimes.

Entre os franceses, Tocqueville e Beaumont cotejam ambos os modelos, sem opção imediata. Mesmo se duvidando do valor do isolamento contínuo, a sua opção orientar-se-á mais tarde por este regime.[485] Demetz e Blouet são partidários claros do regime de Filadélfia.[486]

os ocupantes de várias das suas celas, negando os eventuais benefícios do modelo. A Dickens, este isolamento bem-intencionado parece-lhe simplesmente uma tortura bem-intencionada: "The system here, is rigid, strict, and hopeless solitary confinement. I believe it, in its effects, to be cruel and wrong. In its intention, I am well convinced that it is kind, humane, and meant for reformation; but I am persuaded that those who devised this system of Prison Discipline, and those benevolent gentlemen who carry it into execution, do not know what it is that they are doing. I believe that very few men are capable of estimating the immense amount of torture and agony which this dreadful punishment, prolonged for years, inflicts upon the sufferers; and in guessing at it myself, and in reasoning from what I have seen written upon their faces, and what to my certain knowledge they feel within, I am only the more convinced that there is a depth of terrible endurance in it which none but the sufferers themselves can fathom, and which no man has a right to inflict upon his fellow-creature" – *American Notes*, Project Gutenberg, 1996, acedido através de *http://www.gutenberg.org/ebooks/675*. A realidade desta prisão seria convertida nas décadas seguintes, anulado o isolamento dos reclusos. Esse ambiente profundamente distinto pode ser apercebido através de um documento curioso: um filme mudo realizado em 1929, comemorando o centésimo aniversário desta prisão, do qual um excerto está publicamente disponível em *http://www.youtube.com/watch?v=jcN0lhDiw-U&feature=player_embedded*, onde quase se parece regressar ao contexto de "prisão em comum" pré-penitenciário, na ânsia propagandística de apresentar uma prisão idílica, de acordo desde logo com a convivialidade demonstrada entre funcionários e presos.

485 Gustave de Beaumont e Alexis de Tocqueville, enviados oficiais, que publicam a sua visão em *Du système pénitentiaire aux États-Unis..., cit.*, estudam detalhadamente as penitenciárias de Auburn, de Sing Sing, a *Eastern State* da Pensilvânia e vão ainda conhecer a primeva cadeia de Walnut Street, entre outras, que contava agora aliás com 30 celas. Note-se que, ao tempo da sua visita, em 1831, a penitenciária de Cherry Hill conta apenas com dois anos de funcionamento, pelo que a referência ao isolamento celular contínuo é ainda em grande medida Walnut Street e Pittsburgh. No momento em que a França deverá optar pelo melhor modelo penal, perante as possibilidades do degredo (que no texto se rejeita: "(...) les frais seraient immenses; et le succès três-incertain" (p. 227)), um modelo de colónias agrícolas de tipo holandês ou a opção penitenciária, os autores são especialmente críticos em relação ao isolamento celular contínuo, perante os seus resultados americanos – "(...) cette solitude absolue, quando rien ne le distrait ni nel'interrompt, est au-dessus des forces de l'homme; elle consume le criminel sans relâche ni pitié; elle ne reforme pas, elle tue" (p. 13), mas críticos também em relação a uma realidade que se preocupa enormemente com a perfeição do modelo de prisão para os condenados, mas deixa presos preventivos em total abandono e dissolução, num regime de prisão em comum (pp. 28 e 29). Não obstante, Tocqueville orientar-se-á mais tarde para uma defesa do modelo de Filadélfia.

486 A viagem de Demetz e Blouet é justificada pela necessidade de avaliar os resultados entretanto obtidos pelos regimes norte-americanos, tendo em conta especialmente o decurso do tempo verificado de aplicação do modelo de isolamento celular com trabalho em Cherry Hill e a dúvida, insis-

As prisões e os seus regimes são escrutinados e reportados, mas também enquadrados de acordo com as preferências prévias dos visitantes. A Tocqueville e a Beaumont, por exemplo, parecia impossível atingir-se, em qualquer situação, um plano de "reforma radical" de um homem, afinal o que o isolamento celular contínuo de Filadélfia visaria. Entendendo que o ideal seria chegar a um plano de mera "reforma útil à sociedade", ou seja, uma mudança "menos profunda"[487], mas suficiente para aproveitar o regresso do condenado à vida em comum, estava-se necessariamente também a valorizar o trabalho e a instrução como elementos aproveitáveis da pena, no que de algum modo acompanha Charles Lucas. Mas seria isto desistir de uma pena reformadora? Como escrevem, assim, "o sistema de Filadéfia faria homens honestos e o de Nova Iorque não mais do que cidadãos submetidos ao direito".[488] Reconhecendo o mérito moral do primeiro modelo, mas colhendo poucos resultados, dada a experiência recente do isolamento celular com trabalho em Cherry Hill, são essencialmente os seus custos financeiros que o parecem afastar, pensando em especial na sua adaptação à realidade francesa. Mas, no modelo de Auburn, outras dificuldades são notadas, destacando-se a necessidade de recurso aos castigos corporais que se pretenderiam afastados e a dificuldade em impor o silêncio permanente.[489-490]

tentemente manifestada no primeiro relatório, sobre se a manutenção do silêncio em Auburn, num regime comum, seria efectivamente uma realidade e, em especial, se seria possível de replicar perante o "carácter francês". Demetz e Abel Blouet, *Rapports sur les pénitenciers des États-Unis*, Imprimerie Royale, Paris, 1837, assentam que ambos os modelos partem de um pressuposto comum e válido: "Tous deux consacrent en principe l'absence de toute communication entre les détenus ; l'un par une séparation morale reposant sur une surveillance rigoureuse, l'autre par une séparation absolue opérée matérielllement" (p. 9) Mas a sua observação das prisões sob o regime de Auburn leva-os a uma conclusão decisiva: a pena aí resulta ou cruel ou insuficiente, pela necessidade de uma vigilância permanente que seja eficaz e, assim, do recurso constante a um castigo corporal que possa manter o silêncio e a ordem, que são impossíveis a todo o tempo, levando a que neste regime se incorporem em demasia as características pessoais do director da prisão, mais ou menos severo (pp. 26 e 27). Para mais, mantém-se na prática a prática de cumplicidade corruptiva, típica da prisão em comum (p. 34). Assim, será o regime de Filadélfia, eficaz pela sua arquitectura de isolamento e pelo seu intuito reformador, a ser preferido. Na cela, o condenado reforma-se a si mesmo: "Il voit, par ses progrès, se développer solvente en lui une faculté qu'il n'avait pas cru posséder, et il en vient peu a peu à se convaincre qu'au lieu de vivre comme un débauché, comme un homme vil et criminel, haï et méprisé de ses semblables, il autait pu être, lui aussi, un citoyen utile et laborieux" (p. 36).

[487] Gustave de Beaumont e Alexis de Tocqueville, *Du système pénitentiaire aux États-Unis..., cit.*, p. 105.

[488] *Idem, ibidem*, p. 108.

[489] *Idem, ibidem*, p. 162.

[490] Beaumont e Tocquevillle apresentam um panorama que se pode considerar francamente justo em torno dos resultados de um e outro regimes, sem afinal qualquer entusiasmo particular ou qual-

Assim, anos depois, Demetz e Blouet[491] irão estabelecer o padrão de Filadélfia como o preferível – afinal, o regime mais distinto da prática antiga da prisão em comum, sinónimo de corrupção moral e de incentivo ao crime futuro – e a França seguirá esse caminho, pelo menos durante algum tempo. A mesma opção se encontra nos relatos de Crawford[492], Ramon de la Sagra[493] e

quer repúdio claro por um deles. Isso não impedirá o uso da sua visita aos Estados Unidos neste país pelos partidários de ambos os regimes, usando a sua leitura do modo mais conveniente, como é claro ainda por exemplo neste texto de 1847: "In the year 1831 (...) two highly inteligent and practical gentlemen, Messrs. De Beaumont and De Tocqueville, visited the United States as commissioners from the French government to exame our public prisons. (...) In 1833 they reported, without qualification in favour of the *Separate* and against the *Silent* principle. (...) In the same month of the same year [1836], the Report of the French Commissioners was assailed in the Christian Examiner, a periodical published in Boston; and the attempt was made to show, that «the opinion of those gentleman was founded in error or misapprehension, and that the *Auburn* prison should be the model, in preference, at all events, to the *Eastern Penitentiary*». (...) Commissioners of other European governments visited the United States to examine our prisons; and, scarcely an exception, reported entirely and unhesitatingly in favour of the Separate, or Pennsylvania, and against the Silent, or Auburn principle" – George Sumner, *The Pennsylvanian system of prison discipline triumphant in France*, Acting Committee of The Philadelphia Society for the Alleviation of the Miseries of Public Prisons, Filadélfia, 1847, p. VI.

[491] Demetz é magistrado, mas Blouet é arquitecto. A sua experiência norte-americana levá-lo-á, em 1843, a publicar o seu projecto penitenciário (G. Abel Blouet, *Projet de prison cellulaire pour 585 condamnés*, Imprimerie et Librairie de Firmin Didot Frères, Paris, 1843), onde, de acordo com os ensinamentos de Filadélfia, "os muros são a pena do crime e a cela coloca o detido na presença de si próprio" (p. 5). Em 1829, havia sido publicado o primeiro estudo de arquitectura prisional francês, mas sem estabelecer uma preferência pelo regime celular. Em alternativa, procurava a via de ajustar diferentes estabelecimentos a distintos tipos de funções e categorias de reclusos, de forma mais conservadora, citando Beccaria, mas sem referências aos regimes penitenciários norte-americanos – v. Louis-Pierre Baltard, *Architectonographie des prisons*, Imprimerie de Crapelet, Paris, 1829.

[492] Um primeiro relatório da viagem é publicado em 1834 e em 1837 novamente os inspectores das prisões William Crawford e Whitworth Russell (*Extracts from the Second Report of the Inspectors of Prisons for the Home District, addressed to the Right Honourable the Secretary of State for the Home Department*, W. Clowes and Sons, Londres, 1837, pp. 3 e 4) escrevem: "We are now prepared to show that the Silent System, originating in a deep conviction of the great and manifold evils of gaol association, and designed to guard against those mischievous consequences which attach to it, is cumbrous and intrincate in its construction, inadequate for the purposes which it contemplates, and dependent for its successful working upon circumstances which can neither be universally secured nor relied upon; that, besides its good qualities, it has other which are pernicious or useless; and that, while its excellencies are contingent and accidental, its defects are necessary and inherent".

[493] V. o enciclopédico e literário relato americano de Ramon de la Sagra, *Cinco meses en los Estados Unidos de la América del Norte desde el 20 de abril al 23 de septiebre de 1835: Diario de viaje*, Impr. Pablo

Julius[494], o que é forçoso considerar também na perspectiva de que é o modelo de Cherry Hill e a sua reforma interior prometida a verdadeira novidade para os europeus.[495]

Na Europa a discussão sobre a preferência entre sistemas tem assim campo aberto de debate e os seus cultores informados. Não se trata em muitos casos de importar apenas um mero modelo operativo de encarceramento. Este é um modelo particularmente rico, que, para além de um regulamento rigoroso, pressupõe também uma arquitectura específica, exige uma consciência pública que permita à prisão ser considerada simultaneamente como uma instituição de regeneração e de castigo e não um mero depósito de preventivos e condenados e impõe naturalmente que o decretar da prisão seja concebido como uma verdadeira pena em si, no contexto de um novo direito penal em construção. É, pois, ao menos, um complemento decisivo no debate penal. A visão, do outro lado do Atlântico, é contudo, também, a de uma Europa afinal demasiado imersa no debate sobre o direito de punir e menos preocupada com a execução das penas em si.[496]

Renouard, Paris, 1836, notando a pp. 69 e 70, sobre Cherry Hill: "(...) Esta penitenciaria corresponde al buen concepto que ha obtenido aqui y en Europa. La visita que hice me ha sujerido la idea de ecsaminar algunas otras, reunir todos los informes que me sea possible, y que tal vez, podrán servir en España algun dia, en que se piense en establecer un sistema penitenciario (...)". É no entanto certo que não afasta imperativamente o modelo de Auburn, prisão visita e que também elogia globalmente (pp. 284 a 294). Note-se também que, comparativamente aos visitantes franceses, a Crawford ou a Julius, a perspectiva de Ramon de La Sagra é acima de tudo a de um "turista" e não a de um visitante oficial das prisões ou de um reformador penal empenhado. O que também permite uma nota útil para conhecer este tempo: a de que visitar como um mero estrangeiro curioso as cidades de Filadélfia ou de Nova Iorque na década de 30 do século XIX implicava conhecer as suas novas penitenciárias, que estão colocadas, neste relato espanhol, ao nível das cataratas do Niagara...

[494] V. Julius, *Du système pénitentiaire américain en 1836*, Rennes, 1837, conciliando reforma moral e castigo no isolamento celular contínuo e destacando negativamente o tópico do "arbítrio do carcereiro" no regime de Auburn, pp. 26 ss. e pp. 31 ss.

[495] Em parte neste sentido, Pieter Spierenburg, *From Amsterdam to Auburn..., cit.*, pp. 454 e 455, procurando evidenciar que o "modelo de Auburn", de encarceramento com trabalho em comum, já era conhecido da Europa, desde logo com as casas de trabalho.

[496] Francis Lieber, *op. cit.*, p. 9, escreve: "The German, French, and most Italian jurists have, with great zeal, and not unfrequently with much shrewdness and close reasoning, inquired into the origin of all penal right, but they haved again greatly neglected the practical operation of the various systems (the French, of late, may be mentioned as making an exception to the last remark)". Um historiador americano nota na Europa este interesse essencialmente de tipo burocrático pelos mode-

Ao pressupor a separação e o isolamento absolutos – e, como tal, uma "individualização" absoluta –, é apenas efectivamente o regime de Filadélfia aquele que, no rigor dos princípios, defende a virtude do isolamento como instrumento para a correcção do criminoso, de acordo com a formulação original de inspiração religiosa de que a prisão deve *forçosamente* corrigir e não punir.[497] O único contacto permitido ao recluso era aquele que apenas poderia contribuir para a sua regeneração espiritual, criando-se um novo grupo funcional, de visitadores de prisões, do qual originalmente apenas faziam parte os membros da *Philadelphia Society for Alleviating the Miseries of Public Prisons*. No mais, a virtude deveria nascer da contrariedade, forçada, da sociabilidade natural dos indivíduos.

A prisão de Cherry Hill, ao funcionar como modelo para a grande prisão europeia do século XIX, a londrina Pentonville, torna-se, muito através desta, um caso de sucesso internacional. A Portugal chega também o seu modelo – Pentonville e a parisiense prisão de Mazas, ela própria seguindo o desenho de Pentonville, bem como a posterior Penitenciária de Lovaina, serão exemplos seguidos para a mais tardia Penitenciária de Lisboa e, em escala reduzida, para as penitenciárias de Coimbra e de Santarém.

Todavia, os elementos de descrença no sistema de Filadélfia são postos em evidência até em relatos nacionais anteriores à crítica mais generalizada ao isolamento celular, nos quais se chega a apontar as suas causas, essencialmente ligadas à sua aplicação e não aos seus princípios: "(...) communicação dos presos nas cellas durante a noite, conversando e combinando entre si os planos da criminalidade; falta de instrucção moral e religiosa; systema de tarefas de trabalho, acabadas as quaes trabalhavam para si, obtendo meios para fins illicitos; generos de trabalho perigosos e inconvenientes nas prisões; maus empregados; excessivo direito de agraciar e irregularidades e abusos nos castigos (...)".[498]

los penitenciários dos Estados Unidos: "What the Jacksonians had to offer was not fresh theories about what the penitenctiary could or shoul accomplish but fresh suggestions for the practical implementation of old paradigms: primarly refinements in the realm of administration and design. Europeans flock to American penitentiaries to learn these valuable, but secondary, lessons" – Adam Jay Hirsch, *The Rise of the Penitentiary – Prisons and Punishment in Early America*, Yale University Press, New Haven, 1992, p. 112.

[497] E "(...) a superioridade filosófica do sistema de Cherry Hill tinha de ser admitida, porque a segregação através das paredes – a segregação através da arquitectura – superou a necessidade da comunicação ser eliminada através da força e da intimidação, como acontecia em Auburn" – Maria da Conceição Trigueiros, *op. cit.*, p. 251.

[498] Manuel Thomaz de Sousa Azevedo, *Relatório..., cit.*, 1857, p. 9.

Em suma, o modelo de Pensilvânia replica-se em vários outros estados norte-americanos, mas tenderá a ser abandonado e substituído por Auburn e por evoluções destes.[499] Os seus destinatários, na sua formulação original, eram, aliás, em número relativamente reduzido. Em 1852, 126 reclusos deram entrada na penitenciária de Filadélfia, sendo que apenas 4 deles condenados a penas superiores a 10 anos, num Estado que não aplicava a prisão perpétua. A população reclusa de Cherry Hill, em 1853, seria de 267 homens e 16 mulheres.[500]

O risco da alienação dos reclusos confinados a uma separação celular absoluta era progressivamente reconhecido e procurava-se reduzi-lo, nomeadamente procurando atender à duração das penas que deveriam ser cumpridas neste regime, mais reduzidas, e favorecer o trabalho dos presos.[501] Mas este trabalho não era um mero modo de ocupação do tempo dos reclusos, uma tentativa de atenuação da clausura ou apenas uma forma de rentabilização económica da instituição – o trabalho prisional inscrevia-se imediatamente na essência do modelo punitivo, associado ao isolamento, enquanto elemento crucial para a regeneração do condenado. Auburn, a penitenciária do Estado de Nova Iorque, é neste ponto o modelo referencial e será estendido a várias penitenciárias pelos Estados Unidos, necessariamente também pela estrutura de produção que encerra. O trabalho dos presos, diurno e em conjunto, é feito em oficinas, em edifícios separados do das celas e considerado mais produtivo que o trabalho individual, em isolamento na cela. Durante o período de trabalho e refeições comuns, o silêncio é obrigató-

[499] E, a par do incremento na construção de prisões, criam-se também nos Estados Unidos casas de acolhimento para menores desde os primeiros anos do século XIX, masculinas e femininas. Após o estabelecimento inicial do regime de isolamento celular, na década de 20 do século XIX, também a filantrópica associação de Filadélfia vê na assistência aos menores delinquentes um novo objectivo para a sua actividade. Aos rapazes, como conta Sousa Azevedo sobre as casas americanas (*Relatório...*, *cit.*, 1857, pp. 14 e 15), "ensinam-se-lhes officios mechanicos; e logoque dão provas de bom comportamento são accomodados fóra em casa de mestres, onde começam a ganhar, mas no caso de mau procedimento voltar para o estabelecimento", num exemplo de concessão de uma *liberdade condicional* que mais tarde será aproveitada para os reclusos adultos.

[500] *Idem, ibidem*, p. 10.

[501] Sem prejuízo do que se pode sempre afiançar sobre a bondade do sistema: "Alguns Medicos d'estes estabelecimentos sustentam que a prisão cellular, ainda que contraria á natureza, sendo como é applicada a indivíduos de uma vida immoral, agitada e menos sadia, longe de os prejudicar os melhora; e que têem observado ser a mortalidade nas prisões communs na rasão de 6 por cento e de 3 nas solitárias (...). Pensam também que as mulheres supportam mais facilmente que os homens a prisão isolada" – *idem, ibidem*, p. 11. Francis Lieber, *op. cit.*, p. 71, afirma: "Surely it is not good to be alone, but it is still less good to be whipped. Surely is not good to be alone, for ever, but it is an excellent thing to be alone, under certain circumstances, ever for good, even for the best man".

rio – mesmo se é possível que um encarregado nas oficinas, funcionário de uma empresa que tenha contratado a mão-de-obra reclusa, possa falar com os presos que se dedicam às tarefas relativas à execução desse contrato. As mulheres reclusas dedicam-se à costura e à fiação, trabalhando e dormindo em edifícios separados dos reclusos de sexo masculino.

Eduardo Correia[502] já sumariou a defesa de ambos os modelos. A favor de Auburn estariam argumentos como o de permitir uma melhor formação profissional e um trabalho mais vantajoso para o Estado, implicar construções prisionais menos dispendiosas, evitar a debilitação física e mental do isolamento total, facilitar a transição para a vida livre no final da pena e assim proporcionar potencialmente melhores hipóteses de sucesso num regresso à vida em sociedade. Os defensores do regime de isolamento de Filadélfia opunham a estas vantagens uma outra ordem de razões. O custo mais elevado da construção prisional teria o seu reverso nos custos mais reduzidos de manutenção – uma vigilância mais simples e que requereria menos guardas, por exemplo. Também o trabalho individual teria vantagens, já que evitaria a tentação da exploração maciça da força de trabalho dos reclusos e permitiria uma atenção individual a cada um deles, que se associaria à solidão como meio de favorecer a sua regeneração. Em Auburn, ao procurar criar-se de alguma forma uma *sociedade prisional*, esta seria sempre artificial, pois não tomaria em conta a necessidade de uma verdadeira reforma genuína e interior dos condenados. Afirmam ainda que o sistema de Auburn permite a corrupção mútua dos detidos e que o único contacto vantajoso seria com o exterior, através de visitas seleccionadas. E a resposta para o risco para a saúde do isolado, no regime de Filadélfia, seria a de adequar cautelosamente o tempo dessa reclusão.

Em todo o caso, o debate entre estas alternativas, em grande medida meras variações de regime a aplicar em torno da centralidade que é dada a um mesmo espaço, viria a receber novidades decisivas em breve. O mero dissenso entre a cela e a oficina, entre o isolamento solitário e o silêncio forçado, será paulatinamente ultrapassado por configurações ecléticas diversas, que entre si assumem como comum uma ideia essencial de progressividade de regime prisional ajustada ao desempenho do condenado, e que serão concretizadas na prática prisional europeia e norte-americana.[503]

[502] V. Eduardo Correia, *La prison...*, *cit.*, pp. 17 a 19.

[503] Nos Estados Unidos, ultrapassado o debate entre os modelos de Filadélfia e de Auburn, e assegurado o sucesso do modelo de Brockway em Elmira, o sentido será também até às primeiras décadas do século XX de incorporação tendêncial de medidas de *defesa social* individualizáveis na execução

b. Reforma penitenciária em Inglaterra e a criação dos sistemas progressivos

Se é nos Estados Unidos que a instituição penitenciária se desenvolve e aperfeiçoa, é em Inglaterra que uma pena de prisão reformadora ganha previamente um sentido. De facto, parece certo que foi Jonas Hanway (1712-1786) o primeiro defensor expresso em Inglaterra de um novo regime penal em que a solidão e o trabalho se associavam na execução de uma pena de prisão. A ocupação pelo trabalho limitaria os riscos do isolamento e deste apenas se colheriam os seus benefícios espirituais.[504] A Hanway vai associar-se John Howard, quando em 1777 escreve *The State of Prisons*, marcando o início de um período de intervenção reformadora sobre as prisões. A experiência de Howard como *sheriff* – e supervisor de prisões – obriga-o a denunciar as condições das prisões inglesas, a sua insalubridade, a promiscuidade e a incipiência do trabalho ou de qualquer proposta correctiva. Demoradas visitas por prisões de vários países europeus[505] (e desig-

da pena, como a sua indeterminação associada a liberdade condicional, o esforço classificatório dos delinquentes e mesmo medidas mais extremas, como a esterilização forçada de criminosos considerados incorrigíveis. Como apresenta um autor em 1922: "The chief advances in penological concepts and practices, by common consent among penologists, are held to be: (1) The commutation of sentence for good behavior; (2) the indeterminate sentence operated in conjunction with a parole system; (3) the differentiation, separation and progressive classification of prisoners in accordance with a study of their personal history prior to commitment and their behavior in confinement; (4) the differentiation of the defective from the delinquent class and a proper specialization in the treatment of the latter; (5) the careful psychological observation and analysis of the delinquent population; (6) the sterilization or permanent segregation of habitual criminals; (7) the religious, moral, academic, vocational and social education of convicts; and (8) the introduction of preventive methods, such as probation, designed to avoid when possible the necessity of the expense and humiliation of imprisonment" – Harry Elmer Barnes, *The Progress of American Penology as Exemplified by the Experience of the State of Pennsylvania, 1830-1920*, in "Journal of the American Institute of Criminal Law and Criminology", vol. 13, nº 2 (Agosto de 1922), Northwestern University, Chicago, 1922, p. 170.

[504] Hanway é autor de vários trabalhos e num deles, em 1776, vai procurar detalhar um regime prisional ideal, a ser usado em alternativa ao degredo: a prisão com isolamento e trabalho obrigatório, acompanhada de uma dieta reduzida. Como escreve Jonas Hanway, *Solitude in imprisionment*, J. Bew, Londres, 1776, p. 4: "Everyone has a plan, and favourite system; mine is solitude in imprisonment, with proper profitable labour, and a spare diet, as the most humane and effectual means of bringing malefactors who have forfeited their lives, or are subject to transportation, to a right sense of their condition; with proposals how to qualifiy for hapiness, in both worlds, those who usually hurry themselves out of this life, for the crimes of house-breaking, and robbery, &c. and in general to preserve the people, in the enjoyment of the genuine fruits of liberty, and freedom from violence".

[505] Howard vem aliás a falecer em 1790 no decurso de uma visita realizada a prisões e hospitais da Rússia, em território hoje ucraniano.

nadamente a Portugal) alicerçam as convicções do filantropo inglês quanto à necessidade de reforma.

São várias das críticas de Howard passíveis de serem colocadas em comum perante as prisões visitadas, designadamente a falta de alimentação, de água, de limpeza, a impossibilidade de acomodar adequadamente os reclusos, a inexistência de uma qualquer classificação ou separação dos presos em muitos dos casos e a susceptibilidade ao abuso, muitas das vezes permitido, por parte dos carcereiros, associada ainda à manifesta possibilidade de uma pura compra das condições de permanência em reclusão.[506]

A "separação" e solidão dos condenados é um dos tópicos essenciais do novo discurso sobre a prisão –, na medida em que permite proteger fisicamente um condenado dos restantes, evitar o "contágio moral" e induzir ao arrependimento. As suas propostas envolvem também novas medidas de segurança e higiene, uma nova alimentação e regras de tratamento dos doentes, bem como a determinação de trabalho, adaptado a cada recluso. Um quadro de funcionários da prisão e regras claras sobre castigos e recompensas fazem igualmente parte das recomendações de Howard.

Em 1776, perdida a colónia penal norte-americana, as sentenças de degredo serão agora convertidas em penas de trabalhos forçados, para a limpeza do rio Tamisa – o que levará ao uso de embarcações como dormitórios prisionais. Como se viu, é logo em 1779 que surge o primeiro *Penitentiary Act,* também referido como *Hard Labour Bill* ou *Blackstone Act,* fortemente inspirado por John Howard – e onde se encontram presentes muitos dos elementos que se exigirão no século seguinte como parte do regime prisional, tal como o encarceramento com trabalho obrigatório. No entanto, o degredo voltará a ser instituído em 1784, pelo *Transportation Act,* tendo por destino a Nova Gales do Sul, no sudeste australiano.[507]

[506] V. Fernando Bejerano Guerra, *John Howard: inicio y bases de la reforma penitenciaria,* in Carlos García Valdés (dir.), "Historia...", *cit.*, pp. 125 ss. Michael Ignatieff, *A just measure of pain...*, *cit.*, p. 43, indica alguns outros antecessores de Howard na crítica às instituições prisionais setecentistas inglesas, nas primeiras décadas do século, como Thomas Bray ou John Wesley. Mas Howard deu à sua crítica um "intuito científico", ao ser sistematizada e publicada, e não apenas um carácter moral (p. 52).

[507] Entre 1788 e 1853, terão sido enviados para a Austrália cerca de 350 000 condenados, dos quais 24 000 mulheres, destacando-se o grupo de degredados irlandeses "rebeldes à autoridade inglesa", de acordo com Renée Martinage, *op. cit.*, p. 105. Adriano Moreira, *O problema prisional...*, *cit.*, pp. 29 e 30, destaca a flexibilidade da execução deste degredo australiano, sob responsabilidade das autoridades locais, tendo em vista "uma política colonial de fixação".

Prevê-se no diploma de 1779 a construção de penitenciárias, o regime de separação de condenados e de isolamento, instrução moral e religiosa e o uso do trabalho. Ainda que neste período se assista a um esforço de construção e renovação de prisões um pouco por todo o território, em grande medida assumido pelas autoridades locais e todas se reclamando do legado ideológico e prático de Howard como modelo[508], as grandes penitenciárias celulares, contudo, apenas serão concretizadas décadas depois. Note-se no entanto que algumas destas novas prisões incluem já encarceramento celular individual, como a de Horsham (1779) ou a de Gloucester (1791). Assim, os arquitectos prisionais transformam-se aqui em personagens de relevo na determinação da execução da pena[509], na nova prisão reformada, em que os princípios, como o da separação de condenados por categorias e do isolamento, exigem novas realidades que os possam materializar. Reitere-se, no entanto, que antes de concretizadas na sua plenitude em Inglaterra, é nos Estados Unidos, como se viu, que ganha fôlego este novo impulso sobre as prisões.[510] Também o modelo panóptico de Bentham – mesmo se não implementado na sua completude –, deixou afinal em Inglaterra uma marca para as novas instituições prisionais, indelevelmente associadas agora ao modelo de prisão celular e ao trabalho. A ideia de uma "torre de observação" central, de onde é possível vigiar a prisão, no seu todo ou em parte, será adaptada em distintas formulações e nomeadamente na grande prisão londrina de Millbank, cuja construção é terminada em 1819.

Todavia, estas prisões inglesas reformadas ainda provindas do final do século XVIII rapidamente se verificam desactualizadas. De facto, ressurgem nas primeiras décadas do século XIX as críticas sobre o ambiente nas prisões inglesas e a sua aparente incapacidade de reformar um condenado, veiculadas por Howard em 1777.

[508] V. Maria da Conceição Trigueiros, *op. cit.*, pp. 129 ss., onde replica várias plantas para as novas prisões inglesas deste período.

[509] "Foram os arquitectos, e em especial William Blackburn, quem, em colaboração com os magistrados locais, começou a desenvolver os desenhos das prisões, respondendo às exigências principais da prisão reformada, numa espécie de «geografia moral». O lema da cidade «pavimentar, drenar e ventilar» iria corresponder na prisão a três grandes exigências: segurança, higiene e reforma, a que correspondiam técnicas próprias de construção e planos" – *idem, ibidem*, pp. 133 e 134.

[510] Como escreveu António d'Azevedo Castello Branco, *Estudos penitenciarios e criminaes*, Typ. Casa Portugueza, Lisboa, 1888, p. 75, "apesar do prestigio da ideia americana da prisão cellular, a Inglaterra não se deixou fascinar pela innovação; adoptou prudentemente a clausura isolada (*solitary confinement*), para aperfeiçoar o subsistente regimen da deportação, mandando para as colonias homens em cuja consciencia, dispertada pelos rebates do remorso, alvorejassem os dilículos da moralidade".

Ferreira de Moura, um dos liberais portugueses que passa uma longa temporada de exílio em Londres – onde aproveita para conhecer o funcionamento da justiça inglesa –, escreve em 1826 que, em relação ao funcionamento do sistema penitenciário em Inglaterra, "(...) (sejão quaes forem suas theoreticas appareencias) se tem descoberto mui graves inconvenientes", num sistema, segundo o seu entendimento, que, não obstante, visaria simultaneamente a "segurança, castigo e refórma".[511]

Ao primeiro destes fins parecia corresponder a cadeia comum – *common gaol* – onde em regra se aguardaria julgamento. À necessidade de castigo, respondem as antigas *houses of corrections* ou *work houses*, onde efectivamente se exige trabalho (e *hard labour*), bem como as *hulks*, embarcações que recebem os condenados, fundeadas no londrino rio Tamisa. O elemento que provavelmente melhor representou o trabalho exigido ainda nas prisões inglesas do século XIX foi a *treadwheel* ou *treadmill*, um moinho, de distintas configurações, que pode moer farinha accionado pela força dos reclusos, sem saírem do mesmo lugar. Este modelo, usado em várias prisões – mas não na futura Pentonville – permitia exigir trabalho, controlá-lo e aplicar por inteiro o tempo dos reclusos, mesmo se em grande medida se tratava de um expediente puramente punitivo e naturalmente improdutivo.

O fim de reforma do condenado associa-o Ferreira de Moura finalmente à *Penitentiary*, descrita como "certos *Recolhimentos*, que tem por objecto a gradual abolição da pena de morte, substituindo-lhe a de uma reclusão por um certo numero de annos, que não só castigue, mas reforme."[512] Esta reclusão permitia assim comutar a pena de morte bem como a pena de degredo, sem todavia parecer convencer no caso concreto como sistema. Sem prejuízo disso, este contacto dos exilados políticos portugueses em França e em Inglaterra com as novidades penais será determinante também para a sua incorporação no discurso político nacional e no debate académico, de forma mais notória após a Guerra Civil.[513]

[511] Joaquim José Ferreira de Moira [*sic*], *op. cit.*, pp. 30 a 32.

[512] *Idem, ibidem*, p. 31. Descreve Ferreira de Moura, p. 32, que, "em Junho de 1816 se levantou á beira do Thamiza, e em pequena distancia de Londres um vasto, e nobre edificio, chamado *Milbank Penitentiary*. São recolhidos neste grande recinto aquelles, a quem a pena ultima se commuta na de prizão por mais de dez anos – e aquelles, a quem a pena de degredo de quatorze, ou de sete annos, se commuta na de sete, ou de cinco."

[513] Tiago Pires Marques, *Crime e castigo...*, *cit.*, p. 27, salienta que a chegada das ideias correccionais norte-americanas a Portugal far-se-á "em grande parte, pela mediação dos autores franceses" (p. 28), pensando nos anos 1830 e 1840. São estes de facto, necessariamente, os mais disseminados ao tempo, também noutros temas. Em matéria prisional podem destacar-se desde logo, neste período, os relatos

Face ao descontentamento com as suas penitenciárias, o modelo celular norte-americano, considerado o *invento* do século pelo seu nível de aperfeiçoamento face às experiências limitadas inglesas, é então importado da antiga colónia para Inglaterra por iniciativa do primeiro-ministro Robert Peel, que incumbe William Crawford de visitar as novas prisões dos Estados Unidos. Como resultado dessa viagem e do relatório publicado em 1834, é aprovada nova legislação no ano seguinte e segue-se a adopção mais convicta do modelo de encarceramento celular. Avulta também como exemplo a penitenciária norte-americana de Cherry Hill, desenhada por Haviland.

É este o contexto da penitenciária londrina de Pentonville, de Joshua Jebb – o primeiro inspector-geral das prisões britânico –, inaugurada em 1842, com 520 celas numa construção aberta em quatro alas, onde o sistema de Filadélfia é implementado: silêncio absoluto, isolamento completo dos presos, trabalho desenvolvido apenas nas celas, uso de capuz quando circulam na prisão. Pentonville, primeira grande prisão radial europeia à imagem das suas congéneres americanas, será o modelo de várias dezenas de prisões construídas em Inglaterra nos anos seguintes e de muitas das mais emblemáticas novas prisões europeias. A impressão positiva recolhida nos modelos de Filadélfia e de Auburn, mas também já a consciência do risco que envolvia um isolamento prolongado, levava a louvar a arquitectura prisional norte-americana e os seus regimes, mas a optar por penas celulares de duração limitada e que implicavam em seguida o degredo e não a liberdade, como era a prática americana.[514]

As celas individuais de Pentonville, projectadas para serem insonorizadas, eram o *mundo* permitido ao recluso, inviolável, onde este deveria trabalhar, dormir, passar o seu dia, excepto as saídas para os banhos ocasionais, para exercício, em pátios pensados como de uso individual, e para frequentar a capela. Na prática, o exercício acabou por ser feito colectivamente, com o uso de capuzes. A capela era também um espaço celular: foi usado um sistema de cubículos individuais, ocupados por cada um dos reclusos, complexo e que nunca foi um exemplo de grande eficácia, mesmo tendo sido depois reproduzido pela Penitenciária de Lisboa. As janelas nas celas eram altas e uma vidraça estriada impedia que se visse

de Tocqueville e Beaumont ou de Demetz e Blouet, as obras de Moreau-Christophe ou de Bérenger e o trabalho de sistematização do panorama penitenciário de Charles Lucas, conhecidos (e, no caso de Lucas, traduzido) em Portugal. Antonio Luiz de Henriques Secco, *Da historia do direito criminal portuguez..., cit.*, pp. 450 e 451, assinalava a França, pensado também no direito penal, como "um grande foco de producção de conhecimentos humanos; e o que não produz, elabora, rumina, affeiçoa e atira ao grande mercado do mundo".

[514] V. Michael Ignatieff, *A just measure of pain..., cit.*, pp. 194 a 196.

para fora – a janela servia apenas para a entrada de luz. Um sistema mais aperfeiçoado de instalações sanitárias, presentes em cada cela, foi utilizado, bem como sistemas de aquecimento e de ventilação, cujos resultados seriam, contudo, ainda discutíveis nos seus resultados. Elementos de mecanização estavam também presentes, evitando contactos desnecessários entre guardas e presos, como na distribuição de refeições, através de mecanismos que não só a tornam mais rápida como permitem na prática despersonalizar esse ritual.[515]

A pena de prisão em Inglaterra passa, pois, a ser cumprida nas penitenciárias celulares[516], mas também ainda nas casas de trabalho, onde os presos se encontram classificados e separados apenas pela primeira categorização feita (sexo, tipo de crime, idades, suspeitos ou condenados), em prisões locais e nas embarcações

[515] Como destaca Maria da Conceição Trigueiros, *op. cit.*, p. 290, procurou obstar-se pela perfeição arquitectónica e técnica a qualquer invalidação do modelo de isolamento na correcção do preso: "O incremento de tecnologias sofisticadas foi a consequência de tentativas para conseguir a reforma do carácter do prisioneiro, que era vista frequentemente como o resultado falhado do edifício prisional. O ponto de ligação crítica era entre a reforma do carácter que oferecia a possibilidade de regeneração e a tecnologia da prisão através da qual aquela possibilidade se realizava. Finalmente em Pentonville, Joshua Jebb transformou um problema de psicologia num problema de mecânica (...)".

[516] Jebb apresenta ao congresso penitenciário de Bruxelas, em 1847, o estado da questão em Inglaterra como "resolvido": muitas prisões novas haviam sido criadas nos últimos anos, o que dotava o país de cerca de 12 000 celas, e a opção pelo *separate confinment*, mesmo se entendendo que não apresenta condições, pelos riscos que incorpora para a saúde dos condenados, para ser aplicado a penas superiores a 18 meses, deveria em breve ser a "base da disciplina" prisional em Inglaterra – v. Joshua Jebb, *Observations on the separate system of discipline submitted to the congress assembled at Brussels, on the subjects of prison reform, on the 20 september 1847*, W. Clowes and Sons, Londres, 1847, pp. 4 e 5. A prática judicial absorve também os ensinamentos penitenciários e procura mesmo estendê-los. Num documento publicado em 1845, nota-se como a manutenção em isolamento celular e o uso de capuzes nos detidos quando circulassem na prisão fora estendida a presos a aguardar julgamento, colocados na prisão de Reading, por ordem judicial, o que apenas estava prescrito para condenandos colocados em Pentonville, o que é considerado como uma injustiça deplorável. "I address to you publicly upon the prison discipline which you have established at Reading; upon your newly-established practice of incarcerating untried prisoners as if they were convicts; upon your having immured them in solitary cells before trial; unpon your having ordered, that masks be put upon their faces whenever they are taken out of these cells (...) The only legal plea for the confinement of a person before convicton, is the belief of the commiting magistrate, that there is no other method of insuring his appearance in a court of justice (...). Any discipline which adds such an unnecessary inconvenience to his detention as may nearly place him on a level with the convict, is contrary to the spirit of the English law", escreve Sir Richard Vyvyan, *A letter from Sir Richard Vyvyan, Bt., M.P., to the magistrates of Berkshire: upon their newly-established practice of consigning prisoners to solitary confinement before trial, and ordering that they be disguised by masks whenever they are taken out of their cells*, Londres, s/d [1845] pp. 2 a 4.

– *hulks* – desactivadas que acolhem, em primeira linha, os que aguardam embarque para cumprir degredo nas colónias.

As penas cumpridas em Pentonville seriam de curta duração e nunca deveriam ultrapassar os dois anos – a passagem por esta penitenciária antecipava apenas a deportação para as colónias penais ou a integração noutras cadeias, de regime comum, com trabalho. O português que em 1856 visita Pentonville encontra já este regime progressivo de *penal servitude* em funcionamento: acentua assim que "soffre a pena três períodos graduados: no primeiro captiveiro completo; no segundo, alguma liberdade onde trabalham reunidos; no terceiro, mais liberdade e entregues aos trabalhos das colonias"[517], o que provém ainda do paradigma de reforma de Howard. O trabalho do preso em Pentonville, efectuado na cela, era obrigatório (sob pena da redução a pão e água ou da proibição absoluta de visitas) e a alimentação, segundo o relato de Sousa Azevedo, "excellente: almoço, um terço de quartilho de chocolate e dez onças de pão; jantar, quatro onças de carne, pesada depois de cosida, um arratel de batatas e cinco onças de pão; ceia, um quartilho de farinha e cinco onças de pão"... A ameaça da loucura provocada ou intensificada pelo isolamento pairava também sobre os reclusos, mas sem que os dados eventualmente o pudessem comprovar, ao menos na óptica de um visitante ocasional – "o isolamento se algumas vezes produzia loucura, tambem a prevenia e curava, o que aconteceu a muitos presos".[518-519]

Com Pentonville convivem outras penitenciárias que se constroem entre as décadas de 30 e 50 do século XIX, de regimes diferenciados (Holloway Road, Westminster-New Bridewell, Parkhurst... – esta última um misto de colónia agrícola e oficina na ilha de Wight, para a formação de condenados depois enviados para as colónias), bem como as prisões mais antigas que continuam em uso.[520]

[517] Manuel Thomaz de Sousa Azevedo, *Relatório..., cit.*, 1857, p. 22. V. também, sobre o percurso do modelo inglês da época, E. H. Michaux, *Étude sur la question des peines*, Challamel Ainé Éd., Paris, 1875, pp. 96 ss.

[518] "É muito favoravel a Pentonville o quadro comparativo das alienações n'esta prisão com os das outras e na vida ordinaria. No periodo de 1843 a 1847 houve nas prisões da Inglaterra e do paiz de Galles em o numero de 14:689 presos, 89 alienados, o que corresponde a 1/65 para 1:000; e em Pentonville a proporção foi de 1/5 para 1:000, a mesma que se observou na cidade, e é regular nas idades de 20 a 40 annos", assevera Manuel Thomaz de Sousa Azevedo, *Relatório..., cit.*, 1857, p. 23.

[519] Sobre a verificação de casos de loucura celular em Millbank como determinantes do progressivo abandono do seu regime de isolamento celular, v. Séan McConville, *A history of English prison administration*, Routledge & Kegan Paul, Londres/Boston, 1981, pp. 164 ss.

[520] Sobre a arquitectura das prisões inglesas entre o início do reformismo penal e a chegada ao novo penitenciarismo celular e as suas motivações programátcias – ou seja, entre Newgate e Pentonville –, é inigualável o trabalho de Robin Evans, *The fabrication of virtue: English prison architecture, 1750-1840,*

Se Pentonville era a penitenciária-modelo, também a londrina Millbank, a primeira grande penitenciária celular, que abriu portas em 1816 dotada de 1200 celas, tal como a prisão de Newgate, constituíam exemplos partilháveis de novas instituições punitivas. Pouco tempo depois de Sousa Azevedo, Aires de Gouveia é outro dos visitantes nacionais nas prisões inglesas e escocesas e não deixa de conhecer estas instituições. Newgate detém em 1859 uma parte mais antiga, melhorada, de prisão em comum, e uma ala nova, de isolamento celular – ambas parecem exemplares ao nosso visitante. E, ao visitar a grande prisão de Millbank, "grandiosa fábrica (...) levantada sôbre o designio do grande criminalista Jeremias Bentham"[521], anota como o previsto isolamento celular fora sendo substituído por alojamento e trabalho em comum, em partes do edifício, com separação entre homens, mulheres e rapazes, mantendo-se contudo nove centenas de celas para pena solitária.[522] E, entre várias outras prisões, Gouveia visita também Pentonville, onde comprova as agora 562 celas individuais que a compõem. Recorda o português os pátios de passeio[523] e, em particular, o "barrete de pano" que é também distintivo daquela cadeia[524] e que mais tarde será incorporado na Penitenciária de Lisboa.[525]

Cambridge University Press, Cambridge, 1982. A propósito destas prisões esforçadamenre reformadas do início do século XIX, v. pp. 239 ss.

[521] A. Ayres de Gouvêa, *Resenha...*, *cit.*, p. 39. Uma boa verdade, já que é construída no espaço onde antes Bentham aguardou a construção do seu Panopticon. V. *v. g.* Seán McConville, *op. cit.*, p. 135.

[522] Sobre a situação de Millbank, subfinanciada, sujeita a abandono e com diversos defeitos de projecto, v. Giles Playfair, *The punitive obsession: an unvarnished history of the English prison system*, Gollancz, Londres, 1971, pp. 34 a 41.

[523] "São estes feitos em circulo cujos raios são muros de pedra, ficando assim o prêso isolado n'uma tira de terra, que se estende do centro á porta na extremidade, que lhe fecham, mal entra. Todos estes espaços individuos são, na largura, cobertos em parte com laminas de zinco para o preso se abrigar da chuva ou raios de sol, e na outra por grade fina d'arame para não poder atirar, por sôbre a parede, o minimo objecto ao seu vizinho. No centro do circulo sobe um mirante, donde um guarda vigia simultaneamente os movimentos de todos", descreve A. Ayres de Gouvêa, *Resenha...*, *cit.*, p. 37.

[524] "Peculiar d'esta prisão é o boné ou barrete de pano, similhante á monteira, com pala ou aba do mesmo, cahida sobre o rosto até á boca, e com dois buraquinhos para verem. Como o isolamento individual é aqui absoluto, a nenhum é permittido estar fora da sua cella para qualquer fim que ser possa, como assistir ao officio dominical, ou passear no pateo, sem o trazer constantemente. (...) Por sem dúvida tenho ser esta uma das mais sensatas melhorias que póde cubiçar-se. Deve sempre e por todos os meios buscar-se, que os criminosos se desconheçam mutuamente, que, ao sahir castigados e, até onde possível, corrigidos, não topem consocios com quem venham a fallar nos seus crimes e dias da pena, para com isto, com as necessidades que os possam cercar e com as attracções do desêjo, não irem de novo praticar outros" – justifica *idem*, *ibidem*, pp. 37 e 38.

[525] Aires de Gouveia salienta também diversos aspectos que encontra nas prisões inglesas e que reputa de referências: a existência de gasómetros, o modelo de construção das capelas com cubículos

É a prisão de Newgate que assiste, aliás, ao nascimento do mais impressivo filantropismo prisional inglês. À semelhança do que sucedia nos Estados Unidos, no início do século XIX, várias personalidades *quaker*, prezando valorizar o recolhimento, o pacifismo e a solidariedade, começam a visitar prisioneiros em Newgate, contribuindo para a discussão pública do tratamento prisional, associado aliás à abolição da pena de morte. A mais mediática e bem sucedida destas visitantes terá sido Elizabeth Fry (1780-1845), activista pioneira que inicia a visitação às reclusas em Newgate, para leituras regulares da Bíblia e que inspirará movimentos semelhantes, pelo menos em França e na Rússia. Funda uma associação de visitação às prisões e a sua acção concretiza-se igualmente nos esforços de instrução e organização do trabalho das reclusas. A sua presença estende-se também aos navios de condenadas prestes a partir para a Austrália – terá visitado ao longo da sua vida mais de 120 navios de degredados. Numa viagem original empreendida por vários países europeus, onde visita prisões, levanta junto das opiniões públicas o tema da reforma dos condenados nas prisões.[526]

Como acontecera nos Estados Unidos, a londrina *Society for the Improvement of Prison Discipline and the Reformation of Juvenile Offenders*, fundada em 1816, foi assim um dos exemplos bem sucedidos de *lobby* não apenas pela melhoria das condições prisionais, mas também pela efectiva consagração do sistema a novos fins correctivos. William Crawford foi justamente um dos membros daquela Sociedade de grande activismo na determinação do panorama prisional britânico da primeira metade do século XIX. A *Society for the Improvement of Prison Discipline* publica obras sobre requisitos das prisões e do sistema penal e chega a avaliar e a propor projectos arquitectónicos para novas construções – com base num modelo radial –, mesmo se, por exemplo, a grande penitenciária de Millbank, a maior prisão celular da Europa, difícil de gerir pela sua dimensão e vários defeitos de base, não retrata exactamente as suas posições ou sequer as de um Bentham – que vê os seus planos afastados por acção do futuro director de Millbank, George

de separação, as carruagens para o transporte dos condenados ("as más acções e os máus individuos não devem alardear-se, mostrar-se em procissão", escreve), a urbanidade do pessoal das prisões, a separação absoluta de sexos entre este pessoal, a boa alimentação... V. *idem, ibidem*, pp. 82 a 88. Reproduções de Pentonville – "the model prison" – nos seus variados pormenores, são apresentadas por Robin Evans, *op. cit.*, pp. 350 a 366.

[526] Sobre o papel de Elizabeth Fry, v. recentemente Anna Caffell, *The Angel of Newgate Prison*, in http://everythingconference.org/articles/archive/144, Setembro de 2010, e as referências aí citadas, bem como Michael Ignatieff, *A just measure of pain...*, *cit.*, pp. 143 a 145. Ainda sobre Fry e o filantropismo cristão como base de uma linha assistencialista em torno da prisão, v. William James Forsythe, *The reform of prisoners, 1830-1900*, St. Martin's Press, Nova Iorque, 1987, pp. 21 ss.

Holford, presidente da comissão que em 1810 recomenda afinal o abandono do *Panopticon*.

A ideia de uma progressividade de regimes na execução da pena, que Eduardo Correia reputou de "aspecto novo e tipicamente inglês"[527], e não obstante a necessidade de ponderação com outras realidades[528], é evidenciada desde logo com a combinação da pena de prisão seguida de degredo para a Austrália[529], modelo que será adoptado por vários países com domínios ultramarinos, nomeadamente por Portugal, e que Pinheiro Ferreira havia defendido como o modelo preferível logo na década de 1830. No caso português, tal não é contudo necessariamente uma dádiva concedida ao condenado, num sentido em que possa estar a beneficiar de um regime penitenciário mais gracioso no decurso do cumprimento da sua pena. De facto, em Portugal, de acordo com a gradação fixada para as penas em 1852, a condenação ao degredo após cumprimento de pena de prisão constitui, em regra, uma pena mais dura e mais gravosa do que a mera prisão.

Mas a adopção de um modelo em que a liberdade – e uma verdadeira liberdade, não a mera recondução geográfica da punição que o degredo encerra – se aproxima progressivamente e mais cedo é mais do que uma terceira via face aos modelos penitenciários de isolamento total ou mitigado: é verdadeiramente também a condenação da prisão com isolamento enquanto pena, espaço e instituição capaz de, por si só, regenerar o criminoso e prepará-lo para o reingresso na sociedade livre. A progressividade do regime em Inglaterra vai assim também substituir a remessa para degredo, definitivamente proscrito, pela liberdade condicional em solo europeu. Acompanhando o princípio do fim do envio para degredo – em grande medida suscitado, tal como acontecera no século anterior com a

[527] Eduardo Correia, *Estudos...*, *cit.*, p. 84. V. também Eduado Correia, *La prison...*, *cit.*, pp. 19 ss.

[528] Manuel Montesinos y Molina (1796-1862), em Espanha, ou George Obermayer (1789-1885), na Baviera, desenvolvem regimes progressivos paralelamente a Alexander Maconochie e Walter Crofton. E a experiência norte-americana desenvolverá também alternativas progressivas ao isolamento celular de Filadéfia e ao modelo auburniano, designadamente Elmira. Para além de todos os modelos, mais ou menos casuísticos, onde essa possibilidade se foi verificando, como as casas de corecção holandesas. V., *v. g.*, Torsten Eriksson, *The reformers...*, *cit.*, pp. 81 ss., em especial pp. 92 e 93 e, de forma sintética, Javier G. Muñoz Pereira, *La recepción en Europa de los sistémas penitenciarios norteamericanos*, in Carlos García Valdés (dir.), "Historia...", *cit.*, pp. 168 a 172.

[529] As condições de acolhimento destes degredados, como a criação de depósitos de degredados com trabalho de tipo industrial, bem como a descrição dos seus principais destinos australianos, podem ser conhecidas através de Michael Bogle, *Convicts – Transportation and Australia*, The Historic Houses Trust of New South Wales, Sydney, 1999, pp. 29 ss.

colónia americana, pela reacção progressivamente mais negativa dos emigrados livres na Austrália à chegada dos condenados –, de acordo com o *Penal Servitude Act* de 1853, a prática padrão inglesa passa também por um modelo em que à prisão em isolamento celular se seguem trabalhos públicos (em alternativa ao degredo) e, finalmente, a possibilidade da concessão de um *ticket of leave* – aproveitando uma prática de liberdade condicional permitida aliás já às autoridades australianas em relação aos degredados desde o final do século XVIII e presente na legislação inglesa desde 1821 –, iniciando-se aqui uma liberdade teoricamente sob vigilância policial.

Em particular, Maconochie e Crofton, colocados à frente de instituições penais, são os nomes historicamente epigrafados na execução de regimes progressivos que inspirarão um novo padrão de cumprimento da pena de prisão.[530] Alexander Maconochie (1787-1860), um antigo capitão da Marinha britânica e professor em Londres, colocado em funções de direcção na prisão da ilha australiana de Norfolk desde 1840, um reduto penal para condenados perigosos e reincidentes com cerca de 1200 ocupantes, em funcionamento desde o final do século XVIII, é um dos precursores da instauração de um modelo progressivo bem sucedido, que inicialmente foi experimentado na então colónia penal de Van Diemen logo em 1837 (a ilha da Tasmânia), em que o condenado pode atingir a liberdade condicional em função de um sistema de "prémios e castigos", que avalia permanentemente o seu trabalho, desempenhado num grupo reduzido de condenados, bem como o seu comportamento.

Um sistema de créditos – *marks* – é instituído, permitindo quantificar o bom desempenho e motivar o condenado para a sua progressão na pena. Após um primeiro período de pena cumprida com maior dureza e em isolamento celular, o trabalho em grupo (onde o bom comportamento e o trabalho eficaz de um aproveitava a todos os seus membros e vice-versa) e a atribuição aos condenados de parcelas de terreno eram elementos que Maconochie usava, num segundo período, como meio de favorecer a sua reforma e, necessariamente, como instrumento visando a fixação colonial uma vez obtida a liberdade. Ponto assente é o da exclusão de qualquer crueldade no tratamento dos condenados: um castigo

[530] Adriano Moreira, *O problema prisional...*, *cit.*, p. 22, afirma elucidativamente que "a história dos triunfos dos sistemas prisionais é sobretudo a biografia de alguns directores excepcionais. Os vários institutos legais, como a liberdade condicional e a suspensão da pena, que procuram aproximar o regime do condenado do regime do homem livre, são, em certo aspecto, o reconhecimento de que a privação da liberdade física não constitui o meio excelente de recuperar cidadãos".

deveria apenas reformar o carácter do criminoso e nunca humilhá-lo. Neste sentido, os resultados são surpreendentes: numa pequena ilha habituada a constantes revoltas dos presos e a crimes sucessivos sobre a população livre, uns e outros desaparecem durante os quatro anos da administração de Maconochie.

O novo sistema é aplicado por Alexander Maconochie em grande medida por sua conta e risco, sem qualquer dimensão oficial que fosse garantida por parte das autoridades metropolitanas e sempre envolvido em severas críticas por parte da comunidade de colonos livres australiana.[531] De forma irremediável, a sua experiência em Norfolk finda em 1844, mas, mesmo que injustiçado no seu regresso a Inglaterra, a sua inovação dará frutos.

É ao director das prisões irlandesas a partir de 1854, Walter Crofton (1815-1897), que caberá aperfeiçoar o sistema de Maconochie. O denominado "sistema progressivo irlandês" compreende agora quatro períodos distintos no cumprimento da pena, partindo de um primeiro momento de isolamento celular associado ao contacto com práticas religiosas (o típico de Filadélfia), continuando com um período de trabalho em comum, onde se acumulariam créditos por bom desempenho (provindo do modelo de Auburn e do regime de Maconochie) e terminando na concessão da liberdade condicional – obtendo-se assim o *ticket of leave* –, mas que é antecedida pela colocação em estabelecimentos de trabalho assalariado já com contacto com o exterior, como colónias agrícolas, residindo a novidade do modelo neste terceiro período[532], presumindo uma base de indeterminação da pena, convictamente preambular à liberdade.[533-534] Dada essa avaliação casuística do condenado e um tempo de pena não previsto à partida, este modelo está em condições de ser sofrivelmente apreciado pelas novas concepções penais que se preparavam[535] – e até superando satisfatoriamente o crivo de Lombroso.

[531] V. Torsten Eriksson, *The reformers...*, *cit.*, p. 86.

[532] Como descreve Crofton, citado num outro texto: "In this stage there are no marks. The result of the self-discipline effected by their attainment is here to be tested before the liberation of the convict. «Individualization» is the ruling principle in these establishments; the number of inmates should, therefore, be small, and not exceed 100" – Mary Carpenter, *Reformatory Prison Discipline as developed by Rt. Hon. Sir Walter Crofton in the Irish Convict Prisons*, Longman, Londres, 1872, p. 11.

[533] Liszt precisa: "Esta diferencia (introducida por Walter Crofton, de 1853 a 1864) da ocasión a Mittermaire [*sic*], von Holtzendorff y otros para hablar de un especial SISTEMA IRLANDÉS (cuya expresión es completamente desconocida en la misma Gran Bretaña) y para recomendar, calorosamente, su imitación (1859)" – *Tratado...*, *cit.*, III, p. 250.

[534] Descrevendo extensamente os modelos progressivos ingleses de Crofton e Maconochie, v. entre nós, em 1885, João da Silva Mattos, *op. cit.*, pp. 58 ss. e pp. 178 ss.

[535] Giles Playfair, *op. cit.*, pp. 118 e 119.

Este modelo progressivo de Crofton, tal como formalizado na Irlanda (e numa Irlanda parte do Reino Unido à época), é recebido em Inglaterra com uma forte oposição inicial, nomeadamente de Joshua Jebb, mas paulatinamente ganhará adeptos um pouco por toda a parte, para o que o congresso penitenciário de Londres em 1872, onde é apresentado, contribuirá fortemente.

c. A "escola penitenciária" francesa

Não obstante a inexistência de especiais originalidades na configuração inicial do regime prisional e oscilando ao longo do século XIX entre a adesão e a refutação dos modelos celulares de base norte-americana, desenvolve-se em França uma intensa literatura sobre a questão penitenciária e a sua influência nos autores e na experiência institucional portuguesa, transversal a todos o níveis e domínios da administração, deve ser valorada. Aliás, é certo que parte relevante da recepção dos modelos norte-americanos e da experiência inglesa – bem como os textos do prussiano Julius ou de Mittermaier, de Baden – chega a Portugal em particular na primeira metade do século XIX mediada pela intervenção dos autores franceses. Num momento inicial, replica-se em boa parte o debate intenso norte-americano em torno da preferência entre Auburn e Filadélfia, em função de um objectivo correccional, dada também a ausência de modelos estabilizados nos demais países europeus, desde logo em Inglaterra, mas é também pela via francesa que outros temas, como a liberdade condicional, as colónias penais agrícolas ou a valia do degredo, são entre nós debatidos.

A partilha inicial do novo modelo de Filadélfia é devida em França ao duque de La Rochefoucauld-Liancourt, logo em 1796, ainda de acordo apenas com a experiência circunsncrita de Walnut Street. Este mesmo autor, em 1819, estará na fundação da nova *Société royale des prisons.* Para que o novo modelo se credibilize e ganhe cunho oficial, será necessário esperar também pelos relatos oficiais na década de 1830 dedicados ao estudo dos regimes penitenciários nos Estados Unidos. Entre os penalistas, Ortolan, por seu turno, assegura igualmente a relevância em França da experiência reformista inglesa, via Howard e Bentham, que incluia o *solitary confinement* enquanto modelo prisional desde uma época mais recuada, como se viu, experimentado transitoriamente em prisões como a de Gloucester (1791), que é expressamente assinalada.[536]

[536] J. Ortolan, *Éléments de Droit Pénal*, 4ª ed., tomo II, E. Plon/Marescq Ainé, Paris, 1875, pp. 96 a 100.

Saliente-se imediatamente Charles Lucas (1803-1889), inspector-geral das prisões francesas entre 1830 e 1865, em quem se viu o pioneirismo de escola[537], que, indo para além de uma literatura baseada em visitas e descrições de penitenciárias, procurou estabelecer uma teoria penitenciária, cobrindo as exigências da prisão preventiva – em que o essencial é evitar a fuga e a corrupção mútua dos detidos –, da prisão essencialmente repressiva – pensando nos condenados a penas de prisão de duração curta, a quem importa sinalizar o crime e conter a reincidência – e de uma pena de prisão penitenicária, onde finalmente, a par daqueles fins, se integra já também uma dimensão regeneradora e educativa da pena. Designando estas três realidades por graus preventivo, repressivo e penitenciário na sua "teoria da prisão", parece a Lucas que o interesse público apenas se orientaria para o modelo de execução da pena de prisão no caso de condenados por vários anos, esquencendo afinal os primeiros graus, preventivo e repressivo, nos quais haveria também que pensar.

Para os presos preventivos, nem o isolamento celular nem o trabalho obrigatório deveriam ser considerados, por resultarem na verdadeira imposição de uma pena antes de julgamento. O trabalho deveria aqui ser apenas facultativo e o modelo de reclusão deveria apenas separar os reclusos de acordo com a sua "moralidade", sexo e idade. À prisão repressiva, em oposição, cumpria usar de trabalho obrigatório – e mesmo de trabalho forçado, como o *tread mill*, com uma função disciplinar. A exigência habitual de trabalho, em comum e em silêncio, e a previsão de isolamento celular nocturno, não diferiria aqui do proposto para a reclusão dita penitenciária, mas desta, mais do que apenas intimidar e conter, esperava-se que inscrevesse no condenado, pela positiva, um sentido de correcção, através de um programa de "educação penitenciária", orientado para cada preso, prenúncio de uma pena individualizada.[538] É portanto o modelo de Auburn aquele em que se baseia (mesmo renunciando à sua origem americana, propondo em alternativa os seus prelúdios europeus, como a casa de Gand ou a penitenciária de Genebra), mas, indo para além de um mero intuito repres-

[537] Manuel Dias da Silva, *Elementos de sociologia criminal e direito penal*, Imprensa da Universidade, Coimbra, 1906, p. 208, assenta que é Lucas o autor da "primeira theoria penitenciaria" (1836), bem como o autor da sua primeira história (1831). Sobre a evolução penitenciária francesa de acordo com Dias da Silva, v. pp. 206 a 212.

[538] E a ideia de "emenda" para Lucas não é uma aspiração vaga, ideal, distinguindo o autor desde logo entre a existência de uma "probité vertueuse" e a "probité légale". Apenas esta única pode ser exigida como fim da prisão penitenciária, detalhando-se este aperfeiçoamento moral, mínimo, apenas na disposição de não cometer mais crimes. Sobre este aspecto, v. em particular *Du système pénitentiaire*, in RevLJ, t. III, 1835-1836, Paris, 1836, em especial pp. 374 a 376.

sivo, no sentido que apelida de "educação penitenciária": incorporando decisivamente educação moral, religiosa, regras rigorosas para o quotidiano prisional, enfatizando a importância da sua regularidade e da sua sobriedade – como na alimentação – e, especialmente, trabalho, tópicos também enfatizados por Hanway no final do século anterior.[539] E, naturalmente, rejeita-se sempre o uso de degredo, que em França é ponderado nas primeiras décadas do século XIX, olhos postos em Inglaterra.[540]

No fim da sua vida, Lucas não deixaria ainda de reforçar o valor da prisão enquanto pena capaz de corrigir o homem, associando-se à justiça repressiva uma dimensão que designa de "justiça penitenciária". Perante a ameaça da reincidência criminal, é apenas a correcção do criminoso a surgir-lhe como a única resposta possível, também como meio de "prevenir e combater o perigo". A correcção do criminoso não é um elemento pertencente ao domínio da filantropia, é o fim da própria pena.[541]

Charles Lucas é acompanhado no debate por diversos autores, cruzando a defesa da reforma das prisões tradicionais com a necessidade de estabelecer um modelo penitenciário e desenvolver as suas potencialidades. Enquanto Lucas se bate pelo modelo de Auburn – como também por exemplo Léon Faucher, a quem o modelo parece mais próximo das carcaterísticas francesas que a sua alternativa de isolamento contínuo[542] –, Tocqueville, Demetz ou Moreau-Christophe[543] tornam-se indefectíveis de Filadélfia. O passo seguinte seria assumido por um outro autor, Bonneville de Marsangy[544], que vai procurar desenvolver as "instituições complementares" ao sistema penitenciário, onde avulta a liberdade

[539] Estes conteúdos do seu programa penitenciário encontram-se expostos em *De la réforme des prisons ou de la théorie de l'emprisonnement*, tomo II, Ed. Legrand et J. Descauriet, Paris, 1838, em especial pp. 86 ss.

[540] Charles Lucas publica em 1827 *Du système pénal et du système répressif en général, de la peine de mort en particulier*, em 1830, *Du système pénitentiaire en Europe et aux Etats-Unis*, obras onde é clara a sua refutação da pena de morte e do uso do degredo e a opção por uma prisão que possa efectivamente reformar o condenado e, entre 1836 e 1838, *De la réforme des prisons ou de la théorie de l'emprisonnement*, onde o seu plano penitenciário é sistematizado.

[541] Charles Lucas, *Allocution prononcée à la séance d'installation de la Société Générale des Prisons*, A. Chaix & C., Paris, 1877, p. 8.

[542] V. Léon Faucher, *De la réforme des prisons*, Angé, Paris, 1838, pp. 180 a 182.

[543] V. L. M. Moreau-Christophe, *op. cit.*, pp. 384 ss.

[544] V. M. Bonneville, *Traité des diverses institutions complémentaires du régime pénitentiaire*, Joubert, Paris, 1847, onde, a par daquelas medidas, se desenvolvem outras reputadas necessárias a completar o regime penitenciário como modelo de execução da pena de prisão, como a vigilância policial dos libertados ou o desenvolvimento do patronato prisional.

condicional ou a detenção suplementar, como meios de ajustamento daquela ferramenta reformadora e que se manterão no debate prisional até ao século seguinte.

Em 1841 o Governo francês emitia instruções aos departamentos para a construção de prisões celulares, em que a cela é concebida como uma "prisão particular", mas a inversão de sentido apenas teria de esperar doze anos. Construíram-se efectivamente penitenciárias celulares, mas em 1853 foi suspensa a adesão ao regime de isolamento[545], voltando a privilegiar-se a reclusão em comum. A generalização do regime de isolamento celular significaria também custos excessivos para o Estado e a opinião pública começa a reagir face à reincidência, sinal aparente da falência do regime prisional. Em 1852, aliás, contabilizavam-se 47 prisões penitenciárias em funcionamento e 15 em construção, em grande medida devidas à acção das autoridades locais.[546]

Em 1854, pela Lei de 30 de Maio, a França adere ao modelo de degredo, para a Guiana, e, pela Lei de 27 de Maio de 1885, vai criar um regime de relegação de reincidentes, a "lei Waldeck-Rousseau" – um "triunfo da exclusão", na expressão de Perrot, um triunfo nomeadamente sobre a própria prisão.[547] Esta, que fora considerada verdadeiramente como a pena capaz simultaneamente de castigar e de educar, na primeira metade do século, discutindo-se apenas, como nos demais Estados, qual o melhor regime penitenciário, parece diluir-se como solução única para o crime, regressada ao modelo de prisão em comum.[548]

[545] Por Circular do Ministério do Interior aos Prefeitos de 17 de Agosto de 1853. Em 1847 podia ler-se a dúvida sobre o modelo prisional adequado: "Nous craignons fort que la pensée génereuse dont il émane [o modelo de isolamento celular] ne se heurte contre une impossibilité absolue dans l'éxécution, et que par la force des choses l'emprisonnement individuel français ne dégénère en *solitary confinement.* Certes, rien de mieux que de séparer entre eux les malfaiteurs, afin de les mettre en contact avec la société honnête, éclairée (...). Mais où trouvera-t-on ces *visiteurs des prisons* qui forment comme le pivot du système (...)? Le travail des prisons continuera-t-il de faire une concourrance désastreuse au travail libre?" – *Chronique,* in RevLJ, t. IV (1847), Paris, 1847, pp. 252 e 253.

[546] J. Ortolan, *Éléments..., cit.*, II, p. 107.

[547] M. Perrot, *Délinquance et système pénitentiaire en France au XIXe siècle,* in "Annales – Économies – Sociétés – Civilisations", ano 30, nº 1, Jan./Fev. 1975, Armand Colin, Paris, 1975, p.68. Évelyne Garçon e Virginie Peltier, *Droit de la peine,* LexisNexis-Litec, Paris, 2010, p. 14, referem-se-lhe como "uma verdadeira medida de segurança, sob a forma de pena". Sobre a origem do diploma de 1885, v. em especial Pierre Cannat, *Nos frères les récidivistes – Esquisse d'une politique criminelle fondée sur le reclassement ou l'élimination des délinquants,* Recueil Sirey, Paris, s/d, pp. 70 ss.

[548] O controlo do criminoso, mesmo depois de libertado, assume diversas formas. A França estabelece em 1810 a fixação de residência para recém-libertados e, em 1832, algumas zonas são-lhes interditas,

Sousa Azevedo, a propósito da sua visita às prisões de Paris em 1856, escreve: "O systema cellular, postoque bem recebido no principio, nunca podia ter em França geral assentimento. (...) O caracter francez é de sua natureza jovial e folgazão, os habitos de sociedade e distracções estão ali arreigados como em nenhum outro paiz. (...) A vida em commum é o habito d'este povo. O isolamento era uma metamorphose completa e repugnante."[549]

No "Programa para a construção ou apropriação das prisões departamentais" de 1853, que Sousa Azevedo traduziu e anexou ao seu Relatório de 1857, dividem-se as prisões em casas de detenção, casas de justiça e casa de correcção, tipologias que podem ser combinadas, e que se articulam em função da situação processual e da duração das penas dos reclusos que devem receber, separados em função apenas da sua classificação.

Estes são alojados em quartos, câmaras comuns ou celas individuais, estas últimas reservadas somente a "filhos detidos por correcção paterna", "presos de segredo" ou "detidos que forem objecto de medidas excepcionais ou em que haja precisão ou conveniência de os separar", podendo ser usadas também para fins disciplinares.[550]

particularmente as grandes cidades (como Paris, Bordéus ou Lyon). Em 1850 encontra-se em funcionamento um registo criminal, que inspirará também o português. V. M. Perrot, *Délinquance...*, *cit.*, p. 85.

549 "Não ha methodo ou systema universal, todos dependem do estado e costumes dos povos. (...) Era impossível apreciar como pena o isolamento, os seus resultados deviam variar infinitamente e produzir terrível effeito, sobretudo nos individuos de temperamento exaltado. Os legisladores levados por estas e outras considerações nunca se atreveram a applicar a solidão aos condemnados, reservaram-n'a para os suspeitos, accusados e mancebos. Entretanto a falta de convicção no sistema nunca o deixo desenvolver. As regras e elementos indispensaveis nunca se pozeram em pratica. A criminalidade augmentou depois da creação d'estes estabelecimentos, mas deve-se indagar a verdadeira origem do facto, e não attribui-lo ás prisões cellulares, que nunca funcionaram regularmente" – Manuel Thomaz de Sousa Azevedo, *Relatório...*, *cit.*, 1857, pp. 28 e 29.

550 Manuel Thomaz de Sousa Azevedo, *Relatório...*, *cit.*, 1857, p. 97. Entre as críticas ao isolamento celular, o autor reporta: "Que era uma importação estrangeira e impopular em França; que era muito dispendioso e excedia os recursos dos departamentos; que a experiencia em França fora terrivel; que a solidão não regenera os maus caracteres, e é impotente contra os viciosos e criminosos; que as visitas multiplicadas são impossíveis, e logoque as haja attenuam a repressão; que o isolamento torna iguaes as differentes penas; que o exercicio do culto catholico e o ensino escholar são incompatíveis com a solidão; que o trabalho nas cellas é sempre improductivo; que a prisão separada destroe as forças physicas e intellectuaes do homem, e o conduz á loucura e ao suicídio; que é excessiva a despeza da sustentação; e que as prisões cellulares são complicadas e dificeis de construir. D'estas observações algumas são exactas, outras exageradas; comtudo em França não se póde ajuizar praticamente de um systema, que verdadeiramente não foi ali experimentado" (pp. 29 e 30).

Enquanto alojamento típico, os quartos teriam um dormitório, pátio próprio, latrinas e, no caso de prisões de maior dimensão, as suas próprias oficinas e refeitórios. As câmaras comuns albergariam poucos presos, sendo reservadas assim aos das categorias que apresentassem um menor número de reclusos. E termina o Programa afiançando que "segundo o systema adoptado ficou banido o isolamento das prisões centrais, a não ser por castigo ou medida excepcional, ou correcção de alguns indivíduos mais perigosos".[551]

Sem prejuízo destas disposições, espaços como o da prisão de Mazas, penitenciária de 1200 celas em três andares, construída em Paris entre 1845 e 1850, e que inspirará também o modelo português de penitenciária celular, como se verá adiante, continuará em funcionamento até quase ao dealbar do século XX. Visitada por Sousa Azevedo, este elogiará a sua localização, a alimentação dispensada, a biblioteca, as condições sanitárias.[552-553] Aires de Gouveia, seu visi-

[551] *Idem, ibidem*, p. 100.

[552] Mas Sousa Azevedo comentará: "A parte material d'estas casas não póde ser melhor; a moral não é tão satisfatória. Supponho que n'este Paiz se não acredita muito na reforma dos presos (...). A experiencia da America e Inglaterra mostrou já que a solidão por si só não reformava o preso; que era indispensavel a instrucção moral e religiosa, elemento a que se não tem attendido muito em França. Mazass [*sic*] com mil duzentas cellas tem um só ecclesiastico!" – *idem, ibidem*, p. 31.

[553] Em contraponto, fazendo uma breve apreciação sobre a realidade na Bélgica, onde as instituições e regras seguiam de perto a França, crê que neste caso o resultado da aplicação do isolamento celular é positivo. Aqui se construiu em 1835 uma secção celular na prisão de Gand, seguindo o modelo de Filadélfia, a que se adicionaram penitenciárias de pequena dimensão em Alost, Vilvorde e Tongres e, posteriormente, em Marche, Dinant, Verviers, Charleroi e Courtrai, entre outras cidades. "A prisão cellular tem provado bem n'este paiz, e merecido o elogio dos homens praticos. Os Directores affirmam que nas prisões communs é raro obter a emenda e reforma dos presos. De nada servem os conselhos e exhortações, e elles chegam a declarar o mau effeito que lhes produz a conversação e companhia dos outros criminosos. (...) O caracter dos presos não muda de repente, a reflexão e o arrependimento só lhes vem com o tempo. Alguns presos de um anno têem declarado que só nos últimos tres mezes lhes appareceu o arrependimento"... *Idem, ibidem*, p. 43. No seu *Relatorio* subsequente, publicado em 1859, apensa uma planta da "Casa Central de Correcção" de Lovaina, na p. 249, que se reproduz em anexo (Anexo 5), considerada um bom modelo de prisão, nas suas 600 celas, atribuída ao "arquitecto Dumont [Joseph Jonas Dumont], que tem sido encarregado das prisões na Bélgica" (e que Sousa Azevedo indica estar a projectar a prisão de Frankfurt), ao tempo ainda em construção. Dumont, falecido precisamente em 1859, é igualmente o autor das penitenciárias de Charleroi e de Antuérpia, por exemplo. Esta Penitenciária de Lovaina inspirará o projecto final da Penitenciária de Lisboa, juntamente com a londrina Pentonville. Sousa Azevedo comenta também a situação na Suíça, tendo visitado, entre outras, a Penitenciária de Genebra, "dos primeiros estabelecimentos que se construiram na Europa, segundo o modelo da America. Duas leis de 1822 e 1825 applicaram-lhe o systema de Auburn. (...) O seu regímen consiste no isolamento de noite, e trabalho em commum de dia, com rigoroso silencio. A parte mais curiosa é uma galeria que serve

tante poucos anos passados, não duvida também que é Mazas a única prisão de Paris digna desse nome, a "proclamadora do systema penitenciario em França", sendo um crítico veemente das demais cadeias que visitou na capital francesa.[554] Mas aponta-lhe ainda diversas deficiências, como a necessidade de os presos apenas ouvirem missa de porta entreaberta, a inexistência de ensino, o trabalho não ser obrigatório. E a súmula da sua visita pelas prisões de França, decorrida entre as então casas centrais – as prisões de condenados a penas mais extensas, de maior dimensão –, casas de detenção, de justiça e de correcção – onde se encontram acusados antes de julgamento e condenados a curtas penas – e os estabelecimentos de educação correccional – estes para a reclusão de menores –, não lhe deixa a melhor impressão, em particular comparando-as com as também por si visitadas prisões inglesas – a falta de instrução aos reclusos, de "moralisação", a falta de pessoal e as más condições dos edifícios são apontadas.

também de escriptorio do Director, e por onde elle observa tudo o que se passa nas differentes officinas. É n'este observatorio que reside o elemento principal do systema". Certo é que o regime de silêncio e de trabalho em comum se sucedia a um período inicial de relcusão em isolamento celular. Sobre os primeiros anos da Penitenciária de Genebra, a funcionar desde 1825, e do outro estabelecimento de detenção da cidade, v. *Recueil de documens [sic] relatifs à la prison pénitentiaire de Genève*, J. Barbezat, Genebra, 1830, onde se verifica que foram também nas prisões inglesas recolhidos ensinamentos para a sua concepção (p. X) e efectivamente se comprova um interesse expresso pelo modelo panóptico de Bentham (*v. g.* p. 9). Como visto, a penitenciária de Genebra foi um estabelecimento referencial na Europa na aplicação do modelo penitenciário, em particular na primeira metade do século XIX, como desde logo assinalado por Rossi, à semelhança da penitenciária de Lausanne. Também em 1836 uma descrição da penitenciária de Genebra é publicada pelo *doyen* da faculdade de Direito de Paris, Blondeau, que a havia visitado, fracamente elogiosa – v. Blondeau, *Prison pénitentiaire de Genève*, in RevLJ, t. III, 1835-1836, Paris, 1836, pp. 201 a 213. António Aires de Gouveia visita também as prisões belgas e suíças, delas dando conta na sua *Resenha..., cit.*, pp. 249 ss. e pp. 267 ss., e não duvida em classificar a nova penitenciária de Lovaina como "a melhor de quantas hei inspeccionado em todos os paizes" (p. 277), evolução tecnicamente aperfeiçoada do modelo de Pentonville. No momento da sua visita, em Julho de 1859, faltariam três meses para entrar em funcionamento. No mesmo mês, visitando a prisão de Antuérpia, já ocupada, sendo como "a formosa cadeia de Louvain em tempo menor", elogia-lhe também o "capuz ou melhor farricôco com que tapam cabeça e cara", que considera preferível ao usado em Pentoville, já que "esconde de todo as feições" (pp. 281 e 282). Noutro texto – *A reforma..., cit.*, pp. 111 e 112 –, regressa ao tema do capuz penitenciário, avisando do seu uso em Pentonville, mas fazendo novamente a defesa do modelo usado na Bélgica, em detrimento dos demais (as "viseiras de pano grosso" da Inglaterra, "as de coiro preto" da Holanda), pela eficácia "destas caretas ou caraças" integrais ao assegurar o total isolamento. A Penitenciária de Lisboa importará também aqui o modelo belga.

[554] A. Ayres de Gouvêa, *Resenha..., cit.*, p. 177.

A recusa da generalização do sistema de isolamento celular, avisa Aires de Gouveia, tem três razões: as "erguidas despesas de edificação", o "receio de ser menos lucrativo o trabalho" e o "conceito particular do imperador"...[555] Mas, se entre 1853 e 1875 a prisão francesa voltou a privilegiar o modelo de reclusão em comum, mesmo que com separação e classificação dos reclusos, a partir desta data é novamente preferido um modelo de reclusão celular, que pode incluir trabalho em comum durante o dia, mas isolamento celular no período nocturno[556], mantendo-se em funcionamento o degredo.

O trabalho prisional, que fora suspenso por decreto de 24 de Março de 1848, por criar uma concorrência desleal para com o trabalho livre, rapidamente seria novamente admitido, funcionando também num modelo de contrato com um particular que aproveitava a mão-de-obra reclusa, com ganhos do trabalho entregues em parte ao recluso, em parte guardados como seu pecúlio para o futuro e em parte dirigidos ao sustento da prisão em que se encontra.[557] Aires de Gouveia, notando a elevada produção que encontra nas prisões francesas visitadas, não duvidará contudo em criticar os gastos dos presos nas "tabernas" das cadeias, servindo estas de "engodo para o trabalho".[558]

O trabalho é um dos elementos mais destacados na realidade prisonal francesa[559], sendo exaltado desde os alvores do período revolucionário. No entanto,

[555] *Idem, ibidem*, p. 237. Também Dias da Silva assegura que "os motivos em que se pretendeu fundamentar esta inesperada mudança eram a necessidade de reduzir as despesas e de facilitar também a reforma penitenciaria, tornando-a simultaneamente mais rapida e economica. Foi grande o espanto que esta circular [de 1853] causou em França e no estranjeiro [*sic*], e para justificar o procedimento do governo foram publicadas varias brochuras semi-officiaes tendentes a considerar a prisão cellular como perigosa para a saúde e para o estado mental dos doentes, nota que ainda hoje se repete e se exaggera frequentes vezes" – Manuel Dias da Silva, *Elementos...*, *cit.*, p. 210.

[556] Entre 1872 e 1908, mais de 60 prisões celulares são aliás construídas em França, informa Michelle Perrot, *Délinquance...*, *cit.*, p. 83.

[557] V. A. Ayres de Gouvêa, *Resenha...*, *cit.*, p. 173.

[558] "Com o ardor no trabalho e os lucros que d'isso auferem e lhes são distribuidos, vingam-se os presos, comprando na taberna (*cantine*) o que lhes praz, de qualquer falta ou vontade superveniente. Esta instituição de taberna dentro das cadeias é da mais desgraçada lembrança possivel. Não tem nada de moralisadora, de disciplinar; é unicamente um engodo para trabalho. O preso tem direito a ser alimentado com o sufficiente e a trabalhar o conveniente. Adulterar esta lei com falhas ou permissões é falsear o systema", escreve *idem, ibidem*, p. 242.

[559] Um modelo penitenciário progressivo iniciado com prisão celular e evoluindo depois para remessa para degredo, recoberto todo ele por trabalho obrigatório, encontra-se proposto em 1875 por E. H. Michaux, *Étude...*, *cit.*, pp.213 ss., onde o degredo é visto essencialmente como oportu-

pensando no uso que a pena de degredo obteve em França – iniciada de forma sistemática em 1854, primeiro usando a Guiana, mais tarde os territórios da Nova Caledónia, numa combinação de criminosos políticos e condenados comuns –, o trabalho aqui desenvolvido mereceu sempre uma atenção menos constante e os seus resultados eram invariavelmente criticados. O degredo francês, distintamente da experiência inglesa, apesar de se incorporar também num regime progressivo[560] e como sua fase terminal, resultou sempre mais numa pena eliminatória do que num meio intencional de colonização.[561]

d. O exemplo espanhol de Montesinos y Molina

Na viragem do século XVIII para o século XIX, as prisões espanholas não se distinguiam da generalidade das prisões europeias, consideradas como desadequadas face a uma ideologia punitiva cada vez mais preenchida e exigente.[562] A realidade em Espanha assumirá ao longo do século feições de inovação, atri-

nidade de regeneração. Uma visão panorâmica sobre os estabelecimentos prisionais em França, as colónias de degredo e estabelecimentos para menores em actividade no mesmo ano é oferecida por D'Haussonville, *Les établissements pénitentiaires en France et aux colonies*, Michel Lévy Frères Éditeurs, Paris, 1875.

[560] A defesa de um regime progressivo, iniciado com isolamento celular e completado com trabalhos públicos, antes de uma libertação condicional, encontra-se desde logo em Bérenger, *De la répression pénale, de ses formes et de ses effets*, Imprimerie et Librairie Générale de Jurisprudence, Paris, 1855, pp. 328 ss., em que o exemplo mais próximo é o da realidade inglesa, mas dispensando o envio para degredo.

[561] Neste sentido, também Adriano Moreira, *O problema prisional...*, *cit.*, pp. 39 e 40. Salientando igualmente o resultado meramente eliminatório do degredo francês, em especial em oposição ao degredo inglês para a Austrália, v. Georg Rusche e Otto Kirchheimer, *Punishment and social structure...*, *cit.*, pp. 123 a 125.

[562] E consideradas ainda na legislação como "lugar de custodia" e não de cumprimento de pena, mesmo se tal vem a mudar rapidamente, como recorda Carlos García Valdés, *Regimen Penitenciario de España (Investigación histórica y sistemática)*, Publicaciones del Instituto de Criminología – Universidad de Madrid, Madrid, 1975, p. 24. O inglês John Howard visita as cadeias espanholas em 1783, terminada a sua visita às prisões portuguesas, quando penas eram já cumpridas nos presídios do Norte de África e em prisões peninsulares pensadas ainda para a mera detenção de acusados, sendo as mulheres reconduzidas a casas de correcção: em suma, afiança Cuello Calon, detecta a "(...) ausencia de condiciones higiénicas y humanas (...), abandono material y moral (...)", mesmo se descobre também prisões que merecem lhe merecem elogio. Sobre esta visita, v. Eugenio Cuello Calon, *Lo que Howard vio en España – Las cárceles y prisiones de España a fines del siglo XVIII*, in REP, ano I, nº 1, Madrid, 1945, pp. 12 a 17. Entre as melhores prisões visitadas, para Howard, estavam efectivamente as de Madrid (da Corte e do Prado); entre as piores, as de Pamplona e de Badajoz – v. John Howard, *Appendix...*, *cit.*, pp. 110 a 119.

buindo-se a Manuel Montesinos y Molina (1796-1862), enquanto director da prisão de Valência, a criação de um novo regime, progressivo, que romperá também com a dicotomia penitenciária ainda dominante ao tempo entre os modelos de Filadélfia e de Auburn e marcará o futuro de um novo "tratamento penitenciário" até aos nossos dias. Esta marca, geograficamente próxima de nós e socializada também nos congressos penitenciários internacionais, não terá contudo influência directa no penitenciarismo português nem na nossa realidade prisional, que busca na experiência britânica e francesa grande parte da sua inspiração. Aliás, refira-se que a recepção efectiva destes modelos internacionais em Espanha foi também mais tardia, sendo a privação de liberdade espanhola essencialmente configurada essencialmente como pena de trabalhos públicos associada a encarceramento durante grande parte do século.[563]

Já antes, ainda em finais do século XVIII, Manuel de Lardizábal y Uribe havia introduzido o que se verificaria ser um pendor correccionalista na execução da pena, uma pena que deve visar o futuro do condenado e não a mera repressão de um facto.[564] Essa semente, introduzindo Beccaria em Espanha[565], mas acen-

[563] Não obstante, a notícia da inovação penal de Filadélfia é conhecida desde o seu momento original. A descrição de La Rochefoucault-Liancourt é traduzida para espanhol em 1801: *Noticia del estado de las carceles de Filadelfia escrita en frances por La Rochefoucauld Liancourt; traducida por D. Ventura de Arquellada*, Imprenta Real, Madrid, 1801. Em 1799 uma associação prisional filantrópica encontra-se também constituída, sob um mote claro: "No es irreformable el hombre quando se trata seriamente y con vigorosa solicitud de su enmienda", escreve Don Antonio de Posada Rubin, *Discurso pronunciado en la Junta General de Hacienda de la Asociacion de Cárceles de Madrid, celebrada el dia 30 de Diciembre de 1801*, Imprenta de la Viuda de Ibarra, Madrid, 1802, p. 24.

[564] Assim, Carlos García Valdés, *La ideología correccional de la reforma penitenciaria española del siglo XIX*, Edisofer, Madrid, 2006, p. 13. O *Discurso sobre las penas* de Lardizábal, publicado em 1782, tem sido apontado com ponto de partida para a evolução punitiva espanhola do século XIX. À semelhança de Mello Freire em Portugal, Lardizábal tem também uma perspectiva utilitária sobre a pena e defende uma dulcificação geral dos castigos, se bem que estes devessem ser ainda de aplicação desigual, por exemplo, em função da qualidade das pessoas. No espírito da época, foi também um sistematizador do direito penal espanhol legislado e a sua obra está ainda fora de um quadro geral de igualitarismo penal e correccionalismo punitivo do liberalismo posterior. Mesmo se revela já atenção a elementos que serão sistematicamente trabalhados apenas no século seguinte (a ideia de "contágio moral" no encarceramento, por exemplo), uma das suas preocupações quanto à pena de prisão é a escassa publicidade e espectacularidade que nela encontra, reduzindo-se assim a sua benignidade como modeladora de comportamentos futuros. Em todo o caso, presídios e arsenais deveriam na sua leitura ser substitutídos por novas "casas de correcção". Lardizábal chegou a ser presidente de uma comissão que deveria preparar o primeiro código penal espanhol, em 1776, o que partilha igualmente com Mello Freire. Sobre Lardizábal no seu tempo, v., entre outros, Pedro Fraile, *op. cit.*, pp. 29 ss., Aniceto Masferrer Domingo, *op. cit.*, pp. 84 ss. ou Enrique Sanz Delgado, *El Humanitarismo*

tuando a dimensão correccional da pena, dará efectivamente os seus frutos ao longo do século, traduzindo-se não só na modificação da legislação penal como na criação de um modelo prisional progressivo de tipo espanhol.

Em inícios do século XIX, a privação de liberdade cumpria-se nos presídios das cidades espanholas do norte de África, nos arsenais da Marinha, nos presídios peninsulares de obras públicas e industriais e em cadeias, depósitos e casas de correcção, num aglomerado difuso de regras e regimes, em que o carácter civil da reclusão apenas progressivamente se destaca da sua formatação militar inicial.[566] Os presídios espanhóis peninsulares, provindos do século anterior, cruzam prisão e trabalho obrigatório, e surgem também dada a escassez de estabelecimentos ultramarinos. A sua criação em Espanha não tem paralelo em Portugal onde, apesar de se fazer cumprir penas de galés ou de trabalhos públicos associadas a espaços de confinamento, se dispõe intencionalmente de amplas possessões para degredo ultramarino, a necessitarem com urgência de presença nacional, condenada ou não.

Em 1804 uma primeira legislação prisional, ainda de cariz militar, organiza o cumprimento desta pena de prisão. E, no primeiro Código Penal, de 1822, esta reclusão – referenciada aqui a presídios, fortalezas e casas de trabalho – surge já a par das demais penas, como os trabalhos perpétuos ou as obras públicas. O Código subsequente, em 1848, desenvolverá a pena de prisão, fazendo-lhe corresponder a distinção comum entre maior e correccional, incluindo penas perpétuas e temporárias, o que é seguido pelo texto datado de 1870.[567]

A discussão sobre o regime celular havia chegado a Espanha através dos autores que materializam também o debate entre adeptos de Filadélfia e de Auburn e especialmente em torno da necessidade de recriar em Espanha estas novas instituições penais, independentemente da sua forma, como Villanova y

penitenciario español del siglo XIX, Edisofer, Madrid, 2003, pp. 155 ss. Rafael Salillas assinala naturalmente o papel de Lardizábal numa introdução assim mediada do pensamento de Beccaria em Espanha – Rafael Salillas, *Evolución Penitenciaria en España*, tomo I, Imprenta Clásica Editora, Madrid, 1918, pp. 96 a 99.

[565] Uma comparação entre as obras de Beccaria e de Lardizábal encontra-se em Quintiliano Saldaña, *Historia...*, *cit.*, II, pp. 370 a 372.

[566] Assim, Carlos García Valdés, *Del presidio a la prisión modular*, 3ª ed., Opera Prima Editorial, Madrid, 2009, pp. 10 a 12 e María Trinidad Carrillo de las Heras, *La pena privativa de libertad en la España del siglo XIX*, in Carlos García Valdés (dir.), "Historia...", *cit.*, pp. 175 e 176, onde também se podem conhecer os momentos essenciais da evolução legislativa do tema para o século XIX.

[567] V. Carlos García Valdés, *Regimen...*, *cit.*, pp. 25 a 27.

Jordán[568], Marcial Antonio Lopez[569] e De La Sagra[570], com ou sem viagens para documentar pessoalmente as experiências estrangeiras, mesmo tendo decorrido diversas visitas, designadamente promovidas com carácter oficial, para conhecer as experiências prisionais de outros países. A recepção do correccionalismo de Roeder alimenta também a discussão.[571] No entanto, o entusiasmo pelo isolamento celular não é permanente nem unívoco – um regime celular de Filadélfia não chegará a ser implementado em Espanha – e o seu descrédito vai sendo progressivamente reforçado, perante as experiências provadas de regime progressivo, mais práticas que doutrinárias. Desde o início do século XIX que a prática prisional tende para a adopção de modelos de uma forma ou de outra progressivos, mesmo que sem suportes teóricos, legais ou sem qualquer recepção estrangeira específica nesse sentido.[572]

No entanto, um dos primeiros diplomas fundamentais para o tema é redigido em 1834. A *Ordenanza de Presidios del Reino*, aprovada pelo Real Decreto de 14 de Abril[573], é a "primeira normativa não militar de envergadura", no dizer de García Valdés, sobre o cumprimento das penas de prisão em Espanha, mesmo tendo em

[568] O procurador Jacobo Villanova y Jordan, *Carceles y presídios. Aplicacion de la Panóptica de Jeremías Bentham*, Imprenta de D. Tomas Jordan, 1834, procura ainda desenvolver a necessidade de reforma das "casas de correcção" de acordo com o modelo benthamiano, suprimindo os presídios e criando novas prisões, recordando diversos esforços anteriores nesse sentido, designadamente através da construção de maquetas panópticas enviadas às autoridades em 1819 (p. 5).

[569] V. Marcial Antonio Lopez, *Descripción de los mas célebres estabelecimientos penales de Europa y los Estados-Unidos*, I, Imprenta de Don Benito Monfort, Valencia, 1832, pp. 77 ss., recolhendo os conselhos e a prática do filantropismo inglês de Buxton, bem como Howard e Bentham.

[570] Ramon de la Sagra publica em 1843 o seu *Atlas Carcelario* (Imprenta del Colegio Nacional de Sordo-mudos, Madrid, 1843), em que se encontram modelos de prisões celulares francesas, como os de Blouet, inglesas, italianas, suíças e belgas.

[571] Sobre a recepção do krausismo e do correccionalismo de Roeder em Espanha, v. também Horacio Roldán Barbero, *op. cit.*, pp. 106 a 116 e Gutmaro Gómez Bravo, *Crimen y castigo: cárceles, delito y violência en la España del siglo XIX*, Universidad Complutense de Madrid, Madrid, 2004, pp. 355 ss. Quintiliano Saldaña, *Historia..., cit.*, II, pp. 415 e 416, ensina que, depois do ecletismo de Rossi, chega a Espanha Roeder, "una doctrina simpática, pero unilateral, desechada en Europa y admitida aquí como la última palabra de la moda penal", por via do conhecimento que Sanz del Río trava com Ahrens em Bruxelas em 1843 e dos estudos que realiza depois directamente com Roeder em Heidelberg.

[572] Quintiliano Saldaña, *Historia..., cit.*, III, pp. 319 a 333, publica uma "bibliografia penitenciária espanhola", recolhendo as obras sobre prisões, colónias penais e casas de correcção até então publicadas.

[573] Sobre este texto legal e os diplomas a ele associados, v. Carlos García Valdés, *La ideologia..., cit.*, pp. 16 ss. e pp. 28 ss. e *Del presidio..., cit.*, pp. 15 ss. e Enrique Sanz Delgado, *op. cit.*, pp. 202 ss.

conta a existencia de diplomas anteriores, e que vai determinar a realidade prisional espanhola ao longo do século. Também à semelhança do que se passa em Portugal com a reforma prisional de 1867 – e, mesmo antes, com várias das disposições do Código Penal de 1852 –, parte das regras de 1834 não encontram de imediato uma realidade plena a que se aplicar.[574] Essa discordância entre legislação e realidade prisional vem aliás a abrir campo à inovação de Molina no plano concreto do regime prisional.

O regulamento de 1834[575] é um texto normativo extenso e completo, nascido do trabalho de uma comissão específica, que organiza as cadeias de Espanha em três classes – depósitos correccionais, presídios peninsulares e presídios de África –, que deveriam receber respectivamente condenados a penas até dois anos, de dois a oito anos e penas superiores a oito anos.[576] A ocupação dos condenados em todas as prisões é expressamente regulada[577], podendo o seu trabalho ser aproveitado pelas entidades públicas ou fornecido a uma empresa privada, de acordo também com as características de cada presídio.

Apesar da tutela das prisões ter saído do âmbito militar, a disciplina interior é ainda como tal considerada, se bem que tal não deve permitir alterar a natureza civil dos estabelecimentos, como adverte o diploma. Os cargos de chefia e direcção das prisões são ocupados por graduados. A imposição de trabalho cruzada com o regime militar descobrem-se também na organização da população reclusa. Os presos devem organizar-se em brigadas de 100 homens, dirigidas por um capataz, que se subdividem em esquadras de 25 homens, tendo estas à frente um "cabo de vara".[578]

O diploma prevê o modo como é gerida a alimentação do recluso[579] e o modo como este evitará a ociosidade: o trabalho, obrigatório, em obras públicas, nas tarefas do quotidiano da prisão ou em ofícios diversos[580], para o qual a prisão for-

[574] V. José Llorca Ortega, *Cárceles, presidios y casas de corrección en la Valencia del XIX*, Tirant Lo Blanch, Valência, 1992, p. 126 e pp. 200 a 202.

[575] V. *Ordenanza General de los Presidios del Reino*, Imprenta Real, Madrid, 1834.

[576] V. artigos 1º a 3º.

[577] Artigos 11º a 16º.

[578] V. artigos 80º e 81º.

[579] O preso "(...) disfrutará una racion de veinte y cuatro onzas de pan de munición, y treinta y dos maravedís diários de socorro, de los cuales pondrá seis cuartos en rancho, y le quedarán dos para sobras, que percibirá los Domingos y Jueves de cada semana, en la forma que determinará el reglamento interior" (artigo 117º.).

[580] V. artigos 119º ss.

necerá ferramentas. Parte do ganho do recluso com o seu trabalho será retido e entregue apenas uma vez cumprida a pena.

A separação por idade nas cadeias encontra-se prevista – os menores de 18 anos formam a classe de "jovens presidiários"[581] e devem estar separados dos demais reclusos, dispondo-se igualmente a sua instrução e ensino de ofícios em separado. Mas, a par da separação dos menores, esta prisão prevista no regulamento de 1834 é ainda uma prisão não-celular, de regime comum[582], cujo espaço se divide em grande medida entre dormitórios – que são igualmente espaços de refeições e de trabalho –, pátios, pensados como destinados aos ofícios, e espaços disciplinares ("calabozos"), de isolamento ou de "pan y agua".[583]

Cada estabelecimento deveria contar com um médico e um capelão e prevê-se igualmente que possa rapidamente vir a ser instituída uma instrução básica em todas as prisões, uma vez que, assinala-se expressamente, "el medio mas eficaz para la correccion de los penados consiste en facilitarles la instruccion de que por lo general carecen (...)".[584]

Neste ambiente prisional, a correcção parece assim assentar em grande medida na formação e no trabalho dos reclusos. A instrução, básica e de ofícios, dos presos é novamente regulada em 1855, o trabalho prisional encontra nova previsão expressa pelo menos desde 1841 – no mesmo texto legal, aliás, em que se nomeia o coronel Montesinos como *Visitador General* das prisões espanholas, para que "possa fazer efectivas as reformas e melhoras" de acordo com a sua experiência e conhecimento.[585] Todavia, a legislação prevê a realidade, mas não a transforma por si. O trabalho prisional, por exemplo, é criticado pela indústria livre, cuja dimensão e volume de mão-de-obra aumentam ao longo do século, o que provoca incertezas e indefinições sobre essa potencial "ameaça" encerrada nas prisões.[586] Rafael Salillas, o penitenciarista espanhol que dirige a prisão

[581] V. artigos 123º ss.

[582] "Los dormitórios deberán ser unas cuadras largas, espaciosas, elevadas, y si es possible de bóveda com ventanas altas y rejas, que den luz y ventilación (...)", dispõe-se no artigo 130º.

[583] Estes previstos no artigo 135º, mesmo assim "(...) cuidandose de que no sean húmidos, y de que tengam ventanas altas com buenas rejas y puertas".

[584] V. artigo 371º. A instrução deveria ser ministrada sob a forma de "escuelas de primeras letras, en que los confinados de todas clases aprendan á leer, escribir, contar, la doctrina cristiana, y un breve resúmen de las obligaciones civiles".

[585] Carlos García Valdés, *La ideologia...*, *cit.*, pp. 18 e 19.

[586] V. Horacio Roldán Barbero, *Historia de la Prisión en España*, Promociones y Publicaciones Universitarias, Barcelona, 1988, pp. 81 a 83.

modelo de Madrid e nela forma a sua escola de Criminologia, verá no regulamento de 1834 um "código penitenciário fundamental", mas "desusado".[587]

A partir de 1859, com a construção de uma prisão radial em Vitória, inicia-se uma fase de renovação das prisões espanholas de acordo com as formas e os modelos da época, em direcção a uma almejada *cárcel modelo*. As prisões celulares, seguindo o modelo arquitectónico radial de Pentonville, de Madrid – cuja construção se iniciou em 1877 e iniciou funções em 1883 –, de Valência, em 1886 ou de Barcelona, em 1904, são exemplos disso mesmo.[588]

E que regimes de encarceramento penitenciário adoptam estas novas prisões? Programas para a construção das prisões, aprovados em 1860 e 1861, parecem preferir agora um modelo de encarceramento celular aparentado ao de Auburn, com reclusão diurna em comum e separação nocturna, mas, em todo o caso, rejeitando o isolamento absoluto e prevendo uma separação por classes de condenados. Uma fórmula mitigada, de regime "celular-progressivo-correccional", acaba por ser a mais próxima da realidade, que García Valdés explica na ideia de "Roeder frente a Montesinos"[589], mesmo se da legislação outros intuitos a tempos se apercebem.[590]

Aires de Gouveia, quando visita duas prisões em Madrid, em 1859, não as nota distintas das portuguesas de então, ou seja, sem ordem, sem inovação,

[587] Rafael Salillas, *op. cit.*, tomo II, p. 582.

[588] García-Gallo reproduz, na sua última obra, a planta do "carcel modelo" de Madrid, com capacidade para 1000 celas individuais, incluindo celas a servirem como "casa de correcção", estas recebendo menores de 15 anos, e salientando a vigência de um regime penitenciário progressivo e de prémios e castigos que operavam também sobre as etapas desse regime, sendo possível ao preso antecipar etapas ou regredir em função do seu comportamento – v. Alfonso García-Gallo y de Diego, *Atlas histórico-jurídico*, PGR, México, 1997, p. 253.

[589] "Es decir, correccionalismo solitario *versus* sistema progresivo" – v. Carlos García Valdés, *Del presidio..., cit.*, pp. 34 e 35.

[590] "En efecto, en nuestro pais sucesivas disposiciones van a proclamar uno o outro regímen detentivo, y así, el celular se establecerá por Real Orden de 6-4-1844, y com posterioridade el auburniano, efectuará su aparición por Leyes de 26-7-1849 y de Bases de 21-10-1869, para volverse al pensilvánico por Ley de 8-7-1876, compaginándose ambos en el Real Decreto de 9-8-1882, cuando dispone el cumplimento del sistema de classificación mediante el régimen auburniano y del de individualización según el filadélfico o celular. Será por último, y ya en nuestro siglo, la Real Orden de 3-6-1901 la que instaura, de forma definitiva hasta hoy, el sistema progresivo de cumpliniento de las condenas – de raigambre europea – tal y como lo ensayara Montesinos en el presidio correccional de Valencia en 1835 y se plasmara en la Real Orden de 5-9-1844", descreve García Valdés, *Regimen..., cit.*, pp. 28 e 29.

sem vislumbre de correcção almejada e com espaços celulares individuais sem uso.[591] Adiante, concluirá mesmo que "não ha as impreteriveis classificações de criminosos, não ha silencio, nem trabalho obrigatorio e organisado, nem moralisação, ou instrucção d'especie alguma".[592] Já António de Azevedo Castello Branco, que em 1884 visita a nova penitenciária-modelo de Madrid, recém-inaugurada, que inclui isolamento celular e regime em comum, encontra condenados a beneficiar de regimes diferenciados, ocupados em trabalho obrigatório e remunerado, ensino e oficinas. Nota também um regime prisional progressivo, de três fases, em que a um isolamento celular contínuo, inicial, se segue a permissão de frequência da escola e das oficinas e, por fim, um regime mais amplo, que inclui a possibilidade de serem remunerados por serviços internos prestados na cadeia.[593]

Sem prejuízo da pluralidade de estabelecimentos e de modelos prisionais que se mantém ao longo do século XIX em Espanha, a orientação em torno de um regime prisional progressivo, que pudesse validar e incentivar a correcção demonstrada pelos reclusos, ganha corpo com a nomeação de Montesinos y Molina para a direcção do presídio de Valência em 1834 – nos primeiros anos ainda sob tutela militar – e significou imediatamente melhor organização, mais disciplina e melhor gestão dos recursos financeiros ao seu dispor.[594] E, acima de tudo, uma finalidade correccionalista, sistematizada aqui enquanto elemento decisivo para a organização da pena.[595]

[591] "Enojou-me tanta torpeza. Se é possivel, esta cadeia está moralmente peor do que o nosso Limoeiro, e com isso resumo tudo", escreve Aires de Gouveia, na sua *Resenha..., cit.*, p. 340, a propósito do *Carcel de Villa* de Madrid, que visitou guiado pelo seu *juice de la cárcel.*

[592] *Idem, ibidem*, p. 341.

[593] António d'Azevedo Castello Branco, *Estudos..., cit.*, pp. 62 a 64.

[594] José Llorca Ortega, *op. cit.*, pp. 131 e 132. Como escreve Montesinos, começa as suas funções "sin modelo alguno en España que imitar y sin antecedentes tampoco, donde instruirme en un ramo de administración desconocido entre nosotros (...)" – Manuel Montesinos [y Molina], *Reflecsiones* [sic] *sobre la organizacion del Presidio de Valencia, reforma de la Direccion General del ramo, y sistema económico del mismo* (1846), in REP, ano XVIII, nº 159, Dirección General de Prisiones, Madrid, 1962, p. 250.

[595] O correccionalismo espanhol, na sua vertente mais filantrópica, encontrou um paralelo a Montesinos em Concepción Arenal (1820-1893), uma outra figura referencial. Distintamente da inglesa Elizabeth Fry, esta jurista espanhola, visitadora de prisões, deixou, a par da sua obra social junto das relcusas, textos de discussão sobre temas penais e sobre execução das penas, onde se nota desde logo a sua prevenção face ao abuso da prisão preventiva e a defesa da adopção de um regime penitenciário que, partindo de uma necessidade de isolamento, permitisse o bom desempenho de tra-

Montesinos y Molina, cujo modelo prisional é anterior aos de Maconochie e Crofton e conhecido e elogiado por estes[596], desenha o cumprimento da pena, assente em pressupostos de disciplina e ordem, em três períodos de regime diferenciado, numa antecipação sempre progressiva da liberdade. Montesinos, "inimigo" quer do sistema celular quer dos regimes aflitivos, no dizer de Estasen, configura três períodos designados de período "dos ferros", período do trabalho e período da liberdade intermédia, com trabalho fora da prisão, o que significou na prática uma verdadeira liberdade condicional.[597]

Montesinos entende que "el objeto de los castigos no es la espiación del crimen sino la enmienda y aviso de los criminales, porque el oficio de la justicia no es vengar sino corregir". Mas, para tal, não acredita no isolamento celular absoluto, uma "mortificação", que apenas terá no fim a "loucura" ou o "suicídio", em especial nos países "meridionais". Elementos decisivos são então o trabalho, a instrução e um regime disciplinar seguro, de inspiração militar, mas que não avilteça o condenado[598]. O modelo de "fábrica" é claro na intenção de Montesinos: mas uma fábrica que ensine a trabalhar, não punitiva e não necessariamente produtiva pelos padrões do mundo livre.[599]

balho oficinal, o ensino e a educação religiosa: "El penado estará en la celda: para dormir; para comer; para trabajar, auxiliado de la máquina, siempre que sea necesario o conveniente; para recibir instrucción industrial; durante sus padecimientos leves; para hacer gimnasia. El penado saldrá de la celda: para recibir la instrucción moral, religiosa y literaria; para asistir a las cerimonias del culto; para passear; para la enfermaria, quando tenga un padecimiento que no sea leve" – Concepción Arenal, *Estudios Penitenciarios*, Instituto Nacional de Ciencias Penales, México, 2010, p. 159 (edição original de 1877).

[596] Assim, Javier Pereira, *op. cit.*, p. 171, que recorda também Spencer como um divulgador internacional da experiência prisional de Montesinos em Espanha. Esse percurso internacional pode ser acompanhado através de Enrique Sanz Delgado, *op. cit.*, pp. 170 a 172.

[597] V. Eduardo Trigo y Font, *La reforma penitenciaria de Don Manuel Montesinos y Molina*, Imprenta de Bernardo Rodríguez, Madrid, 1917, pp. 20 ss. e Francisco Franco de Blas, *Formación penitenciaria del Coronel Montesinos y su celebre sistema*, in REP, ano XVIII, nº 159, Dirección General de Prisiones, Madrid, 1962, pp. 114 ss. V. também Jose Rico de Estasen, *El sistema penitenciario del Coronel Montesinos*, Madrid, 1958.

[598] V. Manuel Montesinos [y Molina], *Bases en que se apoya mi sistema penal*, in REP, ano XVIII, nº 159, Dirección General de Prisiones, Madrid, 1962, pp. 290 e 291.

[599] V. Manuel Montesinos [y Molina], *Reflecsiones...*, *cit.*, pp. 258 e 259. Como se acentua, "estas modernas concepciones, la finalidade del trabajo como medio de formación profesional del reo y como eficaz instrumento de rehabilitación social, las encontramos mantenidas e aplicadas constantemente en Montesinos con la mayor firmeza com casí un siglo de antecipación" – Eugenio Cuello Calon, *Montesinos precursor de la nueva penologia*, in "Revista de Estudios Penitenciarios", ano XVIII, nº 159, Dirección General de Prisiones, Madrid, 1962, p. 48.

O regime prisional que Montesinos implementa em Valência a partir de 1834 será em grande medida recolhido na legislação penitenciária de 1901, depois de uma aplicação experimental limitada ao presídio de Ceuta, lei de sentido já divergente de boa parte da realidade europeia – nesta, assenta-se ainda no isolamento celular, total ou parcial, mesmo se a legislação espanhola apelida o regime em causa como sendo devido a Crofton, numa referência ao sistema progressivo irlandês...[600] Efectivamente, são agora quatro os períodos progressivos de cumprimento da pena, tal como no exemplo irlandês, num modelo estabelecido de forma generalizada. A par da vulgarização deste regime, finda definitivamente o envio de condenados para os presídios norte-africanos em 1911.[601-602]

[600] Como o destaca Carlos García Valdés, *Del presidio...*, *cit.*, pp. 40 e 41. V. também, sobre a evolução de regimes, o texto de Pedro Trinidad Fernández, *op. cit.*, pp. 195 a 202.

[601] Carlos García Valdés, *Del presidio...*, *cit.*, p. 45.

[602] Nova legislação aprovada em 1903 e 1913 não afectará o carácter estruturalmente progressivo do regime prisional, que em 1914 recebe a figura da liberdade condicional. Os anos 30 do século XX em Espanha, no contexto da preparação de um novo Código penal, vão consagrar, a par da abolição da pena de morte e das penas perpétuas, a existência, a par das penas, de medidas de segurança, numa intenção expressa de acentuar a "prevenção especial do delito", ao abrigo da tendência que se generalizava na Europa. V., sobre esta evolução nos textos legais, Carlos García Valdés, *Regimen...*, *cit.*, pp. 42 a 51.

3. Para um pensamento penitenciário em Portugal: entre o correccionalismo e a "defesa social moderna"

§ 1º Preparando o novo século

Como já se antecipou, é Mello Freire quem abre entre nós o caminho de uma renovação de modo mais determinado, na passagem entre século XVIII e XIX, reflectindo desde logo os princípios fundadores de legalidade e igualdade no campo penal. Mesmo não tendo o seu projecto de refundação normativa tido o sucesso que desejaria, os seus textos formarão ainda os juristas nacionais durante parte substancial do século de oitocentos. "Nada interessa mais á humanidade do que um bom Codigo Criminal: mas eu não sei aonde o haja", assim abre o seu projecto de reordenação do direito penal português, que apelida de "ensaio ou bosquejo para um bom Codigo".[603] Após elogiar Beccaria, detecta necessariamente a falta de "ordem e classes" e as diversas omissões nos crimes previstos pelas Ordenações, bem como as penas desproporcionais, cruéis e injustas que estas contêm.[604]

[603] Utiliza-se a edição da Universidade de Coimbra: Paschoal José de Mello Freire, *Codigo Criminal intentado pela Rainha D. Maria I com as Provas*, 3ª ed., Imprensa da Universidade, Coimbra, 1844, pp. XVII e XXXI. O texto, terminado em 1789, encontrou impressão póstuma em 1823 por Miguel Sétaro – *Ensaio do Codigo Criminal a que mandou proceder a Rainha Fidelissima D. Maria I*, Typographia Maigrense, Lisboa, 1823 – e também por Francisco Freire de Mello. Foi republicado por Paulo Pinto de Albuquerque, *Direito Processual Penal – Projectos Legislativos*, vol. I, Edições Almedina, Coimbra, 2005, pp. 17 ss., com base na edição de Miguel Sétaro.

[604] Paschoal José de Mello Freire, *Codigo Criminal..., cit.*, pp. XVIII e XIX. V. sobre o *Codigo*, em particular, António Manuel Hespanha, *Da «iustitia» à «disciplina»..., cit.*, pp. 329 ss., procurando demonstrar uma dimensão de contenda do projecto em relação à ciência penal anterior. Em particular sobre

Assim, reformar o direito penal, era, em grande medida, também entre nós, sistematizar os crimes e limitar as penas.[605]

Face ao sistema das Ordenações, olhando as penas agora apresentadas por Mello Freire, é certa a crítica de que se terá limitado "a atenuar o rigor das penas"?[606] Mesmo pronunciando-se contra os tormentos e contra a pena de morte executada de forma cruel, crê ainda ser necessária esta pena capital, de modo a "haver segurança pública".[607] O autor considera no seu projecto, numa tentativa de sistematização, haver penas geralmente admitidas (a pena de morte "de um só golpe e em um só momento", outras penas corporais, o degredo, a desnaturalização, a prisão com trabalho, a infâmia – esta com "uso moderado" –, a multa e o confisco) e penas de uso excepcional para crimes "mais agravantes" (os açoites, as galés, "padecimentos" antes da execução da pena de morte", o corte de membros ou a proscrição da "memória do criminoso"), mas devendo ser proibidas outras penas cruéis, como a pena de fogo em vida ou o laceramento de membro.

A inovação parece apenas estabelecida quanto à pena de prisão com trabalho, distinta das antigas "galés", cuja duração e tipo de trabalho deverão ser adequados à "qualidade e gravidade do crime", mas não necessariamente ao criminoso – mesmo se "os melhores logares das prisões" devem ser dados aos que cumprem

as referências usadas por Mello Freire no campo penal, v. Mário Leite Santos, *Melo Freire. Sistemática e autonomização do direito penal português*, in "Direito e justiça", vols. VII (1993), Universidade Católica Portuguesa, Lisboa, 1993, pp. 170 ss.

[605] Incluindo a ponderação sobre a discricionariedade judicial na fixação da pena – e sobre a injustiça da pena –, em articulação com um princípio de legalidade, que leva a sustentar a preferência pela previsão legal da pena, mas mantendo ainda uma margem limitada de arbítrio judicial, de modo a acomodar as circunstâncias do caso e do agente. V. António Pedro Barbas Homem, Judex Perfectus..., *cit.*, pp. 316 e 317.

[606] Eduardo Correia, *Estudos...*, *cit.*, p. 69. V. também Sílvia Alves, *Punir...*, *cit.*, pp. 122 a 126, José Manuel Louzada Lopes Subtil, *O Vintismo...*, *cit.*, pp. 115 a 119 e Vítor Faveiro, *Melo Freire e a formação do direito público nacional*, Ministério das Finanças, Lisboa, 1968, pp. 87 ss., mas tendo em conta que este autor parece presumir uma proposta de reforma das penas com uma amplitude que não se encontra no texto de Mello Freire. Sobre a crítica de Mello Freire às regras processuais da Ordenações, no que respeita ao processo penal, v. Paulo Pinto de Albuquerque, *A reforma da justiça criminal em Portugal e na Europa*, Livraria Almedina, Coimbra, 2003, pp. 68 ss. Quanto ao direito material, este autor vê também no *Ensaio* de Mello Freire desde logo uma crítica ao direito penal vigente, por baseado na "indeterminação dos crimes e das penas, [n]a desproporcionalidade e a crueldade das penas e [n]o tratamento penal desigual consoante o estatuto social do réu" (pp. 67 e 68).

[607] Paschoal José de Mello Freire, *Codigo Criminal...*, *cit.*, p. XXIV.

prisão preventiva.[608] Ou seja, parece enfatizar-se aqui, numa pena compósita afinal de cárcere e de "trabalhos públicos", a dimensão de reclusão, inversamente ao praticado, em que a pena de trabalhos públicos apenas de forma instrumental usa a prisão como condição da sua aplicação. Assim, as penas que estabelece, tendo em conta o imperativo pragmático de vigência que pretende ofececer ao seu trabalho, são necessariamente o resultado de uma tradição legal reconhecida, mas já colocada em confronto com uma nova ideologia punitiva.[609]

Noutro momento, no *Novo Codigo do Direito Publico de Portugal*, é mais sucinta a classificação de penas legais que apresenta – a par das *penas judiciais* –, compaginando pena de morte natural e civil, infâmia, degredo, cárcere ("perpétuo ou temporal") e penas pecuniárias, sistema que globalmente a Europa do século XIX usará, fundadas expressamente na "segurança publica" e na prevenção face à "malicia dos homens".[610]

A perspectiva de Mello Freire quanto aos fins das penas é ainda retributiva, mas marcadamente preventista. As penas são vistas como assentes na necessidade de se fazer cumprir um pacto social – donde nasce o direito de punir. E também nesse prisma condena as penas atrozes, cruéis ou inúteis, já que estas geram "a impunidade ou a indulgência" do crime[611], coisas "funestas para a saúde pública".[612] A ideia de *emenda* do lesante também surge como elemento presente na

[608] *Idem, ibidem*, pp. 6 e 7. Adiante, *v. g.*, no título XXIII do seu Código, prevê a pena de "prisão por trinta dias, e outros tantos de trabalho de graça nas obras publicas" para quem usasse armas proibidas (p. 54).

[609] "No juizo das penas necessariamente hei de consultar as nossas leis e as vizinhas, e a pratica das nações; mas protesto desde já não me embaraçar muito com o que ellas dizem; porque tendo o livro quinto das nossas Ordenações poucas regras, que se aproveitem, as leis criminaes estrangeiras ainda tem muito menos. Com este protesto, e usando da liberdade, que me é propria, sem transgredir os seus justos e verdadeiros limites, consultarei principalmente a razão natural e civil das penas, o fim das sociedades, a segurança pública, o estado, genio, indole, e character singular da nação portugueza, e sobre tudo a lei da humanidade, entendida e combinada sempre com a lei da justiça e da segurança pública" – *idem, ibidem*, p. XXXI.

[610] Paschoal José de Mello Freire dos Reis, *O Novo Codigo do Direito Publico de Portugal, com as Provas*, Imprensa da Universidade, Coimbra, 1844, p. 12.

[611] Um exemplo desta relação entre pena desproporcional e impunidade já à luz do entendimento reformista do século XVIII, num crime concreto, foi recentemente estudado para Espanha por Pedro Ortego, a propósito dos "hurtos domésticos", furtos praticados pela família ou servidores da vítima, que em 1734 deveriam ser também punidos com a morte – v. Pedro Ortego Gil, *Hurtar a los de casa: notas sobre hurtos domésticos*, in "Cuadernos de Historia del Derecho", vol. extraordinário, Universidad Complutense de Madrid, Madrid, 2010, pp. 449 ss.

[612] V. António Braz de Oliveira e Maria José Marinho, *Devassa..., cit.*, p. XVIII.

aplicação da pena, que deverá ser entendido num sentido de prevenção especial – mas configurada apenas a par do *exemplo*.[613] A pena, prevista por lei, para responder ainda a um *mal*[614], esse "castigo necessário que a lei faz soffrer ao criminoso", tem assim, nas suas palavras, um triplo fim: reparação do "dano já feito", obstar a que "elle continue a fazer mal" e "que outros o fação com o exemplo da sua impunidade".[615]

No seu manual universitário, cobrindo direito penal e "ordem judiciária criminal", aberto com a definição de delito de Grócio[616], o "objecto" das penas é ainda a segurança do lesado, a emenda do lesante e o exemplo perante os outros[617] e apresenta uma classificação de penas baseada na distinção entre penas capitais - simples, atrozes ou cruéis – e não capitais – aflitivas ou não aflitivas do corpo, honestas ou honrosas, vis ou infamantes, legítimas (legais) ou arbitrárias.

E destaca expressamente a prisão – *cárcere público ou secreto, perpétuo ou temporário* –, qualificada de pena "grave e muito ofensiva da liberdade natural do homem", mesmo se acaba por diluir parcialmente esta sua intensidade punitiva no seu uso marcadamente instrumental, prévio a condenação, para o qual destaca ainda a exigência de mandato do juiz para que se concretize, uma marca garantística em linha com o pensamento jurídico da época. No que toca à pena de prisão, é certo que esta é prevista simultaneamente e, de alguma forma, de modo contraditório, como possibilitando um uso coercitivo, preventivo e repressivo - a sua aptidão de pena total assim o prenunciava.[618] Também está presente de

[613] "E não serão castigados os furiosos (...) porque neste estado o castigo seria inutil, e serviria mais de horror, que de *emenda ou exemplo*" (itálico nosso), prescreve ilustrativamente Mello Freire, *Codigo Criminal...*, *cit.*, pp. 2 e 3.

[614] Mesmo se Mello Freire afiança distinguir o "crime ou delicto" do "peccado ou do vicio", apenas o primeiro devendo ser punido no "foro humano", apesar de identificar em certos casos uns e outros – v. as *Provas em que o autor fundou as doutrinas desta obra*, anexas ao Código, p. 2. A mesma distinção encontra-se nas suas *Instituições de Direito Criminal Português*, trad. de Miguel Pinto de Menezes, in BMJ nº 155, Ministério da Justiça, Lisboa, 1966, p. 60, onde afirma que há que distinguir "os pecados e vícios humanos dos delitos públicos e particulares".

[615] Mello Freire, *Codigo Criminal...*, *cit.*, p. 6.

[616] "Delito é o *facto ilícito espontaneamente cometido contra a sanção das leis, prejudicial à sociedade ou aos indivíduos, pelo qual se incorre na obrigação de, se possível, reparar o dano, e sofrer uma pena*" – Pascoal José de Mello Freire, *Instituições de Direito Criminal...*, *cit.*, in BMJ, nº 155, p. 55.

[617] E reproduz Séneca, quando este escreve (*De clementia*, l. I, cap. XXII) que são objectivos da punição "*ou emendar aquele que é punido; ou com a pena deste tornar os outros melhores; ou, suprimindo os maus, fazer mais segura a vida dos restantes*" – *idem*, *ibidem*, p. 65.

[618] A apreciação que é feita por José Faria Costa, *A importância da recorrência no pensamento jurídico. Um exemplo: a distinção entre ilícito penal e o ilícito de mera ordenação social*, in "Revista de Direito e Economia",

forma expressa um dever de separação dos condenados na prisão em função da gravidade do crime praticado, associada ao juízo sobre "homens já perdidos" a par daqueles que ainda é possível, pela pena, *emendar*.[619] O potencial corruptivo da prisão é assim assinalado, a propósito da natureza distinta dos seus ocupantes: "incorrigíveis" e presos "meramente correccionais" pertencem afinal a mundos distintos e não deve caber à pena confundi-los.

A par de Mello Freire, também Joaquim José Pereira e Sousa se associa neste esforço de sistematizar o direito penal legislado e o ideário penal tal como estes chegam ao virar de século – e através dessa sistematização procuram também comprovar a necessidade de reforma desse domínio do direito e a desadequação, formal e material, de parte significativa do rol histórico do Livro V das Ordenações.

Para Pereira e Sousa, as penas correspondem a *expiação do crime para reparação do dano*: proporcionais, imparciais e intransmissíveis, são igualmente organizadas em capitais (mortais, corporais e contra a liberdade) e não capitais (aflitivas, infamantes, pecuniárias e eclesiásticas).[620] Os seus fins são semelhantes aos que aponta Mello Freire: reparar o dano feito, dar exemplo à sociedade e impedir o culpado de repetir o crime[621] – ou seja, castigar e prevenir – mesmo se a ideia

ano IX, nºs 1 e 2 (1983), Universidade de Coimbra, Coimbra, 1983, p. 18, nota 37, quando afirma que "Mello Freire nunca terá tido uma compreensão muito nítida da pena de prisão", espartilhada entre um papel de mera custódia, castigo leve para delitos de polícia e pena afinal "muito ofensiva da liberdade natural do homem", vai neste sentido, mas é provavelmente demasiado severa: a moldabilidade da prisão, demonstrada claramente nas décadas posteriores a Mello Freire e nas décadas anteriores também, permite-lhe uma adaptabilidade total a fins diversos, realidade com que a transição iluminista-liberal convivia.

[619] Pascoal José de Mello Freire, *Instituições de Direito Criminal*..., *cit.*, in BMJ, nº 155, p. 70. Adiante, esclarece também: "É totalmente desumano e perigoso lançar juntos na mesma cadeia os ladrões, assassinos, etc., e os encarcerados por motivos correccionais, pois não há género nenhum de maldade que não se deva temer daí. É extremamente de recear que os incorrigíveis corrompam com seu convívio aqueles que a sociedade quis emendar com o cárcere. No entanto, estes cuidados cabem ao magistrado policial, cujo dever é providenciar para que os cárceres de correcção estejam separados dos que se destinam aos homicidas, aos traidores, e aos homens já perdidos (...)" (p. 114).

[620] E que correspondem a um crime descrito como "o facto illicito e espontâneo que infringe a ordem civil em detrimento do publico, ou dos particulares", atendendo a que distingue, dentro do conceito de *delito*, os *pecados*, os *crimes* e os *vícios* – Joaquim José Caetano Pereira e Sousa, *Classes dos crimes por ordem systematica com as penas correspondentes segundo a legislação actual*, Regia Officina Typografica, Lisboa, 1803, p. 3 e pp. 22 ss. A sistemática criminal de Pereira e Sousa encontra-se também organizada e reproduzida num quadro sintético em António Braz de Oliveira e Maria José Marinho, *Devassa*..., *cit.*, pp. XXXIII a XXXV. V. igualmente Sílvia Alves, *Punir*..., *cit.*, p. 126.

[621] Joaquim José Caetano Pereira e Sousa, *Classes dos crimes*..., *cit.*, pp. 27 a 29.

de emenda do criminoso não se encontra repetida neste passo. Mas não deixa de ser apontada noutro momento, louvando-se expressamente de Grócio e de Pufendorf[622], valorando especialmente a dimensão preventiva da pena.[623-624-625]

[622] "Segundo a maior parte dos Publicistas os fins das penas são a indemnisação da Parte offendida, a emenda do aggressor, e o exemplo dos outros para que por meio do temor se abstenhão de semelhantes delictos (...). A pena (diz Filangieri [...]), he antes hum exemplo para o futuro que huma vingança do passado (...)". Pereira e Sousa publica em 1785 as *Primeiras linhas sobre o processo criminal*, que serão reeditadas em 1800 e novamente em 1820. Cita-se desta edição, datada do ponto de partida formal deste trabalho: Joaquim José Caetano Pereira e Sousa, *Primeiras linhas sobre o Procésso Criminal*, 3ª ed., Typografia Rollandiana, Lisboa, 1820, p. 210, nota 521.

[623] "As penas são menos estabelecidas para punir os delictos, que para prevenillos" sustenta Joaquim José Caetano Pereira e Sousa, *Classes dos crimes..., cit.*, p. 31.

[624] Pufendorf havia já efectivamente estabelecido, em matéria de fins das penas, os mesmos parâmetros. Em *De officio hominis et civis juxta legem naturalem* (1682), escreve: "The real purpose of human punishments is the prevention of wrongs and injuries; and this is achieved, either if the wrongdoer is reformed, or others by his example, so that they do not desire to do wrong in the future, or else if the wrong-doer is so restrained that he cannot henceforth injure anyone. Which can also be stated in these terms: in punishment regard is had to the interest either of the wrong-doer, or of him who would have gained, if the wrong had not been done, and who has thus been injured by the wrong deed; or for the interest of all without distinction. (...) In the first place, then, in inflicting punishment regard is had to the interest of the wrong-doer, when his spirit is reformed by the pain of punishment, and the desire to do wrong quenched by the same means. This kind of punishment is in many states left to heads of households, to exercise over their domestics. But one is evidently not permitted to go so far as a death-penalty, for that one object, since the dead man cannot be reformed. (...) And then there is involved in punishment the interest of the injured party, that for the future he may suffer nothing similar from the same man or others. The former object is attained if the wrong-doer is destroyed, or else, if, without prejudice to his life, the power to injure is taken from him; or if by his punishment he learns not to offend. The latter object may be attained by open and public punishment, with ceremony suited to inspire terror in others.(...) Finally, in punishment the interest of all is sought, when the aim, namely, is to prevent the man who has injured one, from going on to injure others, or that, frightened by his example, the rest may abstain from similar crimes. And this is attained in the same way as above" – v. Samuel Von Pufendorf, *De officio hominis et civis juxta legem naturalem libri duo*, vol. 2, Oceana Publications/Wildy & Sons, Nova Iorque/Londres, 1964, pp. 125 a 128.

[625] Hugo Grócio, no seu *De Jure Belli ac Pacis* (1625), dedica um capítulo ao tema da punição, validando-a, ao contrário da mera vingança, enquanto fosse fonte de correcção do criminoso e, como tal, de prevenção face à prática por si de novos crimes, e resultasse como exemplo a favor da comunidade. Retoma a tripartição da Antiguidade e reputa-de de acordo com a "natureza" da punição, tal como o direito de impor uma pena está de acordo com o direito natural. "This seems the most proper place for reviewing those distinctions in the motives of punishment, which have been used by Plato in his Gorgias, and by Taurus the philosopher in a passage quoted by Gellius in the fourteenth chapter of his fifth book. These distinctions seem to result naturally from the end of all punishment. Plato indeed considers the amendment of the offender, and the example given to

Admitindo a pena de morte – mesmo que "raras vezes", a bem da "tranquilidade pública", devendo a "boa Legislação Criminal economizar muito o sangue humano"[626] – e as penas corporais, Pereira e Sousa rejeita as "penas mutilantes". E a prisão é, como escreve, "huma caução", mas também "hum castigo", onde quer inocentes quer culpados se devem acomodar, mesmo se em condições e espaços distintos.[627]

Conhecida é também a prudência aconselhada por António Ribeiro dos Santos no uso da pena de morte, que reputa de desnecessária, inútil e ilegítima para os crimes ordinários, mesmo que a admita para um grupo de crimes mais

others, as the two principal motives: but Taurus has added a third, which he calls satisfaction, and which is defined by Clemens Alexandrinus, to be repayment of evil, contributing to the benefit of both the aggrieved and avenging party. Aristotle passing over example as a motive, confines the object of punishment to the amendment or correction of the offender. But Plutarch has not made the same omission: for he has said, that «where immediate punishment follows the execution of a heinous crime, it both operates to deter others from committing the same crime, and administers some degree of consolation to the injured and suffering person.» And this is what Aristotle calls commutative justice. But these matters require a more minute inquiry. We may observe therefore that there is nothing contrary either to human or divine law, in punishments, which have the good of the offender, or that of the injured party, or of any persons whatsoever in view. The three proper ends are obtained by that kind of punishment, which some philosophers have called correction, some chastisement, and others admonition. (...) The benefit accruing to an injured person from the punishment of an offender consists in his being secured in future against a recurrence of the same injury from that offender, or from others. There are three ways of preventing this recurrence – by removing the offender – by depriving him of the power of doing harm, or lastly by compelling him to better habits of thought or action, which is the reformation produced by the punishment already spoken of. It is not every kind of punishment, which can produce such effects; it must be open and conspicuous, to operate as an example, that may deter others from the commission of the same crimes (...). General utility which was considered as the third end proposed by punishment, may be divided into the same number of parts, as the benefit accruing from thence to individuals. For these are the objects in view, either to prevent the individual, who has injured one person, from doing injury to others: an object which can be accomplished only by removing the offender, disarming him of the means of farther injury, or by reforming him: or it may be inflicted to deter others from being allured, by an example of impunity, to commit acts of molestation or enmity. And the infliction of punishment, for such reasons, is a right granted by the law of nature to every individual (...)", escreve Hugo Grotius, *On the Law of War and Peace*, Londres, 1814, liv. II, cap. 20, VI, VIII e IX.

[626] Joaquim José Caetano Pereira e Sousa, *Classes dos crimes..., cit.*, pp. 22 e 23, nota 34.

[627] "Tira-se a liberdade ao Cidadão, ou para o segurar, ou para o punir do abuso que faz della, em prejuizo da ordem social. No primeiro caso a prizão he uma caução, no segundo he um castigo. Devia pois haver duas sortes de cadeias para se não misturar o Cidadão, talvez innocente, com o culpado, dando-se-lhe logo huma antecipada pena" – *idem, ibidem*, p. 25, nota 36.

graves, numa lógica de defesa necessária do Estado que seria impossível que alcançar por outra via – aqui, a "morte não he já então verdadeiramente Pena, é defeza".[628] A pena que deveria substituir a pena capital seria, para Ribeiro dos Santos, a de trabalhos públicos. Ribeiro dos Santos é um adepto de Bentham, que invoca expressamente, também na sua configuração das penas como respostas sociais e de última *ratio*[629], sem afastar a exemplaridade que devem assumir, e chega mesmo a propor o modelo panóptico como forma eficaz de assegurar a rentabilização do trabalho dos condenados.[630] Prisão, aqui, é apenas um modo de exigir e cumprir um trabalho punitivo.

Em termos próximos a Ribeiro dos Santos, refira-se igualmente Francisco Freire de Mello. Em 1816, Freire de Mello, sobrinho de Mello Freire e discípulo de Ribeiro dos Santos em Coimbra, publica o seu *Discurso sobre delictos e penas*, em Londres, pretendendo tratar um objecto "que atégora nunca foi tratado entre nós".[631] A relação entre crime e pena que apresenta é relativa e não absoluta: deve atender ao "estado civil, moral, politico, economico e militar da nação, nas suas differentes épocas" e não pode ser perpétua, na senda de Montesquieu. Tomando-se do discurso homónimo de Beccaria, que expressamente cita, pune a livre interpretação das leis pelos tribunais, e em particular pelos tribunais superiores – "o juiz deve julgar pela lei, e não da lei". Assim, o criminoso deve ser posto ao abrigo do arbítrio judicial, mas igualmente da desproporção e ferocidade que Freire de Mello descobre nas penas que a legislação prevê ainda no início do século XIX e sem esquecer que prevenir os crimes "hé a primeira obrigação do Legislador".[632]

[628] António Ribeiro dos Santos, *Discurso sobre a pena de morte e reflexões sobre alguns crimes*, in "Jornal de Coimbra", vol. 7, nº XXXIII, parte II, s/d [1815], pp. 107 e 108.

[629] "Para evitar ou diminuir os delictos não bastão penas nem brandas nem severas. Seria necessário primeiro que tudo cuidar na educação; crear costumes; assentar n'uma boa Polícia, e Disciplina entre as classes de Cidadãos; prevenir por uma sabia providencia, e vigilância as faltas e dos delictos; remover as suas causas e motivos originários; em uma palavra, melhorar os homens, que he justamente o fim principal, que a Lei se-deve propor nas penas. E'sta he uma parte Capital da Sciencia Moral e Politica, e he o meio mais seguro para evitar ou diminuir os delictos, e formar a paz e segurança Pública" (*idem, ibidem*, p. 113).

[630] *Idem, ibidem*, p. 124.

[631] Francisco Freire de Mello, *Discurso sobre delictos e penas, e qual foi a sua proporção nas differentes epocas da nossa jurisprudencia: principalmente nos tres seculos primeiros da Monarchia Portugueza*, T. C. Hansard, Londres, 1816, p. 3.

[632] *Idem, ibidem*, p. 7.

Detecta nas leis portuguesas antigas um "erro comum, que tanto maior fosse a pena dos delictos, quanto maior seria o receio de delinquir", mesmo se "hoje todos são de opinião que estas leis foram feitas mais para ameaçar do que para ferir (...)".[633] Assim, a pena deve ser a *suficiente* para punir o crime, prevenindo um crime, futuro, e não ultrapassar essa medida, tal como se devem descobrir penas (e não apenas a sua medida) distintas para crimes que têm associados circunstâncias diversas[634] e graus de intencionalidade e auto-determinação distintos.

Em obediência a um critério de necessidade, a lei penal apenas deve cuidar dos crimes que efectivamente atentam contra a "tranquilidade" pública e privada e não dos "delictos miudissimos" ou dos vícios meramente privados[635] e na previsão de penas deve abster-se o legislador da vingança e crueldade, que "não hé necessaria para conseguir o fim das penas, isto hé, a segurança dos cidadãos"[636], de acordo então com o aparente fundamento preventista que encontra Freire de Mello para a aposição de uma pena. Noutro ponto, contudo, não deixará de apontar como principal fim da pena a "emenda do delinquente", a propósito da condenação das penas de mutilação de membros como cruel e contrária a esse fim.[637]

[633] *Idem, ibidem*, p. 9. E reforça: "Não hé a fortaleza da pena o remedio mais efficaz para cohibir os delictos: por que se o homem não tiver o animo affeiçoado á virtude por meio da educação publica, e se os costumes não melhorarem, sera inutil todo o freio das leis".

[634] "O lugar do delicto e a pessoa contra quem se commete deve entrar em conta para a imputação das acçoens. O que furta ao pobre commete maior delicto do que aquelle que furta ao rico". *Idem, ibidem*, p. 41.

[635] E acentua, a pp. 10 e 11: "As leis devem guardar uma especie de economia na imposição das penas, e guardar também entre si certa gradação proporcionada aos delictos, não impondo uma pena maior, própria para outro delicto, a delicto menor (...). Não se pode porem estabelecer entre o delicto e a pena uma proporção arithmetica em todo o seu rigor e exacção, numerosa e harmonica: porque os delictos não se podem pesar nem medir com igualdade arithmetica, e somente admittem, na melhor opinião, a proporção geometrica ou a maior aproximação possível entre o delicto e a pena (...). Não devem entrar em consideração das leis penaes delictos miudissimos, que não perturbam a publica, nem particular tranquilidade: por isso não se se devem punir os actos viciosos meramente internos (...). O mesmo delicto deve ser muitas vezes castigado com diversas penas, segundo as circunstancias de que hé revestido, e segundo o maior ou menor grao de liberdade e vontade, que influe geralmente na moralidade e imputação das acções (...)".

[636] *Idem, ibidem*, p. 12.

[637] *Idem, ibidem*, p. 38. Freire de Mello, *ibidem*, pp. 4 e 5, reproduz aliás *ipsis verbis* uma frase de seu tio na introdução ao *Codigo Criminal*: o criminoso"ainda he cidadão, e deve ser tratado como um doente, ou ignorante, que hé necessário curar, instruir, e cauterizar, segundo a enfermidade, no que não somente interessa elle, mas a mesma sociedade" (v. Paschoal José de Mello Freire, *Codigo Criminal...*,

Duvida ainda Freire de Mello da previsão da pena de morte, mesmo se a admite, mas rejeitando a sua banalização, tal como refuta a aplicação generalizada de penas corporais e de penas que resultam da "confusão" entre crimes e pecados.[638] De igual modo, rejeita a transmissibilidade das penas ou uma mera infâmia que possa ser transferida, nomeadamente entre pais e filhos.[639]

Sobre a pena de prisão, Freire de Mello tem uma posição crítica, que será contrariada pelas décadas seguintes. "Os carceres são entre nós considerados não como convem que sejão, isto hé, como custodia ou segurança daquelle que se presume suspeito de crime grande, mas como pena", escreve.[640] A falta de visibilidade e de exemplo público que retira da prisão parece ser o maior entrave à sua consideração efectiva como pena, mesmo se vai também criticar, por exemplo, os cárceres das ordens religiosas como fonte de abusos dos superiores destas ordens para com os seus regulares ou as condições desumanas de vários calabouços seculares de reclusão.

cit., p. XVII). Mário Maldonado vê, a propósito desta passagem de Mello Freire desde logo uma predisposição nacional que se reflectirá depois na escola correccionalista: "Não era senão o pensamento da escola correccionalista alicerçada na ideia, pela primeira vez sustentada por Platão, de que o criminoso é um doente; a pena, um remédio; o fim da pena uma cura ou emenda" – Mário Artur da Silva Maldonado, *Alguns aspectos da história da criminologia em Portugal*, in BAPIC, nº 22 (1968), Ministério da Justiça, Lisboa, 1968, p. 20.

638 "As leis não fazem a justa differença entre delictos e pecados, e castigão estes com penas externas, confusão esta que deve a sua origem ás Decretaes de Gregorio IX., que ainda hoje se ensinam nas Universidades, assim como o Direito Romano!" – Francisco Freire de Mello, *Discurso sobre delictos e penas...*, *cit.*, p. 29.

639 Poucos anos passados, em prólogo à edição do *Codigo Criminal* de Mello Freire, que faz publicar em 1823, não deixará Freire de Mello de voltar a anotar "(...) a multiplicidade, a cotradicção, a farragem, o centão das nossas leis, a desproporção entre os delictos e as penas, a barbaridade de muitas, e que ellas algumas vezes eram criminosas e causa dos crimes (...)" – Francisco Freire de Mello, *Prologo de Francisco Freire de Mello ao Codigo Criminal mandado ordenar pela Rainha D. Maria I*, Typ. Rollandiana, Lisboa, 1823, pp. II e III. E critica, por exemplo, o Código Penal então recentemente aprovado em Espanha, por comparação com o projecto nacional, onde "apparecem inda muitos defeitos, que a poderosa mão do tempo irá emendando. As penas não são ahi bem niveladas, nem análogas aos delictos. O trabalho nas obras publicas, de que se faz frequente uso neste Codigo, nem sempre deve ter logar, nem em todas as pessoas: ahi se achão crimes fantasticos punidos com penas gravissimas e atrozes; não vem nelle titulo algum sobre as provas dos crimes; o que é uma falta consideravel, da qual se segue o arbitrio dos julgadores, que apenas ou nem inda deve ter logar" (p. V).

640 "A pena que afflige o reo e ao mesmo tempo utiliza ao publico parece a melhor. Um carcere perpetuo ou longo afflige, e não utiliza nem dá aos cidadãos um exemplo tão vivo. (...) Entaipar ou emparedar os homens perpetuamente, qualquer que seja a causa, hé uma pena mui dura, irreligiosa e peior que a morte (...)" – Francisco Freire de Mello, *Discurso sobre delictos e penas...*, *cit.*, p. 35.

Mais benévola é a sua apreciação sobre a condenação a trabalhos públicos, a pena que reputa de mais adequada, e como "capaz de encher o grande vasio das penas"[641], e sobre o degredo, onde salienta a necessidade de uma proporção com o crime praticado na fixação da pena em concreto. E, a fechar o seu texto, sintetiza Freire de Mello o que seria necessário tomar em conta para atingir esta proporção devida entre crime e pena, destacando a ideia de protecção da sociedade, mas igualmente as circunstâncias particulares de cada delinquente e de cada crime.[642]

Assim, do ponto de vista doutrinário, nas vésperas de 1820, parecia preparada a mudança exigida no panorama penal. Também nos autores portugueses foram recebidos os reflexos da ruptura humanitarista que irá exigir uma pronta reconfiguração das penas. No pós-1820 ela será continuada, mesmo que seja apenas o Código Penal, em 1852, a consagrar de forma ampla e sistematizada essa mudança, do ponto de vista da lei.

No entanto, na doutrina deste Iluminismo português a prisão surge como uma pena frágil. A par do seu uso processual e de mera detenção, parece ser ainda melhor apreciada como meio de se exigir um trabalho punitivo do que como pena em si. A utilidade pública e imediata da pena, retributiva e preventiva, supera ainda o seu eventual poder reformador, cuja justificação estava em formação ao tempo. A prisão penitenciária oitocentista vai assim permitir responder ao tema de utilidade da pena, integrando o trabalho do condenado, mas adicionando à sua utilidade uma justificação moral, ao procurar modelar o seu ocupante de forma intencional e única. O exemplo obtido pela pena deverá ser agora também reflectido no condenado e não apenas perante o exterior.

***

Tome-se agora apenas um momento para assentar que toda a história é forçosamente também uma história de palavras. O presente texto usa amiúde conceitos que toma em aparente neutralidade e univocidade: crime, pena, prisão, degredo... Que sentidos foi recebendo este universo antes de se consagrar à actualidade?

[641] *Idem, ibidem*, p. 44.

[642] Estabelece assim oito elementos de atenção: "(...) 1º. O dano da sociedade: – 2º. A força irresistível, que obriga a delinquir, e que tira a liberdade e vontade, sem o que não pode haver crime nem delicto: – 3º. O máo exemplo: – 4º. A liberdade do delinquente: – 5º. A causa publica: – 6º. O impeto dos affectos naturaes que são superiores a todas as leis, e ás suas penas ainda as mais ferozes: – 7º. Os conhecimentos do delinquente: – 8º. A qualidade da pessoa do delinquente". *Idem, ibidem*, p. 52.

Na edição do *Vocabulario* de Bluteau de 1789, que contou já com o trabalho de Moraes, "crime"[643] é ainda o "malefício contra as leis Divinas, ou humanas", e "delito" uma "trangressão da lei, crime, culpa".[644] "Corregir" é "emendar o dano causado" mas também é também "castigar".[645]

O "carcere" é a "prisão, cadeia pública, em que estão os prezos", sendo a remissão para "carcere privado" entendida negativamente, já que este é "a prizão em que alguem prende a outrem sem direito nem jurisdicção, fora da cadeia publica".[646] O carcereiro é necessariamente o "guarda do cárcere, cadeia, aljube", podendo levar "carceragem", "o que os presos pagão ao Carcereiro".[647]

"Degredo" o mesmo que "desterro" ou "sahida da terra onde se residia"[648] e de "relegação" ou "transportação" não há notícia. A condenação às "galés" era condenar "ao serviço de remar nellas" – mas "hoje que não há galés, he commutado em serviço de obras publicas".[649]

[643] *Dicionario da Lingua Portugueza composto pelo Padre D. Rafael Bluteau, reformado e acrescentado por Antonio de Moraes Silva*, Tomo Primeiro, Oficina de Simão Thaddeo Ferreira, Lisboa, 1789, p. 348.

[644] *Idem, ibidem*, p. 373.

[645] *Idem, ibidem*, p. 334. V. também José Pedro Machado, *Dicionário Etimológico da Língua Portuguesa*, 3ª ed., vol. II, Livros Horizonte, Lisboa, 1977, p. 235, onde destaca ambos os significados. Para "crime", contudo, apenas refere existência no Português em 1352 (p. 252), a propósito dos "aluazíjs do crime". Dauzat, para o Francês, reporta texto do século XII, tal como para "peine", ambos de origem latina. V. Albert Dauzat, *Dictionnaire Étymologique de la Langue Française*, 10ª ed., Librairie Larousse, Paris, 1938, pp. 219 e 544. No mesmo sentido, Oscar Bloch e Walter Von Wartburg, *Dictionnaire Étymologique de la Langue Française*, 5ª ed., PUF, Paris, 1968, pp. 169 e 472. Na língua espanhola, Corominas situa "crimen" entre 1220 e 1250 e "pena" em torno de 950, mesmo se com o sentido de "penar" apenas c. 1220-1250. V. Joan Corominas, *Breve Diccionario Etimológico de la Lengua Castellana*, 3ª ed., Editorial Gredos, Madrid, 1976, pp. 178 e 449.

[646] É nítida a remissão para as Ordenações. Frei Joaquim de Santa Rosa de Viterbo, no seu *Elucidario*, aponta também o uso do termo "gaiola" como "prisão estreita" – "Nas Cortes de Lisboa de 1410, se queixaram os de Santarém que o seu alcaide tinha no castelo *huma torre, e dentro della uma gaiola, em que metia massi homens, como molheres; o que era mui deshonesta cousa. Manda El-Rei aprisoar as molheres apartadamente entre si.*" Fr. Joaquim de Santa Rosa de Viterbo, *Elucidário das palavras, termos e frases que em Portugal antigamente se usaram e que hoje regularmente se ignoram*, ed. crítica de Mário Fiúza, vol. II, Livraria Civilização, Porto/Lisboa, 1984, p. 291. O texto original data de 1798-99.

[647] *Dicionario da Lingua Portugueza composto pelo Padre D. Rafael Bluteau..., cit.*, Tomo Primeiro, 1789, p. 233. José Pedro Machado, *op. cit.*, vol. II, p. 72, dá exemplos do uso de "cárcere", "carcereiro" e "carceragem" desde logo no século XIII.

[648] *Dicionario da Lingua Portugueza composto pelo Padre D. Rafael Bluteau..., cit.*, Tomo Primeiro, 1789, p. 427.

[649] *Idem, ibidem*, p. 649.

A "pena" é assim o "mal fizico, ou moral, que se faz soffrer a quem commetteo delicto, crime, peccado", sendo "penal", o "que impõe penas, *v. g. lei penal*".[650] "Peccar" é pois também "delinquir".[651] Mas "Penitenciaría" é ainda apenas "o Tribunal Romano donde se expende as dispensações, e absolvições, que se dão em nome de Sua Santidade" e "penitenciario", "o Cardeal que preside á Penitenciaria".[652] "Pelourinho" apresenta referências especialmente ilustrativas: é a "colluna de pedra, picota posta em alguma praça de Villa, ou Cidade, á qual se ata pela cintura o prezo, que se expõem á vergonha, ou he açoitado; tem argolas onde se pode enforcar, e dar tratos de polé; e ponta de ferro de por cabeças; nelle se afixam editos".[653] De igual modo, a forca é descrita, enquanto "obra de páo, consta de dois esteios, ou tres fincados na terra, com huma, ou mais traves atravessadas, e fixas nos altos delles, onde se pendurão de cordas os condenados a morrer enforcados".[654]

Na edição subsequente do dicionário de Moraes, em 1813, "crime" é descrito de forma idêntica, bem como "corregir" e "delito". Os mesmos significados se mantêm igualmente para "carcere" e seus derivados, para "degredo", "galés", "penitenciaria", "pelourinho", "forca"... "Pena" mantém a mesma definição, mas recebe breves exposições adicionais, reportando as "*penas vis*, ou *de villão*, que

[650] *Dicionario da Lingua Portugueza composto pelo Padre D. Rafael Bluteau..., cit.*, Tomo Segundo, Oficina de Simão Thaddeo Ferreira, Lisboa, 1789, p. 180. "Pena" e "multa" chegam ao Português por via culta, do Latim (*poena* e *multa/mulcta*). Aquela é descoberta por Machado em 1265 em texto português e esta apenas no século XVI, referindo indicação de Moraes. V. José Pedro Machado, *op. cit.*, vol. IV, pp. 179 e 335.

[651] *Dicionario da Lingua Portugueza composto pelo Padre D. Rafael Bluteau..., cit.*, Tomo Segundo, Oficina de Simão Thaddeo Ferreira, Lisboa, 1789, p. 174.

[652] *Idem, ibidem*, p. 183. Sobre o penitencieiro papal e o nascimento da "Penitenciaria" apostólica, entre o final do século XII e o início do século XIII, como tribunal "para a solução dos casos em que são abordados problemas do foro interno que refletiram na esfera externa: pecados reservados, censuras, concessões de dispensas (...)", v. Paolo Prodi, *Uma história..., cit.*, pp. 106 e 107 e a bibliografia aí citada. Trata-se de tribunal que "(...) dispensa nos impedimentos matrimoniaes, que são do *foro da consciencia*, absolve nos casos de *peccados reservados* ao pontifice, e indulta nos de *censuras*", lembra Bernardino Carneiro, que indica também a sua composição: "Tem um *penitenciario mor*, um *regente*, um *theologo* consultor, outro *canonista*, um *datario*, um *corrector*, um *guarda-sellos*, trez *procuradores*, e trez *escrivães*" – Bernardino J. da S. Carneiro, *Primeiros traços..., cit.*, p. 240.

[653] *Dicionario da Lingua Portugueza composto pelo Padre D. Rafael Bluteau..., cit.*, Tomo Segundo, Oficina de Simão Thaddeo Ferreira, Lisboa, 1789, p. 180.

[654] *Dicionario da Lingua Portugueza composto pelo Padre D. Rafael Bluteau..., cit.*, Tomo Primeiro, 1789, p. 626. Os "açoutes" estão aliás presentes desde pelo menos de 1211 na legislação régia, como forma de "corregimento". V. José Pedro Machado, *op. cit.*, vol. I, p. 82. A "forca" é referenciada em 1258, nas *Inquisitiones*, publicadas nos *Portugaliae Monumenta Historica* – *idem, ibidem*, vol. III, p. 74.

irrogão infamia, como *açoutes, gales, pelourinho, forca*, etc." e distinguindo as "*penas de sangue*: penas pecuniarias dos que matão, e ferem; muito usual nos Foraes antigos, que tambem lhe chamavão *Indicia, Voz,* e *Coima*", esta com menção de ser retirada do *Elucidário*.[655]

O *Diccionario Juridico* de Pereira e Sousa[656], não obstante ter sido publicado postumamente a partir de 1825, retrata o léxico vigente nas vésperas da mudança de regime. "Crime" é uma "acção commettida por dolo e que offende directamente o interesse público ou os direitos do Cidadão", o mesmo sentido de "delicto" e a "pena" é entendida como "expiação do crime (...) para reparação do dano feito ao interesse geral ou dos particulares".[657]

A "correcção" não apresenta curiosamente qualquer conteúdo no plano criminal, e a "prisão" – ou o "cárcere" ou a "cadeia", esta sinónimo do edifício, mas também o "grilhão de ferro com que se prendem os criminosos condemnados ao serviço das Galés" – é apenas o lugar "de segurança em que se retem o accusado, que mereceu que se passasse contra ele ordem de prisão", necessitando de haver "culpa formada". A prisão não é, assim, qualificada de pena, mas valorizada no seu papel de segurança e coerção. Pena plena são as "galés", embarcação mas também condenação, infamante – e, num tempo em que não há galés, convertida "no serviço das obras publicas". Pereira e Sousa replica por inteiro a definição de "forca" de Bluteau e "pregão", "baraço" e "açoute" – "instrumento de açoutar, como varas e correias" – encontram-se igualmente referenciados. O mesmo acontece com o "degredo", a "sahida da terra em que se reside, por Sentença condenatoria".

A Revolução de 1820 traz consigo um novo ideário e novos conceitos, que não deixam de se manifestar no discurso público, onde até as *cadeias, grilhões* e *ferros*

[655] Antonio de Moraes Silva, *Diccionario da Lingua Portugueza*, 2ª ed., Tomo Segundo, Typographia Lacerdina, Lisboa, 1813, p. 424. Efectivamente, no texto do *Gradiz*, a "pena de sangue" é referenciada como pena pecuniária: "Esta pena se acha em quase todos os forais antigos e nos d'el-rei D. Manuel. Era a condenação, multa ou coima, que se impunha àqueles que espancavam, feriam ou matavam alguma pessoa, ainda que sangue não corresse da ferida ou contusão. E também se estendia aos que diziam palavras desonestas e injuriosas a seu próximo, com as quais lhe faziam vir o sangue às faces, ou como vulgarmente se diz, *lhe faziam a cara vermelha*." V. Fr. Joaquim de Santa Rosa de Viterbo, *op. cit.*, vol. II, p. 472.

[656] Joaquim José Caetano Pereira e Sousa, *Esboço de hum Diccionario Juridico, Theoretico e Practico, remissivo ás Leis compiladas e extravagantes*, 3 tomos, Typographia Rollandiana (tomos I e II)/Impressão Régia (tomo III), Lisboa, 1825 (tomo I) e 1827 (tomos II e III).

[657] E devem as penas ser aplicadas "com igualdade nos grandes, e pequenos; poderosos e humildes; porque com a excepção de pessoas se offende Deos, e se escandalizão os homens" – *idem, ibidem*.

recebem novas conotações, expectáveis, na linguagem do debate político pela nova ordem.[658] Esta nova ordem representou, mais lentamente que no plano da discussão política, a abertura a novos conceitos e novos sentidos também no universo da penalidade.

Décadas passadas, vigente o Código Penal, no dicionário de Moraes, se "crime" é ainda o malefício contra leis divinas ou humanas[659], no domínio da "correcção" adiciona-se já "correccional", ou seja, "para corrigir e emendar vadios, mal procedidos, não criminosos nem réus de delictos graves, mas de policia"...[660] "Cárcere" apresenta uma nova precisão: "prisão, cadeia pública, em que estão os presos accusados de crimes, ou já condemnados (...)" e, na subespécie de "cárcere privado", precisa a ilicitude da prisão "por mais de 24 horas", referência que se manterá de futuro.[661]

"Pena" mantém o seu sentido, mas a "penitenciária", apesar de ser uma instituição ainda por construir entre nós, ganha necessariamente um novo corpo: o de "prisão de systema moderno dos criminosos (...), casa destinada ao melhoramento moral dos criminosos".[662] Fontinha também assinalará esta nova "prisão pública, com celas separadas, onde são presos criminosos de graves delitos".[663-664]

[658] V. Telmo Verdelho, *As palavras e as ideias na Revolução Liberal de 1820*, INIC, Coimbra, 1981, pp. 89 a 91.

[659] E o mesmo reproduzirá Rodrigo Fontinha, *Novo Dicionário Etimológico da Língua Portuguesa*, Editorial Domingos Barreira, Porto, s/d, p. 501, acrescentando contudo "infracção da lei ou dos princípios morais; acção reprovada pela consciência ou pela sociedade".

[660] Antonio de Moraes Silva, *Diccionario da Lingua Portugueza*, 7ª ed.,Tomo I, Typographia de Joaquim Germano de Souza Neves, Lisboa, 1878, p. 459.

[661] *Idem, ibidem*, p. 335.

[662] Antonio de Moraes Silva, *Diccionario da Lingua Portuguêsa*, 7ª ed., tomo II, Typographia de Joaquim Germano de Souza Neves, Lisboa, 1878, p. 436.

[663] Rodrigo Fontinha, *Novo Dicionário..., cit.*, p. 1342.

[664] Para o uso na língua inglesa, ao termo "penitentiary" é apontada a origem latina, *poenitentiarius*, a mesma, associada ao Francês antigo, que para "prison" e "crime" – v. Ernest Klein, *A comprehensive etymological dictionary of the English language*, Elsevier Publishing Company, Amesterdão/Londres//Nova Iorque, 1971, pp. 176, 546 e 589. "Prison" é destacado no Francês desde o século XII, como espaço de detenção, segundo Dauzat, *op. cit.*, p. 588. Já "pénitencier", no sentido moderno de prisão, terá origem recente, referenciado em 1842, mesmo se "pénitentiaire" se descobre em 1806 (p. 545). Dauzat destaca também a origem latina com o sentido cristão de arrependimento. Oscar Bloch e Walter Von Wartburg, *op. cit.*, p. 474, referem "pénitencier" em 1838, corroborando a data de 1806 para "pénitentiaire". Todavia, a título de exemplo, F. A. Demetz e Abel Blouet publicam o seu *Rapport a M. le Comte de Montalivet (...) sur les pénitenciers des États-Unis* logo em 1837. Na língua espanhola, "cárcel" é apontado em torno de 1140, do latim "carcer", segundo Corominas, *op. cit.*, p. 132.

[665] Antonio de Moraes Silva, *Diccionario..., cit.*, 7ª ed., tomo II, p. 425.

A propósito da entrada "pecado", descobre-se que "quando o *delicto* demanda a vindicta publica, e é como tal designado nas leis criminaes, e por ellas punido, toma o nome de *crime*".[665] "Relegação", termo nunca recebido, aliás, no léxico legal, surge também com o significado de "desterro".[666]

Noutro dos dicionários, em 1873, crime é "termo forense (...), o opposto de civel" e "infracção grave á moral e á lei, ou punida pelas leis, ou reprovada pela consciencia"[667], idêntico a "delicto", "crime publico ou particular, culpa, acção reprehensivel na ordem social, illicita, commetida voluntariamente contra lei (...)."[668] "Pena" é "castigo, punição", reportando "pena *immediata*" como "a de prisão perpetua"[669] e "cárcere" a prisão para "crimes civis e religiosos", sendo assinalado que o cárcere privado, "segundo as ordenações, era um dos maiores delictos".[670] "Prisão" é, pois, "cadeia, carcere".[671]

"Penitenciaria" é descrita como "edifício publico construído de um modo conveniente para castigo dos delinquentes" e o sistema que ela invoca, penitenciário, o "adoptado e posto em pratica em alguma nações, o qual consiste em excitar na alma do culpado remorsos capazes de attrahir-lhe a virtude".[672] "Correcção" vale também para "casa de correcção, logar destinado para encerrar por authoridade publica as pessoas de comportamento desregrado, e também os rapazes por vadiagem".[673]

As "galeras" (e não galés) retratam uma pena, "d'aquelles que eram condenados a remar sobre as galeras (...), pena cumprida pelos trabalhos forçados".[674]

Adiante, quase no volver do novo século, e elucidativamente, "crime" é já apenas "transgressão de um preceito legal" ou "acto que a lei declara punível".[675] "Pena" é "o que se faz soffrêr a alguém por um delicto commettido, puni-

[666] *Idem, ibidem*, p. 580.

[667] Fr. Domingos Vieira, *Grande Diccionario Portuguez ou Thesouro da Lingua Portugueza*, II vol., Editores Ernesto Chadron e Bartholomeu H. de Moraes, Porto, 1873, pp. 637 e 639. É também aqui que José Pedro Machado aponta a primeira referência a "criminalidade". "Criminologia" é referenciada em 1896, em obra de Clóvis Bevilaqua, publicada na Baía – José Pedro Machado, *op. cit.*, vol. II, p. 252.

[668] Fr. Domingos Vieira, *Grande Diccionario Portuguez...*, *cit.*, II vol., p. 754.

[669] *Idem, ibidem*, IV vol., p. 732.

[670] *Idem, ibidem*, II vol., p. 106.

[671] *Idem, ibidem*, IV vol., p. 948.

[672] *Idem, ibidem*, IV vol., p. 737.

[673] *Idem, ibidem*, II vol., p. 536.

[674] *Idem, ibidem*, III vol., p. 823.

[675] Cândido de Figueiredo, *Nôvo Dicionário da Língua Portuguêsa*, vol. I, Livraria Tavares Cardoso e Irmão, Lisboa, 1899, p. 362.

ção".[676] A "penitenciária" surge como o "edifício público, em que, por sentença judicial, se prendem certos criminosos, separados uns dos outros em céllulas"[677], e nota-se o "penitenciário", enquanto "sistema de prisões em que os criminosos vivem insulados", distinto assim da "prisão", mera "cadeia, cárcere" mas também "pena de detenção, que tem de ser expiada na cadeia".[678] "Correcção" é o "estabelecimento público em que se recolhem e se corrigem menores delinquentes ou vàdios".[679] As "galés" desaparecem e a "forca" é uma realidade meramente histórica.

Poucos anos passados, no dicionário de Caldas Aulete, na sua edição de 1925, "relegar" é "aplicar pena de desterro"[680], mesmo se da "transportação", com o mesmo sentido, não há notícia. Neste texto, "crime" retoma a definição de Domingos Vieira, mas vê-lhe associados também o "crime d'estado" e o "crime politico".[681] O "delicto" é também o "crime, facto voluntario punido pela lei penal".[682] À "pena", castigo ou punição, acresce a "penalogia", enquanto "tratado das penas ou castigos".[683] O "systema penitenciario" é descrito, com pormenor acrescido, como "novo systema de prisão que tem em vista principalmente a separação dos presos ou absoluta (systema cellular (...)] ou só de noite com trabalho de dia em commum", que convoca a "penitenciária", destinada "á prisão e correcção de criminosos segundo o systema penitenciario".[684] A "prisão", pena de detenção, é distinguida, de acordo com a lei, em "prisão maior" e "prisão correccional" e é referida a "prisão cellular"[685], a par da referência à "casa de correcção", esta onde se encerram "rapazes vadios ou condenados por algum delicto, para se tentar pela educação a sua reforma moral".[686] Aqui, "regenerar(-se)" é "corrigir moralmente, rehabilitar-se, emendar-se, corrigir-se".[687] Para aqui se seguirá então.

[676] Cândido de Figueiredo, *Nôvo Dicionário..., cit.*, vol. II, p. 286.
[677] *Idem, ibidem*, p. 288.
[678] *Idem, ibidem*, p. 366.
[679] Cândido de Figueiredo, *Nôvo Dicionário..., cit.*, vol. I, p. 350.
[680] F. J. Caldas Aulete, *Diccionario Contemporaneo da Lingua Portugueza*, 2ª ed., 2º vol., Parceria António Maria Pereira, Lisboa, 1925, p. 729.
[681] *Idem, ibidem*, 1º vol., p. 600.
[682] *Idem, ibidem*, 1º vol., p. 642.
[683] *Idem, ibidem*, 2º vol., p. 501.
[684] *Idem, ibidem*, 2º vol., p. 504.
[685] *Idem, ibidem*, 2º vol., p. 608.
[686] *Idem, ibidem*, 1º vol., p. 578.
[687] *Idem, ibidem*, 2º vol., p. 720.

§ 2º O correccionalismo e o debate sobre os modelos penitenciários

O interesse em Portugal pelos sistemas penitenciários, que se anunciam redentores além-fronteiras, é notório praticamente desde 1820, acompanhando uma crítica ao estado das cadeias nacionais progressivamente mais audível e a intenção mais ampla de reformar crimes e penas. Reforma penal e reforma prisional são, pois, necessariamente, também entre nós, faces da mesma moeda. Apesar de serem mais tardias quer a consagração legal da pena de prisão como pena por excelência, de uma forma generalizada, quer a sua execução de acordo com o regime penitenciário, a prisão é imediatamente um tema de debate político e de afirmação ideológica. Assim, a revolução de 1820 não tarda a debruçar-se sobre estas prisões, que careciam de ser igualmente libertadas do regime absoluto que, se havia demonstrado a recepção do humanitarismo penal, não o reconduzira totalmente aos espaços da pena.

O *Ensayo sobre o plano mais conveniente para a fundação das cadêas* publica-se em 1822[688], da pena de um membro de uma recém-criada comissão de melhoramento das cadeias da comarca de Santarém, estigmatiza, sem novidade, louvando-se também de John Howard, os "antros cavados em rochedo", os "humidos subterraneos", os "pesados ferrolhos", os "ruidosos grilhões"... Reclamando a formação continuada de comissões de comarca para o melhoramento das cadeias nacionais, que efectivamente são constituídas em algumas das circunscrições, são aqui em primeiro lugar as condições de salubridade e decoro moral que se espera que o "systema constitucional" possa elevar.[689]

O autor vai para além da insistência filantrópica nos "principios da charidade universal": conhecedor, é certo, do reformismo de Howard e da proposta panóptica de Bentham – e do interesse entusiasmado que esta levantou em Inglaterra, em França e em Espanha, mesmo que sem grande concretização prática[690] –, louva também a nova prisão celular norte-americana, celebrada com

[688] [Manuel Esteves de Campos], *Ensayo sobre o plano mais conveniente para a fundação das cadêas, precedido de algumas idéas historicas a este respeito*, in "Jornal da Sociedade Literaria Patriotica", 1º e 2º trimestres, Typographia Rollandiana, Lisboa, 1822, publicado entre o nº 2 o nº 26. A apresentação, completa e contextualizada, desta obra precursora encontra-se feita por José Manuel Merêa Pizarro Beleza, *A pena de prisão e o* Ensayo sobre o plano mais conveniente para a fundação das cadêas *(Notas para a história do direito penal vintista)*, in Manuel da Costa Andrade, José de Faria Costa, Anabela Miranda Rodrigues e Maria João Antunes (org.), "*Liber discipulorum* para Jorge de Figueiredo Dias", Coimbra Editora, Coimbra, 2003, em especial pp. 409 ss.

[689] [Manuel Esteves de Campos], *Ensayo..., cit.*, 1º trimestre, nº 2, pp. 48 e 49.

[690] O autor, mesmo que confesso admirador da proposta de Bentham, não deixa de assinalar também as suas dúvidas quanto à eficácia, quer arquitectónica, quer de regime prisional, da prisão panóptica,

"os mais felizes sucessos" através da "conversão das cadêas em oficinas de trabalho e a dos criminosos em operarios uteis"[691], modelo que descreve através de relatos franceses, designadamente de La Rochefoucauld-Liancourt, mas também de norte-americanos, como o de Robert J. Turnbull, e que espera para breve dando frutos na Europa, desde logo em França, e naturalmente em Portugal. Note-se que, quer esta fonte francesa, quer o autor norte-americano, atrás também percorridos, descrevem apenas o modelo de algum modo experimental de isolamento celular de Walnut Street, o único colocado em funcionamento ao tempo dos seus textos, o último lustre do século XVIII. Mas é especialmente elucidativo que, em 1822, não haja intermediação neste acesso. Turnbull e La Rochefoucauld-Liancourt defendem o exemplo que conheceram directamente e a ambos conhece o vintista Manuel Esteves de Campos. O regime de Auburn apenas se concretiza no ano seguinte à publicação do *Ensayo*.

A aplicação em Portugal do novo modelo penitenciário, ponderada com a aprovação de um código penal que estabeleça e regule a pena de prisão como pena fundamental, parecem-lhe assim tarefas urgentes para o novíssimo regime, contrastando para mais com o "martyrio e a desesperação" do tempo anterior. Sistema constitucional e reforma prisional são, portanto, sinónimos indissociáveis contra o "despotismo" anterior, cujo prolongamento no estado das cadeias parece evidente.[692-693] Até porque estas são, como escreve um outro autor, em 1821, "meramente um deposito da justiça".[694]

em particular faltando-lhe a demonstração factual do desempenho desta instituição – v. *idem, ibidem*, 1º trimestre, nº 10, p. 443, nota 1.

691 *Idem, ibidem*, 1º trimestre, nº 3, p. 106.

692 No texto reproduz-se o essencial do relatório que a comissão de melhoramento das cadeias de Santarém havia enviado ao ministro da Justiça em 1822, ilustrando o estado das cadeias da comarca nesse ano – a descrição dos edifícios e práticas, excepção feita à aplicação de tormentos, é passível de ser datata de qualquer século anterior: cadeias arruinadas; presos sem separação; inexistência de cuidados de saúde e de alimentação; aproveitamento de casas vazias nas comarcas para guarda dos presos, assegurada por habitantes do concelho; detidos fisicamente presos a "cepos", "amarrados como quadrupedes", etc. – *idem, ibidem*, 2º trimestre, p. 397, nota 3.

693 "As cadeias nos governos constitucionaes devem ser *logares de detenção e segurança, e não de aflicção e tormento*: d'ellas se deve afastar a dureza do tratamento e a espantosa miseria, que são suas companheiras nos governos despóticos" – assim escrevia também Almeida Garrett, *Sôbre as prisões*, in "O Chronista", vol. II, nº 18, Imprensa do Português, Lisboa, 1827, p. 105. Grande parte deste texto de Garrett é preenchido com a reprodução de escritos de Thomas Fowell Buxton (1786-1845), parlamentar *quaker* inglês interveniente na reforma prisional inglesa – provindos de *An Enquiry, Whether Crime and Misery are produced or prevented by our present system of Prison Discipline* (1818). "Odiar o delicto e compadecer-se do delinquente", eis a máxima que Garrett preconiza, prezando quer os sistemas

Howard, Bentham e os relatos do outro lado do Atlântico[695]: o "plano" que apresenta, partindo do princípio de que "os delictos são exactamente molestias do nosso espirito e de que as cadêas são os hospitaes das nossas molestias moraes"[696], assenta, naturalmente, nas ideias importadas de silêncio, isolamento celular, instrução, religiosa e elementar, e trabalho obrigatório, conteúdos de uma pena a cumprir numa prisão de tamanho adequado à sua população, salúbre – perto de um rio, arejada... – e segura, onde se garanta o asseio dos presos e estes se sustentem, recebendo a sua ração, pelo seu trabalho.

Os presos seriam separados também por sexos, idades e gravidade e natureza dos crimes e os detidos antes de condenação beneficiariam de um regime menos severo, adequado à sua condição, em estabelecimentos distintos. Administrada por um particular através de contrato com o Estado, assim se asseguraria também uma zelosa gestão. No *Ensayo*, a proposta implicaria a criação de duas "cadeas positivamente correccionaes" – "casas de correcção" – em Lisboa e Porto, devendo as das demais povoações ser melhoradas, funcionando como "casas de justificação", espaços onde se aguardaria ainda sentença, a par de "casas de segurança", cadeias de mera detenção inicial.[697] A pena de prisão, para o autor, poderia até ser reduzida de acordo com o comportamento demonstrado pelo recluso – e aqui está um elemento de valoração da corrigibilidade de um preso imediatamente associado a uma pena, afinal, indeterminada, o que se torna um elemento de monta ao olhar este texto pioneiro entre nós sobre a reforma prisional.[698-699]

norte-americanos, quer o inglês, nomeadamente pelos hábitos de trabalho que inculcam nos condenados e pela atenção com que crê tratarem os presos preventivos.

694 Estêvão Moniz da Silva Botto, *Memória dirigida à Comissão de Melhoramento das Cadeas a bem da humanidade*, in AHP, Câmara dos Deputados, secções I/II, mç. 42, doc. 76, datada de 1 de Novembro de 1821. Esta memória inclui relatos de episódios atestando do pouco rigor judicial, durante o "despotismo", no uso da prisão, desde logo quanto à manutenção dos presos em ferros e no uso abusivo da colocação em segredo. As recomendações essenciais deixadas são a da prudência no uso do segredo e a necessidade de melhoria da enfermaria, da limpeza e da alimentação do Limoeiro.

695 Mas também a influência expressa do higienismo do francês Louis-René Villermé (1782-1863), através de *Des prisons telles qu'elles sont et telles qu'elles devraient être*, obra citada neste momento e que continuará a ser referida por outros autores nacionais (desde logo por D. Francisco de Almeida, na década seguinte).

696 *Ensayo...*, *cit.*, 1º trimestre, nº 8, p. 268.

697 *Idem*, *ibidem*, 2º trimestre, nº 26, pp. 620 e 626.

698 "(...) É a própria noção de *indeterminate sentence* que aparece (...)", como destaca José Manuel Merêa Pizarro Beleza, *A pena de prisão...*, *cit.*, p. 429.

699 De um outro membro da comissão para o melhoramento das cadeias de Santerém, o prior José Teixeira de Figueiredo e Lacerda, encontrou-se uma memória manuscrita remetida às Cortes, datada

No mesmo ano, José Diogo da Fonseca Pereira envia às Cortes um breve ensaio intitulado *Duas palavras sobre a pena consistente na privação da liberdade*[700], que apresenta hoje uma nota marginal elucidativa, entretanto aposta pelos seus destinatários: "Foi recebido com agrado". No texto, apesar do título promissor, é certo que se encontra essencialmente uma diatribe contra os "salteadores de estradas" e conselhos às autoridades para lidar com eles – inlcuindo uma inovadora inversão do ónus da prova de modo a poder ser confirmada a justeza do seu património. No entanto, o autor é claro também no estabelecimento da pena de prisão como a mais adequada, reverso da liberdade, permitindo que se reduza "sabiamente, e com arte, huma regulada maior ou menor privação della", sendo assim apta a diferentes crimes, ajustada a sua duração e intensidade, e assegurando igualdade para todos os seus destinatários. Louva-se de Montesquieu: é "necessário que n'hum governo livre tudo respire liberdade". E a pena justa é, pois, não mais que um legítimo "sacrificio de liberdade".

Também José Bento Pereira, membro da comissão de melhoramento das cadeias de Castelo Branco, enviará às Cortes uma sua *Memoria sobre o melhoramento das cadeias*, datada de 14 de Fevereiro de 1822, e que merece também uma anotação parlamentar elogiosa: "Mta. cousa aproveitavel"...[701] Nestas cadeias a serem melhoradas, no entanto destinadas simplesmente a "guardar e segurar os delinquentes para não evadirem a pena", os aspectos mais destacados são ainda as suas condições materiais, rejeitados subterrêneos, fraca ventilação, insalubridade e aconselhadas borrifadelas de "vinagre aromatico ao menos no Verão"... Mas a separação dos presos "pela differença dos delictos" é também proposta, bem como a obrigatoriedade se ouvir missa e de trabalho para os presos, quando com-

de 10 de Março de 1822 (AHP, Câmara dos Deputados, Secção I/II, mç. 42, doc. 66), em que o conhecimento directo da miséria vivida nas prisões leva a que reclame que os presos possam ter "direito á geral beneficencia e misericordia", verificada a necessidade de um "regular e perpetuo socorro para estes miseraveis, que, privados da sua liberdade, vivem só entregues á Providencia". Propõe assim Figueiredo e Lacerda a criação de um "Monte Pio da Geral Beneficencia Portugueza", cujo plano apresenta, financiado por um tributo específico, bem como de "casas pias" em cada "cabeça de comarca" para a recolha dos mendigos. A proposta recebeu um despacho lacónico, mas informativo, na Comissão de Saúde Pública: "Combine-se com o plano dos mendigos".

700 Datado de 17 de Setembro de 1822, terá sido apresentado em sessão de 21 de Novembro, conforme anotado também no manuscrito – AHP, Câmara dos Deputados, secções I/II, mç. 67, doc. 165.

701 *Memoria sobre o melhoramento das cadeias Offerecida ao Augusto, e Soberano Congresso Nacional pelo Bacharel José Bento Pereira* – AHP, Câmara dos Deputados, secções I/II, mç. 43, doc. 60. Sobre este documento e as propostas recebidas pelas Cortes à época, v. Paulo Pinto de Albuquerque, *Direito Prisional Português e Europeu*, Coimbra Editora, Coimbra, 2006, pp. 11 ss.

patível com a segurança da cadeia ou realizado mesmo em obras públicas no exterior, alternativas viáveis ao jogo, à ociosidade e à embriaguez que o autor descobre e sanciona.

Esta literatura voluntarista, apelando à intervenção constituinte, é demonstrativa de que o tema da reforma penal e prisional, logo em 1820, era já algo mais do que apenas uma exigência em torno das consequências totais do humanitarismo penal do século anterior: incorporava agora claramente a defesa da prisão enquanto pena preferencial, os traços renovadores da reforma prisional inglesa e até a defesa do modelo penitenciário tal como ele se vinha a detalhar nos Estados Unidos. Nas décadas seguintes, apaziguado o país, o debate prosseguiria, ponderados estes dados com a própria experiência nacional. Se, em 1820, tudo parece imediatamente merecer ser feito de novo, a partir do final dos anos 30 do século XIX o que se encontra é já a tradição penal nacional a associar-se à renovação de inspiração estrangeira. Em todo o caso, progressivamente em torno de um mote comum: punir o crime é corrigir o criminoso.

Silvestre Pinheiro Ferreira, o publicista referencial para o nosso primeiro Liberalismo[702], na transição para um olhar mais marcadamente correccionalista, não deixará de escrever sobre este regime penal, mesmo se também crítico face aos novos modelos penitenciários. "Castigar é corrigir ou para fallar mais exactamente, é empregar os meios que parecerem mais efficases para corrigir os culpados e prevenir, pela intimidação, que outros, a seo exemplo, commentam iguaes maldades", afirma.[703]

Entre as "condições essenciais do poder judicial num governo representativo" que estabelece em 1844, afirma que o juiz, no caso da condenação por um crime, não pode prescrever ao culpado um tratamento certo que o "cure" – terá de remeter essa tarefa a uma "casa de correcção" e ao director desta. Assim, o código penal é um instrumento insuficiente como ferramenta punitiva, pois apenas fixa em abstracto e sem atender ao criminoso, determinadas penas em função de "circunstancias materiaes marcadas em cada artigo". Estas referências merecerão aliás de Ortolan uma dura crítica – o penalista francês vê em Silvestre Pinheiro Ferreira o representante máximo da "teoria da correcção ou da emenda", que

[702] Para uma análise global da obra e relevância de Silvestre Pinheiro Ferreira, na perspectiva da sua visão constitucional, o trabalho mais recente é o de Susana Antas Videira, *Para a história do direito constitucional português: Silvestre Pinheiro Ferreira*, Almedina, Coimbra, 2005.

[703] Silvestre Pinheiro Ferreira, *Questões de Direito Público e Administrativo: Philosophia e Litteratura*, Parte II, Typ. Lusitana, Lisboa, 1844, p. 58.

situa apenas como mera derivação de quem institui a utilidade como fundamento da pena.[704] No entanto, o alegado correccionalismo radical de Pinheiro Ferreira não o impede de assumir soluções que, nas décadas posteriores, serão cada vez mais generalizadas. Entre elas, a defesa de um programa educativo global que possa preparar os condenados na prisão para a sua saída, assentando nas insuficiências dos sistemas celulares (que décadas depois serão ainda reportadas e nos mesmos termos), bem como, verificando a origem social da criminalidade, a necessidade de medidas a montante do sistema penal de modo a poder preveni-la. No mesmo sentido encontramos a diferenciação de regime prisional concreto de acordo com cada condenado e a sua aptidão correccional demonstrada ou a proposta de penas conjuntas, de base progressiva, em que a sequência entre a reclusão e o degredo se fundamenta também numa ideia de "regime de prova", permitindo ao condenado demonstrar socialmente, com uma autonomia progressiva[705], que se encontra em condições de regressar de modo cada vez mais

[704] "Cette théorie de l'amendement a été poussée à sa dernière limite par M. Pinheiro-Ferreira. Plus de Code pénal, plus de jugement décrétant ou aplliquant à chaque fait une peine déterminée à l'avance. Ne rirait-on pas d'un système qui, pour guérir les malades, consisterait à rédiger un code médical dont les prescriptions seraient inflexiblement appliquées à tout sujet dans tout cas prévu? Les maisons où sont détenus et traités les coupables ne doivent être qu'une sorte d'hôpital moral, où les visites fréquentes doivent être faites par le jury médical de correction, afin d'appliquer de jour en jour à chacun un traitement variable et proportionné au progrès quotidien de la maladie ou de la guérison morale" – J. Ortolan, *Éléments...*, *cit.*, I, p. 84, nota 2. Ortolan vê na pena dois fins principais, simultâneos, de correcção e de exemplaridade, realçando a relevância deste último, à luz de um direito penal que visa a "conservação e o bem-estar social" através da aplicação de um "mal" essencialmente retributivo (*ibidem*, pp. 87 a 90), proporcional ao "mal moral" e ao "mal social" que o crime introduziu. No estudo que adicionou à tradução do manual de Liszt para espanhol, *Historia del Derecho Penal en España*, Quintiliano Saldaña, de forma dura, vai assinalar também a radicalidade e a autonomia de Pinheiro Ferreira e a discrepância ibérica na recepção do correccionalismo: "(...) En Europa – si se exceptúa a algún desequilibrado, como Pinheiro Ferreira y Mazzoleni – no hay correccionalistas; no hubo escuela correccional; en España todos son correccionalistas" (Franz Von Liszt, *Tratado...*, *cit.*, I, p. 417).

[705] O regime penitenciário em moldes progressivos, começando com isolamento celular contínuo e avançando depois para trabalho em comum em silêncio e finalmente para contacto com pessoas exteriores à prisão "sendo da confiança do director", também se encontra proposto em 1845 por António Mendes d'Almeida, *Systema penitenciario*, in "Revista Academica", vol. I, nº 12 Coimbra, 1845, p. 180, procurando ultrapassar uma cisão aparentemente irredutível entre os modelos de Filadélfia e de Auburn. Silva Ferrão não deixará de assinalar a proposta de Silvestre Pinheiro Ferreira de antecipar o degredo pela reclusão numa casa de correcção como vantajosa e original: "É esta uma idéa sublime escripta pelo nosso publicista, Silvestre Pinheiro, e admittida hoje no systema penitenciario da Inglaterra" – F. A. F. da Silva Ferrão, *Theoria do Direito Penal applicada ao Codigo Penal Portuguez*, II, Typographia Universal, Lisboa, 1856, p. 64.

pleno ao contacto social. Ou ainda a indeterminação prévia da duração da pena, devendo o seu termo ser validado em função da recuperação demonstrada. Estes elementos, profundamente modernos ao tempo, nos quais não repugna ver a defesa de uma individualização da pena compaginada com uma defesa social limitada por um objectivo de correcção, encontram-se estabelecidos por Pinheiro Ferreira, entre as décadas de 1830 e 1840, e devem necessariamente ser considerados como precursores de vários discursos muito posteriores, designadamente internacionais, e longínquos até de uma definição restritiva do correccionalismo, tornando assim menos apta esta circunscrição doutrinária.

Uma leitura apressada de Silvestre Pinheiro Ferreira pode apenas ver a correcção como fim da pena erigida enquanto princípio reitor do sistema penal; uma leitura mais detalhada tem de levar em consideração tudo o mais que o autor exige de um sistema novo, para o qual contribui com inovações adicionais, e no qual afirma plenamente o primado da regeneração individual não só como mera exigência moral, mas já como exigência social.

Que penas, então, considera Pinheiro Ferreira deverem ser prescritas? Por ordem de gravidade, a multa, a reclusão simples, o desterro simples para "logares pouco remotos da residencia habitual do réo", a destituição de emprego, a suspensão de direitos civis ou políticos, a reclusão com trabalho e o degredo para presídios penais.[706] Silvestre Pinheiro Ferreira repudia pois a pena de morte, "essa herança dos seculos de barbaridade, de superstição e de ignorancia", que não considera, naturalmente, apta a proporcionar a correcção do criminoso, o primeiro dos fins que uma pena deve cumprir.[707] Estas deverão ser determinadas pelo júri de acordo com a situação concreta do acusado.

A "casa de correcção" a que alude, mesmo que inexistente em Portugal, merece-lhe várias considerações. Defende Silvestre Pinheiro Ferreira a existência de três tipos de prisão: a casa de detenção, a casa de reclusão e a casa de correcção,

[706] Silvestre Pinheiro Ferreira, *Questões de Direito Público..., cit.*, p. 61. V. também Silvestre Pinheiro Ferreira, *Memoria sobre a reforma da administração da justiça criminal, segundo os principios do Direito Constitucional*, Typ. Lusitana, Lisboa, 1841, pp. 18 e 19.

[707] "Como é ponto de facto, é só na historia que havemos de procurar as provas: e então bastará saber-se que a noticia da tortura moral que se padece n'uma casa de correcção, nos differentes paizes, onde existe esse bello estabelecimento, tem produzido no animo dos povos muito maior temor do que antes produzia a pena de morte. Por outra parte é constante que em toda a parte os crimes tem diminuido, á proporção que o uso da pena de morte se tem tornado mais raro, em rasão da convicção, que vae ganhando no animo dos juizes ou legisladores contra este barbaro castigo. E nos dois paizes onde elle se acha abolido, ha mais de meio seculo, a Toscana, e a Russia, o numero dos delictos, bem longe de augmentar, tem ido sempre em diminuição" – *idem, ibidem*, p. 63.

distintas também de acordo com os seus fins, uma tripartição típica, aliás, de sistemas como o norte-americano, o inglês ou o francês. A primeira será um mero espaço de custódia, destinado a assegurar a presença de um acusado no seu julgamento, evitando as fugas. A casa de reclusão destina-se realmente a punir, mas para os casos em que não há verdadeira intenção malévola na prática no ilícito, o que Pinheiro Ferreira descobre nas meras contravenções, por oposição aos crimes ou delitos, estes os que conduzirão, então, à casa de correcção. Em todas elas os presos deverão ser divididos por sexos, idades e "ordens de jeharchia".

É na instrução e no trabalho do preso na casa de correcção que descobre a possibilidade desta ocorrer – um trabalho que seja adequado a cada um dos reclusos e não indiferente às suas capacidades e interesses, associado à educação cristã e ao exercício físico. Assim, encontra-se no texto de Silvestre Pinheiro Ferreira uma crítica que só mais tarde se generalizará: "As torturas moraes de silencio absoluto, e do isolamento, bem como o trabalho da roda, que nos systemas actuaes de penitenciaria constituem a regra geral, não sam no nosso systema se não excepções, para os casos em que presos commetam faltas graves (...)", escreve.[708] Um sistema baseado na educação e na instrução efectiva do preso é o que defende Pinheiro Ferreira, ao invés do isolamento, tantas vezes ocioso, e do trabalho feito de repetição e desinteresse.[709] Para a criação destas casas de correcção em Portugal, avança aliás com uma proposta económica e que, efectivamente, terá uso, mesmo que por vezes sem uma intencionalidade demarcada: a conversão de antigos conventos em estabelecimentos prisionais, "tornando desnecessárias as especiaes e dispendiosas construcções que nos systemas até agora

[708] *Idem, ibidem*, p. 72. As dúvidas e incertezas de sistema não deixam de ser notadas: "Os criminalistas acham-se cada dia mais discordes em seos juízos a respeito das casas de correcção. Ao principio, encantados com os maravilhosos effeitos que d'elles se apregoavam, não podiam encontrar expressões de louvor assaz enérgicas, para lhes tecer o panegyrico. De toda a parte corriam á pressa delegados dos governos para examinar e copiar os mais afamados estabelecimentos d'aquelle genero nos Estados-Unidos da America septentrional. Mas não tardou muito, que homens mais circumspectos começassem a descortinar os graves defeitos que desfearam na sua transplantação para a America aquellas antigas creações dos Paizes Baixos. Desde esse momento converteram-se os elogios em censuras: e talvez não tarde muito tempo que vejamos fechar, ao menos na Europa, as casas formadas á imitação das da America; e prosseguir-se no absurdo e immoral systema das masmorras, das galés e das presigangas" (p. 69).

[709] "Combinando pois estes diversos meios com uma dieta e modo de vida que lhe façam experimentar sensiveis privações, sem com tudo lhe faltar o absoluto necessario, he que se pòde esperar sentimentos novos no criminoso" – Silvestre Pinheiro Ferreira, *Manual do Cidadão em um Governo Representativo ou Princípios de Direito Constitucional, Administrativo e das Gentes*, II, Rey e Gravier, Paris, 1834, p. 412.

adoptados se tem julgado indispensáveis".[710] Sugere também que as casas deveriam ser dirigidas por estrangeiros, o que lhe parecia poder beneficiar o preso, assim confrontado com a diferença que "se acharia completamente desorientado, ou como fóra da sua patria".[711]

Noutro momento[712], é certo, não deixará de voltar aos sistemas penitenciários baseados no isolamento do recluso agora com um pouco mais de benevolência: "(...) a experiencia tem mostrado, que esta organisação das galés[713], a que se tem dado o nome de casas de correcção ou penitenciarias, não só deixa no ânimo dos culpados uma muito mais profunda intimidação; pelo horror que elles denotam inspirar-lhes somente a lembrança da tortura moral que alli experimentaram; mas produz n'aquelles que os ouvem um saudavel terror, muito mais próprio para as reprimir do que a narração do que se costuma passar nas galés e nas presigangas".[714] No entanto, é absolutamente clara a sua crítica aos modelos penitenciários norte-americanos, quer se trate de Filadélfia, quer de Auburn, e à generalização da sua defesa em vários países europeus.[715] Alocado às penitenciárias o objectivo

[710] Mais tarde sugere também o aproveitamento dos "aresenaes militares, adaptando-os e modificando-os para nelles se empregarem convictos" – Silvestre Pinheiro Ferreira, *Do systema penitenciario*, in "Revista Academica", vol. I, nº 19, Coimbra, 1845, p. 294.

[711] E beneficiar o país: "Um certo numero de casas dirigidas por pessoas de diversas nações e para as quais os presos passassem sucessivamente, fariam ao paiz um serviço immenso, e creariam entre elle e as nações estrangeiras um novo genero de permutação cujas vantagens nos parecem da maior importância para o progresso da civilização e dos bons costumes" – Silvestre Pinheiro Ferreira, *Manual do Cidadão..., cit.*, II, pp. 413 e 414.

[712] Silvestre Pinheiro Ferreira, *Questões de Direito Público e Administrativo: Philosophia e Litteratura*, Tomo III, Typ. Lusitana, Lisboa, 1845, pp. 122 ss.

[713] Com este sentido: "(...) os castigos infligidos aos criminosos consistem em trabalhos forçados dentro de vastos edificios a que se tem dado o nome de galés" (p. 122).

[714] "Presigangas", ou seja, navios-prisão, é a designação que ganham navios usados como depósitos de condenados pelo menos até à década de 30 do século XIX no Brasil, devido ao destino que teve a própria nau que transportou o monarca e a corte portuguesas em 1808, a *Príncipe Real*, colocada sob dependência militar, onde se alojariam condenados a trabalhos forçados ou a penas corporais – v. Paloma Siqueira Fonseca, *Embarque sem volta*, in "Revista de História da Biblioteca Nacional", 01/05/2009, disponível em *http://www.revistadehistoria.com.br/v2/home/?go=detalhe&id=2382*, onde se anuncia a origem do termo: "O lugar transformou-se numa verdadeira Torre de Babel, devido à variedade dos frequentadores e ao caráter cosmopolita do porto carioca, o principal do Atlântico Sul. Ali se falava português, inglês, castelhano, francês e dialetos indígenas. A confluência de línguas acabou por batizar o cárcere flutuante: o termo inglês press-gang (serviço militar forçado) não custou a se abrasileirar em «presiganga»".

[715] "Quando refelectimos que são decorridos quasi doze annos, depois que (...) demonstrámos a falsidade dos varios systemas adoptados nas casas penitenciarias estabelecidas nos Estados-unidos da

de correcção dos condenados, a Silvestre parecem sempre insuficientes os meios típicos destas instituições – o silêncio, o trabalho, a prática religiosa, a instrução e formação básicas e a separação dos reclusos –, independentemente do seu grau de intensidade, para o obter.[716] Haveria que intervir pela positiva junto dos condenados e não apenas restringir os seus "maus sestros", o que lhe parece apenas possível através de um esforço sério de educação dentro da prisão – "dar idéas e linguagem" –, cobrindo várias áreas dos conhecimento, de modo a "se acharem em estado de poderem aspirar a entrarem, depois de restituidos á liberdade, em sociedades mais civilizadas do que aquellas que antes frequentavam", prevenindo assim a reincidência.[717] Faltaria ao sistema, afinal, a possibilidade de oferecer "esperança".[718] O regime da sua casa de correcção deveria também ser progressivo, incorporando durante a execução da pena a convivência dos presos, de modo a adquirem uma convivialidade próxima da encontrada no exterior, única forma de ser possível qualquer retorno à sociedade alheio ao crime.[719]

Mas a crítica contundente de Pinheiro Ferreira dirige-se também para um sistema em que se queira ver na lei penal uma medida fixa e pré-determinada de castigo que não possa tomar em conta a evolução do condenado ao longo da execução da sua pena. Sem no entanto a denominar como tal, pugna pela ideia de uma pena indeterminada, que possa ser avaliada nos efeitos que vai produzindo sobre o recluso, em regra condenado a "prisão com trabalhos forçados", o "meio curativo" que lhe parece ser a pena mais habitual – propondo mesmo que a reclusão se complemente com um período num "presidio penal" africano como

America septentrional, e , á suia imitação, em vários paizes da Europa"... "Se não fosse a aprovação geral dos muitos homens ilustres pelas suas luzes, e respeitaveis pelo seu caracter, a cujo conhecimento teem chegado as nossas observações sobre os gravissimos defeitos d'aquelles estabelecimentos e os meios que havermos proposto de se evitarem; deveríamos receiar haver hallucinação da nossa parte"... – assim, Silvestre Pinheiro Ferreira, *Do systema penitenciario...*, *cit.*, nº 18, p. 276.

[716] "Assim essas practicas de moral que, as mais das vezes, não foram comprehendidas, nem talvez escutadas: esse trabalho, tanto mais próprio a augmentar o horror que os homens viciosos teem ao trabalho, quando elle era forçado: essa imensa tortura moral da incommunicabilidade e do silencio, pelo modo como é aplicado só póde ter servido a exacerbar e exaltar o rancor e a sanha que presuppoem já os crimes pelos quaes elles foram tão severamente castigados" – *idem, ibidem*, p. 278.

[717] *Idem, ibidem*, nº 19, pp. 290 e 291.

[718] Silvestre Pinheiro Ferreira, *Memoria...*, *cit.*, p. 24.

[719] Divididos em grupos de condenados "mais atrazados" e "mais adiantados" no "melhoramento" (em que, contudo, alguns dos presos mais refractários poderiam ser afectos ao grupo posterior, para adquirirem o seu exemplo), propõe que a reclusão inclua progressivamente exercícios de ginástica e militares em comum e passeios pelos recintos – Silvestre Pinheiro Ferreira, *Memoria...*, *cit.*, pp. 27 e 28.

elemento de prova da emenda do condenado e, simultaneamente, como garante da segurança colectiva.[720] E volta à imagem do juiz como médico, que deve administrar uma terapêutica ao condenado, de acordo com as suas necessidades e não de acordo com uma fixação prévia, idêntica para todos, aquela que se retiraria de um código.[721] Em coerência, repudiará a fixação legal de um mínimo de pena, já que isso equivaleria a poder determinar-se "um mínimo de crime".[722]

[720] Mas, para os crimes mais graves, "que presumam incorrigibilidade do réo", a sua proposta é de degredo perpétuo nos presídios africanos, naquele "que lhe parecer mais em proporção com a natureza e gravidade do crime", atendendo "o rigor do clima, a severidade do trabalho, disciplina e privações", podendo aqui também o condenado ser, durante a execução da pena, eventualmente movimentado entre presídios, de acordo com o grau de confiança demonstrado, de modo a poder beneficiar de um regime mais favorável. As penas poderiam ser compostas por diferentes tipos de medidas – este modelo de prisão e degredo agrada bastante ao publicista por permitir um "regime de prova" depois da saída da prisão, longe do meio habitual do recluso. V. Silvestre Pinheiro Ferreira, *Manual do Cidadão..., cit.*, III, pp. 12 a 14 e *Do systema penitenciario, cit.*, nº 19, pp. 293. Na sua *Memoria..., cit.*, pp. 22 e 23, assenta: "Colonias penaes divididas em tres ordens, umas mais severas que as outras, nos paizes de ultramar, na Africa ou na Australia, corresponderiam ao fim deste estabelecimento. Inglaterra ha alguns anos, e Portugal ha seculos, nos mostram a possibilidade destes estabelecimentos. Isto, porem, não é dizer que ofereço aqui por modelo a maneira com que estas duas nações se tem havido neste ponto: pois que, bem pelo contrario, deve fugir-se do seu exemplo. Ellas não tem tido em vista outra cousa, senão sacudirem-se dos seus criminosos: se os haviam de mandar ao patibulo, tem-os mandado para essas longinquas colonias. (...) Os prezos declarados contrictos pelo jury da visita da casa penitenciaria, seriam enviados para aquella das tres sortes de colonias, cuja austeridade correspondesse ao grau de culpabilidade, que o juri da causa tivesse declarado haver reconhecido nelles".

[721] "(...) Que diremos dos nossos códigos penaes, onde se-dá por certo que ao cabo dos annos de prisão com trabalhos forçados, alli prescriptos, todos os criminosos, seja qual for o seo grao de perversidade, estarão de tal modo corrigidos que não só se-permite, mas se-ordena á sociedade que os admitta em seo seio (...)? (...) Mas se vós abolis os codigos penaes, nos disia um dos mais distinctos criminalistas da Europa [Mittermaier], vós entregaes os reos, atados de pes e mãos, ao caprichoso alvedrio dos juises. Não: lhe-respondemos nós: (...) as attribuições do juiz são as mesmas que as do medico que consultado por um doente, e conhecendo ser grave a molestia lhe-diz que se-recolha ao hospital, porque lá, e á medida que a molestia for percorrendo as suas phases, é que um medico assistente lhe-póde ir receitando o curativo apropriado. Assim tudo quanto o juiz da causa póde e deve fazer, é mandar que o réo seja recolhido a uma casa de correcção, onde as cousas devem estar de tal maneira dispostas, que se-tente, com a esperança de o conseguir, a conversão dos culpados (...)" (Silvestre Pinheiro Ferreira, *Questões de Direito Público..., cit.*, pp. 126 e 127). No mesmo sentido, Silvestre Pinheiro Ferreira, *Memoria..., cit.*, pp. 13 e 14.

[722] E, noutro momento, explica ainda: "P. Não se poderia determinar, ao menos por aproximação, o tempo que o preso deve estar na casa de correcção? R. Nos já dicemos que isso he o que nem o legislador nem o juiz, podem determinar, porque o efeito do tratamento depende da idiosyncasia do doente. (...) Primeiramente importa muito advertir que essa cura completa dever ser [*sic*] certi-

A soltura de uma casa de correcção ficaria assim dependente do parecer dos responsáveis da prisão e de um "jury d'inspecção" específico, distinto do júri da causa.[723]

Em 1843, Silvestre Pinheiro Ferreira vai apresentar à Câmara dos Deputados um projecto de *Lei Organica e Regulamentar da Administração da Justiça*, onde se descobre de forma sistematizada o seu plano, na sua forma final: as penas que considera como aplicáveis são aqui, por ordem de gravidade crescente, as de multa, reclusão simples, desterro simples "para logares pouco remotos", destituição de grau na "jerarchia civil ou na ordem nacional do mérito", suspensão de direitos civis e políticos e degredo com trabalho forçado em presídio penal "nas Provincias da Europa e Ilhas adjacentes ou no Ultramar".[724] Apenas esta última pena seria aplicável a um "delicto" (ou a um "crime", no caso de haver presunção da incorrigibilidade do criminoso), sendo as demais consideradas como respostas a contravenções e aos juízes caberia ajustar a pena adequada, "proporcionada á gravidade da culpa", dando preferência a estas, em função da emenda expectável do condenado e da "repressão dos que fossem tentados a imita-lo".[725]

Antes da remessa para o presídio penal em degredo, para desterro ou para reclusão penal com trabalho, o condenado deveria sempre ser colocado numa casa de correcção, na qual o seu tempo de permanência, indeterminado à partida, estaria dependente do juízo de um júri, como se viu. Apenas após esse período se poderia dar sequência à pena prevista. A casa de correcção de Silvestre Pinheiro Ferreira é aqui um espaço complexo, que combina diversos modelos

ficada por um jury nacional à vista de provas oferecidas pelas autoridades empregadas na casa penitenciaria e depois dos exames que os inspectores das prisões tiverem feito para verificar a realidade da emenda. Em segundo lugar deve notar-se que o criminoso condenado a degredo não deve, em regra, tornar à sociedade onde commetteu o crime e perdeu a confiança dos seus concidadão [*sic*]. Elle sò pòde ser admitido em uma sociedade que não tem o mesmo direito que a primeira para rejeitar pessoas que lhe não inspiram plena confiança" – Silvestre Pinheiro Ferreira, *Manual do Cidadão...*, *cit.*, II, pp. 414 e 415. Também na *Memoria...*, *cit.*, p. 18, retrata "essa parte do código penal que tem por fim apresentar un numero mais ou menos considerável de casos hypotheticos miudamente circumstanciados, acabando por declarar a pena que os juizes, dado o caso, serão obrigados a infligir, como tambem o tempo que ella deve durar" como modelo que as "luzes do seculo não tardarão a justiçar (...) devidamente".

[723] Ou seja, um júri "composto de um certo numero de cidadãos tirados por sorte entre aquelles que nas eleições annuaes tiverem sido escolhidos para este efeito" – *idem, ibidem*, p. 423.

[724] V. artigo 122º. O projecto encontra-se recolhido no *Relatório e projectos de leis orgânicas para a execução da Carta Constitucional, apresentado em cortes na sessão de 3 de Abril de 1843*, Imprensa Nacional, Lisboa, 1843.

[725] V. artigos 124º a 126º.

penitenciários, de acordo com uma ideia de progressividade de regime.[726] Inclui o alojamento do condenado em "quarto separado", com a possibilidade de trabalho na cela, estando aquele sempre sujeito a observação "imprevista" do seu director, o que a arquitectura da casa deveria permitir. O trabalho em comum, em oficinas, era igualmente autorizado, "em absoluto silencio", bem como o exercício ao ar livre e a assistência religiosa. Qualquer comunicação entre presos era proibida. Formação nos ofícios destinados e instrução eram também fornecidas, mas em "língua estrangeira" ao preso, que seria nesta previamente instruído na sua cela. Na entrada na casa, cada recluso seria colocado inicialmente na cela em isolamento completo, pelo tempo que parecesse adequado ao director, progredindo na liberalidade de regime de acordo com o seu parecer. Esta evolução poderia integrar o direito a participar activamente em discussões em aulas e conferências, rompendo assim a regra de silêncio, bem como o avançar para trabalhos mais adequados ao seu gosto e à formação adquirida. Uma vez avaliada positivamente a correcção de um condenado pelo júri, tendo recebido uma posição prévia favorável do director, do capelão e do médico da casa e dos delegados oficiais nas visitas à casa de correcção, aquele deveria ser então remetido a cumprir pena na casa de reclusão ou em degredo, estando afiançada a sua boa conduta futura.[727]

Este modelo, complexo e integrador de tendências diversas e mesmo contraditórias, estava necessariamente destinado a não ser concretizado. Mas, mesmo tendo em conta as suas aparentes contradições (como no uso dúplice que propõe para o trabalho ou num degredo determinado num momento em que já se encontraria um criminoso reformado), é clara a sua inovação, o esforço de superação racional dos modelos existentes, a valorização da educação e da instrução prisionais e a abertura de linhas que apenas as décadas seguintes iriam concretizar, mesmo se não necessariamente sempre em nome da reforma moral do condenado.

[726] V. artigos 197º ss.

[727] E a "casa de reclusão e trabalho" de Pinheiro Ferreira (artigos 248º ss.) é basicamente uma fábrica, autónoma, também indicativamente panóptica, onde o condenado casado pode viver com a sua mulher, num quarto, e o solteiro pode casar, podendo mesmo habitar os condenados fora da casa de reclusão, cumprindo um horário de trabalho e de actividades nesta. Aqui haveria "praticas de instrucção, exercicios, e diversão que parecerem convenientes". Pagando o condenado o seu alojamento através da remuneração do seu trabalho, pagaria também a eventuais credores e a indemnização à vítima, existindo, sendo o remanescente guardado até à sua saída. Esta apenas se concretizaria após a decisão favorável do júri e de um município que aceitasse como seu habitante aquele novo cidadão. O mesmo modelo se encontra prescrito para o funcionamento dos presídios penais (artigos 278º ss.), divididos em três classes, que agrupariam os condenados de acordo com a gravidade do crime cometido e a dureza de regime prisional, podendo os condenados progredir entre presídios de classes distintas de acordo com o bom comportamento demonstrado.

Em concordância generalizada com Silvestre Pinheiro Ferreira, Francisco de Almeida, suas *Breves considerações sobre a necessidade e meios de melhorar as prisões de Portugal*, que publica ainda em Paris em 1834, apresenta também um plano de reforma prisional[728], cujos elementos fundamentais são a criação de dois tipos de prisão – *custódias* e *cárceres* –, recebendo umas os simplesmente acusados e outras os condenados, necessariamente seguras e salúbres, e, no caso das prisões para condenados, em especiais condições de aplicar os meios correctivos indispensáveis a cumprirem o seu fim: instrução moral e religiosa, instrução primária, trabalho, silêncio, isolamento, divisão dos presos...[729] O "modelo de Auburn" – na sua versão usada em Genebra – parece-lhe o mais conveniente, uma vez que assegura a separação sem comportar os custos e as limitações de um trabalho isolado. Face à necessidade de novos edifícios prisionais, o recurso a antigos conventos parece-lhe também a solução mais pragmática.

E, tal como Silvestre Pinheiro Ferreira, também Francisco de Almeida vê o uso das colónias ultramarinas, de forma gradativa, como oportunidade de comprovar a devida correcção dos condenados, no que designa de *colónias de experiência*, funcionando assim estas como "casas de convalescença, aonde o individuo que foi atacado da molestia crime adquire as forças necessarias para poder gozar da plena liberdade".[730] A par destas colónias, prevê também a existência de *casas de refúgio*, quer para a correcção de menores de 16 anos, quer para os recém-libertados da prisão, de forma a estes não se "exporem á desconfiança e mesmo desprezo que nos primeiros tempos depois de sua soltura inspirão á sociedade que offendérão".[731] Sociedades de patronato das prisões, tal como formadas em Inglaterra e nos Estados Unidos, são aqui também convocadas como fundamentais para se obter uma correcção sustentada e o devido controlo da reincidência.

[728] Baseada, necessariamente, "nas luzes do nosso seculo e cuja bondade e possibilidade ja estão demonstradas pelos bons resultados das experiencias feitas nos Estados Unidos da America do Norte, na Suissa e em varios outros estados da Europa" – D. Francisco d'Almeida, *Breves considerações sobre a necessidade e meios de melhorar as prisões de Portugal*, Officina Typographica de Casimir, Paris, 1834, p. 5.

[729] *Idem, ibidem*, pp. 15 a 20.

[730] "Como somos de parecer que não só a pena de morte mas todas as outras penas perpetuas deverão ser abolidas, julgamos dever propor, para combinar a justiça devida ao deportado com a segurança da sociedade, a creação de *presidios de primeira, segunda e terceira ordem*. O deportado só depois de haver passado por estas tres ordens de presídios, e de nelles haver dado constantes provas de correcção, he que poderà requerer a sua restituição à metropole" – *idem, ibidem*, p. 27. O mesmo entendimento se encontra também no texto de António Mendes d'Almeida, *op. cit.*, nº 14, p. 211.

[731] D. Francisco d'Almeida, *op. cit.*, p. 29. O autor traduz e reproduz, no final do texto, um extracto do regulamento das casas de refúgio da cidade de Boston.

Na universidade – aliás, pouco tempo depois da autonomização do direito penal como disciplina em Portugal (1836)[732] –, encontra-se num dos seus professores, Basílio Alberto de Sousa Pinto, antigo deputado às Cortes vintistas, o que se tem considerado uma refutação do mero utilitarismo, mas também de uma justiça retributiva absoluta, na senda de Rossi, procurando ver como fundamento do direito de punir a *justiça social*.[733] Também no seu sucessor na docência, Henriques Secco, se encontrará uma "tendência eticizante"[734], em que a responsabilidade penal se funda na culpa moral, seguindo de perto o ecletismo afirmado por Sousa Pinto.

Basílio de Sousa Pinto, comentando o texto de Mello Freire em 1845, estabelece a pena ainda inquestionavelmente como um "mal" equiparável ao "mal" do crime[735], no que se apoia nas características da pena de Rossi e de Bentham e, opondo os partidários da retribuição aos "sensualistas", estes os que, partindo do

[732] V. Paulo Merêa, *Estudos..., cit.*, pp. 90 e 97, anotando o ensino do direito criminal (10ª cadeira) em Coimbra logo após 1836, regido inicialmente por António Ribeiro de Liz Teixeira e de acordo com o compêndio de Mello Freire. Sobre a evolução do ensino do direito criminal no plano de estudos da Faculdade de Direito após 1836, v. *idem, ibidem*, pp. 112 ss. e também Antonio Luiz de Souza Henriques Secco, *Do direito criminal na escola*, in RLJ, ano 5º, nºs 210 e 211, Imprensa da Universidade, Coimbra, 1872, destacando também o direito criminal como "habilitação para cargos públicos", ao ser prevista a sua presença nas provas para diversos cargos militares, magistrados do Ministério Público e membros do corpo diplomático (pp. 35 e 36).

[733] "A questão do *direito de punir* (...) revela claramente a sua filiação na escola eclética, a qual procurava resolver este problema combinando a justiça absoluta e a utilidade social" – Paulo Merêa, *Estudos..., cit.*, p. 148, nota 154.

[734] Fernanda Palma, *Do sentido..., cit.*, p. 370. Henriques Secco, que lecciona entre 1861 e 1879, não chega a publicar qualquer manual, sendo apoiadas as suas lições ainda pelo texto de Mello Freire, que o próprio Henriques Secco apelida de desadequado, e pelas lições de Sousa Pinto, a par do texto do Código Penal anotado pelo docente. Publica, no entanto, vários fascículos de uns *Elementos de Direito Criminal*, na RLJ, nos seus nºs 222 e 223 e, em seguida, entre os nºs 394 e 430, em 1876. Sem abordar expressamente a problemática das penas, trata aqui dos problemas da reincidência, da pluralidade e acumulação de crimes, da cumplicidade, da coacção ou da imputabilidade face à embriaguez. Nota-se, contudo, a visão combinada de defesa do interesse social e de composição de um "mal moral" associada à imposição de uma pena, a propósito da reincidência: "(...) Se o *mal moral* da reincidencia é maior, e mais urgente o *interesse social*, ainda que permaneça egual o *mal material*, a aggravação da punição é a consequencia, porque nestes trez termos está a legitimidade e medida da pena" (nº 427, pp. 162 e 163). V. também Paulo Merêa, *Estudos..., cit.*, pp. 262 a 264.

[735] Francisco d'Albuquerque e Couto e Lopo José Dias de Carvalho, *Lições de Direito Criminal redigidas segundo as prelecções oraes do ilustrissimo senhor Basilio Alberto de Sousa Pinto feitas no anno lectivo de 1844 a 1845 e adaptadas às Instituições de Direito Criminal Portuguez do senhor Paschoal José de Mello Freire*, Imprensa da Universidade, Coimbra, 1845, p. 3 e pp. 62 e 63.

reconhecimento de um pacto social originário, nele fundam o direito de punir, a par ainda do utilitarismo de Bentham, segue "um sistema medio entre o spiritualista e o sensualista", o modelo ao qual "Rossi (...) deu maior desenvolvimento", combinando a "Justiça Social com a Justiça absoluta, de maneira que só póde reputar-se criminozo o facto que fôr intrinsecamente immoral e que pela sua transcendencia na Sociedade seja necessario punir".[736]

Quanto às penas, num quadro anterior à codificação penal, deveriam estas, de acordo afinal com Mello Freire, visar a "segurança do lesado, a emenda do lesante e o exemplo dos outros": Sousa Pinto precisa que estes são efeitos, que podem não se manifestar em todas as penas em simultâneo, e não fins das penas, sendo afinal o seu verdadeiro fim "a conservação da ordem publica, o mesmo que o da Justiça Social", também à semelhança de Rossi.[737] Mas, afastando-se do mero comentário a Mello Freire, acredita aliás Sousa Pinto nas virtude da prisão penitenciária para alcançar o efeito de emenda do criminoso, mas não na visão dos "auctores do systema penitenciario" sobre a correcção como o fim único da pena.[738]

Crítico do degredo[739], Sousa Pinto aceita a multa e a prisão, graduáveis, como as penas mais adequadas. Quanto à prisão em particular, era a pena do futuro, antevista também nos seus distintos fins, de "pena", "detenção" e "correcção" – será de esperar, diz Sousa Pinto em 1845, "que ella venha a substituir as outras penas".[740] Em 1861, efectivamente, já a "prisão é a pena por excellencia".[741]

[736] *Idem, ibidem*, p. 61. Nas lições de Sousa Pinto publicadas em 1861, já de acordo com o Código de 1852, o mesmo entendimento é veiculado – assim, A. M. Seabra d' Albuquerque, *Lições de direito criminal portuguez redigidas segundo as prelecções oraes do excelentissimo senhor Basilio Alberto de Sousa Pinto impressas com a sua permissão por A. M. Seabra d'Albuquerque*, Imprensa da Universidade, Coimbra, 1861, pp. 43 e 44.

[737] Francisco d'Albuquerque e Couto e Lopo José Dias de Carvalho, *Lições de Direito Criminal redigidas segundo as prelecções oraes do ilustrissimo senhor Basilio Alberto de Sousa Pinto..., cit.*, p. 72.

[738] "Mettido o criminoso n'uma cadêia, tira-se-lhe a fôrça, ou poder fisico de commetter o crime: sahindo da prisão, principalmente sendo das do systema penitenciario, terá mudado os seus habitos, estará emendado, e porisso sem vontade de reincidir: e não acontecendo assim, lá está a Lei, que o ameaça com as penas, e porisso o torna menos affoito" – *idem, ibidem*, pp. 72 e 73.

[739] Pena que globalmente classifica de "*anti-politica* e *immoral*", a par de injusta, ineficaz e dispendiosa, associando-se aqui às críticas estabelecidas por Bentham – A. M. Seabra d' Albuquerque, *Lições de direito criminal portuguez redigidas segundo as prelecções oraes do excelentissimo senhor Basilio Alberto de Sousa Pinto..., cit.*, p. 122.

[740] "Diz Rossi que esta é a pena por excellencia nas Sociedades civilisadas. Livingston, possuido das mesmas idêas, a empregou quasi exclusivamente no seu projecto de Codigo para a Luisiana, graduando sua duração e intensidade segundo a maior ou menor moralidade dos delictos. Não há na

Apresentando as vantagens do "Systema Penitenciario", que faz radicar em Howard, enquando regime regenerador, e que lhe chega apresentado por Charles Lucas, discute também as críticas que lhe são feitas. Assim, o afastamento do novo modelo com base nos argumentos de exigir este uma maior despesa pública, ser ineficaz quanto à correcção do condenado e quanto a qualquer efeito preventivo associado à pena e ainda por "inteiramente mudar a natureza do systema penal", uma vez que, assente a pena na regeneração do criminoso e na sua liberdade futura, não pode admitir-se penas perpétuas, não lhe parece ser suficientemente sólido. A correcção do Homem deve estar acima do juízo económico, a eficácia não pode ser colhida e avaliada como o seria "nos tempos da barbaridade" e o sistema penal deve realmente ser mudado: "É muito mais humano e vantajoso á Sociedade livrar-se do criminoso, mudando-lhe a vontade, e habitos viciosos, do que tirar-lhe sómente o poder fisico, retendo-o sempre na cadeia".[742]

O sistema penitenciário era assente em "duas bazes essenciaes – *silencio* e *trabalho*". O mais, considera o visconde de S. Jerónimo em 1845, seria útil, mas acessório. Em 1861, no entanto, estas bases passam a quatro: "separação individual, silencio, trabalho e soccôrro da religião".[743]

Apresenta com detalhe os modelos de Filadélfia e de Auburn, mas "não se decidindo ainda qual d'elles seja o melhor". Ponderadas as vantagens e os inconvenientes de ambos, tende a inclinar-se para preferir o sistema de Filadélfia, desde que mitigado com a permissão de contacto do condenado com familiares e outros elementos "que deem bons conselhos", como afiança ter sido proposto em França, através de Tocqueville. Para Portugal, em 1845, não deixa contudo de considerar que mais vale "principiar-se pelo melhoramento das actuais prisões", antes de avançar determinadamente pela empresa penitenciária.[744] Anos passa-

verdade pena que admita tanta variedade, pois que póde ser mais ou menos prolongada, podem juntar-se-lhe circunstancias, que a agravem mais ou menos (...)", escrevia Francisco d'Albuquerque e Couto e Lopo José Dias de Carvalho, *Lições de Direito Criminal redigidas segundo as prelecções oraes do ilustrissimo senhor Basilio Alberto de Sousa Pinto..., cit.*, p. 90.

[741] A. M. Seabra d' Albuquerque, *Lições de direito criminal portuguez redigidas segundo as prelecções oraes do excelentissimo senhor Basilio Alberto de Sousa Pinto..., cit.*, pp. 96 e 97.

[742] Francisco d'Albuquerque e Couto e Lopo José Dias de Carvalho, *Lições de Direito Criminal redigidas segundo as prelecções oraes do ilustrissimo senhor Basilio Alberto de Sousa Pinto..., cit.*, pp. 93 a 95.

[743] "Há ainda outras circumstancias que o acompanham, mas são accidentes" – A. M. Seabra d' Albuquerque, *Lições de direito criminal portuguez redigidas segundo as prelecções oraes do excelentissimo senhor Basilio Alberto de Sousa Pinto..., cit.*, p. 135.

[744] Francisco d'Albuquerque e Couto e Lopo José Dias de Carvalho, *Lições de Direito Criminal redigidas segundo as prelecções oraes do ilustrissimo senhor Basilio Alberto de Sousa Pinto..., cit.*, pp. 98 e 99. A cons-

dos, contudo, reforça a sua defesa do sistema penitenciário, invocando também as conclusões das viagens norte-americanas e dos congressos internacionais, mais do que alternativa para evitar a perversão da prisão, como modelo que vem moralizar o condenado, desde que possa ser acompanhada a prisão penitenciária de "associações de caridade" que protejam os presos na sua saída, mas condenando ainda as "colonias penaes" ou um degredo subsequente à prisão.[745]

O sistema penitenciário é também objecto expresso de análise, através da dissertação de João Vasconcellos e Alvim para a obtenção do grau de doutor, em 1845. Se, no plano geral, Bentham e Rossi estão entre as suas fontes, a realidade prisional é aqui mediada por práticos e observadores directos do novo modelo – principalmente os relatos americanos de Tocqueville e Beaumont e os trabalhos do reformador belga Édouard Ducpétiaux (1804-1868), inspector-geral das prisões entre 1830 e 1861 e entusiasta do sistema celular de isolamento, pois, afinal, "nessas mutuas comunicações (...) e nessa desordem é que está a origem e causa de todo o mal".[746]

Solidão, silêncio e trabalho, acompanhados de instrução moral e religiosa, eram pois aqui também as obrigações em falta, "pois que a causa da corrupção que lavra entre os presos, toda está na ociosidade e communicação em que se mantêm"[747] e um sistema que assuma aqueles imperativos "realisa as idêas mais solidas e verdadeiras que a philosophia dos ultimos tempos tem podido descobrir na jurisprudencia criminal: *O criminoso, que pena, deve também arrepender-se e regenerar-se*".[748]

Para tal, Vasconcellos e Alvim, que pondera as duas possibilidades em uso nos Estados Unidos, sustenta a adopção do modelo de Auburn, tal como aliás proposto e discutido em Cortes no ano anterior, que lhe parece mais apropriado a favorecer a correcção dos condenados, sendo mais simples de implementar (dispensando até, como anota, o ditame constitucional de "casas para separação

ciência da maior crítica que se erigirá ao modelo de Filadélfia está já bem presente: "Com uma separação tão absoluta hade soffrer detrimento não só o fisico, mas o moral dos presos. A experiencia mostra, que assim isolados, tornão se mui pezados e doentes; e em quanto ao moral – mysantropos e imbecís; perdem os habitos sociaes, e ficão reduzidos a uma especie de apathia e brutalidade" (p. 97).

[745] A. M. Seabra d' Albuquerque, *Lições de direito criminal portuguez redigidas segundo as prelecções oraes do excelentissimo senhor Basilio Alberto de Sousa Pinto..., cit.*, p. 152.

[746] João d' Araujo Vasconcellos e Alvim, *op. cit.*, p. IV.

[747] *Idem, ibidem*, p. 5.

[748] *Idem, ibidem*, p. 7.

dos réos"), mais apto a suscitar o trabalho dos presos e mais conforme à sociabilidade que se deseja ordenar. De modo idêntico a outros autores anteriores, também a saída da prisão poderia ser prosseguida por um período em colónia penal, mesmo sendo contrário ao uso simples da pena de degredo – "ahi darão provas á sociedade, que offenderam, da sinceridade da sua emenda"[749] – e, uma vez plenamente libertado, careceria ainda de "uma assistencia generosa" e de "exhortações amigas, de trabalho de cada dia, de incitações ao bem, de confiança".[750]

No entanto, parece-lhe longínqua a sua concretização em Portugal – "ao passo que em outros paizes não há outro fallar, que no silencio do systema penitenciario, em o nosso guarda-se este silencio a respeito delle"[751] –, mesmo se propõe a criação de uma penitenciária de modelo auburniano em Lisboa, de modo a credibilizar junto do público o novo sistema, acompanhada de uma administração prisional centralizada e especializada e da criação de sociedade de patronato prisional, procurando atingir assim quer a criação das estruturas essenciais do sistema, quer de meios para a sua sustentação. A par deste processo, também o panorama das penas deveria induzir ao novo sistema, remetendo para a prisão celular o que até aí era coberto pelo degredo ou pelos trabalhos públicos.[752]

Entre nós, o correccionalismo, encarnando a inovação em matéria penal, andará de facto de mãos dadas com a adesão aos novos modelos penitenciários, em particular com a defesa do regime de Filadélfia, mesmo se Auburn, como se viu, encontra também vários adeptos, incluindo modelos mais ou menos mitigados de cruzamento entre prisão em comum e prisão celular.[753] Em todos eles, é

[749] *Idem, ibidem*, p. 12.

[750] *Idem, ibidem*, p. 23.

[751] *Idem, ibidem*, p. 24.

[752] "Pois que uso póde ter um systema, em que a prisão, sendo uma verdadeira pena, e a unica, vem a achar leis, sob as quaes a prisão se lhes impõe mais para segurança delles, que para a pena do seu delicto (...)? Não é possível, já se vê, fazer-se obra com taes leis. Nunca porém maiores fossem as dificuldades. Sejão abolidas, ou, pelo menos, moderem-se as penas de trabalhos públicos ou galés, de degredo ou deportação, e mandem-se os criminosos para a penitenciaria; e teremos por aqui vencidas todas as dificuldades" – *idem, ibidem*, pp. 29 e 30.

[753] E também Adelino António das Neves e Mello é um dos defensores de Auburn, pois "o isolamento continuo (...) quando não perveter, aniquila o individuo, e, se o torna geralmente inoffensivo, muitas vezes o tornará idiota". No entanto, "a convivencia dos criminosos seria de certo prejudicialissima, não sendo sujeita a uma disciplina rigorosa e a restrições necessarias, pois d'uma justa proporção do tempo de trabalho em commum e do isolamento é que depende a boa applicação da pena" (*Estudos sobre o regimen penitenciario e a sua applicação em Portugal*, Imprensa da Universidade, Coimbra, 1880, pp. 46 e 47). O seu entendimento final, contudo, vai ser salomónico, ao propor para Portugal a exis-

partilhada a relevância da formação religiosa, da instrução e do trabalho prisional e parecem ser afastados fundamentalismos na adesão a qualquer modelo, uma distinção relevante face ao debate ocorrido noutros espaços, designadamente nos Estados Unidos ou em França.

Este debate penitenciário nacional conhece já os resultados dessas experiências estrangeiras na sua aplicação e as críticas expressas nos doutrinadores e que começam a ser veiculadas também nos congressos internacionais. Assim, não se pode partilhar uma visão que pretenda arredar a "questão penitenciária" do panorama intelectual e das preocupações políticas nacionais, mesmo para a primeira metade do século XIX. De forma distinta, o que é recebido e discutido pelos autores nacionais é não um entusiasmo originário, militante, por um ou outro modelo, mas propostas de reforma maturadas já em paralelo com os seus inconvenientes e desvantagens, custos e exigências específicas, e com uma *praxis* penal que leva a que, de uma forma ou de outra, se procure aproveitar a pena de degredo nesta reconstrução punitiva a propósito da prisão. A primeira sustentação de regimes progressivos que se encontra nos textos observados atrás, por exemplo em 1845, vai estar completamente em linha com as resoluções do primeiro congresso penitenciário internacional de 1846, em que se admite já como possível uma suavização de um isolamento contínuo inicial para penas de longa duração.[754]

tência de uma penitenciária central "do systema de Philadelphia, para os individuos que pela antiga legislação deviam ser condemnados á morte e pela actual a prisão maior celular perpetua", a par de colónias agrícolas e penitenciárias distritais, estas a funcionar de acordo com o modelo de Auburn, pressupondo também a abolição da pena de degredo e da prisão perpétua (pp. 139 e 140).

[754] Como o recorda também Jean Pradel, *op. cit.*, p. 60. Acompanha-se, aliás, José Manuel Merêa Pizarro Beleza, *A pena de prisão...*, *cit.*, pp. 366 a 368, e o excurso do presente texto pretende também atestá-lo, na crítica a uma visão sobre a história penal e penitenciária oitocentista que, exaltando com prioridade a relevância do correccionalismo nacional, parece esquecer ou apoucar um pensamento penitenciário e os influxos para a acção anteriores, diluídos numa ideia difusa de "atraso" português face à contemporaneidade punitiva internacional. Como afirmou este autor, "nem a nossa história penal, no domínio da execução das sanções, é tão distinta de outras no contexto europeu da primeira metade de Oitocentos, nem tão pobre de ideias e da sua documentação, como vem a resultar da maneira por que, na literatura jurídica, ela aparece conotada" (p. 369). Como exemplo de uma apresentação típica dos "feitos prisionais" nacionais no século XIX, tome-se *v. g.* o texto de João de Matos Antunes Varela, enquanto ministro da Justiça, *Evolução das Instituições Penais e Penitenciáras nos Últimos Quarenta Anos*, in BAPIC, nº 19 (1966), Ministério da Justiça, Lisboa, 1966, em especial pp. 24 a 29, em que o período entre 1820 e 1936 apenas é preenchido pela lei de 1 de Julho de 1867 e pela referência ao facto de "já os grandes criminalistas dos países europeus" – mas não os nossos? – "[haverem] alevantado há muito um grito impressionante de protesto contra a excessiva dureza dos sistemas penais em vigor (...)" no momento de aprovação do Código de 1852 (pp. 25 e 26).

A sustentação do regime penitenciário encontra-se na retórica correccional da regeneração do criminoso, uma regeneração que funcionará para a *alma* como a medicina trata o *corpo*. A pena útil, na protecção do todo social, tem de o ser acima de tudo na recuperação moral do criminoso.[755] O correccionalismo, ao valorizar a vontade como "causa eficiente" do crime e a regeneração do criminoso como fim da pena, recuperando a harmonia social violada pelo crime, vai contudo também integrar a dimensão intimidatória da própria punição, garantindo-lhe um lugar na prevenção do crime futuro. Não se trata, pois, de um sistema que pretenda erigir uma teoria da *ingenuidade* penal, mas limitar e subordinar a intimidação a uma medida legítima e circunscrita pelo fim superior, o de corrigir moralmente, com um fim último que é também social.[756]

Enquanto concretização legislativa também do primado da pena de prisão, o primeiro Código Penal português surge em 1852, por iniciativa do Executivo, sendo sancionado pelas Cortes em Junho do ano seguinte. É invocada a sua inspiração nas fontes internacionais da época, em particular aquelas ao abrigo do paradigma estabelecido pelo código penal napoleónico, mas nem por isso foi um texto menos sujeito à crítica dos correccionalistas nacionais.[757] Sendo um código de inspiração retributiva e preventiva geral, não consagrava qualquer intuito correccional expresso nas suas penas nem estabelecia qualquer aproximação ao modelo penitenciário de prisão. Um dos críticos do Código, inscrito entre os autores portugueses influenciados pela corrente correccionalista de Roeder, é Levy Maria Jordão (1831-1875), um correspondente de vários dos penalistas europeus da época. Neste espírito apenas se vai inscrever-se a Lei de 1 de Julho de 1867, mesmo

[755] Como escreve Tiago Pires Marques, "(...) o discurso da inovação penal (...) foi já fortemente dominado pela ideia de correcção. Ainda que se tenham manifestado elementos potencialmente contraditórios com aquele discurso, tal como o tema da «defesa da sociedade», o seu peso enquanto tópico de legitimação e base para o delineamento das penas foi secundário. Pretendeu-se eliminar do sistema penal todo o elemento intimidatório ou puramente punitivo. A ênfase da actuação penal deveria deslocar-se para a modelação dos indivíduos e da sociedade. Punir era essencialmente «moralizar», atribuir uma «nova educação»" (*Crime e castigo...*, *cit.*, p. 38).

[756] "A «correcção» era, pois, um fim em si mesmo na medida em que significava o restabelecimento do «princípio moral» no indivíduo; mas era igualmente uma operação preventiva. O segundo fim da punição – fazer desaparecer o «alarme» causado pelo crime – seria obtido através de uma «intimidação racional» (...)" – *idem, ibidem*, p. 46.

[757] V. *v. g.*, numa visão panorâmica sobre a codificação penal oitocentista, Mário Júlio de Almeida Costa (com a colaboração de Rui Manuel de Figueiredo Marcos), *História do Direito Português*, 5ª edição, Livraria Almedina, Coimbra, 2012, pp. 473 a 477.

mantendo ainda elementos de pura intimidação – e que, na visão correccionalista, funcionariam como meros elementos de prevenção.

Neste momento, é já possível falar não só de uma doutrina, mas também de uma *política penitenciária*, que é também fruto do movimento penitenciário internacional. O projecto de Código Penal de 1861 de Levy Maria Jordão prevê, por exemplo, elementos que provêm do sistema penitenciário de internamento celular de Filadélfia, depois consagrado de modo mais claro em 1867, mesmo que sem aplicação prática entre nós nas duas décadas posteriores. Silva Ferrão e Aires de Gouveia são, entre outros, alguns dos intérpretes adicionais a ter em consideração neste movimento. Todavia, a realidade parecia suscitar e simultaneamente impedir o progresso das ideias[758], excepto provavelmente no que toca à abolição da pena de morte, uma vitória inquestionável do correccionalismo português.

A par da opção por novos modelos de regime prisional (e verdadeiramente, no quadro das penas, a opção pela prisão), a melhoria das condições de detenção e a diferenciação dos condenados de acordo com a sua personalidade, comportamento e crimes cometidos são tópicos que se colocam em debate e farão um caminho bem-sucedido, mesmo se não imediato. Este reconhecimento da diferença é, simplesmente, o reconhecimento da individualidade do condenado, que se tornará agora num elemento sistemático de não-retorno no debate penitenciário, mesmo se justificado e tentado em períodos anteriores. O uso que é feito a propósito desta "individualidade" do criminoso esse, sim, virá a ser objecto de perspectivas muito distintas. A noção de diferenciação *moral* e *educativa* que se encontra no correccionalismo será contestada pelas novas escolas – desde logo nas tentações da antropologia e sociologia criminais, que também em Portugal são recebidas e assimiladas.

A comissão que em 1861 apresenta o primeiro projecto de reforma do Código Penal, em que avulta Levy Maria Jordão, não duvida em considerar que o Estado tem o direito de punir em função de um dever que se lhe impõe – o dever de res-

[758] Como escreve Maria João Vaz, "a crítica à realidade prisional domina as análises produzidas sobre o sistema penal, sobretudo por os estabelecimentos prisionais existentes funcionarem na prática como impedimentos à plena concretização dos fins atribuídos às penas". V. Maria João Vaz, *Ideias penais e prisões no Portugal Oitocentista*, in "Actas do IV Congresso Português de Sociologia", Associação Portuguesa de Sociologia, 2000, disponível em *http://www.aps.pt/cms/docs_prv/docs/DPR462dbba49c41b_1.PDF*, p. 5. V. também Maria João Vaz, *Crime e sociedade – Portugal na segunda metade do século XIX*, Celta Editora, Oeiras, 1998, pp. 47 ss. Tal não é, contudo, uma originalidade portuguesa: queixas semelhantes verificam-se, com maior ou menor intensidade e fundamento, em vários países europeus.

tabelecer e manter o "estado-de-direito" –, sendo o fundamento do direito de punir o próprio fim do Estado, partilhando assim Roeder. Sendo a imposição de penas o meio que o Estado usa para cumprir aquele fim, estas visam no entanto "a correcção moral" e têm "como consequencia a intimidação racional", perante um crime como tal qualificado tendo em conta a "justiça moral combinada com o interesse social".[759]

Em carta que Roeder envia a Levy, publicada também nos trabalhos da comissão, na qual defende ardentemente o encarceramento individual como única concretização possível da sua visão, clarifica-se também o pensamento deste autor, nos termos que a comissão adopta: para Roeder, na defesa do isolamento celular, o fim único da pena é o de dar ao criminoso todas as condições para a sua correcção moral e para a sua instrução, olhando assim o direito penal como um "direito geral de tutela", estando fora da categoria de fim da pena essencialmente qualquer intuito retributivo.[760] O projecto de revisão do Código Penal encabeçado por Levy atesta, no panorama das penas, a sua preferência pela prisão celular, em isolamento, com trabalho obrigatório e instrução moral e profissional, completada por degredo no caso das penas de duração mais elevada (no caso, superiores a 10 anos), vindo a rejeitar-se, no que seria a versão definitiva de 1864, quer a pena de morte, quer a pena de trabalhos públicos. Também qualquer pena de degredo deveria ser antecedida na sua execução por um período de encarceramento celular.[761] Este degredo deveria ser contudo cumprido em colónias penais,

[759] V. *Codigo Penal Portuguez*, tomo I, Imprensa Nacional, Lisboa, 1861, pp. 22 a 24.

[760] "Le seul but juste de la peine, selon moi, est de donner au criminel toutes les *conditions* extérieures de sa regénération, de son amendement moral, et en même temps de son instruction, non seulement réligieuse, mais aussi intellectuelle et profissionelle; je regarde donc le droit pénal comme une espèce du *droit de tutelle* en général (...)", escreve Roeder. Adiante assinala, o que é recebido com similitude no texto português, que "le *principe du droit* demande, qu'auntant que possible, tout l'ordre de l'état du droit, troublé par le crime, soit rétabli; par conséquent aussi l'ordre materiel, moyennant la restitution ou réparation du bien *matériel* lesé; mais il n'y a pas de doute que celle-ci n'entre jamais dans le but de la *peine*, et ne peut être *identifiée* avec l'ensemble des moyens de réparation de tout les effets du crime" (carta de Roeder a Levy Maria Jordão de 14 de Maio de 1860, *ibidem*, pp. 218 e 219).

[761] O degredado deveria ser ocupado, contudo, em "trabalhos de colonisação". V. artigos 119º a 122º e 131º do projecto de 1864 – *Codigo Penal Portuguez*, tomo II, Imprensa Nacional, Lisboa, 1864, pp. 46 a 50. Sobre a defesa do regime de isolamento celular e o debate internacional sobre o tema, na perspectiva dos codificadores nacionais, *ibidem*, pp. 64 ss. Ortolan debruça-se expressamente sobre o projecto de reforma do Código português, que lhe merece as mais elogiosas palavras, um projecto que se encontraria "vivement dans le mouvement de la science moderne, construit d'une seule pièce, sur une donné d'ensemble où tout se lie méthodiquement", elogiando o uso da prisão

de modo a poder ganhar alguma utilidade e sentido reformador.[762] E, para Levy, a negação das penas perpétuas era também uma consequência necessária do seu entendimento sobre a sua função correccional.[763] Estas propostas não demorariam efectivamente muitos anos a ser consagradas na lei.

A pena, para Levy Maria Jordão, deveria operar simultaneamente sobre a vítima, sobre o agente do crime e sobre a sociedade, concretizando, respectivamente, uma reparação – a ser no entanto efectivada pela via civil –, uma moralização e a reparação do "estado de direito moralmente perturbado".[764] Deste modo, o fundamento do direito de punir sobre o qual Levy discorre na sua dissertação inaugural para o acto de conclusões magnas[765], serve-lhe também para,

celular com isolamento como "base", o degredo antecipado pela prisão celular, a escala e duração das penas previstas e o uso das "instituições complementares" da prisão. Também os trabalhos de Ayres de Gouveia e Sousa Azevedo são elogiados pelo penalista francês, que os coloca como exemplos de um esforço europeu de sistematização da realidade prisional, inscritos no intuito de reforma em Portugal – Ortolan, *Éléments....*, II, pp. 116 e 117.

[762] V. Levy Maria Jordão, *Commentario ao Codigo Penal Portuguez*, I, Typ. de José Baptista Morando, Lisboa, 1853, p. 123: "A pena de degredo como tem lugar entre nós é inutil e e nada tem de reformadora. Admittir o systema das colonias penaes (...) é o meio de harmonisar esta pena com a natureza e fim do direito de punir, e de fazer desapparecer os inconvenientes da perpetuidade do degredo". No mesmo sentido, se descobre a dissertação inaugural de Luiz Felippe de Abreu, em 1859 (*Se é justo e conveniente adoptar a deportação para pena; e, no caso afirmativo, em que termos*, Imprensa da Universidade, Coimbra, 1859), onde a defesa de um sistema progressivo de prisão celular seguida de degredo – este, assim, seguido do que o autor apelida de "provas penitenciarias"(p. 78) – é feita, em oposição ao simples degredo, "pena inadmissivel por ser revoltantemente injusta e soberanamente inconveniente" (p. 79)

[763] V. Levy Maria Jordão, *Commentario...*, *cit.*, I, p. 120.

[764] V. Levy Maria Jordão, *O fundamento do direito de punir*, Imprensa da Universidade, Coimbra, 1853, pp. 24 e 25, texto depois vertido na edição em língua francesa publicada sob o título *Cours de Droit Pénal*, Typographiede Lallemant, Lisboa, 1858. E "(...) se o crime perturba o estado de direito; se o Estado, pela obrigação que tem de manter este estado, deve restabelecê-lo quando perturbado; e se para isso carece de meios e estes são as penas deste modo determinadas, é logo evidente que o Estado tem o direito de as impor e, consequentemente, o direito de punir. O fundamento deste direito não pode pois ser outro senão a própria natureza e o fim racional do Estado (...)", como assinalou Luís Cabral de Moncada, *Subsídios para a história da filosofia do direito em Portugal*, Imprensa Nacional Casa da Moeda, Lisboa, 2003, p. 87.

[765] O fundamento da punição encontrava-o Levy na necessidade da manutenção dos "direitos individuais e sociaes" assegurados através do Estado, "constituição politica e civil da sociedade" – o "estado juridicamente normal da sociedade, ou *estado-de-direito*, na phrase dos philosophos allemães" (*O fundamento...*, *cit.*, pp. 18 e 19. "Pretender descobrir o fundamento do direito de punir n'outra cousa que não seja o principio absoluto do justo é insustentavel: o verdadeiro systema não póde deixar de ser absoluto; se a punição é um direito, o seu principio forçosamente ha de ser absoluto; por-

noutro momento, apontar as insuficiências que vê no Código de 1852, na sua crítica um diploma sem sistema, sem método e sem fundamento[766], descuidado e longínquo dos critérios modernos que se lhe exigiriam – cujo modelo mais aperfeiçoado descobre no Código prussiano também de 1852 – e alheio às vantagens do modelo penitenciário, o sistema punitivo pleno que lhe parece assegurar o intuito moralizador sobre o condenado e a vantagem na restauração da ordem social, já que esta restauração, no discurso de Levy, não é retribuição, mas prevenção.

Outro comentador destacado do Código, Silva Ferrão, privilegia também uma visão das penas como "remédios" face ao "mal social" que o crime comporta, resultando este verdadeiramente numa "enfermidade"[767] a que as penas devem responder tendo em conta o seu ajustamento à realidade do criminoso,

que absoluto e universal é todo o direito em seu principio, em seu fim, e em seus effeitos" (p. 9): o crime resulta sempre num *não-direito*, à semelhança do disposto por Hegel, cuja harmonia deve ser restabelecida pelo Estado através de penas, os meios descobertos para restaurar aquela harmonia. (pp. 21 a 24). Qual a pena apta a simultaneamente promover o melhoramento moral do criminoso e produzir a "intimidação" necessária, numa lógica de prevenção geral, que Levy entende serem necessárias para evitar o "alarme na sociedade"? Apenas o "systema penitenciario verdadeiramente organizado (...), nova conquista da intelligencia humana", que permite a visão da pena como "um bem, porque é o meio de reparar o estado-de-direito perturbado na sociedade pelo crime, e porque dá ao criminoso uma nova vida salvando-o da depravação, que é, com o embrutecimento, o suicídio do ser moral" (pp. 28 e 29), conciliando o fim da pena com o fim do próprio direito.

[766] Levy censura-lhe a falta de unidade, a impossibilidade de descobrir o fundamento do direito de punir que presidiria ao Código, num excesso de ecletismo fundamental ("umas vezes se nos figura filho da escola utilitaria ou sensualista, outras da espiritualista"), a falta de método ("tractando de algumas contravenções conjunctamente com os crimes sem distincção alguma"), o uso de "uma escala penal confusa", com "pouca exactidão na proporção das penas em relação a alguns factos puniveis", a distinção das penas entre maiores e correccionais, que "não é justificada pela theoria nem se harmonisa com o systema de processo ou com a organisação judicial" ou o que vê como a consagração de restrições excessivas à liberdade de consciência e de associação, a que chama mesmo de "morte civil"... – Levy Maria Jordão, *Commentario..., cit.*, I, pp. XIX a XXI.

[767] V. Silva Ferrão, *op. cit.*, I, pp. XVI a XXI. Como escreve, "o crime (...) que é enfermidade social, complexa, deve forçosamente ser combatido por meio de remedios, ou providencias, que correspondam a todos os elementos componentes da mesma enfermidade. (...) Para que as penas (...) sejam adequadas devem ter, em relação á sociedade e ao agente, nos maleficios voluntarios, por fim curar a enfermidade moral do agente, na sua causa e nos seus efeitos sociaes proximos ou remotos. Toda a pena deve, pois, em taes malefícios ser correccional e preventiva. A que fôr sómente preventiva é injusta, assim como deixa de ser reparadora a que fôr sómente correcional. (...) Resulta destes principios, que as penas criminaes (...) devem ser applicadas ao agente do crime em tres phases distinctas: *expiação*; *experiencia*; e *vigilancia*" (pp. XXI e XXII).

cumprindo três "fases penitenciarias" distintas, de expiação, experiência e vigilância, que satisfazem objectivos também distintos: assim, *v. g.*, se na expiação se visa em primeira linha a exemplaridade futura da pena e uma reparação moral do mal praticado, na vigilância o criminoso, sendo um "convalescente", está necessariamente sujeito essencialmente às cautelas sociais que o seu estado implica.[768]

A execução de uma pena deveria então permitir uma adaptação concreta ao desempenho moral do condenado, sem ser violada a igualdade devida no momento da sua prescrição, adaptação essa que apenas no momento administrativo e disciplinar da pena pode ser determinada. Nem todas as situações, contudo, merecem originariamente a mesma resposta – se algumas, como alerta Ferrão, se bastam com uma pena que é meramente "admoestativa", outras exigem-na como "correcção preventiva" e outras ainda vão requerer enfim um verdadeiro "tratamento penitenciario".[769] Refutando o uso da pena de morte e dos trabalhos públicos, estes entendidos enquanto verdadeira servidão – já que "como tortura, o trabalho avilta, em vez de morigerar"[770] –, vê no modelo penitenciário um avanço decisivo, mesmo que este deva ser compaginado com as diversas críticas que pugnam pela mitigação dos seus elementos originais de maior intensidade, à semelhança do também proposto por Rossi[771], bem como num uso moderado do degredo um bom complemento punitivo.[772] Rejeitando as penas perpétuas, parece-lhe que a pena, sendo temporária, deveria ser também indeterminada, ao menos nas suas fases de intensidade, de modo a poder acomodar-se àquela que seja a emenda manifestada pelo condenado.[773]

[768] E o legislador "póde e deve determinar *a priori* as penas correspondentes aos maleficios, graduadas em *maximo* e *minimo*, em relação a toda a sua duração nas tres phases penitenciarias, proporcionadas á enfermidade presumida no agente (...). Os juizes podem, ainda, segundo as circunstancias atenuantes ou aggravantes acessorias, graduar a applicação, fixando novos termos nas penalidades, dentro dos limites prescriptos pelo legislador" (p. XXIII). V. também *op. cit.*, II, pp. 8 a 11.

[769] Silva Ferrão, *op. cit.*, I, p. XXVI.

[770] *Idem, ibidem*, II, p. 57.

[771] É certo, escreve Ferrão, que "o systema penitenciario de *Philadelphia*, no seu rigor primitivo, e o puritanismo sevéro da *Pensylvania*, embrutecia, enloquecia, matava" – *Idem, ibidem*, II, p. 43.

[772] "O degredo, (...) entre nós, é uma pena, não só possivel, mas utilissima, como *moralisadora*, para muitos e muitos delinquentes. (...) Em logar remoto, distante do que foi o theatro do crime, póde o condenado conceber e alimentar a esperança de uma nova opinião (...). É pois o degredo, *quando simples*, uma pena adequada aos homens, que não se suppoem inteiramente desmoralisados, ou endurecidos na carreira do crime. (...) Não dizemos outro tanto do degredo, quando agravado com prisão, com, ou sem, trabalho" – *idem, ibidem*, II, p. 67.

[773] *Idem, ibidem*, II, pp. 136 a 142.

"A conveniencia do systema penitenciario é manifesta. Só por elle se obtem a emenda do delinquente, o exemplo e a reparação devida á sociedade. A prisão é a pena por excellencia, reune as indicações necessárias, e no futuro substituirá todas as outras. É um castigo moral e juridico, e póde dizer-se que a pena das sociedades modernas" – assim profetiza também em Portugal, em 1856, Manuel Thomaz de Sousa Azevedo o futuro sobre a pena de prisão e o sistema penitenciário, compreendendo o isolamento celular.[774] A prisão oferece então condições para não só proteger e reparar o mal feito à sociedade, mas também para corrigir o criminoso e servir de exemplo de modo a prevenir crimes futuros. Uma pena *total* nos seus fins, dir-se-á.

Como deve então ser administrada em Portugal? A opção que apresenta baseia-se numa complementaridade entre a prisão comum e a prisão com isolamento celular, uma *media via* retirada das experiências europeias que conheceu, onde se incluíam sistemas adeptos e críticos do isolamento celular. Este ficaria reservado para os suspeitos detidos antes de julgamento, para quem se justificava uma separação dos criminosos condenados, e para condenados em penas até dois anos de prisão, num modelo que remete para Auburn e não para Filadélfia. A prisão em comum seria destinada aos criminosos a cumprir penas superiores a dois anos.[775]

Sousa Azevedo entende também que se justifica a construção de prisões ou espaços celulares para detidos ainda a aguardar julgamento e outras para condenados. Nas primeiras o trabalho apenas poderá ser facultativo, enquanto os condenados seriam obrigados ao trabalho, industrial e na agricultura, mesmo tendo em conta a necessidade de isolamento. Para além do isolamento, destaca a importância do trabalho – e do culto religioso – na regeneração do criminoso.

Aqui aconselha o autor que se siga o que o legislador francês adoptou como "Programma para a construção das casas cellulares" em 1841, texto que repro-

[774] Manuel Thomaz de Sousa Azevedo, *Relatório..., cit.*, 1857, p. 55. Sousa Azevedo vem a falecer em 1859. Seu pai, visconde de Algés, oferece então à Câmara dos Deputados cópias do relatório da visita de seu filho, sendo considerado pelas Cortes "um jovem magistrado, modelo de tantas virtudes, (...) que pelo seu saber, tão illustre como louvável pelo desinteresse que mostrou, viajando, á sua própria custa, pelos paizes mais cultos da Europa, e deixando-nos essa obra sobre penitenciarias que tão util pode ser para entre nós se estabelecer um systema regular a respeito d'ellas" (Deputado Mello Soares), como se pode ler na sessão de 2 de Março de 1860 – in *Diario da Camara dos Senhores Deputados*, nº 9, 1860, p. 5.

[775] "Os condemnados a longo tempo têem de passar nas prisões grande parte da sua vida; e uma dilatada solidão, não obstante quaesquer exemplos em contrario, ha de por força deteriorar-lhes a saude e torna-los incapazes de ser uteis no futuro a si ou á sua familia" – *idem, ibidem*, p. 56.

duz no seu Relatório.[776] Este programa, um elenco sintético de catorze artigos, definido pelo Ministério do Interior francês, dedica atenção essencialmente às exigências arquitectónicas e funcionais de uma prisão celular, definindo os espaços, materiais a utilizar e requisitos que devem ser postos na construção de uma prisão.

Não se trata este de um texto ideológico ou apologético do modelo – apenas um agregado de regras para uma administração local que deveria providenciar pela construção de edifícios de reclusão. Aquele trabalho de cariz ideológico estava feito, com a importação do modelo da nova prisão pelos penitenciaristas franceses. Agora era necessário implementá-lo. No Programa encontram-se definidos como devem ser instalados os muros do recinto, que espaços seriam necessários[777], determina-se a separação de sexos, fixam-se regras sobre iluminação e acesso a água. As celas deveriam ter "pelo menos quatro metros de comprimento, dois metros e vinte e cinco centímetros de largura e tres metros de altura", medidas que serão aliás seguidas também na construção da Penitenciária de Lisboa. É particularmente elucidativa também a previsão sobre a existência de uma "sala de inspecção", que deveria permitir ao chefe "vigiar de um ponto único, e sem ser presentido pelos guardas, as differentes partes da prisão". O estabelecimento normativo da organização do espaço e do quotidiano da prisão substitui aqui as proclamações de defesa do modelo punitivo.

Para a construção das prisões comuns, onde o isolamento celular se dispensava e onde os criminosos que tivessem ultrapassado os dois anos em isolamento deveriam ingressar, Sousa Azevedo aconselha a que se siga igualmente o normativo francês de 1853, este dedicado às prisões não celulares e que em França acabou por significar o abandono do modelo de isolamento carcerário.

Que desenho para um mapa prisional propõe então? "A divisão lógica, a meu ver, seria de uma casa central em Lisboa para cumprimento de penas maiores, e como preparatória de degredo; e duas grandes prisões em Lisboa e Porto, de guarda e correcção, prisões de districto e de concelho".[778] Estas prisões de Lisboa

[776] *Idem, ibidem*, pp. 81 ss.

[777] Para além da secretaria e alojamento da direcção, dispunha-se a necessidade de cozinha, arrumos, casa de banhos que sirva também de "desinfectador do fato e roupas", gabinetes para advogados, conselho de inspecção e para o juiz – "para os processos que entenda dever instruir na prisão" –, um "locutorio cellular", enfermaria, celas de passagem, de castigo e de espera, para além das regulares, "passeios individuaes".

[778] *Idem, ibidem*, p. 77.

e Porto deveriam comportar uma divisão celular e outra comum, acolhendo presos repartidos por sexo e crime praticado, ficando porém o isolamento reservado aos recém-entrados, aos preventivos e a quem o determinasse a administração da prisão. A sua "casa central de Lisboa" acolheria os condenados a penas superiores e funcionaria como preparação para o degredo, mesmo se este é olhado de forma cuidadosa.[779] Aos degredados enviados nesse momento para as colónias classifica-os de "indivíduos costumados ao vicio e á depravação", que seria importante substituir, ultrapassado "este purgatorio", por "individuos uteis e bem morigerados", assim saídos da reclusão, até porque o Ultramar não só não teria prisões suficientes como precisaria de mão-de-obra.

A ideia do crime como doença moral e, principalmente, das penas como remédio, encontra-se em diversos autores, como Francisco António Fernandes da Silva Ferrão ou António Aires de Gouveia, intérpretes nacionais do correccionalismo, com um sentido distinto do que receberá nos autores da antropologia criminal posteriores. E também o mesmo conceito perpassava já de Pinheiro Ferreira ou do texto de Sousa Azevedo. "Quaesquer que sejam os fins da pena, o mais importante e o que mais se deve attender é a reforma do criminoso; fructo da civilisação que, aperfeiçoando o direito penal, fez lembrar o que não lembrava e era desconhecido. Mas este melhoramento, separados os presos, é difficil; reunidos, impossivel".[780] Sousa Azevedo sintetiza assim a virtude da prisão celular. O fundamental do sistema não é o isolamento absoluto, independentemente do ânimo que possa trazer ao arrependimento, até porque os presos devem ser conhecer, diariamente, "directores, capellães, mestres e facultativos, além de outras pessoas e associações", que lhes podem oferecer um bom exemplo. Fundamental é evitar-se o contacto entre reclusos, considerado como um meio privilegiado de alimentar a criminalidade. Até porque há que distinguir "o *solitary confinement*" e a "prisão cellular": são "dois methodos oppostos, que se gladiam entre si, e que apenas têem de commum a separação dos criminosos e nada mais", já que a prisão celular incorpora contacto com os funcionários, instrução, trabalho e contacto com o ar livre.

[779] "Reconheço que se não póde estabelecer em Portugal como em Inglaterra um systema geral de deportação, que já causa embaraço n'aquelle paiz, e tem obrigado a certas reformas; entretanto poderiamos introduzir com algum proveito parte d'esse systema", escreve a pp. 78.
[780] Manuel Thomaz de Sousa Azevedo, *Relatório apresentado ao Ministerio da Justiça*, Imprensa Nacional, Lisboa, 1859, p. 160.

No entanto, o cuidado no tema da administração do isolamento, mais ou menos absoluto, aos reclusos é evidente.[781] Eram conhecidas já as críticas ao sistema e o quadro legal de aplicação das penas em vários países tomava em consideração que a prisão celular não pode ser decretada em tempo equivalente à prisão comum. A alienação dos presos e os suicídios, alegadamente provocados pela sujeição ao regime celular, cobrem grande parte das críticas formuladas, que Sousa Azevedo rebate, com dados estatísticos comparativos, procurando demonstrar que não há relação causal entre o regime celular e um aumento dos casos de loucura ou dos suicídios, bem como explicar que grande parte das críticas não deve ser dirigida ao sistema, mas a uma má aplicação do mesmo.[782]

O isolamento deveria destinar-se a penas de curta duração ou ao período inicial de cumprimento de uma pena mais longa. O máximo de tempo de isolamento celular permitido pela legislação penal seria de 10 anos em França (prazo previsto em legislação projectada mas contudo nunca aprovada), 15 anos na Holanda e na Bélgica, mas as penas realmente cumpridas seriam habitualmente inferiores. Também as figuras da *soltura condicional* e da *prisão supplementar* são defendidas por Sousa Azevedo. A liberdade condicional "estimula no preso os bons sentimentos, porque é a recompensa da emenda e bom comportamento", enquanto a prisão suplementar, que entende apenas possível se decretada por tribunal, permitir proteger a sociedade de um modo mais efectivo.[783]

Em suma, que modelo defende? Apesar de a certo ponto parecer orientado para o regime de Auburn, acaba Sousa Azevedo por optar pelo modelo de Filadélfia, da prisão de Cherry Hill, baseado no isolamento completo do recluso, sem prejuízo do seu contacto com os funcionários da prisão.[784] Afirma que no primeiro

[781] Azevedo conta como na Prússia, tendo sido construídas quatro prisões celulares a partir de 1842 (em Berlim, Koenigsberg, Ratibor e Munster), e inicialmente prevista a aplicação do isolamento completo, as dúvidas que este levantou levaram a que as prisões celulares fossem ocupadas como se de prisões comuns se tratassem, "com a unica differença de dormir cada um na sua cella; mas era tal o medo da solidão que até lhe deixavam as portas abertas!". Todavia, em 1856, conta que o Rei teria ordenado o ensaio de "um systema completo de isolamento" – *idem, ibidem*, p. 14.

[782] V. *idem, ibidem*, pp. 166 a 175.

[783] V. Manuel Thomaz de Sousa Azevedo, *Relatório..., cit.*, 1857, pp. 61 a 63.

[784] Escreve: "(...) na casa de Cherry Hill com feliz resultado se fez a experiência da solidão completa, com trabalho e visitas diárias dos directores e empregados. E este é o systema mais acceitavel. Os partidarios da prisão cellular não podiam, sem contradicção, admittir o trabalho em commum, ou qualquer outra reunião de presos. É atacar o systema pela base (...). E o silencio forçado? diriam os patronos da theoria. Esse silencio é uma perfeita chimera (...)" – Manuel Thomaz de Sousa Azevedo, *Relatório..., cit.*, 1859, pp. 186 e 187.

congresso internacional sobre a matéria – Bruxelas, 1846 – não fora possível chegar a um consenso total, mesmo se grande parte dos seus participantes pugnaria pela separação total, mas que, no congresso de 1847, "os apologistas do isolamento apresentaram-se triumphantes, pela doutrina que haviam sustentado, hoje sanccionada pelos factos e pela experiencia". Em todo o caso, não tem dúvidas em considerar o "systema mixto (...) o peior; perde-se de dia o proveito da noite, ou, para dizer melhor, fica tudo perdido e inutilisado".

O trabalho dos reclusos deveria assim ser prestado na cela, em actividades adequadas a este espaço e se possível já do conhecimento do preso ou de fácil aprendizagem. A separação deveria ser efectiva e acompanhar o preso no seu quotidiano – os espaços da prisão deveriam necessariamente adaptar-se a essa exigência: separação "durante o dia e de noite, no passeio, na escola e na capella", sendo a estas, que poderiam ser a mesma divisão, destinadas "cadeiras cellulares" e observando o cuidado de não sentar os reclusos nos mesmos lugares, evitando "relações".[785]

O isolamento poderia aproveitar a praticamente todo o tipo de presos, mesmo se considera algumas excepções, no caso de:

- presos políticos, para quem prevê a prisão em separado, sem aplicação do regime celular, sem a obrigação de trabalho e podendo receber visitas;
- reincidentes, já "por vezes condemnados e isolados sem proveito algum";
- presos com mais de 60 anos;
- condenados alienados;
- presos que não suportem o isolamento em cela por doença;
- presos por dívidas, "que só carecem de ser guardados";
- e presos que "depois de certo período se reputarem incompativeis com a solidão".

"Coherente com a doutrina de fazer predominar sobre todos o principio da reforma ou emenda"[786], para além daquelas excepções, a todos ou quase todos poderá ser aplicado com benefício o isolamento celular, inclusive a mulheres, que considera até mais adaptáveis à reclusão da cela, e a menores.

Um dos demais textos que participa no debate sobre as prisões em Portugal é o de João Maria Baptista Calisto, professor de Medicina em Coimbra, publicado

[785] *Idem, ibidem*, pp. 176 a 178.
[786] *Idem, ibidem*, p. 190.

em 1860.[787] Pugnando pela necessidade urgente de reforma, como os demais autores, continua a destacar a inactividade em Portugal sobre o tema, apesar de todas as transformações ocorridas em vários países europeus e nos Estados Unidos: "as cadeias permanecem, com pouca differença, no mesmo estado em que se viam nos principios do presente seculo (...)", mas elas "devem ser prisões e não o inferno dos homens".[788]

Sintetizando o fim da punição e do encarceramento na ideia de segurança da comunidade e expiação do crime, mas associada à regeneração do criminoso[789], e ultrapassada a mera vingança, Calisto destaca a falta de adequação das prisões nacionais para poder cumprir esses fins, em primeiro lugar dadas as suas condições de salubridade. Na escolha dos edifícios das prisões critica o hábito de as instituir nos "logares mais improprios", como os antigos castelos.

As prisões não são apenas um modelo penitenciário, são também uma organização física do confinamento. Assim, o tema do "ar corrupto" e do cheiro dentro das instalações das prisões como paradigma da desadequação dos edifícios, tema que ocupou parte da literatura internacional sobre a reforma das prisões, é destacado por Calisto, assumindo a sua qualidade de médico.[790] Do mesmo modo, zurze sobre a humidade das salas, a falta de luz, os despejos – uma panóplia de circunstâncias que determina o "abatimento moral" e a doença, "o catarrho obstinado, a diarrhêa, o rheumatismo, a palidez, a moleza das carnes, o edema, a anasarca, o escorbuto, as cachexias diversas, as febres graves contagiosas, os chamados typhos das prisões". Em suma, "a falta de limpeza geral das cadeias concorre para a falta de limpeza dos prisioneiros".[791]

Também a alimentação na cadeia, insuficiente e desadequada – "um pouco de pão e agua, com alguns legumes, batatas, caldo d'ervas, papas de farinha" –

[787] João Maria Baptista Calisto, *Algumas palavras sobre o estado das prisões em geral e sua reforma*, Imprensa da Universidade, Coimbra, 1860.

[788] *Idem, ibidem*, pp. 4 e 5.

[789] "Vingar o ultraje ou injúria feita á sociedade (...) era quasi o unico pensamento (...)", mas "a marcha da civilisação (...) tem substituido aquelle pensamento pelo da segurança, e exige hoje, para taes estabelecimentos (...) o da severidade para a expiação do crime, e o de moralidade, para regenerar, se for possivel, o criminoso, e restituil-o de novo á sociedade sem vergonha para elle, e sem perigo para ella" – *idem, ibidem*, p. 5.

[790] A ideia de um recluso "morrer asphyxiado ou evenenado, respirando um ar corrupto", repete-se: assinala-se o "foco de exhalações putridas de cheiro insupportavel", a possibilidade de se "envenenar mutuamente o ar que respiram", o ar "fetido (...) insupportavel"... (pp. 6 e 7) e a mesma ideia encontra-se ao longo de todo o texto.

[791] *Idem, ibidem*, pp. 8 e 9.

merece severa crítica ao catedrático.[792] Noutros casos, é atribuído ao preso o dinheiro equivalente às refeições do dia, com o qual devem comprar a sua alimentação, com os abusos entrevistos, quando se trata de reclusos que não têm os meios financeiros que lhes permita configurar o seu quotidiano de forma mais confortável. Esta desigualdade de quotidiano e de estatuto entre os presos é acentuada pelos próprios carcereiros, que "escolhem para os presos ricos (...) os melhores quartos ou salas de habitação, com as melhores camas e todas as mais commodidades possíveis".[793]

Uma prática habitual nas prisões de um primeiro isolamento, temporário, para o recluso meramente acusado logo após a sua entrada na prisão, sendo reconduzido ao *segredo*, é confirmada por Calisto – apenas possível, à partida, no Limoeiro e na Relação do Porto –, que a afirma justificada pela "utilidade para a justiça seguir com mais segurança nas suas indagações sobre o crime", mesmo se lhe parece que, na prática, tal resulta numa "verdadeira tortura", já que lhe é destinado o mesmo alojamento que recebe um preso em castigo disciplinar.

O médico repudia também a habitual ociosidade em que os presos são mantidos, a falta de enfermarias em muitas das prisões e o transporte ao hospital dos presos apenas em casos extremos, "ordinariamente só quando os doentes se acham próximos á morte", bem como a reclusão conjunta de presos comuns e de alienados e, em geral, a indiferenciação provada pela prisão de presos por crimes muito distintos e de idades diferentes.

Que propõe então como meio de acudir a este estado de coisas?

No plano da edificação prisional, aponta a necessidade de escolha criteriosa do local onde se erija uma prisão, ventilado e com acesso a água potável; também a organização do espaço interior deve tomar em consideração a necessidade de separação dos reclusos em função da sua classificação e as diferentes finalidades de cada espaço, bem como a exigência de exercício físico para os seus ocupantes.[794]

[792] Com resultados de diversa ordem: "E com effeito em muitas prisões ainda hoje se vêem os presos viver da caridade pública, estendendo para este fim os braços através das grades de grossos varões de ferro, ou lançando do alto das janellas, por uma corda, um cesto, a fim de receberem o obolo das pessoas caritativas, depois de lhes atormentarem os ouvidos com altos gritos de lástima e piedade" – *idem*, *ibidem*, p. 10.

[793] "Eis mais um abuso, o de se vender ao rico, á custa do pobre, em muitas prisões, um ar puro, que deve ser propriedade commum, e de se infringirem ao mesmo tempo os direitos de egualdade, que as leis consagram". *Idem*, *ibidem*, p. 14.

[794] "Já para o mesmo fim havia proposto o celebre Jeremias Bentham, com a denominação de – *panoptica* – um edificio de fórma circular ou polygona, com o seu pavilhão no centro, mas que apresentava o grande inconveniente de serem nelle os pateos sempre de curta extensão", escreve (p. 22).

Vestuário dado pelo Estado, idêntico e adequado, roupas de cama capazes de assegurar higiene e exigência no asseio quotidiano dos presos são outros dos aspectos que considera fundamentais, bem como a existência de aquecimento para o Inverno e a necessidade de uma alimentação ajustada.[795]

Baptista Calisto conhece o funcionamento dos sistemas penitenciários norte-americanos[796] e a realidade das prisões francesas, de onde crê que se deve importar o modelo de trabalho na prisão, permitindo assegurar um mínimo de recursos aos presos, quer durante a sua estada na prisão, quer após o regresso à vida livre. Ao trabalho, considera-o indispensável para o preso, devendo as prisões dispor de oficinas para o seu desenvolvimento. Os ofícios que considera mais adequados para a vida na prisão, também por "mais favoráveis á saúde", são a marcenaria, carpintaria, cordoaria e outros afins.

O sistema prisional que idealiza[797] exige que se distinga entre uma prisão para mulheres e a prisão masculina e, nesta, distinguir-se-á entre a prisão para aqueles até 16 anos e para os mais velhos. Nesta, igualmente se diferenciará de acordo com a situação de acusado ou de condenado, devendo sempre os reclusos entre os 16 e os 22 anos ser "separados dos de maior edade", bem como os que devem cumprir penas curtas dos que cumprem penas de longa duração.[798] Em cada prisão, em particular nas de maior dimensão, deverá haver uma enfermaria.

[795] "A ração diaria do pão, devendo ser bem cozido (...) deverá ser de libra e meia até duas libras (...). Os outros viveres, succulentos, variados e em quantidade sufficiente, serão bem preparados, isto é, bem cozidos, temperados e adubados. (...) É necessário que os prisioneiros comam á mesa assentados e juntos em refeitorio, ou cada um na sua cella ou quarto particular (...) obrigando-os por este modo a guardarem a ordem e o silencio devido. E não se deveria jamais consentir que os presos mandem vir de fóra os alimentos." Adiante, refere que "(...) por exemplo, na Pensylvania, New-York, Virginia e outros, a alimentação dos presos, especialmente dos já condemnados, é só a necessária, mas limpa, sadia, sufficiente e bem preparada. Consiste (...) ao almoço em papas de farinha de milho cosida em agua e melaço (...), ao jantar em meia libra de carne com legumes e meia libra de pão; e á ceia em farinha de centeio ou de milho (...)" (pp. 27 e 28). Discute se apenas deverá ser servida água aos reclusos, como diz acontecer nos Estados Unidos. Apesar de reconhecer os malefícios de se permitir álcool na prisão, como acontecia, acaba por assentir em que "uma pequena e determinada medida de vinho, e mesmo d'agua ardente seria porventura em muitas prisões e a muitos prisioneiros (...) não só util, mas necessaria" (p. 29).

[796] E vê-os como um objectivo a atingir: "Em quanto (...) se não adoptar o systema cellular, para a permanência nocturna dos prisioneiros, e se continuar com a práctica de collocar muitas camas na mesma salla (...), deverão ellas ficar sempre separadas na distancia conveniente". *Idem, ibidem*, p. 24.

[797] E isto tendo em conta que "a razão indica, e a experiencia parece ter confirmado já, que os dois meios mais poderosos e efficazes, são o trabalho e a separação ou isolamento, ainda somente por classes ou categorias (...)" (p. 37).

[798] V. *idem, ibidem*, pp. 35 ss.

Feito um balanço sobre o estado das prisões nacionais e os seus remédios, na parte final do seu texto, o autor vai discutir qual a mais perfeita aplicação do sistema penitenciário bem como o estado e uso da *cranioscopia* e da *physiognomonia* na classificação dos criminosos.

Assim, a um regime de trabalho obrigatório, ensino e contacto com a moral cristã, adiciona o autor o silêncio e o isolamento exclusivamente nocturno, como lhe parece mais benéfico. O isolamento absoluto, celular, reputa somente aplicável como sanção disciplinar. Assim, para Baptista Calisto, a "famosa questão, que actualmente se ventila, sôbre o systema penitenciario", tem uma resposta negativa em relação ao regime de Filadélfia[799] e a sua opção é efectivamente pelo modelo de Auburn, já que no modelo norte-americano de Cherry Hill "tudo é desvantajoso, tudo inconveniente e até nocivo". Parece-lhe um sistema "anti-economico", ao ser ainda mais exigente na arquitectura dos edifícios que o seu rival, bem como crê que o trabalho do recluso há-de ser sempre mais irregular e limitado, por ser exercido na cela. E, factor determinante, crê que é um sistema que torna o recluso insociável e vingativo, em virtude do isolamento absoluto que prescreve – e que chega a comparar com os cárceres solitários da Inquisição, mesmo que com intenções distintas.

Parecem-lhe refutáveis as críticas ao modelo de Auburn.[800] Seja a alegada incapacidade de obter os vigilantes eficazes que presume (para a vigilância das oficinas, por exemplo), sejam os duros castigos que poderá exigir, ambas as situações lhe parecem ultrapassáveis. Mesmo compreendendo o que teria levado vários países europeus a optarem pelo modelo de isolamento celular absoluto – e que indica ser a necessidade de pôr um fim ao contacto entre reclusos de modo a fazer cessar o crescimento de organizações criminosas com origem nas prisões –, duvida aliás que o mesmo deva ser aplicado indistintamente a todos os reclusos, tal como rejeita a ideia de permitir o contacto dos reclusos apenas com "uma sociedade de homens de bons costumes" ou com os directores ou alguns funcionários das prisões, o que lhe parece inútil ou impraticável. Crê que o modelo de Filadélfia é igualmente desajustado já que não permite o ensino efectivo dos presos, a não ser um ensino de cariz individual, o que na prática se revela impossível.

[799] "Muitas molestias, sobretudo a demencia, eram com a frequencia do suicidio os deploraveis effeitos de tão terrivel situação; e a experiencia veio mostrar além d'isso a inutilidade d'este systema com a repetição de novos crimes commettidos por aquelles mesmos, que depois de penitenciados e agraciados, haviam entrado outra vez na sociedade", resume, a pp. 40.

[800] V. *idem*, *ibidem*, pp. 43 ss.

Baptista Calisto acaba por optar por uma ideia de mitigação e de adequação de regime de acordo com as características dos reclusos. Em termos gerais, recusando Cherry Hill, admite Auburn, se possível numa prisão que incorpore ainda uma distinção entre os criminosos mais duros, condenados a penas maiores, e considerados incorrigíveis, e aqueles que cometeram crimes mais leves ou que, mesmo condenados por crimes graves, "forem ainda susceptíveis de correcção e emenda", que beneficiarão de um regime mais atenuado.[801] Assim, defende um modelo prisional com dois tipos de prisões penitenciárias, com uso do modelo de Auburn, mas ainda a manutenção das cadeias tradicionais, *reformadas* de acordo com as prevenções que assume, onde penas de curta duração (até dois anos, como postula) seriam cumpridas, bem como aguardariam destino os presos preventivos.

Mas sobra um problema – qual seja o de distinguir os presos que caberão em cada uma destas categorias. Como descobrir a susceptibilidade de emenda no criminoso? Baptista Calisto assume aliás as limitações dos métodos que procuraram descobrir nas feições e na forma do crânio do criminoso quaisquer elementos válidos e certos de resposta.[802] Os estudos de Lombroso apenas veriam a luz do dia na década seguinte. A única resposta possível, afirma, está nos tribunais, no que é já a reclamação de um processo jurisdicionalizado de individualização da pena, aplicada a cada condenado de acordo com a "natureza e grau do crime, segundo o caracter do criminoso (...) manifestado pela historia, rigoroso exame e debates do processo, reincidencia e mais circumstancias do individuo".[803]

António Aires de Gouveia (1828-1916), lente substituto de Direito, par do Reino, episódico ministro da Justiça em 1865 e novamente em 1892, arcebispo e abolicionista convicto, vai em 1863 apresentar um projecto de lei para abolir a pena de morte e construir uma penitenciária de 500 celas. Mas já antes sustentara a sua posição sobre o problema das prisões, ao dar conta das suas observações do

[801] *Idem, ibidem*, p. 54.

[802] "Se a arte de Lavater e Porta, estabelecida sobre bases falsas, não fosse uma quasi chimera; se a face, considerada como sede contínua dos phenomenos de expressão, podesse, por meio das suas feições, dar a conhecer com certeza alguma cousa mais do que algumas vezes o pensamento actual (...). Se a cranioscopia de Gall, com quanto baseada em fundamentos mais solidos e mais próxima do fim que se tem em vista, não fosse ainda outra cousa mais do que uma razoavel e feliz hypothese (...). Mas desgraçadamente a cranioscopia, bem como a physiognomonia, não nos podem satisfazer aquella indicação (...). Apenas hoje ainda serviriam, quanto muito, como meios de simples auxilio e nada mais", escreve (p. 56).

[803] *Idem, ibidem*, p. 56.

seu périplo pelas cadeias da Europa, publicadas na sua *Resenha*, poucos anos decorridos sobre a viagem de Sousa Azevedo. No entanto, louvando-se também de Levy Maria Jordão, é na sua tese de doutoramento sobre a necessária reforma das cadeias em Portugal onde, de forma mais sistemática, vai explicar a sua perspectiva sobre as penas e defender de forma intransigente o sistema de isolamento celular, com base no modelo de Filadélfia, nomeadamente contra as críticas suas contemporâneas de Baptista Calisto.

Gouveia, crítico da prisão em comum, mas igualmente do degredo, dos trabalhos públicos e, naturalmente da pena de morte, vê na prisão celular a mais perfeita resposta punitiva, num contexto em que a pena não será já um castigo, mas "senão um balsamo, um bem" e definida como a "condição necessaria para a regeneração d'hum criminoso".[804]

No discurso do correccionalista português, onde se nota aliás o seu entusiasmo pela frenologia[805], este coloca-se contudo longe quer da "escola espiritualista" quer da "escola materialista", entendidos uns e outros como adeptos radicais de uma criminalidade que procede imediata de defeitos da *alma* ou de meras excrescências biológicas.[806] Assim, considera que o crime provém de uma amálgama de condições, biológicas, sociais e íntimas, que o leva a afirmar que, se o delicto "é uma necessidade", o criminoso "é um enfermo"[807], e como tal deve ser curado e não castigado. Nessa medida, não causa estranheza o elogio em paralelo que faz às instituições do seu século, que cruza numa partilha de *harmonia*: a escola, o hospital, o asilo de loucos e... a cadeia.[808] Mas não deixa de ser notório o apreço

[804] A. Ayres de Gouvêa, *A reforma...*, *cit.*, p. 18.

[805] "A phrenologia póde desenterrar a caveira esbrugada, medir o craneo dos justiçados colhido em molde de gesso; mas não lhe é consentido apalpar a cabeça do reincidente, tomar o pulso ao preso", lamenta *idem, ibidem*, p. 22. Adiante, comentará, a propósito de um jovem ladrão reincidente, que encontrou numa cadeia de Londres: "Phrenologicamente a nossa inspecção não podia ser longa, mas, digam espiritualistas o que quizerem, convencemo-nos de que havia ahi alguma coisa a estudar, e tanto, que meios e licença as podessemos conseguir, tomavamos aquelle rapaz para ver se podíamos estudal-o e reformal-o" (p. 25).

[806] V. *idem, ibidem*, p. 27.

[807] *Idem, ibidem*, p. 28.

[808] É fácil compreender a associação próxima entre prisão e hospital, em particular se se pensar num "asilo de alienados". O regulamento que organiza o hospital de alienados de Rilhafoles, associado ao Hospital de São José, em Lisboa, foi aprovado por Decreto de 21 de Janeiro de 1851. Nele se prevê o acolhimento em Rilhafoles, entre outros, de "alienados incuraveis, que por suas propensões maleficas, ou acções deshonestas attentarem contra a segurança individual dos cidadãos, ou offenderem os bons costumes, ou a moral pública" (§ 2º do artigo 2º). Efectivamente, são notórias as semelhanças de organização e de previsão de quotidiano entre este hospital e uma prisão reformada. O regimento

que manifesta por um entendimento da manifestação do crime como tendo uma base biológica – a sua proposta de fazer acompanhar o júri tradicional de um "juri physiologico", composto por entre 3 e 5 professores cathedraticos e substitutos de physiologia, de medicos e cirurgiões dos hospicios de alienados e dos hospitaes de todas as ordens pias", é um bom exemplo de como pretende descobrir a "inflluencia animal" que estivesse presente no criminoso[809], proposta não distinta, aliás, da que Júlio de Matos fará anos depois. Ponderando o pensamento de Aires de Gouveia, é forçoso considerá-lo como autor já de transição entre um correccionalismo que tem na sua base, afinal, uma exigência filantrópica e as novas correntes que, admitindo as possibilidades de reforma, valorizam especialmente a contenção, partindo de um novo crivo científico, em que a predisposição biológica assume um peso determinante no curso criminoso deste "doente".[810] A sua adesão à análise frenológica – anterior aos desenvolvimentos lombrosianos que a têm como base inicial de trabalho – não parece permitir outra conclusão.

Mas como curar este enfermo? É violenta a crítica às penas ainda usadas ao tempo, previstas no Código Penal de 1852, nomeadamente quando se decretam perpétuas, incoerência absoluta para quem vê a cura quase sempre como possível.[811] O argumentário que enuncia contra a pena de morte ainda hoje está em uso – pena apodada de "não correccional", não remissível, não moralizadora, desigual... Mas também os trabalhos públicos são objecto da sua renúncia, por serem mero castigo e desempenhados fora da prisão, uma pena existente ao tempo, segundo afiança, "somente entre nos e em dois ou tres dos mais bárbaros e atrazadissimos paizes". Considera, pois, que o trabalho deveria ser reconduzido exclusivamente à prisão, sob a forma de "trabalhos forçados", único meio de legi-

de Rilhafoles, *mutatis mutandis*, no seu esforço de classificação dos alienados, segmentação das suas classes, alocação de espaços, regulação do tempo, da alimentação, do vestuário, das actividades, é um regimento proto-prisional. O próprio trabalho dos alienados no hospital está previsto (v. artigos 69º a 75º), como trabalho agrícola ou trabalhos manuais, designadamente por conta de um contratante externo. Dois terços do seu rendimento seriam pertença do hospital, sendo a parte restante destinada a "auxiliar os alienados mais indigentes que saírem curados". Um regime de prémios e medidas disciplinares, em tudo semelhante ao usado no contexto prisional, encontra-se igualmente estabelecido. Entre as medidas disciplinares possíveis (artigo 67º), note-se a colocação em isolamento, a limitação de visitas e de passeios, as restrições na alimentação, o uso do colete-de-forças e dos "banhos de emborcação". Efectivamente, este era o modelo típico da instituição de alienados em meados do século XIX.

809 A. Ayres de Gouvêa, *A reforma..., cit.*, pp. 55 e 56.

810 Mário Artur da Silva Maldonado, *Alguns aspectos da história da criminologia..., cit.*, p. 25, assinala, neste contexto, ter sido assim Gouveia entre nós "um dos primeiros a antever a complexidade do fenómeno crime".

timidade punitiva do trabalho. Também o degredo se lhe afigura como "embrutecimento" injustificado, assim como a expulsão – o *banimento* – para outro país ou o desterro. A multa, por injusta no alcance desigual que pode ter sobre o rico e o pobre, parece-lhe igualmente digna "d'absoluto deprêzo". Assim, a única pena que lhe parece ser de admitir é a pena de prisão, executada numa prisão celular com isolamento, elogiando-se o projecto de revisão do Código Penal de Levy por a pretender consagrar.[812]

As cadeias, tal como se encontram, parecem-lhe merecer "promptissima reforma e radical", para o que deixa indicações práticas[813], mesmo se o futuro exigirá, com tempo, a construção de novas prisões celulares[814] e o necessário abandono dos velhos edifícios e da velha organização.[815] Assim, sistematiza Aires de Gouveia, a nova cadeia exige uma localização fora do centro urbano, um edifício específico, devidamente murado, com celas individuais segmentadas para a primeira recepção do recluso e para os demais.

Se não se pronuncia sobre o desenho que a prisão deve assumir, não deixa de opinar sobre o máximo de presos que deve comportar – a seu ver, não mais de 360 ou, no máximo, 450, uma população que permitiria, na sua perspectiva,

[811] A. Ayres de Gouvêa, *A reforma...*, *cit.*, pp. 59 ss. Apesar disso, Aires de Gouveia aceita que, em casos excepcionais, possa haver necessidade de penas perpétuas, forma de não invalidar o próprio fim da pena: "Ha doenças que ludibriam canceiras da medicina, como caracteres que frustram esforços de moralisação. A pena só acaba completa a regeneração, nunca antes d'este termo. Não póde nunca philosophicamente descrever-se á priori a sua duração para individuo nenhum e para nenhum delicto" (p. 62).

[812] "Não temos palavras condignas a descrever o nosso júbilo. Louvores e muitos e francos e perennes por haverem cerrado ouvidos a falsas caridades é quanto nos é dado dizer-lhes", acentua *idem*, *ibidem*, p. 70, tendo optado pelo "sancto princípio do contínuo isolamento".

[813] Que os concelhos possam vestir e alimentar os presos, com carne pelo menos três vezes por semana; que se apliquem todos os presos em trabalho nas cadeias; que se proíba o álcool e o tabaco no interior da prisão; que se limitem as visitas; que se aumentem os ordenados dos carcereiros... entre várias outras propostas imediatas – *idem*, *ibidem*, p. 89.

[814] "O principio da separação continua entre os criminosos é uma verdade discutida, analysada pela sciencia, illustrada pela práctica e já hoje assente como axioma. (...) Associar delinquentes é insultar o primeiro fim do direito penal, mentindo a possibilidade de moralisação. (...) O criminoso isolado póde corregen-se; associado não só não é provavel, senão que não póde (...)", escreve Aires de Gouveia, *ibidem*, p. 99.

[815] O penitenciarista oferece uma listagem de obras e autores que afirma defenderem o isolamento celular contínuo, o que é correcto: desde o português Sousa Azevedo ao belga Ductpétieux, Beaumont, Tocqueville, Demetz, Moreau-Christophe e Bérenger, entre os franceses; Crawford ou Jebb, nos ingleses; Julius, Mittermaier ou Varrentrapp nos alemães, entre vários – *idem*, *ibidem*, pp. 101 e 102.

ao seu director, ao seu médico e ao seu capelão manterem algum contacto efectivo com os reclusos. Homens e mulheres, menores e adultos, todos deveriam ocupar celas em distintos espaços da cadeia, de forma a garantir uma absoluta distância. Apenas mulheres deveriam contactar mulheres, o mesmo entre os homens. E, sobre a cela, Aires de Gouveia apenas cita o director das prisões belgas Ducpétieux, referência internacional à época, na descrição das suas características arquitectónicas e funcionais. O essencial era garantir o isolamento permanente do recluso, espaço para trabalho na cela, cumprimento dos ditames higiénicos da época quanto à ventilação e aquecimento da cadeia.[816] A prisão exige capela e escola, cozinha, padaria, armazéns para víveres, combustível, habitações para funcionários... Um mundo autónomo de punição, cindido do mundo exterior.

Contra o lente de medicina Baptista Calisto e as suas dúvidas levantadas sobre o isolamento integral, escreverá também expressamente Aires de Gouveia.[817] O que os separa é a opção entre os modelos de Auburn, o preferido do primeiro, e de Filadélfia, a apaixonada escolha de Gouveia. Este refuta a "maior economia" que Auburn possa pressupor, dada a necessidade de construção de oficinas, bem como a alegada redução do tempo de pena que a prisão em comum exigiria, apondo precisamente o contrário. Também o ensino e o trabalho na cela, em isolamento, lhe parecem sempre mais proveitosos e mais eficazes. À dimensão de vida celular, cabe assim sempre acrescer o desempenho de trabalho[818], um dever

[816] Reproduz-se um excerto relativo aos conteúdos da cela, totalmente ilustrativo da limitada vida prisional projectada para o recluso: "A mobilia deve ser simples, mas completa: uma maca debruada que possa, de dia, enrolar-se de encontro á parede com uma correia, para estender-se á noite por meio de ganchos e dos aros chumbados nos pannos oppostos da largura da cella; uma mesa, com charneiras fixas, que, levantando-se, possa servir para escrever e calcular; um môcho prêso ao chão e que, como a mesa, não possa ser deslocado; uma prateleira destinada a conter os objectos de uso do detido, escovas, pente, livros, escudella, colhér, etc., com um cabide para pendurar os vestidos; o extracto do regulamento da prisão, a lista nominativa dos membros da commissão vigilante, a tarifa da taberna (a havel-a), um crucifixo, alguns quadros com maximas piedosas ou moraes, uma vassourinha para varrer a cela, um apanhador para o cisco, uma esteira de palha ou junco, a ter a cella pavimento em vez de soalho, taes são, em geral, os objectos indispensáveis. Accrescentar-se-ha a isto a máchina ou os utensilios necessarios ao exercicio da profissão (...)" – *idem, ibidem*, p. 109.

[817] *Idem, ibidem*, pp. 113 ss.

[818] "Ao preso caça-se o direito de liberdade, porque d'esse partiu o delicto; o direito de communicabilidade, porque embaraça a regeneração; mas, para que o do trabalho, se d'este não veio, não virá nunca, senão bem? Em conclusão, pois, o prêso deve trabalhar, e a sociedade não tem a queixar-se, antes deve querer, que assim o faça, ou rigorosissimamente tem direito a obrigal-o a trabalhar (...)", escreve a pp. 124.

do preso no processo correctivo – e elemento fundamental na exigência de ressarcimento às vítimas e ao Estado nas despesas da reclusão –, e a existência de instrução, elementos no esforço de "moralisação" do recluso.[819]

Contemporâneo de Gouveia e de Calisto, o médico e higienista Macedo Pinto deixará também o seu contributo para a reforma prisional.[820] Prenunciando-se o advento penitenciário entre nós, sugere a construção de duas penitenciárias, aproveitando-se para tal, no entanto, antigos conventos, bem como a criação de um "presidio para os criminosos julgados incorrigiveis". Também cadeias "de regeneração ou penitenciarias de segunda ordem" nas comarcas e cadeias "de detenção e correcção" em cada concelho deveriam ser consideradas. Um hospital para alienados criminosos deveria igualmente ser erigido. Penitenciárias e cadeias seriam baseadas no modelo celular para alojamento nocturno dos presos, que incorporasse trabalho e um quotidiano parcialmente ao ar livre: não é, pois, o isolamento celular permanente o que propõe, mas apenas uma cuidada separação dos presos. O presídio, ultramarino, destina-se à ocupação em trabalhos agrícolas, o mesmo aliás que antevê para as cadeias ultramarinas, onde os condenados a degredo deveriam cumprir habitualmente esta sua pena. Um médico, um padre e um juiz, constituindo um "juri penitenciario", afectariam os presos aos distintos "meios de regeneração" existentes e assegurariam a administração das cadeias, colocadas na dependência do um serviço próprio do ministério da Justiça. Trabalho obrigatório como regra para todos os reclusos, instrução, um regime disciplinar de "penas e premios" e cuidados adicionais nas dietas e na saúde dos presos constituíam ainda parte do modelo.

Também Veiga Beirão, antes da sua dedicação à actividade política e nas vésperas da consagração legal do regime penitenciário, em conferência na Associação de Advogados de Lisboa em 14 de Outubro de 1865, deixará a sua posição sobre o tema.

Assente a pena de prisão como "base de toda a penalidade", desde que cumprida de acordo com os novos ditames penitenciários[821], defende, na linha, por

[819] E aqui louva-se também largamente Aires de Gouveia de Ducpétieux, quanto à instrução a ministrar aos presos. *Ibidem*, pp. 137 a 143.

[820] José Ferreira de Macedo Pinto, *Medicina administrativa e legislativa*, 2ª parte, Imprensa da Universidade, Coimbra, 1863, pp. 119 a 126.

[821] "Effectivamente quereis que a pena seja afflictiva? Privae o homem de liberdade e haveisl o ferido no uso do direito que mais caro lhe é. – Desejaes que a pena seja exemplo? Levantae uma peniten-

exemplo, também de Aires de Gouveia, que um programa penitenciário exige, a montante, um esforço de instrução do povo – "prodigalisar instrucção é economizar cadeias", mas vê ainda na prisão simultaneamente um meio de castigo e expiação do crime, de exemplo para a sociedade e de reparação da vítima, através do trabalho do condenado – afinal, "desadoramos as idéas de muitos que levados por uma falsa generosidade querem fazer das cadeias quasi logares de regalo para os presos" –, mesmo que destacado um fim essencial de correcção na pena. Nesta dimensão, a educação que o preso no modelo penitenciário possa receber parece-lhe o aspecto decisivo a incentivar, findando necessariamente um regime de convivência prisional em comum, como a vivida nas nossas cadeias tradicionais.[822] Mas o seu modelo proscreve igualmente um isolamento celular contínuo, que designa de "systema de enterrar vivo um criminoso, e é igualmente crítico em relação ao regime de Auburn, que permite afinal o trabalho em comum.[823] Veiga Beirão diz-se crítico, portanto, quer do exemplo original de Filadélfia, quer do regime de Auburn. Mas reconhece as vantagens do encarceramento celular, baseado na "separação" e não no isolamento, que sustenta dever ser mitigado por visitas regulares à cela, por parte de "pessoas de bem", que incutam ao preso a vontade de trabalhar e verdadeiros princípios morais.[824] Assim, a separação da turba criminosa deve ser aproveitada em trabalho e instrução, moral, religiosa, literária e profissional, num esforço concertado de "limpesa do coração" e "ilustração do espirito".[825]

ciaria e tendes erguido o mais alto pelourinho para exposição do criminoso. – Pretendeis que a pena seja proporcional? Graduae o encarceramento quanto ao tempo e quanto ao modo porque o aplicardes e havereis conseguido a escala mais equitativa para afferir delictos. – Exigis que a pena seja correccional? Separae o preso dos que lhe possam relembrar o mal, aproximae o dos que lhe possam avivar a idea do bem e havereis assim conseguido o mais importante de todos os fins a que a pena se deve propor. – Instaes ainda, e lembrados de que a justiça humana é falivel quereis que a pena seja reparavel? Haveis de recorrer á prisão porque a todo o tempo lhe podereis descerrar as portas e rehabilitar quanto ser possa e inocente perante a sociedade. Não são porem todas as cadeias para preencher estes requesitos. Não eram as antigas, e não podem ser muitas das modernas e nomeadamente as que se acham levantadas por esse nosso Portugal", escreve Francisco Antonio da Veiga Beirão, *Da reforma penitenciaria*, in "Gazeta dos Tribunais", 25º ano, nº 3666 (15 de Janeiro de 1866), Typographia da Gazeta dos Tribunais, Lisboa, 1866, p. 184.

822 In "Gazeta dos Tribunais", 25º ano, nº 3667 (17 de Janeiro de 1866), p. 188.

823 In "Gazeta dos Tribunais", 25º ano, nº 3668 (20 de Janeiro de 1866), pp. 191 e 192.

824 "A separação absoluta (...) pode ser funesta ao espirito e ao corpo dos que a soffrem, mas a separação em que o preso está dos criminosos e a communicação com a parte virtuosa e moral da cadea, longe de lhe ser prejudicial, deve tornar-se em incentivo de moralisação" – *idem, ibidem*, p. 192.

825 In "Gazeta dos Tribunais", 25º ano, nº 3669 (22 de Janeiro de 1866), p. 196.

A preferência por Filadélfia parecia acentuar-se como a interpretação menos defeituosa da reforma moral do condenado. E o degredo mantém-se como seu complemento. A "mitigação" do regime de Filadélfia aplicado entre nós, tradicionalmente descrita, cumpre-se também neste prolongamento de pena. Menos de dois anos passados, seria afinal este, em grande medida, o regime de inspiração correccional a ser vertido na lei.

§ 3º A ultrapassagem do correccionalismo e a recepção das doutrinas positivas

Entre o correccionalismo de meados do século XIX e a afirmação das correntes positivistas – nomeadamente as provindas da nascente antropologia criminal –, deve entender-se que não há uma verdadeira ruptura, como sucede face à escola retributiva, mas antes uma evolução. Tal é desde logo entrevisto nos textos portugueses. Mesmo os correcionalistas nacionais – como é imediatamente visível através das obras de Baptista Calisto ou de Aires de Gouveia –, não rejeitam em absoluto a existência de uma determinação de base biológica na origem da crime e ambas as perspectivas partem da análise do crime em função do criminoso como objecto particular e individual de estudo e não como mero elemento funcional na estrutura de aplicação de uma pena.

Todavia, se para o correccionalismo, a pena visa em primeira linha a recuperação moral e social de um condenado, para as novas correntes aquela deve ser, antes de mais, um instrumento de garantia da segurança do todo social. O enaltecer da dimensão de prevenção especial na pena, comum a ambas as perspectivas, tem um resultado distinto em função do critério reitor aplicado ao uso do direito de punir. Nem sempre a distinção é absolutamente clara entre correntes e autores. Tal como os autores do correccionalismo se encontram de algum modo seduzidos originariamente por uma base determinista na sua concepção da criminalidade – já o crime como *doença moral*, cuja referência se descobre sem sobressalto em Mello Freire –, também os introdutores da antropologia criminal de origem italiana em Portugal[826] são-no, de forma entusiasmada, mas ao mesmo

[826] O próprio Lombroso chega a destacar expressamente alguns autores – Bernardo Lucas e Júlio de Mattos – e meio: "Un autre journal la *Revista juridica*, de Bernard Lucas, paraît à Porto (Portugal) avec des belles études anthropologiques de Lucas et de Mattos sur une empoisonneuse typique" – César Lombroso, *Les apllications..., cit.*, p. 162. Bernardo Lucas, *A loucura perante a lei penal*, Barros e Filha Editores, Porto, 1887, pp. 89 e 90, dirá todavia sobre os trabalhos de Lombroso: "As observações minuciosas realizadas até agora por essa eschola não são ainda em numero tão elevado que afugentem do espirito a idéa de se enganar; todavia tudo leva já a crer em duas grandes classes de deliquen-

tempo são também seus cépticos, ao manter quase sempre uma ligação à existência de uma pauta moral no criminoso, impossível de esquecer, bem como ao associar-se ecleticamente com as novas escolas sociológicas, críticas de uma explicação fundamentalmente biológica do crime, que terão grande projecção entre nós e marcarão o discurso sobre o crime e a pena desde o final do século XIX até aos anos 30 do século XX. Um bom exemplo é o de António de Azevedo Castello Branco, simultaneamente o primeiro subdirector da Penitenciária no regime correccional de Filadélfia e o primeiro ministro da Justiça a estabelecer medidas de segurança de remoção ultramarina para vadios e condenados reincidentes... E, mesmo se associado igualmente a um certo cientismo militante – que, no plano político, irá aliás alimentar o republicanismo –, também o sociologismo penal nunca alienará totalmente entre nós essa marca moral de pendor correccionalista ou sequer significará a rejeição absoluta de uma dimensão retributiva no juízo penal.[827]

Afastando os tratados e os discursos parlamentares, do ponto de vista da prática punitiva e da incorporação no direito legislado da nova ciência penal, parece acertado falar de uma "hibridização"[828] entre as configurações de inspi-

tes perfeitamente separadas: uns que praticam o mal por instincto, outros que (...) são victimas das causas occasionaes. Segundo as calculos de Lombroso, os individuos da primeira classe, esses entes anormaes predestinados ao crime, estão para os delinquentes em geral na proporção de 40 por cento". A *Revista Juridica*, que o advogado portuense Bernardo Lucas funda em 1892, é efectivamente um dos fóruns de difusão da escola positiva, ao qual é forçoso associar o título *O Mundo Legal e Judiciário*, surgido em 1886, em Lisboa, pela mão de Alfredo Ansur e de Fernão Botto Machado, onde ganham corpo também a antropologia italiana e os estudos criminológicos dos seus seguidores nacionais, bem como já a nova escola de Liszt e Salleiles. Sobre ambos os periódicos e os seus editores, bem como apontando os seus conteúdos típicos e vicissitudes ao longo do seu percurso de publicação, v. as referências exaustivas de Luís Bigotte Chorão, *O periodismo jurídico português do século XIX*, Imprensa Nacional – Casa da Moeda, Lisboa, 2002, pp. 238 a 257 e pp. 266 a 272.

[827] Um mero exemplo, prestado aliás por um ministro da Justiça que procurou implementar o regime penitenciário entre nós: "Longe de mim o ser partidario de uma escola, que por ahi proclama a regeneração do criminoso como a unica missão da justiça social, escola que, querendo sublimar o homem julgando-o por natureza incapaz de praticar o mal, o rebeixa negando-lhe a liberdade, escola que só vê no criminoso, na penitenciaria um hospital (...). Se porém condemno este systema exclusivista, se julgo que a sociedade, ferida nos seus direitos (...), não póde prescindir de dar á pena o caracter essencial de punição para o culpado, de intimidação para o crime; nem por isso deixo de considerar a moralisação do condemnado, não como o unico, mas como um dos principaes fins da acção penal, como alvo constante do regimen penitenciario" – assim, Alberto António de Moraes Carvalho Junior, *Instituições Complementares do Systema Penitenciario. Da Libertação Antecipada e da Detenção Supplementar*, Typographia Universal, Lisboa, 1877, p. 11.

[828] O termo é usado por Tiago Pires Marques, *Crime e castigo...*, *cit.*, p. 131.

ração correccionalista (e mesmo anteriores) e as exigências destas novas escolas, sem esquecer que entre a nova Penitenciária de Lisboa e as pequenas cadeias de província existia também todo um mundo que as afastava de forma radical, cerceando quaisquer considerações homogénas sobre a realidade punitiva nacional. Perante a realidade de cadeia comarcã oitocentista, mesmo que não destinada em teoria ao cumprimento de uma pena longa, resultaria quase absurda qualquer discussão especulativa sobre antropologia criminal. A diferença é ainda mais impressiva se se pretender comparar a realidade metropolitana com a colonial.

Poucos anos após a publicação do texto fundador de Lombroso, Caetano Roberto Belarmino do Rosário Frias vai publicar *O Crime*, a sua tese final do curso médico no Porto e obra a dado momomento considerada como precursora dos estudos criminológicos entre nós.[829] "Não há crimes, há criminosos", escreve Roberto Frias[830], iluminando o caminho que continuará a ser percorrido nos anos seguintes, que se podem descobrir também na sua fisionomia e através da hereditariedade. Conhece-se e cita-se Lombroso, mas o seu trabalho não é um mero esforço de divulgação nacional do autor italiano, até porque semelhante afirmação não seria também descabida na literatura correccionalista, mesmo se acreditasse esta que a todos era possível acudir com esperança.

"Os assuntos que tocam a penalidade começam a prender a atenção pública. Houve recentemente conferências sobre a psiquiatria, publicaram-se artigos sobre antropologia criminal, de que ninguém falava neste país até há pouco tempo. Deve-se principalmente a aparição em Portugal de algumas publicações sobre a criminalidade submetida ao exame e ao critério da escola positiva à modernização fecunda da Itália no estudo das questões penais", escreve Castello

[829] Assim a considera Luís de Pina, *Doutrinas criminológicas e sistemas carcerários em Portugal – Aspectos histórico-críticos*, in BAPIC, nº 19 (1966), Ministério da Justiça, Lisboa, 1966, pp. 43 a 45, como o "primeiro estudo português sistemático do crime, após o advento de Lombroso". O mesmo autor apresenta uma breve biografia de Frias, médico de origem goesa que se fixou em Portugal continental em 1873. Pina salienta também outros dos primeiros textos nacionais neste alvor da criminologia, como as teses médicas apresentadas por Sérgio Moreira da Fonseca (1902), *O Crime (Considerações gerais)*, um "timorato político anarquista", e por Manuel José de Oliveira (1904), *O Problema de Lombroso. Estudo crítico de Bio-Sociologia sobre a Teoria Atávica do Crime*, que se verá também adiante, mas que não partilham também de um entusiasmo absoluto pela escola italiana e pelo pensamento de Lombroso.

[830] Roberto Frias, *O crime*, Typ. de Alexandre da Fonseca Vasconcellos, Porto, 1880, p. 9.

Branco em 1888.[831] Esta "modernização fecunda" italiana, *maxime* lombrosiana, chega e assenta assim com algum ruído, mas sem drama.[832]

Em todo o caso, é certo que o correccionalismo tradicional conheceu uma crítica forte provinda das novas escolas de inspiração positiva.[833] E, mesmo entre nós, tal crítica foi evidente. De facto, autores provindos da Medicina e do Direito cruzam-se na defesa das novas teses sociológicas e antropológicas em torno da explicação e prevenção do crime e do tratamento de criminosos. Cada vez mais a ideia de reformar, corrigir, moralizar (e na prisão, em maior ou menor isolamento), surge como simplista, ingénua e errada face à nova ciência, nas suas consequências na determinação do crime, e face à "causa social" da criminalidade.[834]

[831] António de Azevedo Castello Branco, *Notice sur l'évolution du droit penal portugais*, Imp. Nationale, Lisboa, 1888, p. 31 (tradução nossa).

[832] Como salienta Tiago Pires Marques, "(...) a antropologia criminal italiana, ainda que aparentasse uma ruptura face à criminologia clássica, pejorativamente apelidada de «metafísica», implantou-se sobre terreno já bem preparado. A nova linguagem criminológica retomava tópicos discursivos familiares (...) e integrou-os numa teoria «científica». A frenologia e a fisiognomomia haviam sido discutidas em 1844 (...). As figuras do «incorrigível» e do «reincidente», criadas em boa parte no contexto da produção da estatística, estavam na ordem do dia desde os anos 1850" – *Crime e castigo..., cit.*, p. 117. E pode até antecipar-se esta data, se se recordar que desde Mello Freire se anotava expressamente a existência de "homens já perdidos" a par de outros, corrigíveis, exigindo destinos distintos. A. A. Mendes Corrêa, *A Nova Antropologia Criminal*, Imprensa Portuguesa, Porto, 1931, pp. 235 e 236, vai socorrer-se aliás de um elenco de adágios portugueses antigos, de modo algo forçado, para procurar atestar que a ideia de incorrigibilidade é intrínseca à percepção popular sobre o criminoso desde tempos recuados: "Vê-se que, no meio dos absurdos penais antigos, se reconhecia a incorrigibilidade, embora a natureza das penas nesses casos não mereça aplauso. Essa noção existe no vulgo de hoje e de tempos menos distantes". A mesma recolha é feita quanto a uma relação entre a morfologia externa de um indivíduo e a eventual dúvida sobre as suas qualidades morais (pp. 238 ss.), em formulações tão díspares como "Sobrancelhas unidas, sinal de larápio" (adágio do Barroso) ou "À mulher barbuda de longe a saúda" (século XVI)...

[833] Sintetizando o tema e anotando também alguns dos seus intérpretes, em particular no campo da Medicina, v. a dissertação de mestrado de Maria João Vaz, *Crime..., cit.*, pp. 63 ss. Uma síntese de autores e obras pode também ser apreciada no texto de Luís de Pina, *A Antropologia Criminal em Portugal. Síntese histórica*, in "Congresso do Mundo Português", vol. XII, tomo I, Lisboa, 1940, pp. 679 ss., destacando igualmente a perspectiva da literatura médica.

[834] "Levantou-se ha um certo tempo a esta epoca uma escola lamuriante e piegas que todos os dias se está interessando pela sorte dos criminosos e por isso proclamão em linguagem empolada a dura sorte d'estes infelizes (...)", escrevia um dos grandes propagandistas (e dos poucos juristas) da nova escola, António Ferreira Augusto, *Alienados Criminosos, Cadeias, Serviços Medico Legaes e Toxicologicos, Pessoal Judiciario dos Tribunaes Criminaes – Reforma e reorganisação d'estes e d'outros Serviços Judiciarios*, Imprensa Commercial, Porto, 1894, p. 41.

Aquela escola, "lamuriante e piegas", na expressão do juiz Ferreira Augusto, não fora capaz afinal de ultrapassar as proclamações de princípios e de enfrentar decisivamente o problema da criminalidade que era cada vez mais o de evitar a reincidência e prover à defesa eficaz da sociedade.[835] Assim, este é o tempo em que também os nossos médicos e juristas vão desenvolver estudos, teóricos e práticos, em busca do *graal* da propensão criminal. Medem-se os corpos, anotam-se as tatuagens, conhecem-se os antecedentes familiares e os hábitos de vida, diagnosticam-se as taras, classificam-se os delinquentes. E rejeita-se a prisão celular correccional.

Em tese apresentada ao Congresso Jurídico de 1889, organização da Associação de Advogados de Lisboa, em concertação com as instâncias judiciais nacionais e com o Ministério da Justiça, o advogado, parlamentar e futuro primeiro presidente de uma nova República, Manuel de Arriaga, discutiu a valia do sistema penitenciário enquanto sistema capaz de acolher todos os criminosos[836] e fá-lo à luz de uma cisão que pressupõe necessária entre o passado e um tempo novo. "A idéa de que todo o criminoso era um doente susceptivel de cura e de que a therapeutica para restituil-o á sociedade como membro proveitoso da mesma, estava na própria penalidade e no systema penitenciario onde era cumprida, passou da alma de alguns pensadores eminentes para a grande maioria dos philosophos, jurisconsultos e moralistas do século passado e do que vae a findar, e por tal fórma penetrou no espírito publico, que os governos foram levados a sanccional-a como principio de legislação penal (...)"[837], assim abre Arriaga o seu texto.

Contudo, face às virtudes que na escola positiva se descobria, afirma-se agora convencido de "que o systema penitenciario, qualquer que seja a escola adoptada

[835] "O problema porem da amelioração do criminoso ainda não foi resolvido satisfatoriamente entre nós. (...) Tem-se atendido unicamente á parte physica do criminoso, ao seu menor sofrimento e por isso tam somentge a uma parte moralisadora da pena, embora a não mais importante, deixando comtudo de atender a outros elementos e a outras condições. Tem-se descurado completamente a sua educação moral, não se procurando por meios indirectos evitar quanto possivel que hajão criminosos. Tem-se-lhe dado largas liberalidades, concedido garantias injustificaveis, baseadas em certos principios de liberdade que se nos afiguram de consequencias funestas para o bem estar social. A verdadeira liberdade para nós não consiste em proteger os perturbadores da ordem, os que attentão contra o seu regular andamento!" – *idem, ibidem*, p. 49.

[836] Manuel d' Arriaga, *O systema penitenciário, quando exclusivo e único, abrangerá os phenomenos mais importantes da criminalidade, e, não os abrangendo, converter-se-há n'uma instituição contraproducente e nefasta?*, Imprensa Nacional, Lisboa, 1889.

[837] *Idem, ibidem*, p. 3.

para o executar, designadamente o cellular a que visâmos, tende a desapparecer por contrario ás causas physiologicas psychicas e sociaes, a que obedece o crime; e que, emquanto não for eliminado, terá de ser restricto a um grupo limitado de casos".[838]

O criminoso como "enfermo suceptível de cura", eis o ponto de partida da crítica ao que Arriaga chama de "escola penitenciaria moderna". O juiz seria assim como o médico "infalível", que determinava e administrava a pena de acordo com a doença do criminoso, e com um resultado necessariamente positivo, resultando na restituição à sociedade "de que foi sequestrado". O texto de Manuel de Arriaga é um bom exemplo da crítica que o correccionalismo, concretizado através dos ideais do sistema penitenciário, sofre já à luz de um positivismo militante, nas suas várias acepções. Garofalo, Tarde, Lombroso, Ferri – estes os nomes que Manuel de Arriaga usa no seu texto, em apoio à sua posição de desconfiança sobre as virtudes absolutas do modelo penitenciário, numa fusão conveniente de teses, mesmo que distintas. Qual então o conteúdo das suas críticas, com essa base mescladade novidades?

O homem criminoso, para Arriaga, não pode ser sempre considerado como um *enfermo*, "um infeliz que se encontra n'um estado anormal", sob prejuízo de ser então impossível responsabilizar criminalmente, por não se poder determinar a intenção criminosa. Do mesmo modo, duvida se a pena é o único remédio a aplicar ao criminoso e se resulta esta efectivamente na sua cura. Mesmo não negando que possa haver "muitos criminosos que sejam verdadeiramente enfermos", contesta sim, "no actual estado das sciencias, e sobretudo da anthropologia criminal, [que] todos os criminosos sejam enfermos e enfermos susceptíveis de cura".[839]

O criminoso, na perspectiva adoptada pelo autor, é passível de ser categorizado e, de acordo com essa classificação, deve admitir-se que existem de facto criminosos "rebeldes á cura que se lhes pretende impor pela punição", na consideração do crime que se define por uma dimensão e manejo humanos, como propõe Arriaga.[840] Mesmo não referendando sem reticências a ideia de existi-

[838] *Idem, ibidem*, p. 6.

[839] *Idem, ibidem*, p. 10.

[840] "Virá aqui a propósito perguntar o que é pois o crime?! No estado da mentalidade actual somos de opinião que o crime em si é um producto artificial da civilisação, envolve, é certo, na maioria dos casos, uma violação de elementos constitutivos da natureza humana, dentro da sociedade, e muitos d'elles n'uma determinada epocha.(...) O crime (...) está nas leis, embora implicitamente encontre as suas raízes na natureza" – *idem, ibidem*, p. 11. E cita Tarde: "A origem do crime é antes de tudo historica, e a sua applicação antes de tudo social".

rem delinquentes natos, de acordo com os "modernos criminalistas" – e refere Lombroso, Ferri e Garofalo –, entende que basta a sua possibilidade para se pedir "a sua exclusão do actual systema penitenciario, designadamente o cellular", já que, sendo incurável por natureza o estado do criminoso, não faria sentido aprisioná-lo dentro "d'essa monstruosa machina de penitencia, a que um ilustre clínico e parlamentar portuguez não menos illustre classificou ironicamente de *Laboratorio* de virtude".[841] Trata-de de António Maria Senna, que propunha

[841] *Idem, ibidem*, pp. 15 e 16. Refere-se a Senna, médico e deputado à Câmara dos Pares, nas sessões de 5 e 7 de Maio de 1888. António Maria de Senna era catedrático de Medicina e foi o primeiro director do hospital de alienados Conde de Ferreira, no Porto. Reproduz-se parte da intervenção, de acordo com os relatos da sessões, pelo interesse que a discussão desperta: "(...) eu (...) declaro a v. exa. e á camara que considero importantissima a questão das prisões, na qual vejo – por um lado, uma questão de assistencia publica a uma media annual de 12:430 desventurados, – e, por outro uma questão de defeza social contra o mesmo numero de perturbadores da ordem publica, que quotidianamente offendem as pessoas e as cousas, a segurança publica, o equilibrio estavel dos elementos da nação de que resulta a ordem, o progresso e a realisação das nossas aspirações como povo culto. (...) vou dizer a v. exa. quaes os motivos por que não concordo com o espirito da lei de 1 de julho de 1867, por effeito da qual foi decretado o regimen penitenciario posto em pratica na penitenciaria central de Lisboa. Sr. presidente, vejo presente o digno par e illustre homem d'estado, o sr. Barjona de Freitas, esse espirito elevado que traçou com mão de mestre a lei que eu vou atacar. Calcula v. exa., certamente, qual será o meu embaraço, só medivel pela minha ousadia, impondo-me o encargo de combater, na presença do seu illustre auctor, e n'uma assembléa em que abundam jurisconsultos, uma lei penal, reputada excellente pelo sr. ministro da justiça e defendida denodadamente pelos nossos jurisconsultos mais eminentes. Ao illustre ministro que referendou a lei eu peço, em especial, que me perdoe a ousadia, certissimo de que as ligeiras considerações que vou expor em nada diminuem, no meu espirito, o respeito devido a s. exa. como um dos homens publicos do meu paiz, em quem eu reconheço maior valor, e a cuja iniciativa se deve quasi toda a legislação liberal dos ultimos tempos. Sr. presidente, por não acceitar, em todas as suas partes, o regimen penitenciario decretado em 1867, não deixo de reconhecer que este systema penal representa um passo avançado na evolução dos nossos conceitos em relação ao modo por que comprehendemos o crime, as suas causas e os seus remedios. (...) Sr. presidente, a primeira nota que eu faço á lei organica que estabeleceu o regimen penitenciario entre nós, é que ella decretou um systema penal não adoptavel ao criminoso portuguez. O regimen penitenciario, tal como está decretado, é um systema de punir exotico, e como tal contrario ao fim do legislador. Este defeito, que é enorme, provém, como outros que mais tarde apresentarei, de que o legislador de 1867, como ainda o de 1884, estudou o crime, sem estudar ao mesmo tempo o criminoso, nos seus habitos, nos seus costumes, e na sua historia natural. Vejamos. Supponha v. exa., sr. presidente, que estavam construidas e installadas as penitenciarias creadas pela lei de 1867, e que já podiam funccionar no quadriennio, a que me tenho referido, de 1878-1881. Em tal hypothese seriam sequestados n'ellas, para cumprir a pena, os condemnados n'aquelle periodo de quatro annos. De que classe social vem essa população criminosa? Será educavel, poderá regenerar-se na prisão, como pensa e como quer o legislador de 1867? Para responder, com consciencia, a esta pergunta é mister ter presente no espirito, por um lado o systema de prisão cellular, tal como

inversamente, com base numa classificação prévia, entre "criminosos-natos", "criminosos por defeito da educação" e criminosos d'occasião", se ajustassem as penas a cada uma das classese tomando em consideração a vantagem nas colónias agrícolas em Portugal, onde a criminalidade grave era fortemente rural.

está em pratica na penitenciaria de Lisboa, e por outro as qualidades da população doente, para ver se, com effeito, a prisão póde ser escola, ou antes hospital adequado aos doentes que o legislador de 1867 quer curar ou regenerar. A camara conhece as penitenciarias e o seu regimen interno. Sabe que o criminoso vive isolado, dia e noite, de todos os outros por causa do contagio, diz o legislador; e que nos poucos palmos da cella elle tem de passar, o minimo dois annos, o maximo oito, podendo trabalhar n'uma arte ou officio que aprende, se o não sabe, – saíndo poucas vezes, e em certos casos, para uma nesga de terreno junto á sua cella, e para a escola ou para a igreja, mas sempre, na escola como na igreja e no percurso, mudo e de face velada com um panno ou capuz com dois buracos correspondentes aos olhos, por onde vê os espectros mudos, seus companheiros. A isto junta-se o ensino da moral e da religião e a instrucção elementar de que, porventura, careca para a sua rehabilitação. Isto conhece a camara muito bem, e é forçoso confessar que tudo foi prescripto pelo legislador, com a mão na consciencia, para obter uma regeneração profunda ou salvadora. Vejâmos agora quem são esses homens, dados ao crime, para quem a lei penal criou os laboratorios de virtude, denominados penintenciarias. Sr. presidente, esses homens, no nosso paiz, são, n'uma grande parte, agricultores de vinte a quarenta annos, habituados á vida livre dos campos desde que nasceram até que entraram na prisão. (...) Peço á camara que note o tormento que será para o agricultor o isolamento da cella, para elle habituado a continuo e intimo convivio com a natureza nos seus trabalhos agricolas. Tal mudança de vida deve forçosamente ser causa poderosa de mortificação organica e psychica, que mal se comprehende n'um systema penal, que tem por fim transformar, n'um homem util, um membro incommodo da sociedade. (...) Pois bem, criem-se penitenciarias agricolas ou mixtas, em que a sociedade possa sequestrar os criminosos e corrigil-os pela fórma mais proveitosa para elles e para a sociedade. Ha, demais, enorme vantagem em adoptar este systema entre nós, por termos tantos terrenos incultos na metropole como nas provincias ultramarinas. (...) Eu peço a v. exa., sr. presidente, que não repare em eu me servir da linguagem medica n'este assumpto. Bem vê v. exa. que ella é perfeitamente adequada ao pensamento do legislador de 1867, que chamou doença ao crime, e remedio á prisão cellular. Com effeito, se o legislador de 1867 tivesse analysado o criminoso, que desejava curar, conheceria que o crime, por elle praticado, era umas vezes a expressão natural e fatal de sua natureza perversa; que outras provinha da sua falta de cultura ou educação, a seu turno dependente, um grande numero de vezes, do abandono em que havia vivido desde o nascimento; emfim, que, n'outros casos, o crime era perfeitamente casual, explicando-se sempre por circumstancias imperiosas, que rapidamente determinaram o agente a uma offensa social. Isto conduzil-o-ia a classificar os criminosos em tres grandes classes, a saber: criminosos-natos, criminosos por defeito da educação, e criminosos d'occasião. E, feita, estabelecida em solidas bases, esta divisão primaria, o legislador, conscio do assumpto, formularia um systema penal em que fossem respeitadas as illações deduzidas da historia verdadeira do crime e do criminoso. É por não ter seguido este caminho que o legislador de 1867 commetteu a falta imperdoavel de estabelecer um systema penal uniforme para todos os criminosos (...)". V. *Diario da Camara dos Dignos Pares do Reino*, nº 128, 1888, pp. 684 a 686 e nº 129, pp. 704 a 711, in *http://debates.parlamento.pt/page.aspx?cid=mc.cp2*, acedido em Agosto de 2010.

Tal como Pinheiro Ferreira, meio século antes e em contexto muito distinto, também Arriaga nota que o sistema penitenciário não seria capaz de assegurar a regeneração à força[842], em mera decorrência de uma sentença de fixação de uma pena de prisão de duração determinada à partida pelo juiz, de acordo com um juízo de culpabilidade de um júri. Para os criminosos considerados natos, criminosos por *instinto*, bem como para os reincidentes, que já haviam provado a sua incapacidade de se regenerarem, propõe Manuel de Arriaga que seja excluída a aplicação do sistema penitenciário, cujo resultado ameaça a própria sociedade.

Arriaga, contudo, não partilha grande entusiasmo com os modelos de Lombroso, apesar de encontrar necessidade de determinar quem são, então, esses criminosos por instinto, condenados perpetuamente ao crime. Não dá, todavia, uma solução satisfatória ou concludente ao problema, entendendo ser tema a que a "a genealogia e a vida dos acusados, as circumstancias que precederam, acompanharam e se seguiram á perpetração do crime, e muitos outros recursos de que a accusação e a defeza lançam sempre mão (...), a intervenção de médicos legistas para os casos de duvida"[843] poderão dar resposta. Estes, "mesmo pela coherencia do systema", deveriam ser poupados à "tortura e aos perigos da penalidade penitenciaria".

Arriaga cita novamente Tarde, partilhando uma imagem ao gosto da época – "os crimes e os delictos não são mais (...) do que os accidentes do caminho de ferro da vida social, lançada a todo o vapor, e se não convem esquecer que uma marcha mais rápida reclama um freio mais forte, ou antes um freio differente: esse freio não poderá encontrar-se na theoria da regeneração do criminoso pela penalidade penitenciaria".

Para além dos criminosos por instinto e dos reincidentes, também os loucos incuráveis caberiam no grupo daqueles para quem um sistema penitenciário cujo objectivo era regenerar não fazia sentido, bem como os criminosos com mais de 60 anos, cuja esperança de vida e eventuais hábitos prolongados de crime não permitiriam beneficiar de qualquer melhoramento. Do mesmo modo, pretende excluir do sistema penitenciário os criminosos religiosos ou políticos, aqueles que a História ensina que poderão vir a ser considerados no futuro "cooperadores providenciaes do progresso humano".[844] Para além destas exclusões do regime

[842] "O medico que o mesmo asseverasse a respeito de todos os seus doentes, seria tido como o maior dos charlatães; no emtanto o legislador, porque assim o determina, é havido como infallivel, e uma civilisação inteira se empenha em dar-lhe rasão a torto e a direito!!...", escreve a pp. 17.

[843] *Idem, ibidem*, p. 19.

[844] *Idem, ibidem*, p. 26.

penitenciário, propõe também que a duração da pena possa ser objecto de revisão por um tribunal superior, reduzida ou ampliada, de acordo com o grau de regeneração que seja obtido por parte do condenado, com a audição prévia do conselho penitenciário e do próprio recluso.

Para os casos de uso admissível do sistema penitenciário, Arriaga partilhará com Lombroso a preferência, perante um modelo penitenciário, pelo sistema progressivo, de tipo irlandês.[845] Mas a sua crítica ao sistema penitenciário celular não nasce apenas das apontadas incongruências de modelo. Provém igualmente das próprias instituições que o sustentam, onde vê não mais que a racionalização da tortura, a coberto até da filantropia.[846] Mais tarde, já presidente inaugural da República Portuguesa, Arriaga visitará a Penitenciária de Lisboa em Junho de 1912, a funcionar ainda sob regime de inspiração filadelfiana, e a sua crítica será igualmente severa.[847] A flexibilidade e a adaptabilidade ao criminoso em concreto do regime prisional eram também decorrências necessárias da antropolgia criminal, não agora em função da oferta da melhor *cura moral*, mas do aperfeiçoamento da pena em função do seu sucesso na contenção da criminalidade.[848]

[845] V. *idem, ibidem*, p. 23. No mesmo sentido, também Bernardo Lucas, *op. cit.*, pp. 228 ss. e 261 ss., vendo como penas preferenciais, para incorrigíveis, o degredo perpétuo e, para os passíveis de regeneração, o regime penitenciário progressivo, com uma pena indeterminada.

[846] "(...) Então mostrar-se-ha em toda a nudez da verdade (...) essas prisões cellulares, magistosas machinas de penitencia, que tanto deslumbram pela fria grandeza da sua structura symetrica, quanto nos aterram pelos mysterios que lá escondem, pelas dores, gemidos, desesperos e loucuras que abafam no seu impassivel silencio!! Não será então para admirar que os dedicados funccionarios que ali executam á risca os seus regimentos internos em obediência a certos preconcebidos e preconisados processos da regeneração do criminoso, sejam comparados a esses fanaticos que os precederam, os dominicanos, quando estes na austeridade da sua crença, á força de expiação e torturas de todo o género incluindo o fogo, purificavam as almas para a sua entrada na eternidade!...". *Idem, ibidem*, p. 27.

[847] Como conta Ricardo Rodrigues, "o (...) alto magistrado, ao entrar no estabelecimento, quando da sua visita, disse para todos que o acompanhavam: «se o meu coração podesse tranformar-se em bomba, havia de metel-o sobe os alicerces deste edifício maldito para o fazer voar!»" – R. Rodrigues, *Cadeia Nacional de Lisboa (Penitenciaria Central) – Seu significado no problema penal português, sua história e descrição*, Oficinas gráficas da Cadeia Nacional, Lisboa, 1917, p. XXV. Sobre as diligências efectivamente desenvolvidas por Arriaga junto do Governo em torno da reforma do regime penitenciário, v. Luís Bigotte Chorão, *Política e justiça na I República*, vol. I, Letra Livre, Lisboa, 2011, pp. 225 a 229.

[848] João da Silva Mattos, *op. cit.*, p. VI, escreve, com algum exagero: "Ao passo que, na Europa e na America, se discutia nos parlamentos, nos congressos, nas sociedades scientificas e nas philantropicas, nos livros, e nos jornaes, qual seria preferivel entre os differentes systemas penitenciários e o

Trata-se de temas que percorrerão caminho entre nós. A escola positiva e os autores da antropologia criminal não deixarão de o proporcionar. Numa singular associação e em nome da fé e já da ciência, desenvolveram-se os modelos penitenciários e as instituições que os deveriam acomodar, mas será também uma reclamação de cariz científico que os condenará, em nome de uma nova racionalidade de defesa social.[849] A propósito do mesmo Congresso de 1889, Manuel Ferreira Deusdado, demonstra bem, no tocante à pergunta "Em que sentido é urgente reformar os códigos penaes, na parte relativa ás condições de responsabilidade criminal do agente (...) e aos effeitos das circunstancias dirimentes, para que a doutrina da lei fique de accordo com as afirmações da psychologia comtemporanea, da anthropologia criminal e da pathologia alienista (...)?", como o tema não era absolutamente consensual ou claro, como o pretender presumir alguma da sua literatura da época. Deusdado vai responder ainda na defesa de um primado da responsabilidade, no qual a legislação penal europeia afinal se baseia, e alertar para os "exageros (...) subversivos da ordem social e attentatorios para a dignidade humana" que vê na antropologia criminal. O congresso em causa dividiu-se afinal entre partidários da nova escola, penalistas clássicos e aqueles que, sem dispensar um fundamento moral na imputação, admitiam a necessidade de integrar alguns conteúdos da nascente antropologia criminal, desde logo o aperfeiçoamento do modelo judicial para lidar com os loucos inimputáveis.[850] Entre os críticos do sistema clássico, estava Castello Branco.

mais conducente á regeneração dos criminosos, quasi se ignorava em Portugal este animado e generoso movimento dos espiritos. Desattendendo complemente o que a sciencia estudára e concluira, comparando os vários systemas, e reprovando, na theoria e na pratica mais esclarecida, o systema cellular de longa duração, adoptou-se em Portugal o que tinha contra si os clamores da humanidade e a concludente demonstração da sua inefficacia para corrigir e castigar".

[849] Assim, "(...) tem de assentar o castigo num principio hygienico e superior, que só o tempo remediará com uma remodelação radical das condições sociaes. O systema penal tem de sofrer essa reforma completa, tirando-lhe a feição da escola classica do livre arbitrio, que se tem merecimentos, tem tambem defeitos importantes. A sociedade tem de defender-se dos doidos, dos criminosos-natos, e dos passionaes, pelos hospitais de alienados, pelo destêrro, e com as escolas agricolas, de forma a indemnisarem os prejudicados, com o producto do seu trabalho, mais em harmonia com a escola anthropologica", escreve José Coelho d'Andrade, *A cadêa comarcã*, Tipografia Tirsense, Santo Tirso, 1915, p. 6.

[850] V. Ferreira Deusdado, *Uma these penologica do Congresso Juridico de Lisboa*, in REE, vol. IV, Guillard, Aillaud e C., Lisboa, 1889, pp. 177 a 179. O primado da responsabilidade para Deusdado permite acomodar os casos em relação aos quais a escola antropológica procurava justificação. Como escreve, "há individuos que na practica do crime, ou sejam instinctivos ou loucos, são destituidos por uma anomalia psychologica do sentimento ethico-juridico. Ninguem com boas razões deixará de acceitar

António de Azevedo Castello Branco, membro da primeira direcção da Penitenciária de Lisboa em 1885, parlamentar e ministro da Justiça entre 1893 e 1897, convencido do aumento progressivo da criminalidade e da relevância da reincidência, não tem dúvidas que a "emenda moral dos condemnados é uma miragem que illudira momentaneamente a espectativa dos legisladores".[851] Esta "illusão da omnipotencia educativa"[852], como apelida noutro momento, que associa à escola correccionalista, deveria então ser confrontada com uma realidade que admite criminosos incapazes de correcção, insensíveis a qualquer regime penitenciário, independentemente das vantagens que também vê neste, aos quais apenas um regime que se concentre em anular a sua perigosidade de forma duradoura e efectiva pode ser aplicado. Para estes, a antropologia criminal parecia oferecer diagnósticos que permitiam distinguir corrigíveis de patológicos e criar, sem risco de uma impunidade generalizada, formas de controlar a ameaça social que estes representavam, mas não podia também ser usada como pauta absoluta para enformar qualquer sistema penal.

Para Castello Branco, um moderado face aos entusiasmos de escola, o sistema penitenciário, elemento central da crítica positiva, não era incompatível com a aceitação das valias da antropologia criminal mas também não era sequer um monumento à emenda certa do condenado: era apenas um sistema aperfeiçoado de execução da pena de prisão, em condições de oferecer oportunidades até aí desconhecidas de reforma, pela incorporação sistemática dos seus conteúdos de trabalho, disciplina, educação, para aqueles condenados que estivessem em condições de as aproveitar. Não era uma resposta universalizável à partida, com sucesso, a todos os criminosos, nem um elemento de um certo sadismo punitivo, como para vários dos novos positivistas. No contexto de defesa do modelo penitenciário, Castello Branco é aliás também um adepto dos sistemas penitenciários progressivos e do uso da liberdade condicional[853] – tendo tido a oportunidade de consagrar esta última no direito português em 1893.

que, que estes anomalos, posto que estranhos á acção da justiça, devem ser sequestrados temporariamente do convivio social porque são perigosos para a segurança publica. Proclamar porém em nome de qualquer hypothese todo o delinquente irresponsavel é uma fantasia e uma iniquidade, que nenhum codigo positivo póde acceitar" (p. 187).

[851] António d'Azevedo Castello Branco, *Estudos... cit.*, p. 8. Adiante, nota também que "esta risonha e refulgente perspectiva (...) não se harmonisa com os modernos estudos estatisticos da criminalidade" (p. 109).

[852] *Idem, ibidem*, p. 187.

[853] Mesmo sendo um dos responsáveis por assegurar o cumprimento do regime de Filadélfia mitigado na Penitenciária de Lisboa, não deixa de referir que "não podemos suppôr que o adoptado entre

Mas, para o "homo criminalis", exista ele ou não, e para o reincidente aparentemente incorrigível[854], julga Castello Branco que as medidas mais adequadas são a reclusão indeterminada, designadamente em asilos criminais, e o degredo para colónias penais ultramarinas, mesmo que admitindo aqui a sua possível regeneração.[855] Esta posição, mitigada, prudente e eclética, cruzando ferramentas de intuito correccional e respostas formuladas essencialmente de acordo com um fim de anulação da perigosidade, manter-se-á como uma linha estruturante pelas décadas seguintes e será a motivação de uma agenda legislativa aprovada e implementada.

Castello Branco vai também discutir a relação entre criminalidade, regime penitenciário e loucura num texto que publica em 1892.[856]

Se o trabalho e, em particular, o isolamento do condenado, quando decretados pelo tribunal na aplicação de uma pena de prisão, como refere noutro momento Castello Branco, estavam previstos, ainda na perspectiva do Código de 1852, como agravantes materiais da sua condição de reclusão e não visavam a correcção ou a emenda dos condenados[857], com o regime penitenciário em funcionamento a perspectiva é necessariamente divergente. No entanto, tal não parecia suficiente para acomodar as situações em que os indivíduos "vivem sob o dominio funesto de uma nevropathia".[858] Assim, propõe o dirigente que se possa considerar a ins-

nós esteja no zenith das instituições perfeitas, e por isso não é inoportuno referirmo-nos ao systema progressivo que, theorica e praticamente, vae disputando o terreno ao regimen cellular continuo, parecendo que, n'um futuro não muito longinquo, será elle definitivamente introduzido na generalidade das legislações criminaes, principalmente na applicação e cumprimento das penas de longo praso" – *Idem, ibidem*, p. 69.

[854] Mesmo reconhecendo o atraso da legislação em ajustar-se a estas novas descobertas: "(...) Tanto nos estudos puramente theoricos, como nos codigos, têm dominado as doutrinas metaphysicas, e o livre arbitrio, esta força mysteriosa em virtude da qual o homem determina por impulso proprio e consciente as suas acções, tem-se considerado o fundamento da responsabilidade moral. (...) Os modernos estudos psychologicos demonstram que todas as acções humanas são determinadas por causas de que aquellas são um effeito necessario. (...) A proporcionalidade entre os actos criminosos e as penas, a simplificação e mitigação d'estas têem sido as máximas conquistas dos legisladores modernos; mas as estatisticas criminaes provam que os mais bem elaborados codigos têm sido inefficazes para oppôrem um dique á torrente" (*idem, ibidem*, pp. 112 a 114).

[855] "Para os primeiros a segregação perpetua, ou por duração indeterminada, afigura-se a medida penal mais idonea. Para os segundos, a remoção para colonias penitenciarias no ultramar com a liberdade condicional, depois de terem dado provas de que a mudança operou n'elles uma salutar modificação" – *idem, ibidem*, p. 101.

[856] António de Azevedo Castello Branco, *Cadeias e manicomios: uma reforma necessaria*, Imp. Minerva, Lisboa, 1892.

[857] António de Azevedo Castello Branco, *Notice...*, *cit.*, pp. 8 e 9.

[858] António de Azevedo Castello Branco, *Cadeias...*, *cit.*, p. 5.

tituição de espaços adequados para receber os alienados, que não o espaço da Penitenciária. E, igualmente, que se possa ponderar "a necessidade incontroversa e instante de se harmonisar o regimen penal penitenciario, que adoptámos, com as conclusões scientificas a que tem, nos ultimos tempos, chegado o estudo da psychiatria"...[859] Todavia, invocando diversos autores, acaba por considerar que "só em casos excepcionaes a detenção cellular será a causa unica da perturbação morbida"[860], devendo encontrar-se antes na hereditariedade a fonte mais profunda dos distúrbios, mesmo se a reclusão em isolamento os poderá exacerbar – resultando nos *acessos carcerários*.[861]

Não deixa contudo de assinalar Castello Branco que "estão, por virtude das sentenças dos tribunais, submettidos á pedagogia penitenciaria alguns infelizes que deveriam ter sido hospedados no asylo do conde Ferreira"[862], tal como reconhece que o isolamento celular – ou, como designa eufemisticamente, a "melancolia carceraria" – poderá conduzir à depressão. Parece-lhe também que o "isolamento absoluto já não existe em cadeia alguma", pelos defeitos reconhecidos, nem tão-pouco na penitenciária de Lisboa, inaugurada poucos anos antes desta sua publicação. O seu ponto é, efectivamente, a necessidade de remeter a asilos os loucos que dão entrada no sistema penitenciário, assim condenados "a cumprir uma pena de effeitos illusorios".[863]

Recorda o autor, de acordo com o artigo 114º do Código Penal (1886), que em caso de sobrevir um estado de loucura de um condenado, durante a execução da pena, esta se deverá suspender por esse tempo, sendo novamente imposta uma vez finda a doença. No entanto, esta previsão parece-lhe insuficiente, pois, para várias situações, a pena de prisão resulta como totalmente desadequada, mesmo que a loucura não seja notória a todo o tempo. Entra-se no campo dos hospitais e não da prisão. E conta precisamente Castello Branco o caso de um condenado na Penitenciária a quem esta enlouquecia e apenas em Rilhafoles (o hospital psi-

[859] *Idem, ibidem*, p. 6. Noutro momento escreve: "Ha criminosos que se assimelham ao homem primitivo e que constituem a antithese do homem civilisado. Alguns sabios explicam este facto pelo atavismo, outros pela degenerescencia, outros pela pathologia: mas, se ha divergencia na explicação, ha accordo no reconhecimento da existencia destes typos anormaes" – António d'Azevedo Castello Branco, *Estudos...*, *cit.*, p. 206.

[860] António de Azevedo Castello Branco, *Cadeias...*, *cit.*, p. 11.

[861] E não receia afirmar que "os epilepticos estão mais expostos a precipitarem-se no despenhadeiro da criminalidade, e por isso no risco mais iminente de serem punidos por actos offensivos da lei penal" (p. 14).

[862] *Idem, ibidem*, p. 16.

[863] *Idem, ibidem*, p. 21.

quiátrico que no final do século XIX recebe um anexo para alienados criminosos) se curava – mas que nesse momento era obrigado a reentrar no isolamento celular, rapidamente degenerando novamente.[864] Elucidativamente, a presença de Castello Branco na pasta da Justiça significará também uma melhoria no tratamento dos alienados criminosos.

O tempo dos juristas no campo da aplicação das novas fórmulas punitivas parecia então ter terminado.[865] Melhor, mais preparado, mais adaptado às exigências da criminalidade que o jurista, estava o *alienista*. Basílio Freire, já doutor em medicina, publica em 1889 entre nós, na prática, uma divulgação sistemática das obras de Lombroso – e Lombroso é, aliás, nas primeiras páginas, apresentado como um perseguido, mas não um perseguido indiferenciado, sendo colocado a par de Cristo, Copérnico ou Galileu...[866]

Se as últimas décadas do século XIX e o início do século XX são o tempo, entre nós, da psiquiatria, o tema da loucura encontra na criminalidade e na procura de novas respostas para esta um espaço natural de acolhimento, em particular no espírito da escola positiva e de acordo com uma concepção que discute a possibilidade de "curar" o criminoso e a existência de causas fisiológicas para o crime, mesmo que sem unanimismo[867] e, em especial, sem uma decantação total para a lei positiva que se exigia. Lombroso é uma das fontes abundantemente citadas pelo médico português Júlio de Matos (1856-1922), um adepto do positivismo comteano, professor de Psiquiatria Forense e director dos hospitais psiquiátricos

[864] Assinala assim que é necessário "(...) retirar immediatamente da prisão aquelles cujo estado mental reclame cuidados que só possam ter nos asylos de alienados. (...) Cumpre firmar em novos principios o direito penal, attendendo-se mais á defeza dos direitos individuaes e sociaes do que á applicação da pena com o fim de reparar o damno moral hypotheticamente causado á sociedade, pois que este criterio methaphysico da responsabilidade criminal é, não só archaico, mas illusorio" – *idem, ibidem*, p. 26.

[865] Rodrigo Rodrigues, médico e director da Penitenciária nos primeiros anos da República, salienta aliás criticamente como, aberta a nova prisão, fora "entregue para mais, segundo o espirito da epoca e da lei, a direcção do estabelecimento a juristas, embora muito competentes e não a medicos (...)". R. Rodrigues, *Cadeia Nacional de Lisboa..., cit.*, p. 15.

[866] Basílio Augusto Soares da Costa Freire, *Os criminosos*, Imprensa da Universidade, Coimbra, 1889, pp. 2 e 3.

[867] António Luiz Gomes, por exemplo, vai em 1892 defender tese em Coimbra afirmando que "o criminoso nato de Lombroso não existe" e que "as conclusões da anthropologia criminal por emquanto nem oferecem novos meios de prevenir o delicto, nem criterio novo para agravação ou attenuação da pena – Antonio Luiz Gomes, *Teses Selectas de Direito que sob a presidencia do preclarissimo e sapientissimo senhor Doutor Pedro Augusto Monteiro Castello Branco (...) se propõe defender na Universidade de Coimbra para obter o grau de Doutor (...)*, Coimbra, 1892, p. 23.

do Porto e, depois, de Lisboa, que foi um dos mais relevantes exemplos desse tempo. A Escola Médico-Cirúrgica do Porto será, aliás, um importante centro para o desenvolvimento da escola antropológica em Portugal.

Em 1889, Júlio de Matos publica *A Loucura*, obra actualizada e reeditada em 1913, e que reúne um conjunto de estudos em grande parte dedicados a temas médico-legais, em que a observação médica ressalta como elemento fundamental para o diagnóstico do crime. Nessa linha, sobre os "crimes epilepticos", vem salientar que "os signaes apontados como proprios dos crimes epilepticos não são *constantes*"[868], sendo assim impossível afirmar que, por não estarem presentes num dado crime, isso significa a ausência de epilepsia, bem como vem destacar que, na sua presença parcial, aqueles devem ser entendidos apenas como um elemento, e subsidiário, do diagnóstico. Júlio de Matos pretende que se exagerou também ao procurar explicar pela epilepsia todos os crimes aparentemente sem motivo – evitando um estudo do "estado cerebral physiologico ou mórbido do epiléptico habitual e anterior ás crises, estado que procede da herança e da educação, que se define pelo carácter e se forma á custa dos sentimentos, dos desejos e das idéas adquiridas", e que permite motivar a prática criminosa.[869]

Num texto sobre a responsabilidade criminal dos alienados, que é um bom exemplo da concretização de um pensamento positivo no campo de penologia, em que procura autonomizar o "problema social da criminalidade pathologica" do da "responsabilidade moral", Júlio de Matos vem defender que, por um lado, havendo alienados que não são absolutamente irresponsáveis, alguma consequência se há-de prever para os seus actos conscientes. Por outro lado, não seria adequado propor, nestes casos, apenas uma mera atenuação das penas para os alienados, já que estas não corrigirão o criminoso, não curarão o doente e nem irão salvaguardar a sociedade.[870] Assim, defende o psiquiatra que o erro essencial

[868] Júlio de Matos, *A Loucura – Estudos Clinicos e Medico-Legaes*, 2ª ed., Livraria Classica Editora, Lisboa, 1913, p. 122.

[869] *Idem, ibidem*, p. 139. E afirma, adiante: "Não há estygmas jurídicos nos actos violentos ou criminosos dos epilepticos" (p. 179). Não obstante, reportando-se ao estudo dos 136 exames psiquiátricos feitos no Instituto Médico-Legal do Porto entre 1901 e 1912, mesmo se não é possível estabelecer relação directa entre patologias precisas e certos tipos de criminalidade que lhes esteja associada, afirma que "a loucura epiléptica e a loucura moral" ocupam "o logar de honra nas estatisticas das penitenciarias" (pp. 400 a 402).

[870] "É de todo o ponto evidente que impondo a um louco arguido de um grande crime uma diminuta penalidade se faz uma obra inútil, porque nem se emenda o delinquente, cujas tendencias anti-juridicas procedem da alienação, nem se cura o doente, nem se salvaguardam os interesses da sociedade, exposta no termo da pena á incidencia de novos attentados". *Idem, ibidem*, p. 392.

está no facto da lei fazer "absurdamente depender o destino dos criminosos da responsabilidade moral que elles possam ter ou deixar de ter", princípio que não só tornaria injustas todas as penas perpétuas como isentaria da acção da justiça um "considerável numero de criminosos irresponsaveis e insusceptiveis de emenda".[871] Todos os criminosos devem, afirma, ser punidos em função do "temor que inspiram pelos seus deffeitos á collectividade em que vivem", ou seja, a noção de perigosidade erigida então como fundamento do direito de punir. A resposta social apenas poderá ser, perante o crime, ou a *repressão* – se forem os seus sujeitos susceptíveis de correcção – ou a *eliminação*, se a correcção for impossível.

Que destino então se daria àqueles indivíduos, alienados criminosos? A resposta terá de ser encontrada naquela última possibilidade. A sua "eliminação" deverá ser promovida através do "isolamento em *manicomios criminaes*, isto é em casas mantidas pelo Estado e funccionando ao mesmo tempo como prisões pelos meios de segurança e como hospitais pelos meios de assistencia".[872]

Noutro momento, Júlio de Matos destaca a distinção que deve ser feita entre os alienados cujos crimes são meros factos episódicos daqueles que se caracterizam por uma "perversão contínua e permanente do caracter".[873] Para o tribunal, estes últimos são os mais perigosos, já que o juiz associa a loucura ao delírio – e este último não existirá muitas vezes neste último grupo, ao contrário do que sucede no primeiro. E não deixa de os caracterizar como possuindo "na esphera somatica *estygmas* ou *vicios de conformação*, mais ou menos salientes, que anthropologicamente os separam do homem normal", seres verdadeiramente detentores de um "*daltonismo ethico*".[874]

[871] Um princípio, escreve Júlio de Matos, que "(...) tem, como fundamento do direito de punir, de desapparecer necessariamente em face das conquistas e dos resultados da psychiatria e da anthropologia criminal para ser substituido pelo principio objectivo da defeza social", a pp. 393 e 394. A consagração que a lei apresenta do "problema dos alienados" era, aliás, objecto de crítica mesmo fora da esfera penal. Basílio Freire, em 1886, na sua dissertação inagural, escrevia também: "Commoviam-me sempre os pobres loucos, victimas de uma determinação psycopathica, quando os encontrava pelas ruas, graças á penúria trappista da nossa legislação sobre alienados (...)..." – Basílio Augusto Soares da Costa Freire, *Os degenerados – Estudos de Anthropolgia Pathologica*, Imprensa da Universidade, Coimbra, 1886, p. 2.

[872] "Considerado sob este aspecto, o problema da criminalidade pathologica deixa de confundir-se com o da responsabilidade moral, reduzindo-se toda a intervenção do medico a constatar a existência ou não da loucura". Júlio de Matos, *A Loucura..., cit.*, p. 394.

[873] *Idem, ibidem*, pp. 402 ss.

[874] E, para este grupo, "a designação de *alienados criminosos* equivale perfeitamente á de *criminosos alienados*". V. *idem, ibidem*, pp. 405 a 409. A associação de determinadas malformações à tendência criminosa é ainda uma das convicções das quais Júlio de Matos partilha – a título de exemplo, veja-

O debate jurídico e médico da época evidencia a relevância do papel do médico no tribunal, através do qual se determinará a imputabilidade dos criminosos sobre os quais recaem dúvidas sobre a sua normalidade. Para os que sejam considerados inimputáveis, defende Júlio de Matos o seu internamento compulsivo numa instituição que os possa receber, simultaneamente funcionando como prisão e hospital. A convicção dos médicos dos alvores da psiquiatria é a de que vários criminosos condenados a duras penas nas prisões, para além dos que haviam sido executados, sujeitos a penas corporais ou degredados, seriam com fortes probabilidades doentes mentais e, à luz dos avanços da época, deveriam estar sujeitos a tratamento médico e à entrada no manicómio e não a uma improvável correcção penitenciária. Júlio de Matos oferece, aliás, vários exemplos de alienados que, tendo sido condenados à prisão, em particular num contexto de isolamento celular prisional, após exames por ele efectuados – no hospital Conde de Ferreira, no Porto, ao seu tempo de director – acabariam por se revelar efectivamente como casos patológicos[875], tendo sido sujeitos a medicação ou a uma existência mais suave na instituição de saúde mental que lhes estaria reservada.[876]

No entanto, juízes, jurados e opinião pública parecem também desconfiar das opiniões dos médicos quando estes querem sustentar a necessária absolvição de um inimputável – mesmo se esta condição se atesta de forma controversa por critérios hodiernos.[877] Quando o criminoso é lúcido e a sua patologia não implica

se a descrição que apresenta de um homicida e em que neste "apparece uma desigualdade manifesta entre o craneo anterior e posterior, em beneficio d'este ultimo (...)", concluindo que "uma tal circumstancia dá-se com muita frequencia nos criminosos", sendo "signal de organisação inferior e viciosa"(p. 421); um outro condenado é descrito como dotado de "estygma physico degenerativo", com "as orelhas muito volumosas e destacadas do craneo" (p. 436); outro ainda como "estrabico, plagiocephalo e portador de uma mandibula extremamente volumosa" (p. 439).

[875] V. *idem, ibidem*, pp. 411 ss.

[876] O médico irá publicar também, a partir de 1902, uma sucessão de relatórios elaborados enquanto perito do Conselho Médico-Legal do Porto, disponibilizando a um público mais vasto o contacto com a realidade dos alienados criminosos – v. *Os alienados nos tribunaes*, III vols., Lisboa, 1902-1907.

[877] Júlio de Matos dá conta do caso mediatizado de Marinho da Cruz, um alferes julgado por homicídio, e que fora num primeiro julgamento absolvido por ser considerado irresponsável, mas condenado numa repetição do julgamento. "Recedivista nos attentados pessoaes, irritavel e duro, instavel na tristeza e na alegria, explodindo em cóleras e ameaças de morte ao mais ligeiro motivo, extremamente vaidoso, simultaneamente agressivo e pusilanime, de uma exaggerada emotividade (...), sujeito a obsessões, periodicamente afectado de cephalgias, exhibicionista, pervertido da sexualidade, dado aos abusos alcoolicos e urinando no leito, Marinho da Cruz é ainda sob o ponto de vista da anthropologia um ser inferior, asymetrico, de craneo mal conformado e de physionomia criminal",

uma visível imbecilidade ou acessos de loucura constantes, "todos os nossos esforços para demonstrar aos magistrados a existencia de uma alienação mental apenas conseguem provocar-lhes um frio sorriso de scepticismo".[878] Assim, Júlio de Matos não duvida em reclamar uma reforma que possa anular as "bases metaphysicas dos codigos penaes da actualidade", incompatíveis com o respeito devido aos "principios positivos e definidos da pathologia do espírito".[879] E crê também ser fundamental superar-se o receio de que a conclusão pela alienação de um arguido em tribunal possa resultar numa absolvição absoluta – defende, aliás, o internamento compulsivo do alienado, único meio de defender a sociedade da perigosidade que apresenta. Aquela superação exigirá também para o nosso alienista, como a escola italiana o propunha[880], uma "*magistratura especial*", educada no "estudo positivo e naturalista do criminoso" e "*jurys technicos,* "procedendo segundo a sciencia e não segundo emoções creadas pela oratoria dos advogados"[881], numa posição que é partilhada por vários dos médicos cultores da escola positiva entre nós. E como elemento legal que, segundo o seu entendimento, viria corroborar esta perspectiva entre nós, indica a Lei de 3 de Abril de 1896.

A necessidade de mudança radical no olhar da justiça sobre este degenerado criminoso é partilhada por outros autores. Basílio Freire, por exemplo, por seu

descreve em *A Loucura..., cit.*, p. 455, e como tal seria inaceitável a sua condenação, por padecer de *epilepsia larvada*. Relata ainda o médico que o próprio Lombroso, conhecendo o caso, escrevera a Bernardo Lucas, corroborando o diagnóstico dos médicos portugueses.

[878] *Idem, ibidem*, p. 460.

[879] "(...) Uma vez acceites e tornados effectivos nas legislações os principios fundamentaes da escóla criminal positiva, cessa naturalmente o desgostante conflicto que no momento actual existe por toda a parte entre os tribunaes e a psychiatria", escreve adiante a pp. 512.

[880] Júlio de Matos vê na escola positiva, "inspirada nas concepções evolucionistas, tendo por methodos de investigação os mesmo de que se servem as sciencias biologicas e sociaes, armada da estatistica e dos documentos da historia para a apreciação numerica e etiologica do crime, em posse de todos os meios de exploração psychologica e somatica do criminoso (...), procedendo (...) de um modo similhante áquelle por que procede a medicina estudando os meios de prevenir e curar as doenças" (pp. 473 e 474) a solução para acabar com um direito penal *metafísico* ou *contraditório*, pondo-o definitivamente ao serviço da *defesa social*, o verdadeiro fundamento *positivo* de punir. De acordo com os autores italianos, Matos descreve os crimes como "factos humanos, naturaes e relativos", cujas causas são extrínsecas (naturais ou sociais) e intrínsecas ao criminoso (os *factores anthropologicos* do crime de Ferri), exigindo-se assim uma "classificação scientifica dos criminosos" (pp. 480 e 481).

[881] *Idem, ibidem*, p. 514. Este júri "collegio de peritos" é, contudo, expressamente afastado por exemplo por Afonso Costa, um descrente na possibilidade de linha italiana de estabelecer um padrão penal com base na categorização dos criminosos. V. Affonso Costa, *Os peritos no processo criminal. Legislação portugueza – Critica – Reformas*, Manuel de Almeida Cabral Editor, Coimbra, 1895, p. 174, nota 2.

turno, não duvida também que "o estudo dos «degenerados»[882] está destinado a fazer uma revolução profunda na dynamica dos tribunaes, substituindo por um jury medico esses jurys incaracterísticos e por vezes imbecis, que mandam irremediavelmente para a cadeia, isto é, para a morte, o criminoso positivamente alienado".[883] Seja pela tolerância excessiva que lhe reconhecem alguns, seja pelo rigor inusitado, inutilidade ou desadequação que outros lhe apontam, como os apóstolos da escola positiva, o instituto do júri acabará por ser fortemente limitado em 1927, sendo o seu funcionamento substituído pelo julgamento em tribunal colectivo na apreciação dos crimes a que coubesse pena maior (ou a pena de demissão de funcionário), após um percurso de décadas entre adeptos e detractores, em que a crítica à sua eficácia se vai acentuando, normalmente perante acusações de excessiva magnanimidade face aos criminosos, que um alegado rigorismo nas penas previstas favoreceria.[884]

A influência que os autores italianos da escola criminal positiva exercem sobre Júlio de Matos é extrema.[885] Por exemplo, a sua adesão ao *criminoso nato*

[882] E, ao tempo, o tema da "degeneração" vai aplicar-se ao crime bem como à doença e à nascente eugenia social, nos seus cruzamentos com a moral. A sífilis, desde logo, "era um estigma, uma espécie de maldição que se transmitia de forma hereditária e que estava associada à «degeneração»" – assim, Moacyr Scliar, *Saturno nos Trópicos*, 3ª reimp, Companhia das Letras, São Paulo, 2003, que se pode acompanhar, pp. 176 ss., sobre o "sanitarismo" no Brasil à época, enquanto medicina do "corpo social".

[883] Basílio Freire, *Os degenerados...*, *cit.*, p. 5.

[884] Com a publicação do Decreto nº 13255, de 9 de Março de 1927, "no intuito de corresponder às repetidas reclamações do público, aliás sancionadas pelos ensinamentos dos modernos criminalistas (...) sendo de notar a própria manifesta repugnância dos jurados pelo desempenho das funções a que eram forçados", conforme se escreve no seu preâmbulo. Sobre o contexto em que o júri é recebido nos primeiros anos da República, v. Luís Bigotte Chorão, *Política e justiça...*, *cit.*, pp. 142 ss., numa percepção que se mantém dividida entre uma manifestação de "autêntica soberania" e o "tempo perdido nos tribunais" (p. 144). O ministro Manuel Rodrigues, na pasta da Justiça em 1927, descreveu o júri como "uma instituição que a opinião pública apontava como ré de muitos crimes", tendo sido "extinto integralmente e tão justamente que nem merece que dele se conte alguma das muitas histórias escandalosas com que enriqueceu a cronica da vida judiciária portugueza" – Manuel Rodrigues, *A justiça no Estado Novo*, Empreza Juridica Editora, Lisboa, 1933, pp. 44 e 45. O percurso público de Manuel Rodrigues Júnior encontra-se extensamente documentado por Luís Bigotte Chorão, *A crise da República e a Ditadura Militar*, Sextante Editora, Lisboa, 2009, pp. 448 ss. Pelo mesmo texto pode aceder-se também à crítica de base positivista sobre o júri (pp. 772 ss.), desde logo encabeçada por Júlio de Matos, e ao contexto da sua abolição, marcado pelo caso Angola e Metrópole.

[885] Júlio de Matos é o tradutor em Portugal da *Criminologia* de Garofalo, prefaciando e anotando a obra. No prefácio, reage quer contra a linha moral-retributiva, quer contra a perspectiva correc-

de Lombroso é total e entusiasmada. Em longas páginas, descreve este tipo de criminoso, procurando fazer ressaltar um carácter científico na classificação lombrosiana, mas simultaneamente parecendo justificar essa investida igualmente num qualquer imaginário popular, difuso, sobre o crime.[886] De Ferri

cionalista, nas quais vê essencialmente contradições, descobertas, por exemplo, na fixação legal de um prazo para a pena ou na existência de atenuantes e agravantes. Assim, "a pena é uma arma positiva de defeza, não um instrumento metaphysico de expiação. Á capacidade malévola ou offensiva do individuo, não á sua responsabilidade ou ainda á forma do crime deve, portanto, proporcionar-se o uso dessa arma", lê-se a pp. XVII do prefácio a R. Garofalo, *Criminologia...*, *cit.*. No mesmo momento, sobre o instituto do júri, que classifica de "mal-entendido democratico", é cáustico, tal como Garofalo: "Não são, decerto, quatro merceeiros, cinco industriaes, dois professores de dança e um folhetinista, que a sorte pode agregar n'um julgamento, quem saberá dizer se um réu pertence á classe dos delinquentes natos ou á dos fortuitos. (...) Juizes fixos, responsáveis e tendo recebido uma educação scientifica especial tomarão no futuro o logar hoje usurpado pelos incompetentes nos julgamentos criminaes. Tal é a previsão da escóla penal positivista" (pp. XVIII e XIX).

[886] Quem é, para Júlio de Matos, este criminoso nato, descoberto por Lombroso? Retrata-o de forma tendencial, mas particularmente precisa: "De craneo quasi sempre asymetrico, preponderante na região posterior e pequeno em relação ao desenvolvimento da face, de fronte estreita e fugidia com saliencia das arcadas supraciliares, de orelhas volumosas, destacadas do craneo, deseguaes na forma e muitas vezes inseridas a alturas differentes, de cabello ordinariamente abundante, mas de barba rara e por vezes nulla, o criminoso nato é, em regra, de uma côr uniformemente pallida ou lívida, e, com bem raras excepções, de uma fealdade chocante. O exaggero das saliências zygomaticas, a grandeza desmesurada das orbitas, o prognatismo, o volume excessivo da mandíbula, o olhar frio e vítreo ou o duplo olhar, alternativamente suave e ameaçador, a bocca larga, de lábio superior extenso, arregado nas commissuras por um *rictus* de ferocidade e mostrando uns caninos fortes e volumosos (...). Nos ladrões o craneo é, em regra, menos volumoso que nos homicidas e olhar tem alguma coisa de inquieto e prescrutador. Mais do que em quaesquer outros é frequente nos violadores a physionomia cretinosa" (Júlio de Matos, *A Loucura...*, *cit.*, pp. 483 e 484). E adiciona ainda ao criminoso nato um conjunto de particularidades fisiológicas, invisíveis no exterior, mas que se descobrem no seu cérebro, coração, pulmões, estômago e espinal medula. Por outro lado, não deixa Júlio de Matos de se seduzir pelas "dezenas de aphorismos populares, productos de uma longa experiencia collectiva" que, "em todos os paizes", parecem identificar os criminosos com parte das características descritas por esta nova ciência (p. 485). Igualmente serão traços comuns no criminoso nato a "obtusão da sensibilidade dolorifica", o que justificará em parte o seu recurso vulgar à tatuagem, a "disvulnerabilidade", que lhes permiria sofrer traumatismos violentos sem reacção e recuperar rapidamente, o "esquerdismo" ou o "ambidextrismo", a "agilidade simiesca", a dificuldade com que ruborizam, uma "anesthesia affectiva", a sua longevidade, a "atrophia ou ausencia de senso moral", a preguiça e a imprevidência, o "amor ao jogo e ao vinho", a "ligeireza de espirito", a "religiosidade", o uso privativo do "calão criminal", a "infecundidade"... O médico português confessa ainda: "Entre o criminoso nato, o louco moral e o epiléptico a sciencia não descobre no actual momento outras differenças mentaes que não sejam as de intensidade nas anomalias caracteristicas. Esta conclusão de Lombroso constitue, a nosso vêr, um traço profundo de génio; confessar que ella nos deu a chave de muitos

toma, entre vários elementos, a classificação completa dos delinquentes, segmentados em *louco ou quase louco, nato ou instintivo, habitual, ocasional* e *de paixão*. As causas *intrínsecas* do crime prevalecerão nas primeiras três categorias, podendo falar-se de "anthropologicamente criminosos", enquanto as causas *externas* serão as determinantes nas duas últimas – no fundo, a par de degenerados, outros serão meros criminosos "jurídicos".[887]

É ainda notória a sua intencionalidade em procurar defender as novas correntes de um passado que encerra, na sua visão, um ecletismo obscuro que confunde e afasta da certeza.[888] Uma justiça criminal assente na avaliação da *responsabilidade moral* pelo tribunal e que, com base nesse juízo, vai punir o criminoso, que aplica penas visando a emenda do criminoso, é a mesma que mantém penas perpétuas e mesmo, em alguns casos, a pena de morte, o que lhe parece contraditório. Ao manter o castigo ao lado da emenda, é esta mesmo que se condena como fundamento. A própria ideia de *vontade* como relevante na punição está em causa: para Júlio de Matos, a valoração e o condicionamento da vontade que se pretende operar ao procurar avaliar eventuais atenuantes ou ao procurar impor a pena como modo de prevenção especial, não é operar sobre o livre arbítrio do criminoso, mas apenas detectar ou provocar *causas* da sua conduta. Para o determinismo, apenas estas existem e podem ser descobertas e explicadas, não uma responsabilidade assente na vontade, ela mesma reconduzível a um aglomerado de causas. O criminoso, em última análise, nunca pratica um crime porque *o queira*.[889] A legislação penal, ao admitir o castigo por um crime derivado da vontade, negará, para Júlio de Matos, um papel *total* ao psiquiatra: este apenas poderá verificar se existem ou não as perturbações mentais que determinaram a prática do crime e, nessa medida, fica relegado para o mero diagnóstico da absoluta irresponsabilidade.

problemas sobre as relações do crime com a loucura, é um dever de reconhecimento a que não saberíamos furtar-nos" (p. 495).

[887] *Idem, ibidem*, pp. 495 e 496.

[888] Assim, descreve um estado de um "absurdo ecletismo philosophico e de transacções constantes entre o espiritualismo e a psychologia positiva", onde se "acceitam dois sentidos do termo responsabilidade". *Idem, ibidem*, p. 463.

[889] "Suppõe-se – tão grande é ainda hoje a tyrannia (...) de seculos de theologia y de metaphysismo! – que um crime poderia, mantidas todas as condições em que foi produzido, ter deixado de ser ou substituir-se mesmo por um acto de virtude, graças á intervenção arbitraria de um força mysteriosa, a vontade. (...) O processo do livre arbítrio esta feito e julgado há muito, não sendo necessario repetir com Spencer que a simples existência da sociologia é um protesto contra a liberdade psycologica ou com Augusto Comte que as previsões historicas suppõem no homem uma actividade condiccionada e submettida a leis", escreve *idem, ibidem*, p. 466.

Assim, exige-se um direito penal baseado na defesa social, que possa aferir cientificamente a temibilidade do criminoso, e não fundado numa ideia de responsabilidade baseada na vontade, o que permitirá simultaneamente reprimir e eventualmente emendar alguns criminosos e anular a perigosidade dos demais, já que os mais temíveis mas inimputáveis, se não cobertos pela justiça penal em sentido estrito, ficariam sempre ao alcance de uma custódia administrativa. E aqui convoca também Júlio de Matos as posições de Ferri e de Garofalo em seu auxílio.[890] No mesmo sentido, Basílio Freire vê nesta nova ciência a possibilidade de resgate à "velha concepção da *punição* e da *vindicta social*" de um grande número de criminosos que não são mais do que "victimas d'uma transmissão pathologica".[891] Exige-se, portanto, a "sequestração dos grandes criminosos", perpétua, pois está perante vítimas incuráveis desses "aleijões perturbadores e dissolventes da tranquilidade social".[892] Um dos republicanos que dirigirá a Penitenciária de Lisboa, Rodrigo Rodrigues, defenderá também, por seu turno, já em 1917, ao abrigo da necessidade conhecida de "individualisação da pena", o "emprego especial a cada individuo dentro de tempo indefinido, de todos os agentes de terapeutica psicologica adequada". Tratar os doentes, mas, mais importante", "prevenir, fazer a higiene do meio social, havendo particular cuidado com os *predispostos*".[893] Punir seria, portanto, prevenir. Mas se a antropologia criminal se assume como assunto de debate científico, parece menos consequente do ponto de vista da prática de controlo da criminalidade, sem conseguir afirmar plenamente, no direito positivo, o esperado "alvorecer da higiene e terapeutica criminaes".[894]

[890] *Idem, ibidem*, pp. 503 ss.

[891] "Seja "*moral insanity* de Prichard, *idiotia moral* de Maudsley, *loucura moral* de Krafft-Ebing" – Basílio Freire, *Os degenerados..., cit.*, pp. 3 e 4.

[892] Basílio Freire, *Os criminosos...*, cit., p. 33.

[893] R. Rodrigues, *Cadeia Nacional de Lisboa..., cit.*, pp. XIX e XX. Ou seja, punir, mas especialmente prevenir, torna-se o fim do sistema prisional: "*As prisões devem ser como um hospital, um laboratorio onde se retêm para procurar conhecer e corrigir, os agentes de psicologia morbida, atentatoria dos direitos da moral social estabelecida.* (...) O crime (...) não é muitas vezes mais do que um dos primeiros sintomas de uma loucura que só mais tarde vem a caractersar-se sintomaticamente (...). Sendo assim, estudemos estes factos como se estudam os fenómenos naturais, nas suas origens e consequentes meios preventivos. Façamos primeiro com que nos estabelecimentos prisionais só fiquem os criminosos de facto – e não o agente ocasional de um delicto que deve ser punido de outra fórma. Se fôr possivel, procuremos curar o criminoso – no que eu não creio (...). Mas, mais alto do que isso, olhemos a sociedade e á sua defeza moral e fisica (...)" – pp. XXX e XXXI.

[894] "As leis da escola positivista foram ignoradas até á ultima hora da monarquia. Fronteiras portuguezas a dentro nunca para os legisladores existiram os gigantescos vultos de Lombroso, Ferri,

João Gonçalves, que foi também médico e director da Penitenciária de Lisboa, é, a certo momento, outro exemplo de adesão às teses lombrosianas e talvez dos últimos entre nós. Para este autor, "o verdadeiro criminoso, como esperamos um dia prova-lo, é, conforme Lombroso primeiro estabeleceu, mais uma revivescência atávica que uma anormalidade originaria do meio social".[895] Mesmo atendendo a factores sociais na origem da criminalidade, não deixa de ser o criminoso atávico o seu modelo. Procurando a cura para o criminoso, esta deve apontar para a criação de estabelecimentos apropriados, onde se trataria esta "doença especial: o instincto do mal, producto da ignorancia, da miséria do alcoolismo, cujas victimas irresponsáveis são as mais das vezes um joguete d'um fatal atavismo".[896] Alguns anos passados, contudo, a sua frequência de Lombroso já não é tão notada: o puro atavismo lombrosiano como explicação da propensão criminal é substituído pelo médico português pela noção mais ampla de degenerescência criminal, que faz essencialmente radicar nos hábitos alcoólicos dos delinquentes, mesmo mantendo a admissão do criminoso-nato.[897]

Tal como foi incisivo e fulgurante o deslumbramento inicial com o lombrosianismo, foi também relativamente rápida a descrença em torno de vários dos conteúdos da escola italiana. Essa descrença é igualmente notada em Portugal, de modo mais impressivo desde o início do século XX, e designadamente também no contexto médico. Um exemplo claro: a teoria atávica do crime é, *v. g.*, sujeita

Nordau, Garofalo, Ottolenghi, Fèré, Tarde e tantos outros que, no seu denodado altruísmo e afincado trabalho, derramaram a mais fúlgida luz no mundo do crime. A Republica, por sua vez, á laia de preambulo á criminalogia, apresentou-nos obra por emquanto muito incompleta e, talvez, boas ideias que volitam sem poisarem no papel", escreve o médico da Penitenciária de Lisboa em 1916, com excessivo rigor, no seu estudo de análise dos reclusos ali encarcerados – R. Xavier da Silva, *Os reclusos de 1914 – Estudo estatistico e antropologico*, Cadeia Nacional de Lisboa, Lisboa, 1916, pp. 7 e 8.

[895] Como escreve no prefácio à obra que traduziu, de Eduard Carpenter, *Prisões, polícia e castigos*, Typographia de Francisco Luiz Gonçalves, Lisboa, 1910, p. 5. Neste texto, o autor inglês apresenta a sua adesão a um modelo prisional próximo do adoptado na segunda metade do século XIX em Elmira, no estado norte-americano de Nova Iorque, em que a pena compreende a aprendizagem de diversas artes e ofícios, e, terminada a sua execução, pode o criminoso contar também com a administração penitenciária para obter um emprego. A ideia de que as penas de prisão de curta duração produzem mais efeitos nocivos que eventuais benefícios e deveriam ser eliminadas é outra das notas de Carpenter, defendendo ainda o uso da pena indeterminada, quando tal fosse necessário.

[896] *Idem, ibidem*, p. 10.

[897] V. João Gonçalves, *Crime, Degenerescência e Atavismo*, in BIC, II, 3ª ed., Tip. da Cadeia Nacional, Lisboa, 1929, pp. 49 a 52.

a crítica expressa na dissertação inaugural de Manuel de Oliveira (1877-1918) à Escola Médico-Cirúrgica do Porto, publicada em 1904, intitulada precisamente *O Problema de Lombroso*.[898]

Dando conta da evolução de Lombroso, ele próprio admitindo progressivamente que haveria no criminoso elementos patológicos que não proviriam desse eventual atavismo e aceitando, pois, a existência de criminosos alienados, Manuel de Oliveira não deixa de indicar a confusão radical do criminologista italiano entre atavismo e degenerescência, ou seja, "entre um estado biologico com um estado pathologico".[899] Não seria assim legítimo procurar ver nas características descritas exaustivamente por Lombroso como constantes do atavismo uma qualquer condição biológica que irremediavelmente predestina ao crime.[900] Se seria inútil em Lombroso uma verdadeira profilaxia do crime – já que o atavismo determinaria a sua presença constante, e aos criminosos, particularmente aos mais duros, apenas se poderia tentar fazer divergir a sua tendência ou efectivamente eliminá-los –, Oliveira vai opor a necessidade de corrigir factores sociais como uma efectiva prevenção do crime.[901]

A crítica ao uso esperado da antropometria – que durante décadas se arrasta em medições cranianas e do índice encefálico, dos olhos e dos cabelos, das orelhas e da face e tantas outras – é também evidente. Não seria afinal possível, investigando com um novo rigor estatístico, determinar que nos criminosos existam características morfológicas verdadeiramente distintivas dos demais e o mesmo se aplica aos seus traços psicológicos, mesmo se é a "degenerescência" que está na origem do comportamento criminal.[902]

No contexto do debate penitenciário, refiram-se duas vozes autónomas, refutando também o determinismo biológico que fora ponto de partida da

[898] Manuel José d'Oliveira, *O problema de Lombroso – Estudo critico de bio-sociologia sobre a theoria atavica do crime*, Typ. de A. F. Vasconcellos, Suc., Porto, 1904. O médico republicano Manuel de Oliveira foi também deputado e senador após 1911, bem como governador civil de Braga.

[899] *Idem*, *ibidem*, p. 10.

[900] "A anatomia pathologica do criminoso não nos permitte nem estabelecer um typo especifico, nem acceitar uma morphologia atávica do delinquente", escreve *idem*, *ibidem*, p. 72. Em síntese de trabalho afirmará: "As chamadas anomalias atavicas são todas explicaveis por perturbações de desenvolvimento embryonario", e "A lei do perdão é quasi sempre a melhor therapeutica do crime", algumas das suas "proposições", a pp. 125.

[901] Já que "(...) o Problema de Lombroso apresenta, como unica solução, a solução do Problema social", afirma Manuel d'Oliveira (p. 124).

[902] V. também Luís de Pina, *Doutrinas Criminológicas...*, *cit.*, p. 98.

escola italiana. De facto, apesar de antagónicos, na sua pauta de análise, ambos preconizaram de algum modo a recondução da responsabilização do criminoso e a valoração do universo punitivo a um cânone autónomo de justiça, associada a uma ponderação das *criações sociais* entre as causas da criminalidade, que ainda hoje perduram entre as visões sobre a criminalidade. São, assim, dois distintos criadores da nossa *terza scuola*: Afonso Costa e Manuel António Ferreira Deusdado.

Afonso Costa, consciente do debate doutrinário em curso, afasta-se da escola antropológica italiana e das suas propostas de categorização de criminosos, com elencos correlativos de penas. O criminoso, a ser temível, é-o em função do facto praticado e não de uma qualquer invencibilidade de base orgânica. Faz assim também regressar a criminalidade praticada como única fonte a dever participar na fixação da pena, mas uma criminalidade que é "filha de causas sociaes".[903]

No seu *Commentario* ao Código Penal, essencialmente uma análise ao momento ideológico do direito penal, faz a defesa de uma "escola criminal socialista", que encontra a "explicação do crime pela má organisação da sociedade"[904], uma evolução, afinal, da perspectiva de Ferri, na medida em que esta propõe já uma justificação social para o crime e desenvolve a configuração de substitutos penais preventivos, de carácter social, como elementos eficazes e vantajosos sobre as penas tradicionais. No entanto, para esta nova tendência, Ferri é pouco ambicioso e demasiado próximo ainda da explicação lombrosiana. Turati e

[903] "Se procurarem a analogia com os doentes, é preciso mantel-a até ao fim. O criminoso é distincto de todos os outros delinquentes, pela mesma razão por que o doente se distingue completamente de todos os outros doentes. Natureza especial, fenómenos diversos, caracter *sui generis*. Não ha classificações possíveis onde cada caso apresenta singularidades. Certo que muitos criminosos são, por exemplo, habituaes. Mas cada um por motivo diverso, cada um com modo de ser especial. Applicar penas eguaes a todos elles, é barbaro. Tratar no mesmo pé o *habitué* do assassinato e do furto, é repugnante. A força das coisas vai-nos afinal conduzir ao exame dos factos praticados pelo criminoso para, no meio d'esse indice, lhe perscrutarmos a perversidade. Perversidade, isto é, ausencia de motivos moraes, secundada por uns ou outros elementos, que a podem tornar mais ou menos temivel: eis o que legitimamente se póde exigir a sociedade que se descubra para congruentemente se precaver. Mas a perversidade não pertence a certa classe de criminosos. É attributo de todos. Aqui mais intensa, acolá diminuida. Filha de causas sociaes, que lentamente tem operado sobre os proprios individuos ou sobre os ancestrais proximos, desapparecerá, talvez, alguns séculos depois que comece a depurar-se o meio, mas não baseará jamais uma classificação que auctorize distincções fundamentaes de penas" – Affonso Costa, *Os peritos...*, *cit.*, pp. 175 e 176.

[904] Affonso Costa, *Commentario ao Codigo Penal Portuguez*, I, Imprensa da Universidade, Coimbra, 1895, p. 122.

Colajanni são os autores a quem Afonso Costa atribui a crítica a Ferri que vai sustentar a nova "escola socialista"[905], à qual associa igualmente Tarde, Lacassagne, Alimena e Liszt. Está-se afinal no plano da autonomização crítica das explicações sociais da criminalidade face ao primeiro positivismo antropológico, que assumirá formas e nomenclaturas distintas, mas que Afonso Costa prefere reunir, de forma conveniente, sob um epíteto comum de "socialista".[906] Rejeitando o tipo criminoso, o criminoso-nato e mesmo os incorrigíveis, vendo o crime como elemento transitório e conjuntural, resultante de circunstâncias sociais profundas, e não como predisposição inata, assenta portanto Afonso Costa que o crime acabará necessariamente com a instauração de uma sociedade socialista, anuladas as iniquidades sociais que o originam.[907] Até lá, contudo, torna-se fundamental estabelecer meios preventivos eficazes em relação à criminalidade, de modo a proteger o todo colectivo[908], tendo em conta quer a existência de efectivos inimputáveis, em relação a quem a defesa social é sempre exigível, quer de criminosos auto-determinados, a quem interessa punir, mas tendo em conta que é também eminentemente preventivo o efeito que se obtém.

[905] *Idem, ibidem*, pp. 126 ss. Acentuando os "factores económicos" como prevalentes na explicação da criminalidade, v. um nomeado *caput scolae* como Napoleone Colajanni, *La sociologia criminale*, vol. II, Filippo Tropea Editore, Catania, 1889, pp. 452 ss.

[906] Contra as designações de "escola do positivismo crítico" ou "*terza scuola*", escreve Afonso Costa: "Parece-nos, pois, necessario dar á escola outro nome. Qual? O que designa o seu conteúdo. A palavra já hoje não assusta, por felicidade, e, nos costumes, nas leis e nas doutrinas scientificas, dizer «socialista» não é dizer revolucionário sangrento, mas sim homem dedicado á salvação da humanidade por meio da sua transformação num organismo social perfeito. Escola criminal socialista, eis, pois, a denominação mais adequada, mais comprehensiva e mais rigorosa" – Affonso Costa, *Commentario...*, *cit.*, pp. 141 e 142.

[907] Caeiro da Matta, *Direito Criminal Português*, vol. I, Imprensa da Universidade, Coimbra, 1911, pp. 181 e 182, refere-se criticamente à escola criminal socialista, sem contudo mencionar Afonso Costa: "Mal se poderia, porém, admitir com a criminolgia socialista que, modificado o ambiente economico, desapparecerão, com o fim da miseria, todos os motivos para delinquir. É que, tendo em consideração simplesmente os factores sociaes, os socialistas, por um processo psychologico (a reacção contra o individualismo) e por estrategia de propaganda, attribuem á sociedade todos os males, e por consequencia os delictos, desconhecendo a influencia dos factores individuaes. Uma maior ou menor dose de cubiça existe em todos os homens; mas para que ella provoque o delicto é necessario que o individuo se encontre, não já n'uma especial condição economica, mas n'uma especial condição psychica, a ausencia ou fraqueza do instincto de probidade".

[908] "(...) A base da punição, que tem sido, de facto, a simples defesa de uma ordem ou de algumas classes privilegiadas, deve passar a ser a defesa da sociedade inteira, isto é, das condições de existencia do aggregado collectivo" – Affonso Costa, *Commentario...*, *cit.*, p. 150.

A prevenção é aqui representada não pela panóplia de substitutos penais da escola italiana, mas por penas[909] – permitindo a manutenção de incriminações tal como configuradas até então –, cujas modalidades apontadas como mais aptas a cumprir os seus fins, incorporando "o maximo de defesa social com o minimo de soffrimento individual" – e rejeitando assim, por exemplo, a pena de morte –, oferecendo um efeito sobre a consciência colectiva e sobre a consciência individual dos susceptíveis de receberem essa coacção, são representadas pelas colónias de trabalho, agrícola ou industrial, em alternativa quer às prisões comuns, quer ao degredo, quer às penitenciárias.[910] Para Afonso Costa, o regime penitenciário era necessariamente discutível. Apesar da simpatia histórica com que via a escola correccionalista, a prisão celular parecia-lhe apenas fonte de "graves doenças cerebraes", que tornariam o regime "perigoso e contraproducente".[911] O seu pensamento preventista é, como se escreveu, conjugado com uma teoria de justiça, "baseado num conceito material de crime e completado por uma perspectiva humanitária sobre as penas".[912]

Por seu turno, Manuel António Ferreira Deusdado, a quem Afonso Costa dirigiu aliás duras críticas, reconhece ao sistema penitenciário, concretizado nos modelos de Filadélfia e de Auburn, a sua origem na disciplina monástica e na tradição cristã – em suma, na convicção de que, na cela, se "depura os instinctos ruins do scelerado e exalta os bons". Reconhecendo a incipiência do regime penitenciário em Portugal ao tempo em que escreve, no início da última década do século XIX, como atrás se antecipou, procura reposicionar o debate sobre os fins a que se pretenda chegar com a justiça penal. Assim, para Ferreira Deusdado, neste momento, punir deve realmente sancionar e justificar-se pelo exercício da justiça e não apenas visar "uma *acção preventiva* e a *defesa social*, criterios exclusivos tão apregoados pelo materialismo penal moderno".[913] É a defesa de um moralismo

[909] "A pena, (...) segundo o nosso criterio, não intervem *porque* aconteceu um mal; mas sim *para que* não aconteçam outros. (...) A escola socialista (...) com a «coacção moral» exercida sobre todos os homens, a penalidade, que ella advoga, consiste numa defesa elevada e intensa, que cuida de evitar os delictos futuros, quer reforçando o senso moral nos criminosos *possiveis*, quer sequestrando os que já delinquiram, não para lhes causar um mal, não para vingar a sociedade ofendida, mas para evitar quanto possivel que elles pratiquem outros crimes" – *idem, ibidem*, pp. 284 e 285.

[910] *Idem, ibidem*, pp. 324 e 325.

[911] *Idem, ibidem*, p. 38.

[912] Fernanda Palma, *Do sentido histórico...*, *cit.*, p. 386.

[913] "Os que crêem na liberdade moral, fundando-se no principio da justiça, querem o regimen penitenciario para os delinquentes, e defendem (...) a creação de *asylos para alienados criminosos*,

penal retributivo combinado com um intuito correccional. E o sistema penitenciário, ao congregar castigo e emenda, regeneração moral com o exercício da justiça, parece-lhe oposto quer às "theorias do fatalismo do destino antigo" quer ao "moderno determinismo materialista da vontade do delinquente".[914]

No entanto, a base do tratamento correccional para os delinquentes que em Ferreira Deusdado se descobre como essencial é o "ensino carcerario moral e profissional" e o "patrocínio aos menores e aos réos que cumpriram sentença", associados a uma repressão eficaz e ao contacto com a religião.[915-916] Mas este é um tratamento que exige o regime penitenciário e receia Deusdado que possam os "reformadores", em nome da ciência, negar o "valor correccional dos principios applicados" por aquele regime.[917]

onde sejam detidos até á cura, ou perpetuamente se forem incuraveis. Nós somos d'esta escola, que voga na ordem jurídica vigente, e dizemos aos que a combatem nos seus fundamentos: *adhuc sub judice lis est*. Ha em Portugal no movimento philosophico sempre tendência para as idéas extremas e peregrinas, geralmente cheias de falsidades (...). A sciencia nas suas investigações precisa deduzir com rigor, induzir com cautela, não aventando o possível como certo, a conjectura como verdade (...). A vida do pensamento não póde, sem uma demonstração previa, identificar-se com a vida corporea, porque a sua natureza é assás diversa. A anthropologia criminal tem por base a peior das metaphysicas – o materialismo (...). O crime não é só um phenomeno physiologico, é sobretudo um phenomeno social, e sob este aspecto incumbe á sciencia penitenciaria estudal-o" – Manuel António Ferreira Deusdado, *O Ensino Carcerário e o Congresso Penitenciario Internacional de S. Petesburgo*, Imprensa Nacional, Lisboa, 1891, pp. X a XII. Em apreciação a esta obra publicada por Francisco Martins de Carvalho n'«O Instituto», vol. XXXIV (Agosto de 1891), Imprensa da Universidade, Coimbra, 1891, não obstante para o crítico o criminoso dever ser "o resultado de uma degeneração epileptoide das raças inferiores perante as superiores" (p. 151), consente-se por fim: "O livro do sr. Deusdado tem os defeitos desta eschola em que se filia o seu auctor e as grandes qualidades d'este. E nós preferimos uma obra de talento de um metaphysico a uma obra medíocre de um experimentalista" (p. 152).

914 "Para a criminologia, que se inspira no materialismo hodierno, não ha justiça social nem possibilidade de emenda do criminoso; ha a defesa egoista pela segregação ou mais simplesmente pela morte", afirma Manuel António Ferreira Deusdado, *O Ensino...*, *cit.*, p. XI.

915 "O que a esculptura é para o marmore, vem a ser quasi a educação para o homem; mas é a educação do caracter, não a educação puramente intellectual, porque esta, desacompanhada d'aquella, é um archote acceso na mão de um louco" – *idem*, *ibidem*, p. XII.

916 Especificamente sobre a valoção da educação e da religião como ferramentas preventivas da criminalidade, v. os textos de Ferreira Deusdado, *Educação e criminalidade*, in REE, vol. IV, Guillard, Aillaud e C., Lisboa, 1889, pp. 209 a 215 e *Educação religiosa e criminalidade*, *ibidem*, pp. 225 a 235.

917 Ferreira Deusdado reproduz no final do seu *O Ensino...*, *cit.*, a planta e imagens da Casa de Detenção de S. Petersburgo, onde se deslocou em 1890, descrevendo-a como "um vasto monumento erguido á humanidade desditosa". Inaugurada em 1881 e destinada a penas de curta duração, para Deusdado esse edifício prisional significa "a ultima palavra do conforto, das condições hygienicas e

Ferreira Deusdado revela-se assim um crítico veemente de Lombroso e dos seus seguidores, cujo sucesso internacional ao tempo estava aliás já em declínio.[918] A distinção que possa ser feita, para Deusdado, entre criminosos e não criminosos não pode ter uma base biológica – as diferenças existirão sim, mas de carácter psicológico e social. A antropometria é, assim, necessariamente afastada por Deusdado como método legítimo para descobrir um criminoso efectivo ou potencial. No mesmo sentido, segue valorizando a vontade e a "liberdade moral" na conformação do comportamento, perseguidas pelo "determinismo physiologico".[919] Como escreve o autor, rejeita-se o "*criminoso nato* de Lombroso" e aceita-se um outro tipo de "*nativismo criminal*", na acepção em que "todo o homem é criminoso em potencia, não em acto"[920] e, como tal, recupera a responsabilidade moral que deve assumir consequências penais.[921]

O fim da pena será o "cumprimento da justiça para conservar e proteger a ordem social" e, assim, cabe-lhe "reprimir, intimidar e emendar".[922] Entre a jus-

de segurança da architectura penitenciaria" (p. XV). Essas mesmas imagens reproduzem-se também em anexo (Anexo 6). Noutro ponto, duvida explicitamente da prisão em comum: "A chamada, entre nós, pena de prisão correccional, cumprida nas cadeias em commum, não corrige, perverte mais ainda. O regímen penitenciario é o unico que offerece garantias de moralisação em Portugal" – Ferreira Deusdado, *A Anthropologia Criminal...*, *cit.*, p. XXIII.

Manuel António Ferreira Deusdado, *O Ensino...*, *cit.*, p. IX.

[918] "As theorias de Lombroso têem achado um fácil e enthusiastico acolhimento na imprensa portugueza. Não lhe succedeu o mesmo no congresso de S. Petersburgo, onde não tiveram defensores. Muito deve a sciencia ao illustre professor italiano, mas elle próprio ainda não tem idéas definidas sobre o seu *homem delinquente*; no começo identificava-o ao selvagem primitivo, agora ao louco moral e ainda a outros typos pathologicos. A nossa imprensa podia advogar a necessidade de protecção aos menores vadios e mendigos, com a mesma calorosa eloquência com que proclama as theorias de Lombroso e a necessidade da pena de morte". Ferreira Deusdado, *O Ensino...*, *cit.*, p. 274. Noutro momento, Ferreira Deusdado apresenta uma súmula da crítica internacional a Lombroso, recheada de episódios picarescos – Ferreira Deusdado, *A Anthropologia Criminal...*, *cit.*, pp. 169 ss.

[919] "A experiencia intima diz-nos que a nossa vontade é superior ás solicitações, quaesquer que ellas sejam. A propriedade do espírito, chamada liberdade, é a expressão do aperfeiçoamento moral da alma; d'ella nasce a responsabilidade, a justiça, o direito. Estas idéas, estes sentimentos subsistem, sem embargo dos velhos e sucessivos ataques dos seus adversários". V. Ferreira Deusdado, *A Anthropologia Criminal...*, *cit.*, p. XI.

[920] *Idem*, *ibidem*, p. IX.

[921] Sobre a refutação pelo próprio positivismo da existência de um tipo de criminoso nato, v. *idem*, *ibidem*, pp. 189 ss., em que Deusdado recolhe posições de diversos autores, sem rejeitar também que, não obstante, os "estudos anthropologicos e biológicos são indispensaveis para constituir, sobre solidas bases, a sciencia, a legislação penal e o exercicio do direito criminal" (p. 202).

[922] V. *idem*, *ibidem*, pp. XII e XVI.

tiça, que exige um castigo por um acto individualizável, e a defesa social, que como que pune em função de um risco, e que a escola antropológica acentua, nota uma ruptura insanável. Punir e defender são coisas distintas, uma vez que a ideia de defesa está mais próxima da verdadeira guerra que de um esforço judicial orientado, como crê, por uma noção de justiça como aperfeiçoamento da vontade livre em direcção ao bem.

É também nesta linha que deve ser entendido o seu pensamento sobre os *chamados incorrigíveis* e sobre a reincidência. Ferreira Deusdado considera que a prisão – particularmente a prisão em comum – e o degredo, as penas mais comuns, são instrumentos insuficientes na "guerra de justiça" contra o crime, e em particular contra a reincidência, e funcionam apenas como catalisadores do crime futuro.[923] A segregação generalizada, visando a simples eliminação da perigosidade do criminoso, caminho que a escola antropológica abre como resposta à reincidência, não parece naturalmente a Ferreira Deusdado uma resposta legítima, mesmo se cómoda. Partindo de um primado moral na determinação da consequência do crime, não pode aceitar que possa haver verdadeiramente criminosos incorrigíveis – e prefere o termo "incorrigidos" ou reincidentes –, já que o criminoso nessas condições apenas o será em virtude da sua educação inexistente ou defeituosa associada a um esforço social correctivo insuficiente ou medíocre.[924]

Afinal, afastando-se quer do determinismo lombrosiano quer das novas correntes da defesa social, Ferreira Deusdado surge de algum modo como um reaccionário[925] desfazado da razão científica e o seu correcionalismo tardio de base

[923] "O encarceramento portuguez das nossas cadeias, em commum, é lastimavel pela falta de policia e de influxo correccional. O degredo para a província de Angola é na pratica mais uma segregação egosita da metrópole do que um verdadeiro deposito penitenciario com trabalho ao ar livre regulamentado. (...) Não temos sociedades de patronato nem systema de vigilância official para estudar as causas e evitar os resultados da reincidência. (...) As prisões no nosso paiz são um dos agentes mais poderosamente funestos de corrupção; o alcoolismo, a miseria com as suas solicitações e a sua promiscuidade, a degenerescencia, a prostituição, a ociosidade ou antes a impotência da vontade para o trabalho honrado, é que formam uma conspiração de multiplos factores para lançar os fracos no tremedal do crime" – *idem, ibidem*, p. 32.

[924] "Esses desgraçados, sem pão e sem luz, vivendo ociosos no meio em que se perverteram e sem jamais serem submettidos a um benefico influxo que os melhore, com que direito em nome da sciencia se ousa dar-lhe o epitheto repulsivo e immoral de *incorrigiveis*?", questiona-se a pp. 37.

[925] Não se tome este termo num sentido que não assume. Ferreira Deusdado é afinal um autor prudente, pouco deslumbrado com um cientismo que lhe parecia excessivo e unidireccionado, mas não um autor fora do seu tempo. Note-se apenas um exemplo, de um texto sobre a criminalidade no feminino: "Schopenhauer afirma: «As mulheres não são e não podem ser mais do que creanças grandes; o homem no presente abrange o passado e o futuro, ao passo que a mulher possue uma especie

retributiva não é bem-vindo ao debate nacional, mesmo se a sua presença nos congressos penitenciários internacionais até certo momento e o destaque que neles assumiu, como se verá adiante, demonstra também que o reconhecimento das novas doutrinas penológicas, avassalador na sua formulação especulativa, era mais reduzido no plano de uma qualquer concretização reformista. *Hélas*, Deusdado, rejeitado pela nova ciência e rejeitando-a a ela, era afinal bem recebido pelo Código Penal em vigor. Três décadas depois, todavia, uma aparente conversão: é também agora Ferreira Deusdado um defensor das "novas reformas penais", em que a temibilidade do criminoso se torna critério para a pena e esta apenas pode ser bem-sucedida se assumir uma duração indeterminada ajustada à necessidade de defesa social...[926]

O momento, no entanto, era ainda o de ponderar Lombroso e os seus reactivos e imediatos comentadores da sociologia criminal, mesmo se o gérmen moralista se ia notando aqui e além, uma herança simultaneamente aceite e repelida, dando origem a propostas ecléticas e, não raro, contraditórias.[927] Tome-se o caso de

de myopia que só lhe permitte ver o que está á vista (...) A educação nada póde na mulher, obstando a isso a inferioridade da sua natureza. É preciso pois que se colloque no seu logar este numero dois da especie humana; que se suprima a *senhora*, esse fructo doentio da civilização europea». Esta opinião do grande pensador alemão é iniqua e só póde ser inspirada por mau humor". Em todo o caso, Ferreira Deusdado não deixa de destacar a "imaginação viciada, a sensibilidade pervertida, a vontade fraca" do feminino, mas assentando na ignorância e na pobreza como os elementos criminógenos relevantes – v. Ferreira Deusdado, *A mulher delinquente*, in REE, vol. VIII, Guillard, Aillaud e C., Lisboa, 1893, pp. 17 e 18.

[926] Vai encontrar-se, nesta fase final, também em Deusdado o essencial da cartilha da defesa social preventiva: "A aplicação do direito penal, segundo os modernos princípios, tem pois que ser feita conforme as necessidades de segurança social. A pena, que antigamente era proporcional ao delito, passa a ser proporcional á temibilidade do delinquente. De geito que o fulcro, em volta do qual deve girar o actual sistema repressivo, não deverá ser como outrora a intenção criminosa, mas a capacidade criminal do deliquente e o resultado a tirar da aplicação da pena; resultado este que deve ser encarado tanto debaixo do ponto de vista da cura do criminoso, como debaixo do ponto de vista das vantagens que á sociedade podem advir pelo exemplo dado" – Ferreira Deusdado, *A Onda do Crime – Etiologia e Profilaxia*, João d'Araújo Moraes, Lisboa, 1931, pp. 148 e 149. V. também, sobre a crítica à legislação penal baseada na "repressão de um facto passado", pp. 110 a 116.

[927] Estando-se, no virar do século, no ponto que pode ser apercebido por um outro autor, Mendes Martins, usando uma fórmula entre nós também estabelecida por Afonso Costa, e que é um mandamento do sociologismo penal, tal como descoberto em Liszt ou em Salleiles: "O ideal da criminalogia, portanto, póde traduzir-se n'esta formula: *o* MAXIMUM *de defesa social compativel com o* MINIMUM *de soffrimento pessoal*. A defesa social jámais pode legitimar, contrariamente á affirmação de Carrara, quaisquer abusos por parte do Estado contra os direitos individuaes. (...) O Estado lança

António Mendes Correia (1888-1960), médico, que defende em 1913 a sua dissertação apresentada à Faculdade, um estudo sobre os criminosos portugueses, e assume a regência da cadeira de Antropologia na Faculdade de Ciências da Universidade do Porto. A sua carreira ficará sempre ligada ao estudo e ao ensino da antropologia, nomeadamente da antropologia criminal.[928] Conhecedor de Lombroso e dos seus discípulos e críticos, não será ele um seu adepto incondicional. Sem prejuízo disso, em vários dos seus trabalhos é ainda notória a influência da escola italiana e do seu *caput scholae*.[929] Aceita, aliás, num dos seus primeiros escritos, a existência de criminosos natos, que não devem, contudo, ser distinguidos apenas pelos seus sinais anatómicos, como pretenderia Lombroso.[930] No entanto, poucos anos depois, ajustará a sua opinião: "o crime (...) não pode considerar-se uma actividade biológica de certos indivíduos", mas "nem porisso deixa de haver em alguns homens maior predisposição para actos delituosos do que noutros. Isto não quer dizer que haja um tipo de delinquente nato: todos nós somos virtualmente criminosos natos – embora uns com mais intensidade do que outros (...)".[931]

mão da defesa social para conservar a ordem juridica existente, em cada epocha, n'uma dada sociedade. E, por isso, á phrase – *defesa juridica*, que a *metaphysica criminal* admitia em nome d'uma ordem jurídica abstracta, é por todos os motivos mil vezes preferivel, como positiva, sicentifica e inequivoca, est'outra *defesa social* (...)" – J. Mendes Martins, *Sociologia criminal (Estudos)*, Tavares Cardoso & Irmão Editores, Lisboa, 1903, pp. 73 e 74.

928 António Augusto Esteves Mendes Correia é também o impulsionador e primeiro director do Instituto de Investigações Antropológicas, criado na Faculdade de Ciências da Universidade do Porto, pelo Decreto nº 9334, de 8 de Dezembro de 1923.

929 João Fatela assinala talvez de forma excessivamente panorâmica que "(...) autores como Mendes Correia, que tiveram o mérito de proclamar, contrariamente a Lombroso, cujo impacto em Portugal foi muito grande, a antropológica ideia da relatividade do crime e da «normalidade» daqueles que maioritariamente o praticam, não souberam tirar das suas teorias os ilações que se impunham no domínio antropológico" – v. João Fatela, *O sangue e a rua – Elementos para uma antropologia da violência em Portugal (1926-1946)*, Publicações Dom Quixote, Lisboa, 1989, p. 17.

930 "Há realmente criminosos natos. (...) O erro de Lombroso na sua concepção do criminoso nato consistiu apenas em dar exaggerada importancia aos seus signaes anatomicos, pretendendo erigi-los em estigmas específicos do crime e em caracteres particulares d'um typo anthropologico único" – Mendes Corrêa, *Os criminosos portugueses – Estudos de Anthropologia Criminal*, 2ª ed., F. França Amado Editor, Coimbra, 1914, p. 50.

931 E afasta a "estigmatisação sobre a qual Lombroso erigiu uma estranha *raça* de criminosos". A. A. Mendes Corrêa, *Antropologia criminal integral – O normal delinquente e a crise moral*, Of. Gráficas da Cadeia Nacional, Lisboa, 1925, p. 2. Adiante, contudo, verá no professor italiano "o mérito inegável de pôr em foco a personalidade do delinquente até então substituida, na graduação da pena, exclusivamente pela gravidade do delito", mesmo quando afirma que, após Lombroso, apenas teria de

Em 1925, sendo assim já "ilusória a crença dos julgam possível estabelecer uma caracterisação biológica geral do crime", parece dar mais importância à educação e à "acção moral" como elementos preponderantes para a ausência ou preponderância do crime e torna-se um crítico do exagero do critério científico aplicado à psiquiatria forense, que ousa "formular um diagnóstico retrospectivo sobre uma sintomatologia lacunar e problemática".[932] Assumindo-se agora como um "moralista", descrente no cientismo absoluto, crê ainda que há lugar para o médico e para o antropologista ao lado do penalista, no campo da patologia, mas também no domínio da "normalidade".[933]

A sua obra de referência é um estudo antropológico sobre a criminalidade portuguesa, onde avalia dados quantitativos e elementos da "morphologia, biologia e psycologia" dos condenados. Aí, após elucidar sobre o comportamento considerado criminoso como sendo relativo, sujeito à variação de tempo, lugares, estruturas e tradições sociais, vem definir crime, como o acto "quasi sempre opposto á vontade collectiva, e a que corresponde uma punição fixada por um habito, um costume ou uma regulamentação", num trecho que pouco se aproxima de uma qualquer definição jurídica.[934] O criminoso é, então, o anti-social e, por isso, quem deve sofrer uma punição.

A sua análise dos criminosos portugueses é, em grande medida, um teste feito à população reclusa nacional a propósito das conclusões de Lombroso, Ferri e de outros membros da escola da antropologia criminal. Procurou assim Mendes Correia confirmar ou infirmar a possibilidade de se generalizar em relação a criminosos portugueses essas afirmações, muitas delas já ao tempo em descrédito na sua aparente solidez científica. Pode antecipar-se o resultado a que chegou: não é afinal possível enquadrar os criminosos portugueses num "tipo criminal"

se concluir que "(...) os criminosos não constituem um tipo biológico especial e são – sem excepção e com inteiro aplauso de M. de la Palisse – todos os que praticam crimes"... (p. 22).

932 "É preciso não erigir em entidades mórbidas definidas ou em tendências patológicas que envolvem uma existência inteira, factos ou pormenores isolados, que valem tanto para a definição de um anormal, como vale uma esporádica cefalgia, uma leve indigestão consecutiva a uma refeição excessiva, ou uma arrelia com a menina dos telefones que tarda em estabelecer uma comunicação" – A. A. Mendes Corrêa, *Antropologia criminal integral..., cit.*, pp. 5 e 6.

933 "A técnica do exame médico-antropológico deve (...) permitir, tanto quanto possivel, a discriminação dos factores e do mecanismo dos seus crimes, do grau da sua capacidade criminal, da natureza especial e desenvolvimento dos seus sentimentos e ideias morais, do seu caracter e das suas aptidões. Sobretudo na delinquência juvenil estes últimos elementos são dum capital interesse social", escreve a pp. 24.

934 E efectivamente Mendes Correia convoca, nesta definição, "Maxwel, Durkheim, Proal e Urtin" – Mendes Corrêa, *Os criminosos portugueses..., cit.*, p. 9.

distinto da generalidade da população, "como a escola italiana pretende". Não há a possibilidade de distinguir um tipo antropológico de criminoso e muitos dos criminosos não apresentariam os sinais de degenerescência ou de patologia que os permitiria identificar à partida. E, nota Mendes Correia, nem sequer seria "licito culpar apenas dos seus crimes o meio social, como a escola sociológica com demasiado exclusivismo requer".[935] Urge, assim, assumir o ecletismo nas causas do crime, umas individuais, outras provenientes do meio em que o criminoso vive.

Como "tratamento e profilaxia" da criminalidade portuguesa, deixa Mendes Correia algumas propostas:

- O uso dos "substitutivos penais" de Ferri;
- O desenvolvimento da educação e da assistência aos menores[936] e o combate ao alcoolismo;
- A substituição do júri de leigos por um conjunto de jurados composto por antropologistas e psiquiatras, que examinariam todos os criminosos, à semelhança do defendido por Júlio de Matos;
- Uma verdadeira individualização da pena, com base no exame científico do criminoso, na sua medida e no seu conteúdo, graduada de acordo com a "temibilidade" e a "intimidabilidade" do criminoso, visando a "defesa social, a "reparação do crime e a regeneração dos delinquentes"[937];
- Generalizar as penas extra-carcerárias e institutos que permitam reservar a prisão efectiva para um número mínimo de casos.[938]

[935] *Idem, ibidem*, p. 329.

[936] Um estudo sobre menores delinquentes e vadios é publicado por Mendes Correia em 1915, aproveitando a sua condição de médico e juiz-adjunto da Tutoria da Infância do Porto desde 1912, onde conclui também que os "chamados *anormaes por defeito educativo* (ignorantes, atrasados pedagógicos, muitos viciosos e imoraes por habito adquirido ou influencia do meio, etc.) dão muito maior quota de delinquentes, mas na verdade trata-se de *falsos anormaes*, porque os seus cerebros não teem necessariamente uma estrutura anomala ou patologica. Educadas convenientemente, essas creanças em nada se distinguem das creanças normaes" – Mendes Corrêa, *Creanças delinquentes – Subsidios para o estudo da criminalidade infantil em Portugal*, F. França Amado Editor, Coimbra, 1915, pp. 7 e 8.

[937] "A applicação da pena pelo critério objectivo conduz ás maiores injustiças: criminosos reincidentes, habituaes, perigosos, soffrem pequenas penalidades, emquanto que [*sic*] criminosos fortuitos, accidentais, sem fundas tendencias para o crime e mesmo de grande probidade, experimentam todo o rigor da lei", escreve Mendes Corrêa, *Os criminosos portugueses..., cit.*, p. 324. Adiante acentua: "Nada de penas doseadas exclusivamente segundo a natureza objectiva e a gravidade do crime! O conhecimento do criminoso e do determinismo particular do seu acto criminal é a unica base scientifica para a fixação da penalidade"(p. 331).

[938] Assim, numa mescla de difícil critério, defende o uso de figuras como "a liberdade condicional, a liberdade vigiada, a suspensão da pena, as reprehensões, as cauções, as multas, as penas corporaes,

Todavia, longas páginas da sua obra parecem ser ainda um esforço de descoberta desse tipo criminal antropológico, mesmo se o nega, conhecendo e dando conta do debate que a sua existência suscitou entre Lombroso, Ferri e os seus diversos críticos – e, nestes, vai indicar Topinard, Lacassagne, Tarde, Baer, entre outros. Se aplicada a existência deste tipo apenas à categoria de criminosos natos, como parece inclinar-se num período final a escola italiana, não é por isso menos controversa. Convoca Ferri e a sua justificação que pretenderia pôr um ponto final nessa discussão, apelidada pelo criminalista italiano de "famoso mal entendido scientifico": o criminoso nato é apenas um homem predisposto ao crime e apenas o meio e as circunstâncias em que viva levarão a que possa efectivamente praticar crimes, como terá exposto na sua *Sociologia Criminal.*

No estudo que faz de criminosos portugueses, descobre Mendes Correia cerca de 42% de criminosos natos, numa observação, contudo, apenas de *delinquentes habituais* e de *grandes scelerados*, que coteja com a afirmação de Lombroso de que 40% dos criminosos em geral seriam criminosos natos. No entanto, não lhes descobre a morfologia que a escola italiana lhes associa, designadamente ao nível da conformação craniana – e aqui cita também o médico Ferraz de Macedo, que chega a conclusões idênticas e que, nos congressos internacionais, participa directamente na progressiva descredibilização das propostas de base lombrosiana.[939]

o sequestro no domicilio, a reparação do crime, a expulsão da localidade por um praso variavel, a expulsão do paiz, a deportação definitiva, e o internamento em reformatorios, officinas penaes, colonias penaes agricolas, asylos ou manicomios". Sustenta ainda o uso da pena de morte, em caso de aumento da criminalidade, para os "criminosos natos provavelmente incorrigiveis, que se revelem extremamente perigosos e sanguinários" – *idem, ibidem*, p. 331. Note-se que é Mendes Correia um forte crítico do regime penitenciário, que crê "desumano e anti-scientifico" (p. 325).

[939] *Idem, ibidem*, pp. 117 ss. Note-se que Alimena, *I limiti...*, vol. I, *cit.*, p. 154, em 1889, reporta igualmente o trabalho de Ferraz de Macedo, a que acede por via das suas comunicações aos congressos internacionais de antropologia criminal, onde ambos comparecem, como demonstrativo da falência de conclusões de Lombroso, no caso a propósito da alegada proeminência da mandíbula dos criminosos em relação à população não delinquente. Ferraz de Macedo é claro novamente no congresso de antropologia criminal de 1896, em Genebra, onde questiona directamente a validade da análise antropológica sobre a "degenerescência" ("M. Ferraz de Macedo dit qu'il a entendu parler de dégénérescence depuis le commencement du Congrès, mais il ne sait ni où elle commence, no où elle finit", escreve-se nas actas – *Congrès Internationale d'Anthropologie Criminelle – Compte Rendu des Travaux de la Quatrième Session tenue a Genève..., cit.*, p. 219) bem como a universalidade das medições cranianas que procuram atestar da distinção originária entre criminosos e normais (""M. Ferraz de Macedo estime que l'étude extérieure faite par mensurations e par observations de l'extérieur de l'organisme (...) ne pourra pas, dans l'état actuel de la science, donner des renseignements assex précis pour éclairer, d'une manière positive, les juges et les tribunaux au sujet des criminels vrais, des fous, des pathologiques accidentels ou des normaux" – *ibidem*, p. 339).

Estes criminosos natos serão, como também os designa, os "criminosos de habito congenito, pela sua forte predisposição constitucional para o crime".[940]

Esta suposta predisposição *constitucional* encontra-se tentativamente sustentada pelo antropólogo em medições de elementos tão diversos como a cor da pele e a cor dos olhos (seriam mais predispostos ao crime os morenos que os louros), a escassez de barba, anomalias nas orelhas, a baixa estatura, a configuração da mão (longa e estreita nos ladrões, curta e larga nos assassinos, e com o dedo médio da mão esquerda mais curto que na população não criminosa), entre outros, que levam Mendes Correia a simultaneamente "suspeitar de uma mais elevada intensidade das tendencias criminaes na raça morena, dolicochephala, de baixa estatura", mesmo se em seguida lhe parece "evidente que os criminosos não apresentam um typo morphologico especial".[941]

Quanto a elementos da "biologia e psycologia" do criminoso que permitam distingui-lo da demais população, não deixa o autor de os procurar, sem sucesso aparente, já que também por eles não se descobrirá um notório tipo criminal.[942]

[940] V. Mendes Corrêa, *Os criminosos portugueses..., cit.*, pp. 113 a 115.

[941] *Idem, ibidem*, p. 172. Tal não impede, contudo, que adopte a visão da eugenia como aplicável também à "segregação de criminosos reincidentes", num contexto multiforme em que pugna para que se estabeleçam também entre nós a averiguação do "(...) *pedigree* das famílias (...), a esterilização e o neo-maltusianismo em casos de grandes taras e doenças profundas, o exame ante-nupcial com regulamentação sanitária do casamento, a propaganda popular e escolar da eugénica (incluindo a educação sexual e a profilaxia anti-venérea), a protecção às gestantes, a regulamentação médica da imigração; enfim, a luta contra todos os factores disgenizantes (alcoolismo, uso de alcaloides, prostituição, imoralidade, etc.)" – A. A. Mendes Corrêa, *A Nova Antropologia Criminal..., cit.*, p. 205.

[942] Mendes Correia procura analisar aspectos que vão desde a temperatura corporal ou a sensibilidade à dor até à emotividade, a religiosidade, a tendência para o uso do calão ou a frequência da aposição de tatuagens entre os criminosos, estas consideradas como sinais de atavismo para a escola italiana. Sobre este ultimo aspecto, o autor recolhe e apresenta diversas reproduções de tatuagens que coligiu em criminosos portugueses – Mendes Corrêa, *Os criminosos portugueses..., cit.*, a pp. 279 a 291, que se reproduzem também em anexo (Anexo 7). No seu estudo, 14,3% dos homens e 3,7% das mulheres delinquentes observados no Posto Antropométrico da Relação do Porto possuíam tatuagens. Entre nós, contra o calão e o uso de tatuagens como elementos distintivos dos criminosos, já se pronunciava claramente no final do século XIX Ferreira Deusdado, arauto da reacção contra o exagero dos estudos antropológico-criminais – v., *v. g.*, Ferreira Deusdado, *A Anthropologia Criminal..., cit.*, pp. 82 ss. Também António d'Azevedo Castello Branco desenvolveu estudos sobre as tatuagens nos presos iniciais da Penitenciária de Lisboa, tendo observado 463 reclusos, dos quais 77 apresentavam tatuagens. Castello Branco valorizava, contudo, a tatuagam essencialmente como elemento de identificação antropométrica e não como indício do atavismo lombrosiano, louvando-se também da crítica de Tarde ao professor italiano: "Lombroso enumera entre as causas da tatuagem o atavismo, dando-lhe a importância principal. As tatuagens que examinei não me auctorisam

Por outro lado, a educação, a pobreza e o alcoolismo surgem-lhe já como elementos mais objectivos em que se podem fundar as causas da criminalidade.[943]

Em 1935, publica-se ainda uma análise do "índice cefálico" de 145 condenados por homicídio que cumprem pena na Penitenciária de Coimbra, certamente um dos últimos estudos do género. As conclusões confirmam o que já Mendes Correia havia também concluído: "não há diferença significativa entre o índice cefálico dos homicidas e o dos indivíduos não delinquentes do sexo masculino".[944] Assim, fica aqui corroborado igualmente Ferraz de Macedo, que pugnou fora de portas por esta indistinção morfológica de homicidas e de não-delinquentes.[945]

Na mesma ocasião, num outro estudo, em que são testados 144 homicidas da Penitenciária de Coimbra, verifica-se que apenas em 12,8% dos estudados se pode verificar "caracteres degenerativos mais ou menos acentuados", sendo que a larga maioria dos homicidas "pertence à categoria dos normais delinquentes, tendo cometido o crime sob a influência de uma causa ocasional". Aqui, novamente o alcoolismo e a embriaguez são apontados como causa decisiva: em 40 dos indivíduos estudados apontava-se alcoolismo crónico e em 28 casos o crime teve lugar numa taberna.[946] As marcas biológicas eram definitivamente ultrapassadas pelas marcas sociais, os estigmas criminais das novas escolas.[947]

a dar valor egual ao que o illustre sabio lhe attribue" – *Estudos..., cit.*, p. 224. Referências às tatuagens dos presos portugueses, mas descritas já como mero "passatempo das prisões", encontram-se também feitas por Rodolfo Xavier da Silva, *Crime e prisões*, Oficinas Gráficas da Cadeia Nacional de Lisboa, Lisboa, 1925, pp. 215 a 235, onde o autor contabiliza os presos tatuados que conheceu e se reproduzem também alguns dos seus motivos.

943 Mendes Corrêa, *Os criminosos portugueses..., cit.*, p. 328.

944 António de Matos Beja, *O índice cefálico nos homicidas da Cadeia Penitenciaria de Coimbra*, in "Estudos do Instituto de Criminologia de Coimbra – I – Homicidas", Tipografia da Atlântida, Coimbra, 1935, p. 32. Os dados encontram-se apresentados por Mendes Corrêa, *Os criminosos portugueses..., cit.*, pp. 159 a 161.

945 Da presença de Ferraz de Macedo no congresso de antropologia criminal de 1896, ao qual foi nomeado delegado pelo ministro António de Azevedo Castello Branco, resultaram os seus *Bosquejos de Anthropologia..., cit.*, onde os trabalhos do congresso são extensamente descritos e comentados pelo médico português.

946 V. Mário Simões Trincão, *Os homicidas – Notas de antropologia criminal*, in "Estudos do Instituto de Criminologia de Coimbra – I – Homicidas", *cit.*, pp. 46 e 59 a 62. O mesmo autor escreve: "As doutrinas Lombrosianas sobre a morfologia criminal perderam terreno, e até a própria «Escola Italiana de Antropologia Criminal» já não lhes conserva absoluta fidelidade. A existência de um tipo de criminoso nato, tal como o descreveu Lombroso e a sua escola, é hoje negado pela maior parte dos criminologistas" (p. 46).

947 No mesmo sentido e em associação às conclusões de Mendes Correia, v. João Bacelar, *Alguns casos criminaes – Estudos antropológicos, psicológicos e sociaes*, Oficinas Gráficas da Cadeia Nacional, Lisboa,

Entre os juristas da universidade, António Henriques da Silva, que lecciona direito penal entre 1887 e 1906, está também entre nós na mudança de paradigma para o positivismo sociológico[948], provindo em grande medida das escolas italiana e francesa, assumindo um "programa preventista"[949] assente na segurança geral, na defesa social, ofendida a comunidade através de uma ideia, que expõe, de fraude à "confiança pública". A par do direito criminal, interessa especialmente a prevenção do crime e a ponderação dos seus efeitos. Se o direito penal é, na altura, "alguma cousa mais que uma disciplina juridica"[950], são as obras de Ferri, de Prins, de Tarde e de Liszt, em que Henriques da Silva se sustenta, que fornecem as explicações usadas para tal[951], em particular pensando na configuração

1922, pp. 94 ss. Bacelar, director da Penitenciária de Lisboa na década de 20, é um adepto das penas de duração indeterminada e do modelo "reformatório" norte-americano, afinal concretizações de uma valorização simultânea de um critério de temibilidade como reitor da pena e da educação como factor determinante para a indução ou restrição da tendência criminal (v. pp. 185 ss.), conteúdos da pauta ideológica mais difundida do seu tempo.

[948] Um elogio, aliás, que Afonso Costa lhe faz directamente em 1895, no *Commentario...*, *cit.*, pp. 146 e 147.

[949] Henriques da Silva, *Elementos de sociologia criminal e direito penal*, fasc. II, Imprensa da Universidade, Coimbra, 1905, pp. 220 e 221, anota que "*Reparar e prevenir*, é o duplo fim a que se dirigem os meios coercitivos do Estado. (...) Ha, porém, um grande numero de lesões irreparaveis, ou melhor, em toda a lesão ha alguma cousa de irreparavel. Prevenir a lesão é, pois, uma necessidade imperiosa. O Estado dispõe para esta prevenção de meios administrativos civis e penaes. Uns são destinados a impedir a formação de uma tendencia anti-social (substitutivos penaes de FERRI), outros a neutralizar esta tendencia".

[950] Henriques da Silva, *Elementos...*, *cit.*, fasc. I, p. 6. Paulo Merêa, *Estudos...*, *cit.*, pp. 265 e 266, assinala que Henriques da Silva foi inicialmente um "adepto entusiasta da escola italiana da sociologia criminal", vindo progressivamente a integrar com mais intensidade as "causas sociais do crime", ou seja, "corrigindo (...) os excessos da escola antropológica da sua forma mais pura". É ele, juntamente com Dias da Silva e Afonso Costa, representante da Universidade no congresso da União Internacional de Direito Penal que se realiza em Lisboa em Abril de 1897, presidido por Liszt, ao qual apresenta um texto intitulado *Contravention et délit* (pp. 287 e 288).

[951] Escreve Henriques da Silva, anotando Tarde, que a "penalidade, através do tempo (...), realiza a sua evolução por um movimento oscilatório entre uma tendencia *utilitaria* e uma tendencia *mystica* (...) sob as fórmas do principio theologico da *expiação* e do principio politico da *razão de Estado*, e volvem a aparecer-nos mais recentemente nas teorias ethico-juridicas da *razão prática* e da *justiça absoluta* e nas doutrinas politico-sociologicas do *contracto social*, da *utilidade geral* e da *preservação social*. A pena ora é considerada como meio de defesa, ora como como meio de purificação, de reabilitação religiosa ou moral. (...) Enquanto pela evolução do principio da defesa, a historia da justiça penal manifesta um movimento de *socialização* crescente, que vae até á creação de um direito penal internacional, também pela evolução dos ideaes mysticos nos conduz a esta phase do direito contemporaneo que (...) consagra sobre a base da unidade do genero humano, os direitos do *individuo* que em si condensa,

das penas a utilizar.[952] O mesmo sentido se encontra no seu sucessor imediato, Manuel Dias da Silva.[953]

Caeiro da Matta, que lecciona em Coimbra entre 1907 e 1919, parece ver também na perigosidade do sujeito e na necessidade de defesa social o fundamento do direito de punir e na temibilidade o fundamento da medida da pena[954], numa lógica que perdurará ainda pelo Estado Novo, através da consagração da tipificação dos criminosos, da possível indeterminação do limite máximo das penas e do uso de medidas de segurança.[955] A "inadaptabilidade à vida social" de um grupo de criminosos surge-lhe como evidente[956], mas onde se destacam de forma ampla os criminosos habituais e os ocasionais, quer se chegue a esses grupos pela via da antropologia criminal, quer pela via das escolas sociológicas, quer por um ecletismo entre ambas as perspectivas. Contra essa inadaptabilidade, haveria então que recorrer a preventivos do crime, no que se socorre em grande medida de Ferri, bem como a medidas repressivas, conhecidas, de acordo com "a natureza

pela qualidade de ser racional, a humanidade de que faz parte" – Henriques da Silva, *Elementos..., cit.*, fasc. I, pp. 62 e 63.

[952] Sustentando-se directamente em Liszt, afirma: "(...) Em assumpto nenhum será mais consideravel e duradoura a influencia das investigações criminais, anthropologicas e sociologicas, sobre os principios fundamentaes do direito penal, do que no capitulo da applicação de medida ás penas" – *idem, ibidem*, pp. 32 e 33. V. também Eduardo Correia, *A influência..., cit.*, pp. 6 e 7.

[953] As lições que publica seguem literalmente em vários pontos, aliás, as de Henriques da Silva – v. Manuel Dias da Silva, *Elementos..., cit.* A propósito de uma apresentação histórica do regime penitenciário, adverte desde logo que "a emenda do culpado deve ser o fim acessorio do systema penal" (p. 202) e apoia o "ensaio de conciliação das doutrinas da escola clássica e penitenciarista com as doutrinas anthropologicas e sociologicas da escola positivista italiana" que Liszt e Prins representam, designadamente no contexto da *Union Internationale de Droit Pénal* (p. 251).

[954] A pena é "um meio que a sociedade emprega para se defender e integrar na consciencia collectiva e individual uma coacção psychologica", devendo caber em grande medida ao juiz a sua individualização, usando de "uma certa liberdade (...) quanto á apreciação do facto ou factos reveladores da temibilidade do delinquente" – Caeiro da Matta, *Direito Criminal..., cit.*, vol. II, p. 9.

[955] A indeterminação da duração da pena é vista como um reforço das garantias sociais contra o criminoso e da utilidade da própria pena para o recluso e recusa-se a sua associação ao argumento de, através dela, se produzir afinal um estabelecimento legal do arbítrio. João Chaves, *Sciencia Penitenciaria*, Livraria Clássica Editora, Lisboa, 1912, pp. 183 e 184, é claro: "Só a sentença indeterminada com o seu processo de constatação posterior á reforma moral do culpado fará extinguir o mal da prévia fixação judiciaria, assegurando a utilidade da pena reformadora. Isto é evidente e pretender-se o contrario sob o fundamento de que a sentença indeterminada é uma volta ao arbitrio antigo derrocado com a Bastilha, é confundir idéas distinctas, assimilar concepções diferentes para em nome de um abuso temido condemnar o principio benefico (...)".

[956] Caeiro da Matta, *Direito Criminal..., cit.*, vol. I, p. 55.

mais ou menos perigosa do delinquente".[957] E, mesmo assumidas as insuficiências da antropologia criminal de base lombrosiana, recorre Caeiro da Matta ainda às conclusões de Lombroso para pretender confirmar, por exemplo, a distribuição da incidência da criminalidade em Portugal[958], mais acentuada onde "predomina a dolicocephalia".[959]

Face ao que detecta ser um aumento da criminalidade e da reincidência e da precocidade dos delinquentes, apenas a "base racional dum sistema punitivo scientifico, exclusivamente proporcionado à temibilidade do delinquente"[960], oferecida pela perspectiva da defesa social, poderia responder eficazmente. O risco, contudo, era o de uma ciência que pretendia cobrir as suas insuficiências sob o manto da retórica de uma nova sociologia positiva, de conteúdos variáveis, como aliás alertava entre nós, num texto de juventude, Paulo Merêa, e que não dispensaria afinal uma dimensão moral na pena.[961]

Assim, também entre nós, o direito penal vai despir progressivamente a sua veste eminentemente sociológica e anunciar um processo de normativização, de centragem numa construção essencialmente jurídica e auto-fundada que resultará entre nós, como em muitos dos países europeus até à Segunda Guerra Mundial[962], numa pauta de cariz securitário e autoritário, mais ou menos explí-

[957] *Idem, ibidem*, pp. 220 ss. e pp. 252 a 254.

[958] *Idem, ibidem*, pp. 72 e 73. Para Caeiro da Matta, um "positivo clássico", afinal, as "doutrinas eclecticas da União Internacional de direito penal" apenas "representam (...) uma transacção de consciencia scientifica" e "os seus defensores se debatem ainda entre o sentimento mystico da liberdade moral e as provas scientificas do determinismo" – *idem, ibidem*, p. 199.

[959] Como escreve Caeiro da Matta, o crime é simultaneamente "violação do direito" e "revelador de anormalidade do agente" – José Caeiro da Matta, *Do furto (Esboço histórico e juridico)*, Imprensa da Universidade, Coimbra, 1906, p. 20, nota 1.

[960] J. Caeiro da Mata, *Actuais tendências legislativas em matéria criminal*, in "Revista da Universidade de Coimbra", vol. III, Imprensa da Universidade, Coimbra, 1914, p. 442.

[961] Paulo Merêa, *A escola penal positiva*, in "Estudos de Filosofia Jurídica e de História das Doutrinas Políticas", Imprensa Nacional – Casa da Moeda, Lisboa, 2004, em especial pp. 67 a 71.

[962] V. Marc Ancel, *Introduction comparative..., cit.*, pp. 50 a 53. Analisando especificamente o caso italiano, "vanguarda do direito e da política criminal" nos anos 20 e 30, e a sua particular identificação entre revolução fascista e construção jurídica, caso efectivamente usado como paradigma por diversos autores nacionais, v. Tiago Pires Marques, *O* momentum *da codificação criminal – Reflexões metodológicas sobre a análise histórica dos códigos penais*, in Pedro Tavares de Almeida, e Tiago Pires Marques (coord.), *Lei e ordem. Justiça penal, criminalidade e polícia (Séculos XIX-XX)*, Livros Horizonte, Lisboa, 2006, pp. 15 ss. "O trabalho de codificação criminal foi (...) o da racionalização do uso da força pelo Estado, de acordo com a nova ideologia política, e o da articulação sistémica, com a legitimidade do direito, de uma série de práticas coercivas desenvolvidas durante o regime liberal. O modo como o poder político procedeu à coordenação deste conjunto de dispositivos e

cita ou apenas entrevista, mesmo quando criticada, para o direito penal e penitenciário.

Ultrapassado o momento correccionalista[963] e a primeira recepção determinista, seja na sua vertente puramente antropológica, seja de feição sociológica, o sentido é cada vez mais de fusão entre uma técnica de aplicação do direito provinda afinal da escola clássica e uma configuração de sanções da escola positiva, superando a tensão entre correntes.[964] O Código Penal italiano aprovado em 1930 e atentamente seguido em Portugal é provavelmente o melhor exemplo dessa fusão, que se revela adequada também a um modelo de controlo social de um Estado autoritário, combinando penas e medidas de segurança.[965] A conformação

o impacto deste processo nas estratégias incriminatórias constituíram, juntamente com o trabalho de categorização dos tipos de crimes, o *momentum* da codificação criminal do fascismo", escreve a pp. 36.

963 Henriques da Silva, *Elementos...*, *cit.*, fasc. II, pp. 77 e 78, em comentário à influência de Roeder no projecto de reforma penal de 1861, escreve: "Ocorre todavia perguntar: o principio da justiça, cuja observância traz consigo a normalidade da vida social, e o principio da utilidade geral ligado ás condições bio-psychicas, serão independentes ou estarão subordinados um ao outro? Entendem os philosophos dessa escola que cada um dos princípios é autonomo, embora ambos se realizem com uma especie de harmonia preestabelecida. Mas essa harmonia é fácil de explicar, pois que o direito deve ser tanto mais perfeito, quanto melhor se conhecerem e respeitarem as condições de vida dos povos. É do estudo das condições do organismo social que se derivam os preceitos que devem reger o homem nas suas relações sociaes; é pelo conhecimento das leis de conservação e progresso social que se organiza essa justiça de que Krause nos falla como fonte de prosperidade. O direito, que é a parte da moral garantida pela coacção externa, é susceptivel como ella de aperfeiçoamento e progresso. A harmonia existente entre direito e utilidade social resulta do facto de as regras juridicas traduzirem as condições de existencia social".

964 Assim conclui Fernanda Palma, *Do sentido histórico...*, *cit.*, pp. 387 ss. Henriques da Silva já afirmava que "(...) as conclusões perfilhadas pelos criminalistas modernos são sensivelmente as mesmas, qualquer que seja a diversidade das convicções philosophicas ou religiosas; havendo instituições repressivas, devidas á iniciativa de criminalistas *classicos*, francamente utilitárias e *positivistas*, como a relegação dos delinquentes em França, os asylos para alcoolicos, os institutos para educação de delinquentes menores, e chegando os positivistas, sempre que se deixam guiar pelo bom senso prático, que é o mesmo em todos os homens, a postulados que nenhuma consciencia espiritualista deixaria de aceitar" – Henriques da Silva, *Elementos...*, *cit.*, p. 34. V. também Paulo Pinto de Albuquerque, *A reforma...*, *cit.*, pp. 515 a 518.

965 "O Código Rocco, orientado por um alto espírito jurídico, consegue realizar a fusão prática da doutrina das Escolas clássica e positiva. Reproduz muitos dos preceitos do projecto Ferri e, embora profundamente influenciado pela Escola Positiva, não abandona, contudo, o princípio tradicional e clássico da imputabilidade moral, aparecendo a pena por consequência, não como simples meio de defêsa social, mas, ainda, de reparação e emenda. Conseguindo, portanto, construir sôbre a imputabilidade moral a responsabilidade penal e os postulados da Escola Positiva, o Código marca um

da resposta penal vem a justificar-se assim quer pela gravidade e natureza do crime, ideia retributiva clássica, quer pela necessidade de atender à personalidade do criminoso e à prevenção do crime potencial, como pretende a escola positiva.[966] Culpa e perigosidade, passado e futuro, ambos parecem auxiliar-se na defesa da comunidade.

Na escola de Lisboa, com Abel de Andrade, Cavaleiro de Ferreira e Marcello Caetano, o sentido será também cada vez mais de adesão a uma normativização do sistema penal, reacção do direito a um sociologismo que não garantiria suficientemente um objecto jurídico ao direito penal.[967] *A Tipicidade na Técnica do Direito Penal*, obra de Cavaleiro de Ferreira de 1935, de algum modo representa de forma mais sistemática essa tendência, ao trazer Beling para Portugal[968], sem

acontecimento histórico de singular importância", escrevia Cândida Rodrigues Dias, *O Fundamento do Direito de Punir..., cit.*, pp. 220 e 221. Destacando a agenda Rocco num contexto em que se verifica "a coincidência (...) entre alguns dos objectivos de Política do Direito definidos em Itália e aqueles que foram concretizados em Portugal, aqui, até nalguns casos com antecipação (...)", v. Luís Bigotte Chorão, *A crise da República..., cit.*, p. 511.

[966] O ministro da Justiça Manuel Rodrigues, na sessão evocativa do Centenário do Supremo Tribunal de Justiça em 14 de Outubro de 1933, nas vésperas da reforma prisional, sintetizava a evolução do direito penal no século decorrido: "A abstracção desapareceu do próprio direito penal. O crime não é mais a medida da pena, como durante muito tempo foi considerado, em respeito ao princípio da personalidade abstracta, da igualdade dos cidadãos. Tem o Estado o direito e o dever de lutar contra o crime, e por conseqüência, de aplicar meios de defesa adeqüados. O estudo do crime denunciou que é preciso ter em atenção factores individuais que variam de criminoso para criminoso e, portanto, que há-de-defender-se a sociedade não só considerando o crime cometido, mas também a temibilidade que o criminoso revela por estes e outros sintomas. Para o direito penal há delinqüentes, não há, em rigor, crimes; e, por isto, tôdas as ideias sobre a pena foram revistas e postos de lado os princípios de fixação abstracta, do regime uniforme do tratamento penal e da duração limitada dêsse tratamento" – Manuel Rodrigues, *Política, direito e justiça*, Emprêsa Jurídica Editora, Lisboa, 1934, p. 91. Ao mesmo tempo, alertava elucidativamente Palma Carlos, na defesa de um futuro "Código de Defesa Social": "A própria designação de *pena* tende a desaparecer. Está próximo o momento (...) em que a pena clássica, como as velhas malas-postas, encontrará o seu lugar num canto obscuro do Museu de Antiguidades, para o ensino e curiosidade das gerações futuras" – v. Palma Carlos, *Os novos aspectos do Direito Penal (Ensaio sôbre a organização dum Código de Defesa Social)*, Lisboa, 1934, p. 53.

[967] Ou sequer ao Direito *tout court* – veja-se, *v. g.*, como Manuel Emídio Garcia, lente de Direito Administrativo de Coimbra e um representante desse sociologismo positivo, divide a Sociologia nos seguintes objectos: Política, Economia, Administração, Moral *e Direito* (itálico nosso).V. Fernando Catroga, *op. cit.*, p. 85. Paulo Merêa classifica Manuel Emídio Garcia como o "iniciador" na Faculdade de Direito de Coimbra da corrente positivista – Paulo Merêa, *Estudos..., cit.*, p. 217.

[968] Mesmo se aqui o autor sente a necessidade de justificar que "a nova inclinação dos juristas pela técnica jurídica não é, nem mesmo no direito penal, e até sobretudo em direito penal, um regresso ao formalismo", já que o conteúdo do tipo de delito "implica a formulação de múltiplos conceitos,

prejuízo de esse percurso não ter significado uma adesão incontestada a um sentido unívoco de defesa social ou ao puro tecnicismo jurídico.[969] Cavaleiro de Ferreira deixará claro que o direito penal nunca deverá ser visto como um mero expediente preventivo, não podendo dispensar uma radicação da pena no facto e na culpa do agente.[970]

A certo momento, Abel de Andrade reclama-se expressamente alheio a uma "escola do tecnicismo jurídico"[971], notando que o direito penal exige uma "filosofia" e visa realizar fins do Estado, o que apenas consegue através da imposição, em unidade e não em contradição, de penas e de "medidas de segurança pública", numa base de necessidade aplicada quer à repressão quer à prevenção

uma conceituação da realidade orientada na direcção da finalidade própria do direito, ou, em cada caso especial, do preceito que a realiza", sendo os "conceitos penais" como que "meios ao serviço dum fim", que é contudo também coberto pelo direito. V. Manuel Gonçalves Cavaleiro de Ferreira, *A Tipicidade na Técnica do Direito Penal*, Imprensa Lucas e Companhia, Lisboa, 1935, pp. 107 e 108. O crime surge como uma acção típica, antijurídica ou ilícita e culposa, distante dos critérios sociológicos.

[969] Cavaleiro de Ferreira, em texto mais tardio, deixa claro que não só a intimidação geral não é um fim legítimo da pena como também a mera perigosidade não pode substituir a culpa e uma ponderação individual orientada para o futuro: "(...) Grave, porém, é a perversão de ideias, o embuste de etiquetas a que o fim da segurança da sociedade contra delinquentes graves e perigosos dá lugar. (...) Não raro se defende que à medida de segurança basta para a sua justificação a utilidade social, independentemente de qualquer razão de justiça. (...) É mister vincar que as medidas de segurança, precisamente porque prescindem de uma reprovação, em razão da culpa, dos que a elas são sujeitos, só é [*sic*] legítima quando nela confluem simultaneamente a realização do fim de defesa social e o interesse individual", sob pena de, adianta, "se escancararem as portas por onde podem jorrar, em sucessivas torrentes, a eliminação, no interesse social, já não sómente dos delinquentes perigosos, mas dos indivíduos socialmente nocivos, dos dementes incuráveis, ou a hecatombe dos genocídios..." – Manuel Cavaleiro de Ferreira, *A influência da abolição da pena de morte...*, *cit.*, pp. 73 e 74. Marcello Caetano, nas suas lições de Direito Penal, mostrava-se também crítico em relação ao "multiplicar das medidas de segurança" e ao acentuar "da função preventiva da pena" – v. Marcello Caetano, *Lições de Direito Penal*, Livraria Moraes, Lisboa, 1939, p. 111.

[970] "É de regeitar, portanto, o parecer daqueles que, esperando o renovamento dos quadros legislativos em obediência a princípios diferentes dos vigentes, colocam como meta da individualização judicial a adequação da sanção à personalidade do autor, sem atentar que na ordem jurídica positiva a pena é proporcionada ao crime e que a individualização judicial é apenas fase complementar do processo unitário da individualização iniciado pela lei. A personalidade do criminoso influe sem dúvida na medida da pena, mas (...) através do facto em que se revela" – M. Cavaleiro de Ferreira, *A Medida da Pena*, in BIC, nº 5 (1939), Oficinas Gráficas da Penitenciária de Lisboa, Lisboa, 1940, p. 64.

[971] V. Abel de Andrade, *Cadeira de Direito Penal – Sumário das lições magistrais nos cursos de 1931 a 1932*, Tip. da Empresa do Anuário Comercial, Lisboa, 1932, p. 10.

do crime.[972] Esta é uma linha de pensamento que, associada aos regimes políticos da época, valoriza necessariamente o uso do direito penal enquanto ferramenta, mais do que de defesa social, de repressão.[973]

[972] Também o então director-geral dos Serviços Prisionais, Augusto Oliveira, escrevia em 1938: "Pode dizer-se, no campo especulativo e filosófico a ressurreição tomista está na base do neo-positivismo integral que repudia os conceitos materialistas mas abandona ao mesmo tempo o do paralelismo entre a infracção e a pena, *fundado exclusivamente na responsabilidade moral.* A Deus o que é de Deus, e a César o que é de César. Se a idéa de responsabilidade moral, *quia peccatum*, se refere essencialmente à ordem espiritual, a noção de defesa social e de periculosidade, *ne peccetur*, diz fundamentalmente respeito à ordem jurídica e social" – Augusto d'Oliveira, *A personalidade do delinquente na reforma prisional portuguesa*, in BIC, nº 2 (1938), Oficinas Gráficas da Cadeia Penitenciária de Lisboa, Lisboa, 1938, p. 13.

[973] "As providências de segurança do Código Penal são (...) providências preventivas sòmente no sentido de que tendem a prevenir os crimes agindo sobre as causas individuais e particulares dos crimes, mas são impostas sómente depois de o crime ter sido cometido, e são meios, menos de prevenção de crimes ainda não cometidos, do que de prevenção de novos crimes, e porisso, de defesa contra o perigo da reincidência, habitualidade e profissionalidade criminal" – Abel de Andrade, *Cadeira de Direito Penal..., cit.*, p. 29. Noutro momento, na sua última lição, em Maio de 1936, afirmará: "Quanto aos cumprimentos das penas, houve tempo em que o princípio da ilimitada individualização era como que o principal *leit motif* dos escritores do Direito Penal. E da teoria infiltrava-se a doutrina nas leis, e traduzia-se na liberdade condicional, na suspensão da pena, na suspensão do processo, na liberdade vigiada, na liberdade completa. Mas não diminuiria o poder intimidativo da pena com estes institutos, que por vezes pareciam singulares concordatas da sociedade com o delinquente? Não se sacrificaria exageradamente a sociedade ao indivíduo, e, nem mais nem menos, que ao indivíduo *criminoso*? O primeiro golpe, e certeiro, contra os excessos da individualização da pena, foi dado pelo Código Penal Italiano de 1930 (...). O problema parece, senão definitivamente arrumado, e ao menos bem posto – com a dogmática do nacional-socialismo alemão. Pelo que toca à punição, é necessário distinguir a causa e o fim; a causa, isto é, o crime, que demanda sofrimento, expiação, dor; o fim, ou seja a emenda do criminoso. Mas o principal é a causa: secundário, o fim. Nunca se deve sacrificar o principal, a causa, ao fim, isto é, ao secundário. Portanto a pena, é, sobretudo, sofrimento, dor, expiação" – Abel de Andrade, *Novo Direito Penal*, in RFDUL, vol. XXI, Lisboa, 1967, pp. 82 e 83. Numa dissertação de 1935 da Faculdade de Direito da Universidade de Lisboa, supervisionada ainda por Abel de Andrade, pode ler-se: "*Nulla poena sine crimen*, poderá objectar-se. O crime póde, porém, considerar-se certo, num prazo mais ou menos próximo. A reclusão será apenas um meio de salvaguardar a futura vítima. Que importa que o crime se não tenha concretizado ainda? A Sociedade defende-se, não se vinga. Se o isolamento não fôr aflictivo, não será injusto. Será apenas uma medida preventiva, eficaz e sensata" – assim, Maria Luiza Val do Rio de Almeida Paiva, *Os Institutos Penitenciários e a Personalidade do Delinqüente*, in BIC, nº 1 (1937), Oficinas Gráficas da Cadeia Penitenciária de Lisboa, Lisboa, 1937, p. 137. Num outro trabalho, publicado em 1938, a individualização da pena é sustentada como resultando do estudo científico dos criminosos e orientada em função de uma classificação potencial numa de três categorias: os "susceptíveis de terapêutica médica", os "susceptíveis de beneficiar de uma pedagogia criminal" e

A reforma prisional de 1936, concretizada pelo Decreto-Lei nº 26643, de 28 de Maio, foi ponto de chegada num processo de reformatação progressiva do conteúdo da pena de prisão e ponto de partida de um caminho mais determinado na criação de estabelecimentos penais e de possibilidades legais que, de acordo com a visão da época, pudessem concretizar finalmente, de forma sistemática, os fins visados por essa pena. A reforma deve muito a José Beleza dos Santos, autor que representou também entre nós uma ultrapassagem, eclética, do positivismo sociológico, defendendo que a própria justiça penal justifica a necessidade das penas – enquanto defesa necessária da "ordem jurídica", "isto é, a ordem social tal como o direito a estabelece e mantém em certo momento e em certo povo"[974] – e as torna úteis, integrando no direito penal um princípio de culpa e de responsabilidade individual do agente (uma perspectiva clássica), num sentido amplo, que permite proteger a sociedade (o primeiro fim para um positivista), e em simultâneo deve permitir a ressocialização (tendência de pendor correccionalista).[975] Se a responsabilidade penal clássica é convocada para a aplicação de uma pena, a perigosidade do agente pode bastar-se para o decretar de uma medida de segurança.[976]

aqueles "a reprimir do ambiente social pela sua temibilidade, quer esta se apresente em gradações moderadas ou irremediáveis" – assim, Caetâno Marques Soares de Oliveira, *As Possibilidades da Assistência Prisional em Portugal*, in BIC, nº 2 (1938), Oficinas Gráficas da Cadeia Penitenciária de Lisboa, Lisboa, 1938, pp. 55 e 56.

[974] J. Beleza dos Santos, *Fins das penas*, in BFDUL, vol. XIV (1937-1938), Coimbra Editora, Coimbra, 1938, p. 27

[975] Hans-Heinrich Jescheck, *op. cit.*, pp. 22 e 23, associa Beleza dos Santos à consagração do "positivismo moderno" em Portugal, descrito como um positivismo "renovado de inspiração humanista que recebe mais tarde a sua forma doutrinal na concepção da «Nova Defesa Social»", vendo como fins da política criminal portuguesa na Constituição de 1933 "prevenir e reprimir a infracção, proteger a sociedade do delinquente e o delinquente de si próprio", mesmo se destaca simultaneamente o "utilitarismo" presente na reforma de 1936.

[976] Mas Beleza dos Santos, nas suas *Lições* de 1920, considerava as medidas de segurança como estando "dentro do direito penal" e não fora dessa esfera, como o consideraria a *terza scuola* – Agostinho de Torres Fevereiro e Augusto Folque de Gouvêa, *Direito Penal – Lições feitas em harmonia com as prelecções do Exmo. Sr. Dr. Beleza dos Santos ao quarto ano Juridico de 1919-1920*, Tip. Popular de J. Bizarro, Coimbra, 1920, p. 42. As medidas de segurança eram, pois, "as providencias que se tomam contra os delinquentes ou mesmo contra aqueles que ainda não delinquiram, mas que se encontram no que a técnica moderna chama estado perigoso; isto é, todos aqueles que ou por serem habituais do crime, ou por anomalias mentais e morais congenitas, ou pelo genero habitual de vida, constituem elementos perigosos para a vida publica e para cuja repressão não bastam ou não são adaptadas as pênas" (p. 54).

Autor material de grande parte do esforço legal de 1936, neste procura concretizar esse ecletismo fundamental que o seu olhar pragmático, de algum modo *pós-positivo*[977], reconhece no direito penal e nos fins das penas. Do preâmbulo do diploma, verdadeira síntese aliás da evolução das reformas prisionais entre nós e mostra aberta dos seus sucessos e insucessos, colhe-se imediatamente o sentido[978] de a pena deve estar apta a ser total nos seus fins e específica – *individualizada* – na sua execução, resultando numa desigualdade ponderada pela experiência. A referenciação a Liszt é, portanto, imediata. Para Beleza dos Santos, qualquer pena deve estar em condições de oferecer um nível de prevenção geral adequado (qualquer pena deve ser uma pena-exemplo, dissuasora, incoporando e fomentando o que se valoriza como *reprovação social*[979]), mas deve também, no plano concreto da sua execução, adaptar-se ao criminoso de modo a poder concretizar resultados de correcção, de castigo ou de incapacitação, na medida do que seja socialmente requerido e relevante em função de cada criminoso, ou, ao menos, de cada tipo de criminosos.[980]

[977] Se o fundamento do direito de punir "se encontra na defesa social", esta deve estar também "em harmonia com a concepção de justiça do meio ambiente", sendo, no entanto, esta ideia de justiça "uma limitação mais teórica do que pratica, pois que de certo modo se confunde com a defêsa social e que o ter em conta esse limite não altera (...) a solução de facto do problema". Adiante acrescenta: "O direito penal não pode basear-se nem no determinismo nem no livre arbitrio. São problemas que se devem colocar á margem do direito penal e basta assentar no postulado de que sendo a maioria das acções humanas determinadas e sendo a pêna um motivo possivel de determinação é legitimo o seu emprego para os delinquentes intimidáveis, devendo porem para os delinquentes periogosos e não intimidáveis usar-se medidas de segurança" – *idem, ibidem*, pp. 56 e 57.

[978] José Beleza dos Santos, *Relatório sobre os estabelecimentos prisionais..., cit.*, p. 6, indica aliás que o preâmbulo se deve ao ministro Manuel Rodrigues, designando-o como "o notável relatório da autoria de S. Exa. o Ministro da Justiça, que precede esse decreto" e que "ilumina os seus fundamentos e disposições de maior relevo". Em todo o caso, a relevância de Beleza dos Santos nas grandes reformas e obras legislativas no plano penal e processual penal é por demais evidente: devem-se-lhe directamente o Código de Processo Penal de 1929, mesmo que em comparticipação, a reforma prisional de 1936, a legislação de menores de 1925 e subsequentes alterações, entre outros diplomas estruturais. V., sobre o percurso de Beleza dos Santos e a sua actividade como legista, Guilherme Braga da Cruz, *A Revista de Legislação e Jurisprudência – Esboço da sua história*, vol. I, Coimbra, 1975, pp. 574 ss.

[979] V. José Beleza dos Santos, *Ensaio..., cit.*, pp. 279 a 281 e pp. 290 a 292. V. também J. Beleza dos Santos, *Fins das penas, cit.*, pp. 42 e 43.

[980] "O Estado não pode ignorar o crime. O sentimento de justiça que deve aos cidadãos honestos e a defesa social que lhe incumbe promover obrigam-no a defender-se do que perturbou a sociedade; mas porque se defende de um homem, não pode ultrapassar o que o sentimento de justiça e a defesa

Assim valorada a defesa social, mas sendo as penas fruto exclusivo de uma responsabilidade penal, é necessário consagrar também a existência de medidas de segurança, que Ancel considerava justamente a grande novidade deste período porque erigidas através de regras gerais e não apenas a coberto de regimes tópicos e excepcionais, de modo a responder a "estados altamente prejudiciais para a sociedade, porque nêles se gera a ameaça permanente do crime", que devem gozar igualmente do mesmo nível de individualização consignado às penas na sua execução. É o reconhecimento da insuficiência das penas para lidar com uma dada criminalidade, efectiva ou potencial, que exige medidas de segurança, a serem aplicadas com uma duração indeterminada, em função do "estado perigoso" do sujeito.[981] Na reforma de 1936, contudo, é o pragmatismo que vence qualquer debate em torno da necessidade de uma nova legitimidade para a aplicação da medida de segurança: o dualismo típico pena-medida de segurança é substituído pela prorrogação da pena e por um modelo operativo de unidade no "tratamento penitenciário".[982]

social exigem, e é obrigado a conjugar a sua acção de maneira a obter a readaptação social, sempre que seja possível, daquele que se desviou do caminho da honestidade. (...) A pena tem um duplo fim – de *prevenção geral* e de *intimidação, correcção* ou *eliminação individual*. O fim de prevenção geral quer dizer que a acção da pena se projecta para lá do criminoso. (...) A acção de prevenção geral pode realizar-se através de penas e independentemente das condições do agente do crime, mas a acção individual exige diversidade de penas e até diversidade no modo como a mesma pena deve ser executada, precisamente porque incidindo sobre o indivíduo têm de se empregar meios que neutralizem aquelas tendências, vícios e defeitos que o determinaram a praticar o crime e por isso variam consoante as tendências, vícios ou defeitos que se propõem combater. Daqui a necessidade de individualizar a pena" – assim se expõe didaticamente no preâmbulo do Decreto-Lei nº 26643, de 28 de Maio de 1936.

[981] Considerando já a existência de "um certo arbitrio administrativo ácerca do tratamento dos delinquentes", que vê representado, por exemplo, na colocação à disposição do Governo dos vadios, mendigos e reincidentes através da Lei de 20 de Julho de 1912, acentua em 1920 que "o nosso direito penal devia modificar-se, tornando-se mais flexivel, não em favor do réu, mas no sentido de uma maior eficacia de protecção social adoptando medidas que mais eficazmente protegessem a sociedade" – Agostinho de Torres Fevereiro e Augusto Folque de Gouvêa, *Direito Penal – Lições feitas em harmonia com as prelecções do Exmo. Sr. Dr. Beleza dos Santos...*, *cit.*, pp. 68 e 69.

[982] "Pena" e "prorrogação de pena", a solução de 1936, são assim defendidas por Beleza dos Santos: "Outra solução menos rígida mantém a distinção entre a *pena* e a *medida de segurança*, mas do ponto de vista jurídico. Se ambas conduzem a um internamento, o da medida de segurança virá a ser complementar do sofrido em consequência da pena, mas aquele será prorrogação deste, sem solução de continuidade. Mantém-se, desta forma, a unidade do tratamento penitenciário e poupa-se a construção de estabelecimentos de que, muitas vezes, não haverá necessidade urgente e que poderiam constituir uma duplicação inútil, tornando as instalações e serviços penitenciários demasiado caros

A individualização de penas e de medidas de segurança, que deve ser feita tendo em conta também um critério de rendibilidade do tratamento prisional[983], e que é subsidiariamente ressocializante, deve resultar de uma classificação inicial do agente e operada na prática pela sujeição a diferentes regimes prisionais. Provém, sem novidade, de uma base legal e é preferencialmente concretizada, na sua execução, pela via administrativa e não ainda pela via judicial, mesmo se a sua aplicação exige uma intervenção jurisdicional.[984]

***

Um traço comum pode ser estabelecido desde o primeiro correccionalismo nacional: não obstante uma legislação penal ainda marcadamente retributiva e intimidatória, uma ideia de reforma do condenado, declinada em formulações diferenciadas pela doutrina (e onde surge precocemente a noção de pena indeterminada), de algum modo sempre reconduzida a uma ideia de crime como patologia, parece estar presente. Esta exigência de reforma *moral* abre-se contudo à realidade nacional e não segue acriticamente qualquer padrão externo: o degredo é constituído como complemento penitenciário, desenham-se regimes alternativos à dicotomia penitenciária Filadélfia-Auburn.

Não desaparece também totalmente na orientação mais recente, de uma progressiva acentuação da dimensão preventista no uso das penas – uma pena prospectiva, que visa a criminalidade futura, e menos a realização de uma justiça sobre o passado (a pena será *o que tiver de ser* para o condenado e, aliás, igual-

e muitas vezes pràticamente irrealizáveis. Haverá neste caso: um *dualismo jurídico* e uma certa unidade no *tratamento penitenciário* que, na *medida de segurança*, continuará o da pena" – José Beleza dos Santos, *Relatório geral sobre tratamento e libertação de delinquentes habituais*, in BAPIC, nº 1 (1957), Ministério da Justiça, Lisboa, 1957, p. 108.

983 Escreve noutro momento Beleza dos Santos: "(...) Como os reclusos diferem muito, segundo o grau de corrigibilidade, torna-se necessária a organização de vários estabelecimentos prisionais, com regimes diversos, e, dentro de cada um, a formação de grupos, para que o tratamento prisional produza o maior rendimento possível e se crie um ambiente prisional são, sob o ponto de vista disciplinar e moral" – José Beleza dos Santos, *Ensaio..., cit.*, p. 35.

984 "(...) Pênas e medidas de segurança devem ser jurisdicionalmente aplicadas e representam apenas diferenças de tratamento dos delinquentes, umas e outras reguladas por normas juridicas penais e estudadas pela sciencia do direito penal" – Agostinho de Torres Fevereiro e Augusto Folque de Gouvêa, *Direito Penal* – Agostinho de Torres Fevereiro e Augusto Folque de Gouvêa, *Direito Penal – Lições feitas em harmonia com as prelecções do Exmo. Sr. Dr. Beleza dos Santos..., cit.*, p. 57.

mente para a vítima). A pena, sendo escolhida e preenchida nos seus conteúdos – individualizada – agora em função do efeito social que deve cumprir, admite ainda aquela reforma individual, mesmo se a pena melhor adaptada ao condenado[985] é simplesmente aquela que melhor prevenir *qualquer* crime: é este o estado da arte na década de 30 do século XX.

Em síntese, talvez possa a figuração abaixo representar este percurso, verificado entre o século XVIII e o início do século XX.

[985] O que incluiu, aliás, também a defesa de um regresso ao uso sistemático de penas corporais, como o que se encontra proposto por Paul Cuche, *Traité de science et de législation pénitenciaires*, Laval, Paris, s/d [1905], pp. 228 a 231, para alguns tipos de criminosos, como os delinquentes que se revelem "amorais". Como justifica Cuche, "il n'est pas douteux qu'il y a des hommes auxquels il faudrait donner le fouet comme à des enfants et que l'on arriverait ainsi à corriger à peu de frais, tandis qu'il nous en côute pour leur imposer le séjour corrupteur de la prison. On ne peut contester non plus que nous sommes fort éloignés en France d'une restauration des châtiments corporels, dont s'est attaché avec un certain snobisme à faire disparaître tous les vestiges" (p. 228).

§ 4º O internacionalismo na reconfiguração da prisão: a presença portuguesa nos congressos internacionais

A partir de meados do século XIX e de forma progressivamente mais intensa até aos alvores do século XX, o debate sobre a punição e os modelos penitenciários adquire uma dimensão verdadeiramente internacional, não apenas pelo cada vez mais frequente intercâmbio doutrinário e também operativo das práticas desenvolvidas em vários países, como também pela organização de momentos específicos de congregação de especialistas, académicos e práticos, e de divulgação intencional de sistemas, institucionalizados, a dado ponto, em torno de comissões internacionais. Formalizou-se assim a partilha da *virtude* em matéria punitiva, dedicando especial atenção às questões penitenciárias.

Realizados consecutivamente entre 1846 e a Segunda Guerra Mundial, mesmo que em contextos distintos e com designações diferenciadas, momento a partir do qual as novas Nações Unidas, organização carente de conteúdos, e outras organizações nascidas do pós-guerra, como o Conselho da Europa, aceitam, desenvolvem e dão corpo normativo à herança de debate internacional do tema, os congressos penitenciários internacionais, nas suas variadas conformações, foram elementos fundamentais sistemáticos para a partilha de conhecimento, para o teste crítico de teorias e de sistemas e para a criação de padrões comuns na questão penitenciária. A esta associa-se também uma discussão penal mais alargada, e, no período final do século XIX, a então recente "antropologia criminal", tradução da importância generalizada que as correntes do positivismo penal assumiam na época e que desenvolveu também reuniões internacionais paralelas.

A par dos relatos resultantes das *viagens penitenciárias* e da circulação das obras de referência em matéria penal e penitenciária, os congressos internacionais funcionaram também como elementos de difusão dos novos modelos e das novas instituições, bem como circunstâncias formais de teste à sua valia técnica e às suas limitações de implementação prática, com a apresentação não só de propostas como de resultados, progressivamente cada vez mais detalhados e quantificados, em vários espaços geográficos e políticos. Para tal, era fundamental a sua caracterização como não apenas reuniões de académicos ou de delegados diplomáticos, mas como fóruns de partilha de experiências e de resultados, congregando igualmente directores de prisões e funcionários diversos ligados à máquina punitiva, o que assegurava essa abordagem e esse debate em que simultaneamente se poderia questionar o modelo e conhecer a experiência concreta.[986]

[986] Não obstante, um autor como Torsten Eriksson, *The Reformers...*, *cit.*, pp. 240 e 241, alerta que, depois dos congressos fundadores de 1846 e 1872, a discussão livre e inovadora aí motivada por

Entre os congressos penitenciários e de antropologia criminal, três momentos no período em estudo são especialmente determinantes: as primeiras reuniões europeias, ainda relativamente informais, de 1846 e 1847, onde os modelos penitenciários celulares, de Filadélfia e de Auburn, são debatidos e avaliados nos seus méritos, dúvidas e experiências concretas; o congresso londrino de 1872, onde se comprova que é o sistema progressivo a ganhar fôlego; e o congresso de antropologia criminal de 1892, identificado com o começo da derrota no plano internacional do lombrosianismo, abalado pela crítica e pelos estudos que a nascente sociologia criminal começa a coligir.

Era voz corrente que a presença portuguesa nestas realizações teria sido sempre diminuta ou mesmo inexistente.[987-988] Esta é apenas uma meia verdade

verdadeiros reformadores foi sendo cada vez mais cerceada pela perspectiva burocrática e comprometida dos delegados oficiais e por uma neutralização de posições nascida de consensos aparentes e forçados: "It is fair to say that these congresses reflected primarily the prevailing official attitude to the prevention of crime and the treatment of criminals. There was little room for innovations in the discussions" (p. 241).

[987] O discurso, algo lamuriento, sobre a ausência de participantes nacionais nos congressos e o alegado atraso na recepção das novidades é cíclico e não se articula de forma plena com a realidade da discussão nacional sobre as questões penitenciárias. "Chegam ás vezes tarde a este cantinho do ultimo occidente da Europa os reflexos do progressivo caminhar das sciencias e das artes. A nossa indifferença vae até ao ponto de não sabermos ás vezes officialmente o que decidiram os congressos sobre assumptos de importância scientifica. Assim aconteceu a respeito do ultimo congresso penitenciario internacional que se reuniu em Roma (...)" – um lamento comum, este pertencente a Jeronymo da Cunha Pimentel, *Penitenciaria Central de Lisboa. Relatorio apresentado ao Illº e Exmº Sr. Ministro dos Negocios Ecclesiasticos e da Justiça. Anno de 1886*, Imprensa Nacional, Lisboa, 1887, p. 60. No Congresso de Roma de 1885 esteve, no entanto, um representante nacional, o advogado de Lisboa João da Silva Mattos, que era um crítico do isolamento celular praticado na Penitenciária de Lisboa, e publicamente reconhecido como tal. Também Adelino António das Neves e Mello, *op. cit.*, p. 74, escrevia, com manifesto exagero: "N'este ponto, é triste confessal-o, mas é uma verdade, o próprio Governo da Turquia, apesar de não ser d'aquelles que mais tomam a peito a felicidade dos seus subditos, avantajava-se ao nosso no interesse que mostrava por estas reformas, manifestando o seu representante nos congressos o espirito que o animava. Da nossa peninsula nenhum criminalista nos representou n'essas notaveis reuniões". Num texto publicado anos antes, *Systema penitenciario*, in "O Instituto", vol. II, Imprensa da Universidade, Coimbra, 1854, pp. 2 a 4, comentava-se sobre os congressos de 1846 e 1847: "E para lamentar que nesses congressos penitenciários não tenha apparecido um portuguez! que não vamos seguindo nesse género de progresso humanitário os povos que nos precederam! que não fosse traduzido em facto o projecto que appareceu em 1842 da construcção de uma penitenciaría (*sic*) em Lisboa".

[988] V. as referências a alguns dos delegados nacionais coligidas por Maria Rosa Tomé, *A cidadania infantil na Primeira República e a tutoria da infância. A criação da Tutoria de Coimbra e do refúgio anexo*, in "Revista de História da Sociedade e da Cultura", nº 10, Tomo II, 2010, p. 490.

e, no seu sentido intencional de apoucamento nacional, não é sequer correcta. É certo que, nos momentos fundadores (1846 e 1872) não se encontrou qualquer presença portuguesa. Mas, por um lado, encontram-se representantes portugueses nos congressos penitenciários[989] em 1857, em Frankfurt; em Estocolmo, em 1878; em Roma, em 1885; e no congresso de 1890, reunido em São Petersburgo. E novamente em 1925, no IX Congresso, de Londres, em 1930, em Praga e, na última destas realizações, em 1935, em Berlim. O mesmo é verdade para os congressos de antropologia criminal[990]: em Paris, no congresso de 1889; em 1892, em Bruxelas; em Genebra, em 1896; e, nos anos de 1906 e de 1911, em Turim e em Colónia, nos últimos congressos de antropologia criminal realizados.

Por outro lado, não só os resultados dos congressos chegam a Portugal, mesmo quando não há a presença ou os relatórios de delegados nacionais, como são usados extensivamente no debate público, doutrinário e parlamentar, sobre o tema penitenciário e na fundamentação das soluções adoptadas.

Assim, as diversas referências aos pontos discutidos ou consensualizados nos congressos internacionais, muitas vezes de cariz legitimador, que se encontram na literatura e na legislação nacional, atestam bem da relevância que estes encontros assumiam, ao menos no imaginário do teórico ou de um legislador muitas vezes programático.[991] Não deixa de ser elucidativo que ainda mesmo a reforma de 1936, ou não tivesse sido Beleza dos Santos um assíduo representante nacional nestes eventos, se alicerce expressamente em diversos momentos nas comunicações e conclusões dos congressos internacionais, a par da referência aos modelos

[989] Realizam-se três congressos penitenciários sem verdadeiro cariz oficial (Frankfurt, 1846; Bruxelas, 1847; e Frankfurt, 1857) e uma nova série de onze congressos (Londres, 1872; Estocolmo, 1878; Roma, 1885; São Petersburgo, 1890; Paris, 1895; Bruxelas, 1900; Budapeste, 1905; Washington, 1910; Londres, 1925; Praga, 1930; e Berlim, 1935), já num contexto de representação internacional formalizado.

[990] Foram oito, entre 1885 e 1911, celebrados em Roma (1885), Paris (1889), Bruxelas (1892), Genebra (1896), Amesterdão (1901), Turim (1906) e Colónia (1911).

[991] Tomando sempre em consideração as observações de um dos delegados nacionais: "Convém, em todo o caso, não exagerar a influencia d'estes congressos scientificos, apesar de serem compostos na sua maior parte de personagens celebres no mundo da sciencia. Mas, as suas resoluções nem sempre contêem a melhor parte do valor que lhes pertence, porque, fallando-se ahi idiomas diversos, as discussões confusas, e enredadas não permittem o estudo critico e util (...). Os melhores fructos, que ha a colher d'estas assembléas, é a acção salutar que ellas provocam, vulgarizando doutrinas que interessam a todos, e tornando conhecidos, como elementos de estudo, os materiaes, que cada um dos membros d'ellas apresenta sempre, e nos quaes se divisa o verdadeiro reflexo do internacionalismo penitenciario" – João da Silva Mattos, *op. cit.*, p. 10.

estrangeiros em uso.[992] Procura-se assim nas próximas páginas exemplificar como o debate internacional oferece um suporte cronológico totalmente identificado com as tendências que se vão revelando em matéria penitenciária e como essa identificação é acompanhada por autores nacionais, raramente através de uma simples adesão. Particularmente Sousa Azevedo, Ferreira Deusdado e Ferraz de Macedo são exemplos claros de como não se dispensou uma reflexão crítica face ao que seria – aparentemente – consensualizado como padrão internacional. No plano da fundamentação da pena, a ultrapassagem da regeneração moral do criminoso como ideal da pena, substituída pela defesa preventiva da comunidade à custa daquele, encontra-se essencialmente concluída entre o congresso de Londres de 1872 e o congresso de S. Petersburgo de 1890, o que corrobora também no tema o claro paralelismo – quando não a identificação – entre a discussão internacional e as propostas académicas.

Note-se também que o plano dos congressos internacionais é eminentemente especulativo, mesmo se podem ser abordados temas em planos tão distintos como o dos fins da pena ou a conveniência na celebração de tratados de extradição. O direito vigente em cada estado não se torna assim uma limitação, em particular em matérias que se reconhecem sujeitas a aperfeiçoamentos contínuos e como estando a caminho ainda de um modelo ideal. Mesmo quando descritos os diversos regimes nacionais, estes são apresentados de algum modo como necessariamente experimentais e prontos a serem aperfeiçoados: o plano do debate penitenciário internacional é afinal o plano de como poderá um ideal penitenciário, seja eminentemente correccional, seja preventivo, ser concretizado.

De entre as recomendações dos congressos internacionais, aquela da qual a realidade nacional se torna mais distante é naturalmente a que desfavorece o uso da pena de degredo, notada de modo mais evidente desde o congresso de 1878 – quando também não estava em uso pela Inglaterra. Mesmo no que toca à pena de prisão penitenciária, por seu turno, de algum modo a abertura da Penitenciária de Lisboa, em 1885, num regime de Filadélfia mitigado, poder-se-á dizer que ainda encontra alguma cobertura nos debates dos congressos, que acentuaram essencialmente a proscrição do isolamento celular abosluto. Mas é já claro, pelo menos de 1872, que o regime prisional progressivo aparenta ser o mais adequado. A resposta da lei nacional vai ser, afinal, desde 1884, a de um regime "progressivo" correspondente à sua tradição punitiva e às suas possibilidades institucionais: a prisão celular seguida de degredo.

[992] Conforme se anota pelo seu relatório e em matérias diversas, como a localização das prisões (invocando-se o Congresso de Bruxelas de 1847), a defesa do regime celular de isolamento para os presos

A primeira reunião internacional decorreu em Frankfurt, iniciada a 28 de Setembro de 1846, presidida por Mittermaier, seu impulsionador, sem a presença de representantes portugueses. Permitiu desde logo conhecer o estado da "reforma penitenciária" em diversos espaços da Europa e comparar os resultados da adopção dos modelos em contenda, pensilvânico e de Auburn. Prússia, Polónia, Noruega, Suécia, Bélgica, Inglaterra, entre outros Estados, contam os seus sucessos celulares.[993] O regime de Filadélfia parecia ser quase unanimemente apoiado, de forma inequívoca para presos preventivos e para presos condenados a penas de curta duração. No entanto, para as penas de duração mais estendida, era anotada a vantagem de se reduzir o isolamento de forma progressiva, de acordo com os "melhoramentos" revelados. O preso deveria também diariamente exercitar-se ao ar livre, bem como deveria receber "visitas moralizadoras" e cuidados médicos regularmente. Trabalho obrigatório, culto religioso e acesso à instrução ali foram também confirmados no regime penitenciário.

A ideia de uma quase unanimidade em torno de Filadélfia era, no entanto, necessariamente circunstancial. No ano seguinte, o congresso reunido em Bruxelas manteria em várias intervenções o apoio ao *solitary confinement*, mas considerando que a pureza do modelo original norte-americano nunca havia sido enquanto tal defendida. E vários dos intervenientes suscitavam dúvidas sobre a sua vantagem.[994-995] Nesta reunião comparecia também uma tríade de peso do pentencia-

preventivos (Congressos de Frankfurt e de São Petersburgo, de 1846 e de 1890) ou uma sua alegada irrelevância no aumento de psicopatias (Congresso de Bruxelas de 1900), a necessidade de uma pena indeterminada para criminosos habituais (Congressos de Londres e de Praga, de 1925 e de 1930), a proposta de trabalho prisional "ao ar livre" (Congresso Internacional de Direito Penal de 1929) ou a combinação de um regime prisional progressivo com a aplicação da liberdade condicional (Congressos de Londres e de Washington, de 1872 e de 1910).

[993] V. V. Chauffour, *Congrès Pénitentiaire de Francfort*, in RevLJ, tomo III (1846), Paris, 1846, pp. 231 ss.

[994] Um representante norte-americano presente, George Sumner, dava conta, aliás, de como em várias penitenciárias dos Estados Unidos se começaria até a aligeirar o regime de Auburn, abandonando a exigência de um silêncio absoluto, mas igualmente regressando o interesse pelo modelo de Filadélfia. Outro participante, inglês, suscitava dúvidas sobre este mesmo modelo – v. os trabalhos do Congresso publicados em *Congrès Pénitentiaire de Bruxelles*, in RevLJ, t. III (1847), Paris, 1847, pp. 215 ss. e pp. 222 ss.

[995] Sobre este congresso, afirma João da Silva Mattos, *op. cit.*, p. 8, ser "impropriamente chamado penitenciario, porque tratou apenas de uma obra caridosa – *«a questão dos menores detidos»*", concluindo pela vantagem da sua incorporação em casas de correcção do tipo de colónia agrícola, com a ministração de formação profissional. Em todo o caso, concede que no congresso ficou patente também a importância das "escolas especiaes para o ensino da pedagogia penitenciaria e assim também sociedades de protecção civis, ou religiosas, com o fim de prestar auxilio aos que fossem soltos, preservando-os da reincidencia".

rismo europeu: o belga Ducpétieux, o inglês Jebb – que anunciava publicamente, aliás, a substituição do mero degredo em Inglaterra pelo regime progressivo de prisão seguida por transportação – e o prussiano Julius. Sem consenso ou uma deliberação formal sobre a preferência entre modelos penitenciários, o congresso terminaria sem que a questão tivesse sido plenamente abordada, sendo, em alternativa, discutido largamente o regime penal para jovens delinquentes, em que o modelo de colónia agrícola surge já triunfante.[996] Efectivamente, um dos grandes impulsionadores da discussão penitenciária internacional, iniciada em Frankfurt, havia sido Édouard Ducpétieux, o conhecido inspector-geral das prisões da Bélgica, mas o congresso de 1846 havia devido a sua realização essencialmente aos esforços dos médicos Nicolaus H. Julius e Georg Varrentrapp e dos juristas Friedrich Noellner e Karl von Mittermaier.[997]

A participação portuguesa inicia-se com Manuel Thomaz de Sousa Azevedo, ajudante do procurador régio na Relação de Lisboa, no âmbito da sua viagem europeia de prospectiva sobre os temas e a realidade penitenciária, presente no terceiro congresso realizado, em 1857, e que dele oferece um relato. Sousa Azevedo acaba por ser o delegado português "oficial" no congresso internacional iniciado em Frankfurt, em 14 de Setembro de 1857, mas não imediatamente. De facto, adquire essa qualidade por portaria emitida em 8 de Setembro, já que a sua participação deve-se inicialmente a um convite informal da comissão organizadora, em Berlim, onde se encontrava nesse Verão a visitar instituições prisionais. Este congresso – o terceiro de uma sequência que só seria retomada, em moldes distintos, a partir de 1872 –, assumia três debates em simultâneo, repartidos por três secções: beneficência, educação e instrução pública e reforma peni-

[996] "Quant au principe fondamental *de l'emprisonnement cellulaire*, le bureau avait décidé qu'il ne serait point soumis à la délibération; le Congrès de Bruxelles a été simplement considéré comme le complément de celui tenu à Francfort l'an dernier (...)", escrevia-se, com manifesto optimismo, na RevLJ, t. III (1847), Paris, 1847, p. 255.

[997] Conforme dá conta também João da Silva Mattos, *op. cit.*, p. 6. N' "O Instituto" de Coimbra, em 1854, tinha-se publicado uma súmula das conclusões desta primeira reunião (*Systema penitenciario*, in "O Instituto", vol. 2, *cit.*), em que, destacando a presença de figuras Mittermaier, Julius ou Ducpétieux, se apresentava este congresso, no debate entre Filadélfia e Auburn, como tendo declarado a vantagem clara daquele modelo, mesmo que desde logo a reclusão devesse ser "acompanhada de allivios progressivos compativeis com o principio da separação" para as penas de longa duração. "A reclusão absoluta acha-se admitida, e auctorizada pelos factos em todos os povos civilizados. Cherry-Hill e Auburn, symbolos de dois systemas, foram discutidos, e acareados com as estadisticas. Póde hoje asseverar-se que triunfou Cherry-Hill" (p. 3). V. também Torsten Eriksson, *The Reformers...*, *cit.*, p. 239.

tenciária. A presença de Sousa Azevedo verificou-se nesta última secção, onde teve por companhia, segundo conta, "inspectores geraes, directores de prisões e outros indivíduos competentes n'esta materia".[998]

Pelo seu relato obtêm-se as conclusões a que se chegou no congresso em matéria penitenciária, em particular sobre três temas centrais do debate à época: condições de aplicação e limites ao uso da prisão celular; uso da liberdade condicional e de uma detenção suplementar à pena aplicada; e estabelecimentos especiais de educação para presos menores.[999] Quanto ao primeiro dos temas, o sistema de encarceramento celular é defendido como correspondendo a todos os "principios de justiça e aos interesses physicos, moraes e intellectuais" dos presos. Este desiderato assegurar-se-ia também pela adequação dos funcionários das prisões, bem como por uma correcta regulação dos diversos aspectos de execução das penas e organização da prisão: alimentação, exercício, regulação das visitas, exercício de culto, instrução, uso de castigos e prémios. A separação dos presos por categorias e sexo é também fundamental, tal como a adequação da pena em regime de isolamento celular – é proposta aqui uma escala de adaptação entre pena cumprida em regime celular e em regime comum, em que um ano da primeira deva corresponder a um período de dezoito meses a dois anos da segunda, um tipo de modelação que se encontrará também na reforma prisional portuguesa de 1867. A pena celular poderá ser aplicada a todo o tipo de detidos, de ambos os sexos, mas não será indicada para os presos "de pouca idade", podendo também admitir-se a isenção deste regime para os condenados por crimes políticos ou que não envolvam "immoralidade notória".

É salientada também a importância de serem criados estabelecimentos, em regime de prisão comum, com características de colónia agrícola, para onde possam ser remetidos presos sujeitos a internamento celular que atinjam idades avançadas, que ultrapassem os doze anos de isolamento ou que por doença não possam continuá-lo.

Acentuam-se já também aqui elementos de individualização na execução da pena: defende-se a existência de uma classificação particular dos presos, a escolha por parte dos presos da sua ocupação, a necessidade da verificação da robustez mental que permita a um preso iniciar o isolamento celular.

O Congresso conclui pela supressão das penas corporais e infamantes, que não contribuem para o fim da pena, onde se inclui expressamente a pena de

[998] Manuel Thomaz de Sousa Azevedo, *Relatório...*, *cit.*, 1859, p. 6.

[999] As conclusões da terceira secção do Congresso encontram-se reportadas por Manuel Thomaz de Sousa Azevedo, *Relatório...*, 1859, pp. 241 ss.

trabalhos públicos – que não respeita a necessidade de isolamento –, tal como quaisquer penas complementares, que devem ser convertidas em prisão adicional.

Assiste-se pois a uma nova glorificação do regime celular como elemento decisivo para a regeneração do preso, sem contudo haver, mais uma vez, uma tomada de posição absolutamente clara sobre o modelo em concreto mais adequado – se mais estrito, se menos – para o seu cumprimento, mesmo se o modelo de Filadélfia, atenuado, parece ser ainda o preferido.[1000]

Acentuam-se igualmente aspectos sociais complementares à pena, como a protecção dos presos que, uma vez libertados, deve ser assumida "pela caridade particular, com o concurso e o auxilio do governo" e a criação de "estabelecimentos intermedios entre a prisão e a vida livre", que preparando os presos para a vida futura funcionarão também como prevenção da reincidência. E adopta-se uma preferência pelas prisões geridas de forma centralizada, com uma administração prisional que dependa de um único ministério e respeitando a autoridade do director de cada prisão, propondo-se ainda a formação inicial dos empregados das prisões, em particular para as prisões celulares, e a realização de inspecções regulares às prisões, com resultados publicados.

As "solturas condicionaes" e as "detenções supplementares" não receberam do Congresso o mesmo entusiasmo unânime, não sendo sequer discutida esta última questão. "O seu modo de applicação póde (...) variar segundo a legislação, o paiz e outras circumstancias", escreve o delegado. Em todo o caso, chega a tentar prescrever-se a ponderação da liberdade condicional ("liberdade provisoria") após o cumprimento de metade da pena, desde que ultrapassado um período mínimo de dois anos de prisão, para os presos que derem "provas de sincero arrependimento e apresentem garantias sufficientes da sua vida futura". A concessão

[1000] João da Silva Mattos, *op. cit.*, pp. 7 a 10, concluirá, contudo, por uma defesa do modelo de Filadélfia mitigado: "Não querendo nem uns, nem outros, afastar-se inteiramente dos principios das suas escolas, deram-se tregoas de maneira que tivesse maioria no congresso o systema de Philadelphia com as seguintes modificações: que a separação individual deveria ser universalmente applicada aos condemnados a penas de curta duração; que este regimen, sendo considerado como uma aggravação de pena, devia por isso determinar uma diminuição na sua duração total; que os codigos penaes deviam ser revistos, e postos em harmonia com a reducção das penas na applicação do novo systema; que as sociedades de protecção (...) concorreriam efficazmente para diminuir as reincidencias (...) O que é certo, porém, é que os princípios absolutos da escola pensylvanianna abalados n'aquelle primeiro congresso, em que perderam uma grande parte do seu prestigio, foram afirmados no terceiro, terminando por isso o accordo pactuado, e rompendo-se as hostilidades entre os dois campos".

desta liberdade provisória, decretada por "auctoridade executiva" mediante propostas e pareceres, é justificada "no interesse dos condenados", mas também "da ordem e tranquilidade publica".

Faça-se notar que a liberdade condicional e a pena suplementar sofrem, segundo Sousa Azevedo, a rejeição dos universitários alemães, como se compreende: "As universidades de Heidelberg e de Koenisberg conservam uns principios ferrenhos, de que não querem desistir. O fim da pena, o unico e verdadeiro, é o castigo do delinquente (...) a emenda ou reforma é uma condição inferior, o castigo é tudo (...). Os exemplos do *ticket-off-leave*, que é a soltura condicional, e as experiencias em muitos paizes de nada valeram, os universitários, senhores do terreno e em sua casa, ensurdeceram ás reflexões e forçaram a retirar a proposta."[1001]

A importância da instrução para o trabalho no caso dos menores é reforçada ao determinar-se o "caracter agricola ou industrial" que devem assumir os estabelecimentos que os recolham. Mas assenta-se igualmente na exigência da diferenciação das suas categorias, num percurso que não será de aplicação imediata em toda a parte. Dever-se-ia distinguir "(...) os presos moços das creanças, que obram sem conhecimento de causa e apenas detidas para se educarem, os ladrões ainda moços dos mendigos e dos vagabundos; os filhos sujeitos á correcção paterna dos delinquentes ainda de pouca idade, etc.".[1002]

A reunião internacional seguinte seria apenas em 1872, o Congresso de Londres. Este congresso nasce em grande medida da iniciativa de quem seria o delegado dos Estados Unidos da América, Enoch C. Wines, que esteve na Europa a partir de 1871 a visitar prisões, enviado pelo Governo norte-americano, e que procura fomentar a sua realização, na sequência de um congresso exclusivamente norte-americano, entre os seus estados, decorrido em 1870.[1003]

[1001] Manuel Thomaz de Sousa Azevedo, *Relatório...*, 1859, p. 186.

[1002] *Idem, ibidem*, p. 246.

[1003] Assinalando o papel de Wines no retomar dos congressos em 1872 e na defesa de um modelo institucional inter-governamental para assegurar a sua continuidade, através da criação da *International Penitentiary Commission*, v. Torsten Eriksson, *The Reformers...*, *cit.*, p. 240. Efectivamente este é o momento em que se formaliza uma comissão penitenciária internacional, cuja primeira responsabilidade é a organização do congresso seguinte, dando sequência também a deliberações dos congressos e à recolha de dados sobre os diferentes países. Esta comissão, com sede em Berna desde 1926, associar-se-á à Sociedade das Nações na realização dos congressos penitenciários de 1925, 1930 e 1935 (tendo entretanto passado a designar-se Comissão Penal e Penitenciária Internacional), sendo após a criação da Organização das Nações Unidas integrada nesta.

Sobre Wines (1806-1879), basta dizer-se, para compreender a sua relevância, que era, desde 1870, o responsável pela *National Prison Association* norte-americana e autor de diversas obras sobre reforma prisional.

Em Londres, os regimes celulares perdem definitivamente apoio nas suas formas iniciais[1004] e é o modelo de execução de uma pena de prisão em regime progressivo que ganha força, particularmente o modelo irlandês, aqui apresentado pessoalmente por Crofton. Sem presença nacional, conclusões do Congresso de Londres podem contudo ser também conhecidas, como igualmente as de Estocolmo (1878) e de Roma (1885)[1005], pela pena do delegado nacional à reunião de 1890.

Manuel António Ferreira Deusdado foi o delegado a este Congresso[1006] realizado em São Petersburgo, e do qual publicou um extenso relatório. Ferreira Deusdado, o pedagogo que fundou a *Revista de Educação e Ensino*, autor na filosofia e igualmente cultor dos temas penitenciários e criminais, representou o país neste congresso de Junho de 1890 acompanhado pelo embaixador de Portugal na corte russa, conde de S. Miguel, e pelo conde de Bertiandos, par do Reino que se encontrava naquele momento em viagem pela Rússia. Previsivelmente, para Ferreira Deusdado, estes congressos penitenciários são não menos do que "uma batalha travada contra o mal, iniciada por homens de intenções generosas e de corações puros".[1007] O professor do Curso Superior de Letras em Lisboa aproveita para apresentar no seu relatório as principais conclusões dos três Congressos anteriores.[1008]

Os temas discutidos nos congressos anteriores foram enquadrados nas suas três secções (legislativa, penitenciária e de protecção e meios preventivos).

[1004] João da Silva Mattos, *op. cit.*, p. 21, destaca necessariamente que se inicia no congresso de Londres de 1872 o período em que, na perspectiva internacional, afastado o primado puro de Filadélfia, se procura defender "a adopção da cella não como systema absoluto, mas como periodo inicial nas penas de larga duração, e em todo o cumprimento d'ellas quando não forem de demasiada extensão". O imenso relatório final de Enoch Cobb Wines sobre o Congresso de Londres é uma fonte muito útil para conhecer os seus debates e conclusões. A apresentação feita na reunião por Walter Crofton encontra-se reproduzida em E. C. Wines, *Report on the International Penitentiary Congress of London, held July 3-13 1872*, Government Printing Office, Washington, 1873, pp. 166 e 167, onde se sumariam igualmente as apresentações relativas aos sistemas prisionais de vários outros estados.

[1005] Em todo o caso, M. Soto Maior, diplomata português, terá estado presente no congresso de Estocolmo e João Silva Mattos no de Roma.

[1006] Designado por Decreto de 22 de Maio de 1890.

[1007] Manuel António Ferreira Deusdado, *O Ensino...*, *cit.*, p. VIII.

[1008] *Idem, ibidem*, pp. 83 ss.

Na primeira destas secções, destaca-se a conclusão sobre a vantagem na celebração de tratados de transferência de condenados, para o cumprimento de pena no seu país de origem, que recebeu assentimento em 1885, bem como a discussão sobre a substituição da pena de prisão por outras penas. Quanto a este ponto, quer em Londres quer nos congressos seguintes, não foi possível chegar a qualquer conclusão geral definitiva, apenas assentando o Congresso na vantagem do juiz poder substituir uma pena tipificada por uma outra ou poder fixar uma pena concreta em medida inferior ao previsto na lei (mas não ultrapassar o seu máximo), havendo atenuantes suficientes. Note-se que o Congresso de Roma ratifica igualmente a necessidade de as previsões legais de crimes deverem fixar, na estipulação de penas, os seus limites máximo e mínimo.

Sobre a legislação relativa à protecção e tratamento dos menores, os Congressos salientaram a importância do correcto acolhimento e educação dos menores como meio eficaz na prevenção do crime, responsabilizando financeiramente os pais pelo seu sustento (Londres), sendo privilegiada a ideia de que, em relação aos menores delinquentes ou abandonados, tem preferência o fornecimento de educação que uma mera imposição de uma pena ou castigo, bem como a preparação efectiva para uma vida de trabalho (Estocolmo), incluindo o seu regime a sua separação dos criminosos adultos e a aplicação de sanções distintas das que estes recebam. Em Roma, assenta-se na competência do juiz para determinar o internamento de um menor e, tratando-se do cumprimento de pena, esse internamento deve apenas ter lugar num estabelecimento público. Também se fixa a noção de que os factos criminais praticados por um menor não devem dar origem a um qualquer registo de antecedentes criminais que possa ser usado no futuro.[1009]

Uma das questões mais significativas em debate foi a de saber se num sistema penitenciário não seria descabido manter penas que envolvessem "um estygma infamante", como a perda de direitos civis ou políticos. Nos Congressos de Londres e de Estocolmo não foram adoptadas conclusões expressas sobre o tema, afirma Ferreira Deusdado, mas em Roma conclui-se que uma "pena de interdição" é compatível com um "sistema penitenciário reformador" desde que seja temporária, não sendo a pena principal uma pena perpétua, e apenas seja aplicada quando se preveja uma situação de "abuso de direito, com prejuízo quer de interesses publicos, quer de interesses particulares legitimos".[1010]

[1009] *Idem, ibidem*, p. 91.
[1010] *Idem, ibidem*, p. 93

Verifica-se ainda no Congresso de Estocolmo uma reacção adversa ao uso da pena de degredo, devendo como tal considerar-se quer o desterro, interno, quer o uso do degredo implicando o envio do condenado para uma outra terra ou colónia penal ultramarinas. Este Congresso resolve que "a pena de desterro apresenta grandes dificuldades na sua execução (...) e não dá garantias de que realise todas as condições de uma boa justiça penal".[1011] Neste mesmo Congresso, fixa-se a vantagem em poder a administração das prisões gozar de um poder discricionário na execução das penas, mas dentro dos limites da lei, de modo a "applicar (...) o espírito do regimen geral ás condições moraes de cada condemnado".[1012]

Nas conclusões da secção penitenciária, destaca-se a adopção, em Estocolmo, da conclusão de que o regime celular poderá ser aplicado indistintamente, sem cuidar de diferenças "de raça, de estado social ou de sexo", mesmo se a administração prisional deverá adaptá-lo às condições particulares que existam. A única diferença efectiva que deve ser tomada em consideração de forma generalizada diz respeito à sua aplicação a menores, "de forma a não prejudicar o seu desenvolvimento physico e moral".[1013] No entanto, como meio de combate à reincidência, assenta-se na vantagem de um "systema penitenciario moralisador" complementado com o uso da liberdade condicional, a par da consagração de penas de maior duração para reincidentes.[1014]

De notar igualmente a adopção, em Roma, de uma conclusão no sentido de se dever prover à instalação de trabalhos ao ar livre para condenados a penas de

[1011] *Idem, ibidem*, p. 95. V. João da Silva Mattos, *op. cit.*, p. 15 e pp. 136 e 137. Se em Londres, onde a questão não foi formalmente votada, "os representantes da França, da Italia e da Russia, não foram desfavoraveis ao degredo, mas já não assim os das outras nações, que contra elle se declararam em grande maioria", em Estocolmo, perante o disenso, optou-se por anotar que esta pena, afinal, "ainda assim não contém os requisitos essenciais para dever ser contada entre os meios de penalidade" (pp. 136 e 137). O relatório sobre a questão apresentado ao Congresso, redigido pelo bávaro Franz von Holtzendorff, anotava imediatamente: "La peine de déportation n'est pas en principe contraire au but de la justice pénale. Mais les dificultés, trop nombreuses de son exécution et les dangers évidents, qu'elle présente, lui assignent une place exceptionelle et transitoire au milieu des institutions pénitentiaires. Les expériences le mieux accréditées et le passé des transportations Anglaises ne lui promettent pas un avenir heureux" – *Rapports sur les questions à discuter au Congrès Pénitentiaire Internacional qui aura lieu a Stockholm le 20 Août 1878*, Imprimerie Artero et Comp., Roma, 1878, p. 136.

[1012] Manuel António Ferreira Deusdado, *O Ensino...*, *cit.*, p. 94. V. igualmente João da Silva Mattos, *op. cit.*, p. 15.

[1013] Manuel António Ferreira Deusdado, *O Ensino...*, *cit.*, p. 98.

[1014] João da Silva Mattos, *op. cit.*, p. 20.

"não muito limitada duração", em "certas regiões e em certos meios", pensando nos trabalhadores agrícolas. No entanto, esse trabalho deveria "ser organisado de forma a poder ser conciliado com os systemas penitenciarios actualmente adoptados (...)"[1015], pretendendo assim cruzar duas preocupações da época – o uso da prisão celular e o do modelo de "colónia agrícola".

Sobre o trabalho prisional, os congressos não se pronunciam inequivocamente sobre qual o melhor método (se "por administração", se "por empreitada"), mas parece ser favorecido o trabalho industrial em detrimento de um labor "puramente penal". Quanto ao ensino, defende-se, em Roma, que qualquer estabelecimento prisional deve comportar uma escola, onde pelo menos os rudimentos da instrução devem ser ensinados, bem como deve oferecer aos reclusos instrução profissional, de modo a formá-los para o tempo posterior à sua libertação.

Os congressos manifestam-se ainda novamente contra a aplicação de penas corporais, desde logo em Londres, e o seu uso como medidas disciplinares, dentro da prisão, é efectivamente proscrito em Estocolmo, preferindo-se, em alternativa, a "reclusão mais rigorosa" ou mesmo "a reducção do regimen alimentar", medidas habituais, e a "applicação da camisola de forças" em casos graves.[1016]

O uso da liberdade condicional, com garantias para a comunidade, é apenas definitivamente recomendado aos governos pelo Congresso de Estocolmo, depois de muito discutido em Londres, a propósito da apresentação do sistema progressivo de Walter Crofton.[1017] Na reunião londrina, aliás, o entendimento fora o de "não haver votação sobre os diversos systemas penitenciarios em vigor".[1018]

No congresso da capital sueca, assenta-se na relevância de "commissões de vigilancia e protecção" junto das prisões, que possam simultaneamente apoiar a regeneração dos reclusos durante a execução da pena bem como funcionar como órgãos de consulta da administração penitenciária quanto ao regime prisional aplicado e a medidas como a concessão de liberdade condicional, propostas de indulto e outras.

[1015] Manuel António Ferreira Deusdado, *O Ensino..., cit.*, p. 100.

[1016] *Idem, ibidem*, p. 105.

[1017] Sobre este momento, João da Silva Mattos, *op. cit.*, p. 13, escreve: "As sessões consagradas ao exame dos systemas penitenciarios foram de bastante interesse e resultou da discussão que as tendencias actuaes condemnam os systemas absolutos. A proposito do regimen irlandez, ou progressivo, fez o seu auctor, Walter Crofton, uma como que prelecção para demonstrar que se avantaja sobre os outros systemas, e foi ouvido com a mais profunda attenção, respondendo acertadamente ás objecções e perguntas feitas por alguns delegados". V. igualmente pp. 17 e 18.

[1018] *Idem, ibidem*, p. 13.

No que diz respeito à secção de protecção e meios preventivos, destaca-se a importância concedida às visitas aos reclusos por membros de sociedades de protecção (Roma) e o necessário desenvolvimento de formas de apoio a ex-reclusos, "incitando-se a iniciativa privada a creal-a[s] com o auxilio e cooperação do Estado" (Estocolmo)[1019], que funcionam também como elementos que permitem evitar a reincidência. Neste mesmo Congresso, adopta-se uma resolução sobre a vantagem em serem criados "registos judiciarios", se possível incluindo a fotografia do delinquente, matéria que é depois, em Roma, sujeita ao debate sobre a eventual uniformização dos registos nos vários países, de modo a favorecer o intercâmbio internacional destes dados.

No Congresso russo de 1890, e ainda seguindo o relato do delegado português, encontravam-se reunidas as mesmas três secções temáticas presentes nas reuniões anteriores. Reunindo delegados oficiais[1020], universitários e membros das administrações prisionais, o que sempre foi um traço caracterizador destas reuniões, funcionou simultaneamente em secção e em assembleia de todos os delegados, reunindo de manhã apenas as secções e contando durante a tarde com a reunião geral, onde seriam votadas as posições apresentadas em secção. Associada à reunião, foi também organizada uma exposição internacional destinada aos delegados, onde se procurava dar conta em particular dos progressos realizados no trabalho prisional e sobre a organização das prisões e casas de correcção de menores em diversos Estados. Foram exibidos produtos resultantes do trabalho dos reclusos e modelos de prisões, de celas ou de postos antropométricos, entre outros objectos.[1021]

[1019] Manuel António Ferreira Deusdado, *O Ensino...*, *cit.*, p. 115.

[1020] Indica-se a presença de delegados estrangeiros provenientes de 25 Estados: de 7 Estados da Alemanha (14 delegados), de França (33), de Inglaterra (3), da Argentina (1), da Áustria-Hungria (9), da Bélgica (4), da Dinamarca (11), de Espanha (4), dos Estados Unidos da América (3), da Grécia (1), de Itália (11), do Japão (2), da Noruega (3), dos Países Baixos (2), de Portugal (1), da Sérvia (1), da Suécia (1), da Suíça (6) e da Turquia (1)... *idem*, *ibidem*, p. 24. Em Londres, tinham estado representados 20 países.

[1021] Obtém-se efectivamente o panorama diversificado dos produtos resultantes do trabalho em reclusão, de adultos e menores, em vários países, pela descrição da exposição, que Deusdado reproduz de textos publicados no Boletim do Congresso e no Jornal de São Petersburgo: peças em ferro forjado e uniformes militares (Bélgica), talha em madeira, vestuário militar, tapeçarias (Áustria), redes e aparelhos para a pesca (Dinamarca), vinho (Itália), tecidos, cordoaria, utensílios agrícolas (Rússia)... *Idem*, *ibidem*, pp. 55 ss.

De entre as conclusões obtidas na secção de "Legislação penal", presidida por Pols, delegado dos Países Baixos e membro da comissão penitenciária internacional, destaca-se:

- a conveniência do uso da extradição, mesmo se é inútil procurar através de tratados internacionais "denominações uniformes e definições precisas dos factos criminosos"[1022];
- a embriaguez não deveria ser considerada, por si só, como um crime, mesmo se deveria ser socialmente controlada; o estado de completa embriaguez exclui a responsabilidade penal, excepto quando esta constituir por si só uma infracção ou quando a embriaguez completa é voluntária, caso em que existe premeditação ou negligência; a embriaguez não completa não poderia excluir a responsabilidade[1023];
- o ensino da "sciencia penitenciaria" é muito útil e deveria ser criada nas universidades uma "cadeira de sciencia penitenciaria"[1024];
- de modo a evitar a receptação, deveria esta ser considerada como crime autónomo e não como "caso de cumplicidade", bem como decretar-se em relação a certas profissões disposições que a possam prevenir ("banqueiro, agente de câmbio, joalheiro e revendedor").[1025]

A secção de "Questões penitenciarias" foi presidida por Goos, director-geral das prisões da Dinamarca, delegado dinamarquês e membro da comissão penitenciária internacional. Integrava igualmente esta secção o reconhecido penitenciarista Adolphe Prins, professor de Direito Penal em Bruxelas e director das prisões da Bélgica.[1026] De entre as suas conclusões, salientam-se as seguintes:

[1022] *Idem, ibidem*, pp. 24 e 25.

[1023] *Idem, ibidem*, pp. 26 e 27.

[1024] *Idem, ibidem*, p. 27.

[1025] *Idem, ibidem*, p. 29. O Código Penal português de 1852 autonomiza a receptação, mas esta vai ser tratada no contexto da cumplicidade com a sua revisão em 1884.

[1026] Lombroso comentará a reunião de São Petersburgo nos seguintes moldes: "Lorsqu'on dit que les congrès ne sont jamais sérieux, on exegère certainement; ils sont une dilution des académies des foires aux vanités; mais ils nous donnent la résultante de l'homme moyen, du bon sens; ils nous apprennent jusqu'à quel point a pénétré une doctrine à une époque donnée, dans la foule des demi-savants qui font la majorité, et quels en sont les côtés les plus abordables. (...) Ainsi nous avons vu dans le Congrès pénitentiaire de Sanit-Pétersbourg quelques hommes de génie comme Latyschew, Alongi, Sichart, Prins, protester contre les illusions des vieux juristes" – César Lombroso, *Les applications..., cit.*, p. 134.

- estabelece-se, sendo o trabalho prisional "absolutamente necessario para os reclusos", que, de um modo genérico, este poderia ser melhor organizado em função do "interesse publico" quando decorresse "por administração" (organizado pela administração prisional ou por serviço público) que "por empreitada" (concessionado a um particular);
- de modo a evitar concorrência entre o trabalho prisional e o comércio e a produção em geral, este deveria ser, tanto quanto possível, reservado "para o serviço do Estado" e de modo a que não constituisse "protecção, privilegio ou força abusiva, capaz de deprimir (...) as industrias livres correspondentes"[1027];
- qualquer pena de longa duração deveria ter no seu início um período de reclusão celular "de dia e noite", passando depois a trabalho em comum durante o dia, mas mantendo-se a reclusão celular nocturna[1028];
- em relação a indivíduos que sejam classificados como incorrigíveis, podem as legislações dos Estados adoptar medidas especiais, como a obrigação de residência em "estabelecimentos ou casas de trabalho obrigatorio", para "mendigos ou vagabundos inveterados", a reclusão prolongada ou a "transferencia para territorios ou possessões independentes dos paizes interessados", devendo no entanto os indivíduos poder sempre readquirir a sua liberdade[1029];
- deveriam ser estabelecidas prisões apenas para presos preventivos e a separação individual deveria ser a regra para estes reclusos[1030];
- fixa-se que o sistema progressivo, "que começa pela prisão cellular com trabalho", "corresponde á natureza das penas com duração media".[1031]

A secção de "Meios preventivos", presidida por Jagemann, delegado do Estado alemão de Baden e igualmente membro da comissão penitenciária internacional,

[1027] Manuel António Ferreira Deusdado, *O Ensino..., cit.*, pp. 33 e 34.

[1028] *Idem, ibidem*, pp. 36 e 37.

[1029] *Idem, ibidem*, pp. 39 e 40. Ferri destaca esta conclusão salientando ter sido a primeira vez em que o tema dos eventuais "incorrigíveis" fora suscitado num congresso internacional e resultando "directamente inspirada pelos princípios da nova escola positivista da antropologia criminal", o que dificilmente pode ser considerado certo quanto ao problema da eventual incorrigibilidade e sequer quanto à indeterminação da pena: basta cotejar com o debate desde logo em 1857. V. Enrico Ferri, *La sociologie..., cit.*, p. 602.

[1030] Manuel António Ferreira Deusdado, *O Ensino..., cit.*, pp. 40 e 41.

[1031] *Idem, ibidem*, pp. 42 a 44.

contou com Ferreira Deusdado como seu vice-presidente. Nesta secção, entre as conclusões assumidas pelo Congresso, destaca-se:

- reputa-se de utilidade que se partilhe informação e se desenvolva legislação de modo a articular diversas entidades que participam na tarefa de prevenção do crime e reclusão de delinquentes, como administrações penitenciárias, serviços hospitalares, serviços de beneficência pública, etc.[1032];
- deveriam ser conciliados os modelos de protecção da infância baseados na sua colocação em famílias e no seu internamento em estabelecimentos, já que ambos apresentam vantagens e desvantagens[1033];
- pensando na situação de ex-reclusos recentemente libertados e daqueles em gozo de liberdade condicional, deveriam as sociedades de protecção exercer uma acção efectiva "com o auxilio dos serviços de policia e segurança publica", bem como deveriam as autoridades abster-se de comunicar a particulares dados constantes de cadastros criminais e inquirir empregadores sobre o desempenho de ex-reclusos, desde que estes estejam "sob a protecção das sociedades".[1034]

Compulsadas as conclusões, dois traços devem destacar-se.

Há que assentar que é ainda mais clara a preferência neste momento por um regime progressivo, onde o trabalho – em comum – pontua, e que qualquer isolamento celular é visto com especial prudência. Rejeitado este como modelo único de execução de pena, à cela sobra o acolhimento nocturno do recluso e o seu uso eventual para penas de curta duração, justificada não pelo seu efeito moralizador, mas pela mera necessidade de prevenir o contágio prisional.

E estão desde logo abertas as portas a penas indeterminadas e a medidas de segurança, antecipada a insuficiência da prisão típica para lidar com a incorrigibilidade. Antecipa-se facilmente o seu percurso. Em 1925, o Congresso realizado em Londres vai contar com a presença de Ferri, que destacou a relevância dada ao tema da "personalidade do criminoso", designadamente através do debate sobre a pena indeterminada, configurada como consequência necessária da individualização da pena. Ferri apresenta uma moção favorável a esta pena, que é aprovada pelo Congresso, mas apenas após ser negociada, em estilo compromissório, de modo a incluir quer a possibilidade de concessão da liberdade condicional quer a possibilidade da fixação de limites máximos de duração para uma

[1032] *Idem, ibidem*, pp. 46 e 47.

[1033] *Idem, ibidem*, pp. 48 e 49.

[1034] *Idem, ibidem*, p. 51.

pena indeterminada, de acordo com os direitos nacionais.[1035] Uma pena indeterminada absoluta não conseguia uma adesão maioritária, mas o seu espírito, passível de ser conformado pela legislação de cada Estado, saía mais uma vez claramente vencedor.

O delegado português presente, Henriques da Silva, cônsul nacional em Swansea, destaca também como principais resultados do Congresso a condenação das penas de prisão de curta duração, sendo sustentado o uso em alternativa da multa ou de um regime de "probation" e, em particular, a moção de Ferri em torno da vantagem na pena indeterminada[1036], bem como a questão da "detenção e um meio de protecção da Sociedade contra certas classes de delinquentes habituaes, porque essa questão põe problema que é da maxima flagrante urgencia resolver em Portugal". Neste ponto, em torno da descoberta de uma medida preventiva face à perigosidade, em Portugal maioritariamente resolvida ao tempo através do envio para Angola de reincidentes e vadios, o Congresso vai adoptar uma resolução própria da época: sujeita a declaração judicial, advoga-se a possibilidade de uma detenção preventiva, de duração ilimitada, para "reincidentes habituaes, profissionaes e perigosos", mas admitindo liberdade condicional.[1037]

Nos últimos congressos, a presença portuguesa será assegurada por José Beleza dos Santos, em relação aos quais publica relatórios, como acontece para o congresso seguinte, de 1930, em Praga. O breve relatório que publica em 1932 permite aferir o tema apresentado pelo professor, retratando o modelo nacional: justiça de menores e serviços correccionais.[1038] Do relatório, pode verificar-se a defesa por Beleza dos Santos da existência de uma jurisdição específica para os menores delinquentes ou "em perigo moral", preferencialmente dotada de juízes e auxiliares com uma preparação específica que lhes permita conhecer melhor a psicologia dos menores em risco. Afirma o professor que, enquanto o juiz dos

[1035] Enrico Ferri, *Le congrès pénitentiaire…, cit.*, pp. 460 a 462. Para Ferri, note-se, a execução de uma pena indeterminada deve, contudo, ser apreciada pela autoridade judicial e não meramente por uma autoridade administrativa.

[1036] J. J. Henriques da Silva, *IX Congresso Penitenciario de Londres. Relatório do delegado do Governo Português*, in BIC, VII (1925), Of. Graf. da Cadeia Nacional, Lisboa, 1925, pp. 480 a 482.

[1037] *Idem, ibidem*, pp. 486 e 487. Ferri, no seu relato do Congresso, anota que os delegados preferiram mesmo a previsão de uma detenção ilimitada que a proposta inicial de uma detenção preventiva de duração entre 5 e 10 anos – Enrico Ferri, *Le congrès pénitentiaire…, cit.*, p. 455.

[1038] José Beleza dos Santos, *Rapport présenté au Congrès Pénal et Pénitentiaire International de Prague – 1930*, Coimbra Editora, Coimbra, 1932.

adultos visa, na fixação da pena, olhando no crime num contexto social, a aplicação de um castigo ao criminoso e, eventualmente, uma lógica de prevenção geral, no caso dos menores são estes que devem ser considerados em primeiro lugar.[1039]

Será também Beleza dos Santos a participar no último congresso, realizado em 1935, em Berlim, uma vez que aí se encontrava para conhecer a organização prisional alemã, de modo a melhor preparar a reforma prisional portuguesa, que veria a luz do dia no ano seguinte. Neste congresso, numa Alemanha já dominada pelo nacional-socialismo, como descreve, foi apresentado "o sentido do novo direito criminal alemão (...), as razões de ser da sua renovação e como elas se prendem às concepções político-morais do regime novo".[1040]

Em realizações paralelas, nos congressos internacionais de antropologia criminal, que se iniciam em 1885, encontra-se participação portuguesa oficial

[1039] *Idem, ibidem*, p. 6 (tradução nossa). A jurisdição que propõe teria um tribunal de primeira instância mas também um tribunal de recurso próprio, o que lhe parece útil para a criação de critérios de interpretação do direito dos menores, através da uniformização da sua jurisprudência. O tribunal de primeira instância seria um tribunal singular, o que defende em virtude de serem poucos os juízes adequados a essa jurisdição, mas principalmente face à relação de proximidade que convém estabelecer entre juiz instrutor e menor, mais fácil num tribunal singular. Na impossibilidade de se instituírem estes tribunais especializados, propõe Beleza dos Santos que possa um juiz ser auxiliado na decisão por um médico e um "educador", formando-se assim um tribunal colegial adaptado às especificidades da justiça de menores – em suma, "o que se fez em Portugal e os resultados não são maus". Na organização de serviços auxiliares, defende a instituição do "curador de menores", estabelecido ao tempo em Portugal, um magistrado junto do juiz, sem se confundir com o Ministério Público, que apoia o juiz, mas que poderá ter competências para instaurar recurso quanto creia que os interesses do menor não estejam a ser acautelados. Com base na experiência portuguesa, mas também na realidade norte-americana, propõe igualmente a generalização da figura dos "delegados de vigilância", que deverão acompanhar a evolução dos menores, nomeadamente quanto à sua frequência escolar. Considera ainda que os tribunais de menores devem ser apoiados por serviços médicos e psicológicos de observação dos menores e contar com "homens de semi-liberdade" ("Homes [*sic*] de semi-liberté", no original (p. 12), que poderão ajudar o menor na reentrada na vida livre. A existência de instituições, públicas e privadas, que possam recolher os menores é um dos elementos que reputa de fundamental, deixada a sua dúvida sobre a mais-valia de famílias adoptivas, que lhe parecem "uma medida delicada e perigosa" (p. 10). Estas instituições deveriam ter características diferenciadas, de modo a acolher com eficácia menores que requeiram diferentes tipos de tratamento, sem contudo se afastar muito do "tipo familiar" de organização.

[1040] V. José Beleza dos Santos, *Uma Viagem de Estudo à Alemanha*, Instituto Alemão da Universidade de Coimbra, Coimbra, 1936, p. 6.

no segundo congresso, de Paris, em 1889, com Francisco Ferraz de Macedo; no de Bruxelas, em 1892, em que participou como delegado Ferreira Deusdado e para o qual também Ferraz de Macedo enviou comunicação; nas reuniões de Genebra, de 1896[1041], e de Turim, em 1906, novamente com a presença de Ferraz de Macedo; e na de Colónia, em 1911, com Barbosa de Magalhães e Júlio de Matos.

Ferraz de Macedo, após a sua participação em 1889, conta que foi a sua inclusão na comissão encarregada de preparar o terceiro congresso, que se realizaria em Bruxelas, três anos mais tarde, que o levou a manter o seu estudo de forma mais decisiva nos temas de antropologia criminal, duvidando da validade de várias das conclusões ali apresentadas.[1042] Apesar de não ter estado presente no conclave de Bruxelas, enviou um extenso estudo, pondo em causa, com base na sua investigação realizada em Portugal – comparando com dados nacionais as medições de Lombroso –, a valia dos dados antropométricos do professor de Turim que pareciam estabelecer a distinção positiva entre criminosos e normais, bem como estabelecendo a improbabilidade da existência de um atavismo criminógeno.[1043] Esse era, de facto, o ambiente que começava a generalizar-se.

Ferreira Deusdado representaria agora o País na terceira reunião do congresso internacional de antropologia criminal, nomeado por portaria do ministro da Justiça de 27 de Julho de 1892, realizada em Bruxelas, do qual foi, aliás, presidente honorário. Este foi o congresso em que o lombrosianismo, que causara afinal sensação na primeira reunião internacional de antropologia criminal de Roma, em 1885, acabou por ser efectivamente vencido pelos seus críticos, nomeadamente pela escola sociológica francesa – e, entre os seus críticos, também o delegado português. Lombroso não acedeu mesmo ao convite para estar presente, consciente da censura científica que lhe fora endossada na reunião imediatamente anterior.[1044]

[1041] A este congresso assistem igualmente o advogado João Jacinto Tavares de Medeiros e o professor da Escola de Medicina de Lisboa José Joaquim da Silva Amado, conforme a lista de presenças publicada no *Congrès Internationale d'Anthropologie Criminelle – Compte Rendu des Travaux de la Quatrième Session tenue a Genève..., cit.*, pp. XXVI e XXVII.

[1042] Francisco Ferraz de Macedo, *Bosquejos de Anthropologia..., cit.*, p. 4.

[1043] Francisco Ferraz de Macedo, *Crime et criminel*, Imprensa Nacional, Lisboa, 1892, em especial pp. 237 a 240 e pp. 268 a 272.

[1044] Como escreve Deusdado, "Roma affirmou os pensamentos exaggerados, Paris refutou esses exaggeros e Bruxellas estabeleceu com circumspecção o accordo, harmonisando os principios psychologicos com a jurisprudência e com a anthropologia. O *lombrosismo*, com a sua nomenclatura apparatosa, está degenerando n'um psittacismo leibnitiziano. Entretem-se com a casca e não

Ferreira Deusdado publica também uma síntese valiosa dos trabalhos e das conclusões deste Congresso, realizado entre 7 e 14 de Agosto de 1892.[1045] Nela se descobre como verdadeiramente em 1892 a escola antropológica italiana, tida como "reacção exagerada" ao pensamento penológico vigente, acaba por ser ultrapassada, mas é também objecto de propostas de conciliação, mesmo que nem sempre bem recebidas. Ferreira Deudado cita, aliás, uma afirmação mortífera de Tarde sobre a escola de Lombroso que revela bem o espírito do debate intelectual ao tempo: "Foi como o café, excitou, porém não alimentou".[1046]

O criminoso nato lombrosiano não encontra em 1892, no Congresso, nenhum adepto e é "violentamente atacado por toda a parte". Como Deusdado salienta, "a escola italiana era principalmente anatómica, a que surgiu do congresso é psychologica, physiologica e social".[1047]

Para Deusdado, um aspecto destacou-se na reunião: a possível associação entre *espiritualismo* e *materialismo*, já que representantes de ambas as tendências estiveram presentes e permitiram verificar a existência de "um terreno commum, uma oficina fraternal, onde todos podem trabalhar harmonicamente para melhorar a sorte do homem"[1048], como é aliás a perspectiva do delegado nacional, ele mesmo um filósofo católico moralista que aceita e incentiva a experimentação e a nova ciência. É a psicologia criminal que deve permitir esta associação para

estuda a amendoa. Caíu na physiognomia ou theoria da correspondencia dos factos physicos com as fórmas permanentes da physionomia" – Ferreira Deusdado, *A Anthropologia Criminal..., cit.*, p. IX. Assim, Lombroso terá ido "na mesma occasião a um dos [congressos] *espiritistas* acompanhado de uma mulher chamada *Eusapia*, que lhe serviu de *medium*"... *Idem, ibidem*, p. 2. Sobre a evolução da recepção ao lombrosianismo nos congressos de antropologia criminal, v. também Affonso Costa, *Commentario..., cit.*, pp. 116 a 118. Bernardino Alimena, *I limiti...*, vol. I, *cit.*, p. 7, descreve o mesmo percurso: "(...) Le concluzioni della scuola antropologica, che erano state accolte da un vero plebiscito nel Congresso di Roma del 1885, furono, invece, discusse assai e attaccate nel Congresso di Parigi del 1889, e in quello di Bruxelles del 1892, nei quali le conclusioni puramente antropologiche hanno avuto la peggio".

[1045] E que contou com a presença de delegados da Alemanha, Áustria, Bélgica, Dinamarca, França, Hungria, Itália, Países Baixos, Roménia, Rússia, Sérvia, Suíça e Portugal, bem como da Pérsia, China, Japão, do Estado Livre de Orange, dos Estados Unidos da América, do México, do Brasil e do Paraguai.

[1046] Ferreira Deusdado, *A Anthropologia Criminal..., cit.*, p. 3.

[1047] *Idem, ibidem*, p. 4. Francisco Ferraz de Macedo, *Bosquejos de Anthropologia..., cit.*, pp. 23 e 24, apresenta o mesmo tipo de debate como decorrido ainda no Congresso de 1896, designadamente entre partidários de Lombroso e seus opositores, mesmo sendo notada a desistência lombrosiana em torno do tipo anatómico do criminoso.

[1048] Ferreira Deusdado, *A Anthropologia Criminal..., cit.*, p. 5.

Deusdado, sendo a antropologia criminal apenas uma parte deste todo – e uma parte meramente auxiliar.[1049-1050]

Esta maior proximidade entre uma *escola jurídica* e uma *escola antropológica*, ou seja, entre a reconsideração também no crime de uma vontade livre e responsável e de uma eventual hetero-determinação de base biológica, permitiu salientar, mesmo que à custa da validade e da aceitação generalizada desta última posição, como escreve Desudado, que o "homem não é sómente uma entidade moral" e à dimensão científica e experimental cabe um lugar também na apreciação da criminalidade.[1051] Mas o crime considerado exclusivamente como *fenómeno natural*, como pretendido de algum modo por Lombroso, estava assim condenado. A própria doutrina italiana revelava-se já em redor de uma *terza scuola*, que evolui de Lombroso e dos seus seguidores mais directos, incorporando o novo positivismo eclético, ponderado com dados sociológicos, como o que se descobre em Alimena, Carnevale ou Colajanni.

Entre as conclusões adoptadas pelo Congresso, encontra-se ainda o dever de criação de cursos de antropologia criminal para os estudantes de medicina e de direito; a conveniência na generalização de um sistema de *assignalamentos anthropometricos*, para a identificação criminal; a necessidade da criação de asilos para criminosos alienados, distintos das prisões e dos asilos exclusivamente médicos, e de serem instituídos serviços de inspecção médica "mental" dos presos, bem como desenvolvidos os exames psicológicos a que um recluso deva ser submetido. De igual modo, o Congresso adoptou a necessidade de as estatísticas sobre a criminalidade deverem ser apresentadas à luz das "fluctuações economicas" e a conveniência em as autoridades judiciais e advogados poderem dispor de uma "folha de informações" sobre cada arguido que incida sobre "a personalidade physiologica, psychologica e moral do réu".[1052]

[1049] "O estudo dos actos reflexos no laboratorio não esgota o conteudo da actividade psychica nas suas differentes modalidades. O laboratorio mostra-nos a machina, mas escapa-lhe a vida interior e moral, essa é intangivel á mão do operador", como escreve *idem, ibidem*, p. 6.

[1050] Deusdado publica no final do seu volume *A Anthropologia Criminal..., cit.*, pp. 225 ss., uma ilustrativa recolha de críticas publicadas na imprensa portuguesa e europeia às suas obras criminológicas, onde se nota objectivamente a relevância internacional do autor à época e o debate em curso entre escolas e tendências.

[1051] Assim, "(...) é a psychologia que há de estabelecer o traço de união entre a jurisprudencia e a anthropologia. O homem não é uma entidade abstracta, como o considerava a velha jurisprudencia, é um individuo real, factor do crime e da virtude; como animal estuda-o a anthropologia, como ser moral estuda-o a psychologia (...)", escreve *ibidem*, p. 8.

[1052] *Idem, ibidem*, p. 15.

Ou seja, conclusões francamente moderadas e consensuais. Dir-se-ia estar no limiar da transacção possível. Ferreira Deusdado, como se viu, mesmo resistindo a Lombroso, não resistirá décadas depois aos apelos desta nova pauta de leitura que prometia erradicar o crime conhecendo e contendo o criminoso.

§ 5º Criminalidade em Portugal e o problema da reincidência

A crítica de finais do século XIX ao modelo penitenciário no seu delineamento correccional assenta em duas premissas essenciais: como modelo teórico, a prisão celular enquanto oportunidade de reforma moral é irrelevante, já que o criminoso ou é irreformável ou é fundamentalmente um desconhecido, *degenerado* ou ocasional, que é preciso detalhar e conter da forma que lhe seja mais adequada; como resultado, o regime penitenciário aumentava afinal a criminalidade e, o que é mais, a reincidência (e, resultado igualmente pernicioso, provavelmente "enlouquecia"), prova da sua falência como sistema e da incapacidade das suas instituições. Portugal, com a aplicação limitada do regime penitenciário que conhecia apenas a partir de 1885, verificou que as mesmas críticas, ou de teor semelhante, podiam ser apresentadas também à prisão em comum e ao degredo tal como executados nas últimas décadas do século XIX, afinal ainda o modo mais comum de cumprir pena, dado o universo circunscrito dos que passavam pela Penitenciária.

Neste período e no início do século XX, o aumento da reincidência – ou até a sua mera ameaça – é usado como demonstração da insuficiência da prisão penitenciária de tipo correccional, mas essencialmente, de forma mais ampla, do erro em que lavrava um direito penal marcadamente retributivo e uma pena unívoca aplicada com base nessa ficção chamada responsabilidade penal, para mais num contexto que parece ser de extrema generosidade dos tribunais – ou seja, em primeira linha, do júri – quando perante a possibilidade de condenar, como se verá adiante.

A partir da segunda metade do século XIX, o interesse pela criminalidade é acompanhado pelo interesse pelas suas estatísticas, ferramenta cada vez mais relevante nos discursos sobre crimes e penas e associada à prática e à retórica política. Antecipam-se naturalmente as dificuldades, contudo, que a prática da disciplina, associada ao mundo judiciário e punitivo, possa ter experimentado, em particular nos seus primeiros exercícios.[1053]

[1053] Neste sentido, v. José Manuel Louzada Lopes Subtil, *O Vintismo...*, *cit.*, pp. 20 e 21. V. também Tiago Pires Marques, *Crime e castigo...*, *cit.*, pp. 49 ss., assinalando as primeiras publicações estatísticas

Sousa Azevedo, no seu *Relatorio* de 1857, apresenta dados estatísticos sobre a criminalidade em Portugal, entre os anos de 1851 e 1855, sem contudo discriminar a tipologia de crimes.[1054] Por eles se pode verificar uma estabilidade quantitativa nos crimes reportados e permite mesmo ao adjunto do Procurador na Relação de Lisboa detectar "uma escala descendente, sobretudo nos roubos e assassinatos, crimes que mais revelam o estado moral da sociedade", acentuando que "embora se espalhe que ha n'este paiz muita impunidade, os factos demonstram o contrario" – uma nota que não seria descabida também noutros tempos.

Mesmo sendo conhecidas as claras insuficiências deste tipo de recolhas, para a época, Sousa Azevedo parece ter alguma razão: a criminalidade detectada não parece ser a mais grave. De acordo com os crimes referenciados que é possível aferir de acordo com o registo de entrada da cadeia do Limoeiro neste período, numa amostra recolhida em 1851 e em 1853, e tendo em conta as prisões decretadas a suspeitos[1055-1056], nota-se, para um total de 155 prisões com crime men-

sobre a criminalidade, civis e militares. Sobre as estatísticas criminais nacionais, escreve-se em 1903, convocando de forma intencional desde logo as causas do problema: "Em Portugal, graças ao indolente e budhico *dolce far niente*, que uma hereditariedade já secular, auxiliada principalmente pela poderosa influencia do clima, conseguiu fixar, a estatistica criminal tem tido uma vida rachitica e verdadeiramente rudimentar. Além dos trabalhos de dois estatisticos, os srs. Silveira da Motta, ex director geral dos serviços de registo civil e estatistica (...) e A. Luiz Lopes, facultativo da Santa Caza da Misericordia de Lisboa e das cadeias civis da mesma cidade, nenhuns outros teem aparecido, de caracter official ou de iniciativa particular (...)", para além de referências sucintas no *Annuario Estatistico de Portugal* – assim, J. Mendes Martins, *Sociologia...*, *cit.*, p. 56.

1054 Os números que apresenta, de acordo com a "estatistica official", para "crimes commetidos no Reino e ilhas adjacentes", são os seguintes: 1851 – 3402; 1852 – 4438; 1853 – 4408; 1854 – 4151; 1855 – 3502. Manuel Thomaz de Sousa Azevedo, *Relatório...*, *cit.*, 1857, p. 72.

1055 AHDGRSP, fundo da Cadeia do Limoeiro, livros de assentos de presos (homens), nº 355, cota 2-49-D (de 12 de Junho de 1851 a 30 de Agosto de 1853) e nº 442, cota 2-51-C (de 31 de Agosto de 1853 a 21 de Fevereiro de 1856), tendo em consideração uma amostra composta pelos períodos de 12 de Junho de 1851 a 12 de Setembro de 1851 e de 12 de Junho de 1853 a 12 de Setembro de 1853. Neste registo dos homens entrados na cadeia, apenas são mencionados crimes no caso de suspeitos e não dos condenados que entram na prisão e nem sequer em todos os casos. Assim, indicam-se os crimes que levaram ao decretar da prisão preventiva, quando assinalados no registo, ficando o suspeito à ordem do juiz de um dos três distritos criminais da cidade, independentemente da confirmação posterior da sua existência ou de uma condenação futura.

1056 V. em especial, sobre a problemática dos arquivos judiciais nacionais deste período, em *Olhares cruzados entre Arquivistas e Historiadores: Mesas-redondas na Torre do Tombo* (coord. de Maria de Lurdes Henriques), Instituto dos Arquivos Nacionais/Torre do Tombo, Lisboa, 2004, pp. 65 a 109, os textos de Irene Vaquinhas, Maria João Vaz, Maria José Moutinho Santos, Ana Maria Leitão Bandeira, Maria Adelaide Vila-Bel Proença, Maria Teresa M. Plantier Saraiva e António Sousa.

cionado no registo, a prevalência clara do "furto" (51 prisões, sendo um mencionado como "roubo" e 3 como "por suspeito de ladrão"), seguido dos "ferimentos" (25 prisões por ferimentos, incluindo aqui "pancadas" ou "correr sobre hum rapaz com hua navalha", de acordo com os registos), das "desordens" (20 prisões) e dos "actos deshonestos" (14 prisões). A suspeita de homicídio apenas terá levado a 3 prisões.[1057] Barjona de Freitas, na apresentação parlamentar da reforma de 1867, sustentou também a abolição da pena de morte com base numa estatística criminal favorável. Na altura, sem execução da pena capital há mais de duas décadas, tal não teria significado um aumento da criminalidade mais grave, pelo menos desde 1850.[1058]

Ainda que não descoberta a propósito necessariamente do homicídio, a incidência muito apreciável da criminalidade contra as pessoas no século XIX, uma *criminalidade histórica*, em detrimento do crime contra a propriedade, parece ser uma especificidade nacional, distinta da verificada em sociedades europeias mais industrializadas e capazes de gerar mais riqueza.[1059] Valores relevantes da criminalidade contra a ordem e a tranquilidade públicas explicam-se também pela consagração de formas de protesto político como crime e pela progressiva contur-

[1057] E uma sucessão de outros comportamentos, com menor incidência, levou à entrada na prisão: insultos, falta de passaporte, incêndio, "apedrejar humas janellas", juramento falso ou perjúrio, falta de bilhete de residência, jogo, "achada de navalha", andar "vendendo cautellas sem licença", sodomia, desobediência "á patrulha", vadiagem, exposição de recém-nascido, "vender de noite bebidas espirituosas", "por não ter apresentado outro prezo de quem era fiador"...

[1058] V. *Diario de Lisboa*, nº 49, 1867, p. 594. Tal é aliás corroborado pelo parecer da comissão de legislação da Câmara dos Deputados que aprecia a proposta, publicado também no *Diario de Lisboa*, nº 141, 1867, p. 2018. Os dados estatísticos publicados para os anos de 1878 e 1880 especificam o número de réus a que potencialmente seria aplicada a pena de morte antes da Lei de 1 de Julho de 1867, por homicídios, infanticídios e parricídios: 17 no ano de 1878 (por 13 crimes) e 29 no ano de 1880 (por 21 crimes) – v. *Estatistica da Administração da Justiça Criminal nos Tribunais de Primeira Instancia do Reino de Portugal e Ilhas Adjacentes durante o Anno de 1878*, Imprensa Nacional, Lisboa, 1880, p. 53 e *Estatistica da Administração da Justiça Criminal nos Tribunais de Primeira Instancia do Reino de Portugal e Ilhas Adjacentes durante o Anno de 1880*, Imprensa Nacional, Lisboa, 1884, p. 39.

[1059] Ou mesmo distinta da vizinha realidade espanhola, que, nas décadas finais do século XIX, vê praticamente equiparados os valores da criminalidade "contra a propriedade" e "contra as pessoas", mas destacando-se igualmente nestas categorias quer os furtos quer as ofensas corporais, a par de uma progressiva concentração do crime nas cidades – v. os dados coligidos e a análise de Pedro Fraile, *op. cit.*, pp. 79 a 81. No texto de Pedro Trinidad Fernández, *op. cit.*, pp. 218 a 227, nos dados que apresenta destacam-se para a realidade espanhola da segunda metade do século, já valores superiores para a "criminalidade contra a propriedade" em relação aos "crimes contra as pessoas", enaltecendo-se o crime de furto, mesmo se a criminalidade violenta (como homicídios e ofensas corporais) recebe números apreciáveis.

bação social do final do regime monárquico.[1060] Mas é certo também que a tendência de compressão da criminalidade contra as pessoas, em particular o crime violento, e de aumento da criminalidade patrimonial vai estar já presente na segunda metade do século XIX[1061], o que é expressamente assinalado à época.[1062] No entanto, as estatísticas oficiais publicadas para os anos de 1878 e 1880[1063] retratam ainda uma prevalência da criminalidade "sobre as pessoas" (composta por ferimentos, ofensas corporais...), mas relativamente ligeira, que mais do que dobra a criminalidade registada "contra a propriedade", aqui incluindo-se o roubo e o furto, mesmo se os tribunais absolvem em grau apreciável e condenam maioritariamente a penas correccionais.[1064] Note-se também que, em 1878, dos 13 345 réus julgados, apenas 339 viriam a ser condenados em pena maior, integrando-se aqui a prisão de duração superior a 2 anos e o degredo, ou seja, 2,5%...[1065] Não se trata apenas de uma especifidade deste tempo: décadas passadas, o panorama é ainda o de um amplo decretar de penas correccionais, designadamente a prisão por tempo inferior a três meses, e uma aplicação limitada da prisão maior, contribuindo para prisões pejadas de detidos preventivos e de presos condenados a penas de poucas semanas, desde logo quando incapazes de pagar multas decretadas em alternativa.[1066]

[1060] V. Maria João Vaz, *Crime...*, *cit.*, p. 227.

[1061] V. Tiago Pires Marques, *Crime e castigo...*, *cit.*, pp. 41 e 42, bem como a bibliografia que cita.

[1062] Caeiro da Matta, em 1909, fala de "uma verdadeira transformação da actividade criminosa, pela qual, substituindo-se á criminalidade medieval contra as pessoas, a moderna criminalidade contra a propriedade, se veio atenuando a intensidade, ao mesmo que tempo que se alargava a extensão criminosa" – Caeiro da Matta, *Direito Criminal...*, *cit.*, vol. I, p. 204.

[1063] V. os trabalhos organizados por Ignacio Francisco Silveira da Mota: *Estatistica...*, *cit.*, 1880, pp. 17 a 19 e *Estatistica...*, *cit.*, 1884, pp. 3 a 5.

[1064] "A somma dos réus julgados durante o anno [1878] foi de 13:345, sendo por isso de 0,28 por 100 habitantes a proporção entre o número dos réus e a população do reino e ilhas adjacentes. Em Hespanha a proporção média é de 0,32 por 100 habitantes. Foram absolvidos 4:984 (37,34 por 100 réus); condemnados a penas maiores 339 (2,54%); e a penas correccionaes 8:022 (60,11 por %). A parcela relativamente pequena dos réus condemnados a penas maiores corrobora o que já ponderei ácerca da pouca importancia de grande parte dos crimes mencionados" – Ignacio Francisco Silveira da Mota, *Estatistica...*, *cit.*, 1880, p. 7.

[1065] O que permite que se conclua, *idem*, *ibidem*, p. 12: "O numero exorbitante dos réus absolvidos em processo ordinario fundamenta a presumpção de que o excessivo rigor com que são castigados alguns crimes contribue para a impunidade, e de que não raro os jurados, quando a pena é demasiado severa, condemnam, se assim póde dizer-se, a lei, absolvendo os delinquentes".

[1066] Pierre Cannat, *Droit Pénal et Politique Pénitentiaire au Portugal*, Librairie du Recueil Sirey, Paris, 1946, pp. 39 e 40, apresenta este facto como uma especificidade nacional, destacando, já para o ano de 1941, que dos 13 413 condenados nos tribunais penais portugueses, apenas a 584 foram decre-

O país era também muito distinto na criminalidade que acolhia. O Par do Reino António de Senna, na sessão de 5 de Maio de 1888, perante os dados estatísticos que recolhe do Anuário de 1885, afirma: "Tomando n'esse documento official os dados estatisticos do movimento criminal do anno de 1881, e construindo com elles a curva da criminalidade no continente do reino, vê-se por uma fórma clara, quão differente é a criminalidade nos differentes districtos. Tenho-a aqui presente: (...) 1º Que a criminalidade varia de districto para districto, sendo minima nos districtos de Vianna e Faro, nos quaes ha menos de 1,5 crime por 1:000 habitantes, – maxima nos de Bragança, Guarda, Lisboa e Beja, em cada um dos quaes ha mais de 3 crimes por 1:000 habitantes, – e media nos restantes; 2º Que no districto de Lisboa a criminalidade se eleva a uma cifra importante, muito acima mesmo da dos districtos em que é consideravel."[1067]

Necessariamente, o distrito de Lisboa é aquele em que, ao longo do período em estudo, a criminalidade em geral está mais presente, sendo no entanto notória também a criminalidade violenta nos distritos do Norte Interior. A grande cidade, recebendo os fluxos migratórios vindos do campo numa proletarização forçada e difícil[1068], é o espaço onde se concentram em particular, de acordo com as detenções feitas pela polícia entre as décadas de 1880 e 1890, as ofensas corporais, a embriaguez, os ferimentos...[1069] Esta aparência de uma criminalidade leve, mas jovem, intensa e fortemente concentrada na capital, mesmo que sem paralelo necessário ou imediato nas condenações nos tribunais, é um contributo claro para uma percepção crescente da insegurança e alimenta necessariamente a ideia de uma progressiva reincidência e de "escalada criminal"[1070], sem esquecer que,

tadas penas de prisão maior e a 2665 penas de prisão de duração superior a 3 meses, deixando 10 164 condenados a penas de multa ou de prisão de duração inferior a 3 meses. Cannat indica também que o Limoeiro, à época, já só receberia presos preventivos e presos condenados a prisão de duração inferior a 3 meses (p. 79), o que também era em boa parte verdade no século anterior, se se ignorasse o contingente de condenados a degredo.

[1067] *Diario da Camara dos Dignos Pares do Reino*, nº 128, 1888, p. 682.

[1068] Como escreve Ignacio Francisco Silveira da Mota, *Estatistica...*, *cit.*, 1884, p. VII: "(...) Na capital do reino, como em todos os vastos receptaculos de população, ha enxames de individuos, que, impelidos pela miseria ou pelos vicios, são quasi forçados a encetar e a seguir o caminho em cujo termo está a prisão ou o degredo".

[1069] V. Maria João Vaz, *Gatunos, vadios e desordeiros. Aspectos da criminalidade em Lisboa no final do século XIX e início do século XX*, in Pedro Tavares de Almeida e Tiago Pires Marques (coord.), *Lei e ordem. Justiça penal, criminalidade e polícia (Séculos XIX-XX)*, Livros Horizonte, Lisboa, 2006, pp. 92 a 94.

[1070] Mesmo que se alerte prudente mas oficiosamente em 1884 que "as reincidencias estão (...) longe de atingir entre nós o funesto desenvolvimento a que têm chegado em outras nações (...) dado

como escreve Irene Vaquinhas, o aparelho judicial do século XIX está fortemente "orientado para a repressão das classes populares, entendidas como classes potencialmente criminosas".[1071]

O jornalista Faustino da Fonseca aproveita o seu *Trez meses de Limoeiro* para dar conta de estatísticas que "com muito trabalho [conseguiu] acertar, colligir e comparar" relativas aos anos de 1888 a 1895.[1072]

Pelos números que apresenta, nas cadeias nacionais teriam dado entrada, em 1888, 4207 homens e 726 mulheres, números que se mantêm relativamente idênticos ao longo do período decorrido até 1895. Entre as profissões dos condenados, avultam as de "creados" dos dois sexos, meretrizes, carroceiros, "maritimos", sapateiros e, a grande maioria, os classificados como "trabalhadores".[1073] A cri-

embora o devido desconto á falta de esclarecimentos suficientes com referencia a alguns réus", o que é "tanto mais extraordinario quanto se realisa não obstante a defeituosa organisação das nossas cadeias e a aplicação frequente da pena de prisão" – Ignacio Francisco Silveira da Mota, *Estatistica*..., *cit.*, 1884, p. XI.

[1071] Irene Vaquinhas, *A experiência fascinante de um regresso ao passado*, in "Olhares cruzados entre Arquivistas e Historiadores...", *cit.*, p. 68. Maria João Vaz, na mesma obra, a pp. 71, corrobora esta ideia: "(...) a generalidade da sociedade tinha a percepção de que eram as classes trabalhadoras, os grupos populares, os indivíduos que se posicionam nas partes inferiores da hierarquia social, os que mais se encontravam relacionados com a criminalidade e se viam implicados em crimes, por vezes de uma forma quase exclusiva. Esta é uma visão afirmada sobretudo para o século XIX mas que, na verdade, percorre todas as outras épocas e é ainda válida para a actualidade". Destacando a orientação da "patologia social" e do estigma criminal ao longo do século XIX dos camponeses para a classe operária, v. a publicação recente de Irene Vaquinhas, *Sangue, suor e lágrimas*, in José Mattoso (dir.), "História da Vida Privada em Portugal – A Idade Contemporânea" (coord. de Irene Vaquinhas), *cit.*, pp. 357 ss. Já em 1922, escrevia um assistente da Faculdade de Medicina de Lisboa: "Pela educação que certas camadas do pôvo ministram ás tenras criancinhas que, algumas vezes já taradas, abrem junto delas os olhinhos inocentes á aprendizagem paar uma conduta posterior, é até para admirar não haver um número, ainda mais elevado, de criminosos. E é por isso que nós achamos inseparáveis os estudos de criminologia e os da mendicidade e da vadiagem. E é por isso que recusamos inexoravelmente outorgar a todos os indivíduos um poder absoluto sobre os filhos, por que se pode dar o caso de alguns não poderem, com palavras ou com exemplos, ministrar-lhes uma orientação honesta na vida" – Luiz Guerreiro, *O Trabalho nas Prisões*, in BIC, I (1921), Tip. da Cadeia Nacional, Lisboa, 1922, p. 83.

[1072] Faustino da Fonseca, *Trez mezes no Limoeiro*, 2ª ed., Depósito – Livraria Bordalo, Lisboa, 1897, pp. 145 ss.

[1073] Uma realidade próxima, em termos de ocupações profissionais em liberdade, descobre-se para Espanha, na segunda metade do século XIX e primeira década do século XX. Os "jornaleros" compõem também em Espanha praticamente metade da população prisional masculina – v. Pedro Trinidad Fernández, *op. cit.*, pp. 214 a 217.

minalidade praticada revela que, na média do período considerado, o furto (757 crimes/ano), a embriaguez (581), as ofensas corporais (542), os ferimentos (493), o crime de resistência (474), a vadiagem (374), ofensas à moral (255) - este, juntamente com a embriaguez, os crimes com maior incidência *no feminino*[1074] –, a desobediência (246) e o homicídio (118) seriam os crimes mais comuns punidos com a prisão. A maioria dos presos, de ambos os sexos, tem entre 21 e 50 anos (para 1888, de um total de 4933 presos entrados, 3535 têm entre 21 e 50 anos, destacando-se contudo o número de 1023 com menos de 20 anos), são solteiros[1075] e analfabetos (apesar de 1496 dos 4207 homens presos em 1888 declararem saber ler).

Os números oferecidos por Faustino da Fonseca permitem, pelo menos, conhecer quem estava na prisão. Numa imagem simplificada, o preso típico no Portugal do final do século XIX é um homem jovem - terá provavelmente entre 21 e 30 anos –, declara-se "trabalhador", operário ou trabalhador agrícola, solteiro e analfabeto, e está na cadeia por furto, por embriaguez ou por ofensas à integridade física.[1076] A mulher que se encontra na prisão tem a mesma idade, é analfabeta e solteira, criada doméstica ou meretriz, e entra em reclusão por embriaguez, por ofensas à moral ou por furto.[1077-1078]

Mesmo tendo em conta que, na realidade, o crime de furto teria em geral uma incidência menor do que a que aqui é apresentada, tal como a embriaguez, parece

[1074] Entre os crimes exclusivamente praticados por mulheres entre 1888 e 1895 encontram-se apenas o "abandono d'infante" e o crime de aborto, com números mínimos (sempre inferiores a 10 em cada ano).

[1075] José Manuel Louzada Lopes Subtil, *O Vintismo...*, *cit.*, pp. 24 a 32, detecta nos 263 presos na Cadeia da Relação do Porto em 1821 a predominância de homens jovens, casados e destaca pela sua frequência os crimes de homicídio, ferimentos e morte e ferimentos associados a roubos, bem como furtos e roubos.

[1076] Este tipo de criminoso em reclusão é também assinalado por Tiago Pires Marques, *Crime e castigo...*, *cit.*, p. 52.

[1077] Mais de cem anos depois, com as devidas adaptações, o panorama nacional não é assim tão distinto - o preso é homem (94%), solteiro e no mesmo escalão etário, com poucas habilitações literárias (apenas 12% dos reclusos terão mais do que a escolaridade obrigatória), cumprindo pena entre os 3 e os 9 anos de prisão, e condenado por furto, roubo, homicídio e - uma alteração relevante - por crimes relacionados com estupefacientes. Outra diferença importante é a existência de população estrangeira no sistema prisional (cerca de 20%). Cfr. as estatísticas do sistema prisional (utilizaram-se aqui valores relativos ao primeiro trimestre de 2010) disponíveis no sítio da Direcção-Geral dos Serviços Prisionais - www.dgsp.mj.pt, acedido em Agosto de 2010.

[1078] Uma imagem aproximada é retirada dos dados recolhidos sobre os réus publicados nas *Estatisticas* de Silveira da Mota - v. *Estatisticas...*, *cit.*, 1880, pp. 39 a 50 e *Estatisticas...*, *cit.*, 1884, pp. 25 a 36.

estar atestado que as ofensas corporais representavam ainda uma larga parte das condenações no final do século[1079] e associavam-se, sem escândalo, ao furto e à embriaguez nas estatísticas.

Aproximando-se o fim do século, um conhecido estudo publicado em 1897 pelo médico das cadeias civis de Lisboa, Alfredo Luiz Lopes, com base em dados expressamente recolhidos nas comarcas do reino e relativos aos anos de 1891 a 1895, corrobora a imagem de uma criminalidade crescente em relação às duas décadas anteriores, jovem e em que a reincidência se estabelece e prospoera de forma irredutível.[1080] "Cada vez mais se demonstra mais frisantemente a nulla influencia das actuaes penas sobre a regeneração dos criminosos", escreve.[1081]

Assim, em Portugal como no resto da Europa, o discurso em torno do aumento da criminalidade e da progressiva verificação da reincidência não é neutro no que tange às doutrinas penais. Ele serve a crítica ao correccionalismo penal e à sua prisão penitenciária celular, fornecendo dados objectivos que sustentam uma linha positiva, seja de feição antropológica seja sociológica, que propõe a alteração das penas e o estabelecimento de medidas específicas de prevenção da criminalidade.[1082]

[1079] Assim, Maria João Vaz, *Crime...*, *cit.*, pp. 152 a 155.

[1080] V. Alfredo Luiz Lopes, *Estudo Estatistico da Criminalidade em Portugal nos annos de 1891 a 1895*, Imprensa Nacional, Lisboa, 1897, pp. 275 e 276 e pp. 289 e 290.

[1081] *Idem, ibidem*, p. 289. De acordo com os dados que apresenta, enquanto para os anos 1879 e 1880, a média anual de reincidências verificada seria de 563, o mesmo valor para o período de 1891 a 1895 elevar-se-ia a 3092. Alfredo Luiz Lopes havia publicado em 1894 uma observação antropométrica, de antecedentes familiares e de traços psicológicos de menores reclusos na Casa de Correcção, entre os 10 e os 18 anos – *Estudos de Antropologia Criminal – Notas anthropometricas e psycologicas sobre 120 relcusos da Casa de Correcção de Lisboa, colhidas e commentadas*, Imprensa de Lucas Evangelista Torres, Lisboa, 1894 –, na sequência do seu interesse por Lombroso e por estudos equivalentes realizados, por exemplo, pelo também italiano Antonio Marro, cotejados com um grupo de "menores não criminosos". Os resultados obtidos "são em grande parte concordantes com os da escola italiana". Mesmo alertando para algum "fanatismo" em que o lombrosianismo havia degenerado, conclui ainda pela existência "frequentemente de uma degeneração morphologica e psycho-physiologica nos criminosos de menor idade" (p. 68), acompanhando também menores provindos de famílias ausentes ou incapazes e em que o alcoolismo estava estabelecido.

[1082] Manuel Dias da Silva, *Elementos...*, *cit.*, p. 228, ensina em 1906, sustentando-se em Prins: "(...) A escola humanitaria não correspondeu ás esperanças do começo de seculo. A criminalidade, longe de diminuir, augmentou consideravelmente. A reincidencia elevou-se até 80 por cento da população criminal. Por toda a parte tem progredido a criminalidade e a pequena criminalidade duplicou e triplicou durante o ultimo quartel de seculo. Finalmente, augmentou também a precocidade dos delinquentes e tem-se notado na maior parte dos países que os criminosos encetam cada vez mais jovens

Por outro lado, a individualização da pena significa agora também o interesse prático pelos estudos em torno da categorização dos delinquentes, reais ou potenciais, e das *causas sociais* da criminalidade, em que os temas da vadiagem e do alcoolismo assumem provavelmente o primeiro plano. E essa foi também a realidade entre nós.

Em 1914, Mendes Correia vai informar que as estatísticas oficiais dos tribunais apenas retratam os seguintes crimes: contra a religião (entretanto desaparecidos com a lei de separação das igrejas do Estado), contra a ordem e a tranquilidade públicas (moeda falsa, falsificação, desobediência, injúrias e resistência à autoridade, vadiagem, embriaguez), contra as pessoas (infanticídio, homicídio voluntário, homicídio involuntário, envenenamento, ferimentos e ofensas corporais, aborto, estupro e violação, difamação, calúnias e injúrias) e crimes contra a propriedade (roubo, furto e subtracção, dano, fogo posto).[1083]

Mendes Correia considera já como "triviais" em Portugal os crimes de desobediência e resistência à autoridade. O pouco respeito pela farda crê devido ao "temperamento impetuoso da raça" e à "má ou nulla educação do nosso povo". O álcool é destacado pelo antropólogo na sua relação com a criminalidade. A embriaguez, sendo um crime tipificado, apenas será afinal efectivamente controlada pelas autoridades em caso de alteração da ordem pública. Mas "muitos crimes teem entre nós a sua principal etiologia nos excessos alcoólicos", escreve.[1084] Assim, entre os crimes mais vulgarizados estarão ainda as ofensas corporais e os ferimentos, cuja justificação será próxima da dos homicídios: uma mistura de emoções pouco controladas, confrontos passionais e de alcoolismo.[1085]

o caminho do mal. A estatistica demonstra que a vida e a propriedade estão hoje mais ameaçadas do que ha meio seculo". Também J. Caeiro da Mata, *Actuais tendências legislativas..., cit.*, p. 439, anotava que "a confiança na pena de prisão dissipou-se. A prisão é, em si mesma e como meio comum de repressão, um expediente ilógico, contraproducente e anti-scientifico. As penitenciárias, grandes edifícios onde o remorso pudesse visitar comodamente a alma do criminoso, trabalhando-a no arrependimento e na regeneração, foram proclamadas a maior aberração scientifica do século XIX; a prisão foi considerada uma das causas principais da reiteração do delito (...)".

[1083] Mendes Corrêa, *Os criminosos portugueses..., cit.*, p. 12.

[1084] *Idem, ibidem*, p. 15. De acordo com os números das estatísticas policiais de Lisboa que reporta, nos anos de 1888 e 1889 a média de detenções por embriaguez foi de 2281, tendo no entanto uma média de 1800 sido absolvidos ou não chegado a juízo. "As tabernas propagam-se devastadoramente por todo o paiz. São nas estradas para muitos viandantes os verdadeiros marcos miliarios do percurso, e em algumas terriolas são os mais frequentados centros de reunião. (...) Ninguem póde negar que tudo isto se reflecte imensamente na criminalidade" (p. 16).

[1085] "(...) Numa serie de 20 assassinos que examinei em julho de 1912, quasi todos possuiam inveterados habitos alcoolicos, e 4 pelo menos tinham praticado os seus crimes em perfeito estado de

No entanto, em Lisboa, é sabido que é já o crime de furto o responsável por cerca de um quarto das prisões efectuadas.[1086]

Um estudo do Instituto de Criminologia de Coimbra publicado já em 1935 apresenta dados e uma análise estatística relativa aos crimes de homicídio e de ofensas corporais verificados entre 1927 e 1930.[1087] De acordo com os dados apresentados, analisando o número de homicídios e de ofensas corporais registados por 100 000 habitantes, por distrito de Portugal continental, estes podem agrupar-se em distritos de grande, média e baixa criminalidade.

No caso dos homicídios voluntários, os distritos de grande criminalidade são Vila Real, Bragança (estes com mais de 8 ocorrências por 100 000 habitantes), Guarda e Viseu. Entre os distritos de criminalidade média, encontram-se Lisboa, Santarém, Évora, Beja, Aveiro e Braga. Os demais distritos analisados (Faro, Setúbal, Portalegre, Leiria, Coimbra, Castelo Branco, Porto e Viana do Castelo) são classificados como distritos de criminalidade baixa. Para a análise das ofensas corporais, aumentam os distritos de alta e média criminalidade, mas destaca-se ainda Vila Real nos números mais elevados registados (mais de 150 ocorrências por 100 000 habitantes).[1088]

Os números apresentados reportam-se apenas ao período, curto, de 1927 a 1930. João Pinto da Costa Leite (Lumbrales) e Artur Fernandes de Castro, autores da análise, afiançam contudo que as conclusões a que se chega são idênticas às de estudos realizados em períodos anteriores.[1089]

embriaguez. Desses 20 delinquentes, 13 eram degenerados com uma pesada herança mórbida e grande estigmatisação physica, 2 eram fracos d'espirito, 1 era louco moral, 2 eram criminosos passionais e outros 2 emfim apresentavam amnesias, vertigens, impulsos, tendencias alcoolicas e crises convulsivas de natureza epileptoide. Era para notar a frequencia de traumatismos craneanos na antecedencia pessoal de muitos d'estes criminosos", anota a pp. 21.

[1086] Dos 12805 presos em Lisboa no ano de 1922, 3181 deles foram-no pelo crime de furto, consumado ou tentado, de acordo com os dados apresentados por Alexandre Morgado, do Comissariado Geral da Polícia de Lisboa, em *A Criminalidade em Lisboa*, in BIC, IV (1924), Of. Graf. da Cadeia Nacional, Lisboa, 1924, pp. 125 a 130, indicando também uma tendência sempre crescente de aumento da criminalidade.

[1087] João Pinto da Costa Leite (Lumbrales) e Artur Fernandes de Castro, *Notas estatísticas sobre crimes de homicídio e ofensas corporais*, in "Estudos do Instituto de Criminologia de Coimbra – I – Homicidas", *cit.*.

[1088] Reproduzem-se em anexo os quadros publicados no estudo de 1935 (Anexo 8).

[1089] V. João Pinto da Costa Leite (Lumbrales) e Artur Fernandes de Castro, *Notas...*, *cit.*, pp. 2 e 3. Apresentam os dados de uma análise relativa aos anos de 1913 a 1919, em que, apesar das variações, "em ambos os períodos coincidem os distritos de maior ou menor criminalidade". Apresentam ainda

A preocupação que se evidencia, em primeira linha, é a da "grande criminalidade em Trás-os-Montes e no Norte da Beira". Que explicações para este facto? Os autores, mesmo reconhecendo a necessidade de dever ser objecto de estudo específico e multi-disciplinar, apontam como primeira explicação "a estrutura social, cuja essência a mentalidade do homem reproduz", em que se verifica a "rebeldia ao poder central e a convicção de que a justiça emana de si, é negócio puramente seu". Acentuam também, na linha de outros estudos estrangeiros feitos com outras população "de montanha", o peso que advirá do hábito de porte de arma e da "menor prevenção contra o crime". E, mais uma vez, um factor decisivo será o da "cultura intensa do vinho", uma vez que a "enorme influencia do alcool sobre a criminalidade de sangue é hoje incontestada", apesar de se dever assinalar, ao tempo, a ausência de estatísticas relativas ao consumo de álcool.[1090]

Mesmo sem discriminar os crimes de homicídio e de ofensas corporais, para o período imediatamente anterior, compreendendo dados entre 1891 e 1903, Mendes Correia chega a conclusões semelhantes, mas acentua a zona de Lisboa e Setúbal, a par da região de Entre Douro e Minho e Trás-os-Montes, como as de maior incidência da criminalidade, em termos gerais. Lisboa tem uma taxa de 7,4 (média anual de condenados por 1000 habitantes), o distrito onde a criminalidade é maior, é seguida de Bragança e Évora (3,7), enquanto Leiria e Portalegre,

os números recolhidos por Alfredo Luiz Lopes, para o período de 1891 a 1895, sobre a distribuição do homicídio em Portugal, que permite verificar as similitudes e as diferenças. Neste último estudo, a ordenação decrescente dos distritos, de acordo com o número de homicídios por 100 000 habitantes, é a seguinte: "Bragança (14,2), Lisboa (13,9), Évora (9,5), Beja (9,3), Viseu (8,7), Vila Real (7,6), Guarda (6,7), Braga (5,7), Portalegre (5,8), Castelo Branco (5,6), Aveiro (4,7), Leiria (4,9), Santarém (4,5), Viana (3), Porto (2,8), Faro (2,2), Coimbra (1,9)".

[1090] *Idem, ibidem*, pp. 5 e 6. E salientam ainda como factores "para a acumulação do homicídio no nordeste do país" a "divisão da propriedade, o regime de irrigação – fonte abundante de questões e vinganças –, o grau de educação rudimentar, a complacência dos conaturais (em Trás-os-Montes é menos ignominioso o homicídio que o furto), etc." (p. 8). Em *Aditamento* ao estudo publicado na mesma obra, com os resultados da análise de um inquérito feito aos delegados do Procurador da República nas comarcas de Trás-os-Montes, dá-se conta do atestar da relevância do alcoolismo e das questões decorrentes de uma propriedade excessivamente parcelada e desorganizada, de partilhas e do sistema de servidões e de aproveitamento de águas (pp. 63 ss.). V. também João Fatela, *O sangue..., cit.*, pp. 63 a 65, onde se salienta associada ao homicídio esta "dinâmica de vingança", considerada não como "mera reacção agressiva, mas como uma prática culturalmente definida que interpela, para além dos seus actores, todo um grupo social". O mesmo autor vai defender assim a existência de uma "lógica vingadora (ou sacrificial)" também na sociedade portuguesa, funcionando de acordo com um código de honra.

os distritos com menos criminalidade registada no Continente, apresentam apenas 1,9 (e a Horta 0,6). No entanto, o lugar de Lisboa explica-se também pelo facto de neste distrito "os crimes contra a ordem, tranquilidade publica e segurança do Estado [serem] os mais frequentes de todos". Nos crimes contra pessoas, Bragança, Vila Real, Braga e Lisboa destacam-se dos demais distritos, apresentando sempre mais de 2,0 condenados por ano por cada mil habitantes.

Os dados de 1903 a 1909 parecem ressaltar ainda a capital como o espaço onde a criminalidade geral é mais notória, mas seguindo-se agora o Porto, a região de Trás-os-Montes, Évora e Braga.[1091]

Num estudo com um universo temporal mais longo, Mendes Correia oferece ainda uma análise da criminalidade portuguesa com base nos dados relativos a um período de dezoito anos (1878 a 1881, 1886, 1891 a 1895, 1897 e 1903 a 1909)[1092], onde se descobre uma incidência de 57,54% de crimes contra as pessoas, 22,68% de crimes contra a ordem pública e 19,64% de crimes contra a propriedade, para um total de 275 311 condenados.

Tendo em conta os crimes contra as pessoas, mais de metade da criminalidade registada são ferimentos e ofensas corporais, que ocupam a larga maioria dos casos (121 680 dos 157 176 crimes contra as pessoas registados, ou seja, 77,4%). Depois destes, no total de crimes, os mais frequentes foram o crime de furto e subtracção (38 046), a desobediência, injúria ou resistência à autoridade (21 121), a difamação, calúnia ou injúria (10 315), o dano (6737), a vadiagem (6101), o roubo (2603), o homicídio (2343), seguidos dos demais. Entre os crimes com menos incidências registadas estão o crime de moeda falsa (251), de infanticídio (219), de envenenamento (63) e de aborto (38). Nota-se assim a extrema relevância da criminalidade contra as pessoas face aos crimes contra a propriedade.

Por esta criminalidade, apenas entre 1903 e 1908, terão sido condenadas em Portugal (Continental, Açores e Madeira) a penas maiores 1482 pessoas e a penas correcionais um total de 103 704.

Reproduz ainda, de Lombroso, uma comparação estatística de 1897 entre alguns crimes registados em diversos países, mas corrigindo os dados relativos a

[1091] Mendes Corrêa, *Os criminosos portugueses...*, *cit.*, pp. 66 ss.

[1092] V. Mendes Corrêa, *Os criminosos portugueses...*, *cit.*, pp. 31 ss. Os dados apresentados pelo autor são, nas suas palavras, retirados do estudo de Alfredo Luís Lopes (período de 1891 a 1895) e dos *Annuarios Estatisticos de Portugal* (os demais anos), com excepção dos anos de 1904 a 1909, inéditos, que terão sido obtidos junto da Direcção-Geral da Estatística e dos Próprios Nacionais.

Portugal. Nessa comparação, em que Portugal apresenta dados de 23 homicídios por milhão de habitantes e 46 furtos por 100 000 habitantes, encontra-se acompanhado pela Alemanha (5 e 200, respectivamente), Inglaterra (7 e 136), Irlanda (9 e 91), Bélgica (18 e 134), França (18 e 116), países onde a taxa de homicídios seria inferior à portuguesa, mas superior a de furtos. Aliás, entre os nove Estados compreendidos, é Portugal a apresentar o valor mais baixo no que respeita a este crime. Com números superiores a Portugal no que toca a homicídios, encontram-se a Áustria (25), a Espanha (58), a Hungria (75) e a Itália (96).

Os dados nacionais parecem assim não corresponder às expectativas de Lombroso, que associava a criminalidade violenta ao "calor relativamente moderado" e às "populações dolycocephalas"[1093], segundo demonstra o antropólogo português: "acceitando-se o critério de Lombroso e sabendo-se que o povo português é o mais dolicochephalo da Europa, deveria esperar-se que este apresentasse percentagens de criminalidade mais altas, sobretudo de crimes contra a propriedade". É a infirmação, também neste ponto, da posição do criminalista italiano. A tranquilidade portuguesa parece ser explicada então, de acordo com Mendes Correia, por este povo não possuir "a crueldade do calabrês ou do napolitano, nem a astúcia fria, a habilidade medida e perspicaz do homem do norte", sendo as suas "condições psycologicas que até certo ponto contrabalançam condições, como o clima, o nosso estado social, etc., que segundo é licito crer, influenciam favoravelmente a delinquencia".[1094]

Em todo o caso, a análise feita por Mendes Correia corrobora um outro dado mais relevante. A percepção, comum em vários países europeus ao longo do século XIX, de aumento da criminalidade, parece de facto ter em Portugal uma possível confirmação, também no período mais extenso que vai de 1878 a 1909. Se no período de 1878 a 1881, para a "percentagem annual de reus condemnados" por cada mil habitantes se descobre o valor de 1,75, no período de 1891 a 1891 este valor é já de 3,48, estabilizando no período de 1903 a 1909 para 3,33.

Analisada a criminalidade nos seus diversos tipos, a subida é realmente generalizada entre 1878 e 1895, tendo a partir daí decrescido ligeiramente os crimes contra a ordem pública e a propriedade, apenas tendo subido a criminalidade contra as pessoas (sendo por exemplo nítida a evolução nos homicídios – média anual de 93 para os anos 1878-1881 e de 160 para os anos 1903-1909 – ou nas ofen-

[1093] Por oposição a "populações" mesocéfalas, onde se verificaria menos criminalidade, e braquicéfalas, ainda mais pacíficas.

[1094] *Idem, ibidem*, pp. 38 e 39.

sas corporais e ferimentos – média anual de 2899 para os anos 1878-1881 e de 9173 para 1903-1909).[1095]

A reincidência, que é explicada por Mendes Correia em grande parte pelo contacto prisional, é também relevante: para o período de 1903 a 1908, em Portugal continental, o número de reincidentes é de 22,7% do total de condenados, e nas ilhas dos Açores e Madeira de 19,6%, mesmo se os crimes que apresentam reincidência mais elevada são os de embriaguez, vadiagem e de roubo – no entanto, a estatística apenas permite verificar a existência simples de condenação anterior, que poderá estar associada a outro tipo de crime. Avaliada no momento do julgamento da embriaguez, da vadiagem ou do roubo, a reincidência é-o apenas numa condenação, não necessariamente pelo mesmo crime praticado. Pelo lado do direito, o mesmo sentido claro de uma progressiva aceleração da reincidência e da criminalidade em geral, mesmo se com números não exactamemte coincidentes,vai-se encontrar num estudo de Caeiro da Mata datado também de 1914.[1096]

João Gonçalves, já em 1938, estudando a reincidência ao longo de três décadas, verifica, como Mendes Correia, o mau desempenho da primeira década do século XX neste domínio – mas, entre 1910 e 1931, o percurso teria sido francamente mais favorável, alcançando os valores da reincidência criminal no início da década de 1930 pouco mais de metade da verificada em 1910.[1097]

Também a instrução dos criminosos e a sua profissão são analisadas para a primeira década do século XX por Mendes Correia.

Entre 1903 e 1908, 69,6% dos condenados seriam analfabetos – Mendes Correia afirma que o valor é de 73,1% na população em geral maior de 12 anos. Compara a correlação entre criminosos alfabetizados e analfabetos e a mesma na população geral e procura concluir "claramente que a instrucção não faz recuar a criminalidade, como primitivamente se suppunha, antes se torna legitimo suspeitar que lhe sirva de estimulo mais ou menos indirecto"[1098], o que não deixa de ser duvidoso, mesmo crendo o autor que tal se associa a uma alteração do tipo de criminalidade, atenuando-se a violência contra as pessoas quando sobe a instrução do criminoso.

[1095] *Idem, ibidem*, p. 45.

[1096] J. Caeiro da Mata, *Actuais tendências legislativas..., cit.*, pp. 435 a 439, compulsando dados estatísticos nacionais e europeus. V. igualmente Caeiro da Matta, *Direito Criminal..., cit.*, vol. I, pp. 204 a 211.

[1097] V. os dados apresentados por João Gonçalves, *Da Reincidência*, in BIC, nº 3 (1938), Oficinas Gráficas da Cadeia Penitenciária de Lisboa, Lisboa, 1938, pp. 83 a 86.

[1098] Mendes Corrêa, *Os criminosos portugueses..., cit.*, p. 229.

As profissões declaradas dos criminosos, nos anos de 1903 a 1907, indicam uma prevalência de agricultores e de empregados na indústria como os grupos mais destacados.[1099] À mesma conclusão vai chegar também João Gonçalves, acentuando a incidência da instrução na diminuição dos "crimes mais ferozes" e provavelmente no aumento dos "menos graves ou os crimes políticos, comerciaes ou contra os costumes, porque eles aumentam naturalmente com o acrescimo do do convivio social, dos negocios e da actividade cerebral", mas assentando na insuficiência dos estudos estatísticos e desconfiando da validade de quaisquer conclusões que se pretendam definitivas.[1100]

Esta desconfiança de que a instrução dos criminosos poderia levar a aumentar a sua capacidade para o crime é uma alternativa nítida ao ideal penitenciário em que o cruzamento da prisão celular com a educação representaria o mais eficaz remédio contra o crime. Mesmo que não se generalize como traço absolutamente distintivo, encontrava-se afinal presente na origem do pensamento penal das escolas positivas[1101], designadamente a italiana, desde logo com Lombroso, como um resultado necessário da sua descrença na capacidade regenerativa de um condenado incorrigível. Qualquer acréscimo educativo poderia então ser pernicioso e tornar novamente incontrolável quem se esperaria precisamente que pudesse colher da pena uma pauta de auto-contenção e de disciplina social. No entanto, entre nós, o discurso e a prática serão sempre progressivamente favoráveis ao alargamento da instrução e da formação de ofícios na prisão, simultaneamente elementos de futuro e de expiação[1102] e, necessariamente, elementos constitutivos da disciplina prisional.

[1099] *Idem, ibidem*, p. 289.

[1100] V. João Gonçalves, *A instrução e a criminalidade*, in BIC, III (1923), 3ª ed., Tip. da Cadeia Nacional, Lisboa, 1929, pp. 206 a 209 e pp. 222 e 223.

[1101] "Já la vai o tempo em que se sentenciava que abrir uma escola era fechar uma prisão. Esta velha frase de Jules Simon, que teve a sua época, resultou dum erro de observação. Saber lêr e contar são predicados que podem facilitar a luta pela existencia e contribuir para aformosear as qualidades do individuo, mas o que é fora de duvida é que nem sempre entram na formação do caracter e não bastam para uma salutar aplicação da inteligencia. Só indirectamente a instrução pode influir na conduta humana que é uma resultante de emoções herdadas e ampliadas pela educação, como escreveu o brilhante espirito e erudito professor Julio de Matos" – Mendes Corrêa, *Os criminosos portugueses...*, *cit.*, p. 195.

[1102] Como noutro momento João Gonçalves também escreve, "os criminosos habituaes destestam todo o trabalho mental: a educação obrigatória e o trabalho são o maior castigo para estes pervertidos" – João Gonçalves, *Educação e instrucção nas prisões*, in BIC, IV (1924), Of. Graf. da Cadeia Nacional, Lisboa, 1924, p. 100.

PARTE II
A experiência da pena

1. A reforma penal liberal e o sistema de penas

§ 1º Revolução liberal e direito penal

Os crimes e as penas que chegam como aplicáveis em 1820 resultam do corpo das Ordenações, com as mutações e os ajustamentos que dois séculos de legislação extravagante, muitas vezes contraditória e conjuntural, lhe associaram[1103], classificados e sistematizados em particular por autores do final do século anterior. Se já o pensamento doutrinário desse momento parecia antecipar a mudança neste campo, ela só virá a ocorrer mais lentamente ao longo do século XIX.

Não só o direito material, mas também o processo penal[1104], tal como este se configura em 1820, pode ser apercebido através das obras de Pereira e Sousa e de Mello Freire.[1105] A primeira modalidade de início de um processo-crime é a

[1103] Uma recolha do direito penal extravagante, em particular do século XVIII, encontra-se feita por Sílvia Alves, *Punir...*, *cit.*, volumes documentais.

[1104] Um processo baseado nos preceitos recolhidos nas OF, desde logo no l. V, t. 124º (*Da ordem do Juizo nos feitos crimes*). Veja-se também, *inter alia*, os títulos 117º (*Em que casos se devem receber querelas*), 122º (*Dos casos em que a Justiça ha lugar, e dos em que se appellará por parte da Justiça*), 125º (*Como se correrá a folha dos que forem presos por feito crime*) e 126º (*Em que casos se procederá por Edictos contra os malfeitores, que se absentarem, ou acolherem a caza dos poderosos, por não serem presos, ou citados*), que constituem uma base jurídica relevante para a matéria, tal como, no l. I, o título 64º (*Dos Juizes ordinários, e de fóra*), em especial os §§ 31º ss.

[1105] As *Instituições de Direito Criminal* incluem igualmente ensinamentos quanto ao direito adjectivo – Melo Freire, *Instituições de Direito Criminal...*, *cit.*, in BMJ, nº 156, Ministério da Justiça, Lisboa, pp. 75 ss. V. também a edição de 1757 de António Vanguerve Cabral, *Pratica Judicial muyto util e necessaria para os que principião os officios de julgar e advogar e para todos os que solicitão causas nos Auditorios de hum e outro foro*, Oficina de Francisco de Oliveira, Coimbra, 1757, Parte I, pp. 36 ss.

existência de uma devassa ou inquirição, iniciada pelo juiz, nos casos previstos na lei, que se pode assumir como geral ou especial[1106] – a primeira recai sobre "delictos incertos" (realizadas periodicamente)[1107], a segunda "suppõe a existencia do delicto de que só he incerto o aggressor"[1108], ambas as inquirições devendo ser concluídas em 30 dias, desde o seu início ou desde o cometimento do crime, no caso de devassa especial. O dever de tirar devassas competia em primeira linha aos juízes e corregedores, numa competência que, partindo de uma base territorial, era também partilhada com diversas jurisdições especiais. A devassa poderia partir de uma denúncia apresentada com relação a um crime. Num caso de devassa sem parte, a acusação seria feita pelo promotor.

Via distinta é a representada pela querela, também apenas possível nos casos em que a lei o permitisse.[1109] A querela pressupõe a existência de um requerimento expresso de uma parte às autoridades – podendo ser a parte ofendida (querela de *interesse particular*) ou qualquer pessoa (de *interesse público*)[1110] –, enquanto a devassa é iniciada oficiosamente pelo juiz.

O objectivo desta fase é o de formar um corpo de delito, associando o crime a um réu, através dos indícios que se possam obter, dando lugar à sua pronúncia – declaração do juiz que considera um réu suspeito da prática de um crime objecto de devassa ou querela – que vai permitir a sua detenção[1111], a que pode

[1106] Uma relação destes crimes pode ser encontrada em Joaquim José Caetano Pereira e Sousa, *Primeiras linhas...*, *cit.*, pp. 25 e 26, nota 49, compreendendo homicídio – consumado e tentado –, violação, fogo posto, fuga de preso, moeda falsa, resistência, ferimentos, alguns furtos, etc.

[1107] As devassas gerais são abolidas imediatamente em 1821, por Decreto de 10 de Novembro, por serem "oppressivas aos Povos como contrarias aos sãos principios de Jurisprudencia Criminal", sendo os casos que "fazião objecto de devassas gerais (...) de ora em diante casos de querella para o interessado; e de denuncia para qualquer pessoa".

[1108] Joaquim José Caetano Pereira e Sousa, *Primeiras linhas...*, *cit.*, p. 20.

[1109] Igualmente uma longa relação de casos: apostasia, sortilégio, lesa-magestade, roubo de estrada, homicídio, sodomia, lenocínio, falsidade, quebra de degredo, etc. V. *idem*, *ibidem*, pp. 37 a 39, nota 79.

[1110] As partes ofendidas apenas podem querelar nos casos de adultério, de "feridas ou nódoas de que não resultou aleijão ou deformidade", de corte de árvores de fruto, de furto de pomares e vinhas até dado valor. *Idem*, *ibidem*, pp. 42 e 43. A querela, apresentada pessoalmente e no prazo de 1 ano após o crime, devia conter o juramento de calúnia, nomes de queixoso e querelado, o reconhecimento (testemunhal) do queixoso, a indicação de testemunhas, indicação do tempo e lugar do crime, prestação de caução (quando não se tratasse do ofendido) e assinatura do queixoso e do juiz.

[1111] Podendo esta ser anterior em caso de flagrante delito ou de crime que seja punido com pena de morte natural ou civil. *Idem*, *ibidem*, pp. 66 e 67.

obstar por carta de seguro, homenagem ou fiança.[1112] Uma vez "formada a culpa" e "prezos ou seguros ou afiançados os Réos, e feito o sequestro dos seus bens nos casos graves"[1113], é iniciada a acusação, que cabe ao ofendido ou à autoridade. A prisão do réu antes de culpa formada era também possível, em regra quando estavam em causa crimes puníveis com morte natural[1114], elenco que todavia é alargado a outras situações.[1115] Muitos dos ocupantes das prisões são-no precisamente enquanto suspeitos de um crime, não enquanto sujeitos por este punidos. No entanto, a ideia que constantemente se retira da legislação régia é a de uma justiça que deve visar a rapidez nos juízos, em particular quando existam réus presos, devendo o prazo de 30 dias ser o mais possível respeitado, "termo que foi posto para não se exceder" e não se deixando este "de abbreviar todas as vezes que fôr necessario", conforme se lê em Alvará de 5 de Março de 1790. Será, contudo, uma recomendação inútil.

O processo decorre numa sucessão de actos – citação, apresentação de libelo pela acusação, eventual excepção do réu, contestação – e momentos de exercício de contraditório e produção de prova.[1116] Esta considera-se admissível por confissão, instrumentos ou testemunhas, num contexto alheio à publicidade do processo. Deve tomar-se em linha de conta também a previsão de um processo sumário, a par do ordinário, uma forma mais rápida de processo, que deveria estar terminado em 6 meses. Aplica-se em crimes especificados e quando os réus se encontram presos há mais de 3 meses, conforme ensina Pereira e Sousa.[1117]

Com alterações relevantes, a maior delas provavelmente a introdução do júri e a maior publicidade de que se reveste o processo, mais aproximado de um

[1112] A possibilidade de uso pelas autoridades de expedientes como a concessão de imunidade e a atribuição de prémios a delatores que contribuam para a descoberta de outros autores dos crimes encontra-se também prevista: "(...) sendo necessario (...) fazerem algumas promessas, as poderão fazer em meu nome, da impunidade do mesmo delicto a alguns dos complices delle, e tambem de algum dinheiro até á quantia de cem mil reis, que serão pagos promptamente, descubrindo-se os delinquentes por via dos taes delatores, a quem se fizerem as taes promessas (...)", lê-se no Decreto de 10 de Maio de 1702.

[1113] Joaquim José Caetano Pereira e Sousa, *Primeiras linhas..., cit.*, p. 99.

[1114] António Vanguerve Cabral, *Pratica Judicial..., cit.*, Parte II, p. 154.

[1115] V., sobre esta possibilidade, desde logo a Lei "da reformação das justiças" de 6 de Dezembro de 1612 e a Lei de 19 de Outubro de 1754.

[1116] Sobre o excurso do processo penal pré-liberal, v. Paulo Pinto de Albuquerque, *A reforma..., cit.*, pp. 39 ss. e pp. 66 ss. e José António Barreiros, *Processo Penal..., cit.*, pp. 51 ss.

[1117] Joaquim José Caetano Pereira e Sousa, *Primeiras linhas..., cit.*, pp. 228 ss.

modelo acusatório[1118] na fase de julgamento, de inspiração inglesa, mesmo que na sua recepção mais restrita, de fonte francesa, é esta estrutura processual que será decantada ao longo do século XIX, mas ainda guardando parte relevante do seu *corpus* histórico, como o demonstra também a tardia aparição da codificação processual. O século XIX assistirá pois a uma sucessão de "reformas judiciárias" – de alterações da competência dos órgãos envolvidos na administração da justiça e das regras processuais aplicáveis, nomeadamente no processo penal.[1119] Antes da formalização das codificações processuais, são as "reformas judiciárias" que procuram estabelecer um quadro jurídico uniforme dos deveres processuais.

O direito constituído no período pós-revolucionário traz necessariamente novidades. Ainda durante o conflito militar, Mouzinho da Silveira, pelo Decreto nº 24, de 16 de Maio de 1832, produzido na ilha Terceira, inclui uma reforma do processo penal no vasto diploma com que pretende criar um novo quadro para a administração da justiça nacional. A "ordem de processo nos feitos crimes"[1120] que este Decreto nº 24, o da "reforma das Justiças", estabelece, pretende ser simplificada na sua tramitação em relação à forma anterior, afirmando-se um processo de base acusatória. Clarifica-se a distinção entre crimes públicos e particulares e finda a existência de devassas e denúncias, restando a querela como a forma típica de iniciar a acção penal. A querela dá início a um processo preparatório – secreto até à pronúncia – que visa a formação do corpo de delito. Perante este, haverá então oportunidade de proceder à pronúncia, que está agora a cargo de um "jury de pronúncia", que validará ou não a passagem à fase de acusação. Esta será debatida entre advogado do réu e delegado do Procurador Régio[1121],

[1118] "O nosso processo criminal se divide também em duas partes – processo preparatorio, e de instrucção preliminar – e processo de accusação e julgamento: o primeiro, secreto e escripto, reune os elementos para o processo de accusação; o segundo, publico e oral, importa a instrucção definitiva e fornece ao juiz os elementos da sua decisão. A forma inquisitorial rege toda a instrucção preliminar, e a forma accusatoria a instrucção definitiva" – Francisco J. Duarte Nazareth, *Elementos de Processo Criminal*, 7ª ed., Imprensa da Universidade, Coimbra, 1886, p. XI.

[1119] Tradicionalmente destacam-se as reformas judiciárias de José Xavier Mouzinho da Silveira de 1832, a "Nova Reforma Judiciária" de 1836 e 1837 e a "Novíssima Reforma Judiciária" de 1840 e 1841, mas várias outras alterações legais tiveram reflexos sobre a orgânica judicial, o processo e a administração da justiça punitiva. Este "paradigma judiciário liberal", como o designa Paulo Pinto de Albuquerque, pode ser conhecido nas suas concretizações processuais através do seu texto *A reforma...*, *cit.*, pp. 79 ss.

[1120] Compreendida nos artigos 166º a 232º do Decreto nº 24, de 16 de Maio de 1832.

[1121] Regras relativas às competências do Procurador Régio e dos seus Delegados e Subdelegados encontram-se estipuladas neste decreto, nos seus artigos 256º a 259º. O diploma procede à primeira

no caso de crime público, igualmente perante um júri de julgamento, em audiência, a quem cabe a ponderação sobre a prova do crime, seguindo-se a sentença do juiz.

A designada Nova Reforma Judiciária[1122] de 1836/37 vai estabelecer uma nova base jurídica para o processo penal, na sua Terceira Parte, mantendo, mas regulando de forma mais detalhada, um modelo de querela, formação de corpo de delito, sumário, pronúncia por juiz e ratificação de pronúncia, acusação – com libelo acusatório e contestação –, discussão da causa e sentença, envolvendo igualmente um júri para a ratificação da pronúncia e na audiência da causa. Na Novíssima Reforma Judiciária, publicada em 1841[1123], encontra-se a mesma estrutura de processo, o "sistema misto francês"[1124]

A possibilidade de prisão[1125] do réu antes de sentença condenatória é permitida em caso de flagrante delito, e por qualquer pessoa[1126], necessitando, nos ter-

organização hierárquica do Ministério Público, tendo no topo o Procurador-geral da Coroa, junto do Supremo Tribunal de Justiça.

[1122] Aprovada pelos Decretos de 29 de Novembro de 1836 (a sua Primeira Parte, relativa à organização judiciária) e de 13 de Janeiro de 1837 (as Segunda e Terceira Partes, relativas respectivamente ao processo civil e ao processo penal).

[1123] Pelo Decreto de 21 de Maio de 1841, sendo o "processo nos feitos crimes" regulado entre os artigos 854º e 1272º.

[1124] José António Barreiros, *Processo Penal..., cit.*, p. 63. V. também pp. 77 a 79. No Código de Processo Penal aprovado pelo Decreto nº 16489, de 15 de Fevereiro de 1929 (após uma primeira publicação, gorada, de um articulado no ano anterior, pelo Decreto nº 15396, de 19 de Abril de 1928), encontra-se uma sequência de processo cuja estrutura essencial é uma evolução deste modelo, num sentido de reforço inquisitório – e onde, desde logo, distinção de monta, a intervenção do júri é já francamente limitada. O processo de querela, correspondente aos crimes a que caiba pena maior (ou pena de demissão de funcionário) é a forma de processo ordinária estabelecida, a par dos processos correccionais, de polícia correccional, de transgressões e sumário, formas simplificadas para crimes e infracções menores. A sua tramitação vai implicar uma fase preparatória, de instrução, em que se forma o corpo de delito, com eventual "instrução contraditória", acusação por querela do Ministério Público ou por intervenção da parte, pronúncia pelo juiz e julgamento. Neste Código, como escreve directamemte Almeida Costa, "substitui-se aquela estrutura de base acusatória por outra de feição inquisitória" – assim, Mário Júlio de Almeida Costa (com a colaboração de Rui Manuel de Figueiredo Marcos), *História do Direito..., cit.*, p. 490. V. também, sobre a aprovação deste primeiro Código de Processo Penal, sob iniciativa de Manuel Rodrigues Júnior e devido em grande medida a Beleza dos Santos, Luís Bigotte Chorão, *A crise da República..., cit.*, pp. 822 a 824.

[1125] No Relatório justificativo prévio aos Decretos nºs 22, 23 e 24, o ministro da Justiça Mouzinho da Silveira deixa uma visão sobre as prisões e o que deveriam os presos esperar, mesmo se se descreve uma perspectiva distinta da realidade da maioria dos cárceres, que deveriam ser administradas por "Cidadãos nomeados de tres em tres mezes, pelas Camaras das Terras aonde são estabelecidas (...)": "Os presos, ou detidos estão debaixo da protecção das Leis, e devem ser tratados com humanidade;

mos da Carta, nas demais situações, de um mandado de custódia do juiz.[1127] A prisão ou a realização de buscas são proibidas durante a noite, no domicílio do réu.[1128] Pode este subtrair-se à prisão oferecendo fiança, o único meio agora de suster aquela medida durante o decurso do julgamento[1129], quando se esteja perante crime que "tendo pena maior do que a de seis mezes de prisão, ou desterro para fóra da Comarca, não chegão a merecer a pena de morte natural, degredo para a Asia, ou Africa por mais de cinco annos, ou de trabalhos poblicos por mais de tres annos".[1130] Nestes últimos casos não seria admissível fiança; em caso de penas iguais ou inferiores a 6 meses de prisão ou desterro, a fiança não seria requerida, tal como o previa o texto constitucional.

a superintendencia que exercita nelas a Authoridade administrativa é a de authoridade tutelar, e não a de hum inspector severo, a ainda menos a de um despota. A detenção não traz comsigo mais do que a privação da liberdade, com, ou sem communicação no interior da prisão, segundo a ordem, ou pena do delicto. De modo nenhum poderá o preso ser privado de vêr sua mulher, e seus filhos, exceptuados só os criminosos de parrecidio, de detenção arbitraria, ou de attentado contra a liberdade da Patria, ou contra a vida do Rei ou Regente. Sendo as casas de detenção, e as prisões lugares de correcção, devem ter por objectivo tornar melhores os detidos, e os presos" – *Relatorio aos Decretos nº 22, 23, e 24*, recolhido na "Collecção de Decretos e Regulamentos publicados durante o Governo da Regencia do Reino estabelecida na Ilha Terceira", Imprensa Nacional, Lisboa, 1833, p. 11 (p. 140 assinalada de forma manuscrita no exemplar da Colecção consultado na Biblioteca da Faculdade de Direito da Universidade de Lisboa).

[1126] V. artigo 172º.

[1127] Sobre as formalidades para a emissão de mandado de custódia ou prisão e condições para a sua execução, v. Francisco J. Duarte Nazareth, *Elementos de Processo Criminal*, *cit.*, pp. 147 a 157, onde se publicam também formulários para o mandado, de recibo de entrega de um preso na cadeia e da nota de culpa a conceder ao recluso (pp. 160 a 164).

[1128] V. artigos 190º a 192º. Na Nova Reforma Judiciária, v. artigos 147º ss. da Terceira Parte e, na Novíssima Reforma Judiciária, os artigos 1005º ss.

[1129] O uso das cartas de seguro havia sido abolido pelo Decreto de 2 de Junho de 1830, concluindo-se que estas servem afinal para "embaraçar a administração da Justiça criminal, sem que dellas resulte protecção alguma efficaz para a innocencia perseguida", como se lê no preâmbulo do diploma. As fianças deveriam ser prestadas por pessoas "conhecidas, chans e abonadas" (artigo 4º), no máximo de 3, ficando responsáveis pela apresentação do acusado em juízo ou pelo eventual pagamento de pena pecuniária a que viesse a ser condenado o acusado. Nos termos deste Decreto, a prisão poderia ser substituída pela apresentação de fiança nos crimes com pena "menor que a pena de morte natural, degredo para Africa ou Asia por mais de cinco annos, ou trabalhos públicos por mais de tres annos" (artigo 3º). A prisão, decorrendo o processo, não seria passível de aplicação por crimes com penas inferiores a 6 meses de prisão ou de desterro para fora da comarca.

[1130] V. artigo 194º, § 1º, que mantém assim o normativo de 2 de Junho de 1830. Na Nova Reforma Judiciária, v. artigos 68º ss. da Terceira Parte e, na Novíssima Reforma Judiciária, os artigos 920º ss.

Nas reformas judiciárias de 1837 e 1841, a propósito da execução das sentenças em processo penal, estabelece-se a obrigatoriedade de haver confirmação da decisão condenatória do tribunal de primeira instância pelo tribunal da Relação, sempre que a pena aplicada seja superior a 5 anos de degredo ultramarino – ao tempo, para África ou para a Ásia – ou 3 anos de trabalhos públicos[1131] – uma praxe já verificada historicamente, por exemplo, em relação à condenação à pena de morte, que deveria também ser apreciada pelo monarca. O decreto de Mouzinho da Silveira fora mais benévolo, ao prescrever, no contexto da execução de sentença, a necessidade de confirmação pelo tribunal superior de todas as sentenças condenatórias[1132], independentemente da interposição de recurso pelo condenado.

Após a aprovação de um primeiro perdão a condenados ou perseguidos por motivos políticos[1133], as Bases da Constituição[1134] estabelecem-se como uma formulação pré-constitucional, onde constam a manutenção da liberdade individual, da segurança e da propriedade como imperativos constitucionais (nº 1)[1135], uma regra geral de proibição de prisão sem culpa formada (nº 4)[1136], a proibição de prisão arbitrária por juiz ou oficiais (nº 6), a igualdade perante a lei e o fim dos privilégios de foro (nº 11)[1137], a necessidade no estabelecimento da lei penal e a

1131 V. o artigo 334º da Terceira Parte da Nova Reforma Judiciária e o artigo 1197º da Novíssima Reforma Judiciária.

1132 V. artigo 222º do Decreto nº 24, de 16 de Maio de 1832.

1133 Operado pelo Decreto de 9 de Fevereiro de 1821, interpretado depois pelo Decreto de 4 de Março e alargado pelo Decreto de 12 de Março de 1821. E um perdão dirigido a um preso em concreto, António de Mello da Silva Casco, habitante do Limoeiro, após petição deste recebida, é também aprovado pelas Cortes, por Decreto de 28 de Março de 1821 – trata-se de um perdão justificado: "o referido prezo tem oitenta e seis annos de idade, padece molestias, e conta mais de sete annos de prizão, na qual tem mostrado a refórma da sua conducta".

1134 Aprovadas por Decreto de 14 de Março de 1821.

1135 A defesa da "casa do cidadão" da intervenção das autoridades, tal como regulada por Decreto de 11 de Outubro de 1822, é um bom exemplo de protecção à liberdade e à propriedade – à noite, a casa é praticamente inviolável e, de dia, exige-se em regra ordem escrita de um juiz quando a entrada visar a prisão legal de quem no domicílio se encontre ou para buscas e apreensões. A pena prevista para as autoridades públicas que violarem os seus deveres nesta matéria pode chegar aos dois anos de prisão (artigo 9º do mesmo Decreto).

1136 Podendo, todavia, aquela ser decretada em casos a ser tipificados pela Constituição, obrigando a fundamentação por parte de um juiz em 24 horas (nº 5).

1137 A extinção dos privilégios de foro civil e criminal será também concretizada pelo Decreto de 9 de Julho de 1822.

proporcionalidade das penas em relação ao crime, bem como a abolição da "confiscação de bens, a infâmia, os açoutes, o baraço e pregão, a marca de ferro quente, a tortura e mais todas as penas cruéis e infamantes" (nº 12).[1138] Esta é uma primeira pauta para os novos tempos no campo da justiça penal, que necessariamente ditará, no mesmo mês, a extinção da Inquisição operada pelo parlamento constituinte.[1139]

Acompanhando a aprovação das Bases da Constituição, que vigoram até à vigência do texto constitucional do ano seguinte, as Cortes Gerais Extraordinárias e Constituintes aprovam ainda um perdão geral aos condenados que se encontrem presos "nas Cadêas deste Reino e das Ilhas adjacentes, não tendo mais accusador que a Justiça"[1140], sem prejuízo de não serem por este abrangidos os condenados pelos crimes mais graves. Do mesmo perdão beneficiam os réus que "se acharem ausentes, ou homiziados, seguros ou afiançados por crimes não exceptuados". Todos os crimes cometidos há mais de 20 anos, em que não tenha havido execução de sentença, são também perdoados. E vem prescrever-se a necessidade de os juízes visitarem as cadeias "precisamente no primeiro dia util de cada mez".

Em Maio de 1821, os condenados a degredo ultramarino vêem as suas penas comutadas para trabalhos públicos, sendo suspenso temporariamente ("em quanto não for organizado o novo Codigo Criminal", escreve-se com esperança infundada) o degredo para "fora do Reino", em virtude de se desejar "evitar, quanto possível fôr, as causas da diminuição da população deste Reino".[1141] Os processos dos condenados a degredo seriam retroactivamente apreciados, em acto meramente formal, pelos respectivos juízes, que lhes alterariam a pena, e à Regência do Reino caberia depois fixar os trabalhos públicos e, na prática, o destino interno correspondente – determinar "a qual Director de Obras de Fortificação, ou Inspector de Obras Publicas, devem ser remettidos os mesmos prezos".[1142] O degredo ultramarino volta, contudo, rapidamente a ser aplicado – por Decreto de 15 de Novembro de 1821 é revogado o diploma de 3 de Maio,

[1138] No que José António Barreiros viu a consagração de um "património constitucional inderrogável" – José António Barreiros, *As instituições criminais em Portugal no século XIX: subsídios para a sua história*, in "Análise Social", vol. XVI (nº 63), Instituto de Ciências Sociais, Lisboa, 1980, p. 605.

[1139] Por Decreto de 31 de Março de 1821.

[1140] Artigo 1º do Decreto de 14 de Março de 1821.

[1141] Por Decreto de 3 de Maio de 1821. V. também José Manuel Louzada Lopes Subtil, *O Vintismo...*, *cit.*, pp. 137 a 139.

[1142] A discussão sobre a legitimidade deste procedimento, visto como ingerência política na esfera judicial, é assinalada por José António Barreiros, *As instituições criminais...*, *cit.*, p. 589.

laconicamente justificado agora por "haver cessado a causa por que foram suspensos os Degredos para fóra do Continente de Portugal", mas a utilidade do emprego dos condenados em trabalhos públicos, como pena, ficava demonstrada também para os liberais, mesmo se se havia tornado na prática impossível a sua afectação a quaisquer trabalhos.[1143]

A preocupação com a falta de segurança no reino parece rapidamente aligeirar o fulgor proclamatório das Bases da Constituição no que toca ao uso da prisão. O recurso à prisão para os "salteadores e assassinos", verificado por instruções da Secretaria dos Negócios de Justiça aos corregedores das comarcas, é prontamente aconselhado, mesmo que se exija "formar as culpas de hum modo legal"[1144], devendo para tal os "povos (...) associar-se, e fazerem cercos, e batidas em que elles mesmos prendão estes inimigos communs da sociedade, levando-os via recta ao Magistrado mais vizinho". A força popular, em teoria subordinada às autoridades, recebe aliás uma justificação ideológica – "os moradores (...), que obrando assim em sua própria defeza e segurança (...), imitão os Póvos mais polidos da Europa; os quaes tem por hum dos seus deveres sociaes não consentir entre si estes malvados (...)".[1145]

[1143] A descrição deste retrocesso legislativo encontra-se em José Manuel Merêa Pizarro Beleza, *A pena de prisão...*, *cit.*, pp. 380 e 381, com base na documentação parlamentar.

[1144] Artigo 9º da Portaria de 28 de Setembro de 1821. No artigo 3º, esclarece-se: "Não he preciso que para taes prizões preceda culpa formada, basta haver noticia, ou certa informação de que nas vizinhanças grassão ladrões de estradas, ou em quadrilhas, ou assassinos, que nellas ou nas ruas das Cidades, ou Villas commettem mortes voluntarias, de proposito, e caso pensado, porque então se devião logo tomar as necessarias medidas para os réos serem prezos, formando-se-lhes depois culpa, segundo determinão as Leis".

[1145] Thomaz Ribeiro, sobre a resposta a este surto de criminalidade, que designa de "providencias pombalinas", anota a sanha justiceira de Borges Carneiro – "incriminava de escrupuloso o governo, chamando-lhe *ministerio caranguejo*" – nas cortes constituintes, entre outros, perante o que seria a "audacia dos salteadores", bem como uma versão mais contemporizadora de Manuel Fernandes Thomaz, crítico essencialmente das liberalidades da Coroa no Brasil em relação aos condenados pela justiça, no que via uma perversão: "Referiu que a pena de degredo imposta pelos juizes era muitas vezes illudida pelo governo. – «Os degredados para a Africa (afirmou Fernandes Thomaz) chegavam ao Brazil e conseguiam em oito dias quantos perdões queriam». Contou que um homem, que elle mesmo condenou a degredo em Angola por ter dado dezasete facadas, chegando ao Rio não só fora perdoado, mas feito capitão de ordenanças; e que outro, degredado por cinco annos, foi feito cavaleiro de Christo e nomeado ouvidor de uma das capitanias do Brazil. – «Mandem-os do deposito da Trafaria directamente para a Africa, porque para o Brazil é um despacho»" – Thomaz Ribeiro, *Historia da Legislação Liberal Portugueza*, tomo II, Imprensa Nacional, Lisboa, 1892, pp. 65 e 66. Sobre as estruturas policiais provindas do Antigo Regime, desde logo a Intendência Geral de Polícia de Pina Manique, e as propostas do vintismo para a sua organização, v. José Subtil, *Forças de segurança*

Com reflexos pretendidos também sobre o universo penal, uma reforma judicial é tentada ainda ao tempo das Cortes constituintes. Um diploma prevendo a existência de cinco Relações (em Lisboa, Porto, Coimbra, Mirandela e Beja) e novas regras processuais, também em casos de crime, chega a ser publicado, mas a sua vigência é impossível. Um quadro funcional do mundo judiciário é contudo descrito: a par dos juízes, convivem os "procuradores da Soberania nacional e da Corôa", os "promotores de justiça" e os oficiais administrativos dos tribunais (entre outros, escrivães e solicitadores de justiça em todos os tribunais; guarda-mor, guarda-menor, porteiro da chancelaria e tesoureiro, apenas nas Relações).[1146]

O primeiro quadro constitucional do Liberalismo, em 1822, mantém regras estabelecidas nas Bases do ano anterior, como as limitações à prisão sem culpa formada, um princípio de necessidade da lei penal, penas proporcionais ao crime e intransmissíveis e a abolição da tortura, da confiscação, "dos açoites, o baraço e pregão, a marca de ferro quente, e todas as mais penas cruéis ou infamantes".[1147]

No capítulo sobre a administração da justiça[1148], esclarece-se o regime desejável para o uso da prisão. Esta, antes da condenação, nunca seria possível em caso da prática de crime punido com penas inferiores a prisão por seis meses ou "desterro para fora da província onde tenha domicílio" e apresenta limitações antes da culpa formada[1149]: apenas poderiam ser presos os réus encontrados em flagrante delito ou os indiciados por furto com arrombamento ou com "vio-

e modos de repressão (1760-1823), in Fernando Marques da Costa, Francisco Contente Domingues e Nuno Gonçalves Monteiro (org.), "Do Antigo Regime ao Liberalismo (1750-1850)", Vega, Lisboa, 1989, pp. 32 ss.

1146 V. Decreto de 2 de Novembro de 1822. Paulo Pinto de Albuquerque, *A reforma...*, *cit.*, p. 105, destaca-o como "(...) o primeiro que procede à nova organização judiciária e de um processo penal, com carácter genérico e à luz da nova Constituição".

1147 V. artigos 4º, 10º e 11 da Constituição de 23 de Setembro de 1822. Utiliza-se a compilação de Jorge Miranda, *As Constituições portuguesas – De 1822 ao texto actual da Constituição*, 4ª edição, Livraria Petrony, Lisboa, 1997. Como sumariou Guardado Lopes, "a abolição dos açoites, do baraço e pregão, de todas as demais penas cruéis e do confisco, determinada pelos textos constitucionais, deixou o quadro das reacções penais reduzido às penas de morte, de trabalhos públicos, de degredo, de desterro, de prisão e de multa (...)" – José Guardado Lopes, *Achegas...*, *cit.*, p. 42.

1148 V. artigos 202º a 210º.

1149 A culpa formada descrita como a "informação sumária sobre a existência do delito, e sobre a verificação do delinquente" (artigo 203º). Esta nota de culpa deveria ser entregue ao preso pelo juiz nas 24 horas subsequentes à sua prisão, sujeita à sua assinatura. A pronúncia deveria ser apresentada nos 8 dias posteriores á prisão.

lência feita à pessoa", furto doméstico, "assassínio" ou em caso de crimes relativos à segurança do Estado, bem como por desobediência a mandados judiciais.[1150] A fiança como alternativa à permanência na prisão é possível, excepto para os crimes para os quais seja expressamente proibida e um juiz, nas 24 horas subsequentes à entrada na prisão, deverá dar a conhecer os motivos e os "nomes do acusador e testemunhas, havendo-as".[1151]

A prisão enquanto instituição recebe também deveres específicos.[1152] É conhecida a exigência, com previsão constitucional, de cadeias "seguras, limpas, e bem arejadas; de sorte que sirvam para segurança, e não para tormento". No entanto, parece inquestionável que, mais do que apenas estabelecerem-se regras de higiene e segurança aplicadas às prisões, está em causa defender os cidadãos de uma realidade prisional anterior indistrincável da sua sustentação política e afirmar direitos[1153]: o cidadão, mesmo preso, seria sempre melhor tratado do que um súbdito do despotismo.

A separação dos reclusos é igualmente prescrita, em função do seu estatuto processual, das suas "qualidades" e dos crimes cometidos. As próprias visitas inspectivas regulares às prisões são igualmente previstas com valor constitucional, nas quais "nenhum preso deixará de ser apresentado".

A dignidade constitucional da regulação sobre a aplicação da lei penal e a prisão, na curta vigência do texto de 1822, manter-se-á com a Carta de 1826, onde a exigência de legalidade e de irretroactividade da lei penal é também mais clara.[1154] No seu último título, relativo aos "direitos civis e políticos"[1155], seguem-se as mesmas restrições sobre a possibilidade limitada do uso da prisão antes de culpa formada[1156], sobre o estabelecimento da fiança e sobre a ideia do domicílio enquanto

[1150] V. artigos 204º e 205º. Sobre o amplo regime da prisão antes de culpa formada estabelecido na segunda metade do século XVIII, sob o reinado de D. José, v. Rui Manuel de Figueiredo Marcos, *A Legislação Pombalina...*, *cit.*, pp. 123 e 124.

[1151] A correcta modulação do uso da prisão preventiva, recebendo ou não previsão constitucional expressa nas suas possibilidades, foi tema que ocupou os constituintes, cotejado sempre com a necessidade de se manter um nível adequado de liberdade individual e de se fixar expressamente a amplitude dos poderes do julgador. Sobre este debate, v. Isabel Maria Banond de Almeida, *A ideia de liberdade...*, *cit.*, vol. 2, pp. 1242 a 1247.

[1152] V. artigos 208º e 209º.

[1153] No mesmo sentido, José Manuel Merêa Pizarro Beleza, *A pena de prisão...*, *cit.*, p. 396.

[1154] V. artigo 145º, § 1º, § 2º e § 10º da Carta Constitucional de 1826.

[1155] V. artigo 145º, § 7º a 9º e § 18º a 20º.

[1156] Com a ressalva de que o prazo de 24 horas para a apresentação judicial dos motivos da prisão é adaptado para "um prazo razoável, que a Lei marcará", no caso de "lugares remotos" (artigo 145º, § 7º). A ductilidade do prazo da culpa formada, a ser preparada em 8 dias, é anotada já no início do

"asilo inviolável", que impede o seu trespasse nocturno pelas autoridades. A proibição das penas corporais e infamantes é mantida (o que não excluiu contudo a aplicação de penas corporais na disciplina militar), bem como a intransmissibilidade das penas ou a confiscação de bens. A prisão continua a ser recomendada como "segura, limpa e bem arejada", mas a separação dos reclusos vê apenas o estabelecimento de critério "conforme suas circunstâncias e natureza dos seus crimes". Mais tarde, é através do Acto Adicional de 5 de Julho de 1852 que se irá abolir a pena de morte para os crimes políticos[1157], cuja efectiva execução terá tido o seu ocaso no período final da guerra civil, em 1834.

A perda de direitos é associada à situação de réu pronunciado ou condenado. Pela Carta, perde os "direitos de cidadão português" quem "for banido por sentença" e é-se suspenso do exercício de direitos políticos por sentença condenatória "a prisão ou degredo" durante o tempo da sua execução.[1158] A Constituição de 4 de Abril de 1838[1159-1160] manterá, aliás, estas mesmas previsões. A este res-

século XX: "(...) Os *oito dias se devem contar* desde que o preso deu entrada na prisão. Porém nem sempre os presos entram como *criminosos*, visto que as leis auctorisam a *detenção policial* para averiguações, que em certos casos duram dias; e a verdade é que muitas vezes convem que os *detidos* somente sejam entregues ao juiz, feitas as investigações policiaes. Depois de assim apurado quaes são os *criminosos* são estes *immediatamente* entregues ao juiz; e desde a entrega é que se devem contar os *oito dias*, porque desde então é que se considera que elles ficam presos como *criminosos*" – Francisco Maria Veiga, *O Ministerio Publico na Primeira Instancia*, 3ª ed., França Amado Editor, Coimbra, 1908, p. 278. Assim de facto o prevê expressamente o § 2º do artigo 29º da Lei de 3 de Abril de 1896, que reorganiza os "serviços policiaes de Lisboa". Esta detenção policial está sujeita a um prazo máximo de 8 dias em Lisboa desde 1893 e no Porto desde 1898 (v. Decretos de 28 de Agosto de 1893 e de 28 de Janeiro de 1898), podendo prolongar-se por despacho judicial fundamentado. Fora destas cidades, como escreve Francisco Maria Veiga, "nenhum prazo marca para a duração da detenção", pelo que ela está na disponibilidade das autoridades. Está em causa a detenção de "suspeitos e dos que inspirarem desconfiança para averiguações" (pp. 170 e 171).

[1157] E com relevância no domínio penal, na vigência da Carta Constitucional, outras alterações surgem com o Acto Adicional de 1895-96, quando se atribui ao poder moderador do monarca a faculdade de perdoar ou moderar penas impostas por sentença a réus por crimes cometidos no exercício das suas funções, após pedido quer da Câmara dos Pares, quer da Câmara dos Deputados, à excepção de Ministros de Estado, a par da faculdade genérica de perdão e de amnistia do monarca, prevista no artigo 74º da Carta (artigo 6º, § 4º, do Decreto de 25 de Setembro de 1895 e artigo 6º, § 3º da Carta de Lei de 3 de Abril de 1896); e, já no século XX, quanto à competência exclusiva do Supremo Tribunal de Justiça para apreciar alguns crimes cometidos pelos Ministros de Estado (artigo 2º do Acto Adicional de 23 de Dezembro de 1907).

[1158] V. artigo 8º, § 1º, e artigo 9º, § 2º.

[1159] V. artigo 7º, I, e artigo 8º, II.

[1160] Pela Constituição de 1838 (v. artigos 16º a 22º) não se inova, nestas matérias, em relação aos textos anteriores.

peito, o texto de 1822 parecia ser mais atenuado, não prevendo a perda de cidadania como efeito do banimento.[1161] O Código Penal descreverá posteriormente o modo como estes efeitos se repercutirão sobre os condenados.

§ 2º Um novo sistema de penas

a. As penas na codificação

A ideia de que a instabilidade política das primeiras décadas do Liberalismo impede quaisquer mudanças sustentadas no sistema de penas e no modelo prisional é uma ideia difundida desde cedo.[1162] Assim, acaba por ser a reforma de 1867, mais do que a aprovação formal do Código Penal de 1852, de facto, o momento a partir do qual Portugal se encontra em condições de se ajustar de forma mais determinada aos desenvolvimentos internacionais em matéria penitenciária, sem prejuízo do percurso, institucional e doutrinário, que prepara essa evolução.

Mas o Código Penal, como proposta e conteúdo identitário – jurídico e político – do novo regime, é um projecto ambicionado. Após o *Esboço* de Melo Freire, os projectos de códigos no domínio penal sucederam-se.[1163] As Cortes constituintes nomeiam imediatamente em 23 de Novembro de 1821 uma comissão[1164] com

[1161] V. artigos 23º e 24º.

[1162] "Les mesures gouvernementales eurent des effets transitoires de durée éphémère, parce que le pays, depuis la révolution libérale de 1820 jusqu'à 1851, s'était maintenu en agitation constante (...). La loi du 1er juillet 1867 vint opérer une modification profonde dans le vieux système pénal et dans celui des prisons en introduisant dans le pays le système pénitentiaire" – António de Azevedo Castello Branco, *Notice..., cit.*, p. 10.

[1163] Sobre este processo, v. Silva Ferrão, *op. cit.*, I, pp. LV a LXII; Antonio Luiz de Henriques Secco, *Da historia do direito criminal portuguez..., cit.*, pp. 581 ss.; Henriques da Silva, *Elementos..., cit.*, fasc. II, pp. 59 ss.; Manuel Dias da Silva, *Elementos..., cit.*, pp. 356 ss. Encontram-se recolhidos e publicados alguns projectos por Paulo Pinto de Albuquerque, *Direito Processual Penal – Projectos..., cit.*, vol. I. Giovanni Carmignani, professor em Pisa, remete em 1836 às Cortes um projecto de código de processo penal. Efectivamente, novamente por Lei de 25 de Abril de 1835, estabelecera-se um prémio a quem entregasse às Cortes um projecto de Código Penal, com o respectivo processo, no valor de "oito contos de réis", que deveria ser proposto até 10 de Janeiro de 1837 (artigo 3º). A gratificação seria paga caso pela metade caso o projecto apenas recebesse o *accessit*; se fosse admitido a discussão, seria paga pela totalidade. No mesmo diploma fixa-se aliás uma gratificação em dobro para quem apresentasse um projecto de Código Civil e respectivo processo. José Homem Correia Telles terá terminado também em 1840 um projecto de código de processo criminal, agora domiciliado por Paulo Pinto de Albuquerque – v. *ibidem*, onde se explica a descoberta e contexto do projecto a pp. 10. E, em 1847, Joaquim Sant'anna, juiz do Porto, publica também um código de processo civil e criminal.

[1164] Composta por Guilherme Henriques de Carvalho, João da Cunha Neves e Carvalho, João Fortunato Ramos dos Santos, José Maria Pereira Forjaz de Sampaio e Pedro Paulo de Figueiredo da Cunha e Mello.

o objectivo de elaborar os código penal e de processo penal, o que acabou por não suceder, mesmo tendo havido lugar ao desenvolvimento de um articulado parcial[1165] – mas o desembargador José Maria Forjaz de Sampaio, membro da comissão, publicaria um projecto autónomo em 1823. O projecto de Forjaz de Sampaio[1166] vê aliás a luz do dia ainda no decurso formal do trabalho da comissão de que era membro, incumbida como fora de preparar um código de direito penal substantivo e adjectivo. Inclui uma parte de "delictos e penas", ao contrário de outros projectos, que todavia é muito sintética e onde praticamente apenas se referencia a nomenclatura de crimes, por ordem alfabética, e as penas que em geral lhes deveriam corresponder.[1167]

[1165] Um projecto parcial, apresentado como resultado dos trabalhos da comissão de 1821, é publicado por António Luiz de Sousa Henriques Secco, *Memorias do tempo passado e presente para lição dos vindouros*, I, Imprensa da Universidade, Coimbra, 1880, pp. 149 ss., e tomo II, 1889, pp. 3 ss. Neste projecto de um "código de delictos e penas", resultado das anotações em cadernos que recolheriam o "que se tem vencido nas conferencias da commissão dos Codigos criminaes", constam, tal como no projecto de Forjaz de Sampaio, penas corporais, morais, correcionais e pecuniárias (I, pp. 170 e 171), incluindo a pena de morte, trabalhos forçados, degredo e deportação, reclusão e prisão. Note-se também a manutenção de penas de carácter eminentemente infamante, como o ser "declarado indigno da confiança nacional", o "ver executar uma sentença de morte", a "retractação ou desdizer-se" ou a pena, considerada de forma autónoma, de "ouvir publicamente a sentença". Mantém-se ainda, como pena, o "termo de não offender e de bem viver". A execução da pena capital é, neste projecto, detalhadamente regulada e mantém o essencial do procedimento então vigente. A reclusão, perpétua ou temporária (até 20 anos), exige trabalho obrigatório, remunerado, sendo a sua remuneração em parte destinada a cobrir as despesas da prisão na alimentação e vestuário. A mera prisão não poderia ultrapassar 6 anos de duração.

[1166] Compilado *ibidem*, pp. 211 ss. Sobre a comissão e o projecto de Forjaz de Sampaio, v. também Paulo Pinto de Albuquerque, *A reforma...*, *cit.*, pp. 110 a 115.

[1167] José Manuel Merêa Pizarro Beleza, *A pena de prisão...*, *cit.*, p. 389, nota 73, assinala que um projecto de código penal apresentado às Cortes constituintes, manuscrito, da autoria de Alberto Carlos de Menezes, datando de 1821, previa também uma "extensa aplicação da pena de prisão". Apesar dos esforços dispendidos, não foi possível localizar este texto na Biblioteca Nacional de Portugal, onde o autor citado o coloca. Mas, lendo o *Prospecto do Codigo Civil para entrar no concurso dos compiladores*, Typografia Maigrense, Lisboa, 1822, oferecido também pelo desembargador Alberto Carlos de Menezes ao "soberano Congresso de Cortes" – um esforço "para manter a propriedade, e fixar os limites do *meu* e *teu*" –, descobre-se que Menezes, apesar de ter efectivamente já apresentado no ano anterior um *prospecto* equivalente às Cortes relativo ao Código Penal, "indicando o systema e as fontes de Legislação", desistira entretanto de dar corpo a esse seu desígnio, já que tinha entretanto sido "nomeada uma Commissão de sabios para a sua compilação". Voltara assim o seu interesse agora para o Código Civil, afirmando: "(...) eu sou hum daqueles que pretendo vencer o premio", simultaneamente o pecuniário e o de "ter dado á Nação a Obra Politica mais importante para a liberdade civil, e protecção da propriedade" (p. 3). Assim, é duvidosa a indicação de um verdadeiro

Na sua *Prefação*, Forjaz de Sampaio, afirmando querer "melhorar e nunca concorrer para grandes e arriscadas innovações", ilustrativamente não enuncia a pena de morte natural entre as penas que prevê. Considera, aliás, que esta pena "não satisfaz a um dos principaes fins das penas, que he a emenda do culpado"[1168]. Na tipologia de penas que apresenta, com aparente forte inspiração no Código francês de 1810, considera a existência de "penas morais" (a desnaturalização – morte civil –, e a inabilidade (privação de adquirir ou possuir), a degradação (perda) ou suspensão de prerrogativas cívicas), "penas corporais" (trabalhos públicos, reclusão[1169], degredo e prisão), "penas pecuniarias" e "penas correccionaes". Nestas últimas, integra a "reclusão moderada", a "prisão limitada", os "serviços do concelho", a "multa" e a "retractação judicial", penas que deverão ser administradas no âmbito da forma simplificada de "processo verbal correccional" que estabelece, para crimes menores.[1170]

projecto de Código Penal associada a este nome. Em todo o caso, de acordo com a expressão do desembargador, o sentido que se descobre é ainda essencialmente compilatório e não necessariamente codificador. Sobre Alberto Carlos de Menezes, que passou pela leitura de bacharéis em 1785, foi nomeado pelo governo liberal em 1820 como superintendente geral da agricultura, e eleito parlamentar entre 1822 e 1823, sendo autor de obras dedicadas à prática forense, v. *Grande Enciclopédia Portuguesa e Brasileira*, vol. XVI, Editorial Enciclopédia, Lisboa/Rio de Janeiro, s/d, pp. 920 e 921.

1168 Tendo em conta que "o fim das leis penaes he evitar os delictos, reparar seu damno, e emendar os Delinquentes", exigindo-se "proporção" entre delito e pena – Paulo Pinto de Albuquerque, *Direito Processual Penal – Projectos..., cit.*, pp. 214 e 216.

1169 "A reclusão em Casa de força, Castello, Arsenaes, ou Fabricas do publico, he immediata á de trabalhos públicos; mas tem differente natureza entre si mesmo; ella desce até Collegios de Educação e Casas de Moral, aonde toma o caracter de pena correccional", esclarece Forjaz de Sampaio, *ibidem*, p. 215.

1170 José da Silva Carvalho, dando sequência às inovações de Mouzinho da Silveira, vai, através do Decreto de 12 de Dezembro de 1833, sucessor de um anterior diploma datado de 3 de Dezembro de 1832, onde se fixavam já quais os "crimes de Policia Correccional", estabelecer a organização dos novos "Juizos de Policia Correccional" e as competências dos "magistrados de policia correccional" nas cidades de Lisboa e Porto, que deveriam apreciar assim os crimes a que não coubesse "por Lei maior pena do que seis mezes de prisão ou desterro para fóra da Comarca" ou cuja pena fosse "deixada por lei ao arbitrio do Juiz, o qual nunca poderá estender-se além da (...) referida ou de quarenta mil réis de mulcta", a par das infracções a posturas camarárias e antigas causas aferidas pelos almotacés. Este nível, quase infra-penal, devia seguir contudo a forma de processo estipulada para os "crimes ordinarios", mesmo se aligeirada. A detenção decretada por este tribunal significava, de acordo com o texto legal de 1833, a entrada nas "salas livres das Cadêas publicas" (artigo 23º). Em 1841, o processo relativo aos "crimes de polícia correccional" será incorporado na Novíssima Reforma Judiciária, pelo Decreto de 21 de Maio de 1841, mantendo-se o mesmo âmbito material, mesmo que controvertido, para esta jurisdição – v. artigo 1250º ss. V. Henriques

Estão patentes neste projecto, ainda de transição, três aspectos relevantes que antecipam o percurso posterior nacional, sob a inspiração legal do código penal napoleónico.

Deve destacar-se desde logo a recusa declarada da pena de morte e das penas corporais tradicionais, estas necessariamente proscritas à luz do novo quadro constitucional, mas também já classificadas como em desuso. De igual modo, note-se a relevância nova dada à prisão e à "reclusão" como penas, que vivem a par do degredo e dos trabalhos públicos. E, por fim, a previsão de penas "correccionais", ou seja, uma integração na esfera penal judicial de anteriores meras competências de polícia e em que a prisão está também presente como pena, acompanhada de uma ideia concreta de proposta de *emenda*. Olhando os crimes estipulados e as penas previstas[1171], é notória aliás a relevância que a possibilidade de aplicação genérica de penas correccionais obtém, a par da previsão específica da prisão e da reclusão.

A prisão inquestionavelmente prevista como pena começara a assumir primazia em legislação avulsa referencial, como o foi a primeira lei da liberdade de imprensa aprovada nas Cortes Constituintes em 1821.[1172] Neste diploma, o abuso da liberdade de imprensa contra o Estado ou contra a "Religião Catholica Romana", tipificado em distintos graus e tendo em conta uma eventual reincidência, era punido com pena de prisão – entre 8 meses e 5 anos – à qual se associavam também penas de multa e a possibilidade de perda de cargo público, aplicadas por tribunal especial.[1173] Já o abuso de liberdade de imprensa orientado

da Silva, *Elementos..., cit.*, fasc. II, pp. 67 e 68. Sobre o processo de polícia correccional nas reformas judiciárias, v. também Paulo Pinto de Albuquerque, *A reforma..., cit.*, pp. 153 a 160, pp. 197 e 198 e pp. 256 e 257.

1171 *Idem, ibidem*, pp. 217 a 224.

1172 Pela Lei de 12 de Julho de 1821.Sobre as inovações consagradas neste diploma, v. José Manuel Louzada Lopes Subtil, *O Vintismo..., cit.*, p. 14, José António Barreiros, *As instituições criminais..., cit.*, p. 589 e, em especial, Paulo Pinto de Albuquerque, *A reforma..., cit.*, pp. 85 ss. O projecto inicial seria devido a Francisco Soares Franco, que se baseou no diploma equivalente espanhol, segundo afiança Clemente José dos Santos, in DHCGNP, tomo I, Imprensa Nacional, Lisboa, 1883, pp. 218 e 219, mesmo "soffrendo as bases iniciaes muitas alterações".

1173 V. artigos 11º e 13º da Lei de 12 de Julho de 1821. A discussão do projecto nas Cortes Constituintes não foi unânime, aliás, em torno do estabelecimento da prisão e da multa como as penas de eleição. Ora tome-se um curto exemplo do debate suscitado:

"(...) O senhor Peixoto – Neste artigo 4º acho, que a arbitrariedade da pena entre tres, e trinta mil reis só poderia ter lugar, quando se reunisse o Juiso do facto com o do direito; mas separadas as duas funcções he indispensavel que se determinem as penas, para o que poderão distribuir-se as culpas em tres diferentes gráos, e as penas nas tres respectivas quantias: e assim o Juiso de Direito, ao sen-

contra particulares ou contra "os bons costumes" apenas merecia penas pecuniárias. Elucidativamente, prisão e multa eram aqui estabelecidas como as penas da modernidade, especialmente adequadas, em particular, a crimes típicos e identitários da *civilização* e da nova ordem política.

No entanto, a opção pela prisão não deixava de ser ponderada pelos constituintes com a realidade das cadeias nacionais, no mínimo desmoralizadora para quem queria estabelecer, também ao nível punitivo, uma ruptura com o passado, mas também ponderada perante a sua própria vantagem punitiva, em especial se recoberta por uma ociosidade que se podia antecipar ou numa duração desmedida, em que é ainda o sentido de tormento injusto que parece ser encontrado. Acrescente-se o facto de, neste momento fundador, e ao longo das décadas seguintes, o degredo surgir não apenas como pena restante do passado, mas, convictamente, como pena útil à comunidade e adequada ao criminoso e provavelmente vantajosa em relação à própria prisão. Não se trata, aliás, de uma tendência

tenciar, applicaria aquella que correspondesse ao crime, secundo este fosse graduado pelo Jurado, ou Juiz de facto.
Não posso tambem deixar de reprovar a pena de prisão, que neste mesmo artigo, e seguintes se substitue á pecuniaria. Comminão-se as penas para haver em cada hum dos culpados exemplo publico, e reparação do damno: digo, que nenhum destes fins se consegue com a prisão. Os Réos, no estado actual dos nossos carceres, não se emendão nelles, antes se acabão de desmoralizar, e corromper, como todos sabem; não exemplificão porque pela maior parte se conservão occullos; e nada reparão, porque se tornão occiosos, e pesados á Sociedade, que tem de sustentallos, pelo trabalho dos innocentes. Alem disso a pena de prisão he muito desigual, assim como são desiguaes as situações, e os edificios, era que ella ha de purgar-se: e tal haverá, em que ella se converta em pena de morte. Se as nossas prisões estivessem no estado das da Pensilvania, depois que forão reformados pelos Quekaros, são verdadeiramente casas de correcção, e ensino; não acharia inconveniente na substituição: mas por ora a pena de annos de prisão, que se aponta nos artigos seguintes, parece-me barbara, e muito mais grave, do que a pecuniaria.
O senhor Bastos – Eu digo o contrario: nem quizera prisões, nem trabalhos publicos. Se o delinquente he ricco, póde pagar o dinheiro da multa; se não tem nada, basta-lhe a sua miseria.
O senhor Macedo – Estabelecer que a pobreza seja hum titulo para a impunidade, não me parece bom.
O senhor Alves do Rio – Voto pela opinião do senhor Soares Franco. O que se deve impor he, hum certo numero de exemplares, além de outras penas que se podem applicar, segundo os differentes casos e como Libello famoso, etc.
O senhor Peixoto – E não tendo esse numeres de exemplares?
O senhor Alves do Rio – Então o dinheiro correspondente ao seu valor.
O senhor Peixoto – E não tendo dinheiro, prisão? Eu conviria nisto, se as nossas prisões fossem como as casas de Correcção: mas as nossas Cadêas são tão desgraçadas, que em humas a pena seria excessiva, e em outras não seria correspondente; e assim o que se precisa he huma pena que seja correspondente ao delicto" (in *Diario das Cortes Geraes e Extraodinarias da Nação Portugueza,* nº 75, sessão de 9 de Maio de 1821, p. 845).

de facção, sem peso e sem dimensão – os nomes de Fernandes Thomaz e de Borges Carneiro entre os seus adeptos bastam para indicar a sua dimensão, já que, afinal, como indicava o primeiro destes parlamentares, "mettido em uma cadeia, (...) ninguem póde ser útil".[1174]

[1174] No mesmo debate sobre liberdade de imprensa, na sessão seguinte, a pena de prisão é confrontada com a bondade da manutenção dos trabalhos públicos, para algumas vozes preferíveis em virtude da utilidade que demonstram, perante, inversamente, a aparente inutilidade da prisão. Borges Carneiro é, aliás, um dos seus apoiantes:

"(...) O senhor Aragão – Tenho ouvido falar sobre a constituição da pena: eu quereria que em lugar da pecuniaria se estabelecesse outra, e eu a direi porque tenho liberdade de dizer a minha opinião. Eu não admitto penas capitaes, por isso mesmo que estas penas não são proporcionadas ao delicto; eu não admitto pena de exterminio, por isso que tambem não lhe acho proporção; e não admitto pena de prisão: a esta só deve substituir outra. Hum Réo he mandado para huma prisão, a Sociedade fica privada deste homem, e vê-se obrigada a sustentallo na prisão, não podendo esperar de certo que de similhante eschola possão sahir bons Cidadãos. O fim primario das penas, ha dar o exemplo, e prevenir os crimes: conseguintemente, hum homem que em lugar de ser mandado para huma prisão, se manda servir o publico, concertar estradas, etc., creio que he hum homem que ainda fica sendo util á Sociedade, porque estas penas revertem em utilidade da mesma Sociedade; por consequencia eu nunca admittirei penas de prisão, e sempre substituirei a pena dos serviços publicos.

O senhor Borges Carneiro – Parece que se deve fazer differença de pessoas, porque nem todas são susceptiveis dos trabalhos publicos: huns poderão com estas penas e trabalhos publicos, e outros não, e isto segundo a sua constituição. (...)

O senhor Aragão – Os trabalhos publicos são de differentes qualidades: hum homem criado com delicadeza, não digo que ande a cortar pedra, mas trabalhe em huma Imprensa; nisto qualquer homem, ainda que sem de constituição delicada, pode trabalhar. Em todo o caso o meu voto he que á prisão se devem substituir os trabalhos publicos, conforme a qualidade do crime.

O senhor Borges Carneiro – Quando disse condição, não quiz entender condição physica, mas sim condição politica: um Ecclesiastico, hum Lente, e outras pessoas dessa qualidade assento que se não devem entregar aos trabalhos publicos: eu digo mesmo que a pena de prisão a não deve haver em caso nenhum para homens capazes de trabalhos publicos: isto para agora, e para todo o systema criminal.

O senhor Xavier Monteiro – A questão vai fora da ordem, eu requeiro ordem.

O senhor Sarmento – Não se podia combinar que hum homem de vida sedentária pudesse ser condemnado a trabalhos publicos (ordem).

O senhor Ribeiro Telles – Eu não quizera admittir outra pena senão a espiritual. (...)" (in *Diario das Cortes Geraes e Extraodinarias da Nação Portugueza,* nº 76, sessão de 10 de Maio de 1821, pp. 862 e 863).

Noutro momento, também um ilustre vintista como Fernandes Thomaz se manifestaria contra a pena de prisão, a propósito de um requerimento apresentado à Comissão de Justiça Criminal das Cortes por um réu militar que havia sido condenado, pela justiça militar, a prisão perpétua. A par da dúvida sobre a competência das Cortes para comutar a pena ou apenas para a perdoar, o debate é elucidativo sobre a visão imediatamente céptica sobre a prisão, se ponderada em especial com uma

No entanto, as dúvidas quanto a este acerto fundamental da prisão enquanto pena serão ultrapassadas. Em 1823, aliás, também um projecto sobre

altermativa de degredo, e sobre a duração perpétua daquela pena. E mais uma vez Borges Carneiro é um dos parlamentares que se associa à sua reprovação. Apesar de também extenso, é ilustrativo o debate, do qual se reproduz um excerto. A questão, como se vê, é mais funda, uma vez que o sentido último é afinal o de uma justiça que se confronta com crimes e penas que a sociedade já não admite e que tem de operar nas margens dessa legalidade:

"(...) O Sr. Fernandes Thomaz: – O meu voto he que este réo seja degradado, ou para a India, ou para Cabo Verde, ou finalmente para onde possa trabalhar, e ser util a si e nos outros; porque mettido em uma cadeia, a ninguem póde ser util.

O Sr. Basilio Alberto: – A Commissão talvez seria daquelle parecer; mas, Srs., ella só propõe o perdão, e não a commutação.

O Sr. Fernandes Thomaz: – Que fez a Commissão, quando passou a prizão para commutação? Fez a mesma cousa. Entretanto faça-se o negocio, e faça-se pelo melhor modo possivel. Vá o homem degradado por 10 annos para Angola, e não esteja mettido toda a vida em uma prizão.

O Sr. Soares de Azevedo: – O perdão pertence ao Congresso; porém a commutação de maneira nenhuma; confesso que a pena de prizão perpetua, he uma pena barbara, contraria a todos os principios da razão, aos interesses da sociedade, e por isso ella em muitos poucos casos he admittida pelos criminalistas modernos, e por isso mesmo não duvido que se commute a pena por outra proporcionada ao crime; mau o que digo he que não he do Congresso, mas do poder judicial o fazer essa commutação, sendo por isso autorisado, porque he necessario ter em vista o crime, as provas, a gravidade delle, e as suas circunstancias para se lhe dar uma commutação de pena, proporcionada ao delicto, e necessita-se para isso serem culminados os autos; he por tanto o meu voto, que se autorise o Governo para mandar commutar aquella pena em outra proporcionada.

O Sr. Basilio Alberto: – Peço que se leia o relatorio que fez o auditor, para que se veja que a Commissão não deixou de relatar algum ponto.

O Sr. Macedo: – Eu julgo que a impunidade he um mal perigosissimo na sociedade civil. Não sejamos tão indulgentes, que vamos dar aos homens perversos a esperança de ficarem impunes os seus delictos, pois desse modo poriamos em grande risco a segurança dos cidadãos probos; por tanto não sejamos faceis em conceder perdões absolutos.

O Sr. Borges Carneiro: – Eu não posso deixar de pasmar com a barbaridade que o Conselho de justiça manifesta frequentemente, e no presente caso exarcebando até pena de carcere perpetuo a sentença do conselho regimental. A pena de prizão por toda a vida, he reprovada por todos os bons criminalistas. O codigo da Pensilvania feito com as luzes da filosofia moderna, impõe, se bem me lembro, de 5 até 15 annos de prizão aos homicidios acontecidos em rixa nova, sem premeditação alguma, e sem animo de matar, que he ocaso de que tratamos, porque ninguem neste mundo está livre de poder cegar-se em um momento de colera, e ferir o seu adversario, que talvez provocou, e a quem de nenhum modo queria matar. Condemnar um homem de idade de 29 annos (qual o presente réo) em prisão por toda a vida, tornando-lhe a existencia pezada a elle, e pezada á sociedade, he um acto de tanta crueldade, que só se podia esperar de homens, quaes os que compõem o conselho de justiça; quero dizer, velhos, insensiveis á humanidade, e cujos corações estão já petrificados pela velhice. Por tanto o meu parecer he que o réo seja degradado para a India, ou Cabo Verde, peles annos que parecer, que não devem ser mais de dez.

responsabilidade dos funcionários públicos, objecto de discussão nas Cortes mas cuja votação foi impossibilitada pelos eventos políticos do ano, dis-

O Sr. Guerreiro: – Eu não quero pretender que o individuo não goze deste favor; mas seja-me licito perguntar ao illustre Preopinante que pena se impõe aos que commettem delictos taes como este? Pena de morte. E atreve-se a illustre Preopinante a chamar barbaros a quem esta lei impoz? Se no recinto desta augusta Assembléa se ocusão os Magistrados por observar, e pôr em execução as leis, sejão ellas ou não barbaras, nós temos destruido o systema constitucional. Eu tenho muitas vezes ouvido aqui acusar os Ministros por não observarem as leis; e agora ouço acusados pelas observarem! Não entendo!!
O Sr. Borges Carneiro: – As nossas leis só põem a pena capital ao homecidio voluntario e premeditado, e não ao de que se trata, no qual não houve estas qualidades, nem animo de matar. Hei de fazer uma pergunta ao illustre Preopinante, visto que chama doutrina má a que acabei de pronunciar. O illustre Preopinante sendo juiz, imporá a pena de morte nos casos e delictos a que as nossas leis a irrogão? Não falo só da pena de morte, imporá a de cortar as mãos e os membros, a de degredo, galés, etc., com o desperdicio e immoderação com que as leis a fulminão? Falarei mesmo sómente de certas comminações e penas de commisso, que as leis infligem, por exemplo, ao foreiro que não pagar um ovo de foro dentro do anno, que perca o predio foreiro, o qual acaso valerá um milhão, e assim em outros muitos casos. Eu pergunto ao illustre Preopinante que diria e he de um juiz que pretendesse executar as penas de taes leis? A opinião publica, digo com Lardizabal e Uribe, o reputaria como barbaro e deshumano, e os tribunaes superiores revogarião sua sentença. Quando eu aqui me tenho levantado contra os Ministros que não observão as leis, não intento certamente falar das penas impostas em leis barbaras. Se se quer que os juizes executem penas, estabeleção-se penas proporcionadas aos delictos. A pena que o conselho de justiça acaba de impor revolta a humanidade e a razão. (...)
O Sr. Segurado: – Creio que os illustres Preopinantes assentão que estão ainda em pratica todas essas leis porém enganão-se, pois ellas forao abolidas por um decreto do nosso benigno Soberano, na qual se determina que não se imporá a pena de morte, se não nos casos que forem claros: daqui se vê que se os illustres Preopinantes apoião esta pena de morte, he porque não estarão lembrados do citado decreto. Além disto a imposição desta pena, fica a arbitrio dos juizes o applicala conforme as circunstancias do caso. Segundo o relatorio, as circunstancias são favoraveis ao réo, porque elle foi desafiado, e não foi caso premeditado. Por consequencia com um degredo de dez annos parece-me que elle fica mui bem castigado. He pois o meu voto que elle seja por este tempo degradado para a Africa.
O Sr. Andrada: – Eu tambem voto pelo parecer da Commissão; não pelos principios do nosso jurisconsulto moderno, mas porque a não se pôr as leis em execução como se manda, tem sido um abuso, e abuso prohibido por uma lei expressa. Realmente visto que esta severidade está abolida, bem que d'antes estava em todo o seu vigor, porque as leis não conhecem outro motivo justificativo senão a defeza que escuza da pena capital, he de necessidade não a applicarmos ao desgraçado, que implora clemencia. He verdade que os principios de fylosofia que se introduzirão na lei, tinhão feito com que ella se não observaste; por tanto reformem-se essas leis duras, mas em quanto se não reformarem devem observar-se, e conseguintemente e o Sr. Guerreiro tem toda a razão no que disse. Porém o caso não he já este; o presente caso não devia ser punido com pena capital. A vista do relatorio se mostra quão dura foi a pena que lhe impoz o conselho de guerra. Pede elle que se commute esta

solvido o parlamento em Junho, previa extensivamente o recurso à pena de prisão.[1175]

O período de convulsão constitucional e de guerra civil significou um hiato na afirmação de quaisquer soluções penais mais sólidas. Anos passados, a regência constitucional, ainda no Porto, designaria uma comissão que deveria apresentar um projecto de Código Penal e um projecto de Código Comercial[1176], sem sucesso e um projecto de Código de José Manuel da Veiga, de 1833, é mesmo aprovado provisoriamente em 1837, pelo Decreto de 4 de Janeiro.[1177] Neste diploma, as referências à prisão são-no claramente enquanto pena efectiva e, autonomamente, ainda como modalidade de coacção para o julgamento, mesmo se está ainda ausente qualquer manifestação que se possa associar a uma

pena em 10 annos, nisto convenho eu; por quanto, indo este homem degradado, a sociedade tira a maior utilidade do castigo, o que não utilisava ficando elle. No degredo tornará a recobrar as suas forças, fará exercicio dellas, e prolongará a vida. Vindo a ser um cidadão util ao Estado; o que não succederia, ficando presos; pois cada dia de prisão he um dia de desmoralisação, e de aniquilamento. Voto por tanto pelo parecer da Commissão (...)". Viria a ser aprovada uma "emenda concebida nos termos seguintes: que se remetiam os autos ao Governo, e este os remetia aos juizes competentes; para que estes commutem a pena da prisão perpetua em degredo temporario para a Africa pelos annos que parecerem correspondentes ás circunstancias da culpa" (in *Diario das Cortes Geraes e Extraordinarias da Nação Portugueza*, nº 9, sessão de 10 de Maio de 1822, pp. 139 a 141).

1175 Sobre este projecto, v. José Manuel Merêa Pizarro Beleza, *A pena de prisão..., cit.*, p. 381, nota 45.

1176 Nomeada por Decreto de 18 de Agosto de 1832, com Mouzinho da Silveira na pasta da Justiça, os seus membros eram Joaquim António de Magalhães, procurador-geral da Coroa e presidente, Joaquim António de Aguiar, lente de Coimbra, Almeida Garrett, ao tempo servindo como oficial maior na Secretaria de Estado dos Negócios do Reino, o desembargador da Relação do Porto Manoel António Castel-Branco, e, como seu secretário, o advogado do Porto Félix Pereira de Magalhães. No preâmbulo do decreto é evidenciada a pretensão de pretender afastar "aquele monstruoso Codigo Criminal da Ord. do Liv. 5º aonde foram a esmo copiadas as Leis de Caligula, e Néro, e aonde á força de se repetir constantemente = morra de morte natural para sempre = ficam os delictos impunes, ou são conduzidos a graves penas os infelizes, a quem se quer impôr uma pena por acções inteiramente differentes das que figuram no processo (...)". Dada a sua composição, é fácil verificar que, tendo integrado dois membros que assumiriam funções de ministro da Justiça num futuro muito próximo (Joaquim António de Magalhães e Joaquim António de Aguiar, o primeiro entre 1832 e 1833, o segundo em 1834) e o contexto ainda de confrontação política e militar no País, não se poderia esperar realisticamente a conclusão dos seus trabalhos.

1177 Diploma que também Silva Ferrão reproduz, afirmando que "esse Cod. era, sem duvida, muito preferivel ao arbitrio desregrado, erigido em principio e pratica de julgar, em materia de crimes e penas, e teria dado ocasião a que, como thema de discussão, como ensaio, e como experiencia de suas disposições, se procedesse com mais critério e acerto a uma nova codificação criminal (...)" – *op. cit.*, pp. LVII a LIX.

prisão forçosamente "penitenciária".[1178] A prisão surge aqui em paralelismo com o domicílio do cidadão, coarctando-se somente, na primeira, a liberdade de um cidadão dela sair...

Em 1845[1179] é nomeada uma nova comissão, que deverá encarregar-se da "confecção de um Codigo Civil e Criminal"[1180] – a mesma que, em 1850, se vê apenas com o encargo de apresentar o projecto de Código Penal, tendo o desembargador António Luiz de Seabra sido encarregue do projecto de Código Civil.[1181] O projecto de Código Penal, apresentado em 30 de Setembro de 1852, viria a ser apenas assinado por três dos membros da comissão original (Manoel Duarte Leitão, José Máximo de Castro Neto Leite e Vasconcelos e José Maria da Costa Silveira da Motta), aqueles que de forma mais permanente colaboraram nos trabalhos, conforme se descobre no relatório que acompanha o projecto.

O Código Penal, finalmente aprovado pelo Decreto de 10 de Dezembro de 1852[1182], vem estabelecer, com unidade entre a versão original e a versão de 1886,

[1178] V. também Maria José Moutinho Santos, *A sombra..., cit.*, pp. 46 e 47.

[1179] Neste ano, ensinava Sousa Pinto em Coimbra que "ainda nos achamos no mesmo estado antigo, o que é na verdade muito para lamentar, pois que não póde dar-se Govêrno liberal com um Codigo tal, como o livro 5º das Ordenações. Se já o Snr. Paschoal dizia, que muitas Leis criminaes se devião reputar obsoletas, com quanta mais razão o não devemos nós dizer?" – Francisco d'Albuquerque e Couto e Lopo José Dias de Carvalho, *Lições de Direito Criminal redigidas segundo as prelecções oraes do ilustrissimo senhor Basilio Alberto de Sousa Pinto..., cit.*, 1845, p. 10. Em 1835, pela lei de 25 de Abril, novo concurso para a apresentação de um Código Penal fora também aberto, ficando sem qualquer concorrente.

[1180] Por Decreto de 10 de Dezembro de 1845. Presidida pelo ministro da Justiça (José Bernardo da Silva Cabral), são seus membros o conselheiro do Supremo Tribunal de Justiça Manoel Duarte Leitão, o Presidente da Relação Comercial José Jacinto Valente Farinho, os juízes da Relação de Lisboa Sequeira Pinto e Alves de Sá, o procurador junto da Relação de Lisboa Leite e Vasconcelos e o advogado José Maria Silveira da Motta.

[1181] Pelo Decreto de 8 de Agosto de 1850. A Comissão havia dado prioridade ao projecto de Código Penal, consoante denota o relatório do diploma, indicando que, em Agosto de 1850, este "já se acha muito adiantado".

[1182] Ao mesmo tempo, noutro Decreto com a mesma data, 10 de Dezembro de 1852, são aprovadas novas regras de processo penal, ajustadas ao novo Código – entre elas, fixa-se o acometimento ao Ministério Público da acusação em todos os "crimes e contravenções", excepto quando se preveja expressamente que a acusação dependente de queixa ou do consentimento do ofendido "ou de seus paes ou tutores"; e fixam-se os crimes que admitem e não admitem fiança e, assim, implicam prisão necessariamente antes de julgamento – crimes que não implicam prisão preventiva e dispensam fiança são os punidos com prisão até seis meses, desterro até seis meses, multa, perda ou suspensão dos direitos políticos, repreensão ou penas específicas de funcionários; já nos crimes punidos com pena de morte, trabalhos públicos, prisão maior ou degredo, é sempre determinada a prisão antes

e sem alteração posterior no período especialmente em estudo, uma definição de "crime ou delicto" de base legal, definindo-o enquanto "facto voluntário declarado punível pela lei penal", a par da consideração de contravenções.[1183] Vários dos princípios do direito penal moderno encontram-se aí consagrados: a exigência da legalidade prévia da incriminação[1184], a irretroactividade da lei penal[1185], a exigência de tipicidade e a proibição do uso da analogia[1186], a intransmissibilidade da pena[1187]. Os autores optam também por um regime regra alargado de crimes públicos, o que deveria ser indício de um direito penal mínimo, assente numa ideia de necessidade da lei penal.[1188]

Note-se que a legalidade prescrita não é uma legalidade formal ou estrita – o estabelecimento de crimes e penas por órgãos não legiferantes em sentido formal, sob formas regulamentares, não é proibido pelo novo Código[1189], como não o era pela constituição.[1190] Mas estabelecem-se limites a essas possibilidades:

de julgamento, sem a possibilidade de fiança. Esclarecem-se também as formas processuais (ordinária, correccional, especial) que devem ser utilizadas em função da nova organização dos crimes prevista. Mas, no ano seguinte, pela Lei de 18 de Agosto de 1853, as formas processuais devidas em matéria penal são novamente ajustadas: processo correccional, "nos termos dos artigos 1251º a 1262º da novissima reforma judiciaria" para os crimes punidos com penas correccionais de prisão até seis meses, desterro até seis meses, multa até um mês ou 20$000 reis, repreensão e censura; processo ordinário, para os crimes aos quais coubesse pena mais gravosa ou distinta. Sobre os requisitos da prisão antes da sentença, v. a lição de Basílio Sousa Pinto em A. M. Seabra d' Albuquerque, *Lições de direito criminal portuguez redigidas segundo as prelecções oraes do excelentissimo senhor Basilio Alberto de Sousa Pinto..., cit.*, pp. 125 a 127: culpa formada ("sentença da pronuncia"), decretada por juiz competente, de acordo com as regras de processo, perante crime que o admita (ou mesmo exija) e não permita fiança, ou flagrante delito.

[1183] V. artigos 1º e 3º. As contravenções, considera Levy, correspondem "em geral ao que se chamavam crimes de policia correcional" – Levy Maria Jordão, *Commentario..., cit.*, I, p. 10.

[1184] Artigo 5º e artigo 68º (artigo 84º no Código de 1886).

[1185] Ausente na parte geral da versão de 1852, é consagrada expressamente no artigo 6º da versão de 1886.

[1186] Artigo 18º. V. também o artigo 15º na versão de 1886.

[1187] Artigo 102º.

[1188] "A Commissão entendeu que todos os crimes, offendendo a boa ordem da sociedade, devem por isso ser perseguidos pelo Ministerio Público, com excepção dos poucos casos que o projecto especialisa", lê-se na exposição da comissão redactora que acompanha o projecto de Código, publicada in *COLP*, 1852, p. 671.

[1189] Ainda Caeiro da Matta, em 1909, ensinará ainda que "são leis penaes não só os actos directos da funcção legislativa, mas os do poder executivo ou administrativo, quando legitimos" – Caeiro da Matta, *Direito Criminal..., cit.*, vol. II, p. 18.

[1190] Sobre a autonomia concelhia, em 1822 e em 1826, bem como a difícil destrinça oitocentista entre "lei" e "regulamento", mesmo se no início do século XX parece ser já pacífico que os regulamentos

aos "regulamentos administrativos e de policia geral, ou municipal, ou rural, ou (...) as Posturas das Camaras, sem Lei especial que o authorise" fica vedado o estabelecimento de penas superiores a prisão por um mês ou multa superior a 20 mil reis.[1191-1192] Em todo o caso, deve notar-se ainda a possibilidade desta prisão com base meramente administrativa, que continuará a alimentar as cadeias.[1193] Contudo, está-se perante uma prisão de algum modo provisória – uma mera "custódia", como surge referenciada por exemplo, nos livros de registo de presos do Limoeiro – e que exige confirmação por parte da autoridade judicial. As autoridades municipais, como o administrador do concelho ou do bairro, podem ordenar a prisão, em casos tipificados – quando não se exige a prévia formação da culpa, como em caso de flagante delito – mas esta prisão é necesssariamente comunicada ao Ministério Público e ao juiz competente, originando assim, logo que possível, a sua entrada num contexto judicial.[1194] A maioria dos

não devem prever por exemplo "crimes e penas", v. António Manuel Hespanha, *Guiando a mão invisível – Direitos, Estado e Lei no Liberalismo Monárquico Português*, Almedina, Coimbra, 2004, pp. 102 ss. e pp. 271 ss., bem como a bibliografia aqui citada.

1191 V. artigo 489º.

1192 Sobre a relação entre o Código Administrativo anterior ao Código Penal de 1852 (v. artigos 363º a 381º do Código Administrativo aprovado pelo Dectreto de 18 de Março de 1842, que continham expressamente disposições de carácter penal destinadas a vigorar até à aprovação de um Código Penal) e as incriminações deste Código Penal pronuncia-se expressamente a Portaria de 3 de Março de 1862, concluindo que, na ausência de previsão no Código Penal que cobrisse, revogando, contravenções e penas previstas no Código Administrativo, este continuaria a ser a base jurídica adequada para exercer a tutela, no caso concreto, no contexto das câmaras municipais do distrito de Vila Real que se recusassem a prestar "contas da sua gerencia", mesmo quando se previsse a transitoriedade dessas disposições até à vigência do Código Penal. Noutra portaria, igualmente dirigida ao governador civil de Vila Real, de 21 de Novembro de 1866, esclarece-se que não poderia a Câmara Municipal de Chaves celebrar um contrato que previsse a aplicação de penas pecuniárias, uma vez que apenas seria possível estabelecer penas de multa "unica e exclusivamente para cohibir a violação das leis de policia municipal ou das posturas". Caso a multa não fosse paga, o resultado seria a aplicação de pena de prisão, e "é repuganante ao espirito da legislação do reino forçar alguém a satisfazer obrigações civis por similhante meio". Em causa estava o contrato celebrado com um particular para "encher, lacrar e sellar as garrafas de agua mineral de Vidago".

1193 E que o Código de 1886 manterá em termos idênticos (v. artigo 486º).

1194 V. artigos 252º e 358º do Código Administrativo de 1842. A notícia de qualquer crime chegada ao conhecimento do administrador do concelho vincula-o igualmente a participá-la ao Ministério Público, independentemente de ordenar qualquer prisão (artigo 252º, § 5º). V. igualmente o artigo 204º, §§ 23º e 24º, do Código Administrativo aprovado pela Lei de 6 de Maio de 1878, recolhendo provisões no mesmo sentido, bem como o artigo 277º, 27º a 29º, do Código Administrativo aprovado pela Lei de 4 de Maio de 1896, aqui num contexto mais claro de atribuições policiais da administração do concelho.

ocupantes das cadeias estava numa condição diversificada – de presos à ordem do "Governo Civil", "em custódia", presos preventivos, presos a aguardar degredo – que, em comum, apenas tinham o facto de não terem sido condenados a uma pena de prisão pela prática de um crime.

É notório o aperfeiçoamento técnico que a parte geral do Código apresenta na evolução entre a sua versão original e a revisão publicada em 1886[1195] – um autor, de entre vários, não hesitava também em considerar o código original como eivado de um "critério pouco lúcido e com intenções mal definidas", donde seria difícil verificar os "princípios filosóficos ou a teoria penal que os seus redactores seguiram na determinação da pena".[1196] A mudança não continua a poder ser aferida se se olhar as condutas incriminadas, que se mantêm praticamente inalteradas. Este conservadorismo nos crimes é notório se confrontado com a "modernidade" agora atingida nas penas, particularmente em torno da pena de prisão, graças às diversas alterações entre Códigos, num processo em que as mudanças de 1867 e de 1884 são os momentos decisivos.

Eduardo Correia vai considerar que o texto de 1852 é um produto ainda das ideias utilitárias, comprometido com uma visão em torno de um fim de prevenção geral, enquanto no texto de 1886 é uma perspectiva assente paralelamente na retribuição ("reparação moral") e na prevenção (geral e especial) aquela que se encontra, mesmo que com ênfase na retribuição.[1197] Tal análise suscita necessa-

[1195] No contexto da renovação dos códigos penais europeus da segunda metade do século XIX, afastando-se do modelo napoleónico, Renée Martinage indica mudanças que se podem aferir em diversos países, sem esquecer que o Código nacional de 1852 já considerava vários desses elementos: a categorização dualista (e não tripartida) das infracções, o tratamento menos gravoso da cumplicidade ou da tentativa, a autonomização da reincidência, a configuração das circunstâncias atenuantes ou de causas de justificação... E, a par dos aperfeiçoamentos técnicos, a escolha de penas "mais reformadoras" e mais simples – assim, Renée Martinage, *op. cit.*, pp. 88 a 90. O mesmo sentido, acentuando esta progressiva tecnicidade do direito penal e processual penal codificado nas últimas décadas do século XIX, encontra-se em Marc Ancel, *Introduction comparative...*, *cit.*, pp. 28 a 32.

[1196] V. António Azevedo Castello Branco, *Notice...*, *cit.*, p. 9.

[1197] Eduardo Correia, *Direito Criminal*, *cit.*, pp. 67 ss. Caeiro da Matta, *Direito Criminal...*, *cit.*, vol. I, p. 292, afirmava, por seu turno, que o Código de 1886 "é uma obra de optimismo e de humanidade, de esperança e de fé na perfectibilidade do homem", suavizando "as asperezas do codigo anterior". No entanto, surgia no tempo em que "ha uma verdadeira ruptura de equilibro entre os principios da escola classica, immobilisados pelos textos da lei positiva, e a sciencia penal contemporanea, que traduz um grande progresso sobre elles". Jorge de Figueiredo Dias, *A reforma do direito penal português – Princípios e orientações fundamentais*, Coimbra, 1972, pp. 5 a 7, anota também a evolução entre a pre-

riamente uma aferição das penas em causa, elementos que determinam também aquela comparação.

O Código de 1852, cujas alegadas fontes próximas foram os códigos penais de França (1810)[1198], Espanha (1848), Brasil (1830), Áustria (1803) e Nápoles (1819)

venção geral intimidatória e a retribuição presente entre Códigos, abrindo-se caminho entretanto à recepção de uma linha de prevenção especial, de tipo correccional.

[1198] V. Jean-Marie Carbasse, *Histoire..., cit.*, pp. 395 ss. e Renée Martinage, *op. cit.*, p. 76 ss. O Código penal napoleónico de 1810, que substitui a primeira codificação revolucionária de 1791, sem "parte geral", distinguia crimes, contravenções e delitos, fazendo-lhes corresponder penas "aflitivas" ou "infamantes", "penas de polícia" e "penas correccionais". Entre as primeiras encontravam-se a morte, os trabalhos forçados perpétuos, a deportação, os trabalhos forçados temporários e a reclusão (em casa de trabalho – "maison de force"), sendo penas meramente infamantes o banimento, a degradação cívica e a exposição pública no "tronco" ("carcan"). Previa ainda o Código o recurso à marca de fogo e ao confisco de bens. A prisão (em casa de correcção), a multa e a privação de direitos cívicos ou de família eram consideradas penas correccionais. O texto de 1810 retoma a possibilidade de prisão perpétua, proscrita em 1791, mesmo se não inova propriamente nas penas previstas. A pena de prisão (mas também, por exemplo, a suspensão de direitos ou a deportação) era agora também fixada em várias incriminações num máximo e num mínimo de duração, ao contrário do que acontecia na versão anterior, permitindo ao julgador a sua determinação concreta. V. em especial os artigos 1º a 10º do Código Penal francês, aprovados em 22 de Fevereiro de 1810.
Esta experiência legislativa francesa serviu desde logo a Émile Durkheim para exemplificar a sua "lei social" que fixa uma irremediável tendência para o uso da prisão e para o abandono das penas antigas: "Avec le droit pénal de 1791, elle devint la base du système répressif, qui, en dehors de la peine de mort et du carcan, ne comprit plus que des formes diverses de la détention. Néanmoins, le simple emprisonnement n'était pas considéré comme une peine suffisante; mais on y ajoutait des privations d'un autre ordre (ceinture ou chaîne que portaient les condamnés, privations alimentaires). Le Code pénal de 1810 laissa de côté ces aggravations, sauf pour les travaux forcés. Les deux autres peines privatives de la liberté ne différaient guère que par la durée du temps pendant lequel le condamné était enfermé. Depuis, les travaux forcés ont perdu une grande partie de leurs traits caractéristiques et tendent à devenir une simple variété de la détention. En même temps, la peine de mort est devenue d'une application de plus en plus rare; elle a même disparu complètement de certains codes, de telle sorte que la suppression de la liberté à temps ou à vie se trouve occuper à peu près complètement tout le domaine de la pénalité" – Émile Durkheim, *Deux lois de l'évolution pénale, cit.*, p. 80.
Silva Ferrão não deixará de considerar, em 1856, que "a revolução franceza, e os Cod. que ella produziu, fizeram dar ao Direito penal passos de gigante; mas estes resultados foram atenuados pelo Cod. de 1810, porque ainda hoje se rege a França, com quanto muito e muito modificado (...). Os Cod. modernos se tem todos, mais ou menos, modelado pelo Cod. Fr., que as nações tem imitado, como experiencia, com prudencia, e com receio de comprometer a segurança publica e individual, fazendo demasiadas concessões aos dictames da sciencia" – *Op. cit.*, I, p. XXXV. Marc Ancel, *Introduction comparative..., cit.*, pp. 22 e 23, destacando igualmente como referencial o código francês de 1810, explica o seu sucesso: "(...) Plus claire, plus pratique, plus adaptable que le modèle germanique [dos códigos austríaco de 1803 e bávaro de 1813] (...) ce système répond assez exactement à l'idéal

e influenciado, como se anota também, pela *Théorie du códe pénal* de Adolphe Chauveau e Faustin Hélie e pelo *Traité du droit penal* de Rossi[1199], prevê um sistema de penas que, perante a realidade das Ordenações, é forçoso considerar como de ruptura quanto, pelo menos, à intensidade no uso da pena de prisão.[1200] É certo que o sistema penitenciário não é consagrado no Código nem a organização das prisões objecto de qualquer regulação ambiciosa e o trabalho prisional é ainda visto como um puro elemento de castigo e não um contributo intencional para a regeneração do criminoso; mas as penas previstas, mesmo integrando-se na

d'une société bourgeoise, où l'homme est présumé maître de ses actes et résponsable de la liberté que la loi même reconnaît. Le châtiment légal, fixée par la loi et seulement prononcé par le juge, est regardé comme ayant un caractère suffisamment intimidant pour décourager les criminels en puissance". Ao código bávaro de 1813, no entanto, apesar do seu "excesso de refinamento científico", na expressão de Ancel, deve reconhecer-se que incluía já, por exemplo, a possibilidade de uma liberdade antecipada cumpridos três quartos da pena de prisão; a possibilidade de opção entre penas, num sistema de penas paralelas; ou a eventualidade de ser cumprida uma pena indeterminada em casa de trabalho, cessando esta em caso de comportamento adequado – realidades que apenas muito mais tarde se encontrarão vertidas na demais legislação europeia. Comum a ambos, era, contudo, um ambiente de severidade nas penas, quando comparado com as primeiras proclamações humanitaristas e os códigos dos finais do século anterior, que será objecto em grande medida de objecções por parte do novo penitenciarismo. Na perspectiva de uma rápida evolução entre um *optimismo* revolucionário e um *pessimismo* subsequente com consequências nas características das codificações penais, v. o texto recente de Xavier Martin, *De Beccaria et Voltaire aux codes criminels de 1808 et 1810: la continuité anthropologique*, in RHDFE, nº 3-2011, Dalloz, Paris, 2011, em especial pp. 384 ss.

1199 Conforme o indicam expressamente Silva Ferrão, *op. cit.*, I, pp. LXI e LXII, nota 1, destacando a influência dos códigos francês e espanhol e "abundantemente as opiniões de Rossi e de Chauveau e Helie"; Levy Maria Jordão, *Commentario..., cit.*, I, pp. XVIII e XIX e António Azevedo Castello Branco, *Notice..., cit.*, p. 7. Referindo as mesmas fontes, Tavares de Medeiros, *Portugal*, in Franz Von Liszt, "Le droit criminel...", *cit.*, p. 194, às que acrescenta a lei belga sobre os duelos e "qualques dispositions des lois romaines et des coutomes nationales", referências também antes feitas por Silva Ferrão, e Henriques da Silva, *Elementos..., cit.*, fasc. II, pp. 68 e 69. Perante os seus modelos francês e espanhol, o Código nacional teria, no seu sistema de penas, também uma lógica assente em penas maiores, menores ou correccionais e acessórias, mesmo se esta tripartição não seria assumida com a mesma relevância sistemática.

1200 De modo a verificar correctamente esta realidade, foi necessário cotejar de forma sistemática o livro V das Ordenações Filipinas, o Código Penal de 1852 e a sua revisão plasmada no Código de 1886. De entre os crimes previstos pelo livro V que de algum modo são sucedidos nas previsões do Código Penal, apenas em 5 deles a prisão era já estabelecida como pena e nunca como pena única potencialmente aplicável pelo julgador, representando na sua maioria criminalidade menos grave. Estão em causa os crimes descritos sob as epígrafes *Dos que vêm de fora do Reino em assuada a fazer mal* (t. XLVI); *Dos que resistem ou desobedecem aos oficiais da Justiça ou lhes dizem palavras injuriosas* (t. XLIX); *Das armas que são defesas e quando se devem perder* (t. LXXX); *Das caças e pescas defesas* (t. LXXXVIII); e *Do que dorme por força com qualquer mulher, ou trava dela, ou a leva por sua vontade* (t. XVIII).

sequência de uma tradição punitiva nacional, estão em linha com os novos ordenamentos de cariz liberal, graças em primeiro lugar à predominância da prisão, ainda sem comportarem a reelaboração que caracteriza essa nova ordem punitiva cuja imagética é o "sistema penitenciário".[1201] Sem ele, porém, apesar das novidades, para os adeptos do novo sistema, o Código aparece, à época, necessariamente como provisório e de algum modo pífio.[1202]

As Ordenações, como visto, assentavam, quanto aos conteúdos da punição, numa previsão extensa da pena de morte, penas corporais (açoites e corte de mãos) e degredo e faziam também um uso amplo do confisco de bens e da possibilidade da fixação arbitrária de penas e não apenas de uma sua medida concreta – seja pelo monarca, seja pelo julgador. Mesmo tendo em consideração que várias das realidades punitivas seiscentistas haviam sido abandonadas ou mitigadas pelo decurso do tempo, progressivamente ao longo do século XVIII e nos primeiros anos do século XIX, ou pelas novas exigências imediatas de carácter constitucional do pós-1820 – como a possibilidade de sujeição a tormentos, o degredo para um Brasil entretanto perdido, as penas de açoites e outros castigos corporais, a infâmia tal como configurada até ao século XIX ou os requintes da morte cruel –,

[1201] Como escreve Tiago Pires Marques, "(...) o Código operava uma «suavização das penas», regulava o elenco de circunstâncias agravantes, eliminava as penas por analogia, limitava a discricionariedade dos juízes, mas, ao arrepio do discurso dominante, não previa um sistema penitenciário. Por conseguinte, foi percebido como um texto desactualizado, merecendo críticas não só do meio universitário mas também do parlamento, da imprensa e dos próprios tribunais" – *Crime e castigo..., cit.*, p. 56.

[1202] Silva Ferrão alerta para uma conjugação errada, à luz dos novos modelos, de prisão, trabalho e isolamento que o Código permite para a prisão maior e, mesmo se assim não fosse, "admitindo a idéa do systema penitenciario, nenhuma nos deu acerca da escolha, que fez entre os diversos systemas" – *op. cit.*, II, p. 146. Lamenta-se então Basílio de Sousa Pinto em 1861, já em tempo de revisão do texto original: "Sendo tantas as vantagens do systema penitenciario, é digna de grande reparo a omissão que se encontra no Codigo Penal, a este respeito, porque nem o germen d'elle alli se póde descubrir. Querem alguns encontral-o na prisão com trabalho: porém o systema penitenciario não consiste só no trabalho, nem mesmo no trabalho forçado, mas voluntario; e no Codigo somente se encontra aquelle e não este; no systema penitenciario o trabalho adoça a prisão em logar de a aggravar; no Codigo o trabalho é empregado para agravar, e não para modificar a prisão. A commissão de revisão também procurou emendar este defeito, ordenando a prisão com as qualidades de penitenciaria" – A. M. Seabra d' Albuquerque, *Lições de direito criminal portuguez redigidas segundo as prelecções oraes do excelentissimo senhor Basilio Alberto de Sousa Pinto..., cit.*, p. 153. Luiz Felippe de Abreu, nos *Estudos sobre o projecto de Codigo Penal Portuguez*, Imprensa da Universidade, Coimbra, 1862, p. VI, é claro: "Sentimos emfim que o Codigo de 1852 (...) precise ser elle substituido dentro de tão poucos anos, entre outros motivos, pela carência de disposições, que estabelecessem entre nós as instituições penitenciarias, sem as quaes não há hoje, não havia já então systema penal recommendavel". V. também Levy Maria Jordão, *Commentario..., cit.*, I, pp. 118 a 121.

este era ainda formalmente o quadro geral das penas que chega ao tempo da aprovação do primeiro Código Penal. Irredutível na conquista do espaço punitivo, a prisão, residual enquanto pena no contexto das Ordenações, mesmo tendo sido reforçado o seu uso ainda antes de 1820 e logo após esta data, como pena e como expediente administrativo, torna-se a primeira resposta punitiva no quadro legal do código de 1852.

Mas é de justiça salientar também a grande uniformidade e o assinalável lastro de continuidade que se atesta na aferição das condutas puníveis, necessariamente, na passagem entre os seus suportes formais. Mudam as penas, muda o papel do monarca, autonomizam-se mas limitam-se pela lei o poder judicial e a administração concreta da justiça, mudam menos os crimes. *Mutatis mutandis*, respeitando os circunstancialismos e epifenómenos de época, e tendo consciência de que o objecto de análise – livro V – é parte relevante, mas apenas parte, de um todo punitivo legal, há um traço definitivo de continuidade que chega quase a ser surpreendente entre os comportamentos punidos nas Ordenações e nos códigos, dois séculos e meio depois.[1203] É possível portanto afirmar que, olhando as condutas incriminadas nas Ordenações, a maioria se mantém enquanto tal na sua trasladação codificada. Dos 73 ilícitos autonomizados através de uma epigrafia expressa que se encontram no primeiro Código Penal – e em 1886 apenas um menos que no original de 1852[1204], mantendo-se praticamente inalteradas entre os códigos as descrições dos comportamentos típicos punidos – apenas 34 não têm um seu conteúdo paralelo incriminado pelo livro V das Ordenações.

E, em grande medida, esta ausência deve-se à consagração de novas realidades no período que medeia os textos – como a progressiva complexificação e alastramento material da função administrativa, os novos quadros institucionais das relações entre Estados ou exigências políticas e possibilidades técnicas antes desconhecidas – e não a uma verdadeira desconsideração penal de condutas, apesar de esta estar também presente. Assim, podem ser explicadas como novidades, *v. g.*, a ampla panóplia de crimes de funcionários, os crimes contra a segurança do

[1203] Tal é notado também por Renée Martinage, *op. cit.*, p. 112, a propósito do Código de 1886: "(...) Il n'existe pas de lien avéré entre le caractere démocratique ou libéral d'un régime politique en place et sa conception parfois très conservatrice des comportements punissables. C'est le cas de l'Angleterre victorienne. Il n'y a pas de relation non plus entre la modernité d'un code, tel que celui du Portugal en matière de répression, et le traditionalisme qui ressort de la liste des infractions", concluindo, portanto: "(...) L'adoption d'un système de peines «moderne» n'est pas forcément liée à une définition libérale des incriminations" (p. 120).

[1204] Que autonomizava a situação de encobrimento do crime a par da receptação (v. artigos 463º e 464º).

Estado ou os crimes contra direitos políticos ou contra a saúde pública, cuja previsão é inexistente ou pelo menos cuja intensidade é fracamente menor no direito anterior ao século XIX constitucional. É mais o mundo que se expande e menos o crime que desaparece.

O sistema de penas que se encontra no Código de 1852[1205] parte de uma distinção inicial entre penas maiores e penas correccionais, distinção que as codificações que foram sua inspiração de algum modo já retratavam, designadamente o texto francês de 1810[1206], a que se devem adicionar penas específicas para funcionários. Entre as primeiras, necessariamente mais gravosas, encontram-se a pena de morte, a pena de trabalhos públicos, a prisão maior (em regra por 3 a 15 anos, com ou sem trabalho, com ou sem isolamento), a pena de degredo, a pena de expulsão do reino, estas temporárias ou perpétuas, e a perda de direitos políticos. Nas segundas, cabem a prisão correccional – até 3 anos[1207] –, o desterro (pela via do exílio dentro do território nacional europeu ou da fixação de residência), a suspensão de direitos políticos, a multa e a repreensão. Como penas previstas de aplicação a funcionários públicos surgem as penas de demissão, de suspensão de funções ou de censura. O elenco de penas presente no Código estabelece também a sua hierarquia em função da sua gravidade.[1208]

A par desta previsão com carácter geral, várias incriminações ao longo do Código autonomizam algumas punições adicionais, o que é apontado pelos seus comentadores como uma fragilidade sistemática. Pode ser observada a vigilância especial da polícia como possibilidade de pena autónoma, prevista em diversas situações; a colocação à disposição do Governo para trabalho, no caso de vadios, mendigos e condenados por jogo ilícito (artigos 256º ss., 260º ss. e 264º ss.); uma

[1205] V. artigos 28º ss.

[1206] Para Sousa Pinto, "esta classificação tem sido impugnada por alguns, e com bastante fundamento, porque não é derivada da natureza das penas, nem tem vantagem alguma methodica" – A. M. Seabra d' Albuquerque, *Lições de direito criminal portuguez redigidas segundo as prelecções oraes do excelentissimo senhor Basilio Alberto de Sousa Pinto...*, *cit.*, p. 102. Levy Maria Jordão, recorde-se, era um dos seus críticos, até pela terminologia implicada: esta divisão "não se coaduna com a natureza das penas, porque, afóra a de morte, todas as demais devem ser correccionaes, pois o seu fim é o melhoramento e a emenda do criminoso" – assim, Levy Maria Jordão, *Commentario...*, *cit.*, I, p. 114.

[1207] Uma lei em 1859 (Lei de 4 de Junho), cobrindo o crime de moeda falsa, irá contudo prever uma "pena correccional de tres a cinco annos de prisão, e multa correspondente" (artigo 1º), expressão necessariamente equívoca. Trata-se, contudo, de um caso atípico.

[1208] No artigo 47º estabelece-se que "as penas perpetuas de trabalhos publicos, prisão e degredo são mais graves do que qualquer das penas temporarias", devendo considerar-se a pena de degredo "immediatamente superior à de prisão correccional nos casos em que a lei decretar, sem mais declaração, a pena immediatamente superior ou inferior (...)" (§ único).

pena aplicada a pessoa colectiva como o seja a dissolução de associação ilícita por falta de autorização (artigos 282º ss.); a previsão de prisão perpétua com isolamento como pena possível no caso de homicídio (artigos 355º ss.) e de "prisão por toda a vida" em caso de corrupção (artigos 318º ss.); a obrigação de dotar a mulher ofendida (artigos 391º ss.) prevista no contexto de atentado ao pudor, estupro voluntário ou violação; a suspensão do exercício de profissão, como no caso de médico que falsifique certificado (artigo 224º) ou de advogado ou procurador que difame ou injurie em juízo (artigo 419º); a suspensão dos direitos de ser tutor ou membro de conselho de família e dos direitos de ensinar ou dirigir estabelecimento de ensino, no caso de lenocínio (artigos 405º ss.). A multa é também designada ainda pela sua expressão histórica de pagamento do "anoveado", como no caso de falsificação de moeda (artigos 206º ss.). Do mesmo modo em diversas circunstâncias estabelece-se a perda a favor do Estado de produtos ou instrumentos da prática criminosa. E o degredo, cuja disposição presente na parte geral do Código vem estabelecer que seja ultramarino e para África, sofre excepções: o degredo para a Índia, temporário ou perpétuo, é previsto a propósito de pelo menos quatro incriminações.[1209]

Uma palavra para a pena de multa. Sanção generalizada na história jurídica, a multa surge, como se viu, frequentemente referenciada desde os primeiros textos legais nacionais.

Um assento de 18 de Novembro de 1574 declara que, havendo condenação em pena pecuniária e não sendo esta paga, o condenado deveria ser preso "e da prisão pagasse (...) posto que o Julgador o não declarasse na sentença vista a fórma da Ordenação".[1210] E, naturalmente, também na prisão poderiam entrar ainda os meros devedores, uma vez incumprindo a prestação devida, resultando na dimensão meramente coactiva da prisão que marca a história dessa instituição até há pouco tempo. Mas parece ser claro que a mera dívida é progressivamente vista como fraco motivo para permanecer na prisão. Já em 1758, a propósito da necessidade de diminuir os presos nas "cadêas do Limoeiro", em virtude das doenças "que nesta quadra do anno costumam grassar", se determina que os que "estiverem por dividas que se soltem sobre fianças havendo-as; e não as havendo, assignarão termo de pagarem em certo espaço de tempo, e logo que chegarem a

[1209] Nos casos de resistência (artigos 186º ss.), tirada e fugida de presos (artigos 190º ss.), incumprimento de condenações (artigos 196º ss.) e como uma das possibilidades punitivas no contexto de homicídio voluntário simples e agravado e envenenamento (artigos 349º ss.).
[1210] In AJ, vol. I, pp. 120 e 121.

melhor fortuna".[1211] A prisão para quem não assumisse o pagamento de uma dívida, sem património conhecido e sem dolo na sua insolvência, afirma-se rejeitada em 1774 e assim o declara a doutrina da época.[1212] Mas a prisão continuará a ser usada numa dimensão coactiva, de "pagar da cadeia", expressão aliás usada expressamente, em várias situações idênticas às antes previstas. Mesmo fora da sistemática penal, prevê-se esta prisão paralela à prisão punitiva de um crime, ainda nas "reformas judiciárias" oitocentistas, *v.g.* para um devedor incumpridor do pagamento de custas judiciais ou perante o fisco, um arrematante de bens executados que não entregue no prazo fixado o seu preço e igualmente para um executado que, com dolo, "em fraude da execução" dissipe património.[1213] Esta prisão, mais do que um castigo, era adjuvante de uma cobrança, designadamente no contexto tributário ou de abuso de direito em matéria de execuções, e findaria quando essa regularidade creditícia fosse restaurada.

Na aprovação do Código Penal de 1852, a multa é uma pena correccional generalizada. Fixada judicialmente num valor-dia em função do rendimento do con-

[1211] Assim se dispõe no Aviso do Marquês de Pombal de 21 de Fevereiro de 1758.

[1212] O também que positivamente impressiona John Howard em Portugal (v. John Howard, *Appendix...*, *cit.*, p. 105). A Lei de 20 de Junho de 1774, § 19º, estabelece efectivamente que, em processo de execução, nada tendo o réu como património, aquela não prossiga mais: "Porém não os tendo [os bens], nem os mostrando o Crédor exequente, ou que o executado os occulta com dólo, ou malicia, mandará nos Autos, que se não prosiga mais na execução". V. também o Assento de 18 de Agosto de 1774, onde se esclarece que a lei em causa deveria ser aplicada também aos devedores insolventes "sem dolo nem malicia" que se encontrassem presos no momento da sua entrada em vigor e mesmo aos incumpridores no pagamento de penas pecuniárias, sentido que será depois invertido. Conforme reporta Melo Freire, *Instituições de Direito Criminal...*, *cit.*, in BMJ, nº 156, p. 151: "O réu, que nada tem de seu, não deve por isso ser retido nem lançado na prisão". V. também no mesmo sentido Pereira e Sousa, *Esboço...*, *cit.*, tomo I, na entrada *Prisão*. Vendo nestas disposições uma "procedência humanitária", Rui Manuel de Figueiredo Marcos, *A Legislação Pombalina...*, *cit.*, pp. 140 e 141.

[1213] V. respectivamente os artigos 458º, § 1º, 428º, 252º e 270º da Segunda Parte da Nova Reforma Judiciária aprovada pelo Decreto de 13 de Janeiro de 1837. A expressão "pagar da cadeia" é referida no artigo 270º, § 1º. Na Novíssima Reforma Judiciária de 1841, esta prisão coactiva, como meio de motivar um pagamento devido, frequentemente com duração fixada de até 1 ano ou até se obter a quantia em causa, permanece como aplicável *v.g.* na falta de pagamento de custas inexistindo bens, em caso de ocultação ou dissipação dolosa de bens para evitar uma execução ou para o tutor que dissipe o património do menor sem bens que o possam ressarcir (v. artigos 615º, 623º, § 2º e § 3º, e 450º). A "prisão por custas" volta a ser estabelecida no Decreto de 22 de Maio de 1895 (v. artigos 8º e 10º), não tendo sido demonstrada a pobreza por atestado paroquial e dos regedores das freguesias, tendo em conta que "a insolvencia, justificada pela pobreza, isenta de custas", como se lê no seu preâmbulo. Manoel José Dias Salgado e Carneiro, *Penas e sua applicação*, Typographia do Archivo Juridico, Porto, 1900, p. XLIV, designa-a como "visivelmente um meio executivo".

denado, até ao máximo de 3 anos das penas correccionais, o seu valor diário não poderia ser inferior a 100 reis nem superior a 2$000 reis, salvo determinação legal diversa, e por um período mínimo de 3 dias, em caso de atenuação.[1214] A multa seria também a pena na qual quaisquer outras penas correccionais se poderiam converter, em caso de redução de pena.

A obrigação de pagar a multa caberia, em regra, aos diversos "co-réus" individualmente e o dever do seu pagamento passaria aos herdeiros do condenado, sendo o pagamento da multa subsequente à necessidade de cumprir com a indemnização devida ao ofendido, existindo. Na falta de património que assegurasse a dívida resultante da imposição da pena, não tendo o condenado "bens sufficientes e desembaraçados", a multa seria então substituída por prisão, à "rasão de 500 réis por dia".[1215] Basílio Alberto de Sousa Pinto, entre vários, não duvida das "grandes vantagens" do uso da pena de multa, perante o Código de 1852: sendo uma pena "analoga, divisivel, economica, reparavel e egual", cumpre os requisitos modernos de uma pena adequada.[1216]

No Código de 1886, a pena de multa é mantida como pena correccional e mantido o seu valor diário[1217], até ao máximo de 3 anos e desde um mínimo de 3 dias. Permanece também a possibilidade de fazer reduzir à aplicação de uma pena de multa outras penas correccionais[1218], tal como as regras de manutenção do dever de pagar a multa dos herdeiros do réu e de remissão por prisão em caso de falta de património, no mesmo valor de 500 reis, de uma multa não paga.[1219]

A multa era também solução aplicada para infracções de carácter administrativo, ausentes dos tribunais criminais, tal como aliás previsto no próprio Código Penal, realidade notória especialmente ao nível local. As câmaras municipais eram dos principais credores das multas, que se encontravam incorporadas, por exemplo, nas regulações administrativas concelhias. Um exemplo ilustrativo são as regras locais sobre prostituição, que fixam, por si, "penas". Na matéria, cruzamento claro entre a moral e a ordem públicas numa segunda linha de controlo após o crime de lenocínio previsto no Código, os concelhos emitem também regulamentos próprios: assim, no "Regulamento policial e sanitário das meretri-

[1214] V. artigos 41º e 83º, § 1º.

[1215] V. artigo 101º.

[1216] A. M. Seabra d' Albuquerque, *Lições de direito criminal portuguez redigidas segundo as prelecções oraes do excelentissimo senhor Basilio Alberto de Sousa Pinto...*, *cit.*, pp. 155 e 156. De forma menos entusiasmada, criticando o modelo de substituição da multa pela prisão, v. Silva Ferrão, *op. cit.*, III, pp. 188 a 190.

[1217] V. artigo 67º do Código Penal de 1886.

[1218] V. artigo 98º, § único.

[1219] V. artigo 122º.

zes do concelho do Porto e do de Vila Nova de Gaya" de 1860[1220], as penas previstas são na sua larga maioria penas de multa, aplicáveis quer às prostitutas quer às suas "patrôas". O interesse na regulação da actividade, mais do que resultado de qualquer convicção moral, desde que acautelada a exigência de evitar escândalo público, fundava-se na necessidade de controlo sanitário, até porque a sua regulação não era exclusivamente de cariz punitivo.[1221] As meretrizes eram obrigadas a registo e a inspecções médicas regulares. Mais tarde, Mendes Correia não deixará também de notar a incoerência de se procurar punir severamente o atentado ao pudor e os crimes sexuais, mas manter um regime administrativo de regulação da prostituição.[1222]

O Código de 1852 descreve várias condições em que as penas deveriam ser executadas, como também se verá adiante, em alguns casos com precisão. Assim, por exemplo, a pena de trabalhos públicos – perpétua ou temporária, entre 3 e 15 anos, podendo decorrer no ultramar – deveria ser cumprida "nos trabalhos mais pesados com corrente de ferro no pé ou com cadeia presa a outro companheiro", estando os condenados habitualmente acorrentados dois a dois (artigo 33º).

Durante o cumprimento de algumas penas e após este cumprimento (desterro, trabalhos públicos, pena de prisão maior, degredo e expulsão do reino) haveria sujeição a vigilância pela polícia do condenado ou liberto, pelo tempo fixado na sentença ou pela duração da pena decretada (artigo 59º). A vigilância especial da polícia, prevista no Código francês de 1810, que não se encontra na enumeração geral de penas previstas pelo Código de 1852, vê-se estabelecida

[1220] Reproduzido por Francisco Pereira de Azevedo, *História da Prostituição e Polícia Sanitária no Porto*, F. Gomes da Fonseca, Porto, 1864, pp. 81 ss.

[1221] Por Portaria de 18 de Setembro de 1856, descobre-se também a legitimação da colocação forçada na prisão de uma meretriz doente "até que se ache inteiramente curada", devendo ser tratada por médico municipal, em Viana do Alentejo. Tendo em conta que se trata de pessoa que "é notoriamente meretriz, e das mais escandalosas", estando "infectada de molestias venereas, que já tem propagado na villa", vai a portaria socorrer-se de Alvará de 25 de Dezembro de 1608 para fundamentar esta prisão, suscitada pelo administrador do concelho, nos termos do Código Administrativo, "pela conservação e guarda da saude publica".

[1222] "(...) Ao passo que (...) se mostra tanto culto pela virgindade e pelo pudor da mulher, não teem duvidas algumas auctoridades policiaes em matricular como prostitutas rapariguitas de 13 e 14 annos que nos centros urbanos fazem muito cedo a aprendizagem do vicio, lançadas a um abandono criminoso ou arrastado por perversas seducções. Infelizmente a vida social está cheia d'estas incoherencias", escreve Mendes Corrêa, *Os criminosos portugueses...*, *cit.*, p. 24. V. também, no mesmo sentido, Mendes Corrêa, *Creanças delinquentes...*, *cit.*, pp. 30 ss.

como medida a ser decretada por efeito da aplicação de outra pena ou como possibilidade de ser decretada autonomamente em sentença, quando a lei o permitisse.[1223]

Em termos gerais[1224], a condenação à pena de desterro implicava sempre a sujeição a vigilância especial da polícia durante o cumprimento da pena, tal como esta se previa para os condenados às penas temporárias de trabalhos públicos, prisão maior e degredo. A pena de expulsão temporária do Reino implicava a mesma medida após o cumprimento da pena, presumindo a regresso do condenado. Para além do fixado para o desterro, seria uma medida apenas associada a penas maiores, não havendo "especial determinação da lei" em contrário.

Note-se também que a designada vigilância especial da polícia, na prática, era uma indicação de residência que o condenado, prestes a findar a pena, deveria apresentar às autoridades, recebendo uma guia para o trajecto, e a posterior declaração de residência perante as autoridades administrativas do seu novo domicílio. O mesmo procedimento deveria ser desencadeado sempre que houvesse alteração de residência. De igual modo, sujeito à vigilância especial da polícia, o condenado deveria abster-se de comparecer nos lugares "que o governo lhe designar". Funciona, por isso, como medida de coacção e de controlo do condenado, após o cumprimento de pena, durante o período de tempo que fosse fixado em sentença.

Assim se compreende também que o Código permita a fixação da mesma medida para os delinquentes menores de 14 anos que pratiquem um crime "com discernimento", pelo período máximo de 10 anos, e para os ébrios que pratiquem um crime em estado de embriaguez completa quando esta tenha sido "posterior ao projecto do crime".[1225]

Na versão de 1886 do Código, a vigilância policial mantêm-se alheia ao elenco geral de penas, mas é igualmente considerada como possibilidade punitiva quando decretada em sentença, mediante a existência de uma previsão legal

[1223] Veja-se, por exemplo, o seu modo de concretização previsto no artigo 175º, relativo ao crime de rebelião, quando os seus organizadores abandonassem o motim "antes da advertencia das auctoridades ou immediatamente depois d'ella": neste caso, seriam dispensados das penas previstas pelo crime em causa, mas poderiam ser sujeitos à vigilância especial da polícia, "pelo tempo que parecer aos juizes". Em 1867, são previstos corpos de polícia civil nas capitais de distrito e também, em todos os concelhos, à excepção de Lisboa, "guardas campestres", nomeados pelas câmaras municipais, que detêm competências de fiscalização administrativa e de "policia judicial" e investigação criminal (Lei de 2 de Julho de 1867).

[1224] V. artigos 59º a 61º do Código Penal de 1852.

[1225] V. artigos 73º, § 2º e 74º, § único.

expressa. O seu conteúdo é idêntico ao já estabelecido em 1852[1226], mas deixa de ser esta vigilância prescrita como uma consequência necessária da aplicação de uma outra pena.

A pena de morte e as penas perpétuas de trabalhos públicos, de prisão e de degredo implicavam a perda de direitos políticos e de parte dos direitos civis (no fundo, uma actualização da ideia de "morte civil", o que, no caso de degredo, finda aliás quando o condenado chega ao seu destino) (artigos 52º e 53º). Sendo condenado a pena temporária, o visado está equiparado a uma situação de incapacidade (artigo 54º), limitado no exercício de alguns direitos civis – sujeito por exemplo a curadoria no que toca à administração do seu património. A pena de prisão correccional ou o desterro implicavam também a suspensão de direitos políticos (artigo 56º).[1227]

A perda de direitos políticos surge no Código Penal de 1852 como pena maior, a par da mera suspensão de direitos, considerada esta como pena correccional. Os textos constitucionais já previam, como se viu atrás, este tipo de punição, que o Código descreverá como consistindo na "incapacidade de tomar parte por qualquer maneira no exercicio, ou no estabelecimento do poder publico, ou funcções publicas". A pena implicava também a privação "das honras e distincções da nobreza, de qualquer condecoração, do direito de trazer armas, do de ensinar, ou dirigir, ou concorrer na direcção de qualquer estabelecimento de instrucção", bem como impossibilitava ao condenado ser tutor, curador, membro de conselho de família, ser procurador em juízo ou testemunha em "qualquer acto solemne e authentico".[1228]

Esta pena resultava, aliás, como efeito da aplicação de outras penas e não apenas como pena autónoma. As penas de trabalhos públicos, prisão maior e degredo implicavam a perda ou a suspensão de direitos políticos, consoante fossem per-

[1226] V. artigos 69º e 70º do Código Penal de 1886.

[1227] Em 1866 vem a esclarecer-se que a condenação a qualquer pena perpétua que implicasse, nos termos do Código, limitações nos direitos civis, não deveria em todo o caso impedir a possibilidade de o condenado casar, mesmo se para tal devesse pedir licença ao presidente da Relação respectiva, designadamente para casar, estando preso, na cadeia – a Portaria de 11 de Setembro de 1866 é explícita, referindo aliás que "a doutrina da morte civil, reprovada por todos os modernos escriptores de direito criminal, e expungida de todas as legislações reformadas á luz dos verdadeiros principios do direito penal, não foi admittida no codigo penal portuguez (...)", mesmo com a imposição das restrições conhecidas no plano civil. O diploma esclarece ainda que o direito de contrair matrimónio "póde em muitos casos envolver graves interesses de terceiro", pensando na legitimação de filhos ou na "reparação devida pelo condemnado á mulher com quem celebra o casamento".

[1228] V. artigos 37º e 57º.

pétuas ou temporárias, tal como as penas de expulsão do Reino, de prisão correccional e de desterro durante a sua execução.[1229]

Ponto relevante em relação à perda de direitos políticos é o cuidado posto na sua publicidade. O Código prevê expressamente que, quer na aplicação autónoma desta pena, quer na sua execução como consequência da fixação de outra pena que a implique – e para várias das penas tal era assim – devesse a sentença condenatória ser "impressa por extracto, e affixada no logar em que for proferida, na cabeça da comarca em que tiver sido commettido o crime, e no logar do domicilio do condenado".[1230]

Esta tripla publicidade infamante cobria na prática todos os condenados por penas maiores perpétuas, aos quais se deveria aplicar a perda de direitos políticos. A sua finalidade não seria a de garantir o conhecimento público em relação ao condenado, de modo a favorecer o controlo social sobre a sua conduta. Tal poderia ser de algum modo verdade em relação ao condenado exclusivamente na perda de direitos políticos, de esparsa previsão, mas, na maior parte dos casos, sendo aquela pena acessória, o que ressalta como notório é um comando intencional de infâmia, dirigida contra o condenado e, em consequência, contra a sua família, *v. g.* ao visar-se um domicílio onde manifestamente o condenado, na maioria das vezes, já não habitará. Que controlo social adicional, na comunidade, se poderia obter em relação a um degredado em África, a um condenado a trabalhos públicos acorrentado nas ruas ou a um preso perpétuo no Limoeiro?

Com a revisão das penas operada em 1884, findando as penas perpétuas, apenas resta a suspensão de direitos políticos, consistindo aqui na dupla possibilidade punitiva de estabelecer a "incapacidade de tomar parte, por qualquer maneira, no exercicio ou no estabelecimento do poder publico, ou funcções publicas"[1231], por 15 ou 20 anos, definida esta como "pena fixa" de suspensão de direitos políticos, pena maior alternativa à aplicação de pena de acordo com o "systema penitenciario"; e a pena de acordo com o novo sistema, de suspensão de direitos políticos – privação do exercício de todos ou de alguns direitos – enquanto pena correccional de duração entre 3 e 12 anos.[1232]

O Código vai prever também regras gerais de inimputabilidade, já que "não podem ser criminosos" (artigo 23º) menores de 7 anos, menores entre os 7 e os

[1229] V. artigos 53º a 56º.

[1230] V. artigo 65º.

[1231] V. artigo 63º do Código Penal de 1886.

[1232] V. artigo 66º.

14 anos quando agindo "sem o necessario discernimento"[1233], bem como loucos, "excepto nos intervallos lucidos", ébrios[1234] ou se esteja perante acção no cumprimento de ordem resultante de obediência devida e legal, bem como um sistema de circunstâncias agravantes e atenuantes com consequências ao nível das penas aplicadas.[1235]

A agravação da pena de trabalhos públicos perpétuos resulta no seu desempenho no ultramar[1236], tal como o cumprimento da pena de prisão no ultramar ou com isolamento é considerada uma agravação. No entanto, o uso feito pelo isolamento no Código é dúbio – assim, a prisão simples, sem trabalho, poderia também ser decretada como a cumprir em isolamento.[1237]

[1233] Podendo no entanto o menor, neste caso, ser punido através da reclusão em "casa de educação" – artigo 73º, proémio, do Código Penal de 1852. No caso de menor de 14 anos que cometa um crime "com discernimento", as penas maiores devem ser substituídas por castigo menos gravoso, que pode no entanto chegar a prisão com trabalho por 10 anos, e as penas correccionais não exceder metade da pena imposta em termos gerais, a par de vigilância policial (artigo 73º, § 1º e 2º).

[1234] Quando "a embriaguez é completa, casual e não posterior ao projecto de commetter o crime" (artigo 23º, § 4º). O ébrio que cometa um crime poderá contudo ser punido pelo menos com prisão correccional (artigo 74º, proémio). José Ferreira Borges, no primeiro tratado de medicina forense nacional, cobrindo também a embriaguez, corrobora que "não ha imputação a não haver *liberdade, contingencia e espontaneidade*. Logo se o grau d'alheação mental for tal que destrua a liberdade, contingencia e espontaneidade, cessa a imputação, a responsabilidade e o crime" – José Ferreira Borges, *Instituições de medicina forense*, J. P. Aillaud, Paris, 1832, p. 285 (sobre esta obra, escreveria Affonso Costa, *Os peritos...*, *cit.*, pp. 31 e 32, nota 2, que foi "trabalho muito medíocre mesmo para um leigo nas sciencias medicas e mesmo para a occasião em que foi elaborado", sendo "plagiado de uma obra italiana de Tortosa, cujo proprio titulo Ferreira Borges traduziu"). A imputação plena aos velhos e às mulheres, tema debatido, é aqui defendida, sendo apenas essa condição ponderada em sede de atenuação da pena – "(...) As mulheres, apesar do seu recato e privação dos negocios do mundo, têm a intelligencia suficientemente desenvolvida para conhecerem o bem e o mal, faltando-lhe mais prudencia e juízo do que intelligencia", ensina Sousa Pinto. V. A. M. Seabra d' Albuquerque, *Lições de direito criminal portuguez redigidas segundo as prelecções oraes do excelentissimo senhor Basilio Alberto de Sousa Pinto...*, *cit.*, p. 61. Januário Peres Furtado Galvão, *Tratado Elementar de Medicina Legal*, I, Typographia de Sebastião José Pereira, Porto, 1855, p. 165, a propósito da relevância do diagnóstico da monomania de modo a distinguir o doente do criminoso, indica que "no foro portuguez, felizmente, os Juizes não se intromettem na discussão das cousas medicas; e julgam em conformidade das decisões dos Peritos". A situação mudaria no final do século. Sobre a conformação legal da inimputabilidade devida à "loucura" no direito português desde as OF, v. Maria João Antunes, *Medida de Segurança de Internamento e Facto de Inimputável em Razão de Anomalia Psíquica*, Coimbra Editora, Coimbra, 2002, pp. 140 ss.

[1235] V. artigos 19º a 21º e 77º a 84º.

[1236] O que a Levy Maria Jordão parece desproporcionado, já que assim"reúne duas penas" – *Commentario...*, *cit.*, I, p. 181.

[1237] Apontando criticamente a solução legal, v. naturalmente Levy Maria Jordão, *ibidem*, p. 116.

A pena de degredo perpétuo pode ser agravada através do envio "para as possessões portuguezas orientais" em África[1238], em alternativa às ocidentais ou ao degredo para a Índia, sendo este expressamente convertido em degredo africano em caso de agravação. A perda de direitos políticos ou a expulsão do reino são agravadas com a aplicação de pena de multa.

As penas temporárias de trabalhos públicos, prisão maior e degredo podem ser agravadas através da sua duração, dentro do máximo legal previsto, ou pelas alterações previstas para as penas perpétuas. A agravação nas penas correccionais é conseguida pela associação de multa ou de prisão até 1 ano, quando a pena máxima de multa fora já decretada. A atenuação das penas é atingida pelo abreviar da sua duração ou pela substituição por pena menos gravosa, nos moldes previstos na lei. Um mínimo de pena deve, contudo, ser necessariamente atendido – na sua expressão mínima, para as penas correccionais, prisão correccional ou multa por três dias, desterro ou suspensão de emprego por três meses e suspensão de direitos políticos por dois anos.[1239] A pena é também desde logo resultado de uma apreciação em função das situações de reincidência, acumulação de crimes e tentativa ou crime frustrado, expressamente reguladas.[1240]

O Código prevê ainda o modo como a amnistia e o perdão régio[1241] operam sobre o procedimento criminal e sobre a execução da pena, bem como a situação

[1238] V. artigo 50º, proémio.

[1239] V. artigo 83º.

[1240] V. artigos 85º a 90º.

[1241] V. artigos 119º a 122º. O requerimento do perdão ou comutação de pena é considerado, em 1893, como uma prática "desde longo tempo estabelecida (...) por occasião da semana santa", fixando-se neste momento regras para a instrução destes pedidos, em função da incertza procedimental que se afirma verificada: os presos nas cadeias das comarcas deveriam apresentar o seu requerimento até dia 1 de Novembro aos delegados dos procuradores régios, que deveriam, até dia 25 do mesmo mês, instruir cada processo com os dados necessários, de um elenco que se apresenta (desigadamente, informação sobre a "conduta na cadeia", se qualquer indemnização a favor de vítima havia sido cumprida, de forma coerciva ou voluntária, ou se tinha já havido lugar a algum indulto). Os presos na Penitenciária de Lisboa formulariam o mesmo pedido perante o seu director – para pronúncia posterior do Conselho Penitenciário – e os presos nas cadeias das sedes das Relações junto dos procuradores régios respectivos. No que toca às penas de degredo em cumprimento, deveria o Ministério da Marinha e Ultramar remeter os editais que se afixavam nas prisões, indicando a forma e data de apresentação dos pedidos, "para serem affixados nos presidios das posessões em Africa" – v. Decreto de 18 de Maio de 1893. Após parecer do Ministério Público, os pedidos seguiriam para o Ministério da Justiça, sendo apreciados em seguida pelo Conselho de Estado, devendo colher vista dos conselheiros até 15 de Março. Com a instauração da República, o momento de concessão de indulto e comutação de penas passa a ser o aniversário do 5 de Outubro, mantendo-se o processo de 1893.

de prescrição e a de reabilitação – esta última, desiganando a modalidade administrativa, concedida pelo governo, a quem cumpriu pena ou beneficiou de perdão ou de prescrição, passado um período de 3 anos, e que permite recuperar o exercício de direitos políticos.[1242]

O papel do julgador na fixação da pena e da medida da pena – uma medida de discricionariedade judicial moldada pela lei – é igualmente objecto de pronúncia pelo Código. Aos juízes cabe fixar a "duração das penas temporarias"[1243], atendendo ao cumprimento dos prazos mínimos e máximos previstos na lei, e substituir ou modelar a pena devida, em função de circunstâncias agravantes e atenuantes.[1244] Ao juiz do julgamento cabe também apreciar qualquer "incidente contencioso" durante a execução da pena decretada.[1245] No entanto, várias das expressões punitivas tipificadas, plasmadas na parte especial do Código, alargam a intensidade de intervenção do julgador – definir a medida da pena não é sempre escolher um ponto preciso num intervalo previamente fixado pela lei de acordo com um desvalor apreciado em função de uma conduta certa e determinada; é também ainda fixar, se não discricionariamente, por vezes com grande liberdade e amplitude – ou seja, como se escreve, "pelo tempo que parecer aos juizes" – a medida da pena concreta e, o que é mais, a pena aplicável.[1246] Este relativo "arbítrio" consignado ao julgador, de fonte legal, foi uma opção dos redactores do Código, designadamente quanto à graduação das penas – "(...) só o Juiz póde em cada um dos casos especiaes graduar a sua duração dentro dos casos legaes" –, em oposição à fixação legal das incriminações – "aqui tudo é estricto, tudo é do ultimo rigor", escreve-se na exposição do projecto. Esta é uma concretização do princípio da legalidade penal que, seguindo afinal o modelo do Código francês de 1810, em que o julgador escolheria dentro de um máximo e mínimo de pena ou entre penas estabelecidas na lei, poderá ter resultado demasiado ampla a favor do julgador perante o que seria aquela intenção.[1247-1248]

[1242] A reabilitação é concedida "precedendo as necessarias informações das auctoridades administrativas" (artigo 129º, § 2º).

[1243] V. artigo 46º.

[1244] V. artigos 77º, 80º e 82º.

[1245] V. artigo 100º.

[1246] V. *v. g.* os artigos 425º, 4º, § único; 441º *in fine*; ou 448º. Esta última previsão é especialmente elucidativa, ao prever que possam ser punidos os condenados por quebra fraudulenta com degredo e "com algum tempo de prisão, se assim parecer aos juizes".

[1247] In *COLP*, 1852, p. 671. Ensinava Sousa Pinto: "(...) O genero da pena deve ser estabelecido pelo Legislador; a quantidade deve ser determinada pelo Juiz. Mas para coarctar ainda este arbitrio deixado ao Juiz, e de que muito póde abusar, deve o Legislador estabelecer o maximo e o minimo

Deve assinalar-se ainda que parte das previsões em relação à execução das penas – designadamente de prisão – previstas pelo Código resulta de algum *wishful thinking*. Assim, a condenação a "prisão com trabalho" acabaria na prática, de acordo com a própria previsão legal, em "degredo aggravado" seguido de prisão, já que se verificava a ausência de "estabelecimentos próprios para os trabalhos dos presos".[1249] De igual modo, a separação dos reclusos e a distinção entre estabelecimentos prisionais em função do estatuto processual e da graduação da pena dos seus habitantes é em grande medida uma aspiração legal e não uma realidade do quotidiano prisional, como adiante se verá.[1250]

Por outro lado, a configuração de um regime penal em que a pena de prisão deve substituir o degredo ou acompanhá-lo de forma muito intensa, quando colocada em alternativa, exige necessariamente a existência de espaços de reclusão. Ora o Código Penal é aprovado sem que esse aspecto esteja acautelado, o que leva a que a acção em torno das vantagens da penitenciária se acentue a partir de meados do século. As cadeias, em particular o Limoeiro e a Cadeia da Relação do Porto, por mais reorganizadas que fossem, não poderiam acolher o novo modelo – e apenas o fizeram atendendo a dois elementos mitigadores da extensa previsão

da pena, graduando-a aquelle entre estes dois pontos segundo as circunstancias" – Francisco d'Albuquerque e Couto e Lopo José Dias de Carvalho, *Lições de Direito Criminal redigidas segundo as prelecções oraes do ilustrissimo senhor Basilio Alberto de Sousa Pinto..., cit.*, 1845, p. 107. No Código Penal brasileiro de 1830, tomado em conta pelo legislador nacional, assumia-se no seu artigo 33º: "Nenhum crime será punido com penas que não estejam estabelecidas nas leis, nem com mais ou menos daquelas que estiverem decretadas (...) *salvo o caso em que aos juizes se permitir arbitrio*" (itálico nosso).

[1248] Em todo o caso, não deixa de ser elucidativo o conteúdo da Portaria de 29 de Novembro de 1864, pelo qual se verifica a existência de sentenças que condenam a "assignar termo de bem viver", quer como pena única, quer acompanhando uma pena de multa, passadas em juízos correccionais, de acordo com a previsão das Ordenações, e em total contrariedade com as penas correccionais do Código Penal. Vem aquele diploma precisamente instar o Ministério Público a recurso obrigatório quando tal suceda, uma vez que "(...) os termos de bem viver que a ordenação do reino permittia como meio comminatorio ou caução contra futuros damnos ou injurias, não podem hoje ter logar em materia criminal, em vista da legislação penal moderna", podendo haver assim lugar à responsabilidade dos juízes, "cuja ignorância não póde ser allegada". Sobre a caução de bem viver, realidade multiforme e de significado evolutivo, sem aplicação entre nós entre o Codigo de 1852 e a revisão do Código Penal em 1954, onde surge entre as medidas de segurança, enquanto "caução de boa conduta", v. em especial José Faria Costa, *A caução de bem viver – Um subsídio para o estudo da evolução da prevenção criminal*, separata do vol. XXI do BFDUC, Coimbra, 1980, pp. 102 ss.

[1249] V. artigo 99º. Tal regra parecia a Levy Maria Jordão "impropria" e deveria na prática resultar em "que as cadeas do Reino se achem vasias, e com que a maior parte dos criminosos sejam degradados" – *Commentario..., cit.*, I, p. 222.

[1250] V. artigos 97º e 98º.

legal: por um lado, como se notou atrás, as condenações a penas maiores representavam uma parte muito diminuta das sentenças; por outro lado, o degredo mantém-se como pena generalizada, sendo aliás conservada por muito tempo, arrisca-se, no imaginário punitivo e nas configurações de justiça, populares, políticas e judiciais, como a resposta expectável ao crime. O degredo, contudo, exige uma prisão prévia, mas que é ajustável por via administrativa. Quando chegada a prisão ao limite da sua lotação – e aqui é especialmente notória a pressão sobre a cadeia do Limoeiro –, encontra-se forma (ou seja, dinheiro para pagar a sua logística, a começar pela embarcação) de remeter ao Ultramar, o que será manifesto ainda nas primeiras décadas do século XX.

Não deixa assim de ser um exercício com utilidade cotejar esta consagração da prisão enquanto pena generalizada de acordo com o novo Código e uma amostra das condenações que os tribunais decretaram, de modo a tentar aferir o modo como a prisão foi adoptada, também na visão judicial, como pena padrão. Assim, com base nos livros de registo de entrada de presos da cadeia do Limoeiro[1251], base de trabalho para conhecer as penas aplicadas pelos tribunais, bem como a população presente na cadeia antes de qualquer condenação e as suas circunstâncias, analisaram-se alguns períodos imediatamente anteriores e posteriores ao início de vigência do novo Código.[1252]

Em primeiro lugar, é impressivo o resultado quanto a este último ponto. De facto, na cadeia, não estavam maioritariamente condenados nem condenados a penas de prisão, nem anteriormente nem nos primeiros tempos de aplicação do novo Código. Os tribunais – e, no caso, os juízes dos distritos criminais de Lisboa – enviavam para a cadeia, mas continuaram a condenar a degredo e só lentamente, como se pode notar, a prisão entrará no leque restrito de penas aplicáveis. De acordo com as condenações dos entrados no Limoeiro, degredo, em larga escala, e ainda trabalhos públicos, são as penas aplicadas, cabendo à prisão um papel residual, que apenas se tornará distinto à medida que a cultura de uma prisão punitiva e capacidades reais de prender numa duração alargada se forem ins-

[1251] Consultaram-se os elementos em causa no Arquivo Histórico da Direcção-Geral de Reinserção e Serviços Prisionais – Zona Sul (AHDGRSP), recém-instalado no actual Estabelecimento Prisional de Lisboa.

[1252] V., do fundo "Limoeiro – Cadeias Civis Centrais de Lisboa", os livros de assentos de presos (homens) colocados sob o nº 355, cota 2-49-D (de 12 de Junho de 1851 a 30 de Agosto de 1853) e nº 442, cota 2-51-C (de 31 de Agosto de 1853 a 21 de Fevereiro de 1856). A prisão deste período é um espaço de entradas e de saídas constantes, como uma simples apreciação dos registos demonstra. Espaço de circulação punitiva, mais do que espaço de pena.

talando, o que levará necessariamente tempo, ponderada ainda com a obrigatoriedade de converter a pena de prisão maior celular em degredo que se estabelece desde 1867, sem haver lugar ao funcionamento da prisão celular.

Assim, a leitura dos registos individuais demonstra à partida duas realidades antecipadas. Na cadeia está-se, neste período, essencialmente de forma preventiva, como "custódia", à ordem de um processo em curso, no caso daqueles incapazes de prestar fiança ou suspeitos de crimes que não a admitam, bem como, de forma igualmente transitória, no caso de presos pela autoridade policial, ainda sem validação judicial, "à ordem do Governo Civil"; ou a aguardar a execução da pena de degredo. Por outro lado, entre os condenados, parece clara a primazia absoluta da pena de degredo, sendo a pena de prisão ainda de aplicação incidental e não assumindo igualmente a condenação a trabalhos públicos uma dimensão relevante, sendo conhecidas dificuldades em ocupar estes condenados.[1253]

1851

Assento de presos – cadeia do Limoeiro (12 de Junho de 1851 – 12 de Setembro de 1851): presos condenados e entrados "à ordem do juiz" ou "em custódia"

Total de entrados	337	
Condenados	78 (23,1%)	
Não condenados	259 (76,7%)	
Entre os não condenados:	*Remetidos à cadeia "à ordem do juiz" (distritos criminais de Lisboa ou Relação de Lisboa)*	167 (49,5%)
	Remetidos à cadeia "em custódia" à ordem do Governo Civil	92 (27,2%)

[1253] O contraste com uma realidade apresentada estatisticamente por Georg Rusche e Otto Kirchheimer, *Punishment and social structure...*, *cit.*, p. 103, é evidente: entre as condenações penais em Inglaterra nas três primeiras décadas do século XIX, encontra-se já uma preponderância clara da pena de prisão, mesmo que acompanhada por degredo posterior, sendo contudo igualmente de notar a curta duração, em regra, desta prisão punitiva, de duração raramente superior a 2 anos.

1853

Assento de presos – cadeia do Limoeiro (12 de Junho de 1853 – 12 de Setembro de 1853): presos condenados e entrados "à ordem do juiz" ou "em custódia"

<table>
<tr><td>Total de entrados</td><td colspan="2">249</td></tr>
<tr><td>Condenados</td><td colspan="2">151 (60,6%)[1254]</td></tr>
<tr><td>Não condenados</td><td colspan="2">98 (39,3%)</td></tr>
<tr><td colspan="3"></td></tr>
<tr><td rowspan="2">Entre os não condenados:</td><td>Remetidos à cadeia "à ordem do juiz" (distritos criminais de Lisboa ou Relação de Lisboa)</td><td>85 (34,1%)</td></tr>
<tr><td>Remetidos à cadeia "em custódia" à ordem do Governo Civil</td><td>13 (5,2%)</td></tr>
</table>

1854

Assento de presos – cadeia do Limoeiro (1 de Outubro de 1854 – 31 de Dezembro de 1854): presos condenados e entrados "à ordem do juiz" ou "em custódia"

Total de entrados	168
Condenados	30 (17,8%)
Não condenados	138 (82,1%)

[1254] O elevado número de condenados neste período, em contraste com 1851 e com anos subsequentes, tem explicação numa remessa única ao Limoeiro de um elevado número de condenados a degredo – os degredados eram remetidos das diversas cadeias do Reino à prisão de Lisboa, onde ficariam a aguardar envio para degredo, sendo transportados para Lisboa em conjunto, pelo que a sua entrada em grupo na cadeia inflaciona necessariamente o "número de presos condenados" num período de tempo reduzido. É certo que se trata de um elemento que perverte o que se pretende demonstrar, mas, dada a explicação em causa, optou-se por manter os dados, que ilustram assim também uma outra realidade da cadeia. De facto, no verão de 1853, encontra-se o registo de entrada no Limoeiro de 114 homens "sentenciados para o Ultramar", sem destino ou duração de pena determinados no seu registo individual, que explicam esta momentânea inflacção de "condenados" na cadeia. Os registos de 1854 e 1855 regressam aliás a uma proporção próxima da que se encontra em 1851. Anulada que fosse esta *leva* extraordinária em 1853, a proporção de condenados e não condenados seria também semelhante.

1855

Assento de presos – cadeia do Limoeiro (1 de Outubro de 1855 – 31 de Dezembro de 1855): presos condenados e entrados "à ordem do juiz" ou "em custódia"

Total de entrados	157
Condenados	21 (13,3%%)
Não condenados	136 (86,6%)

Assento de presos – cadeia do Limoeiro: penas decretadas a entrados como condenados no Limoeiro nos períodos considerados

	1851	1853	1854	1855
Total de condenações	78	151	30	21
Morte	-	-	1[1255](3,3%)	-
Degredo	72 (92,3%)	128[1256] (84,7%)	21 (70%)	11 (52,3%)
Trabalhos públicos	4 (5,1%)	14 (9,2%)	4 (13,3%)	1 (4,7%)
Prisão	2 (2,5%)	9 (5,9%)	4 (13,3%)	9 (42,8%)

***

A crítica de base correccionalista ao texto de 1852 vai determinar a abertura quase imediata do seu processo de revisão.[1257-1258] Como se anotou atrás, são cria-

[1255] J. P., "almocreve", entra no Limoeiro a 3 de Dezembro de 1854 como condenado a "pena ultima", por "morte". O seu registo da prisão indica-nos, contudo, que seguiu para degredo em 29 de Junho de 1859, a bordo da fragata *D. Fernando*, pelo que se presume necessariamente a comutação da pena por intervenção do poder moderador.

[1256] V. a explicação apresentada na penúltima nota.

[1257] Em 1854, determina-se aos Presidentes das Relações de Lisboa, Porto e Açores que pudessem apresentar os "inconvenientes ou estorvos que encontrassem na execução do Codigo Penal Portuguez" e indicar se estes provêm "da falta de Codigo de processo criminal, ou de outros motivos" – v. Portaria de 10 de Julho de 1854.

[1258] Sobre as vicissitudes do processo de codificação penal entre 1820 e 1861, v. também A. M. Seabra d'Albuquerque, *Lições de direito criminal portuguez redigidas segundo as prelecções oraes do excelentissimo senhor Basilio Alberto de Sousa Pinto..., cit.*, 1861, pp. 31 a 33.

das sucessivamente duas comissões com esse fim[1259], a segunda das quais apresentará um projecto em 1861, tendo entregue trabalhos parciais em 1859 e 1860, e novamente um projecto revisto em 1864, na prática apontando para um novo Código Penal e não para uma mera revisão do vigente.[1260] Sabe-se que ambas as

[1259] Imediatamente pelo Decreto de 6 de Junho de 1853, é formada uma comissão revisora do Código Penal, presidida pelo ministro da Justiça e composta pelos três membros da comissão redactora inicial e ainda por Joaquim António de Aguiar, Francisco de Paula de Aguiar Ottolini, Basílio Alberto de Sousa Pinto, Ricardo Nogueira Soares, Justino António de Freitas e Gaspar Joaquim Telles da Silva, e que deverá também propor alterações ao processo penal. No ano seguinte, não obstante as dúvidas suscitadas, o Código de 1852 vê a sua aplicação estendida às províncias ultramarinas, pelo Decreto de 18 de Dezembro de 1854, com uma única adaptação imediata: é fixada como pena adicional a prestação de trabalho obrigatório, para escravos ou libertos quando obrigados a trabalho, que fossem condenados a prisão maior simples ou a prisão correccional (artigo 2º). A Lei de 12 de Maio de 1856 confirmaria esta aplicação ultramarina do Código. Em 1857, tendo em conta a impossibilidade de obter o resultado da primeira comissão designada ("a maior parte dos vogaes ou falleceram ou se ausentaram ha muito da capital por motivo justificado", lê-se no novo diploma), é nomeada uma nova comissão, por Decreto de 30 de Dezembro de 1857, presidida por Joaquim António de Aguiar e contando como seus vogais com Silva Ferrão, Castro Neto Leite e Vasconcelos, Rodrigo Nogueira Soares e Levy Maria Jordão, que a secretaria. Pelo Decreto de 3 de Fevereiro de 1858, o presidente e dois dos vogais iniciais são substituídos, a seu pedido, reformulando na prática a quase totalidade da sua composição. A comissão passa a ser presidida por António de Azevedo Mello e Carvalho, conselheiro do Supremo Tribunal de Justiça e, no lugar de Leite e Vasconcellos e de Nogueira Soares, são nomeados José António Pereira Lima, juiz da Relação de Lisboa, e Joaquim Pereira Guimarães, ajudante do procurador na mesma Relação. Por Portaria de 21 de Setembro de 1859, irá aliás agradecer-se e louvar-se o esforço dos membros da comissão na entrega da revisão da primeira parte do Código Penal. Em 1860, conhecem-se desde logo os principais autores estrangeiros correspondentes e de algum modo inspiradores e colaboradores da comissão e que são, por tal facto, condecorados por D. Pedro V: Mittermaier, Bonneville de Marsangy, Ortolan, Eduardo Calmels, Haus e Molinier. Os dois primeiros recebem a comenda de Santiago de Espada e os demais são investidos cavaleiros da mesma ordem (v. também a Portaria de 30 de Junho de 1860). A comissão revisora virá também a ser novamente louvada por Portaria de 18 de Dezembro de 1861, após a entrega do projecto a 7 de Dezembro do mesmo ano, assinado apenas por Mello e Carvalho, Pereira Lima e Levy Maria Jordão.

[1260] Por Portaria de 23 de Outubro de 1865, verifica-se que o ministro Barjona de Freitas envia exemplares do projecto de revisão de 1864 aos presidentes dos tribunais superiores, procurador-geral da Coroa, Universidade de Coimbra, Academia Real das Ciências e Associação dos Advogados de Lisboa, para comentários, tendo em conta que a comissão apresentara, no projecto, "doutrinas que, convertidas em lei, fariam na legislação criminal do reino graves e profundas alterações (...) não obstante a harmonia e conformidade de taes doutrinas com os progressos do direito penal e o estado actual d'esta sciencia (...)". Paulo Merêa assinala que a Universidade nomeia uma comissão para emitir aquele parecer em 6 de Novembro (composta por Henriques Secco, Bernardo de Albuquerque e Fernandes Vaz), mas desconhece-se qualquer trabalho que possa ter produzido – assim, Paulo

intenções soçobraram, mas foram determinantes para manter a temática punitiva e a reforma prisional na agenda pública e parlamentar até à reforma penal de 1867 e à revisão do Código em 1884.[1261]

Pelos trabalhos publicados pela comissão revisora em 1861[1262] – são apresentados o relatório justificativo e o projecto de alteração ao Código, bem como diversos anexos de informação –, é possível também aferir as influências efectivas[1263] designadamente na ponderação de opções quanto às penas aplicáveis e ao modelo em que a prisão deveria ser cumprida[1264], havendo uma clara opção pela prisão em regime penitenciário, completada com degredo, mesmo tendo sido este ainda considerado como pena autónoma.[1265]

Num contexto em que se admitem apenas quatro penas (morte, prisão, degredo e multa, sendo a pena de morte retirada do projecto na sua versão de

Merêa, *Estudos...*, *cit.*, p. 283. V. também, sobre os projectos de 1861 e 1864, Tiago Pires Marques, *Crime e castigo...*, *cit.*, pp. 56 ss.

1261 Um "Código Penal" é, contudo, aprovado precisamente em 1864 em Portugal – trata-se do "Codigo Penal e Disciplinar da marinha mercante portugueza", publicado pela Lei de 4 de Julho de 1864. Neste diploma, distinguindo-se entre "crimes", delictos" e "faltas ou contravenções" específicos da marinha civil, são punidos os dois últimos tipos também com penas que podem chegar à "prisão" ou "reclusão" na embarcação, bem como com a colocação a "ferros" e a aplicação de multas. Os crimes, cujos tipos e penas são os previstos na lei geral, a par de alguns "crimes marítimos", punidos aqui com degredo, quando cometidos a bordo, deveriam ser julgados pelos tribunais comuns, enquanto as demais faltas e delitos seriam respectivamente da jurisdição do capitão da embarcação ou dos tribunais marítimos, cuja competência e processo se fixa. Sobre este código, v. Manuel Dias da Silva, *Elementos...*, *cit.*, pp. 394 a 398.

1262 *Codigo Criminal Portuguez / Relatorio da Comissão* (tomo I) e *Projecto da Comissão* (tomo II), Imprensa Nacional, Lisboa, 1861.

1263 Marc Ancel refere que, no projecto de revisão do Código nacional, se notavam influências "(...) de l'utilitarisme, d'une part, de l'École libéral française, d'autre part, et enfim de l'Allemand Roeder" – Marc Ancel, *Les Codes...*, tomo III, *cit.*, p. 1517.

1264 É também publicada no relatório do *Codigo Criminal Portuguez*, *cit.*, tomo I, pp. 253 a 264, uma listagem da bibliografia e documentação consultadas pela Comissão, designadamente em matéria prisional, verificando-se o seu conhecimento dos adeptos do modelo celular nas três décadas anteriores, particularmente de língua francesa, retratando as experiências francesa, belga ou suíça, mas também os autores alemães e as referências às realidades inglesa e norte-americana bem como aos congressos internacionais. Adeptos de Filadélfia e adeptos de Auburn, teóricos e práticos, académicos e funcionários, higienistas e filantropos, todos são conhecidos em paralelo.

1265 Era previsto um máximo de 6 anos de encarceramento celular, devendo a pena remanescente ser cumprida em degredo – v. artigos 121º, § único, e 122º do projecto de 1861. Mas também a execução de qualquer condenação a degredo deveria ser antecedida de um período em prisão celular, não inferior a 6 meses ou superior a 2 anos (artigo 132º, § único).

1864), quanto à prisão, ponderados em particular os modelos prisionais de Filadélfia e de Auburn, a comissão irá optar pela vantagem de um regime de isolamento celular contínuo, mas executado agora com ensino, *moralização*, trabalho celular obrigatório e visitas regulares aos reclusos, o modelo que será recebido também pela reforma de 1867.[1266] Mas, de forma inovadora entre nós, casas de correcção para menores e colónias agrícolas são também previstas, bem como outros indicadores de um modelo construído em função do desempenho do condenado, enquanto ferramentas complementares ao regime penitenciário: o uso da liberdade condicional bem como da detenção suplementar, a possibilidade de aplicação de uma pena suspensa ("condenação condicional"), a preparação da vida em liberdade de um recluso pela constituição de fundos de reserva através da remuneração do seu trabalho na prisão, a conformação de "sociedades de patrocínio" e de "colonias de refugio penal" que possam acolher recém-libertados[1267], bem como, no degredo, a categorização dos condenados em "incorrigíveis, duvidosos e melhorados", classes entre as quais era possível a circulação, por determinação da autoridade prisional, usada como recompensa ou como meio disciplinar.[1268]

[1266] "Na pena de prisão verifica-se a separação absoluta, contínua e radical de dia e de noite entre os criminosos, systema pelo qual a commissão se pronuncia depois de serio e aturado estudo sobre o assumpto, e sem o qual entende ser uma chimera toda a tentativa de regime penitenciario por meio de prisão. (...) A este systema, que não tem por base o *solitary confinement*, ou isolamento de Philadelphia, porque á distracção do trabalho junta *para cada preso* a instrucção profissional, intellectual e moral, a educação religiosa, e a communicação com a familia, amigos, mestres, capellães e pessoas religiosas que podem concorrer para o seu melhoramento (...) não são aplicáveis de fórma alguma os argumentos mais serios apresentados contra a prisão cellular, e deduzidos do perigo para a saude e intelligencia dos condemnados, não só porque não existe o isolamento barbaro accusado de produzir tão funestos effeitos, mas até mesmo porque o systema cellular já está absolvido d'essa accusação pela academia de medicina de Paris e pelos grandes mestres da sciencia medica (...)", pode ler-se no relatório da Comisão, *Codigo Criminal Portuguez*, tomo I, *cit.*, 1861, pp. 65 e 66.

[1267] *Idem, ibidem*, pp. 95 a 99. Pierre Cannat, *Droit Pénal...*, *cit.*, pp. 7 a 11, assegura também a inovação do projecto penal e penitenciário de Levy, como obra "profundamente humana e moderada", destacando igualmente a impressão causada nos penitenciaristas europeus da época.

[1268] V. artigo 134º do projecto de 1861. Na versão de 1864, os "incorrigíveis" são considerados agora como "perversos" (v. artigo 133º), de modo a procurar afastar uma ideia absoluta de incorrigibilidade, incompatível com o espírito aposto à reforma, como anota Henriques da Silva, *Elementos...*, *cit.*, fasc. II, p. 84, o mesmo sentido que vai presidir à categorização de delinquentes da reforma prisional de 1936.

b. A afirmação do paradigma penitenciário

O ano de 1867 fica marcado pela aprovação decisiva da reforma penal pela qual se vai abolir a pena de morte e a pena de trabalhos públicos, assim modificando de forma global o sistema de penas fixado em 1852, e instituir o regime penitenciário de isolamento no cumprimento da pena de prisão. Assume finalmente também um modelo generalizado de pena em que a prisão celular e o degredo, em associação, se afirma como padrão punitivo. Pela Lei de 1 de Julho de 1867[1269], proposta do ministro Barjona de Freitas, num governo chefiado por Joaquim António de Aguiar, as penas[1270] de morte e de trabalhos públicos são formalmente abolidas e substituídas respectivamente pela prisão celular perpétua e, no caso dos trabalhos públicos perpétuos, pela pena de prisão maior celular por 8 anos seguida de 12 anos degredo em África. Os trabalhos públicos temporários são substituídos por prisão maior celular por 3 anos seguida de degredo entre 3 e 10 anos.

A prisão perpétua, de regime comum, é trocada pela pena de prisão maior celular por 6 anos seguida de degredo por 10 anos. A prisão maior temporária, que poderia ser aplicada por 3 a 15 anos, passa a ser cumprida como prisão maior celular de entre 2 a 8 anos, a mesma pena que recebem os crimes punidos até aqui com pena de degredo temporário, no que é um reforço importante do uso da prisão. A pena de degredo perpétuo é também substituída pela prisão maior celular por 4 anos seguida de 8 anos de degredo. A prisão correccional é reduzida para reclusão até 2 anos, sem obrigar necessariamente a trabalho, a ser cumprida nas prisões de distrito (mais de 3 meses) ou de comarca (até 3 meses), em regime celular mitigado.[1271]

Barjona de Freitas, no relatório que acompanha a proposta[1272], aponta pois a finalidade de se conseguir que o "delinquente, ao fecharem-se sobre elle as portas do carcere, possa ainda volver rehabilitado á sociedade, regenerado pelo arrependimento e remido pelo castigo", acomodando as prisões às novas exigências do tempo, e acompanhando aquelas de um novo modelo de penas.[1273] A reforma

[1269] Na mesma data da reforma penal e penitenciária também se fixam regras de competência internacional em matéria penal, por outra lei datada de 1 de Julho de 1867.

[1270] V. artigos 1º a 9º da Reforma penal e de prisões (RPP) aprovada pela Lei de 1 de Julho de 1867.

[1271] V. artigos 33º ss. da RPP.

[1272] V. *Diario de Lisboa*, nº 49, 1867, pp. 594 e 595.

[1273] "Fôra incompleto o meu trabalho, se reformando as prisões mantivesse inalteraveis as penas", escreve Barjona (p. 594).

de 1867[1274], uma concretização afinal do projecto mais amplo de reforma penal gorado, parece pois perfilhar, como se escreveu, uma ideia de reforma do condenado, mantendo uma dimensão intimidatória da pena.[1275] A substituição da pena de morte pela prisão celular perpétua é exemplo de como se procurou atenuar eventuais receios sociais que a abolição daquela pena suscitasse, com a consciência clara de que a perpetuidade da pena sustém uma contradição com os fins da reforma.[1276] Esta pena de prisão celular perpétua assume, então, de forma consciente, um carácter essencialmente simbólico, nunca tendo sido executada entre nós: cumpre a função de sinalizar que a suavização das penas não significa o abandono absoluto da intimidação exemplar associada à aplicação da pena, mesmo se, em concreto, não se espera realmente o seu cumprimento, um sentido de exemplo abstracto que toda a legislação histórica demonstra – não só punir é prevenir, como também ameaçar punir também o é.[1277]

[1274] Adelino António das Neves e Mello, *op. cit.*, pp. 84 e 85, assinala que o parlamento estava mais vocacionado para a aprovação de medidas penais de forte significado simbólico, *maxime* a abolição da pena de morte, que para uma ponderação apurada do regime penitenciário a implementar e das necessidades dessa implementação: "Levados pelo sentimento do bem e por uma certa intuição de justiça, approvavam e applaudiam a nova reforma das cadeias, ignorando porém a maioria as modificações por que tinha passado o regimen celular desde o estabelecimento das penitenciarias de Philadelphia, de Gand e de Louvain".

[1275] V. António Azevedo Castello Branco, *Notice...*, *cit.*, p. 13 e Henriques da Silva, *Elementos...*, *cit.*, fasc. II, pp. 93 ss.

[1276] "Senhores, notae que fallei em prisão celular perpetua. Estranho parece que na ocasião em que intento expungir da legislação criminal a mais severa e odiosa de todas as penas, deixe ainda no seu rasto a perpetuidade da prisão cellular. A perpetuidade das penas suppõe a incorrigibilidade dos delinquentes. É a condenação irrevogavel. E á luz dos principios que hoje dominam a penalidade, as penas devem tender não só a punir o mal perpetrado, senão tambem a corrigir e reformar o criminoso. Assim é; mas ao eliminar da legislação a pena de morte importava assegurar a sociedade contra os crimes de mais levantada gravidade, e oppor na perpetuidade da pena invencivel obstáculo á repetição d'elles" – *Diario de Lisboa*, nº 49, 1867, p. 594. A perpetuidade da pena deveria então ser eventualmente mitigada pelo exercício do perdão régio, chamado este expressamente a "temperar o rigor da punição".

[1277] A comissão de legislação da Câmara dos Deputados, em parecer de que foi relator António Pequito Seixas de Andrade, é globalmente elogiosa em relação à proposta de reforma penal e prisional e assenta, em relação à manutenção de uma pena de prisão perpétua, em que "o poder moderador, sabiamente exercido, commutará, quando o aconselhem os principios de justiça e equidade, a pena substituida, fazendo assim com que não se extinga nos criminosos a que for imposta o estimulo da sua reforma moral" – *Diario de Lisboa*, nº 141, 1867, p. 2018. Na discussão na Câmara dos Pares, contudo, será mais directa a crítica. Mello e Carvalho afirmará, perante o ministro Barjona de Freitas, quanto a um eventual perdão régio e à perpetuidade da pena: "Eu não queria que fosse como

No entanto, tardia aplicação tiveram vários dos elementos de novidade que a lei de 1867 pretendia concretizar. A pena de morte é abolida, mas, na ausência de prisões celulares, vê-se substituída por trabalhos públicos perpétuos, solução do próprio diploma reformador. As novas penas de prisão maior e de prisão correccional, agora ambas a prever isolamento celular, a ser cumprido nas novas prisões, terão de esperar pela construção da Penitenciária de Lisboa, finalizada apenas em 1885, para obter uma existência para além do disposto na lei.[1278-1279]

graça, mas sim como um direito, porque de contrario o homem que por ventura reformar os seus costumes póde ainda assim ficar preso toda a vida, porque da graça póde o poder moderador nem sempre querer usar" (*Diario de Lisboa*, nº 147, 1867, p. 2122). No parecer da comissão de legislação da Câmara dos Pares, onde participam designadamente Silva Ferrão e Moraes Carvalho, lamenta-se que a proposta não inclua a consagração da "libertação preparatoria" e da "detenção supplementar", os "dois grandes auxiliares do systema" penitenciário. Note-se que Moraes Carvalho, como Martens Ferrão, Aires de Gouveia ou Levy Maria Jordão, havia sido membro da comissão criada no final de 1864 que deveria escolher o regime penitenciário concreto a ser aplicado entre nós. E todos eles haviam proposto, em capacidades distintas, um modelo mais avançado para a execução de pena de prisão celular. Neste parecer, a comissão vê também a perpetuidade da prisão celular como uma medida de "transição de um para outro systema" (*Diario de Lisboa*, nº 147, 1867, p. 2121).

1278 João da Silva Mattos, *op. cit.*, pp. 128 e 129, forte crítico do modelo, vê a falta de concretização da reforma de 1867 "mais pelo receio e pela desconfiança, que o systema cellular já inspirava, do que por lhe faltarem as condições materiaes para se fazerem os primeiros ensayos. Algumas vez haviamos de lucrar com o principio dos adiamentos indefinidos, tão vulgares em Portugal, quando se trata de experiencias tendentes a introduzir uma certa melhoria nas instituições sociaes".

1279 Uma proposta de reforma penal do ministro da Justiça José Luciano de Castro é apresentada na Câmara dos Deputados em 14 de Maio de 1870, no intuito de, perante a impossibilidade imediata de aplicar o regime penitenciário, aligeirar as penas aplicáveis, recorrendo para tal, em grande medida, ao degredo, complementado por vezes com prisão ultramarina. Esta proposta substituía, por exemplo, a pena de morte por degredo perpétuo para Moçambique, com prisão no lugar do degredo; a de trabalhos públicos perpétuos por degredo perpétuo para a costa ocidental africana; e a de trabalhos públicos temporários também por degredo com prisão até 3 meses. A queda quase subsequente do governo ditaria o seu fim. Em 6 de Maio de 1871, nova proposta de reforma penal é apresentada ao parlamento, pelo ministro José Marcelino de Sá Vargas, ministro por apenas seis meses, retomando em parte o projecto de 1870. O antecessor na pasta de Lopo Vaz de Sampaio e Mello, Júlio Marques de Vilhena, apresenta também um projecto, a 23 de Dezembro de 1883, em que pretende abolir a prisão celular perpétua. V., sobre estas propostas goradas, Henriques da Silva, *Elementos...*, *cit.*, fasc. II, pp. 99 a 105. Estas propostas são também referenciadas em levantamento sobre os trabalhos de reforma penal desenvolvidos desde 1852 que o ministro da Justiça Adriano d'Abreu Cardoso Machado manda elaborar em Agosto de 1880, por forma a responder a uma solicitação da Embaixada de França em Lisboa, que pedia acesso aos ditos trabalhos, para o que fora solicitada por um magistrado francês, tradutor do Código Penal português naquele país (ANTT, MNEJ, mç. 335, nº 5 (2)]. No expediente deste processo, há um documento, manifestamente um rascunho em que se coligem informações diversas, que indica a nomeação de uma comissão de

Neste processo, antecipa-se a nova reforma penal realizada em 1884[1280] e que é depois incorporada na publicação oficial do Código que vê a luz em 1886.[1281] No contexto do sistema de penas por esta instituído, a caminho da criação de um "direito correctivo coerente"[1282], como o descreveu Jescheck, destaca-se a supressão das penas perpétuas, designadamente da prisão.[1283]

Já fora do alcance do correccionalismo militante, na base da reforma no que toca à fundamentação da punição parece ainda estar a ideia de reparação do dano provocado pelo crime, mesmo que com objectivos, secundarizados, de correcção do criminoso e de prevenção. A correcção do criminoso não é sustentada como fim prevalente da pena, mas encontra-se ainda configurada como limite da pena e como um objectivo necessário do regime penitenciário. Assim, a pena deve essencialmente ser um castigo proporcional ao dano provocado e, como tal, também uma pena perpétua (ou indeterminada), que fosse ajustável à medida do grau de correcção revelado pelo condenado, não pode ser justificada. Enaltece-

reforma penal por decreto de 8 de Outubro de 1874, que não se localizou, que seria presidida pelo ministro da Justiça (Barjona de Freitas), tendo por secretário Silveira da Motta, ao tempo director no ministério, afirmando-se que "foram aprovadas as disposições geraes, relativas aos crimes, ficando por concluir as relativas ás penas", sendo "relator d'esta parte geral o cons. Lopo Vaz". Mais se anota que não se teria publicado nenhum trabalho desta comissão. Navarro de Paiva menciona também a mesma comissão e o trabalho de Lopo Vaz de Sampaio e Mello, considerando que o proponente da reforma de 1884 teria "feito estudos especiaes sobre este momentoso assunto, como membro distincto que era da commissão" – J. C. Navarro de Paiva, *Observações á Nova Reforma Penal*, in RT, ano 3º, nº 50, 1884-1885, Imprensa Ferreira de Brito, Porto, 1884, p. 19.

[1280] Pela Lei de 14 de Junho de 1884, anterior ao efectivo funcionamento de um "sistema penitenciário" em Portugal, conforme se assume desde logo no artigo 44º da Nova Reforma Penal aprovada por este diploma (NRP). O relatório das propostas (a par da reforma penal, uma proposta sobre o processo de polícia correccional e outra visando estabelecer o funcionamento efectivo do regime penitenciário) que deram entrada na Câmara dos Deputados a 10 de Março de 1884 assinadas pelo proponente ministro Lopo Vaz de Sampaio e Mello, foi publicado no *Diario do Governo* nº 57, de 11 de Março de 1884 e também autonomamente: *Relatorio da proposta de lei da nova reforma penal*, in RLJ, nºs 898 a 911, ano 18º, Imprensa da Universidade, Coimbra, 1885.

[1281] O "novo" Código Penal é publicado pelo Decreto de 16 de Setembro de 1886, incluindo de forma consolidada as alterações promovidas em 1884. Tavares de Medeiros, *op. cit.*, p. 194, descreve assim o processo: "La loi du 14 juin 1884 (...) ne fit que mettre d'accord les peines du régime cellulaire, inauguré par la loi du 1er juillet 1867, avec les dipositions du code, en abolissant la peine de mort et toutes les peines perpétuelles et en modifiant quelques-unes des peines temporaires et des dispositions sur la responsabilité en générale et certains crimes en particulier. C'est avec de semblables modifications qu'apparut le code actuel (...)".

[1282] Hans-Heinrich Jescheck, *op. cit.*, p. 13.

[1283] V. artigos 46º e 47º NRP.

-se a paridade que deve haver entre crime e pena, com base numa ideia de retribuição. O dano é, nesta perspectiva, sempre reparável e transitório e a pena aplicada ao criminoso deve ser equiparável no sofrimento que comporta junto do condenado ao dano provocado na "ordem moral da sociedade".[1284] Como escreve Castello Branco, "o castigo é uma indemnisação e a necessidade de regenerar o delinquente impõe-se apenas como meio conveniente para restabelecer a tranquilidade publica".[1285] É notório encontrar-se na Reforma também uma rejeição liminar das novas doutrinas penais puramente preventivas, que começavam a ser sustentadas e logo largamente disseminadas também entre nós. O Código mantém-se um reduto de defesa de uma imputação retributiva baseada na culpa e na vontade do delinquente, nem sequer abrindo lugar às possibilidades da liberdade condicional ou da detenção suplementar, que vinte anos antes se preparavam, ou sequer admitindo regimes diferenciados – e estabelecimentos diferenciados – para a execução das penas de prisão e de degredo, cuja tipologia estava sobejamente disponível na doutrina, na prática internacional e em projectos nacionais.

Assim, afastadas as penas perpétuas[1286], em grande medida pela confiança depositada no novo sistema penitenciário pronto a funcionar, agora reencon-

[1284] Justifica Lopo Vaz no *Relatorio*: "O castigo dos delinquentes indemnisa a sociedade, o sofrimento, que resulta do cumprimento da pena, compensa e anulla a ruim influencia (...), a aplicação dos processos mais convenientes para obter a regeneração dos que se desviaram do caminho da legalidade e da honra completa e avigora o restabelecimento do socego publico. E por isso (...) que prefiro o systema penitenciario a qualquer outro systema penal, visto que nenhum satisfaz como aquelle aos trez fins a considerar – o castigo, a intimidação e a emenda. Aquelles que consideram, como fim único da pena a emenda do criminoso (...) transformam o criminoso em collegial, augmentando-a ou diminuindo-a em nome do estado moral da victima. Este deploravel exagero vái até ao ponto de que alguns delles chegam a declarar legitima a duração indeterminada ou perpetua da pena, quando é indeterminada ou perpetua a incorrigibilidade do criminoso".

[1285] António d'Azevedo Castello Branco, *Estudos... cit.*, p. 111.

[1286] Sobre a lei de 1 de Julho de 1867, escreveu-se: "Esta lei é realmente um monumento de sciencia e de precisão; mas (...) durante dezassete annios, a lei não fez senão complicar a jurisprudencia na aplicação das penas, e annular muitas sentenças, sem o menor beneficio para o paiz, pois as suas disposições não chegaram a ser a ser aplicadas a um só condemnado (...) O snr. Barjona de Freitas, auctor d'aquella lei, anteviu os incorrigiveis, e para esses não ha penas temporarias que sirvam. Usando d'aquella cautela, fez o que fizeram quasi todos os estados da Europa, adaptando o systema celular com certas reservas (...). O snr. Lopo Vaz, em 1884, entregou-se mais confiadamente ao systema; mas a lei franceza de 27 de maio de 1885 e a nossa de 21 de abril de 1892 vieram provar que elle se enganára. Com efeito, a sciencia tem hoje reconhecido a existência de tres ordens de criminosos – os de ocasião, os habituaes e os incorrigiveis –. Para estes ultimos ha só uma pena, a eliminação. A differença de vistas entre o legislador de 1867 e o de 1892 está somente em que o

trado, a este nível, com o seu espírito reformador inicial[1287], a graduação punitiva sofre também mudanças, mesmo que o modelo, conforme desenhado em 1867, de prisão celular e de prisão celular seguida de degredo complementar, continue a ser o paradigma da pena maior. Afinal, é apenas este o momento em que a pena de prisão está em condições de começar a ganhar o espaço que se lhe previa em 1852, não apenas na lei, mas na prática.

Num contexto ainda de aplicação das penas previstas pelo Código de 1852, em parte alteradas pela reforma de 1867, a pena mais grave é fixada em 8 anos de prisão celular seguida de 20 anos de degredo[1288], com ou sem prisão no lugar de degredo até 2 anos, de acordo com determinação do juiz, aplicável aos crimes antes punidos com pena de morte nos termos do Código Penal. Mas, na ausência da prisão celular, prescreve-se uma inversão: pena de degredo de 28 anos com prisão no lugar de degredo de 8 a 10 anos, sucedendo assim à pena de trabalhos públicos perpétuos, definitivamente abolida, tal como a sua versão temporária.[1289] O suavizar das penas aplicáveis, com base numa prisão penitenciária[1290], é acompanhado por um esforço para lhes assegurar uma maior proporcionalidade sistemática, atendendo às diversas incriminações.

primeiro induziu a incorrigibilidade da natureza do crime, o segundo atendeu tambem ao numero de reincidencias" – Manoel José Dias Salgado e Carneiro, *op. cit.*, pp. XXXII e XXXIII.

1287 "Desde que a lei reconhece que, segundo um systema penal não é necessaria a perpetuidade da pena, nem para a punição bastante dos réos, nem para a manutenção da segurança geral, não ha razões que devam prevalecer contra a supressão desta perpetuidade, logo que estejam preenchidas, como de facto estão, as condições necessarias para a execução material daquele systema. Por esta forma os grandes criminosos (...) soffrerão desde logo a restricção mais intensa da liberdade de que abusaram, e irão em seguida para a Africa, não, como actualmente, dominados pelas ruins paixões (...) mas sim como penitenciados, depois de terem sido submettidos aos benefico influxo do nosso systema penal, podendo finalmente entrar ainda na sociedade emendados e rehabilitados, e ser uteis a si, á familia e á patria", lê-se no relatório.

1288 V. também Manoel José Dias Salgado e Carneiro, *op. cit.*, pp. XXXVII ss.

1289 V. artigos 48º, 49º e 50º, 1º da NRP.

1290 Que encontra detractores de peso: louvando a "reducção das penas", afinal "em harmonia com o estado da nossa civilisação, com a brandura dos nossos costumes, e com a praxe quasi uniforme de julgar", José Dias Ferreira critica, no entanto, o uso generalizado da pena de prisão, preferindo, por mais aptas a prover à "rehabilitação do criminoso", o degredo, a expulsão do reino ou o desterro, vendo na prisão uma "vindicta publica", o que se acentuaria na "prisão aperfeiçoada no sentido de ser ainda mais dolorosa e prejudicial", ou seja, no regime penitenciário – José Dias Ferreira, *Discurso sobre a Reforma Penal proferido na sessão de 18 de Abril de 1884*, Imprensa Nacional, Lisboa, 1884, pp. 2 e 3. Para Dias Ferreira, "a pena de prisão é, em definitiva, a mais desmoralisadora e a mais cara de todas as penas, como é a mais contraria ao direito de punir e aos principios liberaes" (p. 5).

Esta necessidade de fazer equivaler as penas estabelecidas no Código Penal e as penas passíveis de aplicar naquele momento, ainda de inexistência de prisão celular, leva a novas conversões, conforme também já se prescrevia na legislação de 1867, aqui baseadas na aplicação da pena de degredo – no caso das penas perpétuas, os trabalhos públicos perpétuos dariam lugar ao degredo por 25 anos; a prisão perpétua ao degredo por 20 anos; o degredo perpétuo ao degredo por 15 anos.[1291] As penas temporárias, tal como previstas pelo Código, deveriam agora cumprir máximos de 12 anos, quer para a prisão maior, quer para o degredo.[1292] Estas conversões originam uma "tabela de equivallencias"[1293]: o tempo de prisão maior celular será igual a dois terços do tempo de prisão maior temporária prevista no Código; e não será inferior a seis décimos nem superior a dois terços do tempo de degredo temporário que fosse previsto...[1294] Um sistema de agravação e de atenuação da pena é ainda configurado, baseado essencialmente na modelação da sua duração.[1295]

Simultaneamente são estabelecidas as penas de acordo com o já entrevisto – a Penitenciária de Lisboa crescia no Alto de Campolide há mais de uma década e estava construída – e muito clarificador futuro quanto à efectiva medida da pena de prisão celular. Uma vez publicado o novo Código Penal em 1886[1296],

[1291] V. artigo 50º, 2º a 4º.

[1292] V. artigo 51º.

[1293] A obra de Manoel José Dias Salgado e Carneiro, *op. cit.*, contendo as tabelas de equivalências de penas em mais de cem páginas, é ilustrativa das dificuldades práticas de determinação da pena aplicável.

[1294] V. artigo 61º, 1º e 2º.

[1295] V. artigos 62º a 65º.

[1296] A Nova Reforma Penal de 1884, apresentada depois na versão consolidada do Código publicado em 1886, opera diversas depurações de ordem técnica que ultrapassam naturalmente o sistema de penas previsto. Assim, entre outras, alterações são introduzidas na punição do crime consumado, frustrado e da tentativa, também definidos; os agentes do crime são referenciados como autores, cúmplices e encobridores; acentua-se a especificação de circunstâncias agravantes (reincidência, acumulação e sucessão de crimes) e atenuantes; estipulam-se as circunstâncias que afastam a responsabilidade criminal: a inimputabilidade (menores de 10 anos e alienados sem intervalos lúcidos) e a justificação do facto (e inimputáveis são também os menores entre 10 e 14 anos que tenham agido sem discernimento; alienados, mesmo que com intervalos lúcidos, que praticassem o facto em estado de loucura; ou quem no momento da prática do facto, por motivo alheio à sua vontade, não possuísse as suas faculdades intelectuais); a "negligência ou culpa" é considerada sempre como acto ou omissão dependente da vontade; a justificação do facto exige o cumprimento de requisitos: a realidade do mal, a impossibilidade de recorrer à força pública, a impossibilidade de legítima defesa, a falta de um outro meio menos prejudicial que o facto praticado e a probabilidade da eficácia do meio usado – a legítima defesa, própria ou de outro, apenas justifica o facto quando há agressão em curso ou iminente, quando não há provocação, ofensa ou crime praticado por aquele que a usa, existe

verifica-se que as penas maiores fixadas são as penas de prisão celular (entre 4 e 8 anos) seguidas de degredo (entre 8 a 20 anos) ou a prisão celular simples de 2 a 8 anos[1297], prisão a ser cumprida nos moldes estabelecidos pela legislação de 1867, a par da expulsão temporária do Reino. Entre as penas correccionais, a par da prisão até 2 anos[1298] – que deveria agora expressamente tomar em consideração no estabelecimento da sua medida concreta o eventual cumprimento de prisão preventiva pelo condenado[1299] –, encontra-se ainda o desterro, a suspensão

impossibilidade de recorrer à força pública e há uma necessidade racional no meio usado para prevenir ou parar a agressão; a prescrição do processo criminal é agora fixada em 15 anos (casos de aplicação de pena maior), 5 anos (pena correccional) ou 1 ano (pena não superior a 1 ano de prisão).

[1297] V. artigos 66º e 67º, onde se estabelece a gradação das penas em função da sua "gravidade" e os artigos 55º e 56º do Código Penal aprovado pelo Decreto de 16 de Setembro de 1886.

[1298] A pena de prisão correccional vê a sua duração máxima elevada novamente para 3 anos, pela Lei de 3 de Abril de 1896, em caso de reincidência.

[1299] V. artigo 4º da Lei de 14 de Junho de 1884. A prisão preventiva de um funcionário, no caso um professor do ensino primário de Olhão, José Baião do Rego, havia também já sido objecto da Portaria de 3 de Maio de 1850, onde se determinou que a sua impossibilidade de prestar serviço durante a reclusão deveria significar a suspensão do seu vencimento, mas sendo este reposto retroactivamente aquando da eventual verificação de inocência. A jurisprudência, mesmo sem regra positiva até 1884 que obrigasse a uma imputação do tempo de prisão preventiva na pena correccional (e a sua consideração como atenuante na fixação de pena maior), havia já iniciado esse percurso, mas a sua "pratica era arbitraria", como atesta Francisco Fernandes, *A prisão preventiva*, F. França Amado Editor, Coimbra, 1896, p. 105. Não se trata de uma grande inovação entre nós – e, pelo contrário, é provavelmente um retrocesso, desde um ponto de vista garantístico. Como também se verificou *supra*, desde logo através da obra de João Tomás de Negreiros, *Introductiones ad Commentaria Legum Criminalium...*, *cit.*, pp. 59 e 60, a doutrina e a prática judicial seiscentistas e setencentistas, para não ir mais atrás, antes de qualquer cisão das penas entre maiores e correccionais e antes da consideração geral da prisão como pena, não repudiavam que se procedesse à conversão do tempo efectivo de prisão em tempo de cumprimento de pena, num momento em que a pena-padrão era ainda a pena de degredo, o que se podia traduzia na máxima "tempus carceris cedit loco poenae et exilio aequiparatur", ou seja, o decurso do tempo em prisão *produz* uma pena equivalente ao cumprimento da pena de degredo.
No livro de assento dos presos do Limoeiro relativo ao ano de 1851 (AHDGRSP, fundo da cadeia do Limoeiro, nº 355, cota 2-49-D), encontra-se, por exemplo, em relação a J. da C, entrado naquela cadeia em 25 de Agosto de 1851 à ordem do juiz de direito do 3º distrito criminal de Lisboa, "por desordem", a menção de que fora solto cinco dias depois, a 30 de Agosto, por despacho judicial, "havendo-se lhe expiada a culpa com o tempo da prizão" (p. 36). Tal era possível e constava da lei, note-se, no caso de crimes de "polícia correccional", em que a possibilidade de fazer reverter como pena a detenção inicial constava da Novíssima Reforma Judiciária.
J. C. Navarro de Paiva, *Observações...*, in RT, ano 3º, nº 52, *cit.*, p. 51, louva a clarificação operada em 1884: (...) Na imposição da pena de prisão correccional, o juiz da sentença levará sempre em conta ao réu o tempo da prisão preventiva, que houver soffrido; e (...) a prisão preventiva será considerada como simples circumstancia atenuante para o effeito da imposição da pena maior. A disposição d'este

artigo foi inspirada por sentimentos de humanidade e de justiça (...)". V. também Francisco Maria Veiga, *op. cit.*, pp. 281 e 282, destacando a inclusão do período de detenção policial para efeito da imposição de qualquer pena de prisão correccional.
Assim, no caso de aplicação de pena correccional, a prisão preventiva era "equiparada para o effeito da expiação" à prisão correccional, sendo descontado o tempo decorrido antes de sentença; nos casos de pena de prisão maior ou de degredo, deveria a prisão preventiva ser tomada em consideração como "simples circumstancia attenuante" na fixação do tempo da pena, "á mercê do prudente arbitrio do juiz". Luís Osório da Gama e Castro de Oliveira Baptista, *Notas ao Código Penal Português*, 2ª ed., vol. I, Coimbra Editora, Coimbra, 1923, pp. 376 e 377, rejeita ainda para as penas maiores a possiblidade de "dar por expiadas estas penas com a prisão preventiva", porque tal representaria "converter em justificativa a simples circumstancia attenuante". A discussão sobre se, no caso de multa não paga convertida em prisão correccional, também se admitiria a consideração da prisão preventiva como tempo de pena, é retratada por Francisco Fernandes, *A prisão...*, *cit.*, pp. 116 a 120, respondendo este autor negativamente.
Em suma, é possível estar-se perante situações distintas que podem levar a considerar ou não o tempo de prisão como tempo de pena, mesmo não se estando perante uma condenação a pena de prisão. Algumas delas, previsivelmente as mais comuns:

1 – Prisão preventiva [A] → Sentença → Prisão a aguardar a execução da pena [B]

2 – Prisão preventiva [A] → Sentença/Recurso → Prisão (eventual/em função do crime em causa e da possibilidade ou não de prestar caução) a aguardar decisão do recurso [B] → Acórdão → Prisão a aguardar a execução da pena [C]

3 – Prisão preventiva [A] → Sentença → Prisão (celular) em cumprimento de pena [B] → Fim da pena de prisão celular/início da pena de degredo → Prisão a aguardar a execução da pena (de degredo) [C]

4 – Prisão preventiva [A] → Sentença

Em 1, a prisão [A] pode ser considerada como tempo de pena, caso se esteja perante pena correccional de prisão; em caso de pena maior (degredo, trabalhos públicos), apenas a prisão [B] está nessa condição, podendo a prisão [A] ser tomada em consideração na sentença como "atenuante" da pena, o que é válido em todas as hipóteses de pena maior, quando aplicável.

Em 2, para réus já condenados em primeira instância a prisão maior ou a degredo (ou, antes, também à morte ou a trabalhos públicos), o período de prisão [B] apenas poderia ser tomado em consideração na decisão do recurso como "atenuante" da pena; a prisão [C] é contada como tempo de pena. A prisão [A] apenas é considerada tempo de pena em caso de prisão correccional.

Em 3, a prisão [C] é considerada como tempo de pena (de degredo), mas não a prisão [A].

Em 4, a prisão [A] é considerada como tempo de pena apenas em caso de condenação a prisão correccional, mas não no caso de prisão correccional resultante do não pagamento de pena de multa.

temporária de direitos políticos, a multa, a repreensão, bem como as penas específicas de funcionários (demissão, suspensão e censura).[1300] Abolidas foram a perda permanente de direitos políticos, bem como a expulsão perpétua do Reino – doravante a suspensão dos primeiros não poderia ultrapassar os 12 anos e a expulsão do Reino estava limitada a um período máximo de 30 anos.[1301]

A condenação a uma pena implicava a perda a favor do Estado dos instrumentos do crime e a obrigação de restituição e de indemnização ao lesado ou herdeiros pelo dano sofrido. Incapacidades decorrentes da condenação já prescritas em 1852, como a de exercício de cargos públicos ou de funções de tutoria ou curadoria, mantêm-se[1302], mesmo se o regime se torna mais benévolo para o condenado, por exemplo, quanto à capacidade que é mantida de administração do seu património.

Pode ser útil, enfim, cotejar as versões finais do Código Penal de 1852 e de 1886 no que toca às suas previsões específicas de incriminações e penas. Os textos apresentam, salvo quanto às medidas punitivas previstas em concreto, uma organização de tipos punitivos semelhante, cuja maior dissensão sistemática é permitida apenas pela consagração de regras relativas aos encobridores de um crime na parte especial da versão de 1852.[1303]

[1300] V. artigos 58º e 59º do Código Penal de 1886.

[1301] V. artigos 62º e 66º.

[1302] V. artigos 74º a 83º.

[1303] Os artigos 463º e 464º do Código Penal de 1852, relativos aos "encobridores" de um crime, são expressamente revogados pelo artigo 74º, § único, da Nova Reforma Penal aprovada pela Lei de 14 de Junho de 1884, em virtude da consideração específica dos encobridores, a par dos autores e dos cúmplices, como "agentes do crime", deixando o seu regime de ser tratado necessariamente a par da receptação – v. artigos 19º e 23º do Código Penal de 1886. A Nova Reforma Penal viria a revogar igualmente o artigo 197º do Código Penal, relativo ao acolhimento ou encobrimento de "malfeitores", pelo mesmo dispositivo – contudo, a sua presença é atestada na publicação do Código feita em 1886, e apresentando, face à previsão de 1852, a pena de prisão em causa expressamente reduzida para 2 anos (em vez dos 3 anos anteriormente estipulados), redução necessária perante a moldura máxima da prisão correccional. O artigo 197º na redacção de 1886 surge a partir daí continuamente reproduzido nas várias publicações do Código, mesmo se o seu comentário vai acentuar a aparente contradição na sua revogação pela lei de 1884 e reprodução, com acerto adequado da pena, na publicação oficial de 1886, duvidando da sua vigência. V. *v. g.* António Simões Correia, *Código Penal Português*, 3ª edição, Procural, Lisboa, 1937, p. 116 e, adiante, *Código Penal Português actualizado e legislação complementar*, Livraria Ferin, Lisboa, 1954, p. 187. Sobre a punição dos encobridores em 1884, que já Levy Maria Jorão havia tentado, como decorrência krausista da "solidariedade defensiva da sociedade", v. Pedro Caeiro, *Levy Maria Jordão, visconde de Paiva Manso. Notas bio-bibliográficas*, in BFDUC, vol. LXXI, Coimbra, 1995, pp. 355 e 356.

Neste primeiro Código, mesmo fixado já um elenco de penas na sua parte geral, resulta da análise das penas previstas pelas várias incriminações, como se viu, um panorama mais completo quanto às punições possíveis. Assim, entre as penas maiores, encontram-se diferenciadas as seguintes:

- Morte;
- Trabalhos públicos no ultramar perpétuos;
- Trabalhos públicos no ultramar temporários;
- Trabalhos públicos perpétuos;
- Trabalhos públicos temporários;
- Prisão perpétua com isolamento;
- Prisão perpétua com trabalho;
- Prisão perpétua;
- Prisão maior temporária com trabalho;
- Prisão maior temporária;
- Prisão maior temporária no lugar do degredo;
- Prisão;
- Degredo perpétuo com prisão no lugar do degredo;
- Degredo perpétuo;
- Degredo temporário com prisão no lugar do degredo;
- Degredo temporário;
- Degredo perpétuo para a Índia;
- Degredo temporário para a Índia;
- Expulsão do reino perpétua;
- Expulsão do reino temporária;
- Perda de direitos políticos.

No que diz respeito às demais penas – penas correccionais, pena aplicável a pessoa colectiva, penas de funcionários e outras não autonomizadas – é possível distinguir de entre:

- Prisão correccional (a pena de prisão até 3 anos);
- Desterro;
- Suspensão de direitos políticos;
- Multa;
- Repreensão;
- Vigilância especial da polícia;
- Dissolução (de associação);
- Demissão de funcionário;
- Suspensão de funcionário;

- Censura[1304];
- Suspensão do exercício de profissão;
- Entrega à disposição do Governo para trabalho;
- Suspensão do direito de ser tutor ou membro de algum conselho de família, e do de ensinar ou dirigir ou concorrer na direcção de qualquer estabelecimento de instrução.

Quais as previsões punitivas mais recorrentes no Código? O quadro abaixo permite aferir da frequência de previsão das principais penas estipuladas, desatendendo aqui a possibilidade de cumulação de penas, à sua duração ou a situações de agravação ou atenuação, de forma a permitir aferir mais facilmente tendências e permitir comparações com o panorama punitivo que se seguirá bem como com o anterior. Não se considera aqui, de igual modo, a criminalidade específica de funcionários.

Código Penal de 1852

Pena	*Frequência (n.º de incriminações em que se encontra prevista)*[1305]	*Frequência (em % do número total de incriminações / 100% = 73)*
Morte	7	9,58%
Trabalhos públicos	19	26,02%
Prisão	67	91,78%
Degredo	25	34,24%
Expulsão do reino	3	4,10%
Perda de direitos políticos	3	4,10%
Desterro	6	8,21%
Suspensão de direitos políticos	2	2,73%
Multa	51	69,86%
Repreensão	4	5,47%

[1304] A pena de "censura" surge referenciada apenas no artigo 291º, § 2º, como pena aplicável a juiz.

[1305] A "incriminação", tendo em conta a sistemática do Código, é considerada apenas em função das denominações sistemáticas nele consagradas que, sendo idênticas em ambos os textos, permitem também uma base de comparação adequada. Tem-se por base um total de 73 ilícitos autonomizados

Consideradas as penas mais gravosas, a pena de morte encontra-se prevista para 7 situações e a pena de trabalhos públicos (perpétuos e temporários e por vezes com cumprimento ultramarino) em 19. A morte apenas poderia ser decretada nos casos de crimes contra a segurança exterior do Estado, crimes que ofendem os interesses do Estado em relação às nações estrangeiras, atentado contra o Rei, homicídio voluntário agravado, roubo e fogo posto – e nestes dois últimos casos apenas quando a morte de alguém resultasse da acção do agente.[1306]

A prisão, nas suas diversas modalidades e durações, é facilmente já detectada como a pena mais generalizada, cobrindo todo o espectro de comportamentos. Apenas 6 crimes não encontram prevista a pena de prisão como sanção possível: ilícitos relativos a lotarias, contrabando, prevaricação, excesso de poder e desobediência, partos supostos, adultério e incêndio e danos causados com violação de regulamentos.

O degredo, temporário ou perpétuo, para as possessões ultramarinas, africanas e na Índia, encontra-se previsto como possibilidade de pena no caso de crimes graves ou de crimes nos quais um efectivo afastamento físico do condenado é configurado como uma boa solução – como no caso de adultério, furtos, quebras e fraudes ou de ofensas ao Rei.

A expulsão do reino apenas se encontra estabelecida para 3 situações (crimes contra a religião do Reino, contra a segurança exterior do Estado e crimes que ofendem os interesses do Estado em relação às potências estrangeiras). Note-se, todavia, que a expulsão perpétua podia também ser decretada para criminosos estrangeiros em alternativa à pena maior temporária que coubesse no caso, tal como o previa o Código Penal (artigo 76º). De igual modo a perda de direitos políticos está prevista apenas para 3 crimes – crimes contra a religião do Reino, crimes que ofendem os interesses do Estado em relação às potências estrangeiras

para o texto de 1852 e de 72 na versão de 1886. As penas, distintas e por vezes mais precisas na sua formulação, são apresentadas agrupadas de acordo com os seus "radicais punitivos" mais elementares: prisão, trabalhos públicos, degredo. Toma-se em consideração a previsão da pena naturalmente mesmo quando ela não é a única pena ao dispor do julgador para determinado crime, podendo ser aplicada em alternativa ou cumulativamente com outras.

1306 "A Commisão pensa não ser chegado ainda o tempo, em que a pena de morte possa ser de todo eliminada das nossas leis penaes; entretanto, sómente a admitte nos muito raros casos em que a sua justiça, e indispensável necessidade não pode ser rasoavelmente contestada", escreve-se na exposição que acompanha o projecto, reproduzida também in *COLP*, 1852, p. 671.

e prevaricação. Já a suspensão de direitos políticos apenas se prevê na circunstância de burla ou de crimes verificados contra o exercício daqueles direitos, *maxime* em matéria eleitoral.

O desterro, modalidade de degredo interno, encontra previsão em 6 situações, de crimes menos graves, mas em que pode ser aconselhável o afastamento do acusado – como o sejam as injúrias contra autoridades públicas e crimes contra o exercício de direitos políticos, algumas ofensas corporais, o lenocínio e alguns danos – bem como no homicídio praticado pelo marido em caso de adultério da mulher por si descoberto *in acto*.

A pena de multa, a pena patrimonial de referência, surge como possibilidade de pena em 51 casos, usualmente associada a outras penas, já que permite quer punições atenuadas, quer o associar de uma sanção patrimonial forçada a outra pena de carácter corporal (mas em 3 situações é a única pena prevista – no contexto dos crimes associados a lotarias, contrabando e incêndio e danos causados com violação de regulamentos).

Quanto à repreensão, surge prevista apenas em 4 situações, de criminalidade pouco grave. A pena de repreensão era a menos gravosa das penas correccionais. Deveria ser proferida pelo juiz em audiência pública na presença do condenado.[1307] Com a nova reforma penal e o Código de 1886 é mantida enquanto pena correccional em moldes idênticos.[1308]

Pode assim apreciar-se um quadro punitivo em que um grupo de penas se aparta francamente no espectro geral: a prisão (prevista em 91,78% das incriminações), o degredo (34,24%), os trabalhos públicos (26,02%) e a pena de multa (69,86%) são as penas preferenciais de acordo com a lei. É possível destacar-se desde logo o binómio que marcará a realidade punitiva até aos nossos dias, o de prisão e multa, bem como o dueto que ainda marcará todo o século XIX e o início do século XX, composto pelas penas de prisão e degredo.

E, como se viu, é possível descobrir um novo elenco de penas no Código na vigência da sua versão de 1886, onde não têm já lugar as penas de morte, de trabalhos públicos e de perda de direitos políticos. Esta ausência da pena de morte, dos trabalhos públicos, bem como de quaisquer penas perpétuas, a par da previsão de prisão seguida de degredo e do seu inverso, são necessariamente os

1307 V. artigo 42º do Código Penal de 1852.
1308 V. artigo 68º do Código Penal de 1886.

primeiros elementos mais notórios. Aqui, as penas maiores apresentam as seguintes formulações gradativas, retiradas também dos enunciados dos crimes previstos:

- Prisão maior celular seguida de degredo com prisão no lugar de degredo;
- Prisão maior celular seguida de degredo;
- Prisão maior celular;
- Prisão maior temporária;
- Prisão;
- Degredo com prisão no lugar de degredo;
- Degredo temporário;
- Degredo;
- Expulsão do reino.

Quanto às demais penas previstas, são-no através das seguintes denominações:

- Prisão correccional (até 2 anos);
- Desterro;
- Suspensão de direitos políticos;
- Multa[1309];
- Repreensão;
- Vigilância especial da polícia;
- Dissolução (de associação);
- Demissão de funcionário;
- Suspensão de funcionário;
- Censura;
- Suspensão do exercício de profissão;
- Entrega à disposição do Governo para trabalho;
- Suspensão do direito de ser tutor ou membro de algum conselho de família, e do de ensinar ou dirigir ou concorrer na direcção de qualquer estabelecimento de instrução.

A mesma apreciação comparativa pode também ser feita para as principais penas no novo elenco.

[1309] Surgindo a referência, aliás, também a uma "mulcta maior" no artigo 284º, § 2º, que não deve ser entendida como qualquer remissão para esta tipologia de penas.

Código Penal de 1886

Pena	*Frequência (n.º de incriminações em que se encontra prevista)*	*Frequência (em % do número total de incriminações / 100% = 72)*
Prisão	70	97,22%
Degredo	37	51,38%
Expulsão do reino	3	4,16%
Desterro	3	4,16%
Suspensão de direitos políticos	9	12,50%
Multa	57	79,16%
Repreensão	5	6,94%

A prisão encontra-se agora prevista como pena passível de aplicação em 70 das 72 incriminações do articulado do Código Penal, na sua versão de 1886. Apenas os crimes relativos a lotarias (artigos 270º ss.) e de incêndio e danos causados com violação de regulamentos (artigos 482º ss.) estão isentos desta pena. O primeiro director da Penitenciária de Lisboa em 1885 lamentará, contudo, alguma falta de população prisional nos primeiros tempos daquela cadeia, explicando-a também pelo facto de, na reforma de 1884, várias penas de prisão maior – celular – terem sido convertidas em prisão correccional.[1310]

O degredo é considerado como resposta punitiva – incluindo-se aqui situações de pena única de degredo, penas de prisão seguida de degredo complementar e penas de degredo com prisão no lugar de degredo – em 37 incriminações.

A pena de expulsão do Reino mantém-se prevista nas mesmas 3 situações que no anterior articulado e a pena de desterro vê a sua aplicação potencial reduzida apenas a 3 casos, já previstos anteriormente (homicídio em caso de adultério flagrante da mulher, lenocínio e danos). Já a pena de suspensão de direitos políticos – na ausência da pena de perda de direitos políticos, entretanto afastada – vê alargado o seu campo de aplicação.

A multa vê também aumentar a sua presença entre as penas passíveis de aplicação – apenas em 15 crimes não é uma das possibilidades punitivas e, em 11 situações, surge a par da prisão como as únicas respostas possíveis (e nos crimes de incêndio e danos causados em violação de regulamentos é a única pena).

[1310] V. Jeronymo da Cunha Pimentel, *Penitenciaria Central de Lisboa..., cit.*, 1887, p. 5.

A pena de repreensão mantém, no essencial, a mesma frequência, podendo ser aplicada em 5 situações, no contexto de crimes contra a religião, jogos ilegais, furto, burlas e fraudes.

A variação de intensidade na previsão das principais penas que são comuns aos dois textos pode ser também apreciada. Para tal, recorde-se, desconsideram-se aqui as condições específicas da prisão (ou seja, integra-se na mesma categoria a prisão maior e correccional, celular ou não, ou associada ou não a degredo) e do degredo (ponderado quer como pena autónoma, quer como complementar a prisão), bem como as penas de funcionários e outras de escassa previsão.

Penas comuns	*Percentagem de incriminações em que se encontram previstas (1852)*	*Percentagem de incriminações em que se encontram previstas (1886)*	*Variação 1852-1886 (em pontos percentuais)*
Prisão	91,78%	97,22%	5,44
Degredo	34,24%	51,38%	17,14
Expulsão do reino	4,10%	4,16%	0,06
Desterro	8,21%	4,16%	- 4,05
Suspensão de direitos políticos	2,73%	12,50%	9,77
Multa	69,86%	79,16%	9,3
Repreensão	5,47%	6,94%	1,47

Os dados mais salientes, como se demonstra, dizem respeito à maior frequência de previsão das penas de prisão, de degredo e de multa – o Código em 1884/86 parece efectivamente ter alargado as possibilidades punitivas ao dispor do julgador com base nestas penas.

A prisão, nas suas diversas variáveis, entre pena maior e pena correccional, incluindo ou não regime celular de isolamento, é agora praticamente uma pena *global* – poucas infracções escapam à sua ameaça punitiva. O degredo, considerando necessariamente as suas possibilidades de se lhe ver associada prisão no lugar ultramarino (o já que sucedia, ao menos na previsão legal, em regra como pena agravada, no texto de 1852) ou de se seguir enquanto pena a um período de cumprimento de prisão celular em território europeu, vê crescer também significativamente as possibilidades de aplicação. Em 1884/86, sendo sustentado um modelo punitivo que generaliza a prisão celular complementada com degredo, alarga-se assim o uso desta última figura punitiva em relação ao previsto em 1852.

E a multa surge associada também à quase totalidade dos crimes como resposta penal, permitindo uma gradação adicional desta – sendo apenas excepcionada, *v. g.*, em crimes públicos graves, como a rebelião, a assuada ou a associação de malfeitores e em crimes onde uma punição pela via patrimonial poderia não ser suficiente ou adequada, como no caso de associações ilícitas, associações secretas ou crimes de vadiagem e mendicidade.

A realidade da segunda metade do século XIX é assim já claramente distinta da que se pode retirar do livro V das Ordenações, atrás verificada – em que o degredo, as penas pecuniárias, a pena de morte e as penas corporais (açoites e corte de membro) ainda obtêm primazia estatística entre as punições legalmente estipuladas. O quadro seguinte expressa de forma clara esta evolução – e não pode deixar de se assinalar a extraordinária intensidade comparada da evolução da prisão, indiciando que, mais do que uma mera alteração de frequência, se está perante uma verdadeira mudança na finalidade desta pena.

Penas	*Frequência de previsão com base nas incriminações do Livro V (%)*	*Frequência de previsão com base nas incriminações do CP 1852 (%)*	*Frequência de previsão com base nas incriminações do CP 1886 (%)*
Morte	34,7%	9,5%	-
Prisão	9,5%	91,7%	97,22%
Degredo	71,3%	34,2%	51,38%
Penas pecuniárias/Multa	40%	69,8%	79,16%

Assim, o que se pode verificar é que a um primeiro momento de mudança de paradigma punitivo, dando forma legal a antecipações esparsas, assente nos textos constitucionais – desde logo, o texto de 1822 – e na primeira formulação do Código Penal, em que a prisão vê o seu papel alterado e a sua intensidade francamente reforçada (o que sucede também com a multa), associada também ao fim conclusivo das *penas aflitivas*, sucede uma refinação desse novo paradigma. Esta é corporizada na reforma de 1867 e no novo texto do Código em 1886, em que a abolição da pena de morte, o novo *regime penitenciário* de associação entre prisão celular e degredo e o fim dos trabalhos públicos e das penas perpétuas avultam entre as novidades.

Mesmo se já aflorado um sentido da mudança entre o final do século XVIII e os primeiros anos do século XIX, foi necessário aguardar por condições políticas e por uma reflexão crítica nacional em torno das penas para instituir, do ponto de vista legal, um trajecto aparentemente coerente e coincidente com o que aconselhava em vários temas a experiência internacional, com a qual se foram sempre cotejando e validando as mudanças internas. E tal é conseguido mantendo o lastro histórico que o uso intensivo da pena de degredo anunciava: quer isolado, quer "penitenciário"; quer antes, quer após a consagração da prisão nos textos legais.

A Constituição republicana de 1911, no plano dos direitos individuais no contexto da justiça penal e da organização do sistema punitivo, vai combinar elementos tradicionais, já conhecidos das constituições liberais, com a explicitação formal da proibição da pena de morte e de penas de prisão ou de degredo perpétuas ou de duração ilimitada e a intervenção obrigatória do júri em caso de crimes políticos ou punidos com pena superior a prisão correccional.[1311] A possibilidade de aplicação da pena de morte será no entanto reintroduzida em 1916, pensando apenas no seu uso em "teatro da guerra", em caso de conflito militar com país estrangeiro[1312], possibilidade, como é sabido, formalmente mantida até 1976.

A própria prisão enquanto expediente processual sofre aliás imediatamente em 1910, poucos dias após a instauração da República, uma circunscrição no

[1311] Como se escreve no seu artigo 59º. V. as referências já conhecidas dos textos constitucionais à inviolabilidade do domicílio, às restrições à prisão antes de condenação e antes de culpa formada (possível em caso de flagrante delito e nos crimes de alta traição, falsificação de moeda e de títulos de dívida pública, homicídio voluntário, furto doméstico, roubo, falência fraudulenta e fogo posto). De novo como previsões constitucionais, encontra-se a "instrução contraditória dos feitos crimes" (artigo 3º, § 20º), a proibição da pena de morte e "de penas corporais perpétuas ou de duração ilimitada" (artigo 3º, § 22º), o direito de revisão de sentença condenatória exclusivamente em benefício do condenado (artigo 3º, § 24º), a previsão de *habeas corpus* (artigo 3º, § 31º), o direito de indemnização em caso de condenação comprovadamente injusta (artigo 3º, § 34º).

[1312] V. artigo 3º da Lei nº 635, de 28 de Setembro de 1916.

seu uso: prevê-se o interrogatório judicial do detido nas primeiras 24 horas após a detenção (e a sua apresentação em regra ao "poder judicial" nas 12 horas posteriores à prisão), a incomunicabilidade dos reclusos é apenas possível antes da pronúncia e perante crime sujeito a "pena maior fixa" e não pode ultrapassar as 48 horas – sendo aliás mitigada com a possibilidade de contacto, vigiado, com familiares, durante uma hora diária – e a possibilidade de se ser "conservado em custodia" antes de despacho judicial é prevista com o prazo máximo de 8 dias, prorrogáveis por mais 8, havendo diligências requeridas pelo detido e devendo "fundamentar-se expressamente a prorrogação da prisão preventiva".[1313]

Mas, como se viu, a evolução verificada na segunda metade do século XIX, ainda permitirá afirmar, como salientou um penalista e ministro da Justiça português, que foi apenas "a partir de 1911 [que] se iniciou a Reforma do sistema penitenciário, desgarrando-o progressivamente do seu carácter aflitivo inicial".[1314] Duas tendências, que se antecipavam já antes de 1910, acabam por se concretizar formalmente entre 1912 e 1913: a abolição do isolamento celular, passando a ser aplicado um regime penitenciário próximo do de Auburn; e a circunscrição, temporária, da deportação para as colónias ultramarinas de vadios e reincidentes colocados à disposição do Governo, agora incorporados em trabalhos e instituições – *maxime*, a nova Colónia Penal Agrícola – em Portugal continental, no que é o dar um novo espaço e um novo impulso a uma medida de segurança em todo o caso já conhecida. A atenção do novo regime concentra-se assim, nos primeiros anos, na alteração do regime prisonal da Penitenciária de Lisboa e na criação de uma Colónia Penal Agrícola – e de uma Casa Correccional de Trabalhos, cuja intenção de algum modo resultaria apenas na conversão da penitenciária de Coimbra em prisão-oficina –, de acordo com uma aptidão simulaneamente punitiva e regeneradora encontrada no trabalho prisional obrigatório e tendo em vista a sua rentabilização. Assim, a repressão da "ociosidade" dos presos terá sequência

[1313] V. artigos 8º a 10º do Decreto de 14 de Outubro de 1910.

[1314] E para tal "foi necessário que se desvanecesse no conceito de pena a sua estrutura aflitiva para a moldar como meio adequado a influir sobre a vontade do delinquente no sentido da redenção da culpa". Assim, nesta perspectiva, mesmo a prisão celular do final do século XIX comungaria de uma ideia de "mal da pena – a dor e o sofrimento como conteúdo da expiação" que "havia de dar satisfação a um sentimento de vindicta embora de maneira menos bárbara que na pena de morte" e só dentro dos limites dessa expiação "se podia admitir que através de castigo severo se obtivesse a emenda do delinquente" – Manuel Cavaleiro de Ferreira, *A influência da abolição da pena de morte...*, *cit.*, p. 66.

num conjunto de sucessivas reformas e instituições visando o uso sistemático da mão-de-obra reclusa, num esforço que terá, aliás, a sua replicação junto da nova conformação de regime para os menores delinquentes que se institucionaliza também a partir de 1911.[1315]

O texto constitucional de 1933, se vai replicar formalmente o essencial das previsões já expressas na Constituição republicana em matéria de direitos e garantias na ordem penal[1316], vai também assistir à consagração em distintas funcionalidades da figura da medida de segurança, usada na Reforma Prisional de 1936 e em reformas penais posteriores, mesmo tratando-se de um mecanismo de controlo do risco já conhecido e aplicado entre nós.[1317]

[1315] Afinal, "o delinquente era ainda um cidadão que devia servir o País", como escreve Mário Júlio de Almeida Costa (com a colaboração de Rui Manuel de Figueiredo Marcos), *História do Direito...*, *cit.*, p. 556, a propósito da identidade entre trabalho e cumprimento de pena que a República pretende promover.

[1316] V. o seu artigo 8º, nºs 6º, 8º a 13º, 19º e 20º, §§ 3º e 4º. A prisão sem culpa formada é permitida em flagrante delito e nos crimes contra a segurança do Estado; falsificação de moeda ou de títulos da dívida pública; homicídio voluntário; furto doméstico ou roubo; furto, burla ou abuso de confiança praticado por reincidente; falência fraudulenta; fogo posto; fabrico, detenção ou emprego de bombas explosivas e outros engenhos semelhantes.

[1317] Paulo Pinto de Albuquerque, *A reforma...*, *cit.*, pp. 512 a 514, destaca, *v. g.*, a legislação de 1892 e de 1896 que permite o degredo para quem seja colocado à disposição do Governo, sob a forma de "remoção" ou deportação, ou a reclusão com trabalho obrigatório, na prática por tempo indeterminado, para vadios ou reincidentes, como se verá adiante, designadamente a propósito da Lei de 20 de Julho de 1912. V. também Paulo Pinto de Albuquerque, *A consagração de um novo direito securitário na reforma prisional de 1936*, in Manuel da Costa Andrade *et al* (org.), "*Liber discipulorum* para Jorge de Figueiredo Dias", *cit.*, pp. 433 ss. Outros diplomas republicanos vão incluir também de forma tópica a possibilidade de deportação ou de fixação de residência nas colónias – aqui, pode ver-se, por exemplo, o Decreto nº 4506, de 29 de Junho de 1918, de Sidónio Pais, que prevê a "deportação para as colónias" para a reincidência no crime de açambarcamento, após a condenação em multa e colocação judicial "à disposição do Governo", tal como, na mesma matéria, a Lei nº 922, de 30 de Dezembro de 1919 (artigo 1º – "(...) devendo o contraventor reincidente ser pôsto à disposição do Govêrno para o deportar para as colónias"); ou a Lei nº 969, de 11 de Maio de 1920, que, através do então criado Tribunal de Defesa Social e de um processo especial, pensando em primeira linha nos atentados bombistas, manda aplicar a pena de fixação de residência "em qualquer parte do território colonial da República", por período de 18 meses a 10 anos, também a vadios e reincidentes, com aplicação paralela às demais penas que devessem ter lugar. O Tribunal de Defesa Social será extinto pela Lei nº 1529, de 19 de Dezembro de 1923, bem como o regime de 1920, regressando o julgamento pela detenção e uso de explosivos aos tribunais ordinários. Sobre a criação de uma jurisdição criminal especial para crimes políticos nos primeiros anos da República, v. Luís Bigotte Chorão, *Política e justiça...*, *cit.*, pp. 104 ss.

§ 3º As penas proscritas: morte e trabalhos públicos

a. Abolicionismo, pena de morte e penas corporais

O renascimento da prisão enquanto pena padrão e as novas exigências ideológicas humanitaristas para o direito penal corresponderam necessariamente à proscrição ou, pelo menos, a uma franca limitação de outras modalidades punitivas, onde a pena de morte e as penas corporais surgem em primeira linha. Justificam-se assim algumas breves palavras sobre este momento.[1318]

É conhecido que em Portugal a multiplicidade de crimes que previa a pena de morte como sua consequência nas Ordenações não teve paralelo no número de execuções que se supõe terem sido consumadas. Quando aplicada a pena de morte, a execução seria realizada em regra pela forca ou, em menor número, por degolação, forma habitualmente reservada a membros da nobreza, enquanto a fogueira, entre nós, se associa ao estabelecimento da Inquisição, a partir do século XVI, mesmo se já antes prevista como modo de execução desta pena. Também o espectáculo da morte que expia o crime, pública e exemplar, não terá obtido em Portugal a mesma dimensão que recebeu noutros reinos europeus ou pelo menos dele não chegam abundantes notícias.

Desde logo, de acordo com o retrato dado pelas cartas de perdão de D. Afonso V, verifica-se que a pena de morte do século XV é já executada maioritariamente pela forca (esta uma instalação permanente ou amovível, construída em pedra ou em madeira) e parece atingir sobretudo os ladrões e, em menor número, os adúlteros (e um falsário), talvez associada ainda na sua execução ao pelourinho ou picota da localidade[1319] ou mesmo a uma árvore centenária[1320], meios mais antigos.

A construção de forcas, e também de pelourinhos, entre nós materialização da punição e da exemplaridade da justiça punitiva[1321], será um dos aspectos mais

[1318] O texto referencial sobre o processo de abolição da pena de morte entre nós continua a ser o estudo de Guilherme Braga da Cruz, *O movimento abolicionista e a abolição da pena de morte em Portugal (resenha histórica)*, in "Obras esparsas", vol. II, 2ª parte, Coimbra Editora, Coimbra, 1981, pp. 27 ss.

[1319] V. Luís Miguel Duarte, *Justiça e criminalidade...*, *cit.*, pp. 521 ss. e a bibliografia aí citada.

[1320] A vila de Montalegre, por exemplo, tem ainda hoje no seu centro uma árvore de dimensões apreciáveis epigrafada expressamente de "árvore da forca".

[1321] Luís Chaves, *Os pelourinhos...*, *cit.*, pp. XXXII e XXXIII, apresenta terras em que se manda ter "fôrca, picota e tronco" – ou seja, forca e pelourinho como instrumentos alternativos na execução de penas, mesmo que seja a forca que se generaliza para a pena capital e o pelourinho se mantenha associado a um estado de infâmia em público. O exemplo enquanto elemento preponderante na punição comprova-se por diversas vias, desde logo na execução. Dois assentos da Relação do Porto

visíveis e generalizados numa iconografia da punição mais antiga. A força porfiava no imaginário da reacção ao crime, como manifestação do poder de uma autoridade e, como escrevia Vanguerve Cabral, "ficou a forca servindo de insígnia nas Cidades e Villas, onde ha jurisdição de julgar, e por ella se sabe se he Villa ou Cidade pela tal insignia".[1322] A ausência do condenado não implicava necessaria-

são especialmente elucidativos quanto à atenção que era dedicada a esse elemento. Em 11 de Agosto de 1714, a Relação do Porto acorda na mudança de local da forca na cidade, considerando que "para exemplo do povo era mais conveniente fazer-se nova Forca no sitio da *Ribeira*, por ser mais publico". O pedido fora feito pela Misericórdia do Porto, a quem caberia acompanhar os condenados ao patíbulo, o que se faria até então com dificuldade. A forca anterior, "que está no sitio de *Mija-velhas*", seria demasiado distante da cadeia, com o mau resultado também de ficaram "na Forca os cadaveres por muito tempo expostos aos comerem os cães, sem se lhes dar sepultura, pela mesma distancia e inclemencia do tempo". A nova forca da Ribeira seria agora "com pilares de pedra mais alta, para nela se justiçarem os ladrões" e "quando a queirão fazer triangular na fórma, que está na Côrte, se escusará haver outra na mesma *Ribeira*". Da forca deveria ainda constar "uma taboleta, na qual se declare o delicto, por que se mandou fazer a execução do castigo" (AJ, vol. I, p. 209). A nova forca terá sido efectivamente construída, dado que, noutro Assento da mesma Relação, datado de 14 de Junho de 1725, se altera o percurso que os condenados deveriam percorrer até ao seu destino final, a bem da publicidade exemplar na execução – por então haver "outras [ruas] que se tem feito mais publicas pela occorrencia do tempo e da opulência, a que tem chegado esta Cidade, pelas quaes, he mais conveniente, assim pela commodidade, como pelo exemplo publico, que he o principal fim de semelhantes execuções, sejão conduzidos [...] ao lugar do patibulo". O novo percurso penitencial, da cadeia à forca, percorreria a rua da Ferraria "abaixo, como sempre se usou, e d'ahi á Ponte de S. Domingos, donde tomarão pelas Cangostas á Rua Nova, e desta pela porta da Alfandega á Ribeira, ao lugar do patibulo" (AJ, vol. I, p. 217).

[1322] António Vanguerve Cabral, *Pratica Judicial..., cit.*, Parte III, p. 249. Um levantamento das antigas forcas no distrito de Portalegre encontra-se publicado por Jorge de Oliveira e Ana Cristina Tomás, *As forcas do distrito de Portalegre*, Edições Colibri, Lisboa, 2007, fixando a tipologia das construções em uso no distrito e até a sua localização exacta, documentada com fotografias actuais. Forcas construídas em pedra, alvenaria ou madeira, usualmente de dois ou três pilares, encontravam-se aqui no termo das povoações, mas em condições de fornecer exemplaridade: "(...) Fora do espaço urbano, num local bem visível. Esta visibilidade tanto o era em direcção ao espaço urbano, como em relação à principal via de acesso à povoação" (pp. 18 e 19). Em 1935, publicou-se também um catálogo das forcas e pelourinhos do distrito de Castelo Branco (Jaime Lopes Dias, *Pelourinhos e fôrcas do distrito de Castelo Branco*, Tipografia Minerva, Famalicão, 1935), onde se anotam os diversos "cabeços da forca" ou "sítios da forca" em localidades do distrito e se recolhem curiosos versos populares também alusivos ao uso penal dos pelourinhos, como este, de Salvaterra do Extremo:

"Pelourinho de Salvaterra
É nobre e altivo,
Serviu, noutros tempos,
Aos criminosos de castigo" (p. 85).

mente a ausência de execução: as execuções "em estátua" foram também uma prática reconhecida entre nós.[1323]

Elemento decisivo na materialização da pena, o "carrasco"[1324], para quem abundaram as designações que procuraram dignificar o cargo, como *homem da justiça, ministro da justiça, servo da justiça* ou *executor da justiça*, neste tempo e também nos períodos seguintes, não seria bem visto socialmente ou sequer um cargo apetecível.[1325] Em vários casos seria recrutado de entre condenados à morte que viam a sua pena suspensa ou comutada desde que assumissem aquela função.[1326] Continuaria em situação de prisão, desempenhando as suas funções quando a isso fosse chamado – e que podiam, para além da execução de penas capitais, incluir outros deveres na realização da justiça penal, como aplicar torturas, açoitar ou guardar presos em trânsito, pelos quais seria pago à tarefa, conforme se demonstrou.[1327]

Continuando em reclusão, mas passando a receber um salário e saindo da cadeia por ocasião da execução das penas, era sujeito a prévia apreciação médica quanto à sua capacidade para executar a tarefa.[1328] Em diploma de 1797 pode também verificar-se uma suspensão da pena dos sentenciados à morte, a seu reque-

[1323] Algumas delas, entre o século XVI e o século XVIII, encontram-se relatadas por António Luiz de Sousa Henriques Secco, *Memorias..., cit.*, I, pp. 595 a 600.

[1324] A expressão terá provindo do nome de um executor de Lisboa – Levy Maria Jordão, *Commentario..., cit.*, I, p. 211. "Desde o tempo de Belchior Nunes Carrasco, que na Cidade de Lisboa era algoz, chamou o vulgo aos Algozes, *carrasco*", escrevia também Rafael Bluteau, *Vocabulario portuguez e latino*, II volume, Collegio das Artes da Companhia de Jesus, Coimbra, 1712, p. 160.

[1325] Sorte antiga: o mesmo aliás se passaria com o *carnifex* romano, como assinalou Teodoro Mommsen, *El derecho penal romano..., cit.*, p. 565.

[1326] Eduardo Correia é impressivo sobre os carrascos: "Esses homens, a quem o só acompanhar era já de si desonesto, segregados da sociedade ou, como mandavam as nossas Ordenações, sujeitos a ferros nas masmorras, substituídos nas suas faltas por «cortadores», «carniceiros» ou «esfoladores», extraídos de entre as pessoas mais vis ou criminosas, matando por dinheiro, assassinos a quem a lei protege, ao pedirem a Deus e ao condenado, como era uso, perdão da morte que executavam, de alguma maneira, polarizavam o sentimento de culpa da própria sociedade, a ambiguidade e a insegurança interior de quem manda matar ou mata (...)" –Eduardo Correia, *A Pena de Morte..., cit.*, pp. 8 e 9.

[1327] Vejam-se as referências citadas por L. M. Duarte, *Justiça e criminalidade..., cit.*, pp. 532 e 533. Maria José Moutinho Santos, *A sombra..., cit.*, p. 195, parece indicar que o lugar de carrasco apenas é ocupado por um preso após 1797, ele próprio condenado à pena capital e que assim obtém a sua comutação, sendo de facto uma realidade anterior.

[1328] "(...) Se mande fazer véstoria no condenado pelo Medico, e Cirugião da Relação se he forte, e sem achaques, e de animo para fazer as execuçoens", como reporta Vanguerve Cabral, *Pratica Judicial..., cit.*, Parte III, p. 249.

rimento, desde que assumido o cargo de carrasco[1329], sem contudo se determinar se tal significa a sua liberdade ou a permanência na prisão, sendo este último o destino mais plausível. A pena de morte apenas seria executada caso "os mesmos por sua culpa deixarem algum tempo de servir" nas novas funções.

O algoz do século XIX mantém aliás esta condição. A reforma judiciária de 1832, no seu artigo 229º[1330], estabelece que o carrasco – aqui, o "executor da justiça" – deveria ser um condenado à morte a quem se havia comutado a pena no exercício das novas funções, o que será mantido nas reformas judiciárias seguintes.[1331] No regulamento prisional de 1843, esclarece-se que estes "executores da justiça" devem permanecer em reclusão separada dos demais, "para que não sejam offendidos pelos outros presos, e bem vigiados para que não fujam".[1332] Terão assim os seus espaços próprios delimitados, no Limoeiro lisboeta e na Cadeia da Relação do Porto, como se demonstra nas tabelas de alocação de espaços prisionais destas cadeias publicadas entre 1843 e 1850, que adiante serão convocadas.

Esta condenação à pena de morte, como se viu, criava sempre a expectativa no réu da sua comutação e determinava habitualmente uma presença longa na prisão, a aguardar o resultado do recurso ou do seu pedido de perdão. Em 1752, porque os condenados tenham "menos tempo do que he preciso para se dispôrem a morrer com a devida conformidade e paciência Cristã por lhes durar até á effectiva execução da sentença a esperança de melhoramento pelos Embargos", procura apressar-se a execução da pena capital, tornando mais expedita a tramitação do recurso da condenação para o rei – e, assim, a pena passa a ser executada "na manhã do dia seguinte" à apreciação régia da questão, mantendo-se inalterada a decisão.[1333-1334]

[1329] Através de Decreto de 27 de Janeiro de 1797, onde se assenta que, "offerecendo-se daqui em diante alguns Réos dos Sentenciados á morte para serem executores da Alta Justiça", tal requerimento deva rapidamente despachado favoravelmente pelos juízes que os tenham sentenciado.

[1330] Aprovada pelo Decreto nº 24, de 16 de Maio de 1832.

[1331] V. o artigo 342º da Terceira Parte da Nova Reforma Judiciária, aprovada pelo Decreto de 13 de Janeiro de 1837, e o artigo 1205º da Novíssima Reforma Judiciária, aprovada pelo Decreto de 21 de Maio de 1841.

[1332] V. artigo 24º do Regulamento aprovado pelo Decreto de 16 de Janeiro de 1843.

[1333] Por Decreto de 6 de Julho de 1752, sobre os embargos dos condenados à morte, num momento em que a sentença de condenação à morte deveria ser apenas passada por Relação.

[1334] A previsão de três dias de intervalo entre a comunicação da execução da pena e a sua execução encontra-se nas OF, l. V, t. 137º, § 2º, devendo nesse intervalo o condenado confessar-se e comungar, acompanhado de religiosos que o consolassem, devendo um capelão acompanhar os condenados

Através de Manuel Lopes Ferreira, na sua *Practica Criminal*[1335], pode conhecer-se também o estado de execução em 1767 das penas de morte e corporais, da pena de degredo e das penas pecuniárias. Assim, quanto à pena capital, após a notificação ao condenado da decisão, este deve primeiro confessar-se e ser levado a comungar no dia seguinte, acompanhado por "pessoas religiosas e de conhecido espírito e virtude". No dia posterior à comunhão será executada a sentença, na forca, para onde o condenado segue acompanhado pelos "irmãos da Santa Caza da Misercordia", mesmo nos casos em que deva, com pregão, ser arrastado por um cavalo ("quando o cazo he muito mais grave ou atroz" ou atazanado, ou seja, marcado nas costas por ferros em brasa ao longo do caminho – situação que, nota Lopes Ferreira, "só se executa hoje nos pretos que quando matão a seus senhores ou fazem outros crimes graves". A par da forca, prevê-se ainda para crimes precisos a morte pelo fogo, "vivos ou de garrote" – neste último caso, morto previamente a serem os seus corpos incinerados, "estando sentado em cima de um barril de alcatrão, e lhe põem o fogo depois de morto", a situação de quem é morto "privativamente", na expressão de Vanguerve Cabral, sem prejuízo da posterior morte "pública".[1336]

A execução da pena de morte ou de penas corporais (estas recebendo uma dilação na execução de apenas dois dias após a notificação e não os três dias da pena capital) não deveria ser feita em regra em dias santos ou domingos, sendo adiada para o dia seguinte. No entanto, no caso de crimes de "lesa-majestade divina", como a heresia, os domingos e dias santos eram especialmente usados como dias de execução uma vez que o "povo (...) nos Domingos e dias santos não trabalha e póde melhor assistir a semelhantes castigos e execuçoens". A publicidade do castigo está igualmente patente no cuidado que deveria ser posto na condução dos condenados por "lugares públicos e costumados, para que seja visto por todos".[1337]

Estas considerações serão cada vez mais desnecessárias, mesmo se a legislação liberal continuará a estipulá-las. É nítido também entre nós o desfavor que a pena de morte vai merecendo ao aproximar-se o final do século XVIII, acompanhado da consideração como em desuso da tortura e das penas corporais. A condenação doutrinária da pena de morte ao longo do século XVIII, pugnando ao menos pela

ao cadafalso, "esforçando-os com palavras, com que morrão bons Christãos, e recebam a morte com paciencia".

[1335] Manuel Lopes Ferreira, *op. cit.*, pp. 527 ss. V. também Eduardo Correia, *Estudos..., cit.*, pp. 56 ss.

[1336] António Vanguerve Cabral, *Pratica Judicial..., cit.*, Parte III, p. 249.

[1337] Manuel Lopes Ferreira, *op. cit.*, p. 529.

moderação no seu uso e não forçosamente pela sua abolição[1338], chega necessariamente a Portugal. Mello Freire, Pereira e Sousa, Ribeiro dos Santos e Freire de Mello, como visto atrás, são alguns dos seus intérpretes, os primeiros mais comedidos, o último mais decidido.[1339]

Paralelamente ao fim da vida, o corpo – e o corpo *público* – é um instrumento privilegiado da punição. De acordo com as Ordenações Filipinas, as penas corporais, como os mais comuns açoites e o corte de membros, penas a que as mulheres não podiam ser sujeitas, recebem, à semelhança da pena de morte, também a dilação de vinte dias entre o momento da sentença e o da sua execução.[1340] Decorre, paralelamente ao debate sobre a legitimidade e utilidade da pena de morte, o mesmo debate em torno das penas corporais e sobre a tortura, progressivamente tocadas pelo *desuso*, em particular quando se estava perante mutilações.[1341] Pereira e Sousa considerará assim que os tratos do corpo estariam já abolidos "ou pelo menos restricto[s] a casos rarissimos", em virtude da mudança dos tempos ou, como diz, de um "systema geralmente recebido na Europa".[1342] Os textos constitucionais liberais virão em todo o caso esclarecer formalmente que as penas corporais não são compatíveis com o novo tempo. Como salienta Cavaleiro de Ferreira, a pena de morte deveria ser considerada como o "elo final numa cadeia de penas corporais", que uma vez desaparecidas, deixavam a pena de morte como que em contradição com os fins das penas privativas de liberdade e pecuniárias, já que é por natureza uma pena incompatível com qualquer reforma ou emenda do criminoso.[1343]

[1338] V. Sílvia Alves, *Punir...*, *cit.*, pp. 179 a 197. Assim entenderam *v. g.* desde logo Mello Freire e Pereira e Sousa.

[1339] Sobre o modo como estes autores tratam o tema, v. recentemente o texto de Sílvia Alves, *A pena de morte no pensamento jurídico setencentista*, in Cláudio Brandão, Nelson Saldanha e Ricardo Freitas (coord.), "História do Direito e do Pensamento Jurídico em Perspectiva", Atlas, São Paulo, 2012, em especial pp. 441 ss.

[1340] OF, l. V, t. 137º, proémio e § 3º.

[1341] Joaquim José Caetano Pereira e Sousa, *Classes dos crimes...*, *cit.*, pp. 24 e 25. V. Sílvia Alves, *Punir...*, *cit.*, pp. 352 ss. e pp. 806 ss. Note-se que em 1757, no texto de António Vanguerve Cabral, encontra-se ainda uma explanação detalhada da situação probatória e das circunstâncias processuais que deveriam enformar o uso da tortura – António Vanguerve Cabral, *Pratica Judicial...*, *cit.*, Parte III, pp. 249 a 251.

[1342] Joaquim José Caetano Pereira e Sousa, *Primeiras linhas...*, *cit.*, p. 162, nota 392. O autor destaca o Assento da Relação do Porto de 16 de Agosto de 1661 – onde por "Estilo das Relações" se restringira o uso dos tormentos aos casos que merecessem pena de morte natural – e a Lei de 5 de Março de 1790, onde se refere o seu desuso, como momentos fortes da sua limitação em Portugal.

[1343] Manuel Cavaleiro de Ferreira, *A influência da abolição da pena de morte...*, *cit.*, pp. 60 e 61. Nota ainda que devendo a pena reparar um dano que é social e não da vítima (este irreparável), a morte se torna

A execução da pena de morte sofre também esta influência do novo tempo, de forma pragmática. Em 1797, em função da sobrelotação da cadeia do Limoeiro e das demoras da justiça, conforme expressamente se justifica, e perante a necessidade de homens para o serviço militar em terras ultramarinas, a rainha vem comutar a pena de morte em degredo perpétuo ou temporário, por prazo a fixar pelos juízes, para "os Estados da Índia e de Mossambique", aos condenados com menos de 40 anos.[1344]

E novamente em Dezembro de 1801, são comutadas as penas de morte, através da revisão dos processos pela Casa da Suplicação, em condenações a "Gales perpetuas, ou temporárias (segundo a grandeza dos crimes), para os trabalhos públicos da Cidade de Lisboa", alteração válida para os presos que se encontrassem nas cadeias do Reino a aguardar execução da pena e para os acusados ainda em julgamento.[1345] Esta comutação, aparentemente demasiado ampla – e que poderá ter erradicado realmente, por um mês, a pena de morte entre nós –, obriga a que se venha clarificar, logo em Janeiro de 1802, os crimes que continuam a merecer a pena capital: "(...) crimes dos roubos (...), nas mortes, e furtos em casas praticados com violência, e disparando-se armas de fogo, ou contra Carruagens, ou outros quaisquer delictos (...)"[1346] graves, para os quais a legislação já previsse tal pena. Mas, por Resolução de 24 de Agosto de 1809[1347], volta a pena de morte a

não uma pena mas mera vindicta e que o dano deve ser considerado maior ou menor em função da culpa do agente, graduação que a morte enquanto pena também impossibilita. "Como reacção vindicativa é estranha ao direito; como retribuição da culpa é inadequada e abnorme", sintetiza a pp. 67.

[1344] "Exceptuando porém os Crimes atrocissimos", conforme se prevê em Decreto de 11 de Março de 1797.

[1345] Por Decreto de 12 de Dezembro de 1801, onde, contudo, se atende à necessidade de manter um regime adequado de força de trabalho nas terras ultramarinas – "(...) não he da Minha Real intenção, que deixe de embarcar-se o número necessário dos condenados a Galés para a Nao da Índia que deve sahir no próximo anno", lê-se. Sobre este diploma e o seu regime duplo de comutação, para condenados e acusados, v. também Pedro Ortego Gil, *La conmutación..., cit.*, p. 280, destacando ainda, dada a referência no diploma à justificação de de comutação em trabalhos públicos das penas capitais – "taes castigos continuadamente presentes aos olhos do Público" –, mantendo assim necessariamente presos, "una mentalidad ilustrada que comienza a dar a los trabajos públicos de los penados una evidente utilidade".

[1346] V. Decreto de 11 de Janeiro de 1802. A mesma punição é explicada "visto que a atrocidade destes crimes exige hum castigo severo, e absolutamente necessário, para conservar illesa a tranquillidade pública, e a segurança dos Meus fieis Vassalos".

[1347] Publicada por Provisão do Desembargo do Paço de 1810, constante também do *Diario Lisbonense* nº 21, de 27 de Janeiro de 1810, p. 88.

ser comutada na "[pena] immediata", o degredo ultramarino, devendo tomar-se em consideração na fixação da nova pena não só a gravidade do crime como também o tempo passado pelo condenado em prisão. Exceptuados desta regra continuam, contudo, "os crimes atrocissimos".

Esta pena de "morte natural"[1348] – por oposição à "morte civil"[1349]– assim chega ao dealbar do novo regime, comportando a sua previsão legal ainda referências à possibilidade de se converter em "morte cruel"[1350-1351], mas já minorada na sua execução por diversas vias e em distintos momentos.

[1348] Sobre as referências legais à "morte natural" e à expressão "morra por ello" no século XVIII, v. Sílvia Alves, *Punir..., cit.*, pp. 220 a 222 e pp. 305 e 306, onde se dá conta da distinção entre ambas, podendo mesmo a segunda ser interpretada como criando um espaço de arbítrio judicial para a determinação da pena, que poderia incluir a substituição da morte por degredo, condenação a trabalhos públicos ou penas corporais, com base em António Vanguerve Cabral, *Epilogo Juridico..., cit.*, pp. 209 a 213.

[1349] Sobre esta "morte para a sociedade" na conformação recebida no século XVIII, v. também Sílvia Alves, *Punir..., cit.*, pp. 299 ss. Paulo Merêa, na sua *Sinopse histórica da morte civil no direito português*, republicada nos "Estudos de História do Direito – I – Direito Português", Imprensa Nacional – Casa da Moeda, Lisboa, 2007, pp. 377 ss., considerando por morte civil a "extinção da capacidade civil ainda em vida", com expressão paralela no domínio penal e na entrada na vida religiosa, atesta o percurso histórico entre nós da morte civil, de origem romana, com um conteúdo de *capitis deminutiones*, embora também "muitas vezes se dissesse que o morto civil era havido como defunto" (p. 381), e associada à imposição de uma pena, como a pena de morte. O condenado à pena de morte, antes de executado, estaria já numa circunstância de "servidão da pena", limitado na sua actuação jurídica. O final do século XVIII terá assistido já a uma circunscrição determinada da ideia de morte civil, desde logo com Mello Freire, mas ela encontra-se ainda presente, conforme indica Paulo Merêa, no Código Comercial de Ferreira Borges (1833), determinando o fim do mandato, ou no Código Penal de 1852, agora traduzida sob a designação de incapacidade civil associada à imposição de uma pena, no que vê a a manutenção da tradicional "servidão da pena". Paulo Merêa vai considerar que, após as reformas penais de 1867 e 1884, finda a pena de morte e a interdição legal de condenados, "nada ficou recordando a velha instituição da morte civil" entre nós (p. 397). António Vanguerve Cabral, *Epilogo Juridico..., cit.*, p. 211, afirma, contudo, que apenas há lugar a morte civil quando "haja confiscação de bens, porque não a havendo, não se diz morte *civil*, mas fica o delinquente simplesmente *relegado*". Sousa Pinto vai considerar que o Código de 1852 não adopta a "morte civil", medida rejeitável, mas apenas a "degradação civil", que identifica com privações parciais de direitos. Assim, A. M. Seabra d' Albuquerque, *Lições de direito criminal portuguez redigidas segundo as prelecções oraes do excelentissimo senhor Basilio Alberto de Sousa Pinto..., cit.*, pp. 114 a 116.

[1350] V. *v. g.* OF, l. V, t. 80º, § 8º ("morte na forca"); t. 126º, § 7º ("enforcados ou degolados, segundo na sentença for conteúdo"); t. 6º, § 9º ("morte cruel"). A "morte cruel" revestiria, na prática, todas as execuções que não pela forca.

[1351] António Luiz de Sousa Henriques Secco, *Memorias..., cit.*, I, pp. 248 e 249, indica os modos pelos quais se havia executado entre nós a pena de morte (forca, garrote, degolamento, fogo, esquarteja-

A par das comutações genéricas, de base legal, da pena de morte, tome-se em consideração também para este período o funcionamento do perdão régio, que, nos casos de potencial aplicação da pena capital, tende a ser exercido a favor do condenado em diversas ocasiões, resultando na aplicação de penas substancialmente distintas daquela.[1352]

Um exemplo: por decisão da Relação do Porto de 25 de Junho de 1803, é condenada uma quadrilha de delinquentes por crimes graves e fixada a pena de morte para vários dos condenados. No caso, o perdão régio é pedido e sobrevém, mandando comutar as penas em suas sucedâneas menos gravosas. Novamente a instância judicial intervém e vem a determinar em concreto as novas penas, sendo a mais generalizada agora a de degredo ultramarino.[1353] No entanto, neste caso em concreto, é notória a convivência de tendências divergentes, acentuando o contexto do seu tempo: com a comutação da pena máxima coexiste ainda uma ritualização punitiva assente na infâmia e no exemplo que se retirasse daquela pena.

A par de uma tendência – de intencionalidade política – de atenuação da pena, os julgadores não deixam aqui de exercer, em primeiro lugar, o rigor a que a lei os incita, vindo depois a minorá-lo, recebido o impulso régio. Mas da primeira condenação, aquela afinal que a lei prevê, a justiça aplica, mas não se executa, sobra ainda um remanescente de espectáculo público e de solenidade exemplar. Como se lê naquela Carta Régia de 21 de Janeiro de 1803 dirigida ao Governador da Relação do Porto, o regente ainda mandará que "as mesmas execuções, quanto seja praticável, se mandem fazer nos lugares mais públicos da Cidade de Coimbra, e naquelles em que tiverem sido perpetrados os delictos". Mas, impedida por ele a morte, convertidas as penas em degredo ultramarino, que sobra para aquela execução das penas em "lugares públicos"? Resta o "baraço e pregão, sendo açoutados pelas ruas públicas da Cidade" e o imperativo de serem "conduzidos ao

mento), podendo ser agravada em vida com o "athanazamento", o corte de mãos, o arrastamento do condenado até ao local da execução ou o "arrancamento do coração". Depois de morto, o corte da cabeça, das mãos ou de outras partes do cadáver, para exposição, ou a queima pública do corpo, poderiam ser também decretados, dando conta Secco de uma sentença de 1764 que implicou a remessa da cabeça do supliciado para Cabo Verde.

1352 Sobre o recurso à clemência do rei em caso de condenação à morte, designadamente quando obrigatório, de acordo com as Ordenações, v. Guilherme Braga da Cruz, *O movimento abolicionista...*, *cit.*, pp. 52 a 57.

1353 V. os acórdãos da Relação do Porto e cartas régias de Janeiro e Junho de 1803 publicadas na *Collecção de leis, decretos, e alvarás, ordens regias, e editaes, que se publicarão desde o anno de 1802 até 1803*, Lisboa, s/d.

lugar da Forca, aonde darão tres voltas á roda della". Mesmo comutada a morte em degredo, o ritual infamante de condução com baraço e pregão pela cidade e a volta à forca são mantidos. Em todo o caso, o contraste com a primeira condenação é notório – aí se previa que "morrerão de morte natural para sempre; e sendo-lhes cortadas as cabeças, serão levadas (...) ao sitio da Lapa do Lobo (...) aonde se porão todas em Póstes altos, aonde se conservarão até que o tempo as consuma (...)"...[1354-1355]

O direito liberal não inova verdadeiramente perante à prática anterior. A execução da pena capital encontra-se novamente descrita na reforma judiciária de Mouzinho da Silveira, mantendo o essencial da sua sequência anterior. O Decreto nº 24, de 16 de Maio de 1832[1356] prevê de forma generalizada que a sua execução apenas tenha lugar após resolução agora do "Poder Moderador", sendo comunicada a sentença pelo tribunal ao ministro da Justiça.[1357] Assim alargada, em relação ao regime que se descobria nas Ordenações, a previsão de sujeição obrigatória à

[1354] *Sentença que se proferio na Relação, e Casa do Porto contra os Réos, que forão pronunciados na Devassa, a que procedeo na Cidade de Coimbra o Desembargador do Paço Francisco de Almada e Mendonça pelos insultos, e roubos praticados na mesma Cidade, e suas visinhanças em virtude das Cartas Regias de 8 de Fevereiro, 9 de Junho e 29 de Dezembro de 1802, e 21 de Janeiro de 1803* (p. 27), in "Collecção de leis, decretos, e alvarás, ordens regias, e editaes, que se publicarão desde o anno de 1802 até 1803", *cit.*

[1355] Dois estudos de referência sobre as realidades inglesa e alemã da pena de morte ilustram também a sua ritualização e recepção pública nestes espaços, designadamente ainda entre os séculos XVIII e XIX – v. V. A. C. Gatrell, *The Hanging Tree – Execution and the English People 1770-1868*, Oxford University Press, Oxford, 1994, pp. 80 ss. e Richard J. Evans, *Rituals of Retribution – Capital Punishment in Germany 1600-1987*, Oxford University Press, Oxford, 1996, pp. 65 ss. A ritualização da realidade francesa da pena de morte enquanto diálogo público "frequente entre os justiçados e a justiça", a ser validado pela comunidade, encontra-se mais recentemente tratada por Pascal Bastien, *L'exécution publique à Paris au XVIIIe siècle – Une histoire des rituels judiciaires*, Champ Vallon, Seyssel, 2006, bem como, para uma análise do argumentário jurídico e moral a esta associado entre o século XVIII e o século XIX, por Jean-Marie Carbasse, *La peine de mort*, PUF, Paris, 2002, em especial pp. 57 ss.

[1356] V. artigos 223º a 229º.

[1357] O Ministério Público, recebendo certidão da sentença condenatória à morte, deve remetê-la ao Presidente da Relação, que lhe dará a tramitação posterior (artigo 28º do Regulamento do Ministério Público aprovado pelo Decreto de 15 de Dezembro de 1835). Favorável ainda em 1861 a este procedimento de moderação, sem abolição *de jure* da pena, v. A. M. Seabra d' Albuquerque, *Lições de direito criminal portuguez redigidas segundo as prelecções oraes do excelentissimo senhor Basilio Alberto de Sousa Pinto...*, *cit.*, p. 111. V. Guilherme Braga da Cruz, *O movimento abolicionista...*, *cit.*, pp. 133 a 136, considerando este recurso obrigatório para o monarca de todas as condenações à morte fixado em 1832 como decisivo para "pleno êxito do movimento abolicionista em Portugal".

clemência régia, a decisão última do rei continuaria a ser fundamental para a concretização da pena decretada, mesmo se se fixa aqui um prazo de apenas 48 horas que deve mediar sentença e sua execução, durante o qual o condenado deveria obter os "socorros da Religião que professar".

A Nova Reforma Judiciária, em 1837, esclarecerá que este prazo apenas deverá ser contado após a resposta recebida do "Poder Real".[1358] Proibida é aqui também a execução de "pessoa que se ache alienada das faculdades mentaes ou em mulher grávida", mantendo uma previsão anterior.[1359] No ano seguinte, é configurado um mecanismo de indeferimento tácito, que terá uma vida transitória: caso o monarca não se pronunciasse no prazo de 60 dias, considerar-se-ia que o condenado não havia sido agraciado, devendo ser executada a sentença. Elucidativamente, vigorará apenas quatro anos.[1360]

A execução, restrita à forca, deveria continuar a ser cumprida em lugar público, "com acompanhamento do costume"[1361], perante escrivão dos autos, sendo dispensada a presença do juiz. E prevê-se igualmente o destino do cadáver: entregue aos familiares do condenado, se reclamado; ou remetido para "qualquer theatro anatomico", com autorização do juiz do local da execução, sendo esta última possibilidade retirada da letra da lei pela reforma de 1837. Na Novíssima Reforma Judiciária, em 1841, apenas se replicará o já antes previsto.

O local da execução, nada sendo determinado de distinto na sentença ou numa eventual decisão de recurso, seria a localidade da cadeia onde o condenado se encontrasse, tendo em 1838 sido fixada, para Portugal continental, a "cabeça do Distrito Administrativo em que tiver sido commettido o delicto" como o local da execução.[1362]

Entre Fevereiro e Março de 1838, Alexandre Herculano publica no *Diário do Governo*, período durante o qual foi seu director, na sua parte "não oficial", três breves textos em que pugna pela abolição da pena de morte.[1363] Apelida esta pena

[1358] V. artigos 338º e 339º da Terceira Parte da Reforma Judiciária aprovada pelo Decreto de 13 de Janeiro de 1837.

[1359] "Só passados similhantes accidentes se cumprirá a sentença", completa-se no artigo 226º do diploma de 1837.

[1360] V. artigo 18º da Lei de 17 de Março de 1838, diploma excepcional, revogado em 1842.

[1361] Que, na reforma de 1837, se esclarece que deve ser "da Confraria da Misericordia, se a houver no logar, e dos Ministros da Religião que professar o condenado" (artigo 340º).

[1362] V. artigo 18º da Lei de 17 de Março de 1838.

[1363] Recolhidos também em Alexandre Herculano, *Opúsculos*, org. e introd. de Jorge Custódio e José Manuel Garcia, vol. III, Editorial Presença, Porto, 1984, pp. 31 a 35. A sua palavra tem repercussão

de "um absurdo": na troca de direitos e deveres sociais, nunca poderá entrar o direito à vida, "porque ninguém o tem para lhe pôr termo". Para Herculano, tendo em conta a sua cartilha de verdadeiro liberal, sentenciar a pena de morte é condenar também o Absolutismo, pois entre os seus maiores defensores estão os que partilham também de ideais anti-liberais. Crê, como muitos, que a pena de morte não serve a redução da criminalidade em geral, uma vez que se devem, pelo contrário, "buscar as causas que (...) levam a cometer delitos".[1364] Vê na abolição da pena de morte uma imposição histórica, do mesmo modo que o tráfico de escravos ou a morte na fogueira se condenaram com o passar dos anos. A Herculano parece-lhe mais correcta, como alternativa eficaz, a imposição das demais penas que se prevêem na legislação, em especial os trabalhos públicos ou o degredo, pedindo afinal que se convertam "os braços usados aos crimes em braços úteis ao proveito comum".

O Código Penal de 1852 vem, no entanto, ainda prever a pena de morte, "simples privação da vida", entre as penas maiores, resultando adicionalmente a condenação àquela na perda de todos os direitos políticos, na perda da propriedade, posse e administração dos bens, direitos passados aos seus sucessores, e na invalidade de testamento feito ou na incapacidade de testar. Do mesmo modo, perdia o condenado à morte o "direito á protecção das leis civis para exercer auctoridade a respeito de sua mulher e de seus filhos", não podendo ser testemunha e considerado como incapaz nos "negócios judiciaes".[1365] À condenação à morte natural corresponde assim a perda de direitos políticos e uma limitação quase absoluta do exercício dos direitos civis, enquanto ainda "servidão da pena". De entre todos os seus críticos imediatos, talvez tenha sido Silva Ferrão o mais directo na condenação da manutenção da pena de morte no Código.[1366]

imediata: a sua defesa do abolicionismo é publicamente contestada em dois artigos no jornal *O Nacional*, de 2 e 6 de Março de 1838, refutando igualmente o uso do Diário do Governo para a emissão de opiniões eventualmente divergentes do "Ministério". Note-se, contudo, que o jornal "oficial", ao tempo, era publicado por uma empresa privada e continha efectivamente uma "parte não oficial", que o aproximava de facto da demais imprensa. Herculano deixaria em Maio de 1838 a direcção do periódico.

[1364] "Um desgraçado, rodeado de filhos, sem ter um bocado de pão que lhes dê, vai converter-se num salteador da via pública; não espereis que ele o seja para depois o enforcardes; abri ao povo o caminho de ganhar a vida na lavoura, no comércio ou na indústria, e os salteadores desaparecerão" – *idem, ibidem*, p. 33.

[1365] V. artigos 32º, 52º e 53º.

[1366] "A morte do cidadão não deveria ser admittida, como elemento de penalidade, em Cod. algum criminal de paiz livre e civilisado. Esta é a nossa firme opinião, estes os nossos votos. Confiâmos, que

Esta pena não poderia ser aplicada a menor de 17 anos, sendo nesse caso substituída pela pena de prisão perpétua com trabalho[1367], tal como não poderia ser executada sobre mulher grávida e até um mês após a gravidez[1368], à semelhança de todas as "penas corporaes", excepto no caso de prisão correccional. A morte deveria ser executada na forca, única modalidade prevista, "em logar publico da cidade ou villa em que for proferida a sentença, ou da comarca em que tiver sido commetido o crime", devendo assegurar-se sempre "a maior publicidade". Mantida a proibição antiga de efectuar execuções aos domingos, dias santos, Semana Santa e "dias de gala", é contudo permitida agora a entrega dos cadáveres dos executados à sua família para um funeral, mas devendo este decorrer "sem pompa alguma".[1369]

Entre os crimes que poderiam ser punidos com a pena de morte, em 1852, estão crimes contra a segurança exterior do Estado – toma de armas contra a Pátria e traição[1370] –, o crime de pirataria de onde resultasse a morte de alguém[1371], o atentado ao Rei e sua família[1372], o crime de homicídio voluntário quando agravado[1373] e ainda crimes de roubo e fogo posto, quando fosse tentada (no caso de roubo) ou resultasse a morte da vítima.[1374] Esta previsão resulta manifestamente restrita perante o panorama legal anterior, provindo do texto do Livro V das Ordenações, mas fortemente coincidente, nos tipos previstos, com a prática histórica de aplicação da pena capital, em particular pensando no homicídio e no roubo.

Contudo, a pena de morte por crimes comuns não era já executada ao tempo da aprovação da codificação penal[1375], sustida habitualmente pelo perdão régio

tanto a philosophia, bem como os bem entendidos interesses da sociedade, hão de proscrever, para sempre, um dia, o assassinato legal" – Silva Ferrão, *op. cit.*, II, p. 17.

[1367] V. artigo 71º.

[1368] V. artigo 92º.

[1369] V. artigo 91º.

[1370] V. artigos 141º e 143º, § único.

[1371] V. artigo 162º, § 1º.

[1372] V. artigos 163º e 166º.

[1373] V. artigo 351º, que prevê a agravação havendo premeditação, uso de tortura ou crueldade, quando o homicídio vise a prática de outro crime ou deva resultar em impunidade do agente ou caso o homicídio seja "precedido, acompanhado ou seguido" de outro crime punido com pena superior a 3 anos de prisão.

[1374] V. artigos 433º e 469º.

[1375] A última execução por crime comum terá decorrido em 22 de Abril de 1846, tomando a data apresentada por Guilherme Braga da Cruz, *O movimento abolicionista...*, *cit.*, p. 30 e por Eduardo Correia, *A Pena de Morte...*, *cit.*, p. 12.

quando decretada, tendo no mesmo ano sido abolida para crimes políticos, pelo Acto Adicional à Carta Constitucional de 5 de Julho.[1376]

Parecia afadigar-se então a expurgação também da letra da lei para os crimes comuns, mesmo que ainda com opositores. Aires de Gouveia, empenhado adversário do que epigrafa também de "assassinato legal", dá conta ainda dos elementos picarescos do quotidiano dos algozes nas cadeias portuguesas em meados do século[1377] e não deixa de condenar solenemente o projecto de revisão do Código Penal de 1861 por manter a pena de morte.[1378] Esta pena já se encontrará proscrita pelo projecto aquando da sua revisão em 1864. No projecto de 1861, o seu espaço de execução tinha passado também das praças ao ar livre para o interior das prisões, no que se pode ver o resultado da crítica de Gouveia, mas não só, à primeira versão deste articulado, de 1859.[1379] Uma nota clara retira-se entretanto da maioria

[1376] V., sobre este processo, Guilherme Braga da Cruz, *O movimento abolicionista...*, *cit.*, pp. 141 a 150.

[1377] A. Ayres de Gouvêa, *A reforma...*, *cit.*, pp. 75 a 83.

[1378] "Em nosso ajuizar, houve simplesmente mão n'isso, alem do execrando costume patrio, o exemplo de França e de Inglaterra; mas não vista nenhuma de intimidar, de civilisar, de moralisar. É impossivel, absolutamente impossivel, que mirassem similhante fim", escreve *idem, ibidem*, p. 83. O lente de Direito Criminal em Coimbra, contudo, ensinava no mesmo ano que "como não achâmos um principio moral, que reprove a pena de morte, entendemos que é legitima (...)", não se devendo "cahir na imprudência de riscar a pena de morte, visto que a experiência d'ella só ter sido abolida por alguns anos, não é suficiente para a sua abollição completa", mesmo se defende prudência na sua aplicação – v. A. M. Seabra d' Albuquerque, *Lições de direito criminal portuguez redigidas segundo as prelecções oraes do excelentissimo senhor Basilio Alberto de Sousa Pinto...*, *cit.*, pp. 109 a 112.

[1379] Aires de Gouveia será aliás responsável por um momento parlamentar celebrado, ao propor (e conseguir aprovar), na sessão parlamentar de 3 de Junho de 1863, a eliminação do salário do carrasco, durante a discussão do Orçamento, na sua porfia contra a pena de morte. Sobre este episódio, v. Guilherme Braga da Cruz, *O movimento abolicionista...*, *cit.*, pp. 176 a 183 e Tiago Pires Marques, *Crime e castigo...*, *cit.*, pp. 58 e 59. Braga da Cruz descreve e documenta intensivamente também as demais iniciativas parlamentares ao longo da década no mesmo intuito. No projecto penal de 1861, a pena de morte seria executada no "pateo ou recinto da prisão designada na sentença, ou em logar apropriado", apenas "na presença do ministerio publico, de dois escrivães, do medico da prisão, do sacerdote que acompanhar o condemnado, e de doze testemunhas" (artugo 120º do projecto). Na proposta de 1864, a prisão e o degredo perpétuos surgem como as penas mais gravosas (artigo 83º), sendo então "abolida a pena de morte como contraria á natureza e aos fins das penas" (artigo 79º, § único), sendo substituía por prisão perpétua – *Codigo Penal Portuguez*, tomo II, *cit.*, 1864, pp. 33 e 35. Uma crítica à manutenção da pena de morte no projecto de 1861 foi feita também imediatamente por Luiz Felippe de Abreu, *Estudos...*, *cit.*, pp. XIV e XV e pp. 62 a 65, vista como já ao tempo desusada, desnecessária perante a previsão da prisão celular e anómala em relação a um fim geral de correcção aposto às penas, o que acaba por ser reconhecido na última versão do projecto.

dos projectos de abolição apresentados em seguida até 1867 no parlamento: a abolição da pena de morte surge sempre acompanhada da consagração de uma nova alternativa, a prisão penitenciária.[1380]

Esta associação dará frutos. A abolição da pena de morte para os crimes civis acaba por ser decretada pela reforma penal e das prisões de 1 de Julho de 1867, mediante proposta de Augusto Barjona de Freitas. Significou no imediato a sua substituição pela pena de trabalhos públicos perpétuos, mas apenas até ao momento em que fosse possível condenar à pena de prisão maior celular perpétua, a sucedânea ideal desenhada para a pena capital, uma realidade simplesmente possível com a abertura da Penitenciária de Lisboa em 1885.[1381] Barjona de Freitas justifica a medida pela "abolição de facto" já verificada pelo menos desde 1846, bem como pela experiência de que, sustida a pena, tal não significou um recrudescimento na criminalidade mais grave, quer em Portugal, quer noutros espaços. A defesa política da medida no parlamento é construída assim, intencionalmente, mais sobre uma panóplia de elementos utilitários que através de uma qualquer demonstração da ilegitimidade da pena[1382], o que aliás será no parlamento fortemente criticado por Aires de Gouveia[1383], numa lição de superação da especulação em torno da sua legitimidade pelo mero pragmatismo político.

Dando resposta a um dos argumentos debatidos, a abolição formal da pena de morte em 1867 não terá agravado a criminalidade grave, como também não o fizera o abandono da sua execução desde 1846. Tomando em consideração o

[1380] Na proposta do ministro Gaspar Pereira da Silva de 1864, contudo, é substituída por trabalhos públicos perpétuos em África, uma solução em parte aproveitada pelo regime definitivo de 1867 – v. Guilherme Braga da Cruz, *O movimento abolicionista...*, *cit.*, p. 189.

[1381] A abolição de 1867 foi estendida às colónias ultramarinas pelo Decreto de 9 de Junho de 1870, da responsabilidade de um governo do Duque de Saldanha, confirmado depois pela Lei de 27 de Dezembro de 1870. No relatório daquele Decreto (in *COLP*, 1870, p. 286), explica-se como esta extensão era inadiável, por a sua ausência resultar numa "differença no modo de julgar" que "quebra a unidade da lei e estabelece a confusão, e desigualdade de penas". Este diploma é expedido após se ter levantado a questão da aplicabilidade da pena de morte em Moçambique, em 1869, na sequência de uma determinação do seu Governador-geral quanto à vigência de legislação que a preveria – v. Guilherme Braga da Cruz, *O movimento abolicionista...*, *cit.*, p. 229.

[1382] V. *Diario de Lisboa*, nº 49, 1867, pp. 594 e 595.

[1383] Na discussão do projecto, Aires de Gouveia não deixará de assinalar: "O sr. ministro, e meu sympathico collega, não crê ainda na illegitimidade absoluta da pena de morte; cede aos factos sociaes, cede a esta onda da opinião sensatissima que vae arrojando o patibulo, que vae arrojando todos os instrumentos de aviltamento da raça humana; mas cede com um quê de duvida, parece-me" – *Diario de Lisboa*, nº 141, 1867, p. 2022.

número de homicídios, um autor nota que, após a sua abolição, caso fosse ainda aplicada, teria como universo de destinatários, em 1878, 21 condenados, em 1879, 20; e em 1880 apenas 13[1384], contrastando, por exemplo, com um número elevado de homicídios registados antes de 1867, que chegava a ultrapassar as duas centenas. Afinal, o receio do aumento da criminalidade grave, que levou a substituir, formalmente, a pena de morte por uma prisão celular de duração perpétua, era infundado.[1385]

É apenas a República, em 1911, que vem a abolir a pena de morte também para os crimes militares[1386], através do Decreto de 16 de Março de 1911, que aprovou o Código de Processo Criminal Militar, e que abole outras penas militares, como a de reclusão ou de exautoração, mas a I Guerra permite uma oportunidade de a repor, e será mantida na jurisdição penal militar até 1974. É certo que, genericamente, a escola positiva admitia o uso da pena de morte, entendida como meio de eliminação extremo da perigosidade de um criminoso que fosse incontrolável por outros meios[1387], mas entre nós a recepção do pensamento das escolas da antropologia criminal e do positivismo sociológico nunca representou um elemento decisivo no sentido da reintrodução da pena de morte para os crimes comuns. Mesmo tendo havido reclamações para a sua reintrodução, afinal a prevalência do uso do degredo, isolado ou penitenciário, apresentava vantagens em planos diversos.

[1384] António de Azevedo Castello Branco, *Notice...*, *cit.*, p. 11. Estes dados são também indicados por Lopo Vaz de Sampaio e Mello na Câmara dos Deputados aquando da apresentação da Nova Reforma Penal, em 1884, com base nas *Estatisticas da administração da justiça criminal*.

[1385] "Se alguem dissesse em 1867 aos que combatiam a abolição da pena de morte, que durante dezesete anos a prisão celular perpetua não seria mais do que uma ficção legal, adrede creada para lhes socegar a mente attribulada e para arrancar a aquiescencia geral em prol daquela grande obra da civilisação moderna, a pena capital ahi estaria ainda vigorando como lei do estado em nome da ordem publica e da salutar intimidação", afirmava Lopo Vaz, no mesmo *Relatorio da proposta de lei da nova reforma penal*, in RLJ, nº 905, *cit.*, p. 325.

[1386] Sobre a execução da pena de morte por crimes militares após 1867 e a discussão pública que o tema representou, v. Guilherme Braga da Cruz, *O movimento abolicionista...*, *cit.*, pp. 233 a 240, e a bibliografia aí citada.

[1387] "Os perigos, no quadro da prevenção geral, de uma ideia puramente utilitária, relativamente à pena de morte, não são, de resto, menores quando aquela ideia se articule com a chamada prevenção especial de tipo naturalístico, muito grato ao positivismo. Na lógica naturalística desse movimento, tal como todo o organismo vivo se defende dos males que o minam, também a sociedade se deve defender dos homens que pela sua perigosidade criminal ameaçam a estrutura da sociedade", escreve Eduardo Correia, *A Pena de Morte...*, *cit.*, p. 13, para também recordar adiante que também Ferri e Garofalo admitiam limitações necessárias no uso da pena de morte.

No Limoeiro, os dias que imediatamente antecediam a execução eram passados no oratório da prisão, um espaço no segundo piso, junto à enfermaria, que se converteu ironicamente em casa mortuária, abolida a pena.[1388] Antes da entrada no oratório, era o condenado colocado na *casa forte* da prisão, em isolamento, logo após conhecer da execução próxima. O regulamento prisional de 1843 mandava expressamente atentar na segurança do condenado ao aproximar-se o momento da execução.[1389-1390]

No texto de Faustino da Fonseca, retrata-se uma das últimas execuções judiciais realizadas em Lisboa por um crime comum, do "estudante da Polytechnica" de 26 anos, Francisco Mattos Lobo, em 1842.[1391] Esta é uma execução que serviu

[1388] "O oratório consistia n'um corredor estreito e escuro, tendo ao fundo um altar com seis castiçaes e um Christo pregado na cruz. (...) Dos lados havia pequenos quartos para descanso do reu e dos padres destinados a acompanhal-o. (...) Um guarda, chamando-o rudemente, levando-o adiante de si pelos corredores largos e sombrios, despertava-o para a realidade da sai existência. O escrivão intimava-lhe com todas as formalidades a sentença de morte lendo-lh'a em voz lúgubre e sinistra. Davam-lhe uma penna, assignava-a se sabia escrever, e d'alli ia logo para o oratório, d'onde somente sairia para a forca!", descreve Faustino da Fonseca, *Trez mezes no Limoeiro*, *cit.*, pp. 60 e 61.

[1389] "Logo que a sentença de pena capital passar em julgado, será prevenido o Carcereiro da Cadêa, onde se acharem os réos a ella condemnados, para os vigiar cuidadosamente, a fim de que não attentem de algum modo contra a propria existencia", prevê-se no artigo 44º, § 2º do Regulamento aprovado pelo Decreto de 16 de Janeiro de 1843.

[1390] O mesmo procedimento encontra-se descrito para a Cadeia da Relação do Porto por Maria José Moutinho Santos, *A sombra...*, *cit.*, pp. 193 a 195.

[1391] A última execução em Lisboa terá decorrido em Outubro de 1845, de acordo com a relação de executados entre 1833 e 1846 (data da última execução capital, no mês de Abril, em Lagos) nos distritos judiciais de Lisboa e Porto publicada no projecto de *Codigo Penal Portuguez*, tomo I, *cit.*, 1861, p. 222, atribuída às informações prestadas pelo ajudante do procurador régio de Lisboa Manuel Pedro Faria Azevedo e por Camilo Aureliano da Silva e José da Cunha Navarro de Paiva, procuradores régios nas Relações do Porto e dos Açores. Neste último distrito judicial não terá naquele período ocorrido qualquer execução. No total, entre 1833 e 1846, são contabilizadas 34 execuções. Uma relação das penas capitais concretizadas entre 1326 e 1833, da autoria de António Joaquim Moreira, é também reproduzida (pp. 223 a 235), com identificação do condenado, crimes praticados, local, modo e data da morte e alguns pormenores adicionais de cada execução, apresentando um total de 427 executados. António Luiz de Sousa Henriques Secco, *Memorias...*, *cit.*, tomo I, pp. 252 ss., e tomo II, pp. 135 ss., apresenta também uma extensa relação de executados, desde 1266 a 1863, complementar à incluída no relatório do projecto de Código Penal, datando por aqui a última execução em Portugal continental de 1845, em Chaves, por homicídio. A relação de Henriques Secco é retirada em parte de um manuscrito da Biblioteca Pública de Évora, *Lembrança dos que foram a justiçar*, da Companhia de Jesus, cobrindo este documento o período de 1693 a 1754. Uma outra relação, datada previsivelmente de 1843, é a que se encontra em manuscrito na Biblioteca Nacional de Portugal, uma *Breve noticia de diversas execuções capitais em Portugal desde 1326 a 1843*, da autoria do decano da

retóricas diversas à época, desde o parlamento à literatura, usada habitualmente pelos abolicionistas, mas também pelos defensores da pena capital. Uns valorizando a degradação que o espectáculo da morte pública representa, outros enaltecendo a perversidade do crime e a necessidade intrínseca do seu castigo.

Condenado por ter roubado e morto a sua tia por afinidade, os filhos desta e a criada da casa no primeiro andar do nº 5 da rua de S. Paulo, em Lisboa, "n'uma furia cega, insaciavel de sangue", em 25 de Julho de 1841, aguardou Mattos Lobo no Limoeiro, em isolamento – no *segredo* – a data da execução, numa sucessão de tentativas falhadas de suicídio, entrecortadas com a escrita de cartas, onde era notória a sua erudição. O recluso era instruído, citaria "de cor Rousseau", fora um dos mentores de um levantamento político no seu concelho[1392], o que certamente o tornou também mais apetecível como exemplo nos discursos divergentes sobre a pena de morte.[1393]

polícia António José da Conceição, dada a conhecer por António Braz de Oliveira (apresentação e notas), *As execuções capitais em Portugal num curioso manuscrito de 1843*, in "Revista da Biblioteca Nacional", vol. 2, nº 1, Janeiro-Junho de 1982, Biblioteca Nacional, Lisboa, 1982, pp. 109 ss. Nesta relação, Manuel Gonçalves, homicida, é o último executado mencionado, para o ano de 1843.

[1392] Assim o indicam Mendes Corrêa, *Os criminosos portugueses...*, *cit.*, pp. 255 a 257 e A. Victor Machado, *Do crime e da loucura*, Henrique Torres Editor, Lisboa, 1933, p. 15, estando em causa a "revolta" do povo da Amieira, donde era natural, contra o administrador do concelho de Gavião.

[1393] António Luiz de Sousa Henriques Secco, *Memorias...*, *cit.*, I, pp. 464 a 467, descreve também com minúcia o crime e a execução de Mattos Lobo (que refere erradamente como datada de 16 de Julho de 1842, distintamente de Faustino da Fonseca que nota, também em lapso, a data de 14 de Abril de 1842). Indica como móbil do crime o roubo de "tres apolices do Banco Commercial do Porto do valor de 200$000 réis cada uma", o que, sendo factual, contradiz a tese da defesa que procurou retratar o evento como um crime passional. Guilherme Braga da Cruz, *O movimento abolicionista...*, *cit.*, p. 187, reproduzindo o relatório da proposta de lei visando a abolição da pena de morte apresentada pelo ministro da Justiça Gaspar Pereira da Silva em 11 de Janeiro de 1864, anota aqui também a descrição do episódio, assentando-o na data, também equivocada, de 26 de Abril de 1842. A execução realizou-se em 16 de Abril de 1842, como o corrobora facilmente a imprensa da época. N'*A Revolução de Setembro* de 18 de Abril, p. 2, relata-se, a uma coluna, a dramática morte de Mattos Lobo, indicando-se que havia decorrido "hontem, pela 1 hora da tarde, no caes do Tojo da Boa-Vista" – como o periódico não era publicado ao domingo nem a este dia eram realizadas execuções, a indicação é necessariamente a de dia 16, sábado. O jornal atesta que o condenado "foi conduzido ao patibulo em uma cadeira de braços, levado por forçados a trabalhos publicos, e sustentado por irmãos da misericordia". O jornal, francamente politizado, era um dos que exigia a abolição da pena capital e vitupera fortemente o espectáculo: "Já mais de uma vez temos levantado a voz contra o modo, por esta barbara pena se executa; e contra esse código de sangue, que o ferro dos usurpadores escreveu; e se não estivéssemos profundamente convencidos da necessidade de abolir esse codigo substituindo-o por um systema penal, que dê garantias á sociedade, que a moralise, que corrija e não des-

No ano seguinte, a 16 de Abril de 1842, comprovava-se o ritual. Mattos Lobo "foi levado em cadeirinha (...) por Santo António da Sé, Pelourinho, largo do Corpo Santo e foi dar trez voltas no logar do crime como determinava a sentença". Só então foi transportado ao patíbulo, no cais do Tojo, então o local habitual das execuções em Lisboa, consumando-se uma morte especialmente dolorosa também de se observar.[1394]

Mattos Lobo, executado em 1842 perante a cidade, tal como, no ano anterior, a execução de Diogo Alves, o célebre salteador da capital, a 19 de Fevereiro de 1841, ofereceram motivos de debate acrescido sobre a bondade da pena capital, mas garantiram igualmente material pioneiro de estudo nacional a uma ciência frenológica e antropológica cuja evolução marcaria as décadas seguintes.[1395]

trua os criminosos, que reuna as condicções da justiça e as da humanidade, tinhamos no que agora se vio sobejo argumento para declamar contra espectaculos taes. Vimos um povo delirado correndo em tropel a cevar a vista feroz sobre uma victima da justiça. Vimos esse povo bradar contra a força publica, que lhe continha o furor (...). Scenas de carnagem para que se expõe aos olhos de um povo sem instrucção!... (...) Impiedade desta seculo! O condemnado pendia do cadafalso, o sacerdote cahia sobre a mesma cadeira que condusira o padecente, o povo agitava se em ondas e a musica de caçadores 2 tocava belissimas composições marciaes! Depravação deste seculo!...".

[1394] Conta ainda Faustino que "o prior do Marvão caiu fulminado por uma apoplexia quando dominado por grande commoção o exhortava a bem morrer. De toda a multidão partiram gritos de terror. O cadaver do padre foi arrastado para a tumba da Misericordia, e Mattos Lobo balouçou-se suspenso da corda, agitando-se em contorsões horriveis, porque o carrasco não o poude cavalgar a tempo" – Faustino da Fonseca, *op. cit.*, p. 66. Em Lisboa existe ainda hoje uma Rua do Cais do Tojo, situada precisamente entre Santos e o Cais do Sodré, este último local também cenário de diversas execuções. António Luiz de Sousa Henriques Secco, *Memorias...*, *cit.*, I, p. 238, indica outros locais de execuções na capital do século XVIII: Praça do Comércio, Rossio, entre o Rato e Campolide, Rua da Estrela, Caminho de Arroios, Cruz dos Quatro Caminhos...

O crime de Mattos Lobo e a sua execução são largamente documentados na *Galeria de criminosos celebres em Portugal – Historia da Criminologia Contemporanea*, vol. II, Typographia da Papeleria Palhares, Lisboa, 1897, pp. 8 ss., onde se reproduzem a sentença do juiz Carlos Moniz de Castelo Branco Bacelar, de 30 de Agosto de 1841, e outros elementos do processo. Ainda em 1933, na longa nota biográfica de Mattos Lobo que é publicada por A. Victor Machado, *op. cit.*, pp. 13 ss., retomando em grande medida a informação da *Galeria*, se vai retratar o seu crime, o seu julgamento e a sua execução e é também reproduzida a sentença condenatória, que aplica os títulos 35 e 61 do livro V das Ordenações, decretando a que "morra morte natural na forca" e à "indemnisação aos parentes das assassinadas, e nas custas dos autos" (p. 41). Victor Machado não duvidará ainda de que Mattos Lobo "não pôde fugir á perpetração de crimes horrendos" (p. 62), devendo ser um "psicopata constitucional", um "exemplar raro de loucura moral".

[1395] Afinal, "(...) como é que Mattos Lobo, senhor d'uma vasta ilustração, educado nos principios rigidos de uma familia provinciana á antiga, e nas praticas disciplinadas da vida de seminário sahiu aberração tão monstruosa? A anthropologia é que póde intervir eficazmente na explicação do

b. O trabalho como pena: os "trabalhos públicos"

Uma das primeiras referências ao uso de trabalho forçado como pena surge em Portugal a propósito das galés, por vezes considerado como um tipo específico de degredo ou mesmo de prisão, dado o seu carácter de condenação a novos espaços de trabalho obrigatório que são, simultaneamente, espaços de reclusão.

Como salienta Luís Miguel Duarte, esta condenação parece ser uma pena completa: congrega a privação de liberdade com o sofrimento físico, o degredo para longe de casa e da família, era uma pena infamante e efectivamente constituía um corpo de trabalho forçado.[1396] Descreve este autor uma galé de 1471, movida em exclusivo pela força humana, podendo envolver entre 260 a 450 remadores. Pelo menos desde o reinado de D. João I que a Coroa usaria condenados como remadores forçados, já que o servir nas galés poderia também significar remir uma outra condenação ainda mais dura – mas sem a dimensão que esta prática atingiu, por exemplo, em França. Numa galé, haveria remadores de diferentes condições: escravos, condenados e voluntários[1397], podendo servir também como soldados.[1398] Estes remadores, a cujo conjunto se dá a designação de *chusma*, vivem

facto (...)", escreve-se na *Galeria de criminosos celebres em Portugal..., cit.*, vol. II, p. 9. João José P. Edward Clode, *História da Fotografia e da sua aplicação à medicina*, in "Cadernos Otorrinolaringologia – Clínica, Investigação e Inovação", Círculo Médico, 10 de Dezembro de 2010, p. 15, disponível em *http://www.cadernosorl.com*, indica: "A primeira aplicação da Fotografia à Medicina em Portugal, que se tenha conhecimento, ocorreu em 1842. Um célebre assassino da época, Francisco Mattos Lobo, tinha sido condenado à morte por enforcamento, e os médicos Francisco Martins Pulido e João José Simas, requereram ao ministro do reino que o cadáver do condenado fosse entregue à Escola Médico-Cirúrgica de Lisboa para estudos de Frenologia. (...) Tendo o ministro autorizado, foi realizado o exame do Crânio de Mattos Lobo, nos dias 17 e 18 de Abril de 1842. Seguidamente, no Pátio do Hospital, o Crânio foi copiado para uma chapa de Cobre (...) segundo o método de Daguerre. A imagem do Crânio saiu perfeitíssima (...)". Ambos os médicos costumavam visitar Mattos Lobo durante a sua estada no Limoeiro, "por se dedicarem ao estudo da antropologia criminal", assegura A. Victor Machado, *op. cit.*, p. 27.

[1396] Luís Miguel Duarte, *Justiça e criminalidade..., cit.*, pp. 541 e 542.

[1397] V. Eduardo Correia, *Estudos..., cit.*, p. 54.

[1398] A galé é "um barco de casco muito esguio (a proporção entre o comprimento e a boca varia entre 7:1 e 10:1). O comprimento ronda os 40, 45 metros, com cerca de 25 a 30 bancos de cada lado. Sobre este casco esguio assenta um longo «quadro» rectangular, nos lados do qual dispostos em espinha e paralelos entre si, estão os barcos dos remadores, separados por uma coxia, a nível superior, que liga a popa à proa", descrevem Luís Miguel Duarte e José Augusto Pizarro, *Os forçados das galés (Os barcos de João da Silva e Gonçalo Falcão na conquista de Arzila em 1471)*, in "Congresso Internacional Bartolomeu Dias e a sua época – Actas", vol. II, Universidade do Porto/Comissão Nacional para as Comemorações dos Descobrimentos Portugueses, Porto, 1989, p. 315. O serviço como soldado poderia significar expressamente o fim da sua pena. Neste texto, os autores descrevem a tomada de Arzila e Tânger

um largo período – que contudo não deveria exceder os três meses – num espaço confinado e sujeitos a um esforço físico violento. Os forçados, passando os dias ao sol, acorrentados aos bancos da embarcação, podem ganhar a sua redenção, mas cumprem uma dura pena para tal, não sendo o trabalho, aliás, limitado ao manejo forçado dos remos. Um conjunto de tarefas, associadas ao navio e às suas necessidades ou bastante mais vasto, era também contemplado. A condenação às galés não se reconduz apenas à embarcação: encontram-se referências a fazer corda, descarregar mercadorias, trabalhar nas docas e nos estaleiros em qualquer actividade que lhes seja atribuída... Assim, a condenação às galés, no século XVII e mesmo no século anterior, não significa necessariamente vida forçada no mar.[1399]

A referência à "galé", também em Portugal, perde portanto a sua identificação exclusiva com a embarcação no mar e assume-se genericamente como prisão e espaço de trabalho forçado, onde o condenado deve trabalhar ao serviço dos seus captores, mesmo se junto do cais, o que obtém consagração legal desde o

em 1471 por parte da armada de D. Afonso V, que contaria também com a presença de forçados nas galés, como nas embarcações capitaneadas por Gonçalo Falcão e de João da Silva. O monarca dera a ordem de fazer embarcar como remadores todos os que estivessem nas prisões ao tempo da expedição, deixando, todavia, estes uma fiança, que deveria ser usada caso não regressassem. A compensação pelo serviço era o perdão régio. No entanto, só terá sido possível recrutar neste modelo 16 remadores, de acordo com a documentação estudada, o que os autores explicam pelas dificuldades dessa população reclusa em prestar fiança e pela dificuldade em eventualmente fazer cumprir a ordem régia, implicando o arriscado transporte de prisioneiros, pondo também a hipótese de, tendo havido muitas baixas no desembarque, que parte significativa delas fosse de condenados, explicando assim o número reduzido de que há notícia. Entre os remadores encontravam-se vários acusados por agressões e evadidos das cadeias entretanto capturados.

[1399] Timothy J. Coates, *Degredados e órfãs: colonização dirigida pela coroa no império português (1550-1755)*, Comissão Nacional para as Comemorações dos Descobrimentos Portugueses, Lisboa, 1998, p. 95. Coates transcreve uma descrição que um condenado mais ilustrado, o médico francês Charles Dellon, deixa dos meses que passa, em 1676, precisamente "na prisão a que chamam a Galé (...) visto que os portugueses não usam galés na sua Marinha", em Lisboa. Os presos, entre os quais condenados pelo sistema judicial, mas também escravos fugitivos ou insubordinados e "Turcos que foram capturados aos Corsários da Barbaria", estariam acorrentados aos pares, pela perna, e seriam usados em trabalhos diversos, "a menos que tenham dinheiro para dar aos Oficiais": "Transportam madeira para os carpinteiros, descarregam navios, carregam pedras e areia para lastro, ajudam no fabrico de cordas ou em qualquer outro trabalho para o Serviço Real ou para os Oficiais que os dirigem, embora em circunstâncias muito miseráveis e degradantes", desde o amanhecer até à noite, com uma pausa entre as onze e as treze horas. A alimentação fornecida a estes forçados seria composta por meia onça de biscoito diária e seis onças de carne salgada mensalmente, acompanhados de ervilhas, lentilhas ou feijões.

início do século XVII.[1400] Esta é também a realidade noutros espaços, como em França, onde a condenação às galés representa trabalho forçado em terra desde meados do século XVIII, mesmo que sob a tutela da Marinha desde 1748 – constituindo o *bagne à terre*.[1401] Realidade semelhante é a verificada em Espanha até ao século XIX, com a referência ao trabalho nos arsenais.

O recurso às galés atesta-se em Portugal desde, pelo menos, o final do século XIV e articula-se com o uso do degredo propriamente dito[1402], de modo a, como sistemas paralelos, serem também comunicantes – e a fixação do tempo de pena considerava a necessidade de se estabelecerem equivalências.

Desde logo em Alvará de 5 de Fevereiro de 1551[1403], verifica-se que a condenação às galés era possível para os homens de entre 18 e 55 anos, desde que não fossem escudeiros "ou de hi para cima". Dois anos de degredo para o Brasil equivaleria a um ano nas galés e o degredo perpétuo seria convertido em 10 anos de trabalhos forçados. No caso de sentenças das Casas da Suplicação e do Cível que condenassem escravos a "que se vendessem para fora do regno", poderia o "prouedor do almaze de Guinee & Indias" comprar esses escravos "para serviço das ditas galees", pelo preço que dois avaliadores, a quem "seria dado juramento dos sctos euangelhos", estabelecessem.

[1400] Por Alvará de 15 de Julho de 1604, estabeleceu-se, "por não haver presentemente galés no Reino", que os condenados àquela pena, mantidos nas cadeias – para mais, "em damno de su saude e vida e com grave despeza da Miserciordia" – deveriam ser colocados em trabalho em embarcações "no rio de Lisboa para o serviço do Reino". No entanto, pode discutir-se se este diploma não terá pretendido essencialmente resolver um problema de sobrelotação prisional conjuntural ou se efectivamente visava regular a execução da pena "de galés" para o futuro. Tal dúvida pode ser suscitada pelo facto de, dois anos passados, nova regulação, aparentemente contraditória, ser decretada. Agora, pelo Alvará de 4 de Dezembro de 1606, o "degredo para as galés" não podia ser de duração inferior a dois anos, conforme se estabelece em 1606, por um período inferior ser insuficiente para o condenado conhecer a "linguagem e estilo das galés", pena infamante, mas igualmente pena da qual se deveria inquestionavelmente retirar uma utilidade pública. Todavia, é inquestionável deste período a sua conversão de pena "do mar" para pena "em terra" e a sua recondução a uma associação entre trabalhos públicos e prisão.

[1401] V. A. Zysberg, *La société des galériens au milieu du XVIIIe siècle*, in "Annales – Économies – Sociétés – Civilisations", ano 30, nº 1, Jan./Fev. 1975, Armand Colin, Paris, 1975, p. 43.

[1402] V. Timothy J. Coates, *Degredados..., cit.*, pp. 86 ss., onde salienta que "a Igreja e o Estado coordenavam os seus sistemas judiciais, a fim de que o Estado recebesse a força de trabalho suficiente (e nunca em excesso)" e, por seu turno, "o Estado comutava (...) as sentenças de exílio colonial para trabalho nas galés ou vice-versa – tudo dependia das suas necessidades nas docas ou no ultramar (...)" (p. 87).

[1403] Recolhido in DNL, Quarta parte, t. XXII, lei XXI.

A condenação às galés assumia uma dimensão ao mesmo tempo infamante e de castigo corporal.[1404] Este sentido é mantido nas Ordenações Filipinas[1405]: a condenação às galés não poderia ser aplicada a membros da nobreza, nem agora a menores de 16 ou maiores de 55 anos ou a enfermos, que receberiam em alternativa a pena de degredo para o Brasil.

O uso destas embarcações de forçados parece pois ter terminado entre nós ao longo do século XVII. No século XVIII, definitivamente obsoletas as galés, os condenados viam a sua força de trabalho aproveitada em obras públicas[1406] ou eram enviados para o degredo ultramarino. As necessidades do pós-terramoto de 1 de Novembro de 1755 criaram também a oportunidade de ocupar de forma obrigatória os "homens vadios (...) que vivem viciosamente na ociosidade": o seu destino seria a prisão inicial e subsequente afectação – mas mediante processo judicial e decretar de sentença – a obras públicas ou, sendo aí desnecessários, a obras de particulares, em ambos os casos mediante retribuição.[1407]

Em 1795, prescreve-se a comutação das penas dos réus que, " pela qualidade dos seus delictos", o possam merecer, convertidas em trabalho na "Casa da Cordoaria estabelecida no sitio da Junqueira pelo tempo que aos Desembargadores da Casa da Suplicação, que os houverem de sentenciar parecer bastante para castigo dos seus crimes"[1408]. Posteriormente, o decreto de 12 de Dezembro de 1801,

[1404] As galés serviriam como espaços de acolhimento de condenados nos períodos em que estivessem armadas, já que, quando desarmadas, entre Outubro e Março, isso permitiria soltar os condenados cuja pena terminasse até Março, desde que não regressassem aos locais onde o crime fora cometido, como se lê nas OF, t. 140º, § 5º.

[1405] OF, l. V, t. 140º, § 4º.

[1406] V. vários dos diplomas referenciados por Sílvia Alves, *Punir..., cit.*, pp. 333 a 336.

[1407] V. Alvará de 4 de Novembro de 1755, em que se fixa a prisão, julgamento sumário verbal em apenas um dia e afectação às obras pelo tempo em que tenham sido condenados. A destruição de Lisboa e as pilhagens imediatas, que a legislação descreve, determinaram uma justiça especialmente rápida e desformalizada, baseada em "processos simplesmente verbaes", tal como um outro Decreto do mesmo dia prevê. A preocupação régia com as "diversas quadrilhas de Ladroes e de assassinos que tem infestado e salteado as Ruas de Lisboa, e os Caminhos públicos do seu Termo, e outros destes Reinos", conforme se lê em Alvará de 20 de Outubro de 1763, que esclarece a competência dos juízes em matéria criminal e remete para o processo simplificado de 1755, continuará presente: em dois decretos de 19 de Novembro de 1801, sobre os "continuos roubos e assassinos", onde se alerta para o disposto em 1763, fixa-se que "na Relação se julguem os Reos de maiores crimes", afim de "serem logo remettidos para os degredos".

[1408] Por Decreto de 27 de Junho de 1795. O envio de condenados para a Cordoaria será suspenso oito anos depois, por Aviso de 27 de Agosto de 1803. Posteriormente, no extenso regulamento da Cordoaria, publicado pelo Decreto de 22 de Novembro de 1854, não se encontra qualquer referência ao uso de mão-de-obra condenada ou não assalariada.

que converte também as condenações à pena capital em penas de trabalhos públicos, explica que tal comutação é feita "sem que (...) se offenda (...) a gravidade dos delictos" e "antes com taes castigos continuadamente aos Olhos do Público", se atingirá "o fim principal do exemplo a que são destinados". A necessidade pública dos trabalhos é bem patente nos deveres que esperam os antigos condenados à morte: "o de limpar e desentupir de lamas e lixos os Canos da Cidade que o necessitem; o devarrer e de limpar diariamente as Ruas; e outros semelhantes".[1409]

Junot, em 1808, não duvida em tentar conquistar a população portuguesa, garantindo aliás a construção de "casas de trabalho" para recolher ociososos, pobres e estropiados, a par da existência de uma "Policia activa".[1410] Estas casas de trabalho, presentes na tradição da Europa central e das ilhas britânicas, poderiam receber de facto simultaneamente desvalidos, vadios ociosos e pequenos delinquentes – o que, ao tempo, teria apenas em Lisboa aproximações na Casa Pia, bem como num futuro e frustrado projecto de Xabregas.

Em 1822, queixa-se o condenado Joaquim António: fora enviado pelo "Intendente das obras publicas" para o "presídio da galé" em Lisboa e lamenta-se de tal facto, uma vez que fora condenado "aos trabalhos das obras publicas". O motivo da remessa fora ser este presídio "o único que diz [o Intendente] ter á sua disposição", mas tal justificação não é aceite – já que "não pode mudar-lhe a pena, e muito menos para outra mais dura" – e fixa-se que os condenados ao "serviço das obras publicas não devem ser empregados no da galé".[1411] O "presidio civil da galé"[1412], situado na margem do Tejo, a par dos condenados a trabalhos públicos,

[1409] Rapidamente o previsto neste diploma é aclarado. Por Decreto de 11 de Janeiro de 1802, o regente vem esclarecer quais os crimes que devem ficar "sempre sujeitos á imposição da pena de morte", evitando uma "piedade mal entendida" que permita a comutação de todos os crimes.

[1410] "A Tranquillidade Pública não será mais perturbada por horriveis salteadores, resultado da ociosidade; e se acaso existirem malvados incorrigiveis, huma Policia activa livrará delles a Sociedade: a deforme mendicidade não arrastará mais os seus fatos immundos na soberba Capital, nem pelo interior do Reino; estabelecer-se-ão Casas de trabalho para este fim; o pobre estropeado alli achará um asilo, e o preguiçoso será empregado em trabalhos necessarios a sua própria conservação" – lê-se na *Comunicação do Governador de Paris, Primeiro Ajudante de Campo de Sua Magestade o Imperador e Rei, General em Chefe de 1 de Fevereiro de 1808*, Impressão Régia, Lisboa, 1808, onde igualmente se garante, aliás, que, sob Napoleão, "o Algarve, e Beira Alta terão também hum dia o seu CAMÕES".

[1411] Lê-se no preâmbulo do Decreto de 11 de Fevereiro de 1822.

[1412] Uma história paralela: uma embarcação atracada em Lisboa – a nau *Belém* – desde 1803 parece assumir também uma finalidade punitiva e viria a funcionar como inspiração para o destino final da nau *Príncipe Real*, a embarcação portuguesa que transporta a Família Real de Lisboa ao Rio em 1808, transformada depois em prisão, atracada no porto do Rio de Janeiro e em funcionamento até 1831,

receberia também condenados a degredo antes da sua viagem, e manteve-se em funcionamento ainda durante os anos 20 do século XIX.[1413]

A condenação a trabalhos públicos não fora vista pelos nossos liberais imediatamente como uma pena a abolir. A sua utilidade pública era manifesta, como também referendava Bentham, e a sua execução evitava a acumulação de condenados nas cadeias, a começar por aqueles que aguardavam a remessa para degredo, como a experiência desde o século XVII demonstrava. Nesse sentido se procurara, como assinalado atrás, substituir este por aqueles logo em 1821. E as Cortes vintistas são em boa escala francamente favoráveis a esta pena que usa o trabalho com um intuito punitivo, não tão diferente assim da pena de prisão com trabalho obrigatório que surge cada vez mais como paradigma de pena.[1414]

No primeiro regulamento prisional de 1843, vai colocar-se sob atribuição do presidente de cada Relação fiscalizar se os presos na cadeia do seu distrito

com capacidade para 950 reclusos. A variedade de tarefas e de habitantes da nau-prisão associada ao cosmopolitismo da cidade, também ele vertido na sua prisão flutuante, permitiu até a criação de um novo termo – que Silvestre Pinheiro Ferreira, que acompanhou a Corte ao Rio, usará: o de *presiganga*, para designar a embarcação prisional, provindo do inglês "*press gang*", expressão que traduz um grupo de homens recrutados no contexto do serviço militar – naval – forçado usado pela Marinha britânica, nomeadamente entre os séculos XVIII e XIX, através do "The Impress Service", presente nos portos ingleses (concretizado num acto de *impressment* – alistamento – ou coloquialmente apenas *the press*). Assim, o grupo dos forçados à nau sentir-se-ia um *press gang*, ocupando a sua... presiganga. V. as indicações deixadas por Paloma Siqueira Fonseca, *Embarque...*, *cit.*, e a bibliografia aí citada sobre o tema, e, igualmente, o texto da mesma autora brasileira, *A Presiganga Real (1808-1831): trabalho forçado e punição corporal na Marinha*, in Clarissa Nunes Maia *et al* (org.), "História das Prisões...", vol. I, *cit.*, pp. 109 ss. Neste artigo, indica-se que, quando os condenados a degredo colocados no presídio da Trafaria são deslocados para a nau *Belém*, volta este presídio às funções anteriores de hospital da Marinha (pp. 111 e 112), mantendo-se esta embarcação como navio-prisão durante alguns anos.

1413 V., sobre o progressivo abandono das galés e a "cadeia da galé" de Lisboa, Paulo Drumond Braga, *Os forçados das galés. Percursos de um grupo marginalizado*, in "Carlos Alberto Ferreira de Almeida. *In Memoriam*", vol. I, Faculdade de Letras da Universidade do Porto, Porto, 1999, pp. 190 e 191, onde se indica a data de encerramento desta cadeia como sendo 1823. Reporta-se como fonte o texto de José Manuel Louzada Lopes Subtil, *O Vintismo...*, *cit.*, p. 140. Este último autor assenta o encerramento de um "presídio militar da Galé" em Março de 1823, cujos presos, efectivamente condenados a trabalhos públicos, se teriam ocupado até então em diversas obras públicas e trabalhos de carpintaria ou no transporte de água, entre outros. No entanto, em 1828 encontra-se publicada uma listagem de obras que terão sido nesse período desenvolvidas em diversos edifícios públicos, sendo um deles aqui ainda designado como o "presidio civil da Gale" (v. *Gazeta de Lisboa*, nº 255, de 27 de Outubro de 1828, p. 1320).

1414 V. em especial José Manuel Merêa Pizarro Beleza, *A pena de prisão...*, *cit.*, pp. 386 a 389, sobre a ponderação feita nos debates parlamentares constituintes entre a pena de prisão, a pena de degredo e a pena de trabalhos públicos.

são devidamente entregues às autoridades para cumprimento de pena de trabalhos públicos e se, na ausência de tarefas a serem atribuídas aos condenados, a sua permanência em reclusão é considerada como cumprimento da pena devida.[1415]

Ao Ministério Público cabia promover a rápida execução da pena de trabalhos públicos, com a entrega do condenado às autoridades que o devessem ocupar, a dado momento preferindo-se obras públicas no distrito em que o crime tivesse sido cometido.[1416] Os condenados a trabalhos públicos deveriam cumprir a sua pena colocados agora em "presídios a cargo do Ministerio do Reino"[1417] – no entanto, na falta de capacidade destes, poderiam também permanecer nas cadeias, a fim de "serem mais facilmente occupados pelas Authoridades Administrativas nas obras dos concelhos, e expiarem assim a pena, como se effectivamente estivessem naquelles presidios".[1418] Estes "presídios" nunca foram criados e os condenados a trabalhos públicos diluíam-se, sem distinção e sem ocupação, entre os habitantes das cadeias comuns.[1419]

O regulamento prisional de 1872 irá prever a mesma solução, de reclusão indiscriminada nas cadeias, "à disposição das competentes autoridades administrativas, para os empregarem em obras publicas", devendo cumprir também

[1415] V. artigo 1º, 3º, do Regulamento provisório da polícia das cadeias aprovado por Decreto de 16 de Janeiro de 1843.

[1416] V. igualmente os artigos 15º e 32º do Regulamento do Ministério Público aprovado pelo Decreto de 15 de Dezembro de 1835.

[1417] V. artigo 42º, § único, do Regulamento de 1843.

[1418] O Decreto de 9 de Abril de 1838 previa o modo como as condenações a trabalhos públicos deveriam ser executadas: ao Ministério Público competia participá-las aos Administradores Gerais dos Distritos em que se tivesse sido cometido o crime, para que estes as comunicassem ao Governo, no caso através do Ministério do Reino, "declarando as obras em que elles podem ser empregados, a fim de o serem alli com preferencia a qualquer outra parte" (artigo 7º). Pela Lei de 17 de Março de 1838 a pena de degredo fora substituída pela pena de trabalhos públicos nos crimes de roubo, diploma que não vigoraria já em 1842. No Decreto de 6 de Junho de 1842, dá-se conta "do grande numero de presos sentenciados a trabalhos publicos" presentes nas cadeias, sem ocupação, e da necessidade de tomar em consideração esse tempo de reclusão como tempo de pena "haja ou não obras publicas em que se empreguem", ficcionando aqui o diploma que as cadeias, para esses condenados, devem ser consideradas como "Presidios de Galés".

[1419] De tal se dá conta, aliás, na Portaria de 25 de Abril de 1853, que procura conter a tendência no envio para o Limoeiro e para a cadeia da Relação do Porto dos sentenciados a trabalhos públicos fora destas cidades. No mesmo ano, em ofício expedido aos Directores de Obras Públicas dos vários distritos pelo Ministro das Obras Públicas (ofício de 17 de Maio de 1853, reproduzido in *COLP*, 1853, p. 126) é patente a insistência no uso dos "presos condemnados a trabalhos publicos", que poderiam ser "empregados com muita vantagem nas obras de estradas" e outros trabalhos.

com trabalho obrigatório na prisão, nas oficinas, em termos idênticos aos demais reclusos – e este, remunerado.[1420]

A pena de trabalhos públicos terá uma previsão alargada no Código Penal de 1852. Pena maior, colocada hierarquicamente logo após a pena capital, encontra-se fixada como hipótese punitiva para várias incriminações, seja perpétua, seja temporária. A sua execução deveria incluir "trabalhos mais pesados com corrente de ferro no pé, ou com cadeia presa a outro companheiro"[1421], sendo a pena na sua versão agravada desempenhada no ultramar.[1422] Menores de 17 anos, mulheres, maiores de 60 anos e doentes não poderiam ver contra si a pena de trabalhos públicos ser decretada, sendo substituída por prisão, com trabalho ou simples.[1423]

O condenado a trabalhos públicos, tal como aliás o condenado a prisão com trabalho, recusando-se a cumprir as suas tarefas, veria a duração da pena suspensa nesse período e estaria sujeito a penas disciplinares.[1424] O decretar da pena de trabalhos públicos implicava as limitações já conhecidas para as penas mais graves: perda de direitos políticos, incapacidade de administração e de disposição dos seus bens e demais restrições fixadas pela lei, não podendo igualmente o condenado a trabalho receber qualquer rendimento provindo do seu património durante o cumprimento da pena.[1425]

Por ocasião da reforma de 1867 pretende abolir-se de modo definitivo a pena de trabalhos públicos, mas, na prática, esta continuará ainda a ser aplicada, uma vez que é estabelecida como alternativa punitiva para os crimes que viam prevista a pena de morte, na impossibilidade da pena penitenciária, e na sua versão perpétua[1426], sendo apenas a reforma de 1884 a realmente proscrevê-la de forma definitiva.[1427-1428] Os trabalhos públicos perpétuos seriam agora substituídos

[1420] V. artigos 13º e 26º do Regulamento aprovado pelo Decreto de 12 de Dezembro de 1872.

[1421] V. artigo 33º do Regulamento de 1843.

[1422] V. artigo 48º.

[1423] V. artigo 72º.

[1424] V. artigo 96º.

[1425] V. artigos 53º e 54º.

[1426] V. artigos 2º, 5º e 64º, § único da RPP.

[1427] V. artigos 47º e 48º da Nova Reforma Penal aprovada pela Lei de 14 de Junho de 1884.

[1428] A amnistia e comutação de penas aprovada pelo Decreto de 4 de Junho de 1886, por ocasião do matrimónio do príncipe D. Carlos, ainda prevê a comutação da pena perpétua de trabalhos públicos em degredo por 25 anos, a ser cumprido nas "possessões de 2ª classe" (v. artigo 7º, § 1º), 19 anos após uma abolição formal daquela pena. Em Circular de 19 de Junho de 1886, a propósito desta amnistia, emitida pelo ministro da Justiça Veiga Beirão ao Procurador-Geral da Coroa, reconhece-

pela pena fixa de degredo por 25 anos[1429], pena disposta ainda como alternativa às penas ao abrigo do regime penitenciário, e a versão revista do Código de 1886 não a integra já como hipótese punitiva autónoma. O trabalho, mantendo ou não um intuito punitivo, era cada vez mais reconduzido ao espaço e ao conteúdo da pena de prisão.

-se contudo que os "condenados á pena de trabalhos públicos, abolida pela lei de 1 de julho de 1867, não a teem, na sua máxima parte, cumprido, achando-se tal pena, praticamente, substituida pela de prisão", com os inconvenientes reconhecidos de sobrelotação das cadeias. Assim, o envio para o degredo "é, não só, beneficial-os a elles com uma commutação de pena, mas também contribuir, directa e immediatamente, para o possivel melhoramento das nossas cadeias, enquanto providencias mais largas mas por isso mesmo mais demoradas, não vierem transformar, completamente, como é de urgência, o nosso systema prisional". Henriques da Silva, *Elementos...*, *cit.*, fasc. II, p. 108, anota que, a propósito ainda da vigência do Código de 1852, "os trabalhos publicos applicavam-se com frequencia, desprezando-se, porém, o rigor legal do artigo 33º do código (...); se o condemnado não cumpria essa pena nas obras publicas de Lisboa e Porto, expiava-a nas cadeias". V. também *idem*, *ibidem*, sobre a amnistia de 1886, pp. 151 a 153.

1429 Curiosamente, anos antes, pretendera-se substituir a pena de degredo, no caso de crimes de roubo, pela pena de trabalhos públicos (v. artigo 17º da Lei de 17 de Março de 1838).

2. A prisão e as prisões

§ 1º A prisão: de castigo a pena

Retome-se agora um percurso no direito português direccionado para a prisão, procurando também estabelecer em que termos foi concebida num contexto pré--liberal e sumariando algumas conclusões.

As Ordenações referem-se expressamente à prisão em vários momentos, mas usam também as formulações de "cadeia" e de "tronco"[1430], este parecendo ser

[1430] V. *v. g.* já nas OF, l. V, t. 62º, § 2º, onde, para um escravo fugido, se indica que este deverá ser "(...) mandado ao Tronco, ou á Cadêa (...)". Nas OM, a mesma alternativa aparente é apresentada (l. V, t. 41º, § 2º). Na anotação à sua edição das OF, Cândido Mendes de Almeida parece assinalar uma identidade entre "tronco" e "cadeia", mas salienta que, na prisão, haveria também "o verdadeiro *Tronco*, que era uma prisão de madeira com olhaes, onde se prendia o pé ou pescoço" (OF, l. IV e V, p. 1211, nota 6). Através de Alvará de 6 de Novembro de 1769 esclarece-se que em Lisboa a "cadeia do Tronco" subsistia paralelamente "às outras Cadeias do castelo, da Cidade, e da Corte (...)". Tude M. de Sousa, *Cadeia de Belém (Notas de investigação prisional)*, in BIC, nº 6 (1940), Oficinas Gráficas da Cadeia Penitenciária de Lisboa, Lisboa, 1941, pp. 21 e 22, assinala, socorrendo-se de folheto publicado à época, que destruída a cadeia do tronco com o terramoto de 1755, tal como as demais, outra foi então erigida na Rua dos Condes, onde persiste um "Páteo do Tronco". Esta cadeia foi assim contemporânea da mais longeva cadeia de Belém, que servia como "cadeia principal" enquanto o Limoeiro não era reconstruído. No texto de Luiz Antonio de Oliveira Mendes, *Discurso Academico ao Programma – Premiada na sessão de 12 de Maio de 1793*, in "Memorias Economicas da Academia Real de Sciencias de Lisboa", Typ. da Academia Real de Sciencias de Lisboa, Lisboa, 1812, pp. 21 e 22, nota (c), descreve-se o "tronco" usado em Angola, que designa de igual modo "(...) huma prisão em que se mettem os Pretos escravos (...)", mas também directamente o instrumento coercitivo: "Escolhida uma prancha da madeira mais pesada, e mais forte, que tenha pelo menos meio palmo de grossura, e 3 de largura, em huma linha, que se passa pelo meio da largura, se fazem de pouca em pouca distancia varios circulos vazados; huns da grossura, que podera ter

qualificado como um local paralelo mas distinto da cadeia formal, espaço de detenção provisória[1431] ou que pode ser associado a uma punição corporal imediata. Na primeira versão das Ordenações, as referências à prisão são-no à prisão secular, mas por vezes também ao cárcere eclesiástico, confirmando-se apenas que este último aparece como verdadeira alternativa, autónoma, quando o crime envolva membro do clero.[1432]

Como visto, a "prisão" é simultaneamente repressiva e preventiva e, em termos terminológicos, designa realidades por vezes diferentes. E, para além de referências já anotadas no período medieval, a propósito da existência de uma verdadeira pena envolvendo a entrada na prisão, por exemplo prescrita para quem infringisse as proibições sobre jogos de dados (um dia ou 15 dias na cadeia)[1433], ou usasse em público bens que lhe fossem vedados[1434] – pena de prisão a ser determinada pelo julgador –, mesmo que cumulativamente com outras penas, encontram-se igualmente referências a multas cujo destino deva ser o de "se fazerem prisooes novas para as nossas Cadeas": aqui, contudo, num sentido meramente indicativo dos instrumentos mais directos de contenção.[1435] Nesta última previsão, relativa à punição dos "barregueeiros casados", inclui-se também a possibilidade de, após três reincidências, o condenado ser preso por tempo indeterminado, de algum modo sucedânea da previsão encontrada no Livro das Leis e Posturas, mas apenas até que o monarca determine o verdadeiro *castigo* a ser apli-

qualquer pescoço; outros da grossura de quaesquer pulsos. Pela linha, que se traçára para este fim, he serrado o pranchão, e dividido elle, se prega huma macha-femea, he assentada no seu comprimento sobre dous toros de madeira, que lhe servem de pés, aonde tem o encaixe da grossura da madeira, para que a prancha nelles entre. Neste tronco assim construido, quando o crime he grande, e se quer ter o escravo mais seguro, sendo o tronco aberto, se mette a cabeça do escravo, e juntamente as cannas dos braços nos outros circulos; e este fica deitado, e prezo pela metade da dita prancha, que sobrecahe. A outra extremidade da prancha depois de effeituada a prizão, fica segura, além do pezo, com hum ferrolho, e chave. Quando o crime he menos, o escravo fica prezo por hum pé tão sómente".

[1431] Como Martim de Albuquerque estabeleceu, Luís Vaz de Camões, preso em Lisboa em 1552 por um ferimento causado de forma intencional, foi colocado preventivamente "na cadeia do tronco" durante nove meses, até obter carta de perdão do monarca – v. Martim de Albuquerque, *O crime de Camões. Dúvidas e certezas à luz do Direito*, in "Estudos de Cultura Portuguesa", 3º vol., Imprensa Nacional Casa da Moeda, Lisboa, 2002, pp. 132 ss.

[1432] OA, l. V, t. 21º, § 1º.

[1433] OA, l. V, t. 41º, § 8º. Às OM (l. V, t. 48º) e às OF (l. V, t. 82º), contudo, não chegará já esta pena de prisão.

[1434] OA, l. V, t. 43º, § 4º.

[1435] OA, l. V, t. 20º, § 19º e § 20º.

cado – "pera nós sabermos as penas, que lhes avemos de dar polla perserveraçom do dito peccado".[1436]

A construção de prisões é incidentalmente referida pelas primeiras Ordenações, a propósito de disposições que terá D. Afonso IV emitido, no sentido de que não possam alcaides e meirinhos "e outras Justiças" construir "tronquos ou prisooes em Lugares honde as nunca houve". Já então o estabelecimento destes espaços de encarceramento era visto, como as próprias Ordenações o dizem, como forma de criar "dapno na terra e pera espeitarem as gentes".[1437]

O monarca vê-se também na necessidade de punir, com pena de morte, quem subtraia alguém à justiça, quando já se encontrar numa prisão, mesmo que seja "para se delle fazer comprimento de direito". Procura controlar-se esta justiça privada, necessariamente activa até pela descrição que se faz da prática da subtracção prisional: "(...) per força entram a ellas, quebrando as portas, e furando as paredes, e aas vezes entram pellos telhados, e tiram os ditos presos, quebrando os ferros e prisooes, em que jazem presos (...)".[1438]

Da mesma forma, o cárcere privado, enquanto realidade factual, é proibido pelo rei. Ninguém poderia prender outrem contra sua vontade por mais de 24 horas sem consentimento do monarca, nem sequer no caso da mulher adúltera encontrada em pleno adultério ou de devedor que pretendesse evitar o pagamento da sua dívida[1439], exemplos expressamente apresentados, apenas com uma excepção aberta no caso de filhos e servos, "polos castigar d'algumas maas manhas e costumes que houverem".[1440] Na prática, uma ideia de correcção paterna, extensível a filhos, escravos e serviçais, que se manterá até ao século XX, através de um uso privativo de prisões e casas de correcção. A disposição é especialmente clara. Quem use de cárcere privado, "contradiz ao Rey ou Principi desta terra e Senhorio, porque lhe usurpa a sua jurdiçom, pois a elle soomente perteence de o fazer, e a nenhuu outro sem sua authoridade nom". Esta será uma disposição que permanecerá nos códigos do Reino, mesmo se perdendo, por desnecessidade, esta justificação expressa.[1441]

[1436] OA, l. V, t. 20º, § 22º. Nas OM (l. V, t. 25º) e nas OF (l. V, t. 28º) já não se encontra aqui a referência à prisão, mas apenas a multas, penas corporais e degredo.

[1437] OA, l. V, t. 77º, § 1º.

[1438] OA, l. V, t. 90º.

[1439] Noutro momento, afirmando-se reiterar disposição de D. Afonso III, prevê-se que um devedor que tenha bens suficientes para cobrir a dívida não possa ser preso: "(...) diz ElRey, que por feitos civis nom prendam ninguém, se tever por honde pagar: salvo se for por feitos maliciosos (...)" – OA, l. V, t. 108º, § 3º.

[14401] OA, l. V, t. 92º. V. também OM, l. V, t. 68º.

[1441] OF, l. V, t. 95º.

As justiças locais são, de igual modo, incentivadas a que o tempo de cadeia que anteceda o julgamento seja reduzido, o que também diminui o risco de fuga: "(...) teende-os muy bem guardados, e ouvide-os, e nom os tenhades em perlongada prisom, por dizerdes despois que vos fogirom, ca vos nom receberei hi outra escusaçom".[1442]

Olhando as Ordenações Manuelinas, o essencial das disposições punitivas mantém-se. No essencial, a tipologia de penas não sofre alterações – apesar do alargamento extremo do uso da pena de degredo, acompanhando a expansão ultramarina – e a prisão mantém-se como reduto situado num lugar entre a precaução, atendendo à necessidade de realização da justiça, a coerção e o castigo, apesar de serem ainda mais esparsas, se possível, as referências a uma prisão considerada como pena. Não era para ali que se queriam reconduzidos afinal os braços dos condenados.

Os espaços de prisão encontram-se também diversas vezes expressamente denominados e indicados na legislação – por exemplo, a "cadeia da Corte", o "aljube", o "Limoeiro", o "aljube do Arcebispado de Lisboa", como se encontram referidas também na Colecção de Duarte Nunes de Leão[1443], onde são recolhidas disposições penais diversas do final do século XV e do século XVI.

[1442] OA, l. V, t. 56º, § 2º. A mesma preocupação com o prolongamento do regime de prisão encontra-se também no l. V, t. 58º, § 5º.

[1443] V. Eduardo Correia, *Estudos..., cit.*, p. 55. A referência ao tronco e às cadeias de Lisboa, como expressamente o Limoeiro, surge efectivamente também na Colecção de Duarte Nunes de Leão, *v. g.* desde logo na Quarta Parte, título XXI – "Dos presos e guardas deles", leis II e III. Verifica-se aqui também que o tronco é local de detenção mas também de castigo, uma alternativa de primeira linha em certos casos (como quando uma detenção é feita de noite ou se trata de um embuçado) e mais expedita em relação à cadeia. Dir-se-ia, uma detenção de contexto policial. De alvará de 30 de Outubro de 1517, o compilador reproduz como lei II do título XXI – "Que os presos depois do sino possam ser levados ao tronco", onde se atesta que "(...) os presos, que quaisquer justiças prendessem em Lisboa depois do sino, os pudessem levar ao tronco, com tanto que, ao outro dia pela manhã até horas de jantar, os levassem à cadeia da cidade, sob pena de as justiças que assim não o fizessem, pagarem trinta cruzados por cada vez (...)". Adiante, a lei XIII da mesmo título XXI, convertida de provisão de 11 de Fevereiro de 1568, vem estabelecer já que todas as pessoas na cidade de Lisboa que "forem presas pelos alcaides dela, por serem achados de dia ou de noite embuçados, ou com armas defesas ou de noite depois do sino de correr, com quaisquer armas ou sem elas, elas sejam levadas ao tronco que se ora fez na dita cidade, e presos em ele. E os alcaides não levarão as pessoas que por os ditos casos prenderam à cadeia da dita cidade. E no dito tronco lhes darão as justiças a que pertencer seu Livramento (...)". Praticamente o mesmo texto é seguido pelas OF, l. V, t. 79º, § 4º. Segue-se a edição fac-similada do texto impresso de 1569 das *Leis Extravagantes e Repertório das Ordenações de Duarte Nunes do Lião*, com nota de apresentação de Mário Júlio de Almeida Costa, Fundação Calouste Gulbenkian, Lisboa, 1987, pp. 173 a 175. Nesta Colecção, é possível encontrar

As Ordenações Filipinas, como atrás assinalado, teriam ainda prevista a aplicação da pena de prisão para um número reduzido de crimes, insistindo num regime em que a pena de degredo e as penas pecuniárias estão presentes em mais de dois terços das incriminações, seguidas pelas penas corporais.

No entanto, os crimes referenciados por António Braz de Oliveira e Maria José Marinho[1444] como punidos com pena de prisão devem ser devidamente ponderados. Assim, o crime de fazer "vigilia de dormir, comer e beber" em igreja prevê efectivamente a prisão do acusado, mas apenas até ao momento em que este cumpra com a pena devida – no caso, o pagamento de mil reis.[1445] Esta prisão não é ainda a pena, apenas o elemento de coacção que leve à prestação do valor fixado como multa.[1446] O dever de prisão ("seja preso") que se encontra generalizado pelo livro V das Ordenações é, em primeira linha, um dever para as autoridades a quem caiba aplicar a justiça e não uma pena resultado de decisão judicial.[1447]

Distinta desta situação, é contudo a previsão que se encontra a propósito do crime cometido pelos que "vem de fóra do Reino em assuada a fazer mal"[1448].

na sua Quarta Parte "Dos delictos e do accesorio a elles", a par de diversas previsões criminais, títulos autónomos sobre penas (XX), presos e carcereiros (XXI), degredo e degredados (XXII) e sobre coutos de acolhimento de criminosos e de devedores (XXIII).

1444 António Braz de Oliveira e Maria José Marinho, *Devassa..., cit...*, pp. XXII a XXX. Verifica-se que, das 11 situações inventariadas por estes autores, apenas em 5 delas a prisão corresponde efectivamente a um castigo aplicado com o intuito de punir.

1445 OF, l. V, t. 5º. V. também OM, l. V, t. 33º, § 5º.

1446 Tal como o é a prisão referenciada nos crimes que Sílvia Alves colige em *Punir..., cit.*, pp. 511 a 515, a par de situações de efectiva pena. A entrada na prisão continua a não corresponder em geral ao cumprimento de uma pena. Dando entrada na prisão, por decisão de juiz, deve em oito dias "formar-se ao prezo a culpa", em caso de devassa, e o mesmo em apenas dois dias, em caso de querela – o incumprimento destes prazos implicaria a sua soltura. Também para a presença no *segredo* da prisão – espaço de isolamento – se fixa um prazo máximo de cinco dias, prazo que resulta do Decreto de 5 de Agosto de 1702, confirmado pelo Alvará de 5 de Março de 1790, onde se alerta que qualquer prorrogação deste prazo não deve ser feita "sem que o Regedor, com mais dous Desembargadores, convenhão em lhe prorogar mais tempo, conforme a necessidade de o pedir, que nunca póde ser com excesso, por ser huma especie de tormento, que já não tem lugar". O "muito que se retardão os livramentos dos Prezos" não é "digno da Justiça". V. também Joaquim José Caetano Pereira e Sousa, *Primeiras linhas..., cit.*, pp. 66 e 67, nota 145.

1447 Como escreve Sílvia Alves, "(...) prende-se para açoitar. Prende-se para degredar. Prende-se para obrigar o réu a efectuar o pagamento a que está obrigado" – *Punir..., cit.*, p. 515.

1448 OF, l. V, t. 46º. Nas OM, l. V, t. 78º, eram aliás, expressamente denominados os destinatários da previsão, os "moradores de Castela que venham em assuadas a estes Reynos para malfazer", determinação que se perde nas OF.

Aqui, a prisão aparentemente é tratada como verdadeira pena – para este crime de entrada no território em determinadas condições –, a par da perda das armas que também se estabelece. Os condenados seriam presos "até nossa mercê", mesmo se, sendo outro crime cometido, lhes pertencer a pena prevista para este e não presumivelmente a prisão.

Todavia, noutro ponto, a propósito da proibição de que os escravos "não vivão per si e os Negros não façam bailos em Lisboa", a prisão que se encontra prescrita, num primeiro momento, é-o ainda enquanto mera circunstância que vai permitir a aplicação das verdadeiras penas – açoites e multas – e apenas num dado caso parece assumir uma configuração punitiva[1449] e, mesmo aqui, talvez mais conformada como medida pragmática de manutenção da ordem pública do que como pena: ou seja, como "medida de polícia", de manutenção de uma ordem pública devida, fora ainda propriamente do nível penal.

A mesma prisão enquanto mera detenção instrumental seguida da aplicação de pena distinta, como os açoites, multas ou o envio para degredo, encontra-se na compra de vinho ou azeite para revenda[1450], no caso dos que "são achados depois do Sino de recolher sem armas e dos que andão embuçados"[1451], quando mouros e judeus "andão sem signal"[1452] e para os homens que vendam determinados produtos proibidos.[1453]

Inversamente, para os que trazem armas proibidas[1454], para os "que dão musica de noite"[1455] ou para quem use "habitos ou insignias das Ordens Militares em jogos ou em mascaras"[1456], o tempo em prisão parece ser já considerado como uma efectiva pena.

[1449] "E bem assi na cidade de Lisboa, e huma legoa ao redor, se não faça ajuntamento de scravos, nem bailos, nem tangeres seus, de dia, nem de noite, em dias de Festas, nem pelas semanas, sob pena de serem presos (...)", lê-se nas OF, l. V, t. 70º, § 1º.

[1450] OF., l. V, t. 77º, proémio.

[1451] O texto, também já assinalado na DNL, aqui nas OF, l. V, t. 79º. Os acusados "(...) sejão levados ao Tronco e presos em elle; e os Alcaides (...) no dito Tronco lhes darão as Justiças, a que pertencer, seu livramento" (§ 4º).

[1452] OF, l. V, t. 94º.

[1453] OF, l. V, t. 101º. No caso, a venda por homens (mas não por mulheres) de "alféloas" e "obrêas", que seriam produtos de doçaria vulgar, seria punida, após a prisão, com açoites em público com baraço e pregão. V. OM, l. V, t. 101º.

[1454] OF, l. V, t. 80º, onde ambas as dimensões da prisão se encontram previstas. A pena de prisão prevista é de um ou dois meses (proémio e § 4º), a par de multas, açoites e degredo. V. OM, l. I, t. 57º.

[1455] OF, l. V, t. 81º, onde se lê: "(...) e stem trinta dias na Cadêa sem remissão, e da Cadèa paguem todos dez cruzados (...)". V. OM, l. V, t. 103º.

[1456] OF, l. V, t. 93º. A identificação entre prisão e pena é clara: "(...) sob pena de, sendo achado, ser prezo trez mezes pola primeira vez, e pagar da Cadèa quatro mil reis (...)".

É forçoso notar que, nas situações em que a prisão parece ser indubitavelmente considerada como pena adequada a um dado comportamento proibido, se está em regra perante um crime de menor gravidade[1457] e a sua duração, quando prevista, é inequivocamente curta. Por outro lado, é preciso manter em linha de conta que ser preso e "pagar da cadeia", expressão que as Ordenações e legislação posterior abundantemente usam, não significa que se esteja em reclusão no cumprimento de uma pena específica de prisão decretada por um juiz.[1458] A prisão, em termos gerais, tem uma dimensão preventiva e coactiva, mais do que punitiva: resolve necessidades imediatas de ordem pública, permite o levar a julgamento do acusado, coage ao pagamento mais célere das multas eventualmente devidas, assegura que degredo, pena capital e penas corporais, quer antes quer depois da decisão judicial definitiva, encontram um destinatário.Ou seja, por si, não deve ser uma "continuação de angustias, cuja idéa repugna tanto á humanidade como á justiça", como ainda escrevia Pereira e Sousa.[1459]

Em diversos outros momentos do código filipino, a prisão processual surge referenciada e o auxílio à evasão de presos é severamente punido.[1460] Regula-se como a prisão em regra apenas pode ser efectuada no contexto de uma devassa e por mandado de juiz[1461] ou de acordo com preceito legal que o permita expressamente[1462], limitando o arbítrio dos oficiais. Fidalgos e "semelhantes pessôas" são isentos, em caso de crime punido com a morte natural, de prisão com ferros e, nos demais casos, privilegia-se a prisão "sobre suas homenagens"[1463], expressão

[1457] E até perante proibições entretanto caídas em desuso, segundo António Braz de Oliveira e Maria José Marinho, *Devassa...*, *cit.*..., pp. XXII a XXX.

[1458] A prisão continua a ser uma referência híbrida mesmo quando aparentemente ponderada como pena, a par de uma pena pecuniária – veja-se *v. g.* a formulação típica usada em Lei de 20 de Setembro de 1691, que pune quem não cortasse anualmente "as pontas dos touros": (...) e, não sendo pessoa nobre, pagará pela primeira vez cincoenta cruzados da cadêa, aonde estará quinze dias; e pela segunda, e mais vezes, terá a mesma pena em dobro (...)".

[1459] Afinal, "a prizão foi introduzida mais para segurança do Réo que para a pena do seu delicto", ensina Joaquim José Caetano Pereira e Sousa, *Primeiras linhas...*, *cit.*, p. 72. "Nas Cadeias há casas subterraneas de aboboda e escuras, destinadas para a detenção dos facinorosos accusados de crimes capitães ou rebeldes ás ordens da Justiça, a que chamam enxovias. Não devem nellas ser metidos os prezos sem positiva ordem do Juiz. Pois que o objecto da prizão he a segurança do Réo não deve a sua detenção na cadeia ser huma continuação de angustias, cuja idéa repugna tanto á humanidade como á justiça" (pp. 72 e 73, nota 150).

[1460] OF, l. V, t. 48º.

[1461] Este mandado, "para maior segredo e segurança da Justiça", poderia ser secreto, apenas visível para quem devesse executar a prisão, segundo as OF, l. V, t. 119º, § 1º.

[1462] OF, l. V, t. 119º, proémio.

[1463] OF, l. V, t. 120º, proémio e § 1º.

que é simultaneamente promessa de comparência em juízo e espaço de detenção privado, do suspeito ou de outro que o disponibilize. Na entrada na prisão, haveria que tomar nota "do habito e tonsura do preso", perguntando-se também se se trataria de clérigo, dado relevante para a determinação da jurisdição competente.[1464]

A legislação extravagante ao longo do século XVIII mantém o mesmo sentido de configurar essencialmente a prisão como elemento de coerção, mesmo que seja notório o assomar já da sua dimensão punitiva.[1465] Quando no reinado de D. Maria I, a Cyrillo Volkmar Machado é encomendado um projecto arquitectónico de um novo "pallacio da Relação e cadêa" em Lisboa, que este elabora, mesmo nunca tendo o projecto sido edificado, a cadeia que nos descreve é ainda em grande medida a cadeia "de segurança", para acusados ou condenados a aguardar execução da pena, mas está a caminho de uma prisão espaço de pena, incorporando as novas tendências europeias para estes espaços, desde logo o favorecer e exigir o trabalho dos seus ocupantes.

A "boa prizão publica" encomendada e sujeita a instruções precisas, com alojamento em regime comum, deveria ser "ampla, commoda, salubre", permitir trabalho para os seus habitantes (sendo designada mesmo como "casa de força"), que servisse de "seguro deposito sim, mas não de castigo áquelles que se não sabe ainda se são delinquentes".[1466] E logo em lei do final do século XVII, a mesma duplicidade parece assomar, agora de forma francamente explícita.

[1464] OF, l. V, t. 121º, proémio. Constaria de "acto" ou auto a exarar no momento da entrada na prisão a indicação de "vestidos, e trajos em que forem achados, e as côres e feição, e comprimento delles, declarando se trazem corôa, e o tamanho, e comprimento dos cabelos della, e quanto mais curtos são que os outros cabelos da cabeça (...)". No *Peculio de Autos, e Termos Civeis, e Crimes; formalidade de se extrahirem do processo sentenças, cartas, e qualquer outro titulo judicial; organisação dos autos em acção civil ordinaria e em livramentos crimes*, s/l, 1818, reproduz-se ainda uma minuta de "auto de habito e tonsura" a ser usada pelo carcereiro da prisão do Limoeiro (pp. 42 e 43), tomando-se aqui também a devida atenção a verificar-se se o preso "tinha privilegio que o escusasse a ser julgado e sentenciado por culpas crimes pelas Justiças Seculares; e estava o mesmo vestido na forma seguinte".

[1465] Uma análise das situações em que a prisão se encontra prevista ao longo do direito extravagante do século XVIII é oferecida por Sílvia Alves, *Punir...*, *cit.*, pp. 529 a 538. "A prisão está muito longe de encher o sistema penal como a pena por excelência. Destina-se aos crimes *menos graves*, não dolosos, os crimes *a que conduzem a ociosidade, a libertinagem e os que nascem mais da imprudência que da malícia.* E considera-se adequada ao delinquente menos perigoso, ou seja, aos crimes *que não anunciam no agressor uma total perversidade*", escreve a pp. 403.

[1466] Cyrillo Volkmar Machado, pintor régio no final do século XVIII, publica em 1823 uma descrição detalhada do seu projecto, que se reproduz pelo seu interesse (Cyrillo Volkmar Machado, *op. cit.*, pp. 132 a 134):

Na Lei de 13 de Julho de 1678, que impõe penas severas aos carcereiros que permitam aos seus reclusos uma saída ilegal da prisão, refere-se expressamente

"Depois do terremoto fizerao-se obras grandes, sendo as mais notáveis a de Runa, e a do Theatro de S. Carlos. Projectarão-se também três vastos edifícios, que senão executarão: o 1º foi o Palácio Real em Campolide, cujos riscos forão feitos por hum João Antinori, subordinado a Eugénio dos Santos, e outro por Carlos Mardel. O 2º o Erário Régio, e o 3º o Pallacio da Relação, e a Cadêa.
O Conde (depois Marquez), Regedor representou á Senhora Rainha D. Maria 1., a necessidade que havia de huma boa prizão publica, e Casa de Supplicação, e obteve para isso a promessa de huma consignação sufficiente. Mandou por tanto fazer hum desenho a Francisco António Cangalhas; e depois pedio outro a Cyrillo Volkmar, recebeo este de S. Ex. muitas instrucções, e advertencias, leo Leis, tratados de saúde, e de segurança; entrou nas Cadêas para examinar os defeitos que tinhão; e fizerão-se em fim os desenhos muito a contanto do Regedor, e também do Marquez de Ponte de Lima Inspector das Obras publicas, e forão approvados por Sua Magestade.
A Natureza depravada, a má educação inspirão em alguns homens a brutalidade das feras, e he preciso privalos de huma liberdade funesta; mas como os olhos dos Juizes não podem penetrar até o fundo do coração, corre-se ás vezes o risco de opprimir a innocencia quando se intenta reprimir o crime: e como se procede á segurança da pessoa antes que haja a prova do delicto, deve haver na Casa de força huma parte que sirva de seguro deposito sim, mas não de castigo áquelles que se não sabe ainda se são delinquentes; e se he justo que se pratique com os homens esta equidade, he mais necessário ainda, que ella se use com as mulheres; por tanto já que hade haver prizão, deve ella ser ampla, commoda, salubre; capaz não só de ter seguros, mas também occupados muitos indivíduos de todas as idades. Era assim que a Piedade se exprimia pela boca de Sua Magestade, e o desenho foi concebido debaixo destes princípios, quasi os mesmos que tem agora adoptado os Francezes. A nossa Soberana teve a gloria de os adoptar primeiro, elles tiverão a fortuna de os pôr em prática.
A planta geral formava hum retangulo de 270 palmos de frente por 607 de fundo, devidido em duas partes desiguaes, isto he em Palácio, e Cadêa. O Palácio se subdividia em outras duas partes separadas pelas escadas, e vinhão a ser anteriormente a Casa da Supplicação ás salas de respeito, archivo, gabinetes, &c. e posteriormente o grande átrio, tendo de hum lado as 7 casas, para as audiências, e do outro os commodos para o Guarda Mór, Carcereiro, Guarda-livros, e outros. O resto do terreno era também hum quadrilongo de 370 palmos de largo, e 404 de fundo, e comprehendia a cadêa, tendo dentro em si hum pateo quasi quadrado de 200, e mais palmos por cada lado, cercado por 4 galarias, ou dormitórios de mais de 60 palmos de largo, com corredor pelo meio, e tarimbas de hum e outro lado na enxovia, e camarotes no 1º e 2º andar. Nos seus ângulos externos se formarião dous Salões quadrados em cada andar, com escadas de caracol nos centros para os Carcereiros, ou Soldados poderem subir, e descer n'hum momento a todos os andares.
A entrada para a cadêa fazia meio a hum dos lados, e junto a ella estaria a sala, a casa do Guarda-livros, a de fazer perguntas, e o dormitório dos rapazes para poderem receber ensino de trabalho, e de boa educação. Em hum dos Salões angulares poderião de ter-se os prezos da ronda, ou de culpas ligeiras, o outro seria para casa de passeio.
Dentro desta prizão haveria outra mais apertada para os perturbadores do socego, ou para os já convencidos de grandes delictos, como também enfermarias, oratórios, cozinhas, boticas, cadêa para mulheres, &c. &c. A conservação de hum ar puro, e sempre ventilado não foi negligenciada. A faci-

a esta última como "o meio mais justo e necessário, que as Leis introduzirão, para evitar e castigar os delictos, assi pela pena na falta da liberdade, que he o mais sensivel, como pelo temor na segurança do castigo, que mais atemoriza". Em suma, a prisão é já simultaneamente pena – de falta de liberdade –, mas acima de tudo o meio de garantir a aplicação de um final e verdadeiro castigo.[1467] No mesmo ano de 1678, no Regimento dos Governadores das Armas de todas as Províncias, descreve-se igualmente, no campo militar, que, do ponto de vista processual, "a prisão dos delinquentes he o principal meio por onde a Justiça se satisfaz e executa", havendo cuidado em prescrever, aliás, o segredo das diligências, de modo a não se gorar a possibilidade de deter um suspeito.[1468] Antes do final do século, o modo de prender enquanto castigo é, de algum modo, posto em causa na legislação régia, quando se proíbe que se ponham escravos e "pessoas livres" a ferros "sem justa causa" ou em "prisões mais apertadas do que pedem as culpas". Os ferros apenas deveriam ser usados em crimes graves ou "em casos commettidos nas mesmas cadêas, a que os ferros servem de pena" – como medida disciplinar, portanto. Os julgadores deveriam ter em conta a necessidade de não se mandar prender alguém "por respeitos particulares, e que na prisão seja vexada com ferros, com o rigor da prisão, ou outro algum genero de castigo".[1469]

Os espaços de prisão da cidade de Lisboa no final do século XVIII encontram no relato feito por John Howard em 1783 uma boa descrição[1470]: prendia-se no Limoeiro, no Castelo de São Jorge (na prisão e na casa de trabalho entretanto instituída na Casa Pia) no Aljube (que até à proibição da jurisdição canónica do foro criminal, no pós-1820, serve como cadeia eclesiástica, e desde 1823 como

lidade para a limpeza, a altura das galarias, quantidade de despejos, correspondência de ar para todas as partes, e o cuidado de dar passagem livre para o ambiente commum aos vapores dos despejos, e dos corpos sãos, e doentes poderião conseguir este importante requisito. Sobre os salões dos ângulos haveria mais hum andar para os convalescentes".

[1467] A possibilidade de se prender sem culpa formada – para além dos casos em que pudesse ser aplicada pena de morte natural – é mesmo ampliada por Lei de 29 de Outubro de 1754, nas situações em que, admitindo-se devassa, coubesse "pena de açoutes ou maior pena que a de seis annos de degredo para o Brasil", sendo que a culpa deveria ser provada em oito dias. Tal é justificado pela necessidade de obstar a uma situação de que resulta "frustrar-se ou dilatar-se, ainda nos delictos graves, o merecido castigo dos delinquentes, em que se interessa a pública satisfação da justiça, e a das partes offendidas".

[1468] Regimento de 1 de Junho de 1678, § VIII.

[1469] V. Decreto de 30 de Setembro de 1693. A organização da cadeia da Corte e especialmente os deveres do seu carcereiro encontram-se também previstos nas OF, l. I, t. 33º e t. 34º.

[1470] John Howard, *Appendix...*, *cit.*, pp. 105 a 108.

prisão feminina[1471]), na Cordoaria, na cadeia de Belém[1472], no Arsenal da Marinha ou "presidio da gale". Encontra Howard prisões em que a separação dos reclusos por sexos é totalmente assegurada, designadamente no Limoeiro, e onde os ferros para a contenção dos presos ainda estão em uso. Realça também a longa duração da reclusão anterior a qualquer julgamento, que lhe parecia habitual. Vários dos presos que contacta encontram-se na prisão há vários anos antes de serem sentenciados, anotando ainda que o mesmo se passa com os que aguardam a execução da pena capital ou do degredo a que tivessem sido condenados.[1473] Esta prisão, na prática, é um espaço de acolhimento e de trânsito para a pena.[1474]

[1471] Opção que foi logo questionada: o novo uso do Aljube como prisão para mulheres é apontado nas Cortes como uma incoerência diante das condições que aquele cárcere ofereceria, para mais estabelecido como a primeira "nova" prisão do regime liberal. A questão é sinalizada, sustentada no debate em Cortes de 26 de Maio de 1823, no texto de José Manuel Merêa Pizarro Beleza, *A pena de prisão...*, *cit.*, pp. 405 e 406.

[1472] Sobre a cadeia de Belém, v. Tude M. de Sousa, *Cadeia de Belém...*, *cit.*, pp. 19 a 44, retratando-a como cadeia aberta logo após o terramoto de 1755, após a devastação verificada na cadeia do Limoeiro, e que estaria situada na hoje denominada Rua Vieira Portuense, de acordo com planta da zona que publica. Os seus primeiros presos terão dado entrada em Fevereiro de 1756; os últimos em Dezembro de 1838, momento em que a cadeia é encerrada, sendo então remetidos os seus ocupantes ao Limoeiro.

[1473] Howard destaca ainda no quotidiano prisional o papel da Misericórdia na sustentação dos presos pobres, a existência de carceragens e a possibilidade de compra de melhores condições prisionais. No Limoeiro, onde não encontra ninguém a ferros, no dia 21 de Fevereiro de 1783, descobre 774 presos; no Aljube, sob a direcção do Patriarcado, 6 padres e 3 mulheres. A cadeia de Belém receberia reclusos por crimes menos graves que os que se encontravam no Limoeiro, enquanto no Arsenal estavam essencialmente mouros, escravos e marinheiros, sujeitos a trabalho e agrilhoados, que receberiam por dia uma libra de biscoito e algum arroz e meia libra de carne três vezes por semana. Em todas as cadeias visitadas – para além das cadeias de Lisboa, Howard visitou também as prisões de Évora e Elvas, a caminho de Espanha, lamentando apenas não ter sido autorizado a visitar a prisão da Inquisição na capital –, o contacto dos presos com a rua era possível, através dos gradeamentos. Os cárceres da Inquisição em Lisboa, Coimbra e Évora merecerão novamente atenção especial logo em 1821, extinta a instituição, quanto as Cortes constituintes pretendem a sua demolição e a guarda dos planos tirados dos cárceres no arquivo parlamentar, para "servirem de illustrar a historia d'aquelles barbaros tribunaes". No caso da cidade de Lisboa, os materiais que da demolição resultassem deveriam ser utilizados nas "obras da calçada e assento da gradaria da Praça do Rocio (...) a fim de que pela sua muda, mas energica linguagem, despertem a attenção dos espectadores que n'aquelle sitio concorrerem", lê-se também no parecer da "comissão das artes" apresentado e aprovado em plenário a 3 de Março de 1822 – in DHCGNP, tomo I, Imprensa Nacional, Lisboa, 1883, p. 280. O antigo espaço inquisitorial da capital, o Palácio dos Estaus, no Rossio, seria consumido definitivamente pelo fogo em 1836.

[1474] O biógrafo de Howard, retratando a sua presença em Portugal, vê na ausência de devedores nas prisões nacionais algo de admirável, mesmo tendo em conta a existência ainda de prisão ditada por

Poder-se-á neste momento responder de forma mais cabal sobre o momento em que a existência de uma verdadeira pena secular de prisão é atestada entre nós. Assente o exposto até aqui, parece ser difícil tomar o partido de quem veja imediatamente em período anterior ao novo regime oitocentista o uso generalizado da prisão enquanto pena.

A prisão fora da jurisdição eclesiástica, tal como se encontra preceituada desde o século XIII e até ao século XVIII nos textos legais, nos doutrinadores e de igual modo nos relatos que nos chegaram, é na sua larga maioria uma prisão usada como – empregando uma terminologia que ganhou entretanto um conteúdo típico – "medida de coacção". Será, outras vezes, enquanto situação de facto, o resultado prático de uma ineficácia objectiva do sistema punitivo, na sua incapacidade de aplicar em tempo útil a pena definitiva que coubesse ao caso ou meio de manter em segurança um condenado a aguardar a decisão de um recurso. Outras vezes, é certo, tem, de acordo com a lei, a natureza de castigo, pouco grave e de curta duração, sem fim que ultrapasse a sua própria execução. Trata-se assim de uma medida eminentemente preventiva e coactiva – dir-se-ia também *disciplinadora* da ordem social, para usar o conceito de uma dada historiografia –, mas em poucas circunstâncias efectivamente punitiva por si.[1475]

falta de pagamento de emolumentos e custas: "In some respects the prisons of Portugal were superior to those of England; they contained only criminals – imprisonment for debt having beeing abolish since 1772 [*sic*]"(sendo a data correcta 1774). No entanto, o "mau costume" era efectivamente o da detenção alargada antes de julgamento: "One of the most glaring faults of the criminal policy in Portugal, was the custom of keeping persons immured in gaol for months or even years, without bringing them to trial; a custom which had perhaps crept into civil courts from the practice of the neighbouring tribunal of the Holy Inquisition. Sometimes, after trial and condemnation, convicts were allowed to lie in gaol, or even to go out on parole for several years before their execution" – William Hepworth Dixon, *John Howard and the prison-world of Europe*, 2ª ed., Jackson and Walford, Londres, 1850, p. 304. Dixon indica ainda a estranheza de Howard em Elvas, tendo por guia na cidade o seu responsável militar, o qual lhe mostrava com orgulho uma fonte recentemente construída e ao mesmo tempo se verificava ter a prisão local presos há quatro anos ainda a aguardar julgamento... (p. 305). O guia de Howard em Elvas, referenciado por Dixon apenas como "Marshal de Valleré" foi efectivamente o francês Guillaume-Louis-Antoine de Valleré (1727-1796), engenheiro civil e militar, chegado a Portugal em 1753 e, ao tempo da visita do inglês, comandante do regimento de artilharia 3, baseado em Estremoz. Sobre Valleré, sócio da Academia de Ciências de Lisboa, e a sua carreira em Portugal, v. Ilídio do Amaral, *Nótulas históricas sobre os primeiros tempos da Academia das Ciências de Lisboa*, in "Memórias da Academia das Ciências de Lisboa, Classe de Letras", s/d, disponível em *http://www.acad-ciencias.pt/files/Mem%C3%B3rias/Il%C3%ADdio%20do%20Amaral/n%C3%B3tulas%20hist%C3%B3ricas.pdf* e a bibliografia aqui referida.

1475 V. Sílvia Alves, *Punir..., cit.*, pp. 497 ss., em particular pp. 502 e 503, sobre o entendimento dos autores portugueses do final do século XVIII, em que a prisão assoma como "caução" mas também

E, como visto atrás, esta realidade coexiste com uma outra ditada por uma prática judicial de consideração retroactiva do tempo de prisão eventualmente como pena. Ou com manifestações da lei em que também este tempo de prisão decorrido antes da sentença poderia mesmo ser tomado em conta na observância da pena (e da pena de prisão) que fosse aplicada, como se descobre numa carta régia de 1757[1476], opção que não continuará aliás a ser unívoca ao longo do século XIX.

Mas, para além das escassas previsões em que se decreta a prisão indiscutivelmente como pena e do seu uso notado no século XVIII para "delitos de polícia"[1477], a sua natureza de efectivo castigo é discutível – poucos são os que a vêem como punição final pela prática de um crime e é indesmentível o seu carácter instrumental, do ponto de vista processual, consubstanciando-se numa perda de liberdade circunstancial.

O final do século XVIII e o início do século XIX, ao assistirem à circunscrição da pena capital, das penais corporais e da tortura, vão permitir uma maior amplitude no uso da prisão como pena e como instrumento correccional para pequenos delitos também em Portugal. Este processo explica-se necessariamente pela nova ideologia punitiva que vai sendo difundida na Europa e pelos seus modelos legais

"castigo" e mesmo como possibilidade de correcção, se bem que associada ao uso que os reclusos pudessem ter, pensando no seu trabalho.

[1476] Por Carta Régia de 21 de Outubro de 1757 dirigida ao desembargador João Pereira de Vasconcellos, o monarca ordena essa contagem, contra uma sentença anteriormente dada e que o não preveria. Estavam em causa os 67 réus efectivamente condenados a "seis mezes de prisão", por uma sedição verificada em Fevereiro desse ano no Porto, cuja decisão de recurso, desatendendo as suas pretensões, havia mandado iniciar o tempo da pena com a notificação da rejeição dos embargos, não obstante os condenados estarem já presos. Ora o monarca vem indicar que "não obstante o julgado, e sentenciado, se principiem a contar os ditos seis mezes, conforme a opinião mais benigna, dos dias das respectivas prizões de cada hum dos sobreditos Réos".

[1477] Já Mello Freire distingue a prisão pela polícia da prisão pelas "justiças ordinarias" – no seu projecto de revisão do livro II das Ordenações, a primeira poderia punir, "sem appellação nem agravo", através de penas pecuniárias e de prisão que não passasse de "dous mezes de cadeia". V. Paschoal José de Mello Freire dos Reis, *O Novo Codigo...*, *cit.*, p. 141. Sobre a distinção entre um "magistério criminal" e um "magistério de polícia", designadamente em Mello Freire, v. Augusto Silva Dias, *«Delicta in Se»...*, *cit.*, pp. 98 ss. e pp. 144 ss., bem como José Faria Costa, *A importância da recorrência no pensamento jurídico...*, *cit.*, pp. 7 ss. Em 1852 é proibido o uso das prisões nacionais como forma de castigo para "individuos pertencentes á tripulação de navios" estrangeiros, que seriam conduzidos a cadeias nacionais por "Agentes Consulares", "sem o concurso da Authoridade competente" nacional e apenas "expedida nos casos em que a captura fôr devida ou pelas Leis do Reino, ou por Tratados vigentes, ou finalmente pelo principio da reciprocidade (...)" – v. Portaria de 29 de Janeiro de 1852.

que se vão generalizando. Mas, em termos gerais, não é apenas a eventual escassez na sua previsão que pode levar a desabonar a prisão em Portugal anterior ao século XIX como uma verdadeira pena – uma questão de *grau* ou de *intensidade*. É também a própria desconsideração punitiva de que ela se reveste, no quadro da lei penal. A finalidade da detenção, num período pré-liberal, é insuficiente para a revestir em termos absolutos do carácter de pena – não é entendida socialmente como uma pena adequada, não assume perante o seu receptor qualquer intencionalidade para o futuro e é considerada até como um castigo inútil e pouco humano[1478], ao contrário de uma pena paradigmática como era o degredo ultramarino. Assim, a prisão está necessariamente presente entre nós desde a Idade Média também com a *natureza* de castigo, mas o que muda de forma determinada entre o século XVIII e o século XIX é a sua *finalidade* e a *intensidade* da sua previsão, passando de castigo residual a pena preferencial, o que vai exigir também que o seu conteúdo ultrapasse uma mera reclusão. Se toda a pena é também um castigo, nem todo o castigo é realmente uma pena – e aí se encontra a prisão.

Para compreender mais plenamente este estado de coisas, é essencial ponderar a importância da pena de degredo, anterior e superior em Portugal a vários outros ordenamentos europeus. O atraso na edificação – em sentido literal e num sentido institucional mais amplo – de um "sistema penitenciário" de acordo com o padrão internacional explica-se em boa parte pelo uso intensivo daquela pena entre nós, compreendida e aceite socialmente enquanto tal e usada como um verdadeiro instrumento político de colonização. A par das razões de escassez financeira, de motilidade política e, para alguns, de delonga institucional generalizada, o atraso na adopção do sistema penitenciário tem de ser cotejado com uma tradição prevalente da pena de degredo, de eficácia relativa comprovada. Um crítico do degredo respeitado como Mello Freire, aliás, procurava demonstrar a inutilidade desta pena recorrendo, em oposição, à vantagem do "carcere e outras penas"[1479], sem sucesso imediato. E, pelo texto de Mello Freire, nota-se também

[1478] Em 1790, ainda a permanência na prisão é vista como prejudicial para o preso e para a comunidade, a propósito da necessidade de imprimir rapidez na administração da justiça: "(...) porque quanto menos mediar o castigo, e o delicto, mais ha de ser o proveito, que ha de causar hum tal exemplo, e menos padecerão os Prezos detidos nos carceres, aonde se entorpecem, e fazem inuteis os seus braços (...)" (Alvará de 5 de Março de 1790). Neste mesmo Alvará se prevê um procedimento visando "o mais prompto despejo das Cadeias", que inclui a apresentação trimestral ao monarca de uma relação de presos nas cadeias, o seu julgamento mais rápido e a agilização do envio para degredo ultramarino, independentemente de ser respeitado ou não o destino fixado.

[1479] E, no projecto de Código Criminal que elabora, Mello Freire prevê efectivamente a prisão quer como pena quer como detenção preventiva e coactiva. "Hoje o carcere é custodia para os suspeitos

a possível consideração da prisão como pena, não necessariamente de acordo com o previsto na lei, mas pelo resultado da prática judicial, quando esta convalida a presença na prisão de um réu em verdadeira pena, ou seja, *quando se lhes dá em castigo por sentença*, o que seguramente decorre da antecipação pelos tribunais e pela doutrina por eles usada do seu sentido punitivo autónomo.

É elucidativo também que a regulação criada já em 1835 para o Ministério Público, com diversas disposições sobre a execução e tramitação administrativa das penas, designadamente quanto aos registos das sentenças criminais passadas, tome em consideração apenas as penas de morte, de degredo ultramarino e de trabalhos públicos – mas sem qualquer referência à prisão, em todo o regulamento, que não enquanto eventual circunstância processual de um acusado antes de findo o juízo ou aguardando a execução da sentença.[1480] Efectivamente, como pena do sistema legal, era tratada como uma desconhecida.

A prisão passa assim entre nós por uma mutação estrutural na sua finalidade e intensidade, que se concretiza apenas ao longo do século XIX e não imediatamente após a revolução ou sequer após a primeira codificação penal.[1481] De uma prisão como espaço de mera detenção ou de castigo incidental a uma prisão enquanto pena total, espaço expectável de redenção e de regeneração ou de anulação da perigosidade social do criminoso.

É possível, de algum modo, afirmar que, nesta nova prisão, finalmente *pena* e *vida* coincidem de forma total: esta será o que aquela puder concretizar no criminoso, aquela apenas se justifica na medida em que possa determinar o futuro do condenado. Enquanto o degredo é, acima de tudo, uma medida de tempo e uma fixação de espaço ao criminoso, ou uma pena corporal antiga, como os açoi-

de crime, e pena para os verdadeiros criminosos confessos, quando se lhes dá em castigo por sentença. (...) O asseio e cuidado das cadeias pertence á policia (...); o rigor ou suavidade da prisão ao ministro criminal" – *Provas* anexas ao *Codigo Criminal...*, *cit.*, p. 9.

1480 V. os artigos 15º e 26º do Regulamento do Ministério Público aprovado pelo Decreto de 15 de Dezembro de 1835. Nas Relações, *v. g.*, deveriam existir três livros de registo relativos respectivamente às sentenças que aplicassem penas capitais, de degredo e de trabalhos públicos. Sem novidade, atendendo por exemplo aos dados atrás apresentados em relação aos condenados presntes na cadeia do Limoeiro. Este aparelho burocrático será francamente ampliado pela Portaria de 5 de Abril de 1852, considerando agora o panorama mais extenso de penas aplicáveis.

1481 O mesmo é válido para as condições materiais dessa prisão – "A realidade das prisões até ao início da década de vinte do século XIX e durante muito tempo depois dela foi (...) a da reclusão indiferenciada e em condições miseráveis de homens e mulheres, jovens e adultos, detidos sem pronúncia, pronunciados e condenados, independentemente da natureza do crime e do tipo de gravidade da pena aplicável ou já aplicada", escreve Paulo Pinto de Albuquerque, *Direito Prisional...*, *cit.*, p. 11.

tes, resultava apenas numa humilhação pública e numa dor efémera, a prisão vai ser mais exigente – mais do que castigar o criminoso, visa mudar o homem, desenvolvendo modelos específicos de transformação que transcendem o mero castigo sobre o corpo.

A aprovação do Código Penal de 1852, como se viu, significou a consideração inequívoca da prisão na lei como pena preferencial, simultaneamente classificável agora como pena maior e como pena correccional. A primeira, que no texto da lei podia ser simples ou com trabalho, teria duração perpétua ou de entre 3 e 15 anos; a segunda significava uma detenção até 3 anos.

A prisão maior implicava a entrada em "fortaleza, ou cadeia, ou estabelecimento público" destinado a esse fim, sendo a obrigação de trabalho, quando existisse, cumprida no estabelecimento e podendo ainda ser decretado isolamento ao condenado[1482] – o que, contudo, apenas se encontrava expressamente previsto para a tentativa de parricídio, acompanhando a prisão perpétua.[1483] A prisão correccional, de curta duração, nunca obrigaria a trabalho e deveria ser também cumprida "em cadeia ou estabelecimento publico" a tal pena destinado.[1484] A prisão maior podia ser simples, com trabalho ou com isolamento, conforme se descortina nos vários tipos penais presentes no Código.

O isolamento, a par do trabalho obrigatório, é uma das formas previstas de agravação da pena de prisão maior, cabendo ao juiz decretar a sua duração, que pode coincidir com a duração total da pena, sendo outra o seu cumprimento no Ultramar[1485], prevendo também o Código a existência de um "degredo com prisão no lugar do degredo". A prisão correccional é agravada com multa.[1486] Já a existência de circunstâncias atenuantes implica, no caso de pena perpétua, a sua substituição por pena temporária ou por degredo ou, em caso de pena temporária, a sua redução ou substituição por pena inferior.[1487]

Silva Ferrão, olhando a prisão e a sua multiplicidade de formas e de conteúdos, não duvida agora em afirmar que "nenhum Codigo a tem dispensado, a póde dispensar; mas por ella podem todas [as penas] ser dispensadas", já que esta pena

[1482] V. artigo 34º.

[1483] V. artigo 355º, § 3º.

[1484] V. artigo 38º.

[1485] V. artigos 49º e 78º, § 3º.

[1486] V. artigo 79º, § 4º.

[1487] No caso de mulher grávida, o Código prevê ainda que "não se se executarão as penas corporaes, excepto a pena de prisão correccional, senão passado um mez de terminado o estado de gravidez" – artigo 92º.

"é um bem, como *remedio*, para a sociedade ameaçada de contagio, ou ferida e offendida; e também o é para o criminoso, como membro moralmente enfermo".[1488] E a prisão, para além ou até em negação das previsões legais, continuava a ser também uma "pena" sucedânea quando a execução do degredo ou dos trabalhos públicos tardava: na prisão aguardava-se a remessa ultramarina, na prisão pernoitavam ou permaneciam integralmente os condenados a trabalhos públicos, designadamente quando estes não eram atribuídos pelas autoridades administrativas, uma realidade já fora do alcance dos tribunais, do Ministério Público ou sequer do ministério da Justiça.

Diante a inexistência de prisões com capacidade para a aplicação da pena de prisão com trabalho, a própria lei manda substituir esta pena por degredo agravado com prisão, de acordo com as regras gerais a cumprir nas colónias africanas ocidentais.[1489]

[1488] Silva Ferrão, *op. cit.*, II, p. 63.

[1489] E "enquanto não houver estabelecimentos proprios para os trabalhos dos presos", escreve-se no artigo 99º. A previsão de prisão com trabalho, resultando afinal em pena de degredo agravado com prisão, encontrava-se generalizada no Código: era potencialmente aplicável no caso de crimes contra a segurança exterior do Estado, falsificação de moeda, de escritos ou selos, cunhos ou marcas, falso testemunho, associação de malfeitores, subtracção ou ocultação de menor, exposição e abandono de infantes, aborto, ferimentos e outras ofensas corporais voluntárias e roubo. Silva Ferrão, considerando tratar-se de importação de regra do código brasileiro, anota: "Alguns juizes tem intendido, que não lhes cumpre averiguar se existem, ou não existem ainda, os estabelecimentos proprios para o trabalho dos presos, e por isso tem pronunciado a pena da lei, sem declaração alguma; outros, porém, tem intendido, que devem logo na sentença fazer a substituição (...). Esta ultima opinião é a que offerece menos inconvenientes, porque a primeira coloca os agentes do governo em grande embaraço, como já a experiencia tem mostrado"... *Op. cit.*, III, p. 169. Em acórdão do Supremo Tribunal de Justiça de 19 de Novembro de 1875, publicado no *Diario do Governo*, nº 47, 1876, são aliás consideradas nulas as sentenças que não determinem imediatamente a pena alternativa. Henriques Secco, *Codigo penal portuguez, precedido pelo decreto com força de lei de 10 de Dezembro de 1852, seguido de um appendice e annotado por Antonio Luiz de Sousa Henriques Secco*, Imprensa da Universidade, Coimbra, 1881, pp. 259 e 260, apresenta jurisprudência diversa que exemplifica, a propósito do crime de roubo, a substituição da pena de prisão maior temporária com trabalho por degredo agravado por prisão. Mantida a regra na versão penal de 1886, nota-se que a substituição da prisão por degredo agravado – e criando-se também um dissenso se como substituição vinculada ou meramente facultativa, bem como se a agravação deveria ser feita ainda através da fixação de prisão no lugar de degredo ou através da duração desta pena, de acordo com o artigo 93º do Código Penal – persiste ainda no sentido decisório dos tribunais, não obstante a conhecida previsão legal de trabalho nas prisões presente no regulamento prisional de 1872 e a existência de uma Circular da Procuradoria Régia da Relação do Porto (Circular nº 747, de 21 de Julho de 1873), assinada por Navarro de Paiva, que determina precisamente que, em virtude deste regulamento, devem os delegados do Ministério Público recorrer em caso de sentença que continue a substituir por degredo agravado a pena de prisão com trabalho,

Como se viu também, a reforma penal e prisional de 1 de Julho de 1867 assinada por Augusto César Barjona de Freitas pretende alterar as penas aplicáveis, mas essencialmente o modo de cumprimento da pena de prisão. Diploma que institui o regime de isolamento celular entre nós, mesmo que este apenas tenha concretização efectiva a partir de 1885, vê neste modelo um ideal de punição passível de cobrir quer a prisão maior, quer a prisão correccional, quer ainda mesmo a prisão preventiva.

A prisão maior celular, protótipo punitivo, perpétua ou de duração entre 2 e 8 anos, é estabelecida de acordo com o modelo de Filadélfia, prescrevendo-se "completa separação de dia e de noite entre os condemnados, sem communicação de especie alguma entre elles, e com trabalho obrigatorio na cella"[1490], para todos os que pudessem desempenhá-lo. No entanto, para além dos funcionários prisionais, o preso poderia contactar com "parentes e amigos, membros de associações e outras pessoas dedicadas á sua instrucção e moralisação", devendo essas visitas concorrer "para apressar e consolidar a sua reforma moral e nunca para os corromper"[1491]. Em todo o caso, as visitas de familiares e amigos deveriam ser encaradas preferencialmente como um prémio por bom comportamento e não como um procedimento absolutamente rotineiro.

A prisão celular significa também a ministração da instrução primária e de formação em ofícios aos reclusos que delas careçam, bem como de "educação e

sucendendo a ofício expedido no mesmo sentido por parte do Procurador-Geral da Coroa, Martens Ferrão (ambos os documentos foram publicados na RLJ, ano 6º, nº 272, de 9 de Agosto de 1873, pp. 186 e 187). No mesmo sentido, José da Cunha Navarro de Paiva, *Manual do Ministerio Publico*, tomo II, Typographia de António José da Silva Teixeira, Porto, 1901, p. 168, destacando também acórdão do Supremo Tribunal de Justiça de 13 de Abril de 1886 que pretende findar com a substituição por degredo agravado. V. também a jurisprudência referida por Luís Osório da Gama e Castro de Oliveira Baptista, *Notas ao Código Penal Português...*, vol. I, *cit.*, pp. 254 e 255. No entanto, pugnando ainda pela substituição da prisão com trabalho por degredo agravado, *podendo* este agravamento verificar-se pela condenação a possessão de 2ª classe (o que se encontra também sustentado por jurisprudência do Supremo Tribunal de Justiça) e *devendo* sê-lo através do aumento da sua duração, v. consulta respondida pela RLJ, ano 21º, nº 1066, de 22 de Dezembro de 1888, pp. 404 a 408, onde se defende a interpretação literal da lei: "*emquanto não houvesse estabelecimentos proprios para trabalho dos presos* (...) têm os juizes de prever nas sentenças a hypothese de falta de oficinas para o trabalho dos presos, impondo a pena de prisão maior celular, e na alternativa a de prisão maior temporaria, ou em substituição desta a de degredo, e determinando a duração de qualquer dellas (...)" (p. 405). Sobre o carácter anónimo e solidário das consultas da RLJ, v. Guilherme Braga da Cruz, *A Revista de Legislação e Jurisprudência...*, *cit.*, vol. I, pp. 79 ss. e pp. 228 ss.

[1490] Artigo 20º RPP.

[1491] V. artigo 21º.

instrucção moral e religiosa", a cargo de capelães, professores e de "pessoas caridosas dedicadas a essa missão de beneficencia".[1492] Prevê-se exercício físico para os reclusos, diário e ao ar livre, mas organizado de modo a que se impeça sempre a comunicação entre estes.

A nova pena maior de prisão celular exige, contudo, "cadeias geraes penitenciarias", que não existem em 1867 – e que se antevê então construir, em número de 3, nos distritos judiciais das Relações de Lisboa (uma masculina) e do Porto (uma masculina e outra feminina)[1493], fora dos limites de qualquer povoação.[1494] As novas prisões masculinas deveriam conter 500 celas e a prisão feminina apenas 200, sendo todas compostas por "capella (...), aposentos necessarios para os respectivos empregados, casas para escripturação, archivo, botica, banhos e provisões, e de terrenos adjacentes (...) para passeio e exercicio dos presos".

A par das cadeias gerais penitenciárias, estabelece-se uma organização prisional que contaria também com cadeias distritais, cadeias comarcãs e cadeias de simples detenção e trânsito de presos e que, em teoria, deveriam igualmente cumprir o novo padrão penitenciário.

Nas cadeias distritais deveriam expiar pena os condenados a pena de prisão correccional de duração superior a 3 meses – e agora até um máximo de 2 anos –, cujo modelo é também o da prisão celular, num regime de isolamento do recluso, recebendo instrução e formação em ofícios quando a pena fosse superior a 1 ano, com a distinção de que as visitas de familiares e amigos seriam em regra concedidas e a sua limitação seria apenas usada como medida disciplinar.[1495]

[1492] V. artigos 24º e 25º.

[1493] V. artigos 27º a 29º.

[1494] Em 1860, Ayres de Gouveia propusera uma extensa organização de cadeias celulares, iniciada com a construção de 7 penitenciárias (5 no continente e 2 nos Açores, duas delas femininas), da responsabilidade do Governo, e várias outras criadas num regime de partilha entre duas comarcas, estas para penas de menor duração (até aos 18 meses), na dependência dos municípios. *Mutatis mutandis*, a reforma de 1867 parte do mesmo pressuposto. V. A. Ayres de Gouvêa, *A reforma..., cit.*, pp. 147 a 151.

[1495] V. artigo 34º, § 2º. Aires de Gouveia já havia estabelecido o que lhe parecem medidas disciplinares adequadas no contexto da prisão penitenciária, com refutação da violência física e defendendo a proporcionalidade entre violação cometida e castigo aplicado. Medidas deste tipo, de redução ou extinção temporária de benefícios do recluso, são as suas preferidas, por também permitirem a afinação de uma medida adequada na sanção, como a redução ou alteração da alimentação ou a mudança para uma cela escura, admitindo como disciplina máxima o uso de algemas ou de "vestidos oppressores" e considerando que verdadeiros crimes praticados no contexto prisional deveriam obter resposta judicial e nunca meramente disciplinar, de carácter interno. V. A. Ayres de Gouvêa, *A reforma..., cit.*, pp. 129 a 131.

O trabalho para um condenado a prisão correccional seria ainda obrigatório, na cela, quando este não pudesse custear pelos seus meios a sua presença na cadeia.

Novas cadeias distritais seriam erigidas em cada distrito e "nas ilhas adjacentes", quando se não pudessem adaptar os edifícios antigos ao "sistema de separação". Estas cadeias distritais deveriam assim ser, em síntese, pequenas penitenciárias para penas de curta duração, adequadas na sua dimensão ao volume de criminalidade e reclusão de cada distrito, atendendo aos números de condenações dos últimos três anos, conforme se prescreve. Parte das celas seria também reservada para reclusas, em número não inferior a um oitavo do total de celas, que teriam um isolamento absoluto dos reclusos do sexo masculino.

As cadeias comarcãs previstas na lei[1496], a instituir na "cabeça de cada comarca", estariam destinadas aos presos correccionais com pena inferior a três meses de prisão e aos presos preventivos, devendo também estes ser mantidos em "absoluta e completa separação".[1497] Os presos preventivos podiam receber visitas e o desempenho de trabalho era-lhes facultativo. Apesar da curta duração da pena, o mesmo modelo de isolamento celular e de trabalho na cela é prescrito como modelo interno das cadeias comarcãs, cuja dimensão deveria igualmente levar em consideração a criminalidade e condenações a prisão verificadas na comarca. Apenas seria a instituição desta cadeia dispensada quando na localidade se situasse também a cadeia distrital, que teria assim celas destinadas especificamente aos condenados a prisão correccional – e custeadas estas proporcionalmente, na sua construção e manutenção, pelos concelhos cobertos pela comarca em causa, ao contrário do remanescente da cadeia distrital, cuja despesa caberia aos distritos.

A existência de uma cadeia de "simples detenção policial e transito de presos"[1498], nas cabeças dos concelhos que não fossem sede de comarca, é igualmente prescrita, pensando-se aqui na afectação dos edifícios das cadeias já existentes nos diversos concelhos.

Perante o espectro revolucionário que encerra, a lei de 1867, consciente das limitações com que se deparam as instituições e a realidade prisional para a sua imediata vigência, prevê desde logo uma aplicação muito limitada das suas novidades – na prática, a única norma com aplicação imediata é a que dispõe a substituição da condenação à pena de morte pela pena de prisão celular perpétua,

[1496] V. artigos 52º ss.

[1497] V. artigo 59º.

[1498] V. artigo 63º.

mas sendo esta ainda substituída pela punição alternativa de trabalhos públicos perpétuos.[1499]

A prisão celular é uma previsão legal, mas uma realidade impossível nas cadeias existentes. As demais novidades terão de aguardar que seja "competentemente declarado em inteira execução o systema de prisão cellular", o que significa esperar por 1885 e pela Penitenciária de Lisboa e, mesmo assim, de forma limitada. Os juízes deveriam agora condenar nas penas previstas pela lei de 1 de Julho de 1867, mas simultaneamente ainda nas penas dispostas pelo Código Penal, como penas alternativas, sendo apenas cumpridas aquelas quando e caso fosse possível tal aplicação.

Exemplo claro de um vanguardismo ideológico e legalista em relação à realidade institucional, não deixa de ser impressivo que a lei que abole a pena de morte e pretende abolir os trabalhos públicos como pena, nos seus dois primeiros preceitos, seja a mesma lei que prevê, no último artigo do diploma, que a pena agora a cumprir por quem devesse ser condenado à morte, de acordo com o Código Penal, fosse a pena de trabalhos públicos perpétuos... Certo é, contudo, que a pena de trabalhos públicos se reconduziria, na prática, a uma pena de prisão e, muitas vezes, sem trabalho algum, o que criava, à entrada para o regime penitenciário, dificuldades naturais em assegurar uma justa proporção nas penas.[1500]

A reforma de 1884, como se viu também atrás, prevê assim o mesmo método de "dupla condenação" em alternativa, colocando em paralelo às penas do Código

[1499] V. artigo 64º. Com dificuldades notadas: "A pêna de morte foi substituida na lei de 67 pela de prisão maior celular perpetua e na alternativa pela de trabalhos publicos perpetuos; mas na Lei de 67 esta ultima pêna era substituída pela de prisão maior celular por oito anos seguida de degredo por doze. Tinhamos assim a pêna de trabalhos públicos perpétuos aplicada alternativamente com duas de mais diversa gravidade. Tal incongruencia é explicada pelo facto de não haver no sistema do Codigo, depois de abolida a pêna de morte, pêna mais grave que a de trabalhos públicos perpetuos. Deste modo, dois criminosos condenados em alternativa á mesma pêna, um sofreria a prisão celular perpetua, o outro uma pena de duração limitada a vinte anos, em que seria [*sic*] expiados unicamente oito em prisão celular" – Agostinho de Torres Fevereiro e Augusto Folque de Gouvêa, *Direito Penal – Lições feitas em harmonia com as prelecções do Exmo. Sr. Dr. Beleza dos Santos..., cit.*, pp. 86 e 87.

[1500] V., sobre a difícil proporcionalidade entre pena celular e pena alternativa, reclamando a necessidade de uma correcta harmonização legal e apresentando os modelos francês e belga de entrada em funcionamento das prisões celulares quanto à escolha dos seus primeiros ocupantes, *Systema Penitenciario. Aplicação do art. 64 da Lei de 1 de Julho de 1867*, in RT, ano 1º, nº 23, 1882-1883, Typographia Universal, Porto, 1883, pp. 370 a 371 e ano 2º, nº 25, 1883-1884, Imprensa Ferreira de Brito, Porto, 1884, pp. 4 e 5.

de 1852 as novas penas do regime penitenciário, agora novamente alteradas em relação a 1867.[1501] Ao tempo da publicação do Código de 1886, encontra-se já em funcionamento a Penitenciária de Lisboa, onde pelo menos parte dos condenados encontra efectivamente a prisão celular e o regime de isolamento previsto na lei pode ser conseguido. Mas está longe de ser plena a cobertura oferecida pelo regime celular. Trabalha-se ainda com base numa aplicação dual das penas, em virtude também da multiplicidade de condições de cumprimento da pena de prisão. Nesta versão do Código, coexistem assim a pena de prisão maior "segundo o systema penitenciario", de duração em regra entre 2 e 8 anos, e a prisão maior provinda do regime em comum, pressuposta pelo normativo anterior, a ser ainda cumprida em "fortaleza, cadeia ou estabelecimento publico", cuja duração pode chegar aos 12 anos.[1502] Também esta prisão maior pressupõe trabalho obrigatório, para os condenados em pena de pelo menos 3 anos, instrução elementar e assistência moral – mas, "emquanto não houver estabelecimentos próprios para trabalho de presos", deveria ainda a condenação a prisão com trabalho continuar a ser substituída por degredo agravado, de acordo com um entendimento nem sempre uniforme, como atrás salientado.[1503] Uma ideia, patente imediatamente na apresentação das propostas de 1884, era a de que a entrada em funcionamento do regime penitenciário deveria ter também reflexos positivos no quotidiano das prisões de regime comum, progressivamente libertadas dos criminosos mais difíceis, grupo do qual fariam parte os novos habitantes da Penitenciária.

Em 1888, já em pleno funcionamento da Penitenciária de Lisboa, procura-se mesmo acentuar o ímpeto penitenciário, ao ser aprovada legislação que vem aumentar o número previsto de "cadeias geraes penitenciarias", que deverá agora ser de cinco, com um total de até 1700 celas, em prisões "construidas ou a construir", de acordo com uma proposta do ministro Veiga Beirão.[1504] Uma delas deveria, aliás, ser localizada "nas proximidades da cidade do Porto", o que nunca sucederia. Os seus funcionários seguiriam o regime de pessoal já fixado para a Penitenciária de Lisboa. O Governo ficava autorizado a adquirir e adaptar edifícios para duas destas novas penitenciárias – o que resultará nas penitenciárias de

[1501] Sobre as dificuldades práticas de conciliação das penas previstas em 1852, 1867 e 1884 e a desproporção que por vezes as penas alternativas assumem, v. a exposição de Manuel Dias da Silva, *Elementos..., cit.*, pp. 422 a 425.

[1502] V. artigos 55º e 61º do Código Penal de 1886.

[1503] V. artigo 61º, § 3º.

[1504] V. artigo 2º da Lei de 24 de Maio de 1888.

Coimbra e Santarém.[1505] Desaparecem na lei as referências à existência de cadeias distritais, mas reitera-se o cumprimento das penas correccionais nas cadeias comarcãs, que devem seguir as disposições da Lei de 1 de Julho de 1867, adaptadas para tal ou construídas de raiz.[1506] Cadeias comarcãs continuarão ainda a ser construídas e melhoradas ao longo das décadas seguintes, mas genericamente alheias ao regime de separação celular. Seria, contudo, um ímpeto legal em vão: o regime penitenciário suscitava dúvidas diversas, o País não tinha recursos que sustentassem em grande escala novas cadeias, o degredo continuava largamente a ser aplicado como pena pelos tribunais. Um esforço sistemático e unitário de reforma das cadeias – e das cadeias comarcãs – apenas se verificará após a reforma prisional de 1936.

§ 2º Normas e habitantes da prisão pré-penitenciária

Apenas em 1843 é aprovado um primeiro regulamento prisional, visando organizar expressamente a "policia das cadêas". As regras a observar na prisão surgem contra o arbítrio que o novo tempo político encontrava nas cadeias provindas do Antigo Regime e como veículo das novas exigências de atenção pública às prisões. Na sua aprovação menciona-se o seu carácter provisório, "em quanto não se estabelece nestes Reinos o systema penitenciario", reconhecendo-se a "má construcção" das cadeias existentes de forma a poder corresponder aos fins visados de "extirpação de vicios, (...) emenda de costumes, (...) augmento da moral publica, e (...) progresso da civilisação".[1507] Essa sua provisoriedade, nascida apenas de uma intencionalidade política e não de qualquer incompletude nos regimes previstos, não impedirá na prática a sua longa vigência, dada a delonga na instauração do regime penitenciário.

[1505] António d'Azevedo Castello Branco, parlamentar que está na direcção da Penitenciária de Lisboa, considera aliás não ser necessária esta expansão penitenciária e discorda frontalmente da abolição das cadeias distritais previstas em 1867, remetendo-se o cumprimento das penas correccionais para as cadeias comarcãs, que não possuem capacidade de implementar qualquer regime celular: ora, para o penalista, a prisão correccional "só póde ter os effeitos que o adjectivo *correccional* indica quando seja cumprida com a severidade disciplinar de um austero regimen penitenciario", o que vê no regime de Filadélfia amenizado – *Estudos...*, *cit.*, pp. 87 e 88.

[1506] Em 1894, invocando o princípio expresso em também 1888 de separação entre presos correcionais e presos condenados a penas maiores, o Governo pedirá ainda ao Ministério Público, por Portaria de 25 de Julho de 1894, informação sobre o estado das cadeias nas comarcas e a possibilidade destas receberem o cumprimento de penas correcionais em separação, bem como sobre a existência de novas cadeias em construção ou em projecto – e sobre se nas comarcas que disponham de "prisões cellulares ou com possibilidade de separação dos presos" esta tem sido cumprida.

[1507] V. preâmbulo do Decreto de 16 de Janeiro de 1843.

Entre outras matérias, regula-se aqui a fiscalização das cadeias, o regime dos seus empregados e guardas, a organização do quotidiano prisional e dos espaços das cadeias, pensando muito em particular no Limoeiro e na cadeia da Relação do Porto, de forma a corresponder de forma efectiva às obrigações de separação dos presos e de salubridade dos espaços já prescritas.

O regulamento estabelece extensos deveres de inspecção e superintendência das cadeias que recaem em primeira linha sobre os presidentes das Relações, os juízes de primeira instância e o Ministério Público, de acordo com uma jurisdição estabelecida sobre as cadeias e as funções que decorrem do seu próprio estatuto.[1508]

Os presidentes das Relações recebem deveres tipificados sobre as cadeias dos distritos e as que se situem nas sedes das Relações, em matérias vastas, desde a verificação do exacto cumprimento de pena (questão relevante em especial no caso de presos que devessem ser remetidos a degredo ou para trabalhos públicos) ao provimento e fiscalização do carcereiro e demais empregados. Aos juízes ordinários, responsáveis pelas demais cadeias nas comarcas, caberia também, no contexto da sua intendência sobre as cadeias, nomear os "juízes das prisões", reclusos que desempenham funções de vigilância e controlo dentro da prisão.[1509] O Procurador-geral da Coroa, procuradores régios e delegados obtêm ainda competências de fiscalização, sobre todas as cadeias, incidindo nomeadamente na sua função de promoção da acção judicial em caso de abusos.

Às "authoridades administrativas" pertenceria igualmente "alguma inspecção", quanto à regularidade dos presos em flagrante delito e "nos casos em que se não exige prévia formação de culpa", quanto às obras a realizar nas cadeias e em matéria de sustentação dos presos.[1510]

Em todo o caso, a prescrição das visitas regulares às cadeias pelos magistrados judiciais e do Ministério Público, tal como estabelecidas já em 1839[1511], continua

[1508] V. artigos 1º a 3º do Regulamento provisório da polícia das cadeias aprovado pelo Decreto de 16 de Janeiro de 1843.

[1509] O que se previa já também na Novíssima Reforma Judiciária – v. artigo 25º das "Tabelas das audiencias" em anexo ao Decreto de 21 de Maio de 1841.

[1510] V. artigo 4º do Regulamento. Sobre os deveres de carceiros, delegados do procurador e juízes, v. também José Ribeiro Perry, Luiz Guillherme Peres Furtado Galvão e Gaspar Loureiro d'Almeida Cardoso Paúl, *Peculio de Processo Criminal*, J. J. Vieira da Silva, Porto, 1898, pp. 59 a 62.

[1511] V. Decretos de 20 de Novembro e de 20 de Dezembro de 1839. No primeiro destes diplomas, fixa-se a obrigatoriedade dos Presidentes das Relações de Lisboa, Porto e Açores visitarem as prisões respectivas, "no principio de cada mez e sempre que o julgarem opportuno", devendo verificar o serviço dos carcereiros e ouvir os presos, bem como avaliar a segurança da cadeia, e, acompanhados

expressamente em vigor com este novo regulamento.[1512] Note-se, porém, como alertou Maria José Moutinho Santos, que deveres repartidos, mas também sobrepostos, designadamente entre juízes e procuradores, resultaram por vezes em administrações irregulares ou ineficazes[1513], mantendo deste modo a vivência nas cadeias do Liberalismo muito do que a caracterizava para os tempos anteriores, ao menos no contexto pré-penitenciário.[1514]

Em 1849, a lei orgânica do ministério da Justiça prevê que à sua Repartição dos Negócios da Justiça cabe "tudo o que respeita á guarda, segurança e sustentação dos presos, e ao prompto livramento delles", bem como a "inspecção, superintendencia, policia e salubridade das Cadeias e ao desempenho das obrigações dos Carcereiros".[1515] Esta tutela, na prática, dúplice ou mesmo tríplice,

pelo Ministério Público, verificar a correcção dos registos dos presos. O Decreto de 20 de Dezembro subsequente, ambiciosamente epigrafado de "regulamento provisório das cadeias", vem detalhar o modo como esta fiscalização deve ser exercida, por juízes e pelo Ministério Público, espaçando as vistas dos Presidentes das Relações para trimestrais (à excepção da Relação dos Açores, à qual não é determinado prazo), mas fixando-as também para os demais juízes. Ao Ministério Público cabia igualmente inspeccionar as cadeias, mensalmente, avaliando o desempenho dos carcereiros e seis empregados, mas igualmente dos juízes (artigo 3º, § 4º) quanto a eventuais abusos "contra a liberdade individual". Em 1840, a Portaria de 25 de Agosto reiterará a diligência devida nos assentos das prisões, na administração das cadeias e na articulação entre juízes, Ministério Público e funcionários dos tribunais e das cadeias. O regulamento da Secretaria da Procuradoria Régia de Lisboa de 1852, idêntico ao aprovado na mesma data para a do Porto, atribui também como função do secretário "assistir á visita mensal das Cadêas Civis" (artigo 2º, § 18º) – v. Portaria de 5 de Abril de 1852.

1512 V. artigos 46º e 47º do Regulamento. As "competências de fiscalização" dos procuradores régios em matéria prisional estão também apresentadas por Isabel Maria dos Santos Graes, *Do Supremo Tribunal de Justiça à* desconstrução *do poder judiciário em Oitocentos*, Dissertação de doutoramento em Direito/ramo de Ciências Histórico-Jurídicas, Faculdade de Direito da Universidade de Lisboa, Lisboa, 2010, policopiado, pp. 203 a 205.

1513 V. Maria José Moutinho Santos, *A sombra...*, *cit.*, pp. 199 a 201, onde alguns exemplos são oferecidos.

1514 Através da Portaria de 26 de Maio de 1848 toma-se conhecimento da manutenção em prisão, no Limoeiro, de um acusado, João Lucas, durante mais de 3 anos e meio por retenção do seu processo por parte um escrivão, entretanto demitido. No diploma em causa questiona-se a efectividade da inspecção mensal por parte do Ministério Público, considerando "grave omissão" e "inteira falta de cumprimento das obrigações" do delegado do Procurador incumbido de visitar o Limoeiro a sua inacção ou eventual desconhecimento da demora abusiva desta reclusão. O ministro da Justiça, João Elias da Costa Faria e Silva, interroga-se como teria sido possível que "depois de tantas providencias adoptadas a fim de se prevenirem taes escândalos, pôde acontecer este, sem que o Ministerio Publico nem o procurasse evitar, nem promovesse os termos legaes para que desde logo fosse punido".

1515 V. § 9º do artigo 4º do Regulamento da Secretaria de Estado dos Negócios Eclesiásticos e de Justiça, aprovado pelo Decreto de 8 de Novembro de 1849. Dez anos passados, a nova orgânica do

entre Administração central e Ministério Público, mas onde participa também a presidência da Relação, é reconhecida como fonte de algumas dúvidas – isso mesmo o faz a Portaria de 16 de Janeiro de 1852, reconhecendo que a "administração" das cadeias de Lisboa e Porto fora atribuída às Procuradorias Régias – pelo Decreto de 28 de Agosto de 1845 –, mesmo se deve cumprir o regulamento prisional de 1843 e se eventuais medidas propostas pela Procuradoria devem ser apresentadas ao Governo, que lhes dará – ou não – a devida consagração. No caso, este diploma vem alterar as funções de algum do pessoal ao serviço nas cadeias de Lisboa, o que sucede apenas mediante proposta recebida do Procurador Régio da Relação de Lisboa.

Ao Ministério Público era atribuída a "administração" das cadeias de Lisboa e Porto, mas num modelo de grande proximidade com o ministério da Justiça, ao qual ficava obrigado, de forma regular, a prestar informação, extensa e diversificada, designadamente sobre os presos nas cadeias, condenados e aguardando degredo, sobre as multas aplicadas, sobre o movimento processual, relações nominais de degredados e seus destinos, relações de condenados a trabalhos públicos, a desterro...[1516]

Em 1858, através de ofício do ministro da Justiça José Silvestre Ribeiro expedido aos governadores civis[1517], conhece-se algo do estado da relação entre autoridades administrativas e Ministério Público, pensando especialmente nas prisões fora de Lisboa e Porto. Estando as prisões das demais comarcas na dependência das câmaras municipais para efeito de "obras de reparação e concerto"[1518], não

ministério (aprovada por Decreto de 19 de Agosto de 1859) cria uma Repartição da Divisão do Território, Legislação e Presos, integrada na nova Direcção-Geral dos Negócios da Justiça, a quem cabe, quanto às prisões, sem novidade, a "administração, segurança, inspecção e policia d'ellas" (§ 4º do artigo 15º).

[1516] A vasta documentação e registos exigidos podem ser apercebidos pelo regulamento da Secretaria das Procuradorias Régias de Lisboa e Porto, aprovado pela Portaria de 5 de Abril de 1852, onde se detalham os 18 registos que a Procuradoria deveria manter (v. artigo 10º). José Ferreira de Macedo Pinto, *Medicina..., cit.*, pp. 109 ss., descreve a legislação aplicável à fiscalização das cadeias e ao sustento dos presos pobres e reproduz a minuta de um auto de inspecção às cadeias a ser preenchido por parte do procurador régio, onde se verifica a imposição de ser coligida a informação sobre a existência de "escripturação limpa e regular", comportamento dos presos, existência de rubricas do livro de registo dos presos por parte do juiz, queixas contra empregados, sustento e estado de saúde dos presos, existência de presos incomunicáveis ou presos sem culpa formada "além do tempo que a lei permite", entre outros items.

[1517] Ofício de 19 de Fevereiro de 1858, reproduzido in *COLP*, 1858, pp. 42 a 45.

[1518] O governo de Loulé não deixará de o deixar claro também perante circunstâncias concretas – v. *v. g.* a Portaria de 7 de Dezembro de 1858 que insta o administrador do concelho das Caldas da Rainha

deixavam por isso de estar sujeitas às visitas e inspecções por parte dos magistrados do Ministério Público e, no tocante à sustentação dos presos pobres, "segundo as nossas Leis um encargo das Misericordias", cabia igualmente, na falta de acção ou de intervenção suficiente destas, aos governadores civis e aos administradores dos concelhos acudir a esse fim, com o orçamento disponibilizado pelo ministério da Justiça, num modelo que contudo apenas em 1901 se generalizará. Assim, entre as autoridades administrativas e o Ministério Público cabia promover-se "a mais completa harmonia e a melhor intelligencia, a fim de se auxiliarem reciprocamente no sentido de promoverem o bom estado das cadeias e uma bem entendida commodidade dos presos".[1519-1520]

a proceder às obras necessárias na cadeia desta localidade, "mandando fazer a planta da obra e o respectivo orçamento" e inscrevê-la nas despesas do município para o ano seguinte.

1519 Recordava adicionalmente o mesmo ofício de 19 de Fevereiro de 1858, quanto ao uso da prisão, as competências de uns e outros intervenientes: "As Auctoridades administrativas [pensando *maxime* nos administradores dos concelhos, que eram "Magistrados de policia"] podem capturar os réus em flagrante delicto, e os suspeitos de crimes em que as Leis não exigem para a captura a formação previa da culpa; não podem porém conservar os presos á sua ordem, e devem desde logo dar parte da prisão ao respectivo Juiz com os autos competentes de investigação. Não cabe nas faculdades administrativas ordenar a soltura dos presos, porque não lhes compete apreciar a natureza, circumstancias e culpabilidade dos factos arguidos aos mesmos presos". A definição da condição de "flagrante delicto" encontra-se aliás feita por Portaria de 22 de Fevereiro de 1850, na qual se exige, para que este se verifique, que o criminoso "sem interrupção alguma (...) fosse perseguido na sua fuga até ser encontrado".

1520 Em 1868, estabelece-se que os requerimentos dirigidos ao poder executivo ou ao poder moderador apresentados por presos, visando a sua transferência de cadeia, o atraso do seu envio para degredo ou a ponderação de uma redução ou comutação de penas, deveriam ser remetidos previamente ao Ministério Público, de forma a receberem as informações respectivas (v. Portarias de 25 de Agosto e de 7 de Setembro de 1868), antes de enviados ao ministério da Justiça No regulamento do Ministério Público aprovado pelo Decreto de 24 de Outubro de 1901, verifica-se que compete aos procuradores régios, junto das Relações, "promover a soltura dos reus que tenham cumprido suas penas; fazer cumprir as respectivas ordens de soltura ou de prisão e os decretos de amnistia, perdão e commutação de penas" (artigo 60º, 9º) e ainda a "superintendencia de todas as cadeias civis do districto judicial, e especialmente das sedes da relação respectiva (...)", a autorização do casamento dos presos condenados defintivamente, promover as "remoções" dos presos, fazer cumprir as condenações e informar os processos de indulto e propor o perdão ou amnistia (artigo 61º, §§ 1º, 2º, 6º, 19º e 20º). Aos delegados dos procuradores régios nas comarcas cabe, entre outras atribuições, a "superintendencia das cadeias civis" que não estejam na dependência directa dos procuradores régios junto das Relações de Lisboa, Porto e Ponta Delgada (artigo 77º, § 4º), o que cobre a realização de visitas às cadeias "uma vez por semana pelo menos", de forma a ouvir "as queixas que pelos presos lhes forem feitas" (artigos 89º e 90º), bem como o zelar pelo seu "serviço, segurança e hygiene" (artigo 88º). Na instrução dos processos-crime, os delegados do procurador deverão juntar "certificado do registo criminal" e "certidão de idade dos réus que forem menores", sempre que

No que diz respeito à regulação dos carcereiros e demais empregados das cadeias, existe uma história prévia que permite compreender melhor estas funções. Os "regimentos dos carcereiros" não são uma novidade do século XIX. Desde os primeiros textos legais que os carcereiros e os alcaides que deixem escapar ou andar solto quem devesse estar preso são, na letra da lei, severamente punidos.[1521] É estabelecido que possam, em vários casos, cavaleiros, fidalgos e "semelhantes pessoas", como doutores em Leis, entre outros, ser dispensados da prisão antes de julgamento ou, pelo menos, considerar-se como presos "sobre sua menagem"[1522], mas uma prisão, autónoma e guardada, acolheria a generalidade dos suspeitos. Aos carcereiros, considerados como servidores de um cargo de carácter público, as Ordenações fixam-lhes obrigações essencialmente atendendo ao cumprimento do primeiro objecto da sua função, estipulando uma severa punição em caso de fuga dos presos, quer por alegados desleixos, quer por "peita".[1523] Os seus deveres são, neste contexto, diversificados e necessariamente muito concretos ou muito difusos: os carcereiros deveriam cuidar das "cadeias" – ferros – em que prendiam os presos, agrupar os reclusos de acordo com os "malefícios" praticados, levá-los a fazer necessidades fisiológicas "duas vezes ao dia" fora da cadeia, impedi-los de jogar, de dormir com mulheres presas (e eles próprios auto-limitar-se neste domínio), levar os presos a audiências, castigá-los quando não cumprissem as suas determinações...[1524]

possível (artigo 100º). Em 1900, Manoel José Dias Salgado e Carneiro, *op. cit.*, p. LXI, em suma, não duvida em classificar esta administração prisional, repartida entre câmaras, administração do concelho, Ministério Público, juízes e poder executivo como "complicada, por vezes sujeita a conflictos de jurisdição e, geralmente, mal feita".

1521 OA, l. V, t. 93º. São punidos também os carcereiros e alcaides que "levem peita" dos presos (t. 105º) ou que se cobrem para os levar a juízo (t. 111º). V. igualmente l. V, t. 62º, § 1º, onde se pune o alcaide que solte um preso sem mandado do juiz, bem como se reforça o dever daquele apresentar sempre o preso "perante os Juizes". Nas OM, v. l. V, t. 53º e t. 54º e, nas OF, l. I, tt. 33º, 34º e 77º.

1522 OA, l. V, t. 94º. "Menagem" ou "homenagem", nesta referência a "prisão" na sua própria casa e por sua responsabilidade, com uma dimensão de privilégio, será expressão por diversas vezes repetida.

1523 E deveres de outra natureza são também estipulados. Recolhidas na Colecção de Duarte Nunes de Leão, necessariamente a cotejar com as Ordenações, destacam-se *v.g.* previsões sobre o dever de alimentação aos escravos presos no Limoeiro que impedia sobre os carcereiros de Lisboa na ausência de alimentação providenciada pelo seu senhor (Alvará de 30 de Outubro de 1517), mesmo se posteriormente lhes é proibida a venda de alimentos aos seus presos (Alvarás de 30 de Março de 1546), dever a que mais tarde a existência da Misericórdia obviará.

1524 Mas quando os presos "se sentirem aggravados dos officiaes da cadea" da Corte, poderiam recorrer ao Corregedor, "que os ouvirá, e proverá com justiça" (OF, l. I, t. 33º, § 6º, *in fine*). As regras esta-

Em 1678, o monarca reforça ainda a punição para os carcereiros que soltem os presos, prevendo penas pecuniárias e degredo.[1525] No entanto, dadas as alegadas liberalidades dos carcereiros para com os presos, pelo seu "descuido e ambição", através de Lei de 28 de Abril de 1681, fixar-se-á novo regimento para os carcereiros, prevendo o máximo de três anos para o exercício do cargo, quando não eleitos pelas comarcas – casos de Lisboa e Porto –, mesmo que pudessem os cessantes novamente habilitar-se à função. Estipula-se um ordenado para os carcereiros, a par das carceragens recebidas e da *malentrada*, pagamento devido pelo preso na chegada à prisão.[1526] Determina-se a abertura de novos livros de registo dos presos. O cargo deixa de poder ser considerado como propriedade do seu titular ("Carcereiros de propriedade") e o suborno do carcereiro, resultando numa fuga, passa a ser punido com pena de morte, para além da agravação de outras penas, como o degredo e a perda de ofícios.[1527]

Logo em 1686, novo reforço punitivo em relação aos carcereiros é promulgado[1528], dando-se conta, contudo, da impossibilidade de aplicar o regime da lei de 1681 – "ou por mais rigorosa, ou por não serem bastantes os ditos ordenados" dos carcereiros... Assim, estabelecem-se penas ainda mais gravosas para os carcereiros que permitam a soltura dos presos – como a perda de ofício cumulada com degredo – e são aumentados os seus salários[1529], voltando estes ofícios a ser

belecidas para os carcereiros da cadeia da Corte são supletivamente aplicadas aos "carcereiros das cidades e villas" (v. OF, l. I, t. 77º, § 11º).

[1525] O castigo é reforçado "por causa da limitada pena" que as Ordenações preveriam, para que haja nos carcereiros "mais temor e emenda na concessão" de licenças aos presos para andarem soltos – Lei de 13 de Julho de 1678.

[1526] O regime e valor das carceragens encontrava-se previsto nas OF, l. I, t. 34º, para a cadeia da Corte, e t. 77º, para as cadeias "das cidades e villas".

[1527] Sobre o regime aplicável aos carcereiros no século XVIII, v. Sílvia Alves, *Punir...*, *cit.*, pp. 627 e 628. Num regimento aplicável a diversos cargos públicos de 1678 (Regimento de 26 de Janeiro de 1678), verifica-se que os corregedores e os ouvidores dos mestrados devem ser regularmente questionados também sobre se "levam devassa aos carcereiros" ou "peita aos presos" e os carcereiros avaliados em função do cumprimento de deveres como o sejam não soltar "preso por dinheiro", não "trazer os presos soltos ou sem ferros, por peita ou por interesse", dormir ou "consentir dormir com as presas que lhe são entregues", levar "mais carceragens das que lhe são ordenadas", consentir "aos presos commetterem alguns maleficios na prisão, ou jogar dados, ou arrenegar, ou blasphemar" ou vender "mantimentos ou outras cousas aos presos", num elenco próximo do já presente nas OF.

[1528] Por Lei de 20 de Julho de 1686.

[1529] Os carcereiros das cadeias de Lisboa venceriam 200 mil reis por ano, os das cadeias do Porto 150 mil reis. Para os das demais cadeias do Reino prevêem-se também aumentos de salário.

providos "de propriedade, como antes erão, e não por tres annos", bem como regressando o valor da carceragem ao previsto nas Ordenações, procurando evitar prisões de duração excessiva motivadas por este ingresso financeiro para os seus guardas.

A tendência para o arbítrio e o abuso dos carcereiros não se esgota aliás nas cadeias do território continental. Em 1758, o monarca legisla também no sentido de obstar à prática verificada no Brasil de os carcereiros usarem os escravos detidos, "metidos em correntes para irem aos matos e campos buscar-lhes lenha e capim, para venderem"[1530], rentabilizando assim adicionalmente o trabalho dos reclusos – que, para mais, pagam, através dos seus "donos", um valor elevado para o sustento na cadeia. O valor da carceragem a ser paga nas cadeias do Brasil havia sido expressamente fixado em 1754.[1531]

No primeiro regulamento prisional de 1843, epigrafado de regulamento da "policia das cadeias", não surpreende assim que parte relevante das suas disposições se dedique a estabelecer deveres e obrigações de uma nascente administração prisional entre nós.[1532] A prisão deve continuar a incluir um carcereiro, "chefe principal do Estabelecimento", a quem cabe zelar pela guarda, segurança e tratamento dos presos, bem como pela gestão do espaço prisional.[1533] É ele o interlocutor entre as autoridades judiciárias e administrativas e a prisão, compete-lhe

[1530] Alvará de 3 de Outubro de 1758.

[1531] Dois alvarás de 10 de Outubro de 1754 estabelecem o valor da carceragem, em regra, em 900 reis e em 1800 reis, a ser pago pelo preso "quando se mandar soltar", conforme as comarcas brasileiras – para Minas Gerais, Cuiabá, Mato Grosso, S. Paulo, Goiás e nas "que ficam no continente do Governo da Bahia", o valor é o mais elevado.

[1532] A descrição das cadeias do Antigo Regime não dispensava também a condenação dos seus carcereiros – v., por todos, [Manuel Esteves de Campos], *Ensayo...*, *cit.*, 1º trimestre, nº 8, p. 269, em 1822: "Quasi por toda a parte senão tem feito mais que acumular nas cadeas todos os meios de insalubridade, de corrupção physica e moral, de indigencia, e de abandono. Que podem de bom e de util sobre o espirito dos delinquentes os ferros, os cepos, as ameaças, as injurias, os segredos, a humida e fria escuridade das casas, a promiscuidade dos delictos, das idades, o profundo ocio, os farrapos que de ordinario os cobrem, os insectos que os devorão, a indigencia que os rala, o desasseyo que os desfigura, *e ultimamente pela maior parte a dureza selvagem e a mysantropica barbaridade dos carcereiros?*" (itálico nosso). Certo é, contudo, que o carcereiro não seria sempre um privilegiado – no mesmo ano, José Bento Pereira, na *Memoria sobre o melhoramento das cadeias Offerecida ao Augusto, e Soberano Congresso Nacional pelo Bacharel José Bento Pereira* (AHP, Câmara dos Deputados, secções I/II, mç. 43, doc. 60) já referida, indica como o carcereiro da cadeia de Castelo Branco, não tendo casa na prisão e dela não podendo ausentar-se, "vive nos corredores ou nas prizoens vagas".

[1533] V. artigo 5º, § 1º a 10º, do Regulamento de 1843.

assegurar os registos específicos de prisão[1534], soltura e transferência dos reclusos, vigiar a alimentação e cumprimento dos deveres religiosos dos presos e aplicar as medidas disciplinares que encontre necessárias... Os carcereiros deveriam aqui ser nomeados pelo Governo, no caso de cadeias que fossem da responsabilidade dos distritos – em 1866, o dissenso nesta matéria entre o distrito de Coimbra e o Governo, pelo ministério da Justiça, leva aliás a que este recorra expressamente à consagração constitucional dos seus deveres para fundar a nomeação em causa, num momento em que o distrito se recusava a custear obras necessárias de reparação[1535] –, mesmo se o provimento dos ofícios da justiça deveria, em regra, ser objecto de concurso, pelo menos desde 1847.[1536]

No entanto, no caso das cadeias municipais, e exceptuando os casos das cadeias das cidades de Lisboa e Porto, cuja regulação e administração é mais complexa e objecto de regras específicas, um costume de nomeação de carcereiros por parte das autoridades do concelho é mantido expresssamente em vigor – assim se atesta por Portaria de 16 de Setembro de 1875, em que se confirma que os carcereiros das "cadeias das cidades e villas" devem ser nomeados e pagos pelas "rendas dos concelhos", sendo as suas funções reconhecidas como "empregos municipaes"[1537-1538], o que mudará no início do século XX.

[1534] Pela Portaria de 21 de Fevereiro de 1838 foi ordenado o maior zelo no registo dos presos, devendo os carcereiros registar dados diversos, tais como "todas as feições do rosto, signaes, marcas, ou alguma deformidade", bem como "antigo nome, appellido, ou alcunha", de modo a ser mais segura a identificação dos reclusos e mais provável o reconhecimento de possíveis reincidências.

[1535] Nestes termos: "(...) tendo sida a cadeia construida á custa do districto, e tendo tambem a junta geral declarado districtal a mesma cadeia na sessão de 1853, não perdeu ella esta qualidade pelo facto de nomear o governo carcereiro para ella, vistoque não dando as leis faculdade á junta para fazer essa nomeação, que compete incontestavelmente ao governo, por virtude do artigo 75º § 4º da carta constitucional (...)" – v. Portaria de 15 de Junho de 1866, enviada ao governador civil de Coimbra.

[1536] V. Portarias de de Fevereiro de 1847 e de 20 de Setembro de 1849, depois revogadas pelo regime geral de provimento de ofícios da justiça aprovado pelo Decreto de 17 de Dezembro de 1868, que mantém a regra de concurso público.

[1537] Este "costume do reino" é, destaca a portaria, "corroborado pelos alvarás de 28 de abril de 1681 e 20 de Julho de 1686" e "constitui direito consuetudinario". V. igualmente o artigo 249º, II, do Código Administrativo de 1842.

[1538] António Ferreira Augusto, *Alienados Criminosos...*, *cit.*, p. 7., afirma que "varios conflictos se tem levantado e os magistrados judiciaes tendo de lutar com as camaras municipaes na sua maior parte politicas e que não veem com bons olhos os magistrados porque os que se presão não satisfazem as exigencias dos galopins, essa verdadeira praga (...), tem muitas vezes de ser vencidos, com grave desprestigio da justiça".

A cobrança de valores considerados excessivos ou injustificados aos presos por parte dos carcereiros permanece como um problema ao longo do século XIX, mesmo que esforçadamente reprimido. Em 1837, estes são obrigados, através da Portaria de 7 de Setembro enviada aos Presidentes das Relações, a afixar nas prisões uma tabela de emolumentos a serem cobrados, associados às suas bases legais. Os valores – como "salarios ou emolumentos" – cobrados pelos carcereiros "por estilo das respectivas Cadêas" deveriam também ser sujeitos a um controlo da sua legalidade por parte dos Presidentes das Relações em causa, sendo apenas devidos quando "esse uso tiver os requisitos para constituir Lei do Reino", sob pena de suspensão do ofício e início do procedimento criminal devido. Em 1842, o carcereiro da cadeia do Limoeiro é repreendido publicamente por emolumentos que ilegalmente os juízes da prisão, sob sua tutela, procuraram exigir de sentenciados a degredo ali entrados, em trânsito para a Cova da Moura.[1539] Em 1848, sucedendo à tabela aprovada com a reforma judiciária de 1841[1540], são de novo aprovados, em tabela geral, os "salarios e emolumentos" devidos pelas diversas funções e actos do sistema de justiça, designadamente os valores devidos aos carcereiros na entrada, estada e saída da prisão e por certidões pedidas.[1541] Nova tabela de emolumentos e salários judiciais é publicada em 1864, onde os mesmos actos do carcereiro vêem os seus preços fixados[1542], dos quais apenas se eximiriam ainda os "presos pobres".[1543]

[1539] O episódio é objecto expresso da Portaria de 24 de Dezembro de 1842.

[1540] V. título VII das "tabela das audiencias" anexa ao Decreto de 21 de Maio de 1841.

[1541] V. título VII da tabela anexa ao Decreto de 26 de Dezembro de 1848. As cadeias civis de Lisboa e Porto vêem fixados os mesmos valores; nas cadeias fora destas cidades os valores são reduzidos em um quarto. Entre 1841 e 1848, uma alteração significativa: enquanto os presos que davam entrada nas enxovias nada deveriam pagar nesse momento de acordo com a regra de 1841, em 1848 é-lhes já fixado emolumento de entrada. Eram assim devidos emolumentos aos presos "não sendo pobres" pela entrada e saída da prisão, sendo mais baixos quando se alojava enxovia, muito superiores quando o fazia, em "sala livre" ou, "com authorisação do respectivo Juiz", em "quarto separado". Estes últimos pagavam ainda uma "renda" mensal ao carcereiro, cujos valores igualmente se determinam. Por Portaria de 21 de Março de 1860, louva-se o juiz de Santa Comba Dão que proibiu a cobrança pelo carcereiro da cadeia local de valores pela entrada e manutenção na prisão, fixados por posturas municipais, indicando-se ainda que, a respeito deste tipo de taxas locais nas cadeias comarcãs, se iria verificar "até que ponto podem ser fundadas e legaes".

[1542] V. artigo 68º da tabela anexa à Lei de 30 de Junho de 1864. Os emolumentos são determinados para os carcereiros das cadeias de Lisboa e Porto; nas demais, o valor mantinha-se reduzido em uma quarta parte daqueles.

[1543] Sobre os salários e emolumentos atribuídos a magistrados e funcionários judiciais, v. recentemente Isabel Maria dos Santos Graes, *Do Supremo Tribunal de Justiça..., cit.*, pp. 736 a 755, dando conta

Em suma, a propósito do estatuto do carcereiro e dos seus deveres específicos conhece-se também de modo mais amplo o permitido e o proibido na prisão e não apenas o seu regimento individual.

Assim, de acordo ainda com o diploma de 1843, descobre-se uma prisão em que os presos não podem manter consigo "ferros, limas ou quaesquer instrumentos com que possam maltractar-se uns aos outros ou arrombar grandes ou portas". É um espaço onde se passa revista de manhã e à noite às diversas celas e *prisões* – e *prisão* designa também cada um dos espaços de detenção no edifício da cadeia – do estabelecimento, bem como às suas grades e portas e onde o espancamento ou uso de maus-tratos para com os reclusos, mesmo na aplicação de medidas disciplinares, e o recebimento de subornos ou a criação de regimes mais favoráveis sem cobertura legal são expressamente proibidos.

De igual modo, são também proibidos os jogos de dados e cartas, o uso "immoderado" de bebidas espirituosas, a reunião de "pessoas de differente sexo", o fazer-se lume "em fugareiros pequenos", não se manter o silêncio durante a noite e não respeitar as horas de acordar e deitar... Os presos, ocupantes de uma cadeia que se quer arejada, lavada e defumada, são compelidos a lavar-se todos os dias e a cortar cabelo e unhas "nos dias marcados", bem como, o que não é menos, a "andar vestidos", não podendo "vender ou empenhar o fato" que lhes fosse fornecido. A noite não deve ser passada "sobre terra ou lage". E o carcereiro deve permitir-lhes, "por turno e horas proprias", que "cheguem ás janellas" ou mesmo "algum passeio" nos eventuais pátios da cadeia. Do carcereiro, guardião das horas certas das refeições, não poderão também os presos comprar alimentos ou bebidas. E é ele o zelador do pão e da sopa que se distribui aos "presos pobres", bem como do cumprimento das ocupações e deveres religiosos dos reclusos. Verifica-se que o trabalho na prisão é fomentado mas insuficientemente regulado – "que todos se empreguem nos officios que puderem exercer sem risco ou inconveniente algum" –, bem como se prevê a prática das orações, de manhã, à noite e pelas refeições, tal como ao Domingo e nos dias santos se espera que os presos ouçam missa.

Os presos obtêm também outros deveres específicos com o novo regulamento.[1544] O seu dia inicia-se "ao romper do dia no Inverno ou ao nascer do sol no Verão", finda "no Inverno ás oito, e no Verão ás nove da noite". Três refeições diárias distribuem-se, de acordo com o horário de canícula ou invernal, entre as

do debate suscitado em torno da justa formação da remuneração destes, em particular no tocante à função judicial.

[1544] V. artigos 21º a 23º.

sete ou as oito horas da manhã e as seis ou quatro horas da tarde, sendo a intermédia sempre pelo meio-dia. Os intervalos entre as refeições integram visitas provindas do exterior da cadeia: as horas "em que as mulheres podem procurar os presos será em todo o anno das dez da manhã até ás duas da tarde, os homens podem com "estes fallar a qualquer hora entre a de levantar e a de recolher"... Os presos pobres, como tal classificados por "despacho do Administrador do Bairro ou concelho" ou por decisão de magistrado do Ministério Público, beneficiam da "sôpa da caridade"[1545], alimentação diária fornecida na cadeia, mediante contrato público celebrado para a entrega das refeições, na ausência de outro modo de fornecimento.

Defendidos os presos de maus-tratos dos funcionários[1546], as suas infracções disciplinares ao regulamento devem ser punidas pelo carcereiro com a "reclusão do preso em prisão separada", de duração entre 1 e 3 dias, e sendo a falta comunicada "á respectiva Authoridade com os motivos da correcção", que parecem ser aqui em primeiro lugar os procuradores régios, nos termos do próprio regulamento.

Para além do carcereiro, prevê-se a presença na prisão de um guarda-livros, de empregados diversos e de guardas. O guarda-livros, que estaria presente apenas nas prisões de maior dimensão, cabendo as suas funções ao carcereiro nas demais, é o responsável pelos registos obrigatórios e pela contabilidade da prisão.[1547] Assim se descobre a prescrição de uma burocracia prisional ideal, retratada nos livros de assentos de prisão e soltura, onde a par dos dados de identificação mais elementares (nome, idade, filiação, naturalidade, estado, profissão) se prescreve já a anotação das "feições do rosto, signaes, marcas, ou alguma deformidade" que o preso apresente[1548], nos índices alfabéticos dos presos, por nomes e alcunhas, que devem ser passados na sucessão de carcereiros, nos inventários das prisões, incluindo da sua botica, enfermaria e de outras dependências, nos mapas nominais de reclusos entrados e saídos que diariamente este empregado

[1545] V. artigos 25º e 26º

[1546] E, em caso de queixa do preso, prevê-se o seu recurso aos diversos níveis de tutela, consoante quem o tenha agravado – juiz da prisão, no caso de ofensa de outro preso; carcereiro, no caso de queixa do juiz; e "authoridades que tem inspecção na cadêa" queixando-se do carcereiro (artigo 21º, § 2º).

[1547] V. artigos 7º e 8º. Na cadeia da Relação do Porto, segundo relata Maria José Moutinho Santos, *A sombra..., cit.*, p. 204, o lugar de guarda-livros foi "ocupado tradicionalmente" por um dos presos, pelo menos até 1872.

[1548] O que efectivamente se atesta ter sido cumprido, no modo de identificação dos presos que se descobre, por exemplo, nos livros de assentos da cadeia do Limoeiro consultados.

deve receber dos "Escrivães dos presos", na tabela diária das "rações (...) dos presos pobres"...

A par do guarda-livros, o quotidiano da prisão é gerido por outros empregados, que, apesar do regulamento não o prever expressamente e o Estado não lhes pagar, podem ser recrutados de entre os reclusos.[1549] São eles, para além dos guardas, o juiz dos presos, o escrivão já aludido acima, a quem cabe o expediente da prisão e as tarefas de listar presos e inventariar bens –, o barbeiro, o varredor e o muxingueiro (ou moxingueiro).[1550]

O juiz dos presos é inquestionavelmente a figura de relevo. Enquanto o muxingueiro e o varredor são usados na limpeza da prisão, o primeiro destes afecto às latrinas, e ao barbeiro compete "barbear os presos duas vezes na semana e cortar o cabello de dous em dous mezes", ao juiz da prisão cabe prolongar as competências de vigilância e gestão corrente da diária prisional do carcereiro com mais proximidade. Directamente dependente do carcereiro, é ele quem tutela os demais empregados, envia ao carcereiro uma listagem diária dos presos e, em suma, "rege e vigia a prisão e os presos della". Em 1850, o juiz da prisão, pensando nas cadeias de Lisboa e Porto, deixará de ser escolhido pelo seu carcereiro e deverá agora ser nomeado pelo Presidente da Relação, de acordo com informações prestadas pelo Ministério Público e outras autoridades, sendo escolhido de entre os "presos de melhor nota por seu comportamento".[1551] A par destes nomeados, também alguns presos são ainda utilizados como *faxinas*, para "as voltas dentro da prisão".

1549 O regulamento prevê que faltas destes empregados que não consubstanciem a prática de um crime possam ser reparadas com a sua "exoneração do encargo" e possam implicar uma medida disciplinar de "reclusão em prisão separada", a decretar directamente pelo carcereiro – v. artigo 16º.

1550 V. artigos 9º a 16º. V. Faustino da Fonseca, *Trez mezes no Limoeiro, cit.*, pp. 10 ss. Ao varredor compete a limpeza da prisão enquanto o muxingueiro se encarrega "dos despejos e dos esgotos". Já Sousa Azevedo se reportara aos "juízes das prisões" (Sousa Azevedo, *Relatorio..., cit.*, 1857, p. 66) como "facinorosos", que deveriam ser substituídos por guardas, para extinguir o "commercio illicito entre carcereiros, juízes e presos".

1551 Por Portaria de 28 de Setembro de 1850. António Ferreira Augusto, *Alienados Criminosos..., cit.*, pp. 16 e 17, vai ainda, em 1894, pensar no "juiz da prisão" como quem "representa as funcções de director da prisão": "é elle que resolve as questões e pendencias entre os presos e que dá conta ao respectivo director das reclamações dos presos e que as informa". É este juiz, efectivamente, "tirado dentre os presos que mais prestigio gozão na prisão, sem se atender a se o crime de que foi acusado é dos mais elevados na escala penal ou não". Mas o juiz "que administra a justiça é também negociante", tendo o seu "*bailique* no qual vende cigarros, charutos, papel sellado, pão trigo, sellos d'estampilha e no qual cosinha o caffé"... "É sempre o negocio do forte com o fraco e em que por isso este é sempre prejudicado".

Em regra, dá-se conta da discutível hombridade deste pessoal, em particular dos juízes da prisão e dos escrivães, que se aproveitam da ignorância e da situação de dependência da generalidade dos presos.[1552]

Os guardas na prisão, de acordo com o regulamento, repartem-se entre "internos" e "externos", consoante lhes caiba a vigilância do interior ou do exterior da cadeia, podendo ser apoiados pela "guarda militar", elementos afectos pelo Ministério da Guerra à segurança das prisões, se requeridos para tal pelo carcereiro.[1553] Usualmente os guardas seriam também antigos soldados. À semelhança do disposto para os juízes da prisão, após 1850, os guardas do Limoeiro, Aljube de Lisboa e Relação do Porto deveriam ser nomeados pelos presidentes das Relações respectivas. Neste momento a preferência por antigos soldados torna-se, aliás, um critério legal de primazia no recrutamento.[1554]

Prevê-se ainda a existência de médico, cirurgião, enfermeiro, boticário e de um "fiel de roupas".[1555] Visitas regulares – diárias aos doentes na enfermaria, bissemanais aos demais espaços da prisão – são prescritas como deveres dos facultativos. A previsão de uma enfermaria, plausível apenas nas prisões de maior dimensão nas cidades, é acompanhada de um extenso rol de procedimentos e de escritos exigidos que visam o registo dos doentes, o inventário da farmácia e a justificação das despesas efectuadas.[1556] Nas cadeias dos concelhos, não dispondo

[1552] Ayres de Gouveia reprova em especial o juiz da prisão: "Que ninguem se engane com este elemento de todas nossas cadeias. O juiz da prisão é o malvado mais façanhudo de quantos encerra e que, por isso mesmo, domina brutalmente os outros. Nas grandes cadeias cada enxovia ou calabouço tem um. O próprio carcereiro, antes d'entrar, chama-o para se accompanhar d'elle e levar guardadas as costas! Expolia os presos, caprichosamente, de quanto lh'agrada e, legalmente, comparte a carceragem com o carcereiro! Portugal é o unico paiz em que o prêso, pobre ou remediado, paga carceragem! Se nada tem, despem-lhe algum do fato do corpo para este pagamento! Isto é infame" – *Resenha...*, *cit.*, pp. 352 e 353. O mesmo autor resume impressivamente as suas conclusões sobre a situação das cadeias em Portugal em 1860: "Injustiça! Immoralidade! Immundicie! Insulto! Inferno!" (p. 355).

[1553] V. artigos 17º a 20º do regulamento.

[1554] "Soldados reformados ou veteranos, sempre que forem capazes attenta a segurança que offerecem de maior execução no desempenho de seus deveres pelos habitos de pontualidade e respeito adquiridos na disciplina do Exercito", lê-se na referida Portaria de 28 de Setembro de 1850.

[1555] O fiel de roupas teria funções no Limoeiro e no Aljube até 1851, momento em que o cargo é extinto, ficando a tarefa a cargo dos escriturários (v. Portaria de 16 de Janeiro de 1852). Aí se dá conta também da existência de "servos", de "moços", de primeiro e segundo escriturários, de um boticário e de um enfermeiro.

[1556] V. artigos 27º a 34º do regulamento de 1843. Na cadeia da Relação do Porto, ao contrário do que se passava em Lisboa, o serviço na Enfermaria era da responsabilidade da Misericórdia do Porto, como se verifica pela Portaria de 10 de Dezembro de 1849. Em 1858, o tratamento dos presos doentes da cadeia do Limoeiro passa a ser feito exclusivamente no Hospital de São José, sendo as enfermarias

de enfermaria, vai prescrever-se em 1850 visitas regulares dos médicos municipais, onde estes existissem, devendo as cadeias ser também "visitadas e inspeccionadas duas veses por semana e em dias incertos pelo medico e, na sua falta, pelo cirurgião do partido da Camara".[1557]

Para além desta nova orgânica funcional, os espaços da prisão ganham também uma nova exigência organizativa.

O regulamento de 1843 destaca claramente, por exemplo, a par da enfermaria, a existência de "capellas e oratorios", que devem ser usadas para missa dominical, e estabelece especialmente que, no que toca à prática espiritual dos reclusos, "por parte das Misericordias" se continuará a seguir "quanto for de estilo (...) pelos vantajosos resultados que póde offerecer á moral publica".[1558]

Mas é no que toca ao uso dos espaços de detenção que as inovações surgem. Na sequência da referência expressa ao imperativo constitucional de obter cadeias "seguras, limpas e arejadas" e em que se verifique a devida separação dos presos, são novamente proibidos – tal como em 1826 – os "calabouços e masmorras subterraneas" e os "segredos impenetraveis á luz e ao ar", que deveriam ser "logo tapadas de pedra e cal"[1559] e estabelecida uma nova distribuição de espaços, de acordo com uma classificação expressa dos reclusos em função dos seus crimes, "condição social, sexo, idade e o estado do processo", na cadeia do Limoeiro, em Lisboa, e na cadeia da Relação do Porto, que, na medida do possível, deveria inspirar as demais cadeias do Reino.[1560]

da cadeia convertidas em espaços de detenção. Os dois médicos do Limoeiro, bem como o seu boticário, passam para o hospital, mas mantêm deveres de visita diária à cadeia, de modo a verificar as suas "condições hygienicas e sanitarias" e a poder ordenar a remessa dos doentes ao hospital (v. Decreto de 5 de Janeiro de 1858).

[1557] V. Portaria de 17 de Maio de 1850. O mesmo é reforçado na Portaria de 4 de Agosto de 1851, procurando obstar ao afluxo de presos doentes, reclusos em cadeias das comarcas do distrito judicial de Lisboa, que eram remetidos para a enfermaria do Limoeiro.

[1558] V. artigo 36º do regulamento de 1843. Em 1859, o juiz de Santarém terá procurado obstar à entrada de clérigos na cadeia da cidade, o que é rebatido pela Portaria de 24 de Maio do mesmo ano, em que se reforça a vantagem da prática religiosa nas cadeias, de acordo com o regulamento de 1843, "sendo a instrucção moral e religiosa um elemento indispensavel na organisação da sociedade, e um meio efficaz para ella conseguir moralisar e rehabilitar aquelles que se vê obrigada a segregar de si, para satisfação da justiça offendida; meio este que está em pratica em todas as prisões melhor reguladas (...)".

[1559] V. artigo 37º.

[1560] "Nas prisões das mulheres terá logar a mesma separação, fazendo-se mais a que deve haver entre as honestas e as que não o forem. Nas demais Cadêas civis regular-se-ha a distribuição dos presos de um e outro sexo pela maneira que ellas permittirem (...)" – artigo 37º, § 3º e 4º.

Em duas tabelas anexas ao regulamento, dedicadas às grandes cadeias de Lisboa e do Porto, fixam-se os espaços destinados a reclusão em cada uma delas e a tipologia de presos que deve cada um deles receber. No Limoeiro estabelecem-se assim 18 "prisões", distintas nas suas características e comodidades, descrevendo-se desde quartos individuais a enxovias com capacidade alegada para 150 presos e determina-se quais os seus destinatários ideais, efectivamente descobertos em função dos crimes cometidos, estatuto social, idade, sexo, necessidade de aplicação de medida disciplinar ou exigência de segurança da cadeia.[1561] Também ainda os "executores da justiça" beneficiavam de espaços exclusivos, separados dos demais presos. Na Cadeia da Relação do Porto idêntica distinção é feita, contando esta com 12 espaços de detenção.[1562]

Apesar de serem consideradas as devidas distinções entre homens e mulheres e entre crimes mais e menos gravosos, e serem previstos espaços destinados a "mancebos", é notório que o principal critério distintivo entre os espaços de reclusão é o estatuto social e profissional dos presos: pessoas "distinctas por seus empregos, familias ou fortuna" ou "senhoras de educação", em expressões usadas, beneficiariam, e de acordo com a lei, sempre de melhores condições na prisão, independentemente do crime por si praticado, que "homens de trabalho", "homens da plebe" ou "mulheres da plebe" ou "mulheres publicas", por "mais decentes" ou "mais aceadas" que fossem...

Todavia, logo em 1845, a cadeia do Limoeiro deixará de acolher mulheres, que são colocadas em exclusivo na cadeia do Aljube[1563], de acordo com uma proposta do procurador régio junto da Relação de Lisboa, a quem a matéria da organização prisional fora também entretanto acometida de forma mais directa, ao menos de forma partilhada.[1564] Da cadeia do Aljube para o Limoeiro transitam os presos masculinos condenados a trabalhos públicos que até aí seriam recolhidos também

[1561] E três das "prisões" do Limoeiro são ainda destinadas aos condenados a degredo aguardando embarque, pela Portaria de 19 de Dezembro de 1843, no encerramento do presídio da Cova da Moura.

[1562] Expressamente sobre a organização destes espaços prisionais na Cadeia da Relação do Porto, v. Maria José Moutinho Santos, *A sombra...*, *cit.*, pp. 88 a 94.

[1563] Por Portaria de 24 de Dezembro de 1845. Noutro diploma idêntico, com a mesma data, são extintos os cargos de carcereiro e de cirurgião da cadeia do Aljube, que passa a estar na dependência dos respectivos nomeados para a cadeia do Limoeiro – são assim exonerados o carcereiro João Lopes de Carvalho e o cirurgião Frederico Zacharias de Oliveira e Sousa.

[1564] V. o Decreto de 28 de Agosto de 1845, que transfere ou pelo menos partilha efectivamente a tutela prisional com o Ministério Público, acometida às "auctoridades administrativas" pelo regulamento de 1843 (capítulos 9º e 10º) e prevista no Código Administrativo.

naquela cadeia, tudo devendo reverter em "grande diminuição na despeza, se não também mais ordem e regularidade nas ditas Cadêas".

As tabelas de 1843 serão publicadas numa versão actualizada em 1849, pela Portaria de 10 de Dezembro, quanto às prisões do Limoeiro, do Aljube de Lisboa e da Relação do Porto, verificando-se também a manutenção de espaços próprios para condenados a degredo no Limoeiro, o que fora prescrito com o encerramento do presídio da Cova da Moura no final de 1843. A cadeia do Limoeiro teria agora capacidade para alojar 1136 presos, incluindo espaços específicos para 160 condenados a degredo e 10 "mancebos". No Aljube previa-se a capacidade para receber 136 mulheres. Na Cadeia da Relação do Porto, a lotação prevista era de 530 lugares, incluindo 82 mulheres.

As alterações nas cadeias de Lisboa são em grande medida da iniciativa do procurador régio da Relação de Lisboa, José Maria Pereira Forjaz, que iniciara funções em 1 de Outubro de 1849. No ano seguinte, este magistrado proporá ainda uma nova tabela para a cadeia do Limoeiro, cadeia que vê de facto melhorar a sua organização interna, publicada no ano seguinte, pela Portaria de 14 de Novembro de 1850. O Limoeiro tem agora 19 "prisões", mas 4 destes espaços são expressamente classificados de oficinas: oficinas de sapateiros, escoveiros, esparteiros e marqueiros, constituídas em espaços autónomos no edifício e em "barracões" no pátio da cadeia destinados exclusivamente a trabalho dos reclusos. O trabalho dos presos, meio de sustento e de ocupação, ganhava espaço próprio na prisão.

A pobreza fora da prisão tornava-se ainda mais flagrante quando transportada para o espaço limitado e algo arbitrário da cadeia pré-penitenciária. Quanto ao sustento dos "presos pobres", por Portaria de 22 de Julho de 1850, esclarece-se novamente que "o Estado só tem de socorrer os presos pobres depois de empregado o que fôr costume receber-se para este fim", designadamente das câmaras municipais, das Misericórdias, dos hospitais, das confrarias e irmandade e entidades afins, devendo os delegados do Ministério Público tomar em conta essa realidade. Apenas na insuficiência ou inexistência de "socorros locaes", deveriam suscitar a intervenção, no caso, dos Governos Civis, "a fim de que não se deixe de nenhum modo de provêr ao sustento, fato, e curativo dos presos necessitados".[1565] A mesma lógica de, em primeira linha, deverem intervir instituições emi-

[1565] A "sustentação dos presos pobres" surge, em Portaria de 30 de Junho de 1838, como "dever das respectivas Misercordias", louvando-se este diploma ainda das referências presentes nas OF, l. V, t. 132º, § 3º e t. 140º, § 6º, bem como do Alvará de 18 de Outubro de 1806 (§ XI e § XII), que esta-

nentemente locais, públicas ou privadas, para acorrer a necessidades circunscritas de um dado concelho ou zona, encontra-se, aliás, na mesma altura, expressa em

belecem efectivamente o dever das Misericórdias acudirem aos "encarcerados". A portaria em causa visa a Misericórdia de Loulé, tendo em conta o "estado de miseria e abandono" dos presos da cadeia dessa vila, bem como dos da cadeia de Faro. Note-se igualmente que, na ausência de Misericórdias, deverão os administradores gerais dos distritos socorrer-se das "sobras dos rendimentos das Irmandades e Confrarias do Districto", desde logo nos termos do Código Administrativo de 1836 (artigo 108º, § 5º), para esta "obra de caridade".

Dez anos passados, as despesas autorizadas feitas pelo Orçamento do Estado com as prisões podem ser apercebidas pela tabela anexa ao Decreto de 20 de Setembro de 1848: para a cadeia do Limoeiro, eram pagos salários a um cura, um carcereiro (332$940/ano, incluindo-se aqui a verba de "azeite para luzes"), 1 guarda-livros, 14 guardas e 2 executores; no Aljube, a 3 guardas; na Relação do Porto, a 1 carcereiro, 1 chaveiro e 2 guardas... O "sustento dos presos e despeza da Enfermaria", incluindo as despesas com a alimentação, no Limoeiro e no Aljube, ascendia a 14000$000 no ano, enquanto no Porto, com uma Misericórdia mais interveniente, a mesma verba era de 2000$000. Para as demais "comarcas do Reino", previa-se a verba global de 10000$000, atribuídos à rubrica de "alimento dos presos e policia das Cadêas". Estes valores não incluem naturalmente as carceragens devidas por actos concretos, pagas directamente pelos reclusos, fixadas como emolumentos. Em 1855, a Misericórdia do Porto terá tentado terminar então o "encargo da comida que dava aos presos duas vezes por semana", o que é imediatamente proibido pela Portaria de 17 de Julho de 1855, obrigando à sua manutenção, de acordo com o Compromisso daquela instituição e os legados pios recebidos tendo em vista aquele fim. Rodrigo da Fonseca, ministro do Reino, notará que o encargo, "tão antigo como a Misericordia", consistira inicialmente "em dar aos presos todo o pão de que precisavam, e tres arrateis de vacca por semana" e que ultimamente estava reduzido a "caldo e pão nos domingos e quartas-feiras"... Em todo o caso, as disparidades entre cadeias, consoante a sua localização e os recursos aí disponíveis, eram evidentes neste aspecto. Em 1858, os presos da cadeia de Luanda passam a ser sustentados exclusivamente pela intervenção do Estado, atendendo à insuficiência de recursos da Misericórdia local – v. Portaria de 12 de Junho de 1858. No mesmo ano, a despesa anual orçamentada no Reino para a sustentação dos presos pobres no território metropolitano é mais do que duplicada, beneficiando de um crédito suplementar de 36:000$000, a acrescer à despesa inicial de 32:180$800, por Decreto de 14 de Agosto de 1858, e o mesmo irá acontecer em 1860 (Decreto de 28 de Maio de 1860), em 1861 por duas vezes (Decretos de 14 de Fevereiro e de 20 de Abril de 1861), em 1862 (Decreto de 6 de Setembro de 1862), por três vezes em 1864 (Decretos de 3 de Março, de 30 de Maio e de 28 de Junho de 1864)...

Nos Códigos Administrativos posteriores, vai estabelecer-se o dever de "promover a sustentação dos presos e o melhoramento das cadêas" entre as atribuições do governador civil do distrito, entendida aquela ainda como supletiva em relação às Misericórdias (v. artigo 227º, V, do Código de Administrativo de 1842; artigo 184º, 5º, do Código Administrativo de 1878; artigo 251º, 18º, do Código Administrativo de 1896). Ao administrador do concelho, cabe também expressamente, aliás, a "sustentação dos presos", de acordo com o artigo 249º, II, do Código de Administrativo de 1842, o artigo 204º, 3º, do Código Administrativo de 1878 e o artigo 278º, 18º, do Código Administrativo de 1896. Simultaneamente, ao Ministério Público era também atribuída competência para zelar

determinações sobre outras matérias paralelas – por exemplo, sobre o modo de acorrer a surtos epidémicos ou nas despesas a serem feitas com os expostos doentes.[1566] Um dever geral de sustentação dos presos indigentes – mas ainda apenas destes – por parte do Estado, de modo uniforme, só será consagrado no regulamento prisional de 1901[1567], a cumprir através do Ministério da Justiça, o mesmo sendo aplicável aos cuidados médicos dos reclusos, "salvo naquellas localidades

pela sustentação dos presos, desde 1839. Em 1880, segundo Adelino António das Neves e Mello, *op. cit.*, p. 81, dos 650 presos no Limoeiro e no Aljube, apenas 89 se alimentavam à sua custa: os demais "recebiam ração".

Uma imagem da intervenção da Misericórdia local sobre uma cadeia e da elevada dependência dos seus ocupantes desta intervenção, que incluía, até, o fornecimento diário de água, pode ser observada no estudo de Alexandra Esteves, *Da caridade à filantropia: o auxílio aos presos pobres da cadeia de Ponte de Lima no século XIX*, in "Estudios Humanísticos. Historia", nº 7, Universidade de Léon, Léon, 2008, pp. 221 ss., alicerçada sobre uma realidade de incumprimento de um dever das autoridades de auxílio aos presos, decretado em 1842, mas que, como se viu, rapidamente volta a ser considerado como um dever supletivo perante as instituições de caridade. Enfatizando o dever de visitação e de assistência aos presos pobres desde a origem das Misericórdias como seu principal dever, desde logo na Misericórdia do Porto, criada por D. Manuel I, e enumerando as diversas atribuições da instituição no tema prisional – onde se incluía também "requerer os feitos" daqueles presos, para o que contratava advogados –, bem como os legados relevantes recebidos para tais fins no século XIX, v. L. Mendes, *Misericórdia do Porto. A assistência aos presos através dos séculos*, in "Boletim da Santa Casa da Misericórdia do Porto", ano I, nº 2 – Junho de 1988, Santa Casa da Misericórdia do Porto, Porto, 1988, pp. 25 a 32.

[1566] V. *v. g.* a Portaria de 31 de Agosto de 1850, onde se louva o Governador Civil do Funchal pela sua intervenção rápida perante a uma "molestia epidemica" numa freguesia de Santana, mas se adverte que as despesas feitas não seriam reembolsadas, por essa intervenção ser dever dos "Hospitaes, Misericordias e Confrarias" e, caso necessário, das autoridades locais. E a Portaria de 11 de Novembro de 1850, onde se esclarece a responsabilidade das câmaras quanto ao pagamento dos remédios para os expostos, no contexto da atribuição a estas entidades da tutela em geral dos expostos dos concelhos.

[1567] Os presos indigentes são definidos pelo Decreto de 21 de Setembro de 1901 como "os que forem declarados como taes pelos parochos e regedores de parochia do seu domicilio em attestados, jurados e devidamente reconhecidos, ou provisioriamente nas cadeias de Lisboa, Porto e Ponta Delgada por despacho do Procurador Regio e nas demais comarcas do delegado respectivo (...)" (artigo 141º, § único). No Decreto de 14 de Outubro de 1910, estabelece-se também o modo como deve ser feita a "prova de pobreza" de réu em juízo, isentando, no caso, de custas e "sêllos" – por "attestado passado pela camara municipal da residencia do interessado, sobre proposta da respectiva junta de parochia, uma e outra deliberação tomadas em sessão publica e á pluralidade de votos" (artigo 11º, § 2º). Em 1921, um novo "regulamento dos presos indigentes" fará agora depender a declaração de indigência apenas do director da prisão em que o preso se encontre (aprovado pelo Decreto nº 7378, de 4 de Março de 1921).

em que estes serviços são subsidiados e mantidos por estabelecimentos de beneficiencia e caridade".[1568]

Se o Código de 1852 se refere apenas de forma indicativa à "policia das prisões"[1569] e às penas disciplinares aplicáveis aos reclusos como matérias a serem regidas por regulamentos administrativos, a reforma prisional de 1867 prevê, a par da existência de medidas a serem concretizadas por regulação do Governo[1570], que a "inspecção e governo de todas as cadeias" seja agora uma competência do ministério dos Negócios Eclesiásticos e Justiça e que o quadro dos funcionários das novas cadeias penitenciárias gerais, distritais e comarcãs deva ser fixado por lei especial[1571]. Era um percurso já iniciado. É elucidativo o teor de uma portaria de 1850, indicando que são "graves as consequencias que resultam de que o Carcereiro da Cadêa da Cidade seja considerado Authoridade" e instruindo as devidas autoridades públicas e os tribunais criminais a dirigirem-se ao Presidente da Relação de Lisboa ou à Procuradoria Régia quando pretendessem requisitar ou efectuar alguma diligência no Limoeiro e não àquele "Empregado subalterno".[1572]

Em 1867 desenha-se um modelo de administração das cadeias distritais e comarcãs assente em "comissões administradoras" de cada prisão, compostas por detentores de cargos públicos no distrito ou no concelho, a par de personalidades locais, médicos e párocos, cujas funções, diversificadas, se repartem entre a promoção da efectiva construção das novas cadeias em falta e a sua gestão uma vez edificadas.[1573] Estas comissões[1574] teriam ainda o encargo de pagar vencimentos, procurar trabalho para os presos e promover a venda dos seus produtos, procurar instituir "associações de protecção" para os reclusos que vissem findar a sua pena... Tais encargos deveriam, aliás, ser desempenhados a título gratuito. E, no

[1568] V. artigo 58º, pensando-se aqui, por exemplo, na situação da Cadeia da Relação do Porto, onde o serviço médico era assegurado pela Misericórdia.

[1569] V. artigo 99º.

[1570] Artigo 60º, 2º RPP.

[1571] Artigo 32º.

[1572] V. Portaria de 24 de Março de 1851.

[1573] Sobre as comissões administradoras das cadeias distritais e comarcãs, v. os artigos 50º, 51º, 57º e 58º.

[1574] Em 1886, posto em funcionamento o "systema de prisão cellular" com a Penitenciária de Lisboa, manda o ministro da Justiça, através dos governadores civis, convocar estas comissões "a fim de proporem ao governo (...) qual o numero de cellas que devem ter as respectivas cadeias", pensando na reactivação do projecto de 1867 de construção de cadeias distritais e comarcãs de acordo com o regime penitenciário. V. Circular do Ministro da Justiça de 29 de Março de 1886.

entanto, quanto aos carcereiros deste novo regime prisional, pensando em particular nas prisões das grandes cidades, verdadeiros fardos do passado para um futuro que se esperava distinto, nada se acrescenta de imediato.

Será apenas um novo regulamento prisional, aprovado em 1872, a prover já sobre essa matéria bem como a ajustar outras previsões provindas do texto de 1843. Assim estabelece-se, num modelo ainda ponderado entre Governo e Ministério Público, especialmente para as "cadeias civis de Lisboa e Porto" – o Limoeiro, o Aljube e a Cadeia da Relação –, que estas terão "carcereiros ou directores" nomeados pelo Governo, sob proposta do procurador régio junto de cada uma das Relações, em "lista triplice"; os "facultativos" seriam nomeados directamente pelo Governo; os guardas escolhidos pelo carcereiro, com aprovação do procurador régio; e os demais empregados seriam da escolha dos procuradores régios, mas carecendo da aprovação do Governo.[1575].

No regulamento de 1872, a superintendência das cadeias é pois mantida na esfera do ministério dos Negócios Eclesiásticos e da Justiça, tal como previsto em 1867, mas exercida em primeira linha através do Ministério Público no que respeita à "administração, inspecção e policia" das prisões. Aos juízes são mantidas apenas as atribuições em relação aos presos e aos incidentes que lhes coubesse apreciar nos termos do processo penal, bem como a possibilidade legal de inspeccionar as prisões – uma competência atribuída também de forma clara aos procuradores régios.[1576] A administração das cadeias é feita pelos seus directores ou carcereiros, mas, reitera-se, sob "rigorosa responsabilidade e immediata fiscalisação dos procuradores régios".[1577] Atenção especial é dada novamente ao sustento dos "presos indigentes", para os quais se mantém o mesmo regime de mantimento providenciado pelo Estado. Também o trabalho prisional remunerado volta a ser regulado, tal como na reforma de 1867, reiterado aqui como obrigatório para os presos a cumprir prisão maior.[1578]

Rodrigo Rodrigues afiança que um modelo de retribuição dos carcereiros baseado, pelo menos em parte, no pagamento de carceragem pelos reclusos findará, ao menos em Lisboa e Porto, em 1916.[1579] No entanto, quanto às demais

[1575] V. artigo 16º do Decreto de 12 de Dezembro de 1872, que aprova o "Regulamento provisorio das cadeias civis do continente do reino e ilhas adjacentes".

[1576] V. artigos 1º a 3º.

[1577] V. artigo 17º.

[1578] V. artigos 21º ss.

[1579] V. R. Rodrigues, *Cadeia Nacional de Lisboa...*, *cit.*, pp. IX e X. No entanto, a alteração data de 1915: pela lei orçamental nº 428, de 13 de Setembro de 1915, passa a ser vedado ao pessoal da Penitenciária de Lisboa, do Limoeiro, do Aljube e da cadeia da Relação do Porto "receber quaisquer emolumentos,

cadeias do país, apesar da intenção de a elas se estender também este mesmo regime[1580], é notório que tal não acontece de imediato: na nova tabela de emolumentos judiciais publicada em 1919, continua a ser fixada a carceragem devida aos "directores de cadeias e carcereiros" na entrada e na saída da prisão e de acordo com a duração e condições do seu alojamento, ou por certidões passadas, nos termos tradicionais[1581], e o mesmo se descobre nas tabelas de emolumentos judiciais que são aprovadas em 1924 e em 1927, mesmo tratando de modo distinto as cadeias de Lisboa e Porto.[1582] Também em 1927, um "ordenado mínimo" a ser pago aos carcereiros das cadeias comarcãs pelas câmaras muncipais da comarca respectiva é fixado, sendo este complementado expressamente com o pagamento dos emolumentos devidos pelos presos.[1583] Será apenas a reforma prisional de 1936 a alterar esta situação: as carceragens passam a ser classificadas como "imposto" e "receita do Estado" e não uma receita directa dos carcereiros, mesmo devendo os relcusos que não fossem pobres continuar a pagar uma quantia relativa à "alimentação e carceragem".[1584]

percentagens ou multas, ou participações de interêsses provindo dos presos", bem como manter quaisquer "transacções ou relações mediatas ou imediatas que não sejam as resultantes dos seus deveres disciplinares" (artigos 6º e 7º), restrições de aplicação duvidosa, perante a legislação posterior. O regulamento geral das prisões de 1901 previa ainda a *carceragem*, sob a forma de emolumentos recebidos dos presos que não fossem indigentes. Os funcionários das cadeias de Lisboa e Porto teriam uma participação emolumentar, de dois terços e de três quartos respectivamente. Nas demais cadeias, "os emolumentos recebidos pertencerão integralmente aos carcereiros", podendo ser pagos com base no pecúlio que os presos tenham vindo a acumular pelo seu trabalho na prisão – v. artigos 207º a 209º do Decreto de 21 de Setembro de 1901.

[1580] Como se afirma expressamente no artigo 8º da Lei nº 428, de 13 de Setembro de 1915, que, contudo, requer também regulamentação posterior: "A doutrina sobre os vencimentos dos directores e mais funcionários das cadeias civis do país, pelo que respeita à percepção de emolumentos, será estensiva a todos os funcionários dependentes do Ministério da Justiça".

[1581] De acordo com alojamento em "enxovia", "sala livre", "quarto" ou "quarto separado e independente" e consoante a duração da prisão – v. artigo 70º do Decreto nº 5942, de 28 de Junho de 1919.

[1582] V. artigo 70º do Decreto nº 10291, de 13 de Novembro de 1924, onde se determina também que, contudo, os presos "à ordem da autoridade administrativa" não pagarão carceragem aos mesmos "directores de cadeias ou carcereiros" (§ 3º) – e que, no caso das "cadeias de Lisboa e Pôrto", os presos deverão pagar, mas "para o Estado", o quádruplo dos emolumentos agora fixados. E igualmente o artigo 59º do Decreto nº 13978, de 25 de Julho de 1927.

[1583] V. artigo 3º do Decreto nº 13303, de 22 de Março de 1927.

[1584] V. artigos 27º e 457º do Decreto-Lei nº 26643, de 28 de Maio de 1936. Os presos preventivos apenas estavam obrigados a pagar as despesas relativas à sua estadia na prisão no final, caso fossem condenados. Em visita ao Limoeiro em 1938, a Comissão das Construções Prisionais observa ainda os presos nos "quartos particulares", onde "um pequeno grupo de reclusos, mediante o pagamento

Novas regras para o funcionamento da prisão serão publicadas antecipando o funcionamento da nova cadeia Penitenciária de Lisboa, em 1884, pensando no novo regime celular. Mas, para as cadeias comuns, apenas em 1896 é promovida a reorganização do pessoal ao serviço nas cadeias civis de Lisboa e Porto, descobrindo-se a intenção expressa de fazer cessar com uma prática de os empregados – e mesmo os médicos das cadeias – receberem um complemento de remuneração através da comutação de parte da verba destinada à "concessão de rações" na cadeia, em detrimento, aliás, da afectação das mesmas aos "presos indigentes", conforme se justifica no preâmbulo do Decreto de 12 de Dezembro de 1896.[1585]

Assim, também o quadro de funcionários e os salários são revistos. As cadeias civis de Lisboa e Porto contam já simbolicamente com um "director" e não com um carcereiro, de nomeação pelo Governo, sendo os demais lugares providos após "concurso documental" (artigo 2º), à excepção dos guardas, nomeados após proposta dos procuradores régios (o que findará com o regulamento prisional de 1901, voltando esta atribuição aos directores), continuando a preferir-se antigos militares ou membros da "policia civil". Quanto ao ensino, à formação dos presos em ofícios e aos seus cuidados de saúde, caberia também aos procuradores nomear "pessoas idoneas", externas, sob proposta dos directores, mas podendo ainda a escolha recair sobre alguns dos reclusos (artigo 15º).

O novo regulamento prisional de 1901, resultado do trabalho de uma comissão onde pontuavam o director da Penitenciária de Lisboa e magistrados ligados à administração prisional[1586], procurou "introduzir os preceitos que a experiencia e a sciencia penal aconselham e preconizam" na administração das prisões, condensando o "que de melhor existe nos diversos diplomas governativos" anteriores,

de uma quantia mensal, se encontra melhor instalado". O pagamento mensal devido por tal distinção seria ao tempo de 75$00 – José Beleza dos Santos, *Relatório sobre os estabelecimentos prisionais..., cit.*, p. 67.

[1585] Em parte, esta compensação salarial será também substituída pela reversão para o pessoal da cadeia de um quinto (em Lisboa) ou de dois terços (no Porto) da cobrança de emolumentos que é permitida – v. artigos 18º e 19º –, uma lógica mantida em 1901. Em 1896, na sequência de lei de autorização (Lei de 21 de Maio de 1896) são de facto revistos os quadros de pessoal das cadeias de Lisboa e Porto e nomeada a comissão para a revisão do seu regulamento.

[1586] A comissão foi criada por Decreto de 12 de Dezembro de 1896, nomeada pelo então ministro da Justiça António Azevedo Castello Branco, sendo composta pelo director da Penitenciária de Lisboa Jeronymo da Cunha Pimentel, pelo procurador Manuel Pedro de Faria Azevedo, pelo ajudante de procurador António Ferreira Augusto e por D. Miguel Pereira Coutinho, chefe de repartição na direcção-geral da contabilidade pública, tendo por encargo consagrar um "melhor regimen policial e administrativo" nas cadeias civis de Lisboa e Porto.

conforme se lê no preâmbulo do Decreto de 21 de Setembro de 1901. Depois de mais de quase seis décadas a usar regulamentos "provisórios", pretende-se agora criar um regulamento geral das prisões, que poderia ainda ser conformado, através de regulamentos especiais, para cada cadeia, em função das suas "condições materiaes" e em que o normativo e a experiência da prisão penitenciária vão de algum modo contagiar as prisões comuns. Não se limitando a regular aspectos relativos às grandes prisões de Lisboa e Porto, o que fora o objecto inicial da comissão, vem prever regras aplicáveis à totalidade das cadeias nacionais.[1587]

[1587] No que diz respeito às cadeias ultramarinas, o regulamento da "cadeia publica de Macau", depois de aprovado pelo Governo provincial, veio a ser aprovado, com modificações, pelo Ministério da Marinha e Ultramar, através do Decreto de 26 de Agosto de 1904. Este regulamento estabelece uma cadeia cuja superintendência cabe ao Procurador da Coroa junta da Relação de Nova Goa, exercida directamente pelo seu delegado na comarca. Também o poder judicial poderia conduzir as inspecções e visitas à cadeia que se prescreviam em termos idênticos em Portugal continental. Esta era uma cadeia de regime comum, que não parece acolher condenados a penas maiores de prisão (cujo regime deveria em teoria ser celular), que recebe regras semelhantes às das cadeias nacionais antes de qualquer reforma, sendo a única modificação relevante a prescrição de trabalho obrigatório. Detinha um carcereiro como seu responsável e uma guarda militar e os presos deveriam ser distribuídos pelas instalações – as distintas "prisões" – tendo em conta "o seu sexo, raça, idade, grau da culpa e nivel moral", sendo "absolutamente prohibida a promiscuidade dos sexos e a dos brancos com indivíduos de outras raças" (artigo 8º). O isolamento apenas se prescrevia para aqueles que devessem estar incomunicáveis "para conveniencia de instrucção do processo", como castigo disciplinar ou para "loucos com acessos de furor" enquanto não entrassem na enfermaria ou hospital adequado. O sustento na cadeia, quanto à alimentação e vestuário, cabia aos próprios presos, à excepção dos indigentes, a quem o Estado acudiria, "tendo-se em vista a sua raça e crenças religiosas" no que tocasse à alimentação (artigo 10º, § 1º). No quotidiano prisional, note-se, era ainda permitida a figura do "juiz da prisão", nomeado pelo carcereiro com o assentimento do procurador, "escolhido d'entre os presos que melhor comportamento tenham", a quem cabia "manter a policia das prisões e fazer executar pelos presos as ordens do carcereiro" (artigo 51º), em contradição com o estabelcido pelo regulamento geral de 1901. Os presos indigentes estavam obrigados a desempenhar tarefas na manutenção da cadeia e o trabalho prisional, em oficinas, era obrigatório para presos preventivos, presos a cumprir penas correccionais, reincidentes e condenados a degredo "na comarca de Timor e na de Macau" que aguardavam a sua remoção para o seu destino (artigo 24º). Nada se estabelece quanto ao destino dos eventuais proventos. Quer os presos correccionais, quer os reincidentes sem meios para se sustentarem poderiam ser colocados à disposição do Governo para trabalhos "remunerados", "publicos ou municipaes" (artigo 27º). Partes do regulamento e as "tabelas de salarios de carceragem" deveriam estar afixadas na prisão, em "português, inglês e chim" (artigo 52º).
Seguindo o mesmo modelo, em 1908 é aprovado pelo Governo nacional o regulamento das "cadeias civis" da província de São Tomé e Príncipe, após aprovação pelo governador provincial e publicação no respectivo Boletim Oficial. O Decreto de 31 de Dezembro de 1908 apresenta um regulamento que em grande medida replica textualmente o aprovado para a cadeia de Macau: o mesmo regime de tutela, a mesma organização e distribuição dos presos, o mesmo quotidiano, as mesmas penas

Entre as novidades apresentadas, pretende findar o novo regulamento com a possibilidade de haver cargos da orgânica prisional detidos por presos – *maxime*, o juiz da prisão[1588]. No entanto, a realidade prisional manterá em funções estes *juízes* ainda nas décadas seguintes.[1589]

Acompanhando a mais clara definição funcional dos empregados das cadeias, é também regulado atentamente o ensino e o trabalho na prisão, agora generalizado à totalidade dos reclusos, bem como o regime de funcionamento dos postos antropométricos, a criar nas cadeias do Limoeiro e da Relação do Porto, em alternativa à sua colocação nas dependências das Procuradorias régias, conforme havia sido estabelecido em 1899. Do mesmo modo, clarifica-se o regime de sustento dos presos indigentes, agora na sua totalidade a expensas do Estado, por "arrematação", em que as Procuradorias régias, nas cadeias das Relações, e os administradores dos concelhos, nas demais, recebem deveres de organização e fisca-

disciplinares, o mesmo regime de trabalho na prisão. Pela tabela de emolumentos devidos, publicada em anexo, verifica-se a possibilidade de alojamento em "enxovia", "sala livre", "quarto" e "quarto separado e independente", a que correspondia um valor de carceragem progressivamente mais elevado. Note-se também que o regulamento estipula a existência na cadeia de um posto antropométrico, "quando possivel for (...), destinado não só ao estudo da anthropologia criminal, mas tambem a auxiliar o serviço policial e dos tribunaes" na identificação dos indivíduos entrados na prisão ou detidos pelas autoridades (artigo 64º).
Deve tomar-se em consideração que as penas, correccionais ou maiores, aplicadas a "indígenas" africanos, poderiam ser – e seriam – convertidas em penas de trabalhos públicos, pelo que uma sentença condenatória a prisão tinha uma consequência concreta distinta consoante o local onde era proferida, conforme se verá também adiante. Ainda em momento posterior, Adriano Moreira, *Administração da justiça aos indígenas*, Agência Geral do Ultramar, Lisboa, 1955, p. 141, justificava esta opção: "(...) As sanções criminais, para efectivamente obterem o procurado escopo da intimidação, deviam ser definidas de modo a atingirem valores considerados valiosos pelos indígenas, segundo a sua concepção de vida. Uma longa experiência, acolhida pela melhor doutrina, aconselha que o trabalho seja a pena especialmente usada para com os indígenas".

1588 "Tal regimen era consentaneo com a organização antiga das prisões, em que os presos viviam vida commum, no mesmo pavimento, condemnados a uma ociosidade forçada, enervadora de todas as forças moraes. Confiar a ordem das cadeias a presos fundadamente suspeitos de haverem commettido crimes gravissimos, ou por elles já condemnados, o mesmo é que entregar a manutenção da disciplina a quem maiores desordens sociaes gerou", escreve-se ainda no preâmbulo.

1589 Rodolfo Xavier da Silva, *Crime e prisões...*, *cit.*, pp. 119 a 123, descreve a actuação dos *juízes da prisão* ou *fiscais* – "mantenedores da disciplina interna em cada prisão" e sendo "os maiores criminosos ou mesmo os que teem mais cadastro" – e dos *capatazes e faxinas*, seus auxiliares, entre 1913 e 1923, como mantendo a tradicional linha moral: "(...) constituindo uma trindade sinistra e indecorosa das prisões, que nelas põem e dispõem de tudo, a quem todos os presos devem obediência, apresentam as suas queixas e reclamações, que são julgadas a seu bel prazer, castigando, muitas vezes, o inocente para absolver o culpado, a trôco de quaisquer centavos ou interêsses" (p. 123).

lização.[1590] Um regulamento "da sustentação dos presos indigentes" será depois publicado em 1921, regulando o mesmo princípio, da responsabilidade do Estado nesse fornecimento e do modelo da arrematação pública – ou também de fornecimento através de unidades militares.[1591] Na reforma prisional de 1936, irá esclarecer-se que os "presos pobres" são aqueles que "não possuam bens ou rendimentos alguns ou que apenas possuam os estritamente necessários para a sustentação dos ascendentes, descendentes e cônjuge", tendo direito – apenas estes relcusos – ao fornecimento sem custos de alimentação e vestuário.[1592] Os demais presos deveriam suportar os custos da sua alimentação, sendo esta fornecida, em regra, pelo estabelecimento prisional.

As prisões passam também em 1901, todas elas, nomeadamente as cadeias comarcãs, para a esfera do ministério da Justiça, exercendo-se essa superintendência através dos representantes do Ministério Público – delegados do procurador – presentes junto dos tribunais respectivos, procurando tornar unívoca uma questão que se havia prestado a quezílias diversas, designadamente entre câmaras e Governo. Note-se aliás que, no regulamento do Ministério Público publicado neste mesmo ano, a relação deste com o Governo é descrita também como a de "representante do poder executivo", assumindo uma "funcção (...) essencialmente delegada".[1593] A relação entre poder central, autoridades judiciais e câmaras municipais assumia feições características também ao nível da tutela dos carcereiros: o Código Administrativo de 4 de Maio de 1896[1594] fixava que a retribuição dos carcereiros das cadeias comarcãs caberia às respectivas câmaras, estando estes, contudo, na dependência do juiz competente para a sua nomeação, suspensão ou demissão. Com a República – e a repristinação do Código Admi-

[1590] Por Portaria de 20 de Outubro de 1910, o novo governo republicano apressar-se-á a esclarecer que a "sustentação dos presos pobres" das "cadeias comarcãs e concelhias" deve seguir o previsto pelo regulamento de 1901, devendo o administrador do concelho sinalizar ao Ministério da Justiça eventuais casos de inexistência de fornecedores a concorrer à arrematação, para que "o fornecimento seja feito por administração directa do Estado".

[1591] Pelo Decreto nº 7378, de 4 de Março de 1921. O "preso indigente" é agora o que for como tal declarado pelo director do estabelecimento penal em que se encontre, mediante as informações que este possa recolher e o ateste (artigo 3º).

[1592] V. artigo 243º, § único, do Decreto-Lei nº 26643, de 28 de Maio de 1936, sendo o fornecimento de roupas da responsabilidade dos município tratando-se de cadeias comarcãs (artigo 235º, § 3º).

[1593] V. preâmbulo do Decreto de 24 de Outubro de 1901.

[1594] V. artigo 131º, § único, sendo a "vigilancia pela segurança das cadeias" uma atribuição do administrador do concelho (artigo 278º, 18º).

nistrativo de 6 de Maio de 1878 – aquelas últimas prerrogativas passam a ser novamente das câmaras[1595], o que apenas se esclarecerá de forma definitiva em 1927, na prática a favor do poder central.[1596]

Em todo o caso, pelo regulamento de 1901, a organização do pessoal ao serviço nas cadeias de Lisboa e Porto é mantida globalmente nos termos fixados pela alteração recente de 1896, num modelo que deve ser transmitido, na medida do possível, às demais prisões.[1597] A cadeia é chefiada pelo seu director, "sob a superintendencia do Ministerio da Justiça e do Procurador Regio" (artigo 27º),

[1595] Tal como a responsabilidade pelas despesas das cadeias comarcãs e salários – v. artigos 103º, 8º, e 127º, 27º do Código Administrativo de 1878. Mesmo havendo, note-se, uma certa hibridez, por vezes, desta intenção. Assim, por exemplo, se atesta pela Lei nº 1882, de 8 de Junho de 1926, que determina que a "nova cadeia comarcã de Chaves" funcione também como "cadeia de depósito ou concentração dos presos" dos distritos de Vila Real e de Bragança, sempre que assim seja determinado, e que lhe fixa um lugar de director, cuja nomeação cabe à "Inspecção Geral das Prisões", serviço do Ministério da Justiça, mas "mediante proposta da respectiva Câmara Municipal de Chaves" (artigo 2º). Esta mesma entidade deve pagar-lhe o seu vencimento, mas ficando os abonos e "ajudas de custo de vida" a cargo do Ministério (artigo 4º).

[1596] Através do Decreto nº 13303, de 22 de Março de 1927, que estabelece a nomeação dos carcereiros das cadeias comarcãs por parte do ministro da Justiça, sob proposta do delegado do Procurador da República respectivo, a quem cabe também a tutela disiciplinar sobre aqueles (artigos 1º e 2º). Às câmaras a que pertença a comarca cabe, contudo, o pagamento dos salários dos carcereiros (artigo 4º) e as despesas com a construção e reparação das cadeias (artigo 6º). O salário dos carcereiros, que o diploma fixa – como "ordenado mínimo" –, é ainda efectivamente complementado com os emolumentos pessoais recebidos directamente dos presos (artigo 3º). Às câmaras municipais cabe também o fornecimento de habitação para os carcereiros das cadeias comarcãs, "no próprio edifício ou (...) junto das cadeias", conforme se esclarece pela Portaria nº 6681, de 15 de Fevereiro de 1930. Os "chefes dos guardas dos estabelcimentos penais e prisionais" passam também a ser de "livre nomeação do Governo", pelo Decreto nº 16503, de 20 de Fevereiro de 1929. A nomeação de "todos os funcionários da Administração e Inspecção Geral das Prisões e dos estabelecimentos que dela dependem" é estabelecida como responsabilidade do ministro da Justiça, mediante proposta do Conselho Penal e Prisional, pelo Decreto nº 20508, de 14 de Novembro de 1931, à excepção dos guardas e "pessoal contratado e assalariado" dos estabelecimentos. Na reforma prisional de 1936, todo o "pessoal dos estabelecimentos prisionais" é "pago pelo Estado e nomeado pelo Ministro da Justiça", apenas mediante concurso caso o Conselho Superior dos Serviços Criminais o entenda conveniente – os carcereiros das cadeias comarcãs serão assim também nomeados pelo ministro, mediante proposta a receber do delegado do Procurador da República na comarca respectiva, sendo contudo remunerados pelo município, e devendo ser escolhidos preferencialmente de entre "praças graduadas do exército, da armada, da guarda republicana e da polícia" (artigo 448º do Decreto-Lei nº 26643, de 28 de Maio de 1936).

[1597] O regulamento apresenta disposições como aplicáveis às cadeias de Lisboa e Porto, que devem ser tomadas com as devidas alterações para as "cadeias das comarcas do reino fora de Lisboa e Porto", nos termos do artigo 165º do Decreto de 24 de Outubro de 1901.

e conta ainda com um "oficial" dos serviços administrativos, "amanuenses" da secretaria, professor, chefe dos guardas e guardas, bem como com serviço médico e de enfermaria, havendo um enfermeiro ou enfermeira permanente nas instalações. Estas devem ser "seguras, limpas e arejadas", numa formulação conhecida, e ter "em abundancia desinfectantes" bem como iluminação noturna.[1598]

O regime prisional descoberto neste regulamento incentiva o trabalho dos reclusos, mas também a sua instrução: esta é igualmente obrigatória para os presos, à excepção daqueles que a tenham já completado, devendo ser baseada num ensino "todo pratico"[1599] e comprender a doutrina cristã – no que pode o capelão, existindo na cadeia, auxiliar – bem como os rudimentos de "ler, escrever e contar". Cada prisão deve contar também com uma biblioteca.

Os presos devem ocupar o seu tempo "no trabalho, na frequencia da escola, nos exercicios religiosos, no estudo, communicação com os empregados, visitas de parentes e amigos, correspondência, preceitos hygienicos, oração e repouso".[1600] Trabalho, instrução e assistência religiosa, conteúdos típicos da prisão penitenciária, já haviam sido partilhados com o regime comum enquanto elementos da execução da pena de prisão maior, em especial pela reforma penal de 1884 e pelos regulamentos prisionais anteriores. Mas, de facto, é este um regime ainda distinto do da Penitenciária. As visitas são permitidas em cada semana (à excepção do capelão e de "directores das associações de patronato aos presos", que podem visitar os reclusos em qualquer momento) e a correspondência é livre.[1601] O regime de "recompensas e castigos" aplicado[1602] compreende, nas primeiras, de acordo com uma escala gradativa, a atribuição de prémios, a mudança para uma prisão melhor, a participação nos donativos particulares, a gratificação pelo trabalho ou a oferta de instrumentos e, finalmente, a recomendação para indulto ou para liberdade condicional, consagrada legalmente esta possibilidade para além da pena penitenciária. Os castigos prescritos são a mudança para um espaço de detenção "em peores condições", a perda de qualquer concessão feita, a proibição de visitas ou de se corresponder e a reclusão "no segredo" até 15 dias. A prisão comum procura aproximar-se da prisão penitenciária na sua organização, mas o

[1598] V. artigo 66º.

[1599] V. artigo 44º.

[1600] V. artigo 124º.

[1601] As visitas de familiares a presos condenados continuam como semanais, mas as visitas a presos preventivos poderão ser diárias, conforme se vai determinar pelo Decreto nº 12660, de 16 de Novembro de 1926. Na cadeia do Limoeiro, em 24 de Outubro de 1926, terá havido precisamente uma revolta dos presos em protesto contra uma pretendida redução das visitas.

[1602] V. artigos 129º e 130º.

seu regime quotidiano continua a ser definido de forma alheia a qualquer intencionalidade sistémica, deixado ao senso dos carcereiros e, principalmente, determinado em função da capacidade real das instalações em cada prisão.

O modelo penitenciário de prisão, na sua complexidade adicional, exige novos servidores para os seus novos conteúdos e a sua nova estrutura: mestres para as oficinas, professores para o ensino, visitas moralizadoras, uma administração que progressivamente registará, medirá e avaliará os reclusos...

O exterior à prisão penitenciária é um destino final do condenado, quando o é, mas não participa verdadeiramente na execução da pena – e, se se acompanhar Michel Foucault, esta cisão verifica-se também entre *judicial* e *penitenciário*: mesmo o tribunal e o juiz ficam assim à porta da prisão, um domínio da nova ciência que curará ou conterá o delinquente.[1603] O *judicial* e o *penitenciário* não são momentos de um mesmo processo. A criação do segundo não provém de uma sua autonomização em relação ao primeiro, mas provirá de exigências próprias de um processo que se fundamenta fora da esfera do decretar da sentença. Esse processo, técnico, propõe-se acentuar uma disciplina específica, enquanto, no campo judicial, visa-se uma composição de justiça que, perante a pena decretada, é autónoma. Ou seja, nesta visão, a justiça determina uma pena e a prisão converte-a numa medida modelável de controlo.

Em todo o caso, mesmo o mais perfeito sistema penitenciário soçobrará sem funcionários adequados e empenhados, como recorda Garcia Valdés, assinalando a enumeração deste tópico nos penitenciaristas espanhóis de oitocentos[1604], o que também é verdade pensando nos autores nacionais e de forma mais acentuada entrado o século XX. A nova prisão, atomizada de entre as demais, pretende incorporar um método e uma organização a que apenas uma administração penitenciária cada vez mais especializada pode responder.

Não é neutro, assim, um percurso que também entre nós se verifica ao longo da segunda metade do século XIX e início do século XX: num sentido amplo, a administração prisional e o controlo sobre a execução da pena deixam de ser matérias essencialmente para as magistraturas ou, na dimensão local, também para as autoridades do concelho, e são assumidas pelo poder central, através de uma administração cada vez mais detalhada e especializada – serviços prisionais, serviços de menores, serviços de registo criminal, serviços de medicina legal, institutos de criminologia..., que participam em diferentes momentos e funções da pena de prisão.

[1603] V. Michel Foucault, *Surveiller...*, *cit.*, pp. 296 e 297.

[1604] Carlos García Valdés, *La ideología...*, *cit.*, pp. 38 ss.

O credo numa pena científica porque individualizada exige saberes novos e uma capacidade de gestão da informação que a lógica judicial assente ainda na descoberta da imputação e na fixação do castigo parecia não conseguir assumir.

§ 3º A prisão fora do regulamento: retratos das prisões

Em 1856, escreve Sousa Azevedo sobre as prisões portuguesas: "O estado das cadeias em todo o Reino é lastimoso. Não parece que vivemos na Europa e n'este seculo. As casas que possuímos foram construídas ha seculos e quando a prisão apenas significava a vingança da sociedade. Desappareceu o livro 5º da Ordenação, mas ficou o seu corollario muito peior do que elle".[1605] A sua descrição do estado das prisões apresenta-as semelhantes à descrição que se pode configurar dos cárceres semi-privados portugueses do final da Idade Média. No entanto, diante estas cadeias "faltas de tudo", onde a "alimentação é insufficiente e o vestuário nenhum, fóra de Lisboa e Porto", onde o "uso exclusivo de legumes e vegetaes não dá forças, e quando o individuo sae da prisão apparece defecado e reduzido a um cadáver" – parece que a única excepção que admite a essa degradação geral, de modo limitado, é Lisboa, pensando no Limoeiro[1606], onde obras de melhoramento tinham decorrido na última década, até ao limite das próprias instalações[1607]: "Faltam casas para trabalho, pelo que estão algumas

[1605] E continua, numa descrição que se aproxima da realidade das prisões portuguesas, já referidas, do século XV: "Não há segurança, os presos fogem continuadamente; só no districto da Relação de Lisboa tem havido desde 1850 quinze arrombamentos de prisões: o que fará n'outros districtos menos policiados e seguros! As cadeias estão abandonadas na maior parte das terras. Os Governadores Civis limitam-se a mandar distribuir essa pequena verba de sustento. Os Delegados fazem uma visita por mez e lavram um auto que pouco esclarece. O carcereiro é um simples guarda, e que tem de recorrer a outro mester para se sustentar. Mas quem trata do regimen da prisão, do estado dos presos e das suas necessidades? Ninguem. A vida solta e a relaxação da disciplina é uma consequência necessária. Os presos saem peiores do que entram; longe de se reformarem, amestram-se no crime e modos de o executar. As classificações por delictos são impracticaveis. Os carcereiros e juízes de prisões é outra immoralidade. A carceragem constitui relações perigosas entre o preso e a pessoa que o vigia. Os carcereiros trocam a disciplina pelos interesses, e não póde haver moralidade com similhante systema". E remata: "É preciso acabar com taes entidades do antigo regimen, e que se não accomodam a um Governo liberal". Manuel Thomaz de Sousa Azevedo, *Relatório..., cit.*, 1857, pp. 65 e 66.

[1606] Já que a cadeia do Aljube, prisão feminina, "não merece reforma, mas deve ser substituída por uma divisão separada" numa nova prisão em Lisboa, tal como a cadeia da Relação do Porto "é um carcere horrivel", onde "os alçapões e todos os característicos de masmorra ainda ali existem" e o "typho e o escorbuto reinam (...) quasi sempre". *Idem, ibidem*, p. 70.

[1607] O discurso oficial é um pouco mais suave que os relatos autónomos, mas é igualmente duro sobre a realidade prisional e quanto às expectativas sobre a mudança, quase sempre iminente. V. por exem-

officinas collocadas nas prisões (...). Os empregados não podem morar no centro da prisão. Não há um local de passeio, onde os presos tomem ar. A humidade e a falta de luz é terrível nas enxovias. A posição no centro da Cidade é outro inconveniente. As prisões têem janellas para a rua, e por mais vigilancia que haja, os presos hão de communicar-se para fora e allucinar-se por todos os modos."[1608]

Ayres de Gouveia não deixará de corroborar este panorama. Tendo visitado várias cadeias nacionais entre 1859 e 1860, no seu relato o Limoeiro, onde "628 desgraçados povoavam essas masmorras", merece-lhe um diagnóstico singelo: "tudo, tudo é horrivel e sob todos os aspectos: mau o local, infame o edificio, torpe a administração".[1609] A poucos metros, na cadeia do Aljube, estariam, em Outubro de 1859, 33 mulheres e "tres rapazelhos seminus", no piso inferior, estes "immundos e estupidificados". Da cadeia da Relação do Porto, que visita em Abril de 1860, e nas prisões de Braga e Coimbra, recolhe impressões idênticas.[1610] E, noutro

plo o extracto do *Relatorio do Procurador Geral da Corôa* de 28 de Setembro de 1854 sobre a cadeia do Limoeiro, visto no ANTT, MNEJ, mç. 370, nº4, destacando as obras feitas no Limoeiro e no Aljube, bem como a "boa ordem e regularidade das enfermarias" e o trabalho desenvolvido nas "Officinas do Limoeiro", onde se introduziram "novos misteres", aumentando-se o número de presos a trabalhar. Este trabalho poderia ser, contudo, "mais productivo e ampliado ao principio pelo Governo", caso um novo estabelecimento fosse construído. Por outro lado, "a agglomeração dos prezos por não serem mandados os degrados [sic] para os respectivos destinos" impede o "desenvolvimento do trabalho e torna a Cadêa insalubre". A sobrelotação do Limoeiro em virtude da não execução das penas de degredo volta a ser referida no relatório equivalente apresentado a 9 de Abril de 1856, o que continua a impedir uma boa organização do trabalho na cadeia, não havendo espaço para melhorar as oficinas.

[1608] Manuel Thomaz de Sousa Azevedo, *Relatório..., cit.*, 1857, p. 67.

[1609] A. Ayres de Gouvêa, *Resenha..., cit.*, p. 349.

[1610] "Em Portugal não se dá trabalho ao prêso e em muitas prisões não se lhe dá comida nenhuma! Isto é crível? Se a caridade particular, se algumas camaras, se algum instituto de piedade lhes não acode com o magro caldo, ai d'elles! Este é d'aquelles factos que não têm commentos. Ainda outro; ao sabbado é permittido ao prêso communicação carnal com mulher!... e juncto a seus companheiros!!...", escreve *idem, ibidem*, p. 352. Efectivamente, a alimentação e mesmo o vestuário mais básico dos presos sem meios para se sustentarem esteve exclusivamente, como se viu, na dependência da caridade, institucionalizada em grande medida nas Misericórdias, pelo menos até ao regulamento de 1843 (e, na prática, mesmo muito depois), e as visitas das respectivas mulheres a presos casados era uma prática habitual e lícita, não sendo proibida pelos regulamentos – sobre esta alimentação dos indigentes, baseada nos caldos de legumes e no pão, com pouca carne e algum peixe ocasional, e a sexualidade, a permitida e a proibida, dos reclusos na Cadeia da Relação do Porto ao longo do século XIX, v. o estudo de Maria José Moutinho Santos, *A sombra..., cit.*, pp. 230 a 264. A liberalidade apercebida nas prisões nacionais em relação às visitas conjugais contrasta, segundo a autora, com os regulamentos prisionais de outros espaços europeus, expressos

momento, vai mesmo acentuar a sua crítica, destinada naturalmente também a forçar a comoção pública de modo a erguer a penitenciária.[1611-1612]

Tempo passado, num texto de 1877, retrata-se ainda o mau panorama pré-penitenciário dos cárceres da capital, Limoeiro e Aljube, ainda espaços de detenção de homens e mulheres respectivamente: "Nem um nem outro esta no caso de encerrar individuos, nas condições em que devem estar os presos. Ali não ha accommodações para o indispensável isolamento, que devem ter certos indivíduos. Os pronunciados e os condemnados, estando todos misturados, as cadeias longe de serem logares onde mais tarde ou mais cedo venha o arrependimento, são uma escola perfeita de depravação moral (...)".[1613] O médico Joaquim Namo-

em proibições nessa matéria. Por Portaria de 11 de Novembro de 1853, a "ração" de pão atribuída aos presos indigentes na cadeia da Relação do Porto é aumentada em mais dez onças diárias, "nos termos da vistoria feita pelos peritos á comida dos presos", consoante o pedido feito pelo Procurador Régio naquela Relação.

[1611] "Portugal não alimenta o preso, não o veste, não o instrue, não o educa, não o moralisa! De que servem, pois, as cadeias entre nós? De reter ao menos os malfeitores, os scelerados? Nem siquer isso. Hontem em Beja, hoje em Vizeu e todos os dias soa de todos angulos do paiz notícia de haverem escapado, não um ou outro, se não ás duzias e dos mais aterradores facinorosos! (...) A obscenidade ultrapassa ahi, quanto é dado traçar no espirito, excitada pelas bebidas, pelo nosso clima mais ardente, pela maior devassidão e pela permissão do carcereiros", assinala Gouvêa em *A reforma...*, *cit.*, pp. 86 a 88.

[1612] Um romance de 1849, com grande divulgação à época e ao longo do século, é o devido ao frade franciscano e jornalista João Cândido de Carvalho, *Eduardo ou os Misterios do Limoeiro*, 2 tomos, Typ. da Revolução de Setembro, Lisboa, 1849, por onde o quotidiano desta cadeia – e o jargão dos presos –, onde o autor esteve preso, e a prática judicial do tempo podem ser totalmente apercebidos. Um exemplo, quando Eduardo se dirige ao juiz da prisão, de modo a obter a alimentação fornecida: "Eduardo achando-se sem meios para subsistir, foi ter com o juiz, e pediu-lhe, que lhe abonasse a caridade para o dia seguinte.

– Então você não tem familia?

– Não senhor.

– É vadio.

– Não senhor, não sou vadio.

– Estes pelintras, redarguiu o juiz, sugeitam-se a serem presos, a passarem por onde todos nós passamos, e não sabem *cardar*, de sorte quando a *fusca* lhe lança os *gadachins* elles possam *piar* a garnel.

– Eu não entendo o que o senhor está dizendo.

– Por você não entender é que está tão embaixo; se fôra um *bom filho* ou ao menos um *filho do golpe* não havia precisar essa agoa çuja com *balharotes*. Entretanto eu digo logo ao meu escrivão, que o meta no mappa para ser abonado ámanhã" (I, pp. 135 e 136).

[1613] Joaquim António de Oliveira Namorado, *Algumas Considerações sobre a Casa de Correcção e Cadeias Civis de Lisboa*, Imprensa de J. G. de Sousa Neves, Lisboa, 1877, p. 14.

rado, responsável pela saúde nas cadeias de Lisboa, não tem dúvidas de que a "hygiene conspira poderosamente contra um tal systema de prisão, quem sem injustiça deve ser considerado de *homicida*, tanto no sentido physico como moral e intellectual."[1614] A anunciada nova Penitenciária de Lisboa, distante de poucos anos, permite-lhe no entanto ser mais optimista para o futuro, até porque "as cadeias devem ir desapparecendo ao passo que as escolas se multipliquem", num conhecido aforismo atribuído a Victor Hugo.[1615] Também Adelino António das Neves e Mello, em 1880, oferece um retrato do Limoeiro, salientando aqui as suas "soffriveis condições hygienicas"[1616], mas necessariamente num relato pontuado pelas referências à "immoralidade das conversações", aos "vergonhosos vicios", às "ignobeis relações e ciumes", à "decadência moral"...[1617] A presença de crianças detidas em conjunto com adultos, num cenário de existência de casas de correcção em Lisboa apenas após 1871 e, no Porto, em 1902, é também um dos elementos do ambiente prisional.[1618]

Após a abertura da nova Penitenciária de Lisboa, a prisão do Limoeiro continua em funcionamento, seguindo muito do estipulado no regulamento de 1843. Com a entrada em funcionamento da prisão celular, deveria passar a destino preferencial dos condenados a prisão correccional e detidos por transgressões e não, em regra, para os condenados a penas maiores, que deveriam ser cumpridas em regime celular ou na sua alternativa de degredo.

[1614] "Tocqueville faz notar que *uma prisão não é um hospital*, e que *os criminosos são encerrados não para seu bem estar*, mas para serem punidos e reformados. Moreau Christophe vae mais longe quando avança que *tudo o que se póde exigir de uma prisão é que não mate*. Ora acima de todas estas estas opiniões está o medico, que, como sacerdote da hygiene, deve aconselhar medidas que a sciencia recomenda (...) Bem basta que se lhes tire a liberdade, e muitas vezes se lhes roube a esperança!" – *idem, ibidem*, p. 15.

[1615] "Todos sabem que estes edificios não foram adaptados ao fim a que estão destinados; portanto o melhor expediente é remover os presos para outro edifício preparado d'antemão com esses intuitos; e felizmente que esse pensamento está em via de execução, a qual para honra do seculo e em nome da civilisação, deve ser o mais rapida possivel" – *idem, ibidem*, p. 16.

[1616] Mesmo tomando em consideração, por exemplo, que nas enxovias sustentavam os presos "grande numero de pombas e coelhos, o que dá a este logar um aspecto pittoresco, mas pouco em harmonia com a disciplina"... – Adelino António das Neves e Mello, *op. cit.*, p. 78.

[1617] *Idem, ibidem*, pp. 76 a 79.

[1618] "Não podiamos ficar tambem indifferentes perante o triste espectaculo com que se depara ao visitar as nossas cadeias, vendo a criança de 10, 12 e 15 annos que praticou leves ataques á propriedade em convivio com os criminosos da peior especie, de sentimentos depravados e educados na escola do crime e da devassidão", escreve em 1894 António Ferreira Augusto, *Alienados Criminosos...*, *cit.*, p. IX.

O Limoeiro é também, no entanto, um espaço habitual de detenção de reclusos em trânsito em variadas situações, o que se manterá após 1885: remetidos das demais comarcas e a aguardar entrada na Penitenciária ou envio para degredo; presos preventivos; detidos à ordem das autoridades administrativas; reclusos saídos da Penitenciária, finda a pena maior celular, e a aguardar remessa para degredo complementar; condenados a cumprir pena de prisão correccional em alternativa a uma multa que não fora paga, mesmo após o cumprimento de pena de prisão, entre outras situações.[1619]

Como se viu também atrás, olhando os dados existentes sobre as presenças nas cadeias civis de Lisboa em contexto pré-penitenciário a meio do século, é um facto que apenas uma parte muito reduzida dos seus ocupantes ali se encontraria a cumprir uma pena de prisão: a grande maioria aguardava ainda sentença, um grupo relevante aguardava envio para degredo.[1620]

E também a duração da pena de prisão decretada como tal ali cumprida não seria longa, uma vez que estaria essencialmente em causa a prisão correccional,

[1619] Tomando novamente os livros de registo de entrada do Limoeiro em diversos anos, existentes no AHDGRSP, no Estabelecimento Prisional de Lisboa, pode confirmar-se a variedade de situações que determinam a reclusão na cadeia civil de Lisboa (reproduzem-se algumas imagens destes livros em anexo – Anexo 9). Os elementos recolhidos sobre os reclusos são francamente semelhantes ao longo de décadas. Cotejando livros datados de 1840, 1890, 1920 e 1930, verifica-se que, sendo relativamente sintéticos os registos, se concentram na identificação e caracterização física sumária do recluso, referência à entidade que ordena a prisão (e a soltura) e, nem sempre, a menção ao crime praticado, sendo ainda anotadas as referências ao dever de manutenção do preso como "incomunicável", quando aplicável, pela autoridade que ordena a prisão (como no caso do preso J. M. de L., entrado no Limoeiro em 12 de Outubro de 1840, para o qual não é referenciado o crime praticado – v. Livro de registo de entrada do Limoeiro, AHDGRSP – FCL, livro cota 388, folha 7). A reincidência ou não na prática criminosa é também anotada, sempre que possível.
A determinação da entrada e especialmente da soltura da prisão é de facto matéria delicada. Em 1918, os escrivães dos tribunais criminais passaram, em Lisboa e Porto, a poder assinar estas ordens, com base em despacho prévio (v. artigo 9º do Decreto nº 3978, de 25 de Março de 1918). Perante alegados "abusos", vai mandar-se zelar expressamente pela existência deste despacho, do juiz ou do delegado do Procurador, que ateste efectivamente uma ordem de soltura da cadeia, pela Portaria nº 3980, de 10 de Abril de 1924. Novamente em 1926, tendo em conta que "há por vezes enormes dificuldades em averiguar da situação e existência dos processos crimes que motivaram o internamento de determinados presos (...)" nas cadeias civis de Lisboa e Porto, vai-se prescrever ainda maior exigência nos registos dos presos, desigadamente dos presos preventivos quando regressassem à prisão após julgamento (Portaria nº 4771, de 30 de Novembro de 1926).

[1620] Tiago Pires Marques, *Crime e castigo...*, *cit.*, p. 65, com base nos dados consultados, assinala, para o período entre 1858 e 1870: "(...) a percentagem dos presos entrados para cumprir pena de prisão situou-se nos 7% a 8%. Entre 55% e 65% dos presos estavam em fase de processo, enquanto 28% a 38% aguardavam ser transportados para as colónias (...).", dados que mantêm a tendência anterior.

sendo o degredo a condenação por excelência e a pena em que se convertiam outras, designadamente por comutação da pena ou pela conversão a promover de acordo com as reformas de 1867 e de 1884, como os trabalhos públicos, a pena de morte e a própria prisão celular.

Mantinha-se ainda assim a tradição da curta duração das penas de prisão cumpridas no Limoeiro, que pode ser aferida pelos dados disponíveis nos livros de assento de presos. De facto, uma reclusão demorada no Limoeiro parecia poder estar destinada a todos os demais presos, menos aos efectivamente condenados a penas de prisão. Anteriormente ao regime penitenciário, em meados do século, em torno do Código de 1852, mais uma vez se reitera: era-se frequentemente preso, mas raramente condenado a pena de prisão; e, quando condenado, a prisão seria de curta duração. Assim, de uma amostra de 280 condenados entrados no Limoeiro, num período de 12 meses, nos anos de 1851, 1853, 1854 e 1855, apenas 24 deles foram condenados a penas de prisão, contrastando com os 232 condenados a degredo.[1621] Nestas 24 penas de prisão, decretadas pelos juízes dos distritos criminais de Lisboa, descobre-se ainda uma duração máxima de 30 dias, sendo mais comum a prisão por 3 dias, 6 dias ou 12 dias.[1622] A orientação em torno da prisão como pena preferencial é a partir de 1852 configurada na lei penal, mas o atraso no estabelecimento da prisão penitenciária e as alternativas legais que fixavam na prática a condenação a degredo levará a que penas de prisão de duração alargada apenas sejam uma realidade muito posterior. Esta prisão de duração até 30 dias, a única decretada nos períodos consultados, apesar de a fonte verificada não o indicar, remete basicamente para a prisão como pena fixada por violação de regras administrativas, como posturas municipais, prevista no artigo 489º do Código Penal de 1852.

Já em 1896, um dos ocupantes do Limoeiro, o republicano Faustino da Fonseca, de 25 anos, jornalista e director da *Vanguarda*, deixa um retrato da sua curta permanência na prisão, condenado por abuso de liberdade de imprensa.[1623] A sua

[1621] V., no fundo do "Limoeiro – Cadeias Civis Centrais de Lisboa", os livros de assento de presos (homens), nº 355, cota 2-49-D (de 12 de Junho de 1851 a 30 de Agosto de 1853) e nº 442, cota 2-51-C (de 31 de Agosto de 1853 a 21 de Fevereiro de 1856).

[1622] Nos registos relativos a estas 24 condenações é pouco frequente a referência ao crime praticado – quando esta surge, verificam-se os crimes de "assuada" (1851: 1 caso) e de injúrias (1853: 2 casos).

[1623] Consultou-se a segunda edição, quase imediata – Faustino da Fonseca, *Trez mezes no Limoeiro, cit.*. O director da *Vanguarda* foi condenado por abuso de liberdade de imprensa numa querela envolvendo a Câmara Municipal de Lisboa, apodada de não pagar as suas dívidas e não honrar os seus

presença no Limoeiro[1624] foi, apesar de tudo, mais confortável que a de muitos outros. Beneficiava de um cárcere individual, pago, onde alguma privacidade era assegurada: "A minha *cella* media 3,75 m de comprimento, 2,70 m de largura, 2,30 m de altura. Só a cama occupava quasi um terço! (...) Ao menos as paredes estavam brancas e o chão lavado. A janella dava para o Tejo."[1625] Para além do seu quarto, beneficiava de acesso a um espaço, comum aos demais nas mesmas instalações *privadas*, onde se dispunha de água e de "uma chaminé onde cada um prepara a comida como lhe apraz".

O despertar para os quatrocentos reclusos é às sete horas da manhã. Na sala de banhos, uma "enorme casa abobadada, desabrigada e fria, atravessada por correntes de ar", Faustino da Fonseca paga a um dos guardas para obter a tina mais longínqua da janela e rodeá-la "de uma especie de tenda, formada por lençoes (...)." Às sete e meia, a hora do pequeno-almoço, significa a romaria dos presos à cozinha, onde recolhem a refeição, comida nas celas. E às oito horas a prisão abre-se ao exterior – é a hora da entrada das visitas, que podem do pátio falar aos presos "das enxovias" através de grades.

Um dos presos mais antigos é o barbeiro da prisão e faz a barba a Faustino – "Traz na mão a sua loja, uma pequena caixa de madeira com as navalhas, pincel, afiador, etc. (...)". A sineta avisa o início e o fim da hora das visitas aos presos dos *quartos*, situados nas águas furtadas, com dois toques separados por quinze minutos. Mais tarde, um toque anuncia o vinho – "Os presos (...) vão á grade receber em garrafas numeradas os quatro decilitros diarios que teem licença para comprar". Novas refeições repetem-se às três e às seis da tarde. Uma contagem de presos no pátio, o *ponto*, repete-se duas vezes por dia, à tarde e ao princípio da noite.

compromissos, a propósito da subscrição nacional, que se segue ao Ultimato de 1890, para a compra de navios para o Ministério da Marinha.

[1624] Sobre a cadeia da Relação do Porto e a cadeia do Aljube desta cidade no mesmo período, v. *v. g.* Domingos Lopes Figalgo, *Impressões de uma visita ás cadêas do Aljube e da Relação do Porto (Hygiene)*, Papelaria e Typographia Morgado, Porto, 1899, onde se descreve um estado lastimoso dos edifícios e da acomodação dos presos. O Aljube, cadeia de detenção policial, tem duas salas, onde, numa delas, "entram honestos, assassinos, ladrões, falsarios, salteadores, devassos, criminosos natos e criminosos de occasião, velhos, adultos e creanças: na outra mulheres honestas e prostituidas, de todas as edades, e de todas as matizes criminosas" (p. 37). Na cadeia da Relação, "monumento de pessima, e incomprehensivel architectura, e da mais redonda anti-hygiene" (p. 45), encontra presos, sujos e em excesso, em plena ociosidade, uma vez que, afirma, "o trabalho é voluntario", alimentados essencialmente a broa e caldo, num "meio proprio para fazer medrar a devassidão e deperecer a vitalidade" (p. 55).

[1625] Faustino da Fonseca, *Trez mezes no Limoeiro*, *cit.*, p. 10.

A possibilidade de *pagar a diferença* na execução da pena de prisão é uma constante da prisão em comum – a igualdade na aplicação da pena, conteúdo essencial do quadro constitucional liberal, não abrange a sua execução. Presos pobres veriam sempre a sua estadia na prisão endurecida; presos financeiramente sustentados podiam comprar condições de alojamento e de regime francamente mais favoráveis, o que apenas a "cientificidade" da execução de uma pena na prisão penitenciária irá alterar.

Faustino da Fonseca reporta ainda outros dados do quotidiano da prisão. Os presos trabalham se quiserem, aprendem a ler pelo método de João de Deus[1626] e dormem nas enxovias[1627] em *bailiques*, pranchas de madeira fixadas à parede num dos lados, articuladas, armadas apenas para a noite e recolhidas durante o dia. Em compartimentos próximos das enxovias alojam-se também os juízes da prisão – que vendem aos presos "pão, chá, assucar, peixe frito, etc.". No mobiliário da prisão, o bailique sucede às meras enxergas e às tarimbas, estrados de madeira no chão, mas não as substitui por completo.

Mendes Correia reproduz, já em 1913, excertos de uma carta de um condenado à prisão na Cadeia da Relação do Porto, um carteirista espanhol que vivia há vários anos em Portugal, que fora intitulada pelo seu autor de "Oito dias de captiveiro na cadeia civil do Porto – Horrores, necessidades e propostas".[1628] Nela também se descreve o "encarregado da prisão a quem vulgarmente chamamos *Senhor juiz*" como uma figura que apenas denota "perversidade e orgulho" e que gere um espaço da prisão onde "se vende pão, tabaco, café (*Móca*), bacalhau, e outros generos ordinarios e em mesquinhas quantidades".

Pelo seu relato, conhece-se a sala onde estava alojado, de "dez metros de comprimento por seis de largura". Neste espaço haveria 28 *bailiques*, as tarimbas suspensas da parede, e ainda cerca de 80 enxergas que se espalhavam pelo chão, leitos ainda insuficientes para todos os presos. Uns e outras eram preparados pelos presos antes da hora de deitar. As duas janelas gradeadas na parede eram fechadas à noite. Num canto localizavam-se duas sanitas, com "duas portinholas comparadas ás de um turil de praça de touros", e uma "pia toda imunda". Os presos deitavam-se à instrução do juiz, acompanhada de uma campainha e do dever de silêncio, e acordavam ao seu grito de "léva acima".

1626 V. *idem, ibidem*, p. 29.

1627 Segundo nota, as enxovias tinham dimensões e características distintas, conforme se conclui igualmente através das tabelas de distribuição dos presos. Pelas medidas que refere de algumas salas, descobrem-se áreas de 134,49 m^2, 231,55 m^2 e 205,01 m^2, sempre com mais de 5 metros de altura.

1628 V. Mendes Corrêa, *Os criminosos portugueses..., cit.*, pp. 249 a 252.

Um dado que parece provável: os presos deste período temem a Penitenciária e o seu regime permanente de isolamento celular.[1629] No Limoeiro, apenas os castigos são cumpridos em isolamento, em salas próprias – o *segredo claro*, o *segredo escuro* e a *casa forte*. O "segredo claro" é uma sala pequena, em pedra, com duas aberturas sem qualquer protecção, por onde o vento, o frio, o calor, entram de forma contínua. O castigado aí é posto a dormir, numa cama dada ao princípio da noite, mas retirada a meio da madrugada, obrigando-o assim a deitar-se no chão. A "casa forte" é um outro espaço de isolamento, no último piso do edifício, com uma janela sem qualquer protecção, excepto grades. No entanto, o castigo mais rigoroso é cumprido no "segredo escuro", um quarto de isolamento apenas com uma pequena fresta.

Esta imagem do Limoeiro como "escola" de crime, que representa também o contraste entre a prisão em comum e a prisão celular, é acentuada pela ideia, documentada e publicitada, de se assistir a uma "escalada" criminal, que se generaliza entre o final do século XIX e o início do século XX, em que a prisão, executada nos moldes tradicionais, segue sendo vituperada.[1630]

A vida nas cadeias das comarcas, fora dos grandes centros urbanos, seria necessariamente mais tranquila, o que não significa, por si só, mais confortável. Eram por vezes cadeias que se mantinham em funcionamento ao longo de séculos, nada mais do que masmorras para o encerramento imediato dos suspeitos, a que a degradação chegava com maior ou menor intensidade[1631], o que também não havia passado despercebido a Howard ainda no século XVIII.[1632]

[1629] Contando a história de um outro preso, escreve: "Este homem tinha grande medo da Penitenciaria, medo que vi manifestar a todos. Demais já estivera lá cumprindo sentença e receiava o rigor applicado aos que entram pela segunda vez." Em todo o caso, foi na Penitenciária que aprendeu "officio de funileiro e saiu sabendo ler e escrever" – *idem, ibidem*, pp. 56 a 58.

[1630] "A imprensa diaria da capital tem-se occupado de assumptos de ampla magnitude e alta transcendência politica e social (...) mas (...) ainda não se lembrou (...) de investir contra esse ninho de ratos imundo e imoral que se chama o Limoeiro", escreve-se no vol. I da *Galeria de criminosos celebres em Portugal..., cit.*, p. 168. Esta publicação, editada até 1908 com a colaboração de diversos criminalistas, em que se destaca Ferraz de Macedo, ao longo de sete volumes, retratará o crime em Portugal através das histórias de vida dos seus intérpretes mais salientes, vários deles ao tempo a cumprir pena, numa linha ainda devedora de uma explicação bio-antropológica sobre o criminoso, mas em que já se afirmam as correntes novas da sociologia criminal.

[1631] Por Portaria de 24 de Maio de 1844 determina-se que a transferência de reclusos "em processo" entre cadeias, motivada pela falta de segurança das instalações, possa ser efectivamente ponderada e justificada, deixando entrever a pressão das cadeias locais sobre as cadeias das Relações de Lisboa e Porto. Com a transferência do preso, que deveria ser mediada pelo Ministério Público, transfe-

Em 1869, pela pena do ministro Luciano de Castro, chega a fazer depender-se a sobrevivência de julgados, num contexto de uma pretendida supressão dos juízes eleitos localmente, de existirem edifícios capazes de albergar o tribunal e, o que é notório, "cadeias de detenção dos accusados, cumprimento de pena de prisão, e guarda de presos em transito de uma para outra comarca". Obras de melhoramento ou de construção de novas cadeias deveriam apenas verificar-se estando de acordo com um plano aprovado pelo ministério da Justiça, o que não era, aliás, uma regra nova.[1633]

A demolição da cadeia comarcã de Santo Tirso em 1915 leva a que José Coelho de Andrade publique uma pequena história do estabelecimento, demolição que reputa, aliás, de totalmente justificada, já que "o processo de reprimir a criminalidade tem de ser por completo reformado", na sua perspectiva, em linha com o seu tempo, através da substituição das cadeias antigas por colónias penais agrícolas, já que "a detenção em comum é defeituosa, é anti-hygienica; e o isolamento provoca as depressões moraes que desgraçadamente enlouquecem os prisioneiros"[1634] – um manifesto regional totalmente contemporâneo perante as reclamações dos doutrinadores da época.

Com a demolição da cadeia que esteve em funções entre 1860 e 1915[1635], no centro da localidade, descobre-se, aliás, no mesmo local, a antiga cadeia medieval

riam-se também responsabilidades, dispêndios e riscos. O mesmo sentido se descobre na Portaria de 18 de Setembro de 1850. A maior dificuldade estava nos detidos que pretendiam acompanhar o seu processo em recurso à sede das Relações, devendo manter-se em reclusão até ao trânsito em julgado da decisão. Novamente, pela Portaria de 25 de Abril de 1853, se descobre a mesma preocupação em conter a sobrepopulação das cadeias de Lisboa e Porto, no caso pensando nos condenados a trabalhos públicos, alojados em reclusão, que deveriam ser entregues às "Authoridades administrativas a que pertecerem (...) a fim de que deixem de accumular-se inutilmente nas cadeias da Relação".

1632 "I found more attention paid to prisoners, and the prisons kept cleener, in the *capitals* of Portugal and Spain, than in the *provinces*" – John Howard, *Appendix...*, *cit.*, p. 110.

1633 Artigos 1º e 4º do Decreto de 28 de Dezembro de 1869. De acordo com o diploma, os juízes ordinários deveriam também ser pagos pelas câmaras municipais. V. também a Portaria de 20 de Setembro de 1859.

1634 José Coelho d'Andrade, *op. cit.*, pp. 5 e 6.

1635 A sua construção foi objecto expresso da Portaria de 20 de Setembro de 1859, que determinava que as câmaras municipais, pretendendo iniciar a construção ou levar a cabo obras relevantes em tribunais ou em cadeias comarcãs, deveriam sempre consultar previamente os "directores de Obras Publicas" dos distritos respectivos, de forma a serem verificadas as condições e adequação das construções em causa, bem como remeter as plantas dos edifícios e outros elementos ao ministério da Justiça. Tal justificava-se no diploma, designadamente, pelas exigências já então reconhecidas como necessárias para as infra-estruturas prisionais e que deveriam ser acauteladas também nas cadeias da responsabilidade dos municípios.

– uma sala no rés-do-chão, para homens, e uma sala no primeiro andar, para mulheres, comunicando entre elas por um alçapão, fechado à chave, no qual se colocaria uma "escada de vindima".

A nova cadeia municipal passava assim, começada a segunda metade do século, a cumprir as suas funções e recebia mesmo logo em 1902 – outro sinal dos tempos – um posto antropométrico. Mas todos os presos eram guardados apenas por um carcereiro.[1636] Simultaneamente albergava presos em trânsito, cujo destino final seria, habitualmente, a cadeia da Relação do Porto, mas também condenados que ali cumpriam a sua pena, num universo que não excederia anualmente algumas dezenas.

Até à segunda metade do século XX, este modelo de cadeia comarcã associada directamente ao tribunal continua em funções em várias localidades[1637], como ainda hoje é possível atestar pelos edifícios que pontuam diversas terras, mesmo que com novos usos. Tipicamente, o piso térreo apresenta as janelas gradeadas, que correspondiam ao espaço de detenção, enquanto o andar superior pertencia ao espaço de julgamento. Uma descrição impressiva deste espaço é-nos aliás dada por José Cunha Rodrigues, num texto de memórias recente, pelo qual se verifica quão parca por vezes é a distância entre as práticas que se remontam medievais e apenas medievais e um passado próximo que se pretende sempre quase "moderno".[1638]

[1636] Em 30 de Março de 1844, segundo relata o autor, o carcereiro da prisão na altura, Manuel José da Cunha, alfaiate, terá sido preso, por ordem do juiz, em virtude da evasão de um dos seus presos – *idem, ibidem*, p. 8. Dá conta também de um carcereiro, António José de Sousa Friães, que terá desempenhado tal ofício no longo período entre 1867 e 1913, data da sua morte, com breves interrupções, enquanto era também barbeiro e, nos últimos anos de vida, proprietário de um café.

[1637] É referenciada por Tiago Pires Marques a aprovação pelo Ministério das Obras Públicas de um projecto para um edifício em Ponta Delgada que deveria albergar a cadeia e o tribunal, em 1863, onde não só se previa a existência de "segredos" como de habitações quer para o carcereiro quer para o director da prisão, bem como de "celas de correcção" e de espaços de trabalho, numa mescla de espaços e funções tradicionais com as exigências da modernidade punitiva – v. *Crime e castigo...*, *cit.*, p. 63.

[1638] Reproduz-se parte do texto, pelo interesse de que se reveste, no relato de um episódio em que o tribunal se depara com um preso alegadamente perigoso: "Um edifício de boa traça em ruínas. O soalho da sala de audiências, esburacado, permitia ver o piso térreo, uns bons metros abaixo. Era a cadeia da comarca. Uma cela para reclusos que suscitavam especiais cuidados; uma grande sala para os outros. Era o tempo da emigração clandestina. As audiências duravam até altas horas e a cadeia enchia-se de homens que mais não tinham feito que procurar terra-mãe onde pudessem ganhar o sustento de cada dia. Terminado um julgamento, o oficial de diligências acorria a uma das aberturas do soalho e convocava o réu seguinte com uma eficácia que dispensava tecnologias. «Manel, pede ao senhor Amílcar que te abra a porta, que chegou a tua vez». Em segundos, o Manel

Em 1936, a Comissão das Construções Prisionais constituída para delinear e acompanhar a execução do grande programa de reforma prisional então estabelecido, depara-se com a mesma realidade, que lhe aparece como "um dos mais escandolosos males nacionais", feito da exposição de presos à vista do público "pedindo esmola ou dizendo inconveniências" e de diversas limitações de higiene e segurança, em particular pensando nas cadeias comarcãs, totalmente incapazes então de assegurar minimamente o regime prisional que se previa.[1639] Do ponto de vista da sua capacidade concretizadora, o debate nacional das décadas anteriores em torno do ideal penitenciário fora afinal francamente circunscrito nas suas conquistas, surgindo neste confronto com a realidade apenas como ostensivamente prolixo e tristemente proclamatório.

irrompia na sala de audiências, tímido e colaborante. (...) Foi nessa mesma comarca que aconteceu um episódio invulgar. Ramada fora declarado inimputável perigoso e aguardava, na masmorra, há muitos meses que o viessem buscar para internamento em manicómio criminal. Ramada era homem alto e corpulento. Rolava, dia e noite, pela terra batida e irregular da cela (...). A cela, de que era o único ocupante, era um compartimento amplo que dava para a rua. Só era aberta para o essencial. O carcereiro depunha o prato de comida no chão, abrindo e fechando rapidamente a porta (...). Barras de ferro defendiam as janelas onde, há muito, tinham desaparecido os vidros. Só os mais afoitos se aproximavam. Falava-se que o preso podia investir e, com as mãos desconformes e musculadas, colar o intruso às grades" – José Narciso da Cunha Rodrigues, *Cenas da vida judicial*, in "Tribunal da Relação de Lisboa – Uma casa da justiça com rosto", Lisboa, 2010, p. 100.

[1639] V. sobre as limitações verificadas pela Comissão nos edifícios e no regime em especial das cadeias comarcãs, José Beleza dos Santos, *Relatório sobre os estabelecimentos prisionais..., cit.*, pp. 8 a 14. A pp. 11, sintetiza-se: "Ora em todas as antigas cadeias comarcãs há camaratas, muitas em péssimas condições higiénicas e, naquelas em que existem celas ou quartos, a capacidade é excessiva ou deficiente. As suas condições de vigilância e segurança são quase sempre defeituosas e faltam celas especiais para doentes ou para aplicação de penas disciplinares, como prescreve a nova lei (...). Em muitas das cadeias existentes não há casa de trabalho e espaço bastante para que os reclusos possam ter durante o dia o necessário exercício ao ar livre, uma e outra coisa agora obrigatórias (...)". E, adiante, deixam-se alguns exemplos: "Há muitas povoações e dentre elas várias capitais de distrito em que a cadeia vai além do que pode tolerar-se em falta de higiene e desumanidade. Na de Castelo Branco, por exemplo, as imundices correm pelas paredes abaixo, porque tudo está velho e estragado, até os esgotos. A de Beja, não pode ser pior. Basta dizer que a enxovia é subterrânea, sem espaço, nem ar bastante. Nem tem porta para a rua; desce-se para ela por um alçapão que abre numa sala de habitação do carcereiro e depois por uma longa escada. Sucede, às vezes, que rebentam os canos de esgoto e os presos ficam com os dejectos até aos joelhos. Um médico de Beja declarou que a condenação a uma pena que seja cumprida nessa cadeia corresponde à pena de morte. A Comissão a que presido visitou-a e pode testemunhar esses factos. Quase no mesmo estado se encontram as de Aveiro, Viana do Castelo, Elvas, Soure, Vila Verde, Mêda, Silves e muitas outras" (p. 52).

§ 4º A prisão penitenciária: as regras da nova prisão

a. Tentativas de reforma das prisões em direcção ao modelo penitenciário

Em Setembro de 1821, a criação de "comissões de melhoramento das cadeias" pelas Cortes constituintes representou o primeiro indício da atenção do novo regime à temática prisional, sendo obtidos prontamente resultados práticos quanto à melhoria das condições de reclusão em algumas prisões.[1640]

A actividade inicial da comissão de melhoramento das cadeias de Lisboa, por exemplo, encontra-se descrita pelo relatório apresentado ao ministro da Justiça e enviado às Cortes constituintes logo em 19 de Novembro de 1821.[1641] Neste, é claro o estado de abandono das cadeias da capital. A comissão assegura ter visitado os "mais medonhos carceres" e, em resultado das suas visitas, melhorou-se um pouco a organização do Limoeiro, reformou-se a enfermaria[1642], vestiram-se

[1640] A Ordem das Cortes Constituintes de 13 de Setembro de 1821, depois formalizada pelo Governo em Portaria de 17 de Setembro, determina, a par da necessidade de se obstar aos "abusos" do então carcereiro do Limoeiro, a formação de "Commissões de homens bons naqueles lugares em que o Governo julgar conveniente, a fim de se examinar o estado de todas as Cadêas do Reino-Unido, e cuidar do seu melhoramento, com a declaração de poderem desde já as mesmas Commissões providenciar a este respeito, segundo convier, recorrendo sómente ás Côrtes no que depender de medida legislativa". José Manuel Louzada Lopes Subtil, *O Vintismo..., cit.*, pp. 121 e 122 e pp. 154 e 155, demonstra também o conhecimento claro que as Cortes constituintes mantinham sobre o estado das cadeias e, desde logo, sobre as inovações estrangeiras em matéria prisional. Sobre as comissões formadas em 1821, designadamente a de Lisboa, v. [Manuel Esteves de Campos], *Ensayo..., cit.*, 2º trimestre, nº 25, pp. 577 ss., José Manuel Louzada Lopes Subtil, *O Vintismo..., cit.*, pp. 146 a 153 e José Manuel Merêa Pizarro Beleza, *A pena de prisão..., cit.*, pp. 397 a 409. As comissões, iniciativa do deputado Miguel Franzini, mesmo que ao abrigo de um filantropismo revolucionário inicial, não prescindiam do impulso estadual – a nomeação dos seus membros é inicialmente feita pelo ministro da Justiça, como se vê, por exemplo, em 1823, estando na pasta José da Silva Carvalho, pelos documentos de nomeação e expediente que se encontra no ANTT, MNEJ, mç. 606, nº 9, cx. 735, onde também se dá conta da necessidade imediata de obras em cadeias diversas, como as de Castelo de Vide e Mourão. Silva Carvalho mostra também interesse pelo andamento de obras em curso em 1823 em Lisboa, no Aljube e no Limoeiro, cadeia onde, em 18 de Abril de 1823, o "cabouco aonde se ha-de levantar o muro na frente desta prizão" se encontraria aliás terminado. V. ainda, sobre as comissões de melhoramento, Paulo Pinto de Albuquerque, *Direito Prisional..., cit.*, pp. 11 a 17.

[1641] V. *Diario do Governo*, nº 291, de 8 de Dezembro de 1821. A comissão era composta por Gregório José de Seixas, João Loureiro, José Bento de Araújo, Joaquim Xavier da Silva, Manuel Ribeiro Guimarães e Miguel Setáro.

[1642] E estabeleceu uma *Regulação que interinamente se deverá observar na enfermaria do Limoeiro, para que depois de confirmada pela experiencia, possa constituir parte do regulamento geral*, que se reproduz no [Manuel Esteves de Campos], *Ensayo..., cit.*, 2º trimestre, nº 25, pp. 584 a 587.

os presos[1643]. Mas a confirmação da necessidade de uma reforma profunda é, afinal, a principal conclusão.[1644] Imbuída do novo espírito, a comissão propõe a devida separação dos presos, a sua ocupação permanente, repudia os "abusos, extorções e desmoralidades" dos guardas e dos carcereiros, bem como o conluio verificado no fornecimento dos alimentos...[1645] As Cortes e o Governo assentam nas necessidades[1646], reconhecem as urgências, tomam algumas providências imediatas, mas, em suma, verifica-se que não é possível "organizar-se já o novo regulamento da Policia das Cadêas, que deve ser o resultado das mais profundas reflexões"....[1647]

[1643] Com recurso à caridade particular e em especial ao Exército, a quem Silva Carvalho pede roupa, em 25 de Abril de 1823, "se a houver para cubrir a nudez daquelles prezos, como se tem feito em occasiões semelhantes" – ANTT, MNEJ, mç. 228, cx. 183.

[1644] Pedia-se tudo novo – ou, ao menos, poderes claros para a comissão e um regulamento prisional adequado, para começar: "(...) Se o actual estado das Finanças Nacionais nos permitisse o estabelecimento de huma Panoptica (...), este só assumpto daria eterna gloria á nossa Regenaração Politica (...). (...) Trata-se de reformar Estabelecimentos que desde a sua instituição até hoje ainda não soffreram refórma, que por sua natureza se tem mantido constantemente em crueis abusos, que existem sobre modo arreigados; trata-se de estabelecer medidas que possam prestar a huma parte da refórma do Codigo Penal; e há de por ventura arriscar-se um projecto tão digno para a Nação, e tão honroso á Humanidade, por um rasgo de penna menos considerado, deixando depois o estabelecimento do mesmo modo defeituoso (...)?" – *Diario do Governo*, nº 291, de 8 de Dezembro de 1821.

[1645] Perante a crítica dura da comissão, dirigida directamente contra si, vai aliás insurgir-se em defesa da honra o "cirurgião das cadêas" Joaquim José da Luz, em texto publicado, nomeadamente a propósito dos alegados desmandos que a comissão encontra na "despeza do Caldeirão" e a suposta desordem na enfermaria do Limoeiro – v. Joaquim José da Luz, *Defeza de hum cidadão que preza o conceito publico, de que o suppoz desabonado a commissão encarregada do melhoramento das cadeas*, Typografia Maigrense, Lisboa, 1822.

[1646] Com as dúvidas necessárias dos políticos novos em relação aos funcionários: em 4 de Dezembro de 1822, o ministro Silva Carvalho pergunta ao chanceler da Casa da Suplicação se são fundamentadas as pretensões recebidas do carcereiro do Aljube, José dos Santos Pereira e Vasconcellos, de poder contar com "hua Caza, se lhe arbitre o azeite necessario para iluminação da Cadêa, e que se lhe dê hum suffeciente ordenado". Efectivamente, em 19 de Dezembro, as suas pretensões são atendidas, passando anualmente a receber 150 mil reis – v. ANTT, MNEJ, mç. 228, cx. 183, onde se recolhe um copiador de expediente relativo às comissões das cadeias.

[1647] V. Portaria de 1 de Dezembro de 1821. No entanto, em 16 de Julho de 1821, como também anotaram José Manuel Merêa Pizarro Beleza, *A pena de prisão..., cit.*, p. 403, nota 124, e Paulo Pinto de Albuquerque, *Direito Prisional..., cit.*, p. 14, o carcereiro da cadeia do Castelo, Francisco José Alberto Oliveira, havia remetido às Cortes uma proposta de "Regulamento e regimento das Cadêas desta capital de Lisboa e que pode ser aplicavel á cidade do Porto" (AHP, Câmara dos Deputados, Secção I/II, mç. 43, doc. 18), encimada pela identificação da "nossa Regeneração politica" com a necessidade de "reformar abusos", mas rapidamente encaminhada para tratar também das despesas rea-

Novamente em 1826, dois decretos com data de 6 de Setembro vêm novamente procurar obstar às condições prisionais provindas do Antigo Regime.

Num dos decretos, que se reclama aliás dos novos ditames constitucionais da Carta, procurando estabelecer "as mais saudaveis providencias" em matéria de prisões, determina-se, reconhecendo o ambiente de "atmosfera infecta", "calabouços subterraneos", "segredos impenetraveis á luz e ao ar", em suma, "enxovias immundas e mal arejadas", a criação de novas comissões para o melhoramento das cadeias: em Lisboa, Porto e todas as "cabeças de comarcas", sendo estas últimas nomeadas pelas câmaras.[1648] Sob a alçada das comissões são colocadas todas as prisões – civis, eclesiásticas, militares – e devem aquelas apurar das suas condições de salubridade e segurança, bem como obstar aos abusos dos carcereiros, como "alugar Quartos aos presos (...) e extorquir dinheiros", e zelar pela separação devida entre presos e "detidos em custodia" e "segundo a diversidade dos sexos e a gravidade dos crimes".

lizadas com azeite... Em todo o caso, o projecto de regulamento apresentado descreve paulatinamente a "ordem regular das cadéas", divididas entre quartos particulares, salas livres, enxovias e segredos, "seguros mas não tormentosos", numa ordem gradativa de incomodidade, prendendo as mulheres ainda em cadeia separada. Os empregados da cadeia, previstos um carcereiro, um guarda-livros e 9 guardas, merecem também extensas provisões, estabelecendo os seus deveres, e designadamente fixando-se como sanções para o seu incumprimento também penas de prisão. E os presos são, aliás, proibidos de fugir, de manter armas, de provocar desordens, de atacar os guardas, de fabricar moeda... Não obstante a candura de parte das regras, elas são elucidativas dos termos da realidade prisional até aqui. Pelos despachos anotados no manuscrito, nota-se pelo menos a circulação da proposta entre as comissões de Saúde Pública, Justiça Criminal e Justiça Civil até Julho de 1822.

[1648] As comissões de Lisboa e Porto vêem os seus nove membros ser designados nominalmente pelo decreto. A par destas comissões territoriais, funcionou também em Lisboa uma Comissão Central, a quem caberia receber as participações e informações das demais comissões, e elaborar um relatório geral para todas as cadeias do Reino, onde constassem igualmente as suas recomendações. Em 1834, Francisco d'Almeida, *op. cit.*, pp. 6 e 7, indica: "Em 1822 e 1826 pretendeo o governo melhorar o estado das prisões; forão para esse fim nomeadas diversas commissões, as quaes apresentárão (especialmente em 1822) alguns trabalhos dignos de muito louvor: consta-nos mesmo que algumas das medidas propostas (...) tiverão um principio de execução. Forão porem de breve duração aquelles melhoramentos, e os homens a cujo saber e zelo elles erão devidos forão substituídos por empregados de notoria incapacidade". O exercício de funções nas comissões não seria o mais atractivo dos encargos públicos – por diversas vezes, designadamente em relação à comissão central e na comissão de Lisboa, mas não só, se encontram pedidos de escusa de funções e substituições dos nomeados, alegando doença ou funções incompatíveis, como as de deputado ou par em Cortes – ou, como se anota anonimamente à margem de um documento de nomeação, "e talvez com o pretexto das Côrtes se querem eximir" – ANTT, MNEJ, mç. 161, nº 3, cx. 132.

No outro decreto da mesma data, é proibido o funcionamento das prisões "subterraneas" ou, quando situadas junto ao mar, que estivessem abaixo do nível que a "mais alta preamar", e é aqui formalmente vedado aos carcereiros o "aluguer dos quartos" ou a distribuição dos presos de forma preferencial no espaço da cadeia, cabendo ao juiz ou outra autoridade que determine a reclusão a designação do espaço que aqueles devam ocupar.[1649]

Como facilmente se antevê, a prática continuou de facto a ser muito distinta do que a lei pretendia. O modelo das comissões de melhoramento funcionou intermitentemente entre 1821 e 1827, como se comprova pelo expediente trocado com os sucessivos ministros da Justiça, e novo impulso é novamente dado com a restauração do regime constitucional. No relatório que a comissão das cadeias da cidade de Lisboa apresenta em 1835, são notórias as melhorias de circunstância que procurou levar a cabo no Limoeiro novamente desde 1833, mas as que considera como grandes reformas inadiáveis continuam por empreender: o abandono do Limoeiro e a passagem para um edifício adequado, que se descobre, na visão da comissão, dever ser o agora desocupado convento de Rilhafolhes, cujo destino final é conhecido; o aumento e a atribuição regular de ordenado aos carcereiros e demais pessoal, reduzindo a sua tendência para o abuso e para a corrupção; e a feitura de um regulamento prisional, claro e completo, que sirva "para os empregados e para os presos", que surgiria apenas em 1843.[1650]

No ano seguinte, nenhuma destas ambições fora correspondida. Em contrapartida, por mais de uma vez se encontram disposições procurando defender a "segurança e commodidade" das cadeias dos diversos distritos, através da reali-

[1649] Versões manuscritas dos dois decretos estão no ANTT, MNEJ, mç. 161, nº 3, cx. 132.

[1650] José Joaquim Teixeira *et al*, *Relatorio resumido dos trabalhos da commissão das cadeias da capital desde a sua instalação até ao fim do mez de Septembro de 1835*, Typographia de Luiz Maigre Restier Junior, Lisboa, 1835, pp. 11 e 12. Esta nova comissão da cidade de Lisboa fora constituída em 1 de Janeiro de 1834 e era composta por José Joaquim Teixeira, que presidia, Manoel Ribeiro da Silva, António Pretextato de Pina e Mello, Pascoal José de Moura e Manuel Ribeiro Guimarães, este como seu secretário. O interesse da comissão pelo convento de Rilhafoles como alternativa ao Limoeiro chegou a ser apresentado por diversas vezes neste período ao Governo e o antigo convento, segundo o relatório, foi objecto de apreciação por arquitecto, sendo todos de parecer que aí se faria "uma excelente Cadeia". Em 1848, nascia ali um hospital psiquiátrico. Data também deste período de intervenção da comissão a construção definitiva de um muro separando as janelas das enxovias do Limoeiro do contacto com a rua, bem como a transferência dos presos na cadeia de Belém (definitivamente encerrada em 1838) e das mulheres detidas no Aljube para a cadeia do Limoeiro, permitindo esta mudança, transitória, reduzir os gastos naquelas cadeias, designadamente os gastos com o "caldeirão", as despesas feitas em géneros alimententícios, salários e na manutenção da cadeia (p. 11).

zação obrigatória de obras necessárias nas prisões[1651] e da transferência de presos para cadeias mais seguras, em função da "continuada evasão de presos" que se verificaria.[1652]

No entanto, a procura de alternativas ao Limoeiro, enquanto espaço físico e enquanto modelo de encarceramento, não fora abandonada. A primeira tentativa de criação de uma instituição baseada num ideal penitenciário, gorada, data de 1839, com a "casa de correcção" que se procurou instalar no antigo convento de Xabregas, mas ainda sob um modelo de "casa de trabalho". Prevendo a existência de encarceramento celular e um regime de silêncio, teria também a particularidade de ser gerida por uma empresa de grande dimensão – a Companhia de Fiação de Tecidos Lisbonense –, com quem o Estado contratualizaria o seu funcionamento, a troco do trabalho prisional.[1653]

Pela Lei de 29 de Julho de 1839, o Governo foi autorizado a estabelecer o referido contrato, arrendando por 15 anos o "edificio e cêrca do extincto Convento de Xabregas". Em Decreto de 13 de Agosto seguinte, que visava instituir a casa, em edifício separado do da Companhia de Fiação e Tecidos Lisbonense, esta é designada expressamente como "casa de correcção e trabalhos ou Penitenciaria", devendo acolher condenados a "trabalhos públicos ou a outras penas que alli possam ser expiadas", bem como mendigos, vadios e ociosos, tendo em conta a "existência de semelhantes Casas (...) em outros paizes"[1654]. Como é notório, procurava

[1651] V. Circular de 6 de Agosto de 1836 dirigida aos Governadores Civis.

[1652] V. Portaria de 20 de Agosto de 1836, onde se determina a transferência de presos cujos processos ainda decorressem para as "Cadêas proximas que mais seguras forem, ou para as da mesma Relação no caso de absoluta necessidade, combinando assim a devida segurança dos presos com a continuação dos processos nos termos das Leis".

[1653] V. também Tiago Pires Marques, *Crime e castigo...*, *cit.*, pp. 31 e 32. O autor assinala que as exigências financeiras envolvidas e um incêndio no edifício determinaram o abandono do projecto. V. igualmente sobre esta projectada "casa de correcção e trabalhos" de Xabregas, as considerações de Maria José Moutinho Santos, *A sombra...*, *cit.*, pp. 307 e 308, onde afirma que se pode deduzir "que os seus objectivos se distanciam dos congéneres franceses, cujo interesse para os empresários residia numa mão-de-obra dócil, mas também barata". Na casa de Xabregas, conforme se projectava, reduções nos salários pagos aos presos apenas se verificariam nos três primeiros anos de funcionamento, sendo estes a partir daí pagos de acordo com os valores habituais de remuneração das tarefas em causa. Sobre a Casa e as suas vicissitudes, v. também Paulo Pinto de Albuquerque, *Direito Prisional...*, *cit.*, pp. 31 a 33.

[1654] Ainda em 1865 se procurará criar, associada ao então asilo de mendicidade de Lisboa, uma "casa destinada á detenção e correcção de vadios", "como cumpre que haja em cidade bem policiada", consoante se lê na Portaria de 9 de Março de 1865, que ordena ao governador civil de Lisboa que apresente um projecto nesse sentido. A colocação de vadios assim julgados à disposição do Governo,

ser uma alternativa às cadeias, visando a "boa moral e a emenda de costumes, que mais se pervertem nas Cadêas publicas", mas não necessariamente um modelo de cumprimento de uma pena de prisão radicalmente nova, mesmo procurando apelidar-se de "penitenciária". Em decreto com a mesma data é ainda nomeada uma comissão, presidida pelo Administrador Geral do distrito de Lisboa, para "regular o regimen económico e serviço" desta casa. E chega a ser publicado um regulamento para a "Casa Penitenciaria de Xabregas"[1655], no qual, afinal, se prevê

nos termos do Código Penal, a par de pena imposta, era considerada, por Portaria de 7 de Março de 1866, uma "medida de policia administrativa, para os moralisar por meio do trabalho e da constante e activa vigilancia exercida sobre elles pelas respectivas autoridades locaes". Em 1867, pelo Decreto de 14 de Março, estabelece-se efectivamente o regulamento do "Asylo de D. Maria Pia", em Xabregas, num sentido de casa de trabalho, para vadios de ambos os sexos postos à disposição do Governo por setentença judicial e para menores desamparados, mas não delinquentes, procurando evitar-se a mendicidade em Lisboa. Em 1905, serão criadas ainda as denominadas "Casas de Trabalho", na Rua do Sacramento à Lapa, em Lisboa, com o fim explícito de empregar vadios e mendigos em trabalho oficinal e na horta, a troco de internamento e de um eventual salário – sobre estas casas, v. Eunice Relvas, *Esmola e degredo – Mendigos e vadios em Lisboa (1835 – 1910)*, Livros Horizonte, Lisboa, 2002, pp. 103 e 104.

A condenação como vadio, com a subsequente colocação à disposição do Governo, parecia ser uma prática eminentemente urbana, por oposição à maior liberalidade do meio rural – em 1898, atesta-se isso mesmo no vol. III da *Galeria de criminosos celebres em Portugal...*, *cit.*, p. 100, descrevendo uma intervenção da justiça sobre a *Mariquinhas*, ladra famosa: "Prenderam-na e entregaram-na ao commissariado de policia; mas como n'essa occasião não houvesse contra ella qualquer denuncia formal, e como tambem na provincia não é de uso remetter-se como vadios para os tribunaes, á similhança do que se faz em Lisboa e Porto, os gatunos que não tem outro modo de vida, foi mandada em paz, habilitando-a assim a proseguir na sua perigosa industria".

A tipificação criminal da "vadiagem" à época não era feita sem consciência das suas limitações e da sua função específica. Em inspiradores directos do código nacional, pode ler-se claramente: "C'est que le vagabondage est moins un fait criminel en lui-même, qu'un genre de vie que la loi a voulu réprimer en raison de ses périls" – mas concluindo afinal tratar-se de um crime por incumprimento de um "dever social", o de o vadio "não se tornar um peso para o corpo social" (Chauveau e Hélie, *op. cit.*, tomo III, pp. 279 e 280). Em termos idênticos, no contexto anterior ao Código nacional, a ociosidade e mendicidade, tal como os delitos de jogo, já eram tratadas como "crimes de policia", mesmo indicando-se a necessidade preventiva de "estabelecimentos em que se dê trabalho", de acordo desde logo com Mello Freire e Sousa Pinto, cobrindo o facto "que supposto não seja em si reprovado pela Moral universal, é com tudo reprovado (...) na Sociedade, porque o homem para sustentar-se, precisa de trabalhar, e por tanto se elle vive na ociosidade, sustenta-se a custa dos outros. (...) A Sociedade vê-se portanto obrigada a prohibir este facto, que em si não é immoral, para se pôr a abrigo das consequências d'elle" – Francisco d'Albuquerque e Couto e Lopo José Dias de Carvalho, *Lições de Direito Criminal redigidas segundo as prelecções oraes do ilustrissimo senhor Basilio Alberto de Sousa Pinto...*, *cit.*, 1845, p. 374.

[1655] Por Decreto de 6 de Abril de 1840.

que os ocupantes da nova casa sejam apenas os condenados a mais de 2 anos de prisão (artigo 1º do título II).

Os presos deveriam ser divididos em classes, consoante o grau da sua criminalidade, e, de acordo com estas, repartidos no edifício, ocupando celas – que não são, no entanto, individuais – e devendo guardar silêncio, quer durante as horas de trabalho – excepto para solucionar dúvidas relativas às suas tarefas –, quer durante a sua permanência na cela. O bom comportamento poderia significar a recompensa com a passagem a uma classe superior. O período de descanso dos presos poderia ser ocupado em práticas religiosas ou na "Aula de Primeiras Letras", de acordo com o director do estabelecimento. A remuneração pelo trabalho seria guardada em depósito pela Casa, salvo a necessidade de o preso acorrer, com parte desse pecúlio, à sua família ainda durante a sua reclusão.[1656] O facto de não ter sido estabelecida a Casa prevista não impediu a nomeação do seu director – e a sua exoneração do cargo ocorreu apenas, aliás, em Dezembro de 1842.[1657]

No entanto, recorde-se, a pena de prisão era ainda neste momento residual, tal como prevista nas Ordenações e em legislação avulsa. De algum modo a criação de uma penitenciária deveria funcionar também como elemento de tracção para a própria reforma penal, permanentemente em curso desde o início do século. A hibridez de propósitos para a "penitenciária de Xabregas", perante a legislação penal, é notada na dificuldade em fixar claramente os seus destinatários: o diploma que autoriza a sua criação prevê o acolhimento de condenados a trabalhos públicos e vadios; o seu regulamento, apenas o ingresso de condenados a penas de prisão.

A tentativa falhada da casa de correcção proto-penitenciária de 1839 não afastou o tema do debate político. Se a discussão sobre o mais aperfeiçoado modelo de cumprimento da pena de prisão não teve, como se viu, reflexos efectivos na

[1656] O regulamento desta Casa, que nunca chegou a funcionar, é um texto detalhado em diversos aspectos que apenas serão retomados tendo em vista o funcionamento da futura Penitenciária de Lisboa. Prevê-se o vestuário dos presos, a sua disciplina através de um regime de penas e recompensas, a sua alimentação (pão pela manhã e sopa ao meio-dia e ao fim da tarde, que deverão ser distintas, novamente acompanhada de pão ou de uma "bolaxa de embarque de boa qualidade"), os deveres do director, subdirector, empregados e guardas da casa, a existência de uma enfermaria, o modo de registo dos presos, os deveres domésticos e higiénicos do seu quotidiano.

[1657] Diogo de Goes Lara de Andrade, não tendo "ainda permittido as circunstancias levar a effeito o estabelecimento" da Casa de Correcção, vê o lugar de director suprimido no Orçamento de Estado, por Portaria de 1 de Dezembro de 1842, indo ocupar "outro emprego do Serviço Publico".

legislação nacional durante um largo período, nem por isso deixou de ser tomada em consideração, designadamente no parlamento.[1658] Uma discussão parlamentar datada de 1844, a propósito de um projecto do deputado José Maria Grande inicialmente apresentado em 1840, em que se pretende implementar o modelo celular no regime de Auburn, com a criação de Penitenciárias em Lisboa e Porto[1659], é o mais notório exemplo disso.

O projecto falhado de Xabregas é aliás expressamente recuperado por este médico deputado da oposição e visitador de penitenciárias estrangeiras (designadamente belgas), sendo ele apenas uma pequena parte da sua proposta, que presume um sistema em que convivem novas instituições penitenciárias a par das cadeias tradicionais, melhoradas.[1660] Como salienta Pires Marques, um contexto geral de oposição entre "civilização" e "barbaridade", representadas uma pela nova prisão penitenciária, conquista liberal indiscutível, e outra pela punição e formas penais provindas ainda do Antigo Regime, está presente no debate – pelo que não há verdadeira oposição ao projecto penitenciário como um fim e um fim identitário do regime político, sendo apenas discutível o seu modelo de funcionamento. Mesmo tendo sido também veiculadas propostas apenas no sentido do melhoramento das condições das cadeias tradicionais, este tradicionalismo surge essencialmente em função dos custos envolvidos na ideia penitenciária. Não é ainda o tempo da crítica de base positiva ao isolamento celular.

A urgência da reforma prisional, associada à eventual adopção da instituição penitenciária, volta a determinar a constituição de uma comissão no final de 1857, cujo objectivo lato é o de apresentar "os projectos que entender serem necessa-

[1658] Basílio de Sousa Pinto referencia também a tentativa de Xabregas e as subsequentes nas suas lições: "Depois de introduzido este systema na Philadelphia (...) entre nós pela lei de 29 de Julho de 1839 se tentou o mesmo em Xabregas, dando-se para esse fim o regulamento de 6 d'Abril de 1840. Têm apparecido nas côrtes alguns projectos a este respeito, mas não têm passado de projectos"... – A. M. Seabra d' Albuquerque, *Lições de direito criminal portuguez redigidas segundo as prelecções oraes do excelentissimo senhor Basilio Alberto de Sousa Pinto..., cit.*, p. 137.

[1659] Eduardo Correia, *Estudos..., cit.*, pp. 85 e 86, reproduz também o debate e a proposta de José Maria Grande, concisa e focada no estabelecimento das regras de Auburn, com isolamento celular nocturno e trabalho em comum (bem como refeições, prática religiosa e instrução) durante o dia, prevendo igualmente a separação dos reclusos de acordo com uma classificação segundo crimes e penas.

[1660] Sobre a proposta de José Maria Grande, v. Tiago Pires Marques, *Crime e castigo..., cit.*, pp. 38 e 39 e pp. 78 ss. Os debates parlamentares de 1844 e de 1867 encontram-se analisados detalhadamente no texto deste autor, a pp. 78 a 107. V. igualmente Maria José Moutinho Santos, *A sombra..., cit.*, pp. 50 a 52.

rios" na matéria.[1661] A prisão fora consagrada como a pena preferencial pelo Código de 1852, mas as cadeias não se modificavam por decreto. O discurso oficial, de acordo com o relatório do diploma que institui a nova comissão, mantém-se francamente idêntico ao de décadas passadas: "(...) a máxima parte das cadeias estão colocadas em edificios improprios, acanhados, insalubres, destituidos de segurança e de todas as proporções e requisitos que o seu destino torna indispensaveis"... A par das deficiências reconhecidas das infra-estruturas, "não menos irregular e deficiente é o serviço administrativo e policial das prisões" – apenas sobram presos cuja condição "é desgraçada, mil vezes infeliz", de acordo com o sentir correccionalista do tempo.

O texto do relatório designa assim de lastimoso o estado "do nosso systema penitenciario", não estando ele ainda, de facto, constituído enquanto tal em sentido próprio. Mas procura-se já que a comissão venha a debater a possibilidade de construção, em Lisboa ou no Porto, de uma penitenciária, "como ensayo do respectivo systema", discutindo também os melhores locais, condições e plano do edifício. E, a par desta nova prisão, que se venham a melhorar as demais prisões tradicionais, pensadas para os distintos tipos de reclusão, bem como a configurar a mais adequada distribuição das mesmas pelo País e qual a sua melhor tutela directa – se mantê-la no Ministério Público, se assumi-la o Governo.[1662] Desconhece-se se houve algum relatório desta comissão; no entanto, o tema manter-se-ia na agenda[1663] e, em todo o caso, vários dos seus mem-

[1661] Tal como se lê no Decreto de 30 de Dezembro de 1857 que a instituiu. A comissão era presidida por Diogo Sequeira Pinto, presidente da Relação de Lisboa, e os seus demais membros eram os deputados Alberto António de Moraes Carvalho e Tomás de Carvalho; António Correia Caldeira, deputado e secretário do Conselho de Estado; José Maria Pereira Forjaz, juiz e Procurador Régio da Relação de Lisboa; Manuel Tomás de Sousa Azevedo, juiz e ajudante do Procurador Régio na mesma Relação; e Tibério Augusto Blanc, major do Corpo de Engenharia e encarregado da 3ª secção da repartição técnica do Ministério das Obras Públicas.

[1662] "O Ministerio Publico está hoje incumbido de administrar, policiar e fiscalisar as cadeias. Mas será elle proprio, em presença da natureza e essencia da sua missão e funcções, para administrar? Será acaso conveniente concentrar a administração superior das cadeias no Ministerio dos Negocios do Reino, exercida pelos delegados administrativos do poder executivo?", questiona-se o relatório que acompanha o Decreto de 30 de Dezembro de 1857, também ele reproduzido na *COLP*, 1857, p. 499.

[1663] No ANTT, MNEJ, Mç. 370, nº 4, encontra-se um conjunto de documentos que se indica serem extractos dos "vários pappeis remetidos á Commissão da reforma das cadêas pelo Ministerio Ecclesiastico e das Justiças afim da mesma Commissão aproveitar o que achasse adoptavel ou profícuo". Apesar de não datado, as referências aos relatórios do procurador-geral da Coroa e dos procuradores das Relações de Lisboa e Porto (relativos aos anos de 1853 e 1858) situam este documento no período

bros têm uma intervenção directa na questão prisional, designadamente na sua qualidade parlamentar.

Em 1859, um levantamento das condições de funcionamento das cadeias é ainda requerido pelo ministério da Justiça de Martens Ferrão aos governadores civis do Reino, devendo estes também "ouvir os engenheiros do distrito" de forma a responder de forma cabal ao questionado.[1664] O avanço em matéria penitenciária é igualmente suscitado quando o mesmo Governo pede ao presidente da Relação do Porto, ao procurador régio junto desta Relação e ao governador civil do distrito que possam indicar "o que se lhes offerecer acerca dos meios de organisar na cidade do Porto uma prisão penitenciaria (...) capaz de receber o numero de presos correspondente ao movimento ordinario de réus condemnados a cumprimento de pena" naquele distrito judicial. O "engenheiro do districto", no âmbito do ministério das Obras Públicas, deveria igualmente promover os estudos necessários àquela avaliação.

Esta penitenciária deveria cumprir algumas condições expressamente declaradas: ser segura e salubre; permitir a separação dos presos e o trabalho destes, fomentando-se "o habito de trabalhar e a instrucção industrial" e adoptar um regime prisional – sem contudo se prescrever o isolamento ou se detalhar quaisquer condições deste regime – pelo qual "a pena de prisão haja de preencher o duplicado fim de restabelecer o estado de direito no individuo e na sociedade, pelo exemplo prestado a esta, e pela morigeração d'aquelles(...)".[1665]

de funcionamento desta comissão designada no final de 1857. Encontra-se aqui também referência à entrega à comissão de alguns projectos legislativos gorados, como um "projecto sobre a organização das cadêas de Lisboa e Porto" e um "projecto para a organização dos Tribunaes, Cadeas e Carcereiros", que deveriam ser tomados em consideração pela comissão na elaboração da sua proposta, mas em "hamonia com as forças da nação", já que "a falta dos meios" obrigaria a contenção.

[1664] Ou seja, "(...) do estado, e da capacidade da cadeia da comarca (...); das condições especiaes dessa cadeia; se está estabelecida em edificio publico ou particular; qual é o numero de presos que póde receber; qual o movimento regular dos presos do districto, e se é susceptível dos melhoramentos necessarios para recolher os presos de todo o districto que devem entrar em julgamento; bem como se, no caso de não ter a cadeia do districto as condições indicadas, ha na mesma capital algum edificio publico disponivel que tenha essas condições" – v. Portaria de 6 de Julho de 1859.

[1665] V. Portaria de 11 de Julho de 1859. Em ofício que acompanha a portaria, dirigido por Martens Ferrão ao seu colega ministro das Obras Públicas, também reproduzido na *COLP*, 1859, pp. 338 e 339, verifica-se a intenção de fazer construir penitenciárias em Lisboa e Porto e melhorar as condições das demais cadeias, e pede-se que possa "ser tirada a planta do antigo convento de Alcobaça", de modo a ser verificada a possibilidade de lá erigir uma prisão penitenciária, bem como se requer a colaboração dos engenheiros dos distritos nos levantamentos sobre o estado das prisões das comarcas e sobre a possibilidade de criação de uma penitenciária na cidade do Porto. Num debate parla-

Presumivelmente já com base nas informações recebidas, uma proposta de "lei orgânica das prisões", da autoria do mesmo ministro Silva Ferrão de Carvalho Martens, é apresentada na Câmara dos Deputados, a 29 de Fevereiro de 1860.[1666]

mentar datado de 27 de Janeiro de 1862, nota-se, incidentalmente, que a mesma comissão deveria considerar-se nesta data em funcionamento e que ponderaria ainda o aproveitamento do mosterio de Alcobaça para "ensaio das penitenciarias, por ser o edificio que melhores condições podia reunir para esse fim" – v. *Diario da Camara dos Senhores Deputados*, nº 17, p. 296, disponível em *http://debates.parlamento.pt/page.aspx?cid=mc.cd&diary=a1862m01d27-0296&type=imagem*.

[1666] E outra proposta de reforma das prisões do ministro da Justiça subsequente, Alberto António de Moraes Carvalho é apresentada na Câmara dos Deputados em 1861, na sessão de 26 de Janeiro, não tendo chegado a discussão. Tiago Pires Marques não identificou expressamente este último projecto, tendendo a considerar que será um dos dois que consultou no ANTT (v. *Crime e castigo...*, *cit.*, p. 61, nota 255). Efectivamente, a proposta de Moraes Carvalho encontra-se arquivada entre os documentos do MNEJ, mç. 572, nº 9, sem data. Em todo o caso, esta proposta de lei "sobre a reforma das prisões" foi publicada no *Diario de Lisboa*, nº 23, de 29 de Janeiro de 1861, pp. 223 e 224. No seu relatório, justifica-se também com as conclusões dos congressos penitenciários internacionais de Bruxelas e Frankfurt a opção pela condenação da prisão em comum, mesmo que em silêncio, e a escolha de um modelo de prisão celular, "com completo isolamento de preso para preso", mas permitindo a comunicação com outras pessoas, designadamente com os familiares dos reclusos. A proposta pretendia estender este modelo de sistema celular a todas as prisões a construir de futuro, designadamente novas prisões celulares distritais, bem como previa a reforma das cadeias em uso de modo a adaptá-las à exigência de separação dos reclusos, por crimes e "de individuo para individuo", bem como entre adolescentes e adultos e entre "detidos, indiciados e condemnados" (artigo 7º). A proposta poderia conter, no entender do seu proponente, a consagração de regimes de liberdade provisória e detenção suplementar – mas que são afastados do texto, explica-se, pelo estado da revisão do Código Penal, "tão adiantada", onde estavam incluídos. Sendo coincidente em parte com conteúdos do Código e estando este em processo de revisão na comissão, a reforma acaba por não ver a luz do dia. Moraes Carvalho deixa a pasta da Justiça em Fevereiro de 1862, não sem antes, em 14 de Julho de 1861, ter voltado a apresentar a mesma proposta na Câmara (publicada no *Diario da Câmara dos Senhores Deputados*, nº 55, sessão de 26 de Julho de 1861, pp. 1994 e 1995, disponível em *http://debates.parlamento.pt/page.aspx?cid=mc.cd&diary=a1861m07d26-1994&type=imagem*). E, nas sessões legislativas seguintes, também os deputados Francisco Gavicho e Adriano Jordão vão apresentar propostas de reforma prisional. Ayres de Gouveia apresentaria também uma proposta simples de construção de duas penitenciárias, a propósito de uma discussão orçamental, em 3 de Maio de 1864: "Proponho que o governo seja auctorisado a contrahir um emprestimo, cuja amortisação e juro de 6 por cento durante dez annos não exceda o encargo annual de 100:000$000 réis, para mandar construir com a possivel brevidade duas cadeias cellulares de quatrocentas a quinhentas cellas cada uma no estylo das de Louvain, na Belgica, sendo uma em Lisboa, outra no Porto, ambas a um kilometro de distancia pelo menos das barreiras das ditas cidades. = A. Ayres de Gouveia, deputado por Cedofeita" (in *Diario da Câmara dos Senhores Deputados*, nº 86, p. 1403, disponível em *http://debates.parlamento.pt/page.aspx?cid=mc.cd&diary=a1864m05d03-1403&type=texto*).

O seu modelo combinava o regime de Auburn com o isolamento celular e continha ainda elementos de progressividade de regime prisional.

A versão sujeita à apreciação parlamentar[1667] integra conteúdos semelhantes, nos mesmos 46 artigos, mas de acordo com uma ordenação distinta, de uma versão, presumivelmente preparatória daquela, que se localizou entretanto.[1668]

Assim, nesta proposta distinguiam-se as "prizões de policia e detenção", as "de retenção de indiciados e correcção" e as "de cumprimento de pena", podendo ser municipais, distritais ou penitenciárias, e oferecendo sempre separação entre homens e mulheres, adultos e adolescentes (artigo 37º). Nas penitenciárias, a construir em cada distrito da Relação, seriam cumpridas as penas de prisão superiores a um ano (artigo 7º), enquanto que nas cadeias concelhias esta não ultrapassaria 15 dias e nas distritais seriam cumpridas as penas até um ano de prisão (artigos 5º e 6º).

Nas cadeias municipais e distritais, o trabalho dos presos seria obrigatório para os condenados a pena (correccional) (artigo 18º), bem como, na prática, para todos os demais reclusos que não se conseguissem sustentar por si, sendo os proveitos desse trabalho repartidos entre o preso e a administração da cadeia. Os presos deveriam ser mantidos "quanto puder ser" em separado quando a prisão tivesse lugar "em virtude de prevenção ou acusação por crimes cuja pena possa ser maior" (artigo 20º).

Nas penitenciárias, os presos seriam divididos consoante cumprissem penas maiores ou correccionais (artigo 27º) – bem como os presos "septuaginarios", classe à parte, isenta de isolamento e trabalho – e o seu regime seria "mixto, de isolamento e trabalho em commum" (artigo 28º), iniciando-se as penas superiores a três anos com um período de isolamento completo – que mantinha trabalho na cela e visitas do capelão e do director –, que não poderia exceder dois anos (artigo 29º), mas cuja duração, decretada na setença, seria em regra de um quinto do total da pena. O trabalho seria naturalmente obrigatório (artigo 32º), em oficinas, cujo provento caberia ao Estado e ao preso, a ser concedido durante a execução da pena ou na sua saída (artigo 35º), de acordo com regulamentos a aprovar. A par do trabalho, "exercícios religiosos" e "instrucção moral e civil" deveriam ser prestados aos presos (artigo 34º).

A par das separações indicadas, previa a proposta ainda que os regulamentos futuros pudessem estabelecer outras classes de presos, de acordo com novas clas-

[1667] Publicada no *Diario de Lisboa*, nº 55, de 8 de Março de 1860, pp. 250 e 251.

[1668] No ANTT, MNEJ, mç. 343, nº 9 e replicado no mç. 572, nº 9, um articulado manuscrito, com um total de 46 artigos, epigrafado "proposta de lei organica de prizões", sem data e não assinado.

sificações que se reveçassem necessárias para "boa ordem e policia" (artigo 38º), tendo em conta a conduta dos presos. A possibilidade de progressão ou regressão nestas classes, como "recompensa" ou "castigo", era igualmente prevista.

Os condenados a degredo, enquanto não partissem para o seu destino, ficariam sujeitos ao regime penitenciário (artigo 40º) e a proposta prevê também a possibilidade do estabelecimento de uma pena composta de prisão e degredo, em que a primeira não excedesse um terço do total da pena (artigo 41º).

Duas diferenças relevantes, contudo, são imediatamente notadas entre os textos. Distintamente do que sucede na proposta que é apresentada no parlamento em Março de 1860, neste texto encontra-se prevista uma figura de reclusos "incorrigiveis", como tal apelidados em função do seu comportamento na prisão. Para estes, era previsto um "processo especial" que resultaria no aumento, indeterminado, da pena, com ou sem trabalho e isolamento (artigo 39º). E a pena de prisão a cumprir nas penitenciárias, quando superior a três anos, deveria ser sempre iniciada com um período de isolamento celular, exigência de já não se encontra no texto que chega à Câmara dos Deputados.

Aires de Gouveia, defensor do modelo de Filadélfia e parlamentar, fará logo em 1860 uma acérrima crítica ao projecto final deste ministro[1669], em grande parte injusta e incorrecta, apelidado de "triste documento", uma "chata traducção de qualquer acanhado projecto francez d'ha vinte annos atraz". Critica-lhe a falta de separação prevista no caso de menores e para velhos, bem como a falta de clareza no modelo escolhido, ao prever singelamente, afirma, a criação de "prisões penitenciárias" em cada distrito da Relação, e a ausência de regulação quanto à "administração interna" da prisão. E castiga duramente a manutenção do trabalho na prisão como facultativo, ao menos para parte dos reclusos, bem como, acaloradamente, a ideia subjacente de uma prisão em comum e da "associação de dia e de isolamento nocturno", que Aires de Gouveia reputa de subversão à própria possibilidade de reforma do condenado, exigindo esta o isolamento completo[1670],

[1669] V. A. Ayres de Gouvêa, *A reforma...*, *cit.*, pp. 92 ss.

[1670] "Emvão, chorado Sousa Azevedo, ergueste a tua illustrada voz em bem do systema cellar, mostrando o que ia na Europa culta, emvão! o sr. ministro cuspiu-te a memoria! Do fundo do seu gabinete, sem haver nunca estudado uma prisão racional, julgou-se competente para traçar a norma das nossas cadeias e veio á luz com essa monstruosidade. Emvão todos os inspectores geraes de cadeias nos vários reinos, emvão todos os directores clamam e conclamam actualmente em favor do systema cellular, emvão todas as cadeias em construcção, e todas as projectadas em toda a Europa são n'esse systema, emvão! (...) Emvão os illustres revisores do nosso Codigo Penal adoptaram a separação individual contínua, declarando-o cathegoricamente como «o primeiro e mais importante ponto na

para mais mantendo a proposta a possível associação de presos preventivos e de condenados. Na revisão gorada do Código Penal então em curso, como se viu, era previsto o modelo de isolamento celular contínuo, mesmo que mitigado, bem como uma regra de trabalho obrigatório, que são consagrados em 1867.

Localizou-se-se ainda uma outra proposta de lei "para estabelecimento e reforma das cadeias civis"[1671], um articulado longo, manuscrito, não numerado, sem assinatura e sem data, em que se prevê a divisão das cadeias em comarcãs (para detenção, presos em trânsito, preventivos e em cumprimento de pena até um ano), distritais (penas até 3 anos), governativas (penas superiores a 3 anos) e penitenciárias. Para estas últimas, em número de três, seriam remetidos os criminosos, do sexo masculino e feminino, entre 18 e 35 anos, com penas até um ano, e os condenados cuja idade excedesse os 65 anos, que se organizariam em classes, de acordo com penas a cumprir e idade. Prevê-se ainda a existência de "casas de segurança e passagem".

Todas as prisões assumiriam um regime de separação celular "de preso para preso", diurno e nocturno. Mas o trabalho, contudo, poderia também ser desenvolvido em comum, desde que se evitasse a comunicação entre os presos, sendo obrigatório para todos os presos condenados. Instrução "rudimentar", visitas dos capelães e serviços religiosos incluíam-se também entre os conteúdos destas cadeias, à excepção das comarcãs.

Este projecto previa ainda um regime disciplinar em que o bom comportamento permitiria ao recluso assegurar notas positivas, de inspiração inglesa, o que poderia significar o benefício da "liberdade provisoria", chegado aos dois terços da pena. Inversamente, consagram-se também as "notas de castigo". A par da liberdade provisória, estabelece-se também a possibilidade de "prisão supplementar", seu reverso, mas limitada a um quarto da pena decretada.

Ou seja, é possível notar imediatamente que a discussão sobre a incorrigibilidade dos condenados ou as "instituições complementares" do sistema penitenciário são temas bem presentes também entre os legisladores nacionais, tal como na doutrina (ou não coincidissem laragemente os seus intérpretes), décadas antes da sua efectiva consagração legal.

constituição das penas», emvão! (...) Debalde, debalde tudo isso, e sôbre tudo isso a sciencia e a experiencia diaria. O sr. ministro quiz a gloria de ressuscitar uma ideia caduca e hoje condemnada por todos os practicos! Quis, mas esperâmos em Deus que lhe não logrará a realisação. (...) Desgraçado Portugal, que não tens um ministro!" – *idem, ibidem*, pp. 97 e 98.

[1671] ANTT, MNEJ, Mç. 598, nº 4.

A variedade de propostas e de modelos que é possível encontrar nas instâncias deliberativas num período relativamente curto é sobejamente demonstrativa de como o atraso na edificação do sistema não representou nem desinteresse nem desconhecimento em relação ao novo modelo penitenciário e justifica-se também através de uma ponderação crítica das realidades e das experiências estrangeiras de teores distintos. Tome-se igualmente em conta que, não obstante a reforma legal ser tardia e sempre cotejada com a crónica falta de meios financeiros, ela é contemporânea de um trabalho de fundo que toma o modelo penitenciário como assente – em 1864, previsto o modelo no projecto de novo Código Penal, uma comissão é nomeada para escolher o melhor lugar para edificar a nova Penitenciária de Lisboa, como se verá adiante. Levy Maria Jordão, também parlamentar, não deixará aliás em Cortes de reclamar o "seu" código e as penitenciárias que ele exige.

Os diplomas propostos revelam bem como não só se conhecem os modelos estrangeiros, como temas que apenas mais tarde se generalizarão são desde já integrados no debate sobre as prisões. A par da opção, já antiga, entre Filadélfia e Auburn, ponderada com um regime progressivo, temas novos, mesmo se não absolutamente inovadores, e que marcarão as décadas seguintes também além-fronteiras: liberdade condicional, pena indeterminada e "prisão suplementar", categorização dos presos, regime para criminosos incorrigíveis...

A organização do espaço prisional e da rotina da prisão poucas regras decisivas mais recebe durante longas décadas do que as previstas no regulamento prisional de 1843, ele próprio pensado em particular para as duas grandes prisões civis de Lisboa e Porto. O Código Penal, como se viu também, não esclarece em demasia sobre a execução concreta da pena de prisão, para além da ideia, então já tradicional, da "conveniente separação" dos presos, fixando-se o trabalho na prisão como agravante, mas com limitações decorrentes da inadequação desta previsão à realidade dos espaços prisionais. As cadeias deveriam também distinguir-se, é certo, consoante recebessem presos em prisão maior, com e sem trabalho, ou como presos em pena correccional e ainda outros meramente "pronunciados até á condemnação".[1672]

No entanto, a separação dos reclusos permanecerá em grande medida como retórica legal, em particular pensando nas prisões fora de Lisboa e Porto, mas também nas destas cidades: as cadeias existentes não o permitiriam, mesmo tendo sofrido adaptações diversas, e apenas ao aproximar-se o final do século se verifi-

[1672] V. artigos 97º e 98º.

cará um investimento real na construção de novos espaços prisionais, o mais emblemático deles a Penitenciária de Lisboa.

Conhecidos e depurados os debates de décadas, o sistema penitenciário seria ainda afinal o que melhor cumpria os três fins das penas – castigo, intimidação e emenda do condenado – como se escrevia no relatório da Nova Reforma Penal de 1884, prestes a abrir a Penitenciária?[1673] Estava-se no tempo em que as dúvidas sobre a sua vantagem eram já mais evidentes. A previsão do regime penitenciário, com a lei de 1867, revela um modelo em que a comunicação entre reclusos é proibida, mas o isolamento é mitigado, como se viu, pela possibilidade de serem recebidas visitas de familiares e amigos, de membros de associações e de "pessoas destinadas à sua instrução e moralização"[1674], para além do contacto com os funcionários da prisão, da aprendizagem de um ofício, da instrução elementar e da educação moral e religiosa. Por outro lado, a prisão celular encontra-se prevista em vários casos como apenas parte de uma pena que integra ainda a remessa para degredo.

Este regime penitenciário, que se acredita suavizar o modelo de Filadélfia[1675], é mandado aplicar no novo estabelecimento a partir de 15 de Janeiro de

[1673] Já tendo em conta que "é mister que a opinião publica esteja precavida para não receber sem previa critica as faceis affirmações, que nos congressos e nos livros fazem alguns dos fanáticos defensores do systema penitenciario. O preconceito que se lhes apossou o espirito, e a profunda idolatria que votam áquelle systema, por vezes lhes transvia o raciocinio (...)" – *Relatorio da proposta de lei da nova reforma penal*, in RLJ, nº 905, *cit.*, p. 323.

[1674] V. António Azevedo Castello Branco, *Notice...*, *cit.*, p. 12.

[1675] Barjona de Freitas, no relatório da proposta da Lei de 1 de Jullho de 1867, diria até, em relação a Auburn e a Filladélfia: "(...) Não aceito nem um nem outro. O de Auburn, pondo em communicação de dia os condemnados, proporciona-lhes relações (...) que não só contrariam os effeitos do isolamento nocturno (...) mas que mais tarde (...) attrahem frequentemente os criminosos para a estrada do crime (...). A impossibilidade de manter o silencio e a incommunicabilidade, sem o auxilio de medidas violentas e crueis, concorre ainda para repellir este systema. O isolamento absoluto, que é a base do segundo, pela sua demasiada severidade exagera de tal modo os rigores da punição, que longe de alcançar a reforma dos condemnados, acaba por muitas vezes por lhes turbar a razão (...)". Assim, prefere um sistema que "tendo por fundamento a completa separação de preso a preso, com trabalho, não exclue as relações indispensaveis com os empregados das cadeias, nem as communicações com parentes, amigos e associações de caridade e instrucção". E também os regimes progressivos, designadamente o inglês, que do isolamento completo inicial evoluem para o trabalho em comum, lhe merecem uma apreciação crítica desfavorável, já que o "contagio da corrupção" anularia qualquer hipótese de reforma que o isolamento houvesse criado – v. *Diario de Lisboa*, nº 49, 1867, p. 595. Este modelo de isolamento mitigado recolhe a adesão unânime do parlamento, como se nota pelos pareceres das comissões de legislação das duas Câmaras. No parecer da Câmara dos Pares, apontam-se aliás diversos argumentos, conhecidos, contra o regime de Auburn, elogiando-se o

1885[1676], sendo a data de entrada dos primeiros reclusos a de 2 de Setembro. Na Penitenciária de Lisboa deveriam agora dar entrada presos do sexo masculino para cumprimento das penas de prisão celular a que houvessem sido sentenciados também de acordo com o novo regime antes de 14 de Janeiro de 1885, preenchendo-se paulatinamente a nova prisão. Mas nela poderiam ingressar também condenados a prisão celular pela justiça militar – o que sucedeu e logo em 1885 –, sendo este o único espaço disponível ao tempo para o cumprimento desta pena. E até se prevê o ingresso de "quaesquer outros presos do sexo masculino" condenados a prisão maior temporária, desde que, em relação a estes últimos, não se aplicasse o "regimen de absoluta separação de preso a preso".[1677] Assim, desde o seu momento inicial, parece considerar-se que na nova prisão celular poderiam coexistir o novo regime de isolamento e o velho modelo de reclusão em comum, uma necessidade que é defendida designadamente pela vantagem em reduzir a pressão da população prisional do Limoeiro, o que no entanto não chegará a ocorrer.

b. O espaço da punição: a prisão celular de Lisboa

A prisão celular chega devagar a Portugal, apesar de trazer consigo várias promessas, sendo concretizada com a construção da penitenciária de Lisboa, do presídio militar de Santarém (1895) – que apesar de projectado como penitenciária civil, apenas funcionou como estabelecimento prisional militar[1678] –, e da penitenciária de Coimbra (1901), esta inicialmente pensada apenas como cadeia distrital.[1679]

"systema eclectico" escolhido, com base no isolamento celular contínuo – *Diario de Lisboa*, nº 147, 1867, p. 2121.

[1676] V. artigo 1º do Decreto de 20 de Novembro de 1884. Mesmo sem exagerado rigor, mas com acerto, escreve Rodrigo Rodrigues: "Em Portugal são de 1864 as primeiras tentativas oficiais para adopção de tal regime prisional, que sendo votado em 1867, só em 1885 havia de poder eféctivar-se, isto é, quando abalado já na sua essencia pelas conquistas das ciências positivas criadoras da Criminalogia" – *Cadeia Nacional de Lisboa..., cit.*, p. XIV.

[1677] V. artigos 3º a 5º.

[1678] A penitenciária de Santarém, cedida ao Ministério da Guerra em Fevereiro de 1895, ainda antes da sua abertura, fora, no entanto, concebido como "cadeia geral penitenciária" que deveria aplicar o regime de Filadélfia a reclusos de ambos os sexos. Em 1889, o Decreto de 14 de Junho, nunca executado, prevê o seu quadro de pessoal e uma lotação de 130 celas, que poderiam ser ocupadas, enquanto houvesse disponibilidade de celas, "para prisão de condemnados dos dois sexos, guardando-se, porém, absoluta separação" (artigo 1º, § único). As regras a seguir nesta Penitenciária, quanto ao seu regime interno e admissão de reclusos, eram as fixadas para a Penitenciária de Lisboa.

[1679] A "cadeia geral penitenciaria de Coimbra" (devida a um projecto do engenheiro Adolfo Ferreira de Loureiro, segundo informa Adelino António das Neves e Mello, *op. cit.*, p. 93) recebe também

A Penitenciária de Lisboa representa, ao tempo da sua abertura, a incorporação de Portugal no grupo já muito vasto de países que adoptam um regime de isolamento celular. Entre 1885 e 1927, contudo, verá estabelecidos três regimes distintos de tratamento prisional, fruto necessariamente também da sua tardia criação e dos progressivos ajustamentos à crítica: recebe os seus primeiros ocupantes quarenta anos depois de na Universidade de Coimbra se discutir tese sobre as vantagens do sistema penitenciário[1680] e poucos anos antes de um dos seus modelos de inspiração – a prisão parisiense de Mazas – ser demolido (1898).

A nova prisão tinha já local escolhido[1681] anos antes da reforma se efectivar, numa das extremidades da Lisboa de então. Sabe-se que Joaquim Júlio Pereira de Carvalho, engenheiro, foi em 1864 – pelos ministros, do Governo de Loulé, Gaspar Pereira da Silva (Justiça), e João Crisóstomo de Abreu e Sousa (Obras Públicas) – encarregue de desenhar a planta do que seria a futura prisão celular.

Este fora antes também designado como membro da comissão entretanto nomeada para seleccionar a melhor localização para a nova penitenciária, por Decreto de 7 de Julho de 1864, presidida por Guilherme da Silva Abranches, presidente do Conselho de Saúde Pública e médico da cadeia do Limoeiro, e que

uma dotação de pessoal pelo Decreto de 12 de Dezembro de 1889, no qual se fixa também a sua lotação em "300 cellas" para reclusos do sexo masculino. O seu funcionamento devia igualmente seguir o que fora já prescrito para a Penitenciária de Lisboa, quer ao nível do seu regulamento interno, quer quanto às "admissões de condemnados", de acordo com este diploma (v. artigos 2º e 7º). Recebeu os seus primeiros condenados apenas em 20 de Dezembro de 1901. Sobre a sua criação, v. também Henriques da Silva, *Elementos..., cit.*, fasc. II, p. 119 a 122.

[1680] O trabalho de João de A. Vasconcellos e Alvim, *Dissertação Inaugural de Conclusões Magnas. Vantagens do Sistema Penitenciário, cit.*

[1681] "(...) um terreno em Campolide no sitio chamado *Terras do Seabra* comprehendido entre o deposito de agua do alto do Pombal, o muro exterior da linha da circunvalação, e encosta de Campolide, por reunir todas as condições desejáveis, por ser assas vasto, aberto a todos os ventos, distante de habitações, e de quaesquer focos insalubres", lê-se no texto não assinado *A Penitenciaria – Planta e discripção minuciosa do edifício situado em Campolide*, Typographia C. Grillo, Lisboa, 1885, pp. 3 e 4, que retoma a justificação da comissão que escolhera o local. A salubridade do espaço da prisão, quer o espaço interior quer o da sua instalação, é um elemento sistemático da reflexão sobre o tema, em particular a partir do século XVIII, quando a "febre da prisão" e os odores nauseabundos são descobertos pelo público e pelos primeiros higienistas. "A prisão acumula a infecção do presente e a putridão do passado. Os dejectos acumulam-se, são absorvidos pelo solo e saturam-no; a terra memoriza-os e não pára de exalar sopros envenenados – a prisão constitui o lugar privilegiado da arqueologia do miasma. (...) O desenho do edifício deve conduzir à divisão das exalações pútridas e de correntes de ar fresco, como deve permitir a distinção entre águas brancas e águas usadas. O grau de mau cheiro passa a permitir medir a eficácia do arquitecto" – v. Maria da Conceição Trigueiros, *op. cit.*, pp. 116 ss.

contava ainda com João José de Simas, médico do hospital de São José. Nada se aponta como requisitos do edifício ou modelo prisional, apenas devendo ser escolhida uma localização "nos suburbios da cidade de Lisboa", num local longe de casas de habitação existentes e onde não se antecipe urbanização de acordo com o desenvolvimento da cidade. A cadeia a construir deveria permitir cumprir de forma efectiva a pena de prisão, procurando que esta pena seja "moralisadora e efficaz para a emenda e correcção dos criminosos", lê-se no diploma, tendo em conta que é "conveniente que na proxima futura sessão legislativa o governo se ache habilitado para apresentar ao parlamento as propostas necessarias para a edificação de uma casa central penitenciaria". A 3 de Agosto, a comissão apresentaria de facto o local escolhido[1682], sendo louvada pelo trabalho desenvolvido.[1683]

No mesmo ano foi ainda nomeada uma nova comissão, por Decreto de 17 de Novembro de 1864, composta por ilustres juristas e médicos, a quem caberia agora "escolher o systema de prisão penitenciaria mais conveniente em Portugal".[1684] Nesta comissão, entre outros, estavam João Baptista da Silva Ferrão Carvalho Martens, Levy Maria Jordão e António Aires de Gouveia. O seu mandato especificava que deveria "escolher, de entre os systemas conhecidos e praticados nos outros paizes, na applicação da pena de prisão penitenciaria, aquelle que lhe parecer mais digno de ser adoptado em Portugal".

Para tal deveria a Comissão tomar em consideração os "principios de direito penal", a necessidade de "regenerar moralmente os criminosos pelo castigo, dando-lhes ao mesmo tempo a educação moral e religiosa, intellectual e profissional, a cuja falta é quasi sempre devido o crime", assim como a segurança e higiene dos reclusos, os dados estatísticos da criminalidade do País e o carácter e "costumes das classes d'onde sae o maior numero de criminosos".[1685] A Comissão deveria ainda preparar uma proposta de lei onde esse regime fosse consagrado, bem como acorrer às eventuais dúvidas do projectista. Na comissão pontifica

[1682] O seu breve relatório encontra-se publicado na COLP, 1864, p. 537, nota 1.

[1683] V. Portaria de 6 de Agosto de 1864.

[1684] *Syndicancia ás obras da Penitenciaria Central de Lisboa. Actas, pareceres e mais documentos remettidos á Camara dos Senhores Deputados pela Commissão Parlamentar eleita em sessão de 4 de Fevereiro de 1878*, Imprensa Nacional, Lisboa, 1879, p. 252.

[1685] "Se não havia *estudos previos*, nem *estatistica*, como havia de se conhecer a indole, caracter e costumes das classes donde sai o maior numero de condenados? O resultado foi este: fazer-se uma cadeia com ensino de caracter industrial, quando a grande maioria, a quasi totalidade dos delinquentes que para lá deviam ir é de habitos profissionais agricolas", escreve Rodrigo Rodrigues, *Cadeia Nacional de Lisboa*..., *cit.*, p. 4, numa crítica que é comum.

Aires de Gouveia, defensor do regime de Filadélfia, mas está também a elite dos penitenciaristas nacionais.[1686] A queda do governo de Loulé terá determinado consecutivamente a ausência de resultados imediatos e, até 1867, o projecto ficou adormecido, recuperando o seu fulgor com a reforma prisional desse ano.

Quanto à construção da nova penitenciária, a morte de Joaquim Pereira de Carvalho, em 1871, impediu a conclusão do projecto inicial, que tinha por base o da cadeia de Mazas[1687] em Paris. Ao projecto foi dada sequência pelo engenheiro Luiz Victor Le Cocq[1688], director das obras públicas, a partir de Agosto de 1872,

[1686] Como assinala Pires Marques, a composição da Comissão revelava, em todo o caso, o "elenco oficioso de especialistas portugueses na área penal-penitenciária" (*Crime e castigo...*, *cit.*, p. 62, nota 251). Efectivamente a Comissão integrava ex-ministros da Justiça com interesse no tema (como Morais de Carvalho e Martens Ferrão), lentes de Coimbra (este último e Ayres de Gouvêa), um médico com experiência prisional (Silva Abranches, médico do Limoeiro), magistrados (Pereira Forjaz, procurador régio junto da Relação de Lisboa e autor de reformas nos espaços do Limoeiro, e Ferreira Lima, desembargador da Relação de Lisboa e membro da comissão do Código Penal), a que se associavam Levy Maria Jordão, o secretário e relator desta última comissão, e dois altos funcionários, um proveniente do ministério da Justiça (Henrique O'Neill) e outro vindo das Obras Públicas (o director-geral e primeiro desenhador da Penitenciária Pereira de Carvalho).

[1687] A prisão de Mazas, que toma o nome da sua localização – ao tempo, no designado Boulevard Mazas, hoje Diderot – fora construída em Paris, entre 1845 e 1850, substituindo a anterior prisão de La Force, que funcionara entre 1780 e 1845 – na altura, esta considerada já uma evolução extraordinária em relação ao estado anterior das prisões. O arquitecto de Mazas, Émile Gilbert, acompanhado de J. F. Lecointe, desenhara uma prisão celular de influência norte-americana, com capacidade para 1200 reclusos, em que uma torre central, albergando a capela, se espraiava em seis alas de celas – o mesmo modelo, no essencial, que Lisboa assumirá. V., *v. g.*, sobre a prisão de Mazas, Alphonse Marie M.T. Bérenger, *op. cit.*, pp. 275 a 277. Mazas não atravessou o século. Por se encontrar muito próxima da Gare de Lyon, relevante ponto de chegada a Paris, foi demolida em 1898, na preparação da cidade para a Exposição Universal de 1900, que não incluiria assim o grande edifício de detenção como elemento de boas-vindas.

[1688] Le Cocq era um engenheiro de formação militar e que passara pelas repartições civis distritais de obras públicas, chegando em 1866 à chefia das obras públicas nacionais. "Grande honra recebeu decerto o jovem engenheiro civil em ser colocado à frente duma repartição, a primeira das obras públicas da país; era um encargo pesadíssimo pela complicação e multiplicidade de trabalhos. Sem falar nas estradas reais construídas por Lecocq, bastam os edifícios levantados ou reedificados, e outros muitos trabalhos, para que o seu nome ficasse glorioso em Portugal. Ao concluir a reedificação do edifício do Asilo de D. Maria Pia, o rei D. Luís, fazendo um pequeno panegírico dos serviços prestados pelo engenheiro, lhe lançou ao pescoço o colar da ordem de S. Tiago. São trabalhos de Luís Victor Lecocq o torreão do lado oriental da Praça do Comercio, a sala do tribunal respectivo, o edifício do ministério do reino, e a conclusão do arco da rua Augusta" – Esteves Pereira e Guilherme Rodrigues, *Portugal – Dicionário Histórico, Corográfico, Heráldico, Biográfico, Bibliográfico, Numismático e Artístico*, vol. IV, Ed. João Romano Torres, Lisboa, 1908, p. 108, disponível em *http://www.arqnet.pt/dicionario/lecoquisvitor.html.*

de tal incumbido directamente pelo ministro das Obras Públicas, António Cardoso Avelino, a partir agora do modelo da prisão de Pentonville – penitenciária construída em 1846 e projectada pelo major inglês J. Jebb, intendente geral das prisões. O ministro da Justiça Barjona de Freitas ter-se-á pronunciado também expressamente sobre a vantagem do modelo de Pentonville, que lhe fora proposto pelo novo arquitecto, em Fevereiro de 1873.[1689]

O primeiro director das obras da Penitenciária, iniciadas finalmente a 4 de Novembro de 1873[1690], foi o engenheiro Ricardo Júlio Ferraz, o mesmo que dois anos depois seria responsável pelo projecto da Penitenciária de Coimbra. Ferraz foi enviado pelo ministro da Justiça, no Verão de 1873, em visita às penitenciárias de Inglaterra e da Bélgica – Pentonville e Lovaina –, decorrida entre 27 de Agosto e 29 de Outubro, julgando-se necessário "que o engenheiro encarregado da direcção das obras da penitenciaria tivesse conhecimento pratico d'estas construcções".[1691]

Desta visita resultaram efectivamente alterações ao projecto de Le Cocq, que entretanto fora também validado pela Junta Consultiva de Obras Públicas, como o acrescento de 100 novas celas e a substituição por pedra e ferro de partes do edifício inicialmente projectadas em madeira. Em 7 de Novembro de 1874 é apresentado o projecto reformulado por Ferraz, que viria a ser aprovado definitivamente em Março de 1875, mesmo já efectuadas as expropriações dos terrenos e iniciadas as obras[1692], com base em grande medida no projecto da Penitenciária

[1689] *Syndicancia ás obras da Penitenciaria Central de Lisboa. Actas, pareceres e mais documentos remettidos á Camara dos Senhores Deputados, cit.*, pp. 253 e 271.

[1690] Pela Lei de 24 de Abril de 1873, o Governo foi finalmente autorizado a "mandar construir uma cadeia geral penitenciaria no distrito da relação de Lisboa", sendo aí fixadas as condições para o financiamento da obra.

[1691] *A Penitenciaria..., cit.*, p. 5. A história e vicissitudes na criação da Penitenciária de Lisboa pode igualmente ser acompanhada no texto de R. Rodrigues, *Cadeia Nacional de Lisboa..., cit.*, pp. 3 ss.

[1692] "Em 28 de abril de 1877, o engenheiro Ferraz pediu a exoneração da commissão de director das obras da penitenciaria e uma sindicancia aos seus actos (...) Em 31 de janeiro de 1878 é nomeada uma commissão de inquerito ás obras e foi ordenado ao director que facultasse á commissão a inspecção de todos os trabalhos feitos, e de todo o deposito e dependências das obras, o exame dos livros e documentos existentes (...). Por portaria de 17 de agosto de 1878 foi exonerado o sr. Garção [entretanto nomeado director das obras em 17 de Novembro de 1877] e nomeado para o substituir o engenheiro Jayme Larcher. Por ultimo ficou debaixo da direcção das obras publicas a construcção da penitenciaria e foi nomeado chefe de secção o sr. Joaquim Pedro Xavier da Silva atè se concluirem as obras" – *A Penitenciaria..., cit.*, pp. 6 e 7. Entretanto também Bento Fortunato Almeida de Eça dirigira a obra em 1877. Este excerto permite desde logo conhecer as dificuldades na construção da Penitenciária, objecto de sindicância e, principalmente, de um forte debate político opondo

de Lovaina, donde proviria igualmente, *mutatis mutandis*, o seu regime administrativo e o seu regulamento interno.[1693-1694-1695]

O edifício da prisão cumpria também na sua arquitectura os fins imediatos visados pelo novo regime penitenciário: separação total e permanente dos condenados à "prisão maior celular", mantidos sem comunicação entre eles, e com trabalho obrigatório desenvolvido preferencialmente em cada cela, bem como o ensino de ofícios, a ministração da instrução primária, para quem tal se exigisse, e o ensino moral e religioso. Pensado como um espaço voltado sobre si mesmo, auto-suficiente em vários elementos, incluía, para além da zona prisional, habitações dos funcionários e administração, espaço para hospital, cozinhas e gasómetros.

Se o modelo do espaço prisional fora inicialmente inspirado na penitenciária inglesa de Pentonville, desenhada por Joshua Jebb, como tantas outras penitenciárias na Europa, e pela mais recente penitenciária belga de Lovaina, o estilo

Regeneradores e Progressistas – e sendo Ricardo Ferraz, aliás, deputado regenerador. Estão publicados os trabalhos da comissão parlamentar eleita em 4 de Fevereiro de 1878, presidida por José de Mello Gouveia, que terminou o seu inquérito em 27 de Janeiro de 1879, bem como documentos da investigação criminal que se desencadeou. Em causa estavam as alegadas práticas de corrupção, que acabam por se confirmar, e a enorme divergência de custos perante o orçamentado (mais do triplo da previsão inicial) na construção da Penitenciária, edifício "o mais grandioso e monumental dos tempos liberaes" e "a mais monumental e completa prisão da Europa", como é descrito no relatório da sindicância (*Syndicancia ás obras da Penitenciaria Central de Lisboa, cit.*, pp. 255 e 257). Em 1886, publicam-se ainda regras expressas que visam o controlo estrito da contabilidade da Penitenciária de Lisboa, pelo Decreto de 23 de Agosto. Rodrigo Rodrigues recorda a "ideia da gravidade e da paixão" que o escândalo da construção da Penitenciária provocou na opinião pública, sendo "(...) em pleno Parlamento (...) afirmado «que se houvessem de ser condenados todos os individuos implicados em desmandos ligados com as obras da Penitenciaria não chegariam para esse efeito todas as celas do novo edificio»..." – R. Rodrigues, *Cadeia Nacional de Lisboa..., cit.*, pp. 8 e 9. Sobre a "questão da Penitenciária" e a sua dimensão político-partidária, v. a investigação recente de Paulo Jorge Antunes dos Santos Adriano, *Penitenciária Central de Lisboa – A Casa do Silêncio e o despontar da arquitectura penitenciária em Portugal*, dissertação de mestrado em Arte, Património e Teoria do Restauro apresentada à Faculdade de Letras da Universidade de Lisboa, Lisboa, 2010 (policopiado), pp. 88 ss.

[1693] António de Azevedo Castello Branco, *Notice..., cit.*, p. 19.

[1694] A planta da Penitenciária de Lisboa é reproduzida em anexo (Anexo 10). Sobre a Penitenciária como complexo punitivo, destacando a relação entre os seus aspectos arquitectónicos e a sua função penal, v. Paulo Jorge Antunes dos Santos Adriano, *op. cit.*, em especial pp. 116 ss.

[1695] O modelo belga é largamente confirmado também pela *Memoria Descriptiva* do projecto final da Penitenciária de 30 de Outubro de 1874 assinada por Ricardo Ferraz, publicada na *Syndicancia ás obras da Penitenciaria Central de Lisboa..., cit.*, p. 282.

arquitectónico dos edifícios é descrito como sendo "gothico-germanico": "os torreões setteirados, que guardam e defendem a entrada principal, o coroamento em ameias, que encima o edificio, as cornijas decorativas das janellas, tudo indica a força, gravidade e austeridade proprias a edificios d'esta natureza (...)", tendo "este género de architectura" sido "usado na prisão de Birmingham, Leeds, etc.".[1696] Este tipo de manifestações, visíveis para o exterior, que contrasta com a habitual censura decorativa das antigas prisões, explica-se também pela ideia de integração harmoniosa num espaço público – a decoração serve o público, não os seus habitantes, que no interior apenas se confrontam com a aridez do espaço de detenção.

A Penitenciária inclui, junto à sua entrada principal, "sita á beira da estrada da circunvalação", dois edifícios de habitação autónomos, atrás dos quais se ergue um outro edifício, ocupado pelos serviços administrativos, o hospital e as lavandarias, mas também pelo serviço de recepção aos presos, e donde parte, nas suas traseiras, uma ala que se dirige ao centro do espaço prisional, onde se encontra a capela, que é simultaneamente uma aula circular usada para o ensino. Do centro desta estrela nascem as seis alas onde se encontram os espaços celulares (em Coimbra e em Santarém os edifícios radiais apresentam quatro alas). As alas são comunicáveis também, para além do centro do edifício prisional, pela "rotunda", que liga todas as alas, perfazendo um círculo, e que inclui também um subterrâneo usado para o serviço da prisão. Algumas construções dispõem-se nos espaços abertos no interior das alas, como os edifícios da "fabrica de gaz" e dos fornos de pão, as cozinhas e dispensa, entre alguns espaços ajardinados. O topo das alas prisionais voltado ao exterior é completado com passeios para os presos, em forma de leque, "para assegurar mais fácil vigilancia", sendo o complexo fechado com uma primeira "muralha de 8 metros de altura", completada com uma outra parede externa de quatro metros, assim criando um percurso interior de ronda.[1697] Nestes pátios os reclusos deveriam forçosamente exercitar-se, ao ar livre, mas gradeados, uma hora por dia.

Os únicos espaços abertos ao acesso de membros externos à prisão encontram-se no edifício imediatamente atrás das habitações, por onde se acede ao espaço prisional.

Este edifício, de dois pisos e com um subterrâneo, possui um pátio de entrada, ladeado pela construção, onde, por exemplo, são descarregadas as provisões, enviadas para os armazéns situados no subterrâneo do edifício, "passando por

[1696] *A Penitenciaria...*, *cit.*, p. 9.
[1697] *Ibidem*, p. 9.

caixas afuniladas para esse fim dispostas no terreno".[1698] Os presos que aguardam julgamento podem ser interrogados no mesmo edifício, onde os serviços de administração prisional, o hospital e farmácia, os "quartos de banho e de vestir"[1699], as lavandarias[1700] e os parlatórios também estão instalados. Estes últimos indiciam imediatamente, aliás, que o isolamento da Penitenciária de Lisboa não era absoluto. Ao tempo, exigia-se uma atenuação do rigor do primeiro regime de Filadélfia: o preso podia então ser visitado por familiares e amigos, quinzenalmente, mas manter-se-ia numa zona de penumbra, podendo ver os visitantes – mas sem a possibilidade destes o verem.

Um preso entrado na Penitenciária deveria, em primeiro lugar, ter sido transportado "fechado em carruagem especial". Seria então recebido no edifício central e colocado numa cela de espera para exame médico, onde seria pesado e medido. Uma entrevista aguardava-o, averiguando da sua instrução e dos "seus conhecimentos dos deveres morais e religiosos"[1701], após o que seria enviado para os subterrâneos, onde se situavam os quartos de banho. Uma vez lavado e usando o uniforme da prisão, seria barbeado e conduzido à sua cela, onde lhe era feita a leitura do regulamento e apresentado este novo espaço.

É aqui que se cumpre o essencial do ritual punitivo do sistema. Nas alas celulares e na rotunda central. As seis alas estelares do edifício, designadas originalmente de A a F (sendo as alas B e E, as dispostas em paralelo à rua de acesso, maiores que as restantes quatro) são compostas por subterrâneos, rés-do-chão e dois andares superiores. Ao centro de cada ala estende-se um corredor central ao nível do rés-do-chão e os pisos superiores são acessíveis por escadas de ferro colocadas nas extremidades. A circulação e o acesso às celas dos pisos superiores são feitos por galerias, também em ferro, que correm ao longo de toda a ala, cobrindo parte do corredor central, e que incluem pontes comunicantes. Observa-se, contudo, uma aspiração antiga e que ao longo do tempo ganha o seu cunho mitológico:

[1698] *Ibidem*, p. 10.

[1699] Os banhos, prescritos pelo regulamento uma vez por mês de Novembro a Abril e duas vezes nos demais meses, vêem a sua frequência incrementada com a entrada em funcionamento da Penitenciária, tendo em conta o trabalho desenvolvido pelos reclusos. Em 1887, o médico da Penitenciária Agostinho Lúcio da Silva, reclamará efectivamente com sucesso esse aumento, "consoante ás prescripções da hygiene industrial" – Jeronymo da Cunha Pimentel, *Penitenciaria Central de Lisboa...*, *cit.*, 1887, pp. 95 e 96.

[1700] E assim"(...) devendo a roupa lavada ser enxugada primeiro pelo apparelho hydro-extractor e depois em magnificas estufas" – *A Penitenciaria...*, *cit.*, p. 11.

[1701] António de Azevedo Castello Branco, *Notice...*, *cit.*, p. 21.

"estas disposições não impedem que um observador situado na rotunda, olhando em torno de si, possa perceber tudo quanto se passa nas diversas alas e nos differentes andares".[1702]

Os subterrâneos das alas são usados como caminhos de circulação entre os diferentes espaços da prisão por parte dos funcionários, bem como para armazenamento de materiais. No entanto, acolhem também as celas de castigo (debaixo das alas A e C) e as oficinas (no subterrâneo da ala B), mesmo se, à partida, o trabalho dos reclusos deveria na medida do possível ser prestado na cela, no seu modelo inicial de funcionamento. O subterrâneo no espaço central, debaixo da rotunda, acolhe reservatórios de água.

A rotunda central serve de capela, de aula e de ponto de observação. "Os presos, mesmo quando assistem ao sacrifício da missa ou á aula, estão sujeitos ao regímen de isolamento, podendo apenas ver e serem vistos pelo capellão e pelos guardas", pelo que a rotunda é circulada por compartimentos onde estão os epitetados "gabinetes de ouvir missa", dispostos em anfiteatro, onde "as suas faces lateraes vão convergir todas no centro do altar"[1703], este colocado a um nível elevado, assente em colunas de ferro e onde, no topo, se encontra o observatório envidraçado que permite a visão sobre todas as alas –"fiscalisando-se o serviço dos guardas e vigiando-se os presos".

Para o serviço religioso ou para assistir às aulas, os presos eram encaminhados para os cinco pequenos anfiteatros preenchidos pelos compartimentos individuais, dispostos na rotunda central, entre as alas, que asseguravam a visão do centro e ao alto – do altar, onde sacerdote ou professor estariam colocados –, e que pretendiam impedir quer a comunicação quer até o contacto visual com os reclusos que se encontrassem nos compartimentos contíguos. Este modelo de auditório é o mesmo que se encontra na prisão de Lovaina e resulta num aperfeiçoamento em relação ao construído em Pentonville, onde os reclusos se dispunham num único anfiteatro com praticamente a altura do pé direito do edifício. Apesar da separação física, o regime de silêncio é também cumprido – dúvidas de alunos não poderim ser colocadas em público, mas apenas ser esclarecidas posteriormente na cela.

[1702] *A Penitenciaria..., cit.*, p. 14.

[1703] "Com esta engenhosa disposição, também usada na penitenciaria de Pentonville, se consegue o systema de isolamento de uma forma mais conveniente do que a adoptada na prisão de Maras [*sic*], em que os presos apenas pódem abrir de 0,06 m as portas das cellas, para assistir á missa.(...) Pontes de ferro, dispostas alternadamente em dois andares, irradiam do altar para as doze faces da capela" – *ibidem*, pp. 16 e 17.

No topo exterior de cada ala e nas suas laterais, encontram-se os pátios para os reclusos, em forma de leque aberto, em número de 100 – o que significa que cada preso é rotativamente colocado num espaço entre as divisórias desse leque, isoladamente, ao qual se acede a partir do centro do torreão na extremidade da ala, "onde existe um quarto com tantas frestas quantos são os passeios"[1704]. Do lado exterior do passeio, grades de ferro. Por cima, pontos de observação permitem vigiar os reclusos.

A Penitenciária de Lisboa contém na sua versão inicial um total de 568 celas, dispostas ao longo das suas seis alas. Cada cela teria 8,80 metros quadrados de área (4 metros por 2,20 metros) e uma altura de 3 metros.[1705] Dispunham de sistema de ventilação, movido manualmente, aquecimento – este último nunca terá funcionado – e iluminação a gás (mais tarde substituída por iluminação eléctrica), portas chapeadas a ferro com uma portinhola, que servia também para a distribuição de comida, e um óculo – o *espião* – por onde o preso podia ser observado. Cada cela continha também "lavatorios, tendo bacias com torneiras de alimentação e de esgoto". Frestas na parede exterior permitiam a entrada de ar e luz natural, impedindo, no entanto, qualquer comunicação entre os presos. Na cela ainda, "um leito de madeira ou de ferro, que se póde transformar n'um assento e banca".[1706] Uma alavanca na parede interior de cada cela permitia ainda que o preso pudesse chamar um guarda de serviço, fazendo accionar um mecanismo associado a uma sineta.[1707]

O acesso a água era garantido por um sistema de distribuição em que esta era inicialmente bombeada pelos próprios presos, bem como a distribuição dos alimentos fazia-se também através de elevadores movidos pelos reclusos, que permitiam fazer subir as refeições para os diversos andares, onde eram distribuídas pelas celas.

No entanto, a desejada modernidade do edifício não é suficiente para impedir diversas dificuldades no seu uso quotidiano, desde os primeiros anos do seu fun-

[1704] *Ibidem*, p. 17.

[1705] "Estas dimensões foram as adoptadas na penitenciaria Pentonville de Londres, depois de maduros estudos e discussões sobre o assumpto", escreve-se *ibidem*, p. 15. E correspondem, basicamente, às medidas adoptadas na referencial *Eastern State Penitentiary* de Filadélfia, na década de 20 do século XIX.

[1706] E "(...) foram adoptadas as medidas necessárias para que o preso não possa aproveitar nenhuma das disposições interiores das cellas para se suicidar por estrangulação" – *ibidem*, pp. 19 e 20.

[1707] Importação do sistema usado em Pentonville, conhecido por *label and gong*, que permitia que, uma vez accionado numa cela, o chamamento fosse sinalizado através do número da cela em causa junto dos guardas. Sobre o *label and gong*, v. Maria da Conceição Trigueiros, *op. cit.*, pp. 275 e 276.

cionamento. Praticamente desde a sua abertura em Setembro de 1885, a Penitenciária de Lisboa vai requerer obras de adaptação e correcções diversas – desde a sua cobertura às redes de gás e de água –, como explica com pormenor o seu primeiro director.[1708] A cela sofre também algumas alterações na evolução de regimes: os lavatórios – que permitiam afinal o estabelecimento de conversas entre celas através da sua canalização – são modificados; substituiu-se o original escarrador de ferro, verdadeira arma ao dispor dos reclusos, pelo uso de um balde para despejos; o postigo da porta revela a necessidade de ser vedado, entre outras alterações.[1709]

c. A vida na prisão penitenciária

Exemplo de ruptura com o encontrado nas prisões tradicionais, o primeiro quadro de funcionários da nova Penitenciária foi estabelecido pela Lei de 29 de Maio de 1884, sendo composto por:

- um director;
- um subdirector;
- dois capelães;
- dois médicos;
- dois professores;
- um secretário;
- um tesoureiro;
- três empregados de secretaria;
- quatro copistas;
- um chefe de guardas;
- dez guardas de primeira classe;
- dezasseis guardas de segunda classe.

Para além deste quadro, ao director era ainda possível propor a contratação de outros funcionários *ad hoc*, nomeadamente professores. O recrutamento de guardas competentes para a nova prisão era uma dificuldade, afiança o director Jerónimo Pimentel. Em grande medida porque "o serviço é pesado, é violento, importa uma grande privação de liberdade, porque o guarda tem quasi a vida do preso", o que, a acrescer à falta de formação específica para a função, prejudica o sucesso e a vontade na tarefa.[1710]

[1708] V. Jeronymo da Cunha Pimentel, *Penitenciaria Central de Lisboa..., cit.*, 1887, pp. 45 a 51.

[1709] V. João Gonçalves, *Os regimes prisionais e a tuberculose, a loucura e o suicídio na Cadeia Penitenciária de Lisboa (1885 – 1932)*, Oficinas Gráficas da Cadeia Penitenciária, Lisboa, 1934, pp. 16 a 18.

[1710] Jeronymo da Cunha Pimentel, *Penitenciaria Central de Lisboa..., cit.*, 1887, pp. 42 e 43.

Estes guardas que asseguram a vigilância e o cumprimento das regras disciplinares na prisão são nomeados provisoriamente durante três anos, podendo a partir daí, de acordo com o seu desempenho, converter-se em definitivos. Pode desempenhar funções de guarda quem saiba ler, escrever e contar, tenha prestado serviço militar com boa conduta, não tenha mais de 35 anos de idade e possua robustez física suficiente, mas nada mais se exige. Sentinelas vigiam o espaço compreendido entre os pátios de exercício dos reclusos, os jardins e o muro exterior, mas vários dos guardas acabam por ser ocupados em serviços administrativos. Em 1888, o então subdirector da Penitenciária e futuro ministro da Justiça, António de Azevedo Castello Branco, confirma haver insuficiências de pessoal administrativo, o que leva à necessidade de guardas serem usados nesse serviço de secretaria, o que poderia prejudicar o cumprimento do regime penitenciário e a segurança na prisão.[1711] No entanto, a par dos guardas, a prisão dispõe também de uma "força militar permanente" aos dispor do director, armada, em alojamento autónomo na cadeia, segundo o regulamento.[1712]

O subdirector tem directamente a seu cargo a vigilância da prisão, inspeccionar o "serviço económico" e o trabalho dos reclusos.

Aos capelães, para além do serviço directo de culto, com missa diária – que não é, contudo, de presença obrigatória para os condenados – cabe também a instrução moral e religiosa dos reclusos, esta indispensável para todos e que decorre aos domingos, dia em se celebram duas missas. A confissão não é igualmente obrigatória. Aos médicos compete visitar os condenados que se encontram doentes diariamente e examinar os reclusos no momento da sua entrada e no momento da sua saída. Também a eles cabe tratar gratuitamente os guardas e as suas famílias, caso o desejassem.

Guardas, professores, médicos e capelães formam o grupo inicial de personagens desta nova administração penitenciária, em conjunto com a direcção da pri-

1711 V. António de Azevedo Castello Branco, *Notice...*, *cit.*, pp. 19 e 20, que se segue. Jerónimo Pimentel e António Azevedo Castello Branco são os nomes decisivos para a vivência da Penitenciária até à República. O primeiro dirige a cadeia até 1898, sucedendo-lhe então o seu subdirector. Em Outubro de 1910, os médicos Alfredo de Magalhães e João Gonçalves compõem uma direcção fugaz e Rodrigo Rodrigues, médico da prisão, assume a sua direcção em Dezembro de 1913 (e, uma vez nomeado ministro do Interior por alguns meses, foi substituído interinamente pelo médico Caldeira Queiroz, depois director da colónia penal de Vila Fernando). A Penitenciária vê a sua designação ser alterada para Cadeia Nacional em 4 de Agosto de 1914, pelo Decreto nº 723. V. R. Rodrigues, *Cadeia Nacional de Lisboa...*, *cit.*, pp. 18 a 21. Em 1917, Rodrigo Rodrigues é substituído por João Gonçalves.

1712 V. artigo 149º do regulamento da Penitenciária aprovado pelo Decreto de 20 de Novembro de 1884.

são. A par do diploma de Maio de 1884, também o regulamento da nova cadeia, aprovado pelo Decreto de 20 de Novembro de 1884, dedica metade das suas regras às exigências de recrutamento e aos deveres de todos eles.

A abertura da Penitenciária de Lisboa e o início da prática do novo regime de isolamento celular é acompanhada pela criação de um Conselho Geral Penitenciário, que funcionava junto do Ministério dos Negócios Eclesiásticos e da Justiça. Instituído também pelo Decreto de 20 de Novembro de 1884, cabia-lhe a função de apreciar e propor o perdão régio ou a redução de penas para condenados de boa conduta que tivessem cumprido pelo menos dois terços da pena de prisão celular, havendo "provas de completa regeneração"; propor ao Governo alterações no regime penitenciário[1713]; e promover a organização de "sociedades de protecção aos condemnados que tivessem expiado as penas", propondo ao Governo as medidas que com este fim pudessem ser observadas.[1714]

No Conselho, presidido pelo ministro da Justiça, serviam ainda o procurador-geral da Coroa, designado como vice-presidente; um dos juízes conselheiros do Supremo Tribunal de Justiça bem como um dos juízes pertencentes à Relação de Lisboa; o "juiz relator do tribunal superior de guerra e marinha"; os directores-gerais no Ministério da Justiça; o juiz do "districto criminal da comarca de Lisboa"; um professor da escola médico-cirúrgica de Lisboa e um professor da "escola polytechnica". Prevê-se também o assento de vogais electivos, a serem designados pela Associação de Advogados de Lisboa, pela Academia Real de Ciências, pela Sociedade das Ciências Médicas de Lisboa e pela Associação dos Engenheiros Civis.

A par do funcionamento em plenário, destaca-se a previsão em 1884 da existência de uma comissão, da qual apenas participavam os directores-gerais no ministério e dois dos membros do Conselho que para ela tivessem sido eleitos, a quem competia propor "ao governo" quais os condenados a prisão celular de 2 a 8 anos, com a alternativa de prisão e degredo, que devessem ingressar na Penitenciária. Prevê igualmente a lei quais os critérios que deveriam ser observados neste crivo – atento o número de celas disponíveis, a preferência inicial seria dada a condenados menores de 21 anos com pena de prisão celular até 4 anos, preferindo-se depois os condenados a penas de menor duração em detrimento dos que

[1713] "Não nos consta que exista trabalho algum a este respeito officialmente publicado", comenta vinte anos passados António Ferreira Augusto, *Annotações...*, *cit.*, p. 43, nota 30.

[1714] V. artigo 12º do Decreto de 20 de Novembro de 1884. V. também António de Azevedo Castello Branco, *Notice...*, *cit.*, p. 24.

devessem cumprir penas mais graves; em igualdade de circunstâncias, os criminosos primários e os mais jovens seriam preferidos em relação aos reincidentes e aos mais velhos.[1715] Jovens e condenados pela primeira vez, eis assim os habitantes mais desejados da nova Penitenciária, prontos a receber a sua "completa regeneração".[1716]

O funcionamento interno da nova Penitenciária foi traçado pelo seu primeiro regulamento, epigrafado de provisório[1717], aprovado pelo Decreto de 20 de Novembro de 1884, um texto baseado nos regulamentos das penitenciárias de Lovaina e de Madrid.[1718] Lisboa importa assim, naturalmente, não só formas como regras daquela cadeia belga. Um normativo extenso e ambicioso na sua almejada plenitude, ao longo de 288 artigos, vem estabelecer um novo patamar na organização dos espaços e quotidianos prisionais e nas funções e conteúdos dos seus habitantes, de ambos os lados do dever correctivo.

Fixada como prisão masculina, sob "inspecção e fiscalisação" do Ministério dos Negócios Eclesiásticos e da Justiça, exercida directamente ou "por intermedio do procurador regio junto da relação de Lisboa" (artigo 2º), inicia o regime de "absoluta separação dos condemnados entre si" (artigo 3º), com trabalho

[1715] V. artigos 11º e 13º.

[1716] Completar a lotação das celas da nova Penitenciária de Lisboa não seria todavia uma tarefa rápida. Jerónimo Pimentel, seu primeiro director, dá conta das demoras no envio dos presos que devessem ingressar na nova cadeia por parte das comarcas e que permaneceriam assim muito tempo em prisão comum após serem sentenciados – Jeronymo da Cunha Pimentel, *Penitenciaria Central de Lisboa...*, *cit.*, 1887, p. 5. Também António Ferreira Augusto, *Annotações á legislação penal mais importante e que não está codificada*, vol. 2, Livraria Académica, Coimbra, 1905, p. 39, nota 27, descreve ainda que "pela demora na resolução do destino que se deve dar aos réos, ficam alguns condemnados definitivamente a prisão maior cellular, muitas vezes detidos por algum tempo nas cadeias centraes, levando-se lhes em conta para a expiação da culpa este tempo, o que é contra o que é julgado. Já alguns juizes têm proferido decisões, não contando este tempo como d'expiação de culpa, mas só desde que deram entrada nas cadeias penitenciarias. No rigor do Direito assim deve ser, mas razões d'humanidade aconselham a que assim não se proceda".

[1717] Conforme se indica no relatório que acompanha o decreto, assinado pelo ministro Lopo Vaz de Sampaio e Mello, e provisório "para que seja sucessivamente corrigido, emendado e additado em harmonia com os diatames da experiencia", reproduzido também por António Ferreira Augusto, *Annotações...*, *cit.*, vol. 2, p. 37.

[1718] Que se encontra também publicado autonomamente: *Regulamento Provisorio da Cadeia Geral Penitenciaria do Districto da Relação de Lisboa, Approvado por Decreto de 20 de Novembro de 1884*, Imprensa Nacional, Lisboa, 1888. António d'Azevedo Castello Branco, *Estudos...*, *cit.*, pp. 11 ss. e 61 ss., publica o seu relatório da visita realizada em 1884 às penitenciárias de Lovaina, de Gand e de Madrid, por indicação do ministro da Justiça, "afim de estudar o modo pratico porque estavam organisados os serviços" naquelas cadeias.

obrigatório "dentro da respectiva cella ou em compartimento adequados a esse effeito" (artigo 4º). A par do trabalho, deve ser fornecida a instrução primária aos reclusos bem como "instrução moral e religiosa" (artigo 7º). Visitas de "parentes e amigos", bem como de "membros de associações e outras pessoas que se consagrem á sua instrucção e moralisação", são permitidas, mesmo se consideradas expressamente como "prémio" pelo próprio regulamento, no caso de familiares e amizades (artigo 8º). No entanto, o regulamento irá fixar a sua periodicidade quinzenal (artigo 182º), ao domingo, pressupondo o bom comportamento do preso.

A 2 de Setembro de 1885, a Penitenciária de Lisboa abriu portas com 12 reclusos transferidos de outras cadeias, a maioria jovem e sem grande passado criminal para além do crime pelo qual se encontravam a responder, em regra grave – o de homicídio (mesmo quando apenas tentado ou nas variações de envenenamento ou de ferimentos dos quais resultou a morte). Trata-se provavelmente da primeira prisão nacional em que a totalidade dos seus ocupantes é condenada a essa pena e não composta maioritariamente por suspeitos em julgamento. Os reclusos nos primeiros anos da Penitenciária, em grande parte condenados por homicídio, cumprem em regra penas superiores a 6 anos de prisão maior, que deveria em muitos casos ser completada com a remessa para degredo. Mais de metade seriam jornaleiros ou trabalhadores rurais, analfabetos.[1719]

Podem verificar-se os dados existentes sobre estes reclusos consultando os seus processos individuais, nomeadamente os dos entrados na Penitenciária de Lisboa em 2 de Setembro de 1885, o dia inicial, bem como os livros de registo de entradas. J. P. era um dos reclusos que fazia parte deste grupo inicial da nova cadeia.[1720] Dos processos individuais, constam os seguintes campos para a recolha de elementos sobre o recluso[1721]:

- Data de entrada;
- Filiação;

[1719] V. *v. g.* os dados estatísticos apresentados por Jeronymo da Cunha Pimentel, *Penitenciaria Central de Lisboa...*, *cit.*, 1887, pp. 127 ss.

[1720] V. AHDGRSP – Fundo da Penitenciária de Lisboa/processos de presos. Trata-se aqui do processo nº 9 (preso J. P.), sendo o número do processo o número de ordem de entrada do preso na Penitenciária (e, no caso, também o número da cela ocupada na Penitenciária de Lisboa). Na Penitenciária de Lisboa os presos eram identificados simultaneamente pelo número de ordem de entrada e pelo número de recluso, que equivalia ao número da cela ocupada.

[1721] O regulamento de 20 de Novembro de 1884 fixa também os dados pessoais que devem ser registados nos livros quanto aos reclusos, quer na sua entrada, quer na sua saída do estabelecimento – v. artigo 106º.

- Naturalidade;
- Último domicílio ou residência;
- Idade;
- Estado civil;
- Profissão ou modo de vida anterior à entrada na cadeia;
- Verificação do seu estado físico ao tempo da entrada;
- Natureza do crime que determinou a condenação;
- Pena que lhe foi imposta;
- Tribunal por onde correu o processo e andamento que teve até à sentença definitiva;
- Extracto do registo criminal respectivo;
- Grau de instrução religiosa;
- Grau de instrução escolar;
- Data de princípio e terminação da pena;
- Número da cela que lhe foi destinada.[1722]

Deste processo em concreto, constam também uma certidão de baptismo do recluso (passada pelo prior da igreja de Santa Maria de Celorico da Beira), um certificado do registo criminal (passado pelo escrivão do registo da comarca de Celorico da Beira) e duas certidões da sentença e do acórdão condenatórios do réu e de outros elementos do processo judicial.

J. P., natural do Espinheiro, freguesia e concelho de Celorico da Beira, residente em Gouveia, tem 24 anos na altura da entrada na Penitenciária, ficando na cela nº 9 da ala B. Solteiro, é considerado como "trabalhador do campo" e o seu estado físico apodado de "robusto". O crime praticado foi o de "ferimentos graves de que resultou a morte", sendo definitivamente condenado a 8 anos de prisão maior celular seguida de 20 anos de degredo ou na pena alternativa de degredo por 28 anos com prisão no lugar do degredo por 8 anos.

Foi inicialmente julgado na comarca de Almeida, onde esteve preso preventivamente, sendo aí condenado em 20 de Novembro de 1883 na "pena de prisão maior cellular perpetua e na alternativa na pena de trabalhos públicos perpétuos em uma das possessões de Africa de primeira classe", as sucedâneas legais da aplicação da pena de morte, conforme se assenta expressamente na sentença condenatória. Recorrendo da sentença o Ministério Público, em virtude da reforma penal de 1884, a Relação do Porto alterou a pena para 8 anos de prisão celular, seguida de "28 anos de degredo" igualmente em "uma das possessões de Africa

[1722] Reproduz-se em anexo cópia do livro de registo (Anexo 11).

de primeira classe, com prisão no lugar do degredo", esta por 8 anos. Do acórdão da Relação consta expressamente também a necessidade de ser tido em conta o tempo passado pelo réu em prisão preventiva, de acordo com a reforma penal de 1884, que previa a sua consideração como circunstânciua atenuante. Em 23 de Janeiro de 1885, o Supremo Tribunal de Justiça negou o recurso de revista por falta de fundamento. No entanto, tendo o réu requerido um indulto, este foi-lhe concedido, parcial, em 4 de Junho de 1886, conforme se anota no livro de entrada dos presos do ano de 1885.[1723]

Na capa do processo individual do recluso, anotaram-se as datas de entrada e saída da Penitenciária de Lisboa e a da sua remessa para degredo: entrado a 2 de Setembro de 1885, findou a pena celular em 23 de Janeiro de 1891, tendo sido finalmente remetido a degredo em 6 de Maio do mesmo ano – sem, contudo, se assinalar o seu destino em concreto. No período compreendido entre o fim da pena celular e a remessa para degredo, o condenado terá sido colocado no Limoeiro, o espaço de concentração dos condenados às terras ultramarinas.

Olhando os livros de registo de entradas de presos, para além destes dados, constam também outros elementos, como sinais distintivos dos reclusos e anotações sobre o seu percurso prisional e elementos processuais relevantes para a execução da pena.[1724]

Sobre o preso J. P., consultando também as referências presentes no livro de registo do director, verifica-se que terá aprendido o ofício de carpinteiro, nos 68 meses e 4 dias passados na Penitenciária, e recebido três louvores por bom comportamento (em 1889, 1890 e 1891). "Teve exemplar comportamento", notando-se contudo que "a sua vida pouco promette durar, attendendo ao estado

[1723] V. AHDGRSP – FPL – Livro de registo de entrada dos presos, nº 1, 1885, cota 2-126-B, pp. 33 a 36.

[1724] Ao todo foram catalogadas pelo responsável pelo Fundo da Penitenciária de Lisboa, quatro séries distintas de livros de registo dos presos. Encontram-se os livros gerais de entrada dos presos (entre 1885 e 1975), oficiais, mas também outros livros de registo (cobrindo um período entre 1885 e 1919) sobre os presos da cadeia, provavelmente pertencentes ao director, com anotações menos anódinas que os livros gerais de entrada, referenciados no catálogo do Fundo em organização como registos encontrados no "gabinete do director". Nos demais livros de registo existentes, de diferentes períodos cronológicos, encontram-se compilados ainda elementos como a indicação dos "co-réos" dos presos e os castigos disciplinares aplicados – v. *v. g.* livros de registo cotas 548 e 555. Para uma percepção mais completa do percurso de um preso na Penitenciária neste período, exige-se assim que se cotejem os elementos constantes dos vários livros de registo.

adiantado de tuberculose", o que justificou a demora de quatro meses adicionais na prisão após o cumprimento da pena celular. Entrado a pesar 70,6 kg, em Maio de 1888 pesaria apenas 57 kg. Em compensação, entrado analfabeto em 1885, "apprendeu a ler, a escrever e a contar", mesmo se lhe é atribuída uma "curta intelligencia". Proveniente do seu ofício de marceneiro, J. P. recebe um fundo, à data da sua saída para degredo, de mais de 79 mil reis.

Um elemento a destacar é o facto de diversas medidas corporais do recluso constarem também desta anotação, compondo um verdadeiro e pioneiro registo antropométrico, mesmo que informal. Para além de dados, cuja recolha é comum a todos os reclusos, como o peso e a altura, outras medições, como a "circunferencia da cabeça", medidas do pé esquerdo ou da orelha direita, entre outras, são recolhidas e anotadas. Esta caracterização antropométrica, que se encontra desde logo no registo de um dos reclusos entrados em 1885, é provavelmente a primeira realizada e anotada enquanto tal, já que apenas em 1901 a legislação penitenciária irá prever o funcionamento dos postos antropométricos nas cadeias nacionais.[1725]

Outro dos jovens presos iniciais, J. R.[1726], de 24 anos, também conhecido como *José da Marcolina* ou *José da Maquelina*, o preso nº 1, dá entrada na Penitenciária de Lisboa por homicídio voluntário e roubo, condenado a 8 anos de prisão e 20 anos de degredo. O seu registo criminal nada mais lhe aponta e cumpre apenas 6 anos de prisão celular em Lisboa, sendo esta reduzida na quarta parte pela Relação de Porto. Finda a pena de prisão em 30 de Maio de 1891, é remetido para degredo a 6 de Junho. No seu registo, anota-se ainda que, apesar do seu "pouco aproveitamento na escola por falta de memoria", trabalhou na Penitenciária na feitura de escovas e em trabalhos agrícolas, o que lhe permitiu levar para África um pecúlio de mais de 112 mil reis. Numa informação que não é comum – os livros de registo da Penitenciária não tratam usualmente do condenado após a sua saída da prisão –, anota-se, no registo do director, que, em cumprimento do degredo, foi destinado ao trabalho nas obras públicas, sem se anotar o seu destino, que, atendendo à data, seria quase garantidamente Luanda, e que terá aí tido "uma desordem" na qual "feriu um preto" – o degredado terá pedido então que lhe

[1725] No livro de registo nº 288, entre os dados relativos ao preso nº 9, J. P., encontram-se medições relativas à cabeça, pé esquerdo, orelha direita e dedos da mão esquerda, sendo o único dos presos iniciais da Penitenciária em relação a quem se recolhem tais registos. Reproduz-se cópia deste registo em anexo (Anexo 12).

[1726] V. Livro de registo da entrada de presos, nº 1, 1885, cota 2-126-B, pp. 1 a 4 e livro de registo do gabinete do director, nº 288, p. 1.

"dessem o castigo que merecesse, mas que não mandassem dizer nada para a Penitenciária"...[1727-1728]

As penitenciárias estrangeiras que acabaram, com maior ou menos intensidade, por servir de modelo para a de Lisboa – Cherry Hill, Pentonville, Mazas e Lovaina – aplicavam o regime de Filadélfia – ou, pelo menos, haviam sido conce-

[1727] Nos livros de registo de presos da Penitenciária de Lisboa posteriores, a informação vai tornar-se progressivamente mais "asséptica" e sintética. Por exemplo, quaisquer dados antropométricos deixam de constar dos livros de registos do século XX, passando a beneficiar de registos autónomos. A informação sobre o seu desempenho disciplinar e outras informações relativas ao percurso prisional constam essencialmente do processo individual, depois complementado por "fichas prisionais" que sintetizam os elementos essenciais sobre o recluso – v. em apenso a reprodução exemplificativa de uma desta fichas prisionais, já de 1938 (Anexo 13).

[1728] O receio da reclusão na Penitenciária, ponderado em alternativa com o degredo, é um tópico recorrente e não apenas nos anos iniciais do seu funcionamento. No entanto, também para alguns, diante da ameaça do degredo ultramarino, a realidade torna-se por vezes distinta: A. L. R., de 18 anos, natural de Torres Vedras, condenado por homicídio a 6 anos de prisão celular ou na alternativa de de degredo por 9 anos, vem assinalar a sua clara preferência pelo cumprimento da pena de prisão na então Cadeia Nacional de Lisboa, em requerimento endereçado ao presidente da Comissão Penal e Prisional, de 9 de Janeiro de 1915. O mesmo pede A. do C., em 18 de Dezembro de 1914, em "logar de a cumprir na Africa" ou F. da C. C., em 13 de Janeiro de 1915, militar, visto em Lisboa ter "pessôas de família que o poderão ajudar enquanto durar o seu captiveiro". Mas é um facto que a Penitenciária assusta no seu rigor e o degredo, visto de uma metrópole longínqua, para muitos parece uma nova e até atractiva liberdade. Vejam-se alguns exemplos: A. A., de 40 anos, antigo militar, preso na Penitenciária de Lisboa, requer em 21 de Agosto de 1914 o cumprimento da pena alternativa de degredo a que fora também condenado "incorporando-se nas colunas de degredados incumbidos da honrosa missão de vedêta ou guarda avançada". G. F., de 28 anos, de Oliveira de Frades, pede a execução da pena alternativa de degredo – a razão é apenas a condenação simultânea a degredo de sua mulher, a quem pretende acompanhar, "para milhor eu poder olhar por ella e ella seguir sem conhecimento de mais ninguem". J. M. P. e M., casado, com "dois filhos menores e absolutamente pobre", perante a eventualidade de ingressar na Penitenciária, vem, em Março de 1915, requerer à Comissão Penal e Prisional que, "não possuindo (...) robustez suficiente para permanecer"naquela prisão, "por ser muito fraco", "possa seguir já para Africa afim de com os ares livres poder resistir melhor". B. P. L., lavrador de 31 anos, preso na cadeia da Relação do Porto, em 6 de Fevereiro de 1915, pede igualmente ao ministro da Justiça o cumprimento da pena alternativa de degredo, em vez da prisão celular, pois deseja levar "a mulher e 4 filhos na sua companhia". No mesmo mês, F. T., 32 anos, serralheiro, pede que possa cumprir exclusivamente os 21 anos de degredo africano em vez dos 6 anos de prisão celular seguidos de degredo, pois "além de sofrer imenso do reumathismo, muito desejava levar na sua companhia a mulher e tres filhinhos de tenra idade, pois que do contrario ficarão esses inocentes ao abandono, pois faltando-lhes o amor paternal será o mesmo que condenal-os a sucumbir á fome e ao frio (...)"... – v. ANTT, MNEJ, mç. 558, nº 5.

bidas para o aplicarem, mesmo nos casos em que este havia sido aligeirado ou modificado nas suas regras iniciais.[1729]

No caso de Lisboa, mesmo que projectada para o regime de Filadélfia, a consciência do risco do seu eventual desfasamento ao comum em vários países europeus e nos Estados Unidos está já presente no momento da sua construção. Le Cocq terá mesmo posto em evidência a conveniência em alargar o espaço para as oficinas, pensando numa progressividade de regimes para o preso durante a sua estadia na Penitenciária, desde um isolamento completo inicial até uma situação configurável com o regime de Auburn. A mesma lógica terá aliás sido a adoptada em Lovaina, cuja arquitectura se definiu de forma flexível, de modo a poder receber o sistema de Auburn caso assim fosse determinado no futuro.[1730] Ao tempo em que a Penitenciária é projectada, o consenso internacional faz-se cada vez mais em torno de "regimes mistos", que conciliam isolamento com educação e trabalho fora do espaço celular. Assim, Lisboa recebe um regime inicial que é em grande medida o de Filadélfia, mas no qual são inseridos elementos de atenuação[1731] e em que a exigência da progressividade de regime é também feita através da generalização, adequação e rendibilidade do trabalho prisional.

Perante a verificação dos registos dos primeiros reclusos, comprova-se que não é possível de facto também entender a aplicação em Lisboa do modelo de Filadélfia de uma forma absoluta. A referência, desde o momento inicial, a reclusos que trabalham na lavandaria da cadeia – e que assim necessariamente contactam com outros reclusos e funcionários, trabalhando fora do espaço da cela – ou que, logo nos primeiros anos após a abertura da Penitenciária, se encontram a trabalhar em oficinas na cadeia, o que é permitido pelo regulamento, demons-

[1729] Sobre a penitenciária de Lovaina, o próprio António d'Azevedo Castello Branco, *Estudos...*, *cit.*, pp. 11 e 12, afirma que usa em 1884 o "regimen de separação celular continua entre os condemnados, segundo fora adoptado em Philadelphia, mas modificado com racionaes prescripções em hamonia com a natureza humana e com a boa hygiene phisica e moral dos reclusos". João da Silva Mattos, *op. cit.*, pp. 32 a 34, conta aliás um episódio, ocorrido na visita que também empreendeu à prisão belga, em que os condenados, trabalhando em comum numa oficina, terão envergado apressadamente à sua chegada o capuz penitenciário, apenas para criar uma aparência de ser esse um seu adereço habitual, o que não convencera o português.

[1730] Assim, Maria da Conceição Trigueiros, *op. cit.*, pp. 306 e 307.

[1731] "Isolamento de dia e noite completo de preso para preso, trabalho obrigatorio na cella, convivencia e tracto só permitido com os empregados da cadêa, com parentes e amigos, ou com outras pessoas, que possam concorrer para a regeneração do condemnado: eis os principios que serviram de norma ao legislador portuguez. Se bem, ou mal, foi preferido este systema ecletico, mixto do de Philadelphia e Auburn, a experiencia em breve o decidirá (...)" – Alberto António de Moraes Carvalho Junior, *op. cit.*, p. 10.

tra-o claramente.[1732] O trabalho em colectivo realizado em oficinas e não apenas nas celas individuais é uma alteração de relevo em relação ao modelo puro filadelfiano, bem como a existência regular de visitas aos condenados por parte da família e a possibilidade destes se corresponderem com o exterior, o que também se verifica logo desde 1885 e que o próprio projecto arquitectónico final, de 1874, já previa.[1733] Como salienta Rodrigo Rodrigues, na Penitenciária adopta-se de início o regime de Filadélfia "moderado no seu rigor primitivo".[1734-1735-1736]

[1732] V. livro de registo, cota 288. Note-se, a título de exemplo, que o preso nº 6 foi louvado em 1891 por "hum serviço feito na officina". Os presos nº 16 e nº 38 (entrados logo em 1886) trabalhariam na lavandaria da cadeia. O subdirector António d'Azevedo Castello Branco, *Estudos..., cit.*, p. 26, a propósito da sua visita à inspiradora penitenciária de Lovaina, acentua que também aqui "são empregados alguns presos" no seu serviço económico, "mas sempre sob o inquebrantável regimen de separação e incommunicabilidade entre elles", trabalhando nas cozinhas, padaria ou lavandaria, "mas com o capuz coberto". Em todo o caso, assume também as insuficiências para o trabalho prisional que resultam do facto deste ser apenas desenvolvido na cela – "(...) é obvia a difficuldade que a pratica restricta e rigorosa da lei tem de encontrar, pois que o exercicio de muitas profissões ou artes liberaes não se compadece com o regimen cellular (...). N'este ponto a rigidez da lei e o rigor regulamentar da sua disposição tem de ficar necessariamente sujeitos ás modificações aconselhadas pela prudencia e discernimento de quem dirija o estabelecimento penal" (p. 27).

[1733] V. *Syndicancia ás obras da Penitenciaria Central de Lisboa..., cit.*, pp. 283 e 284.

[1734] R. Rodrigues, *Cadeia Nacional de Lisboa..., cit.*, p. XIX.

[1735] Já na penitenciária de Santarém, convertida em presídio militar, o regime foi, claramente e desde a sua abertura, o de Auburn, ou seja, "trabalho diurno em commum e em silencio, e na absoluta separação dos condemnados fora das horas do trabalho e de instrucção", conforme se prescreve no artigo 34º do seu regulamento, aprovado pelo Decreto de 24 de Dezembro de 1896. O trabalho aqui prescrito compreendia as actividades de alfaiate, sapateiro, seleiro e escoveiro, entre outras possíveis (artigo 36º). Visitas e correspondência eram também permitidas. Efectivamente, em 1895, a Penitenciária de Santarém, cujas obras ainda decorriam, é cedida ao Ministério da Guerra (pelo Decreto de 7 de Fevereiro de 1895), para funcionar como presídio militar, já que poderia receber os presos militares que estavam sujeitos ao regime de Auburn, o regime agora previsto pelo Código de Justiça Militar aprovado em Janeiro desse ano (Decreto de 10 de Janeiro de 1895). Esta cedência é justificada pela impossibilidade de financiar as obras necessárias ao estabelecimento de um regime de isolamento celular, insuficiência que lhe permitia, contudo, "ser vantajosamente adaptada á execução da pena de presidio militar", consoante se lê no preâmbulo do diploma de Fevereiro. Assim, o presídio militar é aberto para o cumprimento da "pena de presidio militar" em 1 de Maio de 1895, de acordo com o fixado em Decreto de 25 de Abril do mesmo ano. No mesmo dia, um outro decreto aprova o seu regulamento provisório, ajustado no ano seguinte, em que se prevê efectivamente o silêncio "durante o trabalho e nos exercicios ao ar livre e na escola" (artigo 18º).

[1736] Note-se também que, de acordo com o disposto por Lei de 17 de Abril de 1902, os reclusos que fossem cegos, maiores de 70 anos, surdos-mudos ou que "por aleijão ou deformidade" estivessem impossibilitados de cumprir o regime penitenciário celular, ficavam isentos do mesmo, devendo cumprir pena "nas cadeias das sedes dos districtos judiciaes das respectivas relações, em comparti-

O abandono da radicalidade filadelfiana tem também outras demonstrações. No relatório que acompanhou a aprovação do regulamento de 1884 dava-se conta da vantagem que haveria em poder colocar imediatamente na nova Penitenciária reclusos que se encontravam no Limoeiro, mesmo que condenados apenas a prisão correccional e não a pena maior, tendo em conta a capacidade de detenção adicional que agora a nova prisão permitiria.[1737] Assim, a Penitenciária de Lisboa poderia contar também com um regime de reclusão "em comum", a par do isolamento celular, conforme é descrito, estando aqueles reclusos transferidos "sujeitos ali a melhor ensinamento, a mais efficaz disciplina e a melhores condições hygienicas do que na cadeia do Limoeiro, sem soffrerem os rigores de aquelle isolamento".[1738] A intenção seria mesmo a de avaliar, em paralelo, os resultados de um regime de isolamento mais rigoroso e de um regime que permitisse convivência e trabalho em comum.[1739]

Não obstante, no regime regra, os reclusos, após a entrada na Penitenciária, deviam iniciar um período de isolamento completo, com prazo determinado pela direcção, sendo mantidos sob vigilância, para se avaliar os efeitos que a solidão

mentos separados dos outros presos" (artigo 5º). Os mesmos estavam isentos da remessa para degredo, como pena única ou complementar à prisão, devendo ser operada a substituição desta pena por prisão maior sem trabalho (2º), sem prejuízo destes, na medida das suas possibilidades, não deverem permanecer em reclusão "inactivos e ociosos" (artigo 6º).

1737 Henriques da Silva, *Elementos...*, *cit.*, fasc. II, p. 117, nota até que se "seguiu um systema ecletico, dando, por um lado, preferencia aos grandes criminosos condemnados a penas mais graves, e, por outro, de entre os criminosos condemnados ás penas menos graves, aos que o fossem ás mais leves". "A lei quis experimentar os effeitos da cella nos criminosos da maior e da menor perversidade", afirma Manoel José Dias Salgado e Carneiro, *op. cit.*, p. LX. Por outro lado, em 1874, já se previa também que uma das "azas" da Penitenciária a ser construída, com um total de 74 celas, fosse destinada, por indicação expressa do ministro da Justiça, apenas a presos "de detenção", ou seja, preventivos, dada a sobrelotação genérica das demais cadeias, conforme se lê na memória descritiva – v. *Syndicancia ás obras da Penitenciaria Central de Lisboa...*, *cit.*, p. 284.

1738 João da Silva Mattos, *op. cit.*, pp. 133 e 134, olha com dúvida e ironia esta intenção: "As experiencias, que vão fazer-se desta simultanea aplicação, não nos parecem uma feliz estreia para a inauguração d'aquella casa penal. (...) O que estavamos bem longe de pensar era que o systema cellular, que vimos surgir em Portugal, ha cerca de dezoito annos, ameaçando de inexoravel destruição o seu rival da *vida em comum*, pudesse entrar junto com elle no mesmo edificio, para que ambos fraternalmente cooperassem na obra sublime de moralisar os delinquentes. Ainda assim, confiamos que com um zelo cheio de ardor da parte da direcção e dos funccionarios que ali servirem poder-se-ha talvez estabelecer uma certa harmonia entre os dois regimens adversos (...)".

1739 Sendo até a primeira intenção do ministro Lopo Vaz o encerramento completo do Limoeiro com a entrada em funcionamento da Penitenciária, o que se revelaria impossível. V. António Ferreira Augusto, *Annotações...*, *cit.*, vol. 2, pp. 35 a 37 e o artigo 4º do Decreto de 20 de Novembro de 1884.

exercesse sobre si.[1740] Até ao estabelecimento do regime de Auburn – 1913 –, os reclusos da Penitenciária serão obrigados a usar um capuz que lhes cobria a cara, quando se encontrassem fora da sua cela, impedindo a comunicação e o reconhecimento mútuo dos condenados, à semelhança do usado em várias penitenciárias europeias e norte-americanas.

O dia típico na Penitenciária, cumprido o descanso nocturno de oito horas, repartia-se entre o trabalho – dez horas diárias –, a hora de ar livre nos pátios individuais, as refeições, as aulas e o estudo, os deveres de higiene pessoal...[1741] A alimentação[1742] dos reclusos na Penitenciária, idêntica para todos, é-nos descrita em 1888. Três refeições por dia, almoço, jantar e ceia, e 500 gramas de pão de trigo.[1743] O almoço compreendia "café com leite na proporção de 4 decilitros". Duas vezes por semana era servida carne ao jantar e, nos demais dias, bacalhau. Ao jantar e à ceia eram igualmente servidas, com variedade, batatas, arroz, legumes e massas.[1744] Na segunda década do século XX, é ainda este o regime alimentar que se vai encontrar, tomando a designação comum de "rancho", ainda hoje usada.

As visitas do exterior são então permitidas na versão inicial da Penitenciária quinzenalmente. O recluso podia também escrever cartas endereçadas ao exterior. E os reclusos deveriam também ser visitados nas suas celas pelo pessoal da prisão, designadamente pela sua direcção, capelães e professores.

[1740] António de Azevedo Castello Branco, *Notice..., cit.*, p. 22.

[1741] O regulamento em 1884 é exaustivo: "Os presos occupar-se-hão nos trabalhos que lhes for determinado, na frequencia da escola, nos exercicios religiosos, nos passeios, no estudo, communicação com os empregados, visitas de parentes e amigos, correspondencia, refeições, cuidados hygienicos, oração e repouso", estabelece o proémio do seu artigo 175º.

[1742] V. artigos 243º a 253º do regulamento de 1884.

[1743] A ração diária inicial era de 600 gramas, sendo reduzida em 1886, por se considerar desnecessária. O director Pimentel não deixa de se lamentar, a propósito da alimentação dos reclusos, dos "fornecedores que pretendem faltar ás condições dos seus contractos, falseando a qualidade dos generos" – Jeronymo da Cunha Pimentel, *Penitenciaria Central de Lisboa..., cit.*, 1887, p. 9. O médico da Penitenciária salienta, para o mesmo ano, que "a maioria dos presos não almoçava, quando a refeição era composta de caldo de farinha, assim como muitos deixaram também intacta a ração de açorda ou mal a supportavam, ao passo que todos acceitam com gosto o almoço de café com leite" (p. 96).

[1744] António de Azevedo Castello Branco, *Notice..., cit.*, p. 23. Noutro momento, referindo-se a 1886, Castello Branco dirá mesmo que "é raro o preso que nas suas primeiras cartas não comunique aos parentes ou amigos que a alimentação é boa e abundante, o que parece ser para todos uma agradavel surpreza. O pão ministrado actualmente é melhor do que o fabricado na padaria militar, do qual durante mezes se forneceu a penitenciaria (...)" – v. Jeronymo da Cunha Pimentel, *Penitenciaria Central de Lisboa..., cit.*, 1887, p. 85.

A disciplina era assegurada por um sistema de castigos e prémios, sendo o maior destes previstos no regulamento a possibilidade de perdão ou redução de pena, verificado bom comportamento, sob – é certo – a forma de "proposta" a ser formulada ao ministério da Justiça pela direcção, e apenas podendo cobrir reclusos que houvessem cumprido pelo menos dois terços da pena.[1745] No entanto, este prémio potencial teria aplicação nula ou reduzida – o director da Penitenciária afirma, logo em relação ao ano de 1886, que nunca conseguiu fazer vingar qualquer proposta de redução de pena aplicada como prémio das que apresentou ao Conselho Penitenciário, funcionando assim como "uma promessa que está apenas escripta na lei", o que a concessão da liberdade condicional, alternativa a este perdão, vai resolver em 1893.[1746] Do mesmo modo, assinala-se também que o castigo previsto de considerar cada dia de recusa de trabalho por parte do recluso como tempo adicional ao cumprimento da pena nunca foi executado, mesmo se considerado no seu regimento.[1747]

Os castigos aplicados na Penitenciária de Lisboa em 1886 foram objecto de apreciação estatística: os mais generalizados foram os de privação de fumar, detenção na cela e privação de visitas e de correspondência. A estes castigos, correspondiam, como faltas mais comuns, a tentativa de fumar nas celas, a tentativa de comunicar com os demais reclusos e as faltas de respeito aos guardas.[1748] A entrada em celas disciplinares da Penitenciária, de isolamento em condições de maior dureza, manter-se-á como castigo máximo já num novo regime penitenciário, sendo a mais grave a medida de encerramento na designada

[1745] O regime de recompensas e castigos encontra-se previsto nos artigos 215º a 224º do regulamento de 1884. Como recompensas, fixava-se: "1º Permissão de maior numero de visitas; 2º Auctorisação de uso de tabaco durante o passeio; 3º Admissão no serviço domestico e em certos trabalhos que denotem confiança no preso; 4º A permissão de algumas distracções e lenitivos; 5º Augmento da taxa do salario, proposta de perdão ou de reducção da pena" (artigo 215º). As penas disciplinares previstas eram: "1º Privação do trabalho, da leitura, das gratificações, das visitas e de outros favores concedidos n'este regulamento até um mez; 2º Alimentação a pão e água, até oito dias; 3º Reclusão n'uma cella especial, ou n'uma cella escura; 4º Perda das recompensas que porventura lhes tenham sido concedidas" (artigo 218º).

[1746] Jeronymo da Cunha Pimentel, *Penitenciaria Central de Lisboa..., cit.*, 1887, p. 29. António Ferreira Augusto, *Annotações..., cit.*, vol. 2, p. 43, nota 29, em 1905, assinala precisamente que a boa interpretação do preceito obrigaria à sua adaptação ao regime vigente desde 1893 para a concessão da liberdade condicional.

[1747] "Tal disposição, sendo uma das sanções que mais calam nos reclusos, nunca se pôde cumprir por dificuldades juridicas na sua aplicação e ninguem querer saber disso!" – R. Rodrigues, *Cadeia Nacional de Lisboa..., cit.*, p. 54.

[1748] Jeronymo da Cunha Pimentel, *Penitenciaria Central de Lisboa..., cit.*, 1887, p. 150.

"entre portas", uma cela sem qualquer iluminação, sem janelas e sem cama ou banco para o preso se sentar.[1749] Estas celas disciplinares usam, aliás, ainda a designação de "claras" e "escuras" em pleno século XX[1750], para indicar a menor ou maior dureza do castigo que infligem, em função também da luminosidade que nelas se obtivesse, tomando aquelas que são as designações históricas para os espaços disciplinares que provêm da cadeia do Limoeiro. Note-se também que o regulamento previa que a aplicação do castigo fosse precedida pela audição do castigado pelo director, mesmo não havendo lugar a "discussão contradictoria".[1751]

O ensino[1752] era obrigatório para todos os presos analfabetos e o local que lhe estava dedicado era a capela, na rotunda central da Penitenciária, com os seus anfiteatros celulares. No entanto, há notícia também de ensino individual, nas celas, quando este exigisse sons – caso do ensino das primeiras letras.

Os reclusos encontravam-se, ao tempo da abertura da Penitenciária, divididos em três classes[1753], de acordo com o seu grau de instrução:

- os que não sabiam ler (1ª classe);
- os que sabiam ler e escrever, mas não sabiam contar (2ª classe);
- os que sabiam ler, escrever e contar, a quem se ensinaria "geometria e desenho linear, aplicado às profissões industriais que exercessem, e noções elementares de gramática, de história e de geografia de Portugal" (3ª classe).[1754]

[1749] "A demora nêste local, segundo nos informaram, não ía além de 12 horas", podendo nas demais celas disciplinares ser de "mezes e anos", segundo reporta João Gonçalves, *Os regimes prisionais..., cit.*, p. 7.

[1750] E "(...) quando da campanha contra Portugal, a proposito do regime celular, eram estas celas que se descreviam e apareciam desenhadas, como sendo aquelas em que viviam habitualmente os reclusos!" – R. Rodrigues, *Cadeia Nacional de Lisboa..., cit.*, pp. 43 e 44.

[1751] V. artigo 222º do regulamento.

[1752] Segundo os dados recolhidos por Maria José Moutinho Santos, as primeiras experiências de ensino nas prisões nacionais ocorreram na Cadeia da Relação do Porto, em 1861 (findando logo em 1863, sendo retomadas apenas em 1874), e no Limoeiro, em 1864. Até à abertura da Penitenciária, terão funcionado ainda escolas, como aquelas extra-regulamentares, pelo menos nas prisões de Braga, Funchal. Coimbra, Régua e Penafiel, em que maioritariamente os mestres eram presos – *A sombra..., cit.*, pp. 293 e 294.

[1753] V. artigos 89º ss. do regulamento de 1884.

[1754] V. António de Azevedo Castello Branco, *Notice..., cit.*, p. 20. Em 1888, segundo o relatório do seu professor, ensinava-se na 3ª classe "geometria pratica e desenho linear, de ornato e de machinas, com exercicio de aguarelas a cores" – Jeronymo da Cunha Pimentel, *Penitenciaria Central de Lisboa..., cit.*, 1890, p. 72.

A primeira equipa docente da Penitenciária procurará ainda adaptar o programa ao que lhe parecem ser as necessidades dos reclusos e os conteúdos que lhes pudessem oferecer mais utilidade de futuro.[1755] Em cada semana, os professores da Penitenciária davam cinco lições nos anfiteatros – aulas diárias de uma hora –, acompanhadas da sua presença nas celas, quando esta fosse necessária. O contacto entre aluno e professor na aula comum era, contudo, exclusivamente por escrito: o aluno indicaria a necessidade de resolver dúvidas mostrando o seu número e aguardando pela presença do professor na sua cela, mais tardia; responderia escrevendo numa ardósia, quando o soubesse fazer. O professor usava quadros feitos na própria Penitenciária, por exemplo para o ensino das primeiras letras[1756], ou poderia dar indicações verbais.[1757] A Penitenciária contava ainda com uma biblioteca, havendo distribuição de livros pelos reclusos por parte de um dos professores.

O primeiro director da Penitenciária não era um adepto da educação enquanto ferramenta que pudesse obstar de forma efectiva à criminalidade, mas reconhecia a importância da instrução para o recluso. Na cadeia, usando quer o método de João de Deus, quer uma sua variação desenvolvida por um professor da Penitenciária, foi possível ensinar a ler e a escrever vários dos reclusos analfabetos, bem como se procurou desenvolver o ensino do "desenho industrial" como auxílio à produção de artefactos pelos presos.[1758]

[1755] "Seria mau (...) que os homens destinados ás colonias agricolas bebessem aqui meia duzia de idéas de botanica, de chimica agrícola (...)? E os que se destinam ás possessões africanas não lucrariam em conhecer um pouco de botanica ou arborisação colonial? Não ganhariam com isso as proprias colonias e portanto o paiz?", interroga-se o professor Geraldo Leite Pereira de Azevedo – Jeronymo da Cunha Pimentel, *Penitenciaria Central de Lisboa*..., *cit.*, 1887, pp. 117 e 118.

[1756] Como o fez logo o seu primeiro professor Geraldo Azevedo – v. Jeronymo da Cunha Pimentel, *Penitenciaria Central de Lisboa*..., *cit.*, 1887, pp. 111 e 112.

[1757] "Este sistema especial de pedagogia deu excelentes resultados. É surpreendente ver a rapidez com que os prisioneiros aprendem a ler e a escrever e a habilidade que um grande número revelou na solução de problemas de aritmética e no desenho, tendo o ensino ultrapassado os limites fixados no regulamento, com visível prazer dos alunos mais aptos", escreve Castello Branco, *ibidem*, p. 21 (tradução nossa). O mestre Geraldo Azevedo dirá mesmo que "o isolamento dos alumnos nos compartimentos individuais cellulares é um poderoso elemento de ordem, contribuindo prodigiosamente para manter o espirito do estudante, inquebrantavelmente preso ao objecto tratado pela unica pessoa que têem perante a vista, o professor. Não poderiam os pedagogos aproveitar, n'esta escola especial, alguma cousa de util na futura installação das escolas geraes para adultos?" – Jeronymo da Cunha Pimentel, *Penitenciaria Central de Lisboa*..., *cit.*, 1887, p. 115.

[1758] V. Jeronymo da Cunha Pimentel, *Penitenciaria Central de Lisboa*..., *cit.*, 1887, pp. 22 a 26. Encontraram-se ainda diversos trabalhos de reclusos no AHDGRSP, Fundo da Penitenciária de Lisboa, dos quais se reproduzem alguns exemplos em anexo (Anexo 14).

A preocupação com o estado mental dos reclusos vai estar patente entre os membros da primeira direcção da Penitenciária. Mas "nenhuma das doenças (...) que accusam alguns dos presos, que aqui estão, se deve attribuir ao regimen d'esta prisão", escreve ainda Pimentel, sem descuidar no entanto que, para alguns, a sua colocação mais adequada seria num hospital para alienados e não na cadeia.[1759]

[1759] Jeronymo da Cunha Pimentel, *Penitenciaria Central de Lisboa..., cit.*, 1887, p. 18. Em 1889, estando apenas em funcionamento o hospital de Rilhafoles em Lisboa (desde 1848) e o hospital do Conde de Ferreira no Porto (desde 1883), vão ser regulados os "serviços para alienados", através da Lei de 4 de Julho, diploma que, no entanto, se verifica sem execução. Por este diploma, devido à intervenção de António Maria Sena (1845 – 1890), primeiro director do hospital do Conde de Ferreira, seriam criados quatro "círculos", contendo os vários distritos administrativos, para o "effeito do serviço de alienados", determinando-se o estabelecimento de um hospital psiquiátrico em Lisboa e outro em Coimbra, para ambos os sexos – o hospital de Lisboa deveria ter duas enfermarias, uma para cada sexo, para "alienados criminosos que tenham de ser sequestrados por ordem da auctoridade publica" –, outro hospital na ilha de São Miguel e um asilo para "duzentos idiotas, epilepticos e dementes innofensivos dos dois sexos" no Porto, bem como "enfermarias annexas ás penitenciarias centraes, em condições próprias para n'ellas se tratarem alienados" (artigo 2º). Os "alienados criminosos" seriam assim recolhidos e tratados nas enfermarias específicas do hospital de Lisboa e nas das Penitenciárias de Lisboa e Coimbra: para o hospital, seriam remetidos os acusados de crimes maiores cujos processos houvessem sido suspensos em virtude da sua doença ou tivessem sido absolvidos pelo seu estado de alienação, bem como os condenados alienados que tivessem cumprido pena que não pudessem, pelo risco que ainda apresentassem, ser entregues às famílias ou remetidos para outro hospital; nas enfermarias especiais das Penitenciárias, seriam colocados os condenados a penas maiores que "appareceram alienados ou epilépticos durante o cumprimento da pena", bem como os indiciados ou pronunciados por crimes a que correspondessem penas maiores para a realização de perícias médico-legais, sendo alegada ou suspeita a sua alienação (artigo 5º). Em 1895, novo diploma versará a matéria, invocando também a necessidade de tornar exequível a lei de 1889 quanto aos criminosos alienados. O Decreto nº 5, de 10 de Janeiro de 1895, subsequente a uma proposta de lei apresentada que recebera adesão no parlamento, mas que não chegara a ser votada, institui a visão de que o alienado criminoso "não é um criminoso, mas um doente, que a sociedade em vez de submetter a um castigo expiatorio, tem de curar e defender contra os accidentes perigosos da sua propria enfermidade", decorrente da "influencia dos estudos da anthropologia criminal e da psychiatria", consoante se lê no seu relatório. Se a lei penal já previa a inimputabilidade do alienado, o diploma vem estabelecer regras para aferir da sua responsabilidade nesses casos, bem como prever a situação de quem adoeça durante a instrução do processo ou a execução da pena, em que se salienta a importância decisiva do juízo médico. Pelo menos dois peritos médicos deveriam assim proceder ao exame do suposto alienado, que poderia ser feito num estabelcimento específico e ao longo de dois meses, avaliando a sua capacidade de ser responsabilizado criminalmente. Sobre os condenados a quem adviesse a loucura durante a execução da pena de prisão celular, afirma-se, na explanação de motivos, que "são estabelecidas regras que já estão praticamente adoptadas desde a inauguração da cadeia geral penitencitaria de Lisboa e sem que a experiencia haja até hoje insinuado a necessi-

Em 1892, António Azevedo Castello Branco salienta que deveria a admissão dos reclusos ser precedida de uma selecção, atendendo à sua capacidade para

dade de alterar" – o que parece não ser coincidente com a apreciação da direcção do próprio estabelecimento. Assume-se uma relação entre isolamento celular e loucura, mas "os recentes estudos de anthropologia criminal e de psychiatria deram ao facto a sua verdadeira significação scientifica", que seria a de o regime celular apenas permitir denunciar ou agravar estados prévios à condenação e não ser a sua origem. O diploma vem assim manter o espírito e alargar a aplicação da lei de 1889, nomeadamente aos meramente acusados e aos presos condenados a penas correccionais, reconhecedo todavia a inexistência ainda das enfermarias penitenciárias ou do hospital para alienados de Lisboa que a lei previa (v. artigo 29º) – sendo, no caso, todos os alienados criminosos em causa remetidos para Rilhafoles, quer para observação, não podendo esta ser feita na prisão, quer para cumprimento de internamento alternativo à pena. Este regime virá a ser vertido em acto legislativo no ano seguinte: em Lei de 3 de Abril de 1896 (a lei "Castello Branco"), é publicado o mesmo texto normativo, ano em que se completa também o pavilhão de segurança do Hospital de Rilhafoles, muito criticado ao tempo, por insuficiente, por Júlio de Mattos (o pavilhão equivalente no Porto, no Hospital Conde de Ferreira, data de 1904 e, sobre este, o médico diria que "constitue um verdadeiro *quartier d'observation*, que nem todos os manicomios estrangeiros possuem" – v. *Os alienados...*, *cit.*, II e III, prefácios). Os alienados inimputáveis que tivessem cometido um crime punido com pena maior seriam remetidos para internamento no pavilhão de segurança; os que devessem responder por um crime punido com pena correccional, entegues às famílias "para os guardar" ou, sendo impossível esta guarda, internados num "hospital de alienados" (artigos 13º e 14º da Lei de 3 de Abril de 1896). Anos depois, ainda se dirá: "São as penas, aplicadas segundo o codigo em vigor, que determinam o procedimento a seguir e não os caracteres psychologicos dos alienados delinquentes. Era o seguro critério da temibilidade que deveria presidir ao destino a dar-lhes, e nunca uma abstracta disposição do codigo aplicada ao acto anti-social. Só assim a defesa poderia ser eficaz" – Fernando Martins Pereira, *A assistencia aos alienados criminosos*, in BIC, II (1922), 3ª ed., Tip. da Cadeia Nacional, Lisboa, 1929, p. 111. Por outro lado, em 1899, os diplomas de criação dos serviços médico-legais – desde logo a Lei de 17 de Agosto de 1899 – integram um "medico alienista" nos novos conselhos médico-legais criados em Lisboa, Porto e Coimbra e os exames de alienação mental nestas comarcas estarão subordinados a este conselho, sendo presididos por um juiz nas demais comarcas, onde serão feitos por, pelo menos, dois médicos locais, quando o suspeito não for levado á comarca onde funcione o conselho médico-legal. O médico alienista do conselho poderia ser substituído no exame pericial em Lisboa e Porto pelo director ou pelo subdirector "do respectivo hospital de alienados", pelos "medicos anthropologistas criminais" ou mesmo "por qualquer medico que o director da *morgue* julgue mais conhecedor dos estudos psychiatricos" e, em Coimbra, pelos presentes nas duas últimas categorias (artigo 117º do Decreto de 16 de Novembro de 1899). Em todo o caso, à excepção do painel médico composto por dois alienistas, o regime fundamental a ser seguido é ainda o previsto pela Lei de 3 de Abril de 1896 (v. artigo 43º do Decreto de 16 de Novembro de 1899). Júlio de Mattos, sobre a situação em Rilhafoles, escreve em 1903: "(...) Este velho estabelecimento do Estado, vae servindo para tudo: é hospital para casos agudos, asilo para incuráveis, manicomio criminal para sequestrar alienados delinquentes, annexo penitenciario para receber condemnados loucos, casa de guarda e de observação, emfim, para acolher os criminosos suspeitos de alienação mental que a Morgue de Lisboa lhe envie!", ou seja, uma "vergonha pratica (...)" que "contrasta clamorosamente

suportar o isolamento, bem como fixada uma idade máxima para a entrada no estabelecimento. Preocupa-o o número de alienados que dá entrada na Penitenciária, onde os seus acessos de loucura momentânea se confundem com infracções disciplinares.[1760] Considera que os tribunais não apreciam devidamente, no processo, a influência que a condição clínica de um arguido possa ter desempenhado na prática de um crime e a sua própria imputabilidade.[1761] E o isolamento celular, pelas suas características, é considerado como apto a exponenciar qualquer doença mental pré-existente, tendo o regime na Penitenciária de Lisboa sido "suavisado o mais possível, sem se quebrantar a obrigação de ter os presos separados entre si e sem se communicarem ou poderem

com as excellencias theoricas das leis" – assim, Júlio de Mattos, *Os alienados..., cit.*, II, prefácio. Vinte anos passados, ainda Fernando Martins Pereira, *op. cit.*, p. 110, vai descobrir uma realidade próxima: "Num dos extremos da cerca de Rilhafoles está o Pavilhão de Segurança, isolado do resto do edificio. Um vasto pateo a descoberto, de forma circular, semelhando uma arena, tendo ao centro uma bica de agua. Em toda a volta estreitas celas de paredes nuas, uma enxerga por mobiliário e uma fresta para ventilar. Para este Pavilhão são transferidos todos os alienados criminosos, os condenados vindos da Penitenciaria, alguns alienados mais dificeis ou perigosos e os individuos em observação medico-legal. Nenhuma organisação, nenhumas medidas disciplinares, nenhum esboço de trabalho. A quasi totalidade destes indivíduos, desde o romper do dia ao pôr do sol, vagueiam pelo pateo fazendo intrigas, urdindo complots contra o pessoal, traçando planos de revolta ou evasão. Alguns, mais doentes e retrahidos ou mais perigosos, permanecem encerrados nas celas". Sobre as críticas sucessivas ao pavilhão de segurança, v. também Vítor Albuquerque Freire, *op. cit.*, pp. 58 a 62. Fotografias do pavilhão de segurança de Rilhafoles – ainda com a sua "torre panóptica" central de vigilância – e dos seus ocupantes são publicadas na imprensa em 1908 e replicam-se em anexo (Anexo 15) (v. António Baião, *O Hospital de Rilhafoles e os Loucos*, in "Portugal em Africa", XV, nº 191, de 7 de Dezembro de 1908, pp. 362 a 364).

1760 V. António de Azevedo Castello Branco, *Cadeias..., cit.*, pp. 12 e 13. A imagem de Castello Branco é impressiva: "O adolescente convisinha com o velho, próximo jà da decrepitude. A par de camponezes vigorosos e sadios, estão os valetudinarios, os predispostos para a tuberculose, os enfezados beduinos das cidades, anemicos, atrophiados, a progenie infeliz e fatal dos viciosos, dos miseraveis, dos alcoolicos, dos degenerados, dos epilepticos, dos loucos, dos criminosos, que germinaram e nasceram nas fezes sociaes. (...) Os clinicos da penitenciaria têm reconhecido no estabelecimento um consideravel numero d'estes infelizes em que a nevrose não se descobre por crises convulsivas; que não têm acessos francos, mas simples vertigens, erupções maniacas, obsessões impulsivas, acompanhadas de manifestações delirantes mais ou menos transitórias. Esta classe de condemnados é a que demanda vigilância mais assidua e discreta, e a que mais incómmoda se torna para o pessoal das cadeias" (pp. 13 e 14).

1761 "So há noticia de se ter discutido n'um processo celebre o valor da epilepsia como causa dirimente da responsabilidade penal do delinquente. Nos demais processos não se attendeu á moléstia dos réos, ou por ser ignorada ou por ser desconhecida a influencia que poderia ter na determinação do crime" – *Idem, ibidem*, p. 16. Seria o processo conhecido do alferes Marinho da Cruz.

reconhecer".[1762] No seu relatório sobre o funcionamento da Penitenciária relativo ao ano de 1888, também o seu director Jerónimo Pimentel levanta dúvidas sobre o sucesso do modelo: "Convencido, como estou ainda com a experiencia de mais de um anno, de que o systema cellular é preferível a qualquer outro pelos effeitos moraes que produz (...) continuarei a dizer, unicamente para descargo da minha consciência, que elle carece entre nós de profundas reformas" – note-se, apenas três anos após o seu efectivo funcionamento. Esta necessidade de "reformas" estava intimamente ligada ao "estado mental dos presos".[1763] A criação da enfermaria específica, na Penitenciária de Lisboa, para o acolhimento do tratamento de condenados alienados, prevista na lei em 1889, apenas será autorizada em Maio de 1896.[1764]

A República trará também, pelo menos enquanto sistema desejado, um tratamento mais ambicioso da saúde mental, desiganadamente para os criminosos enlouquecidos. Um diploma de 1911 visa até a criação de sete novos manicómicos e de dez colónias agrícolas para alienados, prevendo nestes, ao abrigo da designação de "manicómios de terceira categoria", os estabelecimentos destinados a alienados irresponsáveis criminalmente, mas também, conforme se lê no preâbulo do diploma, aos "que, nos cárceres, enlouquecem durante o cumprimento das penas", quando a sua "especial temibilidade" os afaste dos demais alienados recolhidos.[1765] Dois estabelecimentos, em Lisboa (com 300 camas, para homens) e Porto (com 150 camas, para mulheres), deveriam ser destinados a estes doentes cujo perigo implicaria a sua remoção do contacto com os demais. A entrada nestes

1762 *Idem, ibidem*, p. 18, nota 1.

1763 Mas, como escreve, "seria ousadia da minha parte se tentasse entrar no domínio da sciencia, que se occupa do estudo das doenças mentais. (...) Deixo por isso a apreciação do estado mental dos presos aos competentes (...)". Pimentel, no mesmo relatório, perante a exposição dos capelães da Penitenciária, que "nega (...) a existencia do criminoso nato", afirma que "para combater aquella asserção", teria de recorrer à antropologia criminal e poderia ser "acoimado de indiscreto e imprudente" se o fizesse no relatório – v. Jeronymo da Cunha Pimentel, *Penitenciaria Central de Lisboa. Relatorio apresentado ao Illº e Exmº Sr. Ministro dos Negocios Ecclesiasticos e da Justiça. Anno de 1888*, Imprensa Nacional, Lisboa, 1890, p. 5. Afinal, era director de um estabelecimento eminentemente "correccional".

1764 Por Lei de 21 de Maio de 1886. Affonso Costa, *Os peritos..., cit.*, p. 214, apoiava expressamente, em 1895, a instituição de "prizões-asylos" em Lisboa, Coimbra e Porto, usando-se para tal, em Coimbra, a Penitenciária da cidade e, nas cidades maiores, estabelecimentos autónomos.

1765 Distinguem-se assim os "alienados-criminosos", os que são "loucos de uma criminalidade acidental ou fortuita", dos "criminosos-alienados", que "constituem um perpétuo motivo de inquietação, de perigo e de alarme", exigindo instalações separadas e tratamento distinto – v. preâmbulo do Decreto de 11 de Maio de 1911.

estabelecimentos deveria ser acompanhada de relatório médico-legal ou atestado do médico prisional que "especificamente afirmem que o doente é um louco moral, um epiléptico, um perseguido-perseguidor ou um impulsivo, cuja sequestração deve ser indefinida", afinal o que seria uma consagração alargada de uma adesão reminiscente às teses que viam na criminalidade uma base atávica.[1766] No entanto, a legislação de 1911 mantém-se em grande medida como letra morta, continuando apenas em funcionamento os pavilhões de segurança de Rilhafoles e do Hospital do Conde de Ferreira.

Gorado este ímpeto reformista, será apenas a reforma prisional de 1936 a prever, numa dupla via, a criação de "manicómios criminais", para inimputáveis perigosos em cumprimento de medida de segurança, e de "prisões-asilos", para imputáveis a cumprir pena afectados de anomalia mental.[1767] Ambos os estabelecimentos poderiam ser configurados como secções diferenciadas de manicómios e de prisões comuns.

O funcionamento da Penitenciária de Lisboa revela resultados difíceis de enquadrar como justificados por modelos que visam a regeneração do criminoso através do cumprimento da pena. A doença dos reclusos, mesmo se em muitos casos devida ao tempo anterior de prisão em comum e não necessariamente ao regime da Penitenciária, minou também o próprio sistema.[1768]

Mendes Correia não duvida em afirmar que "o isolamento do estupido regimen cellular reduz a quasi totalidade dos encarcerados a uma prostração profunda", resultando em "depressão organica, abatimento physico e moral" que

[1766] V. artugo 38º, § único. A saída de um manicómio criminal exigiria, para se tornar definitiva, "doze atestados consecutivos", mensais, de médicos psiquiatras, indicando cura ou inofensividade, no contexto de uma saída provisória, que teria de ser decretada pelo juiz do processo que determinou o ingresso ou, na sua falta, pelo procurador respectivo, em que o internado seria entregue à família (artigos 42º e 43º).

[1767] V. artigos 121º ss. e artigos 147º ss. do Decreto-Lei nº 26643, de 28 de Maio de 1936.

[1768] Maria João Vaz oferece alguns números: "(...) Entre 2 de Setembro de 1885 e 14 de Dezembro de 1927, altura em que é introduzido o novo regime prisional pós-auburniano na Penitenciária, entraram 6332 reclusos, tendo morrido 956 destes indivíduos, 595 foram dados como alienados e transportados para o hospital Miguel Bombarda, tendo ainda sido mortos dois indivíduos que tentaram a evasão. Todos estes factos são dados que apontam para um enorme desvio entre os pressupostos que levaram à construção da Penitenciária e implementação do regime penitenciário em Portugal e a realidade vivida durante o seu funcionamento" – Maria João Vaz, *Ideias penais...*, *cit.*, p. 10. V. também, da mesma autora, *A criminalidade em Lisboa entre meados do século XIX e o início do século XX*, tese submetida como requisito parcial para o obtenção do grau de Doutor em História Moderna e Contemporânea, Instituto Superior de Ciências do Trabalho e da Empresa, Lisboa, 2006, policopiado, pp. 172 ss.

apenas favorece a tuberculose. Mesmo se a prisão é descrita como limpa, esta é a primeira doença que surge associada pelo médico ao regime de isolamento celular e os factos, desde a sua abertura, comprovam-no. Também entre 1901 e 1903, segundo os dados que reporta, em 91 presos falecidos na Penitenciária, 64 deles terão sucumbido ao bacilo de Koch.[1769]

Num estudo estatístico panorâmico abrangendo as primeiras quatro décadas de funcionamento da Penitenciária, João Gonçalves, que foi médico e director desta cadeia, vai procurar verificar como se coloca a reclusão na Penitenciária de Lisboa, em termos de números apresentados para a alienação mental, suicídio e tuberculose, de acordo com os regimes penitenciários experimentados até 1932.[1770] Em termos sintéticos, o regime filadelfiano parece apresentar de forma constante os resultados mais desanimadores em comparação com o regime de Auburn: a doença, em particular a tuberculose, a loucura e os casos de suicídio são invariavelmente superiores no primeiro regime.[1771] Estes são os dados mais consistentes aí apresentados. Todavia, no regime progressivo, instituído apenas em 1927, mesmo que com diversas limitações na comparação, em virtude da própria natureza deste regime e do universo temporal mais limitado, vai também verificar-se uma melhoria adicional nestes valores.[1772]

A abolição do regime penitenciário de isolamento celular era um dos temas penais de eleição para a República, ultrapassado um momento inicial em que se procurou imediatamente desafogar as prisões, recorrendo a amnistias.[1773] Escrevendo precisamente em 1913, Mendes Correia, como se viu, reputa de inútil o regime penitenciário e de enorme a despesa da sua manutenção. Para este criminalista português e futuro deputado à Assembleia Nacional durante o Estado Novo, a Penitenciária de Lisboa aplica um sistema de "beneficios muito duvidosos" e funciona como uma "fabrica macabra de tuberculosos e de alienados".[1774] À época, poucos defenderiam já o seu oposto. A prisão celular seria assim também a menos propícia à regeneração do criminoso, acrescendo este autor às suas limi-

[1769] Mendes Corrêa, *Os criminosos portugueses…, cit.*, pp. 176 e 177.

[1770] João Gonçalves, *Os regimes prisionais…, cit.*, p. 46, explica que designou de "regime mixto" o experimentado pelos reclusos que iniciaram reclusão ao abrigo do modelo de Filadélfia e que a terminaram, por doença ou falecimento, já no período do regime de Auburn.

[1771] V. *idem, ibidem*, pp. 30 e 31, pp. 34 e 35 e pp. 44 e 45.

[1772] *Idem, ibidem*, pp. 193 a 197. No entanto, outros elementos haveria que ponderar, desde logo o tratamento médico disponível e que necessariamente evolui ao longo de quatro décadas.

[1773] V. Maria João Vaz, *A criminalidade em Lisboa…, cit.*, pp. 174 e 175.

[1774] V. Mendes Corrêa, *Os criminosos portuguêses…, cit.*, pp. 324 a 326.

tações originais a fixação de trabalho nas oficinas – que considera desadequado à origem agrícola dos reclusos e desenvolvido, em função do regime, como uma actividade "mechanica, artificial, sem espontaneidade e interesse". Anos antes, no momento da abertura da Penitenciária, Silva Mattos afirmara aliás algo muito semelhante.[1775]

Um militante republicano, preso por dez dias na Penitenciária em Dezembro de 1917, no início do consulado de Sidónio Pais, deixou um breve relato desta prisão. Note-se também que, do mesmo modo, Rodrigo Rodrigues, o director da Penitenciária até então, e que a dirigia no momento de grande simbolismo em que deixou de ser obrigatório o uso do capuz destinado aos presos, também foi encarcerado pela mudança de poder, na sua própria cadeia, sendo substituído por João Gonçalves como director.[1776]

Luís Filipe da Mata descreve-a, no entanto, como uma prisão "limpa, onde se observam todos os preceitos de disciplina, ordem e higiene, sem rigorismos desnecessários e sem exageros inúteis" e onde a inactividade que levaria os reclusos "ao idiotismo e á loucura" já não era admitida. O preso passaria o seu tempo trabalhando, "conforme as suas forças e aptidões" – em actividades nas oficinas, em trabalho agrícola e de jardinagem, na padaria, mas também nos serviços administrativos da própria cadeia.[1777]

A cela é apresentada no seu equipamento e mobiliário regulares – lavatório, balde, tábua a servir de mesa, armário de ferro, um banco. Uma lâmpada no tecto

[1775] Já que "na fundação de um regimen penitenciario salutar e proveitoso, é necessário porém proceder por uma bem merecida adaptação e desviar os olhos das simples copias, para evitar as imitações servis. (...) As penas têem de ser necessariamente accomodadas á feição moral de cada povo e de cada raça. Ao fxar na lei a duração maxima da vida cellular, é necessario conhecer o valor intrinseco do supplicio que vae infligir-se, e ter em vista as differenças que caracterisam moral e physicamente as diversas familias humanas" – João da Silva Mattos, *op. cit.*, pp. 150 e 151. Em suma, em 1867 e em 1885, escolheu-se para a Penitenciária "o que já estava reprovado como inexequivel e inefficaz, pelos testemunhos experimentaes e pelos principios da sciencia" (p. 152).

[1776] A instauração republicana havia iniciado entre 1912 e 1914 a colocação de presos políticos na Penitenciária, descrevendo o então director da cadeia um "erro que seria indesculpavel num regime tal como o da República Portuguêsa se ela atravessasse então uma fase normal e não de *defêsa* (...)" (R. Rodrigues, *Cadeia Nacional de Lisboa..., cit.*, p. 17). Sobre o uso da Penitenciária de Lisboa como cadeia para presos políticos ao longo da primeira década da República, assinalando as dificuldades daí resultantes, nomeadamente pela reacção monárquica internacional ao encarceramento de presos por opinião numa "fábrica de loucos", como o próprio Afonso Costa a denominara, v. Paulo Jorge Antunes dos Santos Adriano, *Penitenciária Central de Lisboa..., cit.*, pp. 188 ss.

[1777] Luís Filipe da Mata, *10 Dias de Penitenciária, seus precedentes e consequentes*, Tipografia Palhares, Lisboa, 1918, p. 13.

e o manípulo de chamada do guarda completam o cenário. A alimentação era repartida por refeições servidas às 8, 12 e 17 horas (almoço, jantar e ceia), mesmo se este recluso, atípico e muito transitório, pôde alimentar-se com refeições enviadas pela família.

Ao Padre António Oliveira, responsável pela correcção de menores em Lisboa durante a segunda década do século XX, também não convence o regime. Relatando uma visita feita à Penitenciária em 1899, recorda "os pequenos jardins de passeio, na ocasião em que se encontravam ali os presos com os capuzes descidos, podendo, então, ver-lhes os rostos", que descreve como "muito parecidos com as jaulas das feras que se vêem no Jardim Zoológico".[1778] Catorze anos mais tarde, os capuzes serão definitivamente levantados e os "pequenos jardins" demolidos.[1779]

§ 5º Os regimes penitenciários aplicados e a reforma prisional de 1936

A necessidade de alteração do sistema de isolamento celular de Filadélfia, mesmo tendo sido este iniciado empiricamente e de forma adaptada no quotidiano prisional, apenas será reconhecida formalmente após a instauração da República[1780], e de modo mais decisivo através da Lei de 29 de Janeiro de 1913,

[1778] E precisa: "Na verdade, os (...) penitenciários pareciam, respectivamente, as figuras do *Nervosismo*, da *Preguiça*, do *Aborrecimento*, da *Misantropia* e da *Nostalgia*, que ali se achavam a enfeitar os jardins daquela prisão! Precisamente essas figuras representavam, nem mais nem menos, do que as características mais salientes da massa geral dos indivíduos presos ou internados", escreve António d'Oliveira, *Criminalidade...*, *cit.*, pp. LIX e LV.

[1779] Os instrumentos e figurações simbólicas do sistema penitenciário, não obstante os esforços da República em anulá-los rapidamente, mantêm-se como representações intemporais de sofrimento expiatório. Algumas dessas imagens, novas entre nós no final do século XIX e radicalmente distintas da visão tradicional sobre a prisão – como o preso envergando o capuz prisional, os páteios de passeio individual (entretanto convertidos em espaços fechados) ou a capela compartimentada – são captadas e divulgadas pela imprensa da época e contribuem para acentuar o temor em relação à prisão penitenciária, em particular no seu regime inicial. V. anexo 16.

[1780] Note-se que, logo em 14 de Outubro de 1910, uma portaria do director-geral interino dos Negócios da Justiça, Cândido de Figueiredo, vem nomear uma comissão para verificar se é possível adaptar o Colégio de Campolide, até então pertença da Companhia de Jesus, de forma a aí ser instalada uma "prisão central-modêlo, que receba toda a população das cadeias civis do Limoeiro e ainda os prisioneiros de outras cadeias do paiz e das proprias penitenciarias, que convenha submetter a um regime de encarceramento diverso dos até hoje adoptados e mais harmonico com as exigencias da sociologia criminal" – a comissão em causa era composta pelo arquitecto Ventura Terra, pelo engenheiro Luiz de Mello Correia, pelo médico do Limoeiro Francisco Esteves da Fonseca, pelo seu director Aníbal Sanches de Miranda e ainda pelo arquitecto Alfredo da Costa Campos. Por Portarias

que na prática vai fixar, para a Penitenciária de Lisboa, um regime do tipo de Auburn, ao tempo também este já considerado como claramente ultrapassado[1781], através da prescrição expressa da revogação do regulamento de 1884, o que deve entender-se como determinado apenas na parte que regia o modelo de isolamento celular contínuo.

Esta é uma iniciativa que se segue à criação de uma primeira "comissão da reforma penal", em Novembro de 1912, que Rodrigo Rodrigues afirma nomeada pelo então ministro da Justiça Correia de Lemos, e que integrava Júlio de Matos, Afonso Costa, Caeiro da Mata, o juiz Mário Calisto, o anterior ministro António Macieira e o próprio Rodrigo Rodrigues, director e médico da Penitenciária.[1782] Psiquiatria e direito penal associam-se para rejeitar assim em definitivo em Portugal o sistema celular filadelfiano.[1783] Criada em 29 de Janeiro de 1913 uma sua

de 11 de Novembro de 1910 determina-se a realização de sindicâncias, de modo a "indicar quaesquer irregularidades que se lhes deparem e propor o que julgarem conveniente aos fins" das instituições, à Penitenciária de Lisboa (a realizar pelo médico José da Costa Nery, pelo advogado Acácio Ludgero de Almeida Furtado e pelo solicitador Manuel Sepúlveda Afonso), à Colónia Agrícola Correccional de Vila Fernando (pelos médico José António de Magalhães, advogado António Amaro Conde e solicitador Augusto José Vieira), à cadeia da Relação do Porto (pelos médico Adriano Augusto Pimenta, delegado do procurador da República Manuel Maria de Castro Corte-Real e guarda-livros António Maria Cardoso) e à Penitenciária de Coimbra (pelos capitão Sanches de Miranda, advogado Eduardo da Silva Vieira e advogado Álvaro de Castro). Esta sindicância à Penitenciária de Coimbra é expressamente invocada como motivo pelo qual, na Portaria de 2 de Dezembro de 1910, se manda transferir os presos daquela prisão para a Penitenciária de Lisboa "até que definitivamente se resolva sobre a reorganização" da cadeia de Coimbra, bem como se suspendem todos os seus funcionários.

1781 Não obstante, o médico José da Costa Nery, membro da comissão de sindicância à Penitenciária de Lisboa, fora encarregado, por Portaria de 17 de Abril de 1911, de ir em "missão gratuita de serviço publico" conhecer as experiências prisionais estrangeiras – deveria "estudar no estrangeiro os regimens prisionais actualmente em vigor".

1782 Uma fotografia institucional dos membros originários da Comissão é publicada por R. Rodrigues, *Cadeia Nacional de Lisboa..., cit.*, p. 16, e reproduz-se também em apenso (anexo 17).

1783 R. Rodrigues, *Cadeia Nacional de Lisboa..., cit.*, coteja a evolução dos regimes com a formação dos responsáveis pelo sistema prisional: "É notável, na verdade, assinalar-se esta evolução relativamente ás entidades a que em Portugal, como lá fóra, se foram entregando os criminosos: primeiro aos carrascos e carcereiros; depois aos juristas, tendo sob suas ordens padres e médicos; finalmente a médicos, sem sacerdotes. Esta diferença de individualidades é toda a evolução do critério sobre o crime, desde a metafisica e seus tratamentos barbaros, á realidade expressa numa assistencia social, humana" (pp. 19 e 20). Esta imagem tem concretizações práticas – assim, *v. g.*, é suprimido o lugar de capelão da Colónia Agrícola Correccional de Vila Fernando, por Lei de 5 de Julho de 1913, bem como o lugar de capelão-adjunto da Penitenciária de Lisboa, por Lei de 26 de Junho de 1913, mas

sucessora imediata, a Comissão de Reforma Penal e Prisional, presidida pelo ministro da Justiça – agora Álvaro de Castro – e com novos membros que continuam a combinar em exclusivo o Direito e a Medicina[1784], para além dos já nomeados em Novembro, de carácter permanente, sucederá definitivamente ao Conselho Geral Penitenciário e terá atribuições de dar parecer e propor alterações no campo do direito penal, processual penal e serviços prisionais[1785], inspeccionar os estabelecimentos prisionais e correcionais no âmbito do ministério da Justiça e em geral "exercer as competências que cabiam ao Conselho Geral Penitenciário" – como as de dar parecer nos pedidos de perdão de pena e na selecção dos reclusos que deveriam dar entrada na agora Cadeia Geral Penitenciária[1786] para a "pena de prisão maior celular".

Esta pena, contudo, será imediatamente modificada no seu conteúdo e na sua aplicação – a Lei de 29 de Janeiro de 1913 autoriza expressamente o ministro da Justiça, consultada a Comissão, a dispensar o cumprimento de regras relativas ao regime penitenciário ou prisional, bem como a criar novas normas neste domínio e a substituir a execução da pena em regime celular por "prisão maior temporária"

passando o então nomeado a "adido à Secretaria da Penitenciária, prestando serviço para que tenha idoneidade".

1784 O director e os dois médicos da Penitenciária de Lisboa, o director do "Manicómio Miguel Bombarda", o Procurador-Geral da República ou um dos seus ajudantes, o "superintendente das escolas de reforma" (as antigas casas de correccção de menores), o director-geral de justiça e um juiz, um magistrado do Ministério Público e um advogado nomeados pelo Governo – esta a sua composição (v. artigo 1º, § 1º, da Lei de 29 de Janeiro de 1913). Em 1915, juntar-se-ão à Comissão o Director-Geral de Assistência Pública e o Provedor da Assistência de Lisboa, "para o efeito de estudar e propor o aperfeiçoamento do sistema de correcção e protecção de menores desamparados ou delinqùentes (...)" – v. artigo 5º do Decreto nº 1506, de 19 de Abril de 1915.

1785 Com ambição, prescreve-se mesmo "propor, no mais curto prazo, projectos de Códigos Penal e de Processo Penal e de organização dos serviços prisionais e correccionais ou de reforma" (artigo 2º, 2º, da Lei de 29 de Janeiro de 1913).

1786 E, desde Agosto de 1914, denominada "Cadeia Nacional de Lisboa", tal como a Penitenciária de Coimbra se converte em "Cadeia Nacional de Coimbra" (esta, note-se, "(...) enquanto não funcionar como Casa Correccional de Trabalhos"), uma vez que "esse regime caracterizado pela absoluta separação dos condenados entre si (...) deixou de existir em virtude das medidas propostas pela Comissão da Reforma Penal e Prisional (...)"(Decreto nº 723, de 4 de Agosto de 1914). A Cadeia Nacional de Coimbra ganhará a designação de "Prisão Oficina de Coimbra" através do Decreto nº 6048, de 26 de Agosto de 1919, devendo receber "todos os presos condenados nos tribunais da cidade e os que o Conselho Penal e Prisional para ela destinar", sendo os presos preventivos reemetidos para a "actual cadeia civil da cidade, instalada no antigo Convento de Santa Cruz enquanto se não fizer uma instalação mais conveniente" (artigos 1º e 2º).

ou até "pelo correspondente a outra pena que de igual modo garanta a defesa e a segurança social".[1787]

Mesmo se esta capacidade de criação pelo Executivo de novas penas não é aproveitada, as amplíssimas possibilidades permitidas acarretam consequências imediatas. A abolição do capuz penitenciário, em Fevereiro de 1913, é transformada num evento de propaganda republicana – na Penitenciária, para assistir ao levantamento simultâneo do capuz pelos reclusos, "reuniram-se varios membros do governo, com o seu presidente, jornalistas, etc., para, dando inicio solene á lei, assistiram [sic] a essa ação de bem entendida libertação moral e fim de uma inutilidade ultrajante que só concorria para acicatar no recluso o ódio á sociedade (...)".[1788]

No entanto, o estabelecimento pleno de um novo regime penitenciário vai datar apenas de 1915, com a abertura de novas oficinas para o trabalho em comum, mesmo se até lá vários dos reclusos tenham continuado a trabalhar na cela, mas agora de porta aberta...[1789] E entretanto, ainda em 1914, prevê-se também o trabalho dos reclusos da Penitenciária de Lisboa já fora dos muros da cadeia, mesmo que sem consequências: ele deveria ser utilizado na construção de uma nova colónia penal agrícola, mencionada então como a erigir em Valverde, Alcácer do Sal, nunca aqui construída.[1790-1791]

[1787] V. artigo 4º da Lei de 29 de Janeiro de 1913.

[1788] R. Rodrigues, *Cadeia Nacional de Lisboa...*, *cit.*, p. 36. O uso do capuz datava da abertura da Penitenciária em regime de isolamento celular, estando previsto o seu uso pelo artigo 159º do regulamento de 1884.

[1789] A ausência de condições práticas para o trabalho prisional impedia por vezes mais do que o regime legal a sua concretização em novos moldes. Em 1928 ainda se encontravam em construção algumas das oficinas projectadas, conforme reporta João Gonçalves, *Os regimes prisionais...*, *cit.*, pp. 17 e 18. No entanto, várias das novas construções destinadas ao trabalho dos reclusos encontram-se concluídas anos antes, ocupando espaços entre as alas radiais celulares. Algumas imagens destas novas oficinas são reproduzidas por Rodolfo Xavier da Silva, *Crime e prisões...*, *cit.*, pp. 272 a 275. Num extenso relato sobre a Penitenciária, ainda nas vésperas da República, descreve-se o trabalho dos presos como desenvolvido quer nas celas individuais quer em espaços celulares convertidos em "oficinas", no piso térreo, onde o silêncio seria igualmente observado, não obstante a necessária confluência de vários reclusos – v. Rocha Martins, *A Casa do Silencio – Impressões d'uma demorada visita á Penitenciaria*, in "Ilustração Portugueza", série II, nº 6, Lisboa, 1906, pp. 185 e 186.

[1790] V. artigo 4º da Lei nº 219, de 30 de Junho de 1914.

[1791] A projectada colónia de Valverde, devido às más condições agrícolas deste terreno e à pouca salubridade encontrada na zona, será redireccionada para a então Herdade de Pinheiro da Cruz, no concelho de Grândola, propriedade da Caixa Geral de Depósitos, destinada a presos de difícil correcção, por indicação da Comissão das Construções Prisionais em 1939 – José Beleza dos Santos, *Relatório sobre os estabelecimentos prisionais...*, *cit.*, p. 147.

Pontos fundamentais de distinção no novo regime são efectivamente o processo de criação de oficinas[1792], o regime mais efectivo de formação em ofícios que elas pressupõem ou uma instrução escolar mais proveitosa, abandonado também o silêncio na escola. Este novo sistema significou igualmente a abolição de ferramentas e símbolos quer do isolamento celular, quer de uma regeneração moral a atingir pela espiritualidade. Exemplo notório, os "anfiteatros celulares" da capela-escola, no centro do edifício, são demolidos e substituídos por um espaço com usos diversos, mas designadamente para aulas e oficinas. Onde antes se ouvia missa, vê-se agora cinema: no espaço central na cadeia, em vez do altar, é colocada uma cabina envidraçada para o chefe de guardas, a qual pode "decompor-se para tomar o seu lugar o *écran* onde os reclusos veemm (...) cenas educativas e morais de vistas animatograficas escolhidas"...[1793] Abolido o isolamento celular, os impressivos passeios em leque, nos topos das alas, são igualmente demolidos.[1794]

Continuava, todavia, a faltar de forma sistemática o elemento fundamental em que as novas doutrinas assentavam o seu paradigma punitivo – uma diferenciação de cariz científico dos criminosos, que pudesse orientar a aplicação da pena e determinar o regime prisional mais conveniente a cada um. A questão vai ocupar a Comissão da Reforma Penal e o seu sucessor Conselho Penal e Prisional, bem como o Instituto de Criminologia, nascido em 1919, precisamente com esse fim. Uma das primeiras apreciações pedidas ao Instituto, em 10 de Março de 1920, versa precisamente a criação de um projecto de adaptação da Penitenciária de Lisboa, para que "não vivam nem trabalhem em comum delinquentes primarios e reincidentes, delinquentes corrigiveis e incorrigiveis, delinquentes da mais variada educação e cultura intelectual". A Cadeia Nacional de Lisboa, afinal, como reconhece o Conselho, funciona ainda simultanemente "como reformatorio, como casa de reclusão de reclusão dos criminosos por degenerescência congénita ou adquirida e outros anormais incapazes de reforma".[1795]

[1792] A construção de oficinas "e o mais que seja indispensável para realizar as alterações ordenadas por lei sob o regime penal" na Penitenciária de Lisboa, usando o trabalho dos seus reclusos, é autorizada pela lei orçamental nº 428, de 13 de Setembro de 1915 (artigo 3º).

[1793] R. Rodrigues, *Cadeia Nacional de Lisboa...*, *cit.*, p. 37.

[1794] A "vingança" em relação ao isolamento celular não ficava por aqui: "Os reclusos organisaram uma filarmónica, criaram um orfeon, tiveram cinema e adestraram-se no «foot-ball». Eguaes diversões há noutras penitenciárias do estrangeiro", adianta João Gonçalves, *Os regimes prisionais...*, *cit.*, p. 22.

[1795] *Selecção dos reclusos na Cadeia Nacional de Lisboa – Relatorio do Conselho Penal e Prisional sobre a adaptação da Cadeia Nacional de Lisboa aos diversos grupos de delinquentes*, in BIC, I (1921), *cit.*, pp. 35 e 36.

O Instituto, contudo, assinalava que qualquer tentativa de sistematização dos criminosos nacionais seria impossível sem que um modelo de recolha de dados antropológicos estivesse devidamente implementado, através de um "boletim médico-psicológico", e que o seu estudo, depois, permitisse uma classificação que ao Instituto parecia, não obstante, ser desde logo passível de comportar três classes: criminosos-natos, uma "designação inexata que, por simplicidade tecnica, conservamos"; criminosos primários ocasionais; e criminosos por hábito adquirido. Só com estas "bases positivas" seria possível avançar e adaptar em particular a penitenciária de Lisboa a um programa de tratamento dos condenados, segmentados em função das suas distintas características e das suas *patologias* individuais. Afinal, os "criminosos teem de ser estudados como os doentes"[1796], mesmo se é uma trilogia classificatória de algum modo histórica aquela em que assenta à partida o Instituto.

A Comissão de Reforma Penal e Prisional dá lugar, em 1919, ao denominado Conselho Penal e Prisional, como "comissão superior consultiva de reforma e assistência penal e prisional"[1797], ficando a dimensão executiva nestas matéria a cargo da nova Administração e Inspecção-Geral das Prisões, criada no âmbito do ministério da Justiça, cujo administrador e inspector-geral integra também aquele Conselho.[1798]

À Administração e Inspecção-Geral das Prisões[1799], concentrando no ministério a matéria prisional, cabe em primeira linha a execução das resoluções do

[1796] *Parecer do Instituto de Criminologia acerca da adaptação da Cadeia Nacional de Lisboa aos diversos grupos de delinquentes, consoante lhe foi solicitado pelo Conselho Penal e Prisional em ofício de 10 de Março de 1920*, *ibidem*, pp. 44 e 45. Assentava, no entanto, desde logo o Instituto que era fundamental a "construção imediata" de um manicómio criminal, em virtude da saturação de Rilhafoles, já denominado "Manicómio Bombarda" (pp. 48 e 49).

[1797] V. artigo 1º do Decreto nº 5609, de 10 de Maio de 1919.

[1798] O Conselho Penal e Prisional, como órgão de "administração autónoma", passa a propor também a nomeação de directores de estabelecimentos prisionais e de menores, a servir de conselho de recurso em acção disciplinar nestes estabelecimentos, a superintender "nos serviços de assistência a menores em perigo moral, desamparados e delinquentes" e a julgar como última instância recursos de decisões das Tutorias, bem como a ter de aprovar previamente qualquer construção prisional da iniciativa das câmaras municipais (artigos 4º e 5º). As atribuições do Conselho relativas a menores passam depois para o "Conselho Central da Federação Nacional dos Amigos das Crianças", uma criação do Decreto nº 6117, de 20 de Setembro de 1919, antes do estabelecimento do Conselho Superior dos Serviços Jurisdicionais e Tutelares de Menores.

[1799] Contemporânea, aliás, da criação da entidade em parte sua homóloga para os estabelecimentos de menores, operada pelo Decreto nº 5611, de 10 de Maio de 1919, a Inspecção-Geral dos Serviços

Conselho Penal e Prisional, a "organização dos regulamentos internos" das prisões, a afectação de recursos às prisões e a preparação dos seus orçamentos, bem como a inspecção regular aos estabelecimentos e a superintendência sobre as obras que sejam necessárias.[1800] A prioridade que a construção prisional assume nesta primeira orgânica era notória: a nova Administração conta com uma secção de "Trabalhos" e um dos três técnicos do seu quadro deve ser um "arquitecto ou condutor de obras públicas", devendo os trabalhos ser executados "com o emprêgo dos condenados".[1801] Assim, diante da acumulação de reclusos nas cadeias, que os anos de guerra acentuaram, e à imperatividade aparente no uso dessa mão-de-obra, um plano de construções prisionais é atribuído como o primeiro trabalho para a nova Administração. A par da realização de um censo prisional e de um levantamento sobre o estado das cadeias nacionais, a apresentar ao Conselho Penal e Prisional, bem como o desenvolvimento dos primeiros passos para a criação de uma "Escola de preparação para guardas e auxiliares prisionais", esta deveria promover, com o "trabalho de todos os condenados das prisões portuguesas", um conjunto avultado de alterações nas prisões e a realização de construções novas em Lisboa, Porto e Coimbra e no resto do continente.[1802] O plano, demasiado ambicioso, não chegou a ser implementado.[1803]

Em 1933, no quadro de uma nova orgânica administrativa do Ministério da Justiça (que perde aqui a designação adjunta "dos cultos"), a Administração e

de Protecção a Menores, que se considera em funcionamento em Janeiro de 1920 (pela Portaria nº 2115, de 14 de Janeiro de 1920), depois Administração e Inspecção-Geral dos Serviços Jurisdicionais e Tutelares de Menores.

[1800] Sem prejuízo de, em 1925, ser determinada a autonomia administrativa das "Cadeias Civis de Lisboa", na altura compreendendo as instalações do Limoeiro, Aljube, Mónicas e Monsanto, que passam a ser geridas por um conselho administrativo próprio (Decreto nº 10841, de 11 de Junho de 1925), o mesmo sucedendo em 1927com a Cadeia Nacional de Lisboa (pelo Decreto nº 13210, de 27 de Fevereiro de 1927) e com a Cadeia Civil do Porto (Decreto nº 14536, de 1 de Novembro de 1927).

[1801] V. artigo 11º do Decreto nº 5609, de 10 de Maio de 1919.

[1802] V. artigo 4º do Decreto nº 5610, de 10 de Maio de 1919.

[1803] Previa-se, em Lisboa, a criação ou adaptação de uma prisão apenas para presos preventivos (com lotação de 400 homens e 50 mulheres) e a conclusão das obras na Cadeia Nacional, refreando definitivamente o seu carácter de "penitenciária", transformada também em "prisão-oficina" (com lotação de 800 homens e 100 mulheres). No Porto, deveriam ser construídas duas prisões, uma para presos preventivos (200 homens e 50 mulheres) e outra do tipo "prisão-oficina" (300 homens e 100 mulheres). Em Coimbra, a sua Cadeia Nacional seria convertida em "prisão-oficina", para 300 homens e 50 mulheres. No resto do país, previa-se a criação de mais duas colónias penais agrícolas (a norte e a sul do Tejo), bem como a "transformação e alargamento do Depósito Penal da Figueira em Colónia Penal Marítima".

Inspecção das Prisões e a sua casa paralela, a Administração e Inspecção-Geral dos Serviços Jurisdicionais e Tutelares de Menores, darão lugar à Direcção-Geral dos Serviços Prisionais e à Direcção-Geral dos Serviços Jurisdicionais de Menores, ao mesmo tempo que o Conselho Penal e Prisional e o seu homólogo Conselho Superior dos Serviços Tutelares e Jurisdicionais de Menores são então substituídos pelo novo Conselho Superior dos Serviços Criminais.[1804]

Entretanto, confirmava-se que o regime baseado no modelo de Auburn não responderia positivamente à sua implementação na Penitenciária de Lisboa a par-

[1804] A nova lei orgânica é aprovada pelo Decreto-Lei nº 22708, de 20 de Junho de 1933. Junto da nova Direcção-Geral dos Serviços Prisionais, funciona a Associação do Patronato das Prisões, bem como é colocada a secção prisional do Conselho Superior dos Serviços Criminais (artigo 8º). Do Conselho Superior dos Serviços Criminais, presidido pelo ministro da Justiça ou pelo secretário-geral do ministério, por delegação, fazem agora parte um conselheiro do Supremo Tribunal de Justiça, dois professores de Direito, o presidente do Conselho Geral da Ordem dos Advogados, os directores-gerais dos serviços prisionais, dos serviços externos de justiça e dos serviços jurisdicionais de menores e um vogal nomeado pelo ministro (artigo 17º), funcionando em duas secções (serviços prisionais e serviços jurisdicionais de menores), mantendo competências como as de emissão de parecer e formulação de propostas em matéria de direito penal e prisional, designadamente "modificações a introduzir no sistema prisional e prnitenciário e nos edifícios das cadeias centrais, comarcãs ou concelhias ou outros estabelecimentos penais" (artigo 19º, a), 1º), bem como para apreciar os pedidos de perdão, indulto, comutações de penas e outros e emitir parecer sobre a "selecção dos condenados segundo as lotações dos estabelecimentos, natureza ou gravidade dos delitos e idade dos deliquentes ou outras condições que devam influir no regime ou forma de cumprimento da pena" (3º). Em 1935, as competências da Direcção-Geral dos Serviços Prisionais são confirmadas "em tudo quanto respeita à [...] administração e disciplina" das "cadeias civis do continente e ilhas adjacentes", bem como cabe a este serviço efectivar mandados de prisão e de soltura e "dar cumprimento aos decretos de amnistia, comutação de penas ou de indultos", podendo ainda o ministro da Justiça, em "casos urgentes", delegar no seu director-geral a "autorização para casamento de presos, hospitalização, transferência ou saída precária da prisão" (artigos 1º e 2º do Decreto nº 25016, de 7 de Fevereiro de 1935). A composição do Conselho Superior dos Serviços Criminais é ajustada com a publicação da reforma prisional de 1936, passando a contar também com a presença do Procurador-Geral da República e três vogais de nomeação pelo ministro da Justiça (artigo 465º do Decreto-Lei nº 26643, de 28 de Maio de 1936), mantendo este Conselho uma ampla intervenção em matéria prisional, quer no plano mais largo das reformas legais e das iniciativas político-administrativas (por exemplo, quanto às construções prisionais a levar a cabo), quer no concreto da determinação da situação penal dos reclusos – cabendo-lhe, de acordo com o texto original, a emissão de parecer para a atribuição de liberdade condicional, a declaração da indisciplina dos presos, considerando-os assim de "difícil correcção", a decisão quanto à sua libertação após o cumprimento de pena, estando em regime de pena indeterminada, bem como a decisão sobre a remessa de reclusos assim classificados para colónia penal ultramarina.

tir de 6 de Fevereiro de 1913.[1805] Um edifício desadequado e a "insuficiencia de fiscalização" estão entre as causas apontadas para um clima de verdadeira indisciplina entre os presos, como chega a ser diagnosticado.[1806] A questão, todavia, era mais vasta e a actualização imperativa do próprio modelo encontrava adeptos dentro do próprio sistema.[1807] Não se tratava apenas de instalações ou de descobrir

[1805] João Bacelar, enquanto director da Penitenciária de Lisboa, apreciava Auburn como bastante melhor do que o modelo anterior de Filadélfia, mas, ainda assim, já fora de tempo: "A modificação do regime carcerario feita na Cadeia Nacional de Lisboa, em 1913, tornou de tal maneira desconexo e desarmonico o sistema de repressão que o converteu num factor importante de criminalidade. A legislação penal continuou como estava em 86. (...) As penas fixas, base do direito penal estatico, continuaram a ser mantidas; e o regime carcerario, seguindo a marcha da legislação dinamica, caminhou mais um passo para a segurança social segundo a temibilidade dos delinquentes. (...) E nem isto quer dizer, sequer, que a aplicação do regime prisional de Auburn (...) fosse um grande progresso nas ideias prisionaes modernas" – João Bacelar, *Alguns casos criminaes..., cit.*, pp. 197 e 198.

[1806] Abel de Andrade, *Cadeira de Direito Penal..., cit.*, p. 67. No entanto, um estudo sobre a reincidência criminal dos encarcerados na Penitenciária, comparando a sua evolução ao longo dos dois regimes prisionais iniciais, apreciando a realidade de década e meia de cada um dos modelos, parece dar vantagem quanto a este aspecto ao regime de Auburn – v. João Gonçalves, *Da Reincidência, cit.*, pp. 63 a 67. Todavia, a diminuição da reincidência na vigência do regime de Auburn em Lisboa é acompanhada também pela verificação de uma diminuição geral da reincidência entre 1910 e 1930.

[1807] João Gonçalves, que fora director da Penitenciária, publica em 1922 a defesa de um "modelo reformatório", provindo do estabelecimento prisional de Elmira, Estados Unidos, e que vê legitimado pelo congresso penitenciário de Washington (1910), em que penas indeterminadas, liberdade condicional e estabelecimentos prisionais específicos – "clinicas criminologicas" – para cada grupo de delinquentes se combinem para oferecer simultaneamente reforma, quando possível e segurança da comunidade, sempre. Critica aqui também a prática do regime de Auburn na cadeia de Lisboa, que "longe de melhorar o individuo pode ser-lhe nocivo, por permitir aproximações e convivios perigosos" – v. João Gonçalves, *Subsídios para a Reforma do Regimen Prisional*, in BIC, I (1921), *cit.*, pp. 90 a 96. Também como adepto do modelo de Elmira, essencialmente pela sua incorporação de penas indeterminadas, que parece fundamental para uma verdadeira individualização das penas, se encontra João Bacelar. "Aqueles que teem ser submetidos a regimen penal, exactamente como os enfermos enviados ao hospital, teem de o suportar até que a sua regeneração seja absolutamente completa: a cada um tem de ser aplicado o regimen mais próprio á sua individualidade psíquica. (...) Como diz Salleiles, é fácil de ver como (...) não pode haver indeterminação sem adaptação apropriada e individualisada do regimen prisional; não pode haver individualisação sem um sistema de penas indeterminadas" – esta indivualização da pena seria necessariamente administrativa, a cargo da prisão e do seu pessoal, como também previa Salleiles: uma individualização meramente legal ou até judicial parecia-lhe sempre pouco proveitosa, porque feita em totalmente em abstracto ou por magistrados que não estariam "habilitados a conhecer dos motivos do crime, que exigem conhecimentos de antropologia, psicologia e sociologia criminal". Apenas na prisão o tratamento adequado a cada criminoso poderia ser descoberto – João Bacelar, *A individualisação das penas*, in BIC (II), 3ª ed., *cit.*, pp. 7 a 9. Também no país vizinho a manutenção do interesse pelos regimes penitenciários

a gradação adequada entre o mais cerrado isolamento e a convivialidade máxima: de acordo com os imperativos doutrinais da época, o regime prisional teria que partir do estudo científico do criminoso e a pena a adoptar deveria poder ser ajustada, em cada momento, ao desempenho e às características desse condenado, orientada por parte da administração prisional ou de um juízo clínico em função da perigosidade demonstrada ou, inversamente, da reabilitação que se verificasse. O primeiro não era feito ao tempo de forma sistemática, sendo limitadas as instituições; a segunda, não a previa a lei nem se verificava um absoluto consenso em relação às características que pudesse assumir. Contudo, era já claro que o ajustamento a um modelo progressivo estava iminente, como se verificara também em diversos países que são seguidos como padrões de modernidade prisional, designadamente ainda os Estados Unidos. O director da Cadeia Nacional de Lisboa, pede novamente, em 1924, que se adoptem penas indeterminadas ou, ao menos, que se alarguem as possibilidades de recurso à liberdade condicional, a única ferramenta legal disponível ao tempo – a par do perdão de pena – para reduzir a duração de uma pena a um criminoso que se mostrasse, "cientificamente", regenerado.[1808]

Já em contexto de ditadura militar[1809], no caminho da reforma prisional de 1936, um regime penitenciário progressivo, transitório, virá assim a ser consagrado apenas em 1927, pelo Decreto nº 14549, de 10 de Novembro, sendo depois aperfeiçoado pelo Decreto nº 20877, de 13 de Fevereiro de 1932, que reduz o período de isolamento antes previsto.

Com início a 14 de Dezembro de 1927, estabelece-se, para a prisão maior celular, três períodos sucessivos de cumprimento da pena, em regra de igual duração:

norte-americanos é notada: o penitenciarista Fernando Cadalso é enviado pelo Governo espanhol a conhecer, no final de 1911, o estado das instituições prisionais norte-americanas (e canadianas), de onde resulta o seu *Instituciones Penitenciarias en los Estados Unidos*, Biblioteca Hispania, Madrid, 1913, em que o modelo de Elmira continua a ser referencial (pp. 73 ss.).

[1808] "Se não calculassemos a celeuma que produziria na opinião corriqueira a aplicação das penas indeterminadas, aconselhal-as-iamos de preferencia. Assim, porem, optamos pela liberdade condicional, que contem as mesmas vantagens e não perturba a tranquilidade da opinião publica", defendia João Bacelar, *Repressão penal*, in BIC, IV (1924), Of. Graf. da Cadeia Nacional, Lisboa, 1924, p. 6.

[1809] Sintetizou Luís Bigotte Chorão, *A crise da República...*, *cit.*, p. 787: "Na realidade, a herança prisional deixada à República era de molde a requerer uma intervenção urgente, mas se o legislador republicano deixou uma marca impressiva e perdurável no direito tutelar de menores, não realizou obra paralela no prisional, tendo dado, não obstante, em diversos momentos, sinais de intenção reformadora. O fenómeno *comissionista* no campo da preparação legislativa – que já constituíra durante o século XIX um factor de bloqueio das realizações práticas – aliado naturalmente a outros factores, desde logo políticos, não facilitou a concretização de reformas".

um período inicial de isolamento, no mínimo de um ano, com trabalho desempenhado na cela; um segundo período de isolamento celular nocturno, mas com trabalho diurno em comum, que deveria ser desenvolvido em "regime de rigoroso silêncio" em oficinas; e um último período, idêntico ao anterior excepto na comunicação entre reclusos agora permitida "durante o trabalho e recreios", e que deveria ser cumprido na "prisão-oficina de Coimbra".[1810] Os dois primeiros períodos de isolamento deveriam ser cumpridos na Cadeina Nacional de Lisboa.[1811] A remessa para Coimbra cessa em 1932, quando o terceiro período passa a ser cumprido na penitenciária em que o preso se encontre, mas em 1927 é também esta prisão apontada como o espaço de depósito dos réus que "em seguida á prisão celular hajam de cumprir pena de degrêdo".[1812]

Em 1932, novas alterações no regime prisional: sem alteração formal dos três períodos de execução de pena, a duração do primeiro período de isolamento pode agora ser reduzida a menos de um ano, por proposta do Conselho Penal e Prisional, mediante informação dos directores da Cadeia e do Instituto de Criminologia respectivos; as penas aplicadas de prisão maior celular deveriam ser cumpridas integralmente, nos seus três períodos, nas novamente denominadas Cadeia Penitenciária de Lisboa e Cadeia Penitenciária de Coimbra; e o envio metropolitano para degredo é substituído por cumprimento de pena em "regime de trabalho agrícola ou predominantemente agrícola" numa nova "colónia penitenciária" que se pretende construir em Alcoentre, uma alteração de monta, findando com a progressividade entre prisão e degredo ultramarino.[1813]

[1810] V. artigo 2º do Decreto nº 14549, de 10 de Novembro de 1927.

[1811] O diploma de 1927 proibe também a concessão de indulto a condenados a prisão maior celular durante o primeiro período de execução da pena ou até metade da duração do segundo período, bem como a quem, cumprindo pena de degredo em depósito de degredados, não tivesse atingindo um terço da pena, fixando-se aqui um período mínimo decorrido de dois anos (v. artigos 6º e 7º). Estas limitações quanto ao indulto vêm a ser revogadas em 1930, pelo artigo 15º do Decreto nº 18202, de 14 de Abril, que estabelece o funcionamento do processo de concessão de indulto, o que é apreciado como a correcção de "um principio de injustiça" por Abel de Andrade, *Cadeira de Direito Penal...*, *cit.*, p. 68.

[1812] V. artigo 5º do Decreto nº 14549, de 10 de Novembro de 1927.

[1813] "O tempo de internamento na colónia corresponderá à pena de degrêdo que falte cumprir", como estabelece o artigo 3º do Decreto nº 20877, de 13 de Fevereiro de 1932. V., sobre esta nova pena,Vasco Marinho H. de Melo, *O Degrêdo*, in BIC, nº 6 (1940), Oficinas Gráficas da Cadeia Penitenciária de Lisboa, Lisboa, 1941, pp. 136 e 137. A evasão desta colónia seria punida com prisão nas Penitenciárias – a "aplicação do regime penitenciário" –, de duração a estabelecer limitada pelo remanescente de pena a cumprir e pelo máximo de prisão maior celular aplicável (artigo 5º). A construção da Colónia Penitenciária de Alcoentre é dirigida por uma comissão de obras, que pode usar

De acordo com o diploma, a fixação em concreto do "destino do condenado" é uma competência do ministro da Justiça, mediante proposta do ainda Conselho

nesse empreendimento as verbas que seriam destinadas ao transporte de condenados para degredo, agora findo, e mesmo as verbas então previstas para a construção de uma nova Cadeia Central de Lisboa, em Monsanto, que se preparava desde 1927 (v. Decreto nº 21092, de 15 de Abril de 1932). Havendo quanto à Colónia "absoluta necessidade de [a] instalar, com a maior urgência (...), visto que, não podendo seguir degredados para o ultramar, urge tomar providências para descongestionar as cadeias e dar destino respectivo a êsses degredados", são aumentadas as verbas previstas para a sua criação – para o pagamento das expropriações necessárias e para a construção – pelo Decreto nº 21826, de 4 de Novembro de 1932. No entanto, a colónia de Alcoentre apenas receberia os seus primeiros reclusos em 18 de Janeiro de 1944, tendo recebido diversas adaptações decorrentes da entrada em vigor da Reforma Prisional de 1936 e da apreciação que dela faz a Comissão das Construções Prisionais. Sobre esta prisão, v. em especial a extensa descrição do seu director Joaquim Brito Leal de Oliveira, *A Colónia Penitenciária de Alcoentre*, in BAPIC, nº 1 (1957), Ministério da Justiça, Lisboa, 1957, pp. 193 ss. e também o texto de Pierre Cannat, seu visitante, em *Droit Pénal..., cit.*, pp. 102 a 107.
Entre as construções prisionais previstas ainda em 1932 avulta também a de "uma prisão agrícola correccional", na Quinta de Santa Cruz do Bispo, Matosinhos, e de uma "cadeia penitenciária feminina", na Quinta da Mitra, Loures (Decreto nº 21350, de 9 de Junho de 1932) – conforme se descobre pela Portaria nº 7363, de 16 de Junho de 1932, o destino da Quinta da Mitra é aqui referido como sendo de "cadeia mixta feminina" –, bem como de novas cadeias centrais em Lisboa e Porto e "várias cadeias distritais", recebendo verbas adicionais para tal as comissões designadas para o seu desenvolvimento e as respectivas câmaras municipais, no caso das cadeias distritais, pelo Decreto nº 21898, de 23 de Novembro de 1932. Pelo Decreto-Lei nº 22785, de 29 de Junho de 1933, as obras de construção de "palácios da justiça" e de estabelecimentos prisionais passam, com efeitos a 1 de Julho de 1933, para a esfera do Ministério das Obras Públicas e Comunicações, num plano acordado com a Justiça, à semelhança de outras obras em curso em áreas sectoriais, devendo, contudo, o Ministério da Justiça continuar a superintender as obras nas quais se use exclusivamente "o trabalho dos presos" (artigo 1º, § 1º). São assim substituídas as comissões de obras que haviam sido instituídas para os diversos estabelecimentos prisionais e colónias – mesmo que para criar outras comissões administrativas, como o faz o Decreto-Lei nº 23390, de 22 de Dezembro de 1933, para as obras de Alcoentre e Santa Cruz do Bispo. O estabelecimento de Santa Cruz do Bispo, convertido em Colónia Penal anexa à Cadeia Civil do Porto, sob cuja direcção é colocado, é considerado em funcionamento através da Portaria nº 8417, de 16 de Abril de 1936, dispondo-se que os seus primeiros colonos devem seguir o regulamento estabelecido para a Colónia Penal de Sintra. Diploma que se pretende orientador para a política de construção de estabelecimentos prisionais nas décadas seguintes, a Lei nº 1968, de 19 de Maio de 1938 virá a determinar a criação (artigos 1º a 3º) – mesmo sendo nalguns casos a reafirmação de intenções anteriores –, a par dos Palácios de Justiça de Lisboa e Porto, de uma cadeia preventiva na comarca do Porto; de cadeias centrais masculinas, em Lisboa e Porto; da cadeia feminina "com secções mixtas" de Santo Antão do Tojal; de cadeias centrais, masculinas e femininas, em Coimbra, Braga, Setúbal, Ponta Delgada e Funchal; das colónias penitenciárias masculinas de Alcoentre e de Coimbra; e de uma colónia penal masculina "para presos de difícil correcção" em Valverde. É ainda prevista a conversão da Penitenciária de Lisboa em cadeia preventiva da comarca

Penal e Prisional e as informações dos Institutos de Criminologia. Esta proposta deve tomar em consideração a "constituição bio-psíquica do criminoso, seus antecedentes pessoais, meio social em que viveu, crime e condições em que foi praticado", bem como um estudo individual feito pelos Institutos de Criminologia ou pela Repartição do Porto, o que exigirá dos condenados um "estágio" de 30 dias na Cadeia Civil do Porto ou numa das Penitenciárias.[1814]

A mudança defintiva de regime prisional não tardaria. Antecipava-se aliás também entre os reclusos, de forma colectiva e esperançada, esta ideia, forçadamente nova, de "individualização da pena".[1815]

Beleza dos Santos visita a Alemanha em Agosto de 1935, integrando uma delegação nacional, onde se incluía o arquitecto da Comissão das Construções Prisionais Cottinelli Telmo, com o fim de conhecer o funcionamento de diversas prisões alemãs. Esta fora uma incumbência atribuída pelo Ministro das Obras Públicas no sentido de serem recolhidos elementos que contribuíssem

e do edifício do Limoeiro em instalações para a polícia de investigação criminal e do registo criminal, cessando a sua função histórica de cadeia (bem como a cadeia das Mónicas). A prisão-escola de Leiria, as "colónias penais de Sintra e de Cabo Verde" e os estabelecimentos correccionais de menores são também visados, prevendo-se a sua ampliação, conclusão ou adaptação. No entanto, esta relação de estabelecimentos será reponderada de acordo com o trabalho da Comissão das Construções Prisionais, cujo relatório definitivo é apresentado apenas em 1939, como se verá adiante.

[1814] V. artigo 4º do Decreto nº 20877, de 13 de Fevereiro de 1932.

[1815] A 21 de Dezembro de 1933, o Presidente da República Óscar Carmona, visita a Penitenciária de Lisboa, sendo recebido pelo seu director, Almeida Eusébio, e por um representante do Ministro da Justiça. Nas intervenções proferidas avulta o tema da "reforma do regime prisional, na qual se tem tido em conta as modernas tendências criminológicas", em preparação, conforme reporta o jornal da Penitenciária, *Oásis*, ano I, nº 13, de 1 de Janeiro de 1934, p. 3. O editor salienta que a visita "(...) trouxe-nos a certeza de que não só o nosso Director está perfeitamente integrado no Pensamento da Comissão Internacional Penitenciária e deseja pôr em prática os seus ensinamentos, mas principalmente e, acima de tudo, que S. Exª o Sr. Dr. Manuel Rodrigues está trabalhando afincadamente na reforma penal (...) e que a almejada e indispensável individualização da pena será, dentro em breve, uma realidade". Note-se, contudo, que a ideia de individualização da pena, lançada como tema autónomo pela escola positiva, não deixa de poder ser uma realidade passível de integração à luz do direito penal "clássico" – e mesmo na nossa codificação penal. É sob a égide nominal de mecanismos de "indivualização da pena" que o comentador Luís Osório, de acordo com o Código de 1886, classifica a escolha da pena e da sua duração permitida ao abrigo da consideração de circunstâncias atenuantes e agravantes, da consideração da reincidência, dos regimes de liberdade condicional e de suspensão de pena, da escolha de destino pelo Governo dos delinquentes postos à sua disposição ou da condenação em alternativa, no regime dual entre pena penitenciária e não penitenciária – assim, Luís Osório da Gama e Castro de Oliveira Baptista, *Notas ao Código Penal Português..., cit.*, vol. I, p. 238.

para a reforma prisional já programada e para melhor avaliar os edifícios que a devessem concretizar entre nós.[1816] O professor de Coimbra aproveitará a viagem, aliás, para participar também naquele que será o último Congresso Penal e Penitenciário Internacional da sucessão originada ainda no século anterior, realizado em Berlim nesse ano. Beleza dos Santos visita na mesma ocasião também diversas prisões holandesas e belgas.[1817] Cottinelli Telmo continuará também pela Europa, em visita a edifícios públicos, participando numa reunião internacional de arquitectos.

Na Alemanha, acompanhado de outros delegados ao Congresso, Beleza dos Santos conhecerá assim um conjunto de prisões em Berlim (Moabit, Plötzensee, Tegel, Bernimstrasse, Brandenburgo) e fora da capital (Straubing, Bernau, Ebrach e Bautzen). A par destas, Beleza dos Santos visita também um conjunto de colónias penais agrícolas junto da fronteira com a Holanda: Oberlangen, Neusustrum, Brual Rhede e Aschendorf. Nestas quatro colónias encontra cerca de 5500 reclusos, que tornariam com o seu trabalho "fértil e habitável essa região"[1818], prevendo-se que, uma vez em liberdade, se constituissem alguns deles como novos habitantes da área. Estas colónias penais são financeiramente menos custosas que as prisões fechadas e de construção mais rápida, o que é também determinante na opção por este tipo de estabelecimentos. O alojamento dos reclusos é aqui feito em pavilhões de madeira, que rapidamente se edificam.[1819]

[1816] Assim o explica José Beleza dos Santos, *Uma Viagem de Estudo...*, *cit.*, p. 5. A construção de novas prisões encontrava-se como matéria partilhada entre o Ministério da Justiça e o Ministério das Obras Públicas, como se viu, desde 1933. A par de Beleza dos Santos, também Abel de Andrade, na qualidade de presidente do Instituto de Criminologia da capital (entre 1916 e 1936), havia já visitado oficialmente prisões estrangeiras em 1930 (Itália, Suíça, França e Espanha) – v. *O centenário do Doutor Abel de Andrade*, in RFDUL, vol. XXI, Lisboa, 1967, p. 12. João Paulo do Rosário Martins, *Cottinelli Telmo – A obra do arquitecto*, vol. II, dissertação de Mestrado em História da Arte Contemporânea, Faculdade de Ciências Sociais e Humanas da Universidade Nova de Lisboa, Lisboa, 1995, policopiado, pp. 327 a 335, publica as notas pessoais desta viagem de Cottinelli Telmo pela Europa Central, por onde se percebe que, se os modelos alemães de prisões eram o que mais impressionava, em especial a prisão berlinense de Brandenburgo, não estavam deles ausentes as críticas. O olhar do aquitecto português é, aliás, genericamente o de um céptico. A penitenciária de Lovaina já não comovia os visitantes nacionais: merece o comentário de "outra prisão também muito chata", à semelhança das visitadas em Bruxelas. A prisão alemã de Ebrach resulta mais impressionista: "Uma merda!... Um lindo palácio mas uma má prisão" (p. 328 e p. 330). V. também *idem*, *ibidem*, vol. I, pp. 232 a 237.

[1817] José Beleza dos Santos, *Relatório sobre os estabelecimentos prisionais...*, *cit.*, pp. 8 e 9.

[1818] José Beleza dos Santos, *Uma Viagem de Estudo...*, *cit.*, p. 8.

[1819] Note-se já neste período a promiscuidade inaceitável entre colónias penais e os novos campos de trabalho nazis. Entre 1933 e 1938 mais de 100 campos de concentração, desde logo para opo-

Panoramicamente, desde as prisões alemãs, Beleza dos Santos aproveita diversos ensinamentos, que afinal apenas retratam aquilo que ao tempo são dados adquiridos para um tratamento penitenciário visto como adequado. As colónias incluem para os reclusos trabalho agrícola ou trabalho industrial, envolvem a separação dos criminosos (entre maiores e menores, primários e habituais), conjugam o aproveitamento de terras improdutivas com o fim penitenciário. Encontra também as prisões de regime fechado bem organizadas e vigiadas, com um regime de trabalho apropriado.[1820] Assim, esses modelos, de regime prisional e de estabelecimentos penais, não tardarão a ser revertidos para a reforma prisional publicada em 1936, à qual, ao longo das décadas seguintes, será paulatinamente dado corpo, sem arrogância patriótica, mas igualmente sem mimetismo absoluto.[1821] Quanto à parte arquitectónica da reforma, será também a prisão alemã de Brandenburgo a inspiração para os estabelecimentos prisionais de grande dimensão mais tarde construídos.[1822]

Jeshcheck destacou na reforma de 1936, vista aqui globalmente como exemplo de um direito da "defesa social moderna" e de uma "política criminal utilitária", a especialização prevista para os estabelecimentos penitenciários, que considera como estando de acordo com o modelo de classificação de delinquentes preconizado por Liszt e incorporado também no direito alemão: prisões centrais e comarcãs para criminosos primários e ocasionais; prisões-escola para reclusos de 16 a 21 anos; e estabelecimentos específicos que recebem os criminosos habituais, por tendência ou de difícil correcção.[1823] Por outro lado, coexistem os espa-

sitores políticos internos, são criados na Alemanha, em diversas configurações e muitos deles em condições provisórias e precárias – v. *A Deportação*, ed. da *Fédération Nationale des Déportés et Internés Résistants et Patriotes*, Publicações Europa-América, Lisboa, 1970, p. 32 a 35 e pp. 180 e 181, onde são listados os locais de deportação e internamento, não coincidentes com os visitados por Beleza dos Santos.

1820 José Beleza dos Santos, *Uma Viagem de Estudo...*, *cit.*, pp. 9 e 10.

1821 "Desta viagem resultaram indicações extremamente úteis, preciosos elementos de informação. Verificámos também que nos outros países aparecem certos problemas prisionais semelhantes, para não dizer iguais aos nossos, que não encontraram ainda soluções satisfatórias e que nós, como eles, teremos de procurar resolver por nossas próprias forças, embora auxiliados pela experiência alheia. Pertencem a este número, por exemplo, o da unidade ou diversidade de estabelecimentos para os diferentes graus do sistema progressivo, o da medida das liberdades a conceder neste sistema, o da organização do trabalho prisional para evitar prejuízos graves ao trabalho livre, etc." – José Beleza dos Santos, *Relatório sobre os estabelecimentos prisionais...*, *cit.*, p. 9.

1822 Como o assinala João Paulo do Rosário Martins, *op. cit.*, vol. I, p. 237.

1823 Hans-Heinrich Jescheck, *op. cit.*, p. 24.

ços destinados à execução de medidas de segurança, onde pode ser internado quem não tenha ainda cometido uma infracção criminal efectiva ou ser decretado um internamento sucessivo ao cumprimento de uma pena.

Também nesta medida a reforma prisional de 1936 é a mais ambiciosa desde a publicação do célebre diploma de 1867. Mas a sua ambição não é absolutamente inovadora: pode dizer-se, sem erro manifesto, *mutatis mudandis*, que apenas após 1936 serão afinal concretizados vários dos objectivos que a reforma de 1867 já preconizara – e outras tentativas, antes e depois –, mesmo se é já profundamente distinto o seu contexto e a visão pressuposta relativamente à pena. Nessas condições estão ainda a opção por um regime celular, no qual se inclui também o modelo de isolamento, a obrigatoriedade do trabalho ou um modelo de classificação e de internamento com separação dos criminosos, conducente a uma individualização da pena, com correspondência também ao nível das especificidades dos diversos estabelecimentos prisionais previstos.

Assim, mais do que uma mera reforma legal em torno da execução da pena de prisão, é um programa global de intervenção sobre a punição que é aprovado, que se estende do planeamento e construção de edifícios prisionais aos rigores da dieta dos encarcerados. Os esforço sucessivos de reforma prisional verificados em especial na década anterior haviam também deixado um rastro de iniciativas bem intencionadas, mas relativamente casuísticas e por vezes pouco ponderadas, não só nas modalidades de regime como nomeadamente na adaptação e construção de novos estabelecimentos prisionais, em particular cadeias comarcãs, a que urgia dar uma sistematização de conjunto, sentido útil e, o que era mais, uma efectiva concretização. Obras em curso foram mesmo suspensas e exigiram necessariamente alterações posteriores, de acordo com o novo programa e os novos critérios de execução da pena.[1824] À Comissão das Construções Prisionais, formada no final de 1934[1825] no âmbito do Ministério das Obras Públicas e Comunicações do ministro Duarte Pacheco, e presidida por Beleza dos Santos, caberia assim o papel de estabelecer o programa de infra-estruturas necessário à execução do novo regime prisional. As insuficiências manifestas das instalações prisionais à época, em particular das cadeias comar-

[1824] A própria cadeia do Limoeiro, por exemplo, recebe obras significativas em 1932, o que merece a Beleza dos Santos um lacónico comentário em 1939: "A parte nova é boa, se abstrairmos do seu defeito de não ser celular"... – José Beleza dos Santos, *Relatório sobre os estabelecimentos prisionais...*, *cit.*, p. 66.

[1825] Os seus três membros iniciais – José Beleza dos Santos, Heitor Mascarenhas Inglês e José Ângelo Cottinelli Telmo – são nomeados por Portaria de 3 de Novembro de 1934, assinada pelo ministro Duarte Pacheco.

cãs, e especialmente a nova segmentação de estabelecimentos prisionais estabelecida dariam origem a um processo de renovação que perdurou, na prática, ao longo de mais de três décadas.[1826]

[1826] A reforma de 1936 estipulou regras claras sobre a construção de novas prisões, fixando requisitos precisos de implantação, dimensão, tipologia e segurança, e atribuíu à Comissão de Construções Prisionais, no Ministério das Obras Públicas e Comunicações, composta por "um professor de direito criminal, que preside, um engenheiro e um arquitecto", a elaboração dos planos de construção dos novos estabelecimentos, bem como a apreciação de eventuais obras de alteração a prisões existentes, e a aprovação dos modelos do mobiliário a integrar nas prisões – v. artigos 190º a 210º do Decreto-Lei nº 26643, de 28 de Maio de 1936 – ratificando os trabalhos inciados antes da publicação do novo diploma. Sobre o processo de construções prisionais desencadeado pelo diploma de 1936, tome-se em consideração o que apresenta Gonçalo Canto Moniz, *Arquitectos e Políticos. A arquitectura institucional em Portugal nos anos 30*, in "DC Papeles", nºs 13-14, Outubro de 2005, Departament de Composició Arquitectónica UPC, Barcelona, 2005, pp. 68 a 79, acedido a partir de *http://br.monografias.com/trabalhos917/arquitectos-politicos-portugal/arquitectos-politicos portugal.shtml*: "O ministro da Justiça, Manuel Rodrigues Júnior, propõe um novo sistema prisional que se traduz na criação, dentro da DGEMN [Direcção-Geral dos Edifícios e Monumentos Prisionais], da Comissão das Construções Prisionais (...). Pretendia-se hierarquizar os edifícios prisionais em quatro tipos: cadeias comarcãs, cadeias centrais, cadeias penitenciárias e cadeias especiais. Paralelamente à discussão sobre este novo sistema, é também aprovada, em 1938, a "Lei da construção dos Palácios da Justiça de Lisboa e Porto e outros estabelecimentos", que não teve sequência imediata. O arquitecto Cottinelli Telmo integra a comissão e fica responsável por elaborar o relatório relativo às questões arquitectónicas e os projectos tipo. O relatório analisa algumas prisões modelares visitadas por Cottinelli, apresentando a cadeia moderna de Brandenburgo, como o exemplo mais interessante. (...) Os projectos tipo são propostos a partir de um programa arquitectónico detalhado onde estão definidos com rigor a caracterização dos espaços, sendo de salientar as preocupações relativas às celas e aos pátios, aos aspectos construtivos, onde se opta pelo betão armado, pelo bloco de betão e pela alvenaria de pedra rija, procurando conciliar eficácia e economia, e os aspectos da linguagem, nem de estilo clássico, nem de estilo moderno, apenas de acordo com os critérios de proporção e do equilíbrio, dando unicamente atenção à porta principal. Os projectos-tipo serão aplicados nas diferentes comarcas pelo arquitecto Raúl Rodrigues Lima, que substituiu Cottinelli Telmo em 1939. (...) Mais do que a linguagem moderna, estes novos equipamentos revelam um processo moderno de construir os equipamentos públicos segundo critérios de avaliação de necessidades, pesquisa de modelos internacionais, elaboração de programas e definição de soluções tipificadas. Como refere Cottinelli Telmo no relatório das cadeias comarcãs: «De sabor clássico? De sabor moderno? Nem pensamos nisso. Proporções, equilíbrio» e, mais à frente, continua: «Cadeias comarcãs (...) tornar-se-iam impróprias ou até ridículas se na aparência não revelassem o critério de economia que presidiu ao estudo de todas as suas partes e que se traduz nas fachadas por uma grande sobriedade». De facto, é o critério da «economia» que orienta as políticas do Estado Novo, mesmo a política das Obras Públicas". O relatório da Comissão sobre as cadeias comarcãs que aqui é citado, datado de Março de 1937 – e que se encontra publicado na "Revista Oficial do Sindicato Nacional dos Arquitectos", nºs 2, 3 e 4, Lisboa, Maio de 1938, publicação dirigida precisamente por Cottinelli Telmo – apresenta efectivamente um detalhado programa para a construção de cadeias comarcãs celulares, prevendo-se tam-

Mas, se o intuito marcadamente correccional, presente no espírito do legislador de 1867, foi em grande medida substituído por um intuito preventista de tipo

bém a possibilidade de trabalho diurno em comum, apresentadas em duas tipologias-padrão (tipos A e B), distintas em função da sua lotação previsível: a de tipo A acolheria 12 homens e 4 mulheres; a de tipo B, 24 homens e 8 mulheres, ambas permitindo variações. Uma ideia simples preside a todos os projectos destas cadeias pensadas para detenções e reclusões de curta duração e lotações reduzidas, "custeadas normalmente pelos municípios": as cadeias deveriam conter bascicamente quatro zonas separadas – reclusão de homens, reclusão de mulheres, zona de serviços gerais e habitação do carcereiro. Quanto ao mais, a alimentação seria fornecida externamente à cadeia, não havendo lugar a cozinhas. Um altar poderia ser colocado numa oficina ou cela maior, servindo também de espaço de culto. Um parlatório permitiria também aos presos receber visitas. Publicam-se em anexo, retirados do relatório, alguns elementos desenhados por Cottinelli Telmo, como o seu "programa gráfico" para as cadeias comarcãs, as plantas das cadeias de tipo A e de tipo B e um exemplo detalhado de vigia a aplicar na porta da cela, que permitiria ao carcereiro observar o preso sem que este se apercebesse da sua presença (Anexo 18). Sobre o papel de Cottinelli Telmo no âmbito da Comissão, v. em especial João Paulo do Rosário Martins, *op. cit.*, vol. I, pp. 225 a 269.

Ao tempo da saída de Cottinelli Telmo (1897-1948) da Comissão, a que se segue a sua participação nos projectos em Lisboa para a Exposição do Mundo Português, sob proposta de António Ferro, encontravam-se em construção as cadeias comarcãs de Alijó, Alenquer, Celorico da Beira e Vila Real e a versão inicial, já alterada, da colónia de Alcoentre, tendo ainda sido elaborados por Cottinelli projectos para cadeias comarcãs em Oliveira de Azeméis, Castelo Branco e Loulé. O arquitecto Raúl Rodrigues Lima (1909-1979), que chega à Comissão das Construções Prisionais em Junho de 1939, vem a ser assim o responsável, nas palavras do próprio, dando sequência ao trabalho preparatório do seu antecessor, pelos projectos de "mais de cinquenta Cadeias Comarcãs, duas Cadeias Centrais, uma Prisão-Escola, dois Estabelecimentos para reclusos de difícil correcção, duas Colónias Penais, para vadios e equiparados, uma Cadeia Penitenciária, uma Cadeia para mulheres, um Sanatório Prisional, um Hospital Prisional e quatro Reformatórios" – Rodrigues Lima, *Arquitectura Prisional*, in BAPIC, nº 9 (1961), Ministério da Justiça, Lisboa, 1961, pp. 157 e 158. De facto, devem-se a Rodrigues Lima os projectos finais das ainda hoje mais representativas instalações do parque prisional português. São de sua autoria o plano definitivo de Alcoentre e os projectos da colónia para presos de difícil correcção de Pinheiro da Cruz, das Cadeias Centrais de Lisboa (Linhó) e do Porto (Paços de Ferreira), da cadeia feminina de Tires, da prisão-escola de Leiria, da colónia para vadios e equiparados de Santa Cruz do Bispo e das alterações efectuadas na colónia penal de Sintra, bem como da prisão-sanatório da Guarda e da prisão-hospital S. João de Deus, em Caxias. Rodrigues Lima retrata neste texto o tipo de reflexão que a Comissão das Construções Prisionais, dirigida por Beleza dos Santos e que contava ainda com o engenheiro Heitor Mascarenhas Inglês, enceta, no sentido de, por um lado, procurar os melhores modelos estrangeiros e, por outro, adaptá-los à realidade nacional e a um regime prisional de intensa diferenciação dos reclusos e de estabelecimentos prisionais, que nunca havia sido experimentado entre nós. Este processo beneficiava também da dupla condição de Beleza dos Santos enquanto autor do diploma legal e presidente da comissão que procuraría definir as condições materiais da sua execução. No "estudo analítico" da cela, que Rodrigues Lima também publica (v. pp. 236 a 245), procura fundamentar as suas opções, que resultam numa cela-tipo para isolamento contínuo de 22 metros cúbicos, quer nos modelos de penitenciárias estran-

pragmático em torno do controlo e anulação da perigosidade de cada condenado, este não é também absoluto: o criminoso, para a reforma de 1936, não é apenas

geiras quer em estudos próprios desenvolvidos sobre consumo de ar, mobiliário, ventilação e iluminação. Em anexo (Anexo 19), replica-se este modelo de cela-tipo de Cottinelli Telmo alterado por Rodrigues Lima, no contexto da reforma de 1936, que o arquitecto reproduz a pp. 242 do seu texto. O modelo arquitectónico seguido para as novas prisões é totalmente contemporâneo à época e radicalmente distinto das construções radiais que poucas décadas antes se erigiam: agora a inspiração, racional, provém da obra do francês Henri Poussin e em particular de Alfred Hopkins, arquitecto norte-americano que populariza na década de 30 a construção prisional em modelo de "poste telegráfico", que permite, segundo Rodrigues Lima, "além de um ambiente menos severo, orientar as celas da melhor forma possível em relação aos raios solares, preocupação que até então não existia" (p. 138) e que foi destacada desde logo nos primeiros projectos prisionais de Cottinelli Telmo de forma inovadora entre nós (assim, Michel Toussaint Alves Pereira, *Da arquitectura à teoria e o universo da teoria da arquitectura em Portugal na primeira metade do século XX*, dissertação de Doutoramento em Teoria da Arquitectura, Faculdade de Arquitectura da Universidade Técnica de Lisboa, Lisboa, 2009, pp. 331 e 332), bem como as construções prisionais pavilhonares, que Rodrigues Lima acaba por afirmar que são "o partido arquitectónico mais indicado no futuro" (p. 148). A maioria das prisões deste período, contudo, adopta o "tipo fechado e concentrado, baseado no modelo alemão da prisão de Brandenburgo", como anota João Paulo do Rosário Martins, *op. cit.*, vol. I, p. 269. Também no desenho das celas e de elementos de segurança, como os muros exteriores, a lição de Hopkins será levada em conta, designadamente através do seu *Prisons and prison building*. Beleza dos Santos publicou também as memórias descritivas e justificativas elaboradas pela Comissão dos projectos arquitectónicos das diversas tipologias de estabelcimentos que a reforma de 1936 presumia, em apêndice à *Nova organização prisional portuguesa (Alguns princípios e realizações)*, Coimbra Editora, Coimbra, 1947, pp. 36 ss. Em anexo (Anexo 20), publicam-se estes modelos tipológicos finais: prisão-escola, prisão para presos de difícil correcção, estabelecimento prisional para mulheres, cadeia central, cadeia comarcã. A localização concreta de vários dos novos estabelecimentos prisionais construídos deveu-se também em grande medida ao empenho de Beleza dos Santos e da Comissão na descoberta e avaliação de potenciais espaços de construção – como no caso da colónia de Pinheiro da Cruz ou da Cadeia Central de Lisboa no Linhó (José Beleza dos Santos, *Relatório sobre os estabelecimentos prisionais...*, *cit.*, p. 147 e p. 160, nota 1). Sobre esta evolução da arquitectura prisional, v. também entre nós José Guardado Lopes, *Achegas...*, *cit.*, pp. 15 a 19.

Anteriormente a este programa de construções, é de assinalar também o ímpeto relativo na construção de cadeias comarcãs, mesmo sem comportar qualquer nível de sistematização equiparável, que se verificou no início do século, em grande parte devidas também a um único autor. Várias cadeias, de aspiração celular e de inspiração panóptica, foram então traçadas pelo arquitecto Arnaldo Adães Bermudes (1864-1948), ao serviço do Ministério da Obras Públicas, autor das cadeias de Sintra, Vila do Conde e Anadia e de edifícios na Colónia Penal António Macieira, e que foi igualmente o projectista das escolas primárias-tipo construídas entre 1902 e 1912. O seu projecto para a cadeia comarcã de Sintra (concluída em 1909), um edifício hoje sem uso prisional, encontra-se publicado n' "A Construcção Moderna", ano VI, nº 187, de 10 de Março de 1906, pp. 242 e 243, e replica-se também em apenso (Anexo 21). Em texto que acompanha o projecto de Adães Bermudes, arquitecto do Ministério das Obras Públicas e destacado republicano, dá-se conta de que a nova cadeia

um sujeito unívoco a controlar – na medida da sua capacidade, o sistema parece desenhar opções, ajustáveis a determinados criminosos, que podem ser aproveitadas num percurso futuro fora da prisão.[1827] Se a prisão surge em primeira linha

comarcã de Sintra "visa substituir o repellente ergastulo que actualmente se patenteia aos olhos do publico no coração da villa, tendo ao nivel da rua as suas casas de malta, de onde os prezos implicam com os transeuntes, pedinchando, increpando, ou perseguindo-os com os seus *quolibets* de gosto mais ou menos attico, quando lhes não dão o espectaculo das suas summarias *toilettes*, nas noites calmosas de verão". A esta cadeia tradicional, numa descrição comum à generalidade das demais, apunha-se agora uma cadeia com "disposição «panoptica» consistindo n'um pateo central, coberto, onde convergem todas as cellas que constituem outras tantas prisões. Cada cella tem a sua retrete onde se installará tambem um aparelho de *douches* para acceio dos detidos. As janelas são altas e não permitem a vista para o exterior". Na prática, é o modelo de Auburn que se prevê: os presos "recolhem de noite ás cellas trabalhando, em comum, durante o dia". Note-se igualmente uma outra referência de relevo no texto. Como a legislação então em vigor – o regime de 1867 – obrigaria, no rigor da lei, a que qualquer nova cadeia fosse "penitenciária" e com um projecto sancionado previamente pelo Ministério da Justiça, e as autoridades concelhias não disporiam dos meios financeiros para as erguer, "sucede que uma ou outra localidade que pretende construir ou melhorar o respectivo edificio da cadeia, o faz sempre illudindo e sophismando a lei, solicitando, por via de regra, auctorisação para *«concertos ou ampliação das repartições publicas»*, pois de outro modo ver-se-hia obrigada a reverter a supra-citada penitenciaria"... (p. 242).

Após 1936, a edificação das novas construções prisionais esteve associada a um reforço generalizado também do investimento em infraestruturas judiciárias, de responsabilidade repartida entre o Governo e as câmaras municipais, à semelhança do que acontecia com os espaços prisionais. Sobre os programas de construção de "palácios da Justiça" do Estado Novo, pensando em primeira linha no alojamento dos tribunais, e a sua progressiva concretização até 1974, também com participação muito relevante do arquitecto Rodrigues Lima e contando com trabalho prisional em particular após 1945, no consulado de Cavaleiro de Ferreira, v. a dissertação de António Manuel Nunes, *Espaços e imagens da Justiça no Estado Novo*, MinervaCoimbra, Coimbra, 2003, em especial pp. 79 ss. O percurso das construções prisionais desencadeado após 1936 pode ser acompanhado com pormenor também pelo relatório do director-geral dos Serviços Prisionais José Guardado Lopes, *Os serviços prisionais portugueses*, in BAPIC, nº 9 (1961), Ministério da Justiça, Lisboa, 1961, em particular pp. 29 ss. e por Vítor António Duarte Faveiro, *A organização prisional portuguesa*, in BMJ, nº 10, Ministério da Justiça, Lisboa, 1949, pp. 369 a 371. Note-se desde logo a longa duração do processo: em 1944, das novas construções programadas, apenas parte da colónia de Alcoentre estaria já em uso (v. também José Guardado Lopes, *A superpopulação prisional não é um problema novo em Portugal*, in BMJ, nº 474, Ministério da Justiça, Lisboa, 1998, p. 10).

[1827] Para Eduardo Correia, "o sistema da Reforma Prisional seria (...) um sistema monista ético-retributivo (...) que refere a pena ao facto e depois a refere à especial perigosidade do delinquente, na medida em que a sua personalidade é susceptível de ser censurada" (*Direito Criminal...*, *cit.*, p. 72). Estava portanto em causa a prorrogação da pena a título de medida de segurança. João de Matos Antunes Varela, *Evolução das Instituições Penais...*, *cit.*, p. 29, haveria ainda de notar que "esta deslocação dos fins primários das sanções criminais para o eixo da prevenção especial, reeducativa ou correctiva, além de ter permitido nalguns casos a redução da pena em benefício do delinquente, obrigou a cor-

como método de controlo da perigosidade, ela não deixa de poder ser também um elemento de ultrapassagem do crime e da pena – não sendo nem pretendendo ser necessariamente redentora ou forçosamente correccional, pode ser pelo menos normalizadora.[1828]

O regime prisional-tipo previsto pelo Decreto-Lei nº 26643, de 28 de Maio de 1936, é um regime progressivo, mais flexível do que o previsto em 1932, de quatro fases, a ser aplicado nas cadeias que não fossem comarcãs, já que estas são pensadas como espaços para acolher presos condenados a penas de curta duração, inferior a 3 meses, dirigidas directamente pelo delegado do procurador da República na comarca. Para penas superiores, eram consignadas as cadeias centrais (para as penas correcionais, entre 3 meses e 3 anos) e as cadeias penitenciárias e as colónias penitenciárias (para as penas maiores).[1829]

Os presos preventivos deveriam estar separados dos condenados e, se possível, em "estabelecimentos de detenção" autónomos – cadeias preventivas, em cada comarca, que acolheriam também os detidos às ordens das autoridades administrativas – ou pelo menos em secções próprias junto de cadeias comarcãs ou de cadeias centrais. A separação de reclusos era também, como regra geral, a par dos sexos, igualmente prescrita em relação a menores e maiores e a criminosos habituais, por tendência ou autores de crimes em que se revele "perversidade ou baixeza de carácter"[1830] relativamente aos demais.

O modelo prisional deveria favorecer esta distribuição: afinal "todos os estabelecimentos prisionais serão celulares, por forma a obter-se o isolamento dos

rigir outros pontos em que era defeituosa a defesa da sociedade contra o crime", ou seja, quando "(...) se reconhecia não estar ainda o delinquente em condições de ser restituído à liberdade sem grave perigo para a colectividade".

[1828] Não esquecendo que, do ponto de vista sistémico, numa crítica ao método da reforma de 1936, esta ter acabado por resultar também numa "contradição entre o sistema das penas no Código Penal e a realidade da sua execução", como se escreve ao pretender dar coerência às previsões do Código Penal já em 1954 – v. preâmbulo do Decreto-Lei nº 39688, de 5 de Junho de 1954.

[1829] A par da panóplia prevista de estabelecimentos penais, para adultos, considerados especiais: prisões-escolas, prisões-sanatórios, prisões hospitais, prisões-maternidades, prisões-asilos, prisões e colónias penais para criminosos de difícil correcção e outras para criminosos políticos. E, para o cumprimento de medidas de segurança, manicómios criminais, colónias e casas de trabalho para mendigos, vadios e equiparados, colónias e casas de trabalho para alcoólicos e outros intoxicados – v. artigos 7º e 8º do Decreto-Lei nº 26643, de 28 de Maio de 1936. A declinação do regime e das instituições previstas na reforma pode ser conhecida em língua francesa pelo trabalho de Pierre Cannat, *Droit Pénal...*, *cit.*, pp. 47 ss., que vê na sua criação a aplicação de um modelo "cristão e humano", em que é dada primazia à personalidade do delinquente.

[1830] V. artigo 13º.

presos, pelo menos, durante a noite"[1831], mesmo se diversas mitigações desta regra são admitidas. Comum a todos, era a obrigação genérica de trabalho e a fixação de períodos diários de exercício ao ar livre. Assim, para presos preventivos, o isolamento celular previa-se como permanente no primeiro mês e apenas nocturno, se tal fosse conveniente e também desejado pelo próprio, daí em diante. Os presos colocados nas cadeias comarcãs deveriam cumprir a totalidade da sua pena, curta, em isolamento celular, podendo este ser aligeirado. Para os condenados a penas de duração mais longa, nas cadeias centrais[1832], a pena iniciava-se num primeiro período de isolamento celular contínuo, de 1 a 3 meses – período de "observação" –, que servia igualmente para avaliação do recluso, havendo lugar a visitas "técnicas" – do director, médico, assistentes sociais, demais funcionários, visitadores da prisão – que permitiriam ajuizar, para efeitos de regime prisional, as características do recluso.

Um segundo período iniciava-se com a possibilidade de trabalho em comum, bem como com a frequência de aulas e de actos de culto, em regime de silêncio, regressando à cela para refeições e descanso, por um período mínimo de 3 meses. Havendo cumprido um terço da pena, poderia o recluso então progredir para um terceiro período, em que refeições e períodos de desocupação seriam permitidos em comum, de acordo com os critérios que procuravam agrupar presos de características semelhantes. Após o cumprimento de metade da pena e decorridos 6 meses no terceiro período, o preso poderia ingressar no último período do regime, gozado já em secção especial e obtendo privilégios resultantes da confiança entretanto obtida. O percurso entre os diferentes períodos de execução da pena tinha, contudo, dois sentidos: a boa conduta permitia progredir para regimes de maior liberdade, a indisciplina ditaria a regressão.[1833]

[1831] V. artigo 15º. O preâmbulo do diploma é pródigo na defesa do modelo celular, num regime não comportando um isolamento absoluto, refutando os argumentos "clássicos" da crítica à prisão celular: artificialidade do ambiente celular, favorecimento da doença, inaptidão para organizar o trabalho... As dúvidas em relação ao modelo celular são ultrapassadas em função da prescrição do seu uso num modelo progressivo – ou seja descontínuo –, sendo apenas permanente para penas de muito curta duração, num percurso prisional "como se de uma via sacra se tratasse", na expressão de Mário Júlio de Almeida Costa (com a colaboração de Rui Manuel de Figueiredo Marcos), *História do Direito...*, *cit.*, p. 583.

[1832] V. artigos 41º ss.

[1833] Um elenco gradativo de medidas disciplinares é estabelecido, sem novidade de maior perante as provindas dos regulamentos prisionais anteriores (v. artigo 359º), iniciado com a repreensão e terminando na possibilidade de transferência para um estabelecimento de presos de difícil correcção, integrando ainda a proibição de visitas ou de correspondência, a prisão disciplinar em isolamento ou ainda a alimentação a "pão e água".

A progressão do relcuso entre períodos era determinada pelo director do estabelecimento, ouvido o seu conselho técnico, uma novidade da reforma de 1936, que agregava ao director o médico da prisão e um outro funcionário indicado pela Direcção-Geral dos Serviços Prisionais, assegurando colegialidade na ponderação dessa decisão.

As penas maiores, de duração superior a 3 anos, previam o mesmo regime de quatro períodos, cuja duração era todavia alargada: o isolamento contínuo inicial, de observação "médica e antropológica", seria de 3 a 6 meses, podendo mesmo ser prolongado; o segundo período tinha a duração mínima de 6 meses e de um terço da pena; o terceiro período implicava uma permanência mínima de 1 ano e a progressão para o último período exigia também o cumprimento prévio de metade da pena.[1834] Se para os dois primeiros períodos de pena se previa a sua execução nas cadeias penitenciárias, os restantes poderiam ser cumpridos em colónias penitenciárias a esse fim destinadas.

Esta prisão idealizada na reforma de 1936 seria uma prisão intimidatória e capaz de anular a perigosidade dos reclusos, através de uma segmentação detalhada de estabelecimentos ajustados como espaços de detenção em função do estatuto processual e das características de cada preso, de modo a que sentissem "a severidade necessária da pena", mas não sofressem "influências prejudiciais à sua readaptação social".[1835] Continuava a manter assistência religiosa, agora facultativa e podendo esta recair sobre diversos cultos, e ensino, prevendo-se o ensino elementar, obrigatório para analfabetos com menos de 40 anos, bem como a possibilidade de serem ministrados cursos profissionais.

Um dos aspectos mais notórios do diploma de 1936 diz respeito ao regime que cria para os agora designados "criminosos de difícil correcção", uma reclamação afinal já antiga e nunca estabelecida de forma geral. Sob esta designação – intencionalmente afastada, portanto, uma ideia absoluta de incorrigibilidade[1836] – caem três categorias de delinquentes, os quais vêem configuradas como destino prisões de tipo especial, na metrópole e no ultramar, bem como um regime em que a sua pena pode ser prorrogada, por decisão administrativa, para além do termo fixado judicialmente, uma alternativa meramente formal à aplicação autónoma de uma medida de segurança. Assim, existe a possibilidade de ser prolongada uma pena, mediante avaliações regulares, no limite até à per-

[1834] V. artigos 57º ss.

[1835] V. artigo 229º.

[1836] Assim, José Beleza dos Santos, *Nova organização prisional...*, *cit.*, p. 27. Sobre a classificação prevista na reforma de 1936, v. também Marcello Caetano, *Lições...*, *cit.*, pp. 357 ss.

petuidade.[1837] Como assinalou Jescheck, "todas as penas e medidas privativas da liberdade em Portugal podem transformar-se em detenção de duração ilimitada", o que será verdade pelo menos até 1972.[1838]

[1837] V. artigo 117º. Eduardo Correia viu nesta opção "monista" em relação aos criminosos de difícil correcção, pela prorrogação da pena em alternativa à consagração autónoma de uma medida de segurança, a influência ainda de Lizst no trabalho de Beleza dos Santos – assim, Eduardo Correia, *A influência...*, *cit.*, pp. 12 a 14. Beleza dos Santos considerou de facto expressamente, a propósito desta opção, que "a pena pode ser seguida de uma medida de segurança, sendo esta última, segundo os casos, uma simples prorrogação da primeira ou um internamento complementar em outro estabelecimento" (José Beleza dos Santos, *Nova organização prisional...*, *cit.*, p. 15), tendo optado pelo "prolongamento da pena com função de medida de segurança" como meio de manter nesta medida uma "relação com a *culpabilidade* do preso" (pp. 21 e 22), e acentuando o uso possível pelos serviços penitenciários do conceito de "culpa na *direcção da vida*, ou na *formação* ou antes na *modelação* da própria personalidade" – para a introdução deste conceito de Mezger em Portugal, v. Cavaleiro de Ferreira, *A personalidade do delinquente na repressão e na prevenção*, Portugália Editora, Lisboa, s/d, onde se apresenta precisamente uma pena de segurança, essa "pena determinada pela culpabilidade, enquanto tem por objecto o crime", mas prorrogada "até cessação da perigosidade" (p. 230). Como diz Beleza dos Santos, "a *culpa na modelação da personalidade* serve aqui *pragmàticamente*, como elemento para o fazer aceitar melhor ao delinquente a prorrogação da pena, e para dar o máximo de eficácia à ameaça dela (...). Aquele conceito não influi, porém, na *caracterização jurídica* dessa *prorrogação* que é apenas *condicionada* e *medida* pela *perigosidade do delinquente* e, por isso, quanto à *substância* e efeitos jurídicos, só deve ser considerado em nosso entender, uma *medida de segurança*. Em resumo: a *culpa na direcção da vida ou modelação da personalidade não condiciona, nem mede juridicamente a prorrogação da pena*; é apenas de inovcar *pràticamente*, como um meio útil de *actuação penitenciária*" (p. 23, nota 1). Adriano Moreira, *O problema prisional...*, *cit.*, p. 18, acentua, no entanto, que se está perante "duas medidas, com base diferente, e processo de determinação completamente diverso", salientando que foi "um processo bastante simples e prático de resolver, de olhos postos na realidade, porque não há muitas maneiras de fazer a mesma coisa, o problema que angustia a doutrina e se traduz em saber se a pena deve preceder ou seguir a medida de segurança". V. também Jorge de Figueiredo Dias, *Direito Penal Português. As consequências jurídicas do crime*, Editorial Notícias, Lisboa, 1993, pp. 54 a 56 e pp. 415 ss., sobre a discussão monismo-dualismo em sede de medidas de segurança e sobre a legitimidade destas, concluindo também o lente que é sempre o princípio da culpa, "pressuposto irrenunciável da aplicação de qualquer pena" (p. 429), o elemento distintivo entre penas e medidas de segurança.

Por outro lado, como também escreveu Beleza dos Santos, tome-se em conta ainda que também "a Reforma de 1936 consagra expressamente um sistema dualista de defesa contra o crime, dentro do direito criminal, porque, a par de estabelecimentos prisionais de carácter comum ou especial para cumprimento de penas, cria outros destinados à execução de medidas de segurança ou antes medidas de prevenção especial: curativas, educadoras ou de defesa, aplicáveis a doentes mentais, alcoólicos e outros intoxicados, vadios, mendigos e equiparados" (*Nova organização prisional...*, *cit.*, pp. 6 e 7).

[1838] Hans-Heinrich Jescheck, *op. cit.*, p. 27. V. especialmente Paulo Pinto de Albuquerque, *A reforma...*, *cit.*, pp. 517 a 527 e *A consagração de um novo direito securitário...*, *cit.*, pp. 442 a 446.

Nesta classificação integram-se os "delinquentes habituais", os "delinquentes por tendência" e os "indisciplinados". Os primeiros, reincidentes[1839], o "problema mais perturbante da ciência penal"[1840], conforme se designa no relatório da reforma, são assim colocados, para efeitos de categorização, a par dos que "revelarem perversão e malvadez que os faça considerar gravamente perigosos"[1841] – estes os criminosos por tendência, imputáveis condenados por crime doloso de homicídio ou ofensas corporais a pena maior, revelando "perversão e malvadez" e denotando perigosidade, mesmo não sendo habituais[1842] – e dos presos que se revelem "inadaptáveis" ao regime prisional comum.

Estes últimos, os indisciplinados, seriam os como tal simplesmente declarados pelo Conselho Superior dos Serviços Criminais, sob proposta do director de um estabelecimento, ao contrário dos delinquentes habituais e dos crimi-

[1839] Podendo como tal ser considerados, como primeira possibilidade, os condenados pelo menos por duas vezes em penas de prisão maior ou de degredo perante um novo crime doloso, mediante declaração judicial (v. artigo 109º, 1º).

[1840] Estes criminosos "persistentes" podem incluir grupos muitos distintos, designadamente quanto à sua motivação, distinguindo Beleza dos Santos, por exemplo, entre delinquentes "pluri-ocasionais" e "habituais", os primeiros mais facilmente corrigíveis, sendo a sua criminalidade associada a influências específicas do meio ou a "momentos de crise da sua vida" – em todo o caso, em relação a todos eles "pode também ser aconselhável um internamento que vá além da pena, para os ajudar a quebrar toda a ligação com um mau passado", ou seja, "um internamento especial", que "pode vir a ser mais longo que o da pena e que não está necessariamente em proporção com a sua culpabilidade" – assim, José Beleza dos Santos, *Relatório geral..., cit.*, pp. 94 e 95. Sobre a necessidade de ser aqui estabelecida uma distinção de regime entre o delinquente habitual e o vadio, ao contrário do que estipulava a Lei de 20 de Julho de 1912, v. igualmente o texto de Beleza dos Santos, *Delinqüentes habituais, vadios e equiparados no direito português*, in RLJ, ano 71º, nºs 2619 a 2624, Coimbra Editora, Coimbra, 1938, pp. 97 a 179.

[1841] V. artigo 110º.

[1842] O conceito do "delinquente por tendência" chega à Reforma Prisional também através do Código Penal italiano de 1930, que o previa e, de algum modo, representa ainda uma reminiscência do criminoso-nato lombrosiano, num momento em que o debate sobre qual o conhecimento real e qual o controlo possível em relação a uma eventual "índole malévola" de um criminoso não estava encerrado. No entanto, o criminoso por tendência não era, nos termos legais, um inimputável. Sobre este problema escreve expressamente de forma crítica Luiz de Pina, *O «delinqüente por tendência» na Reforma Prisional Portuguesa*, in BIC, nº 5 (1939), Oficinas Gráficas da Cadeia Penitenciária de Lisboa, Lisboa, 1940, no contexto da reforma de 1936, afirmando que "a Antropologia Criminal, a Psicologia Criminal, a Psicopatologia Criminal não comprovam a existência do tipo *delinqüente por tendência*" e que "êste tipo foi criado juridicamente, a-fim de se colocarem certos indivíduos em estado de não poderem molestar a Sociedade: – é uma definição pragmática" (p. 14), sendo portanto "prematuro o estabelecimento de doutrina tão melindrosa como a do *delinqüente por tendência*" (p. 39).

nosos por tendência, cuja classificação seria decretada de forma fundamentada pelo tribunal, devendo ser suscitada pelo Ministério Público – e sujeita também a parecer de um dos Institutos de Criminologia, no caso de criminosos por tendência.

O problema essencial seria, pois, o colocado pelos "perigosos imputáveis", em relação aos quais seria "mais difícil conseguir uma satisfatória delimitação jurídica e fazer a sua prognose social".[1843] Mas a reforma acabava por considerar um regime semelhante, como bem notava Cavaleiro de Ferreira em 1938, a par destes considerados periogosos socialmente, também para os meros indisciplinados *prisionais*, presumindo o seu perigo uma vez fora da prisão e abrindo lugar ao puro arbítrio administrativo.[1844]

Todos estes reclusos poderiam ser remetidos para prisões apenas a si destinadas, usando de um regime progressivo menos benévolo na duração dos seus períodos durante o cumprimento de pena e integrando simplesmente "trabalho intenso".[1845] Pena e prorrogação de pena, a título de medida de segurança, deve-

[1843] Manuel Cavaleiro de Ferreira, *Os criminosos de difícil correcção no dec. 26.643*, in "Obra Dispersa", I, Universidade Católica Editora, Lisboa, 1996, p. 53.

[1844] "(...) Quando se atenta no regime da prorrogação da pena a que os indisciplinados estão sujeitos e em que esse regime só terminará quando o preso não for perigoso (...), levantam-se fortes dúvidas sobre a natureza penal ou meramente penitenciária da categoria dos indisciplinados. Não é decerto para que os criminosos se subordinem aos regulamentos prisionais que se lhes prorroga a pena. O fim desta é readaptá-los à vida em sociedade, e não adaptá-los a um regime de clausura para os libertar quando a ele habituados. (...) Dest'arte, transforma-se o comportamento disciplinar em sintoma da perigosidade do preso. Mas, como tal, o seu valor é diminuto. (...) Ao lado dos habituais e por tendência, não têm os indisciplinados como categoria de criminosos lugar próprio, não são delimitados por critério definido e não exigem tratamento jurídico especial", escrevia *ibidem*, pp. 67 e 68.

[1845] Conforme se lê também no preâmbulo da Reforma: "A acção educativa provirá sobretudo do trabalho, não sendo contudo de contar muito com os seus resultados. Tratando-se de indivíduos endurecidos no crime, perigosos elementos sociais, a função da pena é quási simplesmente eliminatória e (...) a acção dos estabelecimentos e da sua regulamentação quási se limita à guarda dos presos e à sua obrigação de organizar o trabalho". A prorrogação da pena, "até que se mostrem definitivamente corrigidos", em períodos sucessivos de 2 anos, é justificada porque "o exige imperiosamente a defesa social e não se ofende injustamente a liberdade individual de quem só usa dela para ofender criminosamente os interesses legítimos dos outros". Mais tarde, em 1957, Beleza dos Santos admitirá que "poderia também seguir-se um método diferente: a prorrogação seria decidida somente quando se fizesse prova da continuação do estado perigoso do condenado" – José Beleza dos Santos, *Relatório geral..., cit.*, p. 112, nota 42. O mesmo autor indicava existirem em 1944 nas prisões portuguesas "834 presos declarados habituais, 35 declarados delinquentes por tendência e 32 com qualificação de indisciplinados" – José Beleza dos Santos, *Nova organização prisional..., cit.*, p. 30.

riam ser cumpridas no mesmo estabelecimento, de forma a evitar a anulação ou regressão de eventuais bons resultados conseguidos pelo tratamento penitenciário já imposto.[1846]

Em 1933, numa tese de licenciatura apresentada na Faculdade de Direito de Coimbra[1847], a pena indeterminada surge como tema. Perante o decretar de uma pena de duração fixa, seja prisão ou ainda degredo – se um criminoso se dá como regenerado antes do finalizar da pena que lhe fora decretada, como proceder? E no caso inverso – como responder eficazmente perante um condenado que, findo o cumprimento da pena que lhe fora administrada, mantém a sua perigosidade intacta?

No Código Penal não se encontrava resposta satisfatória, mas, segundo o autor, uma verdadeira "pena educativa", ultrapassando a "pena-castigo", terá de ser sempre uma pena de duração indeterminada[1848], que apelida de "ideia humanitária", em que a administração penitenciária é decisiva no encurtamento ou extensão da pena. A favor desta posição invoca desde logo nomes históricos, como La Rochefoucault-Liancourt ou Lucas. O mesmo entendimento é extensível às situações de tutela pública em virtude do risco moral, como os casos que determinem a protecção dos menores ou a detenção de prostitutas. O autor aponta o estado norte-americano do Michigan como o primeiro em que a ideia de pena indeterminada foi consagrada em lei, precisamente um normativo visando o encarceramento de meretrizes apenas libertadas quando "o merecessem pela sua boa conduta e regeneração".[1849]

Se, para os criminosos ocasionais, a pena indeterminada não faria sentido, distinta realidade é a dos criminosos de "tendência congénita", que o autor coloca como "extra direito penal".[1850] A pena, para a situação de um incorrigível, de nada

[1846] *Idem, ibidem*, p. 20.

[1847] Trata-se do trabalho de Emídio E. Ferreira de Almeida, *A pena fixa e a pena indeterminada*, Tipografia Simões, Setúbal, 1941.

[1848] *Idem, ibidem*, pp. 14 e 15: "A pena deve durar tão só enquanto persista a periculosidade do delinquente. Como consequência lógica deste princípio, a pena será perpétua, revestindo o carácter de medida de segurança, para os criminosos que se mostrem refractarios a toda a espécie de cura. (...) Há, contudo, casos (...) em que a pena não poderá deixar de ser fixa. São todos aqueles em que se trata de criminosos ocasionais, porque, para esses, por isso que não carecem de correcção, a pena há-de funcionar unicamente de medida intimidativa, que os iniba da prática de novos crimes, e de medida de prevenção geral contra a criminalidade (...)."

[1849] *Idem, ibidem*, p. 28.

[1850] *Idem, ibidem*, p. 41.

serve. O tratamento que deve receber, bem como os considerados irresponsáveis, é a aplicação de medidas de segurança, assentes em tratamento médico. Assim, como campo privilegiado para a aplicação de penas de medida indeterminada, quer relativamente indeterminada (com um mínimo de duração obrigatório) quer absolutamente indeterminada, sobra o dos "criminosos por tendência adquirida", "todo aquele a quem a perversidade ou insensibilidade moral, o espírito embrutecido ou animalesco, formados mercê da vida em meios de elevada corrupção, predispõem fortemente para a prática do crime"[1851], única forma de efectivar a "reeducação moral do culpado".

A reforma prisional de 1936 veio assim concretizar o uso desta figura, no seu sentido mais repressivo, ao permitir a manutenção de um condenado classificado como "criminoso de difícil correcção" em "sequestro" após o termo da sua pena[1852], no caso de não ser considerado como regenerado, ou seja, em condições de "seguir vida honesta" e não oferecendo perigosidade.[1853] Esta classificação, na prática, não só funcionaria de acordo com as condições *ope legis* como seria decidida administrativamente, concretizada pelo reenvio do recluso de um dado estabelecimento prisional comum para um especificamente destinado àqueles condenados. A pena de prisão seria assim, chegado o termo da sua duração decretada judicialmente, prorrogada por via administrativa por períodos sucessivos de 2 anos, que apenas poderiam ser interrompidos mediante deliberação do Conselho Superior dos Serviços Criminais.

O mesmo modelo de reclusão de segurança, pela prorrogação sucessiva da reclusão, é previsto, claramente ao abrigo de uma medida de segurança de internamento, findo o eventual cumprimento das penas inicialmente decretadas, também para os "vadios e equiparados", após um período de 6 anos de internamento[1854], para "delinquentes alcoólicos e outros intoxicados"[1855], para loucos considerados imputáveis internados em prisão-asilo[1856] ou para reclusos na prisão-escola com idade de 25 anos uma vez chegados ao termo da pena.[1857]

***

[1851] *Idem, ibidem*, p. 45.

[1852] V. artigo 117º do Decreto-Lei nº 26643, de 28 de Maio de 1936.

[1853] "Se o criminoso revela propósitos criminosos, se se reconhece que êle não está curado, para que pô-lo em liberdade? Nem o princípio da liberdade individual nem o da jurisdicionalização da pena deverão impedir que ela se alongue", conforme se defende no relatório do diploma.

[1854] V. artigo 157º, § único.

[1855] V. artigo 170º.

[1856] V. artigo 131º.

[1857] V. artigo 89º, § único.

De forma panorâmica, uma evolução dos regimes prisionais entre a realidade entrevista pelo Código Penal de 1852 e a desenhada pela reforma de 1936 pode ser sumariada de acordo com o quadro seguinte:

	Penas de prisão aplicáveis	Modelo prisional (para maiores)		
		Regime prisional proposto	**Tipologia de estabelecimentos**	**Trabalho prisional**
CP 1852	Prisão perpétua com isolamento, prisão perpétua com trabalho, prisão perpétua, prisão maior temporária com trabalho, prisão maior temporária, prisão maior temporária no lugar do degredo, prisão simples, prisão correccional (até 3 anos)	- Prisão "em comum", com alguns requisitos de separação dos presos - Isolamento como agravamento da pena ou medida disciplinar	- Prisão em "fortaleza, cadeia ou estabelecimento publico para esse fim"	- Trabalho como agravamento da pena (CP 1852) - Em 1863 (no Limoeiro): trabalho obrigatório para quem cumprisse pena maior de prisão com trabalho e também para todos os que "não podérem sustentar-se á sua custa", sendo facultativo para os demais
Reforma de 1867	Prisão celular seguida de degredo, prisão celular simples, prisão maior temporária (comum), prisão correccional (até 2 anos)	Isolamento celular (baseado no modelo de Filadelfia, atenuado); possibilidade de degredo subsequente	- Modelo previsto: cadeias gerais penitenciárias, cadeias distritais, cadeias comarcãs, cadeias de simples detenção ou trânsito	- Trabalho obrigatório no regime celular, excepto para os condenados a cumprir prisão correccional desde que se sustentassem por si - Trabalho facultativo para presos preventivos
CP 1884/1886	Prisão celular seguida de degredo, prisão celular simples, prisão maior temporária (comum), prisão correccional (até 2 anos; também até 3 anos após 1896, em caso de reincidência)	Isolamento celular (baseado no modelo de Filadelfia); possibilidade de degredo subsequente	- Cadeias penitenciárias (prisão maior de regime celular), "fortaleza, cadeia ou estabelecimento publico", cadeias comarcãs	- Trabalho obrigatório para condenados a prisão celular; ou a pena maior de prisão em regime comum ou degredo de duração superior a 3 anos - Trabalho obrigatório também para presos correccionais após 1896 (primeira previsão legal, repetida em 1901 e 1920)
Primeira República		Regime penitenciário celular apenas nocturno (baseado no modelo de Auburn); possibilidade de degredo subsequente	- Cadeia Penitenciária/Cadeia Nacional (Lisboa), Cadeias Civis de Lisboa e Cadeia Civil do Porto, cadeias comarcãs - Estabelecimentos diferenciados: "Prisão-oficina" (Coimbra); Colónia penal agrícola (Sintra); Depósito penal marítimo (Figueira da Foz)	Obrigatório para todos os reclusos, incluindo presos preventivos (1920), favorecendo-se o trabalho agrícola e a criação de oficinas nas prisões; instituição de "prisão-oficina", de "colónia penal agrícola" e de "depósito penal marítimo"; possibilidade do trabalho ser desenvolvido fora da prisão

Reforma de 1936	Prisão maior (mais de 3 anos) e prisão (prisão correccional até 3 anos)	Regime-tipo progressivo de quatro períodos, com uma primeira fase de isolamento celular (para prisão de duração superior a 3 meses)	- Prisões gerais (comarcãs, centrais e penitenciárias) e prisões especiais (prisões-escolas, prisões-sanatórios, prisões hospitais, prisões-maternidades, prisões-asilos, prisões e colónias penais para criminosos de difícil correcção) - Para o cumprimento de medidas de segurança, manicómios criminais, colónias e casas de trabalho para mendigos, vadios e equiparados, colónias e casas de trabalho para alcoólicos e outros intoxicados	Obrigatório para todos os reclusos, em regime celular e em comum, favorecendo-se o trabalho agrícola e ao "ar livre"; possibilidade do trabalho ser desenvolvido fora da prisão. Tipo de trabalho usado como modelador do regime prisional

3. A aprendizagem da regeneração: o futuro e a execução da pena de prisão

§ 1º O trabalho entre a punição e a correcção

a. O trabalho na prisão oitocentista

As referências à "emenda" dos delinquentes não são entre nós, como visto, um exclusivo do novo paradigma penitenciário do século XIX. O direito penal setecentista já a evocava, conforme foi demonstrado[1858], mesmo que de forma por vezes contraditória, com um sentido essencialmente coactivo e sem aquela se poder erigir como um verdadeiro fim da pena. Mas, mesmo antes da concretização da prisão penitenciária, a "emenda" está presente e não é, portanto, um exclusivo do correccionalismo doutrinário: como se anotou atrás, Forjaz de Sampaio, no seu projecto penal de 1823, ou a legislação que procura reformar as cadeias nacionais antes de 1867, como a tentativa de penitenciária de Xabregas em 1839 e o regulamento das cadeias de 1843, são fontes que estabelecem a "emenda do culpado" ou a "emenda dos costumes", de acordo com a previsão legal, como um fim evidente da pena.[1859]

No entanto, a verdadeira emenda requereria mais do que esparsas e semânticas evocações legais e doutrinárias. Se, até ao alvor do penitenciarismo, exigir-se o trabalho de um condenado, é um sentido eminentemente punitivo e utilitário que se visa, para os modelos penitenciários oitocentistas, o trabalho prisional

[1858] V. Sílvia Alves, *Punir*..., *cit.*, em especial pp. 111 ss., designadamente pp. 116 e 117.

[1859] V. o projecto de Forjaz publicado por Paulo Pinto de Albuquerque, *Direito Processual Penal – Projectos*..., *cit.*, pp. 214 e 216; o Decreto de 13 de Agosto de 1839 ou o preâmbulo do Decreto de 16 de Janeiro de 1843.

estava presente no âmago do regime punitivo, não entendido já como pena autónoma, mas como conteúdo de um novo tratamento penitenciário. O trabalho e uma gradação, maior ou menor, de isolamento celular, funcionavam como faces da mesma moeda – usando a conceptualização de Foucault, como elementos necessários para assegurar uma disciplina total. Mas, na sociedade da industrialização feroz e da proletarização no século XIX, este trabalho prisional podia também ser visto como uma ameaça ao trabalho livre. Às críticas dos trabalhadores livres, tementes de uma concorrência desleal dos encarcerados, procura apor-se a incipiência "natural" do trabalho da prisão e valorizar o seu carácter eminentemente pedagógico e disciplinador ao invés do seu valor económico.[1860] Todavia, este existe e justifica também, a par de um incentivo moral, a existência de salário para o recluso trabalhador.

O final do século XIX viria a alterar esta fundamentação moral para o trabalho prisional através da sua exigência como conteúdo pleno da pena, segmentando adicionalmente as suas condições de exercício, de acordo novamente com um perfil mais sancionatório e utilitário do que necessariamente reintegrador, mesmo nunca se esbatendo aquele fundo correccional. Também entre nós, esta evolução pode ser detectada: se o Código Penal pré-penitenciário vê ainda o trabalho do condenado como uma agravação da pena, a reforma penitenciária de 1867 claramente associa-o já a um esforço de reabilitação moral e, nessa medida, é também um direito do recluso decorrente da execução da pena. Contudo, o início do século XX e ainda a reforma prisional de 1936 acentuam novamente o trabalho prisional como um conteúdo punitivo da pena. Pondendo ser rendível, do ponto de vista moral e económico, sê-lo-ia. Em todo o caso, deveria ser sempre um elemento de diferenciação punitiva e de demarcação de um crédito social sobre o condenado. A reforma possível de atingir pelo trabalho não era já a reforma interior do penitenciarismo correccional: era agora essencialmente, num sentido preventivo, a redução da perigosidade social.

Um dos modelos de trabalho mais presentes no debate nacional do século XIX é o oferecido pelas prisões francesas, onde o trabalho dos reclusos se encontra francamente incentivado. A realidade francesa em 1856 é também descrita por Sousa Azevedo, após visita às prisões gaulesas. O modelo de trabalho

[1860] Michel Foucault demonstra esta oposição, para a realidade francesa, em *Surveiller...*, *cit.*, pp. 278 a 282, mesmo se procura justificar a utilidade do trabalho prisional como mera consagração de um "esquema de submissão e de construção de uma relação de poder" (p. 282).

associado ao cumprimento da pena de prisão que lá encontra merece-lhe boa apreciação.[1861]

O trabalho é obrigatório, pelo menos para os reclusos já condenados, e assenta em contratos estabelecidos com privados, "com adjudicações feitas em praça com annuncios previamente publicados". Na ausência de interessados, pode também o Estado ser o promotor dessas oficinas. Aos contratantes cabe preparar as oficinas e fornecer os instrumentos de trabalho e maquinaria. O preço dos produtos é validado pelos tribunais de comércio e pelo Ministério do Interior, mas "regulam pelos das mesmas industrias da localidade". Uma parte da remuneração do trabalho cabe directamente aos reclusos, repartida entre um fundo destinado a prover a sua subsistência cumprida a pena ou ao pagamento de indemnizações devidas, e uma atribuição regular, para a "compra de objectos autorisados". Ao particular promotor da indústria cabe sempre um quinto do rendimento, "em compensação das despezas na organisação do trabalho e disposição das officinas".

"Officinas e terrenos para os trabalhos" são assim fundamentais nas prisões. Em ambos os modelos de aproveitamento do trabalho dos reclusos – directamente pelo Estado (*régie*) ou concessionado a uma empresa – vê defeitos possíveis, mas acaba por preferir o segundo[1862], a opção também do sistema francês.

O trabalho do preso exige necessariamente que, para além do estabelecimento, também a ele lhe seja remetida uma recompensa associada a essa prestação, quer pelo trabalho industrial, quer pelo trabalho agrícola, pensando nomeadamente na sua saída da prisão. "O preso tem alguns meios, e quando solto não fica exposto á miséria. A sociedade recebe uma garantia. Os estabelecimentos adquirem as sommas rasoaveis para occorrer ás suas despezas", resume.

[1861] "A organisação do trabalho é a melhor que se conhece. Ha muito tempo se tem lutado para combinar tres idéas aliás difficeis: a applicação e distracção dos presos, producção do trabalho, e que este não prejudique as industrias livres" – Manuel Thomaz de Sousa Azevedo, *Relatório...*, *cit.*, 1857, pp. 31 e 32.

[1862] "Um bom Director não permittirá a communicação dos emprezarios com os presos, senão para o trabalho. O regulamento da casa marcará as horas de trabalho, segundo as estações. A concorrencia não deve assustar. O trabalho dos presos nunca é muito productivo, e constitui uma fracção insignificante relativamente a cada industria; e todo o mal desapparecerá, logoque se não consintam nas prisões industrias especiaes das localidades, embora mais lucrativas que as outras" – *idem, ibidem*, p. 57.

Esta realidade, conhecida e elogiada entre nós em meados do século, confrontava-se com as prisões nacionais onde a única intencionalidade retirada do trabalho era a decorrente da execução da pena de trabalhos públicos, neste período, aliás, já virtualmente convertida em mera reclusão, ou no envio para degredo ultramarino, onde o trabalho colonial era praticamente inexistente como conteúdo de pena.

Assim, após a tentativa gorada de estabelecimento de uma instituição punitiva de pendor penitenciário baseada no trabalho, como se viu em 1839, o Código Penal de 1852, mantendo a pena autónoma de trabalhos públicos, vai tratar o trabalho do preso como uma agravação da prisão e apenas o prevê para alguns dos condenados a prisão maior. Estes condenados à pena de prisão maior com trabalho, na ausência de cadeias que permitissem a concretização desta pena, deveriam ser remetidos para degredo. A Silva Ferrão e a Levy Maria Jordão, este panorama surge imediatamente como absolutamente contraditório com o fim que o trabalho deve cumprir, de auxílio à correcção do condenado, em particular sendo uma actividade adequada e, se possível, escolhida pelo próprio preso.[1863]

A situação que Sousa Azevedo descreve na prisão do Limoeiro, em meados dos anos 50 do século XIX, retrata a existência de trabalho desenvolvido pelos presos, que todavia não era obrigatório nem objecto de regulamentação específica e, como tal, também o seu lucro não aproveitava ao estabelecimento. Efectivamente, o regulamento prisional de 1843 apenas de forma muito genérica parecia incentivar o trabalho dos presos, sem para tal prever qualquer organização específica, incentivo ou modelo preferencial.

No Limoeiro, em 1856, dos 400 presos, 265 terão trabalhado nas oficinas da cadeia, produzindo objectos como sapatos, capachos e alcofas, escovas, formas de madeira para calçado, cabazes e chapéus de palha, vassouras e diversa latoaria "de folha branca". O volume é apreciável – nas oficinas da cadeia produziram-se num ano 5116 pares de sapatos de vira para homem, 9221 para mulher, 16117 pares de sapatos virados, 58840 pares de sapatos de cotim, 5760 escovas de cabo comprido "para lavar casas", 1152 alcofas de palhas "para meter no braço", 8060 vas-

[1863] "O trabalho, em regra geral, deve ser offerecido, permittido, ao condemnado, como lenitivo a seu sofrimento, como consolação, ou em premio do seu comportamento. O trabalho é um elemento penitenciario, mas, para o ser, é preciso, que se retire, se conceda, ou se substitua, conforme as necessidades relativas ao estado moral, ou enfermidade dos criminosos" – Silva Ferrão, *op. cit.*, II, p. 56. O tratamento do trabalho associado à prisão no Código de 1852 sem qualquer intuito correccional e de forma tópica é também fortemente criticado por Levy Maria Jordão, *Commentario...*, *cit.*, I, pp. 120 e 129.

souras "de piassava pequenas de cabo", 200 funis e assim por diante, com um lucro apreciável para os seus produtores.[1864-1865]

Este trabalho livre dos presos – distinto das ocupações que alguns deles recebiam na prisão, ao desempenharem cargos na estrutura organizativa da cadeia, como atrás se viu – parece render-lhes um terço ou um quarto do valor da venda final do produto, quando acordado directamente com os vendedores ou fabricantes para quem trabalham. No entanto, "há presos na cadeia que se arvoram como emprezarios por sua ou conta alheia, fornecem as materias e pagam a mão de obra por preços diminutos ou insignificantes".

A Sousa Azevedo parece também que é de regular o trabalho dos presos não só para permitir a melhoria das condições nas prisões, afectando o lucro à melhoria das instalações e aos seus ocupantes, como igualmente para lhes acautelar uma poupança pensando no fim da pena, preferindo para tal o "systema da empreza", a concessão a empresários que instalam as suas oficinas na prisão, tornando os presos seus empregados. Assim, implementado este método, "fica habilitada a prisão central de Lisboa a bem alimentar e vestir os presos, e a desterrar para sempre os carcereiros e juizes de prisões".[1866]

Este tipo de trabalho voluntário dos presos, no "mercado", não visava qualquer tipo de preparação minimamente sistemática para o seu futuro pós-pena – não estava enquadrado por qualquer fim correccional expresso –, nem aproveitava financeiramente ao Estado (ou sequer às vítimas do crime em causa), preocupação de monta, já que o discurso sobre o trabalho prisional à época, de uma forma ou de outra, toca sempre no tema de uma visada "auto-sustentabilidade" das cadeias. No entanto, é notório que esta situação é já bastante distinta da verificada anos antes. Como se viu, entre 1849 e 1850 a cadeia do Limoeiro é objecto da especial atenção do Procurador da Relação de Lisboa Pereira Forjaz e reorganizada internamente de modo a poder contar com pelo menos 4 oficinas.[1867] É um

[1864] V. "Mappa dos objectos produzidos nas officinas da cadeia da cidade, conta da producção e preço por que foram vendidos no anno de 1856", incluído por Manuel Thomaz de Sousa Azevedo, *Relatório..., cit.*, 1857, p. 105. Existiriam oficinas de sapateiros, esparteiros, escoveiros, palheireiros, vassoureiros e laoteiros de folha branca.

[1865] "Para os pobres, para os económicos e para os ricos avarentos e miseráveis, fabricava-se calçado na cadeia do Limoeiro, como hoje se fabrica na Penitenciária, e vendiam-no as mulheres pelas ruas em grandes cestos, que traziam à cabeça (...)", escreve, para descrever a realidade de meados do século XIX, Sousa Bastos, *Lisboa velha*, Câmara Municipal de Lisboa, Lisboa, 1947, p. 193.

[1866] Manuel Thomaz de Sousa Azevedo, *Relatório..., cit.*, 1857, p. 69.

[1867] Macedo Pinto, *Medicina...., cit.*, pp. 116 e 117, considerando que "o estado das nossas prisões é pessimo", destaca também Pereira de Forjaz: "Ao incansavel zêlo do procurador régio da Relação

facto que a lei geral não consagrava ainda um papel específico ao trabalho na prisão – mas a gestão quotidiana e a supervisão exercida, no caso pelo Ministério Público da capital, na prisão do Limoeiro, parecem ter criado as condições suficientes para obstar, de forma minimamente organizada, ao ócio prisional.

Aires de Gouveia é outro dos determinados defensores do trabalho obrigatório para os reclusos, integrado na trilogia regeneradora que, no regime de isolamento celular, combina trabalho, instrução e incentivo espiritual. Em 1860, na sua *Reforma das cadeias*[1868], exigirá naturalmente o trabalho obrigatório como elemento central da correcção que deverá ser operada pela cadeia celular a funcionar de acordo com o regime de Filadélfia.

E, de facto, em 1863, mesmo se ainda distante a realidade da prisão penitenciária, parece descobrir-se uma intenção mais afirmativa das autoridades em organizar o trabalho prisional. Dirigido à prisão do Limoeiro, visando dar ao trabalho dos reclusos "uma organisação menos imperfeita do que até agora tem"[1869], não obstante a ausência de edifício adequado, encontra-se um primeiro regulamento para o trabalho dos reclusos desta prisão de Lisboa, que deveria ser apenas um esboço para um regulamento futuro, de que fica o procurador régio junto da Relação de Lisboa com a incumbência de remeter ao ministro da Justiça. Desconhece-se esse novo e mais perfeito projecto, mas a base estabelecida em 1863 parece ser desde logo suficientemente completa e ambiciosa.

Estabelecendo a obrigação de trabalhar no Limoeiro para os que cumprissem pena maior de prisão com trabalho, a pena agravada prevista como tal no Código Penal de 1852, mas também para todos os que "não podérem sustentar-se á sua custa", sendo facultativo para os demais, fixa a liberdade no trabalho desempenhado, de acordo com a capacidade da prisão e as aptidões dos presos. À prisão caberia a compra das matérias-primas necessárias, numa fase inicial, até que existisse um "capital de giro" suficiente, bem como a gestão e registo das vendas, trabalho pelo qual os empregados da cadeia seriam também pagos.

de Lisboa J. M. P. Forjaz, devem as cadeias civis d'aquella cidade o melhoramento que logram, em quanto ás condições de salubridade, com a introducção de sifões em todos os canos de despejo, repetida caiação das prisões, construcção de escadarias para communicar os diversos pavimentos do edificio, d'uma casa de banhos, etc.". O médico publica também mapas detalhados sobre a ocupação do Limoeiro e do Aljube e o trabalho desenvolvido pelos presos entre os anos 50 e 60 (pp. 128 a 134).

[1868] V. A. Ayres de Gouvêa, *A reforma...*, *cit.*, pp. 121 ss.

[1869] V. preâmbulo da Portaria de 13 de Fevereiro de 1863.

A venda dos produtos teria como destino a cobertura das despesas com a aquisição das matérias-primas e "despezas de administração", a constituição do fundo de maneio para a sua aquisição, o pagamento das gratificações a empregados e aos presos trabalhadores, o melhoramento na alimentação, permitindo "pelo menos duas rações de carne por semana" e mesmo a redução dos custos gerais de funcionamento da cadeia.[1870] É um sistema complexo na repartição de proventos aquele que se institui, atendendo ao espírito empresarial que parece presidir à redacção deste regulamento. Ao preso que trabalhasse, num período que não ultrapassasse "dois terços do dia", caberia, enfim, uma parte da venda dos seus produtos, em parte recebida numa base mensal, em parte remetida para a "caixa económica" para lhe ser entregue finda a pena.

Impressivo neste regulamento do ministro da Justiça Gaspar Pereira da Silva é o facto de, a par desta extensa regulação sobre a gestão e repartição dos proventos do trabalho, se prever também a formação nos ofícios para os presos, com a presença de mestres adequados, os quais seriam escolhidos entre os próprios presos, quando para esse fim os houvesse habilitados, por tal gratificados, ou contratados fora da prisão[1871] e de, a par deste regime de formação, a mesma portaria estabelecer a obrigatoriedade de instrução elementar ministrada na prisão, para os condenados com menos de 40 anos, sendo esta facultativa para os mais idosos. No Limoeiro deveriam assim ser instaladas "escolas onde se ensine aos presos, pelo menos, a ler, escrever e contar", a par da instrução religiosa já ministrada.[1872] Os professores poderiam ser, do mesmo modo, outros presos que para tal fossem capazes – sendo equiparados por essa tarefa a presos trabalhadores – ou contratados "professores livres". Os presos que se distinguissem "por sua diligencia e aproveitamento das lições" beneficiariam, tal com os seus professores e os mestres de ofícios, de um "melhoramento de ração", além da carne já arbitrada com dupla benevolência na semana aos trabalhadores... havendo lucro.

Este regulamento, projectado com detalhe capitalista, marca uma valorização notória da organização no trabalho prisional e traz formalmente para o Limoeiro o ensino elementar e de ofícios aos presos, mesmo se a sua aplicação efectiva parece ser duvidosa ainda neste momento.[1873] Instrução e formação de ofícios

[1870] V. bases 2ª a 6ª da portaria.

[1871] V. bases 19ª e 20ª.

[1872] V. bases 22ª a 26ª.

[1873] Isto mesmo admite o ministro Gaspar Pereira da Silva no parlamento, no ano seguinte, em resposta um deputado: "O nobre deputado tambem se referiu ao trabalho que hoje se está fazendo nas prisões do Limoeiro. Esse trabalho sei muito bem, que não é aquelle que se deve exigir, e que se

também para as prisões de regime comum, como o Limoeiro, voltarão ainda a ser previstas na reforma penal de 1884.

Poucos anos passados, na consagração legal do regime penitenciário, com a reforma de 1867, é retomada uma regra de trabalho obrigatório, na cela, agora para todos os condenados a prisão maior celular que o pudessem desempenhar sem limitações de saúde ou de idade, sendo o trabalho considerado mesmo como "a forma de cumprir"[1874] a nova pena de prisão. Independentemente do crime, estatuto social, grau de instrução ou profissão, de todos os reclusos condenados a pena maior se espera que possam trabalhar durante a execução da pena em regime celular.

O trabalho obrigatório é assim finalmente configurado em 1867 como uma parte do programa de reforma moral que caberia ao sistema penitenciário executar. E à prisão caberia também, pelo menos para os presos condenados a reclusão superior a 1 ano, fornecer instrução de ofícios que pudessem ser desenvolvidos pelos reclusos, tendo em conta a previsão de trabalho individual e celular que se desenhava.

As tarefas em concreto deveriam tomar em consideração, aliás, as circunstâncias de cada recluso, escrevendo Castello Branco, subdirector da Penitenciária de Lisboa, que mesmo os condenados "que exercessem profissões literárias ou das artes liberais poderiam, com autorização do Ministério da Justiça, dedicar-se a estudos literários ou científicos ou a trabalhos artísticos"[1875], desde que contribuíssem também, financeiramente, com parte do seu provento para as despesas da prisão, cumprindo assim também um dos fins do trabalho dos condenados.

Este era o critério fundamental para a prescrição ou não de trabalho obrigatório no caso dos presos condenados a prisão correccional, já que, nas demais

pôde exigir dos presos; que não é aquelle de que o estado pôde tirar vantajosos resultados, e tanto isto é assim, e tanto estou persuadido e convencido d'esta verdade, que de todos é conhecida a portaria de 13 de fevereiro do anno passado, na qual se estabeleceu o modo por que ha de ser regulado este trabalho, e se estabeleceram as bases como o trabalho ha de ser feito e do que se exige para isso. Não está ainda em plena execução essa portaria que reconhece a conveniencia de se alterar a organisação do trabalho na prisão do Limoeiro, dando para isso as necessarias providencias. Não canso a camara com a leitura d'ella, o que digo é, que se estabelecem ahi as bases para que o trabalho dos presos se possa tornar proficuo, e ao mesmo tempo ser feito por conta do estado, e se isto não está já em pratica é porque se estão fazendo no Limoeiro as obras e arranjos necessarios para que se possa tirar todo o proveito do trabalho dos presos; mas essas obras não podem concluir-se rapidamente porque são limitados os meios que para ellas estão aplicados (...)" – in *Diario da Camara dos Senhores Deputados*, nº 95, sessão de 16 de Maio de 1864, p. 1586.

[1874] António de Azevedo Castello Branco, *Notice..., cit.*, p. 22.

[1875] *Idem, ibidem*, p. 22.

situações, o trabalho era facultativo para os presos preventivos[1876] e obrigatório para os condenados a prisão maior celular, nos termos previstos pela reforma prisional de 1 de Julho de 1867. Com a instituição do regime penitenciário, o trabalho é obrigatório para todos os condenados a penas de prisão maior. Os condenados a penas de prisão correccional, fixadas até 2 anos, apenas são obrigados a trabalhar quando não possuíssem meios para suportar financeiramente a presença na prisão: se o preso pudesse pagar "a quantia devida pelo quarto ou cella" e a "despeza feita na cadeia com a sua sustentação ou se sustentar á sua custa" isentar-se-ia do trabalho obrigatório. Os condenados a prisão correccional, quando compelidos a trabalhar, receberiam metade do rendimento do seu trabalho, sendo a outra metade para prover às despesas da cadeia.[1877] Caso se desempenhasse trabalho a título facultativo, manter-se-ia para si a totalidade dos eventuais proventos.

No caso dos condenados a prisão maior, o produto do seu trabalho é repartido em quatro partes idênticas, destinadas ao Estado; a indemnizar uma eventual vítima ou seus representantes; à mulher e filhos do recluso, sendo este indigente; e a restante destinada a constituir um fundo, prevendo a saída do condenado. No caso de não haver lugar a indemnização à vítima ou de inexistência de família do recluso, ou desta não necessitar do seu pecúlio, os três quartos do rendimento caberiam ao Estado.[1878]

Este é o regime previsto para um modelo desenhado em 1867, mas cuja concretização plena não se realizou no momento da aprovação da reforma penal. O seu acolhimento mais efectivo, e necessariamente circunscrito em relação ao universo global dos condenados, ter-se-á concretizado apenas na Penitenciária de Lisboa, a partir de 1885.[1879]

Este trabalho como "forma de cumprir pena" faria progressivamente o seu caminho. Em 1872, com um novo regulamento prisional para as cadeias comuns e perante uma realidade pré-penitenciária, é certo que se estabelece ainda apenas

18776 V. artigo 59º, § 2º RPP.

1877 V. artigos 35º e 36º. Assim, igualmente, António de Azevedo Castello Branco, *Notice...*, *cit.*, p. 13.

1878 V. artigo 23º. A previsão de 1867 manter-se-á aplicável ainda na década de 30 do século XX: reproduz-se em anexo (Anexo 22) parte de um "processo de habilitação da família" de um recluso na Penitenciária de Lisboa, de 1932, no qual se procura autorização para arbitrar ao cônjuge do recluso J. S. parte do seu salário por trabalho de servente de construção realizado da prisão, com base na Lei de 1 de Julho de 1867 (processo individual do recluso 94/7147, AHDGRSP – FPL). O regulamento da Penitenciária de Lisboa de 1884 reproduz o mesmo preceito, no seu artigo 5º.

1879 Maria José Moutinho dos Santos, *A sombra...*, *cit.*, p. 311, anota com precisão que este novo modelo "vinha prejudicar seriamente os presos que já trabalhavam voluntariamente e que sempre tinham recebido a totalidade dos lucros da sua actividade".

a obrigação de trabalho para os reclusos a cumprir "pena maior com trabalho", sendo este considerado facultativo "para os demais presos".[1880] Mas as prisões deveriam agora dispor de oficinas, em cuja criação se deveria atender às condições da prisão, à facilidade na venda dos produtos e à "conveniencia dos productores".[1881] Fixa-se um horário de 10 horas diárias, "excluindo os dias santificados", devendo os sábados ser usados em parte na limpeza das instalações. As matérias-primas trabalhadas deveriam ser adquiridas pelas administrações das cadeias, que deveriam também regular a venda dos produtos. Para esses proveitos, fixa-se um novo modelo de repartição, em que apenas 20% reverteria semanalmente para o preso trabalhador. O remanescente seria disperso entre uma parte que lhe seria entregue finda a pena, constituindo um fundo de reserva (entre 15% e 20%, consoante a pena fosse inferior ou superior a 5 anos) e uma parte destinada a satisfazer a indemnização civil (20%), sendo a parte restante aplicada "ás despezas de administração (...) relativas a este ramo do serviço publico", designadamente o "melhoramento da cadeia" e o "sustento e vestuario dos presos pobres".

O trabalho na prisão, já projectado e defendido enquanto elemento de recuperação moral do condenando, acabava por ser ainda aqui um elemento adicional de punição, nos termos que a própria legislação havia estipulado claramente em 1852. Trabalhando obrigado, no contexto do trabalho disponibilizado pela prisão, com rendimentos afectos na sua quase totalidade a outros destinatários ou a um tempo futuro, distante ou mesmo improvável ou inexistente, dificilmente veria o preso essa actividade como francamente valiosa para o seu quotidiano, em especial perante o cenário anterior de vazio regulamentar na matéria. Visto como elemento estrutural da reforma moral penitenciária, no trabalho prisional, em concreto, não deixa de se enaltecer nitidamente a sua função económica e disciplinadora e mesmo a sua natureza punitiva, o que apenas a falta de meios para a organização sistemática do trabalho nas instituições acabaria por atenuar.

É com a reforma de 1884 e a revisão do Código Penal publicada em 1886, que o trabalho prisional se vai generalizar como regra, sendo aqui mantido quanto ao cumprimento da pena de prisão celular tal como fora previsto em 1867. Se é certo que a prisão penitenciária inicia o trabalho generalizado na cela e em oficinas, as penas de prisão maior provindas do regime de 1852 continuam ainda a ter aplicação. Ou seja, a prisão maior cumprida em regime comum, alternativa à pena

[1880] E quando para este "haja as necessarias accomodações no edificio da cadeia", prescreve-se no artigo 21º do Decreto de 12 de Dezembro de 1872.

[1881] V., sobre a regulação do trabalho na prisão, os artigos 22º a 25º.

penitenciária, cumprida também nas cadeias comarcãs[1882], e uma pena de prisão expressamente prevista como "com trabalho". Quanto a esta, "emquanto não houver estabelecimentos proprios para trabalho de presos", deveria nos termos legais ser substituída por degredo agravado (ou seja, à partida, degredo de duração aumentada)[1883], o que sucederia, como atrás se viu também, de acordo com o que era a orientação dos tribunais.[1884] Aqui atesta-se desde logo a visão algo contraditória sobre o trabalho prisional e que participa da sua própria natureza: se, pensando-se numa pena celular, o trabalho é visto como reabilitante, quando decretado para a prisão pré-penitenciária é ainda um sinónimo de agravação da pena, independentemente de, na prática dos nossos tribunais, ter sido ou não convalidado em remessa para degredo.

No entanto, olhando o direito prescrito, já também a pena simples de "prisão maior temporária" deveria agora em regra obrigar a trabalho do condenado, "conforme as suas disposições e aptidão", sendo mesmo o produto do trabalho repartido nos termos estabelecidos pela reforma de 1867.[1885] E expressamente vai prever-se no Código que também o degredo, quer autónomo, quer complementar a pena de prisão, implica também a prestação de trabalho, estando o condenado obrigado a "residir e trabalhar no presidio ou colonia penal no ultramar" africano, assim existam estes no seu destino.[1886]

Prisão maior, cominada ou não como "com trabalho", e degredo são à partida recobertos por um dever prescrito de trabalho obrigatório – seja a pena cumprida na nova prisão celular, seja nas velhas prisões em comum ou ainda nas episódicas colónias penais, nos depósitos de degredados ou nos presídios dos destinos ultramarinos africanos. A recusa da prestação de trabalho por parte de um condenado a prisão em que deva trabalhar deveria implicar o sofrimento de medidas disciplinares, de modo a ser "constrangido ao trabalho"[1887], bem como a interrupção da contagem do tempo de cumprimento da pena pelos períodos de inactividade injustificada. No entanto, vem também esclarecer o Código que, quando as penas de prisão ou de degredo fossem de duração inferior a 3 anos e o condenado tivesse

[1882] "Quando a prisão não obriga a trabalho *póde* cumprir-se nas cadeias comarcãs, como se tem feito", escreve ainda em 1908 Francisco Maria Veiga, *op. cit.*, p. 282.

[1883] V. o artigo 61º, § 3º e o artigo 93º do Código Penal de 1886.

[1884] Pelo menos até acórdão do Supremo Tribunal de Justiça de 13 de Abril de 1886, que finda com esta substituição, considerando que ela não deve ter lugar depois da NRP – assim, José da Cunha Navarro de Paiva, *Manual...*, *cit.*, tomo II, 1901, p. 168, nota 1.

[1885] V. artigo 61º, proémio.

[1886] V. artigo 60º.

[1887] V. artigo 118º.

meios para se manter durante a execução da pena, manter-se-ia isento da obrigação de trabalho.[1888-1889]

É reconhecido, contudo, que estas intenções normativas do legislador penal foram de difícil concretização. A par de dúvidas levantadas pelos tribunais sobre o âmbito exacto destas previsões de trabalho obrigatório, um elemento decisivo destacava-se: o trabalho exigia organização, instalações, ferramentas, materiais, mestres, formação... Fosse de intuito ainda marcadamente punitivo ou participando de um espírito ressocializador, o trabalho fora de prisão penitenciária seria ainda apenas uma circunstância de alguns quotidianos voluntários. A ideia de ociosidade na cadeia associada ao regime prisional em comum, no cotejo com a reforma penitenciária, parecia confirmar-se. Em 1896, verifica-se que o Limoeiro continua a acolher apenas trabalho facultativo, mesmo se já em 1863 e novamente em 1872 se prescrevera a sua obrigatoriedade para os presos, pelo menos para os condenados a prisão maior com trabalho, com dez horas por dia, excepto aos domingos e dias santos. "Mas apesar de decorridos 24 annos essas boas intenções não passaram do papel", assegura Faustino da Fonseca.[1890]

Se o trabalho, na letra da lei, tem ainda um intuito punitivo, é inegável que assegura também o sustento imediato do preso na cadeia e a preparação do seu futuro pós-pena. Nesse ano, no pátio do Limoeiro trabalhariam voluntariamente cerca de 180 presos, "que se occupam no fabrico de escovas, moxos, capachos, escarradores, pás, vassouras, cafeteiras", ficando para si o produto da venda desses bens. E a exigência sistemática de trabalho, louvado quer como meio de correcção do preso, quer como elemento de financiamento do sistema prisional, continua a ser apresentada como fundamental fora também da prisão celular.[1891]

[1888] Em caso de pena de duração inferior a 3 anos, o trabalho seria apenas obrigatório para o condenado que não tivesse meios "de prover ao seu sustento". V. artigo 88º, § único.

[1889] E Castello Branco assinala, em 1888, que "o nosso codigo penal, não estabelecendo como obrigatório o trabalho para os delinquentes condemnados em penas correccionaes, despresou um elemento que geralmente se considera como indispensavel para a moralisação dos condemnados e para a conservação da sua saude mental e physica no regimen celular" – *Estudos...*, *cit.*, p. 90. Elucidativamente, em 1896, sendo Castello Branco o titular da pasta da Justiça, o trabalho obrigatório seria formalmente estendido aos presos correccionais, pela Lei de 3 de Abril.

[1890] Faustino da Fonseca, *op. cit.*, p. 100.

[1891] *Idem, ibidem*, p. 103. O autor apresenta a relação das despesas que se encontram no orçamento de 1896 relativas às prisões, que permitem avaliar a dimensão relativa dos custos: "Empregados da cadeia geral penitenciaria do districto da relação de Lisboa – 15:430$000; Empregados das cadeias do Limoeiro e do Aljube – 4:230$000; Despezas variaveis das cadeias de Lisboa – 122:317$000; Empregados da casa de detenção e correcção – 1:630$000; Despezas variaveis da casa de correcção – 9:720$000; Empregados da cadeia do Porto – 480$000; Despezas variaveis da cadeia do Porto

A entrada em funcionamento da Penitenciária de Lisboa em 1885 vem criar condições ímpares para o desenvolvimento do trabalho prisional, fixado como obrigatório pelo seu regulamento. Se, em teoria, o regime filadelfiano deveria prever que o preso trabalhasse sempre na cela, não é essa, desde o início, a prática generalizada na prisão de Lisboa e o próprio regulamento de 1884 estabelece imediatamente, como se viu atrás, a possibilidade de trabalho em oficinas e a ocupação dos presos no serviço doméstico da prisão. Trabalho obrigatório para todos os seus reclusos, esta sim a regra geral[1892], com uma duração de, pelo menos, dez horas diárias, excepto aos domingos e dias festivos, em que seria facultativo, compensado com um descanso nocturno de oito horas, um horário semelhante ao usado em Lovaina, o que é também aqui expressamente convocado como justificação[1893] e que já constava aliás dos anteriores regulamentos prisionais.

Note-se que, se nas décadas anteriores, o trabalho é ainda entendido como uma agravante da pena e, desse modo, é de alguma forma autónomo da própria pena, ele é agora o conteúdo essencial e obrigatório da pena de prisão celular, sendo também manifesta a importância de que se reveste para o recluso num contexto de isolamento celular, mais ou menos rigoroso.

Assim, é agora a proibição de trabalhar, determinada pela administração da prisão, que é classificada como sanção disciplinar.[1894] O trabalho é integrado no regime penitenciário como meio de ocupação do tempo e de manutenção da disciplina num contexto particular, de forte isolamento, mas especialmente como

– 14:737$000; Despezas variáveis das cadeias das comarcas do reino – 84:500$000; Empregados das cadeias de Angra, Ponta Delgada e Horta – 448$000; Despezas variaveis das cadeias de Angra, Ponta Delgada, Horta e Funchal, transporte de degredados, exames toxicologicos e transporte de presos pelas vias ferreas e maritimas – 28:800$000." Adianta também que "(...) apezar de tão grande despeza annual, só é abonada a quantia de 72 réis diarios para rancho e pão, quantia que para quasi nada chega dando ao preso uma alimentação exigua" – pelo que, defende, o trabalho obrigatório permitiria, de forma justa, repartir encargos do sistema entre Estado e reclusos e, a estes, precaver a sua saída da prisão e contribuir para a sua "moralisação".

1892 Olhando os dados apresentados pela direcção da Penitenciária, verifica-se que, dos 248 presos presentes na Penitenciária em 31 de Dezembro de 1886, 206 haviam trabalhado nesse ano, a maioria como sapateiros (45), carpinteiros e marceneiros (23), alfaiates (31), fabricantes de chapéus-de-sol (47) e escoveiros (20). Os 43 presos inactivos estavam nessa situação por doença ou "por serem incapazes de aprendizagem por sua idade", para além de alguns recentemente entrados e que deveriam ainda receber formação. V. o detalhado relatório do subdirector Castello Branco, publicado por Jeronymo da Cunha Pimentel, *Penitenciaria Central de Lisboa..., cit.*, 1887, p. 77.

1893 V. Jeronymo da Cunha Pimentel, *Penitenciaria Central de Lisboa..., cit.*, 1887, p. 10.

1894 A "privação do trabalho" é a primeira das sanções disciplinares estabelecidas pelo regulamento de 1884 (artigo 218º).

elemento central de um tratamento penitenciário de feição correccional e como suporte económico do recluso, dos seus dependentes e da própria prisão.

Esta inversão, objectiva e demonstrável, do papel que o trabalho obrigatório desempenha na pena de prisão é naturalmente representativa da mutação na finalidade pretendida para a própria pena, que visa cada vez mais o futuro e que é cada vez mais quantificável também na sua dimensão económica e orientada em função de resultados que possam ser verificados a propósito de cada condenado.[1895]

O ensino da profissão, nas oficinas da Penitenciária, era feito por mestres contratados pelo estabelecimento e vários dos presos trabalhavam nas oficinas e não necessariamente nas suas celas. Desde um momento inicial, existiam assim as designadas "cellas de trabalho" dedicadas, por exemplo, ao fabrico de chapéus-de-sol e de bengalas. A carpintaria, a alfaiataria e o fabrico de sapatos, o fabrico de escovas, eram outras das actividades desenvolvidas, bem como existiam igualmente oficinas de pintura, serralharia e cartonagem, e presos a trabalhar na produção agrícola, nos terrenos da penitenciária, na lavandaria e em serviços domésticos e jardinagem.

O regime de aproveitamento laboral dos reclusos estabelecido desde a abertura da Penitenciária foi um regime misto. A par do regime de contratualização com uma empresa que empregava a mão-de-obra reclusa numa oficina na cadeia, concretizado por exemplo para o fabrico de chapéus-de-sol e bengalas e na oficina de carpintaria, a própria administração da Penitenciária concorria, com a produção que organizava, ao fornecimento de bens, nomeadamente através da produção de bens usados pela administração militar ou vendidos directamente a particulares.

Para a fixação da retribuição do trabalho dos condenados era tido em conta o preço de mercado praticado, procurando evitar acusações de concorrência injusta. A prevenção da ideia de uma concorrência desleal com a indústria livre, tendo em conta também experiências estrangeiras, é naturalmente aqui uma das preocupações.[1896]

[1895] Adelino António das Neves e Mello, *op. cit.*, p. 61, escreve: "O trabalho deve portanto ser obrigatorio em todas as penitenciarias e casas de detenção, empregando-se os meios de levar o preso a entregar-se a elle espontaneamente e sem que seja preciso usar da força. Quando o preso não queira trabalhar nas officinas, abandonal-o por alguns dias na sua cellula produz bom resultado, sendo elle proprio que implora muitas vezes o trabalho em razão de se lhe tornar insupportavel o isolamento e a ociosidade".

[1896] "Hoje que o trabalho é o meio e o preso a causa; que o fim é a regeneração do criminoso, e não a especulação do estado, o trabalho das prisões prudentemente dirigido não póde fazer concorrencia

Este pecúlio obtido pelos reclusos, mantido em depósito bancário pela administração da prisão durante o seu cumprimento de pena, a par de uma reclusão tendencialmente isolada, funcionaria como um eficaz incentivo ao trabalho. "Nenhum preso se recusou ao trabalho; pelo contrário, todos o pedem com insistencia", escreve Pimentel, para o ano de 1886.[1897] Tanto era assim que os capelães da Penitenciária não duvidarão em conter esse entusiasmo do director: "Produzir muito para ganhar muito, eis a sua única aspiração e, dominados por ella, não levantam mão do trabalho (...). E assim que tempo lhes fica para a concentração do espirito (...), para se dedicarem á leitura e ao estudo do cathecismo?".[1898]

Dos 476 presos encarcerados na Penitenciária de Lisboa em 31 de Dezembro de 1888, 374 trabalhariam na prisão.[1899] As profissões com mais adeptos, mesmo que forçados, eram as de sapateiro (138), "sombreireiro e bengaleiro" (49), marceneiro (27) e alfaiate (26), havendo também vários reclusos que participavam no funcionamento habitual da prisão – trabalhando na padaria, na lavandaria, em limpezas e pinturas, na produção agrícola nos terrenos da Penitenciária, entre outras tarefas. Este aspecto virá a ser desenvolvido necessariamente na passagem para o regime de Auburn, após 1913. Na Penitenciária de Lisboa, a dimensão de prisão-oficina acentua-se aí decisivamente, com trabalho agora marcadamente realizado em comum, e o mesmo acontece com o trabalho nos diversos serviços necessários à manutenção do espaço prisional. Este é em grande medida desempenhado por reclusos, desde funções de secretaria a trabalhos de construção civil nos edifícios.[1900]

O regulamento da Penitenciária de Lisboa de 1884 vai manter a distribuição quadripartida do salário do recluso que vem de 1867 e estimula a formação do

á industria livre. Tenha esta o operario como um meio e o ganho como seu unico fim; explore em proveito proprio o trabalho mal remunerado do que só d'elle vive; para o moderno systema penitenciario ao trabalho do preso preside uma idéa mais elevada. Regeneral-o, desenvolver-lhe as forças, conservar-lhe a saude, entreter-lhe o espirito, habilital-o a ganhar honestamente a vida quando voltar á liberdade, e a concorrer para a sustentação da sua familia, tal é o fim do trabalho dos presos. Desgraçada industria, miseravel industria de um paiz que se arreceiasse da concorrencia do trabalho de uma prisão!", escreve Jeronymo da Cunha Pimentel, *Penitenciaria Central de Lisboa...*, *cit.*, 1887, p. 35.

[1897] *Idem, ibidem*, p. 38.

[1898] V. o relatório dos capelães Francisco Augusto de Sousa Sanches de Castro e Joaquim José de Almeida, relativo ao ano de 1888, publicado por Jeronymo da Cunha Pimentel, *Penitenciaria Central de Lisboa...*, *cit.*, 1890, p. 90.

[1899] V. Jeronymo da Cunha Pimentel, *Penitenciaria Central de Lisboa...*, *cit.*, 1890, pp. 3 e 41.

[1900] V. R. Rodrigues, *Cadeia Nacional de Lisboa...*, *cit.*, pp. 60 ss. Estas possibilidades, recorde-se, constam desde logo do regulamento de 1884 – v. artigo 204º.

recluso nas artes e ofícios, por mestres contratados para o efeito ou mesmo por guardas que tivessem essas capacidades. No contexto celular proto-filadelfiano, os reclusos devem aliás distribuir-se nas celas individuais o mais possível agrupados de acordo com o exercício "das mesmas artes ou profissões"[1901], de modo a facilitar o ensino e a direcção dos trabalhos desempenhados. Na afectação dos reclusos ao trabalho, sendo este obrigatório "seja qual for a (...) condição social anterior á prisão"[1902] e pago de acordo com uma tabela fixada pelo director, tem-se em consideração uma eventual formação ou experiência anterior do recluso, mas também condições pragmáticas para o sucesso do novo regime prisional: a aprendizagem, se necessária, deve ser "facil e breve", o trabalho deve preferencialmente poder ser desempenhado em isolamento, sem a necessidade de supervisão constante, e deve ser "productivo para o preso e para o estabelecimento".[1903] Isolados quase sempre, mas ocupados e produtivos em permanência, eis o ideal desta nova prisão celular, que assim, facilmente, vai admitir epítetos de prisão-fábrica ou de prisão-oficina. Se o trabalho para o Código Penal é essencialmente punitivo, para a visão penitenciária ele é, a par da sua valorização económica, fundamentalmente regenerador.

Em 1894, o trabalho prisional vê alargado o seu universo de potenciais destinatários, ao ser consagrado como obrigatório também para condenados a penas de prisão correccional. O Decreto de 15 de Dezembro de 1894 é claro: "a pena de prisão correccional obriga o condenado a trabalho conforme as suas disposições e aptidão, ainda que não seja cumprida sob o regimen penitenciario".[1904] Esse normativo terá vigência plena apenas através da Lei de 3 de Abril de 1896, que retoma de forma definitiva o texto daquele decreto, ampliando as penas em caso de reincidiência e voltando a prever o trabalho como obrigatório para os reclusos correccionais, "conforme as suas disposições e aptidão" (artigo 9º), quer estejam em regime penitenciário, quer em regime comum. O produto do seu trabalho reverteria integralmente para o preso, quando este se sustentasse por si na prisão

[1901] V. artigo 157º do regulamento de 1884.

[1902] V. artigo 195º.

[1903] V. artigo 202º. Em todo o caso, prescreve igualmente a necessidade de o trabalho não ser insalubre ou "puramente mechanico, de modo que exercite as faculdades intellectuais". O preso que quisesse desenvolver "estudos litterarios, scientificos ou trabaljos artisticos", em alternativa à oferta de trabalho prisional, teria de ser expressamente autorizado a tal pelo ministro da Justiça e pagaria ainda uma quantia diária correspondente ao que seria auferido pela prisão caso ele trabalhasse, sendo feita uma média do rendimento diário provindo do trabalho dos reclusos (artigo 201º, § 2º).

[1904] V. artigo 9º do Decreto de 15 de Dezembro de 1894.

– quando não fosse esse o caso, seria aplicado o regime decorrente da lei geral de 1867. No entanto, é crível que a realidade da execução das penas correcionais não acompanhasse esta aspiração do legislador[1905] – a mesma lei estipulava, aliás, por exemplo, a possibilidade de ser decretado o internamento de vadios e mendigos em depósitos de mendicidade, para o aproveitamento da sua mão-de-obra, inexistentes ao tempo, o que apenas duas décadas passadas seria de algum modo concretizado através da abertura da primeira colónia penal agrícola.[1906] Tal não significou, contudo, o desaproveitamento desta mão-de-obra, quer em Portugal continental, quer no ultramar.[1907]

Na revisão do regime de pessoal das cadeias do Limoeiro, Aljube e da Relação do Porto operada no mesmo ano, por Decreto de 12 de Dezembro de 1896, reitera-se que "todos os condemnados definitivamente são obrigados aos serviços internos da cadeia, conforme as suas aptidões"[1908], e verifica-se também, quanto ao regime de trabalho prisional, uma manutenção paralela de presos obrigados a

[1905] No relatório da reforma prisional de 1936 (Decreto-Lei nº 26643, de 28 de Maio de 1936), salienta-se ainda que, mesmo tendo a Lei de 3 de Abril de 1896 obrigado os presos correccionais a trabalho, "em quási todas as cadeias os reclusos vivem numa ociosidade que agrava as condições desmoralizadoras da vida em comum".

[1906] Este diploma de 1896 é mandado aplicar também nas províncias ultramarinas, onde, após tal ser sugerido pelas administrações provinciais, os governadores provinciais o deveriam adaptar à realidade de cada província: assim, *v. g.*, no diploma de extensão ao Estado da Índia (Decreto de 19 de Dezembro de 1907), prevê-se expressamente que a exigência de trabalho seja conformada aos "costumes dos hindus".

[1907] J. I. Delgado de Carvalho, *Manual do Processo Criminal Moderno*, I, Imprensa da Universidade, Coimbra, 1898, p. 348, designa esta realidade como "imposição de trabalho correccional obrigatorio". Pela Lei de 21 de Abril de 1892, os vadios e mendigos declarados como tal judicialmente e colocados à disposição do Governo nos termos do Código Penal (artigos 256º a 262º) poderiam ser remetidos para as províncias ultramarinas, servindo em trabalhos decretados pelo Estado na falta de sucesso em encontrar para si ocupação e sustento autónomos. Em 1899, este regime vem a ser detalhado: pelo Decreto de 23 de Março, aos governadores civis, obtendo informação de vadios condenados através do Mnistério Público junto dos tribunais, passa a ser possível propor ao Governo que os vadios sigam um de vários caminhos – a possibilidade de prestar fiança, o que significaria o suster de qualquer pena; o internamento na colónia de Vila Fernando, tratando-se de menores; a prestação de "trabalhos do estado"; ou a remessa para trabalhos ultramarinos (artigo 2º). Uma outra alternativa seria ainda a incorporação voluntária no serviço militar (artigo 8º). No caso de vadios estrangeiros, estes poderiam ser também expulsos do território nacional, de acordo com o já previsto no Código. O "trabalho do estado" deveria ser "compativel com as suas forças e aptidões" e, quando determinado o trabalho em obras fora de Lisboa e Porto, este seria atribuído pelos respectivos directores de obras públicas (artigo 5º).

[1908] V. artigo 15º, § 3º.

trabalho e de presos para os quais este é facultativo, mas devendo entender-se aqui a referência legal – presos "para que for facultativo o trabalho" – como feita apenas a presos preventivos[1909], aguardando ainda sentença, uma vez que o trabalho para presos correccionais fora já estabelecido, sendo a distribuição do produto do trabalho feita ainda nos termos aqui expressamente invocados da reforma de 1867 e da Lei de 3 de Abril de 1896.

O mesmo sentido de generalização do trabalho prisional vem a ser mantido pelo novo regulamento geral das cadeias que é aprovado pelo Decreto de 15 de Setembro de 1901. Parece consagrar-se, de novo, mas com pretensão de definitividade[1910], uma regra de trabalho obrigatório para todos os condenados, em todas as cadeias nacionais, cobrindo quer o interior, quer o exterior da prisão.

Conservada a regra de prestação de "serviços internos por escala" pelos presos (artigo 166º), que podem por tal ser remunerados, permite-se que possam aqueles que sejam habilitados "ensinar os presos a ler, escrever e contar" (artigo 167º). Ficando vedada a possibilidade de presos habilitados para tal ensinarem em quaisquer oficinas da prisão, em atenção a um imperativo de impedir a assunção de funções de tutela por reclusos perante os seus pares, que levara a tentar extinguir também a figura do juiz da prisão, dos presos espera-se que trabalhem ou aprendam a trabalhar em ofícios de "aprendizagem fácil, de pouca duração, que não demandem complicado systema de mechanismos e cujos productos tenham facil acceitação e venda no mercado" (artigo 176º), à semelhança do regime previsto para a Penitenciária. Presos que se quisessem dedicar a "estudos litterarios, scientificos ou trabalhos artisticos" deveriam ser previamente autorizados a tal e estavam sujeitos ao pagamento de um valor calculado ao dia, de acordo com o valor médio do trabalho produzido pelos demais reclusos (artigo 178º). O trabalho como tal considerado era apenas o de tipo agrícola ou oficinal, o único a poder oferecer lucro ao estabelecimento.

O trabalho prisional seria explorado directamente pela prisão ou poderia ser atribuída a sua exploração a um terceiro, no âmbito de contrato que a Procuradoria Régia deveria avalizar (artigo 181º, § único). Os reclusos veriam a sua remuneração determinada e distribuída nos termos da Lei de 1 de Julho de 1867 e de

[1909] Caso estes trabalhem, "quando se aproveitem das ferramentas e utensilios fornecidos pela administração da cadeia", vêem descontado um quarto do seu rendimento, constituído como "receita do estado" (artigo 17º).

[1910] Navarro de Paiva corrobora este entendimento, invocando o novo regulamento de 1901: "O trabalho [prisional] é obrigatório para todas as pessoas conforme as suas forças e aptidões" – José da Cunha Navarro de Paiva, *Manual*..., *cit.*, tomo II, 1901, p. 440.

acordo também com o previsto na Lei de 3 de Abril de 1896[1911] – assim, aqueles que, condenados a prisão correccional, não tivessem família a sustentar e se mantivessem na prisão à sua custa poderiam guardar para si a totalidade do produto do seu trabalho, mediante o pagamento de uma retribuição ao estabelecimento pelo uso dos utensílios disponibilizados, descrita agora como "modica", num modelo já previsto anteriormente. Deste modo, todas as prisões são incentivadas a contar com oficinas, "cuja sustentação ficará a cargo do Ministerio da Justiça" (artigo 189º), para que se desenvolva trabalho em ofícios a serem escolhidos em concreto pelo Ministério Público com jurisdição em cada cadeia, a quem cabe também a nomeação dos seus mestres.

b. Concretizações ao tempo da República: colónias penais agrícolas, "prisões-oficinas" e o trabalho fora da prisão

O modelo de uma verdadeira colónia penal agrícola, elogiado e reclamado ao longo de décadas também para Portugal continental e não apenas para as províncias ultramarinas[1912], concretizou-se entre nós apenas nos alvores da República[1913], com a criação da "Colónia Penal Agrícola de António Macieira"[1914],

[1911] O condenado a prisão correccional está obrigado a trabalho e o "producto do trabalho pertencerá integralmente ao preso, quando este pagar a despeza feita na cadeia com a sua sustentação, ou quando se sustentar á sua custa. Se o preso, porém, não estiver n'este caso, observar-se-ha o disposto no artigo 36º da lei de 1 de Julho de 1867", ou seja, a atribuição de metade do rendimento à cadeia, lê-se no artigo 9º, § único, da Lei de 3 de Abril de 1896.

[1912] Entre outros, Aires de Gouveia, que, em 1860, salienta a vantagem em estabelecer "cadeias agricolas", que possam ser uma resposta adequada também para menores e idosos, enquanto segmentação em relação à punição geral celular, lembrando a colónia francesa de Mettray, para jovens, e a de "Chatam", em Inglaterra, para velhos (a prisão inglesa de Chatham, homónima do estabelecimento penal criado também por Inglaterra no final do século XVIII nas ilhas Andaman, actualmente território indiano) – propõe assim a criação de 3 colónias (em Guimarães, Beja e Leiria, as duas primeiras para menores de 16 anos, a última para maiores de 60 anos).V. A. Ayres de Gouvêa, *A reforma*..., *cit.*, pp. 154 a 157. Em Espanha, a sua previsão vai datar igualmente do início do novo século, ponderadas como alternativa de destino aos presídios norte-africanos. Horacio Roldán assenta, com acerto também para a realidade portuguesa, em como as colónias agrícolas parecem ser um "lugar de encontro" entre as tendências correccionalista e positivista, a primeira enaltecendo o seu potencial na melhoria dos costumes dos condenados, a segunda valorizando a sua função na segregação dos criminosos habituais – em todo o caso, sendo espaços que permitem também descongestionar as prisões tradicionais. Assim, Horacio Roldán Barbero, *op. cit.*, pp. 163 e 164.

[1913] Excepcionando-se o funcionamento da colónia agrícola de Vila Fernando, aberta em 1895, inicialmente para menores entre os 10 e os 16 anos, que se verá *infra*.

[1914] Toma o nome do antigo ministro da Justiça, entretanto falecido, "a cujo desenvolvimento ligou a maior dedicação", pelo Decreto nº 5530, de 9 de Maio de 1919.

situada na Quinta do Bom Despacho – expropriada à Ordem dos Missionários do Espírito Santo após 1910 –, actual Estabelecimento Prisional de Sintra.

A Colónia, situada na antiga Escola Agrícola Colonial daquela congregação, abre em 21 de Agosto de 1915, com um grupo de oito colonos provindos da cadeia do Limoeiro, de acordo com o previsto na "Lei da Vadiagem", a Lei de 20 de Julho de 1912, normativo que de algum modo inaugura na colónia de Sintra um novo espírito punitivo entre nós, ajustado aos novos olhares sobre a criminalidade: a reclusão é aqui indeterminada, definida em função da avaliação regular do desempenho moral do preso; o condenado é classificado e dessa classificação resulta o seu regime prisional em concreto – com referências expressas à eventual incorrigibilidade e perigosidade dos presos –, bem como o valor da retribuição a receber pelo seu trabalho. Um ano depois, contava já com 80 colonos.[1915] O trabalho é assim a pena, formalmente integrado numa prisão para o trabalho.

No diploma de 1912, estabelecia-se a criação de uma colónia penal agrícola, inicialmente prevista para o concelho de Viseu[1916], e de uma "Casa Correccional de Trabalho", esta a dever ser constituída transitoriamente com os funcionários da Penitenciária de Coimbra, cujos reclusos entretanto haviam sido transferidos para Lisboa, na sequência da sindiância feita àquela prisão. O critério de afectação por parte do juiz para o envio dos condenados para uma ou outra destas novas instituições residiria na avaliação da "idade, antecedentes, robustez, meio em que viveram, profissão que, porventura, tivessem exercido e tendências manifestadas".[1917]

Sujeitos a esta nova realidade deveriam ser os vadios e equiparados, entre os 16 e os 60 anos, julgados como tal e colocados à disposição do Governo – por crime de vadiagem, cuja pena era agora o internamento de 3 meses a 6 anos num dos estabelecimentos criados, revogando este diploma as previsões do Código Penal na matéria –, bem como reincidentes, no mesmo intervalo etário, que após o cumprimento de pena fossem considerados "vadios para efeitos da presente lei".[1918] Note-se ainda que a cessação do internamento, cuja duração era fixada

[1915] Assim, Tude Martins de Sousa, *Colónia Penal Agrícola de "António Macieira" (Sintra) – Portugal – Notas relativas à sua criação, abertura e funcionamento*, separata do BIC, nº 1, s/l, 1937, p. 3.

[1916] A Lei de 31 de Maio de 1913 permitiria depois que fosse o Governo a definir o seu local de instalação (artigo 1º).

[1917] V. artigo 15º, § único, da Lei de 20 de Julho de 1912.

[1918] Com duas condenações em penas maiores, uma condenação em pena maior e duas em penas correccionais ou cinco condenações em penas correccionais (artigo 5º). No caso de vadias ou reincidentes do sexo feminino, não sendo previstos estabelecimentos para mulheres, deveriam estas ser internadas "na cadeia de Lisboa (...) (Aljube) e aí sujeitos ao regime de trabalho" (artigo 24º) e,

como sendo de um mínimo de 3 meses a um máximo de 6 anos, era decretada pelo ministro da Justiça, recebido parecer favorável do conselho disciplinar das novas instituições, que seriam compostos pelos seus directores, secretários e médicos.[1919]

No entanto, mantém-se ainda a possibilidade de remessa ultramarina de um internado – pela via agora da deportação – "que se mostre incorrigivel ou cuja presença se torne perigosa no estabelecimento", por tempo não superior ao que fosse decretado de internamento.[1920] E, em 1913, esclarece-se que, inexistindo colónia penal agrícola ou casa de trabalho, poderiam os colocados à disposição do Governo ser detidos nas cadeias civis e ser utilizados em "serviço de obras do Estado".[1921] O trabalho obrigatório nos novos estabelecimentos daria também apenas lugar a uma "gratificação", constituindo no mais sua receita própria: o valor atribuído aos reclusos não podia, aliás, ultrapassar 40% das receitas geradas e devia agora ter em conta o seu "grau de regeneração".[1922]

Se a casa de trabalhos não chegou a ser criada imediatamente – pretendendo-se para tal a conversão da Penitenciária de Coimbra[1923] –, o mesmo não se passou

a partir de 1918, o mesmo se aplica para a prisão feminina das Mónicas, conforme expressamente o prevê o artigo 4º do Decreto nº 4099, de 16 de Abril de 1918.

[1919] V. artigo 11º da Lei de 20 de Julho de 1912.

[1920] V. artigo 13º. Este diploma vem aliás expressamente revogar os mecanismos de deportação previstos pelas Leis de 21 de Abril de 1892 e de 3 de Abril de 1896 e o Decreto de 23 de Março de 1899.

[1921] V. artigos 7º e 8º da Lei de 31 de Maio de 1913. O uso informal de presos em obras públicas, distinto já de qualquer condenação a trabalhos públicos, foi uma prática ainda do século XIX – António d'Azevedo Castello Branco, *Estudos...*, cit., p. 155, recorda, por exemplo, a par de diversos exemplos estrangeiros, as obras de adaptação do antigo convento das Mónicas para a criação da primeira casa de correcção de menores em Lisboa, em 1871, desenvolvidas com recurso a mão-de-obra de reclusos no Limoeiro, afirmando que "esta experiencia é um indicio do muito que se póde esperar do trabalho dos condemnados, quando se faça uma prudente selecção d'aquelles que, sem perigo para a sociedade, podem ser empregados em trabalhos fóra das cadeias com grande vantagem publica".

[1922] V. artigo 22º. A discussão sobre a remuneração do trabalho prisional enquanto direito do recluso ou vista como "mero favor" encontra entre nós espaço no trabalho de 1912 de João Chaves, *Sciencia Penitenciaria, cit.*, pp. 235 a 238, optando o autor pela posição que advoga a remuneração do trabalho prisional como direito, mesmo que limitado, que é até "uma condição da boa vontade do prisioneiro, sem o que não ha adaptação ou emenda possivel". Assim, em "todo regimen penitenciario bem organizado as recompensas devem constituir direitos inviolaveis, mais mesmo do que as sancções disciplinares penaes inexoraveis" (pp. 236 e 237), direitos contudo que considera limitados por insidicáveis, perante à sua eventual violação, em sede judicial comum.

[1923] Como se atesta, *v. g.*, pela referência expressa do Decreto nº 723, de 4 de Agosto de 1914, que altera a designação das penitenciárias de Lisboa e Coimbra.

com a Colónia Agrícola.[1924] Para esta, aliás, prevê-se mesmo a sua construção a dado momento usando o trabalho dos reclusos da Penitenciária de Lisboa[1925], cujo regime penitenciário fora entretanto modificado e estava aberto a novos conteúdos, "sob a direcção da comissão penal e prisional". Na prática, em vez da abertura de uma inovadora casa de trabalhos em Coimbra, é adaptado em 1914 o forte de Monsanto a prisão, como dependência da cadeia do Limoeiro, um novo espaço prisional que deveria acolher transitoriamente os vadios e reincidentes para trabalho obrigatório, nos termos da Lei de 20 de Julho de 1912, a par de presos condenados definitivamente a prisão correccional.[1926]

Quer a colocação dos condenados como vadios nas cadeias comuns, quer o seu trabalho genérico em obras públicas pretendem-se findos logo em 1915 – "quer pelos encargos que acarreta para o Estado, quer pelo que representa de desumano", lê-se no preâmbulo do Decreto nº 1506, de 19 de Abril de

[1924] Anote-se também uma outra experiência, transitória, que atesta claramente a relevância que neste período assumem as instituições de "regeneração pelo trabalho". Por Lei de 26 de Junho de 1913, foi o Governo autorizado a criar, "com o auxílio da Câmara Municipal, e a título de experiência", na Figueira da Foz, um depósito penal para os condenados, entre os 16 e os 30 anos, à "casa correccional e postos à disposição do Governo nos termos da lei de 20 de Julho de 1912". Este depósito penal, recriação tardia de um arsenal ou "presídio da galé", deveria instruir os seus internos para trabalharem em navios mercantes e embarcações de pesca, bem como manter "pequenas oficinas de reparação de aparelhos de pesca" (artigo 2º). O seu director seria o capitão do porto da Figueira da Foz e os seus guardas pertenceriam à Armada, mas ficando o depósito na dependência do ministério da Justiça. A Lei nº 119, de 18 de Março de 1914, fixa o seu orçamento e quadro de pessoal – por onde se verifica ter dedicados um professor primário e um médico, a par de um "mestre de pesca" e marinheiros ocupados como guardas. Pelo Decreto nº 5610, de 10 de Maio de 1919, pode atestar-se também a efectiva laboração deste Depósito – prevê-se até, num ambicioso programa de construções prisionais, que o "Depósito Penal da Figueira" possa ser "transformado e alargado", constituindo uma verdadeira "Colónia Penal Marítima" (artigo 4º). Tal manifestamente não sucedeu: atendendo ao facto de lhe não ser "há muito destinada população criminal alguma, vivendo por isso inteiramente fora da função disciplinar e educativa que se lhe marcou" e perante as necessidades de redução da despesa pública, o Depósito Penal da Figueira da Foz é extinto pelo Decreto nº 7903, de 13 de Dezembro de 1921.

[1925] O que, contudo, não terá sucedido. V. artigo 4º da Lei nº 219, de 30 de Junho de 1914.

[1926] V. artigos 9º e 10º da Lei nº 219, de 30 de Junho de 1914. Mário Simões dos Reis, *op. cit.*, p. 720, anota, já em 1940: "Temos no Paiz, para vadios, mendigos e equiparados, só duas Colónias Penais, a «António Macieira» de Sintra e a de Santa Cruz do Bispo, pois que a Casa Correccional de Trabalho (...) não chegou a ser aberta, tendo a lei de 30 de Junho de 1914 determinado que, emquanto ela não existisse, seriam internadas no Forte de Monsanto as pessoas do sexo masculino (...) e na Cadeia do Aljube as do sexo feminino nas mesmas condições, isto é, as vadias, mendigas e equiparadas, onde ficariam sujeitas ao regimen de trabalho até à criação de estabelecimento apropriado (...)".

1915.[1927] Visando preparar-se os vadios, "mais (...) susceptíveis de emenda, para a sua reentrada na vida normal", são estes desde já – tendo "nota de bom comportamento na prisão" – colocados em trabalhos de edificação da própria Colónia Penal Agrícola.[1928]

A Colónia era assim uma solução alternativa ao regime tradicional de prisão em comum e ao regime da Penitenciária, procurando igualmente obviar à

[1927] Para a "comissão penal e prisional" foi despachado o requerimento de F. S. do A., cidadão brasileiro preso no Limoeiro desde 11 de Março de 1913 e que, em 9 de Setembro de 1914, se queixa ao ministro da Justiça de que, condenado a "10 dias de prizão correccional e mais dez mil reis de multa" e devendo ser após o cumprimento da pena entregue ao Governo "para lhe ser dado o competente desterro, de acordo com a lei de 20 de Julho de 1912", passados 18 meses ainda permance na prisão. Pede naturalmente o suplicante que lhe seja dado esse destino, que "julga ser expulso do territorio nacional". Conta ainda, em abono do seu caso, que "dois de seus patricios e ainda outros estrangeiros", nas mesmas circunstâncias, haviam sido já expulsos do País. Também J. do N., de 27 anos, casado, empregado comercial, se queixa ao ministro da Justiça, em 8 de Março de 1915, de que se encontra preso na cadeia de Elvas, onde há mais de um ano e quatro meses está à "disposição do Governo para ser internado nas Casas de Trabalho", pedindo que possa ser colocado em liberdade. Um conjunto de oito reclusos da Cadeia da Relação do Porto requerem também à Comissão Penal e Prisional, em 15 de Fevereiro de 1915, a sua liberdade, já que tendo cumprido a pena de 30 dias de prisão correccional a que haviam sido condenados, aguardam há 20 meses na cadeia, colocados à disposição do Governo nos termos da Lei de 20 de Julho de 1912, "por motivo das Casas Correccionaes do Trabalho para onde foram condemnados ainda não estarem criadas" – v. ANTT, MNEJ, mç. 558, nº 5. No mesmo local se encontra também um ofício do director das Cadeias Civis de Lisboa ao ministro da Justiça, datado de 6 de Setembro de 1914, dando conta de desordens ocorridas no Limoeiro e justificando-as com a "grande permanência de vadios nesta cadeia, aos quaes, nos últimos tempos, não tem sido possivel dár-lhes o devido destino". Reconhecendo ser impossível enviar imediatamente um grande número para o Forte de Monsanto, "pela falta d'agua ali", vem propor a transferência imediata dos vadios responsáveis pelos "tumultos" para "a Guiné" e dos demais para outras cadeias. Uma relação dos vadios presentes nas Cadeias Civis de Lisboa em 27 de Fevereiro de 1915 é enviada pelo seu director ao ministério da Justiça, onde se podem contabilizar 203 indivíduos, colocados à disposição do Governo por períodos que variam entre os 4 dias e os 39 meses.

[1928] V. artigo 1º do Decreto nº 1506, de 19 de Abril de 1915. Pelo mesmo diploma, do ministro Guilherme Moreira, é instada a Comissão de Reforma Penal e Prisional não só a redigir o regulamento da Colónia, como a determinar o melhor local para a sua constituição que seja definitiva, devendo também verificar "a melhor maneira de se proceder à instalação definitiva (...) duma Casa Correccional de Trabalho", a erigir no "continente, ilhas adjacentes ou (...) arquipélago de Cabo Verde" (artigo 4º), o que atesta inequivocamente a consideração da vantagem de uma prisão especial insular, como tal contemplada na lei, desde este momento. A consagração em exclusivo de uma "ilha prisional" como modelo de segregação para incorrigíveis não era uma solução da escola italiana mais dura. Paul Cuche, *Traité..., cit.*, pp. 494 e 495, admite-o expressamente já em 1905. E, sobre o tema, ainda favorável à mesma solução, v. Pierre Cannat, *Nos frères..., cit.*, pp. 279 e 280.

remessa ultramarina dos vadios fixada inicialmente em 1892. Estava pois pensada em primeira linha para acolher unicamente os julgados como vadios postos à disposição do Governo, e deveria ser, na expressão do seu director, "mais uma casa de regeneração do que de castigo"[1929], em que o trabalho funcionaria como elemento central de reeducação. O preso era aqui, como nos demais modelos europeus provindos do século anterior, o "colono". Aos citadinos oferecia a oportunidade de se purificarem das "tendências más"[1930], aos rurais permitia a continuação da sua vida anterior, num regime sem muros, mas com guardas para vigilância, armados, pelo menos nos primeiros anos do seu funcionamento.

Do primeiro regulamento da Colónia Penal Agrícola[1931], redigido por Afonso de Melo Pinto Veloso, intendente interino da Tutoria Central da Infância de Lisboa entre 1914 e 1918[1932], descobre-se o essencial do seu regime penal. Reportando-se ao diploma de 1912, reitera-se a possibilidade dos colonos serem restituídos à liberdade completa por decisão do ministro da Justiça, bem como o agravamento da sua reclusão na Colónia em caso de reincidência na vadiagem e a possibilidade de remessa ultramarina para os incorrigíveis ou perigosos. Como regime de reclusão, conhece-se que integra "trabalho obrigatório, com ensino e prática da agricultura e indústrias anexas".[1933] Contaria com médico, professores de ensino "literário e artístico" e regente agrícola. Os colonos poderiam receber visitas semanais da família e amigos, bem como manter correspondência.

Um modelo de recompensas e castigos é também aplicado. Entre as primeiras, destaque-se a possibilidade de o colono ver aumentada a gratificação pecuniária pelo seu trabalho, bem como a concessão de licenças de saída da colónia, que poderiam evoluir para uma situação de liberdade vigiada: poderia viver e trabalhar fora da Colónia, mantendo apenas a obrigação de aí regressar regularmente para ser avaliada a sua situação, um estado que antecederia a concessão da liberdade

[1929] Usando o que a lei descreve como "um sistema de concessões sucessivas, que vá desde a reclusão com o trabalho forçado, até o simples trabalho regulamentado e liberdade vigiada" (preâmbulo do Decreto nº 1506, de 19 de Abril de 1915).

[1930] Tude Martins de Sousa, *Colónia penal agrícola. Relatório da instalação da colónia e seu funcionamento até 31 de Dezembro de 1917*, Imprensa da Universidade, Coimbra, 1920, pp. 8 a 11.

[1931] Aprovado pelo Decreto nº 1830, de 17 de Agosto de 1915, já com Catanho de Meneses como ministro.

[1932] A autoria é-lhe atribuída por Tude de Sousa. Pinto Veloso viria também a assumir a pasta da Justiça, por quinze dias, entre 1918 e 1919.

[1933] V. artigo 1º do Decreto nº 1830, de 17 de Agosto de 1915.

completa.[1934] Os castigos mais gravosos a serem aplicados aos colonos seriam a reclusão com isolamento até dez dias e a sua expulsão da Colónia, com entrada "nas cadeias correccionais de Lisboa" – na altura, preferencialmente a nova cadeia de Monsanto –, ficando novamente "à disposição do Governo" para deportação ultramarina.[1935]

O director da Colónia, Tude Martins de Sousa, envia em Agosto de 1919 ao Director-Geral da Justiça, ao tempo Germano Martins, o primeiro relatório sobre a instalação e funcionamento do estabelecimento, relativo ao período de Abril de 1915 a Dezembro de 1917. Através dele, verifica-se que esta "escola de levantamento moral", que usa o trabalho para reeducar, criou também oficinas para os seus ocupantes, procurando dar continuidade aos ofícios desempenhados pelos reclusos – ferraria, carpintaria e sapataria são algumas das primeiras. Também a instrução primária era fornecida aos colonos, em moldes, contudo, que não prejudicassem os trabalhos agrícolas, em especial no período de colheitas.

O cumprimento da reclusão da colónia obedecia inicialmente, como se viu, a um período mínimo de 3 meses e máximo de 6 anos, que contudo, em 1926, é fixado entre 1 e 6 anos[1936], mas com a possibilidade de serem decretadas prorrogações por períodos sucessivos de até 2 anos, em caso de incorrigibilidade do recluso – por proposta do director da Colónia e decisão do então Conselho Superior dos Serviços Criminais. O seu internamento poderia ser, portanto, indeterminado.

Sabe-se que, de acordo com o relato do seu director, os reclusos dos primeiros anos cumpriam uma média de 240 dias de internamento da Colónia, passados entre os campos e as oficinas, completando o tempo com algum ensino elementar. Um dos elementos simultaneamente de controlo e de confiança usados é o da concessão de uma *liberdade vigiada* aos colonos, o que significa que, saídos da Colónia, devem estes apresentar-se mensalmente às autoridades que lhe sejam indicadas e indicar residência fixa.

Tude de Sousa criou ainda na Colónia três "secções externas", o que permitiu a vários colonos trabalhar fora do espaço do estabelecimento de reclusão. Assim,

[1934] V. artigo 84º, §§ 4º e 5º. Maior autonomia administrativa e financeira na gestão da Colónia será aliás concedida, tendo em conta "que se tem dado muito bom resultado a experiência que se teve em vista fazer com a criação da Colónia Penal Agrícola de Sintra", pelo Decreto nº 5485, de 2 de Maio de 1919.

[1935] V. artigo 85º.

[1936] V. proémio e § 12º do artigo 2º do Decreto nº 12295, de 10 de Setembro de 1926, que aprova um novo regulamento para a Colónia.

para além da própria Colónia, o seu trabalho foi também aproveitado na Escola Prática de Agricultura de Queluz, na Quinta da Penha Longa e na Companhia Cintra Atlântico, bem como foram usadas as máquinas agrícolas e os colonos para trabalhos pontuais contratados por privados e também pelo Instituto Superior de Agronomia.[1937]

O quotidiano habitual da Colónia encontra-se bem retratado no relatório. Desde pouco antes das 7 horas e até ao recolher, às 20 horas, encontra-se um horário preenchido para os colonos – integrando trabalho, aulas, as três refeições diárias, eventuais consultas médicas, períodos de descanso, momentos de higiene pessoal. Facilmente se verifica que o trabalho ocupa, na prática, a quase totalidade do tempo do colono.[1938]

Tude de Sousa manter-se-á como responsável pela Colónia nas décadas seguintes. Nos relatórios que elabora, ao cuidado do ministro da Justiça, tem a oportunidade não só de apresentar os resultados quantitativos do funcionamento da Colónia, mas também de deixar a sua perspectiva sobre a eficácia e melhoramentos que pudessem ser introduzidos no seu funcionamento. Assim o faz quanto à vantagem em poder separar os colonos em função das suas características e da sua recuperabilidade da vida criminosa ou quanto à vantagem em alargar no País o número de colónias penais agrícolas, essa "terapêutica nova para a cura dos males sociais e morais", para acolher não apenas vadios, postos à disposição do Governo, mas pelo menos "presos por delitos comuns" mesmo se não necessariamente os que tivessem praticado os crimes mais graves.[1939]

[1937] Tude Martins de Sousa, *Colónia penal agrícola. Relatório da instalação da colónia e seu funcionamento até 31 de Dezembro de 1917, cit.*, p. 30.

[1938] Reproduzem-se em anexo o horário do mês de Janeiro de 1917 e a tabela da alimentação do mês de Agosto de 1917, retiradas do relatório de Tude de Sousa relativo a esse ano, bem como fotos que ilustram aspectos do trabalho na Colónia, também publicadas por Tude de Sousa (estas incluídas em Tude Martins de Sousa, *Colónia Penal de Agrícola de "António Macieira" (Sintra) – Relatório dos diversos serviços desde 1 de Janeiro de 1918 até 31 de Dezembro de 1920*, Imprensa da Universidade, Coimbra, 1922, pp. 13 ss.) – v. anexo 23. Para os anos imediatos, o horário é ligeiramente adaptado, mas mantém a mesma estrutura.

[1939] Tude Martins de Sousa, *Colónia Penal Agrícola..., cit.*, 1922, p. 17. E nota: "De resto, a criação de colónias penais agrícolas para adultos, no continente, fora já preconizada pela comissão nomeada em 1905 para estudar as condições a que deveria satisfazer um novo edifício para a cadeia civil do Pôrto, que em uma das suas conclusões alvitrava (...) que se deveriam criar duas colónias penais agrícolas para adultos na zona judicial da Relação do Pôrto (...)". Tude de Sousa propõe a criação de três novas colónias agrícolas, repartidas pelo norte, centro e sul do País, que congregassem a possibilidade de serem realizadas pelos colonos obras públicas relevantes (criação de florestas, abertura de canais, etc.) com o trabalho agrícola habitual, acentuando que o modelo de trabalho prisional previsto pelos

Uma das descrições mais panegíricas da Colónia encontra-se deixada, após uma visita em 1931, por Arthur Morgan, presidente do Antioch College e da Dayton Morgan Engineering and Co. Este norte-americano publica um texto no *The Prison Journal*, a conhecida publicação da *The Pennsylvannia Prison Society* de Filadélfia, que é no ano seguinte traduzido e divulgado em Portugal.[1940]

A Colónia albergaria então entre 100 a 125 homens. O seu método é, concede-se, devido às ideias do seu director, Tude de Sousa, provindo da área da silvicultura[1941]: "Não há muros. Há apenas 5 guardas, que trabalham também como mestres (...). Não se vêem nem espingardas nem outras armas. Os presos trabalham muitas vezes completamente sôbre si."[1942]

Os presos dormiam em camaratas de cerca de 20 lugares, "aproveitado um velho convento". O americano visitava refeitório, cozinha, oficinas e parecia-lhe enfim que "a limpeza que se notava em tudo mereceria a aprovação de uma dona de casa ingleza". Os reclusos seriam na sua maioria agricultores, que eram precisamente destinados ao cultivo da terra e à pecuária na Colónia. Alguns traba-

diplomas de 1918 e 1920 "não corresponde amplamente na prática aos altos desejos que o inspiraram". Os diplomas em causa são o Decreto nº 4805, de 11 de Setembro de 1918, e o Decreto nº 6627, de 21 de Maio de 1920. Anos passados, continuará Tude de Sousa a sinalizar a necessidade de mais colónias agrícolas ou "(...) pelo menos mais uma Colónia Penal igual a esta, comportando mais dúzia, menos dúzia de reclusos, ficando a África apenas destinada aos de maior cadastro, aos irradiados das colónias penais por motivos disciplinares e aos reincidentes entregues por uma segunda ou mais vezes ao Govêrno" – Tude Martins de Sousa, *Colónia Penal Agrícola de "António Macieira" (Sintra) – Relatório dos diversos serviços desde 1 de Julho de 1926 até 30 de Junho de 1929*, Imprensa da Universidade, Coimbra, 1932, p. 9.

[1940] Publicado como separata do *Boletim do Instituto de Criminologia de Lisboa* – Arthur E. Morgan, *Uma Prisão Moderna em Portugal*, Tip. da Cadeia Penitenciária, Lisboa, 1932.

[1941] "Era interessante ver como o Director Sousa transformou estes criminosos, que faziam lembrar um bando de piratas, assassinos e brigões, e como transformou êste deserto de montanha em hortas com água recolhida em tanques e em matas desenvolvidas. Não há terreno desperdiçado; tudo está aproveitado. (...) As novas plantações florestais estão em magnificas condições, mas ainda não produzem, tendo sido o seu esforço encaminhado em construir habitações, celeiros, oficinas, etc." – *idem, ibidem*, p. 6. Sobre o director, escreve ainda Morgan: " É um homem que, em parte por acaso, como suponho, foi colocado no lugar que lhe é próprio e no qual tem podido demonstrar a eficiência dos métodos humanitários. É um homem de temperamento bondoso e decidido sentimento artístico, como se vê em tudo; de comprovada ordem e com hábitos de rigorosa economia e simplicidade de vida" (p. 8). Tude Martins de Sousa esteve efectivamente, antes de assumir funções na Colónia, a desempenhar serviço no Gerês e tem obra publicada ao longo das duas primeiras décadas do século XX no domínio da silvicultura.

[1942] *Idem, ibidem*, p. 3. Outras apreciações elogiosas de visitantes estrangeiros são aliás deixadas por Tude Martins de Sousa, *Colónia Penal Agrícola..., cit.*, 1937, pp. 25 ss.

lhavam também nas oficinas – ao tempo, de cantarias e de marcenaria. E uma refeição típica poderia ser "sopa de massa com hortaliça e ruivos cozidos com batatas e temperados com azeite e vinagre e 250 gramas de pão a cada colono", como precisa em nota ao texto o próprio director da Colónia. Independentemente do grau de precisão que se alcance nestes comentários, é um facto que a colónia agrícola de Sintra, no seu pioneirismo de regime, pelos resultados apresentados ao longo de décadas na contenção de um dado tipo de delinquência e pelo desempenho favorável do seu regime progressivo, funciona invariavelmente como referência para o desenvolvimento posterior do nosso sistema prisional, sendo reconhecida e desenvolvida também pela própria reforma prisional de 1936. Os imperativos simbióticos de trabalho e contenção associavam-se ali de forma quase perfeita, mesmo reconhecendo-se o âmbito limitado dos seus ocupantes.

O trabalho de reclusos fora do espaço prisional é também fomentado decisivamente com a publicação do Decreto nº 4805, de 11 de Setembro de 1918. Neste diploma, justificado ainda pelo esforço de guerra e pela necessidade de aproveitamento de todos os "recursos de trabalho", tendo em conta os "centenares de presos, novos e válidos, [que] se encontram inúteis nas cadeias do país, porque nenhum trabalho verdadeiramente útil produzem", como se lê no seu preâmbulo, e louvando-se igualmente da experiência ultramarina, onde os reclusos são usados em trabalhos públicos, e das vantagens do trabalho fora da prisão na regeneração moral e na saúde dos encarcerados, vem permitir-se que presos do sexo masculino condenados por crimes comuns sejam empregues pelo Governo "em trabalhos de utilidade pública", durante o dia, sendo afectos às distintas tarefas de acordo com a sua "robustez, posição social, instrução e antecedentes criminológicos". A remuneração pelo trabalho destes presos reverteria agora na íntegra para si.

No caso de presos "em regime penitenciário" apenas poderiam ser convocados aqueles que se recomendassem pelo seu comportamento ou pela conveniência para a sua saúde, mediante parecer do director do estabelecimento. Presos preventivos poderiam também trabalhar: "quando reclamarem" por trabalho fora da prisão, seriam sujeitos, nos termos gerais, a trabalho... dentro da prisão.[1943] Em caso de evasão de presos durante a prestação de trabalho, seriam os evadidos considerados adicionalmente como vadios, nos termos da Lei de 20 de Julho de 1912.

[1943] V. artigo 1º do Decreto nº 4805, de 11 de Setembro de 1918.

Em 1919, um plano de construções prisionais chega a ser aprovado para a nova Administração e Inspecção-Geral das Prisões, mesmo não tendo sido concretizado.[1944] Neste, a construção de novas cadeias ou a conversão de cadeias em funcionamento em "prisões-oficina" é um dos elementos-chave: em Lisboa, a própria Penitenciária deveria ser adaptada a "prisão-oficina", o mesmo acontecendo em prisões do Porto e de Coimbra (denotando ainda a até aqui pouco eficaz conversão desta antiga Penitenciária em "prisão-oficina", já determinada[1945]). Do mesmo modo, duas novas colónias penais agrícolas deveriam ser abertas e uma "Colónia Penal Marítima" deveria aprofundar a experiência de depósito penal para vadios a funcionar desde 1914 no porto da Figueira da Foz. Para a execução deste plano, a convocatória de mão-de-obra reclusa era fundamental, devendo ainda a Administração das Prisões procurar activamente, junto de outros serviços públicos, a "aplicação do trabalho dos condenados em obras de utilidade pública".

Um regulamento geral sobre o trabalho dos reclusos surgirá então em 1920, como regulamento que visa concretizar as previsões do Decreto nº 4805, de 11 de Novembro de 1918, pretendendo-se, mais uma vez, "acabar com a ociosidade nas prisões", conforme se lê no preâmbulo do diploma que o aprovou, e atendendo agora também às efectivamente esquecidas cadeias comarcãs.[1946]

[1944] V. artigo 4º do Decreto nº 5610, de 10 de Maio de 1919.

[1945] No entanto, a "Prisão Oficina de Coimbra" será, pelo contrário, novamente convertida em prisão de acolhimento de condenados a penas maiores em 1923, perante a sobrelotação da Cadeia Nacional de Lisboa, a impossibilidade de serem recolhidos nas cadeias civis de Lisboa e Porto, pelo mesmo motivo, e a prática de acumulação de presos condenados a penas maiores – quer de prisão, quer de degredo – nas cadeias comarcãs, o que era "grave desprestígio para a justiça e até de enorme escândalo para as populações rurais, que, no seu critério simplista, são levadas a considerar uma tal situação como de mero favor para aqueles que dela aproveitam", conforme se lê no preâmbulo do Decreto nº 8632, de 10 de Fevereiro de 1923. Assim, a antiga Penitenciária de Coimbra, considerada então como "funcionando como casa correccional de trabalho", vê-lhe aplicado novamente o regulamento interno previsto para a Cadeia Nacional de Lisboa (artigo 2º) e os seus ocupantes à data serão repartidos por outras cadeias indicadas pela Administração e Inspecção-Geral das Prisões.

[1946] No preâmbulo do Decreto nº 6627, de 21 de Maio de 1920, sucedem-se os adjectivos sobre estas cadeias: que "não são mais do que verdadeiros esgástulos construídos sobre moldes quási medievais, lôbregos, soturnos, acanhados, hororosas bocetas destinadas a guardar todas as misérias humanas, meio propício a gerar e desenvolver ódios e desesperos, e, portanto, absolutamente incapazes de inspirar ideias sãs de esperança e regeneração. (...) Falta-lhes o ar, falta-lhes a luz e nelas fervilham todos os parasitas que na imundície têm o seu *habitat* (...). A impossibilidade de seleccionar e separar os delienquentes estabelece contactos perigosos (aliás favorecidos pela ociosidade) que geram a corrupção, que provocam e incitam à prática de novos crimes e levam a aberrações sexuais repugnantes (...)".

Presos preventivos e presos condenados a penas correccionais são agora os seus principais destinatários, sobre os quais o dever de trabalho sempre fora mais diluído, em particular para os que se pudessem sustentar na cadeia. Para estes presos, quando em reclusão nas cadeias comarcãs[1947], fixa-se a obrigatoriedade de trabalho na cadeia, "quando os presos o preferirem e isso fôr possível", ou fora da cadeia, em serviços municipais ou mesmo a serviço de um particular, durante o dia, na área da comarca da prisão. A recusa no trabalho ou o mau comportamento do preso daria origem à aplicação das penas disciplinares previstas pelo regulamento prisional.[1948] Ao Ministério Público – aos delegados do Procurador nas comarcas – cabe até procurar trabalho aos presos, bem como gerir qualquer pecúlio que estes ganhem com o seu desempenho, que deveria ser repartido numa metade para o Estado, a título de comparticipação nas despesas da detenção, e noutra metade para o preso, recebido apenas finda a pena, ou para a sua família, atribuído durante a sua execução.[1949-1950] Um preso que se evadisse durante a prestação de trabalho fora da cadeia deveria ser posto à disposição do Governo, designadamente para deportação ultramarina. No caso das mulheres presas nas cadeias comarcãs, a obrigação de trabalho impendia apenas sobre funções a desempenhar no interior da prisão, destacando-se os serviços domésticos e de lavagem e arranjo de roupas.[1951]

Ao contrário do que se prevê nas cadeias comarcãs, para os presos preventivos ou condenados a penas correccionais nas cadeias civis de Lisboa e Porto, inseridas em espaços urbanos mais densos e mais complexos, de controlo e vigilância mais difíceis, distintos dos das demais cadeias, o regime é apenas de trabalho dentro da prisão, nas suas oficinas, subordinado aos seus directores, à excepção da explo-

[1947] No caso de presos preventivos por crimes puníveis com penas maiores, o trabalho ficava limitado ao interior da prisão, desigadamente em oficinas, havendo-as (artigo 22º do Decreto nº 6627, de 21 de Maio de 1920).

[1948] Curiosamente, invocam-se as penas disciplinares constantes quer do regulamento da Penitenciária de Lisboa de 1884, já na altura parcialmente revogado, quer do regulamento geral de 1901 (v. artigo 18º).

[1949] O depósito das retribuições seria feito na Caixa Geral de Depósitos, cabendo ao Estado compensar-se das despesas de "carceragens, habitação e fins de utilidade das cadeias comarcãs", bem como de "alimentação e sustento" fornecidos aos presos – v. Lei nº 1292, de 27 de Julho de 1922.

[1950] A título ilustrativo, o orçamento do Estado para o ano económico de 1923-1924 previa receitas discriminadas de emolumentos relativos às cadeias civis de Lisboa e Porto no valor de 6300$00 e como rendimentos para o Estado provindos do trabalho desenvolvido na cadeia civil do Porto o valor de 2500$00; na cadeia nacional de Coimbra, 5300$00; e, na cadeia nacional de Lisboa, 40000$00 (v. mapa 1 anexo à Lei nº 1449, de 13 de Julho de 1923).

[1951] V. artigos 12º a 19º e 25º do Decreto nº 6627, de 21 de Maio de 1920.

ração de uma parte agrícola anexa à cadeia de Monsanto, que deveria ser também incentivada.[1952] O mesmo se prevê agora residualmente para os "presos sujeitos ao regime penitenciário", que poderão ser, findos dois terços da sua pena, mas apenas tendo bom comportamento e achando-se incapazes fisicamente para trabalhar nas oficinas prisionais ou perante falta de aptidão para tal, ser "utilizados em trabalhos agrícolas nas colónias penais", mediante despacho prévio do ministro da Justiça.[1953] No entanto, a realidade prisional parecia persistir ainda alheia à pena do legislador.[1954]

Para os condenados a penas maiores, o regime penitenciário progressivo de três fases que se estabelece em 1927 para a Cadeia Nacional de Lisboa e para a designada prisão-oficina de Coimbra, como se viu, continua a incluir em todas elas trabalho obrigatório: na cela ou em comum, em silêncio ou permitindo comunicação, todos os reclusos se mantêm a coberto dessa exigência, sendo apenas desonerados por razões de saúde ou incapacidade. Acompanhando o novo regime, é instituída uma "escola profissional" na Cadeia Nacional de Lisboa, que deve fornecer não só a instrução primária elementar – com exames nos moldes gerais, resultando em diplomas "nos quais se não mencionará o local em que tiveram lugar os exames, nem se fará qualquer referência à situação penal dos examinados" – como também a preparação formal para ofícios diversos.[1955] No en-

[1952] V. artigos 2º e 26º. O regente agrícola da Colónia Agrícola de António Macieira, em Sintra, deveria aliás acompanhar regularmente os trabalhos desenvolvidos em Monsanto (artigo 8º, § 1º).

[1953] V. artigo 1º.

[1954] Em 1922 escrevia-se, com severidade: "Até agora a utilisação do trabalho dos presos tem-se mostrado ingrata. Esse trabalho não tem sido regularmente utilizado. Alem de insignificantes objectos de fantasia vendidos com o nome de «obras da Penitenciária» ou do «Limoeiro», apenas alguns móveis tôscos, como bancos, mezas de cozinha, etc., teem sido feitos. O maior rendimento tem-se obtido pela adjudicação a empresas que a tomam pagando uma bagatela e exploram depois os presos para conseguirem grandes lucros" – Luiz Guerreiro, *O Trabalho nas Prisões*, in BIC, I (1921), *cit.*, p. 86. Não obstante, o uso de mão-de-obra relcusa fora das prisões tem exemplos conhecidos, mesmo que mais tardios, datando já do final da década de 30, antes ainda do fulgor das brigadas de trabalho prisional, como anota José Guardado Lopes, *A superpopulação prisional...*, *cit.*, pp. 10 e 11: "Estas normas permitiram (...) a utilização do trabalho prisional na construção do primeiro troço da Estrada Marginal, do Estádio Nacional, e em serviços do Reformatório de Caxias". Pelo texto de João de Matos Antunes Varela, *Evolução das Instituições Penais...*, *cit.*, p. 29, pode conhecer-se uma relação de construções prisionais, de tribunais e de instalações policiais que, até 1966, contaram com mão-de-obra reclusa.

[1955] Prevendo-se desde logo as "profissões de serralheiro, carpinteiro, marceneiro, pintor, funileiro, sapateiro, alfaiate, pregueiro, construção civil, tipógrafo e para todas as demais artes e ofícios de cujas oficinas venha a ser autorizada a instalação na Cadeia Nacional de Lisboa" – v. artigo 5º do Decreto nº 14677, de 5 de Dezembro de 1927. Pelo Decreto nº 17373, de 24 de Setembro de 1929,

tanto, a comparação entre os resultados oferecidos pela colónia penal agrícola e os provindos do trabalho de tipo oficinal, designadamente o desenvolvido na Penitenciária de Lisboa, parece ser francamente favorável à primeira. O panorama em meados dos anos 20 é o de um trabalho prisional de tipo industrial genericamente improdutivo, desmotivante e financeiramente desastroso para o erário público, desempenhado por presos impreparados e sem experiência nos ofícios ou desenquadrados da sua actividade profissional anterior. Inversamente, a ligação prévia à agricultura de muitos dos reclusos poderia indiciar que esta actividade teria ainda a apresentar muitos benefícios enquanto ocupação prisional, quer para o recluso, quer quanto à sua rendibilidade.[1956]

Novo fôlego ao modelo das colónias agrícolas é dado então em 1932, decidida a construção de uma nova colónia penal em Alcoentre, que deveria ser configurada prevalentemente como de regime agrícola, e que deveria agora receber os condenados a pena de prisão maior, em alternativa ao seu envio para degredo em Angola. Assim, o degredo ultramarino seria substituído, na mesma duração, pelo trabalho de cariz agrícola, em território continental.[1957] Tardaria ainda, contudo, a abertura de Alcoentre e a sua configuração final seria discutida: este alargamento do modelo de "colónia penal agrícola" como aplicável também a conde-

vai ser incluído entre os vogais do Conselho Penal e Prisional, bem como do Conselho Superior dos Serviços Jurisdicionais e Tutelares de Menores, o director-geral dos edifícios e monumentos nacionais ou um seu representante, que deverá participar nas reuniões em que devam ser apreciadas obras a realizar em estabelecimentos penais e de correcção instalados em edifícios relativamente aos quais se careça da aprovação desta entidade – o que se justifica também pela progressiva autonomia de que gozam a Administração e Inspecção-Geral das Prisões e a Administração e Inspecção-Geral dos Serviços Jurisdicionais e Tutelares de Menores na realização de obras nos respectivos estabelecimentos, dispondo de mão-de-obra relcusa cada vez mais formada e que permite o seu desenvolvimento.

[1956] Neste sentido se manifesta Rodolfo Xavier da Silva, *Crime e prisões..., cit.*, pp. 285 a 287.

[1957] V. artigos 2º e 3º do Decreto nº 20877, de 13 de Fevereiro de 1932. No preâmbulo, lê-se: "Não é uma experiência que se tenta, o trabalho agrícola de condenados, agrupados em colónias, tem provado admiràvelmente em muitos países estrangeiros, nomeadamente na Itália e nos Estados Unidos da América do Norte. Mesmo entre nós o êxito do trabalho agrícola dos condenados é demonstrado brilhantemente pela Colónia Penal Agrícola António Macieira (...). Entende pois o Govêrno que se impõe a criação de colónias agrícolas penitenciárias, onde possam aproveitar-se o trabalho dos condenados a pena maior. E, falando-se de *aproveitamento*, quere-se [*sic*] significar a sua utilização como benefício económico geral, mas principalmente como meio de regeneração, alvo supremo a atingir. A pena perdeu o seu conceito clássico e rígido de *intimidação* para tomar predominantemente o de *reeducação*, mais real e sobretudo mais humano. E o seu carácter evoluciona logicamente da *reclusão* para o *trabalho ao ar livre*. Convém que Portugal acompanhe a evolução, caminhando em tal sentido, embora cautelosamente".

nados por crimes a que correspondessem penas maiores e não apenas a vadios e equiparados nunca seria verdadeiramente executado como tal.

A reforma prisional de 1936 procurará organizar e dar sequência e efectividade aos normativos anteriores orientados em função de uma obrigatoriedade tendencialmente generalizada de trabalho dos reclusos – parcialmente incumpridos até aí, é certo, em grande medida apenas por inadequação e incapacidade das estruturas prisionais –, agora aplicada a um novo modelo de cumprimento da pena de prisão.

O trabalho, afinal, "sempre foi uma escola de virtude", lê-se no relatório que acompanha a reforma e, como tal, todos os presos em geral devem ser encaminhados para uma ocupação[1958], à excepção eventualmente dos presos preventivos e dos presos políticos, desde que pudessem também assegurar a parte da sua sustentação na cadeia, e a quem é permitido escolher a sua actividade e dedicar-se até a "trabalhos de ordem intelectual, mesmo improdutivos".[1959]

O trabalho prisional surge em particular como elemento do quotidiano dos presos a cumprir penas mais longas, quer numa perspectiva de regeneração sócio-profissional – aprendizagem de profissão, aquisição de hábitos de trabalho –, quer expressamente como meio apto a diminuir encargos do Estado e a formar um pecúlio para a saída da cadeia, de manutenção da família ou de ressarcimento das suas vítimas. Em todo o caso, sempre como conteúdo expectável da pena de prisão.

O facto de terem desaparecido as carceragens pagas directamente aos carcereiros significou também, afinal, a criação de um "imposto" de carceragem, assumido, quando o pudesse ser, com base na remuneração do trabalho prestado pelo recluso. E que trabalho em concreto se prevê? Aqui não há verdadeiramente também novidade: o trabalho agrícola, num contexto de favorecimento do trabalho ao ar livre, coincidente com o que se afirmava ser a expectativa natural da maioria dos entrados na prisão, e a pequena indústria, à base de ofícios, em que a capacidade de gerir uma aprendizagem no contexto prisional poderia ser mais desenvolvida, são estas as actividades preferidas pelo legislador, tendo em conta, con-

[1958] Na mesma perspectiva de base cristã, Braga da Cruz assinala em 1949: "O trabalho tem de ser, para o trabalhador, a *salvação* e não a *condenação* da sua alma; é este o lema supremo que deve nortear todos os problemas que a seu respeito se levantam", apontando a identidade que se estabelece sempre entre "dignidade do trabalho e dignidade da pessoa humana". V. Guilherme Braga da Cruz, *Bases sociológicas, morais e jurídicas duma concepção cristã do trabalho*, in "Obras esparsas", vol. IV, 1ª parte, Coimbra Editora, Coimbra, 1985, pp. 120 e 121.

[1959] V. artigos 26º e 262º do Decreto-Lei nº 26643, de 28 de Maio de 1936.

forme se assinala ainda, também a necessidade de evitar a concorrência desleal com o mercado livre.

Assim, este dever de trabalho generalizado, "na medida das suas forças e aptidões", distribuído e subordinado ao director de cada prisão, sendo a sua recusa injustificada por parte do preso punida disciplinarmente, podia concretizar-se em proveito do estabelecimento ou do Estado, a modalidade preferida[1960], ou no âmbito de um contrato que fosse celebrado com terceiros e aprovado pelo Ministério. A remuneração que coubesse ao recluso seria ainda repartida entre o ressarcimento das despesas do Estado com a sua reclusão, o pagamento de uma eventual indemnização em falta, a atribuição de alimentos a dependentes, a formação de um fundo pessoal de reserva e o seu uso livre durante a pena ou medida de segurança, sendo aumentada a flexibilidade na gestão destas verbas, cujas proporções poderiam ser fixadas por cada estabelecimento.[1961]

Prevê-se portanto trabalho quer nas prisões comuns, quer nas prisões especiais, quer também nos estabelecimentos para o cumprimento de medidas de segurança desenhados pela reforma, cabendo nestes últimos expressamente as colónias agrícolas e as casas de trabalho para mendigos, vadios e equiparados e as destinadas a "alcoólicos e outros intoxicados". Ou seja, trabalho quer na cela, quer em comum. E quer no interior da prisão, quer "ao ar livre", seja agrícola, seja, por exemplo, em obras públicas, possibilidade agora novamente estabelecida, mediante autorização do ministro da Justiça.[1962]

Nas cadeias comarcãs, onde apenas estariam condenados a penas muito curtas (até 3 meses), o seu trabalho seria adequado às condições de cada prisão e às capacidades do recluso, sendo atribuído pelo responsável pela cadeia, desempenhado em regra na cela, uma vez que o seu regime previa o isolamento celular, mesmo que mitigado, mas podendo ser permitida a realização de trabalho em comum.[1963] Nas cadeias centrais, onde as penas correccionais seriam cumpridas

[1960] V., sobre este modelo de aproveitamento pelo Estado da capacidade produtiva da mão-de-obra reclusa, nos termos da reforma prisional de 1936, bem como sobre modelos alternativos aplicados à época em vários países, J. de Seabra Lopes, *Do trabalho penitenciário – Aspectos e problemas*, in BMJ, nº 97, Ministério da Justiça, Lisboa, 1960, pp. 39 ss.

[1961] V. artigo 279º.

[1962] V. artigo 270º. O grande impulso ao trabalho dos reclusos fora dos redutos prisionais, dado posteriormente pelas próprias exigências de reforma das instalações prisionais e judiciárias entre as décadas de 40 e 60, concretizada em grande medida incorporando mão-de-obra prisional, que se organizou em campos de trabalho e em brigadas de trabalho, encontrou depois previsão legal no Decreto nº 34674, de 18 de Junho de 1945.

[1963] V. artigos 36º e 37º.

(até 3 anos), sujeitas a um regime prisional progressivo, era admitido o trabalho em comum, após a fase de isolamento contínuo inicial.[1964] As penitenciárias receberiam os presos condenados a penas maiores (superiores a 3 anos), igualmente sujeitos a regime progressivo, e o trabalho repartir-se-ia igualmente pela cela ou por instalações de trabalho em comum, de acordo com o período de execução de pena e as características dos reclusos.[1965]

Actualizando o regime estabelecido na legislação de 1912, a reforma mantém também a previsão de casas de trabalho, de tipo industrial, e de colónias agrícolas. Estas últimas, contudo, são destinadas apenas a mendigos, vadios e equiparados – de lá são retirados os reincidentes, classificados agora como delinquentes habituais e, como tal, de "difícil correcção" –, em cumprimento de uma medida de segurança de internamento, após o cumprimento de pena em cadeia comum ou, no caso de condenados apenas por delitos de vadiagem, a cumprir a pena de prisão decretada.[1966]

Trabalho como parte de um programa de pena aproveitada pelo Estado e de reeducação prisional, mas também, em contrapartida, como elemento de caracterização de uma pena segmentada. "A acção educativa provirá sobretudo do trabalho, não sendo contudo de contar muito com os seus resultados", escrevia-se – recorde-se –, no preâmbulo da reforma, a propósito dos "criminosos de difícil correcção": para estes, ao contrário dos demais, o trabalho exigido, de conteúdo modelado em função das circunstâncias e da avaliação das características e do comportamento do recluso, surge ainda como essencialmente punitivo e qualquer intencionalidade de futuro na prescrição de trabalho é vista, pois, como meramente incidental.[1967]

[1964] V. artigo 47º.

[1965] V. artigos 63º e 67º.

[1966] V. artigos 155º e 156º. José Beleza dos Santos, *Nova organização prisional..., cit.*, p. 2, escreve em 1947, a propósito da alteração no envio dos reincidentes: "(...) A Colónia Agrícola de Sintra, onde à sombra da Lei de 1912 se executava uma medida de segurança para vadios e pluri-reincidentes em regime de trabalho ao ar livre e de branda coacção, tem mostrado claramente que, para se obterem bons resultados, é preciso recrutar os seus elementos prisionais entre os delinquentes melhores e que para os *habituais ou profissionais endurecidos* é de aconselhar um estabelecimento diverso...". Sobre as diferenças entre o diploma de 1912 e a reforma de 1936 e sobre a justificação desta diferença de tratamento, v. o texto de Beleza dos Santos, *Delinqüentes habituais..., cit.*, in RLJ, em especial ano 71º, nºs 2615 a 2619, pp. 33 a 98, sustentando, havendo dúvidas na jurisprudência, a revogação do regime de 1912 através da aprovação do Decreto-Lei nº 26643, de 28 de Maio de 1936.

[1967] Cavaleiro de Ferreira, em 1938, destacava também o acolhimento distinto que *colónias* e *prisões* deveriam oferecer, as primeiras mais aptas para "passivos", num regime de maior abertura, as segun-

§ 2º Os menores na prisão

A necessidade de uma protecção específica dos menores, particularmente dos órfãos, é uma ideia presente no direito português desde um período recuado. Imediatamente no Livro de Leis e Posturas, recolhe-se uma lei[1968], sem data, que trata da "titoria dos orfaaos", prevendo-se a atribuição pelos alvazis de "curador ou tutor que aguarde elles e hos ses bens e hos seus aueres". Este tutor deveria preferencialmente ser um familiar próximo, desde que maior, "cordo e de boo testemunyo" e com recursos suficientes para lhes prover, ou um homem bom nas mesmas circunstâncias, devendo proteger qualquer património que o órfão tenha por herança, até à sua maioridade. Todavia este menor, a cujo destino dos bens interessa manifestamente prover, não é ainda o menor delinquente, o qual apenas em período posterior será juridicamente enquadrado de forma distintiva, valorando a sua recuperação moral e o seu regresso a um percurso fora do crime.

Neste contexto, as Ordenações Filipinas vêem estabelecido um regime mais benévolo na aplicação das penas para os menores de 20 anos, podendo o julgador "diminuir a pena" caso o entenda conveniente, atendendo ao "modo com que o delicto foi commetido, e as circumstancias delle, e a pessoa do menor", e determinam mesmo a obrigação de substituir a pena de morte que coubesse aplicar por outra "menor pena", caso se tratasse de um menor de 17 anos.[1969] Por outro lado, a lógica conhecida de povoamento colonial através do degredo encontra-se também aplicada aos menores – como no caso dos "moços vadios que na Ribeira de Lisboa andão a furtar bolsas", que, reincidindo, seriam degredados para o Brasil.[1970] No século XIX e mesmo no século XX, o envio colonial, designadamente de menores vadios ou sob tutela, será ainda tema de debate e uma das soluções para a pequena delinquência na metrópole.[1971]

das para "enérgicos", com um regime de segurança, pensando nos agora categorizados criminosos de "difícil correcção", não sem notar, o que era uma prevenção prudente e pouco habitual perante o ardor classificatório em voga, que "as próprias noções fundamentais de personalidade, temperamento e carácter não foram ainda definidas com precisão, de sorte que os resultados dos caracterólogos impressionam pela sua diversidade" – Manuel Cavaleiro de Ferreira, *Os criminosos..., cit.*, pp. 54 e 55.

[1968] LLP, *cit.*, pp. 110 a 112.

[1969] OF, l. V, t. 135º.

[1970] OF, l. V, t. 132º, § 6º.

[1971] Em 1855, o Governador interino de Moçambique, Joaquim Pinto de Magalhães, pede ao Ministério dos Negócios da Marinha e e Ultramar que, dada a necessidade de "completar os quadros das Repartições civis d'aquella Provincia" e para "suprir a falta que ali havia de gente habilitada para

Melo Freire, no seu projecto de Código, manteve o modelo das Ordenações, considerando expressamente que os "infantes são incapazes de todo o delicto e pena", pensando aqui nos menores de 7 anos. Para aqueles que ultrapassassem esta idade, considera que, "sabendo o que fazem, commettem delicto e (...) devem ser punidos segundo a sua malicia e conhecimento", uma base de imputação que será mantida – e desde logo os *impuberes* maiores de 7 anos, num contexto de puberdade iniciada aos 14 anos e maioridade aos 25.[1972] Adiante prescreve que, se os maiores de 20 anos devem receber a pena "ordinaria do delicto", aos mais jovens cabe aplicá-la "com respeito á sua idade e malicia".[1973] Noutro texto, não deixa de assinalar que os "expostos, órfãos e desamparados" devem ser recolhidos nas "casas pias", as mesmas que devem recolher também "os pobres" – não mais afinal do que casas de trabalho, já que "nellas se exercitarão os pobres nos trabalhos corporaes, segundo as suas forças, idade e aptidão".[1974-1975]

exercer empregos do serviço publico", lhe possam enviar alguns alunos da Casa Pia de Lisboa para ocupar esses lugares, o que lhe é deferido pela Portaria de 13 de Março de 1855, sendo enviados 5 alunos, devendo o Governador tomá-los "debaixo de sua particular protecção", "afim de que elles possam ser uteis ao Estado e a si proprios". Tal envio repete-se, *v.g.*, em 1857, recebendo os 10 alunos remetidos, agora para Angola (Moçâmedes), terrenos para cultivo (v. Portaria de 27 de Fevereiro de 1857). São aliás acompanhados por um grupo de colonos de nacionalidade alemã, a quem é autorizada a constituição de uma aldeia de nome "Krus". E, no mesmo ano, mais 9 alunos são enviados para "banda militar do batalhão de infantaria de Loanda" (Portaria de 28 de Fevereiro). O regime da colónia de Vila Fernando, aberta já em 1895, prevê também a possibilidade de envio de um menor para o Ultramar, findo o seu período de internamento.

1972 Paschoal José de Mello Freire, *Codigo Criminal..., cit.*, p. 3. V. também as *Provas* publicadas em anexo, p. 4.

1973 *Idem, ibidem*, p. 9. Ou seja, num primeiro preceito estabelece-se uma previsão de inimputabilidade para os menores de 7 anos e, num segundo momento, uma regra de atenuação da pena para os menores de 20 anos.

1974 E "se a casa não poder sustentar todos os expostos, que se appresentarem, a policia os mandará para alguma visinha, que for mais rica (...) a fim de que estes innocentes não pereção e sejão educados (...)" – Paschoal José de Mello Freire dos Reis, *O Novo Codigo..., cit.*, pp. 137 e 142 e 143.

1975 Pelo Decreto de 14 de Abril de 1836, visa-se a criação de um "asylo de mendicidade" em Lisboa, público, no Convento dos Capuchos, para onde deveriam ser remetidos os pedintes da cidade, e designadamente os menores de ambos os sexos, "sendo orfãos desvalidos ou abandonados, que vaguearem sem amparo pelas ruas e praças publicas", entre 2 e 6 anos, "sendo entregues ao cuidado de mulheres ahi recolhidas" (§ 1º do artigo 3º). Os menores entre 6 e 12 anos, nas mesmas circunstâncias, seriam reenviados para a Casa Pia (§ 2º). Neste asilo efectivamente esperava-se que os mendigos adultos, sendo "sãos e robustos", fossem usados no "serviço da agricultura, obras de estradas e outros trabalhos", bem como no serviço interno da instituição (artigo 4º). Sobre esta instituição, alargado o seu público ao longo do século, v. Eunice Relvas, *Esmola e degredo..., cit.*, pp. 87 ss. A mesma autora destaca ainda a criação do Albergue Nocturno de Lisboa, em 1881, entidade privada, sob o

O Código Penal em 1852 irá prever a impossibilidade de aplicação da pena de morte a menor de 17 anos, substituída no caso por prisão perpétua com trabalho. A mesma substituição ocorre quando devesse ser condenado a trabalhos públicos, com a prisão a ter duração prevista para aquela pena.[1976] Como se viu atrás, a idade mínima de imputabilidade penal é fixada em 7 anos, devendo contudo os menores delinquentes entre os 7 e os 14 anos, consoante o seu "discernimento", ser encaminhados para os seus pais ou tutores, para "casa de educação" ou serem efectivamente punidos com prisão, com trabalho ou simples, em caso de caber pena maior ao crime praticado, ou, no caso de pena correccional, veriam a pena ser aplicada de forma atenuada – "não sera maior do que a metade da que deveria impor-se" caso se tratasse de maior de 14 anos.[1977] Ou seja, na prática, havendo lugar à aplicação de uma pena ao menor, esta deveria resultar em prisão. O Código previa ainda, como circunstância atenuante geral, a menoridade de 20 anos[1978], o que, em regra, apenas reduziria a duração da pena que fosse decretada.

Na versão de 1886, na sequência da reforma penal de 1884, o limite de imputabilidade penal passa para os 10 anos, mantendo-se ainda para os menores entre os 10 e os 14 anos, agindo "sem discernimento", um regime equiparável, mas com distinções, dado o funcionamento à época de duas novas realidades – a consequência da prática de um crime seria o encaminhamento para seus pais ou tutores ou para "estabelecimento de correcção, ou colonia penitenciaria, se a houver no continente", sendo contudo a preferência legal que pudessem os menores ficar

patronato do rei D. Luís (pp. 47 a 49). Sobre o acolhimento de menores na Casa Pia entre 1780 e 1807, v. igualmente Arnaldo Brazão, *Protecção aos menores delinquentes. Marcha evolutiva da legislação portugueza*, separata do Boletim do Instituto de Criminologia de Lisboa, Tip. da Cadeia Penitenciária, Lisboa, 1932, pp. 4 a 6.

A criação do "Asylo de D. Maria Pia", em Xabregas, operada pelo Decreto de 14 de Março de 1867, socorre-se ainda do diploma de 1836, mesmo se aqui se prevê a instituição de duas secções separadas, uma como "casa de asylo" outra como "casa de detenção e correcção". Nesta última deveriam ser recolhidos os "menores desamparados até dezoito annos de idade qie se encontrarem divagando por qualquer ponto do districto" (nº 2 do artigo 6º), a quem deveriam ser dada ocupação apropriada e "ensino elementar (...), alem da instrucção moral e religiosa, a que sempre se attenderá mui particularmente" (artigo 14º). Em todo o caso, um novo destino deveria ser rapidamente procurado para estes menores, fosse em estabelecimentos de caridade, fosse em "casas ou officinas particulares, com intervenção dos juizes orphanologicos" ou das autoridades administrativas ou "associações de beneficiencia".

[1976] V. artigos 70º e 71º.

[1977] V. artigo 73º.

[1978] V. artigo 20º.

a cargo da família ou de tutores.[1979] As penas aplicáveis a menores de 14, 18 e 21 anos no momento da prática do crime beneficiavam também de regras especiais de atenuação.[1980]

No relatório publicado em 1859, Sousa Azevedo elogia de forma determinada o modelo das colónias agrícolas desenvolvido em vários países para acolhimento dos menores delinquentes ou daqueles cuja formação não seria assegurada pelas famílias.[1981] Também este modelo, segundo reporta, nascido nos Estados Unidos, tem em estabelecimentos criados em França, na Suíça, na Bélgica e em cidades alemãs sucedâneos que servem de bons exemplos. A colónia agrícola de Horn, perto de Hamburgo, e a colónia francesa de Mettray são aquelas que lhe despertam mais entusiasmo.

Esta colónia agrícola de Mettray, que conhece aliás uma réplica na Holanda, foi aberta em 1840 e esteve em funcionamento até 1937. Foucault já salientou l argamente a sua importância – evoca mesmo a sua abertura, a 22 de Janeiro de 1840, como o momento em que se completou a "formação do sistema carcerário", pelo modelo de intensidade disciplinar que a colónia representou[1982] e pela sua associação a formas mais elaboradas de controlo social, ao funcionar também, na "fronteira da penalidade estrita", recebendo menores por indicação paterna ou delinquentes inimputáveis em razão da sua idade.[1983] Deve a sua instituição a

[1979] V. artigos 48º e 49º.

[1980] V. artigos 107º a 109º. Sobre este percurso na legislação nacional do século XIX, pode ver-se Beleza dos Santos, *Regime jurídico dos menores delinquentes*, in BFDUC, vol. VIII (1923-1925), Coimbra Editora, Coimbra, 1926, pp. 154 a 162.

[1981] "As colonias agricolas são o epilogo, n'este século, da reforma penitenciaria. O seu espírito humanitario e religioso, a sua tendencia moralisadora, o auxilio á agricultura, têem adquirido para estes estabelecimentos o alto conceito que merecem. As casas correccionaes, separando os mancebos dos adultos, preencheram uma forte necessidade, mas não podiam debaixo de outros pontos de vista completar a obra da educação (...)" – Manuel Thomaz de Sousa Azevedo, *Relatório..., cit.*, 1859, p. 141. O modelo de colónia agrícola para menores estava também presente no projecto de Código de 1861.

[1982] Michel Foucault, *Surveiller..., cit.*, p. 343.

[1983] "On a vu que la prison transformait, dans la justice pénale, la procédure punitive en technique pénitentiaire ; l'archipel carcéral, lui, transporte cette technique de l'institution pénale au corps social tout entier", escreve *idem, ibidem*, p. 349. Para Foucault, todas as novas "instituições carcerárias" comungam – e só podem comungar – do mesmo ideal, dulcificando e tornando comum e aceitável a punição e a disciplina: "Entre la dernière des institutions de «redressement» où on est recueilli pour éviter la prison, et la prison où on est envoyé après une infraction caractérisée, la différence est (et doit être) à peine sensible. (...) Le carcéral «naturalise» le pouvoir légal de punir, comme il «légalise» le pouvoir technique de discipliner" (p. 354).

Frédéric-Auguste Demetz, o jurista que conheceu em primeira mão as inspirações penitenciárias norte-americanas e que serviu como inspector-geral das prisões francesas desde 1838, o qual, após visitar uma colónia em Hamburgo, procurou criar uma instituição com fins semelhantes no seu país, encontrando como seu co-fundador o visconde de Brétignières de Courteilles.

Mettray é assim uma instituição privada, recebendo uma subvenção pública, e que acolhe menores do sexo masculino enviados pelos tribunais "por falta de discernimento", a maioria dos quais condenados por crimes de furto. Com 300 hectares de terra, o seu método baseia-se no trabalho agrícola e na vivência "em família", já que os menores, segmentados por idades, são integrados em pequenos grupos, em torno de um "chefe de família", muitos deles antigos frequentadores da colónia, com uma vivência em grande medida independente, mas cumprindo regras comuns de disciplina.

A descrição contemporânea de Mettray devida a Sousa Azevedo é declaradamente optimista – Foucault, por seu turno, não deixará necessariamente de assinalar que esta instituição, onde a família, a escola, a prisão, o estilo militar e a oficina se fundem, é a mais perfeita "ortopedia da individualidade", onde os próprios tutores eram formados à luz do mesmo modelo que os detidos.

Outro português, Aires de Gouveia, visita também a colónia de Mettray, em 1859, enquanto destino incluído no seu périplo por instituições punitivas na Europa. Mettray parece-lhe igualmente perfeita.[1984] Acolheria ao tempo da sua visita 697 rapazes, entre os 7 e os 20 anos. A par da actividade agrícola, destacava o português igualmente a formação em ofícios e o trabalho de tipo fabril, para o que conta a colónia com diversas oficinas. E, já na década de 1880, a colónia francesa surge ainda nos textos nacionais como um espaço onde – o que não é pouco – se operavam "milagres".[1985]

Entre nós, contudo, até aos anos 70 do século XIX, os menores delinquentes encontravam-se repartidos em Lisboa pelas grandes prisões históricas da cidade, o Aljube, que servia também de prisão feminina, no caso dos mais jovens, e o Limoeiro, onde menores, homens e mulheres eram alojados. No resto do país

[1984] "O trabalho produz-se com alegria, os regimentos obedecem-se com vontade. A sujeição esconde-se com as flores; o espirito crê-se livre nos ferros enflorados, porque os olhos vão até o céu. Basta lembrar-se, que sem a costumada bayoneta, sem muralhas altissimas, mas só com brandura na disciplina e sebes de buxo e rosas, nenhum se evade e nestas edades, em que o conselho parece ordem, e a ordem despotismo incomportável!", anota na sua *Resenha...*, *cit.*, p. 206.

[1985] João da Silva Mattos, *op. cit.*, p. 170. O autor descreve também minuciosamente o regime educativo de Mettray (pp. 160 a 170).

partilhariam igualmente o cárcere com os demais reclusos.[1986] A criação da Casa de Correcção em Lisboa, contudo, apenas irá minorar a escala da entrada dos menores nas prisões comuns da capital.[1987] O mesmo ocorrerá com a criação da instituição equivalente na cidade do Porto, no ano de 1902.[1988]

A instituição da Casa de Detenção e Correcção da comarca de Lisboa, aprovada pela Lei de 15 de Junho de 1871, e ainda designada como "cadeia civil", prevê como seus ocupantes (artigo 1º) os menores de 18 anos em processo e não afiançados, bem como os condenados a prisão correccional, e os menores de 14 anos que tenham sido condenados "a qualquer pena". A par destes, seriam também aí recolhidos os menores presos à ordem da "auctoridade administrativa" bem como os que fossem detidos para efeitos disciplinares, por indicação paterna, nos termos do Código Civil.[1989] Os menores entrados na casa que entre-

[1986] Mesmo sendo conhecidas algumas iniciativas, mais ou menos institucionais, anteriores à criação da Casa de Correcção em Lisboa, que procuram acorrer a menores, delinquentes, vadios ou meramente desamparados, como, no Porto, o Asilo dos Rapazes Adidos à Calcetaria (1837), ou já em 1880, a Oficina de São José ou o Instituto Penitenciário de Beneficência e Caridade (1894), de que fala Maria José Moutinho Santos, *A sombra...*, *cit.*, pp. 162 e 173 a 176.

[1987] Ainda em 1901, na aprovação de novo regulamento para Vila Fernando, se reconhece, no relatório do Decreto de 17 de Agosto, que, "para os menores delinquentes existem as instituições officiaes da Casa de Correcção em Lisboa, fundada em 1871, e a Escola Agricola de Villa Fernando (...)", as quais "não teem, porem (...), capacidade sufficiente para receber a totalidade dos presos, que por isso são recolhidos, em grande numero, nas cadeias do Limoeiro e da Relação do Porto" (in COLP, 1901, p. 376).

[1988] Entre os menores desamparados e os menores delinquentes, a fronteira era necessariamente ténue, também num contexto de criminalização da vadiagem. "Não esqueçamos que a lei previa que um menor detido por vadiagem fosse entregue à Câmara Municipal do seu concelho para esta prover ao seu sustento (...). Ora as Câmaras Municipais recusavam-se frequentemente a subsidiar essas crianças, por falta de verbas nos seus orçamentos para esse fim, pelo que as remetiam à autoridade administrativa para lhes dar destino; por sua vez, esta punha-as em liberdade por não ter onde as deter, nem meios para o seu sustento. O resultado final é que muitas apenas encontravam abrigo na cadeia", escreve Maria José Moutinho Santos, *ibidem*, p. 168. A Casa de Detenção e Correcção do distrito do Porto é criada pela Lei de 17 de Abril de 1902.

[1989] V. artigo 143º do Código Civil (1867), prevendo a possibilidade de reclusão disciplinar em "casa de correcção", perante filho "desobediente e incorrigível", por período não superior a 30 dias, por indicação paterna e decisão judicial. Nos termos do artigo 224º, nº 12, a mesma intenção por parte de um tutor carecia de autorização do conselho de família. A par dos menores indisciplinados, o Código Civil tutela ainda os menores expostos e abandonados, bem como os "filhos de pessoas miseraveis" – v. artigos 284º ss. –, num modelo em que se destaca efectivamente a responsabilidade das câmaras municipais, em especial para os menores de 7 anos. O uso das instituições de detenção para correcção paterna encontra-se em vários espaços europeus. No final do século XVIII, Howard apre-

tanto perfizessem 18 anos deveriam manter-se em reclusão até ao termo da pena prescrita.

Para os menores condenados por decisão judicial, o trabalho, "regulado conforme forças, idade e capacidade dos indivíduos" (artigo 5º), seria sempre obrigatório, apenas o sendo para os demais quando fossem sustentados pela casa de detenção e correcção. Um terço do seu rendimento pelo trabalho seria remetido a um fundo de reserva. Os menores seriam divididos por classes ou categorias, de acordo com a sua idade e gravidade dos crimes ou motivos de reclusão.

Prevê-se também neste diploma, desde logo, a possibilidade do Ministério Público, de quem a administração directa da Casa depende, promover a "liberdade provisória" dos reclusos condenados, chegados ao cumprimento de dois terços da pena, devendo ser esta especialmente ponderada em caso de "irreprehensivel comportamento" do menor (artigo 11º).

Em 1892, descreve-se detalhadamente esta Casa de Correcção de Lisboa[1990], situada no antigo Convento das Mónicas. A sua criação em 1871, "por instancias dos srs. Conselheiros Faria Azevedo e Henrique O'Neill", havia resultado da conversão deste antigo convento – um espaço fixado no diploma instituidor de 1871 – numa prisão para menores de 18 anos, após obras em que se empregaram "alguns presos do Limoeiro". No dia 19 de Outubro de 1871 ali davam entrada os rapazes até então mantidos no Aljube e, um ano depois, em 20 de Outubro de 1872, os demais reclusos provindos da prisão do Limoeiro. Para além dos menores criminosos, também órfãos e vadios eram recolhidos na Casa. No Aljube seriam até então mantidos os menores de 14 anos, numa ala separada, enquanto os de mais idade entrariam directamente na prisão masculina do Limoeiro, situação que levava a que se pudesse dizer que "os delinquentes saíam piores do que entravam e a sentença condenatória, do ponto de vista da emenda, tinha um efeito contrário".[1991]

Na Casa de Correcção funcionavam diversas oficinas onde se empregavam os menores reclusos e havia aulas de "instrucção elementar", da responsabilidade do capelão, e ainda formação em música. Entre as oficinas em funcionamento em 1892, contavam-se as de sapateiros, carpintaria, alfaiataria, pedreiros, esparteiros

senta uma particularidade engenhosa das instituições alemãs: "One often sees the doors of sundry rooms marked *Ethiopia, India, Italy, France, England,* &c. In those rooms, parents, by the authority of Magistrates, confine for a certain term dissolute children: and if they are inquired after, the answer is, the are gone to *Italy, England,* &c." – John Howard, *The state of the prisons..., cit.*, p. 106.

[1990] Manuel Pedro de Faria Azevedo, *Casa de Correcção*, Imprensa da Universidade, Coimbra, 1892.

[1991] António de Azevedo Castello Branco, *Notice..., cit.*, p. 29 (tradução nossa).

e oleados, tendo funcionando também, nos anos anteriores, oficinas de tecelagem, trabalhos tipográficos, torneiros, marceneiros, cordoeiros e de artigos militares, ao que consta com mestres recrutados de entre os reclusos da prisão do Limoeiro...[1992] A aula de instrução elementar era obrigatória para todos os reclusos e, no mais, estes repartiam-se pelas oficinas ou pela horta de acordo com a sua aptidão.

O procurador régio Manuel Pedro de Faria Azevedo destaca que o tempo de permanência dos menores na Casa seria habitualmente curto, o que impediria uma formação mais completa, mas "ainda assim, é grande o numero dos que, tendo alli aprendido officio, ganham honradamente os meios da sua subsistência".[1993] De acordo com os números que oferece, verifica-se que, no ano de 1891, dos 652 menores que deram entrada na Casa, 242 ali passaram apenas entre 1 e 10 dias e o número total de rapazes que ficou em reclusão por um período inferior a 60 dias foi de 497. Era assim residual o número de condenados que passaria mais de dois meses nesta prisão de menores, espaço marcado pela grande rotatividade dos seus ocupantes.

O quotidiano da prisão é de estilo militar[1994] – "todos os signaes, desde a alvorada ate o silencio, são feitos por toques de corneta ou clarim". A alimentação é fornecida "pelo regimento de infantaria nº 5 e pela padaria militar; os reclusos comem peixe duas vezes por semana e carne três". Para mais, afiança o procurador, "a comida é abundante e bem feita".

Após a entrada de um novo recluso, este passa os primeiros dias na prisão do "1º pavimento", recebendo um banho geral e vestuário, após o que é destinado, "em harmonia com a sua edade", às instalações do "segundo e terceiro pavimentos". A ocupação diária inicia-se às quatro horas da manhã, hora do

[1992] V. Maria José Moutinho Santos, *A sombra...*, *cit.*, p. 166.

[1993] Manuel Pedro de Faria Azevedo, *Casa...*, *cit.*, p. 5. Castello Branco destaca igualmente, no seu relato de 1888, que os menores cultivam os terrenos em torno do edifício e são "exercitados nas manobras de marinha num pequeno navio construído num terreno adjacente ao estabelecimento" (tradução nossa) – p. 29.

[1994] O que, contudo, não é necessariamente elogiado por todos. O juiz António Ferreira Augusto, *Alienados Criminosos...*, *cit.*, p. 61, é claro na condenação do regime militar aplicado aos estabelecimentos de menores: "Não queremos que as casas de correcção sejam campos de manobras, onde se ensine a marchar a toque de tambor e de corneta; nem a fazer exercício com armas de pau e espadas de folheta. Isto é ridículo para não dizermos comico (...). Menos tambores, mais educação profissional! (...) Aos internados naquelles estabelecimentos deve-se-lhes procurar incutir o gosto pelo trabalho e ministrar-lhe uma educação profissional; querem assentar praça, ensinem-lhes um officio e mandem-nos para o exercito".

despertar, seguindo-se um período de trabalho até às oito horas. O almoço é servido às 8h30, seguindo-se a continuação do trabalho nas oficinas e um período para aulas. O jantar é às 16h00 e segue-se ainda um período de trabalho, terminado uma hora antes do recolher obrigatório, pelas 19h30. Pelo trabalho dos reclusos é paga uma remuneração – "conforme o seu zelo e assiduidade ganham desde 10 a 120 réis por dia", entregue aos sábados e sem destino pré--determinado.

Era possível a um jovem recluso dar entrada na Casa de Correcção "à disposição do Juizo Criminal ou Civel que para lá os envia, ou á do Governo Civil ou da Procuradoria Regia".[1995] Alguns terminam a sua pena, mas continuam a viver na Casa, "por não terem família ou para concluírem a aprendizagem do officio que haviam encetado".

Entre 1871 e 1892, de acordo com os números apresentados[1996], sabe-se que deram entrada na Casa de Correcção 7101 rapazes. Em 31 de Agosto de 1892 aí estavam reclusos 150 menores. A duração média do seu período de reclusão variava agora entre os 116 dias em 1889 e os 140 dias em 1891. A grande maioria dos reclusos era analfabeta e estava ali por determinação do tribunal. O número de órfãos era também muito relevante – em Dezembro de 1891, dos 161 reclusos, 43 eram órfãos de pai e mãe.

Entre os crimes praticados em 1891 que justificavam a prisão dos menores, avultam o furto (162 crimes), a vadiagem (105), o uso de arma de arremesso (131) e as ofensas corporais (52).[1997]

Olhando os resultados financeiros das oficinas, verifica-se que todas elas apresentavam um nível de receitas superior ao das despesas envolvidas. Na oficina de sapateiros, enquanto as despesas de 1891 foram de 917$338 as receitas chegaram a 1:160$540. O mesmo é válido para a lavandaria, a oficina de esparteiros, a alfaiataria, a "cerca" (a produção de produtos hortícolas nos terrenos da Casa) ou a oficina de oleados.

Pelos relatórios podem verificar-se os produtos produzidos pelos reclusos, alguns deles destinados ao consumo da própria Casa de Correcção ou da prisão

[1995] Manuel Pedro de Faria Azevedo, *Casa..., cit.*, p. 5.

[1996] No final do texto, o autor apresenta diversos quadros com elementos quantitativos sobre o funcionamento da Casa de Correcção (pp. 7 ss.).

[1997] Mas também se encontram referências a agressões à polícia, assuada, burla, danos, desobediência, emigração clandestina, ferimentos, estupro, fogo posto, homicídio, injúrias, introdução em casa alheia, jogo proibido, ofensas à moral, porte de armas, remição de custas e 11 menores sem crime praticado, bem como 3 menores que foram colocados na Casa de acordo com a "correcção paterna".

[1998] *Idem, ibidem*, pp. 10 a 15.

do Limoeiro, bem como à venda a particulares, e o nível de produção. No ano de 1891, na oficina de sapateiros, produziram-se "83 pares de chinellas, 405 pares de sapatos de vitella, 7 pares de sapatos de polimento, 11 pares de sapatos de cordovão, 13 pares de botas de pellica, 15 pares de botas de vitella, 7 pares de botas de cordovão e 444 concertos diversos". Na oficina de esparteiros, produziram-se "597 capachos, 530 vassouras, 2163 escovas e 253 paissavas", enquanto na oficina de alfaiates se fazia o feitio de "773 pares de calças, 199 blusas e o concerto de 18:645 peças".[1998]

Anos antes, em 1877, um dos médicos a quem estava atribuído serviço nas cadeias civis de Lisboa e, em particular, na Casa de Correcção, Joaquim António de Oliveira Namorado, deixa por escrito algumas notas sobre esta instituição. Assenta em primeiro lugar na necessidade de estendê-la aos menores do sexo feminino que, ao tempo, não beneficiam ainda de qualquer entidade específica de acolhimento "correctivo".[1999] Mas, quanto à Casa existente, para menores do sexo masculino, lamenta também a insuficiência e desadequação das instalações, por não terem sido construídas de raiz, na perspectiva de um médico.[2000] A Casa deveria então "passar para um edificio onde as salas sejam mais altas e espaçosas, em que a ventilação se estabeleça pelo melhor systema, onde a luz penetre com a máxima facilidade", não pelo conforto associado, mas pelas condições de salubridade assim conseguidas. Também o modelo de distribuição do trabalho pelos menores é criticado, uma vez que não tomará em consideração a saúde e pro-

[1999] Joaquim António de Oliveira Namorado, *Algumas Considerações sobre a Casa de Correcção e Cadeias Civis de Lisboa*, Imprensa de J. G. de Sousa Neves, Lisboa, 1877. A pp. 9 escreve: "(...) não se diga que o sexo masculino é privilegiado pela sociedade, ou que o sexo feminino é privilegiado pela naturesa que porventura lhe tenha concedido immunidade para a depravação e para o crime. Não façamos excepções d'esta ordem n'um paiz que aspira a ser contado no numero dos civilisados. Todos sabem que as raparigas pobres muitas vezes luctam entre forças diversas. (...) É para essas jovens que quizeramos protecção e garantia nas leis sociaes, já evitando a torpe exploração no trabalho das officinas, já recolhendo-as em estabelecimentos próprios, onde nos primeiros annos de vida se lhes desse conveniente educação, já instituindo casas de correcção, onde fossem abrigadas aquellas que a sociedade não poude salvar do abysmo. Sabemos que ha grandes difficuldades de recolher um cego, um invalido etc., em qualquer asylo. Os concorrentes são muitos e os asylos são poucos."

[2000] "As condições hygienicas do alludido edificio não são as que devem realisar-se nos que se construem com aquelle proposito. Entre nós succede que se deplora o capital gasto com a edificação de um hospital, de um asylo, de uma escola, de uma creche, de uma casa de correcção, de uma cadeia; e operam-se os maiores esforços para aproveitar as casas já existentes, fazendo-lhes os competentes reparos. Resulta d'ahi que a obra fica sempre rachitica (...)" – *idem, ibidem*, p. 11.

pensões hereditárias do interno, mas apenas a sua apetência para este ou aquele ofício.[2001]

Exercício físico, alimentação variada e abundante e "passeios n'um ar puro e vivificante", são outros dos conselhos deixados, nomeadamente para evitar "a tisica, a escrophula e o scorbuto", "nos paizes onde as estatisticas se tem feito, as doenças que mais dominam nas casas centraes de detenção".

A necessidade de concretizar formas específicas de acolhimento e reeducação dos menores delinquentes, que os afastasse da prisão comum, era notória. O projecto de Código de Levy Maria Jordão, em 1861, já o previa. Barjona de Freitas, em 1875, nomeia uma comissão para estudar a criação de casas de correcção e colónias agrícolas para menores[2002], que vai seguir atentamente os debates sobre a matéria do congresso penitenciário de Londres, de 1872, e preparar um projecto.[2003] Em 1888, é apresentado na Câmara dos Deputados um diploma do então ministro Veiga Beirão para a criação de três casas de correcção (em Lisboa, Porto e Ponta Delgada) e uma colónia agrícola para menores, nos arredores de Lisboa, que, a par dos delinquentes, procura solucionar também a situação dos menores de 18 anos classificados como "vadios" através de uma pena específica de "reclusão", e que segue o essencial das propostas da comissão instituída na década anterior.[2004] Esta proposta, sucessivamente apresentada até 1893, não chegará contudo

[2001] "Quando o menor entra, o medico deve immediatamente observal-o, e dar opinião sobre a industria em que póde exercitar-se" (p. 12).

[2002] Nomeada por Decreto de 11 de Março de 1875, pressupunha o sentido de fazer acompanhar a implementação do sistema penitenciário de instituições igualmente adequadas para os menores delinquentes ou voluntariamente apresentados pelas famílias para correcção, ou seja, desde logo, "colonias penitenciarias agrícolas á similhança da de Mettray, em França", conforme se lê no seu proémio, novas casas de correcção e sociedades de patronato. Eram seus membros Martens Ferrão, procurador-geral, que presidia; Henrique O'Neill; Tomás Ribeiro; Manuel Pedro de Faria Azevedo e António Augusto Teixeira de Vasconcelos.

[2003] A comissão "desempenhou-se dignamente do seu encargo, propondo alguns alvitres práticos no sentido de melhorar e ampliar a instituição que fora creada por aquella lei (...) de 1871", conforme se afiança na *Revista dos Tribunaes* – v. *Casa de Correcção*, in RT, ano 6º, nº 137, 1887-1888, Typographia de Manoel José Pereira, Porto, 1888, p. 257. Perpassa neste texto uma clara associação entre a insuficiência de tratamento dos menores e o aumento da reincidência, necessariamente a ser contida – e uma "casa de correcção será, devidamente organisada, um poderoso auxiliar para chegar a este resultado" (p. 258).

[2004] V. *Diario da Camara dos Senhores Deputados*, nº 57, 1888, pp. 328 ss. Sobre as vicissitudes desta proposta "nº 13-B", v. Filomena Bandeira, *A formação da rede nacional de estabelecimentos judiciais de internamento para menores – Cartografia de complexos arquitectónicos, estratigrafia de políticas e programas*, in "Arquitectura de serviços públicos...", *cit.*, pp. 58 a 60.

sequer a ser debatida na câmara. Quanto às instituições, são no entanto estabelecidas a casa de correcção nos arredores de Lisboa e, mais tarde, a casa de correcção no Porto, a par da colónia agrícola de Vila Fernando, em Elvas, prevista na lei desde 1880, recebendo esta, em primeira linha, menores vadios ou mendigos.

A casa de correcção masculina de Lisboa irá abandonar as instalações das Mónicas, mas apenas em 1905. Aquelas instalações, contudo, seguirão com as mesmas funções, mas agora para receber exclusivamente menores do sexo feminino.[2005]

A "Casa de correcção e detenção de Lisboa" reformada, para menores do sexo masculino, instituição agora colocada no âmbito do Ministério dos Negócios Eclesiásticos e de Justiça e não da Procuradoria Régia de Lisboa, é instalada nos arredores da cidade, em Caxias, no antigo convento da Cartuxa de Laveiras. Paralelamente à colónia agrícola correccional de Vila Fernando, é nesse momento o único estabelecimento destinado aos menores delinquentes. Silva Pinto, o director da Casa que faz a transição entre as Mónicas e a quinta de Caxias, deixa um ilustrativo testemunho dessa passagem, onde se retratam as dificuldades da Casa nas anteriores instalações – e usando métodos distintos.[2006]

[2005] A Casa de Detenção e Correcção para menores do sexo feminino, entre os 10 e os 18 anos, é instituída em Lisboa pela Lei de 27 de Abril de 1903, podendo recolher até 50 menores, cobrindo as mesmas possibilidades de entrada que as previstas para os menores rapazes, num diploma que replica em grande medida o previsto para a casa criada na cidade do Porto no ano anterior, com as devidas adaptações (note-se, *v. g.*, a exigência de uma "medica" e de uma "enfermeira" para o tratamento das menores" e de "mulheres habilitadas para o ensino profissional" – artigo 26º). Antes da criação da instituição feminina, por Decreto de 12 de Dezembro de 1896, prevê-se a reclusão das menores de 14 anos que "forem processadas" em "estabelecimento de beneficencia adequado", a expensas do Estado (artigo 23º), para o que devem diligenciar os procuradores régios junto das Relações de Lisboa e Porto, procurando-se obstar à sua entrada nas cadeias e ao "convivio com mulheres corruptas", o que significaria o "impulso fatal que as despenha na perversão incorrigivel", conforme se lê no preâmbulo do diploma. Em 1918, as Mónicas receberão mulheres adultas, perante a evidente sobrelotação do Aljube. Constituem-se como dependência das cadeias civis de Lisboa, devendo receber "mulheres que aguardam destino para degrêdo, as condenadas a prisão correccional e as vadias à disposição do Govêrno" (artigo 3º do Decreto nº 4099, de 16 de Abril de 1918). No entanto, meses passados, encontra-se já uma referência distinta: no Aljube seriam recolhidas as "condenadas a penas correccionais ou em prisão preventiva" e, nas Mónicas, "as condenadas a penas maiores" (artigo 5º do Decreto nº 4805, de 11 de Setembro de 1918).

[2006] "Vi que era preciso *destruir tudo*, para depois depois *tudo edificar*. (...) Superiormente, não o director da casa, mas acima, alguem me disse: – «Aquilo está montado e corre por si. Agora pão e pau!» (...) Ha juiz que se vê constrangido a absolver pequenos delinquentes, reenviando-os assim para a Mouraria, para Alfama, para as viellas d'onde sahiram, porque se não resolve a mandal-os para a escola do Limoeiro (...). Ainda ha dias me dizia um juiz do crime em Lisboa: «Só para não lançar os

O novo regulamento da Casa, aprovado por Decreto de 10 de Setembro de 1901[2007], é um texto onde ressalta já uma intenção formativa dos menores recolhidos, de idades entre os dez e os dezoito anos. Perpassa também do texto assim a influência das experiências europeias – notória *v. g.* seja na terminologia de "colono" a certo ponto para se referir aos menores, descoberta nas colónias agrícolas para menores de França, seja numa ideia de categorização intensiva dos ocupantes também em função do seu comportamento, que se encontra, por exemplo, nas casas de correcção holandesas pelo menos desde 1850 e nas demais escolas para menores delinquentes um pouco pela Europa. "A correcção não é (...) um *asylo*, como não é uma *prisão*. Convem que seja uma escola de artes e officios e um centro de educação moral" – assim se lê no Relatório que acompanha o diploma, onde também o nome de Spencer avulta, como inspiração assumida para o modelo da Casa.[2008]

A Casa serve então para "recolher, educar e regenerar", como se afiança a abrir o regulamento. Pode acolher menores por causas distintas: condenados a prisão, que aguardam julgamento, isentos de responsabilidade penal mas não entregues aos pais ou a tutores, expostos, abandonados ou desvalidos, no caso de "desobedientes ou incorrigiveis" – a que correspondem diferentes regimes de tratamento. Menores condenados a penas de "prisão maior cellular" que não se encontrem cumpridas ao atingirem os dezoito anos seriam transferidos para a Cadeia Geral Penitenciária, onde seguiriam ainda para o regime de isolamento, depois de avaliada a sua capacidade de o suportar, uma distinção em relação ao regime de 1871, estando agora disponível a nova prisão, mesmo se se guarda a possibilidade de o menor, cumprido o tempo da sua sentença, poder ser mantido na Casa até aos 21 anos, em caso de não estar apto a "ganhar honrada e honesta-

pequenos no Limoeiro, visto que não cabem nas Mónicas, *absolvo-os a todos*»". Silva Pinto, *A Casa de Detenção e Correcção de Lisboa (Caxias) em vesperas da inauguração, 1905*, Imprensa de Libanio da Silva, Lisboa, 1905, pp. 4 a 8.

[2007] V. *Regulamento Geral da Casa de Detenção e Correcção de Lisboa*, Imprensa Nacional, Lisboa, 1901.

[2008] *Idem, ibidem*, p. 4. De Herbert Spencer referencia-se expressamente "*A Educação*" ["A Educação intelectual, moral e física"], publicado em 1863 e cuja versão portuguesa data de 1888. O ideário formativo exigia novas instalações para uma Casa de Detenção e Correcção onde "a mais completa promiscuidade tornou impossivel durante largos annos realisar (...) o pensamento dos seus fundadores: os detidos, menores em transito pela Casa, iam ali levar e inocular, durante uma ou duas semanas, a podridão moral que ao termo de breves dias de detenção voltavam a reforçar." E o Relatório assume que "nos ultimos tempos, a detenção tem-se realizado nas cadeias, o que importa para a Casa de Correcção um allivio, mas para centenares de menores desgraçados um aggravo de miserias" (p. 8).

mente os meios de subsistência" (artigo 221º). Também a Casa de Detenção e Correcção do distrito da Relação do Porto, instituída pela Lei de 17 de Abril de 1902, vai seguir um regime idêntico.[2009]

A concessão da liberdade condicional mantém-se também prevista como possibilidade, aos dois terços de pena, em caso de não reincidência do candidato e de bom comportamento, aplicando-se subsidiariamente o diploma de 1893.

A Casa fica incumbida de um dever de obter posições profissionais para os seus educandos, já que "nenhum menor poderá sair sem ter collocação em que ganhe honradamente a sua vida" (artigo 223º), devendo junto de sociedades de patronato e dos Ministérios da Guerra, Marinha e Obras Públicas, previsivelmente os maiores recrutadores, procurar obter-se essa colocação – o que o seu director ilustra como verdadeira e justa inovação.[2010]

No momento da sua criação, a Casa deveria receber menores até um limite de 110, podendo no entanto chegar a um máximo de 200, havendo condições de aco-

[2009] Pensada para 100 reclusos – podendo chegar a 200 –, esta Casa vai recolher igualmente, com trabalho, escolarização e aprendizagem de ofício obrigatórios, menores processados e não afiançados; condenados a prisão (correccional ou maior celular); postos à disposição do Governo; presos à ordem de autoridade judicial ou administrativa; expostos, abandonados ou desvalidos enviados pelas autoridades municipais; isentos de responsabilidade penal por via da idade ou pela falta de discernimento; ou lá colocados por pais ou tutores (v. artigos 1º a 3º), em regimes de "detenção preventiva", "detenção prisional" ou "correcção" (artugo 12º), como na instituição da capital. A instauração da República, tal como em relação a outros estabelcimentos penais, significará também a realização de uma sindicância ao "modo como tem funccionado a Casa de Correcção de Vila do Conde" (Portaria de 2 de Novembro de 1910).

[2010] Conta um episódio passado poucos anos antes, na Casa das Mónicas, com o anterior regulamento: "Haviam completado o seu tempo quatro reclusos. Chegados aos 18 annos, com o seu officio e as suas primeiras lettras e com vontade de entrar na vida social (...). Infelizmente, ainda ao tempo não era licito á direcção d'aquelle estabelecimento interessar-se *directamente* e *ostensivamente* pela sorte do recluso, a partir do dia em que a reclusão terminasse. Participou a direcção, superiormente – abaixo, e sem conhecimento do ministerio da justiça – o facto das quatro penas terminadas. Resposta (*vejam bem*!):

– «Mande-os já, todos quatro, para o Limoeiro.»

– «Para onde?

– «Para a cadeia do Limoeiro. Parece que tem duvidas!

– «As duvidas são estas: os rapazes mettidos na cadeia, para remate de protecção e inicio de vida honesta...

– «Para o Limoeiro já, e que se arranjem. A Correcção não é hospedaria!»

Tive que recorrer a uma auctoridade superior que, em nome do governo, ordenasse a conservação dos rapazes na Casa de Correcção, até se lhes arranjar trabalho". Silva Pinto, *A Casa de Detenção...*, *cit.*, pp. 9 e 10.

lhimento deste número – ou seja, caso a sua ampliação fosse acautelada. Menores "vadios ou mendigos" deveriam ser reencaminhados para a colónia de Vila Fernando, instituição agrícola, "se tiverem vivido nas povoações ruraes".[2011]

Em regra, todos os menores ali recolhidos deveriam trabalhar, sendo o resultado da venda dos produtos produzidos repartido, em partes iguais, imediatamente entre os menores; destinado ao aprovisionamento das matérias necessárias à prossecução do trabalho e às despesas da Casa; e endereçado à criação de um fundo a ser entregue ao menor no momento da saída.

No que diz respeito ao regime de acolhimento e tratamento dos menores, estes encontravam-se divididos em três secções – detenção preventiva, detenção prisional e correcção (correspondendo às designações de *detidos*, *presos* e *alunos*). A primeira secção destina-se aos que ainda não foram objecto de uma condenação, enquanto a última acolhe os menores provindos, ao fim de um dado período, da detenção prisional, a secção de maior rigor punitivo e passagem obrigatória para os menores condenados pela prática de um crime. Nesta secção, os presos, após um período de incomunicabilidade com os demais, podem ocupar uma cela ou um espaço de prisão comum, de acordo com a sua idade, gravidade do crime e "grau de depravação moral" (artigo 159º), onde também lhes serão servidas as refeições.

Em caso de bom comportamento, e em regra após um período de trinta dias, os presos passam à secção de correcção, onde são classificados como alunos *reclusos*, *graduados* ou *monitores*, de acordo com o seu nível de instrução e de formação profissional. Organizados também por idades, o trabalho, a formação, as aulas, o serviço doméstico na Casa e a assistência aos serviços religiosos fazem parte do seu quotidiano, em que as noites são agora passadas em quartos ou camaratas. Em caso de transgressão, o castigo mais grave é o isolamento e a regressão para a secção anterior.

Quanto à instrução ministrada, ela procura cobrir várias áreas, mesmo se "do ensino foi excluída radicalmente a metaphysica, tendo-se em vista por um sistema correctamente gradual e harmonicamente progressivo «preparar o homem para a vida completa», como dizia Spencer"[2012]. A par de uma instrução que visa a aptidão para uma profissão e a educação moral e literária, integra-se

[2011] A exigência de uma proveniência rural dos menores de Vila Fernando irá sofrendo uma progressiva erosão. O Pe. António Oliveira dá conta da transferência de menores citadinos da casa de Correcção de Lisboa para a colónia agrícola de Elvas. V. Padre António d'Oliveira, *Criminalidade – Educação*, Livrarias Aillaud et Bertrand, Paris – Lisboa, 1918, pp. 156 a 158.

[2012] Silva Pinto, *A Casa de Detenção...*, *cit.*, p. 7.

também a educação física, o desenho e a música. Os menores que demonstrassem maiores aptidões poderiam mesmo vir a ser transferidos para "instituto literario ou de ensino industrial" que lhes permitisse o aperfeiçoamento. "Todos os menores serão obrigados a seguir uma profissão", lê-se no artigo 137º do seu regulamento. A Casa é dotada de uma biblioteca (artigo 231º) e de um "Gabinete para lição das cousas" (artigo 236º)[2013], espaço onde se proporcionaria o estudo "dos variados e diversos conhecimentos que os menores necessitam ter para a sua completa e efficaz educação", tendo ao seu dispor "modelos artísticos, scientificos e industriaes; lanterna de projecções; mappas e cartas; machina photographica" e outros materiais que permitam ensinar tendo em vista a vida futura dos menores.[2014] O ensino profissional deveria ocupar sete horas diárias, para os maiores de catorze anos, e as áreas preferenciais deste ensino seriam a alfaiataria, a sapataria, a marcenaria, a serralharia e a latoaria, podendo os alunos evoluir através de quatro graus no ensino da profissão.

Note-se também a abertura ao exterior demonstrada no regime da Casa. Pessoas exteriores à instituição poderiam dar aulas ou conferências, ensinar usando o "Gabinete para lição de cousas" e a banda de música da Casa, composta pelos menores que se distinguissem nesta arte, poderia "tocar fora do estabelecimento".

A Casa organiza-se em torno de um director e um subdirector, contando com um capelão que é também professor, três "prefeitos professores", três guardas, um enfermeiro e mestres das oficinas, para além de beneficiar dos serviços dos médicos da Cadeia Central de Lisboa. O uso dos menores mais velhos e de bom comportamento como monitores é também uma prática reconhecida.

[2013] Silva Pinto justifica-o a pp. 15 e 16: "Num bello estudo do sr. dr. Silva Cordeiro *Entre a escola e o lyceu* vem o seguinte trecho elucidativo: «Meu pae (dizia Edmundo About) habituava me docemente, pacientemente, a ver e a pensar por mim mesmo, em vez de impor-me ideias suas (...). Se entravamos num bosque, por exemplo, dava-me uma lição a cada passo, sem que eu me sentisse na escola. (...) Eu designava os animais e as plantas pelos nomes, eu classificava, eu tacteava, eu experimentava (...)». É o motivo da *lição de coisas*, vulgarizado por Froebel e Pestalozzi, esses precursores abençoados".

[2014] Sobre a ideia de uma generalização no acesso a colecções, saberes e objectos, a partir de finais do século XVIII, sob a epígrafe de uma "possiblidade de ver", v. Isabel M. Martins Moreira, *op. cit.*, pp. 60 ss., que entre nós tem concretização também nos Estatutos Pombalinos da Universidade de 1772, onde a publicidade de colecções, até então eminentemente privadas, é vista como elemento de instrução pública, nomeadamente a propósito do estudo da História Natural. A criação dos primeiros museus públicos entre nós será uma realidade já do século XIX pós-1820.

Poucos anos antes, havia aberto as suas portas a colónia de Vila Fernando, prevista a sua criação na lei em 1880, mas apenas estabelecida em 1895.[2015] Pelo diploma de 1880 conhece-se imediatamente o universo de menores a que a nova colónia deveria atender, não necessariamente apenas o dos menores delinquentes: aqueles que fossem vadios e mendigos, postos à disposição do Governo nos termos do Código Penal; os menores expostos e desvalidos encaminhados para a colónia pelas autoridades administrativas; e os "menores desobedientes e incorrigiveis", enviados pelos pais ou tutores, mediante sanção judicial, nos termos do Código Civil.[2016] Prevê-se na lei o funcionamento desta colónia "tomando por modelo os estabelecimentos dos paizes onde existem similhantes instituições". Os juízes, no caso dos menores vadios ou mendigos, poderiam dispensar a aplicação de qualquer pena correccional e estes seriam logo postos à disposição do Governo.[2017]

O seu regulamento, ainda provisório, surge apenas em 1895[2018], onde se fixa o seu fim – a colónia é uma escola agrícola que visa "educar e tornar aptos para os trabalhos agriolas e industrias correlativas" os menores aí entrados, inicialmente em número de 100, podendo chegar a 500 –, completada essa formação com a educação moral e religiosa, bem como com a instrução elementar, que deve ser fornecida.

Os colonos a serem admitidos deveriam ter entre 10 e 16 anos e não deveriam permanecer na colónia por um período inferior a 2 anos, sendo obrigados a seguir a "profissão agricola", excepto quando, por motivos de saúde, de aptidão pessoal ou de gestão interna do estabelecimento, se vissem orientados para outros ofícios (sapateiros, alfaiates, carpinteiros, serralheiros, serviços domésticos). A sua procedência urbana ou rural e um previsível destino eram também tomados em conta na escolha da ocupação. A classificação dos colonos assentava em três categorias, "menores", "medios" e "grandes", consoante as idades, e eram organizados em divisões de até 40 quarenta colonos.

Chegados aos 18 anos, a sua saída da colónia "era facultativa", podendo aí permanecer até aos 21 anos, caso o requeressem e fossem aceites. A comissão admi-

[2015] V., sobre a abertura de Vila Fernando, Paulo Pinto de Albuquerque, *Direito Prisional..., cit.*, pp. 130 a 133.

[2016] V. artigo 1º da Lei de 22 de Junho de 1880.

[2017] V. artigo 3º.

[2018] E adenda como potenciais colonos também os "menores (...) que forem isentos da responsabilidade criminal em rasão da idade ou da falta de discernimento e não sejam entregues a seus paes ou tutores" (artigo 1º, 2º, do Decreto de 1 de Agosto de 1895). A colónia de Vila Fernando abre as suas portas a 6 de Outubro de 1895.

nistrativa da colónia deveria promover então o seu emprego, uma vez abandonada a colónia, onde se inclui o seu apoio a uma via de "colonisação ultramarina", ao menos para os que não tivessem podido obter outra colocação.

No regulamento de Vila Fernando aprovado em 1901, tomando aliás o nome de "colónia agrícola correccional"[2019], acentua-se o carácter punitivo da colónia e alargam-se os seus destinatários[2020]: a par dos demais casos fixados, também os menores condenados a quaisquer penas correccionais e colocados à disposição do Governo aqui deveriam dar entrada e "cumprir (...) a pena que lhe houver sido imposta, não havendo estabelecimento penal apropriado para o seu cumprimento nos termos da lei de 1 de julho de 1867"[2021], em coerência com o já estabelecido para a Casa de Correcção de Lisboa e o que seria igualmente previsto, nos dois anos seguintes, para a do Porto e para a casa feminina da capital.

Na abertura do relatório justificativo do diploma do ministro Campos Henriques, epigrafa-se imediatamente o seu objecto: resolver o problema do "encarceramento dos menores delinquentes", "corrigindo o presente e o futuro dos menores sob acção da lei penal".[2022] Podem agora dar entrada como colonos menores entre os 10 e os 18 anos, profissionaliza-se a gestão do quotidiano da colónia, atendendo também à necessidade de a tornar mais produtiva, e a saída da colónia vai presumir "collocação em que possa ganhar honradamente a vida" (artigo 181º), para o que espera uma acção futura de um patronato activo – e, designadamente, os colonos que não obtiverem trabalho "no continente" poderão ainda beneficiar do apoio do director da colónia "a fim de serem empregados em qualquer empresa ou companhia de colonização ultramarina" (artigo 190º). No entanto, a insuficiência das instituições e o seu funcionamento em paralelo com a manutenção do menor no mundo prisional, pelo menos através da sua passagem prévia pelas cadeias, ditava a insatisfação global com o modelo, que não se revela afinal capaz de cumprir aquela que fora a sua primeira finalidade: findar com a presença de menores nas cadeias de adultos, independentemente do seu título de entrada.[2023]

[2019] Em alternativa à anterior designação de "Escola Agrícola".

[2020] A Escola Agrícola de Vila Fernando passara entretanto da tutela do Ministério do Reino para a do Ministério da Justiça, pelo Decreto de 24 de Março de 1898.

[2021] V. artigo 1º, § 1º, do Decreto de 17 de Agosto de 1901.

[2022] Publicado in COLP, 1901, p. 376. Assim, deveriam ser encaminhados para os 700 hectares de Vila Fernando "os menores que nas differentes cadeias do país cumprem penas ou estão á disposição do Governo para lhes dar destino" (p. 377).

[2023] "Não havia disposição alguma que proibisse o internamento dos menores em cadeias e a sua promiscuidade com os adultos (...). Um empregado de uma casa de correcção, descrevendo-me o estado

É já a República que trará o desenvolvimento necessário ao tratamento dos menores delinquentes por parte de um sistema de base pública e tendencialmente presente em todo o território. O espírito que se encontra no sistema é o de criação de um modelo preventivo e tutelar, vocacionado para os delinquentes, mas também para os menores em "perigo moral" – um universo vasto, composto por vagabundos, abandonados, deficientes, indisciplinados, etc.[2024] A par do espírito filantrópico e caritativo sobre a infância desvalida provindo do século anterior, a entrada forçada do menor delinquente – ou "pré-delinquente", como a visão sobre os vadios e mendigos necessariamente os apresenta[2025] – num estabelecimento que supre a ausência ou anula o efeito de uma família de "maus exemplos" é um esforço preventivo alicerçado na ideia de defesa social.[2026] Como

em que chegavam êsses menores que tinham feito a sua aprendizagem nas cadeias, dizia-me expressamente que, quando entravam, *já vinham de todo apodrecidos*" – Beleza dos Santos, *Regime jurídico dos menores..., cit.*, pp. 170 e 171. Em 1932, Vila Fernando será descrita, contudo, como "uma verdadeira escola profissional agrícola" e "uma grande casa de lavoura alentejana", e onde, a par da agricultura, o ensino de ofícios de artes industriais se encontrava estabelecido – assim, Arnaldo Brazão, *Protecção aos menores delinquentes..., cit.*, p. 9. Desactivada em 2008, funcionou ininterruptamente desde 1895 como colónia de internamento para menores, tendo sido "das últimas instalações do género, na Europa, a manter-se associada à educação de jovens em contexto judicial e em privação de liberdade", como o sinaliza Filomena Bandeira, *A formação da rede..., cit.*, p. 39.

[2024] Em 1891, Ferreira Deusdado publica uma compilação das instituições de "beneficiencia" e para o "ensino dos indigentes" que recebem menores, públicas e privadas, por distrito. Enuncia um total de 65 entidades, incluindo os "asylos districtaes", com base no orçamento de 1885 e 1886, em Portugal Continental, Açores e Madeira, entre as que recebem fundos públicos. V. Ferreira Deusdado, *O Ensino..., cit.*, pp. 277 a 281. Contudo, em 1921, Caetano Gonçalves, presidente da comissão executiva do conselho central da então Federação Nacional dos Amigos das Creanças e presidente da Relação de Lisboa, não deixa de afirmar: "Se alguma cousa, pois, poderemos estranhar é que, há dez anos a esta parte, em Portugal se haja feito, em torno de semelhantes instituições, o vácuo das iniciativas privadas, que no período imediatamente anterior, aliás, floresceram em larga escala" – *Os serviços de protecção a menores desamparados e delinquentes em Portugal*, in BIC, I, (1921), *cit.*, p. 19.

[2025] Bem como em relação aos menores "anormais delinquentes", para os quais medidas de profilaxia social são propostas, designadamente no espírito do eugenismo que se propaga ao longo das décadas de 20 e 30 do século XX, como a restrição legal ao matrimónio e a renúncia à parentalidade de determinados tipos (alcoólicos, doentes mentais, portadores de doenças venéreas ou de tuberculose, prostitutas, criminosos reincidentes...), mas também o reforço da protecção à maternidade, medicalizando o acompanhamento da gravidez, o parto e o puerpério, através da criação de maternidades, elementos também de "profilaxia das gerações futuras" – v. J. A. Ferreira da Fonseca, *Profilaxia da infancia anormal delinquente,* in BIC, V (1924), Of. Graf. da Cadeia Nacional, Lisboa, 1924, pp. 316 a 323.

[2026] Nas palavras de José Beleza dos Santos, *Nova organização prisional..., cit.*, p. 5, "esse direito é flexível, quanto possível individualizador, de prevenção predominantemente especial, isto é, visando o pró-

tal, a ideia de *discernimento*, fundamental até aqui para se aferir da imputabilidade do menor e assim definir o seu destino, é vista como incapaz de responder às exigências fundamentalmente preventivas e educativas que agora se estabelecem.[2027] O juiz de menores deve assim funcionar como um "bom pai de família", o que a lei presume que o menor não conhece.[2028] Efectivamente, afirmou-se que Portugal, ao promulgar a legislação de 1911, se tornava no primeiro país a criar um direito especial para os menores[2029], o que, mesmo não sendo factual[2030], reflecte a dimensão da reforma operada.

Este direito especial concretizou-se imediatamente pelos Decretos de 1 de Janeiro e de 27 de Maio de 1911.[2031]

No primeiro destes diplomas, é criada uma comissão de protecção dos menores "em perigo moral, pervertidos ou delinquentes"[2032], menores de 16 anos, encontrados em situação de vadiagem na cidade de Lisboa, a quem cabe simultaneamente ocupar-se destes casos, a título provisório – através do retorno à família ou da entrada em instituições de acolhimento, num regime designado de "detenção tutelar e educativa" – e preparar um "plano geral que crie, organize e regule o sistema nacional de prevenção e reformação da juventude portuguesa

prio delinquente e protegendo-o, ao mesmo tempo que indirectamente defende a sociedade, a que procura reconduzi-lo como elemento aproveitável ou, pelo menos, inofensivo".

2027 Beleza dos Santos, *Regime jurídico dos menores..., cit.*, pp. 182 e 183.

2028 Pouco tempo após a instauração da República, escreve Mendes Correia: "Já foi calculado em 10:000 o numero de garotos que na capital frequentam a escola perigosa das ruas sem a necessaria vigilancia educativa". Mendes Corrêa, *Os criminosos portugueses..., cit.*, p. 14.

2029 Assim o refere Hans-Heinrich Jescheck, *op. cit.*, p. 19. Pierre Cannat, *Droit Pénal..., cit.*, pp. 27 ss., comentando a evolução nacional deste direito tutelar, atesta a mesma prioridade.

2030 Beleza dos Santos, *Regime jurídico dos menores..., cit.*, pp. 186 a 190, assinala claramente as inovações verificadas nos Estados Unidos da América no final do século XIX, designadamente no estado do Illinois – como a existência de uma jurisdição especializada –, e o modo como influenciaram os diversos regimes especiais para menores configurados na Europa, difundindo-se também através dos congressos internacionais.

2031 Desde logo, os conteúdos acordados no Congresso de Antropologia Criminal de Turim em 1906, sobre o tema do tratamento dos menores pelo direito penal e pela "disciplina penitenciária", ganham um bom exemplo prático na legislação portuguesa. Entre eles, o abandono da noção de discernimento para aferir da responsabilidade penal, a necessidade de criação de entidades autónomas para a observação prévia dos menores, de medidas penais de carácter educativo, do uso do internamento em "escolas de disciplina" e educação a cargo do Estado, do uso do modelo de colónias agrícolas com ensino também industrial, do internamento autónomo de "incorrigíveis e perigosos", entre outros, que se encontram no relatório do relator deste tema em 1906, Van Hamel – v. *Comptes-Rendus du VIe Congrès International d'Anthropologie..., cit.*, pp. 3 a 5.

2032 V. artigo 1º.

que se encontre em perigo moral, pervertida ou delinqùente".[2033] As duas casas de correcção de Lisboa vêem também a sua lotação de reclusos aumentada, sendo fixada a idade máxima de 14 anos para o ingresso na casa masculina de Caxias e a de 16 anos para a entrada na casa feminina das Mónicas.[2034]

A legislação aprovada em Maio de 1911[2035] vem criar uma jurisdição especial – as Tutorias da Infância –, um processo próprio, instituições de acolhimento renovadas e um sistema de apoio que se pretendia concertado entre entidades públicas e patronos privados. Sob a divisa "educação e trabalho", estes novos tribunais, de competência cível e criminal, deveriam julgar "como um bom pae de familia, no amor pela verdade e justiça, e sempre no interesse dos menores".[2036]

Um dos seus feitores foi também um dos principais responsáveis pela casa de correcção masculina de Lisboa, na transição das Mónicas para Caxias e após a sua instalação nesta última sede – o Padre António Oliveira, um pedagogo prático que desempenhou um papel destacado na conformação da legislação de 1911.[2037] Juntamente com Silva Pinto, foi o edificador do novo modelo de correcção dos menores delinquentes, ao ser nomeado, logo pelo decreto de Janeiro de 1911, como superintendente das casas de correcção e detenção de Lisboa e membro da comissão que aprovou o novo regime.[2038]

O Pe. Oliveira deixou também um testemunho directo da sua passagem pela Casa de Detenção e Correcção de Lisboa – depois de Maio de 1911, Escola Central de Reforma de Lisboa[2039] – à qual estava ligado, como capelão, desde 1899 e que dirige no período republicano[2040], tempo em que a Escola e a Educação

[2033] V. artigo 6º, § 9º.

[2034] V. artigos 9º e 10º.

[2035] Também desenvolvida pela Lei de 24 de Abril de 1912, que fixa o modo de execução do diploma de 1911 na cidade do Porto, bem aspectos orçamentais do novo regime.

[2036] V. artigo 2º do Decreto de 27 de Maio de 1911.

[2037] Como o atesta A. A. Mendes Corrêa, *Antropologia..., cit.*, p. 6, nomeadamente no que toca à criação das Tutorias da Infância.

[2038] Esta comissão integrava ainda o governador civil de Lisboa, Francisco Eusébio Leão, os médicos José António de Magalhães e António Cassiano Neves, o advogado Adolfo de Abreu e Lima, o agrónomo Eduardo Lima Basto e o escultor António Augusto da Costa Mota (v. artigo 13º do Decreto de 1 de Janeiro de 1911).

[2039] A casa feminina de Lisboa passa a designar-se "Escola de Reforma de Lisboa" e a casa do Porto "Escola Industrial de Reforma do Porto" (artigo 183º do Decreto de 27 de Maio de 1911).

[2040] V. Padre António d'Oliveira, *Criminalidade..., cit.* Uma nota panorâmica sobre a vida do Pe. António Oliveira e a sua importância na consagração dos novos modelos educativos encontra-se em Aires Antunes Diniz, *A Escola Regeneradora do Padre António de Oliveira*, Faculdade de Educação da Univer-

são temas políticos por excelência, mesmo que nem sempre devidamente aproveitados.[2041] A sua acção foi a de procurar, no tratamento dos menores delinquentes, adoptar medidas de recuperação pela educação, intelectual, profissional e moral[2042], evitando o paradigma de regime prisional *atenuado* que caracterizava a antiga Casa de Detenção e Correcção. Rejeitando um regime em que a instituição devesse ser "masmorra", "retiro espiritual" ou mera "oficina", de acordo com as opiniões que se abrissem, o Pe. Oliveira procurou sustentar afinal a necessidade de uma intervenção centrada no menor e que não se esgotasse no seu internamento educativo – admitindo assim a vantagem na aplicação aos menores de penas indeterminadas bem como a utilidade de estes serem vigiados depois de deixarem o internamento, consoante os modelos da época[2043], o que o regime de 1911 virá também prever, através da figura da "liberdade vigiada" e dos "delegados de vigilância"[2044], bem como da aplicação da figura da liberdade condicional aos menores entrados nos estabelecimentos de correcção.[2045]

Por uma súmula de Beleza dos Santos apresentada no Congresso Penal e Penitenciário Internacional de Praga em 1930, pode conhecer-se o resultado da apli-

sidade Federal da Uberlândia, disponível em *http://www.faced.ufu.br/colubhe06/anais/arquivos/572 AiresAntunes.pdf*, e na bibliografia aí citada.

[2041] Escreve o Pe. Oliveira em 1918: "(...) eu imaginei que já tinha conseguido substituir a punição pela educação, o direito paterno pelo direito dos filhos, o internato pela família, a aula da memória pela escola da acção. Mas desgraçadamente, nada tinha conseguido, salvo um regulamento e alguns decretos, porque as ideias que entre nós correm sôbre o assunto são ainda muito confusas e embrulhadas, e os costumes são-lhes contrários e adversos!" – Padre António d'Oliveira, *Criminalidade...*, *cit.*, p. IV.

[2042] A crítica de António d'Oliveira é dirigida a um modelo formalista, que abdica do peso do exemplo e da força moral na educação e esquece a família, não cuidando de aplicar uma assistência que a auxilie, prevenindo a delinquência, ou a possa substituir quando necessário: "Dest'arte chega a imaginar-se que – *alguns legisladores a fazer leis, decretos e portarias e alguns professores a ensinarem a ler, escrever e contar* – é quanto basta, e até sobra, para fazerem de todos nós: uma raça pura, sã, produtora e vigorosa! Corre mundo – como um reclamo do melhor «*antídoto*» que se deve empregar contra o aumento sempre crescente do crime – esta pomposa frase, de certo autor italiano: «*Por cada escola que se abre, é uma prisão que se fecha*». A irrealidade, de tais palavras, mostram-na – as estatísticas oficiais de todos os países. (...)" (pp. CI e CII).

[2043] V. *idem*, *ibidem*, pp. 23 a 26.

[2044] Como o designa a lei, a liberdade vigiada consiste "em os menores desamparados ou delinquentes continuarem, depois de julgados, a viverem em casa dos paes ou tutores, sob a vigilancia de um delegado de vigilância do quadro ou voluntario, ou de uma instituição federada, indicados pela tutoria" (artigo 86º do Decreto de 27 de Maio de 1911), situação que poderia prolongar-se até 3 anos.

[2045] V. artigo 89º.

cação daquele regime de justiça de menores em Portugal, vinte anos passados na senda do esquisso de 1911.

As "Tutorias da infância"[2046], a nova jurisdição especializada, encontram-se divididas em centrais e comarcãs. As primeiras, criadas em Lisboa (1911)[2047], Porto (1912) e Coimbra (1927), funcionam agora com um único juiz, ao contrário do colégio decisório (juiz, médico e professor) que detinham aquando da sua instituição.[2048] Em Lisboa e no Porto, há um juiz de carreira, escolhido pelo Ministério da Justiça, nomeado por 3 anos, renováveis. Em Coimbra, contudo, a função de juiz da Tutoria cabe ao professor de Direito Penal da Universidade, pelo menos até 1935.[2049] Para além dos juízes, as tutorias centrais contam ainda com "curadores

[2046] V. José Beleza dos Santos, *Rapport...*, *cit.*, pp. 14 ss.

[2047] Onde funcionou, a partir de 1928, tal como o refúgio anexo, no antigo Convento de São Patrício dos Irlandeses, às Escadinhas de São Crispim, em Lisboa (v. Decreto nº 15500, de 19 de Maio de 1928).

[2048] A Beleza dos Santos parece aconselhável o tribunal singular, mas, a Mendes Correia, escrevendo em 1925, parece-lhe precisamente o contrário: [A Tutoria] "era um tribunal colectivo, composto dum magistrado, dum médico e dum professor, que, nos termos da lei, julgariam pela sua consciência como um bom pai de família! Da composição desses tribunais (hoje absurdamente modificada, pois apenas se conserva precisamente... para adultos, acusados de instigação ou perversão de menores) dizia o Prof. CARRARA de Turim (...) «é uma associação de funções, por si mesma assas significativa e cheia de promessas para o futuro!»". V. A. A. Mendes Corrêa, *Antropologia...*, *cit.*, p. 7. No diploma de 1911, quer as tutorias centrais, quer as comarcãs, teriam um colectivo – um presidente (um juiz de direito nomeado pelo Governo, no caso das tutorias centrais, e o juiz da comarca para as demais tutorias) e dois vogais/juízes-adjuntos. Os adjuntos seriam o médico da Tutoria e refúgio respectivo, no caso das tutorias centrais, ou o delegado ou subdelegado de saúde nas comarcãs, e um professor do liceu, eleito pelo conselho escolar, ou, inexistindo liceu, um professor primário – v. artigos 3º e 5º do Decreto de 27 de Maio de 1911. As atribuições jurisidicionais da Tutoria Central de Lisboa são desde logo precisadas pela Lei nº 540, de 19 de Maio de 1916, que atribui ao seu juiz-presidente "competência privativa" para a "investigação e julgamento" de processos relativos aos menores "em perigo moral, abandonados, desamparados e delinquentes", deixando para o colectivo os "processos de inibição do pátrio poder e de polícia correccional" (artigo 2º). Contudo, o Decreto nº 5611, de 10 de Maio de 1919, vai permitir a reorganização dos tribunais de Lisboa, Porto e Coimbra, reforçando a sua dimensão de tribunais colectivos em todos os processos que deva apreciar; e vai acentuar a autonomia administrativa dos refúgios em relação às Tutorias, dotando-os de direcção própria (v. artigo 12º).

[2049] Uma solução que seria fixada pelo artigo 55º do Decreto nº 10767, de 15 de Maio de 1925, mantido expressamente em vigor pelo artigo 29º do Decreto nº 15162, de 5 de Março de 1928. Beleza dos Santos, professor e juiz na Tutoria, afiança que se "pode acumular as duas funções porque, aqui, o movimento de processos não é muito grande" (tradução nossa) – José Beleza dos Santos, *Rapport...*, *cit.*, p. 15. A opção por um "juiz de carreira" para o cargo é, contudo, estabelecida através do Decreto nº 26156, de 26 de Dezembro de 1935 (v. artigo 12º).

de menores" – advogados de turno que os assistiriam durante o processo – e "delegados de vigilância", estes últimos parcialmente em regime de voluntariado.[2050]

A competência destes tribunais é vasta: causas envolvendo menores criminosos até aos 16 anos, menores em perigo moral até aos 21 anos ou menores indisciplinados até aos 21 anos, perda de poder paternal ou tutela, processos de pensões de alimentos devidas a menores e certos crimes cometidos sobre menores – como o abandono, proxenetismo, entre outros. A legislação de 1911 distinguia efectivamente entre menores "em perigo moral" (e, neste, os "abandonados", os "pobres", os "maltratados"), menores "desamparados", menores "indisciplinados" e menores "delinquentes"[2051], estes os que tivessem cometido um crime sendo maiores de 9 anos – sendo aqui fixada nova fronteira de imputabilidade – e menores de 16.[2052] Para estes, diversas soluções punitivas e reformadoras são previstas: a mais leve seria a mera repreensão e a mais gravosa a detenção em casa de coreccção até 5 anos, passando em seguida para "uma escola de reforma", mas também se indica a colocação sob liberdade vigiada, multas a serem pagas pelos pais ou tutores ou a entrada em instituição particular de assistência ou mesmo a colocação numa família adoptiva.

As tutorias centrais têm associados refúgios para rapazes e para raparigas. Assim, seis refúgios, dois junto de cada tutoria central, encontram-se em 1930 em funcionamento. Estes refúgios servem como depósito dos menores e espaços de detenção e de observação[2053], sendo usados, afirma Beleza dos Santos, também

[2050] Em 1930, haveria 10 delegados remunerados e 21 voluntários, repartidos pelas três tutorias centrais. V. *idem, ibidem*, p. 15.

[2051] Susana Pereira Bastos, em *O Estado Novo e os seus vadios – Contribuição para o estudo das identidades marginais e da sua repressão*, Publicações Dom Quixote, Lisboa, 1997, pp. 201 ss. dá conta da existência, pelo menos desde 1899, de um albergue, criado por oficiais da polícia, que alojava menores abandonados e que o albergue da Mitra prolongará a partir de 1933, já que também lá são recolhidos menores. Estes entram no albergue por intervenção administrativa e não judicial, mesmo que não exista, reconhecidamente, capacidade para assegurar a separação entre adultos e menores – não sendo, logo, enquadrados pelo regime das Tutorias das Infância. O seu número é apreciável. A mesma investigadora dá conta da entrada, apenas entre 1933 e 1935, de 41 bebés com menos de 2 anos, 386 menores entre os 3 e os 7 anos e 643 menores entre os 8 e os 14 anos. Sobre este Albergue da Mendicidade da Polícia de Segurança Pública (Mitra) como espaço alternativo à prisão também para vadios e mendigos, v. Mário Simões dos Reis, *op. cit.*, pp. 588 a 591.

[2052] V. artigos 63º e 64º do Decreto de 27 de Maio de 1911.

[2053] A observação dos menores, "psicológica e profissional", seria feita em Lisboa pelo Instituto de Orientação Profissional Maria Luísa Barbosa de Carvalho, entidade privada subvencionada pelo Estado. Em Coimbra e no Porto, haveria "laboratórios de psicologia experimental e de orientação profissional" – José Beleza dos Santos, *Rapport..., cit.*, p. 16. O Decreto nº 10767, de 15 de Maio de

para "curtas detenções punitivas" – de acordo com a lei, seriam sempre temporários. Contam com a presença de um médico, de professores e de guardas. Nos refúgios, os menores de cada sexo encontram-se divididos em classes de acordo com o seu desenvolvimento (pré-púberes, púberes e pós-púberes), correspondendo a cada classe instalações distintas. Em cada classe, devem igualmente encontrar-se separados por secções os criminosos primários, os reincidentes e os condenados a detenção nos refúgios e os indisciplinados. Pavilhões especiais nos refúgios recolhem os menores em perigo moral e os "postos policiais" nos refúgios permitem acolher os menores detidos antes de serem apresentados ao juiz, evitando-se o uso das prisões comuns.

As tutorias comarcãs[2054], em número de 154, uma por comarca, não têm qualquer juiz especializado, sendo as causas julgadas por um colectivo composto por um juiz criminal, quando este exista, um médico e um professor, tal como se previa em 1911. A observação mais detalhada dos menores e o seu envio para reformatórios e colónias correccionais exige que estes sejam enviados às tutorias centrais. As funções de curador dos menores são desempenhadas pelo Ministério Público na comarca e os delegados de vigilância são, na prática, os professores primários – que Beleza dos Santos quantifica em 549.[2055]

Um órgão de recurso das decisões de primeira instância encontra-se instituído: um conselho superior, composto por sete membros: um juiz desembargador, dois professores de Direito Penal (um de Lisboa, outro de Coimbra), um professor de psicologia, um médico do Instituto de Criminologia, o inspector-geral dos serviços tutelares[2056] e o procurador da República junto da Relação de Lisboa.

1925, prevê que os refúgios tenham em funcionamento um "posto de observação e de exame antropológico, médico e pedagógico, e bem assim de estudo das tendências profissionais e condições jurídico-sociais dos menores e seus ascendentes (...)" (artigo 102º).

[2054] No processo de viabilização das tutorias comarcãs, na prática iniciado em 1925, destaca-se a aprovação, pela Portaria nº 4882, de 6 de Maio de 1927, do ministro Manuel Rodrigues, de "instruções a enviar às tutorias comarcãs" que procuram salientar os fins e os aspectos fundamentais do regime tutelar de menores naquilo que se deseja que seja a perspectiva do seu aplicador, bem como procuram prevenir eventuais dúvidas e regular elementos organizativos a propósito do regime de 1911. Nestas instruções descobre-se, em suma, o que se espera afinal das tutorias comarcãs quanto aos menores delinquentes – que sejam "essencialmente organismos auxiliares das tutorias centrais, ficando somente a residir nestas duma forma integral e completa a acção jurisdicional e tutelar de menores".

[2055] *Idem, ibidem*, p. 17.

[2056] A Inspecção-Geral dos Serviços de Protecção a Menores, tal como a Assistência a Menores Desamparados e Delinquentes, haviam sido criadas pelo Decreto nº 5611, de 10 de Maio de 1919,

Os menores delinquentes, depois de decisão judicial, podem ser encaminhados para reformatórios ou para colónias correccionais, estas últimas destinadas aos "mais pervertidos e indisciplinados"[2057], que reproduzem a mesma divisão dos menores que se verificava nos refúgios, mas contando com secções de menores "em prova", "melhorados" e "corrigidos".

Estavam em funcionamento em 1936 quatro reformatórios para rapazes[2058] e dois para raparigas[2059], bem como duas colónias correccionais masculinas[2060] e uma feminina[2061] Este internamento é a medida mais dura das possíveis de aplicar pelo juiz, a par da repreensão, da multa, da colocação do menor na família em vigilância, da colocação em família adoptiva em vigilância, da colocação em estabelecimento de educação público ou privado e do internamento em refúgio por um prazo curto. Pode também determinar a sua entrada obrigatória no Exército ou na Marinha ou colocá-lo num regime de semi-liberdade. Esta pluralidade de sanções e de destinos configura afinal a prática de um modelo essencialmente tutelar e preventivo e que se pretende também "predominantemente subjectivo", ao poder "amoldar-se quanto possível à individualidade do menor, modificando-se consoante as transformações que (...) se vão operando".[2062]

que previa também a criação de uma "escola de preparação para o pessoal dos estabelecimentos" de correcção (artigo 17º) – até lá, a formação do pessoal deveria ser feita na Escola Central de Reforma de Lisboa – e a formulação de um "Código da Infância" que regulasse as matérias objecto de apreciação nesta jurisdição (artigo 15º). Pelo Decreto nº 10767, de 15 de Maio de 1925, constitui-se a Administração e Inspecção-Geral dos Serviços Jurisdicionais e Tutelares de Menores e o Conselho Superior dos Serviços Jurisdicionais e Tutelares de Menores.

[2057] José Beleza dos Santos, *Rapport..., cit.*, p. 17.

[2058] Lisboa, Vila do Conde, São Fiel (Castelo Branco) (1920) e o Reformatório da Guarda (1932).

[2059] Lisboa e Viseu (1929).

[2060] Colónias de Vila Fernando (Elvas) e Izeda (Bragança) (1920). Uma apresentação panorâmica dos estabelecimentos de menores entrados em funcionamento entre 1871 e 2008 encontra-se em Filomena Bandeira, *A formação da rede..., cit.*, pp. 78 a 80.

[2061] Colónia de São Bernardino (Peniche) (1928). Beleza dos Santos assinala que seria fundamental que a iniciativa privada se associasse de modo mais determinado a este sistema público de protecção de menores: "Até ao momento, esta iniciativa é demasiado frágil e insuficiente e há certas tarefas que o Estado sozinho não pode bem realizar. As instituições de semi-liberdade, de apoio e de recolhimento de menores são ainda demasiado raras em Portugal. O que falta são pequenas *colónias familiares* de tipo suíço, onde frequentemente a iniciativa privada vinga. Nestas colónias, uma reeducação é mais fácil que nos grandes internatos. Faltam associações que se possam encargar da colocação de menores em famílias adoptivas (...)" (tradução nossa) – José Beleza dos Santos, *Rapport..., cit.*, p. 18. V. também, no mesmo sentido, *idem*, *Regime jurídico dos menores..., cit.*, p. 236.

[2062] *Idem*, *ibidem*, p. 199.

Os menores que atingissem a maioridade e fossem julgados por determinação da tutoria central como "incorrigíveis" seriam colocados à disposição do Governo: isso significaria a sua colocação em estabelecimentos para adultos, como colónias agrícolas, ou o seu envio para as colónias ultramarinas.[2063] Um menor assim chegado à maioridade e estando internado em casa de correcção, sendo julgado incorrigível pela respectiva tutoria, deveria portanto ser colocado à disposição do Governo para este "lhe dar o devido destino".[2064]

Assim, em 1919, o universo das instituições de acolhimento de menores delinquentes fora alargado para além de Lisboa, Porto e da colónia de Vila Fernando. Recebendo os menores de 16 anos enviados dos refúgios, de acordo com as decisões das Tutorias, para os menores do sexo masculino, são projectadas, com base, na prática, em instalações de ordens religiosas extintas ou imóveis expropriados, duas "escolas industriais de reforma", em Castelo Branco e em Felgueiras, uma "escola agrícola de reforma", em Izeda, Bragança, e uma "casa de correcção", em Cocujães, Oliveira de Azeméis, esta pensada quer para "anormais patológicos", quer para "incorrigíveis" ou "perigosos".[2065] Para os menores do sexo feminino é prevista uma "escola profissional de reforma", em Pombal.[2066] É também previsto o funcionamento da divisão feminina do refúgio da Tutoria Central de Infância de Lisboa[2067] e extinta transitoriamente a escola de reforma para menores do sexo feminino nesta cidade. Como criações prioritárias, fixa-se a instalação da escola industrial de São Fiel (Castelo Branco) e da escola agrícola de Izeda, as únicas destas a serem efecetivamente concluídas.[2068]

[2063] A necessidade de mão-de-obra formada em ofícios e trabalhos agrícolas nas colónias ultramarinas surge aliás expressamemente como um dos fundamentos aduzidos para a reforma do direito dos menores, no preâmbulo do Decreto de 1 de Janeiro de 1911.

[2064] V. artigo 81º, § único, do Decreto de 27 de Maio de 1911. Os menores incorrigíveis, cuja presença na Escola Central de Reforma de Lisboa "possa ser nociva e prejudicial", seriam aqui remetidos "provisoriamente" para a Colónia Correccional de Vila Fernando (artigo 178º).

[2065] Abandona-se, contudo, a criação desta casa no "extinto convento de Cocujães", uma vez que os edifícios em causa não só seriam desadequados, como eram objecto de uma acção judicial ainda pendente, pelo Decreto nº 8621, de 7 de Fevereiro de 1923.

[2066] V. artigos 1º e 2º do Decreto nº 6117, de 20 de Setembro de 1919.

[2067] Que lhe verá destinadas as instalações do "Convento dos Franciscanos, à Graça", pelo Decreto nº 12686, de 16 de Novembro de 1926.

[2068] E no ano seguinte, pela Portaria nº 2114, de 14 de Janeiro de 1920, os futuros funcionários destas duas escolas são chamados a receber um período de formação na 1ª secção da Escola Central de Reforma de Lisboa, em São Domingos de Benfica, sob tutela da Inspecção-Geral dos Serviços de Protecção a Menores. A nova Colónia Agrícola Correccional de Izeda vê-lhe aplicado o regulamento interno aprovado para a colónia de Vila Fernando em 1901, através da Portaria nº 3991, de 22 de Abril de 1924.

As escolas – aproveitando a "necessidade de, pelo trabalho, se habilitarem [os menores] a alcançar e a gozar a verdadeira liberdade", conforme se lê no preâmbulo do diploma – são pensadas para conterem duas secções separadas, uma "preparatória", para menores entre os 7 e os 13 anos, outra "técnica", para menores de idade superior a 13 anos – e até ao máximo de 21 anos de idade. Em cada secção, os menores devem ser organizados em "famílias", de "vinte a trinta e cinco membros", dirigidas por um "preceptor", que seria simultaneamente professor e modelo de vida.[2069] Enquanto na primeira secção se esperava que recebessem os rudimentos da "educação familiar, física, escolar e doméstica", na secção técnica visava-se já "fazer operários sãos e instruídos", nas "diversas profissões agrícolas e industriais". A educação religiosa não está já presente de forma expressa neste programa educativo – apesar de se dever "entreter-lhes a fé num ideal moral superior".[2070]

O objectivo colonial não se afasta também dos fins das escolas e em ambos os extremos da escala: não só o aluno que, ao fim de 6 anos na secção técnica, fosse considerado incorrigível deveria ser deportado para as colónias ultramarinas, como quaisquer alunos que terminassem o "curso profissional com boas informações quanto à sua saúde e energia, dons de inteligência e aptidões" deveriam ser aproveitados, caso o requeressem, "para os serviços coloniais".[2071]

A modulação da pena era francamente flexível. O menor que findasse a secção preparatória ou atingisse os 13 anos poderia ser imediatamente colocado em liberdade condicional, "em casa de sua família ou de outra" – mediante proposta do director da escola, parecer do Inspector-geral dos Serviços de Protecção a Menores e autorização da Tutoria.[2072] O aluno da secção técnica, para obter a liberdade condicional, deveria antes completar o seu curso através de "aprovação do exame final de saída".[2073]

[2069] E quando algum preceptor "fôr casado (...) e a título de ensaio, a esposa pode ser nomeada sua auxiliar, constituindo os dois, com os correspondentes alunos, uma verdadeira família", escrevia-se no artigo 35º, § 4º do Decreto nº 6117, de 20 de Setembro de 1919.

[2070] V. artigo 17º.

[2071] V. artigos 27º, § 1º, e 30º. A Inspecção-Geral dos Serviços de Protecção a Menores ficava, aliás, encarregada de "estudar e propor a melhor maneira de efectivar as disposições patrióticas e altamente salutares" que previam este envio dos melhores para as colónias (artigo 30º, § único). Em 1925, a mesma previsão vai recomendar "o seu aproveitamento e colocação nos serviços coloniais, especialmente nas missões de civilização do ultramar" (artigo 149º do Decreto nº 10767, de 15 de Maio de 1925).

[2072] V. artigo 8º do Decreto nº 6117, de 20 de Setembro de 1919.

[2073] V. artigo 27º.

A extensão do sistema de protecção de menores baseado na acção das Tutorias que, na prática, ainda apenas cobria Lisboa e Porto, é promovida em 1925, alargando o âmbito de aplicação do regime de 1911, com algumas alterações, esclarecendo adicionalmente as funções, distintas, que cabem ao âmbito jurisdicional e ao âmbito meramente assistencial relativamente aos menores. Ou seja, procura também fixar de modo notório que, ao campo dos reformatórios, colónias correccionais e refúgios, pertencem apenas os menores em situação de delinquência – ou excepcionalmente os "indisciplinados" – e não meramente aqueles que se encontrem em "perigo moral". A par dos refúgios, espaços de observação e de detenção provisória de menores sujeitos a julgamento, também os reformatórios e as colónias correccionais, ambos estabelecimentos que devem permitir "trabalhos agrícolas e industrais", recebem menores, no primeiro caso, que não se encontrem "ainda gravemente pervertidos" e, no segundo, que "se julgarem em adiantado estado de perversão, mas ainda susceptíveis de regeneração pelo trabalho profissional, pela educação moral e mediante uma rigorosa acção disciplinar".[2074] Em ambas as instituições – como aliás também nos refúgios, em caso de detenção prolongada nestes espaços – era aplicado um regime de liberdade condicional, bem como um regime de semi-internato, preparatório daquela.[2075]

[2074] V. artigos 107º e 108º do Decreto nº 10767, de 15 de Maio de 1925. "Reformatórios" e "colónias correccionais" são as designações fixadas em 1925, sucendo às anteriores – a Escola Agrícola de Reforma de Izeda passa assim a Colónia Correccional e a Escola de Reforma do Porto a Reformatório de Vila do Conde, tal como é redenominado o Reformatório Central de São Fiel, de Castelo Branco. Em 1926, prevê-se a criação do Reformatório da Guarda, na Quinta da Mitra (Decreto nº 11446, de 19 de Fevereiro de 1926) e do Reformatório de Lisboa para o sexo feminino, no extinto Colégio de São José, em São Domingos de Benfica (Decreto nº 12686, de 16 de Novembro de 1926) e, no ano seguinte, é criada a Colónia Correccional para o sexo feminino de São Bernardino, em Peniche (Decreto nº 13008, de 7 de Janeiro de 1927). Em 1928, cria-se o Reformatório feminino de Viseu (Decreto nº 15056, de 10 de Fevereiro de 1928), depois redenominado Instituto de São José. Uma "Colónia Correcional Marítima" surge também mencionada como projecto no diploma de 1925 – e em 1928, um novo diploma ajustando o regime administrativo e de pessoal do sistema tutelar é publicado, no qual se volta a referir, no seu preâmbulo, a vantagem em criar "um reformatório marítimo a bordo de um navio", bem como "um estabelecimento tipo Borstal, para a população delinqüente entre dezasseis ou dezóito e vinte e um anos" (Decreto nº 15162, de 5 de Março de 1928). Em 1930, dando uso à herança deixada a favor do Estado pelo conselheiro José da Cunha Navarro de Paiva, afecta à criação de um estabelecimento correccional de menores, é determinada a criação de um "instituto para menores anormais do sexo masculino sujeitos à jurisidição das tutorias da infância", o Instituto Dr. Navarro de Paiva, pelo Decreto nº 18373, de 17 de Maio de 1930, em funcionamento apenas em 1957.

[2075] V. artigo 115º do Decreto nº 10767, de 15 de Maio de 1925.

Uma nova realidade é acrescentada em 1934, com a previsão legal de uma "prisão-escola" para menores do sexo masculino entre os 16 e os 21 anos, já projectada aliás em 1928, uma alternativa, neste caso, à prisão comum, a ser adicionada aos refúgios, reformatórios e colónias correcionais, mesmo tendo aquela apenas iniciado o seu funcionamento em 1947.[2076] O Decreto-Lei nº 24476, de 8 de Setembro de 1934, prevê assim a criação de um novo estabelecimento, que será efectivamente a futura prisão-escola de Leiria, onde seria aplicado um regime de execução de pena gradual, antecipação do que virá também a ser consagrado na reforma de 1936, em quatro estádios: observação (a ser cumprido em prisão com isolamento), confiança limitada, inteira confiança em regime de internato e semi-liberdade, que correspondem também no estabelecimento a instalações de acolhimento distintas[2077], modelo projectado, de acordo com a visão da lei, como regime progressivo em função da "vontade e capacidade de ser adaptar à vida social" dos menores, visando a sua própria intervenção na "obra da sua readaptação social".

A "prisão-escola" deveria ser predominantemente agrícola e o trabalho constante o elemento estrutural do seu programa de reabilitação, recebendo em primeira linha os "condenados pela primeira vez e sem maus antecedentes" a prisão correccional superior a 3 meses, a degredo, a prisão maior ou a prisão maior celular, mas também "delinquentes habituais", ou seja, condenados a pena privativa de liberdade pela primeira vez, mas postos à disposição do Governo, ou que "pratiquem habitualmente actos anti-sociais por perversão" ou vivam em "estado habitual de libertinagem, vadiagem, ociosidade ou falsa mendicidade" ou ainda indisciplinados em geral.[2078]

A reclusão pode ser também mantida após o decurso do tempo fixado de pena, sendo prorrogada por períodos de 2 anos, por decisão do Conselho Superior dos Serviços Criminais, mediante proposta do estabelecimento e eventual "inquérito social". Um menor não poderia contudo continuar na prisão-escola após os 25 anos, momento em que poderia passar a liberdade condicional, caso estivesse em condições de a obter, ou ser enviado para uma prisão comum de adultos, a cumprir o remanescente de pena em causa – o que sucederia sempre caso esti-

[2076] José Guardado Lopes, *Achegas...*, *cit.*, p. 115, nota 478, data a entrada dos primeiros reclusos neste estabelecimento em 7 de Abril de 1947.

[2077] V. artigos 19º e 20º do Decreto-Lei nº 24476, de 8 de Setembro de 1934.

[2078] V. artigos 2º e 3º. Menores entre os 16 e os 18 anos, em condições de integrar a prisão, poderiam também "excepcionalmente" ser colocados em colónias correccionais, por decisão do Conselho Superior dos Serviços Criminais (artigo 4º).

vesse pelo menos metade da pena em falta.[2079] Um ano de internamento era o tempo regra mínimo de internamento na prisão-escola e a saída do estabelecimento presumia sempre a passagem pelo regime de liberdade condicional ou semi-liberdade. A reforma prisional de 1936 manterá o essencial deste quadro, ajustando apenas aqui e ali o seu conteúdo[2080] e será já na sua vigência que o regime da prisão-escola ganhará vida, de acordo com fins paralelos de "acção prisional intensamente educativa" e de "defesa social enérgica"[2081] em relação àqueles a quem o regime fora ineficaz na sua dimensão regeneradora.

Também no caso dos menores, portanto, o uso do trabalho num contexto punitivo orienta-se de um sentido educativo meramente moralizador para uma dimensão eminentemente ressocializadora e preventiva.

§ 3º A mitigação da pena de prisão: o nascimento da liberdade condicional

A natureza da prisão torna-a um instrumento privilegiado de "modulação da pena"[2082], aberta à adesão a regimes progressivos e a figuras técnicas centradas numa lógica de pena executada em função do condenado e da sua evolução correctiva verificada ou inexistente, preenchendo o espaço – físico, normativo, relacional – penitenciário. A figura nestas circunstâncias mais impressiva é necessariamente a da liberdade condicional, que Bonneville de Marsangy, em França, procurou defender e legitimar, em meados do século XIX, e que o sistema inglês, na prática, já então aplicava através do modelo de concessão do *ticket of leave*.

A sua instituição em Portugal deve-se a António de Azevedo Castello Branco, já enquanto ministro da Justiça, em 1893[2083], sendo contudo uma realidade proposta, sob a forma de projecto de alteração ao Código Penal, desde logo pela

[2079] V. artigos 13º e 14º. Um "inquérito social" visa "estudar e fixar a personalidade do delinquente" (artigo 8º, § 1º).

[2080] Fixava-se, contudo, que a permanência mínima na prisão-escola era a pena decretada na sentença, sem prejuízo de poder ser concedida a liberdade condicional, verificado o cumprimento de metade da pena e um mínimo de um ano de reclusão – ou dois anos, no caso de delinquentes habituais, perigosos ou indisciplinados (v. artigos 86º, 90º e 91º do Decreto-Lei nº 26643, de 28 de Maio de 1936).

[2081] José Beleza dos Santos, *Nova organização prisional..., cit.*, p. 15.

[2082] Também na expressão de Michel Foucault, *Surveiller..., cit.*, p. 283.

[2083] Paulo Pinto de Albuquerque, *Direito Prisional..., cit.*, pp. 99 a 105, dá conta do debate parlamentar que a proposta suscitou, parte dele aliás referindo-se às condições desiguais e na prática quase insindicáveis de cumprimento da pena de degredo, na discussão sobre se esta nova faculdade, na dependência do Governo, deveria ser aplicável também a estes condenados.

comissão revisora no seu trabalho de 1861 e discutida pela doutrina, nacional e estrangeira, décadas antes.[2084]

Na impossibilidade de se obter o perdão ou a comutação da pena para vários dos presos exemplares com que Castello Branco se deparara na Penitenciária de Lisboa, a liberdade condicional surgia à partida não como uma anulação formal da pena prescrita, mas como uma valoração efectiva da reforma do condenado.[2085] Essa é uma das vantagens que se associa a esta possibilidade, simultaneamente um incentivo regenerador ao condenado e uma garantia específica de controlo da reincidência, manifestamente superior, por sistémica e sujeita a uma supervisão futura, aos mecanismos casuísticos e discricionários de perdão.[2086] É aliás

[2084] E em regra associada à consagração do seu reverso, a "detenção suplementar", como entre nós, por exemplo, se descobre em 1877 no texto de Alberto António de Moraes Carvalho Junior, *op. cit.*, pp. 13 a 16. Sobre a consagração da liberdade condicional no direito português, destacando-a como figura doutrinária produto da escola francesa, v. António Manuel de Almeida Costa, *Passado, presente e futuro da liberdade condicional no direito português*, in BFDUC, vol. LXV, Coimbra, 1989, pp. 406 ss.

[2085] E vista também, num ideário punitivo de 1912, como "o primeiro passo seguro na ordem de idéas da indeterminação da pena", como escreve João Chaves, *Sciencia Penitenciaria*, *cit.*, p. 243.

[2086] "A concessão da liberdade condicional, sendo revogavel, assegura mais efficamente a defeza social, o que não se dá com o indulto (...). No ponto de vista dos interesses dos condemnados e da sua rehabilitação social, a concessão da liberdade provisoria prevalece vantajosamente sobre o indulto, pois que a sociedade receberá sempre com mais hospitaleira benevolencia aquelles que, a despeito de terem sido criminosos, pelo seu exemplar comportamento (...) se resgataram do carcere" – António d'Azevedo Castello Branco, *Estudos...*, *cit.*, p. 234. Encontrou-se no ANTT um exemplo interessante, anterior em duas décadas à consagração legal da liberdade condicional, de funcionamento do poder moderador no que toca a um "indulto parcial" (ANTT, MNEJ, mç. 558, nº 5): M. H., pedreiro, casado, natural da Covilhã, foi em 30 de Outubro de 1873 condenado a sete meses de prisão correccional por ofensas corporais, e vem requerer ao monarca, indicando ser pobre e viver do seu trabalho e de "suas jornas sustentar a sua familia", que possa ser autorizado a sair da cadeia durante o dia para trabalhar, regressando à noite para ali pernoitar, prestando fiança e disponibilizando-se a "entregar a parte da jorna que lhe for designada". O delegado do procurador da comarca da Covilhã, ao remeter a petição para Lisboa, em 3 de Dezembro do mesmo ano, sustenta inventivamente este pedido (uma vez que "não tem maus precedentes e o motivo do crime foi o furto que lhe fez d'uma marreta o queixoso, que era seu aprendiz") no facto de a Lei de 1 de Julho de 1867 prever "a prisão com trabalho, que o preso não pode exercer na cadeia", não havendo assim lugar a qualquer "infracção de lei" sendo deferido aquele modo de cumprimento da pena. Para mais o preso em causa tinha obras a decorrer para a Câmara Municipal da Covilhã, que aliás lhe devia "salarios" que poderiam garantir a fiança. Assim, o poder sair durante o dia a trabalhar, era, também pelo delegado do procurador, visto como modo de fornecimento de trabalho ao preso, previsto na lei de 1867 e também no regulamento das cadeias de 12 de Dezembro de 1872, que expressamente invoca. Desconhece-se a decisão final, mas é elucidativa a fundamentação do processo.

sintomática a sua aplicação restrita a condenados que tivessem passado pelo regime penitenciário[2087], a que não é alheia também a influência quer de uma escola positiva que desconfia inicialmente desta medida que, de algum modo, se baseia num certo ideal moralizador da pena, quer da perspectiva penal clássica que vê na pena uma reparação necessariamente proporcional ao crime e, como tal, indisponível para reduções de intuito ressocializador, o que aliás condenara ao esquecimento a consagração da liberdade condicional na reforma portuguesa de 1884.[2088] No entanto, é clara também a visão da liberdade condicional como correcção da própria prisão celular e, nessa medida, tributária da crítica positiva ao penitenciarismo. Castello Branco fora subdirector da Penitenciária de Lisboa alguns anos e conhecia bem as dificuldades em lidar com um modelo rígido, feito para forçar uma regeneração moral, perante delinquentes cuja perigosidade futura seria nula. Não há contradição entre a criação da liberdade condicional e, por exemplo, o agravar da condição de reincidentes e vadios, como se fará em 1896, prontos a serem remetidos para as colónias ultramarinas. Nem a liberdade condicional é aqui uma medida genérica de benevolência nem aquelas medidas uma generalização gravosa da penalidade: ambas são de algum modo decorrências também já de um intuito de segmentação administrativa da pena, prenúncio da sua individualização.

Assim, a Lei de 6 de Julho de 1893 vem estatuir um regime de liberdade condicional e de suspensão de pena. Aos condenados em pena de prisão maior sob o regime penitenciário, a liberdade condicional é concedida, pelo ministro da Justiça, cumpridos dois terços da condenação, apenas "quando se presuma que estão

[2087] Não estando ao tempo isenta de críticas: Manoel José Dias Salgado e Carneiro, *op. cit.*, p. LVIII, indicando-se "pouco partidario da regeneração moral dos criminosos maiores de dezoito annos", entende que "tudo quanto tenda a diminuir o tempo da expiação é contraproducente, diminuindo o effeito reparativo da pena, e mesmo seu effeito preventivo (...)". Também António Ferreira Augusto, *Alienados criminosos...*, *cit.*, p. 194, manifesta dúvidas sobre a valia do regime: "No nosso paiz não podemos com vantagem implantar o systema de liberdade condicional, porque nos faltam os factores e os elementos que determinaram os legisladores estrangeiros a estabelecel-a. Não temos o regime penitenciario em todo o seu vigor; não temos cadeias; não temos o trabalho dos presos organisado; não temos a pena de morte senão para os crimes militares e essa nunca executada; não temos penas perpetuas e outros elementos de repressão energica que careciam então d'un lenitivo (...)". O próprio Castello Branco, seu proponente, ainda em 1888, criticando a "tendencia doentia da legislação penal" que "tem consistido em multiplicar os meios dos criminosos se evadirem ao castigo", via a liberdade condicional como possibilidade legal apenas "quando não seja permitida a concessão aos condemnados que revelem instictos faccionorosos e aos que sejam da classe dos delinquentes habituaes ou de profissão" – *Estudos...*, *cit.*, p. 238.

[2088] *Idem, ibidem*, pp. 235 e 236.

corrigidos e emendados"[2089], podendo ser revogada – e reiniciada a contagem do tempo de pena desde a sua liberdade provisória – em caso de infracção durante o benefício desta liberdade. Aos reincidentes que já tivessem sofrido anteriormente pena de prisão maior celular também não seria possível beneficiar da concessão de liberdade condicional, tal como os condenados a degredo cumprido fora de estabelecimento penal.[2090] Apesar das condições objectivas que são fixadas, a dimensão de *graça* na concessão da liberdade condicional não se perde totalmente.[2091]

A mesma lei vem consagrar a possibilidade de suspensão da pena de prisão correccional, quando decretada de forma simples ou agravada com multa, devendo esta operar apenas em caso de uma primeira condenação e sendo ponderadas "as circunstancias do delicto e o comportamento moral do delinquente"[2092], mediante sentença que justifique a opção pela suspensão.[2093] Em caso de nova condenação por outro crime durante o período de suspensão da primeira pena, ambas as penas deveriam ser executadas, cabendo ao Ministério Público procurar promover essa execução. As decisões de suspensão das sentenças condenatórias devem ser também, nos primeiros tempos de vigência desta possibilidade, especialmente escrutinadas pelo Ministério Público quanto ao devido cumprimento

[2089] V. artigo 1º da Lei de 6 de Julho de 1893.

[2090] Na ausência de condenação a degredo com trabalho em presídio ou colónia penal ultramarina, ou seja, enquanto a execução da pena de degredo "não for regulada nos termos do artigo 60º do codigo penal", consoante se lê no artigo 5º do mesmo diploma. Em todo o caso, pelo Decreto de 16 de Novembro de 1893, fixa-se que os directores das cadeias penitenciárias, no caso de degredo subsequente a prisão celular, deveriam ser também ouvidos aquando de um pedido de concessão de liberdade condicional durante o cumprimento da pena de degredo (v. artigo 20º, § único), presumindo-se a aplicação do regime, "com os complementos e modificações aconselhados ou exigidos pelo regimen que se adoptar para a execução d'aquella pena em presidios ou colonias penaes ultramarinas".

[2091] Como expressamente anota também António Manuel de Almeida Costa, *Passado...*, *cit.*, p. 418.

[2092] V. artigo 8º. A suspensão da pena de prisão correccional apenas podia ser decretada por um período não inferior a 2 anos nem superior a 5 anos (§ 2º), sendo a sentença removida do registo criminal uma vez decorrido o período de suspensão sem novo crime ter sido praticado (artigo 11º).

[2093] António Ferreira Augusto, *Annotações...*, *cit.*, vol. 1, p. 102, nota 70, afirma, em 1905, que esta possibilidade "ou por menos conhecida ou por se não conhecer os benefícios praticos que da sua aplicação resulta para a morigeração dos delinquentes tem sido imposta com menos frequencia pelas sentenças de primeira instancia e raras vezes pelas de segunda". Sobre a sua experiência como juiz , contudo, afiança que faria uso frequente da suspensão da pena, "muito principalmente quando os réos eram menores, empregados commerciaes ou publicos, criados de servir", com "excelentes resultados".

por parte dos juízes dos requisitos que a lei prevê, pois, esclarece-se, esta faculdade não é "um favor concedido aos réus por mera philantrophia, mas uma providencia adoptada contra a repetição de crimes, não só pela coacção moral resultante da ameaça do cumprimento da pena (...) como pelo afastamento da nociva influencia que a pena de prisão pode exercer (...)".[2094] Fica claramente expressa, então, pela pena de Castello Branco, quer a intenção preventiva das medidas, quer a visão progressivamente mais pessimista sobre a própria prisão, designadamente a penitenciária.

A proposta de concessão de liberdade condicional seria apresentada pelo director da prisão penitenciária ao ministro da Justiça, podendo ser requerida pelo preso interessado, instruída com um conjunto de elementos que recordam os previstos para a concessão do perdão de pena[2095] e estava ainda sujeita a parecer do Ministério Público e a consulta ao Conselho Geral Penitenciário antes da decisão. Uma vez concedida, sob a forma de decreto, do qual deveriam constar os motivos fundamentados da sua atribuição e se fixassem as condições "geraes e especiaes" que deveriam ser cumpridas pelo libertado[2096], seria publicada em Diário do Governo.[2097]

Os "libertos", na designação legal, teriam residência fixada (que apenas poderia alterada mediante requerimento ao ministro da Justiça) e estavam sujeitos a registo junto das autoridades administrativas e policiais do concelho ou bairro em causa, que os deveriam vigiar, mas de "um modo tutelar, protector e benefico".[2098] O preso libertado de forma provisória deveria ser apresentado a qualquer

[2094] V. Portaria de 22 de Julho de 1893.

[2095] V. artigos 2º e 3º do Decreto de 16 de Novembro de 1893, que vem regular o processo de concessão da liberdade condicional.

[2096] Que as deveria aceitar expressamente, perante duas testemunhas, em termo lavrado e que seria arquivado na cadeia penitenciária – artigo 8º.

[2097] Um decreto de concessão de liberdade condicional é assinado pelo ministro da Justiça em 3 de Abril de 1896, consagrando a liberdade condicional ao preso da Penitenciária de Lisboa Jayme Luciano Rebello, condenado a cinco anos de prisão celular, obrigado agora a residir "na localidade que lhe for designada na guia que tem de ser-lhe conferida" e a cumprir as condições gerais que o regime lhe impõe. Por decreto de 25 de Agosto de 1903, é libertado condicionalmente Avelino Rodrigues de Paula Santos. Também por decreto do ministro da Justiça de 29 de Maio de 1907 é concedida a liberdade provisória a Francisco José de Figueiredo, condenado igualmente a cinco anos de prisão celular por crime de moeda falsa, no cumprimento das disposições da lei de 1893 e presumindo-se que "posto em liberdade será um cidadão morigerado".

[2098] E que "auxilie e estimule a perserverança dos condenados nas boas disposições moraes, que auctorisaram a concessão", prevê-se no artigo 14º.

associação protectora dos condenados que existisse e receberia pelo menos metade do fundo que tivesse disponível resultado do seu trabalho – devendo receber o remanescente, caso existisse, findo o tempo integral da pena. Em caso de mau comportamento[2099] ou de infracção das condições impostas para a liberdade, esta seria revogada, por despacho fundamentado do ministro da Justiça, igualmente publicado no jornal oficial, resultando no regresso à penitenciária para o integral cumprimento da pena.

Aires de Gouveia foi um dos autores que associou também imediatamente à implementação do modelo penitenciário a instauração de um regime de liberdade condicional, visto como exigência racional de uma pena que visa a regeneração do criminoso. Para o correccionalista, uma vez esta alcançada, mesmo se antes do tempo de pena fixado em sentença, seria uma injustiça manter o cumprimento da pena.[2100] O mesmo sentido se encontra exposto por Moraes Carvalho[2101] ou por Jerónimo Pimentel, vendo também o funcionamento da liberdade condicional como um elemento de justiça[2102] e como uma sequência natural do encarceramento penitenciário – antes da liberdade ser total, há-de o criminoso comprovar, em pleno, a sua regeneração. A liberdade condicional concentra entre os seus proponentes e adeptos quer a linha correccionalista quer as escolas positivas, com fundamentações distintas, mais coincidentes num ponto: a pena só deve ser executada enquanto dela se retirar utilidade preventiva. Finda a perigo-

[2099] Que poderia ser o dar-se à "vadiagem, aos jogos prohibidos, á embriaguez e á dissolução de costumes" – artigo 16º.

[2100] Na mesma lógica irá sustentar a necessidade da "encarceração complementar", manutenção na prisão após o termo fixado para a pena, em caso de não ter sido concretizada a cura do "enfermo moral". Considera, aliás, mesmo a necessidade de uma detenção indeterminada, sujeita apenas à condição daquela concretização daquela reforma, mesmo sem explicar como tal pode ser provado, numa antevisão de um futuro. V. A. Ayres de Gouvêa, *A reforma...*, *cit.*, pp. 158 a 163.

[2101] "Cumprida a expiação, respeitada a necessidade do exemplo, supposta a regeneração, que mais resta? Estão satisfeitos todos os fins da pena, a acção penal deve sustar-se ahi; continual-a, além de uma injustiça manifesta, seria um inutil encargo para a sociedade" – Alberto António de Moraes Carvalho Junior, *op. cit.*, p. 13.

[2102] "Dois homens commetteram o mesmo crime e em identicas condições, tiveram portanto ambos a mesma pena; as circunstancias, porém, de cada um eram diversas; o génio differente, o caracter muito dissemelhante. Um mostra mais depressa o arrependimento, deu sinceras e evidentes demonstrações de estar corrigido, e bem merecer gosar mais cedo a liberdade; ha de estar tanto tempo em castigo como o outro que nenhuns indicios dá de arrependimento (...)? (...) Ha de raiar para ambos no mesmo momento o sul fulgente da liberdade?" – Jeronymo da Cunha Pimentel, *Penitenciaria Central de Lisboa...*, *cit.*, 1887, pp. 69 e 70.

sidade do condenado ou alcançada a sua remissão moral, a prisão deve abrir-lhe as suas portas.

A vantagem no uso da liberdade condicional foi verificada também no caso da colónia penal agrícola. De acordo com o seu regime, os colonos, antes de entrar na sua liberdade plena, integram um regime de liberdade condicional, que funciona como uma "fôrça evidente a conservá-los dentro dos limites de um porte conveniente e correcto", no dizer de Tude de Sousa.[2103] A liberdade definitiva é concedida "só sôbre informações oficiais e sôbre informações particulares dignas de crédito referentes a um largo período após a sua saída da Colónia".

Tal não se passava contudo em relação aos condenados a degredo, uma larga maioria, de acordo com a tradição penal que a jurisprudência mantinha e que o Código previa: em 1924, o director da Penitenciária de Lisboa pede que a liberdade condicional veja o seu âmbito alargado precisamente de modo a poder abranger os condenados a degredo, isolado ou como parte da pena penitenciária, ou seja, sucessivo à prisão, oferecendo números que atestam o recurso muito parcelar à esta medida, o que parece ser mantido ainda na década seguinte.[2104] Anota-se assim também o uso da liberdade condicional fundamentalmente como correctivo da prisão celular e, afinal, a prevalência de uma visão na qual o degredo, dada a sua natureza, surge como uma pena relativamente liberal – nalgum sentido, ela própria uma "liberdade condicional", como o modelo penitenciário de pena dual de prisão e degredo parece presumir.

Recorde-se que, a par da liberdade condicional e da suspensão da pena, outras figuras históricas funcionavam como elementos de mitigação de uma sanção penal ou da sua iminência.

É esse o caso da liberdade sob caução, em alternativa à prisão preventiva, que vai receber novas e mais amplas possibilidades de aplicação pela Lei de 15 de Abril de 1886.[2105]

[2103] Tude Martins de Sousa, *Colónia Penal Agrícola..., cit.*, 1932, p. 8.

[2104] "(...) Esta lei existe entre nós desde 6 de Julho de 1893; mas como não é aplicável aos indivíduos condenados só ou cumulativamente a degredo, a poucos tem aproveitado. Dos 6000 condenados que desde essa época deram entrada na Cadeia Nacional, apenas, por isso, poude aproveitar a 10. Para que tenha a amplitude que é de desejar, torna-se necessário aplica-la a todos os indivíduos condenados pela primeira vez, independentemente de o serem simples ou cumuladamente a degredo", escreve João Bacelar, *Repressão penal, cit.*, p. 7.

[2105] V. sobre o uso da caução, J. I. Delgado de Carvalho, *Manual do Processo Criminal...*, I, *cit.*, pp.79 ss., mas onde essencialmente se descobre apenas a reprodução da legislação aplicável.

A apresentação de caução, prestada por "deposito, penhor, hypotheca ou fiança" (artigo 5º), permitindo evitar a prisão antes da sentença e da decisão de um eventual recurso, é possível para todos os crimes, à excepção daqueles que prevejam a aplicação das penas mais graves: de prisão maior celular por 8 anos seguida de degredo por 20 anos (de acordo com o sistema penitenciário) ou as penas de degredo por 28 anos com prisão no lugar do degredo por 8 a 10 anos ou de degredo simples por 15, 20 ou 25 anos.[2106] Mas, no caso de, mesmo perante crimes sujeitos a estas penas, ter havido absolvição na primeira instância, mas interposição de recurso de revista, seria concedida igualmente a possibilidade de, também aqui, prestar caução em alternativa à prisão. A mesma lei vem também esclarecer que, no caso dos crimes sujeitos àquelas penas maiores mais gravosas, o tempo passado em prisão após sentença da primeira instância deveria ser tomado apenas como "circumstancia attenuante para o effeito de reducção da pena" (artigo 3º, § único).[2107]

Perante, contudo, crimes submetidos a processo correccional, a lei prevê apenas a sujeição a identificação e assinatura de termo de residência (artigo 2º), evitando-se quer a prestação de caução, quer o uso da prisão preventiva, que todavia impenderão sob o suspeito em caso da sua não comparência em juízo.[2108]

Estabelece-se assim tendencialmente um regime tripartido na admissibilidade da caução e no uso da prisão preventiva: mais leve para os crimes sujeitos a penas correcionais, que à partida não admitirão prisão preventiva e, logo, não exigirão caução; intermédio, no caso de crimes que comportam penas maiores, mas não as penas máximas, em que a prestação de caução é a regra para evitar a prisão preventiva ou a manutenção em prisão, em caso de recurso; e mais rigoroso no caso dos crimes que suscitam as penas mais gravosas, em que não é admitida a prestação de caução como alternativa à prisão antes de um primeiro julgamento.

[2106] Nos termos dos artigos 49º e 50º da NRP, aprovada pela Lei de 14 de Junho de 1884, para onde se remete.

[2107] Por Portaria de 21 de Abril do mesmo ano, vai instruir-se o Ministério Público, sendo estas disposições aplicáveis aos processos em curso, para proceder "ás necessárias averiguações para apurar quaes os réus que se acham nas circunstancias indicadas", esclarecendo ainda que a caução prestada através de depósito de valores, penhor ou hipoteca deverá seguir o disposto nos artigos 509º e 515º do Código de Processo Civil. A Lei de 15 de Abril de 1886 será ainda mandada aplicar no Ultramar pelo Decreto de 2 de Março de 1887, à excepção das referências às penas de acordo com o sistema penitenciário, uma vez que o diploma de 1867 que o previa se mantinha sem aplicação nas colónias.

[2108] O modo como, no caso de processo correccional, é prestado este termo de identidade e residência, previsto pela Lei de 15 de Abril, é regulado ainda pelo Decreto de 12 de Maio de 1886.

A mesma lógica será aliás mantida pelos primeiros diplomas republicanos sobre processo penal.[2109]

Também a possibilidade de substituição da pena de prisão por multa é novamente consagrada em 1892, ao prever-se que o juiz, perante a "importancia" e o "numero" das circunstâncias atenuantes, poderia "sempre" substituir a pena de prisão por pena de desterro ou por pena de multa, entendendo-se estar no quadro das penas correccionais[2110] – e sublinhando-se a possibilidade de substituição já prevista pelo Código Penal de pena correcional por multa[2111], num contexto de redução ou substituição de penas a operar pelo juiz em função das circunstâncias atenuantes que apreciasse. No entanto, pouco tempo decorrido, em 1894 é promovido um recrudescimento punitivo, em torno da reincidência, com o objectivo expresso de atender "á criminalidade que infesta os centros urbanos mais populosos", no intuito de "evitar, pela severidade progressiva da pena, que os reincidentes se tornem absolutamente incorrigiveis", conforme se lê no relatório do Decreto de 15 de Dezembro de 1894[2112], que será retomado de forma definitiva pela Lei de 3 de Abril de 1896, com o mesmo texto. Este diploma opera sobre diversas matérias, a propósito do combate à reinciência. No entanto, no contexto da substituição de penas, vai apenas impedir que essa possa ocorrer quanto à substituição da pena de prisão correccional pela pena de desterro num conjunto

[2109] V. *v. g.* o artigo 8º do Decreto de 14 de Outubro de 1910 e o artigo 8º, § 1º, do Decreto de 18 de Novembro de 1910, este no domínio dos processos de polícia correccional. Note-se, aliás, que pelo Decreto nº 12395, de 30 de Setembro de 1926, vai ser possível a "liberdade provisória até ao julgamento" também para réus pronunciados que estejam em prisão preventiva por crimes que admitam fiança, não paga, quando determinados prazos de detenção sejam ultrapassados (6 meses em caso de sujeição a pena correccional e 2 anos em caso de pena maior).

[2110] V. artigo 22º do Decreto de 15 de Setembro de 1892, pelo qual se introduzem diversas alterações processuais penais e se procuram "as reformas tendentes á simplificação" dos serviços de justiça, fixando-se também, *v. g.*, que "as custas em processos crimes não são remiveis com prisão" (artigo 28º, § único). Apesar da prisão por falta do pagamento de custas regressar em 1895, para devedores não declarados pobres, dadas as "consequncias funestas da (...) generosa disposição" anterior em relação aos "devedores ardilosos" – artigo 10º do Decreto de 22 de Maio de 1895 –, em 1910, esclarecer-se-á novamente que "não haverá prisão por falta de pagamento de custas ou sêllos" (artigo 11º do Decreto de 14 de Outubro de 1910). No entanto, note-se que, já em 1923, Luís Osório dá conta de um expediente na matéria, praticado com base na tabela de emolumentos judiciais e que remete para o uso da prisão na falta do pagamento de custas – "nos tribunais criminais de Lisboa, Pôrto, Coimbra, Braga etc. chama-se multa às custas e convertem-se assim em prisão". V. Luís Osório da Gama e Castro de Oliveira Baptista, *Notas ao Código Penal Português..., cit.*, vol. I, p. 263.

[2111] V. artigo 98º, § único, do CP 1886, e artigo 83º, § único, do CP 1852.

[2112] Publicado também na COLP, 1894, p. 1047.

de crimes (artigo 8º), o que fora promovido em 1892, uma vez que esta pena "póde tornar-se (...) mais grave do que aquella [a de prisão] para o réu com quem se pretendeu ser indulgente (...)", presumindo-se aqui a dificuldade em encontrar meios de subsistência no local de desterro.[2113]

Dando corpo à indesejabilidade doutrinária das penas de prisão de curta duração, cumpridas em regime comum, a possibilidade de substituição da prisão correccional por multa, alargando a previsão de 1892, será retomada em 1927 – e configurada agora como regra e não como excepção rodeada da verificação de várias condições.[2114] O juiz deveria assim substituir sempre a pena de prisão correccional não superior a 6 meses por multa, mesmo se se mantêm algumas restrições a esta substituição.[2115] No entanto, o não pagamento da multa ou a não prestação da fiança adequada – única caução admitida – implicariam ainda a entrada na prisão, com trabalho obrigatório.

No Código de Processo Penal de 1929, também a suspensão de pena e a aplicação da liberdade condicional são mantidas como possibilidades legais[2116] e a

[2113] Assim, "(...) em vez de moralisar, póde ser um incentivo, irresistivel talvez, para a practica de novos delictos" – *ibidem*, p. 1047. Pela Portaria de 2 de Agosto de 1893, o Ministério da Justiça havia instado o Ministério Público a informar sobre o uso da pena de desterro em substituição da prisão correccional nas comarcas, de modo a averiguar o modo e a intensidade dessa substituição, já que a pena de desterro "quando deixe de se attender á diversidade de profissões e condições economicas e sociaes dos réus, póde constituir ou uma punição inneficaz, ou um castigo gravissimo ou ate dar origem a novos delictos, quando os condemnados sejam indigentes e perseguidos pela miseria (...)".

[2114] Em 1935, é também "dada por expiada" a prisão correccional dos reclusos que estejam em prisão em virtude do não pagamento do imposto de justiça, com a sua consequente colocação em liberdade (v. artigo 1º do Decreto-Lei nº 25435, de 31 de Maio de 1935, diploma totalmente replicado no seu texto pelo Decreto-Lei nº 25895, de 4 de Outubro de 1935). Havendo, segundo afirma o legislador, discrepâncias na interpretação deste dispositivo, resultando na não libertação de alguns dos presos por aquele motivo, tal situação pretende ser atalhada através da publicação da Portaria nº 8272, de 9 de Novembro de 1935.

[2115] Nos casos de reincidência, cumulação ou sucessão de crimes, bem como nos casos dos crimes de furto, burla e abuso de confiança e outros para que a lei previsse a impossibilidade de substituição – v. artigo 1º do Decreto nº 13343, de 26 de Março de 1927. O valor da multa/dia a ser paga seria ainda ajustado pelo Decreto nº 13822, de 24 de Junho de 1927.

[2116] V. artigos 633º e 634º do Código de Processo Penal, aprovado pelo Decreto nº 16489, de 15 de Fevereiro de 1929. De acordo com a sistematização que este Código opera, a condenação a prisão continua a levar em consideração o tempo cumprido em prisão preventiva apenas no caso de prisão correccional (artigo 628º). Aguardar julgamento em liberdade é admitido em regra quando não estejam em causa "pena maior fixa de prisão ou degrêdo", não se estiver perante reindicidente por mais de duas vezes por alguns crimes tipificados, como o roubo ou furto, ou no caso de foragido da prisão (artigo 290º).

reforma prisional de 1936 volta a regular a concessão de liberdade condicional, agora de acordo com a categorização da delinquência que introduz, mas num espírito que Beleza dos Santos descreve afirmando a liberdade condicional como uma "fase normal de execução de penas ou das medidas de segurança", abandonando-se definitivamente a visão desta figura como um "simples favor" ou uma "mera recompensa".[2117]

Para os presos comuns, a liberdade condicional, concedida pelo ministro da Justiça, após posição favorável do Conselho Superior dos Serviços Criminais e do director do estabelecimento, ouvido ainda o Instituto de Criminologia respectivo, seria possível em penas superiores a 6 meses, devendo, em caso de pena unitária, sendo concedida após ultrapassada a sua metade (ou o tempo mínimo fixado de medida de segurança) e, em caso de pena sob o regime progressivo, apenas no seu último período de cumprimento.[2118] A liberdade condicional, fixada em regra por um período de entre 2 a 5 anos (mas podendo este ser prorrogado e estender-se até 10 anos)[2119], seria atribuída mediante o dever de cumprimento de condições diversas, adequadas ao recluso em causa, prevendo-se agora que os libertos fossem acompanhados por assistentes sociais ou sujeitos a vigilância pelas autoridades durante o seu curso. Note-se também, entre as condições passíveis de imposição, a possibilidade de ser fixada residência numa das colónias ultramarinas, por despacho do ministro da Justiça, por sugestão do Conselho Superior dos Serviços Criminais[2120], formulação que manifestamente se aproxima do degredo, apenas revestido de liberalidade na execução de uma pena de prisão.

Para os criminosos de difícil correcção, a sua classificação não impede formalmente o usufruto desta medida, mesmo que de forma atípica, abrangendo apenas um período de prorrogação da pena. Ou seja, a liberdade condicional, antecedendo uma eventual liberdade definitiva, deveria ter uma duração mínima de 3 anos e, em regra, apenas seria concedida após o cumprimento da pena – ou seja, durante o período de prorrogação da mesma.[2121]

[2117] V. o prefácio de José Beleza dos Santos a J. Roberto Pinto e Alberto A. Ferreira, *Organização prisional actualizada e anotada*, Coimbra Editora, Coimbra, 1955, p. X.

[2118] V. artigos 390º e 391º do Decreto-Lei nº 26643, de 28 de Maio de 1936.

[2119] V. artigos 394º e 395º.

[2120] V. artigos 396º e 397º.

[2121] Podendo, "excepcionalmente", ser autorizada após o cumprimento de dois terços da pena. V. artigos 119º e 120º. António Manuel de Almeida Costa, *Passado..., cit.*, p. 421, afirma que se estava "então, perante uma genuína medida de segurança, só no nome distinta da «liberdade vigiada»". No mesmo sentido, Jorge de Figueiredo Dias, *Direito Penal Português...*, II, *cit.*, pp. 532 e 533.

Por outro lado, a residência obrigatória durante a liberdade condicional numa colónia ultramarina onde houvesse um estabelecimento prisional para criminosos de difícil correcção era uma das condições que a sua concessão implicava para os assim classificados, quer cumprissem pena em cadeia especial metropolitana, quer em colónia penal ultramarina, tornando-a na prática um mistério, pelo menos ao tempo da aprovação da reforma prisional.[2122]

§ 4º A assistência prisional e pós-prisional

"(...) O futuro do correccional apresenta-se como uma interrogação formidável ao transpor o limiar da prisão para a vida social. Que irá ele fazer da liberdade que lhe é dada nessa hora?", pergunta-se o director da Colónia Penal Agrícola de Sintra em 1920.[2123]

Logo em 1860, Aires de Gouveia deixa um retrato do apoio ainda virtualmente nulo de que pudessem beneficiar os condenados durante o cumprimento ou tendo findado a sua pena.[2124] Anos passados, já com a prisão celular enquanto realidade entre nós, continuará a clamar-se pela necessidade de haver "associações de patrocinio" dos reclusos uma vez libertados, neste país em que "a iniciativa particular precisa ser estimulada ou pelo menos auxiliada pelos poderes publicos (...)".[2125] O tema fora tratado nos congressos penitenciários internacionais com amplitude e parecia ser um complemento inultrapassável, sistémico e pragmático, dos regimes prisionais que ainda votassem alguma esperança ao recluso.[2126]

Em 1893, ao legislar sobre a concessão da liberdade condicional e a possibilidade de suspensão da pena de prisão correccional, vai o parlamento aproveitar para vincular o governo à promoção e auxílio "de associações protectoras dos con-

[2122] Emídio E. Ferreira de Almeida, *op. cit.*, em anexo ao trabalho, escreve em 1941, a propósito do uso da liberdade condicional após a reforma prisional de 1936, que "até agora, e a reforma dos serviços prisionais já vigora há cinco anos, não há notícia de ter sido concedida a liberdade condicional a qualquer recluso" (p. 80)...

[2123] Tude Martins de Sousa, *Colónia Penal...*, *cit.*, 1920, p. 27.

[2124] E assinala: "Em primeira instancia importa que o Governo incite e favoreça, com prémios e honras, a creação de associações particulares, em todos os districtos, fervorosamente applicadas (...) á instruccção religiosa do povo, não com procissões e só festividades ephemeras, mas com doutrinamento assiduo e por todos os modos; e que, segundamente, as solicite e instigue de preferência, como em Inglaterra, para a moralisação da juventude e para a fundação de escholas-agrarias de correcção e educação", em *A Reforma...*, *cit.*, p. 156.

[2125] Jeronymo da Cunha Pimentel, *Penitenciaria Central de Lisboa...*, *cit.*, 1887, p. 67. Pimentel propõe um modelo de uma associação com sede em Lisboa e filiais pelo País, que apenas décadas depois será criada, baseada essencialmente nos contributos de privados e no trabalho dos reclusos.

demnados", às quais se deveria mesmo afectar uma parte do produto do trabalho prisional.[2127] No regulamento geral das prisões aprovado pelo Decreto de 15 de Setembro de 1901, tal como aliás se antecipava já nos diplomas que nesse mesmo ano regularam a colónia correccional de Vila Fernando e a Casa de Correcção de menores de Lisboa, estipulavam-se esperançosos deveres para as associações de patronato, privadas, mas às quais o Governo deveria novamente "concorrer para a manutenção"[2128], quer pela via de uma dotação orçamental própria, quer atribuindo-lhes receita gerada nos termos do artigo 15º da Lei de 17 de Agosto de 1899, ou seja, o "excesso de receita annual sobre a despesa dos postos anthropometricos". Destas associações, esperava-se pelo menos que pudessem auxiliar a sustentação das famílias dos presos durante o seu cumprimento de pena, recolher os filhos dos presos indigentes e apoiar a obtenção de trabalho por parte dos condenados finda a sua pena.

Efectivamente, em 1902, pelo Decreto de 23 de Agosto, foram criadas comissões de patronato às prisões, bem como às casas de correcção de menores e à colónia de Vila Fernando, mas o seu sucesso foi virtualmente nulo.[2129] João Gonçalves, escrevendo já em 1934, não duvidava em afirmar, pensando na Penitenciária de Lisboa sob o regime de Filadélfia, a propósito da assistência aos reclusos prestada a coberto daquele filantropismo, que também "as visitas foram rareando tanto que à cela quasi se confiou a moralização do condenado".[2130] Em todo o caso, o regime estabelecido em 1902 era ambicioso. Moldado de acordo com exemplos

[2126] Em particular no congresso de Estocolmo, em 1878, conforme assinala João da Silva Mattos, *op. cit.*, pp. 172 a 174.

[2127] V. artigo 7º da Lei de 6 de Julho de 1893.

[2128] V. artigos 213º a 215º do Decreto de 21 de Setembro de 1901. No preâmbulo do diploma, exaltam-se "as associações de patronato, no genero d'aquellas que existem em quasi todos os países, e de que já ha um exemplo no nosso, no benemerito Instituto Penitenciario e de Beneficencia e Caridade, que existe junto da Cadeia Civil da Relação do Porto, onde tem prestado já valiosos serviços".

[2129] Estas Comissões de Patronato de Lisboa e Porto são criadas também pensando no apoio aos menores delinquentes uma vez saídos da reclusão – Vila Fernando e casas de correcção –, consoante já se previa também no regulamento prisional de 1901. Maria José Moutinho Santos, *A sombra...*, *cit.*, p. 177, adverte, contudo, que "pouco vieram a realizar".

[2130] No contexto do modelo filadelfiano esperavam-se, "para o levantamento moral e regeneração", visitas aos reclusos por parte do director, do médico e do capelão da cadeia, bem como dos guardas e de "representantes das sociedades filantrópicas" – no entanto, "devemos, porém elucidar que estas visitas não se faziam com a frequência indicada no Regulamento". V. João Gonçalves, *Os regimes prisionais...*, *cit.*, p. 13.

estrangeiros – o diploma afirma, aliás, fundar-se nos exemplos norte-americano, inglês, francês, alemão, suíço, belga, holandês e ainda nas conclusões do Congresso de Bruxelas de 1900 –, cria duas comissões de patronato, em Lisboa e Porto, com delegações nas demais comarcas destes distritos judiciais, que se deveriam interessar pelos reclusos das cadeias civis de Lisboa e Porto, das cadeias comarcãs destes distritos e ainda pelos menores das casas de correcção e da colónia agrícola correccional de Vila Fernando.

As comissões seriam presididas respectivamente pelo Cardeal Patriarca de Lisboa e pelo Bispo do Porto, uma opção do legislador, e contariam ainda com os presidentes e procuradores régios das Relações respectivas, juízes criminais, os governadores civis de Lisboa e Porto, os provedores das Santas Casas da Misericórdia, os párocos das freguesias onde se situassem as cadeias, os presidentes das Câmaras Municipais e ainda "senhoras"[2131] e "industriaes, proprietarios e commerciantes" de ambas as cidades, nomeados estes últimos pelos seus presidentes.[2132] Sendo o exercício do cargo gratuito, cabia não obstante às comissões "subsidiar as familias dos presos" quando necessitadas, "recolher e educar os filhos dos presos indigentes" e "proteger e collocar os presos maiores" após o cumprimento de pena, bem como "proteger os menores postos em liberdade", em particular os sem família, procurando-lhes trabalho e sustento.[2133]

Os presos sujeitos à acção do patronato seriam escolhidos preferencialmente em função da existência de informações indicando que "pareçam emendados ou verdadeiramente arrependidos", colhidas antes da data prevista para o seu fim de pena. Os membros da comissão deveriam também, ainda durante o cumprimento de pena, visitar os presos e menores internos, promover "conferencias" sobre os benefícios do patronato, conceder prémios aos que demonstrassem maior regeneração e auxiliar na venda dos seus trabalhos[2134], podendo ainda as comissões de patronato administrar o fundo de reserva dos reclusos ou parte dele, de acordo com a vontade manifestada por estes. O financiamento para as actividades das comissões seria assegurado pelo remanescente da verba atribuída aos postos antropométricos, através dos emolumentos de carceragem, via já prevista

[2131] A quem caberia mais determinadamente o apoio às reclusas.

[2132] V. artigo 2º do Decreto de 23 de Agosto de 1902.

[2133] V. artigo 8º. O patronato ao preso terminaria "com a sua collocação definitiva de forma a poder ganhar honradamente a vida" (artigo 24º) e ainda "por desobediencia ás ordens das commissões ou delegações", "pela ausencia do reino", "pela pronuncia por qualquer crime", "pelo alistamento no exercito ou armada" e ainda, no caso dos menores, "pela vontade do pae ou tutor" ou perfazendo estes 21 anos de idade (artigo 37º).

[2134] V. artigos 31º e 32º.

em 1901, e por dotações públicas, bem como através de doações e organização de eventos artísticos e "festas de caridade".

Antecipa-se contudo que, não obstante a generosidade das referências legais, no período anterior aos anos 30 do século XX, na prática foi incipiente e descontínuo qualquer esforço ou investimento no domínio da assistência prisional e pós-prisional. A consciência de que o acompanhamento aos presos e o apoio na saída da prisão seriam elementos fundamentais para evitar a reincidência mantem-se, contudo, bem presente, por exemplo, entre os reclusos da Penitenciária de Lisboa. No seu jornal interno, iniciado em 1 de Julho de 1933, *Oásis*, vários dos textos publicados versam aquele tema.[2135] Este periódico, necessariamente sujeito a censura prévia, surge aliás como resultado da criação da Associação de Socorro Mútuo "Redenção", entidade associativa nascida na Penitenciária, com o objectivo de apoiar ex-reclusos daquela prisão.

É assim apenas em 1932 que surge a Associação do Patronato das Prisões[2136], entidade dirigida pelo Administrador Geral das Prisões e aberta a sócios particulares, que acabou por representar provavelmente o primeiro esforço público, intencional e sistemático de organização de um regime de apoio aos ex-reclusos no momento em que abandonassem a prisão, com apoios a serem prestados igualmente às suas famílias durante o seu cumprimento de pena, bem como às vítimas directas do crime cometido, quando deles necessitassem. Partia também de uma base de intervenção partilhada na "assistência moral e material", entre Estado e sociedade – e desta esperavam-se intervenções pessoais e afectação de recursos[2137] – mas em que é ao Estado que cabe assumir a primazia, num quadro de assistência social mais vasto que se começa a delinear entre nós, ultrapassando, no tema prisional, como afirma Eduardo Correia, os "métodos clássicos e desacreditados de bons conselhos e boas palavras".[2138]

[2135] V. *v. g.* jornal *Oásis*, ano I, nº 2, 15 de Julho de 1933, p. 1; ano I, nº 9, 1 de Novembro de 1933, p. 3; ano I, nº 11, 1 de Dezembro de 1933, p. 3. Informações sobre a imprensa prisional podem ser recolhidas através de Rodolfo Xavier da Silva, *Crime e prisões..., cit.*, pp. 247 a 250, referidas a 1925 e a anos anteriores – entre os títulos apontados encontram-se "O Grito d'Alma", da Relação do Porto, ou "A Crónica do Saco" e "O Sabichão", manuscritos, da cadeia de Monsanto.

[2136] Pelo Decreto nº 21175, de 22 de Abril de 1932.

[2137] Como, por exemplo, no caso do apoio aos reclusos, "visitas individuais e contínuas; conferências; distribuição de livros, folhetos ou fôlhas volantes e entrega de subsídios em dinheiro ou em objectos de necessidade e utilidade prática" (artigo 20º).

[2138] Eduardo Correia, *Assistência prisional e post-prisional*, in "Estudos em homenagem ao Doutor Alberto dos Reis", vol. I, suplemento XV ao Boletim da Faculdade de Direito, Universidade de Coimbra, Coimbra, 1961, p. 368.

Os apoios prestados pelo Patronato podiam assumir a forma de atribuição de subsídios e de apoios (para custear a renda de casa ou para alimentação – esta fornecida através das Misericórdias e das "Cozinhas Económicas – e assistência médica, por exemplo), também fornecidos em géneros, como os traduzidos na compra pelos serviços públicos de instrumentos de trabalho, na entrega de senhas para refeições ou no pagamento directo a credores, como o senhorio ou fornecedores de materiais.[2139] A concessão ao ex-recluso de um subsídio em dinheiro não era prevista, "a fim de evitar que o mesmo a aplique em fins diversos (...)".[2140] Os ex-reclusos beneficiários de apoio, em regra por um período não superior a 1 ano após a libertação, teriam de demonstrar também, mensalmente, a sua aplicação na procura de emprego.[2141] Presos preventivos, presos condenados a menos de 6 meses de reclusão ou reincidentes que já tivessem sido beneficiários de qualquer apoio ficariam usualmente excluídos de poder usufruir dos subsídios.

O Patronato das Prisões teria sede em Lisboa, delegações no Porto e Coimbra e filiais noutros pontos do País, estas últimas direccionadas para a "assistência moral e material aos reclusos internados nas Cadeias comarcãs e dos julgados Municipais".[2142] Mas a sua acção nunca passou verdadeiramente do plano das intenções.

A reforma prisional de 1936 manterá a cargo da Associação do Patronato as funções de assistência prisional, em moldes idênticos – reforçando até as suas vias de financiamento – e irá prever ainda realidades inovadoras. Está nesta circunstância a previsão de "colónias de refúgio" e de "albergues" junto de estabelecimentos prisionais: as primeiras destinadas a acolher antigos reclusos postos em liberdade definitiva ou presos em liberdade condicional, sem trabalho e sem recursos para se sustentarem – aí encontrariam alojamento, trabalho agrícola ou de oficina e uma pequena remuneração; os segundos, simples casas de alojamento para ex-reclusos indigentes ou mesmo para familiares sem recursos que se encon-

[2139] Nas *Instruções* do Ministro da Justiça datadas de 9 de Junho de 1937 sobre os "Subsídios ou qualquer Assistência a prestar pelo Patronato das Prisões", descrevem-se os procedimentos detalhados destes auxílios, passíveis de serem concedidos "às famílias dos reclusos, às vítimas imediatas do delito e aos ex-condenados", cobrindo aspectos como a "renda da casa, alimentação, subsídio por uma só vez, assistência médica, internamento dos filhos menores" e "albergue", quando não pudessem os beneficiários "angariar os meios necessários à sua subsistência". V. *Associação do Patronato das Prisões – Circular nº 2 – Instruções*, Tip. Cadeia Penitenciária, Lisboa, 1937.

[2140] *Ibidem*, p. 6

[2141] *Ibidem*, p. 7.

[2142] *Ibidem*, p. 3. José Guardado Lopes, *Achegas...*, *cit.*, p. 69, informa que esta Associação "depois de um período inicial de alguma actividade, veio a soçobrar como as anteriores tentativas".

trassem de visita a presos.[2143] Este, afinal, um tópico também recorrente ao longo do século anterior.

Por outro lado, já prenunciando um contexto pós-filantrópico, é também o diploma de 1936 a prever a introdução nas prisões de "assistentes e auxiliares sociais (...), remunerados ou voluntários"[2144], com formação adequada, a quem caberia o acompanhamento dos reclusos durante o cumprimento da pena, mas também imediatamente depois de obtida a liberdade. É assim uma evolução no sentido da profissionalização da anterior, solitária e falhada filantropia, num processo de assunção por parte do Estado do esforço de assistência prisional, que se prolongará nas décadas seguintes.

[2143] V. artigos 179º a 189º do Decreto-Lei nº 26643, de 28 de Maio de 1936. O debate penitenciário internacional favorável à criação destas casas de acolhimento e transição pós-prisional é notado por Eduardo Correia, *Assistência prisional e post-prisional, cit.*, pp. 356 e 357, pelo menos desde 1885, acentuando-se ainda no congresso penitenciário de Berlim em 1935. "Á saída da prisão, o patronato fornece alojamento em albergues, subsídios para a renda de casa durante o tempo indispensável, alimentação nas cadeias mais próximas da residência, quando vivem em Lisboa, vestuário e calçado, subsídios para compras de ferramentas, para desempenho de vestuário, para pagamento de quotas atrasadas em sindicatos, para negócio e empréstimos caucionados e, por vezes, sem caução, assistência médica e medicamentos. Finalmente, procura colocação mantendo-os sob vigilância e protecção", descreve-se já em 1949 – assim, Renato Gonçalves Pereira, *Assistência Post-Prisional*, in BIC, nº 8 (1945-1948), Oficinas Gráficas da Cadeia Penitenciária de Lisboa, Lisboa, 1949, p. 236.

[2144] V. artigo 446º e também o artigo 402º.

CONCLUSÕES

I.

Chegados a este ponto do trabalho, tendo em conta o percurso atrás deixado, algumas linhas de força e considerações gerais podem ser apontadas, valendo como conclusões.

1.

Quando surge entre nós a pena de prisão? É possível responder que ela está presente na legislação nacional pelo menos desde o século XIII. É possível também dizer que apenas se consagra efectivamente com o primeiro Código Penal. Procurou demonstrar-se neste texto que uma prisão punitiva é prevista pelo direito régio desde a Idade Média, conhece um processo de alargamento do seu uso em particular através da prática judicial de consideração do tempo em prisão como equivalente à aplicação efectiva de uma pena (mesmo que distinta), de acordo com uma ideia de equivalência equitativa que o *ius commune* e os praxistas nacionais amplificam, processo que é de algum modo acompanhado pelo poder régio, através desde logo do instituto da comutação de pena, e que chega ao dealbar de 1820 em condições, portanto, de assumir ao seu papel de pena principal, afastadas agora as penas "inúteis e cruéis" do passado.

Há assim uma predisposição gradual, em que poder régio, tribunais e doutrina jurídica participam, para ver na prisão, mais do que apenas uma circunstância processual de segurança, um conteúdo penal autónomo, o que necessariamente afasta, também entre nós, a ideia de uma ruptura extrema no panorama das penas em torno da consagração da prisão como pena única para o novo liberalismo. Noutros espaços, esta predisposição foi atingida através do desenvolvimento de modelos de encarceramento específicos, na fronteira do domínio estritamente penal, como as casas de disciplina e de trabalho da Europa Central e de Inglaterra, que devem ser ponderados como antecedentes a par do uso eclesiástico da prisão como pena. Não foi aquele o caso entre nós – mas não deixou um conceito de trabalho penal de assumir nesse percurso o seu papel, quer através dos "trabalhos públicos" sucedâneos das "galés", estabelecidos entre nós desde o século XVI, quer através da principal motivação para o degredo ultramarino: uma ideia de colonização enquanto fim público e de rentabilização militar e económica dos condenados, necessariamente incompatível com a ociosidade.

No século XIX, a pena de prisão modifica-se de facto na sua intensidade de previsão e na sua intencionalidade punitiva, mas não se configurará imediatamente entre nós, após o Código Penal de 1852, como pena única ou sequer preferencial na sua aplicação. Porque, não obstante este percurso favorável à consideração da prisão enquanto pena, em grande medida ela chega objectivamente a 1820 como uma pena residual, incipientemente prevista no quadro legal oferecido pelas Ordenações e pela legislação penal avulsa. Porque a doutrina considera-a à partida como tal, *maxime* Mello Freire ou Pereira e Sousa, mas crê ainda que se estará em primeira linha perante uma ferramenta instrumental meramente coactiva, essencialmente de controlo da ordem pública ou de uso processual. Porque a prisão penitenciária, aquela que a nova doutrina esperava, afinal não fora construída. Porque, em grande medida, é o degredo que ocupa a primazia, legal, histórica e política, de entre as penas possíveis.

Com a recepção plena do modelo penal liberal, a pena de prisão, pena das "sociedades civilizadas", antípoda da liberdade, ganha o espaço que até aí não recebera, dulcificadas as penas e perdida a sua dimensão aflitiva directa sobre o corpo, e está pronta a receber um conteúdo penitenciário, de acordo com os modelos e as técnicas que circulam com intensidade, surgindo como aparentemente redentoras. Mas a consideração alargada da pena de prisão na codificação penal de 1852, tal como a posterior consagração do regime penitenciário, sempre parcelar, entre nós, não significou, todavia, que a população que se encontrava na prisão fosse imediatamente constituída, em largo número, por condenados a essa pena, como se demonstrou: a prisão continua a ser um espaço de detenção para julgamento, de acolhimento de condenados a trabalhos públicos ou a degredo ou de detidos transitoriamente por autoridades administrativas – que aplicam, de algum modo, o seu próprio sistema sancionatório – e a prisão é ela própria, em concreto, uma designação geral para realidades muito distintas de pena, consoante se pense, por exemplo, nas grandes cadeias de Lisboa e Porto, nas cadeias das pequenas comarcas ou até em prisões ultramarinas. É lenta a afirmação da prisão como pena entre nós, mesmo após a aprovação do Código: os tribunais continuam a condenar a degredo, a pena por excelência; as cadeias de regime comum existentes não comportariam também o resultado de um influxo drástico nas penas aplicadas; o debate sobre a mais perfeita execução da pena de prisão, que o Código não resolvera, levava a hesitações em torno do melhor modelo para fazer cumprir essa nova pena. Durante muito tempo, vai poder dizer-se que se era frequentemente preso, mas raramente se cumpria pena de prisão.

Aqui é necessariamente determinante, a par das dificuldades que representam as cadeias existentes à época, o modelo histórico da pena de degredo, que afinal é a constante penal que entra pelo nosso século XIX e cobre ainda mais de metade do século XX, ao contrário do que acontece com os nossos padrões internacionais da época, como a França e a Inglaterra. Como podia plenamente construir-se uma ideia de pena assente num modelo prisional reformador, com a amplitude que a sua justificação atingiu no debate internacional, intensamente conhecido entre nós, se era o degredo a pena prevista pela lei, sancionada pela prática, desejada pela razão de Estado?

2.

Em todo o caso, a ambição nacional diante do "regime penitenciário", notada imediatamente em 1820, não é só um desejo isolado de concretizar um regime prisional de isolamento celular, uma técnica que respondesse à necessidade de dar um significado pleno à ideia de prisão reformada e de pena reformadora – representa também uma vontade ampliada de adesão a uma modernidade punitiva, de ressonância política, através de uma integração legitimada num processo internacional de institucionalização da prisão celular como pena. Em 1822, conhecem-se e discutem-se nas Cortes os modelos de isolamento celular norte-americanos e ingleses, os seus autores, os seus divulgadores europeus, e são usados também numa linha de demarcação entre o mundo penal liberal e as "penas do despotismo" anterior.

Contudo, pode considerar-se também que uma ideia de "atraso penitenciário português" radicada na falta de meios materiais para a concretização das infraestruturas correspondentes a esse novo ideal, é, em parte, sobrevalorizada. É um facto que há "falta de meios" e, até aos anos 40 do século XIX e mesmo depois, um ambiente de constante instabilidade governativa que impede a concretização consequente de qualquer desenvolvimento institucional na matéria, mas este condicionamento, efectivo, deve ser também ponderado com outros elementos. Dois deles parecem ser preponderantes, como se procurou demonstrar nas páginas anteriores.

Não são apenas os modelos penitenciários a ser conhecidos entre nós. É também largamente conhecida em Portugal a crítica produzida aos novos regimes penitenciários, como a inicial proveniente do debate entre Filadélfia e Auburn, tal como os resultados das aplicações estrangeiras destes modelos. Sendo certo que uma parte relevante dos autores nacionais não duvida em identificar o regime penitenciário com o ideal moderno de execução de uma pena – de prisão –, há também dúvidas sobre a sua real valia e a certeza dos seus resultados, bem como sobre a sua adequação plena à realidade nacional de acordo com métodos e modelos a mais do que um título "estrangeiros". Não é neutra ou apenas decorrente das vicissitudes "logísticas" a consideração alargada da pena de prisão no primeiro Código Penal, pouco ou nada se dizendo sobre a sua execução e omitindo o padrão internacional da época, o regime penitenciário.

A adesão a este penitenciarismo não é tão entusiasmada nem tão radical como noutros espaços, tendo em conta o tempo decorrido entre as primeiras experiências norte-americanas e europeias e aquilo que será a sua implementação nacional. Aproximando-se o fim do século XIX, a esta desconfiança prévia associar-se-á, também entre nós, naturalmente, a crítica fundamental que a antropologia criminal e os seus desenvolvimentos, operando sobre as bases da penalidade, apresentam à pena de prisão e, desde logo, à prisão penitenciária. A associação da instituição penitenciária e do correccionalismo entre nós viria a ser francamente criticada por esta visão cientista, para quem aquela "risonha e refulgente perspectiva", aquela "illusão da omnipotencia educativa", como escreveu o ministro da Justiça António de Azevedo Castello Branco, ou, mais prosaicamente, aquela "escola lamuriante e piegas", no dizer do juiz Ferreira Augusto, só podia ser ultrapassada, porque errada nos seus pressupostos e falhada nos seus resultados.

Por outro lado, regresse-se ao tema: o peso histórico e as possibilidades concretas do uso da pena de degredo tornam a instauração da prisão penitenciária – ou, na prática, qualquer reforma penal e prisional digna desse nome – um tema menos urgente. É ilustrativo aliás que a defesa de um regime penal progressivo, a ser iniciado com a prisão, mas a ser concluído pelo degredo, seja uma proposta que se encontra entre nós desde os anos de 1830, por exemplo com Silvestre Pinheiro Ferreira (anterior portanto à sua consagração como padrão em Inglaterra), e que se manterá presente nas reformas penais de 1867 e 1884. Sem exagero, poder-se-á quase dizer que quando, noutros espaços, se procurava estudar a cela, entre nós procurava-se perceber qual o melhor modelo para degredar. Este degredo, mesmo se progressivamente criticado como ferramenta penal e especialmente como método colonial, não deixa de ser intencional e intensivamente usado como meio de colonização ultramarina, na prática, até ao Estado Novo e ainda designadamente por este.

A realidade da transportação penal africana, com cariz de colonização, cumprindo fins do Estado e da sua razão, a par de uma motivação de afastamento metropolitano de base penal, é, nessa medida, um particularismo português, mantida e incentivada – como pena e também através de mecanismos administrativos de deportação, cuja dimensão "penal" é discutível, que surgem, de forma sistemática, na última década do século XIX e que se manterão nas décadas seguintes – num período mais tardio que as congéneres inglesa ou francesa. É certo que o uso do degredo em França se mantém pelo século XX adentro, mas a sua intencionalidade colonial sempre foi francamente despicienda, perante os territórios em causa.

O degredo combina-se assim com a prisão celular num percurso optimista de regeneração, pelo menos no seu esperançado modelo, e que procura respeitar a nossa tradição punitiva: na lei após 1867, na prática apenas depois de 1885, aberta a Penitenciária de Lisboa, e mesmo assim de modo apenas parcial, já que muitos dos degredados após 1885 sê-lo-ão sem passagem pela prisão celular. A reforma penitenciária, em relação ao degredo, não é portanto uma vitoriosa incontestada – o degredo, mesmo quando aberta a Penitenciária de Lisboa, é ainda visto por muitos como uma pena útil e eficaz, quer na perspectiva da segurança da comunidade, quer para o próprio condenado, que muitas vezes requer até expressamente esse degredo em alternativa ao cárcere (em especial quando este é celular e de isolamento), instituído como oportunidade de mudança de vida e castigo que sente à partida como difuso. A realidade africana da execução do degredo, fragmentada e sempre imperfeita e desigual na sua execução, não obstante os esforços intencionais para a conformar, contribui necessariamente para esse imaginário, em que o condenado a terras africanas pode também chegar a ser um bem sucedido colono, militar ou funcionário, como sempre aconteceu desde o século XV...

Globalmente, mesmo a visão correccionalista nacional não é radicalmente crítica do degredo, apesar do desfavor que lhe é votado por Basílio Sousa Pinto ou por Aires de Gouveia, e a prioridade progressivamente dada à contenção da perigosidade e da reincidência, ao abrigo da nova dogmática positiva, vai também necessariamente oferecer uma resposta afirmativa ao uso do degredo. De forma pragmática, este tanto pode funcionar como uma oportunidade ressocializadora ou como um instrumento de afastamento e contenção, consoante o condenado a que se aplique, num modelo quase de individualização *natural* da pena. Estabelece-se assim uma associação útil entre esforço de colonização, aptidão correccional e afastamento da perigosidade da metrópole, que acaba por ser favorável à sua manutenção como pena, a par das insuficiências das prisões metropolitanas.

Assim, é apenas o acentuar da crítica ao degredo como método de colonização – e designadamente por parte da "colónia penal" de Angola, o destino estabelecido desde a década de 1880 – e não propriamente uma elaboração em torno da sua ilegitimidade ou inadequação enquanto pena, já em pleno século XX, que vai determinar a alteração de uma progressividade penal padronizada em torno do binómio prisão-degredo para uma progressividade dentro da prisão. Neste sentido, a "verdadeira" reforma prisional não é, pois, a de 1867, aplicada de forma parcelar e imediatamente questionada, ou a de 1884, concretização última daquela no plano das penas, mas apenas a de 1936, que estabelece uma prisão cientificamente detalhada agora em função da categorização dos condenados, deixando finalmente de considerar, como alternativa geral para os crimes comuns, a pena de degredo, entretanto legalmente abolida (apenas) na metrópole em 1932, mesmo se possibilidades distintas de afastamento metropolitano, fundadas no controlo da perigosidade criminal ou da inconveniência política, ainda se manterão, revestidas agora por um léxico prisional. O degredo desaparece autonomamente como pena do Código Penal em 1954, mas permanecia ainda como uma via possível de execução da pena de prisão, prevista pela nova prisão tipológica, individualizada.

A afirmação da prisão penitenciária nas últimas décadas do século anterior já tinha também tornado a matéria prisional e a execução da pena um assunto cada vez mais distante quer do âmbito restrito das magistraturas judicial e do Ministério Público, quer das autoridades locais e dos seus carcereiros, substituídas umas e outros em diversas funções por uma administração especializada, centralizada e fortemente dependente do executivo, o que a reforma de 1936 acentuará. A pena, no seu decurso concreto, também nesse sentido, era cada vez menos o resultado de uma decisão judicial e cada vez mais um processo de cariz administrativo, incidentalmente iniciado por uma sentença, num processo que só mais tarde será de algum modo invertido, com a jurisdicionalização da execução das penas.

Por outro lado, neste tema, em Portugal como no resto do mundo, a pena e o crime deixavam no final do século XIX de ser um problema exclusivamente de juristas e passavam a ser, no limite, uma questão de "saúde pública" ou de "saúde social". O resultado dessa nova condição, em que a culpa do condenado como critério de imputação é substituída pela descoberta da sua perigosidade social, que deve ser necessariamente prevenida, foi entre nós devidamente mitigado pela tradição retributiva e correccional entretanto estabelecida. Os autores nacionais, mais uns que outros, entusiasmam-se com as novas possibilidades da ciência, mas não só a revolução prometida no direito penal nunca aconteceu, como rapidamente um certo "cepticismo reaccionário" acabou por prevalecer. Não significando isso que se passa incólume pela morte transitória da culpa, mas acentuando-se também aqui uma certa resistência à mudança, em especial quando ela é incerta, custosa e de ruptura com o passado. No entanto, são diversas as notícias deste influxo, presentes no direito nacional desde a última década do século XIX e na primeira parte do século XX, direccionadas para criminosos ou simplesmente para aqueles que um dia poderiam sê-lo de facto. Dois casos são exemplares, também na sua diferença: vadios e menores.

3.

Na mesma linha de representação ainda de um degredo como intimidação útil, mas essencialmente como mecanismo preventivo, a atenção clara que aos menores delinquentes se vai prestar, em particular na Primeira República, é não só um ajustamento às boas práticas internacionais, mas também uma exigência sistémica.

Afinal, o futuro, que se tornava determinante na visão correccional da prisão em função de um intuito moral sobre o criminoso, é também o elemento essencial para a teorização positivista sobre a pena, por conta da ideia de defesa social. Lidar com o crime é essencialmente preveni-lo. Reformar moralmente é agora integrar socialmente. Assim, o modelo e os objectivos da penalidade dos adultos são replicados e adaptados para os menores delinquentes, num sistema preventivo, tutelar, ainda iniciado entre nós nos anos 70 do século XIX, de forma tópica, então ao abrigo de um intuito ainda de cariz essencialmente filantrópico.

Se punir é essencialmente prevenir, os menores delinquentes – mas também os vadios e os mendigos, necessariamente criminosos em potência, onde reside a sua especial perigosidade, tal como os reincidentes, impossíveis de conter por uma pena retributiva – são cobertos por um sistema que se vai detalhar progressivamente em instituições e processos especializados, vocacionados para reduzir esse risco, presente e futuro, actuando sobre aqueles a quem ainda se admite uma réstia de corrigibilidade, exista esta ou não, e sobre os que possam ser de facto incorrigíveis. Para uns e outros, em todo o caso, falhada uma base puramente moralizadora correccional, o melhor a fazer seria dar-lhes trabalho, graduado de acordo com os fins imediatos da pena – ou, agora, também da medida de segurança –, varáveis de acordo com os seus destinatários.

4.

Este trabalho, independentemente da sua concretização efectiva e do sucesso ou insucesso nos seus resultados, fora progressivamente integrado como conteúdo sistémico essencial da pena de prisão e da pena de degredo. A par do isolamento celular, o trabalho, obrigatório e sem nunca perder o seu carácter punitivo, participa realmente num processo de *normalização* de medidas excepcionais – entendidas como marcadamente disciplinares – que tem sido apontado como característico da afirmação da prisão enquanto pena total. Mas, enquanto o isolamento celular foi entre nós uma realidade temporalmente circunscrita e sempre mitigada, na exigência do trabalho esse processo é mais claramente percebido.

É elucidativo que na codificação penal em 1852 o trabalho prisional seja ainda classificado como modo agravado de cumprir a pena de prisão em comum, enquanto, apenas década e meia depois, seria já visto como o conteúdo habitual do tempo de permanência na nova prisão celular. Mais claramente ainda, mesmo que menos conhecida e com um nível de formalização e de concretização inferior, a realidade do degredo é também a da progressiva exigência de trabalho ao degredado enquanto conteúdo típico da pena, ocupado no serviço militar, em obras públicas, ao serviço de terceiros, enfim, nos "trabalhos de colonisação" que se lhe apresentassem. Colónias penais e depósitos de degredados, datados da década de 1880 em Angola, não eram mais, nesse sentido, do que estruturas de agregação para o trabalho e de rentabilização orientada do trabalho. Colónias penais predominantemente agrícolas em território metropolitano, inicialmente para menores (1895) e para vadios (1915), eram afinal o futuro da pena, ajustada finalmente à realidade nacional. Mais uma vez aqui um correccionalismo penitenciário pragmático aproxima-se bastante de um ideal de defesa social.

O trabalho prisional, integrando aqui o exigido na pena de degredo, parece oscilar na sua natureza entre sanção e elemento de regeneração. Mas talvez seja mais acertado não posicionar estas dimensões de forma absolutamente antagónica. A exigência habitual de trabalho na prisão penitenciária que se estabelece em 1867, sendo sempre reforçada desde então nos seus conteúdos e nos seus destinatários, é acompanhada da previsão da abolição da pena de trabalhos públicos. Naturalmente que isso deve ser explicado no contexto da afirmação de uma pena de prisão penitenciária, onde o trabalho se inclui como conteúdo central da pena e ganha aí sentido legítimo pelo seu potencial moralizador. Mas a dimensão punitiva do trabalho, aparentemente aqui desconsiderada ou encoberta por uma retórica marcadamente correccional, nunca se perde realmente: o trabalho do condenado visto também como uma exigência de retribuição social e como ferramenta preventiva, como se encontra entre nós entre o final do século XIX e as primeiras décadas do século XX, é, afinal, ainda, um trabalho punitivo, ao qual se reconhece em simultâneo, mais claramente após 1867, um potencial ressocializador. O discurso correccional e, mais tarde, a leitura da defesa social instrumentalizam o trabalho a favor dos seus fins, mas o trabalho entendido afinal como contra-prestação do crime nunca deixa de estar presente.

Generalizam-se também os sujeitos a este trabalho – de acordo com o direito nacional, entre 1896 e 1920, mesmo que nem sempre acolhido pela prática, todos aqueles que dessem entrada na prisão, nas suas diversas modalidades e regimes, seriam obrigados a trabalhar. O trabalho torna-se finalmente um elemento caracterizador e distintivo dos regimes prisionais: colónias penais agrícolas e casas de trabalho, uma terminologia desconhecida da prática prisional portuguesa metropolitana até à República, à parte o caso dos menores, são agora as modalidades ideais de uma rentabilização retributiva da mão-de-obra prisional e de contenção da perigosidade que uma delinquência, real ou potencial, representa.

A reforma de 1936 parte ainda do mesmo sentido: o trabalho, estando sempre presente, é modelador do regime prisional e da execução da pena e pode concorrer para um regresso mais compensador de um condenado à sociedade. Exigindo-se trabalho, este oferece sempre um conteúdo sancionatório e identitário à pena, a par de poder ainda permitir acentuar a dimensão preventivo-correccional que a compõe. Exigindo-se trabalho, sendo este flexível, tanto se pode castigar adicionalmente um criminoso de difícil correcção como dar um instrumento de preparação para a vida livre a um delinquente ocasional.

Neste percurso, entre nós, a prisão construiu-se e generalizou-se afinal também como uma *forma* punitiva progressivamente preenchida pelas penas antes autónomas de degredo e de trabalho, as penas privativas da liberdade sobrantes do catálogo histórico na sua depuração liberal, sem as anular totalmente no seu conteúdo.

II.

Neste texto deixou-se um percurso centrado essencialmente em Portugal, num período que se inicia em 1820 e que termina com a reforma prisional de 1936: o primeiro destes marcos representou entre nós o nascimento de uma ordem política que trouxe novas exigências, concretas, para a ordem penal; o segundo é necessariamente um ponto de chegada da elaboração punitiva afirmada ao longo do século anterior e um ponto de partida que ainda hoje acaba por moldar, em grande medida, quer a perspectiva jurídico-institucional sobre a pena – com as devidas diferenças, em que avultam por exemplo a jurisidicionalização da execução de penas, a abolição do degredo ou a franca circunscrição das medidas de segurança – quer a perspectiva do senso comunitário, em que um léxico e uma ideologia sobre as penas e o modo de lidar com a criminalidade assenta ainda na descoberta e na punição não só do criminoso, como na descoberta e na punição da diferença do delinquente.[2145]

[2145] Um exemplo, de entre muitos possíveis, por recente – no jornal *Expresso*, edições de 9 e de 16 de Junho de 2012, dava-se cobertura noticiosa a uma intenção de se constituir um registo acessível ao público de condenados por crimes sexuais envolvendo menores, numa linha necessariamente de instauração de mecanismos de censurabilidade e de "defesa social", tendo em vista a prevenção

Os fins essenciais associados à aplicação de uma pena estão inscritos na génese do próprio espírito ocidental, como se descobre relendo Platão – retribuir um mal passado, prevenir um mal futuro, emendar um culpado. Toda a história da pena desde a Antiguidade, neste sentido, é uma história de sucessivas gradações nessas intenções essenciais, que se tornam mais evidentes e adquirem uma operativividade específica em função de escolhas de cariz ideológico, nascidas de princípios novos e de exigências sociais cada vez mais notadas, bem como em função de "tecnologias" punitivas progressivamente mais disponíveis.

Este período em estudo, flexibilizando um pouco as suas fronteiras, foi nesse sentido um período de intensa actividade: não só o debate sobre os fins das penas foi objecto de vivos contraditórios, como as próprias penas, reduzindo-se o seu número e reelaborado o seu conteúdo, centradas em torno da privação da liberdade e das penas pecuniárias, evoluem de forma marcante e autonomizam-se enquanto área de saber. Parece também possível considerar-se desde já que, a par de uma linha de análise valorativa que tome essencialmente em consideração a intencionalidade e a legitimidade da pena (fundamentais, aliás, se se quiser discutir por exemplo a abolição da pena de morte ou das penas corporais), esta evoluiu em grande medida, quer quanto aos seus fins imediatos, quer quanto à sua execução, através do que se podem considerar como "rupturas tecnológicas". Experimente-se esta pauta de análise: a evolução da pena verificou-se através de momentos fortes que, perante um contexto ideológico, em sentido amplo, favorável e a existência de meios disponíveis, funcionaram como momentos iniciais de uma padronização. Esta sucessão de rupturas, notadas nos processos, técnicas e ferramentas penais ao dispor do poder, impeliu decisivamente um processo de reconstrução das penas históricas.

A expansão ultramarina de vários estados europeus assegurou a eficácia e a utilidade da pena de degredo – mas no momento em que a independência norte-americana impediu o *business as usual* do degredo inglês, novas modalidades de penas estavam forçosamente anunciadas, com uma nova prisão no horizonte.

A prisão foi desde a Antiguidade Clássica modo de coagir e de castigar – mas quando o rigorismo religioso *quaker* ultrapassou o mero filantropismo e se configurou como doutrina, lei e técnica punitiva, exigindo também um novo modelo arquitectónico de prisão e regulamentos e conteúdos específicos para a

da reincidência, à semelhança do que ocorre noutros espaços de tradição anglo-saxónica. "Le XXIe siècle s'étonnera sans doute de notre étrange fidelité à des modes de réaction criminelle hérités du passé, et dont l'expérience démontre l'inneficacité", escrevia Marc Ancel, *La défense...*, *cit.*, p. 316, ainda em meados do século XX.

execução da pena, estava fixado o caminho para que a prisão necessariamente fosse diferente.

Quando Lombroso espanta a Europa com a sua sucessão de medições cranianas, concluindo, em nome da nova ciência, que o criminoso se determinava para além de um qualquer livre arbítrio, ou seja, fora de si e fora da sua culpa, a consequência necessária, sem prejuízo das justificações posteriores para a criminalidade, foi a de que a única reacção adequada e agora legítima perante o crime era preveni-lo, o que é executado, com maior ou menor intensidade, através de uma nova tecnologia preventiva, de cariz antropométrico, estatístico, sociológico, em que não só os conteúdos da pena são discutidos como a própria pena é agora também colocada como uma mera possibilidade perante os novos "substitutos penais" ou as "medidas de segurança pública", designações da época. A imputação e a culpa, que ao longo de séculos tinham legitimidado a pena, eram afinal dispensáveis. O seu regresso será doloroso, como todos os regressos morais.

Há sempre, é certo, uma atractividade algo mórbida em torno do catastrofismo, quer na análise histórica, quer no comentário sobre a contemporaneidade, e a história da pena presta-se também a essa atitude. A prisão, mais ou menos *humanizada*, mais ou menos *científica*, chegou até hoje como uma resposta universalizada ao crime e como um problema universal enquanto pena. Um século passado sobre a última grande reconfiguração punitiva, assiste-se também à exigência de novas penas, excrescentes em grande medida das desilusões prisionais, que se constroem essencialmente, mais uma vez, como variações tecnológicas, seja em novos usos punitivos do trabalho[2146], seja em restrições cada vez mais virtua-

[2146] Este é um discurso na perspectiva do paradigma ocidental, mas a realidade de outros espaços cria questões globais novas, que certamente vão reabrir discussões que se imaginariam talvez encerradas. Um exemplo muito concreto, pertença ou não a uma mitologia penal contemporânea: a crescente presença chinesa em diversos países africanos, associada ao desenvolvimento local de infraestruturas e de obras públicas de grande dimensão, tem sido objecto ao longo da última década de afirmações no sentido de que os trabalhadores chineses em causa estariam afinal em cumprimento de pena, sujeitos a um regime específico de "trabalho forçado" no estrangeiro. O modelo, nalguns relatos, inclui "barcos-prisão" onde os presos são alojados no fim do dia de trabalho, regressando a terra na manhã seguinte. O Governo chinês tem sucessivamente refutado estas alegações, qualificando-as como "rumores", sem prejuízo de por vezes terem sido sustentadas por diplomatas ocidentais e pela imprensa africana. O estado da questão, desde o ponto de vista do Governo chinês, enquadrando os "boatos" como elementos de propaganda contra a presença internacional chinesa, mas com referências directas às diversas alegações em causa, pode ser conhecido através do texto de Yan Hairong and Barry Sautman, *Chasing Ghosts: Rumors and Representations of the Export of Chinese Convict Labor to Developing Countries*, The Hong Kong University of Science and Technology, s/d,

lizadas e segmentadas da liberdade individual. Não falamos, afinal, como nunca falámos, de penas verdadeiramente novas. Falamos de gradações de intensidade, de variação de conteúdos, de disponibilidade técnica, ao serviço de fins. Que novas rupturas aguardam as penas do futuro?

Poderão novas tecnologias punitivas, aparentemente mais bem sucedidas no domínio da redução da perigosidade que no domínio da mudança comportamental, ser conciliadas com um respeito devido pelos direitos fundamentais de cada um entretanto profundamente subjectivados e não ser necessariamente instrumentais na visão catastrofista do "1984"?[2147]

Estará o caminho da *invisibilidade* na execução da pena, determinado por uma progressiva sensibilização social sobre o castigo, e que foi iniciado com as primeiras instituições de reclusão e francamente majorado com as penitenciárias, afinal ainda longe do seu termo?

Serão as ideias das últimas décadas, de uma pena imediatamente ressocializadora na sua materialidade – como os exemplos do trabalho a favor da comunidade ou os regimes prisionais abertos, cuja "novidade", aliás, sendo-se rigoroso, é francamente discutível (pense-se no uso punitivo dos trabalhos públicos, no trabalho prisional a favor de um terceiro, na realidade da execução do nosso degredo) – meras *diversões* transitórias? Poderão estas experiências ainda menores na sua escala e no seu âmbito – ou outras – construir-se em torno de uma fundamentação que as generalize e justifique para além do plano de meras opções incidentais alternativas à denegação de justiça em que a mera prisão muitas vezes resulta – aquela *sepultura vivorum, consumptio bonorum, consolatio inimicorum, experientia amicorum* de que já falava Farinácio?[2148]

disponível em *http://www.sosc.ust.hk/community_corner/pdf/Barry%20Sautman%20Working%20Paper%20May%202012.pdf.*

[2147] "French advocates of transportation in the Third Republic predicted a glorious future for it, claiming that the days of prison would soon be over. In southern United States, convict chain gangs worked at road construction well into the twentieth century. It is possible that new forms of bondage as alternatives to imprisonment will be introduced in the future", escreve Pieter Spierenburg, *The Prison Experience..., cit.*, p. 276.

[2148] Previne Luigi Ferrajoli, *Derecho y razón..., cit.*, p. 411: "Una de las tareas más importantes que se impone a la actual reflexion filosófico-penal es (...) la formulación, sobre la base de un repensamiento radical de la naturaleza de la pena, de un nuevo sistema de penas, alternativas a las vigentes: *penas alternativas*, téngase em cuenta – y no medidas alternativas (...)". A proposta que deixa é a da redução da duração máxima da pena de prisão para 10 anos e a abolição da pena de multa (recebendo esta todos os argumentos clássicos da sua refutação), antecipando em alternativa um sistema de penas que possa incluir formas de liberdade semi-vigiada, a prisão domiciliária, a fixação e a proibição de residência ou a limitação de direitos, deixando a prisão tradicional para a posição de

Sempre que, nos últimos dois séculos, se acreditou poder conhecer o mistério do impulso criminal e descobrir uma solução redentora para o crime, acabou-se a repetir o passado. A dificuldade das respostas reside na dificuldade do critério de selecção que a esse passado se queira aplicar.

pena mais gravosa. Ou seja, um regresso selectivo ao passado histórico das penas, essencialmente pela via do que se poderia designar um critério de incapacitação admissível e graduável. "La libertad – como la vida – es en realidade un derecho personalísimo, inalienable e indisponible y, por conseguinte, conforme al argumento de Beccaria, su privación total debería quedar prohibida; mientras, los demás derechos, que son disponibles, permiten formas bastante más variadas y tolerables de privación o delimitación" (p. 420).

ANEXOS
Reprodução de documentos

1 – Plano modelo de prisão local de Howard (John Howard, *The state of the prisons in England and Wales, with preliminary observations, and an account of some foreign prisons*, William Eyres, Warrington, 1777, p. 49)

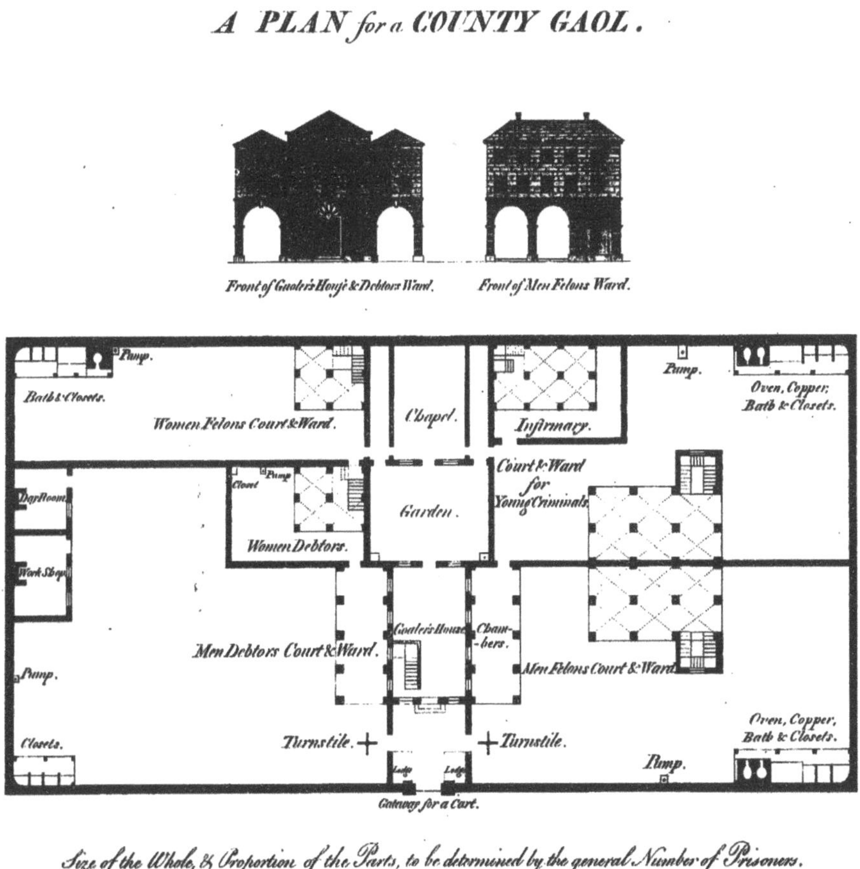

2 – Prisão panóptica de Jeremy Bentham (*Panopticon: or the inspection-house*, Dublin, 1791)

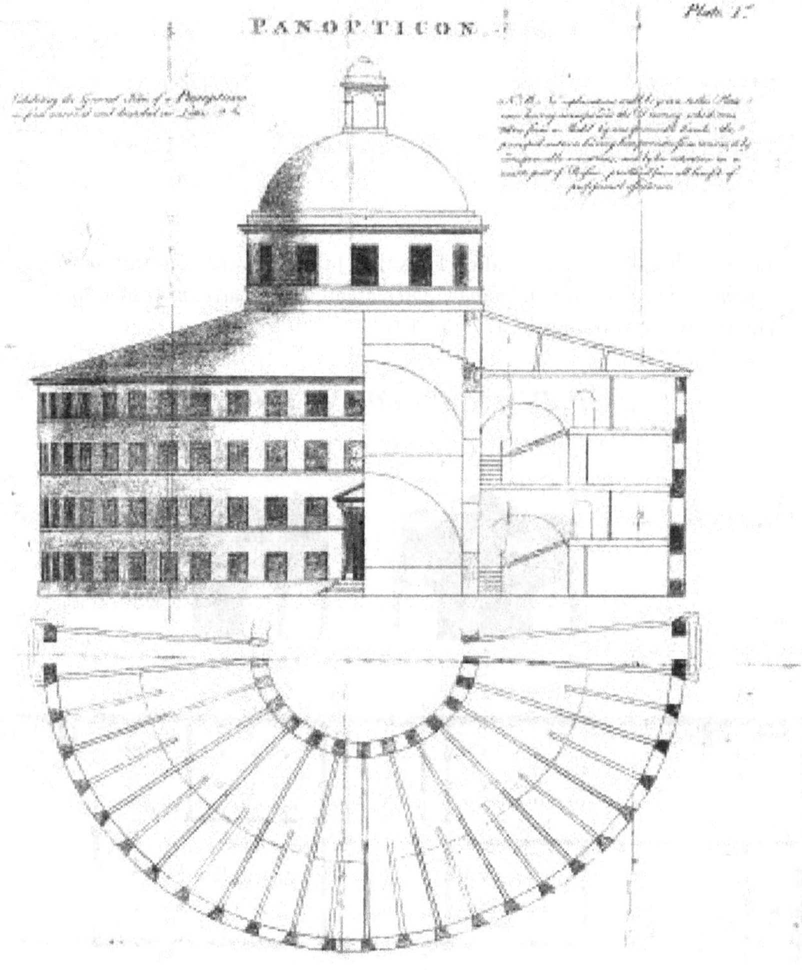

3 – Esquema sumário de correspondência entre criminosos, crimes e penas que Ferri constrói com base em Garofalo (Enrico Ferri, *La sociologie criminelle*, 2ª ed., Félix Alcan Éditeur, Paris, 1905, pp. 556 a 558)

I. ASSASSINS (insensibilité morale et cruauté instinctive) coupables de.	Homicide commis en vue du lucre ou d'un autre plaisir égoïste. Homicide sans provocation de la victime. Homicide exécuté avec férocité.	Maisons de fous criminels ou peine de mort.

II. VIOLENTS OU IMPULSIFS (manque du sentiment de la pitié, préjugés sur l'honneur, sur le devoir et la vengeance, etc.)

Adultes coupables de.	Homicide provoqué soudainement par une injure atroce. Homicide par légitime défense.	Éloignement du lieu où vit la famille de la victime. (*Exil local.*)
Adultes, coupables de	Homicide par point d'honneur de vengeance (isolé ou endémique).	*Relégation* dans une île, une colonie, un village éloigné, en liberté, mais avec surveillance. (A temps déterminé avec une période d'observation de 5 à 10 ans).
Adultes, coupables de	Sévices, blessures accompagnées d'outrages, mutilations, rapt ou viol, séquestration d'une personne dans une intention de luxure.	*Réparation du dommage et amende.* Rigoureuse pour les condamnés solvables — pouvant être remplacée par la retenue d'une partie du salaire ou par un travail obligatoire —, par la prison en cas de refus.
Jeunes gens, coupables de . . .	Délits avec effusion de sang non excusables. Attentats à la pudeur.	*Manicome criminel* (pour les coupables à tendance congénitale), *colonie pénale* et, en cas de récidive, *déportation avec abandon.*

III. DÉLINQUANTS DÉPOURVUS DU SENS DE LA PROBITÉ.

Adultes, coupables *habituels* de.	Vol, escroqueries, incendies, faux, extorsion.	*Manicome criminel* (si les coupables sont fous ou épileptiques). *Déportation.*
Adultes coupables par *occasion* de.	Vol, escroquerie, faux, extorsion, incendie.	*Compagnies de travail* — pour un temps indéterminé — (jusqu'à ce que l'aptitude à un travail régulier soit acquise), ou *Interdiction de l'exercice de la profession* jusqu'à complète *Réparation du dommage.*
Adultes, coupables de	Péculat, concussion, vente de faveurs, abus de pouvoir.	*Perte de l'office.* *Interdiction des offices publics.* *Amende.* *Réparation du dommage.*
Adultes, coupables de	Incendie, dévastation, dommages causés par vengeance (sans attentat contre les personnes).	*Réparation du dommage* et à son défaut prison. *Manicome criminel* (pour les fous). *Déportation* (pour les récidivistes).
Adultes, coupables de	Banqueroute, insolvabilité délictueuse.	*Réparation du dommage. Exclusion du commerce et des offices publics.*
Adultes, coupables de	Fausse monnaie et faux billets, faux certificats, fausses déclarations, usurpation de titres, faux témoignages au profit de l'inculpé.	*Prison* (pour un temps indéterminé) et *amende* (outre la privation de l'office et la réparation du dommage).
Adultes, coupables de	Bigamie, substitution et suppression d'enfant.	*Relégation pour un temps indéterminé.*
Jeunes gens, coupables de . . .	Vols, escroqueries, etc.	*Colonie agricole* (pour un temps indéterminé).

IV. COUPABLES de .	*Rébellion, révoltes, refus d'obéissance à l'autorité.*	*Prison* (pour un temps indéterminé).

4 – Planta da *Maison de force* celular de Gand, publicada por John Howard, *The state of the prisons in England and Wales, with preliminary observations, and an account of some foreign prisons,* William Eyres, Warrington, 1777, p. 141

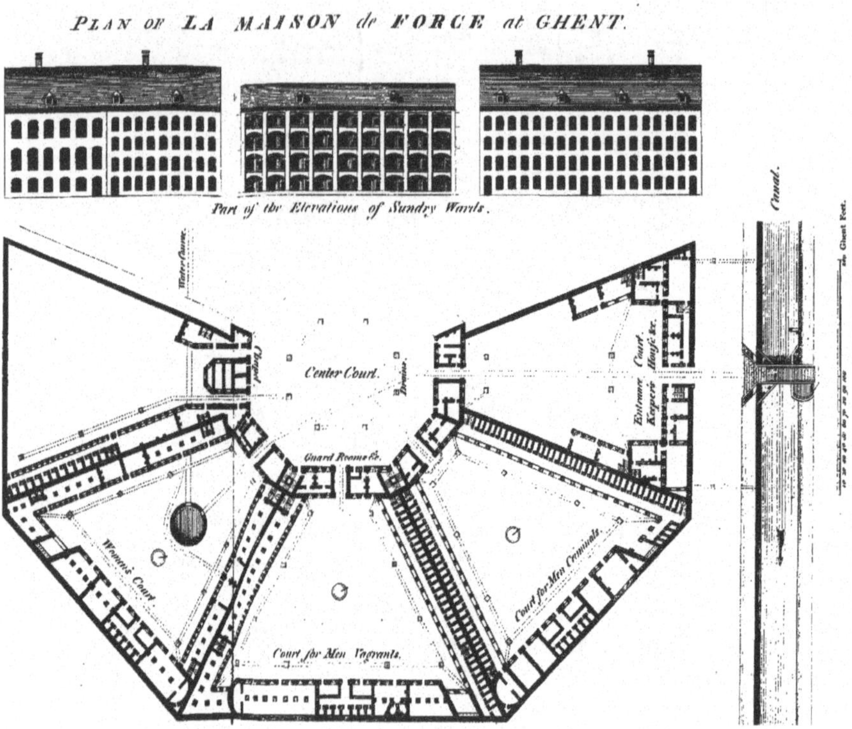

5 - Penitenciária de Lovaina, 1860 (reproduzida por Manuel Thomaz de Sousa Azevedo, *Relatório apresentado ao Ministro da Justiça em 20 de Outubro de 1858*, Imprensa Nacional, Lisboa, 1859, p. 249)

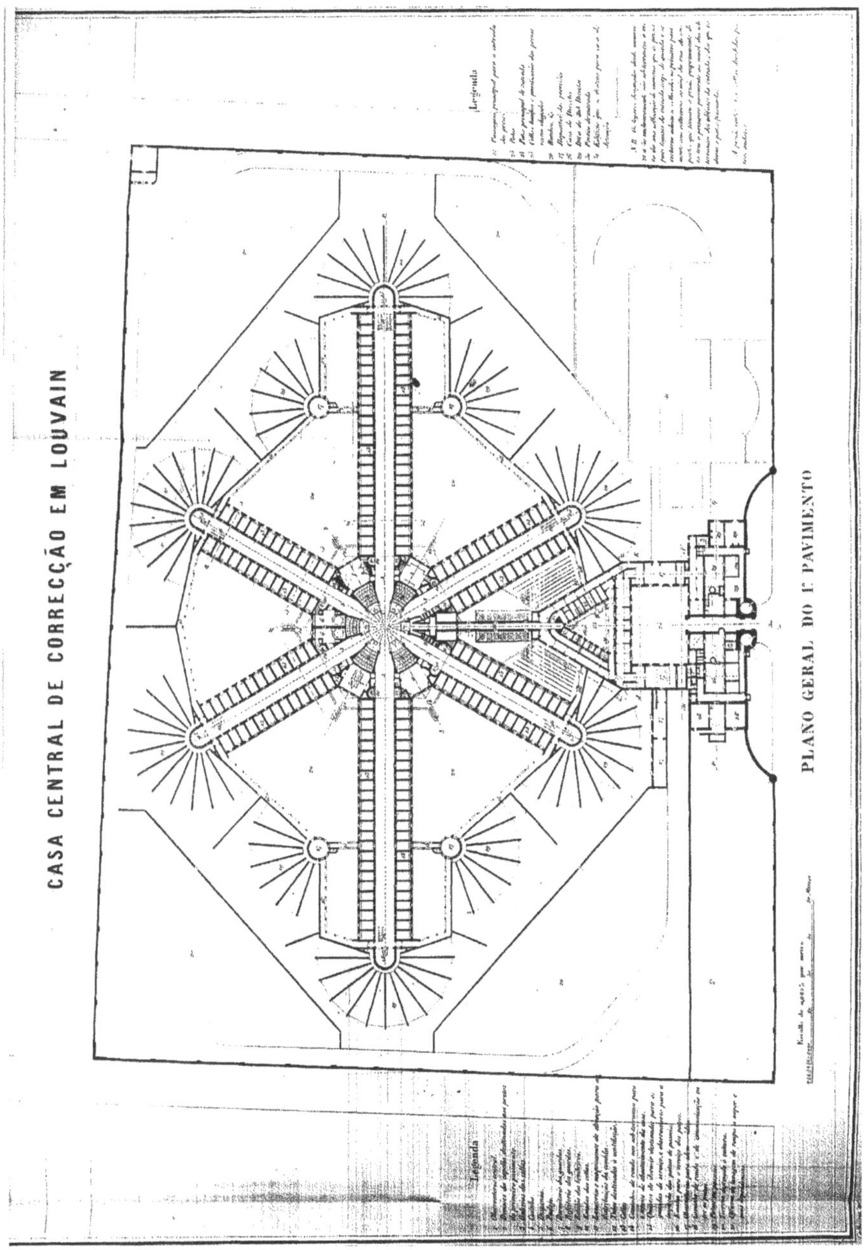

6 – "Casa de Detenção de S. Petersburgo" (reproduzida por Manuel António Ferreira Deusdado, *O Ensino Carcerário e o Congresso Penitenciario Internacional de S. Petesburgo*, Imprensa Nacional, Lisboa, 1891)

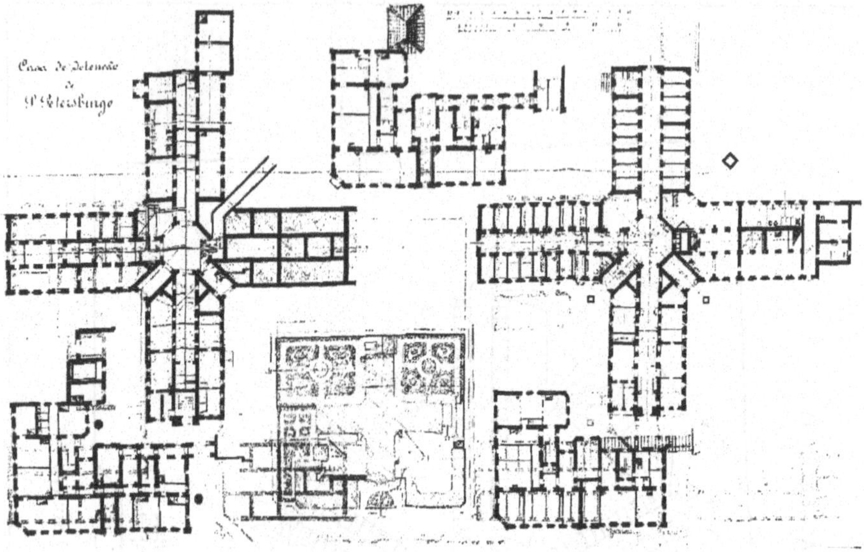

Casa de detenção de S. Petersburgo
Fachada principal

7 - Exemplos de tatuagens de criminosos portugueses (Mendes Corrêa, *Os criminosos portugueses - Estudos de Anthropologia Criminal*, 2ª ed., F. França Amado Editor, Coimbra, 1914, pp. 279 a 291)

Fig. 77 — Tatuagem (o signo-saimão)

Fig. 78 — Tatuagem profissional

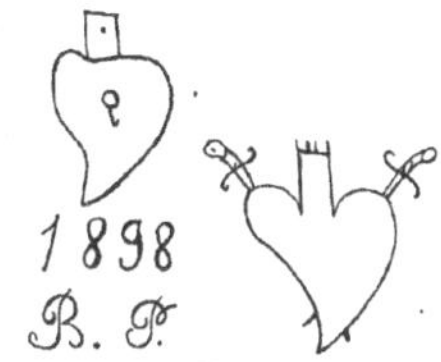

Fig. 79 a 81 — Tatuagens amorosas

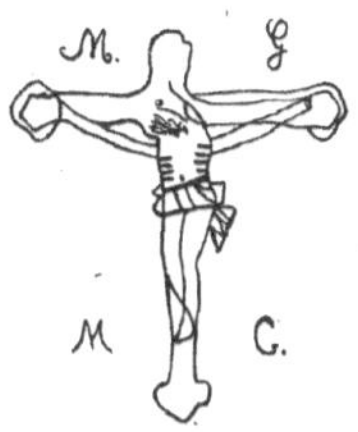

Fig. 82 — Tatuagem religiosa

Fig. 83 — Tatuagem militar

Fig. 84 — Tatuagem politica

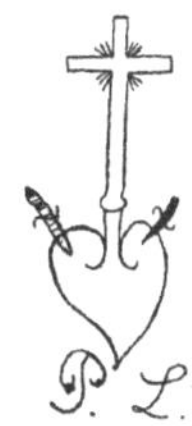

Fig. 86 — Tatuagem erotica

Fig 87 — Tatuagem politica

Fig. 88 — Tatuagens d'um delinquente

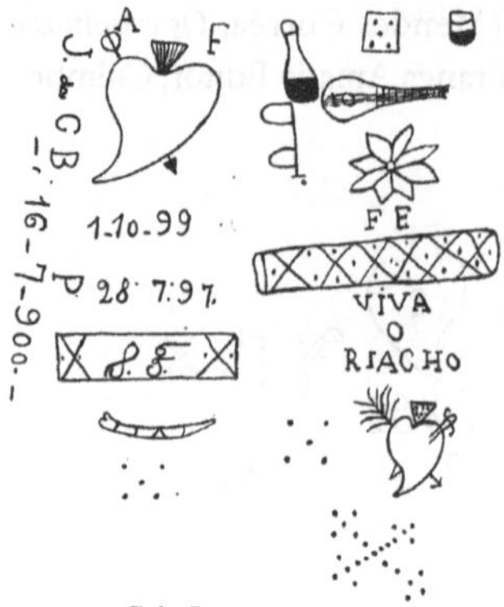

Fig. 89 — Tatuagens d'um delinquente

Fig. 91 — Tatuagens d'um delinquente

Fig. 90 — Tatuagens d um delinquente

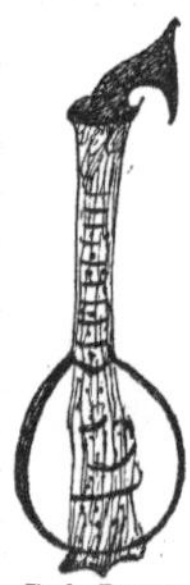

Fig. 93 — Tatuagem

Fig. 94 — Tatuagem

Fig. 92 — Tatuagem amorosa

Fig. 95 — Tatuagem

Fig. 96 — Tatuagem

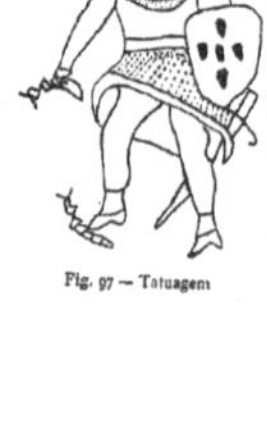

Fig. 97 — Tatuagem

8 – Mapas de criminalidade de 1935 – Instituto de Criminologia de Coimbra (João Pinto da Costa Leite (Lumbrales) e Artur Fernandes de Castro, *Notas estatísticas sobre crimes de homicídio e ofensas corporais*, in "Estudos do Instituto de Criminologia de Coimbra – I – Homicidas", Tipografia da Atlântida, Coimbra, 1935)

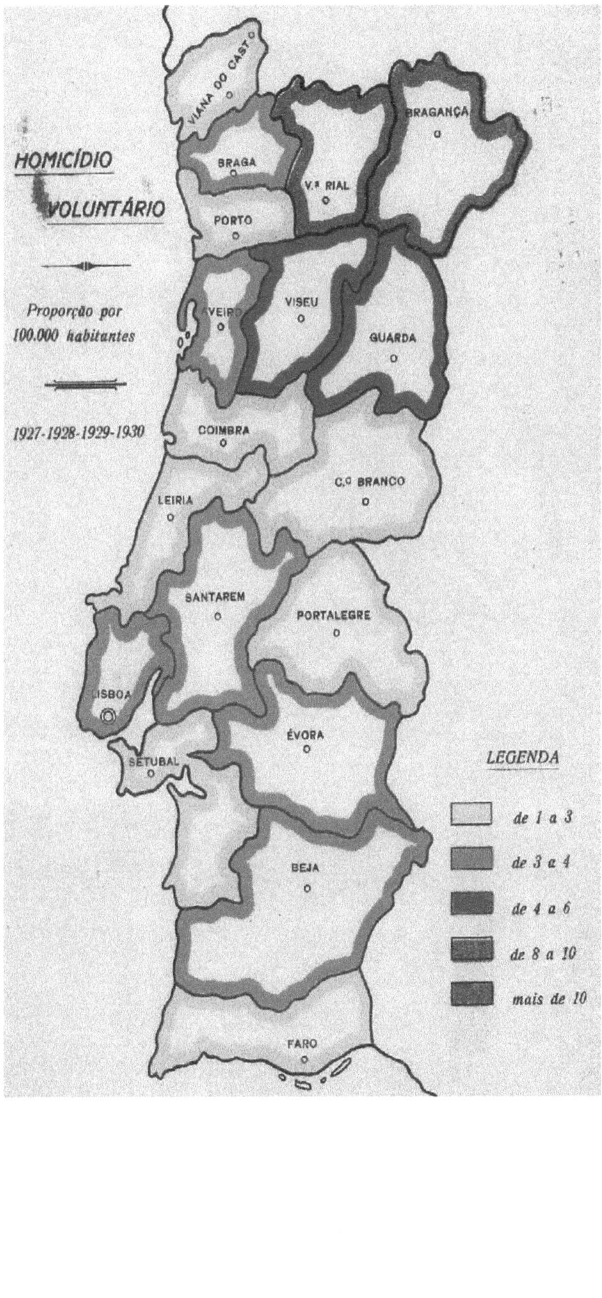

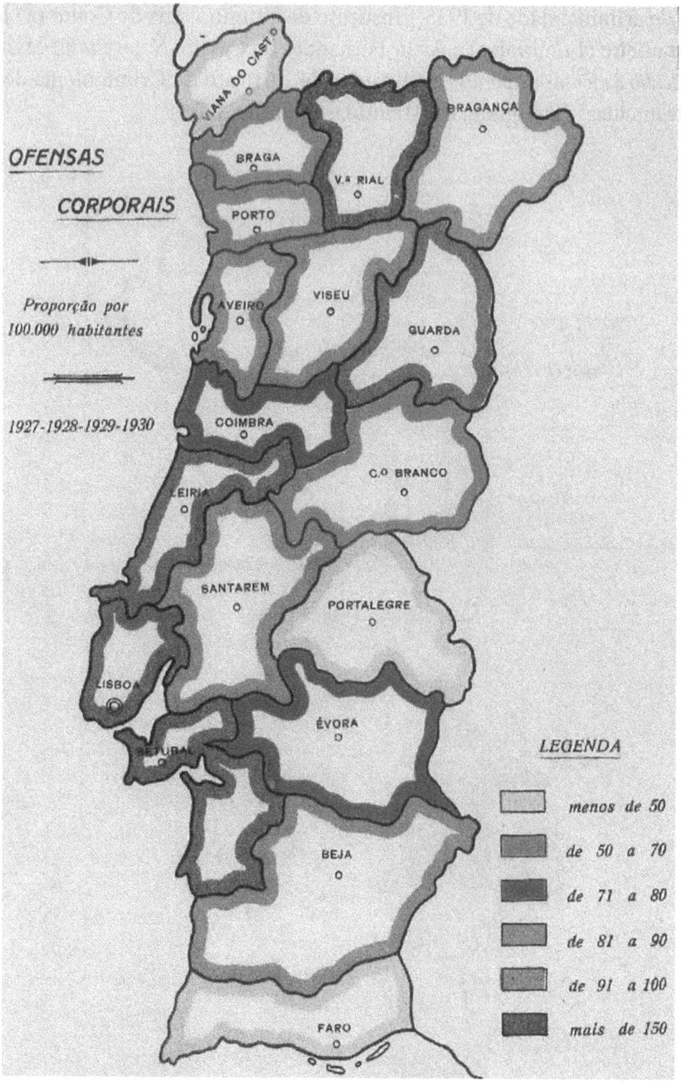
OFENSAS
CORPORAIS
Proporção por
100.000 habitantes
1927-1928-1929-1930
VIANA DO CAST.
BRAGA
V.ª RIAL
BRAGANÇA
PORTO
AVEIRO
VISEU
GUARDA
COIMBRA
C.º BRANCO
LEIRIA
SANTAREM
PORTALEGRE
LISBOA
ÉVORA
SETUBAL
BEJA
FARO
LEGENDA
menos de 50
de 50 a 70
de 71 a 80
de 81 a 90
de 91 a 100
mais de 150

9 – Livro de registo de presos da cadeia do Limoeiro (1890) (AHDGRSP – Fundo da Cadeia do Limoeiro)

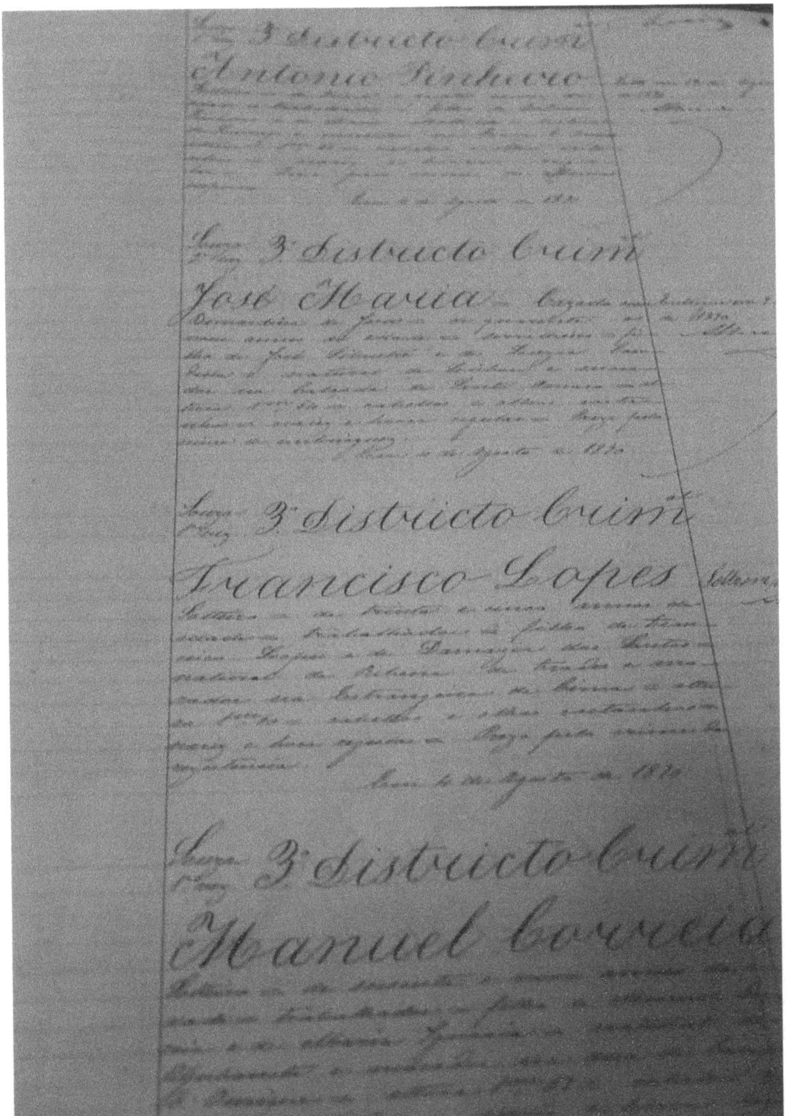
3.º Districto Crim.
Antonio Pinheiro
3.º Districto Crim.
José Maria
3.º Districto Crim.
Francisco Lopes
3.º Districto Crim.
Manuel Correia

Livro de registo de presos da cadeia do Limoeiro (1840) (AHDGRSP – Fundo da Cadeia do Limoeiro)

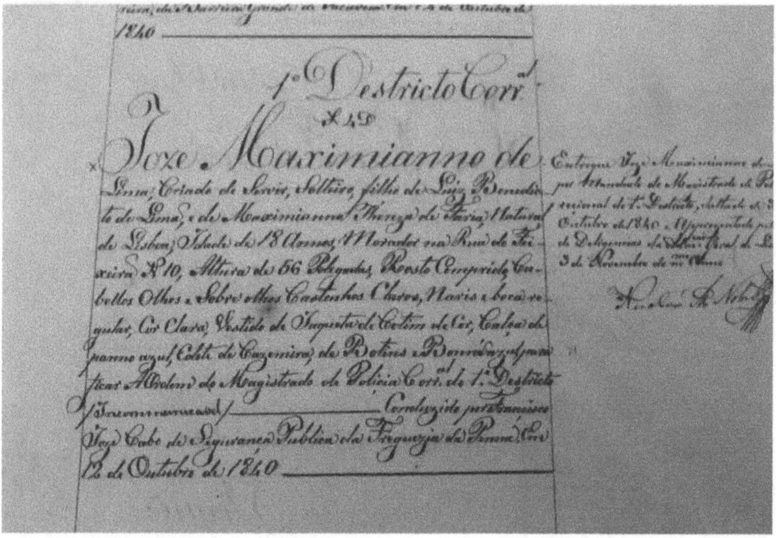

Livro de registo de presos da cadeia do Limoeiro (1930) (AHDGRSP – Fundo da Cadeia do Limoeiro)

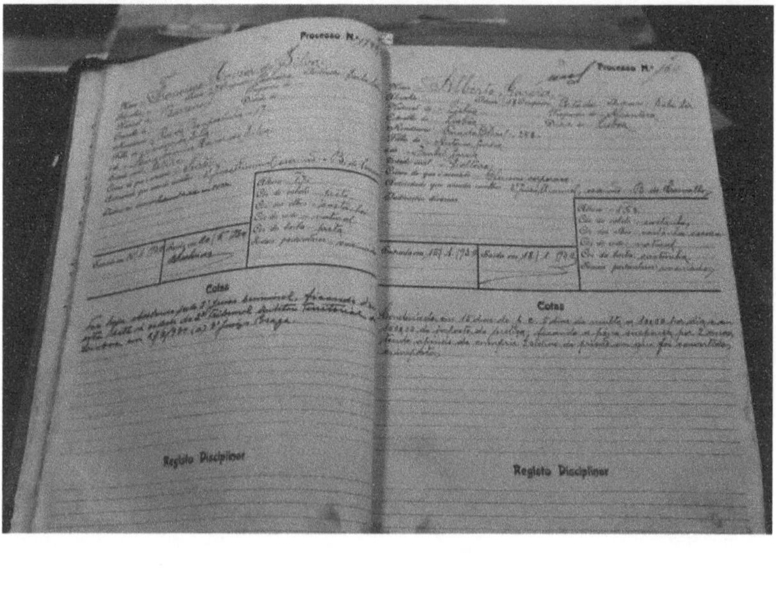

10 - Planta da Penitenciária de Lisboa, 1873-1885 (*A Penitenciaria - Planta e discripção minuciosa do edifício situado em Campolide*, Typographia C. Grillo, Lisboa, 1885)

PLANTA DA PENITENCIARIA CENTRAL DE LISBOA

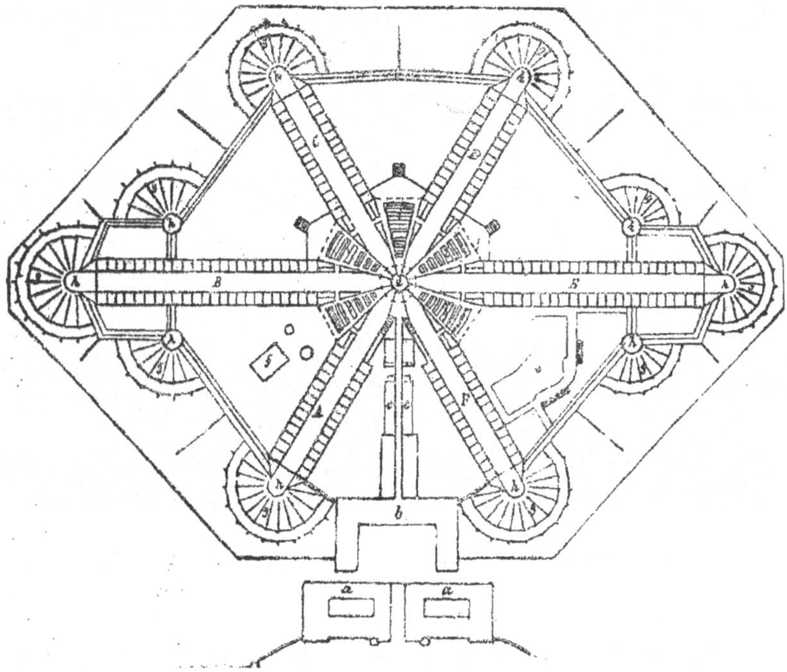

a Edificios de habitação—**b** Secretaria e hospital—**c** Lavanderias
d Capella—**e** Cosinhas—**f** Fabrica de gaz—**g** Passeios em leque
h Observatorios—**i** Compartimentos de ouvir missa

11 – Livro de registo de presos, Penitenciária de Lisboa, 1885 (AHDGRSP – Fundo da Penitenciária de Lisboa)

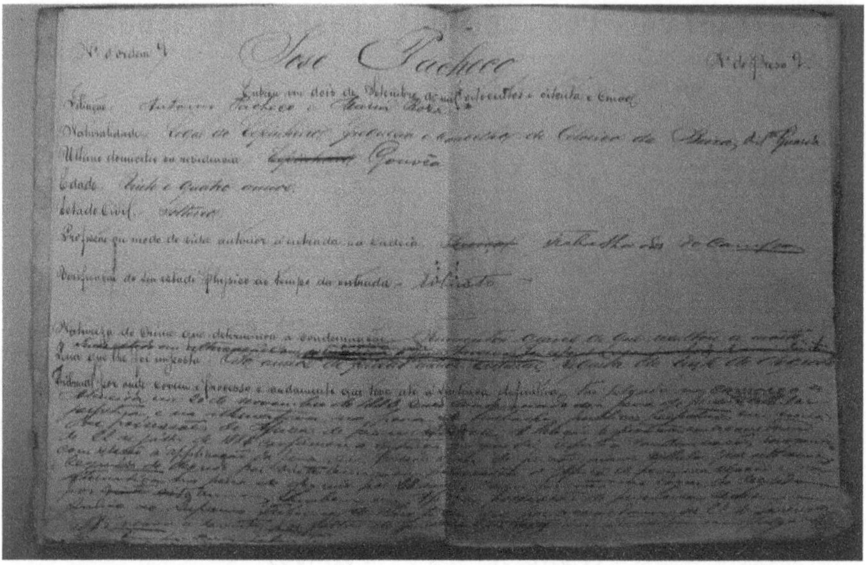

12 – Livro de registo de presos, Penitenciária de Lisboa, 1885 (AHDGRSP – Fundo da Penitenciária de Lisboa), com registo de dados antropométricos

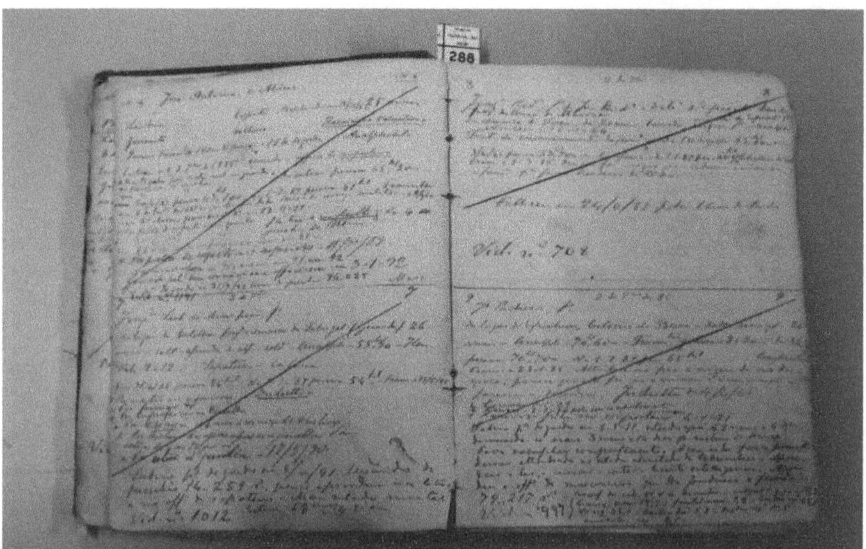

13 – Exemplo de "ficha prisional" da Penitenciária de Lisboa, 1938 (AHDGRSP – Fundo da Penitenciária de Lisboa)

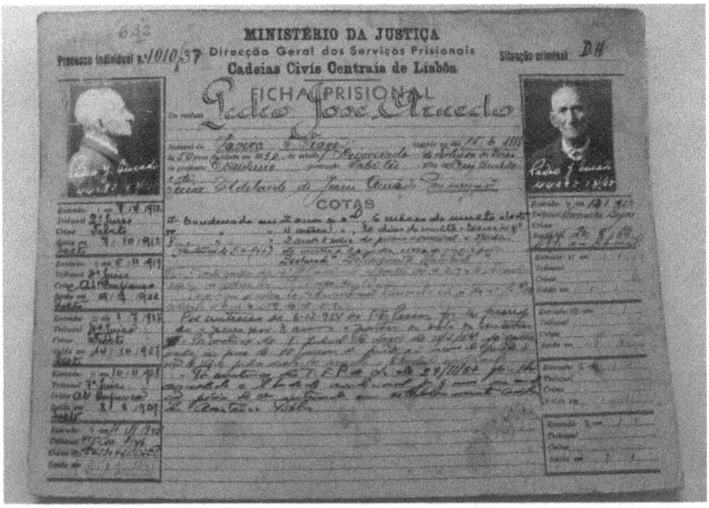

MINISTÉRIO DA JUSTIÇA

Direcção Geral dos Serviços Prisionais

Cadeias Civis Centrais de Lisbôa

Processo individual n.º 1010/37

Situação criminal DH

FICHA PRISIONAL

COTAS

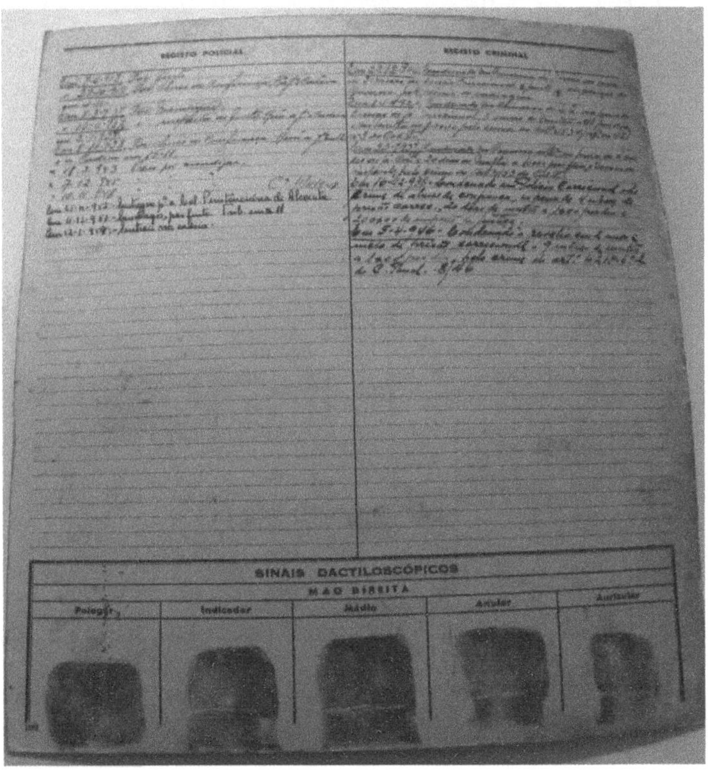

REGISTO POLICIAL

REGISTO CRIMINAL

SINAIS DACTILOSCÓPICOS

MÃO DIREITA

Polegar	Indicador	Médio	Anular	Auricular

14 – Desenhos de presos da Penitenciária de Lisboa, c. 1920 (AHDGRSP – Fundo da Penitenciária de Lisboa)

[Figuração do médico republicano António José de Almeida, presidente da República entre 1919 e 1923]

15 – Fotografias do pavilhão de segurança "panóptico" do Hospital de Rilhafoles [depois Hospital Miguel Bombarda], 1908 (retiradas de António Baião, *O Hospital de Rilhafoles e os Loucos*, in "Portugal em Africa", XV, nº 191, de 7 de Dezembro de 1908, pp. 362 e 363)

Hospital de Rilhafolles — Grupo de doidos furiosos, com collete de forças

Uma vista do parque de doidos não furiosos

Um dos dormitorios do hospital de Rilhafalles

16 – Imagens da Penitenciária de Lisboa: preso com capuz penitenciário, pátios de passeio, capela com compartimentos individuais, c. 1900 (retiradas de R. Rodrigues, *Cadeia Nacional de Lisboa (Penitenciaria Central) – Seu significado no problema penal português, sua história e descrição*, Oficinas gráficas da Cadeia Nacional, Lisboa, 1917, pp. XXIX ss.; de "Brasil Portugal", nº 33, 1900; e de Rocha Martins, *A Casa do Silencio – Impressões d'uma demorada visita á Penitenciaria*, in "Ilustração Portugueza", série II, nº 6, Lisboa, 1906)

A capella

Um preso

Uma ala

A entrada no passeio

Um preso no passeio

O Hospital Prisão e os passeios

Os presos na capella

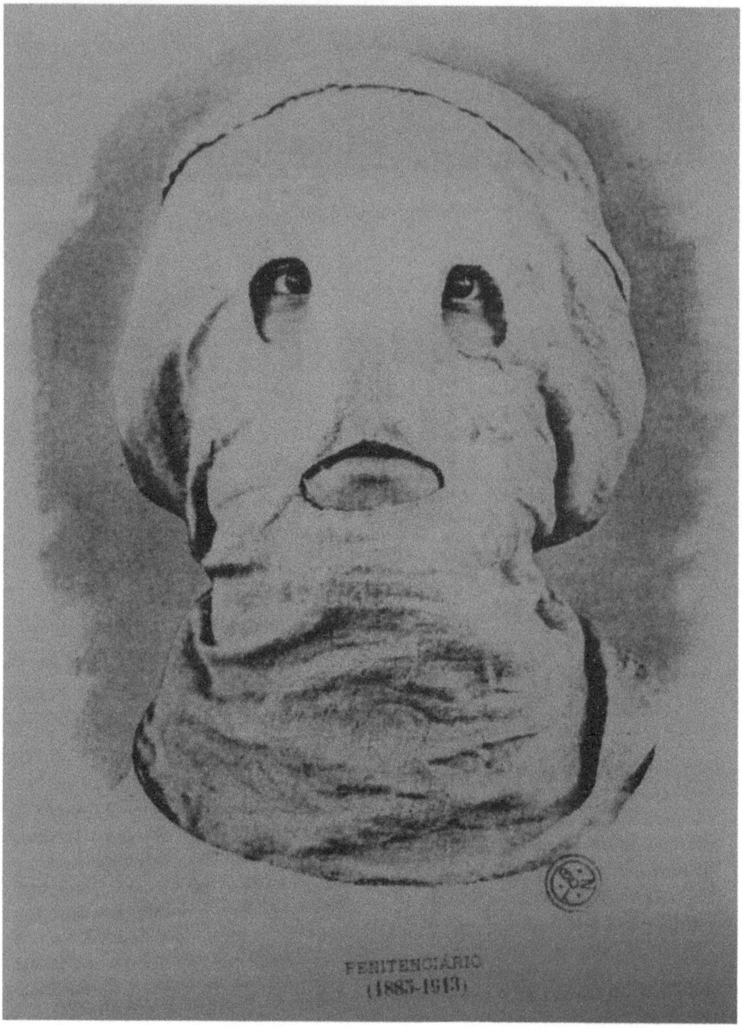
PENITENCIÁRIO

Antigos anfiteatros, (Coxias para ouvir missa e aulas)

Nos passeios (isolados)

17 – Comissão da Reforma Penal, 1912 (R. Rodrigues, *Cadeia Nacional de Lisboa…*, *cit.*, p. 16)

18 – "Programa gráfico" para as cadeias comarcãs, plantas das cadeias de tipo A e de tipo B e modelo de vigia especificamente desenhada para aplicar na porta da cela (Arq. Cottinelli Telmo/Com. Construções Prisonais (1934-1939), "Revista Oficial do Sindicato Nacional dos Arquitectos", nºs 2, 3 e 4, Lisboa, Maio de 1938)

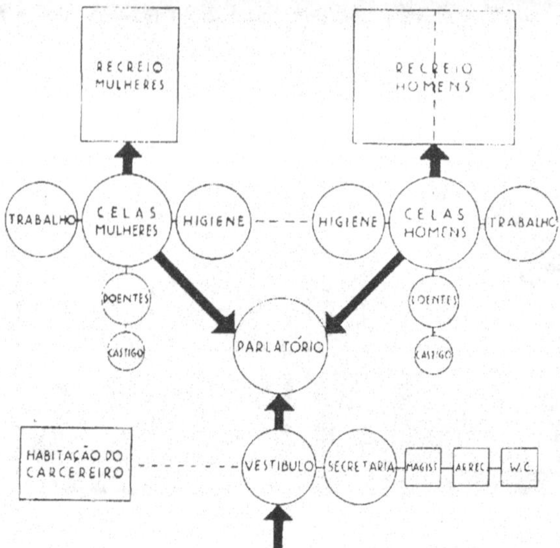

Programa gráfico **Cadeias Comarcãs**

ADEIAS COMARCÃS. PROJECTO TIPO A: 12 HOMENS E 4 MULHERES

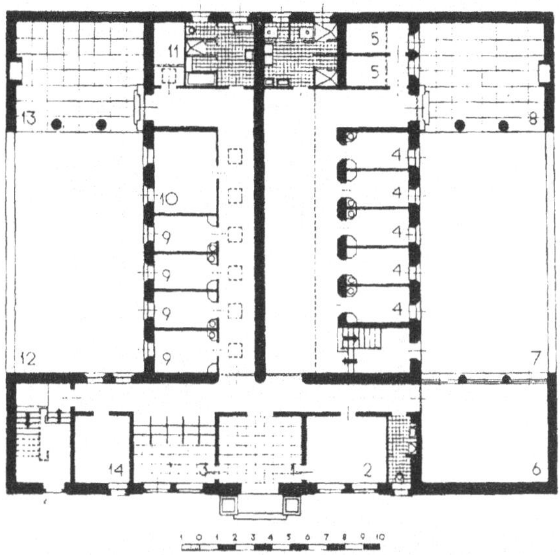

PLANTA DO RÉS-DO-CHÃO

1 — Vestíbulo
2 — Secretaria. Carcereiro
3 — Parlatório
4 — Celas normais para homens
5 — Celas disciplinares (homens)
6 — Casa de trabalho (homens)
7 — Pátio dos homens
8 — Pátio coberto, idem
9 — Celas normais para mulheres
10 — Casa de trabalho das mulheres
11 — Cela disciplinar (mulheres)
12 — Pátio das mulheres
13 — Pátio coberto, idem
14 — Arrecadação

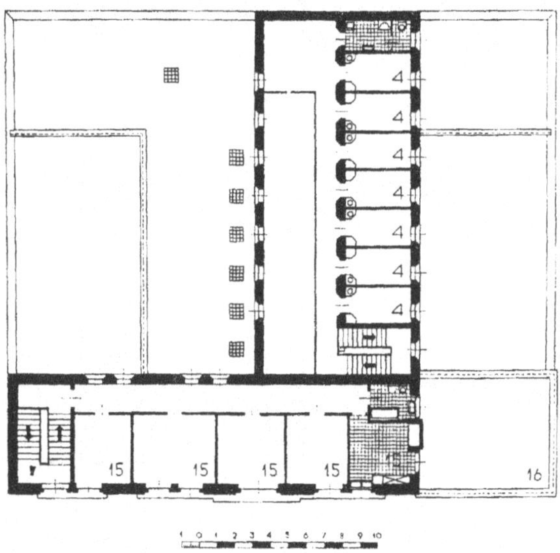

PLANTA DO 1.º ANDAR

4 — Celas normais para homens
15 — Habitação do carcereiro
16 — Logradouro do carcereiro

A R Q U I T E C T O :
C O T T I N E L L I   T E L M O

CADEIA COMARCÃ. PROJECTO TIPO B: 24 HOMENS E 8 MULHERES

ARQUITECTO: COTTINELLI TELMO

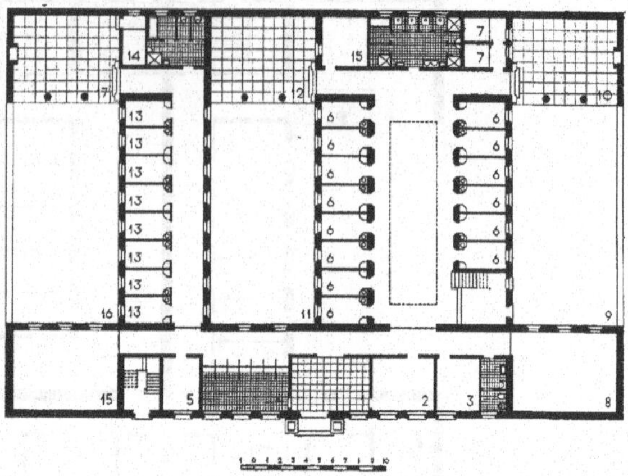

1 — Vestíbulo. **2** — Carcereiro, Secretaria. **3** — Magistrados e Assistência Social. **4** — Parlatório. **5** — Arrecadação. **6** — Celas normais (homens). **7** — Celas disciplinares idem. **8** e **15** — Casas de trabalho respectivamente para homens e mulheres. **9, 11** e **16** — Pátios para presos, reclusos e mulheres. **10, 12** e **17** — Pátios cobertos respectivos. **13** — Celas para mulheres. **14** — Cela disciplinar idem. **15** — Arrecadação.

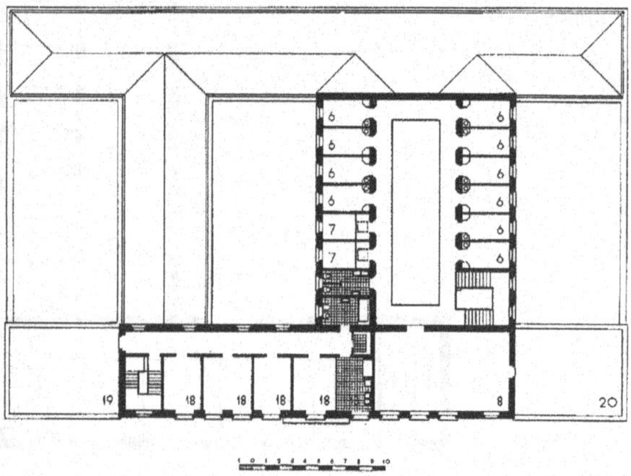

6 — Celas normais para homens. **7** — Celas disciplinares. **8** — Casa de trabalho para homens. **18** — Habitação do carcereiro. **19** e **20** — Terraços-logradouros do mesmo.

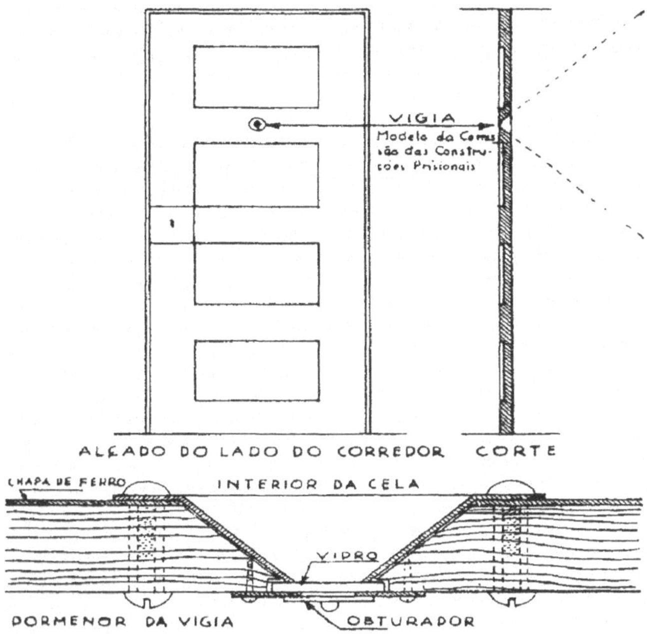

Porta da cela com vigia Tipo

19 – Modelo de cela-tipo de Cottinelli Telmo/Rodrigues Lima (Arq. Rodrigues Lima, *Arquitectura Prisional*, in BAPIC, nº 9 (1961), Ministério da Justiça, Lisboa, 1961, p. 242)

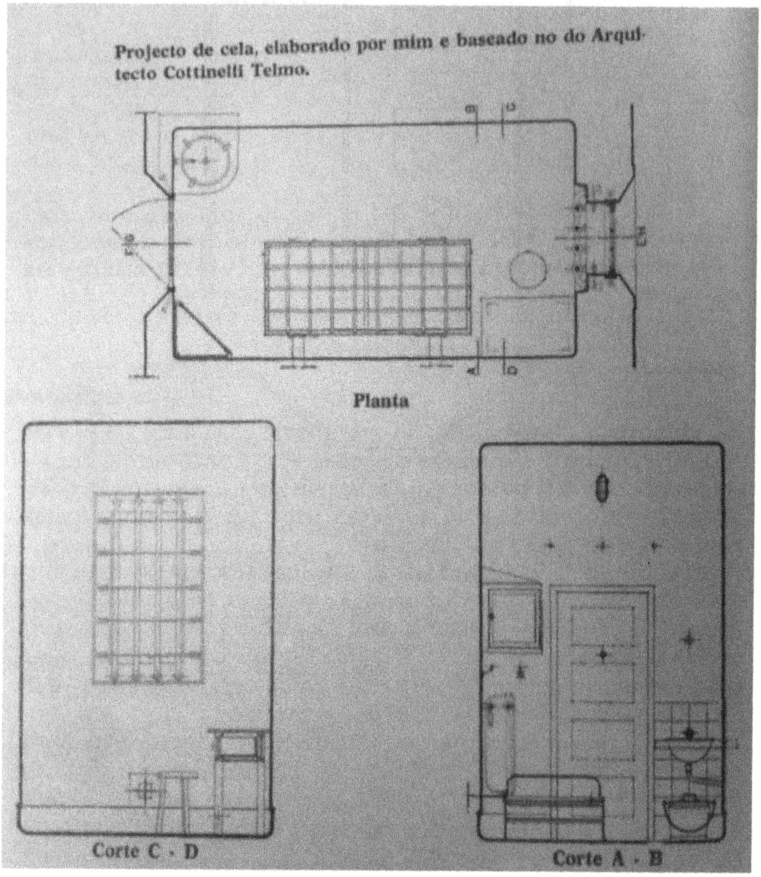

20 – Modelos tipológicos finais, Comissão das Construções Prisionais, 1934-1939 (in Beleza dos Santos, *Nova organização prisional portuguesa (Alguns princípios e realizações)*, Coimbra Editora, Coimbra, 1947, pp. 36 ss.)

PRISÃO ESCOLA DE LEIRIA

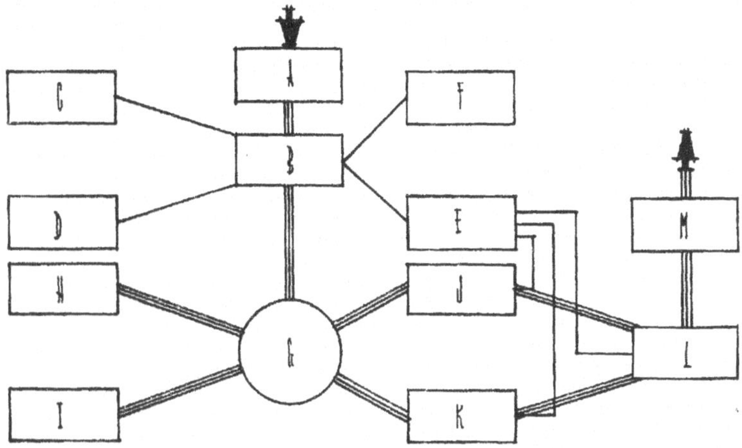

A — Portaria; B — Administração; C — Serviços gerais; D — Enfermaria; E — Oficinas; F — Culto e Conferência, G — Admissão e Observações; H — Anormais; I — Difícil correcção. J — Prisão simples, K — Prisão maior; L — Confiança; M — Meia liberdade.

PRISÃO PARA RECLUSOS DE DIFICIL CORRECÇÃO

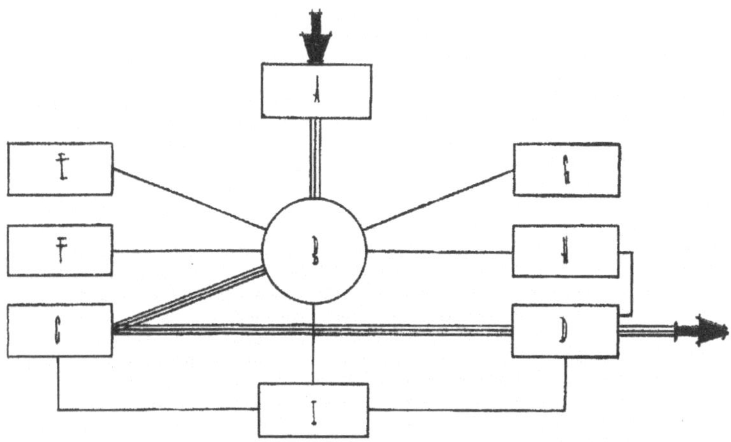

A — Portaria; B — Admissão e Administração; C — 1.º e 2.º Período; D — 3.º e 4.º Período; E — Enfermaria; F — Secção Disciplinar; G — Serviços Gerais; H — Oficinas; I — Conferências, culto e aulas.

ESTABELECIMENTO PRISIONAL PARA MULHERES
MULHERES—TIRES

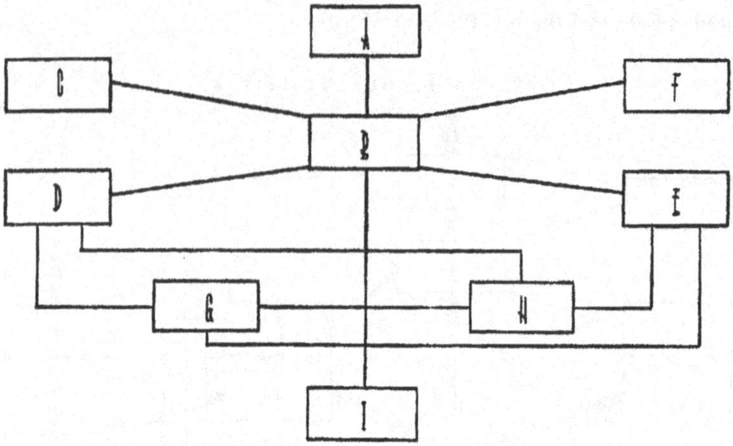

A — Portaria; B — Admissão e Administração; C — Serviços gerais, D — Enfermaria-maternidade; E — Oficinas; F — Prisão simples; G — Prisão maior; H — Difícil correcção; I — Conferência e Culto.

CADEIA CENTRAL

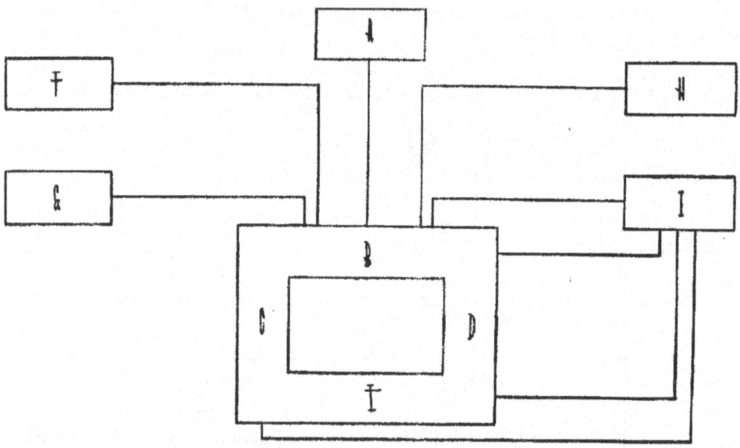

A — Portaria, B — Admissão e Administração; C — 1.º e 2.º período; D — 3.º e 4.º período; E — Conferências, culto e aulas, F — Enfermaria; G — Secção Disciplinar; H — Serviços Gerais, I — Oficinas.

CADEIA COMARCÃ

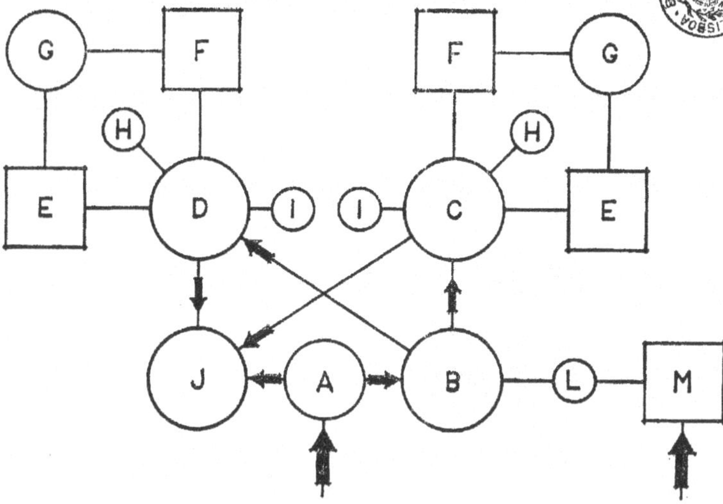

A — Vestíbulo; B — Secretario; C — Homens; D — Mulheres; E — Celas; F — Casa de trabalho; G — Recreio coberto; H - Celas disciplinares; I — Banhos e W. C.; J — Parlatório; L — W. C. da secretaria e visitas; M — Habitação do Carcereiro.

21 - Cadeia comarcã de Sintra, 1909, Arq. Adães Bermudes (in *A Construcção Moderna*, ano VI, nº 187, de 10 de Março de 1906, pp. 242 e 243)

ANNO VI — N.º 31 A CONSTRUCÇÃO MODERNA N.º 187

PROJECTO PARA A CADEIA DA VILLA DE CINTRA

ARCHITECTO, SR. ADÃES BERMUDES

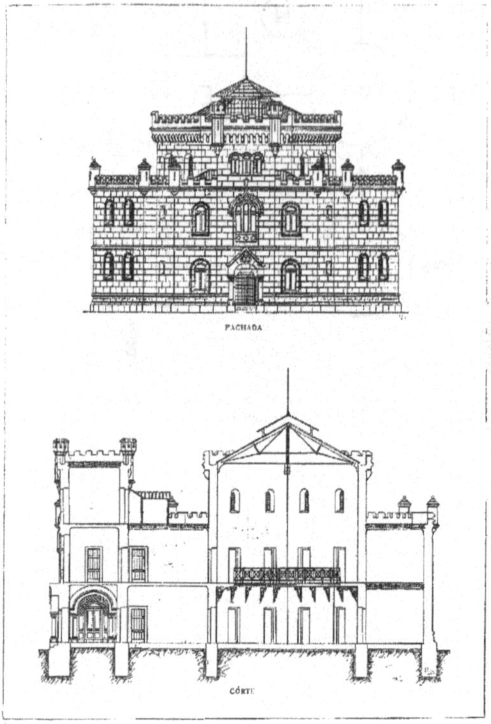

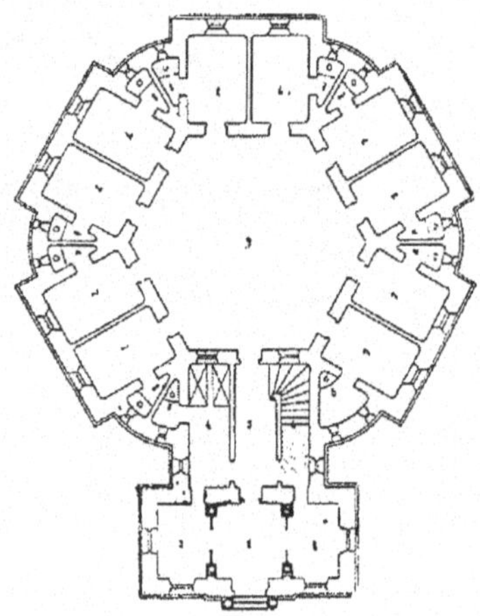

PLANTA DO REZ DO CHÃO

22 – "Processo de habilitação da família" de um preso da Penitenciária de Lisboa, 1932 (AHDGRSP – Fundo da Penitenciária de Lisboa)

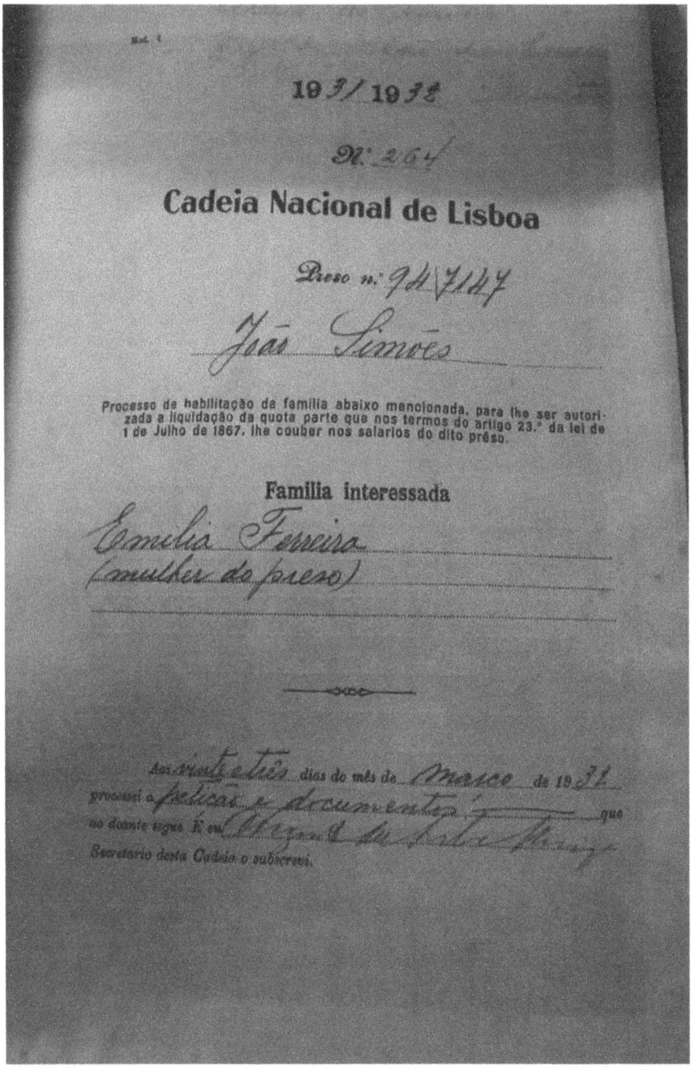

1931/1932

N.º 264

Cadeia Nacional de Lisboa

Preso n.º 94/7147

João Simões

Processo de habilitação da familia abaixo mencionada, para lhe ser autorizada a liquidação da quota parte que nos termos do artigo 23.º da lei de 1 de Julho de 1867, lhe couber nos salarios do dito prêso.

Familia interessada

Emilia Ferreira
(mulher do preso)

Aos vinte e três dias do mês de Março de 1931 processei a petição e documentos que ao diante segue. E eu [illegible] Secretario desta Cadeia o subscrevi.

23 – Horário e tabela da alimentação da Colónia Penal Agrícola, 1917 (in Tude Martins de Sousa, *Colónia penal agrícola. Relatório da instalação da colónia e seu funcionamento até 31 de Dezembro de 1917*, Imprensa da Universidade, Coimbra, 1920; e fotografias que ilustram aspectos do trabalho na Colónia, 1918-1920 (in Tude Martins de Sousa, *Colónia Penal de Agrícola de "António Macieira" (Sintra) – Relatório dos diversos serviços desde 1 de Janeiro de 1918 até 31 de Dezembro de 1920*, Imprensa da Universidade, Coimbra, 1922)

Horário para o mês de Janeiro de 1917

Dias de trabalho:

Alvorada às	6 3/4
Levantar, lavar, fazer camas e limpeza, até às	7 1/4
Trabalho às	7 1/4
Curativos às	7 1/4
Almôço às	8 1/2
Trabalho às	9
Consulta médica (2.as e 5.as feiras) às	9
Jantar às	12
Recreio até às	13
Trabalho das	13 ao pôr do sol
Ceia	15 minutos depois do trabalho
Aula de instrução primária (excepto às 5.as feiras)	19 às 20
Aula de agricultura (às 5.as feiras)	19 às 20
Recolher às	20

Dias de feriado:

Alvorada às	7
Levantar, lavar, fazer camas, limpeza, banhos, até às	8
Içar a bandeira	8
Almôço às	8 1/2
Estudo e correspondência até às	10 1/2
Recreio até às	12
Jantar às	12
Visita das famílias dos colonos até às	14
Recreio, exercícios militares, ginástica, jogos, até	ao pôr do sol
Arrear a bandeira	ao pôr do sol
Ceia às	18 3/4
Recolher às	19 1/2

Serviço de barbas — 6.as feiras e sábados de cada semana desde o comêço dos trabalhos até ao jantar.

Banhos — Todos os dias de manhã, a seguir ao levantar, por escala, de maneira que cada colono tenha pelo menos dois banhos durante o mês.

COLÓNIA PENAL AGRÍCOLA

Tabela para a alimentação dos colonos no mês de Agosto de 1917

	Almoço		Jantar		Ceia	
Domingo	Arroz Bacalhau Azeite Cebola Café Açúcar Pão	0,060 0,050 0,010 0,008 0,010 0,030 0,150	Grão de bico Hortaliça Massa Toucinho Fressura Batatas Cebola Pão	0,050 0,200 0,050 0,015 0,200 0,200 0,008 0,300	Feijão frade Azeite Vinagre Cebola Pão	0,180 0,030 0,015 0,008 0,225
2.ª feira	Bacalhau Batatas Azeite Cebola Café Açúcar Pão	0,050 0,200 0,010 0,008 0,010 0,030 0,150	Feijão branco Arroz Batatas Toucinho Bacalhau Batatas Azeite Vinagre Pão	0,050 0,050 0,200 0,015 0,100 0,200 0,020 0,015 0,300	Hortaliça Grão de bico Arroz Toucinho Cebola Pão	0,250 0,080 0,030 0,015 0,008 0,225
3.ª feira	Batatas Hortaliça Feijão branco Arroz Toucinho Cebola Açúcar Café Pão	0,300 0,150 0,050 0,040 0,015 0,008 0,030 0,010 0,150	Hortaliça Arroz Feijão Toucinho Carne de carneiro Massa Pão	0,200 0,050 0,050 0,015 0,200 0,050 0,300	Hortaliça Feijão br.º ou am.º Arroz Toucinho Cebola Pão	0,200 0,050 0,040 0,015 0,008 0,225
4.ª feira	Feijão frade Azeite Vinagre Cebola Café Açúcar Pão	0,180 0,020 0,015 0,008 0,010 0,030 0,150	Hortaliça Massa Grão de bico Toucinho Pechelim Batatas Azeite Cebola Pão	0,200 0,050 0,050 0,015 0,130 0,200 0,010 0,008 0,300	Hortaliça Feijão br.º ou am.º Arroz Toucinho Cebola Pão	0,250 0,080 0,030 0,015 0,008 0,225
5.ª feira	Arroz Bacalhau Azeite Cebola Café Açúcar Pão	0,060 0,050 0,010 0,008 0,010 0,030 0,150	Hortaliça Grão de bico Arroz Toucinho Carne de carneiro Batatas Cebola Pão	0,200 0,050 0,050 0,015 0,200 0,200 0,008 0,300	Hortaliça Feijão amarelo Arroz Toucinho Cebola Pão	0,250 0,080 0,030 0,015 0,008 0,225
6.ª feira	Hortaliça Arroz Feijão amarelo Toucinho Cebola Café Açúcar Pão	0,200 0,040 0,050 0,015 0,008 0,020 0,030 0,150	Hortaliça Arroz Feijão Toucinho Bacalhau Batatas Azeite Vinagre Pão	0,200 0,060 0,050 0,015 0,100 0,200 0,020 0,015 0,300	Hortaliça Grão de bico Arroz Toucinho Cebola Pão	0,250 0,080 0,030 0,015 0,008 0,225
Sábado	Bacalhau Batatas Azeite Alho Café Açúcar Pão	0,080 0,250 0,020 q. b. 0,020 0,030 0,150	Hortaliça Feijão Arroz Toucinho Pechelim Batatas Azeite Cebola Pão	0,200 0,050 0,040 0,015 0,130 0,200 0,010 0,008 0,300	Feijão br.º ou am.º Hortaliça Toucinho Cebola Pão	0,080 0,250 0,015 0,008 0,225

	Almoço	Jantar	Ceia
Dom.	Arroz com bacalhau. Café e pão.	Sopa de hortaliça com grão de bico e massa. Fressura guisada com batatas. Pão.	Feijão frade temperado. Pão.
Seg.	Bacalhau guisado com batatas. Café e pão.	Sopa de feijão com arroz e batatas. Bacalhau com batatas temperado. Pão.	Hortaliça com grão de bico e arroz. Pão.
Terça	Hortaliça com feijão, arroz e batata. Café e pão.	Sopa de hortaliça com feijão e arroz. Carneiro guisado com massa. Pão.	Hortaliça com feijão e arroz. Pão.
Quarta	Feijão frade temperado. Café e pão.	Sopa de hortaliça com massa e grão. Pechelim guisado com batatas. Pão.	Hortaliça com feijão e arroz. Pão.
Quinta	Arroz com bacalhau. Café e pão.	Sopa de hortaliça com grão de bico e arroz. Carneiro guisado com batatas. Pão.	Hortaliça com feijão e arroz. Pão.
Sexta	Hortaliça com feijão e arroz. Café e pão.	Sopa de hortaliça com feijão e arroz. Bacalhau com batatas temperado. Pão.	Hortaliça com grão de bico e arroz. Pão.
Sab.	Bacalhau assado com batatas. Café e pão.	Sopa de hortaliça com feijão e arroz. Pechelim guisado com batatas. Pão.	Hortaliça com feijão. Pão.
Observações	Quando fôr possível e conveniente, poderá substituir-se o 2.º prato do jantar por sardinhas ou carapaus, ou fazer-se [illegible] refeição da noite. — Os temperos de [illegible], salsa, coentros, pimenta, etc., usar-se hão em quantidades que bastem ao tempero da comida. — Quando fôr possível e conveniente, dar-se há sobremesa de fruta ao jantar. — Ao jantar dos domingos poderá substituir-se a massa da sopa por arroz e [illegible]. — Quando por motivo de força maior se não possa adoptar alguma das refeições indicadas será substituída por outra da tabela. — O bacalhau das refeições do jantar poderá ser substituído por qualquer outro peixe, quando economicamente convenha. — Os pratos dos almoços e das ceias, com excepção das ceias dos domingos, e os das sopas dos jantares podem ser repetidos.		

Edificio das oficinas e parte do dos estabulos e porcas de criação (19)

Serragem braçal de madeira, pelos colonos (22)

Oficina de carpinteiro e sapateiro

Oficina de ferreiro e serralheiro (44)

Touro de cobrição (turino) [illegible]

Ceifa mecânica de trigo

Alpendres para guarda de carros e alfaias agrícolas

BIBLIOGRAFIA

A) Bibliografia geral

A Deportação, edição da *Fédération Nationale des Déportés et Internés Résistants et Patriotes*, Publicações Europa-América, Lisboa, 1970

A Penitenciaria – Planta e discripção minuciosa do edifício situado em Campolide, Typographia C. Grillo, Lisboa, 1885

ABREU, Luiz Felippe de, *Estudos sobre o projecto de Codigo Penal Portuguez*, Imprensa da Universidade, Coimbra, 1862

– *Se é justo e conveniente adoptar a deportação para pena; e, no caso afirmativo, em que termos*, Imprensa da Universidade, Coimbra, 1859

ADRIANO, Paulo Jorge Antunes dos Santos, *Penitenciária Central de Lisboa – A Casa do Silêncio e o despontar da arquitectura penitenciária em Portugal*, dissertação de mestrado em Arte, Património e Teoria do Restauro apresentada à Faculdade de Letras da Universidade de Lisboa, Lisboa, 2010 (policopiado)

AHRENS H., *Curso de Direito Natural ou de Philosophia do Direito*, Typographia da Viuva Rodrigues, Lisboa, 1844

ALBUQUERQUE, A. M. Seabra d', *Lições de direito criminal portuguez redigidas segundo as prelecções oraes do excelentissimo senhor Basilio Alberto de Sousa Pinto impressas com a sua permissão por A. M. Seabra d'Albuquerque*, Imprensa da Universidade, Coimbra, 1861

ALBUQUERQUE, Martim de, *Estudos de Cultura Portuguesa*, 3º vol., Imprensa Nacional Casa da Moeda, Lisboa, 2002

ALBUQUERQUE, Paulo Pinto de, *A consagração de um novo direito securitário na reforma prisional de 1936*, in Manuel da Costa Andrade, José de Faria Costa, Anabela Miranda Rodrigues e Maria João Antunes (org.), "*Liber discipulorum* para Jorge de Figueiredo Dias", Coimbra Editora, Coimbra, 2003

– *A reforma da justiça criminal em Portugal e na Europa*, Livraria Almedina, Coimbra, 2003

– *Direito Prisional Português e Europeu*, Coimbra Editora, Coimbra, 2006

ALBUQUERQUE, Ruy de e Martim de Albuquerque (com a colaboração de J. Artur Duarte Nogueira, José Adelino Maltez e Mário Leite Santos), *História do Direito Português*, vol. I, tomo II, e vol. II, Lisboa, 1983

ALIMENA, Bernardino, *I limiti e i modificatori dell'imputabilità*, 3 vols., Fratelli Bocca, Turim, 1894-1899

– *La scuola critica di diritto penale*, Luigi Pierro, Nápoles, 1894

ALMEIDA, António Mendes d', *Systema penitenciario*, in "Revista Academica", vol. I, nº s 12 e 14, Coimbra, 1845

ALMEIDA, D. Francisco d', *Breves considerações sobre a necessidade e meios de melhorar as prisões de Portugal*, Officina Typographica de Casimir, Paris, 1834

ALMEIDA, Emídio E. Ferreira de, *A pena fixa e a pena indeterminada*, Tipografia Simões, Setúbal, 1941

ALMEIDA, Francisco José de, *Breve exposição da instituição do jurado, das suas vantagens, e dos defeitos e melhoramentos, de que he susceptivel*, Imprensa Nacional, Lisboa, 1822

ALMEIDA, Isabel Maria Banond de, *A ideia de liberdade em Portugal e a sua relação com os contributos de proveniência externa – Do contratualismo absolutista às sequelas do triénio vintista (1706-1823)*, Dissertação de doutoramento em Ciências Histórico-Jurídicas apresentada à Faculdade de Direito da Universidade de Lisboa, 3 vols., Lisboa, 2004 (policopiado)

ALMEIDA, Pedro Tavares de e Tiago Pires Marques (coord.), *Lei e ordem. Justiça penal, criminalidade e polícia (Séculos XIX-XX)*, Livros Horizonte, Lisboa, 2006

ALONSO, Maria Paz e António Manuel Hespanha, *Les peines dans les pays ibériques (XVIIe-XIXe siècles)*, in "La Peine. Punishment. Recueils de la Société Jean Bodin pour l'histoire comparative des institutions", vol. LVII, De Boeck Université, Bruxelas, 1989

ALVES, Sílvia, *Os fins das penas no direito penal setecentista*, in "Estudos em honra de Ruy de Albuquerque", vol. II, Faculdade de Direito da Universidade de Lisboa/Coimbra Editora, Coimbra, 2006, págs. 811 a 836

– *Punir e humanizar – O direito penal setecentista*, dissertação de Doutoramento em Ciências Histórico-Jurídicas, 5 vols., Faculdade de Direito da Universidade de Lisboa, Lisboa, 2008 (policopiado)

ALVIM, João d' Araujo Vasconcellos e, *Dissertação Inaugural para o Acto de Conclusões Magnas na qual se tracta das Vantagens do Sistema Penitenciario e uso, que se poderá fazer delle entre nós*, Imprensa da Universidade, Coimbra, 1845

AMARAL, Ilídio do, *Nótulas históricas sobre os primeiros tempos da Academia das Ciências de Lisboa*, in "Memórias da Academia das Ciências de Lisboa, Classe de Letras", s/d, disponível em *http://www.acad-ciencias.pt/files/Mem%C3%B3rias/Il%C3%ADdio%20do%20Amaral/n%C3%B3tulas%20hist%C3%B3ricas.pdf*, acedido em Maio de 2012

ANCEL, Marc, *Introduction comparative aux codes pénaux européens*, Centre Français de Droit Comparé, Paris, 1956

– *La défense sociale nouvelle*, 2ª ed., Éditions Cujas, Paris, 1971

– *Les Codes Pénaux Européens*, 4 tomos, Centre Français de Droit Comparé, Paris, 1958

ANDRADE, Abel de, *Cadeira de Direito Penal – Sumário das lições magistrais nos cursos de 1931 a 1932*, Tip. da Empresa do Anuário Comercial, Lisboa, 1932

– *Novo Direito Penal*, in "Revista da Faculdade de Direito da Universidade de Lisboa", vol. XXI, Lisboa, 1967

ANDRADE, José Coelho d', *A cadêa comarcã*, Tipografia Tirsense, Santo Tirso, 1915

ANTUNES, Maria João, *Medida de Segurança de Internamento e Facto de Inimputável em Razão de Anomalia Psíquica*, Coimbra Editora, Coimbra, 2002

ARAGÃO, Antonio Moniz Sodré de, *As Três Escolas Penaes*, 2ª ed., Jacintho Ribeiro dos Santos, Rio de Janeiro, 1917

ARENAL, Concepción, *Estudios Penitenciarios*, Instituto Nacional de Ciencias Penales, México, 2010

ARNAUD, André-Jean, *Pour une pensée juridique européenne*, PUF, Paris, 1991

Arquitectura de serviços públicos em Portugal: os internatos na justiça de menores 1871-1978, IHRU/DGRS, Lisboa, 2009

ARRIAGA, Manuel d', *O systema penitenciário, quando exclusivo e único, abrangerá os phenomenos mais importantes da criminalidade, e, não os abrangendo, converter-se-há n'uma instituição contraproducente e nefasta?*, Imprensa Nacional, Lisboa, 1889

ASCHAFFENBURG, G., *Crime e repressão*, Livraria Clássica Editora, Lisboa, 1904

Associação do Patronato das Prisões – Circular nº 2 – Instruções, Tip. Cadeia Penitenciária, Lisboa, 1937

AUGUSTO, António Ferreira, *Alienados Criminosos, Cadeias, Serviços Medico Legaes e Toxicologicos, Pessoal Judiciario dos Tribunaes Criminaes – Reforma e reorganisação d'estes e d'outros Serviços Judiciarios*, Imprensa Commercial, Porto, 1894

Avant-propos, in "Archives de l'anthropologie criminelle et des sciences pénales", tomo I, Paris/Lyon/Genebra/Bale/Bruxelas, 1886

AZEVEDO, Francisco Pereira de, *História da Prostituição e Polícia Sanitária no Porto*, F. Gomes da Fonseca, Porto, 1864

AZEVEDO, Manuel Pedro de Faria, *Casa de Correcção*, Imprensa da Universidade, Coimbra, 1892

AZEVEDO, Manuel Thomaz de Sousa, *Relatório apresentado ao Ministro da Justiça em 20 de Outubro de 1858*, Imprensa Nacional, Lisboa, 1859

– *Relatório apresentado ao Ministro da Justiça em 20 de Abril de 1857*, Imprensa Nacional, Lisboa, 1857

BACELAR, João, *A individualisação das penas*, in "Boletim do Instituto de Criminologia", II (1922), 3ª ed., Tip. da Cadeia Nacional, Lisboa, 1929

– *Alguns casos criminaes – Estudos antropológicos, psicológicos e sociaes*, Oficinas Gráficas da Cadeia Nacional, Lisboa, 1922

– *Repressão penal*, in "Boletim do Instituto de Criminologia", IV (1924), Of. Graf. da Cadeia Nacional, Lisboa, 1924

BALTARD, Louis-Pierre, *Architectonographie des prisons*, Imprimerie de Crapelet, Paris, 1829

BÁTISTA, Luís Osório da Gama e Castro de Oliveira, *Comentário ao Código do Processo Penal Português*, 6 vols., Coimbra Editora, Coimbra, 1932-1934

– *Notas ao Código Penal Português*, 2ª ed., 4 vols., Coimbra Editora, Coimbra, 1923-1925

BARBERO, Horacio Roldán, *Historia de la Prisión en España*, Promociones y Publicaciones Universitarias, Barcelona, 1988

BARNES, Harry Elmer, *The Progress of American Penology as Exemplified by the Experience of the State of Pennsylvania, 1830-1920*, in "Journal of the American Institute of Criminal Law and Criminology", vol. 13, nº 2 (Agosto de 1922), Northwestern University, Chicago, 1922

BARREIROS, José António, *As instituições criminais em Portugal no século XIX: subsídios para a sua história*, in "Análise Social", vol. XVI (nº 63), Instituto de Ciências Sociais, Lisboa, 1980

– *Processo Penal*, Livraria Almedina, Coimbra, 1981

BARROS, Henrique da Gama, *História da Administração Pública em Portugal nos séculos XII a XV*, 2ª ed. dirigida por Torquato de Sousa Soares, XI tomos, Livraria Sá da Costa Editora, Lisboa, 1945-1954

BARROS, Maria Filomena Lopes de e Mário Viana (ed.), *Posturas municipais portugue-*

sas (séculos XIV-XVIII), CEGF/CIDEHUS, Ponta Delgada, 2012

BASTIEN, Pascal, *L'exécution publique à Paris au XVIIIe siècle – Une histoire des rituels judiciaires*, Champ Vallon, Seyssel, 2006

BASTOS, Sousa, *Lisboa velha*, Câmara Municipal de Lisboa, Lisboa, 1947

BASTOS, Susana Pereira, *O Estado Novo e os seus vadios – Contribuição para o estudo das identidades marginais e da sua repressão*, Publicações Dom Quixote, Lisboa, 1997

-BAUMAN, Richard A., *Crime and punishment in ancient Rome*, Routledge, Nova Iorque, 1996

BAUTISTA, Santiago Martínez, *El Atlas criminal de Lombroso*, Maxtor, Valladollid, 2006

BEAUMONT, Gustave de e Alexis de Tocqueville, *Du système pénitentiaire aux États-Unis, et de son application en France; suivi d'un appendice sur les colonies pénales et de notes statistiques*, H. Fournier Jeune, Paris, 1833

BECCARIA, Cesare, *Dos delitos e das penas*, trad. e introd. de José Faria Costa, Fundação Calouste Gulbenkian, Lisboa, 1998

BEIRÃO, Francisco Antonio da Veiga, *Da reforma penitenciaria*, in "Gazeta dos Tribunais", 25º ano, nºs 3666 a 3672 (15 a 29 de Janeiro de 1866), Lisboa, Typographia da Gazeta dos Tribunais, Lisboa, 1866

BELEZA, José Manuel Merêa Pizarro, *A pena de prisão e o* Ensayo sobre o plano mais conveniente para a fundação das cadêas *(Notas para a história do direito penal vintista)*, in Manuel da Costa Andrade, José de Faria Costa, Anabela Miranda Rodrigues e Maria João Antunes (org.), "*Liber discipulorum* para Jorge de Figueiredo Dias", Coimbra Editora, Coimbra, 2003

BENTHAM, Jeremy, *A view of the hard-labour bill; being an abstract of a pamphlet, intituled, "Draught of a bill, to punish by imprisonment and hard-labour, certain offenders; and to establish proper places for their reception." Interspersed with observations relative to the subject of the above draught in particular, and to penal jurisprudence in general*, T. Payne and Son, Londres, 1778

– *The rationale of punishment*, R. Heward, Londres, 1830

– *Outline of the plan of construction of a panopticon penitentiary house*, s/l, 1790

– *Panopticon versus New South Wales, or, The panopticon penitentiary system and the penal colonization system compared*, R. Baldwin, Londres, 1812

– *Panopticon: postscript*, T. Payne, Londres, 1791

– *The works of Jeremy Bentham / published under the superintendence of his executor, John Bowring*, 11 vols., W. Tait, Edimburgo, 1843

BÉRENGER, Alphonse Marie M.T., *De la répression pénale, de ses formes et de ses effets*, Imprimerie et Librairie Générale de Jurisprudence, Paris, 1855

BERMUDES, Adães, *Projecto para a cadeia de Cintra*, in "A Construcção Moderna", ano VI, nº 187, Lisboa, 10 de Março de 1906

BERNAL, José Sánchez-Arcilla, *Roubo y hurto en la ciudad de México a fines del sigo XVIII*, in "Iter Criminis – Revista de Ciencias Penales", nº 16 (Julho/Agosto de 2010), Instituto Nacional de Ciencias Penales, México, 2010

BLAS, Francisco Franco de, *Formación penitenciaria del Coronel Montesinos y su celebre sistema*, in "Revista de Estudios Penitenciarios", ano XVIII, nº 159, Dirección General de Prisiones, Madrid, 1962

BLONDEAU, *Prison pénitentiaire de Genève*, in "Revue de Législation et de Jurisprudence", t. III, 1835-1836, Paris, 1836

BLOUET, G. Abel, *Projet de prison cellulaire pour 585 condamnés*, Imprimerie et Librairie de Firmin Didot Frères, Paris, 1843

BOGLE, Michael, *Convicts – Transportation and Australia*, The Historic Houses Trust of New South Wales, Sydney, 1999

BONNEVILLE, M., *Traité des diverses institutions complémentaires du régime pénitentiaire*, Joubert, Paris, 1847

BORGES, José Ferreira, *Instituições de medicina forense*, J. P. Aillaud, Paris, 1832

BOTSMAN, Dani, *Punishment and power in the making of modern Japan*, Princeton University Press, Princeton, 2005

BRAGA, Paulo Drumond, *Os forçados das galés. Percursos de um grupo marginalizado*, in "Carlos Alberto Ferreira de Almeida. *In Memoriam*", vol. I, Faculdade de Letras da Universidade do Porto, Porto, 1999

BRAGA, Theofilo, *Historia do Direito Portuguez – Os foraes*, Imprensa da Universidade, Coimbra, 1868

BRANCO, António d'Azevedo Castello, *Estudos penitenciarios e criminaes*, Typ. Casa Portugueza, Lisboa, 1888

– *Cadeias e manicomios: uma reforma necessaria*, Imp. Minerva, Lisboa, 1892

– *Notice sur l'évolution du droit penal portugais*, Imp. Nationale, Lisboa, 1888

BRANDÃO, Cláudio, Nelson Saldanha e Ricardo Freitas (coord.), *História do Direito e do Pensamento Jurídico em Perspectiva*, Atlas, São Paulo, 2012

BRAVO, Gutmaro Gómez, *Crimen y castigo: cárceles, delito y violência en la España del siglo XIX*, Universidad Complutense de Madrid, Madrid, 2004

BRAZÃO, Arnaldo, *Protecção aos menores delinquentes. Marcha evolutiva da legislação portugueza*, separata do Boletim do Instituto de Criminologia de Lisboa, Tip. da Cadeia Penitenciária, Lisboa, 1932

BROCKWAY, Z. R., *The American Reformatory Prison System*, in "American Journal of Sociology", vol. 15, nº 4 (Janeiro de 1910), The University of Chicago Press, Chicago, 1910

CABRAL, António Vanguerve, *Epilogo Juridico de vários casos civeis, e crimes*, Oficina de Antonio Pedro Galram, Lisboa, 1729

– *Pratica Judicial muyto util e necessaria para os que principião os officios de julgar e advogar e para todos os que solicitão causas nos Auditorios de hum e outro foro*, Oficina de Francisco de Oliveira, Coimbra, 1757

CADALSO, Fernando, *Instituciones Penitenciarias en los Estados Unidos*, Biblioteca Hispania, Madrid, 1913

CAEIRO, Pedro, *Levy Maria Jordão, visconde de Paiva Manso. Notas bio-bibliog*ráficas, in "Boletim da Faculdade de Direito da Universidade de Coimbra", vol. LXXI, Coimbra, 1995

CAETANO, Marcello, *História do Direito Português*, 3ª ed., Editorial Verbo, Lisboa/ /S. Paulo, 1992

– *Lições de Direito Penal*, Livraria Moraes, Lisboa, 1939

CAFFELL, Anna, *The Angel of Newgate Prison*, in *http://everythingconference.org/articles/archive/144*, Setembro de 2010

CALISTO, João Maria Baptista, *Algumas palavras sobre o estado das prisões em geral e sua reforma*, Imprensa da Universidade, Coimbra, 1860

CALON, Eugenio Cuello, *Lo que Howard vio en España – Las cárceles y prisiones de España a fines del siglo XVIII*, in "Revista de Estudios Penitenciarios", ano I, nº 1, Dirección General de Prisiones, Madrid, 1945

– *Montesinos precursor de la nueva penologia*, in "Revista de Estudios Penitenciarios", ano XVIII, nº 159, Dirección General de Prisiones, Madrid, 1962

[CAMPOS, Manuel Esteves de], *Ensayo sobre o plano mais conveniente para a fundação das cadêas, precedido de algumas idéas historicas a este respeito,* in "Jornal da Sociedade Literaria Patriotica", 2 volumes, Typographia Rollandiana, Lisboa, 1822, publicado entre o nº 2 de 19/04/1822 e o nº 26 de 11/10/1822

CANNAT, Pierre, *Droit Pénal et Politique Pénitentiaire au Portugal,* Librairie du Recueil Sirey, Paris, 1946

– *Nos frères les récidivistes – Esquisse d'une politique criminelle fondée sur le reclassement ou l'élimination des délinquants,* Recueil Sirey, Paris, s/d

CARBASSE, Jean-Marie, *Histoire du droit pénal et de la justice criminelle,* PUF, Paris, 2000

– *La peine de mort,* PUF, Paris, 2002

CARLOS, Palma, *Os novos aspectos do Direito Penal (Ensaio sôbre a organização dum Código de Defesa Social),* Lisboa, 1934

CARNAZZA-RAMETTA, Giuseppe, *Studio sul Diritto Penale dei Romani,* "L'Erma" di Bretschneider, Roma, 1972 (ed. *fac simile* da original de 1883)

CARNEIRO, Bernardino J. da S., *Primeiros traços para o estudo do Direito Ecclesiastico Portuguez,* Imprensa da Universidade, Coimbra, 1860

CARNEIRO, Manoel José Dias Salgado e, *Penas e sua applicação,* Typographia do Archivo Juridico, Porto, 1900

CARNEVALE, Emanuele, *Diritto Criminale,* 3 vols., Società Editrice del "Foro Italiano", Roma, 1932

CARPENTER, Eduard, *Prisões, polícia e castigos,* Typographia de Francisco Luiz Gonçalves, Lisboa, 1910

CARPENTER, Mary, *Reformatory Prison Discipline as developed by Rt. Hon. Sir Walter Crofton in the Irish Convict Prisons,* Longman, Londres, 1872

CARPZOV, Benedict, *Practica nova imperialis Saxonica rerum criminalium,* 3 vols., Jo. Friderici Gleditschii B. Filium, Leipzig, 1723

CARVALHO, Américo A. Taipa de, *Condicionalidade Sócio-cultural do Direito Penal. Análise histórica. Sentido e limites,* separata do Boletim da Faculdade de Direito de Coimbra, Coimbra, 1985

– *Direito Penal – Parte Geral,* 2ª ed., Coimbra Editora, Coimbra, 2008

CARVALHO, Francisco Martins de, *O ensino carcerario e o congresso penitenciario internacional de S. Petersburgo por Ferreira-Deusdado,* in "O Instituto", vol. XXXIV (Agosto de 1891), Imprensa da Universidade, Coimbra, 1891

CARVALHO, J. C. de, *Eduardo ou os Misterios do Limoeiro,* 2 tomos, Typ. da Revolução de Setembro, Lisboa, 1849

CARVALHO, J. I. Delgado de, *Manual do Processo Criminal Moderno,* 2 tomos, Imprensa da Universidade, Coimbra, 1898

Casa de Correcção, in "Revista dos Tribunaes", ano 6º, nºs 133 e 137, 1887-1888, Typographia de Manoel José Pereira, Porto, 1888

CATTANEO, Mario, *Il positivismo giuridico inglese,* Dott. A. Giuffrè, Milão, 1962

CATROGA, Fernando de Almeida, *Os inícios do positivismo em Portugal. O seu significado político-social,* separata de "Revista de História das Ideias", vol. I, Universidade de Coimbra, Coimbra, 1977

CHAUFFOUR, V., *Congrès Pénitentiaire de Francfort,* in "Revue de Législation et de Jurisprudence", t. III (1846), Paris, 1846

CHAUVEAU, Adolphe e Faustin Hélie, *Théorie du Code Pénal,* 6 tomos, 4ª ed., Imprimerie et Librairie Générale de Jurisprudence, Paris, 1861

CHAVES, João, *Sciencia Penitenciaria,* Livraria Clássica Editora, Lisboa, 1912

CHAVES, Luís, *Os pelourinhos – Elementos para o seu catálogo geral*, Edições José Fernandes Júnior, Lisboa, 1938

CHORÃO, Luís Bigotte, *A crise da República e a Ditadura Militar*, Sextante Editora, Lisboa, 2009

– *O periodismo jurídico português do século XIX*, Imprensa Nacional – Casa da Moeda, Lisboa, 2002

– *Política e justiça na I República*, vol. I, Letra Livre, Lisboa, 2011

Chronique, in "Revue de Législation et de Jurisprudence", t. IV (1847), Paris, 1847

CLODE, João José P. Edward, *História da Fotografia e da sua aplicação à medicina*, in "Cadernos Otorrinolaringologia – Clínica, Investigação e Inovação", Círculo Médico, 10 de Dezembro de 2010, disponível em *http://www.cadernosorl.com*, acedido em Julho de 2012

COATES, Timothy J., *Degredados e órfãs: colonização dirigida pela coroa no império português (1550-1755)*, Comissão Nacional para as Comemorações dos Descobrimentos Portugueses, Lisboa, 1998

Codigo Penal Portuguez/Relatorio (tomo I) e *Projecto* (tomo II), 2 tomos, Imprensa Nacional, Lisboa, 1864

Codigo Penal Portuguez/Relatorio da Comissão (tomo I) e *Projecto da Comissão* (tomo II), 2 tomos, Imprensa Nacional, Lisboa, 1861

COLAJANNI, Napoleone, *La sociologia criminale*, 2 vols., Filippo Tropea Editore, Catania, 1889

Comptes-Rendus du VIe Congrès International d'Anthropologie Criminelle, Bocca Frères Éditeurs, Turim, 1908

Congrès Internationale d'Anthropologie Criminelle – Compte Rendu des Travaux de la Quatrième Session tenue a Genève du 24 au 29 Aout 1896, Georg & C., Genebra, 1897

Congrès Pénitentiaire de Bruxelles, in "Revue de Législation et de Jurisprudence", t. III (1847), Paris, 1847

CORRÊA, A. A. Mendes, *A Nova Antropologia Criminal*, Imprensa Portuguesa, Porto, 1931

– *Antropologia criminal integral – O normal delinquente e a crise moral*, Of. Gráficas da Cadeia Nacional, Lisboa, 1925

– *Creanças delinquentes – Subsidios para o estudo da criminalidade infantil em Portugal*, F. França Amado Editor, Coimbra, 1915

– *Os criminosos portugueses – Estudos de Anthropologia Criminal*, 2ª ed., F. França Amado Editor, Coimbra, 1914

CORREIA, Eduardo, *A influência de Franz V. Liszt sobre a reforma penal portuguesa*, in "Boletim da Faculdade de Direito da Universidade de Coimbra", vol. XLVI, Coimbra, 1970

– *A pena de morte – Reflexões sobre a sua problemática e sentido da sua abolição em Portugal*, separata do Boletim do Ministério da Justiça nº 173, s/l, 1968

– *Assistência prisional e post-prisional*, in "Estudos em homenagem ao Doutor Alberto dos Reis", vol. I, suplemento XV ao Boletim da Faculdade de Direito, Universidade de Coimbra, Coimbra, 1961

– *Direito Criminal*, Livraria Almedina, Coimbra, 1968

– *Estudos sobre a evolução das penas no direito português*, vol. I, separata do Boletim da Faculdade de Direito da Universidade de Coimbra, vol. LIII, Coimbra, s/d

– *La prison, les mesures non-institutionelles et le projet du Code Pénal Portugais de 1963*, separata de "Estudos *in memoriam* do Prof. Doutor José Beleza dos Santos", suplemento ao vol. XVI do Boletim da Faculdade de Direito da Universidade de Coimbra, Coimbra Editora, Coimbra, 1965

Correspondencia juridica – Praxe criminal, in "Gazeta dos Tribunais", 25º ano, nº 3664 (10 de Janeiro de 1866), Lisboa, Typographia da Gazeta dos Tribunais, 1866

COSTA, Affonso, *Commentario ao Codigo Penal Portuguez*, I, Imprensa da Universidade, Coimbra, 1895

– *Os peritos no processo criminal. Legislação portugueza – Critica – Reformas*, Manuel de Almeida Cabral Editor, Coimbra, 1895

COSTA, António Manuel de Almeida, *Passado, presente e futuro da liberdade condicional no direito português*, in "Boletim da Faculdade de Direito da Universidade de Coimbra", vol. LXV, Coimbra, 1989

COSTA, Fernando Marques da, Francisco Contente Domingues e Nuno Gonçalves Monteiro (org.), *Do Antigo Regime ao Liberalismo (1750-1850)*, Vega, Lisboa, 1989

COSTA, José Faria, *A caução de bem viver – Um subsídio para o estudo da evolução da prevenção criminal*, separata do vol. XXI do Boletim da Faculdade de Direito da Universidade de Coimbra, Coimbra, 1980

– *A importância da recorrência no pensamento jurídico. Um exemplo: a distinção entre ilícito penal e o ilícito de mera ordenação social*, in "Revista de Direito e Economia", ano IX, nºs 1 e 2 (1983), Universidade de Coimbra, Coimbra, 1983

COSTA, Mário Júlio de Almeida (com a colaboração de Rui Manuel de Figueiredo Marcos), *História do Direito Português*, 5ª edição, Livraria Almedina, Coimbra, 2012

– *Apontamentos sobre a autonomização do direito criminal português*, in "Direito e justiça. Volume de homenagem ao Prof. Cavaleiro de Ferreira", 2 (1981-1986), Universidade Católica Portuguesa, Lisboa, 1986

COUTO, Francisco d'Albuquerque e, e Lopo José Dias de Carvalho, *Lições de Direito Criminal redigidas segundo as prelecções oraes do ilustrissimo senhor Basilio Alberto de Sousa Pinto feitas no anno lectivo de 1844 a 1845 e adaptadas às Instituições de Direito Criminal Portuguez do senhor Paschoal José de Mello Freire*, Imprensa da Universidade, Coimbra, 1845

CRAWFORD, William e Whitworth Russell, *Extracts from the Second Report of the Inspectors of Prisons for the Home District, addressed to the Right Honourable the Secretary of State for the Home Department*, W. Clowes and Sons, Londres, 1837

CREAZZO, Giuditta, *El positivismo criminológico italiano en la Argentina*, Ediar, Buenos Aires, 2007

CRUZ, Guilherme Braga da, *A Revista de Legislação e Jurisprudência – Esboço da sua história*, vols. I e II, Coimbra, 1975 (vol. I) e 1979 (vol. II)

– *Bases sociológicas, morais e jurídicas duma concepção cristã do trabalho*, in "Obras esparsas", vol. IV, 1ª parte, Coimbra Editora, Coimbra, 1985

– *O direito subsidiário na história do direito português*, separata da Revista Portuguesa de História, tomo XIV, Faculdade de Letras da Universidade de Coimbra, Coimbra, 1975

– *O movimento abolicionista e a abolição da pena de morte em Portugal (resenha histórica)*, in "Obras esparsas", vol. II, 2ª parte, Coimbra Editora, Coimbra, 1981

CUCHE, Paul, *Traité de science et de législation pénitenciaires*, Laval, Paris, s/d [1905]

CUNHA, Manuela Ivone e Cristiana Bastos, *Introdução. As instituições híbridas. Reclusão e laços sociais*, in "Análise Social", vol. XLII (nº 185), Instituto de Ciências Sociais, Lisboa, 2007

D'HAUSSONVILLE, *Les établissements pénitentiaires en France et aux colonies*, Michel Lévy Frères Éditeurs, Paris, 1875

DELGADO, Enrique Sanz, *El Humanitarismo penitenciario español del siglo XIX*, Edisofer, Madrid, 2003

DEMETZ e Abel Blouet, *Rapports sur les pénitenciers des États-Unis*, Imprimerie Royale, Paris, 1837

DEUSDADO, Ferreira, *A Anthropologia Criminal e o Congresso de Bruxellas*, Imprensa Nacional, Lisboa, 1894

– *A mulher delinquente*, in "Revista de Educação e Ensino", vol. VIII, Guillard, Aillaud e C., Lisboa, 1893

– *A Onda do Crime – Etiologia e Profilaxia*, João d'Araújo Moraes, Lisboa, 1931

– *Educação e criminalidade*, in "Revista de Educação e Ensino", vol. IV, Guillard, Aillaud e C., Lisboa, 1889

– *Educação religiosa e criminalidade*, in "Revista de Educação e Ensino", vol. IV, Guillard, Aillaud e C., Lisboa, 1889

– *O Ensino Carcerário e o Congresso Penitenciario Internacional de S. Petesburgo*, Imprensa Nacional, Lisboa, 1891

– *Uma these penologica do Congresso Juridico de Lisboa*, in "Revista de Educação e Ensino", vol. IV, Guillard, Aillaud e C., Lisboa, 1889

DIAS, Augusto Silva, *«Delicta in Se» e «Delicta Mere Prohibita»: Uma análise das descontinuidades do ilícito penal moderno à luz de uma reconstrução de uma distinção clássica*, Coimbra Editora, Coimbra, 2008

DIAS, Cândida Rodrigues, *O Fundamento do Direito de Punir no Código Penal Italiano de 1930*, in "Boletim dos Institutos de Criminologia", nº 1 (1937), Oficinas Gráficas da Cadeia Penitenciária de Lisboa, Lisboa, 1937

DIAS, Jaime Lopes, *Pelourinhos e fôrcas do distrito de Castelo Branco*, Tipografia Minerva, Famalicão, 1935

DIAS, Jorge de Figueiredo e Manuel da Costa Andrade, *Criminologia – O homem delinquente e a sociedade criminógena*, Coimbra Editora, Coimbra, 1984

DIAS, Jorge de Figueiredo, *A reforma do direito penal português – Princípios e orientações fundamentais*, Coimbra, 1972

– *Direito Penal Português. As consequências jurídicas do crime*, Editorial Notícias, Lisboa, 1993

DICKENS, Charles, *American Notes*, Project Gutenberg, 1996, E-text, constante de *http://www.gutenberg.org/cache/epub/675/pg675.html*, acedido em Fevereiro de 2011

DIKÖTTER, Frank, *Crime, punishment and the prison in modern China*, Columbia University Press, Nova Iorque, 2002

DINIZ, Aires Antunes, *A Escola Regeneradora do Padre António de Oliveira*, Faculdade de Educação da Universidade Federal da Uberlândia, disponível em *http://www.faced.ufu.br/colubhe06/anais/arquivos/572AiresAntunes.pdf*, acedido em Agosto de 2010

DIXON, William Hepworth, *John Howard and the prison-world of Europe*, 2ª ed., Jackson and Walford, Londres, 1850

DOMINGO, Aniceto Masferrer, *Tradición y reformismo en la codificación penal española*, Universidad de Jaén, Jaén, 2003

Du système pénitentiaire, in "Revue de Législation et de Jurisprudence", t. III, 1835-1836, Paris, 1836

DUARTE, Luís Miguel e José Augusto Pizarro, *Os forçados das galés (Os barcos de João da Silva e Gonçalo Falcão na conquista de Arzila em 1471)*, in "Congresso Internacional Bartolomeu Dias e a sua época – Actas", vol. II, Universidade do Porto/Comissão Nacional para as Comemorações dos Descobrimentos Portugueses, Porto, 1989

DUARTE, Luís Miguel, *Justiça e criminalidade no Portugal Medievo (1459-1481)*, dissertação de Doutoramento em História da Idade Média apresentada à Faculdade de Letras da Universidade do Porto, I, Porto, 1993

DUPONT-BOUCHAT, Marie Sylvie, *La Révolution Pénale de la fin du XVIIIe siècle et ses prolongements en Belgique au XIXe siècle*, in "La Peine", vol. 57, Société Jean Bodin pour l'histoire comparative des institutions, De Boeck Université, 1989

DURKHEIM, Émile, *De la division du travail social*, 2ª ed., Félix Alcan, Paris, 1902

– *Deux lois de l'évolution pénale*, in "Année sociologique", vol. IV, Paris, 1900

– *Les règles de la méthode sociologique*, 11ª ed., PUF, Paris, 1950

ELIAS, Norbert, *The civilizing process: sociogenetic and psychogenetic investigations*, Blackwell Publishers, Oxford/Cambridge, 2000

ENTERRÍA, Eduardo García de, *La lengua de los derechos – La formación del Derecho Público europeo tras la Revolución Francesa*, Civitas, Madrid, 2001

ERIKSSON, Torsten, *The Reformers – An Historical Survey of Pioneer Experiments in the Treatment of Criminals*, Elsevier, Nova Iorque/Oxford/Amesterdão, 1976

ESTASEN, Jose Rico de, *El sistema penitenciario del Coronel Montesinos*, Madrid, 1958

ESTEVES, Alexandra, *Da caridade à filantropia: o auxílio aos presos pobres da cadeia de Ponte de Lima no século XIX*, in "Estudios Humanísticos. Historia", nº 7, Universidade de Léon, Léon, 2008

Estudos do Instituto de Criminologia de Coimbra – I – Homicidas, Tipografia da Atlântida, Coimbra, 1935

EVANS, Richard J., *Rituals of Retribution – Capital Punishment in Germany 1600--1987*, Oxford University Press, Oxford, 1996

EVANS, Robin, *The fabrication of virtue: English prison architecture, 1750-1840*, Cambridge University Press, Cambridge, 1982

FARINACCI, Prospero, *Praxis et theoricae criminalis*, parte I, tomo II, Horatii Cardon, Lyon, 1614

– *Praxis et theoricae criminalis*, parte I, Jacobi Cardon, Lyon, 1634

FATELA, João, *O sangue e a rua – Elementos para uma antropologia da violência em Portugal (1926-1946)*, Publicações Dom Quixote, Lisboa, 1989

FAUCHER, Léon, *De la réforme des prisons*, Angé, Paris, 1838

FAVEIRO, Vítor António Duarte, *A organização prisional portuguesa*, in "Boletim do Ministério da Justiça", nº 10, Ministério da Justiça, Lisboa, 1949

FAVEIRO, Vítor, *Melo Freire e a formação do direito público nacional*, Ministério das Finanças, Lisboa, 1968

FERNANDES, Eduardo, José Maria dos Santos Junior, Rocha Martins e A. Morgado (dir.), *Galeria de criminosos celebres em Portugal – Historia da Criminologia Contemporanea*, 7 vols., Typographia da Papeleria Palhares, Lisboa, 1896-1908

FERNANDES, Francisco, *A prisão preventiva*, F. França Amado Editor, Coimbra, 1896

FERNÁNDEZ, Pedro Trinidad, *La defensa de la sociedad – Cárcel y delincuencia en España (siglos XVIII-XX)*, Alianza Editorial, Madrid, 1991

FERRAJOLI, Luigi, *Derecho y razón – Teoría del garantismo penal*, 3ª ed., Editorial Trotta, Madrid, 1998

FERRÃO, Alfredo Mendes de Almeida, *Serviços públicos no direito português*, Coimbra Editora, Coimbra, 1963

FERRÃO, F. A. F. da Silva, *Theoria do Direito Penal applicada ao Codigo Penal Portuguez*, 6 vols., Typographia Universal/Imprensa Nacional, Lisboa, 1856-1857

FERRAZ, J. D. M., *Exame sobre o jury em que se analysa a historia e a theoria d'esta instituição*, Rey e Gravier, Paris, 1834

FERREIRA, José Dias, *Discurso sobre a Reforma Penal proferido na sessão de 18 de Abril de 1884*, Imprensa Nacional, Lisboa, 1884

FERREIRA, Cavaleiro de, *A personalidade do delinquente na repressão e na prevenção*, Portugália Editora, Lisboa, s/d

– *A Medida da Pena*, in "Boletim dos Institutos de Criminologia", nº 5 (1939), Oficinas Gráficas da Penitenciária de Lisboa, Lisboa, 1940

– *A influência da abolição da pena de morte na evolução do sistema penal português*, separata de "Memórias da Academia das Ciências de Lisboa", classe de Letras, tomo X, Academia das Ciências de Lisboa, Tipografia da Editorial Império, Lisboa, 1967

– *Lições de Direito Penal – Parte Geral*, 4ª edição, Editorial Verbo, Lisboa/São Paulo, 1997 (reimp.)

– *A Tipicidade na Técnica do Direito Penal*, Imprensa Lucas e Companhia, Lisboa, 1935

– *Obra Dispersa*, I, Universidade Católica Editora, Lisboa, 1996

FERREIRA, Manuel Lopes, *Pratica Criminal expendida na forma da praxe observada neste nosso reino de Portugal*, 2ª ed., Oficina de António Alves Ribeiro Guimarães, Porto, 1767

FERREIRA, Silvestre Pinheiro, *Do systema penitenciario*, in "Revista Academica", vol. I, nºs 18, 19 e 22, Coimbra, 1845, pp. 276 a 279, pp. 289 a 294 e pp. 342 e 343

– *Manual do Cidadão em um Governo Representativo ou Princípios de Direito Constitucional, Administrativo e das Gentes*, 3 tomos, Rey e Gravier, Paris, 1834

– *Memoria sobre a reforma da administração da justiça criminal, segundo os principios do Direito Constitucional*, Typ. Lusitana, Lisboa, 1841

– *Questões de Direito Público e Administrativo: Philosophia e Litteratura*, Tomo III, Typ. Lusitana, Lisboa, 1845

– *Questões de Direito Público e Administrativo: Philosophia e Litteratura*, Tomos I e II, Typ. Lusitana, Lisboa, 1844

– *Relatório e projectos de leis orgânicas para a execução da Carta Constitucional, apresentado em cortes na sessão de 3 de Abril de 1843*, Imprensa Nacional, Lisboa, 1843

FERRI, Enrico, *La sociologie criminelle*, 2ª ed., Félix Alcan Éditeur, Paris, 1905

– *Le congrès pénitentiaire international de Londres – Prolusion dite à l'Université de Rome le 16 novembre, 1925*, in "Boletim do Instituto de Criminologia", VII (1925), Of. Graf. da Cadeia Nacional, Lisboa, 1925

FERRI, Henrique, *Princípios de Direito Criminal – O criminoso e o crime*, Arménio Amado Editor, Coimbra, 1931

FERRIN, Emma Montanos e José Sánchez-Arcilla, *Estudios de Historia del Derecho Criminal*, Dykinson, Madrid, 1990

FEVEREIRO, Agostinho de Torres e Augusto Folque de Gouvêa [Beleza dos Santos], *Direito Penal – Lições feitas em harmonia com as prelecções do Exmo. Sr. Dr. Beleza dos Santos ao quarto ano Juridico de 1919-1920*, Tip. Popular de J. Bizarro, Coimbra, 1920

FIDALGO, Domingos Lopes, *Impressões de uma visita ás cadêas do Aljube e da Relação do Porto (Hygiene)*, Papelaria e Typographia Morgado, Porto, 1899

FILANGIERI, Gaetano, *La scienza della legislazione*, 4 volumes, Generoso Procaccini, Nápoles, 1995

FONSECA, Faustino da, *Trez mezes no Limoeiro*, 2ª ed., Depósito – Livraria Bordalo, Lisboa, 1897

FONSECA, J. A. Ferreira da, *Profilaxia da infancia anormal delinquente*, in "Boletim do Instituto de Criminologia", V (1924), Of. Graf. da Cadeia Nacional, Lisboa, 1924

FONSECA, Paloma Siqueira, *Embarque sem volta*, in "Revista de História da Biblioteca Nacional", 01/05/2009, disponível em *http://www.revistadehistoria.com.br/v2/home/?go=detalhe&id=2382*, acedido em Novembro de 2010

FONT, Eduardo Trigo y, *La reforma penitenciaria de Don Manuel Montesinos y Molina*, Imprenta de Bernardo Rodríguez, Madrid, 1917

FORSYTHE, William James, *The reform of prisoners, 1830-1900*, St. Martin's Press, Nova Iorque, 1987

FOUCAULT, Michel, *A ordem do discurso*, Relógio d'Água, Lisboa, 1997 (ed. original francesa de 1971)

– *La volonté de savoir – Droit de morte et pouvoir sur la vie*, Folioplus, Paris, 2006

– *Surveiller et punir – Naissance de la prison*, Gallimard, Paris, 1975

FRAILE, Pedro, *Un espacio para castigar – La cárcel y la ciencia penitenciaria en España (siglos XVIII-XIX)*, Ediciones del Serbal, Barcelona, 1987

FRANCO, Manoel Antonio Monteiro de Campos Coelho da Costa, *Tractado Practico Juridico Civil e Criminal*, Officina de Joam Antonio da Costa, Lisboa, 1765

FREIRE [dos Reis], Paschoal José de Mello, *O Novo Codigo do Direito Publico de Portugal, com as Provas*, Imprensa da Universidade, Coimbra, 1844

FREIRE, Basílio Augusto Soares da Costa, *Os criminosos*, Imprensa da Universidade, Coimbra, 1889

– *Os degenerados – Estudos de Anthropolgia Pathologica*, Imprensa da Universidade, Coimbra, 1886

FREIRE, Paschoal José de Mello, *Codigo Criminal intentado pela Rainha D. Maria I com as Provas*, 3ª ed., Imprensa da Universidade, Coimbra, 1844

– *Ensaio do Codigo Criminal a que mandou proceder a Rainha Fidelissima D. Maria I*, Typographia Maigrense, Lisboa, 1823

– *Instituições de Direito Criminal Português*, in "Boletim do Ministério da Justiça", nº 155 e nº 156, Ministério da Justiça, Lisboa, 1966

FREIRE, Vítor Albuquerque, *Panóptico, vanguardista e ignorado: o Pavilhão de Segurança do Hospital Miguel Bombarda*, Livros Horizonte, Lisboa, 2009

FRIAS, Roberto, *O crime*, Typ. de Alexandre da Fonseca Vasconcellos, Porto, 1880

FULLER, Catherine, *'Primeiro e mais antigo Constitucional da Europa': Bentham's contact with Portuguese liberals 1820-23*, in "UCL Bentham Project", University College of London, *http://www.ucl.ac.uk/Bentham-Project/journal/nlport12.htm*, acedido em Agosto de 2010

GALVÃO, Januário Peres Furtado Galvão e José Ferreira Macedo Pinto, *Tratado Elementar de Medicina Legal*, II, Imprensa da Universidade, Coimbra, 1858

GALVÃO, Januário Peres Furtado Galvão, *Tratado Elementar de Medicina Legal*, I, Typographia de Sebastião José Pereira, Porto, 1855

GARÇON, Évelyne e Virginie Peltier, *Droit de la peine*, LexisNexis-Litec, Paris, 2010

GARLAND, David e Peter Young (ed.), *The Power to Punish – Contemporary Penalty and Social Analysis*, Humanities Press, New Jersey, 1983

GARLAND, David, *Punishment and Modern Society*, Clarendon Press, Oxford, 1991

GARNEL, Maria Rita Lino, *Vítimas e violência na Lisboa da I República*, Imprensa da Universidade de Coimbra, Coimbra, 2007

GAROFALO, R., *Criminologia*, 3ª ed., Livraria Clássica Editora, Lisboa, 1916

[GARRETT, Almeida], *Sôbre as prisões*, in "O Chronista", vol. II, nº 18, Imprensa do Português, Lisboa, 1827, pp. 105 a 111

GATRELL, V. A. C., *The Hanging Tree – Execution and the English People 1770-1868*, Oxford University Press, Oxford, 1994

GELTNER, Guy, *The medieval prison: a social history*, Princeton University Press, Princeton, 2008

GEREMEK, Bronislaw, *A piedade e a forca – História da miséria e da caridade na Europa*, Terramar Editores, Lisboa, 1995

GIL, Pedro Ortego, *Hurtar a los de casa: notas sobre hurtos domésticos*, in "Cuadernos de Historia del Derecho", vol. extraordinário, Universidad Complutense de Madrid, Madrid, 2010

– *La conmutación de penas: una revisión histórica*, in "Initium – Revista Catalana d'Història del Dret", 17, Associació Catalana d'Història del Dret "Jaume de Montjuïc", Barcelona, 2012

– *La estancia en prisión como causa de minoración de la pena (siglos XVII-XVIII)*, in "Anuario de Derecho Penal y Ciencias Penales", vol. LIV, Ministerio de Justicia, Madrid, 2001

GIULIANI, Adolfo, *Judicial discretion in the late* ius commune, British Legal History Conference, St. Catherine's College, Oxford, 4 de Julho de 2007, disponível em *http://www.law.harvard.edu/programs/ames_foundation/BLHC07/A%20Giuliani-BLHC%20paper.pdf*, acedido em Novembro de 2012

GOMES, Antonio Luiz, *Teses Selectas de Direito que sob a presidencia do preclarissimo e sapientissimo senhor Doutor Pedro Augusto Monteiro Castello Branco (...) se propõe defender na Universidade de Coimbra para obter o grau de Doutor (...)*, Coimbra, 1892

GONÇALVES, Caetano, *Os serviços de protecção a menores desamparados e delinquentes em Portugal*, in "Boletim do Instituto de Criminologia", I (1921), Tip. da Cadeia Nacional, Lisboa, 1922

GONÇALVES, João, *A instrucção e a criminalidade*, in "Boletim do Instituto de Criminologia", III (1923), 3ª ed., Tip. da Cadeia Nacional, Lisboa, 1929

– *Crime, Degenerescência e Atavismo*, in "Boletim do Instituto de Criminologia", II (1922), 3ª ed., Tip. da Cadeia Nacional, Lisboa, 1929

– *Da Reincidência*, in "Boletim dos Institutos de Criminologia", nº 3 (1938), Oficinas Gráficas da Cadeia Penitenciária de Lisboa, Lisboa, 1938

– *Educação e instrucção nas prisões*, in "Boletim do Instituto de Criminologia", IV (1924), Of. Graf. da Cadeia Nacional, Lisboa, 1924

– *Os regimes prisionais e a tuberculose, a loucura e o suicídio na Cadeia Penitenciária de Lisboa (1885-1932)*, Oficinas Gráficas da Cadeia Penitenciária, Lisboa, 1934

GONÇALVES, Pedro Correia, *A pena privativa de liberdade – Evolução histórica e doutrinal*, Quid Juris, Lisboa, 2009

GOUVÊA, A. Ayres de, *A reforma das cadeias em Portugal*, Imprensa da Universidade, Coimbra, 1960

– *Resenha das Principaes Cadeias da Europa*, Imprensa da Universidade, Coimbra, 1860

GRAES, Isabel Maria dos Santos, *Do Supremo Tribunal de Justiça à* desconstrução *do poder judiciário em Oitocentos*, Dissertação de doutoramento em Direito/ramo de Ciências Histórico-Jurídicas, Faculdade de Direito da Universidade de Lisboa, Lisboa, 2010, policopiado

GRAES, Isabel, *Da antiga à nova magistratura: passos da vida de um magistrado (José Duarte Machado Ferraz)*, in "Revista de

História do Direito e do Pensamento Político", nº 2 (2011), Instituto de História do Direito e do Pensamento Político da Faculdade de Direito da Universidade de Lisboa, Lisboa, 2012, disponível em *http://www.fd.ul.pt/rhdpp.aspx*, acedido em Dezembro de 2012

GROSSI, Paolo, *El orden jurídico medieval*, Marcial Pons, Madrid, 1996

GROTIUS, Hugo, *On the Law of War and Peace*, Londres, 1814

GUERREIRO, Luiz, *O Trabalho nas Prisões*, in "Boletim do Instituto de Criminologia", I (1921), Tip. da Cadeia Nacional, Lisboa, 1922

HAIRONG, Yan and Barry Sautman, *Chasing Ghosts: Rumors and Representations of the Export of Chinese Convict Labor to Developing Countries*, The Hong Kong University of Science and Technology, s/d, disponível em *http://www.sosc.ust.hk/community_corner/pdf/Barry%20Sautman%20Working%20Paper%20May%202012.pdf*, acedido em Novembro de 2012

HANWAY, Jonas, *Solitude in imprisionment*, J. Bew, Londres, 1776

HEGEL, *Princípios da filosofia do direito*, Guimarães Editores, Lisboa, 1959

HENRIQUES, Maria de Lurdes (coord.), *Olhares cruzados entre Arquivistas e Historiadores: Mesas-redondas na Torre do Tombo*, Instituto dos Arquivos Nacionais/Torre do Tombo, Lisboa, 2004

HERCULANO, Alexandre, *Historia de Portugal*, 4 tomos, Viúva Bertrand e Filhos, Lisboa, 1846-1853

– *Opúsculos*, org., introd. e notas de Jorge Custódio e José Manuel Garcia, vol. III, Editorial Presença, Porto, 1984

HESPANHA, António M., *A história do direito na história social*, Livros Horizonte, Lisboa, 1978

– *A evolução da doutrina e do ensino do Direito Penal em Portugal, C.1800-C.1910*, in «Quaderni Fiorentini per la storia del pensiero giuridico moderno», 36, tomo I, Giuffrè, Milão, 2007

– *Cultura Jurídica Europeia – Síntese de um milénio*, 3ª edição, Publicações Europa-América, Mem Martins, 2003

– *Guiando a mão invisível – Direitos, Estado e Lei no Liberalismo Monárquico Português*, Almedina, Coimbra, 2004

– *Justiça e litigiosidade: história e prospectiva*, Fundação Calouste Gulbenkian, Lisboa, 1993

HINOJOSA, Eduardo de, *Influencia que tuvieron en el Derecho publico de su patria y singularmente en el Derecho penal los filósofos y teólogos españoles anteriores a nuestro siglo*, Tipografía de los Huérfanos, Madrid, 1890

HIRSCH, Adam Jay, *The Rise of the Penitentiary – Prisons and Punishment in Early America*, Yale University Press, New Haven, 1992

HOMEM, António Pedro Barbas, *A Lei da Liberdade*, Principia, Cascais, 2001

– Judex Perfectus – *Função jurisdicional e estatuto judicial em Portugal (1640-1820)*, Livraria Almedina, Coimbra, 2003

– *O espírito das instituições – Um estudo de história do Estado*, Livraria Almedina, Coimbra, 2006

– *História do pensamento jurídico – Relatório de uma disciplina apresentado no concurso para Professor associado na Faculdade de Direito da Universidade de Lisboa*, Coimbra Editora, Lisboa, 2003

HOMEM, Armando Luís de Carvalho, *Rei e "estado real" nos textos legislativos da Idade Média*, in "En la Espãna Medieval", nº 22, 1999, disponível em *http://revistas.ucm.es/ghi/02143038/articulos/ELEM9999110177A.PDF*, acedido em Agosto de 2010

HOWARD, John, *Appendix to the State of Prisons in England and Wales &c. contai-*

ning a farther account of foreign prisons and hospitals, William Eyres, Warrington, 1784

– *The state of the prisons in England and Wales, with preliminary observations, and an account of some foreign prisons*, William Eyres, Warrington, 1777

HUGO, Victor, *A sociedade e o crime*, Typ. de Arthur José de Sousa e Irmão, Porto, 1890

IGNATIEFF, Michael, *A just measure of pain: the Penitentiary in the industrial revolution (1750-1850)*, Pantheon Books, Nova Iorque, 1978

JEBB, Joshua, *Observations on the separate system of discipline submitted to the congress assembled at Brussels, on the subjects of prison reform, on the 20 september 1847*, W. Clowes and Sons, Londres, 1847

JESCHECK, Hans-Heinrich, *Principes et solutions de la politique criminelle dans la réforme pénale allemande et portugaise*, separata de "Estudos *in memoriam* do Prof. Doutor José Beleza dos Santos", I, suplemento ao volume XVI do Boletim da Faculdade de Direito da Universidade de Coimbra, Coimbra, 1966

JORDAN, Jacobo Villanova y, *Carceles y presídios. Aplicacion de la Panóptica de Jeremías Bentham*, Imprenta de D. Tomas Jordan, 1834

JORDÃO, Levy Maria, *Commentario ao Codigo Penal Portuguez*, 4 tomos, Typ. de José Baptista Morando, Lisboa, 1853-1854

– *Cours de Droit Pénal*, Typographiede Lallemant, Lisboa, 1858

– *O fundamento do direito de punir*, Imprensa da Universidade, Coimbra, 1853

JULIUS, *Du système pénitentiaire américain en 1836*, Rennes, 1837

JUNIOR, Alberto António de Moraes Carvalho, *Instituições Complementares do Systema Penitenciario. Da Libertação Antecipada e da Detenção Supplementar*, Typographia Universal, Lisboa, 1877

JUNOT, *Comunicação do Governador de Paris, Primeiro Ajudante de Campo de Sua Magestade o Imperador e Rei, General em Chefe de 1 de Fevereiro de 1808*, Impressão Régia, Lisboa, 1808

KAISER, Günther, *Prison systems and correctional laws: Europe, the United States and Japan – A comparative analysis*, Transnational Publ. Inc., Nova Iorque, 1984

KANT, Immanuel, *A metafísica dos costumes*, Fundação Calouste Gulbenkian, Lisboa, 2005

KUNKEL, W., *Historia del Derecho Romano*, Editorial Ariel, Barcelona, 1994

LA ROCHEFOUCAULD-LIANCOURT, *Des prisons de Philadelphie par un européen*, Paris//Filadélfia, 1796

LAINGUI, André e Arlette Legibre, *Histoire du droit pénal – I. Le droit pénal*, Cujas, Paris, s/d,

LIEBER, Francis, *A popular essay on subjects of penal law and on uninterrupted solitary confinement at labor: as contradistinguished to solitary confinement at night and joint labor by day, in a letter to John Bacon*, Filadélfia, 1838

LIMA, Rodrigues, *Arquitectura prisional*, in "Boletim da Administração Penitenciária e dos Institutos de Criminologia", nº 9 (1961), Ministério da Justiça, Lisboa, 1961

LISZT, Franz Von, *Le droit criminel des états européens*, Union Internationale de Droit Pénal, Berlim/Paris/Roma/Lisboa, 1894

LOMBROSO, César, *L'Homme Criminel – Atlas*, 2ª ed., Bocca Frères Éditeurs, Turim, 1888

– *L'Homme Criminel*, 2 vols., Félix Alcan Éditeur, Paris, 1887

LOMBROSO, Cesare, *Le crime – Causes et remèdes*, 2ª ed., Félix Alcan Éditeur, Paris, 1907

– *Les apllications de l'anthropologie criminelle*, Félix Alcan Éditeur, Paris, 1892

LOPES, Alfredo Luiz, *Estudo Estatistico da Criminalidade em Portugal nos annos de 1891 a 1895*, Imprensa Nacional, Lisboa, 1897

– *Estudos de Antropologia Criminal – Notas anthropometricas e psycologicas sobre 120 relcusos da Casa de Correcção de Lisboa, colhidas e commentadas*, Imprensa de Lucas Evangelista Torres, Lisboa, 1894

LOPES, J. de Seabra, *Do trabalho penitenciário – Aspectos e problemas*, in "Boletim do Ministério da Justiça", nº 97, Ministério da Justiça, Lisboa, 1960

LOPES, José Guardado, *A superpopulação prisional não é um problema novo em Portugal*, in "Boletim do Ministério da Justiça", nº 474, Ministério da Justiça, Lisboa, 1998

– *Achegas para a história do direito penitenciário português*, in "Boletim do Ministério da Justiça", nº 430, Ministério da Justiça, Lisboa, 1993

– *Os serviços prisionais portugueses*, in "Boletim da Administração Penitenciária e dos Institutos de Criminologia", nº 9 (1961), Ministério da Justiça, Lisboa, 1961

LOPES, José Reinaldo de Lima, Rafael Mafei Rabelo Queiroz e Thiago dos Santos Acca, *Curso de História do Direito*, 2ª ed., Editora Método, São Paulo, 2009

LOPEZ, Marcial Antonio, *Descripción de los mas célebres estabelecimientos penales de Europa y los Estados-Unidos*, I, Imprenta de Don Benito Monfort, Valencia, 1832

LUCAS, Charles, *Allocution prononcée à la séance d'installation de la Société Générale des Prisons*, A. Chaix & C., Paris, 1877

– *De la réforme des prisons ou de la théorie de l'emprisonnement*, 3 tomos, Ed. Legrand et J. Bergounioux (t. I)/Ed. Legrand et C. Descauriet (t. II e III), Paris, 1836 (t. I)/1838 (t. II e III)

LUZ, Joaquim José da, *Defeza de hum cidadão que preza o conceito publico, de que o supoz desabonado a commissão encarregada do melhoramento das cadeas*, Typografia Maigrense, Lisboa, 1822

MACEDO, Francisco Ferraz de, *Bosquejos de Anthropologia Criminal*, Imprensa Nacional, Lisboa, 1900

– *Crime et criminel*, Imprensa Nacional, Lisboa, 1892

MACHADO, A. Victor, *Do crime e da loucura*, Henrique Torres Editor, Lisboa, 1933

MACHADO, Cyrillo Volkmar, *Collecção de memorias relativas ás vidas dos pintores, e escultores, architetos, e gravadores portuguezes, e dos estrangeiros, que estiverão em Portugal*, Imprensa da Universidade, Coimbra, 1922 (ed. original de 1823)

MAIA, Clarissa Nunes, Flávio de Sá Neto, Marcos Costa e Marcos Luiz Bretas (org.), *História das Prisões no Brasil*, 2 vols., Rocco, Rio de Janeiro, 2009

MALDONADO, Mário Artur da Silva, *Alguns aspectos da história da criminologia em Portugal*, in "Boletim da Administração Penitenciária e dos Institutos de Criminologia", nº 22 (1968), Ministério da Justiça, Lisboa, 1968

MALTEZ, José Adelino, *História das Instituições (Instituições criminais antigas)*, Lisboa, 1980

MANNHEIM, Hermann, *Criminologia Comparada*, 2 vols., Fundação Calouste Gulbenkian, Lisboa, 1984 (vol. I) e 1985 (vol. II)

MARCOS, Regina Mª Pérez, *Un tratado de derecho penitenciario del siglo XVI –* La Visita de la cárcel y de los presos *de Tomás Cerdán de Tallada*, Universidad Nacional de Educación a Distancia, Madrid, 2005

MARCOS, Rui Manuel de Figueiredo, *A Legislação Pombalina – Alguns aspectos fundamentais*, 2ª ed., Livraria Almedina, Coimbra, 2006

MARQUES, Mário Reis, *Codificação e paradigmas de modernidade*, Coimbra, 2003

MARQUES, Tiago Pires, *Crime e castigo no Liberalismo em Portugal*, Livros Horizonte, Lisboa, 2005

MARTIN, Xavier, *De Beccaria et Voltaire aux codes criminels de 1808 et 1810: la continuité anthropologique*, in "Revue Historique de Droit Français et Étranger", nº 3 – 2011, Dalloz, Paris, 2011

MARTINAGE, Renée, *Histoire du droit pénal en Europe*, PUF, Paris, 1998

MARTINS, J. Mendes, *Sociologia criminal (Estudos)*, Tavares Cardoso & Irmão Editores, Lisboa, 1903

MARTINS, João Paulo do Rosário, *Cottinelli Telmo – A obra do arquitecto*, dissertação de Mestrado em História da Arte Contemporânea, 2 vols., Faculdade de Ciências Sociais e Humanas da Universidade Nova de Lisboa, Lisboa, 1995, policopiado

MATA, J. Caeiro da, *Actuais tendências legislativas em matéria criminal*, in "Revista da Universidade de Coimbra", vol. III, Imprensa da Universidade, Coimbra, 1914

MATA, Luís Filipe da, *10 Dias de Penitenciária, seus precedentes e consequentes*, Tipografia Palhares, Lisboa, 1918

MATOS, Júlio de, *A Loucura – Estudos Clinicos e Medico-Legaes*, 2ª ed., Livraria Clássica Editora, Lisboa, 1913

MATTA, Caeiro da, *Direito Criminal Português*, 2 vols., Imprensa da Universidade, Coimbra, 1911
– *Sociologia criminal e direito penal*, Imprensa da Universidade, Coimbra, 1909
– *Do furto (Esboço histórico e juridico)*, Imprensa da Universidade, Coimbra, 1906

MATTOS, João da Silva, *Reforma Penitenciaria. Passado e Presente*, Typographia da Viuva Sousa Neves, Lisboa, 1885

MATTOS, Julio de, *Os alienados nos tribunaes*, 3 vols., Tavares Cardoso & Irmão (vols. 1 e 2)/A. M. Teixeira (vol. 3), Lisboa, 1902 (vol. 1), 1903 (vol. 2), 1907 (vol. 3)

MATTOSO, José (dir.), *História da Vida Privada em Portugal*, 3 vols., Temas e Debates/Círculo de Leitores, s/l, 2011
– *História de Portugal*, 8 vols., Círculo de Leitores, s/l, 1993

MATTOSO, José, *O ideal de pobreza e as ordens monásticas em Portugal durante os séculos XI-XIII*, in "A pobreza e a assistência aos pobres na Península Ibérica durante a Idade Média – Actas das I Jornadas Luso-Espanholas de História Medieval", tomo II, Instituto de Alta Cultura, Lisboa, 1973

MCCONVILLE, Seán, *A history of English prison administration*, Routledge & Kegan Paul, Londres/Boston, 1981

MELLO, Adelino António das Neves e, *Estudos sobre o regimen penitenciario e a sua applicação em Portugal*, Imprensa da Universidade, Coimbra, 1880

MELLO, Francisco Freire de, *Discurso sobre delictos e penas, e qual foi a sua proporção nas differentes epocas da nossa jurisprudencia: principalmente nos tres seculos primeiros da Monarchia Portugueza*, T. C. Hansard, Londres, 1816
– *Prologo de Francisco Freire de Mello ao Codigo Criminal mandado ordenar pela Rainha D. Maria I*, Typ. Rollandiana, Lisboa, 1823

MELO, Vasco Marinho H. de, *O Degrêdo*, in "Boletim dos Institutos de Criminologia", nº 6 (1940), Oficinas Gráficas da Cadeia Penitenciária de Lisboa, Lisboa, 1941

MELOSSI, Dario e Massimo Pavarini, *The prison and the factory: origins of the peniten-*

tiary system, Barnes and Noble Books, Totowa, 1981

MENDES, L., *Misericórdia do Porto. A assistência aos presos através dos séculos*, in "Boletim da Santa Casa da Misericórdia do Porto", ano I, nº 2 – Junho de 1988, Santa Casa da Misericórdia do Porto, Porto, 1988

MENDES, Luiz Antonio de Oliveira, *Discurso Academico ao Programma – Premiada na sessão de 12 de Maio de 1793*, in "Memorias Economicas da Academia Real de Sciencias de Lisboa", Typ. da Academia Real de Sciencias de Lisboa, Lisboa, 1812

MENDES, Paulo Sousa, *O torto intrinsecamente culposo como condição necessária da imputação da pena*, Coimbra Editora, Coimbra, 2007

MENEZES, Alberto Carlos de, *Prospecto do Codigo Civil para entrar no concurso dos compiladores*, Typografia Maigrense, Lisboa, 1822

MERÊA, Paulo, *Estudos de Filosofia Jurídica e de História das Doutrinas Políticas*, Imprensa Nacional – Casa da Moeda, Lisboa, 2004

– *Estudos de História do Direito – I – Direito Português*, Imprensa Nacional – Casa da Moeda, Lisboa, 2007

– *Estudos de história do ensino jurídico em Portugal (1772-1902)*, Imprensa Nacional – Casa da Moeda, Lisboa, 2005

– *História do Direito Português*, Lisboa, s/d

MICHAUX, E. H., *Étude sur la question des peines*, Challamel Ainé Éd., Paris, 1875

MOIRA [*sic*], Joaquim José Ferreira de, *Reflexões criticas sobre a administração da justiça em Inglaterra tanto no cível como no crime, e sobre jury*, Typographia de A. J. C. da Cruz, Lisboa, 1826

MOLINA, Luis de, *Los seis libros de la justicia y el derecho*, tomo I, vol. I, Imprenta de José Luis Cosano, Madrid, 1946

MOMMSEN, Teodoro, *El derecho penal romano*, Editorial La España Moderna, Madrid, s/d

MONCADA, L. Cabral de, *Filosofia do Direito e do Estado*, 2 vols., 2ª edição (reimp.), Coimbra Editora, Coimbra, 1995

– *Subsídios para a história da filosofia do direito em Portugal*, Imprensa Nacional Casa da Moeda, Lisboa, 2003 (ed. original de 1938)

MONIZ, Gonçalo Canto, *Arquitectos e Políticos. A arquitectura institucional em Portugal nos anos 30*, in "DC Papeles", nºs 13-14, Outubro de 2005, Departament de Composició Arquitectónica UPC, Barcelona, 2005

MONTENEGRO, Arthur, *O antigo direito de Roma*, Francisco França Amado Editor, Coimbra, 1898

MONTESINOS [y Molina], Manuel, *Bases en que se apoya mi sistema penal*, in "Revista de Estudios Penitenciarios", ano XVIII, nº 159, Dirección General de Prisiones, Madrid, 1962

MONTESQUIEU, *O espírito das leis*, 2ª ed. (reimp.), Martins Fontes, São Paulo, 2000

MORAIS, Teresa, *Considerações sobre os meios de prova no direito medieval português*, dissertação de mestrado em Ciências Histórico-Jurídicas, Faculdade de Direito da Universidade de Lisboa, Lisboa, 1987

MOREIRA, Adriano, *Administração da justiça aos indígenas*, Agência Geral do Ultramar, Lisboa, 1955

– *O problema prisional do Ultramar*, Coimbra Editora, Coimbra, 1954

MOREIRA, Isabel M. Martins, *As formas materiais do legado da cultura: museus e monumentos em Portugal (1772-1974)*, Universidade Aberta, Lisboa, 1989 (policopiado)

MOREAU-CHRISTOPHE, L. M., *De la réforme des prisons en France*, Huzard, Paris, 1838

MORENO, Abraham Castro, *El por qué y el para qué de las penas (Análisis crítico sobre los fines de la pena)*, Dykinson, Madrid, 2008

MORGADO, Alexandre, *A Criminalidade em Lisboa*, in "Boletim do Instituto de Criminologia", IV (1924), Of. Graf. da Cadeia Nacional, Lisboa, 1924

MORGAN, Arthur E., *Uma Prisão Moderna em Portugal*, Tip. da Cadeia Penitenciária, Lisboa, 1932

MORRIS, Norval e David J. Rothman (ed.), *The Oxford History of the Prison – The Practice of Punishment in Western Society*, Oxford University Press, Nova Iorque, 1998

[MOTA, Ignacio Francisco Silveira da], *Estatistica da Administração da Justiça Criminal nos Tribunais de Primeira Instancia do Reino de Portugal e Ilhas Adjacentes durante o Anno de 1878*, Imprensa Nacional, Lisboa, 1880

– *Estatistica da Administração da Justiça Criminal nos Tribunais de Primeira Instancia do Reino de Portugal e Ilhas Adjacentes durante o Anno de 1880*, Imprensa Nacional, Lisboa, 1884

MOTTA, Manoel Barros da, *Crítica da Razão Punitiva: Nascimento da prisão no Brasil*, Forense Universitária, Rio de Janeiro, 2011

NAMORADO, Joaquim António de Oliveira, *Algumas Considerações sobre a Casa de Correcção e Cadeias Civis de Lisboa*, Imprensa de J. G. de Sousa Neves, Lisboa, 1877

NAZARETH, Francisco J. Duarte, *Elementos de Processo Criminal*, 7ª ed., Imprensa da Universidade, Coimbra, 1886

NEGREIROS, João Tomás de [Joanne Thomas de Negreiros], *Introductiones ad Commentaria Legum Criminalium, quae in Libro Quinto Ordinationum Lusitaniae continentur*, Lisboa, Typis Regalibus Sylvianis, 1754

NETO, Pedro Rates Gomes, *A prisão e o sistema penitenciário – Uma visão histórica*, ULBRA, Canoas, 2000

NOGUEIRA, José Artur Anes Duarte, *Sociedade e Direito em Portugal na Idade Média – Dos primórdios ao século da Universidade (Contributo para o seu estudo)*, vol. I, tomos I e II, Lisboa, 1990

NORTON, José, *Pina Manique*, Bertrand Editora, Lisboa, 2004

NUNES, António Manuel, *Espaços e imagens da Justiça no Estado Novo*, MinervaCoimbra, Coimbra, 2003

O centenário do Doutor Abel de Andrade, in "Revista da Faculdade de Direito da Universidade de Lisboa", vol. XXI, Lisboa, 1967

OLIVEIRA, António Braz de (apresentação e notas), *As execuções capitais em Portugal num curioso manuscrito de 1843*, in "Revista da Biblioteca Nacional", vol. 2, nº 1, Janeiro-Junho de 1982, Biblioteca Nacional, Lisboa, 1982

OLIVEIRA, António Braz de e Maria José Marinho, *Devassa a que mandou proceder Sua Majestade no Território do Alto Douro pelo Desembargador António de Mesquita e Moura (1771-1775)*, Biblioteca Nacional, Lisboa, 1983

OLIVEIRA, Augusto d', *A personalidade do delinquente na reforma prisional portuguesa*, in "Boletim dos Institutos de Criminologia", nº 2 (1938), Oficinas Gráficas da Cadeia Penitenciária de Lisboa, Lisboa, 1938

OLIVEIRA, Caetâno Marques Soares de, *As Possibilidades da Assistência Prisional em Portugal*, in "Boletim dos Institutos de Criminologia", nº 2 (1938), Oficinas Gráficas da Cadeia Penitenciária de Lisboa, Lisboa, 1938

OLIVEIRA, Joaquim Brito Leal de, *A Colónia Penitenciária de Alcoentre*, in "Boletim da Administração Penitenciária e dos Institutos de Criminologia", nº 1 (1957), Ministério da Justiça, Lisboa, 1957

OLIVEIRA, Jorge de e Ana Cristina Tomás, *As forcas do distrito de Portalegre*, Edições Colibri, Lisboa, 2007

OLIVEIRA, Manuel José d', *O problema de Lombroso – Estudo critico de bio-sociologia sobre a theoria atavica do crime*, Typ. de A. F. Vasconcellos, Suc., Porto, 1904

OLIVEIRA, Padre António d', *Criminalidade – Educação*, Livrarias Aillaud et Bertrand, Paris – Lisboa, 1918

OLMO, Pedro Oliver, *La cárcel y el control del delito en Navarra entre el Antiguo Régimen y el Estado Liberal*, Universidad del País Vasco, Vitória, 1999

ORTEGA, José Llorca, *Cárceles, presidios y casas de corrección en la Valencia del XIX*, Tirant Lo Blanch, Valência, 1992

ORTOLAN, J., *Cours de législation pénale comparée*, Joubert, Paris, 1841

– *Éléments de Droit Pénal*, 2 tomos, 4ª ed., E. Plon/Marescq Ainé, Paris, 1875

PAIVA, José da Cunha Navarro de, *Manual do Ministerio Publico*, 2 tomos, Typographia de António José da Silva Teixeira, Porto, 1900 (t. I) e 1901 (t. II)

– *Observações á Nova Reforma Penal*, in "Revista dos Tribunaes", ano 3º, nºs 50 e 52, 1884-1885, Imprensa Ferreira de Brito, Porto, 1884

PAIVA, Maria Luiza Val do Rio de Almeida, *Os Institutos Penitenciários e a Personalidade do Delinqüente*, in "Boletim dos Institutos de Criminologia", nº 1 (1937), Oficinas Gráficas da Cadeia Penitenciária de Lisboa, Lisboa, 1937

PALMA, Fernanda, *Do sentido histórico do ensino do Direito Penal na Universidade portuguesa à actual questão metodológica*, in "Revista Portuguesa de Ciência Criminal", 9 (Julho-Setembro de 1999), Coimbra Editora, Coimbra, 1999

PANIAGUA, José María Rodríguez, *Historia del Pensamiento Jurídico*, tomo II, 8ª edição, Universidad Complutense de Madrid, Madrid, 1997

Parecer do Instituto de Criminologia acerca da adaptação da Cadeia Nacional de Lisboa aos diversos grupos de delinquentes, consoante lhe foi solicitado pelo Conselho Penal e Prisional em oficio de 10 de Março de 1920, in "Boletim do Instituto de Criminologia", I (1921), Tip. da Cadeia Nacional, Lisboa, 1922

PEREIRA, Fernando Martins, *A assistencia aos alienados criminosos*, in "Boletim do Instituto de Criminologia", II (1922), 3ª ed., Tip. da Cadeia Nacional, Lisboa, 1929

PEREIRA, Michel Toussaint Alves, *Da arquitectura à teoria e o universo da teoria da arquitectura em Portugal na primeira metade do século XX*, dissertação de Doutoramento em Teoria da Arquitectura, Faculdade de Arquitectura da Universidade Técnica de Lisboa, Lisboa, 2009

PEREIRA, Renato Gonçalves, *Assistência Post-Prisional*, in "Boletim dos Institutos de Criminologia", nº 8 (1945-1948), Oficinas Gráficas da Cadeia Penitenciária de Lisboa, Lisboa, 1949

PERROT, M., *Délinquance et système pénitentiaire en France au XIXe siècle*, in "Annales/Économies/Sociétés/Civilisations", ano 30, nº 1, Jan./Fev. 1975, Armand Colin, Paris, 1975

PERRY, José Ribeiro, Luiz Guillherme Peres Furtado Galvão e Gaspar Loureiro d'Almeida Cardoso Paúl, *Peculio de Processo Criminal*, J. J. Vieira da Silva, Porto, 1898

PETIT, Carlos, *Lombroso en Chicago. Presencias europeas en la* Modern Criminal Science *americana*, in "Quaderni Fiorentini per la storia del pensiero giuridico moderno", 36, tomo II, Giuffrè, Milão, 2007

PIMENTEL, Jeronymo da Cunha, *Penitenciaria Central de Lisboa. Relatorio apresentado ao Illº e Exmº Sr. Ministro dos Negocios Ecclesiasticos e da Justiça. Anno de 1888*, Imprensa Nacional, Lisboa, 1890

– *Penitenciaria Central de Lisboa. Relatorio apresentado ao Illº e Exmº Sr. Ministro dos Negocios Ecclesiasticos e da Justiça. Anno de 1886*, Imprensa Nacional, Lisboa, 1887

PINA, Luís de, *A Antropologia Criminal em Portugal. Síntese histórica*, in "Congresso do Mundo Português", vol. XII, tomo I, Lisboa, 1940

– *Doutrinas criminológicas e sistemas carcerários em Portugal – Aspectos histórico-críticos*, in "Boletim da Administração Penitenciária e dos Institutos de Criminologia", nº 19 – 2º semestre de 1966, Ministério da Justiça, Lisboa, 1966

– *O «delinqüente por tendência» na Reforma Prisional Portuguesa*, in "Boletim dos Institutos de Criminologia", nº 5 (1939), Oficinas Gráficas da Cadeia Penitenciária de Lisboa, Lisboa, 1940

PINATEL, Jean, *Traité Élémentaire de Science Pénitentiaire et de Défense Sociale*, Librairie du Recueil Sirey, Paris, 1950

PINTO, [A. J. da] Silva, *A Casa de Detenção e Correcção de Lisboa (Caxias) em vesperas da inauguração, 1905*, Imprensa de Libanio da Silva, Lisboa, 1905

PINTO, Eduardo Vera-Cruz, *As Origens do Direito Português – A tese germanista de Teófilo Braga*, AAFDL, Lisboa, 1996

– *Curso de Direito Romano*, vol. I, Principia, Cascais, 2009

PINTO, José Ferreira de Macedo, *Medicina administrativa e legislativa*, Imprensa da Universidade, Coimbra, 1863

PLATÃO, *Górgias*, Edições 70, Lisboa, 1997

PLAYFAIR, Giles, *The punitive obsession: an unvarnished history of the English prison system*, Gollancz, Londres, 1971

PORTEAU-BITKER, Annik, *L'emprisonnement dans le droit laïque au Moyen Age*, in "Revue Historique de Droit Français et Étranger", ano 46º, Librairie Sirey, Paris, 1968

PORTUGAL, D. João de Almeida, *As Prisões da Junqueira*, Frenesi, Lisboa, 2005

PRADEL, Jean, *Histoire des doctrines pénales*, 2ª ed., PUF, Paris, 1991

PRINS, A., *La défense sociale et les transformations du droit pénal*, Misch et Thron, Bruxelas, 1910

– *Science pénale et droit positif*, Bruylant-Christophe Éditeurs, Bruxelas, 1899

PRODI, Paolo, *Uma história da justiça*, Martins Fontes, São Paulo, 2005

PUFENDORF, Samuel Von, *De officio hominis et civis juxta legem naturalem libri duo*, vol. 2, Oceana Publications/Wildy & Sons, Nova Iorque/Londres, 1964

Rapports sur les questions à discuter au Congrès Pénitentiaire Internacional qui aura lieu a Stockholm le 20 Août 1878, Imprimerie Artero et Comp., Roma, 1878

REBELLO, José M. Pacheco Teixeira, *Codigo penal annotado*, Typ. Guthenberg, Porto, 1895

Recueil de documens [sic] relatifs à la prison pénitentiaire de Genève, J. Barbezat, Genebra, 1830

REIS, Mário Simões dos, *A vadiagem e a mendicidade em Portugal*, Imprensa Libânio da Silva, Lisboa, 1940

RELVAS, Eunice, *Esmola e degredo – Mendigos e vadios em Lisboa (1835-1910)*, Livros Horizonte, Lisboa, 2002

RIBEIRO, Thomaz, *Historia da Legislação Liberal Portugueza*, II tomos, Imprensa Nacional, Lisboa, 1891 (Tomo I) e 1892 (tomo II)

Rocha, M. A. Coelho da, *Ensaio sobre a Historia do Governo e da Legislação de Portugal para servir de Introducção ao Estudo do Direito Patrio*, 6ª ed., Imprensa da Universidade, Lisboa, 1887

Röder, Carlos David Augusto, *Las doctrinas fundamentales reinantes sobre el delito y la pena en sus interiores contradicciones*, Libreria de Victoriano Suarez, Madrid, 1876

Rodrigues, Anabela Miranda, *A determinação da medida da pena privativa de liberdade*, Coimbra Editora, Coimbra, 1995

– *Novo Olhar sobre a Questão Penitenciária*, 2ª ed., Coimbra Editora, Coimbra, 2002

Rodrigues, José Narciso da Cunha, *Cenas da vida judicial*, in "Tribunal da Relação de Lisboa – Uma casa da justiça com rosto", Lisboa, 2010

Rodrigues, Manuel, *A justiça no Estado Novo*, Empreza Juridica Editora, Lisboa, 1933

– *Política, direito e justiça*, Emprêsa Jurídica Editora, Lisboa, 1934

Rodrigues, R., *Cadeia Nacional de Lisboa (Penitenciaria Central) – Seu significado no problema penal português, sua história e descrição*, Oficinas gráficas da Cadeia Nacional, Lisboa, 1917

Rosas, Fernando e Maria Fernanda Rollo (coord.), *História da Primeira República Portuguesa*, Tinta da China, Lisboa, 2009

Rossi, P., *Traité de Droit Pénal*, 2 tomos, 2ª ed., Guillaumin et Cie., Paris, 1855

– *Traité de Droit Pénal*, 3 tomos, A. Sautelet/J. Barbezat, Paris/Genebra, 1829

Rubin, Antonio de Posada, *Discurso pronunciado en la Junta General de Hacienda de la Asociacion de Cárceles de Madrid, celebrada el dia 30 de Diciembre de 1801*, Imprenta de la Viuda de Ibarra, Madrid, 1802

Rusche, Georg e Otto Kirchheimer, *Punishment and social structure*, Columbia University Press, Nova Iorque, 1939

Rush, Benjamin, *An enquiry into the effects of public punishments upon criminals and upon society: read in the Society for Promoting Political Enquiries, convened at the House of His Excellency Benjamin Franklin, Esquire, in Philadelphia, March 9th, 1787*, J. James, Filadélfia, 1787

Sagra, Ramon de la, *Atlas Carcelario*, Imprenta del Colegio Nacional de Sordo-mudos, Madrid, 1843

– *Cinco meses en los Estados Unidos de la América del Norte desde el 20 de abril al 23 de septiebre de 1835: Diario de viaje*, Impr. Pablo Renouard, Paris, 1836

Saleilles, R., *L'individualisation de la peine*, 2ª ed., Félix Alcan, Paris, 1908

Salillas, Rafael, *Evolución Penitenciaria en España*, 2 tomos, Imprenta Clásica Editora, Madrid, 1918

Salvatore, Ricardo D. e Carlos Aguirre (ed.), *The birth of the penitentiary in Latin America: essays on criminology, prison reform, and social control, 1830-1940*, University of Texas Press, Austin, 1996

Sampaio, Francisco Coelho de Souza e, *Prelecções de Direito Patrio Publico e Particular*, Real Imprensa da Universidade, Coimbra, 1793

Santos, António Ribeiro dos, *Discurso sobre a pena de morte e reflexões sobre alguns crimes*, in "Jornal de Coimbra", vol. 7, nº XXXIII, parte II, s/d [1815]

Santos, Beleza dos, *Delinqüentes habituais, vadios e equiparados no direito português*, in "Revista de Legislação e de Jurisprudência", anos 70º a 73º, nºs 2608 a 2688, Coimbra Editora, Coimbra, 1938-1941

Santos, Beleza dos, Mascarenhas Inglês e Cottinelli Telmo, *Relatório da Comissão das Construções Prisionais sôbre Cadeias Comarcãs*, in "Revista Oficial do Sindicato Nacional dos Arquitectos", nºs 2, 3 e 4, Lisboa, Maio de 1938

SANTOS, J. Beleza dos, *Fins das penas*, in "Boletim da Faculdade de Direito da Universidade de Coimbra", vol. XIV (1937-1938), Coimbra Editora, Coimbra, 1938

– *Ensaio sobre a introdução ao direito criminal*, Atlântida Editora, Coimbra, 1968

– *Nova organização prisional portuguesa (Alguns princípios e realizações)*, Coimbra Editora, Coimbra, 1947

– *Rapport présenté au Congrès Pénal et Pénitentiaire International de Prague – 1930*, Coimbra Editora, Coimbra, 1932

– *Regime jurídico dos menores delinquentes*, in "Boletim da Faculdade de Direito da Universidade de Coimbra", vol. VIII (1923-1925), Coimbra Editora, Coimbra, 1926

– *Relatório geral sobre tratamento e libertação de delinquentes habituais*, in "Boletim da Administração Penitenciária e dos Institutos de Criminologia", nº 1 (1957), Ministério da Justiça, Lisboa, 1957

– *Relatório sobre os estabelecimentos prisionais (1939)*, Ministério da Justiça, Lisboa, 1955

– *Uma Viagem de Estudo à Alemanha*, Instituto Alemão da Universidade de Coimbra, Coimbra, 1936

SANTOS, Clemente José dos, *Documentos para a Historia das Cortes Geraes da Nação Portugueza*, 8 tomos, Imprensa Nacional, Lisboa, 1883-1891

SANTOS, Maria José Moutinho, *A sombra e a luz – As prisões do Liberalismo*, Edições Afrontamento, Porto, 1999

SANTOS, Mário Leite, *Melo Freire. Sistemática e autonomização do direito penal português*, in "Direito e justiça", vols. VI (1992) e VII (1993), Universidade Católica Portuguesa, Lisboa, 1992 e 1993

SCHAFFSTEIN, Federico, *La ciencia europea del derecho penal en la epoca del Humanismo*, Instituto de Estudios Politicos, Madrid, 1957

SCHNAPPER, Bernard, *Les peines arbitraires du XIIIe au XVIIIe siècle (Doctrines savantes et usages français)*, in "Tijdschrift voor Rechtsgeshiedenis/Revue d'Histoire du Droit/The Legal History Review", nºs 41 e 42, Leiden, 1973 e 1974

SCLIAR, Moacyr, *Saturno nos Trópicos*, 3ª reimp, Companhia das Letras, São Paulo, 2003

SECCO, Antonio Luiz de Henriques, *Da historia do direito criminal portuguez desde os seus mais remotos tempos*, in "Revista de Legislação e de Jurisprudência", ano 4º, nºs 185 a 194, Imprensa da Universidade, Coimbra, 1872

– *Memorias do tempo passado e presente para lição dos vindouros*, 2 tomos, Imprensa da Universidade, Coimbra, 1880 (tomo I) e 1889 (tomo II)

– *Elementos de Direito Criminal*, in "Revista de Legislação e de Jurisprudência", nºs 222 e 223 e nºs 394 a 430, Imprensa da Universidade, Coimbra, 1876

– *Do direito criminal na escola*, in "Revista de Legislação e de Jurisprudência", ano 5º, nºs 210 e 211, Imprensa da Universidade, Coimbra, 1872

Selecção dos reclusos na Cadeia Nacional de Lisboa – Relatorio do Conselho Penal e Prisional sobre a adaptação da Cadeia Nacional de Lisboa aos diversos grupos de delinquentes, in "Boletim do Instituto de Criminologia", I (1921), Tip. da Cadeia Nacional, Lisboa, 1922

SELLIN, Thorsten, *Pioneering in penology – The Amsterdam Houses of Correction in the sixteenth and seventeenth centuries*, University of Philadelphia Press, Philadelphia, 1944

SEMPLE, Janet, *Bentham's prison – A Study of the Panopticon Penitentiary*, Clarendon Press, Oxford, 1993

SERRA, A. Truyol y, *História da Filosofia do Direito e do Estado*, 2 vols., Instituto de Novas Profissões, Lisboa, 1990

SILVA, Acácio Fernandes da, *História de Direito Português*, vol. I, Lisboa, 1928

SILVA, Henriques da, *Elementos de sociologia criminal e direito penal*, Imprensa da Universidade, Coimbra, 1905

SILVA, J. J. Henriques da, *IX Congresso Penitenciario de Londres. Relatório do delegado do Governo Português*, in "Boletim do Instituto de Criminologia", VII (1925), Of. Graf. da Cadeia Nacional, Lisboa, 1925

SILVA, Manuel Dias da, *Elementos de sociologia criminal e direito penal*, Imprensa da Universidade, Coimbra, 1906

SILVA, R. Xavier da, *Os reclusos de 1914 – Estudo estatistico e antropologico*, Cadeia Nacional de Lisboa, Lisboa, 1916

SILVA, Rodolfo Xavier da, *Crime e prisões*, Oficinas Gráficas da Cadeia Nacional de Lisboa, Lisboa, 1925

SOUSA, Joaquim José Caetano Pereira e, *Classes dos crimes por ordem systematica com as penas correspondentes segundo a legislação actual*, Regia Officina Typografica, Lisboa, 1803

– *Esboço de hum Diccionario Juridico, Theoretico e Practico, remissivo ás Leis compiladas e extravagantes*, 3 tomos, Typographia Rollandiana (tomos I e II) / Impressão Régia (tomo III), Lisboa, 1825 (tomo I) e 1827 (tomos II e III)

– *Primeiras linhas sobre o Procésso Criminal*, 3ª ed., Typografia Rollandiana, Lisboa, 1820

SOUSA, Tude M. de, *Cadeia de Belém (Notas de investigação prisional)*, in "Boletim dos Institutos de Criminologia", nº 6 (1940), Oficinas Gráficas da Cadeia Penitenciária de Lisboa, Lisboa, 1941

– *Colónia Penal Agrícola de "António Macieira" (Sintra) – Relatório dos diversos serviços desde 1 de Janeiro de 1918 até 31 de Dezembro de 1920*, Imprensa da Universidade, Coimbra, 1922

– *Colónia Penal Agrícola de "António Macieira" (Sintra) – Relatório dos diversos serviços desde 1 de Julho de 1926 até 30 de Junho de 1929*, Imprensa da Universidade, Coimbra, 1932

– *Colónia Penal Agrícola de "António Macieira" (Sintra) – Portugal – Notas relativas à sua criação, abertura e funcionamento*, separata do "Boletim dos Institutos de Criminologia", nº 1, s/l, 1937

– *Colónia penal agrícola. Relatório da instalação da colónia e seu funcionamento até 31 de Dezembro de 1917*, Imprensa da Universidade, Coimbra, 1920

SPIERENBURG, Pieter, *From Amsterdam to Auburn: an explanation for the rise of the prison in Seventeenth-Century Holland and Nineteenth-Century America*, in "Journal of Social History", vol. 20, nº 3 (Primavera de 1987), George Mason University, Fairfax, 1987

– *The Prison Experience – Disciplinary Institutions and Their Inmates in Early Modern Europe*, Rutgers University Press, New Brunswick e Londres, 1991

STOLLEIS, Michael, *Histoire du droit public en Allemagne – La théorie du droit public impérial et la science de la police 1600-1800*, PUF, Paris, 1998

SUÁREZ, Francisco, *Tractatus de Legibus ac Deo Legislatore – liber V: De varietate legum humanarum et praesertim de odiosis*, Consejo Superior de Investigaciones Científicas, Madrid, 2010

SUBTIL, José Manuel Louzada Lopes, *O Vintismo e a Criminalidade (1820/1823)*, dissertação apresentada à Universidade Nova de Lisboa para obtenção do grau de mestre em História dos séculos XIX e XX, Lisboa, 1986, policopiado

SUMNER, George, *The Pennsylvanian system of prison discipline triumphant in France*, Acting Committee of The Philadelphia Society for the Alleviation of the Miseries of Public Prisons, Filadélfia, 1847

Syndicancia ás obras da Penitenciaria Central de Lisboa. Actas, pareceres e mais documentos remettidos á Camara dos Senhores Deputados pela Commissão Parlamentar eleita em sessão de 4 de Fevereiro de 1878, Imprensa Nacional, Lisboa, 1879

Systema penitenciario, in "O Instituto", vol. 2, Imprensa da Universidade, Coimbra, 1854

Systema Penitenciario. Aplicação do art. 64 da Lei de 1 de Julho de 1867, in "Revista dos Tribunaes", ano 1º, nº 23, 1882-1883, Typographia Universal, Porto, 1883 e ano 2º, nº 25, 1883-1884, Imprensa Ferreira de Brito, Porto, 1884

TARDE, G, *Le type criminel*, in "Revue philosophique de la France et de l'étranger", tomo XIX, 1885

– *Considérations sur l'indétermination des peines*, in "Revue pénitentiaire et de droit pénal", tomo 17, Société Générale des Prisons et de Législation, Paris, 1893

– *La criminalité comparée*, 4ª ed., Félix Alcan, Paris, 1898

– *La philosophie pénale*, A. Storck/G. Mason, Lyon/Paris, 1890

– *Positivisme et pénalité*, A. Storck, Lyon, 1887

TEIXEIRA, José Joaquim *et al*, *Relatorio resumido dos trabalhos da commissão das cadeias da capital desde a sua instalação até ao fim do mez de Septembro de 1835*, Typographia de Luiz Maigre Restier Junior, Lisboa, 1835

THUILLIER, Vincent (ed.), *Ouvrages posthumes de D. Jean Mabillon et de D. Thierri Ruinart, Benedictins de la Congregation de Saint Maur*, II, François Babuty, Paris, 1724

TIRAQUEAU, *De poenis temperandis* ["Le *De Poenis Temperandis*" de Tiraqueau (1559)], introd., trad. e notas de André Laingui, Economica, Paris, 1986

TOMÉ, Maria Rosa, *A cidadania infantil na Primeira República e a tutoria da infância. A criação da Tutoria de Coimbra e do refúgio anexo*, in "Revista de História da Sociedade e da Cultura", nº 10, Tomo II, CHSC/Universidade de Coimbra, Coimbra, 2010

TRIGUEIROS, Maria da Conceição Bidarra de Melo, *Da prisão à cidade punitiva: utopia e realidade*, tese entregue para a obtenção do grau de Doutor em Arquitectura, Universidade Técnica de Lisboa – Faculdade de Arquitectura, Lisboa, 2000 (policopiado)

TURNBULL, Robert J., *A visit to the Philadelphia prison... containing also an account of the gradual reformation, and present improved state, of the penal laws of Pennsylvania: with observations on the impolicy and injustice of capital punishments. In a letter to a friend*, J. Phillips & Son, Filadélfia, 1797

VALDÉS, Carlos García (dir.), *Historia de la prisión. Teorías economicistas. Crítica*, Edisofer, Madrid, 1997

VALDÉS, Carlos García, *Del presidio a la prisión modular*, 3ª edição, Opera Prima Editorial, Madrid, 2009

– *La ideología correccional de la reforma penitenciaria española del siglo XIX*, Edisofer, Madrid, 2006

– *Regimen Penitenciario de España (Investigación histórica y sistemática)*, Publicaciones del Instituto de Criminología – Universidad de Madrid, Madrid, 1975

– *Teoría de la pena*, 3ª edição, Editorial Tecnos, Madrid, 1987

VALIENTE, Francisco Tomás y, *El Derecho penal de la monarquía absoluta (siglos XVI, XVII y XVIII)*, 2ª edição, Tecnos, Madrid, 1992

– *La tortura judicial en España*, Crítica, Barcelona, 2000

VANDERLINDEN, Jacques, *Le concept de code en Europe Occidentale du XIIIe au XIXe siècle*, Université Libre de Bruxelles, Bruxelas, 1967

VAN SCHELLE, A. F., *A City of Vagabonds: The Largest Colony of Mendicants in the World, Mexplas, Belgium*, in "American Journal of Sociology", Vol. 16, nº 1 (Jul.), 1910

VARELA, João de Matos Antunes, *Evolução das Instituições Penais e Penitenciárias nos últimos Quarenta Anos*, in "Boletim da Administração Penitenciária e dos Institutos de Criminologia", nº 19 (1966), Ministério da Justiça, Lisboa, 1966

VAUX, Roberts, *Letter on the penitentiary system of Pennsylvania*, J. Harding, Filadélfia, 1827

– *Notices of the original and successive efforts to improve the discipline of the prison at Philadelphia: and to reform the criminal code of Pennsylvania: with a few observations on the penitentiary system*, Kimber and Sharpless, Filadélfia, 1826

VAZ, Maria João Mendes, *A criminalidade em Lisboa entre meados do século XIX e o início do século XX*, tese submetida como requisito parcial para o obtenção do grau de Doutor em História Moderna e Contemporânea, Instituto Superior de Ciências do Trabalho e da Empresa, Lisboa, 2006, policopiado

– *Crime e sociedade – Portugal na segunda metade do século XIX*, Celta Editora, Oeiras, 1998

– *Ideias penais e prisões no Portugal Oitocentista*, in "Actas do IV Congresso Português de Sociologia", Associação Portuguesa de Sociologia, 2000, disponível em *http://www.aps.pt/cms/docs_prv/docs/DPR462dbba49c41b_1.PDF*, acedido em Maio de 2010

VÁZQUEZ, Isabel Ramos, *Arrestos, cárceles y prisiones en los derechos históricos españoles*, Ministerio del Interior, Madrid, 2008

VEIGA, Francisco Maria, *O Ministerio Publico na Primeira Instancia*, 3ª ed., França Amado Editor, Coimbra, 1908

VERDELHO, Telmo, *As palavras e as ideias na Revolução Liberal de 1820*, INIC, Coimbra, 1981

VIDEIRA, Susana Antas, *Para a história do direito constitucional português: Silvestre Pinheiro Ferreira*, Edições Almedina, Coimbra, 2005

[VOLTAIRE], *Commentaire sur le livre des délits et des peines, par un avocat de province*, s/l, 1766

VON LISZT, Franz, *La ideia del fin en el Derecho penal – Programa de la Universidad de Marburgo, 1882*, Editorial Comares, Granada, 1995

– *Tratado de Derecho Penal*, trad. e estudo de Quintiliano Saldaña e de Luis Jimémez de Asúa, 2ª ed., 3 tomos, Editorial Reus, Madrid, 1926 (tomo I), 1927 (tomo II), 1929 (Tomo III)

VYVYAN, Sir Richard, *A letter from Sir Richard Vyvyan, Bt., M.P., to the magistrates of Berkshire: upon their newly-established practice of consigning prisoners to solitary confinement before trial, and ordering that they be disguised by masks whenever they are taken out of their cells*, Londres, s/d [1845]

WEBER, Max, *Économie et société*, 2 tomos, Plon, Paris, 1995

– *L'Éthique protestante et l'esprit du capitalisme*, Gallimard, Paris, 2003

– *Le savant et le politique*, Plon, Paris, 1963

WIEACKER, Franz, *História do Direito Privado Moderno*, 2ª ed., Fundação Calouste Gulbenkian, Lisboa, 1993

WINES, E. C., *Report on the International Penitentiary Congress of London, held July*

3-13 1872, Government Printing Office, Washington, 1873
ZYSBERG, A., *La société des galériens au milieu du XVIIIe siècle*, in "Annales/Économies/ Sociétes/Civilisations", ano 30, nº 1, Jan./ /Fev. 1975, Armand Colin, Paris, 1975

B) Obras auxiliares e dicionários

AULETE, F. J. Caldas, *Diccionario Contemporaneo da Lingua Portugueza*, 2ª ed., 2 vols., Parceria António Maria Pereira, Lisboa, 1925
BLOCH, Oscar e Walter Von Wartburg, *Dictionnaire Étymologique de la Langue Française*, 5ª ed., PUF, Paris, 1968
BLUTEAU, Rafael, *Vocabulario portuguez e latino, aulico, anatomico, architectonico, bellico, botanico, brasilico, comico, critico, chimico, dogmatico, dialectico, dendrologico, ecclesiastico, etymologico, economico, florifero, forense, fructifero (...)*, 10 volumes, Patriarcal Oficina da Música/Collegio das Artes da Companhia de Jesu, Lisboa/Coimbra, 1712-1728
BRANDÃO, Fernando de Castro, *A Ditadura Militar (1926-1933) – Uma Cronologia*, Europress, Lisboa, 2007
– *Da Monarquia Constitucional à República – 1834-1910 – Uma cronologia*, Europress, Póvoa de Santo Adrião, 2003
COROMINAS, Joan, *Breve Diccionario Etimológico de la Lengua Castellana*, 3ª ed., Editorial Gredos, Madrid, 1976
DAUZAT, Albert, *Dictionnaire Étymologique de la Langue Française*, 10ª ed., Librairie Larousse, Paris, 1938
Dicionario da Lingua Portugueza composto pelo Padre D. Rafael Bluteau, reformado e acrescentado por Antonio de Moraes Silva, 2 tomos, Oficina de Simão Thaddeo Ferreira, Lisboa, 1789
FIGUEIREDO, Cândido de, *Nôvo Dicionário da Língua Portuguêsa*, 2 vols., Livraria Tavares Cardoso e Irmão, Lisboa, 1899
FONTINHA, Rodrigo, *Novo Dicionário Etimológico da Língua Portuguesa*, Editorial Domingos Barreira, Porto, s/d
GARCÍA-GALLO Y DE DIEGO, Alfonso, *Atlas histórico-jurídico*, PGR, México, 1997
GILISSEN, John (dir.), *Introduction Bibliographique à l'Histoire du Droit et à l'Ethnologie Juridique*, 9 vols., Université de Bruxelles, Bruxelas, 1963-1981
Grande Enciclopédia Portuguesa e Brasileira, Editorial Enciclopédia, Lisboa/Rio de Janeiro, s/d
HESPANHA, António Manuel, *Introdução bibliográfica à história do direito português*, in "Boletim da Faculdade de Direito da Universidade de Coimbra", vols. XLIX, L e LV, Universidade de Coimbra, Coimbra, 1973-1981
KLEIN, Ernest, *A comprehensive etymological dictionary of the English language*, Elsevier Publishing Company, Amesterdão/ /Londres/Nova Iorque, 1971
MACHADO, José Pedro, *Dicionário Etimológico da Língua Portuguesa*, 3ª ed., 5 vols., Livros Horizonte, Lisboa, 1977
MARQUES, A. H. de Oliveira e João José Alves Dias, *Atlas histórico de Portugal e do Ultramar português*, UNL – Centro de Estudos Históricos, Lisboa, 2003
MÓNICA, Maria Filomena (coord.), *Dicionário biográfico parlamentar*, 5 vols., Instituto de Ciências Sociais/Assembleia da República, Lisboa, 2004-2006
MORAIS, Teresa, *Leis Gerais desde o Início da Monarquia até ao Fim do Reinado de Afonso III. Levantamento Comparativo entre os* Portugaliae Monumenta Historica, *o* Livro de Leis e Posturas *e as* Ordenações de D. Duarte, separata de "Estudos em Homenagem ao Professor Doutor Manuel Gomes da Silva", Coimbra Editora, Coimbra, 2001
PEREIRA, Esteves e Guilherme Rodrigues, *Portugal – Dicionário Histórico, Corográ-*

fico, Heráldico, Biográfico, Bibliográfico, Numismático e Artístico, 7 vols., Ed. João Romano Torres, Lisboa, 1904-1915, disponível em *http://www.arqnet.pt/dicionario*, acedido em Maio de 2011

SECCO, Antonio Luiz de Souza Henriques, *Bibliographia do direito criminal portuguez*, in "Revista de Legislação e de Jurisprudência", ano 5º, nº 218, Imprensa da Universidade, Coimbra, 1872

SILVA, Antonio de Moraes, *Diccionario da Lingua Portugueza*, 2ª ed., 2 tomos, Typographia Lacerdina, Lisboa, 1813

– *Diccionario da Lingua Portugueza*, 7ª ed., 2 tomos, Typographia de Joaquim Germano de Souza Neves, Lisboa, 1878

VIEIRA, Fr. Domingos, *Grande Diccionario Portuguez ou Thesouro da Lingua Portugueza*, 5 vols., Editores Ernesto Chadron e Bartholomeu H. de Moraes, Porto, 1873

VITERBO, Fr. Joaquim de Santa Rosa de, *Elucidário das palavras, termos e frases que em Portugal antigamente se usaram e que hoje regularmente se ignoram*, ed. crítica de Mário Fiúza, 2 vols., Livraria Civilização, Porto/Lisboa, 1984

C) Compilações e repertórios de legislação

ALBUQUERQUE, Paulo Pinto de, *Direito Processual Penal – Projectos Legislativos*, vol. I, Edições Almedina, Coimbra, 2005

ALFONSO X EL SABIO, *Las Siete Partidas – Antología* (ed. e prólogo de Francisco López Estrada e María Teresa López García-Berdoy), Editorial Castalia, Madrid, 1992

AUGUSTO, António Ferreira, *Annotações á legislação penal mais importante e que não está codificada*, 2 vols., Livraria Académica, Coimbra, 1905

Auxiliar Jurídico – Apêndice às Ordenações Filipinas, 2 vols., reprodução *fac-simile* da edição de Cândido Mendes de Almeida (1870), Fundação Calouste Gulbenkian, Lisboa, 1985

CARNEIRO, Manoel Borges, *Resumo chronologico das leis mais uteis no foro e uso da vida civil publicadas ate o presente anno de 1818*, 3 tomos, Impressão Régia, Lisboa, 1818-1820

Code Pénal de 1810 (Texte intégral), disponível em *http://ledroitcriminel.free.fr/la_legislation_criminelle/anciens_textes/code_penal_de_1810.htm*, acedido em Maio de 2011

Codigo Administrativo annotado, Imprensa Nacional, Lisboa, 1865

Codigo Administrativo Portuguez de 18 de Março de 1842, Imprensa Nacional, Lisboa, 1854

Codigo Criminal do Imperio do Brazil (1830), disponível em *http://www.planalto.gov.br/ccivil_03/Leis/LIM/LIM-16-12-1830.htm*, acedido em Maio de 2011

Código de Processo Penal approvado por Decreto nº 16:489, de 15 de Fevereiro de 1929, Edição da "Revista de Legislação e de Jurisprudência", s/l, s/d

Código Penal de España, Imprenta de D. Ramon Martin Indar, Barcelona, 1848

Codigo Penal Portuguez, 2 tomos, Imprensa Nacional, Lisboa, 1861

– 5ª edição, Imprensa da Universidade, Coimbra, 1905

– Imprensa da Universidade, Coimbra, 1886

Código Penal, Imprensa Nacional, Lisboa, 1918

Colecção Oficial da Legislação Portuguesa, Imprensa Nacional, Lisboa, vv. anos

Collecção Chronologica dos Assentos das Casas da Supplicação e do Cível, 4ª edição, Imprensa da Universidade, Coimbra, 1852

– 2ª edição, Real Imprensa da Universidade, Coimbra, 1817

Collecção da Legislação Moderna Portugueza da Installação das Cortes Extraordinarias e Constituintes em Diante, 2 tomos, Typographia Maigrense, Lisboa, 1823

Collecção de Decretos e Regulamentos mandados publicar por Sua Magestade Imperial o Regente do Reino desde a sua entrada em Lisboa até á instalação das Camaras Legislativas, Terceira Série, Imprensa Nacional, Lisboa, 1840

Collecção de Decretos e Regulamentos mandados publicar por Sua Magestade Imperial o Regente do Reino desde que assumiu a regencia em 3 de Março de 1832 até á sua entrada em Lisboa em 28 de Julho de 1833, Segunda Série, Imprensa Nacional, Lisboa, 1836

Collecção de Decretos e Regulamentos publicados durante o Governo da Regencia do Reino estabelecida na Ilha Terceira desde 15 de Junho de 1829 até 28 de Fevereiro de 1832, Primeira Série, Imprensa Nacional, Lisboa, 1836

Collecção de Decretos e Regulamentos publicados durante o Governo da Regencia do Reino estabelecida na Ilha Terceira, Imprensa Nacional, Lisboa, 1833

Collecção de Leis e outros documentos officiais, Imprensa Nacional, Lisboa, vv. anos

Collecção de leis, decretos, e alvarás, ordens regias, e editaes, que se publicarão desde o anno de 1802 até 1803, Lisboa, s/d

Collecção de todas as leis, alvarás, decretos etc impressos na regia officina tipografica (II semestre de 1826) – Parte I – Folheto VII, Imprensa Nacional, Lisboa, 1845

CORREIA, António Simões, *Código Penal Português actualizado e legislação complementar*, Livraria Ferin, Lisboa, 1954

– *Código Penal Português*, 3ª edição, Procural, Lisboa, 1937

Decreto de 21 de Maio de 1841 que contém a Novissima Reforma Judiciaria com um appenso contendo a legislação correlativa, Imprensa da Universidade, Coimbra, 1866

DIDIER, J. L. A., *Codigo Civil seguido de um repertório alphabetico*, Imprensa Popular de J. L. de Sousa, Porto, 1867

– *Codigo Administrativo approvado por Carta de Lei de 6 de Maio de 1878 seguido de um repertotio alphabetico*, Vieira Paiva Editor, Porto, 1885

FREITAS, Joaquim Inácio de, *Collecção Chronologica de Leis Extravagantes posteriores á Nova Compilação das Ordenações do Reino publicadas em 1603*, vv. tomos, Real Imprensa da Universidade, Coimbra, 1819

GARÇÃO, Abel Augusto, *Legislação anotada da República*, 2 vols., Editor João Fernandes Amaral, Porto, s/d

Leis Extravagantes e Repertório das Ordenações de Duarte Nunes do Lião, com nota de apresentação de Mário Júlio de Almeida Costa, Fundação Calouste Gulbenkian, Lisboa, 1987

Livro de Leis e Posturas, com introdução de Nuno Espinosa Gomes da Silva, Faculdade de Direito da Universidade de Lisboa, Lisboa, 1971

MAGALHÃES, Barbosa de, e Pedro de Castro (coord.), *Collecção da Legislação promulgada pelo Ministerio da Justiça durante o Governo Provisorio da Republica*, Empresa Lusitana Editora, Lisboa, 1912

MANSO, Abel Maria Jordão Paiva, *Repertorio Geral Alfabetico da Reforma Judiciaria*, Typ. Patriotica de C. J. da Silva e Comp., Lisboa, 1837

MIGUENS, Joaquim da Cruz, *Annotações ao Codigo Administrativo de 2 de Março de 1895*, Magalhães e Moniz Editores, Porto, s/d

– *Novo Codigo Administrativo approvado por Carta de Lei de 4 de Maio de 1896*, Magalhães e Moniz Editora, s/l, s/d

MIRANDA, Jorge, *As Constituições portuguesas – De 1822 ao texto actual da Constituição*, 4ª edição, Livraria Petrony, Lisboa, 1997

Novissima reforma judiciaria publicada por Decreto de 21 de Maio de 1841, Typographia de J. A. S. Rodrigues, Lisboa, 1841

O Código Penal de 1852 – Nos 150 anos do primeiro código penal português, com nota introdutória de Miguel Lopes Romão, Ministério da Justiça – Gabinete de Política Legislativa e Planeamento, Lisboa, 2002

Ordenações Afonsinas, 5 vols., com notas de Mário Júlio de Almeida Costa e Eduardo Borges Nunes, Fundação Calouste Gulbenkian, Lisboa, 1984

Ordenações Filipinas, 3 vols., com nota de apresentação de Mário Júlio de Almeida Costa, Fundação Calouste Gulbenkian, Lisboa, 1985

Ordenações Manuelinas, 5 vols., com nota de apresentação de Mário Júlio de Almeida Costa, Fundação Calouste Gulbenkian, Lisboa, 1984

Ordenanza General de los Presidios del Reino, Imprenta Real, Madrid, 1834

ORS, Xavier d', *Antología de textos jurídicos de Roma*, Akal, Madrid, 2001

Peculio de Autos, e Termos Civeis, e Crimes; formalidade de se extrahirem do processo sentenças, cartas, e qualquer outro titulo judicial; organisação dos autos em acção civil ordinaria e em livramentos crimes, s/l, 1818

PINTO, J. Roberto e Alberto A. Ferreira, *Organização prisional actualizada e anotada*, Coimbra Editora, Coimbra, 1955

Portugaliae Monumenta Historica, vols. I e II (*Leges et Consuetudines*), Academia das Ciências de Lisboa, Lisboa, 1856 (vol. I) e 1868 (vol. II)

REBELLO, José M. Pacheco Teixeira, *Codigo penal annotado*, Parceria António Maria Pereira, Lisboa, 1916

Reforma Judiciaria approvada pelos Decretos de 29 de Novembro de 1836 e 13 de Janeiro de 1837, 2ª edição, Imprensa Nacional, Lisboa, 1837

Regulamento Geral da Casa de Detenção e Correcção de Lisboa, Imprensa Nacional, Lisboa, 1901

Regulamento Provisorio da Cadeia Geral Penitenciaria do Districto da Relação de Lisboa, Approvado por Decreto de 20 de Novembro de 1884, Imprensa Nacional, Lisboa, 1888

Relatorio da proposta de lei da nova reforma penal, in "Revista de Legislação e de Jurisprudencia", ano 18º, nºs 898 a 911, Imprensa da Universidade, Coimbra, 1885

Repertorio dos Lugares das Leis Extravagantes, Regimentos, Alvarás, Decretos, Assentos e Resoluções Régias promulgadas sobre matérias criminaes antes e depois das compilações das Ordenações por Ordem Chronologica, s/l, s/d

Repertorio geral ou indice alfabetico da Novissima Reforma Judiciaria publicada por Decreto de 21 de Março de 1841 [sic], Typographia de J. A. da S. Rodrigues, Lisboa, 1841

RIBEIRO, João Pedro, *Indice chronologico remissivo da legislação portugueza posterior à publicação do Codigo Filippino*, Typografia da Academia Real das Sciencias de Lisboa, Lisboa, 1807

SANTOS, Beleza dos, *Código de Processo Penal*, Coimbra Editora, Coimbra, 1933

SANTOS, Maria Madalena Marques dos, *Tábua de correspondência entre as Ordenações Afonsinas, Manuelinas de 1521 e Filipinas – Contribuição para uma edição crítica das Ordenações do Reino*, vv. vols., Faculdade de Direito da Universidade de Lisboa, Lisboa, 1993 (policopiado)

SECCO, Antonio Luiz de Sousa Henriques, *Codigo penal portuguez, precedido pelo decreto com força de lei de 10 de Dezembro de 1852, seguido de um appendice e annotado por Antonio Luiz de Sousa Henriques Secco*, Imprensa da Universidade, Coimbra, 1881

SILVA, António Delgado da (org.), *Collecção da Legislação Portugueza desde a última Compilação das Ordenações*, Typografia Maigrense, Lisboa, 1828

SILVA, António Delgado da, *Supplemento á Collecção de Legislação Portugueza – Anno de 1791 a 1820*, Typ. de Luiz Correia da Cunha, Lisboa, 1866

SILVA, José Justino de Andrade e (org.), *Collecção Chronologica da Legislação Portugueza*, Imprensa de J. J. A. Silva, Lisboa, 1854-1859

SOUSA, Joaquim José Caetano Pereira e, *Repertorio dos Lugares das Leis Extravagantes, Regimentos, Alvarás, Decretos, Assentos e Resoluções Regias Promulgadas sobre matérias Crimináes antes e depois das Compilações das Ordenações por Ordem Chronologica*, anexo às *Primeiras Linhas sobre o Procésso Criminal*, 3ª ed., Typografia Lacerdina, Lisboa, 1806

THOMAZ, Manoel Fernandes, *Repertorio Geral ou Indice Alphabetico das Leis Extravagantes do Reino de Portugal*, 2 tomos, Real Imprensa da Universidade, Coimbra, 1815 (tomo I) e 1819 (tomo II)

D) Bibliotecas digitais e recursos compilados disponíveis na Internet

Arquivo de debates parlamentares – Assembleia da República – *http://debates.parlamento.pt*

Bases jurídico-documentais, Ministério da Justiça, disponível em *http://www.dgsi.pt*

Biblioteca digital *Ardies* da Faculdade de Direito da Universidade Nova de Lisboa – *http://www.fd.unl.pt/Default_1024.asp*

Eastern State Penitentiary in 1929, filme-mudo, 1929, disponível em *http://www.youtube.com/watch?v=jcN0lhDiw-U&feature=player_embedded*, acedido em Junho de 2011

Fontes para a História do Direito Português: leis e jurisprudência – Instituto de História do Direito e do Pensamento Político – Faculdade de Direito da Universidade de Lisboa – *http://net.fd.ul.pt/legis/*

Ius Lusitaniae – Fontes históricas do direito português – Faculdade de Ciências Sociais e Humanas da Universidade Nova de Lisboa – *http://www.iuslusitaniae.fcsh.unl.pt/index.php*

E) Imprensa e diários oficiais e parlamentares

A Revolução de Setembro, Lisboa, 1842

Boletim do Governo Geral da Provincia de Angola, vv. números, Imprensa do Governo, Luanda, vv. anos

Diario da Camara dos Dignos Pares do Reino, vv. números, Imprensa Nacional, Lisboa, vv. anos

Diario da Camara dos Senhores Deputados, vv. números, Imprensa Nacional, Lisboa, vv. anos

Diario das Cortes Geraes e Extraodinarias da Nação Portugueza, vv. números, Imprensa Nacional, 1821-1822

Diário das Sessões da Assembleia Nacional, vv. números, Imprensa Nacional, Lisboa, vv. anos

Diario de Lisboa, vv. números, Imprensa Nacional, Lisboa, vv. anos

Diario do Governo, vv. números, Imprensa Nacional, Lisboa, vv. anos

Diario Lisbonense, Lisboa, 1810

Gazeta de Lisboa, vv. números, Impressão Régia, Lisboa, vv. anos

MARTINS, Rocha, *A Casa do Silencio – Impressões d'uma demorada visita á Penitenciaria*, in "Ilustração Portugueza", série II, nº 6, Lisboa, 1906

Oasis – Quinzenário dos presos da Penitenciária, Lisboa, vv. números, 1933 e 1934

Portugal em Africa (Revista scientifica), Lisboa, vv. anos

F) Fundos documentais

Arquivo Histórico da Direcção-Geral de Reinserção e Serviços Prisionais – Zona Sul (Estabelecimento Prisional de Lisboa)

Fundo da Penitenciária de Lisboa

- Livros de registos de entradas: cota 2-126-B; cota 548; cota 555
- Livro de registo do gabinete do director, nº 288
- Processos individuais de presos [indicados no texto]

Fundo da Cadeia do Limoeiro

- Livros de assentos de presos: nº 355, cota 2-49-D; nº 442, cota 2-51-C; cota 388
- Arquivo Histórico-Parlamentar, Assembleia da República

Câmara dos Deputados

- Secções I/II, mç. 67, doc. 165
- Secções I/II, mç. 42, doc. 66
- Secções I/II, mç. 42, doc. 76
- Secções I/II, mç. 43, doc. 18
- Secções I/II, mç. 43, doc. 60
- Secções I/II, mç. 43, doc. 70

Arquivo Nacional Torre do Tombo

Ministério dos Negócios Eclesiásticos e da Justiça (MNEJ)

- Mç. 161, nº 3, cx. 132
- Mç. 228, cx. 183
- Mç. 233, nºs 1 a 3, cx. 187
- Mç. 335, nº 5, 1 e 2, cx. 293
- Mç. 342, nº 5
- Mç. 343, nº 5
- Mç. 370, nº 4
- Mç. 558, nº 5
- Mç. 572, nº 9
- Mç. 598, nº 4
- Mç. 606, nº 9, cx. 735

ÍNDICE